EL PEQUEÑO

LAROUSSE

Gastronomique

en español

© 2014 Ediciones Larousse, S.A. de C.V.
     Renacimiento 180
     Colonia San Juan Tlihuaca
     Delegación Azcapotzalco
     C. P. 02400, México, D.F.

ISBN: 978-607-21-0910-0
Primera edición, agosto 2014.

www.larousse.com.mx

EL PEQUEÑO

LAROUSSE

Gastronomique

en español

LAROUSSE

EDICIÓN MEXICANA

Director editorial
Tomás García Cerezo

Editora responsable
Verónica Rico Mar

Coordinador de contenidos
Gustavo Romero Ramírez

Asistencia editorial
Montserrat Estremo Paredes
Irving Sánchez Ruiz
Natalia de la Rosa Hilario

Asesoría en términos mexicanos
Ricardo Muñoz Zurita

Diseño y formación
Visión Tipográfica Editores, S.A. de C.V. /
Rossana Treviño Tobías

Diseño de portada
Ediciones Larousse, S.A. de C.V.,
con la colaboración de Nice Montaño Kunze

Corrección
Adolfo Tomás López Sánchez

Fotografías
Shuttersotck.com

Ilustraciones
Gustavo del Valle

EDICIÓN ESPAÑOLA

Director editorial
Jordi Induráin Pons

Edición 2004
Sílvia Català
Ramon Sort
Ormobook, servicios editoriales

Edición 2011
Àngels Casanova Freixas
Emili López Tossas

EDICIÓN ORIGINAL

Dirección de la obra
Isabelle Jeuge-Maynart

Dirección editorial
Colette Hanicotte

Edición
Aude Mantoux, con la colaboración de
Laurence Alvado y Rupert Hasterok

Introducción

El **Larousse Gastronomique** ha sido, desde hace ya varias décadas, el principal referente de la gastronomía en Occidente. Desde su primera edición en 1938, esta obra ha sido consultada y citada por cocineros, chefs, investigadores y periodistas gastronómicos.

A través de las seis ediciones que se han publicado desde su existencia, varios conceptos han sido ampliados, otros se han modificado, algunos han nacido y unos cuantos más han desaparecido. Cuando en el 2004 se editó por primera vez el **Larousse Gastronomique en español**, la obra dio la bienvenida a decenas de definiciones referentes a la cocina española, a tendencias culinarias de aquel país y a nombres de cocineros hispanos influyentes. La última edición francesa adaptada al español amplió y mejoró significativamente la información, no sólo de ambos países europeos, sino de la culinaria mundial en general, dando lugar a la edición más completa que se haya publicado.

Esta edición de **El Pequeño Larousse Gastronomique en español** incluye lo esencial de la última edición en español, adapta términos empleados en la península ibérica al español de México y contiene información esencial referente a la culinaria mexicana.

Lo obra que usted está leyendo es el resultado de una colosal tarea de adaptar al público mexicano lo más representativo y trascendental de la gastronomía mundial en una versión pequeña, fácil de transportar y consultar, con el fin de que más personas puedan tener acceso a tan elemental información; todo sin descuidar la seriedad y calidad que distinguen a las publicaciones de ediciones **Larousse**.

LOS EDITORES

Estructura del libro

Un diccionario es una obra de consulta que contiene la información específica de alguna área del conocimiento, con el objetivo de ofrecer una visión completa de la misma. Su estructura cambia según la temática que aborde, ya que de ella depende la organización del contenido. Por lo tanto, ningún diccionario es igual a otro, y los principales aspectos que los diferencian son la estructura de sus entradas o definiciones, sus apartados o capítulos, la simbología utilizada, los anexos y los recursos gráficos, entre muchos otros.

El Pequeño Larousse Gastronomique en español que tiene en sus manos se ha organizado, como todo documento de su tipo, en orden alfabético. Dentro de esta sistematización de uso universal que facilita la búsqueda, consideramos pertinente ofrecerle categorías de ordenación alternas, para hacer más visibles ciertos aspectos que resultan útiles en el vasto y complejo mundo de la gastronomía mundial.

- En la parte superior central de la página que da inicio a las definiciones de una letra del alfabeto, ésta aparece en un tamaño fácilmente identificable.

Gagnaire, Pierre
Cocinero francés (Apignac, 1950). Inició su formación en el establecimiento de Paul Bocuse, a los quince años. En 1968 fue contratado en *Tante Alice*, en Lyon. En 1976, después de pasar dos años recorriendo mundo, volvió al restaurante de su padre, *Le Clos Fleuri*, en Saint-Priest-en-Jarez. Cuatro años más tarde abrió un restaurante en el centro de Saint-Étienne y obtuvo una estrella *Michelin*. La segunda estrella llegó en 1986. Después de un viaje a Japón, en 1993 se trasladó a un elegante inmueble Art Déco en Saint-Étienne y consiguió su tercera estrella. En 1996, tras quebrar su restaurante, probó suerte en París. Se adjudicó directamente dos estrellas (en 1997), y pronto las tres (en 1998). Está considerado como el cocinero francés más creativo. Su carta se va modificando constantemente.

gaillac
Vino blanco, tinto o rosado con Denominación de Origen, producido en las dos orillas del río Tarn. La característica principal de esta denominación reside en una gran diversidad de estilos de vino. La variedad esencial en blanco (el manzac) puede producir vinos melosos o secos. Los segundos presentan un ligero *perlant* muy agradable.

galanga
Especia oriental de la familia de las cingiberáceas, procedente de un rizoma de pulpa naranja o blanquecina bajo una corteza rojiza. Su aroma recuerda un poco al del azafrán. La galanga se utiliza mucho en la cocina de Indonesia y Tailandia.

galantina
Preparación a base de piezas magras de caza, conejo, cerdo, ternera o ave, a los que se añade un relleno elaborado con huevo, especias y otros ingredientes (*foie gras*, lengua escarlata, pistachos, trufas).
La galantina se cuece en un fondo, a menudo enmoldada en una terrina rectangular. También puede enrollarse en un paño, adoptando entonces el nombre de balotina.
→ balotina

galera
Es el único crustáceo que solo posee cuatro pares de patas (por lo tanto, no se clasifica en el orden de los decápodos, sino en el de los estomatópodos). La galera posee un par de patas principal llamado "patas raptoras", parecidas a las de la mantis religiosa. Su aspecto es parecido al de un bogavate sin pinzas, y mide unos 10 cm. A veces se encuentra con otros crustáceos en los fondos limosos del Mediterráneo. La galera se come cocida en agua.

gallano o gallito de rey
Pez marino de la familia de los lábridos, que se pesca en las aguas cercanas al litoral atlántico, desde Noruega a Senegal, pero también en el Mediterráneo. El gallano, también llamado "gallito de rey", puede confundirse con la maragota, mide 40 cm y llega a vivir veinte años. Habita en los campos de laminarias y algas herbáceas, donde se alimenta de pequeños crustáceos y moluscos. En Bretaña se cuece al vapor sobre un lecho de cebollas.

galleta
Masa generalmente de harina de trigo más otros ingredientes, que se hornea en porciones individuales. La industria galletera, de origen británico, es muy activa desde hace unas décadas. Inspirándose en recetas tradicionales, emplea diversas harinas, materias grasas vegetales —salvo en las especialidades "de mantequilla pura"—, azúcar (sacarosa, pero también glucosa y maltosa), fécula, leche, huevos y levadura. La fabricación está enteramente automatizada. No obstante, ciertas especialidades regionales se elaboran todavía de manera artesanal. Las distintas galletas, saladas o dulces, se suelen clasificar en tres categorías, según la consistencia de su pasta:
- Pastas duras o semiduras. Comprenden las galletas de mantequilla, las galletas para merienda y desayuno, los *sablés*, así como todos los *crackers* y galletas de aperitivo, saladas y aromatizadas. Estas galletas, que son las más consumidas, contienen aproximadamente 70% de harina y se hacen sin huevos.
- Pastas blandas. Proporcionan galletas secas (cigarrillos, tejas, lenguas de gato) o blandas (magdalenas, macarrones, *petits-fours*, *croquignoles*).
- Pastas líquidas. Dan lugar a las *gaufrettes*. Estas galletas poseen un elevado índice de agua o leche y la materia grasa se reduce, así como la proporción de harina.
Las galletas se consumen particularmente en los países anglosajones y en el norte de Europa.

galliano
Licor elaborado desde 1896 en la Toscana. Se obtiene a partir de un gran número de hierbas y flores, bayas y raíces (anís estrellado, lavanda, vainilla, etc.) y es de color amarillo. El *galliano* tiene 30% Vol. y entra en la composición de varios cócteles.

gallina
Ave doméstica del orden galliformes. Hembra del gallo.
La gallina se suele sacrificar entre los dieciocho meses y dos años, época en la que pesa de 2 a 3 kg. Su carne, bastante firme y un poco grasa, se prepara a menudo hervida con fondo blanco, gracias a lo

lutea) era una auténtica panacea para los montañeses. Hoy en día se utiliza por sus virtudes aperitivas y digestivas. La esencia de genciana es un tónico amargo, que participa en la composición de numerosos aperitivos.

genovesa
Preparación ligera de pastelería que debe su nombre a la ciudad de Génova. La masa de genovesa se elabora con huevos enteros batidos en caliente con azúcar, a los que se añaden harina y mantequilla fundida. Se le pueden incorporar almendras en polvo o frutas confitadas y aromatizarla con licor, cáscara de cítrico, vainilla, etc. La genovesa, a menudo emborrachada con almíbar al alcohol o a las especias, sirve de base para numerosos pasteles rellenos. Cortada en dos o más láminas, que se cubren de confitura, crema, mermelada, etc., se napa, glasea y decora al gusto. Hoy en día sirve de soporte a las cremas, *mousses* y *bavarois*.

Georgia
La cocina georgiana disfruta de un suelo fértil y de un clima cálido y soleado, que permiten el cultivo de numerosísimas frutas y verduras.

Los platos se parecen mucho a los que se preparan en toda la cuenca mediterránea, como la *adjersandal* (berenjenas cocidas al horno con cebollas y jitomates fritos) o el pollo en *cocotte* con jitomate.

Las carnes, sobre todo de carnero y de cordero, se preparan en brochetas (*chachlik*) o se maceran con especias y ajo, antes de secarlas (*pasterma*); tradicionalmente se acompañan con arroz.

Las salsas son muy originales: de nueces para las carnes, pescados y aves; a las finas hierbas para las populares alubias rojas, con ciruelas pasas, sobre todo para el pollo en gelatina.

Hay otras especialidades muy famosas, como el yogur, el *touchouri* (queso de pasta dura) y el *ghomi* (*porridge* de sémola de maíz).

Georgia tiene una historia vitícola muy antigua, ya que las primeras vides se plantaron hace unos 9,000 años. Su clima, corregido por las influencias de los mares Negro y Caspio, ha favorecido ampliamente la viticultura.

germen de soya • soya, semilla germinada

germinado • semilla germinada

Get 27 y Get 31
Licores de menta fresco y fuerte (de 21 a 24% Vol.), con un importante índice de azúcar (por ello se denominan "crema de menta"). Creado en 1796 en Revel, cerca de Toulouse, por Jean Get, que lo bautizó *peppermint* (en inglés, menta pimentada), el Get 27 se sirve con hielo o se termina de llenar con agua. Los anglosajones lo toman con hielo picado.

En África y en Oriente Medio, se termina de llenar con agua mineral. El Get 31 se prepara con menta blanca y es incoloro.

gewurztraminer
Uva blanca que da su nombre a un vino con Denominación de Origen de Alsacia, que presenta aromas especiados.

ghee
Mantequilla clarificada, utilizada habitualmente en la cocina india. El mejor *ghee* se elabora con leche de búfala. Interviene como ingrediente en pastelería, como grasa de cocción, para condimentar purés de legumbres, arroz, etc. La población menos favorecida prepara el *ghee* con aceite de ajonjolí o mostaza. En Nepal se elabora con leche de yak.

gianduja
Mezcla de chocolate, de origen italiano, con avellanas con un mínimo de 32% de materia seca de cacao, 8% de cacao seco desgrasado y entre 20 y 40% de avellanas finamente molidas. Especialidad de la región de Turín (se producen avellanas en el Piamonte), el *gianduja* entra en la composición de numerosos bombones y bocados de chocolate, ya sea puro o en mezcla o superposición con pasta de praliné, *ganaches*, pastas de fruta o pasta de almendras.

gibelotte
Guiso de conejo preparado con cubos de tocino, cebollas cambray y un ramillete de hierbas aromáticas, y bañado con caldo y vino. En el curso de la cocción, se añaden hongos y, al final, el hígado picado.

gigue o cuissot
Muslo de animal de caza mayor (corzo, ciervo). Una vez retirados los nervios, la *gigue* se mecha con bastones de tocino, a veces se adoba y luego se asa en el horno. El puré de apio o de castañas, el *fricasé* de hongos de bosque y la jalea de grosella son las guarniciones clásicas.

También se llama *gigue* al muslo de pavo o guajolote.

gigot
Pieza de carnicería correspondiente al conjunto formado por la silla y el muslo (pierna) del cordero. Se denomina *gigot* acortado cuando no se incluye la silla. Se pueden cocinar los dos trozos separadamente: la silla atada proporciona un asado muy fino, mientras que el *gigot* acortado se puede asar, a la parrilla, al horno, o pocharse, brasearse o incluso asarse en cazuela. En cualquier caso, la mejor cocción es el asado, sin adición de cuerpo graso. Si es un *gigot* magro, se puede untar de aceite. Un adobo previo, seguido de una cocción al horno, lo transforma en un *gigot* cazadora, con sabor a venado.

ginebra
Aguardiente de grano (de maíz, cebada o centeno, principalmente) elaborado en los países anglosajones. La ginebra se aromatiza con diversos ingredientes de origen vegetal, sobre todo con bayas de enebro. La palabra ginebra procede de *genever*, "enebro" en holandés, ya que los primeros destiladores británicos (finales del siglo XVII) intentaron imitar el sabor y el aspecto del *genever* holandés, un aguardiente de enebro cuya importación acababa de prohibirse.

La ginebra se toma sola, frapé o con hielo. También es la base de numerosos cócteles y de bebidas refrescantes, la más común de las cuales es el gin-fizz, una mezcla de ginebra, jugo de limón, azúcar y soda.

• En las cornisas de las páginas pares, aparece la primera palabra o término ahí definido, mientras que las cornisas de las páginas nones incluyen el último término que se define.

• Las entradas o definiciones están identificadas por el color de la tipografía y por el tipo de letra.

Tipos de definiciones

La organización del amplio contenido de este diccionario responde a la practicidad que cualquier obra de consulta debe tener. Así, las principales definiciones que forman el *corpus* de este libro pueden ser clasificadas en seis apartados. Cada definición varía en contenido y amplitud de acuerdo con sus particularidades. Por lo tanto, usted encontrará siempre alguna de las siguientes:

Ingrediente. Nombre, descripción, origen, características, variedades y usos.

tonka
Haba negra, oblonga, mate, de un gran árbol de la familia de las fabáceas originario de Guyana y del Orinoco. Su intenso olor a almendra dulce y a heno cortado (*coumarin*) sirve en cantidades muy pequeñas para aromatizar cremas, combinado con la vainilla o el coco. En dosis elevadas es tóxica (anticoagulante) y probablemente cancerígena (en Estados Unidos está prohibida en aplicaciones alimentarias). También aromatiza algunos tabacos.

Preparación. Nombre, descripción (ingredientes y proceso de elaboración), datos relevantes y propiedades.

→

duxelles

Picadillo de champiñones, cebollas y chalotas rehogado en mantequilla. La *duxelles* se utiliza como relleno, farsa, guarnición o elemento de una salsa y de diversas preparaciones llamadas *à la duxelles*.

País. Nombre, información de sus tradiciones culinarias y datos de interés.

→

Chile

La cocina chilena se basa sobre todo en la carne (particularmente el carnero) que usualmente se consume a la parrilla. Al mismo tiempo su cocina refleja la abundancia de los productos del mar, como ejemplo, la sopa de congrio, una renombrada especialidad. Los llamados chupesson, una mezcla de tripas, verduras o carne seca, y las empanadas también son muy variadas, con rellenos de carne o de pescado.

Chile, fuertemente influido por la enología francesa y española, produce uno de los mejores vinos de América del Sur. Las primeras instalaciones de viñedos datan de finales del siglo XVIII. Hoy en día cubren una superficie de 175,000 ha, que se extiende a lo largo de 1,200 km de la costa del Pacífico. La viticultura chilena se concentra en dos grandes regiones: la región central y la del secano. Los vinos chilenos se exportan con gran éxito al mundo entero.

Técnica. Nombre, descripción e información de interés.

→

espumar

Retirar la espuma que se forma en la superficie de un líquido o de una preparación que está cociendo (caldo, confitura, ragú, salsa). Esta operación se repite tanto más a menudo cuanto más larga es la cocción. Se hace con una espumadera, un cucharón pequeño o una cuchara.

Término. Nombre, etimología (si corresponde), significado del término y ejemplos.

→

emulsificación

Operación dirigida a dispersar un cuerpo graso líquido, en forma de gotas, en una preparación líquida. La mayonesa se obtiene por emulsificación de aceite en una mezcla de yemas de huevo y vinagre.

Utensilio. Nombre, descripción, material del que está elaborado, el o los usos que se le otorgan y datos de interés.

→

tetera

Recipiente abombado, provisto de un pico vertedor y de un asa o un mango, que sirve para preparar una infusión de té y servirla. Según su tamaño, la tetera está pensada para una infusión individual o para varias tazas.

El material es variable: porcelana, loza, barro, metal, etc. Los especialistas aconsejan la tetera de arcilla roja, sin barnizar en su interior, superior al metal, a menudo demasiado delgado, y la de porcelana, elegante y a juego con las tazas y el servicio.

Algunos modelos disponen de un colador interno, adaptado a la abertura de la tetera, y en el que se sitúan las hojas del té antes de verter el agua.

Personalidades. Nombre comenzando por apellidos, pequeña biografía, obra o creaciones trascendentes y datos de interés.

Bras, Michel
Cocinero francés (Gabriac, 1946). Hijo de un herrero y de una cocinera, empezó comprando la casa familiar, *Lou Mazuc*, en Laguiole,

Establecimientos. Nombre alfabetizado sin contar el artículo. Origen del lugar, chefs, comensales o dueños renombrados del establecimiento y actualidad.

Tour d'Argent, La
Restaurante parisino, el más antiguo de la capital. Sus orígenes se remontan a 1582, cuando se estableció un albergue en el quai de la Tournelle, sobre los restos de un castillo edificado por Carlos V en la segunda mitad del siglo XIV, del que solo quedaba una torre de

Estructura de las definiciones

Cada definición puede contener uno o más de los siguientes elementos:

Entradas o definiciones

Identificadas por el color de la tipografía, cuando dos o más términos son de uso común en la lengua española el más usual se menciona al inicio.

descremar o desnatar
Separar la crema de la leche. El descremado se realiza de forma espontánea cuando se deja reposar la leche fresca entera veinticuatro horas. La crema o nata asciende a la superficie, donde se retira con facilidad. Se utiliza sobre todo en pastelería casera. En lechería industrial, el descremado se efectúa con centrifugadoras.

loza
Cerámica recubierta por un esmalte incoloro o de color que la impermeabiliza, muy utilizada para los servicios de mesa.

La loza tradicional, a base de arcilla mezclada con margas y arenas, está recubierta por un esmalte opaco. Nacida en Asia, llegó a Italia y se difundió a continuación por Europa. En el siglo XVI, Bernard Palissy perfeccionó la técnica de la cocción, y cada escuela inventó un estilo caracterizado por la forma y la decoración.

Las lozas finas, creadas en el siglo XVIII por el inglés Josiah Wedgwood, se hacen con mezclas especiales que permiten obtener productos muy blancos, que a continuación reciben un esmalte transparente.

Todas las lozas, tanto las comunes como las finas, pasan por dos cocciones, y a veces por tres. La primera se efectúa para asegurar la solidez del material; la segunda para endurecer el esmalte; y la tercera, después de la decoración cuando ésta no se ha aplicado sobre el esmalte en crudo. Hoy en día las grandes manufacturas reproducen modelos antiguos, teniendo en cuenta las exigencias modernas como, por ejemplo, el lavado en lavavajillas o la buena resistencia al calor.
→ porcelana

Llamadas

Cuando en la entrada existe información y al final se encuentra una flecha, ésta indica que se debe consultar la palabra o palabras a las que remite para ampliar o complementar la información del término consultado.

Si en la entrada no existe información, un rombo con color indica que deberá referirse a este término para encontrar la definición correspondiente.

yuca ◆ mandioca

Acepciones. Identificadas por un número, indican que para el término existe más de un significado.

dacquoise

1. Bizcocho compuesto de claras de huevo y una mezcla de azúcar glass y azúcar en polvo, seco en su interior y blando y mullido en su exterior, como un macarrón liso. Este bizcocho, tradicionalmente enriquecido con almendras, puede llevar asimismo avellanas, pistaches, coco o especias. Se utiliza a menudo como soporte de postres de pastelería.

2. Pastel originario del suroeste de Francia, llamado también *palois* (los dacquois son los habitantes de Dax, y los *palois*, los de Pau), formado por dos o tres discos de pasta merengada con almendras (mezcladas en ocasiones con avellanas, coco o pistaches), separados por capas de crema de mantequilla de diversos sabores, y espolvoreado con azúcar glass. El fondo del *dacquoise* es una variante del *succès*, y está a medio camino entre el merengue y el bizcocho.

A menudo se recurre a los fondos de *dacquoise* para dar cierta consistencia crujiente a cremas, *mousses*, *ganaches* o *bavarois*.

trufa

Hongo subterráneo, esférico de color negro, pardo o blanco, según la especie. La trufa es un comestible muy buscado y oneroso, de tamaño muy variable.

La recolección de este hongo se lleva a cabo en truferas bien identificadas, en las que están presentes los robles, sobre todo, aunque también los castaños, avellanos y tilos. La recolección se sigue realizando con la ayuda de un animal sensible a su aroma, casi exclusivamente un perro adiestrado, ya que el cerdo está reservado al folklore. El "cavador" lleva su perro atado, le sigue paso a paso y desentierra las valiosas excrecencias negras en cuanto el animal empieza a escarbar en el suelo.

Existen unas setenta especies de trufas, treinta y dos de ellas en Europa, de las cuales destacan:

Variantes. Una bala circular identifica variantes, ya sea de una especie, de una preparación o de un ingrediente, entre otros.

- La trufa negra del Périgord, que es la más estimada, tiene una carne negra recorrida por vetas blanquecinas, muy finas y densamente apretadas; desprende un perfume intenso.
- La trufa blanca del Piamonte, de la región de Alba en Italia, tiene renombre mundial. Presenta un delicado perfume y acompaña sobre todo el capón y la ternera, y a veces la langosta. Se utiliza cruda, rallada o cortada en finas láminas, en guarnición para carnes a la parrilla, pollo, *agnolottis* o *risotto*.

Las trufas adquieren su pleno valor cuando están maduras y se utilizan en cocina crudas o cocidas, cortadas de distintas maneras, en forma de jugo, de *fumet* o de esencia. Sin embargo, para preservar sus aromas complejos y sutiles no deben cocerse mucho tiempo a temperatura elevada.

En la actualidad se encuentran en el comercio trufas en conserva, peladas o cepilladas, maduras y enteras. Pueden ser "calidad superior" (de carne firme, negras, de tamaño y color uniformes), "extra" (de carne firme, más o menos negras, irregulares), "1.ª selección" (de carne más o menos firme y de color a veces claro, irregulares y arañadas). También se encuentran "trozos" (de 0,5 cm de grosor al menos, más o menos oscuros, con hasta un 2% de impurezas), "raspaduras" (con un 20% de "restos" como máximo, de color variable, y hasta 3% de impurezas) y "restos" (hasta 5% de impurezas).

Información visual

En el libro encontrará tablas e imágenes para obtener una mejor y más fácil comprensión de algunas definiciones.

En las tablas, los encabezados sirven para sintetizar la información en algunos casos o para ampliarla en otros.

Las palabras en cursivas muestran los nombres de ingredientes o preparaciones que no tienen equivalente en el idioma español.

CEPA	TIPO	SINONIMIAS
albariño	Blanca	—
barbera	Tinta	—
cabernet franc	Tinta	bouchet, carbouet, plant des sables, bouchy, breton, véron
cabernet sauvignon	Tinta	—
chardonnay	Blanca	—
chenin blanc	Blanca	—
gamay	Tinta	—
garnacha	Blanca y Tinta	—
gewurztraminer	Blanca	—
merlot	Tinta	—
moscatel	Blanca	—
nebbiolo	Tinta	—
palomino	Tinta	—
pedro ximénez	Blanca	—
pinot blanc	Blanca	—
pinot gris	Blanca	—
pinot noir	Tinta	—
riesling	Blanca	—
sauvignon	Blanca	—
sauvignon Blanc	Blanca	—
sémillon	Blanca	—
syrah	Tinta	—
tempranillo	Tinta	tinta fina, tinta del país, cencibel, tinto de Madrid, tinta de toro, ull de llebre
zinfandel	Tinta	—

En las láminas fotográficas, las imágenes están agrupadas según el tipo de entrada o grupo al que pertenecen.

Todas las imágenes corresponden a una entrada del diccionario que sirven para identificar ingredientes o preparaciones.

Crustáceos y moluscos

Abulón

Almeja

Berberecho

Bogavante

Buey de mar

Calamar

Camarón

Erizo de mar

Jaiba

A

abadejo

1. Pez marino de la familia de los gádidos, que frecuenta el Atlántico hasta el Golfo de Vizcaya. Mide de 70 a 80 cm, su vientre es gris y su dorso gris-verde o verde oscuro. Es un pez magro (1% de lípidos), de carne fina. Se vende entero, en trozos, en rodajas o en filetes. Sus modos de preparación son idénticos a los del eglefino, el merlán o la merluza.

En los países nórdicos se denomina *klippfisch* cuando se somete a un proceso de secado.

2. Pez carnívoro de agua salada. Habita en fondos rocosos y coralinos del Golfo de México y el Caribe. Su cuerpo alargado es color marrón claro con manchas oscuras y manchas bronceadas en la cabeza. Mide en promedio 70 cm, de largo y pesa aproximadamente 26 kg. Tiene abundante carne blanca, firme y jugosa con espinas grandes fáciles de desprender.

abaisse

Nombre de una pasta (*brisée, sablée*, de hojaldre, etc.) que se extiende con la ayuda de un rodillo o laminador sobre una superficie de trabajo enharinada o preferentemente un mármol a fin de darle el espesor y la forma correspondiente a su finalidad: tarta, torta, pasta, pizza, bollería, etc.

La palabra *abaisse* designa asimismo una rebanada de tarta de bizcocho, cortada en sentido vertical, sobre la que se suele añadir una guarnición como mermelada o crema.

ablandar

Acción que se efectúa en las carnes, con la finalidad de que sean más tiernas. Actualmente está prohibido el empleo de aparatos "ablandadores", pero es posible ablandar una carne gracias a varias técnicas:

• Se asienta o mortifica almacenándola siete días a bajas temperaturas (entre 0 y +2 °C).

• Se aplasta con la ayuda de un machete aplanadera.

• Se pica finamente; se deja unas horas en una marinada o una salmuera, o bien se hace cocer mucho tiempo en agua o vino.

abluciones de mesa

Costumbre consistente en enjuagarse los dedos en el curso de una comida. En Europa, desde que se impuso el tenedor ya no se utiliza el aguamanil o los recipientes con los que el comensal se lavaba antaño las manos. Por otra parte, los pequeños cuencos individuales para limpiarse los dedos habitualmente solo deben aparecer en la mesa con los espárragos, las alcachofas, el marisco y algunas aves pequeñas cuando se sirven enteras.

abocado

Término utilizado para designar un vino ligeramente dulce o de sabor algo azucarado al que se le ha añadido otro vino dulce o arrope de mosto porque su fermentación ha quedado incompleta.

abondance

Queso saboyano con Denominación de Origen, de leche cruda de vaca (48% de materia grasa como mínimo), de pasta prensada semicocida y de costra frotada con sal. El *abondance*, que se fabrica desde el siglo XIV, adopta el nombre del valle en el que se produce y de la raza de vacas lecheras seleccionada a partir de la raza Pie rouge del Este. Se presenta en forma de muela de 7 a 8 cm de grosor, de un color que varía del ocre al pardo, y pesa de 7 a 12 kg. Tiene un sabor sutil de avellana. Los quesos procedentes de leche de vacas de pasto alpino son los mejores.

aboukir

1. *Petits-fours* glaseados, elaborados con pasta de almendra verde o rosa en la que se hunde una almendra pelada, dejando o no que ésta sobresalga. Se glasean (con caramelo, azúcar quebrado o *candi*) con la ayuda de una brocha. Tradicionalmente se presentan en cápsulas de papel lisas o plisadas.

2. Elaboración de pastelería, constituida por una torta de bizcocho cocida en un molde de carlota, y luego cortada horizontalmente en rebanadas, entre las que se intercala crema de castañas. Se trata de un pastel glaseado con *fondant* de café, y luego decorado con pistachos picados.

absenta

Bebida fuertemente anisada obtenida a partir de ajenjo, planta aromática que contiene un alcaloide conocido desde la Antigüedad por sus virtudes tónicas y febrífugas. En el siglo XVIII, un médico francés elaboró un licor verde, de 60 a 70% Vol., a partir de la mezcla de ajenjo, anís, hinojo e hisopo, y vendió la receta a Henri Louis Pernod, que la empezó a comercializar en 1797.

La "musa verde", como la denominaban los poetas, se hizo muy popular a finales del siglo XIX. Se servía primero una dosis de absenta en el fondo de un vaso, y luego se añadía agua sobre un terrón de azúcar situado en una cucharilla plana perforada y que descansaba sobre el borde del vaso. Se trataba de un verdadero estupefaciente, que tenía consecuencias dramáticas sobre el sistema nervioso. La ley francesa del 16 de marzo de 1915 prohibió su fabricación y venta.

Actualmente la absenta se comercializa de nuevo con el nombre de "bebida espirituosa con extractos de absenta", con un 45 a 70%

Vol. Las sustancias nocivas que ocasionaron la prohibición de esta bebida en 1915, hoy en día se han reducido a proporciones ínfimas.

abulón

Gasterópodo marino de la familia de los haliótidos, cuya concha con reborde, ligeramente hueca y redondeada, evoca la forma de una oreja, por lo que también se le conoce como oreja de mar. El borde de la concha presenta una serie de orificios. El interior es anacarado y el exterior es de color pardo rojizo. El abulón mide de 8 a 12 cm. Todo el músculo es comestible. Se arranca de la concha, se limpia y se golpea para que esté más tierno. Posee una carne blanca y sabrosa.

En Europa los abulones se encuentran en las costas del Canal de la Mancha como en las del Mediterráneo. Su pesca está reglamentada. Se han hecho pruebas para criar este molusco, tanto en el Atlántico como en el Mediterráneo, pero su producción es todavía reducida. En América del Norte se encuentra solo en la costa occidental. El abulón del Pacífico es el más apreciado, por la ternura de su carne.

En México existen los abulones amarillos, negros, rojos y verdes, y todos se preparan de manera similar. El abulón tiene la carne más dura de todos los moluscos, por lo que tradicionalmente se golpea contra una superficie firme antes de cocinarlo, para ablandarlo. Es común el error de cocerlo por dos o tres horas para suavizarlo, lo que hace que la carne pierda propiedades nutrimentales. La mejor forma de prepararlo fresco es en rebanadas delgadas cortadas contra el hilo o fibra de la carne. Puede consumirse crudo o cocinado brevemente para que la carne no endurezca. Regionalmente se prepara rebozado, empanizado, salteado, en cocteles y con salsas de diferentes tipos, como cualquier otro marisco. La sobreexplotación que hubo de este molusco casi lo llevó a la extinción. A pesar de ello, su producción principal se encuentra en las cercanías de Ensenada, Baja California, y se extiende prácticamente a todo lo largo de la península en el océano Pacífico. En Ensenada se encuentran los principales comercializadores y empacadores de abulón, quienes lo envían principalmente al resto del mundo y a restaurantes especializados de México. El abulón ha dejado de ser un alimento popular en esas regiones; actualmente es escaso, caro y difícil de encontrar.

acabado

Disposición armoniosa sobre una fuente de servicio de todos los elementos de una preparación culinaria: pieza principal, guarnición, salsa, decoración.

En restauración, el acabado se efectúa en el momento en que los alimentos están "a punto". En el caso de platos calientes se hace rápidamente en el momento de dar el último golpe de calor y termina con el toque final de presentación.

Los elementos de guarnición siempre deben estar preparados: ramitas de perejil en agua fría; mantequilla *maitre d'hôtel* conservada en agua con hielos, perejil picado y cebollas en rodajas protegidos con una telilla; hongos rociados con jugo de limón; perejil frito conservado en un lugar caliente; mantequillas compuestas en rollos o envueltas en papel de aluminio.

El material del acabado comprende las fuentes de servicio, los platones y las fuentes con compartimientos (para los entremeses), las copas y los timbales, las cacerolas de cobre de servicio (sobre todo para la caza), las fuentes para verduras, las salseras y ensaladeras, las soperas, terrinas, compoteras, platos para tostadas, etc.

Algunos productos y preparaciones exigen un material particular para el acabado: las ostras y el marisco, por ejemplo, se sirven en una fuente con hielo picado, que se monta sobre un soporte. Otros necesitan la presencia de un calientaplatos. Los hay que requieren utensilios específicos: plato y pinzas para los caracoles, fuente de espárragos, etc.

En pastelería, el acabado de una pasta consiste en aplanarla con el rodillo y disponerla en un molde.

acabar

Terminar una preparación con los últimos toques de sazonamiento, consistencia, decoración, etc. Por ejemplo, ciertas sopas y cremas se acaban con la adición de hojas de hierbas aromáticas, mantequilla fresca, crema, queso rallado, etc. Algunos platos se cubren con queso y se acaban gratinándolo bajo la salamandra o el *grill* del horno.

acanalar

Obtener pequeños surcos en forma de V, paralelos y poco profundos, en la superficie de una verdura (zanahoria, pepino, champiñón) o una fruta (limón, naranja, durazno) con la ayuda de un cuchillo de acanalar o de uno de cocina. También se puede acanalar la superficie de un puré o un *mousse*, con la ayuda de una espátula o un tenedor. Una boca de una manga de pastelería puede ser "acanalada", es decir, dentada.

acecinado

Es uno de los primeros procedimientos que se inventaron para la conservación de materias animales, lo conocían desde muy antiguo los indígenas de América y de Oceanía. Consiste en conservar la carne mediante secado con humo (con virutas de madera nueva de haya o de roble), en general después de una salmuera. El humo de la madera humedecida, que se deposita en forma de gotitas en la superficie de las carnes, es rico en aromas y en sustancias cancerígenas (3-4 benzopireno), que se pueden evitar con una temperatura limitada a 29 °C.

Del acecinado se obtiene el *brési* (a base de res) en el Franco-Condado, el charqui (a base de res, carnero o llama) en América del Sur, el filete de Amberes (a base de res) en Bélgica, y el *pemmican* en Canadá y Estados Unidos. Se aplica asimismo a pescados semigrasos o grasos (anchoas, arenque, caballa, etc.).

acedera

Hortaliza de la familia de las poligonáceas, originaria de Asia septentrional y de Europa, de la que se consumen las hojas verdes, de sabor ácido (a causa del ácido oxálico que contienen). La acedera, poco calórica (25 kcal o 104 kJ por cada 100 g), es rica en hierro, potasio, magnesio, flavonoides y vitaminas B9 y C. Se hacen *omelettes* de acedera y cuando las hojas están amarillas y tiernas se pueden comer en ensalada.

Existen tres variedades principales:
- La acedera común, de hojas muy anchas, cuyo cultivo más difundido es la acedera de Chambourcy.
- La acedera espinaca, originaria de Oriente, de hojas planas, finas y lanceoladas.
- La acedera virgen, de hojas oblongas y astadas. Se prepara y adereza como las espinacas; en puré o en chifonada, a veces suavizada con un *roux* dorado o crema.

En México se conoce como acedera específicamente a la especie *Oxalis corniculata*, planta herbácea con hojas trifoliadas, los foliolos ovados y lobulados de 8 a 10 mm, fruto cilíndrico capsular de 12 mm y peciolo agudo. Es una hierba blanca de tallo rojizo, ramosa y filosa, con hojas ácidas de sabor agrio. Se emplea de forma similar al xoconostle, pues su sabor es parecido.

aceite

Materia grasa, de textura fluida a temperatura ambiente. Existen diversos aceites minerales y animales (por ejemplo, aceites de ballena, de hígado de bacalao, de foca), pero en cocina solo se emplea el que se extrae de semillas, frutas o raíces, es decir, todos de procedencia vegetal. Su valor energético es de 900 kcal o 3,762 kJ por cada 100 g. Contienen, en proporción variable, ácidos grasos benéficos para la fluidez de la sangre, la prevención de las enfermedades cardiovasculares y el descenso del colesterol: ácidos grasos monoinsaturados y poliinsaturados (ácidos grasos esenciales), en particular los omega-6 y los omega-3. Además, los aceites vegetales aportan vitamina E.

El aceite más antiguo es, probablemente, el aceite de ajonjolí, utilizado por los egipcios. Los griegos empleaban el aceite de oliva y en Atenas el olivo era un árbol sagrado, símbolo de la vida de la ciudad. En la Antigüedad el aceite servía para la alimentación, pero también para alumbrar, uso que durante mucho tiempo se dio en toda Europa.

Se distinguen los aceites vírgenes de los refinados. Los aceites vírgenes conservan el sabor de la semilla o de la fruta de la que se han extraído. Los principales aceites vírgenes que se comercializan son de oliva, de girasol o de otras semillas (cártamo, canola, soya) o de frutos (nuez, avellana). Los aceites refinados son los que se han sometido a un tratamiento (refinado) destinado a producir un aceite que responda a criterios de aspecto (limpidez, color), de calidad organoléptica (sabor neutro), de seguridad alimentaria y de estabilidad en la conservación.

Se denominan "materias grasas concretas" las grasas vegetales sólidas a temperatura ambiente (aceite de copra, de palma, de palmito) o las animales (manteca de cerdo, sebo). Muy saturadas, estas grasas deben consumirse con mucha moderación.

Los aceites sirven como cuerpo graso de cocción (fritura, salteado, dorado), a veces mezclados con mantequilla; intervienen en sazonamientos en frío (vinagreta) o en caliente, como ingrediente de salsas y condimentos (alioli, mayonesa); constituyen un medio de conservación (sobre todo de pescados, aunque también de quesos de cabra, hierbas finas); se utilizan para los adobos y maceraciones de carne, caza y pescado.

Algunas variedades de aceite son:
- El aceite de cacahuate soporta bien el calor (hasta 180 °C); si se filtra bien después de cada uso, puede utilizarse seis o siete veces.
- El aceite de canola soporta pocas cocciones suaves, principalmente se emplea para condimentar.
- El aceite de copra se obtiene del fruto del mismo nombre, que es la almendra del coco sin el cascarón, secada al sol y troceada.
- El aceite de oliva, muy utilizado en la cocina mediterránea, goza de una gran reputación gastronómica. Puede ser calificado de "virgen" o de "virgen extra", según su índice máximo de acidez oleica. Los aceites de oliva normalmente son resultado de ensamblajes de aceites procedentes de distintos países de la cuenca mediterránea. Algunos gozan de una Denominación de Origen.
- El aceite de girasol es adecuado para condimentar y para las frituras suaves.
- El aceite de soya es empleado sobre todo por la industria agroalimentaria.
- El aceite de germen de maíz posee las mismas características que el aceite de girasol.
- El aceite de nuez, tradicional en algunas regiones de Francia.
- El aceite de avellana, de sabor aromático.
- El aceite de semillas de uva, de sabor poco marcado, perfecto para macerar carnes.
- El aceite de semillas de calabaza, procedente de América del Norte.
- Los aceites de almendra dulce (que se emplean en confitería y pastelería), de germen de trigo, piñón, pistache, nuez pecana, mostaza y de almendra de huesos de ciruela se consumen menos.
- Los aceites de cártamo y de ajonjolí son muy habituales en Oriente y Asia. El aceite de *inca-inchi*, producido en Perú, tiene un alto contenido en omega-3. En algunos países donde se cultiva algodón (Mali, Chad, Togo, etc.), el aceite extraído de sus semillas cubre la mayor parte del consumo de aceite alimentario.

aceite esencial

Sustancia oleosa, llamada asimismo "esencia natural", intensamente perfumada, extraída de una flor, de un fruto, de hojas, de semillas, de una corteza, de una resina o de una raíz. Los aceites esenciales, obtenidos por destilación al vapor, o bien por expresión, se usan en la industria de los perfumes, y también se emplean cada vez más como aromatizantes alimentarios. Encontramos aceites esenciales de albahaca, orégano, clavo de especia, romero, tomillo, vainilla y cítricos. Bastan unas gotas para aromatizar ensaladas, verduras, salsas para carnes y pescados, y postres (crema, ensalada de frutas, helados y sorbetes, y pasta para tarta). Los aceites esenciales producidos por la agricultura biológica no contienen colorantes ni conservantes. Asimismo existe un aceite de lavanda de la Alta Provenza con Denominación de Origen.

aceituna

Fruto del olivo, árbol de la familia de las oleáceas. La aceituna u oliva, ovoidal y de pequeño tamaño, tiene una "piel" de color verde tierno que, al madurar, se vuelve negra. El hueso fusiforme es muy duro.

La historia del olivo está vinculada sobre todo a la de la cuenca mediterránea, que constituye su hábitat privilegiado desde la prehistoria.

Actualmente, 93% de la producción mundial de aceitunas se utiliza para la elaboración de aceite de oliva, mientras que el resto está reservado a la preparación de aceitunas de mesa (sobre todo en España, las verdes, y en Grecia, las negras). La aceituna es muy energética (de 300 kcal o 1,254 kJ por cada 100 g de aceitunas negras en salmuera o 120 kcal o 501 kJ por cada 100 g de aceitunas verdes en salmuera), es rica en sodio (2 g por cada 100 g) y en lípidos (20 g por cada 100 g de aceitunas verdes, 30 si son negras).

Se realizan distintas preparaciones con las aceitunas.

• A las aceitunas al agua (verdes) se les extrae el amargor remojándolas repetidamente en agua. Con ello conservan un buen sabor de fruta, pero aún les queda un cierto sabor amargo.

• Las aceitunas negras con vinagre de vino (de Calamata, en Grecia) se preparan en una salmuera con aceite y vinagre.

• Las olivas negras con sal seca se disponen en capas alternadas con sal. Poseen un buen sabor, con algo de amargor, aunque se conservan muy poco tiempo.

• Las olivas negras de Marruecos se salan con sal seca y luego se ponen en bolsas o en barricas con aceite.

Las aceitunas de mesa intervienen en numerosos entremeses y platos mediterráneos (*mezze* griegos, tapas españolas, preparaciones *à la niçoise*, *tapenade*, pizza, etc.). Se sirven en especial en el aperitivo, al natural o rellenas.

Actualmente en México se cultiva en los estados de Aguascalientes, Baja California, Coahuila, Chihuahua, Durango, Guanajuato, Hidalgo, Jalisco, Michoacán, Querétaro, Sonora y Morelos. Una parte de las aceitunas que se consumen en México proceden de Baja California, aunque siempre se han importado de España y es común encontrar en los mercados la aceituna española. Todas las variedades se consumen encurtidas y en aceite de oliva, como botana o rellenas de pimiento morrón, anchoa o ajo cuando están deshuesadas. En la cocina mexicana se utilizan siempre aceitunas verdes, que tienen un papel importante en guisos como picadillo, huachinango a la veracruzana, bacalao a la vizcaína, mechados y adobos.

acelga
Hortaliza de la misma especie que el betabel (familia de las quenopodiáceas), pero de la cual solo se consumen las hojas. Las partes verdes presentan un sabor menos pronunciado que las espinacas y se preparan como éstas, en sopas con verduras, sopas de pasta y diversos guisados con chorizo, carne de cerdo o pollo. Los tallos principales, anchos y tiernos, constituyen una verdura delicada. La acelga tiene tanto hierro como las espinacas, es muy rica en potasio, en betacaroteno y en fibra, además de ser una verdura tónica y refrescante.

acero
Metal muy resistente (aleación de hierro y carbono) utilizado en el equipamiento de cocina para fabricar hojas de cuchillo y demás utensilios (como la mechadora, sacacorchos, descorazonador). No obstante, presenta el inconveniente de su oxidación, y cada vez se sustituye más por el acero inoxidable (aleación de acero y cromo).

achicoria
Hortaliza de la familia de las compuestas, de la que se consumen las hojas, crudas o cocidas, más o menos amargas según sus variedades (achicoria silvestre y achicoria rizada), así como los tallos.

Algunas variedades de achicoria se han seleccionado y cultivado para que produzcan raíces gruesas y lisas, destinadas a la industria. Una vez torrefactas, proporcionan un producto molido, en polvo soluble o en extracto líquido, que se deja en infusión. Esta bebida, amarga y de color intenso, se consume generalmente mezclada con el café del desayuno; por lo que se le conoce como achicoria del café.

achiote
Fruto de la familia de las bixáceas, cuyas semillas se ocupan como condimento y colorante; es muy importante en las cocinas del sureste de México. Del náhuatl *achiotl* que significa tintura roja. Tradicionalmente el fruto se deja madurar y secar en el árbol hasta que adquiere un tono café y textura leñosa. El fruto se puede guardar por mucho tiempo sin necesidad de sacarle las semillas. Se le encuentra con facilidad en todos los mercados de México, aunque es más común en forma de pasta que como semilla. En Tabasco se hace la pasta de achiote más pura, ya que no contiene otro ingrediente más que agua; se obtiene remojando las semillas para incluirlas en la pasta. El pigmento se hierve y se deja reducir por varias horas hasta lograr una pasta muy suave con textura de barro húmedo con la que se hacen bolitas de aproximadamente 3 cm de diámetro, las cuales se envuelven en las hojas de maíz para dejar secar por mucho tiempo hasta que endurezcan. Generalmente no se utiliza recién hecho, y se acostumbra emplear el achiote de años anteriores debido a que la pasta se puede conservar durante mucho tiempo en excelente estado.

ácido
Término que expresa una función química y una sensación gustativa.

Para los químicos, una sustancia es ácida si, cuando se pone en solución en agua, libera iones de hidrógeno. El grado de acidez se define por el potencial hidrógeno (pH), cuya escala varía de 0 (muy ácido) a 14 (muy alcalino). El agua pura a 23 °C es neutra, con un pH 7.

Ciertos elementos encierran ácidos orgánicos, llamados "débiles" (en relación con los ácidos minerales llamados "fuertes", como el ácido sulfúrico), como los ácidos cítrico y málico en las frutas, ácido fosfórico en los quesos, la carne y el pescado, o ácido tartárico en el vino. Además, contienen sustancias asimilables cuya fórmula conlleva asimismo la función ácida: ácido ascórbico, aminoácidos, ácidos grasos.

Al consumir un alimento, el ácido es una sensación gustativa, y se habla de acidez por el sabor. Nuestra boca no percibe bien la acidez real, puesto que esta sensación resulta modificada por la presencia de sal, de azúcar, etc. Son esencialmente sensibles a este sabor la lengua y las papilas que tapizan la boca.

Los productos ácidos y aquellos a los que se añade un ácido (por ejemplo ácido acético, o vinagre) se conservan mejor, puesto que los microorganismos se desarrollan con menor facilidad cuando el pH es bajo. Por otra parte, el índice en vitamina C también se preserva mejor.

Un ácido débil, como el jugo de limón, impide que ennegrezcan por oxidación alimentos como los aguacates, plátanos, endibias, fondos de alcachofa, manzanas o papas. Los ácidos contribuyen a la coagulación de las proteínas, por ello se pone un poco de vinagre o de limón en un caldo corto y en la cocción de la blanqueta.

La acidificación es un fenómeno de degradación: cuando la lactosa se transforma en ácido láctico se dice que la leche se ha "agriado". En cocina se utiliza la crema "agria" o ácida, que se obtiene añadiendo unas gotas de limón en la crema de leche.

ácido graso
Elemento base de los lípidos, que en su mayoría son triglicéridos formados a partir de glicerol y tres ácidos grasos.

Existe una veintena de ácidos grasos corrientes, que se distinguen por su capacidad o incapacidad para asociarse entre ellos y los conocemos como saturados (no hay enlace posible) o insaturados (admiten un doble enlace en el caso de los monoinsaturados o varios enlaces dobles, en el de los poliinsaturados). Cuanto más rica es una grasa en ácidos grasos saturados, más dura es y más rápidamente se prende tras la cocción. Por el contrario, cuanto más rica es en insaturados, más fluida es (como los aceites).

Todos los ácidos grasos presentes en los alimentos no son utilizados del mismo modo por el organismo. Los saturados participan en el aporte energético, pero si se toman en exceso pueden provocar trastornos de sobrecarga (enfermedades cardiovasculares, un nivel de colesterol elevado, etc.). Los ácidos grasos insaturados protegen el sistema cardiovascular y tienen una función esencial en el correcto funcionamiento del cerebro y el sistema inmunológico.

Los saturados se encuentran esencialmente en las carnes, los embutidos, los quesos, la mantequilla y en los cuerpos grasos de origen animal, como los huevos o la margarina. También los encontramos en gran parte de la bollería y galletas industriales y en productos fritos congelados (en forma de aceite hidrogenado o aceite de palma).

Los monoinsaturados están presentes en el aguacate, la grasa de oca y los aceites de cacahuate, canola y oliva, sobre todo, y los poliinsaturados, en el pescado, las margarinas vegetales, los aceites de maíz, nuez, girasol, semillas de uva y soya.

ácido graso esencial
Algunos ácidos grasos poliinsaturados se llaman "esenciales", ya que son aportados al organismo solo por la alimentación. Contribuyen al buen funcionamiento del sistema inmunitario, permiten reducir el nivel de colesterol "malo" y limitan los riesgos de lesiones cardíacas.

Entre los ácidos grasos esenciales encontramos: los omega-3, presentes principalmente en los aceites de canola, de soya y de nuez, pescados grasos y semigrasos, en los canónigos, la verdolaga o las espinacas; y los omega-6, que se hallan en los aceites de cártamo, de maíz, semillas de uva, soya y girasol, en las mollejas, los huevos, el pescado y la carne.

La industrialización y la alimentación animal con harinas animales han contribuido a aumentar los aportes de omega-6 (sería preferible que se alimentase a los animales con semillas de linaza). Por ello, para restablecer el equilibrio entre omega-3 y omega-6 se recomienda consumir regularmente alimentos ricos en omega-3.

acidular
Propiciar que una preparación sea más ácida, agria o picante añadiendo un poco de jugo de limón, vinagre o agraz (también se dice "agriar").

ácimo
Calificativo (del griego *zumê*, levadura, y *a*, carente de) que designa un pan sin levadura. Es el pan ritual de los judíos, absolutamente puro, por oposición al pan profano, ya que al ser fermentado se puede pudrir.

La composición de los panes ácimos debe respetarse escrupulosamente: agua y harina de trigo (procedente de una siega efectuada de una manera determinada), sin sal, ni azúcar ni materia grasa. En ocasiones se elabora con la cebada, la espelta, la avena o el centeno.

A veces la masa se perfuma con vino o frutas, pero solo la *matza* "pura" se consume la primera noche de la Pascua judía.

A partir de la harina ácima se ha creado toda una gastronomía (buñuelos, albóndigas, sopas, pasteles), aunque los judíos son partidarios de conservar la idea de pureza, esencial para ellos, del pan ácimo, que los cabalistas —especialistas en comentarios de los textos bíblicos— llamaban "pan celeste".

acitronar
Técnica de freír cebolla o ajo en manteca de cerdo o aceite hasta que toma un tono translúcido. Su nombre se debe a que la cebolla adquiere el color original del acitrón. En la cocina mexicana la preparación de diversos guisos se comienza acitronando ajo y cebolla para después añadir el resto de los ingredientes que lo componen.

acondicionamiento
Conjunto de técnicas y procesos destinados a conservar, transportar y presentar a los consumidores los productos alimentarios. El acondicionamiento debe proteger los productos de los ataques a su valor nutritivo o a su sabor. En el plano comercial debe ser, a la vez, atractivo y práctico, pero sobre todo informativo.

Antiguamente existían recipientes concebidos para el transporte de los productos: canastos de mimbre, barriles de madera, tarros de cerámica, cañizos de junco e incluso hojas frescas. En la actualidad, cada alimento se comercializa en un embalaje específico, perfectamente adecuado a sus características. Dentro de los embalajes hechos con materiales sólidos encontramos: vidrio, acero estañado o cromado, cartón, aluminio y plásticos rígidos; y dentro de los materiales flexibles: papel no tratado, película de celulosa, papel aluminio, plástico autoadherible o papel film y papel grado alimenticio.

Algunos acondicionamientos especiales facilitan la aplicación o servicio del producto que contienen (botellas de salsa provistas de bomba aerosol, barquillas de platos precocinados para microondas, aerosoles de crema montada...). Además, numerosos productos industriales están acondicionados al vacío o en atmósfera modificada (gas inerte), lo cual permite una conservación muy larga (verduras, productos molidos, productos liofilizados, etc.).

→ conservación

acra

Buñuelo salado, constituido por una bolita de puré de verduras o de pescado, con especias, mezclada con pasta de buñuelo. Se sirve muy caliente como entremés o como aperitivo con un ponche.

Los *acras* (*accras*, *akras* o *akkras*), son muy populares en todas las islas de las Antillas. También se les conoce como marinadas, bombones de aceite, *stamp and go* en Jamaica y surullitos en Puerto Rico. Los más habituales son los de bacalao, aunque también se utilizan caballas, cangrejos de río, frutos del árbol de pan, berenjena, palmitos, malanga, calabaza, etcé.

acre

Calificativo que expresa una sensación picante e irritante al gusto y al olfato, a menudo persistente y desagradable. Se pueden encontrar un sabor u olor acres en un embutido que se ha ahumado mal o por demasiado tiempo, una pierna de cordero quemada o un yogur que se ha vuelto agrio.

Acurio, Gastón

Cocinero peruano (Lima, 1967). Entre 1987 y 1994 estudió y trabajó en Madrid y París, donde aprendió a valorar la tradición gastronómica propia. En 1994 fundó en Lima el restaurante *Astrid y Gastón*, del que posteriormente se crearon sucursales en diversas capitales andinas y en otros países. Es propietario e impulsor de diversas cadenas de cevicherías y restaurantes que promocionan la gastronomía peruana por todo el mundo. Polifacético e innovador, su cocina, con sugerentes creaciones, empalma con las tradiciones que recalaron en el país (precolombina, española con influencia árabe, europea, china y japonesa). Cocinero mediático en América Latina, presenta populares programas televisivos dedicados a la gastronomía y ha publicado *La cocina de Gastón Acurio*, voluminosa obra en diez tomos, así como el *Larousse de la Gastronomía Peruana*.

acuyo   ◆ hierba santa

aditivo alimentario

"Toda sustancia que no se consume normalmente como producto alimentario [...], tenga o no valor nutritivo, y cuya adición intencionada, con una finalidad tecnológica u organoléptica [...] propicia su incorporación en dicho producto" (*Código alimentario*).

La búsqueda del sabor, del color y de la conservación, en particular, ha incitado desde siempre a incorporar a los alimentos sal, azúcar, especias o vinagre, además de productos como el carmín o el caramelo. Pero la industrialización de la alimentación ha modificado de forma considerable la naturaleza y las condiciones de empleo de los aditivos. Los aromas ya no se consideran aditivos.

adobar

Cocinar una carne en algún adobo. En México existen cuatro procedimientos básicos para realizar esta técnica.

- La carne se cuece, después se dora y pasa por un largo proceso de cocción a fuego lento dentro de la salsa, directamente al fuego o al horno.
- La carne cruda se fríe o dora para después cocerse en la salsa.
- La carne cruda se marina en la salsa de adobo por varias horas y después se hornea en la misma salsa.
- La carne se unta con salsa o pasta de adobo para asarse o freírse; normalmente se trata de cortes delgados de carne como bistecs.

→ agente de textura

adobo

1. En México, el adobo es una salsa espesa de diferentes chiles secos, especias y vinagre en la cual se marina carne durante varias horas para después cocinarla lentamente durante un tiempo prolongado. La carne de cerdo es la que más se utiliza para esta preparación, seguida por la de pollo, res y pescado. Los principales chiles secos que se usan son guajillo, ancho y pasilla, los cuales se tuestan, cuecen y muelen con jitomate, cebolla y especias como pimienta, clavo, canela, tomillo, orégano, comino y ajo. El color de la salsa depende directamente de los chiles utilizados: los hay en diferentes tonos de rojo hasta llegar al negro. El vinagre es el ingrediente que diferencia el adobo de otras salsas. Al igual que ocurre con el mole, existen muchos tipos de adobo.

2. Modo de cocción de la carne y de las aves y, por extensión, de algunas verduras, así como del atún. Los elementos se rehogan con un fondo y aromatizantes. La palabra francesa *daube* designa una pieza de res braseada al vino, que es plato reputado en numerosas provincias del sur de Francia.

Adrià, Albert

Cocinero español (l'Hospitalet de Llobregat, 1969). Hermano de Ferran Adrià, entró en 1985 a trabajar en el restaurante *El Bulli* y se especializó en pastelería. Se formó con Paco Torreblanca, entre otros pasteleros. En 1997 dejó el restaurante de su hermano y se incorporó a *El Bullitaller*, un centro de investigación y creatividad culinaria. En 2006 abrió *Inopia Classic Bar*, y en 2011 (con Ferran) *Tickets* y *La Vida Tapa* (restaurantes barceloneses que se especializaron en tapas, aunando tradición y modernidad). En 1998 ecribió *Los postres de El Bulli*.

Adrià, Ferran

Cocinero español (l'Hospitalet de Llobregat, 1962). Nacido en un municipio popular de la conurbación barcelonesa, mientras dudaba si cursar o no estudios de comercio descubrió la cocina como lavaplatos en un hotel de Ibiza. En 1983 comenzó a trabajar en *El Bulli*, un restaurante de la costa catalana, en la cala Montjoi, cerca de la localidad de Roses. En 1990 se convirtió en su chef y propietario. Se apasiona por las técnicas modernas, utiliza el sifón para elaborar espumas y la pipeta para realizar jaleas, *mousses*, helados y un sinfín de mezclas curiosas y sabrosas: una cocina virtual que creará escuela. En 1997 se convierte en el tercer chef español que consigue tres estrellas *Michelin* y pone en marcha en Barcelona *El Bullitaller*, con la función de ensayar, conceptual y técnicamente, las recetas para cada nueva temporada.

La cocina de *El Bulli* no es incomprensible, sino diferente; sus artífices: Juli Soler, el gestor, maître de hotel y encargado de relaciones públicas, y naturalmente, Ferran Adrià, creador genial, que conoce a Michel Bras, Olivier Roellinger, Marc Veyrat, Alain Passard, Pierre Gagnaire y los demás cocineros franceses que "funcionan" por inspiración. Ferran Adrià ha creado su propio estilo. Es provocador, aunque solo se desafía a sí mismo. Este autodidacta superdotado, en parte químico y en parte alquímico, une sabores de manera formidable. Por ejemplo, su muselina de patatas con trufas o sus falsos "percebes" en jalea, imitan a la percepción sus modelos reales. Con su batuta se produjo una revolución en *El Bulli* cuyas consecuencias no dejan de dar frutos, incluso tras el cierre temporal del restaurante, en 2010, cuando anunció que se convertiría en un centro de investigación gastronómica de referencia. Escribió *El sabor del Mediterráneo*, obra que refleja su concepto de cocina durante los primeros años de la década de 1990, y después, entre otras obras, *Los secretos del Bulli* (1997) y *Comer para pensar, pensar para comer* (2009).

Aduriz, Andoni Luis
Cocinero español (San Sebastián, 1971). Estudió en la Escuela Superior de Cocina de su ciudad natal y trabajó a las órdenes de Hilario Arbelaitz, Pedro Subijana, Juan Mari Arzak, Ferran Adrià y Martín Berasategui. En 1998 inaugura en Errenteria su propio restaurante, el *Mugaritz*, por el que recibe numerosos reconocimientos y dos estrellas *Michelin* en 2005. Discípulo adelantado de Adrià, allí prepara creaciones en las que combina la cocina tradicional vasca, el dominio de la técnica y los conocimientos, por ejemplo, de la botánica, gracias a la que utilizó plantas y flores para sus recetas, con su imaginación y su voluntad de innovación. Además, su restaurante es un centro cultural donde conviven gastronomía, literatura, teatro y artes plásticas, y un centro de investigación culinario. En febrero de 2010 el *Mugaritz* sufrió un incendio; reconstruido completamente, volvió a abrir en junio de ese mismo año. Es coautor de diversas obras, entre ellas *La joven cocina vasca* (1998), *Tabula Bacalao* (2003) y *Diccionario botánico para cocineros* (2007).

advocaat
Licor untuoso, de origen holandés, hecho a base de yemas de huevo batidas, azúcar y alcohol, aromatizado con enebro. Se bebe como aperitivo, tanto al natural en una copa de oporto como con crema batida en un vaso largo.

aerómetro de jarabe o pesajarabe
Instrumento que sirve para medir la densidad de una solución de azúcar en el agua, a fin de obtener un almíbar más o menos concentrado. El aerómetro de jarabe se compone de una probeta, que se llena hasta los tres cuartos con el almíbar que se pretende medir, y un tubo graduado de 0 a 45 grados Baumé, lastrado con pequeños plomos de un peso determinado. Sumergido en almíbar, este tubo permanece en vertical y se hunde más o menos según la densidad del líquido. La cifra que se lee a ras del líquido indica la densidad de éste. Hoy en día todos los aparatos de medida están graduados en densidad.

afilador o amolador
Utensilio formado por dos ruedecillas de acero acopladas, montadas en un mango de madera, entre las cuales se introduce la hoja de un cuchillo para que pueda volver a cortar óptimamente. Esta herramienta es eficaz, pero desgasta rápidamente la hoja, lo mismo que sucede con los afiladores eléctricos con muela, que afilan según el ángulo apropiado los cuchillos de hoja recta o dentada, así como las tijeras.
→ chaira

afinado o maduración
Última etapa de la elaboración de un queso (salvo en el caso de los quesos frescos o fundidos), en el curso de la cual se seca, se forma la corteza y adquiere su textura, aroma y sabor. El afinado, operación delicada que precisa de una gran habilidad y experiencia, se efectúa en cavas de maduración (o en un local que reproduzca las mismas condiciones), más o menos vastas y aireadas, a una temperatura precisa y con un grado higrométrico determinado, a veces en presencia de flora bacteriana.

Durante el afinado, el queso evoluciona por la acción de microorganismos del propio ambiente o bien introducidos en la pasta. En la mayor parte de quesos, la maduración se realiza desde la corteza hasta el centro, aunque en los quesos azules sucede lo contrario (del interior al exterior). Cada queso recibe cuidados específicos: debe cepillarse o lavarse la corteza, macerarlo, darle la vuelta regularmente, recubrirlo de ceniza, de hierba, etc. Al final de este afinado, que puede prolongarse varios meses, el queso está a punto para su consumo. Un exceso de afinado proporciona sabores desagradables.

También se curan los salchichones y los jamones; se someten a un periodo de maduración y desecación que garantiza su estabilidad, sabor y aroma.

África negra
La cocina africana, más diversificada en el oeste del continente que en el este, ha conservado una cierta rusticidad (cocción lenta en hoguera de leña, utilización del mortero y de la marmita en la que se cuecen todos los ingredientes conjuntamente), además de estar íntimamente vinculada a los recursos locales. El plato básico de la cocina africana, cuyo nombre cambia dependiendo el país, descansa en la asociación de dos elementos esenciales: por un lado una fécula (mandioca, ñame, batata o taro) o un cereal (arroz, sorgo o mijo), reducidos en pasta o en papilla, y por otro lado, una salsa o guiso muy consistente, en la que se combinan verduras (espinacas, semillas de palma, jitomates, *gombos*), carne y/o pescado, pistaches, cacahuates, mangos verdes, etc. En general los platos africanos más comunes se preparan guisados o cocidos sin agua en un utensilio de tierra (*canari*), pero siempre presentan un extraordinario surtido de condimentos (especias, chiles, tamarindo, pasta de mijo, larvas de insectos y saltamontes secos, etc.). El cacahuate, el aceite de palma y el coco aportan su sabor a las preparaciones de carne y de pescado. La mandioca es la fécula básica, y el sorgo el cereal más difundido.

Los menús africanos no cuentan con ensaladas de verduras crudas, pero las sopas son numerosas y variadas.

Las calabacitas y los tubérculos son las principales verduras, con las "hojas verdes" (de calabaza, de berenjena o ejotes) y todas las variedades de plátanos (que se consumen en pasta, en croquetas, salteados o fritos).

El cuscús es un platillo presente en toda África. Está compuesto más a menudo por mijo que por trigo, aunque también se hace con maíz y con trigo completo. Según los recursos locales, la guarnición de verduras varía: col verde y cacahuates crudos en Malí; dátiles, uvas pasas y centros de alcachofa en Níger; calabaza y berenjenas en Burkina.

En algunas regiones se pueden encontrar guisos de víbora, de cola de cocodrilo, de mono o de camello; aunque también existen platos menos insólitos: el pollo, en particular, se prepara de formas muy diferentes (con coco, jengibre, plátanos verdes o cacahuate), mientras que la res y el cerdo a menudo se brasean o se hacen en cocido, y el cordero se come asado. En el litoral, los recursos de la pesca permiten variar agradablemente los menús.

Las frutas son numerosas, muy diversificadas y a menudo de una notable riqueza alimentaria. Con ellas se hacen compotas y cremas (de corojo, de aguacate). También acompañan al arroz con leche y a las papillas dulces, mientras que con los plátanos se realizan deliciosos buñuelos y con el camote se preparan pasteles (con coco) y crepas. Las frutas dan asimismo bebidas (leche de coco o de corojo, zumo de plátano, sidra de piña).

Se consumen en gran medida bebidas alcohólicas típicas: *mengrokom* (aguardiente de maíz y mandioca) en Gabón; cerveza de mijo en Togo; aguardiente, vino de palma y *babine* (bebida fermentada de hojas de aguacate).

agachadiza

Ave zancuda migradora perteneciente a la familia de los escolopácidos, de menor tamaño que la becada (50 cm de envergadura), que habita en las marismas, los pantanos y los prados húmedos.

La agachadiza se caza de agosto a abril (aunque es mejor en otoño). Su plumaje es pardo-negro en la cabeza y el dorso, y blanco en el vientre. Se prepara de igual modo que la becada.

agar-agar

Sustancia mucilaginosa, también conocida con el nombre de "musgo de Japón" o "de Ceilán". El agar-agar, que se extrae de unas algas muy abundantes en el océano Índico y en el Pacífico, se presenta en forma de pequeñas tiras arrugadas, de colores variados, o bien en forma de panes o polvo.

Cuando se hace fundir en agua a fuego lento, el mucílago se deslía, se concentra al hervir, y luego, al enfriarse, adopta la consistencia de una gelatina. Los japoneses lo incorporan a sus potajes, aunque el agar-agar encuentra sus principales empleos en la industria alimentaria en elaboraciones variadas como cremas heladas, salsas y sopas en conserva y como agente espesante y gelatizante.

agárico

Nombre colectivo que designa todas las especies de hongos de láminas rosadas que se vuelven pardas con la edad. Estos hongos, de bosque, de pradera o cultivados, presentan un pie sin volva en la base, aunque generalmente provisto de un anillo. La mayor parte de estos hongos son comestibles; el mejor ejemplo es el *Agaricus bisporus*, el champiñón.

Algunos enrojecen por la acción del aire y otros amarillean. Los rojizos o rosáceos (agárico campestre) y los amarillentos (agárico de los bosques), son excelentes.

agastache

Planta herbácea vivaz de la familia de las lamiáceas, ornamental, aromática y condimentaria. Las diferentes especies de agastache, originarias del extremo oriente asiático, se cultivan en el Reino Unido, Estados Unidos, Canadá y China por sus aromas intensos y complejos a anís, regaliz, menta y bergamota. Se utilizan a menudo para elaborar aperitivos y pasteles.

agave o maguey

Nombre genérico para un grupo de plantas de origen mexicano, robustas, de tronco nulo o reducido, hojas arrosetadas, carnosas, fibrosas y terminadas en púa, con bordes provistos de espinas rectas o en forma de gancho. Se conocen 200 especies, de las cuales más de la mitad se encuentran exclusivamente en territorio mexicano. Viven entre 5 y 70 años, dependiendo de la especie. Florecen una sola vez para reproducirse a través de la polinización por insectos, aves y animales, dando origen a otras plantas. Con los agaves se elaboran diversos destilados alcohólicos en México, llamados genéricamente mezcales, aunque cada uno recibe un nombre específico y algunos cuentan ya con la Denominación de Origen, lo que implica exclusividad por sus características. Con ellos también se elabora aguamiel, que da origen al pulque. Además, a la planta se le da un uso integral: sus hojas sirven para elaborar material para construir techos en las comunidades indígenas y para obtener fibras; sus flores y quiote son comestibles; las pencas albergan gusanos de maguey rojos y blancos; con la epidermis de las hojas se obtiene el mixiote que se emplea en el guiso que lleva su nombre y las pencas se emplean para envolver la carne de la barbacoa.

agente de textura

Aditivo alimentario concebido para dar una estructura y una consistencia determinadas a ciertos alimentos. Los agentes de textura (de E 400 a E 499) influyen a la vez en las propiedades físicas del producto (densidad, fluidez, viscosidad) y en las sensaciones gustativas vinculadas a éstas (untuosidad, cremosidad, etc.)
→ aditivo alimentario

agitador ◆ removedor

agraz

Granizado a base de almendras, mosto agraz (ácido) y azúcar que se prepara en el Magreb y en España. El agraz, de sabor acidulado, se sirve en grandes vasos de sorbete, a veces con kirsch.

agricultura orgánica o agricultura biológica

Modo de producción agrícola en el que se excluye el empleo de productos químicos de síntesis. La agricultura orgánica es reconocida y reglamentada en varios países desde la década de 1980. Las normas para la agricultura orgánica son creadas principalmente por agencias certificadoras privadas, aunque también algunos países han creado normas nacionales.

Actualmente, la denominación "orgánico o biológico" se reserva a los productos vegetales, sean o no transformados, cuando al menos el 95% de sus ingredientes es de origen agrícola orgánico (si esta proporción supera 50%, la denominación sigue estando autorizada, siempre que se precisen los ingredientes en cuestión); en algunos países, ciertos productos animales cuentan con una legislación semejante. La agricultura orgánica se basa en cuatro grandes principios:

- Fertilización gracias a materias orgánicas (estiércol, composta, abonos verdes) y a minerales naturales (rocas molidas, cenizas de madera).
- La rotación de los cultivos, con la alternancia de vegetales exigentes (cereales, plantas escardadas) y de los que enriquecen el suelo (leguminosas).
- Labores superficiales para no estropear la estructura del suelo.
- Empleo exclusivo de insecticidas a base de plantas y fungicidas no permanentes.

agridulce

Calificativo que expresa la asociación de dos sabores contrastados: el ácido y el dulce. Esta mezcla es una práctica culinaria muy antigua y todavía habitual. La miel, el vinagre y el agraz figuraban entre los ingredientes básicos de las preparaciones de la cocina romana y sobre todo de la cocina medieval en sus salsas y sus guisos.

Numerosas preparaciones cocidas en vino o en cerveza, escabeches (ya se trate de carne, de caza o de pescado, principalmente de río) o hervidas, presentan frutos secos (en la salsa) o jaleas de frutos rojos (para el acompañamiento). El sabor agridulce es uno de los rasgos más notables de las cocinas alemana, alsaciana, escandinava, flamenca, judía y rusa.

Las conservas de frutas en vinagre (arándanos, cerezas, ciruelas) son un ejemplo típico de agridulce, así como los condimentos cocinados (*chutneys*, mostazas dulces), algunos de los cuales son de inspiración exótica (Antillas, India) y se adoptaron en Europa por influencia británica. Pero la cocina agridulce más refinada probablemente se da en China, en particular con el pato, el cerdo y el pollo.

agrio

Calificativo que expresa una sensación de acidez cuando es anormal (una salsa, leche o vino se vuelven agrios cuando se han estropeado) o cuando parece poco agradable (las cerezas agrias, que no son comestibles en su estado natural, sí lo son si se han conservado en alcohol).

Esta palabra califica asimismo una percepción picante compleja en la boca, debida a la combinación de un sabor ácido y de aromas. El ácido láctico propicia que los productos lácteos sean agradablemente agrios, y el ácido acético hace otro tanto con el vinagre; otras moléculas aromáticas proporcionan una nota agria y refrescante a determinados alimentos (quesos frescos, yogures...).

agua

Nombre de la bebida más natural, y la única indispensable para el funcionamiento del organismo (que cada día reclama 0,4 dl de agua por kilo de peso para asegurar los intercambios metabólicos, la termorregulación del cuerpo, la hidratación de los órganos, etc.). Para que sea potable, el agua debe ser límpida, inodora y sobre todo de una gran pureza bacteriológica (el agua de lluvia a menudo está cargada de impurezas que están en suspensión en la atmósfera). Es preciso que sea bastante "blanda", es decir, que esté poco cargada (y de manera equilibrada) de sales calcáreas, magnesio, fosfatos, carbonatos, etc. Por otra parte, debe contener oxígeno disuelto. Un agua insuficientemente aireada se denomina "pesada"; si presenta demasiada cal se llama "cruda", y se presta en menor medida a la cocción de las verduras. Cuando la proporción de sales minerales es importante, a menudo presenta un sabor salado, alcalino, terroso, amargo o salobre. El agua corriente de las ciudades, que está tratada, presenta a veces un ligero olor a cloro.

El agua no es solo la bebida dietética ideal (preferentemente entre las comidas y en ayunas, al comenzar el día), sino que también es una materia prima indispensable para las industrias de fabricación de cerveza y bebidas con frutas. Por otra parte, desempeña un papel esencial en cocina (cocción con agua, caldos, potajes y sopas). También sirve para preparar infusiones, sobre todo té y café. No obstante, la cal precipita los alcaloides que contienen el té y el café y neutraliza en buena parte sus aromas. Por ello se aconseja preparar estas infusiones con un agua mineral natural. Un agua que hierve durante mucho tiempo es cada vez más agresiva; por otra parte, pierde su oxígeno y se vuelve cada vez menos aérea y ligera.

agua de manantial

Agua de origen subterráneo, que se diferencia del agua mineral natural por el hecho de no contener elementos favorables para la salud. En ningún caso debe llevar, pues, mención de una propiedad curativa o mineral. Para comercializarse, el agua de manantial debe embotellarse en el manantial y responder a criterios de tratamiento estrictos: solo se autorizan la aireación, la decantación, la filtración y, siempre que se precise en la etiqueta, la incorporación de gas carbónico.

agua mineral natural

Agua de origen subterráneo que posee un índice mínimo de oligoelementos o de otros constituyentes minerales beneficiosos para la salud, y cuyas cualidades se preservan mediante el embotellado en el manantial. Por otra parte, no debe haberse alterado a través de un tratamiento que modifique sus características, y solo se autorizan la aireación, la oxigenación, la decantación y la filtración.

Las aguas minerales naturales, que proceden sobre todo de zonas montañosas, pueden carecer de gas carbónico de forma natural o porque éste se ha eliminado (lo cual debe precisarse en la etiqueta) o bien presentan gas (natural o mediante la adición de gases puros, lo cual también debe mencionarse).

Las aguas minerales naturales cada vez se aprecian más durante las comidas y, cuando llevan gas, en el aperitivo. Algunas tienen índices de elementos minerales muy elevados (bicarbonatos, sulfatos, calcio, magnesio, flúor); por ello, cuentan con indicaciones medicinales muy específicas, pero también con contraindicaciones, mencionadas en las etiquetas. Las aguas menos mineralizadas son las más aconsejables para la preparación de biberones.

aguacate

Fruto piriforme, oval o redondo de un árbol tropical, de la familia de las lauráceas, originario de las partes altas del centro y este de México y de las partes altas de Guatemala. Su piel granulada (aguacates de Israel), o bien lisa y brillante (aguacates de América Central), es verde oscuro o pardo violáceo. Su carne verde pálida, rodea un gran hueso redondo y duro (que se separa fácilmente con la punta de un cuchillo). Tiene la consistencia de la mantequilla y un ligero sabor a avellana.

El aguacate es rico en lípidos insaturados (22%), en potasio y en vitaminas E y C. Su valor energético es de unas 240 kcal o 1,003 kJ por cada 100 g.

En la cocina mexicana tiene múltiples usos: como guacamole, servido en rebanadas para acompañar prácticamente cualquier alimento, empleado en cremas frías, ensaladas, aderezos, guarniciones, salsas, rellenos, tortas, cebiches, cocteles de mariscos, pozoles, y para acompañar carnes asadas y comerse sobre el arroz y tortillas. En toda América del Sur acompaña a potajes y guisos. En África, sus hojas se utilizan para preparar un tipo de bebida espumosa y ligeramente alcoholizada.

aguardiente

Nombre que recibe el producto obtenido por destilación de cualquier líquido fermentado. En los países vitivinícolas se obtiene sobre todo a partir del vino, aunque también se puede obtener a partir de la destilación de la melaza de la caña de azúcar o de otros productos.

Los alquimistas llamaban al alcohol *aqua vitae*, que significa agua de vida. En un primer momento se destinaba a un uso terapéutico pero pronto se apreció por sus propias virtudes, gracias a los progresos en el proceso de destilación y porque el posterior envejecimiento enriquece el producto en aroma y sabor.

Originalmente se llamó aguardiente al alcohol de vino con graduación menor a 70 °C, y con el tiempo se popularizó el término para designar así a todos los productos destilados. El whisky, el coñac, el vodka, la ginebra, el mezcal y el tequila, entre otros, son denominados aguardientes, ya que pueden estar hechos de caña, grano o fruta. Cabe aclarar que en México cuando solo se dice aguardiente y no se especifica algo más, se refiere al aguardiente de caña, que se obtiene de los jugos y melados fermentados de la caña de azúcar.

El ron se obtiene a partir del jugo de la caña de azúcar fermentada. El tequila a partir del resultado de la fermentación del ágave. El whisky y el *bourbon* son el resultado de la destilación de cereales que han sufrido un proceso de fermentación y en algunos casos una maltificación previa, dando como resultado el whisky de malta. El vodka se elabora en algunos países a partir de alcohol de papa.

Algunos aguardientes como la ginebra se aromatizan durante su destilación con distintos tipos de plantas, bayas o frutos.

Algunos aguardientes pueden seguir posteriormente un envejecimiento en barrica de varios años. Los cambios que se producen durante este tiempo suavizan el carácter áspero y rudo que presentan cuando son jóvenes y les permiten desarrollar su aroma y *bouquet*.

aguja

Costillas o chuletas delanteras de un cuadrúpedo como res, cerdo o ternera, utilizadas en múltiples guisos. Una forma popular de consumirlas en México es asadas con frijoles, tortillas y guacamole. Cortada en lonjas, sobre todo de su parte posterior, proporciona cortes económicos para parrillada.

aguja de bridar

Varilla de acero inoxidable, de 15 a 30 cm de longitud y de 1 a 3 mm de diámetro, puntiaguda en un extremo y con un ojo en el otro. Sirve para cerrar aves de corral o de caza que van a ser asadas o rostizadas rellenas, pasando a través de su cuerpo una o dos bridas de cordel o de hilo cáñamo. Las agujas de bridar se presentan a menudo en un estuche que contiene un surtido de distintos grosores.

aguja de mechar ◆ mechadora

Agulló, Ferran

Poeta, periodista y político español (Gerona, 1863-Santa Coloma de Farners, 1933). Es conocido sobre todo por ser el autor, entre otras publicaciones, del clásico y reglado *Llibre de la cuina catalana,* que se publicó en Barcelona a finales de la década de 1930. Esta importante obra estableció, de una manera regulada y ordenada, las bases de la cocina catalana contemporánea.

ahumado

Procedimiento muy antiguo de conservación de las carnes y pescados, que consiste en exponerlos al humo de una hoguera. El ahumado provoca su desecación, favorece la acumulación de sustancias antisépticas en su superficie y les da una coloración más oscura; además de a los alimentos un sabor y un perfume característicos.

El ahumado se utiliza sobre todo para conservar ciertas partes del cerdo (lomo, filete para el bacon, jamón, paletilla, panceta), embutidos (salchicha y salchichón), aves (oca, pollo crudo o cocido, asado de pavo cocido), algunas piezas de caza (faisán, jabalí) y ciertos pescados (anguila, arenque, trucha, atún, salmón, etc.). En todas las ocasiones lo precede una salazón o un paso por salmuera.

Existen dos técnicas de ahumado:
- En el ahumado en frío (inferior a 30 °C), el producto (carne y menudos, pescado) se expone al humo de leña o de aserrín de madera en combustión lenta.
- En el ahumado en caliente (esencialmente salchichas), en primer lugar se rehoga en una corriente de aire caliente y húmedo a 55-60 °C, y luego se pasa a un humo denso a 50-55 °C. Cuando la cocción se produce en el mismo recinto, la temperatura se va subiendo progresivamente a 75-80 °C.

En México pueden ser ahumados también una serie de utensilios para distintas actividades, como las jícaras que se utilizan para beber en Tabasco.

aïgo boulido

Sopa provenzal hecha a partir de agua hervida (y de ahí su nombre, que se escribe también con la ortografía *bouïdo* o *bullido*) y ajo.

Es uno de los platos tradicionales más antiguos de Provenza donde, como afirma el refrán, *l'aïgo boulido sauvo lo vito* ("la sopa de ajo salva la vida").

ajedrea

Planta aromática de la familia de las lamiáceas, originaria del sur de Europa, cuyo aroma recuerda al del tomillo.

- La ajedrea común, o anual, de hojas mates y color verde ceniciento, es la más apreciada en cocina.
- La ajedrea vivaz, o de montaña, de hojas más estrechas y rígidas, conocida con el nombre provenzal de "pimienta de asno", sirve sobre todo para condimentar los quesos frescos o secos de cabra o de oveja y ciertas marinadas o adobos.

La ajedrea es el aromatizante privilegiado de la cocción de legumbres. Cuando es fresca también da sabor a las ensaladas provenzales, a la ternera a la parrilla, al conejo asado, al costillar de cerdo, al pato y a la oca. Seca se emplea para condimentar chícharos, habas, ejotes, guisos o potajes, así como farsas y patés.

ajo

Planta en bulbo de la familia de las liliáceas, originaria de Asia central y conocida desde los tiempos más remotos por sus virtudes medicinales. Hipócrates lo clasificaba entre los medicamentos sudoríficos, y aseguraba que el ajo era "caliente, laxante y diurético". Gracias a los cruzados, que contribuyeron a su difusión en Europa, el ajo no tardó en reivindicarse como panacea, incluso contra la peste y las posesiones demoniacas.

Los dientes deben estar bien secos. Las cabezas, extendidas o bien colgadas en ristras para facilitar su aireación, pueden conservarse en un lugar frío (de -0,5 °C a +1 °C) o templado (18 °C). La aparición de manchas o el reblandecimiento de los dientes son signo de que han dejado de ser utilizables. Generalmente, el ajo blanco se conserva seis meses, el ajo rosa cerca de un año.

El ajo puede consumirse crudo o cocido, por lo que tiene varios usos: los dientes crudos, enteros y pelados se frotan directamente sobre pan para aromatizarlo y se licuan en salsas, moles y pipianes; picados se utilizan para sazonar verduras crudas o para dar sabor a mantequillas o salsas como alioli, *tapenade* y pisto; y prensado sirve para aromatizar aceites. Los dientes de ajo cortados en láminas o picados y cocidos forman parte de preparaciones salteadas (pescados, carnes, caracoles, jitomates, papas, hongos, sofritos) y los dientes enteros cocidos con o sin piel, se ocupan en guisos, estofados, asados y sopas.

ajoarriero

Preparación de origen rural e itinerante, cuya procedencia cabe buscarla en la ruta que hacían pastores y arrieros entre el País Vasco y Aragón. En la actualidad hay muchas recetas de ajoarriero (con el denominador común del ajo y el pimiento), pero la más popular continúa siendo la original que se prepara con bacalao.

ajoblanco

Sopa fría muy popular en la cocina andaluza, junto al gazpacho y al salmorejo. Se elabora triturando pan, almendras, ajo, agua, sal y aceite de oliva; la pasta obtenida se mezcla con agua y se cuela, con lo que queda una crema fina. Se le puede añadir vinagre y en ocasiones se acompaña con uva moscatel, papas o trozos de melón.

ajonjolí o sésamo

Planta oleaginosa de la familia de las pedaliáceas, cultivada en los países cálidos por sus semillas. De ella se extrae un aceite poco oloroso, muy apreciado en Oriente, de sabor dulce y que se conserva durante mucho tiempo sin volverse rancio.

En México es un ingrediente imprescindible en guisos como mole poblano, mole negro, encacahuatados y pipianes.

En las cocinas africana, árabe, china, india y japonesa se consume mucho aceite de ajonjolí como cuerpo graso de cocción o, incluso más a menudo, como condimento o como sazonador, ya que su aroma es muy volátil. En Líbano, el aceite de ajonjolí sirve para preparar el *hummus*.

En África y en Asia las semillas se consumen tostadas, como los cacahuates, y de ellas se extrae una harina que sirve para preparar tortitas.

al dente

Expresión italiana (literalmente: "al diente") que designa el grado justo de cocción de la pasta. Ésta debe retirarse del fuego y escurrirse cuando todavía está firme al morderla. También se emplea esta locución para algunas verduras (por ejemplo, ejotes y espárragos) que se sirven crujientes.

Esta etapa de cocción se recomienda para las leguminosas y los cereales, a fin de evitar que el almidón que contienen se transforme en azúcar de asimilación rápida; el tiempo de cocción aconsejado suele estar indicado en los envases.

ala

Extremo del cuarto delantero de un ave, que forma parte de las menudencias. El ala se puede preparar de varias maneras (salteada o breseada, rellena si es lo bastante grande), pero sobre todo sirve para preparar consomés.

Alajmo, Massimiliano

Cocinero italiano (Padua, 1974). Es el chef de cocina más joven de la historia que ha recibido las tres estrellas *Michelin*. A los veintiocho años recibió la distinción suprema en la residencia familiar, ante una austera fachada moderna en la entrada de Padua, en el barrio de Rubano, que junto a su hermano Raffalele acondicionó como restaurante. Alajmo se formó con Michel Guérard y Marc Veyrat, y aplica a la tradición italiana las sabias lecciones técnicas aprendidas en Francia. Los *involtini de scampi* con *coulis* de lechuga y verduras en tempura, las sardinas en escabeche con una polenta frita y las pastas integrales al romero y crema de garbanzos son los emblemas de una cocina italiana más ligera, modernizada, pero que con la dirección de este chef no pierde sus raíces.

alambique

Aparato que sirve para destilar alcohol. La palabra procede del árabe *al'inbīq*, vasija para destilar. El alambique tradicional es de cobre y se compone de una caldera en la que se calienta la mezcla a destilar, un capitel en el que se concentran los vapores y un cuello de cisne que conduce los vapores hacia el serpentín; este último está sumergido en un baño refrigerante, en el que se condensan los vapores. Este tipo de alambique, llamado "discontinuo" o "de repaso" (porque el alcohol pasa dos veces), sirve para destilar la mayor parte de los grandes aguardientes, pero también se utilizan alambiques de destilación continua (por ejemplo para el armañac) y alambiques de dos columnas, que evitan que el alcohol vuelva a pasar, para las fabricaciones industriales.

alazor ◆ cártamo

albahaca

Planta aromática de la familia de las asteráceas, originaria de la India. Su nombre en francés, en italiano y en otros idiomas, derivado del griego *basilikos*, real, testimonia el valor que se le concedía desde la Antigüedad. Existen unas sesenta variedades de albahaca. Ligeramente picante, se nota en el paladar, con un sabor fresco y anisado. Es indispensable en el *minestrone* o la sopa de *pistou*, casando bien con el aceite de oliva. Aromatiza los platos de pasta en todas sus formas, así como las ensaladas de jitomate y pimiento.

albardilla

Tira estrecha de tocino graso con la que se envuelven (lardean) los asados de carne, algunas piezas de caza de pluma y aves de corral, las popietas y también algunos pescados (asados enteros) para protegerlos de un calor demasiado vivo (su grasa impide que la carne se seque). La albardilla también se utiliza para mejorar la presentación. Afecta al sabor de la carne a la que envuelve. No debe sobrepasar 13% del peso de la carne asada.

También se pueden cubrir con albardillas (lardear) las paredes del recipiente de cocción de los guisos y los breseados, así como los mejillones o las terrinas y patés con corteza de pan.

La albardilla debe retirarse antes de servir, salvo en el caso del perdigón y de otras piezas de caza.

albaricoque ◆ chabacano

albariño

Variedad de uva blanca mayoritaria en la producción de los vinos gallegos con Denominación de Origen Rías Baixas y de una manera especial de la subzona de Val do Salnés, cuyos blancos se elaboran casi todos como monovarietales de esta uva. La albariño aporta una marcada personalidad y un carácter floral y afrutado a los vinos.

albérchigo

Fruto del albérchigo, de la familia de las rosáceas, similar al melocotón y al albaricoque, y que antaño se apreciaba sobre todo en Turena. El albérchigo tiene una piel rugosa y una carne fundente, acidulada.

albóndiga

Preparación en forma de esfera pequeña, elaborada con una farsa, carne picada o un puré, y servida con una salsa espesa o una salsa de tomate. Las albóndigas, generalmente empanizadas a la inglesa (con una mezcla de huevo, aceite, sal y pimienta), se fríen en aceite, aun-

que también pueden saltearse o escaldarse. Sirven a menudo para aprovechar restos de carne o de pescado.

En México las albóndigas se elaboran de carne molida o desmenuzada de res, pollo, cerdo, pescado o mariscos, mezclada con huevo, pan, especias y otros ingredientes.

Miden 5 cm de diámetro, aproximadamente. Por lo general se cuecen en caldillo de jitomate y se acompañan con arroz, frijoles, chayote o papas en trozos. Se trata de una comida casera que se sirve cualquier día de la semana. De este platillo se ha creado un sinnúmero de preparaciones en diferentes salsas.

alcachofa

Hortaliza vivaz de la familia de las asteráceas, cuya cabeza está formada por un receptáculo (fondo) rodeado de hojas (brácteas). El fondo, carnoso y tierno, se come una vez se ha retirado la pelusa; la base de las brácteas y el tallo son también comestibles. Muy utilizada en la cocina italiana y francesa.

Siendo la alcachofa el botón de una flor, las brácteas abiertas indican que está demasiado maduro, es decir, duro. Se puede guardar fresca durante unos días sumergiendo su tallo en el agua, como una flor. Poco energética (63 kcal o 263 kJ por cada 100 g), es diurética por su potasio. Está recomendada para los tratamientos de las enfermedades de la piel (*eccema*).

alcaparra

Botón floral de la alcaparrera, de la familia de las caparáceas, originaria de Asia oriental y que se difundió por las regiones cálidas francesas, sobre todo en Provenza. La alcaparra, de tamaño muy pequeño, se recoge muy joven (menos de tres días), se confita en vinagre o se conserva en salmuera.

Utilizada como condimento, servía ya en el Imperio romano para dar gusto a las salsas en los platos de pescado. También aromatiza el arroz y las albóndigas (cordero y ternera), se emplea en las pizzas y combina muy bien con la mostaza y el rábano picante. Para preservar su aroma, las alcaparras no se deben cocinar; basta con añadirlas en el último momento a la preparación. El fruto de la alcaparrera, de un tamaño similar al de una aceituna, se prepara de la misma manera y lleva el nombre de "pepinillo de la alcaparrera".

alcaravea

Planta aromática de la familia de las apiáceas, común en el centro y el norte de Europa, llamada también, por su similitud en sabor y aspecto, "comino de los prados", "falso anís" o "comino de las montañas". La alcaravea se cultiva sobre todo por sus semillas, oblongas y pardas, que al secarse se utilizan como especia. Se emplea para perfumar, panes, bizcochos, aguardientes y licores.

alce

Gran rumiante de la familia de los cérvidos, que vive en estado salvaje en Escandinavia, en Siberia (donde se han efectuado pruebas de domesticación), en Canadá (donde recibe el nombre de "orignal") y en Estados Unidos. Es un animal robusto que se reproduce en gran número, y su caza es muy popular. Su carne, que se asemeja a la del ciervo, se prepara como la de este último.

alcoholato

Producto obtenido por destilación de una maceración de elementos aromáticos (semillas, flores, frutas, tallos, huesos de frutas, cáscaras) en alcohol. Los destilados, incoloros y perfumados, se emplean mucho en la fabricación de licores.

alcoholes y destilados

Producto de la destilación de sustancias azucaradas después de su fermentación. En la Edad Media, el alcohol se consideraba un elixir de larga vida (y de ahí su nombre, en algunas lenguas, de "agua de vida") y se reservaba a usos terapéuticos. Hacia finales del siglo XV se convirtió en "alcohol de boca," y se le asociaron entonces todo tipo de plantas para aromatizarlo y darle sabor. Finalmente, la invención de la rectificación (redestilación que elimina el sabor de alcohol bruto y lo hace más puro, más fuerte, apto para adquirir *bouquet* y finura) lo convirtió en un producto de consumo común.

El índice de alcohol de una bebida se ha medido durante mucho tiempo en grados. La presencia de alcohol se expresa según la proporción de volumen de líquido, es decir, % Vol. El alcohol es calórico (7 kcal o 29 kJ por gramo), pues encierra azúcares asimilables. Pasa a ser tóxico cuando su índice supera los 0,50 g por litro de sangre. Se aconseja rotundamente evitar su consumo a las mujeres embarazadas y está prohibido a niños y adolescentes.

Los alcoholes llamados "etílicos" son los únicos aptos para el consumo, obtenidos por fermentación, por la acción de levaduras, de elementos muy diversos. Cuando la materia prima es noble, la bebida no se rectifica y se elabora un aguardiente.

Las frutas (uva, pera, manzana, frutos con hueso, bayas, etc.) proporcionan, además del vino, la sidra de manzana y la de pera, la gama de orujos, aguardientes (armañac, calvados, coñac) y alcoholes blancos (frambuesa, kirsch, ciruela).

Los cereales y semillas (arroz, cebada, trigo, centeno, maíz, etc.) también se emplean mucho (ginebra, whisky, vodka, etc.), así como tubérculos (esencialmente la papa y el betabel) y plantas (palma, mijo, caña de azúcar, agave) con las que se obtiene ron, tequila y varias bebidas alcohólicas de ámbito local.

El alcohol posee propiedades antisépticas, útiles para las conservas de frutas.

En cocina y en pastelería se emplean aguardientes en los helados, sorbetes y suflés, pero también para varias operaciones culinarias: para desglasar, flamear, embeber, adobar.

BEBIDA	LUGAR DE ORIGEN	TIPO DE BEBIDA
absenta	Francia	licor
amaretto	Italia	licor
angostura	Venezuela	*bitter*
anisette	Francia	licor
aquavit o *akvavit*	Escandinavia	aguardiente
arak	Medio Oriente	aguardiente
armañac	Francia	aguardiente
baileys	Irlanda	licor
bock	Francia, Bélgica, Alemania	fermentado
boukha o *boukhra*	Túnez	aguardiente
bourbon	Estados Unidos	aguardiente
brandy	España	aguardiente
brûlot	Estados Unidos	aguardiente
calvados	Francia	aguardiente
casis	Francia	licor
cerveza	—	fermentado
chartreuse	Francia	licor
chicha	Perú	fermentado
chinchón	España	aguardiente
cointreau	—	licor

BEBIDA	LUGAR DE ORIGEN	TIPO DE BEBIDA
coñac	Francia	aguardiente
crema	—	licor
curaçao	Antillas	licor
digestivo	—	licor/aguardiente
drambuie	Escocia	licor
galliano	Italia	licor
Get 27 y Get 31	Francia	licor
ginebra	Reino Unido	aguardiente
ginger beer	Reino Unido	fermentado
grand marnier	Francia	licor
grappa	Italia	aguardiente
gueuze	Bélgica	fermentado
guignolet	—	licor
kirsch	Francia	aguardiente
korn	Alemania	aguardiente
kriek	Bélgica	fermentado
kummel	Países Bajos	licor
kwas	Rusia	fermentado
malibú	—	licor
marrasquino	Croacia	licor
mezcal	México	aguardiente

(continúa)

BEBIDA	LUGAR DE ORIGEN	TIPO DE BEBIDA
mistela	—	licor
orujo	España	aguardiente
ouzo	Grecia	aguardiente
pacharán	España	licor
parfait amour	Países Bajos	licor
pastis	Francia	licor
peppermint	—	licor
pequet	Bélgica	aguardiente
pils o *pilsen*	República Checa	fermentado
pisco	Perú, Chile	aguardiente
pulque	México	fermentado
raki	Turquía	aguardiente
ratafía	Francia, España	licor
ron	—	aguardiente

BEBIDA	LUGAR DE ORIGEN	TIPO DE BEBIDA
rye	Estados Unidos	aguardiente
sabra	Israel	licor
sake	Japón	fermentado
sambuca	Italia	licor
sidra	Francia	fermentado
sidra de pera	Francia	fermentado
slivovitz	países Balcánicos	aguardiente
stout	Reino Unido	fermentado
tequila	México	aguardiente
trappiste	Países Bajos	fermentado
triple seco	—	licor
vermut	Italia	licor
vodka	Polonia, Rusia	aguardiente
whisky y whiskey	Escocia	aguardiente

alcorza ◆ pastillaje

aldehído

Agrupación y compuesto orgánico en el que un átomo de carbono está asociado por un doble enlace con un átomo de oxígeno y a uno de hidrógeno. Algunos aldehídos se utilizan para dar olor a ciertos productos alimentarios; el acetaldehído, o etanal, descubierto en 1774 por el químico sueco Carl Wilhelm Scheele, posee un olor característico a manzana verde.

ale

Denominación genérica de las cervezas inglesas tradicionales de fermentación alta.

- La *pale ale*, de color ámbar pálido, picante y refrescante, presenta una espuma rica.
- La *bitter*, con menos alcohol, es de color cobre, con un sabor marcado de lúpulo.
- La *brown ale*, más suave, parda, presenta un sabor a caramelo.

alegría

Dulce de amaranto tostado, mezclado con miel de abeja, de azúcar o de piloncillo, y en ocasiones con nueces, pasas y cacahuates. La mezcla caliente se vacía en moldes, se presiona y se coloca en bastidores para dejarla secar; una vez fría, se desmolda y se corta en diversas formas, que pueden ser ruedas, cuadros o rectángulos y se envuelve en papel celofán transparente para su venta. Es considerado el dulce más antiguo de México.

alemana

Salsa blanca realizada con un fondo de ternera o de ave (acompaña entonces a los menudos, aves escalfadas, verduras y huevos), o con un caldo de pescado o de hongos (se sirve con pescado). Se llama así por oposición a la española, una salsa oscura, pese a que estas dos preparaciones fundamentales son de origen francés.

alemana, a la

1. Nombre de una preparación en la que interviene la salsa alemana. **2.** Manera de aderezar la caza en adobo, inspirada en la cocina alemana: muslo o cuarto trasero de corzo, lomo de liebre o de conejo asado sobre las verduras en adobo; la salsa de acompañamiento se desglasa con el adobo, crema y vinagre.

Alemania

La cocina alemana es más conocida por las raciones copiosas de sus platos que por su diversidad real. En el norte, húmedo y frío, en el que se mezclan las influencias holandesa, escandinava y polaca, se sirven sopas consistentes, carnes y pescados ahumados; en el centro, donde se honra a la trilogía cerveza-pan de centeno-jamón, también se aprecian los guisos, las verduras frescas y la repostería eslava; en el sur y el oeste la cocina es más ligera, en particular en la zona de Baden y en Renania, tierra del vino, donde reina la caza; en Baviera predominan sobre todo las carnes y la repostería. Esta cocina se caracteriza por sus mezclas de dulce y salado.

La charcutería es muy importante para la gastronomía alemana, existe una amplia gama de salchichas, jamones, morcillas y demás embutidos.

Los quesos son igualmente diversos; los quesos frescos de vaca se mezclan con cebolla, pimentón o finas hierbas; los quesos de pasta dura, así como los quesos fundidos, pueden ser ahumados o llevar jamón.

El pan se presenta con aspectos muy variados: trigo entero, cebada o centeno, aromatizado con semillas de linaza, de ajonjolí o de comino.

Los platos de carne (cocidos o estofados) son los protagonistas en todas partes, con dos condimentos principales: el rábano picante y la cebolla.

El pescado de mar es el rey en el norte, sobre todo el arenque, con sus innumerables preparaciones (ahumado, marinado, frito, en salsa, con rábano picante, con mostaza, con cerveza) y el rodaballo; los crustáceos y las ostras también son frecuentes, así como la anguila y las truchas.

En el terreno de las verduras, la col es omnipresente —blanca, roja o verde, marinada, cruda, en ensalada o en *choucroute*—, así como la patata, que los alemanes saben preparar con un ingenio sin par.

Las frutas alemanas, entre las que destacan las manzanas, las cerezas y las *quetsches*, a menudo se ponen a secar o se conservan en agridulce. Las jaleas de bayas silvestres y los aguardientes blancos son excelentes.

En repostería, el repertorio de las tartas y bizcochos rellenos es vasto; destacan también los panes de especia y los mazapanes. La repostería familiar recurre ampliamente a la canela, los frutos secos (sobre todo almendras) y los limones, así como a las semillas de amapola.

En algunas zonas del país se producen vinos, entre los que destaca el vino de hielo.

alérgeno alimentario

Sustancia contenida en los alimentos que desencadena una reacción inmunitaria anormal (erupción cutánea, reacción asmática o incluso shock anafiláctico) en las personas propensas. Los principales alimentos responsables son: el cacahuate, el huevo, la leche, el pescado, los crustáceos, la soya y la avellana. El mejor tratamiento consiste en evitar, en la medida de lo posible, cualquier contacto con el alérgeno en cuestión.

En las etiquetas de los productos preenvasados deben constar obligatoriamente los alérgenos alimentarios y algunos de sus derivados.

aletas de tiburón

Aletas y extremos cartilaginosos de la cola del tiburón, vendidas secas, en forma de largas agujas de un color blanco amarillento. Este producto raro y caro, que tiene la reputación de ser afrodisiaco, es uno de los ingredientes de una célebre preparación china, que los mandarines hacían servir tradicionalmente en medio de los banquetes. Las aletas deben permanecer en remojo una noche en caldo de pollo, y luego hervirse durante cerca de tres horas. La preparación, constituida por camarones, hongos, jengibre, cebolla y salsa de soya, presenta, además de los alerones, trocitos de jamón, láminas de bambú y carne de cangrejo.

Alexandra

Cóctel muy untuoso, denominado asimismo brandy alexander, compuesto de crema de leche (o de leche evaporada), licor de cacao incoloro y coñac (que algunos *barmen* reemplazan por ginebra, con lo que el cóctel pasa a llamarse, Alexander). Se sirve como digestivo.

alfajor

Especialidad andaluza de la repostería navideña. De procedencia hispano-árabe, se basa en una pasta de nueces, almendras y miel, a la que se da forma cilíndrica gracias a una masa aglomerada con pan rallado.

En Hispanoamérica, con la misma denominación, existe otro dulce que comparte el mismo origen, a base de dulce de leche y galletas a menudo recubierto de chocolate y almendras.

En México el término puede referirse a un postre de platón similar a un ante, a un dulce, a una golosina o a una cocada. En cada región se prepara de formas diferentes.

alforfón o trigo sarraceno

Cereal de la familia de las poligonáceas, originario de Oriente, cultivado en Europa desde finales del siglo XIV, conocido también como "trigo negro". La tonalidad oscura de sus granos proporciona una harina gris, finamente moteada de negro. Fue una de las bases de la alimentación en Bretaña y Normandía hasta finales del siglo XIX, así como en el norte y el este de Europa.

La harina de alforfón, que no se puede panificar, puesto que no contiene gluten, pero que puede asociarse a la harina de trigo para elaborar panes especiales, es rica en hierro y magnesio, así como en vitaminas del grupo B, y es menos energética que los otros cereales (290 kcal o 1,212 kJ por cada 100 g).

algarroba

Fruto en forma de vaina del algarrobo, árbol mediterráneo de la familia de las fabáceas. La algarroba, que puede alcanzar 30 cm de longitud, posee una pulpa nutritiva, refrescante y tan rica en azúcar como la melaza. La algarroba molida permite preparar confituras, un licor y las galletas tradicionales *kabilas*. En la industria alimentaria, la harina se utiliza ampliamente por su poder aglutinante y por su capacidad para dar volumen a ciertas preparaciones. También se emplea contra la gastroenteritis infantil.

algas

Vegetales marinos, algunos de los cuales se utilizan en cocina, como guarnición o en ensalada. Las algas están presentes en todas las latitudes, pero su extensión se limita al litoral cercano. Estas plantas, extremadamente variadas, son ricas en minerales, celulosa, oligoelementos (cabe destacar el yodo) y vitaminas.

→ plantas marinas

alginato

Aditivo alimentario extraído de las algas pardas, sobre todo de las laminares, numerosas en las costas europeas. El alginato se utiliza por sus propiedades espesantes, gelificantes o estabilizantes en distintos productos agroalimentarios, como las cremas pasteleras y las salsas instantáneas, así como en las carnes y embutidos reestructurados.

algodón de azúcar

Golosina elaborada con azúcar cristalizado, blanco o de color, que se proyecta hacia las paredes de una máquina eléctrica que gira a gran velocidad. Al calentarse, el azúcar forma filamentos como cabellos que se enrollan en torno a un bastoncillo. La primera máquina francesa, que funcionaba con manivela, apareció en la Exposición Universal de París de 1900.

alholva

Planta aromática de la familia de las fabáceas originaria de Oriente Medio. Esta leguminosa presenta una vaina alargada que encierra semillas oblongas y planas, amargas y ricas en mucílago. Las hojas secas son muy olorosas; en Turquía, Arabia y la India participan en la preparación de numerosos condimentos.

Antaño, en los países del Magreb, las mujeres consumían regularmente una mezcla de harina de alholva, aceite de oliva y azúcar en polvo para ganar peso.

En Occidente, este aromatizante no se utiliza mucho, salvo en el vinagre de los encurtidos y los pepinillos.

alicante

Vinos valencianos con Denominación de Origen procedentes de viñedos situados cerca del río Vinalopó, alrededor de Alicante y en la comarca de la Marina. Son zonas mediterráneas muy soleadas, con escasas precipitaciones, y suelos con elevado nivel de caliza. Existen variedades de vino blanco, rosado, tinto, de licor (moscatel), rancio, noble, añejo y fondillón (el más genuino). Los caldos proceden, como variedades preferentes, de uvas blancas Airén, Macabeo, Merseguera y moscatel de Alejandría, y de uvas tintas garnacha tinta, garnacha tintorera, Monastrell y Tempranillo.

aligot

Preparación a base de papas, ajo y queso laguiole, en el Rouergue (provincia de Aveyron) o queso cantal en Auvernia, donde se denomina *truffade*. El queso no debe estar madurado, por lo que se utiliza la *tomme* fresca. Para que el *aligot* esté bien hecho, es preciso incorporar a la perfección el queso a las patatas cocidas hasta que la pasta forma correa.

También se prepara un *aligot* dulce: se vierte en una fuente de gratinar, se riega con ron y se flambea.

alimento

Sustancia bruta o transformada que sirve para nutrirse. Las técnicas modernas de producción, conservación y distribución han permitido diversificar la alimentación gracias a la creación de nuevos productos. No obstante, en cada país o región, la alimentación cotidiana, que depende obviamente de las riquezas agrícolas, está marcada asimismo por tradiciones sociales, religiosas y familiares. Los gustos individuales y el modo de vida (trabajo de oficina o físico, actividad deportiva, etc.) también influyen, así como las obligaciones de un posible régimen.

Los alimentos se clasifican en tres grandes grupos en función de su aporte principal: los glúcidos o carbohidratos (féculas, legumbres y productos dulces), los lípidos (aceites, mantequilla y quesos) y las proteínas (carnes, pescados, huevos y productos lácteos).

No existe ningún alimento completo, por lo que es preciso variar la composición de las comidas para evitar carencias. Además, hay que habituarse a leer atentamente las etiquetas de los productos de la industria alimentaria, ya que el tratamiento de un alimento puede alterar sus características nutricionales. Por ejemplo, cuando los cereales están hinchados contienen azúcares de asimilación rápida.

alioli

Especie de mayonesa provenzal, cuyo nombre está formado por *ail*, ajo, y *oli*, aceite, que forman parte de sus ingredientes. El alioli se sirve con huevos duros, ensalada, caracoles o carne o pescado frescos. Pero cuando se habla del "gran alioli", que se consume dos o tres veces al año, se trata de un plato de fiesta, con bacalao seco pochado, res y carnero hervidos, verduras hervidas, caracoles y huevos duros, acompañados por esta salsa.

aliso

Baya escarlata del aliso, un árbol de montaña de la familia de las rosáceas, que es una variedad de serbal. Tiene el tamaño de una cereza pequeña; se recolecta en otoño y tiene un sabor algo agrio. Se utilizan las bayas muy maduras para hacer confituras y jaleas, así como un aguardiente artesanal.

allumette

1. Bastoncillo de pasta de hojaldre, de composición variable y cocido al horno. Si la pasta es salada, para una entrada caliente, la elaboración o elemento principal junto al hojaldre (queso, anchoas, camarones, farsas de ave, de pescado o de verduras, especias, etc.) se sitúa a veces entre dos planchas de pasta. Si la pasta es dulce, se trata de la *allumette* glaseada, pastelillo individual cuya creación se debe, según Lacam, a un pastelero de Dinard, en Bretaña, de origen suizo, llamado Planta, que disponía de un resto no utilizado de "glasa para decorar".

2. Papas cortadas en rodajas muy finas y fritas.

almeja

Molusco de la familia de los venéridos. En el continente europeo vive sobre todo en el litoral atlántico, en el Canal de la Mancha y en el Mediterráneo. Existen algunas variedades en Canadá, la mayor parte de las cuales proceden del Pacífico. La almeja presenta una concha fina, de 3 a 5 cm de longitud, abombada en el centro, de color amarillo claro a gris oscuro, con motas pardas y dos series de estrías muy finas y bien marcadas, unas radiales y las otras concéntricas y paralelas en los bordes, que forman un enrejado visible a simple vista. Las almejas se comen crudas o rellenas, como los mejillones.

En México las almejas abundan en ambas costas. Miden entre 6 y 10 cm de longitud, sus conchas son blancas, de color beige o café oscuro; según la variedad y el lugar donde crezcan adquieren diferentes tamaños y características. Se clasifican por su concha dura o suave.

almeja americana o almeja mercenaria

Molusco de la familia de los venéridos, que mide de 5 a 10 cm de longitud, con gran concha lisa marcada por tres finas estrías circulares. Las almejas americanas, introducidas en Francia por los estadounidenses en 1917, se pescan en los fondos arenosos y cenagosos en la desembocadura de los ríos, sobre todo en la costa este de Estados Unidos y de Canadá, aunque también en la región de Charente, en Francia. Se comen crudas o cocinadas como las ostras, o bien *à la commodore*. También se preparan fritas, especialmente en Nueva Inglaterra.

El *clam chowder* es una sopa espesa de verduras, cebolla y almejas americanas con papas y a veces bastoncillos de panceta, muy popular en Nueva Inglaterra. El *clam cake* es un picnic típico de la costa este de Estados Unidos, durante el cual se comen almejas americanas y otros moluscos, cocidos sobre piedras ardientes.

almendra

Fruto del almendro, de la familia de las rosáceas; por extensión, toda semilla contenida en el hueso de una fruta, como el chabacano. Ovoide, verde y aterciopelada al tacto, es una especie de nuez cuya gruesa corteza encierra una o dos semillas, llamadas asimismo "almendras".

Es originaria de Asia y los romanos la conocían con el nombre de "nuez griega". Se utilizó mucho en la Edad Media para preparar tanto potajes como elaboraciones dulces.

Las almendras tiernas son el fruto que todavía no ha madurado. Su aspecto es tierno y lechoso, y su sabor es delicado. Las primeras almendras dulces frescas de la temporada se consumen en postres. Una vez secas (enteras, en láminas, picadas, en pasta o en crema) se emplean para la preparación de numerosos pasteles, galletas, caramelos y confitería; acompañan al pescado (trucha), a la carne (pollo, pichón) y a varias preparaciones (cuscús, farsas, mantequillas compuestas. almendrados). A menudo se tuestan antes de integrarlas en la preparación. De la almendra se extrae un aceite empleado sobre todo en pastelería y confitería.

Las almendras amargas secas, tóxicas en grandes cantidades por su contenido en ácido cianhídrico, se utilizan en pequeñas dosis en pastelería y confitería, pues aportan un aroma muy particular.

La almendra es muy rica en lípidos (cabe destacar los ácidos grasos esenciales) y en vitamina E.

→ *menjar blanc*

almidón

Polisacárido que forma gránulos en numerosas plantas (cereales, castaña, leguminosas, maíz, mandioca, papa, sagú, etc.). En un líquido caliente, el almidón se hincha y forma engrudos gelatinosos. La industria alimentaria lo utiliza como producto de cobertura (confitería), para ligar (charcutería) o espesar (postres instantáneos, helados o sopas).

Es el principal constituyente de la harina de trigo, y sirve de "alimento" a la levadura durante la fermentación de la masa.

→ *fécula*

almirez

Pequeño mortero de madera dura (generalmente de boj) en el que se pican la sal gorda y los granos de pimienta con la ayuda de una pequeña mano de mortero, también de madera.

En francés se llama *égrugeoir* al molinillo de sal o pimienta. La sal molida conserva el sabor de la sal gorda, mientras que la pimienta recién molida desprende una mayor intensidad aromática.

almizclado

Calificativo que designa un aroma que recuerda al del almizcle. En la actualidad se habla de aromas almizclados cuando se evocan plantas con las que se hacen infusiones, o bien vinos en los que se mezclan perfumes de albaricoque seco, melocotón blanco, higo seco y miel.

almizcle

Sustancia muy olorosa que se extrae de las glándulas de ciertos animales (almizclero asiático, gato de algalia de Etiopía) o de diversas semillas o almendras (la ambrette, cultivada en África y en las Antillas). A veces se llama almizcle a la semilla de la *Malva moschata*. Ya sea vegetal o animal, el almizcle servía antaño como especia, igual que el ámbar gris. En la actualidad sigue empleándose en ciertas recetas africanas u orientales.

almuerzo

Comida de las horas centrales del día. Del árabe *al* y el latín *morsus*, que significa mordisco. El término francés *déjeuner* proviene del latín *disjunare*, es decir, interrumpir el ayuno, y designaba en su origen la primera comida del día, compuesta esencialmente de pan y sopa, acompañados de vino, antes de que aparecieran el café, el té y los batidos de chocolate.

En nuestros días, el almuerzo, que en numerosos países se reduce a un tentempié, se suele tomar entre las doce y media y las dos; en la vida cotidiana suele ser rápido y ligero.

Una serie de imperativos profesionales ha introducido la costumbre de los "almuerzos de negocios", mientras que ciertos acontecimientos, como la atribución de un premio literario, se celebran con un almuerzo. Hoy en día, el "almuerzo dominical" sigue siendo un símbolo de la vida familiar.

En México antiguamente esta palabra se utilizaba para decir desayuno, por lo que en muchas regiones desayuno y almuerzo se usan como sinónimos. Actualmente, el término almuerzo designa un desayuno muy sustancioso que se hace avanzada la mañana, entre las 10 y las 12 del día, y que obliga a omitir la comida del mediodía; también cuando se hace un desayuno muy temprano (entre las 5 y 8 de la mañana), que consiste en café o atole y pan o algo muy sencillo, obliga a la persona hacer un almuerzo antes de la comida del mediodía, que a su vez se hace pasadas las dos de la tarde.

alondra

Pequeño pájaro de la familia de los aláudidos, de carne delicada, del que existen numerosas especies, sobre todo la cogujada y la alondra de los campos. Se precisan de dos a cuatro por persona si se preparan asadas o en *caisse*. Se emplean asimismo en patés, pero también se pueden preparar *à la bonne femme*, en *caisse*, a la Lúculo, y al minuto.

El *pâté* de Pithiviers tiene fama desde hace siglos. Según la tradición, Carlos IX de Francia, secuestrado en el bosque de Orleans y luego liberado, prometió perdonar la vida a sus agresores si le revelaban de dónde procedía el delicioso *pâté* de alondras que habían compartido con él; de este modo se estableció el renombre de un pastelero de Pithiviers, Margeolet, llamado Provenchère.

alquequenje

Fruto de un arbusto de la familia de las solanáceas, originario de Perú, que crece espontáneamente en los setos de las regiones costeras cálidas del Atlántico y del Mediterráneo. El alquequenje es muy rico en betacarotenos, en vitaminas B3, C y PP, así como en fósforo y hierro. Es una baya del tamaño de una cereza pequeña, amarilla o roja, envuelta en un cáliz pardo y membranoso. Posee un sabor un poco agrio, y sirve para elaborar jarabes, confituras, macedonias de frutas, aperitivos, sorbetes y helados. También puede acompañar algunos platos salados, sobre todo de pescado.

alubia

Legumbre muy popular y común en España que se puede consumir fresca, con la vaina nueva y tierna o bien secas, en grano. Existen diferentes y diversas variedades y su nombre varía en función de las características, el lugar y la tradición popular: habichuelas, fabes, pochas, frijoles blancos... En catalán se denominan *mongetes, bajoques* o *fesols*; en vasco *babarrun*, y en gallego *feixóns*. En América Latina, frijoles, porotos (Argentina, Chile, Perú) y caraotas (Venezuela).

aluminio

Metal blanco, ligero y maleable, ampliamente utilizado para el equipamiento de cocina y para la conservería. El aluminio, buen conductor y buen difusor del calor, permite fabricar, a causa de su bajo peso, utensilios de cocción de gran tamaño (besuguera, cuscusera, etc.). En las sartenes, braseras y cacerolas de aluminio, los alimentos tienen tendencia a pegarse si el medio de cocción es pobre en líquido o en materia grasa. Se puede remediar este defecto endureciendo el interior de los recipientes (aluminio anodizado), pero sobre todo gracias a un revestimiento antiadhesivo.

El papel de aluminio se utiliza para embalajes y congelación. Es opaco, impermeable al agua, a las grasas y al gas. Además soporta muy bien las altas temperaturas (cocción en *papillot*) y deja pasar el frío. El aluminio laminado también sirve para fabricar fuentes de horno desechables y bandejas con o sin tapa que pueden pasar directamente del congelador al horno.

En cambio, el uso del aluminio se desaconseja en contacto directo con los alimentos un poco ácidos (jugo de limón, jitomate, etc.) o con alimentos salados, como los embutidos, ya que puede provocar una reacción química susceptible de ser tóxica para las células nerviosas.

amanita cesárea u hongo tecomate

Hongo silvestre comestible muy apreciado por su carne y su aroma. De sombrero globoso a plano, color naranja, por lo que también se le conoce como oronja en algunas partes de Europa. Mide de 10 a 15 cm de diámetro, es liso y ligeramente pegajoso. Su carne amarilla, es de buen sabor. Le gusta el calor y soporta incluso una cierta sequía, crece en los bosques desde verano hasta otoño, sobre todo en lugares con abundante hojarasca y soleados, como en bosques de pino o encino. Cuando se recoge joven, no hay que confundirla con la *Amanita phalloides* (mortal), o con la amanita matamoscas, o falsa oronja (muy tóxica). El color de las láminas y del pie, de un amarillo dorado intenso, permite distinguirla de ésta. Además, en la base del pie la amanita cesárea posee una volva carnosa, amplia y muy blanca, que contrasta con su color (la cual no aparece en la amanita matamoscas, que tiene bulbo, no volva).

amapola

Planta de la familia de las papaveráceas, cuya flor es de color rojo intenso. Sus pétalos se utilizan como colorante en confitería, y sus semillas se emplean para hacer panes y pasteles. De muy delicada recolección, la amapola también se utiliza para elaborar un licor y un vinagre de vino blanco muy perfumado.

Antaño, las hojas de amapola se consumían como una verdura, del mismo modo que la acedera.

amaranto

Planta anual de la familia de las amarantáceas, también llamada alegría. Tiene hojas largas comestibles que son genéricamente llamadas quelites. La parte más importante de la planta son las semillas, que forman en la punta de la planta una espiga o ramillete de color rojo burdeos. Cada una produce unas 50 mil semillas, que se ponen a secar. Alcanza 1,5 m de altura. Por sus propiedades, la planta fue designada con el nombre científico de *Amaranthus*, que viene del griego *arnárantos*, inmarcesible, es decir, que no se puede marchitar. Existen muchas variedades de amaranto que producen flores de colores verde, rosa, rojo o púrpura; sin embargo, la semilla es pálida en casi todos los casos. Se consumen habitualmente en México, la Martinica, India y China.

En la actualidad el amaranto se consume en México de forma muy similar a como se hacía en la época prehispánica: en atoles, en harina para la chapata michoacana y en alegrías. De la planta de amaranto también se consumen las hojas tiernas, crudas en ensalada o cocidas, como las de las espinacas y los quelites, las cuales son conocidas como quintoniles. La flor púrpura es utilizada para adornar las ofrendas de día de Muertos.

amaretto

Licor italiano con sabor a almendra amarga (de ahí su nombre, "amarguito" en italiano), elaborado a partir de almendras de chabacano y de extractos aromáticos. Se utiliza en pastelería para aromatizar pastelitos.

amargo

Calificativo que designa sabores diversos debidos a productos que contienen quinina, teobromina, cafeína, etc. A menudo se dice que es amargo un sabor que no es salado, dulce ni ácido, pero este sabor no debe confundirse con la astringencia.

En cocina se utilizan ciertos vegetales amargos: almendra amarga, achicoria, jengibre, laurel, naranja, ruibarbo, etc. Otros, cuyos principios amargos se extraen mediante infusión o destilación, se emplean sobre todo en la fabricación de bebidas: absenta, centáurea, genciana, lúpulo, manzanilla, quinquina, etc.

amasado

Fase de la panificación que consiste en mezclar y malaxar ciertos ingredientes (harina, agua, sal, agentes de fermentación y, opcionalmente, mejorante para el pan; harina, agua, leche, huevos, azúcar, sal, levadura y materias grasas para la bollería) para obtener una pasta homogénea, lisa, elástica y flexible. El tiempo de amasado determina ciertas propiedades de la masa.

- Se distingue el amasado a velocidad lenta, que permite obtener un pan con una miga de color crema y buen sabor.
- El amasado mejorado, más adaptado específicamente al trabajo de masas para barras, es decir, para la fabricación de pan de consumo habitual.
- El amasado intensificado, más prolongado, que se aplica al trabajo de las pastas firmes y que da un pan voluminoso, de miga blanca y corteza fina, pero de escaso sabor.

amasar
Trabajar harina con uno o varios elementos, con las manos o con la ayuda de una batidora eléctrica o manual, a fin de mezclar totalmente los ingredientes y obtener una masa lisa y homogénea.

amer
Bebida tónica y aperitiva a base de naranja amarga y de distintas plantas aromáticas.
→ *bitter*

aminoácido
Elemento base de las proteínas. Se conocen una veintena de aminoácidos naturales. Según sus necesidades, el organismo humano es capaz de sintetizar la mayor parte de ellos. Nueve son indispensables: la isoleucina, la histidina, la leucina, la lisina, la metionina, la fenilalanina, la treonina, el triptófano y la valina; no es posible sintetizar la lisina ni la treonina, por lo que estos aminoácidos solo pueden suministrarse con la alimentación. La carencia de un solo aminoácido impide que el organismo utilice elementos proteicos que están asociados a él.

El valor biológico de las proteínas depende de su buen equilibrio en aminoácidos: es más elevado en los productos animales que en los vegetales. En los huevos, la distribución es prácticamente la idónea, mientras que ciertas harinas, por ejemplo, deben enriquecerse con lisina. Para tener un buen equilibrio en aminoácidos en los regímenes vegetarianos, es preciso asociar en cada comida cereales, pobres en lisina y ricos en metionina, y legumbres, ricas en lisina y pobres en metionina.

Algunos aminoácidos, como la metionina, se fabrican industrialmente.

amolador ◆ afilador, chaira

Amunategui, Francis
Cronista gastronómico francés (Santiago de Chile, 1898-París, 1972). Abandonó su carrera de ingeniero en el año 1947 para crear, en el periódico *Aux écoutes*, una de las primeras secciones dedicadas a la crónica gastronómica y a los restaurantes, que recuperaban su esplendor después de los años de la ocupación alemana. Publicó *L'art des mets* (1959), *Le plaisir des mets* (1964), *Gastronomiquement vôtre* (1971) y numerosas ediciones de los "52 Week-ends Autour de Paris", cuya fórmula creó en la editorial Albin Michel. Un premio, concedido cada año a un cronista gastronómico, lleva su nombre.

amuse-gueule
Pequeña preparación salada que se sirve con el aperitivo. Según el carácter íntimo o ceremonioso de la reunión, los *amuse-gueule* (palabra que significa, literalmente, "divierte boca") comprenden un abanico más o menos variado de entremeses pequeños, calientes o fríos, fáciles de comer en uno o dos bocados: aceitunas, sean o no rellenas, cacahuates y almendras saladas, nueces de la India, pequeñas pizzas o *quiches*, *choux* rellenos o verduras crudas cortadas en trocitos acompañadas de condimentos.
→ canapé, *mezze*, tapa

anacardo ◆ nuez de la India

anchoa o boquerón
Pez marino, de la familia de los engráulidos, que mide 20 cm como máximo. De lomo verde-azul y costados plateados, es muy abundante en el Mediterráneo, en el mar Negro, en el Atlántico y en el Pacífico.

La anchoa vive en bancos compactos y es objeto de una pesca destinada a la conservación. También se prepara fresca, frita o marinada, como la sardina. Es rica en omega-3.

Las anchoas se venden frescas, saladas, enteras o en filetes, en frascos, o en forma de filetes en aceite, en latas. Su conservación es limitada, por lo que deben guardarse en refrigeración, así como las pastas, cremas y mantequillas de anchoa.

En la Antigüedad, las anchoas maceradas servían como condimento (*garum*). Actualmente se utilizan sobre todo en la cocina mediterránea, aunque la mantequilla de anchoa y la *anchovy sauce* inglesa también se asocian a preparaciones tradicionales. La "tentación de Jansson" es un plato sueco popular, un gratén de anchoas y patatas.

andouille
Embutido cocido y a menudo ahumado, preparado con el aparato digestivo del cerdo, pero también de ternera, cordero o caballo, al que se añaden generalmente otros órganos (carne magra, cuello, pecho, cabeza, corazón o corteza de tocino), y que se embute en una tripa de cerdo.

Varios embutidos que llevan el nombre de la región francesa en la que nacieron se sirven hoy del nombre de *andouille*; las más célebres son las de Vire (Normandía) y de Guémené-sur-Scorff (Bretaña). Hoy en día existen también embutidos similares de avestruz. La *andouille* se come fría, como entremés, cortada en rodajas finas, caliente, con papas, o como guarnición de tortas de trigo negro (alforfón).

andouillette
Embutido cocido, hecho con intestinos de cerdo, a los que a menudo se incorpora estómago de cerdo y *fraise* de ternera, previamente cocidos en un caldo o en leche y embutidos en una tripa. La *andouillette*, que se elabora en varias regiones francesas y se vende en porciones de 10 a 15 cm de longitud, se empana a veces con pan rallado, o se recubre con gelatina o manteca de cerdo. Se come asada o salteada, tradicionalmente con mostaza, pero también fría, en rodajas.

angélica
Planta aromática de la familia de las apiáceas, originaria de los países nórdicos e introducida en Francia y otros países por los vikingos, y

que desde entonces cultivan los monjes. Sus tallos verdes, confitados en azúcar, los utilizan los pasteleros en la elaboración de pasteles, panes de especia, *puddings* y suflés. La angélica confitada es una especialidad de la ciudad francesa de Niort.

Los licoristas utilizan la angélica, cuyos tallos y raíces hacen macerar para elaborar agua de melisa, *chartreuse*, vespetro y ginebra.

angostura

Bitter concentrado, a base de ron y del jugo de la corteza de un arbusto de América del Sur, de propiedades tónicas y febrífugas. Fue creado en Angostura (hoy Ciudad Bolívar, en Venezuela), a principios del siglo XIX, por un cirujano del ejército de Bolívar, para combatir los efectos del clima tropical. Elaborado en la isla de la Trinidad, de color pardo-rojo, y con 44,7% Vol., el angostura se utiliza sobre todo para aromatizar cócteles, en contadas gotas, así como en pastelería.
→ amargo, *bitter*

anguila

Pez de la familia de los anguílidos, que puede medir de 50 cm (macho) a 1 m (hembra), de piel viscosa, en forma de serpiente.

Todas las anguilas nacen en el mar de los Sargazos, cerca de las Bermudas, y luego las larvas (leptocéfalas) son arrastradas durante dos o tres años por las corrientes marinas hacia las costas de América o de Europa. Al nacer, las anguilas son de ambos sexos, pero se reproducen con uno solo, tras una acentuación progresiva de uno de ellos. Cuando penetran en los estuarios son transparentes y miden de 6 a 9 cm de longitud: son las angulas, con las que se preparan unas frituras célebres en Nantes, La Rochelle, Burdeos y el País Vasco. Las anguilas, víctimas de una pesca intensiva, actualmente son un plato de lujo. También son muy buscadas para la cría, sobre todo por los países asiáticos, que compran a precio de oro los alevines de las costas europeas. Existen también las "falsas anguilas", producidas a partir de *surimi*.

Las larvas supervivientes crecen en los ríos y se pigmentan. En esta fase del desarrollo, la anguila llamada "joven" tiene ojos pequeños, un hocico largo, el dorso pardo y el vientre y los lados amarillentos. Hacia los 6 o 7 años sus ojos crecen, la cabeza se vuelve puntiaguda, el dorso es más oscuro y el vientre plateado. Se convierten en las anguilas plateadas, y comienzan lentamente su regreso en dirección al mar.

La anguila que se vende viva debe despojarse de piel y tripas en el último momento. Su sangre es tóxica en contacto con un corte o en los ojos. Su carne es muy grasa, pero sabrosa y rica en nitrógeno. Las espinas, pegadas a la espina dorsal, se retiran con bastante facilidad. Se puede encontrar también en filetes, ahumada, marinada, en gelatina o en conserva.

anís

Planta aromática de la familia de las apiáceas, originaria de Oriente (India, Egipto), conocida ya en la China antigua (donde era una planta sagrada) y también apreciada por los romanos. En Europa, las semillas de anís verde se utilizaron desde temprano en panadería (*bretzel*, hogaza, *Knäckebrot*), así como en bizcochos y pasteles.

El anís también se emplea en confitería (peladillas de Flavigny) y en destilería (anís, *pastis*, *anisette*).

En México se emplea principalmente para saborizar almíbares para buñuelos o frutas, masas de pan, moles, pipianes, dulces de caramelo y algunos licores regionales como el anís de Guerrero o el verde de Xico, en Veracruz.
→ eneldo

anís estrella o badiana

La badiana es un arbusto originario de Extremo Oriente, de la familia de las magnoliáceas, cuyo fruto recibe el nombre de "anís estrellado". Este fruto, en forma de estrella de ocho puntas, contiene semillas de gusto anisado, con cierto matiz de pimienta. Importado en Europa por los ingleses durante el Renacimiento, el anís estrellado se utiliza sobre todo en infusión y en ciertos licores (*anisette*), aunque en los países nórdicos se emplea asimismo en pastelería y elaboración de galletas.

En la cocina oriental es una especia muy común. En China da sabor sobre todo a las carnes ricas en grasa (cerdo, pato) y aromatiza a veces al té. En la India, forma parte de las mezclas de especias; también se puede ingerir para perfumar el aliento.

En México se le conoce como anís estrella.

anisette

Licor de fabricación industrial obtenido mediante una mezcla de alcohol, azúcar, alcoholato y semillas de anís verde. En Francia se conoce sobre todo el *anisette* de Burdeos (Marie Brizard), que no se debe confundir con los anises incoloros o con color (que contienen mayor o menor cantidad de regaliz), ya que los *anisettes* son dulces, mientras que los otros productos (anís, *pastis*) contienen menos azúcar.

Los *anisettes* se beben incorporando cierta cantidad de agua y a veces una pizca de jarabe de granadina (*tomate*) o menta (*perroquet*), lo cual suaviza el sabor en paladar.

Antillas francesas

Este archipiélago americano, poblado por los carib o caribes, fue colonizado por Francia a partir del 1635. La caña de azúcar, introducida desde Brasil, rápidamente se convirtió en una fuente de riqueza para los colonos, que la explotaron en extensas plantaciones gracias a los esclavos procedentes de África, y más tarde recurriendo a una mano de obra barata originaria de la India. Con ella apareció asimismo el ron, el aguardiente emblemático de las Antillas.

Entre las plantas que ya consumían los carib se encuentran los chiles picantes (de origen andino y mexicano), la mandioca y el boniato o camote, los cuales se siguen empleando habitualmente en la cocina criolla. Los africanos llevaron con ellos, entre otros, el guisante de Angola. Dieron a conocer el acra, y los hindúes el colombo. Por su parte, los productos franceses como morcillas, panes y pasteles de trigo, fueron adaptados a las exigencias climáticas de cada isla y al gusto de sus habitantes. De hecho, las diferentes comunidades fundieron sus cocinas en una sola: la de la isla en la que estaban instaladas.

Los pescados y mariscos, ofrecidos en abundancia por el mar y los numerosos cursos fluviales, se preparan de múltiples modos.

El camote se sirve como verdura o como postre. Otras raíces, tubérculos, hortalizas y frutas constituyen alimentos básicos, como el plátano macho (que sustituye la papa), el migan (o fruta de pan), la chayota, el *giraumon* (una especie de calabaza muy fina) y también el ñame, como el de Navidad.

La cocina criolla no existiría sin sus especias: pimienta de Jamaica, canela, achiote, azafrán, cuatro especias y, sobre todo, colombo, una mezcla de especias que da nombre a algunos ragús típicos preparados con cabrito, cerdo o pollo.

Además, abundan los dulces, sobre todo los confitados.

antílope

Mamífero rumiante de la familia de los bóvidos, cuya carne es comparable a la de los cérvidos de Europa, aunque es más firme y tiene un sabor a veces muy fuerte. Existe más de un centenar de especies de antílope, sobre todo en África, cuyo tamaño varía desde el de un cordero hasta el de un caballo. Se consume asado, breseado o hervido, en ocasiones después de que la carne haya marinado o experimentado una maduración al sol. La gacela, un antílope de pequeño tamaño, de carne muy apreciada, se prepara como el corzo.

antioxidante

Aditivo alimentario utilizado en la industria agroalimentaria para prevenir los fenómenos de oxidación que pueden alterar un alimento (ennegrecimiento o enranciado, por ejemplo). El más habitual es el ácido ascórbico, o vitamina C, utilizada en las cervezas, jarabes, gaseosas y salazones. En cocina el ácido ascórbico se emplea, en lugar del jugo de limón, para evitar que los vegetales cortados se oscurezcan (aguacate, apio, manzana, pera, plátano, etc.).

La vitamina C, la vitamina E, la provitamina A, el selenio, el zinc y los ácidos grasos esenciales son antioxidantes que permiten al cuerpo humano combatir la oxidación, un proceso de alteración de las células. Pero solo la alimentación puede aportarlos. Por ello, tomar regularmente alimentos que contienen estos antioxidantes protege el organismo enfrentado al estrés, la contaminación o incluso la toma de ciertos medicamentos.

antipasto

Entremés frío italiano. El término asocia la palabra italiana *pasto*, comida, al prefijo latino *ante*, antes. Un antipasto puede componerse de jamón de Parma con higos o melón o un *fondue* piamontés (verduras crudas acompañadas de condimentos y una salsa de queso fundido a la que se añade leche —o huevos— aromatizada con trufa blanca), pero generalmente se trata de un surtido variado y abundante, servido como aperitivo o entremés, a menudo en lugar de la pasta. Los *antipasti* se acompañan entonces de bastoncitos de pan e incluyen marinadas de verduras, pescados o mariscos con limón, aceitunas, embutidos finos, alcachofas, etc.

antojito

Nombre genérico que en México reciben los bocadillos que se comen en ambientes informales o antes de la comida y que se venden, por lo general, en puestos improvisados. Casi siempre están hechos de tortilla o masa de maíz. En los restaurantes suelen servirse como entremés. Un antojito puede ser también la comida principal, el desayuno o la cena, y no solo un alimento entre comidas. Cada región tiene sus antojitos típicos. Existen los que reciben el mismo nombre en varias regiones pero no son lo mismo, y otros con diferentes nombres y similares entre sí. Como antojitos se conocen los siguientes: quesadillas, tlacoyos, gorditas, molotes, tacos, garnachas, sopes, panuchos, chalupas, piedrazos, tamales, empanadas, memelas, tortas, pambazos, sincronizadas y gringas. En algunos lugares de México los antojitos se toman como tentempié, esto es, solamente como un bocadillo para matar el hambre hasta la hora de la comida formal.

aparejo

Mezcla de ingredientes varios, que sirve para realizar una preparación de cocina, o para preparar una comida. (Recibe también el nombre de "pasta" o "masa".) Los aparejos son numerosos sobre todo en pastelería.

aperitivo

Bebida que se consume a la espera de que se sirva la comida o la cena. Su nombre procede de un adjetivo surgido del verbo latín *aperire*, y designa a lo que abre o estimula el apetito. Desde siempre se ha reconocido esta cualidad en ciertas plantas. Antaño se hacía con ellas bebidas llamadas "aperitivas", pero eran más terapéuticas que gastronómicas, y no se consumían antes de sentarse ante la mesa.

Los romanos apreciaban el vino con miel. En la Edad Media se creía en las virtudes de los vinos con hierbas o especias, luego aparecieron los hypocras, los vermuts, los amagos o *bitters* y los vinos dulces.

Hasta el siglo XX no se generalizó el gusto de las bebidas alcohólicas antes de la comida. De hecho, la palabra "aperitivo" solo empezó a emplearse como sustantivo a partir de 1888. Se aplica a preparaciones a base de vino (vermut, quina) o aguardiente o licor (anís, amer, genciana), así como a vinos licorosos y propiamente a aguardientes y licores (cóctel, whisky).

apertización

Técnica de conservación de larga duración (de unos meses a varios años) que lleva el nombre de su inventor, Nicolas Appert. Consiste en la esterilización de un género a más de 100 °C, en un embalaje estanco de metal, vidrio o plástico. Según las categorías de alimentos (verduras, frutas, productos cárnicos, pescados, etc.), los industriales han puesto a punto diferentes baremos de esterilización (tiempo/temperatura). La apertización destruye todos los microorganismos y sus toxinas y permite la conservación a temperatura ambiente de los productos, cuyas cualidades nutricionales, por otra parte, se han mejorado mucho estos últimos años. No obstante, conlleva a veces una ligera alteración del sabor. El embalaje de los productos apertizados indica siempre una fecha límite de utilización. Una vez abiertos, estos productos deben consumirse rápidamente.

apetito

Deseo de comer un alimento o unos alimentos cuando se tiene hambre.

La vista y el olfato pueden suscitar o estimular el apetito, pero también el recuerdo de un plato e incluso la imaginación, al leer una receta. Un apetito específico, es decir una atracción por un alimento en particular, se encuentra en general unido a una carencia: su ingestión produce placer, puesto que restablece el equilibrio interior de los diferentes nutrientes, vitaminas, minerales, etc.

Algunos alimentos utilizados como condimentos, como al ajo, el cebollín, la chalota, el perejil y las cebollas pequeñas, tienen la capacidad de abrir el apetito.

Apicio

Nombre de tres romanos renombrados por su afición a la buena comida. El primero, contemporáneo de Sila (siglos ii-i a.C.), solo se conoce por su glotonería. El tercero, que vivió en el siglo ii d.C., merece ser mencionado por haber descubierto un medio para conservar las ostras frescas.

El más célebre de los tres, el segundo, Marco Gavio Apicio, que debió vivir en la época de Tiberio (14-35 d.C.), fue al parecer el autor de un libro de recetas, *De re coquinaria libri decem* (*Los diez libros de la cocina*), que fue un libro básico durante varios siglos.

El Apicio sigue siendo la suma más técnica de nuestro conocimiento de la cocina romana imperial. Una famosa receta de pato agridulce, creada por Alain Senderens para homenajearlo, lleva su nombre.

apio

Hortaliza de la familia de las umbelíferas, de la que se emplean los tallos, las hojas, la raíz y las semillas. Procede, por selección, de la especie *Apium graveolens*, y sus semillas son un auténtico aromatizante. Se distinguen dos tipos de apio: el apio en rama, en el que se han desarrollado los peciolos, y el apionabo, en el que se ha hipertrofiado la raíz. El apio, cuyas hojas de tallos finos y huecos son muy tiernas, se utiliza para aromatizar. Es poco calórico, rico en minerales (calcio, potasio), en fibras y en vitamina C.

La sal de apio, mezcla de semillas molidas y de sal fina, sirve sobre todo para aromatizar el jugo de tomate, las cremas de verduras, los fondos o caldos y las salsas de ensalada. También se utiliza en los regímenes sin sal.

apionabo

Variedad de apio cultivado por su raíz de carne más o menos blanca que, cuando está madura, pesa de 800 g a 2 kg. El apio-nabo, que se vende sin hojas, debe formar una bola pesada y firme. Se consume crudo o cocido y se puede encontrar en conserva, rallado y aromatizado con vinagre.

Como el apio en rama, el apio-nabo es muy digestivo, poco calórico y rico en minerales (calcio, potasio, fósforo y cloruro de sodio), pero es más rico en fibras y vitamina B_9.

aplanador

Instrumento que sirve para aplanar las chuletas, las escalopas, las pechugas de pollo, los *entrecôtes* y los filetes de pescado. Este instrumento, de acero inoxidable, cuadrado y plano, con ambas caras lisas y provisto de un mango, es bastante pesado (unos 900 g) teniendo en cuenta su tamaño.

aplastar o aplanar

Golpear una pequeña pieza de carnicería (*entrecôte*, escalopa) o un filete de pescado con la parte plana de un machete aplanadera, para reducir su grosor de forma uniforme. Esta operación permite romper ciertas fibras musculares, con lo cual la carne es más tierna y fácil de cocer.

appenzell

Queso suizo de leche de vaca (50% de materia grasa), de pasta prensada cocida y con corteza cepillada. Originario del cantón de Appenzell, se presenta en muelas de 6 a 12 kg que muestran escasos orificios, grandes como lentejas. Es afrutado sin ser picante, y se consume al final de la comida. Se utiliza para preparar una especialidad, los *chäshappen*, espirales de pasta (hecha con queso fundido, leche, harina, levadura y huevos) formadas con una manga de pastelería y fritas en sartén. Se sirven escurridas y muy calientes, con una ensalada.

APPCC o HACCP

Metodología de evaluación de riesgos físicos, químicos y biológicos asociados a todos los niveles de la producción y preparación de productos alimentarios. Fue desarrollada en Estados Unidos en la década de 1970 con el nombre de *Hazard Analysis and Critical Control Points* (en español, Análisis de Peligros y Puntos de Control Críticos, APPCC). Reposa en los siete principios siguientes.

- Identificar los peligros y los riesgos.
- Determinar las etapas (puntos críticos de control) en las que estos riesgos se pueden eliminar o reducir a un nivel aceptable.
- Determinar los umbrales críticos.
- Instaurar un sistema de supervisión.
- Determinar medidas correctivas.
- Aplicar procedimientos de verificación.
- Establecer un sistema de documentación para los procedimientos y registros aplicados.

El método APPCC, adoptado progresivamente por los grandes fabricantes de la industria agroalimentaria, a partir de la década de 1990 pasa a ser una referencia internacional para la normalización y la legislación en materia de seguridad alimentaria.

aquavit o *akvavit*

Bebida alcohólica a base de papa con sustancias aromáticas (anís, *curry*, comino, hinojo), fabricada y consumida en el norte de Europa, sobre todo en Escandinavia, desde el siglo xv. Su nombre procede del latín *aqua vitae*, agua de vida o aguardiente. Presenta unos 45% Vol., y se bebe seco o *frappé*.

arak

Bebida alcohólica muy fuerte, generalmente aromatizada con anís, que se consume en los países de Oriente. Su nombre procede del árabe *'araq*, jugo, savia. Se produce por destilación de dátiles (Egipto, Oriente Medio), uvas, semillas (Grecia), savia de palmera (India) o jugo de caña de azúcar (Java).

araña ◆ espumadera de alambre

árbol del pan

Nombre usual del *Artocarpus*, de la familia de las moráceas, árbol de 15 a 20 m de altura que crece en las islas de la Sonda, en Polinesia, en las Antillas y en la India. Su fruto ovoidal, de piel verduzca marcada con un dibujo en forma de damero, pesa de 300 g a 3 kg y constituye un alimento de base en las regiones cálidas. Su pulpa, blanca y carnosa, tiene un sabor cercano al de la alcachofa. Es muy rico en almidón, y su valor nutritivo es semejante al del pan de cebada. El fruto del árbol del pan se come, una vez pelado y tras extraerle las semillas, cocido con agua salada, asado o cocido a fuego lento en puchero.

En México se le encuentra en los estados de Veracruz, Tabasco, Puebla, Nayarit y Chiapas. El fruto se consume cocido, frito, asado, guisado en dulce y en conserva. Las semillas, llamadas castañas debido a que su sabor recuerda al de este fruto, se hierven y se comen con sal como golosina o se incluyen en pucheros; asimismo las semillas se tuestan, muelen y mezclan con el café para hacerlo rendir o como sustituto.

arce ◆ maple

Archestrato

Poeta griego, viajero infatigable y gastrónomo del siglo IV a.C., originario de Gela (Sicilia). Escribió un largo poema titulado *La gastronomía* (conocido también con los nombres de *Gastrología*, *Deipnología* o *Hedypatía*).

Solo quedan algunos fragmentos, citados por Ateneo (siglos II-III d.C.), que se presentan como una serie de consejos de esteta y de *gourmet*.

arenque

Pez de la familia de los clupcidos que vive en las aguas del Atlántico norte. El arenque, que raramente supera los 30 cm, tiene el cuerpo ahusado, azulado con reflejos verdes y el vientre plateado. Sus grandes escamas se separan con facilidad. Se diferencia de la sardina por su opérculo liso.

Desde la Edad Media constituyó un recurso alimentario esencial, sobre todo en el norte de Europa, donde durante varios siglos desempeñó en el terreno económico un papel tan importante como las especias. También se halla en el origen de las primeras reglas de derecho marítimo. El arenque servía al mismo tiempo de alimento, de moneda de cambio, de rescate y de regalo.

Se pesca con sus huevas o su lechaza antes de desovar (de octubre a enero) y es el más sabroso, aunque también el más graso (6% de lípidos). Si se pesca después del desove, que tiene lugar de enero a marzo, es dos veces más magro y su carne es más seca. Fresco, se prepara en *papillot*, a la parrilla, salteado, al horno, con mostaza, relleno, a la crema, etc. También se consume la lechaza y los huevos de arenque ahumados. Actualmente los huevos se salan, se les da color negro y se envasan en cajitas metálicas con el nombre de *avruga*. Se pueden confundir con el caviar (huevas de esturión), pero en realidad son sucedáneos del mismo.

En todos los países nórdicos el arenque se utiliza en una gran diversidad de preparaciones.

El arenque puede conservarse de varias maneras: en salazón, ahumado, en escabeche y en conserva.

Es portador de un gusano parásito que provoca la anisakiosis. Para evitar esta contaminación basta con cocer el pescado a más de 70 °C o congelarlo al menos por 2 días.

Argelia

La gastronomía argelina es un reflejo tanto de la historia del país como de su geografía. Esta "provincia africana" fue, como Túnez y Marruecos, el granero de la Roma imperial, antes de conocer la influencia de los turcos, que introdujeron el amor por la repostería, y la de los judíos, cuyas prescripciones religiosas coinciden a menudo con las de los musulmanes, sobre todo en lo relativo a la prohibición de consumir carne de cerdo, la práctica del ayuno y el respeto por las fiestas rituales. La presencia francesa marcó posteriormente tanto las tradiciones ancestrales de la "cocina del desierto" —a base de cereales, verduras, frutos secos y carnes asadas— como la gastronomía urbana.

Carnes y verduras. Los platos argelinos siempre son copiosos, coloridos y de sabor intenso gracias a un puré condimentado con especias simples o compuestas: la *harissa*. Las sopas, muy espesas, se hacen con verduras o cereales y carne (chuletas de cordero en la *chorba*).

El plato nacional es el cuscús, cuya grasa es, tradicionalmente, el *smeun* (una especie de mantequilla clarificada); existen numerosas variantes: de cordero, de pollo, de res, servidos con verduras (zanahorias, apio, calabacitas, ejotes, garbanzos, calabaza, nabos, jitomates), uvas pasas, huevos duros, etc. En el sur sahariano, el cuscús se sirve sin caldo ni verduras. Otras especialidades, los *tagines*, son guisos de carne o de ave, de verduras e incluso de frutas, a veces mezcladas.

La carne se presenta a menudo en brochetas (*kebabs*) acompañadas de verduras cocidas en caldo o en chanfaina (*chakchouka*).

La pasta de hojaldre (*dioul*) se utiliza tanto en cocina, para hacer empanadillas saladas, como en pastelería, para elaborar pasteles empapados de miel y jarabe, como el *baklava*, que se encuentra en toda la cuenca mediterránea.

Argentina

La cocina de este país, gran productor de carne, trigo, maíz, frijoles y, más recientemente, soya, ha experimentado una evolución muy distinta a la de los demás países de América Latina, sobre todo gracias a las fuertes influencias europeas, sobre todo italianas. Debido a su economía basada esencialmente en la ganadería, los argentinos consumen mucha carne. Las diferencias gastronómicas residen, en parte, en su preparación, principalmente la de la res, que se suele tomar en grandes cuartos asados o a la parrilla (churrascos), acompañados de frijoles, arroz, maíz o pastas frescas, una herencia de la colonización italiana.

Las distintas regiones presentan igualmente algunas particularidades; por ejemplo, los habitantes de la Patagonia consumen más carne ovina y caprina que bovina.

Argentina también es un país productor de quesos, a menudo de inspiración europea, como el tafi (de tipo cantal), y una especialidad conocida en todos los países de América del Sur, el dulce de leche (leche condensada aromatizada).

El consumo de mate es habitual y muy popular en Argentina.

Argentina es uno de los primeros productores de vino de América Latina (más de 15 millones de hectolitros), y ocupa el octavo puesto mundial en consumo por habitante.

armañac

Aguardiente de vino de una zona precisa de Gascuña (situada mayormente en la provincia del Gers, pero también en el de las Landas y de Lot-et-Garonne y dividida en tres regiones de producción), protegido por una Denominación de Origen. El armañac añade su aroma a numerosos platos de caza, a salsas y a suflés, pero sobre todo se degusta en una copa barriguda de paredes estrechas.

Se utilizan numerosas denominaciones para calificar la edad de un armañac: *Monopole, Sélection, Trois Étoiles* corresponden a un año al menos, y hasta tres años, de envejecimiento en barrica; VO (*Very Old*), VSOP (*Very Superior Old Pale*) y *réserve* indican un envejecimiento mínimo de cuatro años; *Extra, Napoléon, Vieille Réserve* y *Hors d'âge* garantizan un envejecimiento de más de cinco años. También se comercializan armañacs que han superado los veinte años.

aro de pastelería

Círculo de acero inoxidable o de algún metal, de diámetro variable (de 6 a 34 cm), que numerosos pasteleros prefieren en lugar del molde para preparar las tartas y los flanes. Posado directamente sobre la placa de horno, garantiza una mejor difusión del calor en la masa que contiene; luego basta levantarlo delicadamente para desmoldar la pieza cocida.

aroma

El aroma se debe a una mezcla de moléculas olorosas, a veces denominadas "compuestos de aromas".

Dentro de la boca el alimento se calienta, se mastica y se agita, lo cual libera en mayor medida moléculas volátiles muy diferentes que llegan a la nariz. Pero el aroma no se desarrolla enseguida en la boca, y su percepción puede cambiar. Por esta razón se habla de notas aromáticas dominantes de cabeza, cuerpo o cola.

- Aromas naturales. Son extractos de plantas: frutas, menta, vainilla, corteza de cítricos, etc. Algunos procedimientos, como el afinado (que favorece la acción espontánea de microorganismos), el ahumado o la maceración en un aguardiente, enriquecen los productos alimentarios con unos aromas que no contienen de forma natural.
- Aromas artificiales. También se denomina aroma a un extracto o una preparación elaborada por la industria alimentaria. Estos aromas son químicos (pero con una fórmula muy parecida a la de los aromas naturales, como el mentol o la vainilla) o sintéticos (su fórmula no existe en la naturaleza, como en el caso del acetato de amilo, con olor a plátano, empleado en licores y quesos fundidos;

el dicetil, empleado en la margarina, y los valerianatos, apreciados en confitería por su olor afrutado).

Los aromas no se consideran aditivos, pero su empleo está sometido a una normativa específica que establece los contenidos máximos en sustancias presentes y susceptibles de originar problemas de salud pública y fija exigencias en materia de etiquetado. En los artículos alimentarios es obligatoria la indicación de "aroma natural", "aroma idéntico al natural", "aroma artificial" o bien "aroma reforzado" (mezcla de categorías de aromas), según los casos.

aromatizador

Sustancia olorosa que se utiliza como condimento, procedente de una planta, de la que se pueden emplear distintas partes.

- Hojas (procedentes de la albahaca, estragón, mejorana, menta, perejil, perifollo).
- Flores (alcaparro, capuchina).
- Semillas (alcaravea, anís, cilantro, eneldo, mostaza).
- Frutos (enebro, chile).
- Raíces (rábano picante).
- Tallos (ajedrea, angélica, cebollín, hinojo, serpol).
- Bulbos (ajo, chalota, cebolla).

Algunas verduras (apio, chirivía, poro, zanahoria) desempeñan igualmente un papel aromático.

Las especias (azafrán, betel, nuez moscada, pimienta, vainilla, etc.) son necesariamente aromáticas, pero pueden ser también muy picantes, mientras que los aromatizadores se utilizan esencialmente por su perfume. Especiar significa "dar sabor", mientras que aromatizar quiere decir "perfumar".

Los aromatizadores no tienen valor nutritivo, pero constituyen un elemento indispensable en la cocina, ya se utilicen directamente en las preparaciones, según ciertas combinaciones de sabores y aromas (albahaca y jitomate; tomillo y cordero; estragón y pollo; etc.), o mediante vinagretas y aceites aromatizados, mostazas, condimentos, rellenos, caldos, marinadas, *fumets* y maceraciones. La industria de las bebidas, sean o no alcoholizadas, y la confitería los utilizan ampliamente.

Los aromatizadores se emplean frescos o conservados por refrigeración, congelación o desecación. En este último caso, se preservan, enteros o pulverizados, en tarros opacos y bien tapados, que se deben mantener en un lugar seco.

aromatizar

Dar a un alimento o a una preparación cocinada un aroma suplementario que combine bien con su aroma natural, mediante la adición de un condimento, una especia, un aromatizante, un vino, un licor o aguardiente, etc. Hasta el siglo XVIII no se empleaban tan solo plantas aromáticas "simples", sino también esencias de rosa y de otras flores, benjuí, ámbar gris, almizcle, etc. El agua de azahar y la esencia de almendra amarga, la vainilla, las cáscaras de cítricos y los extractos se emplean esencialmente en pastelería y en confitería.

La cocina clásica utiliza como aromas numerosos vinos licorosos y aguardientes, para aromatizar salsas y *coulis*, a fin de realzar el sabor de los crustáceos, las carnes y las aves. Extractos, esencias y *fu-*

mets proporcionan todas las posibilidades aromáticas. Se puede conferir un aroma particular a una preparación cociéndola al vapor con aromatizantes, ahumándola con tipos de madera particulares, dejándola macerar con especias, etc.

arrachera

Corte fino que se obtiene del vientre de la res, junto a las costillas. Mide aproximadamente 45 cm de largo y 1 cm de grueso. A veces la cortan delgada como un bistec. Es común en los estados del norte de México, sobre todo en Nuevo León, Durango y Sonora, donde se asa y se utiliza como relleno para tacos. La carne se unta con un poco de aceite, sal y pimienta, se asa con carbón de leña de mezquite y se sirve en un plato metálico caliente. Por lo general se acompaña con guacamole, salsas mexicanas y tortillas de maíz o trigo. La arrachera es un corte de carne muy vendido en los restaurantes del Distrito Federal y compite fuertemente con el filete, pues de una res se obtienen en promedio 6 kg de arrachera.

arrayán o mirto

Arbusto mediterráneo de la familia de las mirtáceas, cuyas hojas siempre verdes, muy olorosas, presentan un sabor que recuerda a la vez al enebro y al romero. Sus bayas aromáticas son frecuentes sobre todo en las cocinas corsa y sarda.

También se extrae del mirto una esencia que sirve para preparar un licor, el *nerto*.

arrocera

Aparato eléctrico de origen asiático que contiene un recipiente desmontable, normalmente con un revestimiento antiadherente, colocado encima de una placa calefactora. Sirve para la cocción del arroz de grano largo (arroz basmati, cultivado en la India, o arroz tailandés, por ejemplo). El arroz se introduce en agua fría y una vez que el líquido se ha absorbido del todo, ya está cocido. El aparato viene con una cesta perforada con la que se pueden cocer verduras al vapor.

arrope o uvate

Confitura sin azúcar, a base de uva prensada (a veces también de vino dulce), cocida en ebullición suave con gajos de diversas frutas. El arrope se consume sobre todo untado en tostadas como una compota, pero se conserva menos tiempo que una confitura.

arroz

Cereal de la familia de las poáceas que crece en terrenos pantanosos o irrigados. Es el cereal más cultivado en el mundo, después del trigo, tanto en las zonas tropicales, como en las ecuatoriales y las templadas. Sus granos, oblongos, glabros y lisos, se utilizan cocidos. Calientes o fríos, participan en platos salados o dulces. El 90% de la producción mundial se sitúa en Asia (China, India, Indonesia, Bangladesh, Vietnam, Tailandia, etc.), que es asimismo la principal área de consumo, aunque existe una fuerte demanda en África, los países occidentales y Oriente Medio.

El arroz es bastante energético (120 kcal o 502 kJ por cada 100 g de arroz cocido) y rico en almidón asimilable (77%), pero sus proteínas carecen de ciertos aminoácidos indispensables. Las capas externas de los granos contienen vitaminas (B_1, B_2 y PP), así como elementos minerales. El arroz integral es dietéticamente mejor que el arroz blanco, aunque tiene el mismo valor energético.

Deben distinguirse principalmente dos subespecies de arroz procedentes de la especie *Oriza sativa:* la subespecie *indica* (de granos largos y finos) y la subespecie *japonica* (de granos redondos), con innumerables variedades. El arroz se diferencia según los tratamientos que experimenta después de su recolección.

- El arroz paddy es el arroz en bruto, no comestible, que se obtiene después de la trilla.
- El arroz integral (llamado "oscuro" o "completo"), cuyos granos carecen ya de sus glumas y glumelas, se caracteriza por su color beige. Una vez descascarillado conserva una parte de las vitaminas B, del fósforo y del almidón.
- El arroz blanco es un arroz integral al que se ha eliminado el embrión y la capa dura interior del pericarpio, mediante colado en conos de blanqueo.
- El arroz vaporizado o sancochado es un arroz paddy perfectamente limpio, puesto en remojo en agua caliente y rehogado en vapor de agua a baja presión (esta operación le deja una parte de los elementos nutritivos, que desaparecen totalmente en el blanqueo), y que luego se descascarilla y blanquea.
- El arroz precocinado se ha descascarillado y blanqueado, y se ha hervido de uno a tres minutos después de ponerlo en remojo, y finalmente se ha desecado a 200 °C.
- El arroz inflado se tuesta y saltea sobre arena caliente en la India; en Estados Unidos primero se trata mediante calor a alta presión y luego se pasa a baja presión.
- El arroz para *risotto*, cultivado en la llanura del Po, en Lombardía, es un arroz de granos largos pero abultados. Los arroces arborio y carnaroli, que garantizan la cremosidad con la cocción, son las variedades más empleadas.
- El arroz basmati, cultivado en la India y Paquistán, es un arroz de granos largos y planos de color crema, de sabor muy fino. Está destinado a las preparaciones indias y orientales.
- El arroz tailandés o jazmín, procedente de Tailandia, es un arroz aromático de granos largos, que desprende olor a jazmín.
- El arroz bomba, de granos semilargos, cultivado en España, se utiliza para preparar la paella. El más reputado es el de Calasparra, cerca de Murcia.
- El arroz japonés, de granos redondos, poco común, está destinado en particular a la preparación de sushis.
- El arroz pegajoso, de granos largos que se convierten en translúcidos y se aglutinan al cocerse, posee un fuerte índice de almidón. En China y Sureste Asiático se encuentra en albóndigas, pasteles y postres.

En cuanto al arroz silvestre, está compuesto por los granos negros de una gramínea, la cizaña acuática, que parecen agujas y tienen sabor a avellana. Se puede consumir solo o con arroz de diferentes colores.

El arroz transformado da lugar a numerosos productos derivados, algunos ejemplos son: el arroz inflado (arroz calentado a 200 °C en aceite); las hojuelas de arroz (arroz vaporizado, descascarillado y luego aplanado en láminas finas); los copos de arroz (granos enteros o rotos cocidos, molidos y luego tostados y secados al horno); la sémola, la crema y la harina de arroz que proceden del molido de granos de arroz blanco no enteros; y los tallarines y las hojas de arroz.

El arroz también sirve para elaborar diversas bebidas alcohólicas: el choum vietnamita, el *samau* malayo, el *sake* japonés y *mirin* (vino de poca graduación alcohólica reservado para la cocina), alcohol de *chao xing* chino (o "vino amarillo chino"). Los granos de arroz no enteros sustituyen a veces a una parte de la malta en la elaboración de cerveza. Además, del salvado de arroz se extrae un aceite comparable al de cacahuate.

La cocción del arroz se practica principalmente con agua (a la criolla o a la india), al vapor, *au gras* (en caldos grasos) o en leche. El arroz tiene un gran poder de absorción y se embebe de todos los líquidos, según la cocción. El arte consiste en obtener el punto deseado para que los granos estén firmes (*al dente*) pero no duros, se separen bien y conserven su sabor. La única excepción es la relativa a la cocción con leche. A menos que esté precocido o tratado, el arroz debe lavarse previamente varias veces con agua fresca y escurrirse, excepto para el *risotto* o la paella, por ejemplo.

El arroz es la base de numerosas recetas. Participa del relleno de verduras (berenjenas, calabacitas, hojas de parra, pimientos, jitomates), así como de los calamares. Sus preparaciones más conocidas son el *curry*, la paella, el *pilaf* y el *risotto*, pero también acompaña tradicionalmente a la blanqueta de ternera, las brochetas, el cordero, los pescados a la parrilla o empanizados, los caldos de gallina en caldo blanco y de pollo. En la cocina mexicana es una guarnición predilecta de varios platillos, tanto caseros como tradicionales, aunque también se consume como plato fuerte en preparaciones como el arroz a la tumbada. También forma parte de la composición de elaboraciones dulces: pasteles de arroz y coronas con frutas, así como arroz con leche, *risotto* dulce (con cítricos, cerezas, etc.) y terrinée (dulce típico de la cocina normanda).

artesa

Gran cofre de madera donde antiguamente se amasaba la masa de pan. Actualmente, la artesa consta de un armazón que soporta un motor, una tina, un brazo amasador y una reja de protección. La tina puede ser de hierro estañado, acero inoxidable o aluminio. Existen diferentes tipos de artesa:
- eje oblicuo, con espiral,
- movimientos diversos,
- eje vertical u horizontal,
- doble hélice.

arrurruz

Fécula extraída de los rizomas de una planta tropical, de la familia de las marantáceas. Fina, brillante, digestiva y rica en almidón, se utiliza para ligar salsas y potajes o también para preparar gachas para bebés y *entremets*.

artemisa

Planta aromática de la familia de las asteráceas, de olor ligeramente alcanforado. Su perfume recuerda al de la absenta, en especial en la

variedad llamada "cidronela", utilizada en destilería. La artemisa fresca perfuma carnes y pescados grasos (cerdo, anguila) y aromatiza los adobos. Se emplea sobre todo en Alemania, los Balcanes e Italia.

Artusi, Pellegrino

Banquero, literato y gastrónomo italiano (Formimpopoli, 1820-Florencia, 1911), autor de *La scienza in cucina e l'arte di mangiar bene*. Esta obra, publicada por cuenta del autor en 1891, conoció, con catorce ediciones diferentes, un éxito sin precedentes en Italia. El "Artusi", con sus setecientas noventa recetas, sigue siendo el gran clásico de la cocina italiana y, por otra parte, se puede leer con sumo placer. Su estilo original alía precisión técnica, fantasía literaria, pedagogía higienista y testimonios etnográficos o históricos.

arúgua o rúcula

Planta mediterránea de la familia de las brasicáceas, muy olorosa y de sabor bastante fuerte. Sus hojas jóvenes, muy recortadas, que después de mezclarse con otros ingredientes se comen en ensalada, deben recogerse antes de la floración, ya que más tarde su sabor tiende hacia el de la mostaza. La arúgula es uno de los componentes tradicionales del mesclun.

Arzak, Juan Mari

Cocinero español (San Sebastián, 1942). Máximo exponente de la cocina vasca y primer chef español con tres estrellas *Michelin*, regenta el restaurante *Arzak*, centenario, en su ciudad natal. Su abuelo José María lo fundó en 1897, su padre Juan Ramón le sucedió, pero falleció joven, en 1951. Lo sustituyó Francisca, la madre de Juan Mari, a la que él reemplazó en 1967. Se le considera el máximo representante de un grupo de cocineros que iniciaron la aventura de renovar y actualizar la cocina vasca, a partir de un respeto absoluto a la tradición. Él aligeró el estilo de la casa, realizó prácticas en los establecimientos de Paul Bocuse, Jean y Pierre Troisgros, Alain Senderens, Gérard Boyer y Firmin Arrambide, y remodeló a su manera "el gusto vasco", la salsa verde, el bacalao al *pil pil* o las *kokotxas*. También adopta texturas e ideas nuevas, y logra realizar la flor de huevo con trufas. Obtuvo una estrella *Michelin* en 1974, dos en 1977 y tres en 1989, las más antiguas de España. Actualmente ha sido relevado por su hija Elena. En 2009, Juan Mari y Elena publicaron *Arzak. Secretos*.

asado

1. Pieza de carne cocida a fuego fuerte en un espetón o en el horno, y servida caliente o fría. Cuando se habla de la res, el término "asado" sin otro calificativo suele designar el rosbif. En las otras carnes, se suele acompañar el nombre del animal con la palabra "asado": asado de ternera (la paletilla deshuesada, el lomo con hueso o el costillar deshuesado), asado de cerdo (el costillar, la parte media o la punta deshuesadas, la paletilla, el lomo o la paleta), asado de pavo (carne deshuesada y enrollada). El término asado también designa una pieza preparada, por lo general atada y lardeada. Por analogía, también se habla de "asado" de rape para designar un trozo grande de este pescado, atado y tratado como una carne lista para ser asada.

En principio, el asado debe servirse sin atar y sin las albardillas del lardeado. Es preferible retirar la pieza del horno o del espetón unos instantes antes de servirla. Los jugos se repartirán mejor por toda la carne y de este modo será más fácil cortarla. El jugo de acompañamiento se sirve aparte, en una salsera con un dispositivo que permite separar la parte grasa.

2. En México es un guiso de carne preparado con varios condimentos (cebolla, ajo, jitomate, hierbas aromáticas y especias) y verduras, cuya elaboración e ingredientes varían dependiendo de la región.

asador

Aparato eléctrico que sirve para asar una carne o un ave, formado por una caja metálica con una puerta frontal con vidrio. Una resistencia eléctrica en la parte superior —y a veces también en la parte inferior—, de infrarrojos, dora la pieza de carne, que gira automáticamente ensartada en un espetón. A veces el espetón se ve reemplazado por otro que conlleva cuatro o seis brochetas giratorias o un recipiente que permite acoger una pierna de cordero.

asadura

Conjunto formado por el corazón, el bazo, el hígado y los pulmones de un animal de carnicería. En la res y la ternera, estos menudos se separan en el momento en que se retiran las vísceras.

La asadura de cordero o de carnero se prepara en numerosas regiones guisada con vino.

La asadura de cerdo es una especialidad de la región de La Vendée, y se prepara en *civet*, con la sangre y las cortezas del animal, y en algunas ocasiones se añade la cabeza.

asafétida

Resina que se extrae de la raíz de una planta de la familia de las umbelíferas y que crece en Oriente. Una vez seca y machacada, se vende en polvo en Irán, la India y Afganistán, donde se utiliza como condimento. En la actualidad su perfume, muy acre, y su sabor pronunciado a ajo, no son muy apreciados en Europa (los alemanes la han bautizado *Teufelsdreck*, estiércol del diablo). Los romanos la consumían mucho, pero pronto pasó a ser considerada como un producto farmacéutico.

asar o rostizar

Cocer una pieza de carne, un ave, una pieza de caza o incluso un pescado con cierto porcentaje de grasa, exponiéndolo directamente al calor de una hoguera o en una chimenea y ensartado en un espetón, o al calor de un horno o de un asador.

La pieza recibe un calor fuerte al principio de la cocción, lo cual provoca la formación de una costra externa y una tostadura. De este modo los jugos se mantienen en su interior y se concentran, y el alimento conserva todo su sabor. Es preciso no salar la pieza ni al principio ni durante la cocción, pues ello provocaría que el jugo salga.

La cocción en espetón es el mejor método. Hay quien estima que los asados cocidos en un horno cerrado se ven desnaturalizados por la humedad que se desarrolla en su interior. Durante la cocción es preciso evitar la adición de agua pues, al evaporarse, ésta comunica al asado un sabor a hervido. Se puede pinchar la pieza, mecharla o rellenarla antes de asarla.

Para cocer en espetón. La intensidad de calor siempre debe ser proporcional a la naturaleza de la pieza. Las carnes rojas, que contienen muchos jugos, deben recibir de entrada un fuerte golpe de calor y luego someterse a un calor sostenido. Las carnes blancas y las aves deben cocer uniformemente por fuera y por dentro. Para que se vayan dorando, las piezas asadas en espetón deben mojarse a menudo con la grasa que flota por encima del líquido de la grasera, y no con el jugo propiamente dicho.

En el caso del horno. Las piezas que se desean conservar poco hechas y con todos los jugos deberán recibir un fuerte golpe de calor con el horno muy caliente. Siempre tienen que descansar sobre una rejilla, lo cual impedirá que se mojen con el fondo de cocción y la grasa. Deben rociarse como los asados con espetón. La carne de res, de carnero y la de caza (de pluma y de pelo) estarán poco cocidas o rojas cuando al pincharlos ligeramente dejen escapar unas gotas de sangre de un color rosa intenso; se encontrarán en término medio cuando esta sangre sea de color rosa pálido. En cuanto a la carne de ternera, cordero y cerdo, el jugo que sale al pincharla debe ser incoloro. Finalmente, para saber si un ave está cocida, se debe levantar e inclinarla encima de un plato: el jugo que fluye no debe presentar restos rojizos.

→ parrillar

asiago

Queso italiano con Denominación de Origen, de leche de vaca (48% de materia grasa), de pasta prensada semidura y de corteza cepillada. Antiguamente elaborado con leche de oveja, en Asiago (provincia de Vicenza), tiene un sabor ligeramente picante y se presenta en ruedas de 7 a 10 kg. Según su grado de afinado (de 1 a 6 meses), se consume fresco, medio o viejo.

asno

Mamífero de la familia de los équidos, cuya carne es un producto de consumo accesorio. Sin embargo, en ciertos países de Oriente su carne es muy apreciada, como también lo fue en ciertos países de Europa en el Renacimiento. Hoy en día, los asnos de gran tamaño, utilizados como animales de tiro o de carga, se asimilan en carnicería al caballo.

En el sur de Francia, donde los asnos son más pequeños, su carne, más firme y de olor más intenso, se utiliza sobre todo en la elaboración de salchichones, como el de Arles. La leche de burra, cercana por su composición a la humana, sirvió durante mucho tiempo para amamantar a lactantes; se le atribuían asimismo virtudes reconstituyentes. Con ella se elabora en los Balcanes un queso fresco.

aspartame o aspartamo

Edulcorante sintético de poder endulzante muy fuerte (de ciento ochenta a doscientas veces el de la sacarosa) y de débil aportación calórica (4 kcal por gramo). Entre todos los edulcorantes es aquél cuyo sabor se parece más al del azúcar corriente. Su inocuidad total y su ausencia de posgusto lo convierten en uno de los componentes de miles de productos ligeros. Sin embargo, es poco estable al calor.

→ aditivo alimentario

áspero

Adjetivo que califica una sensación en boca; se trata de una noción de textura, de rugosidad, y combina efectos a la vez táctiles (astringencia), sápidos (acidez) y aromáticos, que se consideran agresivos, intensos y más bien persistentes. Así, una pera verde puede parecer áspera; se percibe perfectamente su grano y la falta de azúcar; la boca queda seca, como si ya no segregara saliva. Lo mismo sucede con un vino tinto excesivamente tánico.

áspic

Modo de presentación de preparaciones cocidas y enfriadas (carne, aves, *foie gras*, pescado, crustáceos, verduras, incluso frutas), metidas en una gelatina enmoldada, aromatizada y decorada.

El término "áspic" procede del latín *aspis*, que designaba una serpiente. Se aplicaba también a un escudo que representaba a un reptil aovillado. Por analogía se dio este nombre a ciertos moldes de cocina en espiral.

Actualmente, los áspics se elaboran en moldes lisos, como el molde de carlota, el de *savarin* (para varias partes), el *ramequin*, el *dariole* (molde individual), o bien en moldes acanalados o de dibujo más sofisticado.

La gelatina (de carne, de ave, de pescado o a base de pectina para las frutas) varía según la naturaleza del elemento principal (escalopa de ave, filete de lenguado, *foie gras* en medallón, verduras frescas cortadas, frutas en trozos, etc.) utilizado para preparar el áspic. La jalea se perfuma según dicho elemento, con oporto, madeira, marsala o jerez.

asti

Vino italiano del Piamonte. La población de Asti, al sur de Turín, es el centro de una importante región vitícola, que produce vinos tintos renombrados, pero sobre todo un vino blanco de moscatel, llamado Moscatello.

La mayor parte de este vino se vinifica como espumoso a partir de la primera fermentación, lo cual preserva su excelente sabor afrutado. Vendido con el nombre de "asti spumante", este excelente moscatel espumoso es apreciado mundialmente.

astringente

Adjetivo que califica una sensación áspera y rasposa en la boca. La astringencia se convierte en desagradable cuando lleva consigo una impresión de sequedad, como la que produce un pérsimo insuficientemente maduro o un queso demasiado hecho. En cambio, parece natural cuando es débil, como en el caso de la degustación de moras, nísperos frescos o vinos tintos tánicos.

Atala, Alex

Cocinero brasileño (São Paulo, 1968). Viajó a Europa en 1986, estudió gastronomía y pasó a trabajar en diferentes restaurantes de Bélgica, Francia e Italia. Regresó a Brasil y trabajó en el restaurante *Filomena* de São Paulo, donde fue reconocido por sus dotes para crear platos a partir de los productos del país (mango asado con pimienta blanca y salsa de fruta de la pasión, por ejemplo). En 1999 abrió el restaurante *D.O.M.*, con el que llegó a la cima de la alta gastronomía brasileña y sudamericana y obtuvo un gran éxito de público y crítica, y en

2009 *Dalva & Dito*, ambos en São Paulo. Defensor de los productos autóctonos, especialmente de los procedentes de la Amazonia, y las elaboraciones adaptadas a la tradición brasileña, publicó *Por uma gastronomia brasileira* en 2003.

ate

Pasta de frutas cocidas con azúcar que se toma como postre. La pulpa de la fruta hecha puré se cuece con azúcar hasta que espese y al enfriar se desmolda y se orea para que la pasta se torne firme. Puede conservarse de uno a dos años, aunque con el tiempo oscurece y se encoge ligeramente. Es originario del Medio Oriente y fue traído a México por los españoles, quienes a su vez lo conocieron de los árabes. Se puede hacer de varias frutas; los más comunes son los ates de guayaba, membrillo y tejocote. Tradicionalmente en Michoacán se cocinan en cazos de cobre; en otras regiones se utilizan cazuelas de barro u ollas gruesas. Algunos utilizan tejocotes y membrillos en pequeñas cantidades para hacer ates de otras frutas, debido a su alta propiedad aglutinante, que ayuda a formar más fácilmente la pasta. En los mercados de México se venden por peso; los bloques se cortan en pedazos del tamaño que el cliente elija. Se come solo o con rebanadas de queso fresco o manchego.

Ateneo

Escritor y gramático griego, nacido en Naucratis (Bajo Egipto) en el siglo III d.C. Su obra de compilación, *Deipnosophistai* (*Banquete de los Sabios*), es una fuente de información sobre la vida cotidiana y cultural de la Grecia antigua.

ateniense, a la

Nombre de distintas preparaciones (ave, cordero, brochetas) elaboradas con aceite de oliva y cebolla fundida, y generalmente con guarnición de berenjenas (fritas, salteadas o rellenas), jitomates (salteados o rellenos), pimientos (salteados o rellenos) y arroz *pilaf*.

atestamiento

Operación que consiste en mantener las barricas de vino llenas durante su estancia en la bodega, a fin de evitar el desarrollo de fermentos perjudiciales en el vino.

atole

Bebida caliente y espesa hecha a base de maíz cocido, molido y desleído en agua. El agua y el maíz molido se colocan sobre el fuego dentro de una olla de barro o metal, sin dejar de mover hasta que la mezcla se cuece y espesa. El resultado se considera el atole original, también llamado atole blanco, atole de maíz o atole de masa. Aunque el blanco es un atole completo, también se emplea como base para elaborar otros atoles: basta añadirle algún ingrediente para darle el nombre de la fruta o especia que contenga: atole de guayaba, atole de piña o atole de canela, por ejemplo. El atole es una de las bebidas más populares en México. En cada región se prepara con diferentes ingredientes, de modo que es casi infinita la variedad de sabores de atoles. En algunos casos se endulza con azúcar, piloncillo o miel y la base puede ser agua y/o leche; en la mayoría de los casos la fruta que le aporta el sabor y nombre va molida. Aunque el atole se concibe como una bebida espesa caliente y dulce, existen algunas excepciones que no contienen endulzante o azúcar; pueden ser de sabor agrio, salados y picantes, pero en todos los casos son líquidos, espesos y se sirven calientes.

Para los habitantes de las comunidades rurales e indígenas de todo el país, el atole a veces puede ser el único alimento que consumen a lo largo del día. En las ciudades, el atole es una bebida que forma parte del desayuno y es un buen acompañante de los tamales. Se consume de manera cotidiana por las mañanas y en la merienda, o bien en reuniones, fiestas y en algunos eventos religiosos. Es una bebida tan importante para los mexicanos, que además de ser valorada como alimento, también se utiliza con fines medicinales, ceremoniales y rituales.

atomizador o pulverizador

Pequeño recipiente provisto de una bomba que sirve para pulverizar un líquido sobre una preparación. En particular, se emplea para vaporizar aceite en pequeñas cantidades encima de verduras, ensaladas, etc.

atún

Nombre de varios peces marinos de gran tamaño, de la familia de los escómbridos, semejantes entre sí en su aspecto y forma. La palabra atún procede del latín *thunnus,* derivada del griego, que significa velocidad (en efecto, puede llegar a los 80 km/h y recorrer 200 km diarios a una profundidad de 600 m). El atún era ya muy apreciado en la Antigüedad. Los fenicios lo sometían a salazón y lo ahumaban. En la Edad Media se apreciaba el atún asado o frito en aceite de oliva, y luego salado y muy especiado. A finales del siglo XVII, los comerciantes de especias negociaban todavía con atún adobado.

A partir del siglo XIX, la pesca del atún se fue extendiendo hasta el Atlántico. El atún fresco es un pescado graso (13% de lípidos y 225 kcal u 899 kJ por cada 100 g) y una buena fuente de proteínas, de fósforo, de yodo, de hierro y de vitaminas A, B y D.

La denominación "atún" se reserva principalmente a cinco especies de peces.

- El atún aleta amarilla o rabil, que pocas veces se vende fresco, se destina sobre todo a la industria de las conservas enlatadas.
- El bonito blanco del norte o albacora también se destina a la conservería y antaño era más abundante que en la actualidad. Su carne blanca, particularmente sabrosa, se parece a la de la ternera y se cocina como ésta. En México es posible encontrarlo en todo el océano Pacífico, desde Baja California hasta Chiapas y las Islas Revillagigedo; el estado de Colima es un importante productor. La mejor temporada para su captura es de junio a noviembre, ya que durante el verano nadan cerca de la superficie. Se vende principalmente enlatado.
- El bonito listado presenta una carne roja no muy firme. Tiene derecho a ser denominado atún solo cuando se presenta enlatado. Se utiliza en las preparaciones menos exigentes a base de atún.
- El ventrudo o patudo se consume fresco, ahumado y enlatado, pero no posee el sabor delicado del bonito blanco del norte.
- El atún rojo se vende casi siempre fresco. Sus preparaciones se inspiran principalmente en la cocina vasca, siciliana o provenzal: cortado en rodajas, marinado, y luego breseado o cocido en adobo.

- Hay otros peces cercanos a los auténticos atunes: el bonito atlántico, que se cocina en rodajas como el bonito blanco del norte, aunque no posee su finura ni su sabor; la melva, pequeño pez de los mares cálidos, de dorso azul oscuro y carne blanca, que se prepara ahumado; la bacoreta, de carne oscura, que se utiliza en conservería pero que no merece la denominación "atún".

En muchos países el atún se consume sobre todo enlatado. La variedad de preparaciones permite realizar ensaladas y preparar verduras rellenas (aguacates, pimientos y chiles, jitomates) y entremeses. El atún enlatado se presenta entero (un bloque constituido por trozos en general prensados), o desmenuzado (pequeñas migas), o bien en filetes (trocitos alargados obtenidos del vientre y que reciben el nombre de "ventresca").

- El atún al natural, siempre entero, se corta primero en rodajas, y éstas se dividen en trozos, a los que se retira las espinas. Luego se igualan, se lavan y se someten a salmuera. Después se cuecen mediante esterilización y se cubren de un agua ligeramente salada.
- Al atún en aceite se le extrae la cabeza y la cola y luego se cuece en caldo corto o estofado. Después se corta, se le retiran las espinas y se vacía de vísceras. Los bloques, las migas (65% como mínimo) o los filetes se enlatan cubiertos de aceite (cuya composición debe precisarse).
- El atún con jitomate se ha cocido, secado y enlatado entero, en filetes o desmenuzado (al menos 50% de migas) con una salsa que contiene al menos 8% de extracto seco de jitomate y 10% de aceite.
- El atún en escabeche se prepara como el atún en aceite, aunque se cubre de una salsa de escabeche y se enlata entero, en filetes o desmenuzado (al menos 75%).
- El entremés de atún se prepara con atunes de calidad muy variable, una salsa para condimentar, verduras cortadas, etc.

atún aleta amarilla o rabil

Pez de la familia de los escómbridos, cuya carne es algo más rosada que la del bonito, del que se distingue asimismo por una aleta pectoral media que se aproxima a la anal y por ser ambas aletas de color amarillo intenso. Puede alcanzar los 2 m y pesar 200 kg, y se pesca todo el año en las aguas tropicales del Atlántico, en alta mar frente a las costas africanas. Su carne, muy apreciada, se destina, en escala mundial, a la conservería de pescado, de la que representa la parte más importante. En México se requiere para ciertos platillos finos y en restaurantes de comida japonesa, donde alcanza un alto costo debido a su gran calidad y a la abundancia y firmeza de su carne.

auslese

Palabra alemana que significa selección y designa una categoría de vinos alemanes o austriacos elaborados con uvas de vendimias tardías, afectados, en los mejores años, por la putrefacción noble. Estos vinos, de fuerte concentración en azúcar, pueden ser secos (*trocken*) o más dulces (*halbtrocken, süss*).

Australia

La cocina de este país está profundamente marcada por los productos y costumbres alimentarias importadas por los colonos británicos y daneses. El canguro, que participaba en la preparación de numerosos platos populares (*kangaroo tail soup*, sopa de cola de canguro; *kangaroo fillet in szechwan crust*, filete de canguro en costra), está actualmente protegido.

Los australianos son grandes consumidores de carne de res y, sobre todo, de carnero, que comen asado a la barbacoa, o en salmuera, como el jamón de carnero perfumado con clavo de olor y enebro. Los pollos de Sydney, marinados con piña y vino, y luego asados, son más originales. El conejo, sobreabundante, también es apreciado, como los moluscos y los pescados, de tamaño imponente pero cocinados sin sofisticaciones. Las verduras y las frutas tropicales, como la chirimoya y la fruta de la pasión, se producen en grandes cantidades.

El sur del país se beneficia de un clima comparable al de los países mediterráneos, muy propicio al cultivo de la vid. El norte es mucho más cálido.

Austria

La cocina austriaca no es tanto una cocina nacional como una síntesis de las tradiciones culinarias de los distintos pueblos (alemanes, italianos y húngaros) que han marcado su historia. De este modo se encuentra la col, los guisos y los embutidos, pero también la pasta fresca y el sabor de la cebolla, la paprika (puesto que el *gulasch* también es un plato austriaco) y de determinados frutos (cerezas, ciruelas, manzanas, nueces, etc.).

Los recursos de los ríos inspiraron notables preparaciones de pescado: trucha *au bleu*, lucio relleno, carpa frita, colas de cangrejo de río con hinojo.

Las aves de corral siempre han ocupado un lugar importante, sobre todo el pollo (asado, empanizado y frito con manteca de cerdo, con crema agria, con paprika o con col).

Se elaboran quesos de vaca frescos conservados en frascos, así como quesos de pasta cocida y de pasta prensada.

Algunos platos clásicos regionales son la liebre asada, la oca con col roja, las crepas rellenas (*palatschinken*), los raviolis (*nudln*) de Carintia y la carne de res con cebollas y comino (*zwiebelfleisch*). Las sopas y guisos se hallan entre los clásicos: con papas y hongos, acompañados con pan o con hígado. El *choucroute* es muy popular, así como las quenefas de tocino y el hígado de ternera con cebollas.

Austria es ante todo el país de la pastelería, que se sirve, como el café, aderezada con crema montada (*schlagobers*). Los tres grandes clásicos —*sachertorte*, *strudel* y *linzertorte*— no deben hacer olvidar los hojaldres con frutos secos o con crema de adormidera, los merengues, las tartas con frutas confitadas, con queso blanco o con cerezas, el *kaiserschmarrn* (crepa espesa y dulce), los *krapfen* (buñuelos), los *zwetschenknödel* (ciruelas pasas sin hueso, envueltas en pasta y fritas), los *tascherln* y los *buchteln* (*brioches* enrollados o rellenos de confitura).

Austria tiene una tradición vitícola que data de la época romana. Se exportan 500,000 hectolitros de los 2,5 millones producidos.

avefría

Ave zancuda de la familia de los carádridos, de plumaje negro, verde brillante y blanco, coronada por un penacho negro, que vive en los llanos. A finales del siglo XVIII, gracias a Anthelme Brillat-Savarin, cobró gran reputación gastronómica, y la Iglesia la consideraba de vigilia. La avefría, grande como una paloma, con una carne bastante fina, se prepara sobre todo asada, sin vaciar (salvo la molleja), y si se desea, rellena de aceitunas deshuesadas.

Los huevos de avefría estuvieron de moda en París en la década de 1930. Se importaban de los Países Bajos y con ellos se realizaban elaboraciones de huevo duro (áspics y ensaladas compuestas).

avellana

Fruto del avellano, arbusto de la familia de las betuláceas que crece en las regiones templadas de Europa, cuya cáscara dura encierra una semilla ovoidal o redondeada de sabor delicado. Existen varias especies, las más conocidas proceden de Piamonte y de Sicilia, Italia.

La avellana seca, muy energética (400 kcal o 1,670 kJ por cada 100 g), rica en lípidos (40%), aporta mucha vitamina E (20 mg por cada 100 g), fósforo (200 mg por cada 100 g), potasio (350 mg por cada 100 g), calcio (45 mg por cada 100 g) y vitamina PP (1,5 mg por cada 100 g).

Se utilizan enteras, ralladas o molidas. Se sirven saladas, a veces tostadas, como aperitivo, e intervienen también en la cocina (rellenos, terrinas, para acompañar el pollo o el pescado meunière, como las almendras). Con ellas también se realiza una mantequilla compuesta. No obstante, los empleos principales de la avellana son la pastelería, la confitería (*nougat*) y la chocolatería.

Finalmente, de las avellanas se extrae un aceite muy fino, utilizado frío como condimento y no debe calentarse.

avena

Cereal de la familia de las gramíneas, originario de Europa, que se utiliza en la alimentación humana por sus virtudes tonificantes y energéticas.

Cultivada por los romanos, ampliamente consumida en gachas o papillas por los germanos y los galos, la avena fue hasta el siglo XIX una de las bases de la alimentación en Escocia, Escandinavia, Alemania y Bretaña, cuya tradición conservan todavía. Es, en efecto, muy rica en proteínas, en materias grasas, en elementos minerales y en vitaminas, y en consecuencia se adapta bien a los climas fríos y húmedos.

La avena sirve sobre todo para elaborar potajes y papillas saladas o dulces, e interviene en la preparación de ciertos panes. Las hojuelas de avena se consumen para el desayuno, a menudo con leche; también participan en la fabricación de bizcochos y galletas, en especial en los países anglosajones.

En Estados Unidos, la pastelería familiar de los cuáqueros la utiliza ampliamente.

→ *porridge*

aves de corral

Término genérico que designa las aves que se crían por su carne o sus huevos, o ambas cosas (pato, picantón, pavo, oca, pichón, pintada, gallina, pollo). La carne de estos animales, rica en proteínas (de 20 a 23 g por 100 g), también contiene hierro (de 1 a 2 mg por 100 g) y lípidos (de 3 a 6 g por 100 g). Se emplea tanto para la elaboración de platos simples y económicos, como para la confección de grandes clásicos regionales y de preparaciones más refinadas. Se elaboran, cada vez más, piezas de charcutería industrial a partir de aves de corral. En cocina se reserva el término ave a la carne de pollo o de gallina cuando se emplea en preparaciones básicas.

El ave más popular en la mayor parte de países occidentales es el pollo. A continuación se sitúa el pavo, que ha aumentado mucho su producción desde que se vende troceado. La cría del pato se ha desarrollado con el doble impulso de la moda del *foie gras* de pato y de los *magrets*. En el caso de México, algunas aves como huilotas, chichicuilotes, patos silvestres y guajolotes se consumen desde la época prehispánica. En la actualidad, en el campo mexicano se consumen codornices, torcacitas, palomas y gallinas.

Las aves se venden sin vísceras (es decir, listas para cocinar), fileteadas o sin vaciar (sin sangre y desplumadas).

Las técnicas clásicas de cocción de las aves son el asado (el más corriente), el pochado, el braseado y el salteado (sobre todo en el caso de las aves un poco viejas o de gran tamaño, así como en el de los menudillos), el salteado, el horneado y a veces el vapor o la parrilla. Las aves rellenas constituyen una preparación cada vez menos frecuente. Hígados de ave, mollejas y, más raramente, crestas y riñones de gallo son objeto de varios empleos en la cocina.

Las aves dan lugar a preparaciones calientes o frías, pero nunca crudas. En la cocina casera son comunes preparaciones como sopas y caldos de pollo o de gallina, en estofados u horneados.

avestruz

Ave ratite africana de gran tamaño (hasta 2,50 m) de la familia de los estruciónidos. Actualmente también se cría en Europa, y se sacrifica hacia los trece o catorce meses, cuando pesa unos 100 kg. Su alimentación, compuesta de alfalfa, hierba y cereales, confiere a su carne características particulares de sabor y una ternura notable. La carne de avestruz, bien roja, procede esencialmente del muslo.

Los huevos, excelentes, estuvieron de moda en el siglo XIX. Cada uno pesa un promedio de 1,5 kg y permite preparar una tortilla para 8-10 comensales. El cuero se utiliza en marroquinería.

Avice, Jean

Pastelero francés de principios del siglo XIX. Fue chef en Bailly, la mejor pastelería de París de la época, y proveedor de Talleyrand. Formó al joven Antonin Carême, que al alcanzar la celebridad saludó al "ilustre Avice, maestro de la pasta *choux*", considerado a menudo como el creador de la magdalena.

azafrán

Planta bulbosa de la familia de las iridáceas, cuyos estigmas proporcionan una especia de renombre en forma de filamentos (hebras) pardos secos o bien de polvo amarillo-anaranjado y de olor picante y sabor amargo. El azafrán es originario de Oriente y fue introducido en España por los árabes. El de mayor prestigio es el de La Mancha, aunque también se cultiva en Italia, Grecia, Irán y América del Sur. Se precisan 60,000 flores para proporcionar 500 g de azafrán, lo cual explica su elevado precio y la aparición de sucedáneos como el alazor (o azafrán bastardo) o la cúrcuma (o azafrán de las Indias).

En la Antigüedad y en la Edad Media, el azafrán desempeñaba una triple función: culinaria, mágica y terapéutica. Muy empleado en cocina hasta el Renacimiento como perfume y colorante, cayó en desuso en el siglo XIX. En la actualidad ocupa todavía un lugar de honor en muchas especialidades nacionales, sobre todo en la bullabesa, el *curry*, la paella y el *risotto*, así como en la cocción de los mejillones, de las carnes blancas y de las tripas. En los postres se utiliza como perfume.

azahar

Flor de una variedad de naranjo, de la familia de las rutáceas. Las flores se maceran y destilan para obtener el agua de azahar, que se prepara industrialmente y se utiliza en gran medida en pastelería y confitería para aromatizar las masas y las cremas. Las flores de azahar también sirven para elaborar bebidas caseras, y su azúcar se emplea en pastelería. Cuando se destilan, las flores de azahar proporcionan un aceite volátil, el nerolí, utilizado en perfumería. En México, el agua de azahar es utilizada en muchas recetas tradicionales, como en algunos atoles de Michoacán, en la rosca de reyes y en el pan de muerto; también se incluye en almíbares de frutas y en ciertos dulces como los limones rellenos de coco.

azúcar

Sustancia de sabor dulce que se forma naturalmente en las hojas de numerosas plantas y se concentra en sus raíces o tallos. Hay azúcar en el maple en Canadá, en la palmera datilera en África, en el sorgo, en la uva, etc., pero sobre todo se extrae de la caña de azúcar en las regiones tropicales y de la remolacha (betabel) azucarera en las regiones templadas.

El azúcar es un glúcido simple de sabor dulce, por oposición al almidón, un glúcido complejo sin sabor dulce. El término azúcar, en singular, está reservado legalmente al azúcar de caña o de remolacha, llamado oficialmente "sacarosa". En plural se aplica asimismo a la glucosa (o dextrosa), extraída del maíz; a la fructosa (o levulosa), que es el azúcar de las frutas; a la galactosa, extraída de la lactosa (componente de la leche); y a la manosa, azúcar de la piel de naranja.

Varios miles de años antes de nuestra era se utilizaba ya el azúcar en Asia en forma de jarabe de caña, mientras que en Europa y América la miel de abeja (algunas civilizaciones prehispánicas utilizaban también miel de hormigas) y las frutas eran la única fuente de sabor dulce. En el siglo IV a.C., Alejandro Magno trajo consigo, como hizo Darío antes que él, la "caña dulce", de la que se extraía el *çarkara*, cristal obtenido a partir del jugo de la planta. Su cultivo se extendió por la cuenca mediterránea y por África. De esta manera, acababa de nacer un nuevo alimento.

En el siglo XII, gracias a las cruzadas, en muchas zonas europeas se descubrió esta "especia" que los boticarios comenzaron a vender en diversas formas y a precio elevado. El azúcar permitió el desarrollo de la confitería y de la pastelería, pero habitualmente se empleaba para "sazonar" las carnes y los alimentos salados.

En el siglo XV, los españoles y los portugueses establecieron plantaciones de caña en sus posesiones africanas (Canarias, Madeira, Cabo Verde), a fin de librarse del monopolio de los productores mediterráneos. Este cultivo se extendió a Cuba, Brasil y México, y más tarde a las islas del océano Índico, a Indonesia y finalmente a Filipinas y Oceanía. Las Antillas, que se convirtieron en "islas del azúcar", aprovisionaron desde entonces las refinerías de los puertos europeos.

En el siglo XVII, la moda del café, del té y del chocolate desarrolló sensiblemente el consumo de azúcar.

Para fabricar azúcar se deben recoger los betabeles y las cañas de azúcar y transformarse rápidamente para que no pierdan su índice de azúcar. Las azucareras están implantadas, pues, cerca de los cultivos, y funcionan sin interrupción durante toda la "campaña del azúcar" (de 70 a 80 días entre septiembre y diciembre).

El principio de la fabricación consiste en aislar la sacarosa, eliminando sucesivamente los demás constituyentes de la planta. El jugo de betabel se extrae de las raíces (cortadas en "peladuras") mediante difusión en agua caliente. El jugo de caña se obtiene mediante molido y presión de los tallos. Este jugo se mezcla con lechada de cal, que retiene las impurezas, y luego se le añade gas carbónico, que las precipita. El jugo, que contiene en este momento 13% de azúcar, se somete a una evaporación al vacío, que elimina el agua. Se lleva luego a ebullición y se transforma en jarabe con 65% de azúcar. La cristalización de esta "masa cocida" se provoca mediante la adición de azúcar lustre (sementera) y se prolonga en las amasadoras. Después de la eliminación del "agua madre" mediante escurrido, el azúcar recogido se muele, se seca y se acondiciona en sus distintas formas.

Una azucarera de caña fabrica principalmente azúcar en bruto y a continuación éste se traslada a las refinerías de los países importadores. En cambio, una azucarera de betabel produce hoy en día directamente azúcar blanco, sin pasar por el estadio del refinado. Éste consiste en una refusión, recristalización y turbinado de los jarabes depurados, y proporciona azúcares puros. No hay diferencia entre el refinado del azúcar de caña y el del azúcar de betabel.

Algunas clases de azúcar son:

- Azúcar blanco o azúcar refinado. Puede ser de betabel o de caña y contiene al menos 99,7% de sacarosa pura (y generalmente más de 99,9%). Tiene una humedad inferior al 0,06% y un índice de azúcar invertido inferior al 0,04%.
- Azúcar cristalizado. Procede directamente de la cristalización del jarabe y se presenta en cristales finos.
- Azúcar en polvo. Este azúcar cristalizado molido y tamizado.
- Azúcar en trozos. Se obtiene mediante molido de azúcar cristalizado humidificado en caliente, y luego secado para soldar los cristales.
- Azúcar moreno o azúcar terciado. Posee de 85 a 98% de sacarosa y ciertas impurezas, que le dan su color más o menos acentuado y su sabor característico.
- Azúcar glass o azúcar impalpable. Este azúcar cristalizado, molido muy fino hasta formar un polvo impalpable, incluye 3% de almidón para evitar que cuaje en bloque.
- Mascabado. Este azúcar de betabel o de caña es un producto de consistencia blanda, dorado o moreno, de sabor acentuado.

- *Candi*. Se compone de cristales morenos muy grandes, obtenidos por cristalización al aire de azúcar moreno.
- Azúcar líquido o jarabe de azúcar. Esta solución de azúcar incoloro o ambarino contiene un mínimo de 62% de materias secas (con menos de 3% de azúcar invertido).
- Azúcar invertido. Obtenido mediante la acción de ácidos sobre la sacarosa, está compuesto por glucosa y fructosa a partes iguales, además de un poco de sacarosa no invertida.
- Azúcar para confituras. Este azúcar cristalizado blanco al que se ha añadido pectina natural (de 0,4 a 1%) y ácido cítrico (de 0,6 a 0,9%), que a veces se reemplaza parcialmente por ácido tártrico, facilita la gelificación de las confituras y la obtención de los sorbetes caseros.
- Azúcar en grano. Se compone de granos redondeados obtenidos machacando trozos o lingotes de azúcar muy puro, elegidos por su grosor en el tamiz.
- Azúcar avainillado. Azúcar en polvo, al que se ha añadido al menos 10% de extracto en polvo o de esencia de vainilla.
- Alcorza (pastillage). Azúcar lustre al que se ha añadido gelatina de almidón, fécula o goma.

El azúcar, que se asimila con mucha rapidez, constituye el combustible necesario para los tejidos del organismo, en particular los de los músculos y el cerebro. El índice de glucosa en la sangre debe ser constante (aproximadamente 1 g por litro).

El azúcar ocupa un lugar importante en la alimentación, a causa de la diversidad de sus funciones. Como todos los glúcidos, es un alimento energético (400 kcal o 1,672 kJ por cada 100 g). También es una golosina, así como un condimento que interviene en numerosos platos salados, pues potencia el sabor de los demás alimentos. En particular participa en el glaseado de cebollas, zanahorias y nabos, así como en la caramelización de las reducciones. Además desempeña una función importante como conservante: en las mermeladas, las flores cristalizadas, las frutas confitadas o glaseadas, las jaleas, las confituras y las pastas de fruta.

El azúcar se asocia a numerosas bebidas calientes o frías, cuyo sabor completa, refuerza, mejora o suaviza (café, chocolate, infusiones, jugos de frutas, sodas, té). Desempeña el mismo papel con los diversos productos lácteos, las macedonias de frutas, las compotas y las frutas en almíbar.

También es uno de los ingredientes esenciales en la repostería. Es componente de las masas de pastelería, de las cremas, de los elementos de decoración, etc.

El azúcar, blanco, brillante, inodoro y de sabor dulce, es tanto más soluble en agua cuanto mayor sea la temperatura de ésta. Un litro de agua puede disolver 2 kg de azúcar a 19 °C y cerca de 5 kg a 100 °C. En cambio, es difícilmente soluble en alcohol. Calentado en seco, comienza a fundirse hacia los 160 °C. Se convierte en caramelo a partir de 170 °C y se quema hacia 190 °C.

La cocción del azúcar se realiza en una sartén de fondo grueso, de cobre no estañado o de acero inoxidable, muy limpia y sin rastros grasos. Se debe elegir azúcar blanco refinado (en polvo o, aún mejor, en trozos), que se moja con 300 g de agua como máximo por cada kilo. El azúcar refinado es el más puro, por lo que hay menos riesgo de que cristalice bajo la acción de una impureza. Para mayores precauciones, se añaden de 50 a 100 g de glucosa (cristal o líquida) por kilo de azúcar, o unas gotas de vinagre o de jugo de limón. Nunca se debe remover, solo sacudir ligeramente el recipiente.

La cocción del azúcar comienza a fuego lento, y luego se va aumentando la temperatura cuando ya está disuelto, vigilando constantemente, puesto que las distintas etapas, muy próximas entre sí, corresponden a empleos particulares. La medida de la cocción se realiza manualmente (las características físicas del azúcar indican el punto que se alcanza), ya sea con el aerómetro de jarabe, que evalúa la densidad, o con un termómetro de cocción de azúcar, graduado hasta 200 °C.

Cada una de las etapas de cocción corresponde a utilizaciones particulares.

– Punto de napado (100 °C). El jarabe, absolutamente translúcido, entra en ebullición. Empleos: baba, frutas en almíbar, *savarin*.
– Punto de hebra fina (103-105 °C). El jarabe es ligeramente espeso, si se coge entre los dedos forma un filamento muy fino de 2 a 3 mm, que se rompe fácilmente. Empleos: frutas confitadas, pasta de almendra.
– Punto de hebra gruesa (106-110 °C). El hilillo obtenido entre los dedos es más resistente y alcanza 5 mm. Empleos: crema de mantequilla, recetas que indiquen "jarabe de azúcar".
– Punto de perlita (110-112 °C). El jarabe se cubre en su superficie con unas burbujas redondas. Si se se coge entre los dedos, forma un hilillo ancho y sólido. Empleos: *fondant*, turrón.
– Punto de gran perla (113-115 °C). El hilillo de azúcar extendido entre los dedos puede alcanzar 2 cm. Empleos: frutas escarchadas, glasa, *marrons glacés*, jarabes para confituras.
– Punto de bola flojo (116-125 °C). Una gota de jarabe sumergida en agua fría forma una bola blanda. Empleos: caramelos blandos, confituras y jaleas, merengue italiano, *nougat*.
– Punto de bola fuerte (126-135 °C). La bola de jarabe que se forma en el agua fría es más dura. Empleos: caramelo, confituras, decoraciones de azúcar, merengue italiano.
– Punto de caramelo flojo (136-140 °C). La gota de jarabe se endurece inmediatamente en agua fría, pero se pega a los dientes. El azúcar no se utiliza en este estadio.
– Punto de caramelo fuerte (145-155 °C). La gota de jarabe sumergida en agua fría se vuelve casi dura y se rompe como el cristal, pero no se pega. Empleos: algodón de azúcar, caramelos de azúcar cocido, decoraciones de azúcar hilado, flores de azúcar, azúcar soplado.
– Caramelo o crocante claro (156-165 °C). El jarabe, que ya casi no contiene agua, se transforma en *sucre d'orge* y luego en caramelo. En el primer caso es amarillo y en el segundo se vuelve dorado y oscuro. Empleos: aromatización de postres, caramelos y *nougatine*, caramelización de moldes, de flanes, azúcar hilado, glasas, aromatización de *puddings*.
– Caramelo o crocante oscuro (166-175 °C). El azúcar se oscurece y pierde su poder edulcorante. Las preparaciones a base de caramelo más o menos oscuro deben endulzarse. El caramelo oscuro, último estadio de la cocción antes de la carbonización, sirve sobre todo para dar color a salsas y caldos.

El azúcar que se emplea en pastelería puede elaborarse de distintas maneras.

– Azúcar hilado. Cocido hacia 155 °C y un poco enfriado, se lanza con la ayuda de un tenedor y desde cierta altura encima de un rodillo al que se infunde un movimiento de vaivén. Los filamentos obtenidos se extienden sobre un mármol, ligeramente aplanados con la parte plana de un cuchillo para obtener cintas o utilizados como velo.
– Azúcar estirado. Mezcla de azúcar, glucosa, ácido tartárico o crémor tártaro y agua. Se cuece a 155 °C, se vierte sobre un mármol untado con aceite, se deja enfriar a unos 70 °C y a continuación se satina estirando y doblando el azúcar. Tiene un aspecto opaco y satinado.
– Azúcar en lámina. Se cuece hasta el punto de caramelo flojo, se le da color si se desea y se enmolda en formas para obtener copas, borlas, campanitas, etc.
– Azúcar soplado. Se cuece hacia 145-150 °C, se colorea si se desea y se sopla como el vidrio. El pastelero puede realizar de este modo flores y hojas de azúcar estirado y coloreado, cintas, nudos y conchas de azúcar también estirado, cestas y canastos de azúcar trenzado (azúcar hilado en forma de cordel, trenzado y enfriado), copetes de azúcar hilado, etc. Los azúcares coloreados se obtienen con azúcar en polvo grueso, que luego se pone en remojo con colores solubles en alcohol. Además, los azúcares pueden aromatizarse con la ayuda de piel de cítrico, canela, anís, clavo de olor, jengibre o pétalos de flores secas y picadas.

azul ◆ queso azul, *persillé*

B

baba o babá

Pastel de masa leudada al que a veces se le añaden pasas y se embebe después de su cocción y secado con jarabe al ron o al kirsch. La creación del baba parece deberse al rey de Polonia, Stanislas Leszczynski (1677-1766), exilado en Lorena, y a su pasión por los dulces. Al considerar que el *kouglof* era demasiado seco, pensó que podía mojarlo con ron. Como lector asiduo de *Las mil y una noches*, bautizó esta preparación con el nombre de su héroe favorito, Alí Babá. El pastel tuvo un gran éxito en la corte de Nancy.

El pastelero Stohrer, que había residido en dicha corte, perfeccionó la receta y la convirtió en la especialidad de su establecimiento de la rue Montorgueil, en París, con el simple nombre de "baba". Hacia 1850 una serie de pasteleros se inspiró en el baba para crear el *fribourg* en Burdeos, el *brillat-savarin* en París (que se convirtió en el *savarin*) y el *gorenflot*.

bacalao a la vizcaína

Guiso de origen español que se ha adaptado a las características de la cocina mexicana; ese nombre ha quedado casi en el olvido y aquí es más conocido como "bacalao de Navidad" o simplemente "bacalao". Se prepara con bacalao desmenuzado en salsa de jitomate, ajo, cebolla, perejil, aceitunas, alcaparras y chiles güeros curtidos. Se ha convertido en una tradición para las cenas de Navidad y fin de año, así como para la época de la cuaresma y la Semana Santa. En el Distrito Federal a veces le añaden chile ancho molido para darle más color. Con este guiso, mucha gente acostumbra hacer las llamadas tortas de pescado. En Tabasco la preparación es similar, aunque muchos incluyen alcaparras y pasitas, además de papa y algunos ingredientes que se utilizan en otros estados; se suele acompañar con arroz blanco. En Chiapas el bacalao se prepara con papas cambray que se cuecen con el agua donde se remoja el bacalao. Se procura hacer grandes cantidades para consumirlo el 25 de diciembre o el 1 de enero, ya que recalentado al día siguiente adquiere mejor sabor.

bacalao fresco

Pez de la familia de los gádidos. En francés recibe el nombre de *morue* cuando es seco o salado y *cabillaud* cuando es fresco. Esta distinción solo existe en Francia, único país en el que se han practicado durante mucho tiempo dos pescas bien distintas, una para el bacalao fresco y la otra para el bacalao salado a bordo. Actualmente, los peces vendidos en ambas denominaciones se congelan o se salan en los mismos barcos.

Puede medir hasta 1,50 m y presenta un cuerpo potente y alargado, con aletas muy marcadas y una cabeza imponente, con amplia boca dentada. Su color varía del gris-verde al pardo, con puntos oscuros en el dorso y los costados, y un abdomen blanquecino. Abunda en los mares fríos (de 0 a 10 °C). La hembra puede poner hasta 5 millones de huevos, que se venden ahumados con el nombre de "falsa *poutargue*".

El bacalao, que pesa desde 200 o 300 g hasta 50 kg, se pescaba en Terranova, pero a tal escala que hoy está prácticamente diezmado. En Canadá siempre se ha apreciado fresco. El bacalao fresco es el pescado magro por excelencia (68 kcal o 284 kJ por cada 100 g; 1% de lípidos) y es muy rico en sales minerales.

- Posee una carne delicada, blanca y fácil de deshacer en láminas, que se presta a numerosas preparaciones. Los pescados más pequeños, de 1 a 3 kg, que se venden a menudo en filetes, puesto que el porcentaje de desechos es de 50%, se asan al horno, se brasean con vino blanco, se escalfan en caldo corto aromatizado o se sirven fríos o calientes con una salsa. Los pescados grandes se cortan en filetes, en rodajas o en trozos. Las rodajas se preparan a la inglesa o *à la meunière*, los trozos se cuecen sobre todo al horno o en caldo corto, a menudo en vino blanco. El bacalao fresco raramente se asa a la parrilla, ya que su carne excesivamente delicada se disgrega en láminas. La cola proporciona una pieza apreciada (que se asa o bresea), mientras que la parte cercana a la cabeza es una pieza menos atractiva, pero tiene un sabor muy fino. Por otra parte, el bacalao fresco sirve para elaborar croquetas, panes, gratenes, conchas y *mousses*. El bacalao congelado se presenta en filetes y también en croquetas o cuadrados empanados, listos para freír. Las huevas de bacalao ahumadas se utilizan para preparar tarama.

Las presentaciones de los diferentes bacalaos secos difieren esencialmente en función de la salazón. El bacalao seco o salado es más energético que el fresco (350 kcal o 1,463 kJ por cada 100 g), puesto que está más "concentrado". Su hígado, rico en vitaminas A y D, se utilizó durante mucho tiempo como aceite medicinal, pero hoy se conserva, se ahúma y sirve para preparar entremeses fríos.

- El bacalao "verde" (o inglés de media curación o de media sal), salado pero no secado, se vende en barriles y presenta un olor fuerte. Prácticamente ya no se encuentra en Francia, aunque sí en gran cantidad en la cuenca mediterránea y en Portugal.
- El bacalao salado, el más tradicional en Francia, se sala a bordo, se enjuaga y se limpia en el puerto, y luego se vuelve a salar. Se vende en piezas o envasado.
- Los filetes de bacalao, limpiados, pelados y sin espinas, blanqueados y salados en menor medida, se venden envasados en porciones de 200 g, 1 kg y múltiplos de 1 kg.

• El *stockfisch* (bacalao de Noruega), se seca al aire.

Durante siglos el bacalao seco ha constituido un alimento de base, sobre todo para las épocas de penuria. Por otra parte era un género "estratégico", pues permitía aguantar en caso de asedio. Las tripas de bacalao también eran un alimento apreciado y se preparaban, después de lavarlas, como la asadura de ternera. Las lenguas de bacalao daban y siguen dando lugar a recetas sabrosas. El corazón es apreciado por los pescadores de Islandia.

En México se prefiere el bacalao seco proveniente de Noruega, con o sin espinas, del cual se importan grandes cantidades para las cenas de Navidad y Año Nuevo. Se debe comprar en tiendas especializadas, ya que existen muchas imitaciones hechas con bagre o lisa.

Antes de cualquier preparación, el bacalao debe desalarse cuidadosamente. A continuación se puede escalfar y servir frío o caliente, generalmente con una salsa, o bien saltearlo directamente con una grasa, así como servirlo en brandada.

bacon
Tocino de cerdo magro ahumado, salado, que se suele presentar en lonchas finas que se comen fritas o asadas a la parrilla, a menudo con huevos. En Francia también se llama *bacon* al lomo de cerdo tratado en salazón, secado, al horno y ahumado.

→ pancetta, tocino

bagre
Nombre que designa a un conjunto de peces que no poseen escamas, tienen la cabeza muy grande con barbas o bigotes en la mandíbula y son de los que más se utilizan en la gastronomía mexicana. De rápido crecimiento y fácil domesticación, adaptables a diversas condiciones climatológicas, se pueden alimentar artificialmente y se reproducen con facilidad. Los principales estados productores son Tamaulipas, Sinaloa, Michoacán, Baja California, Jalisco, Coahuila, Chiapas y Veracruz. Estos peces habitan en ríos y desembocaderos, por lo que algunos se capturan de forma incidental; de otros existe una explotación sistemática, como en los casos de bagre azul, bagre bandera, bagre canal y bagre marino. Las diferentes especies de bagre se preparan fritas, al vapor, horneadas, a la plancha, en mixiote, en el famoso caldo michi de Michoacán, en el clemole de Hidalgo, en tamales en Morelos, en pipián en Yucatán, sopas y otros guisos. En los límites de Zacatecas y San Luis Potosí se prepara el bagre con una salsa de chile colorado o chile ancho.

baguette
Pan de trigo de origen francés con forma alargada y corteza crujiente. Una *baguette* mide aproximadamente 85 cm de largo, 6 cm de ancho y 4 cm de alto.

baileys
Licor basado en la mezcla de crema de leche, viejo whisky irlandés, chocolate y varios extractos aromáticos. Nació en Irlanda en 1974. A partir de 1980 se comercializó en Estados Unidos y dos años más tarde llegó al resto de Europa, donde fue acogido de forma favorable. Se sirve fresco en una copa con hielo.

baiser
Petit-four constituido por dos piezas de pastelería, generalmente merengues, adheridos por una crema de mantequilla o una composición glaseada.

En panadería, una *baisure* es la parte más pálida y menos cocida del pan que estaba en contacto con el pan contiguo durante la cocción en el horno.

bajo en grasa
Calificativo que designa los productos alimentarios naturalmente pobres en lípidos. Los pescados (lucio, merluza, abadejo, raya, lenguado, rodaballo, etc.) y ciertas carnes magras (caballo, hígado, pollo) cuentan con menos de 5% de lípidos. Otras carnes magras (ternera y conejo), entre 5 y 10%. Según la legislación mexicana, la mención "bajo en grasa" puede figurar en la etiqueta de productos cuyo contenido de grasa sea menor o igual a 3 g por porción.

baked Alaska
Postre cuya originalidad reside en el contraste entre el interior de crema helada y la cobertura, la cual es caliente. El *baked Alaska* está formada por una placa de genovesa sobre la que se coloca un helado, recubierto, a su vez, por una capa de merengue francés o italiano. El postre se pasa por el horno caliente de modo que el merengue adquiera un color sin que el helado se funda. Se sirve sin esperar, a veces flambeada.

La invención de este postre, basado en el principio de la inconductibilidad de la clara de huevo batida, se atribuye a un físico estadounidense, el conde de Rumford (1753-1814).

baklava
Especialidad mediterránea compuesta por una superposición de hojas de pasta filo con un relleno de almendras, pistaches o nueces.

La forma del *baklava* depende de su relleno: en forma de rombo en el caso de los pistaches, en rollo para las nueces, cuadrada para los piñones.

balanza o báscula
Instrumento para medir el peso, indispensable para respetar las proporciones exactas y muy útil para pesar ingredientes de cierto volumen. En la práctica doméstica se utilizan sobre todo balanzas automáticas, en las que la presión se transmite a una aguja móvil. Estas balanzas, compactas, de un alcance de 2 a 5 kg, presentan un cuenco o una caja fija y lavable, que permite pesar también los líquidos. En restauración se usan balanzas electrónicas.

ballena
Gran mamífero marino del orden de los cetáceos, que se caza por su grasa y su carne en ciertas regiones del mundo (Gran Norte, Japón) a pesar de las cada vez más estrictas medidas de protección.

Durante toda la Edad Media, cuando la ballena frecuentaba todavía las costas de Europa, sobre todo el Golfo de Vizcaya, se cazaba por su aceite (que servía para el alumbrado) y por su carne, que al proceder de un "pescado" se consideraba un alimento de Cuaresma. La grasa era el principal alimento de los pobres durante el periodo pascual, mientras que su cola y su lengua constituían ingredientes más refinados.

La carne de ballena, muy roja y más rica en proteínas que la de res, la consumen seca los esquimales y a la parrilla los noruegos. Uno de los platos tradicionales de la cocina islandesa está constituido por manteca de ballena cocida, conservada en vinagre. La carne de ballena se consume sobre todo en Japón, cruda, con jengibre o marinada. La grasa se come cortada en láminas finas como aperitivo, con *sake*, y sirve además para elaborar numerosas conservas.

balotina

Preparación a base de ave, de carne, de caza de pluma o de pescado, servida caliente o fría, en *gelée*. La carne se deshuesa, se rellena, se enrolla y se ata con un bramante, a menudo dentro de un paño (o en la piel del ave), y luego se bresea o se pocha.
→ galantina

Balzac, Honoré de

Novelista francés del siglo XIX que editó una recopilación de textos gastronómicos (*Le gastronome français ou L'art de bien vivre*, 1828), y editó la *Physiologie gastronomique* en 1830. En 1833 publicó un *Traité des excitants modernes* y se consagró al mismo tema en un anexo a una reedición de 1839 de la *Physiologie du goût* de Anthelme Brillat-Savarin.

bamboche, en

Nombre de una preparación de bacalao frito, acompañado con huevos fritos. La palabra proviene del italiano *bamboccio*, niño saltarín, probablemente por alusión a los saltos que efectúan los trozos de pescado en la fritura.

bambú

Planta de la familia de las poáceas, común en toda Asia tropical, cuyos brotes jóvenes, tiernos y ligeramente crujientes, se consumen como verdura. Los japoneses aprecian también las semillas de bambú, bastante harinosas, mientras que las hojas sirven para cocer alimentos al vapor en Vietnam y en China. En Camboya se utilizan las cañas como recipientes para cocinar carne picada.

En Europa se pueden encontrar brotes de bambú secos o en conserva, al natural o en vinagre. Contienen mucha agua y son muy poco calóricos, pero ricos en vitamina B y en fósforo.

Al natural o secos, los brotes de bambú, cortados en láminas o bastoncillos, son muy populares en China y en toda Asia monzónica, y participan en la composición de numerosos entremeses y sopas. Cortados en trocitos y hervidos, salteados o breseados, acompañan a carnes y pescados. En Vietnam, los brotes de bambú se asocian a las comidas de los días festivos, por ejemplo en forma de sopas de brotes de bambú secos y pies de cerdo. En Japón es la verdura de primavera por excelencia, indispensable para elaborar el *sukiyaki*. Durante el resto del año, los brotes de bambú figuran en los pucheros familiares y en las preparaciones refinadas de la ceremonia del té.

banana split

Copa helada creada en Estados Unidos, cuyo elemento principal es un plátano cortado por la mitad en sentido longitudinal. Sobre el plátano se disponen tres bolas de helado (de uno o varios sabores: vainilla, chocolate, fresa), napadas con salsa de chocolate, y luego decoradas con crema batida y almendras tostadas. El chocolate se puede reemplazar por un *coulis* de fresa, y se puede decorar con almendras en láminas, avellanas en grano o conchas de merengue en cada lado.

bandeja para hornear o bandeja de horno

Recipiente de cocción o de preparación ancho y plano, más o menos grande y profundo hecho de chapa gruesa, de aluminio, de acero inoxidable o de cobre estañado, con dos asas y un pequeño borde vertical, puede dotarse de una rejilla cuando la pieza que se debe asar no tiene que bañarse en su grasa o su jugo.
→ charola para hornear

bandeja de servicio ◆ charola de servicio

banquete

Comida fastuosa o solemne que reúne a un gran número de comensales en ocasión de una fiesta o de un acontecimiento relevante de la vida social o política. La palabra, que data de principios del siglo XIV, procede del italiano *banchetto*, banquito, sobre el que se sentaban los invitados.

Desde muy pronto en la historia de la humanidad, la noción de comida en común se confundía con un rito mágico: el individuo debía conciliarse con las fuerzas misteriosas de la naturaleza para ser afortunado en la caza y al comer con sus compañeros el animal que había matado, reconstituía sus fuerzas físicas y mentales. Los sacrificios griegos precedían a un banquete: la carne se asaba y se compartía entre los asistentes en el mismo sitio, no lejos del altar. En este contexto, el banquete era un acto de comunión muy significativo, un sentido que se vuelve a encontrar en los ágapes de los primeros cristianos. En la Grecia antigua también había banquetes, donde se dirimían cuestiones filosóficas o se celebraban juegos de sociedad y se cantaba; Platón los evoca en *El banquete*.

El banquete cívico también nació entre los griegos con la finalidad de honrar la memoria de los antiguos. Estas "comidas de la ciudad", de carácter ceremonial, reunían en el recinto del Pritaneo a los ciudadanos elegidos, vestidos de blanco y con coronas de flores.

Fasto y regocijo públicos. Con los romanos el banquete se convirtió en la ocasión para ostentar el lujo. Posteriormente, a partir de la época de Carlomagno, la costumbre rezaba que el vasallo ofreciera un banquete a su señor al menos una vez al año. En las grandes celebraciones las autoridades municipales organizaban banquetes en los que el soberano se encontraba con el pueblo. En 1571, la ciudad de París festejó la entrada de Isabel de Austria en la capital con un banquete suntuoso, en cuyo menú figuraba, entre otros ingredientes, la ballena.

Inevitablemente, los banquetes se fueron aderezando con finalidades políticas. Cuando Luis XIV trataba a centenares de cortesanos en los jardines de Versalles, intentaba mostrar ante todo su poder. Más tarde, Talleyrand, que puso el arte culinario al servicio de la diplomacia, decía a Luis XVIII: "Señor, necesito más cacerolas que instrucciones". El banquete se convirtió en un instrumento de política interior. En el reinado de Luis Felipe de Francia, Guizot suprimió el derecho a celebrar reuniones públicas con finalidades políticas. Los electores se reunieron entonces en banquetes. El ministro terminó por prohibirlos, pero demasiado tarde. Se dice que el rey, confiado, declaró: "Los parisinos no cambiarían un trono por un banquete".

bañar

Poner un pastel de pasta leudada (sobre todo baba y *savarin*) en remojo en un jarabe caliente o rociarlo varias veces hasta que esté enteramente impregnado.

→ emborrachar

baño María

Procedimiento culinario destinado a mantener caliente una salsa, un potaje o un aparejo, a fundir elementos sin que se quemen o bien a cocer muy lentamente alimentos con el calor del agua hirviendo. Consiste en situar el recipiente en el que se halla la preparación en otro recipiente de mayor tamaño, que contiene el agua en ebullición. En todos los casos es preciso evitar que el agua hierva con excesiva fuerza, ya que podría penetrar en la preparación.

La palabra designa también un utensilio de cocción (baño María de potaje, baño María de salsa, entre otros).

bar

Establecimiento donde se sirven bebidas y donde, en principio, se consume de pie (o sentado en un taburete alto) delante de una barra. En la mayoría de dichos establecimientos se puede consumir todo el día bebidas alcohólicas o no, así como algunos platillos.

El bar es el descendiente del *saloon*, término aparecido a comienzos del siglo XIX, que distingue el lugar donde se bebe del lugar donde se come. En este caso, la palabra bar designa el mueble donde se preparan las bebidas, a menudo equipado con una barra (en inglés, *bar*) de cuero o madera.

En ocasión de las exposiciones universales de finales del siglo XIX, los *barmen* americanos dan a conocer en Europa la moda de los cocteles. Es por ello por lo que cuando abren los primeros bares de cocteles en Francia, Inglaterra y Alemania, lógicamente se les llama *American bar*.

barbacoa

1. Aparato de cocción al aire libre destinado a asar a la parrilla o en espetón carne o pescado, y que funciona generalmente con carbón de madera.

La cocción a la brasa es el procedimiento de cocina más antiguo. La práctica de la barbacoa, de origen estadounidense, está vinculada al recuerdo de la conquista del Oeste. En la actualidad, esta práctica es típica de los estados norteamericanos del sur y del suroeste, donde a veces adopta proporciones considerables: piezas de carne enormes o animales enteros se cuecen en parrillas muy resistentes, encima de hoyos excavados en el suelo, y se comen con frijoles y mazorcas de maíz. Pero la barbacoa forma parte, sobre todo, de la vida familiar: hamburguesas, pollo, salchichas y bistecs siguen siendo los elementos básicos, aunque el pescado, las ostras y el bogavante también pueden asarse de la misma manera.

El *hibachi* o barbacoa de mesa es un pequeño horno redondo de hierro colado que está equipado con una parrilla sobre la que cada comensal dispone y hace cocer él mismo brochetas u otros alimentos crudos previamente cortados.

Todos los aparatos de cocción al aire libre deben responder a una serie de normas, definidas por los organismos competentes. El tamaño de las barbacoas varía según si se dispone de un jardín, una terraza o una simple mesa. La parte donde se realiza la combustión (hogar) es de hierro colado (indeformable, aunque es pesado y se puede romper) o de chapa (y en este caso es preciso que sea grueso) y a veces bascula en posición vertical. La parrilla, rectangular o circular, es de acero y a menudo se puede regular su altura.

El combustible suele ser carbón de madera, a veces carbo-depurado, lo cual prolonga sensiblemente la intensidad de la brasa. Algunas barbacoas funcionan con piedras de lava calentadas con butano, o incluso con energía solar.

Varios accesorios facilitan su utilización: pinzas para los tizones, pinzas pequeñas para la carne, fuelle, guantes de cocina, cuchara y tenedor de mango largo, horquilla para los pescados, brochetas, etc.

En la barbacoa se puede asar todo, salvo los pescados demasiado delicados. El papel de aluminio permite cocer en *papillot* algunas verduras (papas) e incluso frutas (plátano). Mazorcas de maíz, pimientos, jitomates, hongos de gran tamaño pueden cocerse directamente sobre la parrilla, untados con aceite o mantequilla fundida. Algunos tipos de carnes son más sabrosos si se han marinado previamente.

Para comenzar la cocción es preciso esperar a que el carbón de madera se haya consumido lo suficiente como para que se haya reducido a brasas. Existen varias formas para realizar un producto en barbacoa.

- Espetón. Las carnes deben colocarse de forma bien equilibrada en su soporte, y luego se doran cerca de la brasa para que se forme una costra que impedirá que los jugos se escapen. Posteriormente se alejan del fuego para que el calor penetre lentamente.
- Parrilla. Los pescados o las carnes se untan con aceite para que no se peguen al metal caliente. El pescado debe vaciarse pero no desescamarse (la carne quedará más tierna); el pollo se parte en dos, se vacía y se aplana para cocer a la diabla; los camarones y las ostras (en su concha) deben colocarse directamente sobre la parrilla.
- Brochetas. Los elementos de las brochetas deben untarse con aceite, y los más frágiles (moluscos, por ejemplo) se envuelven con una loncha fina de tocino magro.

Las salsas que suelen acompañar a la barbacoa son las mismas que se sirven tradicionalmente con las parrilladas y la *fondue* borgoñona (a la pimienta, bearnesa, tártara).

2. En México es una preparación de carne de borrego o de chivo envuelta en pencas de maguey y cocida en horno de tierra. El origen de la palabra, antillano, proviene del nombre que recibe la parrilla para asar pescados o carnes al aire libre. La barbacoa del centro del país, acostumbrada desde tiempos prehispánicos, encuentra sus orígenes en el *pib*, horno de tierra maya. Cuando se introdujeron en el país animales como borregos y chivos, se empezó a preparar la barbacoa tal y como hoy la conocemos. De gran arraigo en muchos estados, especialmente en Hidalgo, Tlaxcala, Querétaro, Puebla, Estado de México, Morelos y el Distrito Federal.

barbaresco

Vino tinto italiano del Piamonte, obtenido a partir de la cepa *nebbiolo*, como el barolo, pero más ligero. Muy aromático, procede de los municipios de Barbaresco y Neive y se caracteriza por su carácter afrutado y su finura.

barbera

Cepa italiana que da su nombre a un vino tinto producido en grandes cantidades en el Piamonte. El vino barbera tiene un color oscuro y es muy rico en fruta. Se bebe joven y puede producir una segunda fermentación en botella, lo que da al vino un frescor ligeramente burbujeante, inesperado para un tinto.

bardana

Gran planta herbácea de la familia de las asteráceas, común en los terrenos sin cultivar. La bardana tiene raíces carnosas que se preparan como salsifí o como los espárragos. Sus brotes jóvenes y sus hojas, de sabor refrescante y algo amargo, sirven para preparar sopas o se comen breseadas, en particular en el sur de Francia y en Italia.

Sus grandes hojas se utilizan en ciertas regiones para embalar la mantequilla o los quesos frescos. En Europa, solo se consume localmente y sigue siendo silvestre, pero en Japón se cultiva como verdura.

barman o bartender

Palabra inglesa que designa un hombre (*barmaid* si se trata de una mujer) que sirve en la barra de un bar café, cerveza, cócteles, etc. Especialista en cócteles, sirve las bebidas que prepara y a veces inventa, del mismo modo que un chef crea un nuevo plato. Los *barmen* renombrados, conocidos tradicionalmente por su nombre de pila, han realizado carreras internacionales.

Las escuelas de hostelería enseñan el oficio, pero la mejor formación es la que se puede adquirir con el paso del tiempo, puesto que la experiencia se enriquece además con los consejos de los más veteranos. De esta manera se perpetúa el espíritu del bar y de los *barmen*: un servicio de calidad, un contacto cortés con los consumidores y una gran discreción, pues son frecuentes las confidencias.

barolo

Vino tinto italiano producido en las colinas del Piamonte, en torno a la población de Barolo. Procedente de la cepa *nebbiolo*, es bastante potente y mejora si se envejece en barrica antes de su embotellado. Es de color oscuro y puede resultar muy sutil.

barnizar o pintar

Untar una pasta, con la ayuda de un pincel, con huevo batido, eventualmente desleído con un poco de agua o de leche. Este pintado permite obtener después de la cocción una corteza brillante. Se pintan con huevo entero o solo con yema los hojaldres, las empanadas, los *pies*, el *brioche*, la pasta *choux* o los patés *en croûte*. Se pintan con huevo y caramelo, leche endulzada o agua con miel los bizcochos, *petits-fours* y galletas.

barquilla

Pequeña tartaleta de forma oval, destinada a acoger varias preparaciones saladas o dulces. Según la preparación, la barquilla se cuece en blanco y luego se rellena o bien se rellena cruda y luego se cuece. Las barquillas saladas se sirven frías o calientes, como entremeses o entrantes; las dulces, con relleno de frutas o de crema, son una preparación de pastelería.

barracuda

Pez de los mares tropicales de la familia de los esfirénidos, corriente en las costas africanas, donde a veces se vende con el nombre de "falso lucio". Existen varias especies, todas ellas con un cuerpo alargado, una cabeza larga y ancha y un morro puntiagudo, pero la más conocida es la pequeña barracuda con una banda dorada en los costados, que no suele superar 1 m de longitud. Se vende fresca en los mercados de algunos países europeos, y su carne, excelente y fácil de cocinar, se consume asada a la parrilla o en *carpaccio*. En México se encuentra todo el año en el océano Pacífico y el Golfo de México, especialmente de diciembre a mayo. Su carne se consume fresca o ahumada.

barro cocido

Material utilizado para la fabricación de utensilios de preparación, de cocción o de servicio. Aunque es un mal conductor del calor, el barro cocido es adecuado para las cocciones al horno (o en brasas).

El barro barnizado a veces es perfecto para las cocciones largas a fuego lento. Si se hace directamente sobre el fuego es preciso intercalar un difusor. Sin embargo, los cambios bruscos de temperatura pueden provocar grietas.

báscula ◆ balanza

bases para tartas o fondos para tartas

Bases de composición, forma y consistencia diversas, que sirven para realizar un pastel o un postre.

Puede tratarse de una genovesa, una *croûte* de flan, una base para tarta con pasta *brisée* o de hojaldre, una concha o un disco de pasta de merengue enriquecido o no con almendras o polvo de avellanas (*berrichon*, napolitana, *progrès*, *succès*), una torta de pasta *sablée*, etc.

En restauración, las bases para tarta se preparan con antelación y se cubren, se rellenan, se superponen (en las piezas montadas), se glasean, se napan o se decoran en función de la demanda.

bastoncito

Pieza pequeña de pastelería de forma alargada, de hojaldre o de pasta de almendra, que se incluye en la categoría de los *petits-fours* secos. Acompaña a ciertos postres y constituye surtidos para los bufets. En cocina, las verduras cortadas "en bastoncitos" tienen la forma de paralelepípedos más o menos alargados.

batata ◆ camote

batería de cocina

Conjunto del material de cocción, los utensilios y los accesorios empleados para preparar y cocer los alimentos.

Los primeros cazos y copas eran de barro y de madera, hasta que apareció el bronce. Los hebreos se servían de marmitas metálicas y tenedores rudimentarios de dos dientes para pinchar los alimentos. Estos utensilios experimentaron un perfeccionamiento notable entre los griegos. Además de la alfarería de arcilla, los griegos empleaban vasijas de bronce, de hierro y de plata, la mayor parte del tiempo cónicas y bastante profundas, y una sartén, precursora de las nuestras, que disponían sobre trípodes encima de las brasas. Los romanos heredaron este material y lo perfeccionaron, inventando accesorios para finalidades muy precisas. Las cocinas romanas disponían de un horno de albañilería y de una pila con desagüe. Los utensilios galos eran rudimentarios (calderos, escudillas y llares), pero con los merovingios aparecieron formas nuevas, gracias a su habilidad para trabajar el bronce. Se debió esperar a la época de las cruzadas para que Europa descubriera los aguamaniles, las bandejas y las vajillas ricamente trabajadas. En la Edad Media, el hierro forjado sirvió para fabricar todos los accesorios de la chimenea, y pronto se convirtieron en indispensables muchos objetos especializados.

La mayor parte de los utensilios de base que empleamos en la actualidad existían ya en el Renacimiento, pero el perfeccionamiento técnico y la aparición de nuevos materiales (por no hablar de la imaginación de los fabricantes) han diversificado mucho la batería de cocina moderna. Una batería de cocina clásica incluye:

- Utensilios para la preparación. Todos ellos son prácticamente indispensables:
  - Una tabla para cortar, cuchillos de cocina, un afilador, una mechadora, una aguja de mechar.
  - Un rallador, un colador, un colador chino, un escurridor para ensaladas, un batidor manual, un molinillo de verduras.
  - Espátulas y cucharas de madera, un cucharón, una espumadera, un embudo, un abrelatas, un sacacorchos, un abrebotellas.
  - Un exprimidor, un cuenco para mezclar, un rodillo, una manga de pastelería con sus bocas, una ruedecilla para cortar masas.
  - Recipientes de plástico para guardar alimentos, papel sulfurizado, papel de aluminio, film para alimentos.
- Utensilios para la cocción. Algunos de ellos son intercambiables o se pueden sustituir por otros:
  - Una olla grande, o dos de tamaños diferentes.
  - Una olla para todo y una cacerola (grande y ovalada para cocer las aves).
  - Una olla a presión.
  - Una placa para asar.
  - Dos sartenes (una grande y una pequeña).
  - Una freidora y su cesto de rejilla.
  - Un juego de cinco cazos (de 12 a 24 cm) y sus tapas.
  - Una bandeja de gratén y una bandeja de horno ovalada.
  - Dos moldes de pastelería (como mínimo un aro de tarta y moldes de pastel, de panqué, de carlota y de *savarin*).
  - Un cazo o perol de confituras y su espumadera.

batidor de globo

Utensilio de cocina formado por alambres de hierro estañado o de acero inoxidable, curvos y cruzados, que se sostienen con un mango. Existen dos tipos principales de batidoras:
- Batidor de claras. Corto y redondeado, con alambres flexibles, fijados mediante una abrazadera en un mango de madera. Sirve para montar las claras de huevo a punto de nieve. También se emplea para el puré de papa, para batir yemas de huevo con azúcar (sobre todo en el sabayón) y para batir la crema.
- Batidor de salsa. De forma más alargada, con alambres más rígidos y ensamblados en un mango de metal. Se utiliza para montar las salsas con mantequilla o emulsionarlas, para mezclar cremas y aparejos varios, a fin de evitar los grumos. Este batidor manual se ha visto reemplazado hoy en día por una batidora eléctrica equipada con brazos de acero o de plástico.

batidora

Utensilio de preparación provisto de accesorios giratorios que sirven para batir, mezclar o emulsionar; es un aparato eléctrico que funciona a varias velocidades: rápida para las claras; media para las cremas, la mayonesa, los *veloutés* y los potajes; lenta para las salsas, los purés muselinas y las papillas ligeras. La gama de accesorios, de plástico o de metal, es extensa:
- Las aspas de varillas que forman anillos cerrados, para montar las claras de huevo a punto de nieve y batir crema.
- Las aspas de varillas que forman rectángulos cerrados para las salsas emulsionadas o la mayonesa.
- Las aspas con forma de espirales o ganchos, para mezclar masas o trabajar la mantequilla en pomada.
- Cuchillas giratorias, para preparar purés, *veloutés*, papillas.

batir

Trabajar enérgicamente un elemento o preparación para modificar su consistencia, aspecto o color. Para dar cuerpo a una masa fermentada, se bate con las manos sobre un mármol de pastelería; para montar huevos a punto de nieve, se baten con un batidor de globo en un cuenco; para mezclarlos en una terrina, se baten con un tenedor.

bâtonnage

Técnica que consiste en remover con la ayuda de un bastón el vino contenido en una barrica a fin de que asciendan las lías finas que se han depositado en el fondo. De este modo el vino adquiere una textura más grasa y amplia. Esta práctica se ha desarrollado en la crianza de los mejores vinos blancos.

baumkuchen

Pieza montada hueca, cocida en espetón. Este curioso pastel, de origen austriaco, se convirtió durante el siglo XIX en un elemento indispensable de las fiestas familiares luxemburguesas y alemanas. Se prepara a partir de una masa de bizcocho, a menudo aromatizada con cardamomo y otras especias, limón rallado, vainilla y ron. Esta masa líquida se vierte capa por capa sobre un rodillo de forma generalmente cónica que gira al fuego abierto alrededor de platos inclinados. Las capas siguen siendo visibles después de la cocción, lo cual otorga al pastel el aspecto de un tronco de árbol cortado, y de ahí su nombre (literalmente "pastel árbol"). El *baumkuchen* debe ser de consistencia mullida y se sirve en posición vertical y decorado. Puede llegar a medir 1 m de altura.

bavaresa o *bavarois*

Elaboración dulce fría, constituida por una crema inglesa o un puré de fruta con gelatina, al que se añade crema batida y merengue italiano, y que se moldea. Ciertos manuales culinarios han confundido el *bavarois* con un postre bastante parecido, el moscovita. Numerosos pasteles contemporáneos se componen de *bavarois* diversamente aromatizados, lo cual permite aligerar algunas de estas preparaciones.

Los *bavarois* encintados se realizan con composiciones de colores y sabores diferentes, que se superponen en capas alternadas.

baya

Pequeño fruto carnoso, sin hueso, que contiene una o más semillas. Cuando las bayas están agrupadas en racimo (uva, grosella) o en ramillete (saúco), se les llama "granos". Las bayas silvestres (agracejo, arándano, cereza amarga, espino blanco, frambuesa, fresa del bosque, madroño, mora, entre otros) se consumen crudas o en confitura y son muy ricas en vitaminas, particularmente en vitamina C.

Beard, James

Cocinero y escritor estadounidense (1903-1985). Sus padres regentaban un pequeño hotel en la costa pacífica. Decidió establecerse en Nueva York y, tras algunos intentos infructuosos en el teatro, abrió una casa de comidas que logró un gran éxito y escribió su primer libro, *Hors-d'oeuvre & canapés*, a la vez que lanzó en 1946 su primer programa televisado en la NBC, *I love to eat*. Se le reconoce como el padre de la cocina estadounidense. Tras su muerte, Julia Child tuvo la idea de transformar su casa neoyorkina en un lugar para el recuerdo, y Peter Kump, su discípulo, que dirigía un instituto culinario, creó una fundación que lleva su nombre. Todos los años, los James Beard Foundation Awards recompensan a los mejores profesionales del mundo de la cocina estadounidense.

bearnesa

Salsa elaborada con yemas de huevo batidas en caliente con una reducción de vino, vinagre, chalota picada, estragón triturado, pimienta molida y una pizca de sal fina, y a continuación emulsionada con mantequilla y condimentada con estragón. Las yemas se pueden batir en un baño María en agua a punto de hervir.

Acompaña sobre todo a las carnes y pescados a la parrilla. La adición de otros elementos proporciona salsas derivadas (arlesiana, Choron, Foyot, paloise, tirolesa, Valois). Para volver a montar una bearnesa que no ha cuajado, se incorpora poco a poco una cucharada de agua caliente (si la salsa está fría) o fría (si la salsa está caliente).

Algunas elaboraciones llevan el nombre de "a la bearnesa", aunque no se acompañen con esta salsa. Son platos que se inspiran claramente en la cocina del Bearn.

beaufort

Queso con Denominación de Origen de leche de vaca cruda (de 48 a 55% de materia grasa), de pasta prensada cocida y corteza natural cepillada. No presenta agujeros, pero a veces ofrece ciertas hendiduras horizontales finas. El *beaufort* se presenta en ruedas de talón cóncavo que pesan de 20 a 70 kg, y miden de 35 a 75 cm de diámetro y de 11 a 16 cm de grosor. Su sabor fino y afrutado procede de la leche de las vacas de raza Tarine que pacen en un territorio que se extiende sobre Maurienne, Beaufortin y la Tarentaise, en Saboya.

beaujolais

Vino ligero, procedente de uvas gamay, y refrescante, afrutado, casi siempre tinto, que se bebe joven y fresco. Se recoge de las vides cultivadas en el suelo granítico del Beaujolais.

beaujolais-villages

Vino afrutado, procedente de uvas gamay, con más cuerpo y más grado alcohólico que el *beaujolais*.

bebida

Líquido que se bebe para saciar la sed y para mantener la proporción normal de agua en el organismo. La bebida más natural y simple, la única indispensable para todo ser vivo, es el agua. El consumo aconsejado de bebidas en un clima templado es de 1 l a 1.5 l al día (el resto de las necesidades del organismo las suministran los alimentos); pero estas cantidades varían en función del calor y de la alimentación: las carnes y los alimentos salados, especiados o dulces aumentan la sed.

– Las preparaciones a base de agua (con o sin gas, fría o caliente) comprenden gaseosas, sodas y jarabes, caldos, infusiones y tisanas, té, café y chocolate. Las bebidas de origen vegetal pueden ser fermentadas o no (vino, sidra, sidra de pera, cerveza, hidromiel, jugos de frutas y verduras) y pueden transformarse mediante destilación (aguardientes, licores, alcoholes). La leche, de origen animal, puede beberse sola o mezclada (batidos, *kéfir*).

– Los hábitos de consumo son muy variables según las civilizaciones y las latitudes. Por regla general, los orientales y los rusos no beben mientras comen, sino que toman un té al final de la comida. Esta bebida es, después del agua, la más consumida en todo el mundo.

Antaño, la mayor parte de las bebidas era de fabricación casera o artesanal (cervezas y licores, agua de cebada, bichof, etc.).

Hoy en día, las bebidas industriales, cuyo mercado se ha desarrollado de forma considerable (sobre todo en el terreno de los jugos de frutas), se presentan con los más diversos acondicionamientos (botellas, latas, Tetrabrik®) y tratamientos (jugos concentrados, en polvo, congelados).

becada

Ave migradora de 60 cm de envergadura, de la familia de los escolopácidos, de pico largo. La becada, pieza de caza muy apreciada, se caza de marzo a abril y de octubre a noviembre (época en la que tiene más grasa y es más tierna). Es bastante escasa y difícil de encontrar, puesto que su plumaje tiene el color de las hojas secas. Desde hace tiempo goza de una gran reputación gastronómica, aunque su comercialización está prohibida.

En la cocina clásica se deja *faisander* de cuatro a ocho horas y con ella se hacen *salmis*, terrinas o *mousses*. En las preparaciones modernas se prefiere fresca y con frecuencia se cocina asada.

Béchameil, Louis de

Financiero francés (1630-1703). Recaudador de impuestos, superintendente de la casa del duque de Orleans e intendente de Bretaña, Louis de Béchameil, marqués de Nointel, adquirió el cargo de *maitre d'hôtel* de Luis XIV.

Es probable que creara él mismo la salsa que lleva su nombre, deformado en "bechamel". Sin duda se trata más bien del perfeccionamiento de una receta más antigua, que aportó un cocinero de la *bouche du roi* que dedicó su descubrimiento al financiero. Michel Guérard creó en su honor un famoso pastel blando del marqués de Béchameil.

bechamel o besamel

Salsa blanca elaborada con un *roux* y leche, que primeramente fue una reducción de un *velouté* muy cremoso. Debe su nombre al marqués de Béchameil. Se utiliza ampliamente para las preparaciones de huevos, verduras, moluscos rellenos y gratenes. La adición de otros ingredientes da lugar a salsas derivadas.

beigli

Pasta húngara realizada con una masa que se asemeja ligeramente al *brioche* y se rellena de nueces o semillas de adormidera. Esta especialidad se prepara sobre todo en las fiestas de Navidad y Pascua.

beigne

Pasta quebequesa tradicional a base de masa fermentada (harina, huevos, leche y mantequilla), a menudo en forma de rosco, que se cuece en aceite muy caliente. El *beigne* se come caliente o a temperatura ambiente, al natural o tras espolvorear azúcar glass. El *beigne* suflé, o *croquignole*, está hecho con pasta *choux*. El término *beigne* (relacionado con *beignet*, buñuelo) designa asimismo el *donut* glaseado con azúcar, de fabricación industrial, que forma parte del *fast food* en América del Norte.

bel paese

Queso italiano de leche de vaca (45% de materia grasa). Se fabrica industrialmente en Lombardía y se presenta en forma de ruedas de 20 cm de diámetro. El *bel paese* (bello país en italiano) es suave y tierno, de color amarillo crema, y se aprecia en el mundo entero.

Bélgica

País muy conocido por sus cervezas, Bélgica puede dividirse en tres regiones desde un punto de vista gastronómico: Bruselas, la capital, y las regiones flamenca y valona, donde la charcutería y la pastelería ocupan un lugar de igual importancia.

Bruselas, que según algunos cuenta con más estrellas culinarias que Lyon, también es una ciudad de contrastes. Por todas partes hay tenderetes que ofrecen cucuruchos de papas fritas, bígaros, paquetitos de pralinés o *gaufres* dulces.

En este territorio reducido, las particularidades locales e incluso familiares son numerosas (*flamiche* de Dinant, tarta *al djote* de Brabante, tarta de azúcar y canela valona, enebro de Lieja, elixir de Amberes).

La cocina belga tiene grandes clásicos, como el *hochepot*, el *waterzoï* y los *vogels zonder kop* (literalmente, pájaros sin cabeza).

Las papas y las endibias (*witloof*) dominan el repertorio de verduras, sin olvidar los espárragos, los brotes de lúpulo en primavera (ingrediente raro que tiene particular predicamento en los mejores restaurantes) y las coles de Bruselas.

Los pescados son muy apreciados, sobre todo las anguilas (*au vert*, aunque también en paté, en *meurette*, en *matelote*, en adobo), el merlán (en *papillot* o al vino blanco) y el arenque elaborado de todas las maneras.

bella Helena

Nombre que a partir de 1864 varios chefs de restaurantes de los grandes bulevares parisinos empezaron a dar a distintas elaboraciones, basándose en el título de una célebre opereta de Offenbach.

Los turnedós asados bella Helena llevan una guarnición de papas paja, ramilletes de berro y fondos de alcachofa cubiertos de salsa bearnesa. Las supremas de ave salteadas bella Helena están dispuestas sobre croquetas de puntas de espárragos, coronadas con una lámina de trufa. Las grandes piezas salteadas bella Helena están rodeadas de hongos asados llenas de jitomate picado, guisantes frescos con mantequilla, zanahorias torneadas y glaseadas y papas croqueta. Los postres bella Helena se componen de frutas —clásicamente peras williams— cocidas en jarabe, enfriadas, escurridas, dispuestas sobre helado de vainilla y napadas con salsa de chocolate caliente.

bénincase

Planta de Extremo Oriente, de la familia de las cucurbitáceas, cuyo fruto se parece a una calabaza. Su sabor, que recuerda en cierto modo al del pepino, lo convierte en una verdura muy apreciada en el sureste asiático y en China. La *bénincase* se cuece con agua y se conserva en vinagre.

bento

Término japonés que designa una comida rápida que se toma fuera de casa, contenida en una caja (*bento bako*). Esta forma de restauración apareció en el siglo XII. Actualmente, el *bento* más popular representa la bandera japonesa (*hinomaru bento*): contiene arroz, una umeboshi (ciruela) en el centro, *tsukemono* (verduras conservadas en sal) y diversas verduras. El *bento bako*, que tradicionalmente era de madera lacada, hoy se fabrica con resina sintética o como una barquilla de un solo uso.

berberecho

Pequeño molusco de 3 a 4 cm, que vive en los fondos arenosos o limosos. Sus dos valvas idénticas presentan veintiséis costillas bien marcadas y encierran al molusco y un minúsculo coral. Los berberechos retienen arena, por lo cual es preciso dejarlos que purguen doce horas en agua de mar o en agua bien salada antes de utilizarlos. Se venden por litro o por kilo y se comen cocidos, como los mejillones, pero también se pueden comer crudos. Los berberechos de Picardía, llamados *hénons*, son muy célebres.

berenjena

Fruto alargado o redondeado de una especie de la familia de las solanáceas. Las variedades cultivadas en Europa tienen frutos de tamaño medio, con una epidermis púrpura oscura, casi negra, lisa y brillante, que recubre una carne clara y firme. La fruta se consume antes de su maduración. Madura, su color es amarillo o pardo, las semillas se vuelven pardas y duras y la carne fibrosa. Originaria de la región indo-birmana, la berenjena se cultivaba ya en Italia en el siglo XV, pero no se difundió en otros países de Europa hasta el siglo XVII. Desde los países del sur mediterráneo pasó al norte a finales del siglo XVIII. Es una verdura poco calórica (30 kcal o 125 kJ por cada 100 g), pero rica en potasio y calcio.

La berenjena, de sabor característico, participa en numerosas preparaciones orientales y mediterráneas, asociada al jitomate, al calabacín, al ajo y a la oliva. Acompaña muy bien al cordero, así como a las carnes blancas. Se come caliente, como elemento principal de un plato (rellena, en suflé) o como guarnición (salteada, en buñuelos, en puré), o fría (en puré o en ensalada, pero siempre cocinada previamente).

bergamota
1. Fruto del bergamoto, cítrico de la familia de las rutáceas, cultivado sobre todo en Calabria, Córcega y China. La bergamota, parecida a una pequeña naranja amarilla, de sabor ácido, posee una piel que contiene un aceite esencial, utilizado tanto en perfumería (por su frecura y su delicado perfume) como en confitería. La piel se emplea en pastelería. La bergamota también es un caramelo cuadrado (parecido al *sucre d'orge*), de color de miel, aromatizado con esencia natural de bergamota. Esta especialidad de la región de Nancy desde 1850 fue la primera preparación de la confitería francesa que recibió un *label* distintivo.
2. Variedad de pera, casi redonda, de piel amarillenta y carne tierna, muy dulce y perfumada.

berlingot
Caramelo de azúcar aromatizado (a menudo con menta y a veces con frutas), de forma tetraédrica, con rayas alternativamente cristalinas y opacas.

La fórmula actual la perfeccionó en el reinado de Luis XVI una tal Madame Couet, que la transmitió a sus descendientes. En 1851, en Carpentras, Gustave Eysséric retomó la receta utilizando como aromatizante la menta pimentada que se cultiva en el Vaucluse. Esta planta es la responsable del sabor particular del *berlingot* de esta ciudad, con la utilización de jarabes de azúcar que se han empleado previamente para la preparación de frutas confitadas. Nantes (desde 1780), Saint-Quentin y Caen también son conocidas por sus *berlingots*.

La fabricación de *berlingots* consiste en encerrar un cilindro de azúcar cocido, aromatizado y coloreado, en una red continua en la que se alternan bandas de azúcar transparente y bandas de azúcar batido. El cilindro se estira a continuación y luego se corta en una máquina giratoria con cuatro cuchillas o en una prensa de corona.

berro
Nombre de distintas plantas vivaces cuyas hojas de color verde oscuro se consumen crudas o cocidas. El berro, poco calórico (17 kcal o 71 kJ por cada 100 g), es muy rico en vitamina C (60 mg por cada 100 g) y en carotenos; además es rico en vitamina B9, en hierro y en calcio. Se cultiva en agua clara y controlada, y siempre debe lavarse y escurrirse cuidadosamente antes de usarlo. En estado silvestre puede ser portador de larvas de la *Fasciola hepatica*, un parásito que origina enfermedades graves.

El berro crecía ya en Francia en estado silvestre en el siglo XIII, pero en aquella época solo se le atribuían virtudes medicinales.

Poco a poco apareció en las sopas rurales, aunque siguió siendo una planta silvestre. En los Vosgos aún se recoge un "berro de roca", de textura carnosa y con sabor a mostaza.

En 1810 los franceses adoptaron los métodos de cultivo del berro, con éxito en Alemania. La región de Senlis se especializó y el berro se hizo muy pronto con un lugar en la gastronomía: el *Café Riche* inscribió en su menú el puré de berros hacia el año 1850.

besugo ◆ dorada

betabel o remolacha
Planta de raíz carnosa, de la familia de las quenopodiáceas. El betabel de huerto, de carne fina y color rojo violeta intenso, se emplea como verdura. Algunas variedades se cultivan para la industria azucarera, la destilería y la alimentación animal.

La remolacha es pobre en calorías (30 kcal o 125 kJ por cada 100 g) aportadas por 7 g de glúcidos (el betabel azucarero puede contener más de 22% de azúcar).

La raíz se come cruda (rallada), pero sobre todo cocida, a veces fría (como entremés o ensalada con papas y canónigos, por ejemplo) o caliente (como guarnición de jabalí o faisán, o en sopas). Es representativa de las cocinas flamenca y eslava.

Las variedades de raíz alargada tienen más sabor y son más dulces que las de raíz redonda. Se venden cocidas, pero también se pueden cocer en casa (en el horno o en agua salada durante 2 horas y media, o 30 min en una olla de presión). Para disminuir el sabor de tierra del betabel, puede cortarse en dados y sumergirse en agua con vinagre antes de cocerse.

Los betabeles muy pequeños, de la medida de un rábano, se pueden conservar en vinagre, como hacen los alemanes, que las utilizan para acompañar carnes hervidas. Los pétalos del betabel, secos o fritos, se utilizan como guarnición de pescados.

beurre blanc
Salsa obtenida por reducción de vinagre y de chalotas, y después por emulsión de mantequilla. Es el acompañamiento clásico de los lucios y los sábalos. La región de Nantes y Anjou se disputan la paternidad de esta salsa reputada. Se suele señalar que una cocinera de Nantes, llamada Clémence, al querer hacer un día una bearnesa para un lucio que preparaba para su patrón, el marqués de Goulaine, olvidó poner huevos. En cualquier caso fue un éxito. Clémence abrió luego un pequeño restaurante en La Chebuette, cerca de Nantes; allí aprendió la "mère Michel" el secreto del *beurre blanc*, antes de abrir su célebre restaurante de la calle Rennequin, en París.

beurreck
Buñuelo turco de queso que se sirve como aperitivo. Los *beurrecks* se elaboran con una bechamel bien densa a la que se añade *kat-*

shkawalj, un queso de leche de oveja común en todo el Oriente Medio y Próximo, que puede sustituirse por *gruyère* o *emmental* (en cubitos o rallado). La mezcla se modela en frío en finas *quenelles*, que se enrollan en pasta de fideos trabajada hasta obtener un grosor de 2 mm y cortada con cortapastas en óvalos de 10 cm por 5 cm aproximadamente. Estos pequeños cigarros se sueldan con huevo y se sumergen en un baño de fritura de 8 a 10 min. Cuando están cocidos ascienden a la superficie.

bhujia

Buñuelo indio de verduras (papa, berenjena, coliflor, cebolla) que se fríe en una masa a base de harina de garbanzos.

bicarbonato de sodio

Antiguo nombre del hidrogenocarbonato de sodio. Este compuesto alcalino se utiliza en forma de polvo destinado a ablandar el agua de cocción de las legumbres o las verduras (lo cual permite también conservar su color verde). El bicarbonato de sosa es también un agente leudante de las levaduras químicas.

bierzo

Término que designa a los vinos de Castilla y León con Denominación de Origen procedentes de viñedos situados en la comarca homónima, fronteriza con Galicia, surcada por el río Sil y sus afluentes y con un clima mediterráneo suave y húmedo por la influencia atlántica y suelos recubiertos por sedimentos. Se elaboran vinos blancos, rosados y tintos. Las variedades principales de uva tinta son la Mencía, y Doña Blanca y Godello entre las blancas.

bífidus

Nombre público de la *bifidobacterium*, una bacteria específica del intestino de los niños alimentados con leche materna. Este fermento láctico pertenece a la familia de los lactobacilos. Sola o asociada con otras bacterias, ha propiciado el nacimiento de nuevos productos lácteos: leche fermentada, yogur o quesos con bífidus, que se anuncian como beneficiosos para la salud.

bigos

Plato polaco llamado también guiso del cazador, realizado con capas alternas de *choucroute* y carnes cocidas. El *bigos* se sirve con pequeñas salchichas asadas y se presenta antes del potaje.

birchermuësli

Mezcla de cereales, frutas deshidratadas y frutas frescas que se moja con leche y azúcar. Es rica en nutrientes, vitaminas y oligoelementos. Creada a principios del siglo XX por un nutricionista suizo llamado Bircher-Benner (*muësli* significa mezcla), se popularizó posteriormente como desayuno nutritivo en Suiza, Alemania y en los países anglosajones, donde fue comercializada con distintas marcas. Existen muchas variantes posibles. Una fórmula clásica consiste en mezclar copos de avena, brotes de trigo, almendras, uvas pasas y manzanas crudas ralladas, y regarlo todo con leche azucarada y jugo de limón.

Si se desea se pueden añadir rodajas de plátano, o incluso zanahorias ralladas, nueces y avellanas, leche condensada o yogur liquido, jugo de naranja o de toronja, miel y extracto de malta. En todos los casos es preferible preparar el *birchermuësli* con antelación para que esté bien hinchado.

bireweck

Pastel alsaciano, llamado también pan de frutas, hecho con masa fermentada aromatizada con kirsch, a la que se incorporan frutas confitadas y frutos deshidratados. De forma oblonga, se cuece en una única pieza de gran tamaño y se consume en finas rebanadas.

biriani o byriani

Plato de arroz basmati, aromatizado con azafrán, cocido con especias, uvas pasas y nueces de la India. Es una especialidad muy popular en las regiones del norte de la India, donde a menudo se prepara con huevos, pollo, cordero, verduras o camarones.

birria

Barbacoa de carne de borrego o chivo, originalmente, aunque también se utilizan las carnes de cerdo, carnero, ternera, pescado y pollo, condimentada con chiles y especias, considerada uno de los platillos más representativos del estado de Jalisco, junto con el pozole y el menudo. Cabe mencionar que puede estar hecha con uno, dos o tres tipos distintos de carne; las más utilizadas son borrego y chivo, pero también se emplean ternera y cerdo. La técnica antigua de hacer la birria se asemeja en gran medida a la de la barbacoa: la carne se sala, se unta con la salsa de chiles y se deja reposar unas 12 horas; luego se envuelve en pencas de maguey con el resto de la marinada y se introduce en una olla que se tapa y se sella con masa de maíz para que no escapen los jugos. Se deja cocer cuatro horas, aproximadamente, hasta que alcance el punto exacto, es decir, cuando la carne esté muy suave y se haya desprendido del hueso. Ya cocida la carne se separa del jugo, que se mezcla con jitomate asado y molido y se deja cocer para que se integre bien el jitomate; se añade la carne y se sirve en tazones para sopa como los del pozole y se acompaña de cebolla picada y orégano. También puede separarse la carne para comerla en tacos con tortilla de maíz. En ocasiones se le añade jugo de limón y alguna salsa picante.

biscôme

Pan de especias que se come tradicionalmente en Lucerna (Suiza) el día de San Nicolás, que se celebra el 6 de diciembre.

El punto culminante de la fiesta es la travesía de la ciudad por parte de un gran cortejo. Precedidos por dos heraldos, avanzan San Nicolás, cargado con una inmensa campana llena de *biscômes*, y los padres Fouettard, encargados de castigar a los niños que no han sido buenos durante el año.

biscote

Rebanada de un pan especial, cuya masa a base de harina, agua, sal y levadura se enriquece con azúcar para que se tueste mejor, y con materias grasas que propician que la miga sea más tupida.

Este producto de panificación industrial es un alimento de consumo corriente típicamente francés y se asemeja al *Zwieback* alemán o a la tostada redonda holandesa. En primer lugar se cuece el pan en molde, luego se corta en rebanadas que, una vez sentadas, se tuestan en el horno, lo cual les da una coloración dorada. Deben presentar una textura friable y finamente alveolada.

En su origen, el *biscote*, especialidad artesanal de la ciudad de Bruselas, se consideró un producto de lujo, posteriormente de régimen. Hoy en día se consume habitualmente durante el desayuno y también en el resto de comidas. A veces los *biscotes* son utilizados para cocinar, empapados de leche para una farsa, o bien reducidos a pan rallado.

Los *biscotes* suministran cinco veces más lípidos que el pan y cerca de 30% de calorías suplementarias. Su composición puede modificarse en función de ciertos regímenes (*biscotes* sin sal, enriquecidos con gluten, con salvado). La fabricación moderna de *biscotes* también ha introducido en el mercado el "pan tostado", en rebanadas oblongas, menos rico en materias grasas y en azúcar, así como el "pan a la brasa" y varios productos para el desayuno. Se aconsejan los *biscotes* a las personas que comen muy de prisa, puesto que están obligadas a masticar.

biscuit helado

Postre helado de capas alternas de helados de distintos sabores y una mezlca de bomba, que se congela dentro de un molde en forma de ladrillo de tamaño pequeño.

El *biscuit* helado o *biscuit glacé* también es un pastel compuesto con un fondo de bizcocho o de merengue y crema helada (o bien nieve, *parfait* o mezcla de bomba). Este pastel se sirve decorado con crema chantilly, frutas confitadas o en almíbar, así como fideos de chocolate.

El *biscuit comtesse-Marie* se elabora en un molde especial cuadrado, del mismo nombre, encamisado con helado de fresa. El interior presenta crema montada aromatizada con vainilla.

biscuit Joconde

Bizcocho compuesto de harina, azúcar, mantequilla, yemas de huevo, claras montadas a punto de nieve y polvo de almendra. Es fácil de extender en capas finas, por lo que se utiliza mucho en pastelería como base o como contorno de numerosos pasteles.

bisonte

Gran rumiante salvaje de las praderas de América del Norte, de la familia de los bóvidos. Este símbolo de abundancia y prosperidad para los nativos americanos (que utilizaban su carne, su grasa, su cuero, sus cuernos, etc.), fue objeto de masacres sistemáticas a partir de finales del siglo XIX. Hoy en día se han formado manadas en algunas reservas naturales para mantener la raza, mientras que otros se crían en ranchos para comercializar su carne. Existe todavía una subespecie de la que quedan pocos ejemplares: el bisonte americano de los bosques.

En Europa la especie salvaje desapareció en 1925; solo quedan algunos ejemplares en zoológicos. En Francia, un millar de bisontes americanos viven en parques cerrados. También se importa carne de bisonte de Canadá y Polonia; se prepara como la de res o la caza.

La carne de bisonte, magra y jugosa, presenta un marcado sabor. Se consume sobre todo en el oeste de Estados Unidos y de Canadá. La joroba y la lengua siempre han sido piezas codiciadas. El bisonte no tiene carne en los miembros posteriores, por lo que se ha cruzado con la vaca a fin de obtener una carne más abundante, el *beefalo*.

Antaño, los nativos reducían la carne seca en polvo, y luego la mezclaban con tuétano, grasa y bayas. Lo comprimían todo para obtener el *pemmican*, muy sabroso. La carne de bisonte, o búfalo en Estados Unidos, todavía se vende congelada o seca.

bisque

Coulis de crustáceos condimentado, aromatizado con vino blanco y coñac y al que se añade crema de leche, que se sirve como entrante. La carne del elemento principal se corta en salpicón para la guarnición, y el caparazón participa en la confección del puré inicial.

Este término se emplea en sentido culinario desde mediados del siglo XVII. En su origen, la *bisque* era muy diferente. Se trataba de un potaje de pichón con hongos, molleja de ternera, crestas de gallo, fondos de alcachofa y fondo de cordero, cocidos por separado, tamizados y ligados. Este plato se sirvió el 25 de agosto de 1690 en casa del ministro Louvois, que recibía a Luis XIV en ocasión de la festividad de San Luis.

bistec

Pieza de carne de res poco gruesa, de 100 a 200 g de peso, que se cuece a la parrilla o en la sartén. También se denomina *steak*. El filete a menudo se prepara en turnedós, pero el *faux-filet*, el *rumsteck* y la *aiguillette* proporcionan bistecs de primera calidad. Los bistecs que se obtienen de la *tende-de-tranche*, así como de la *poire* y del *merlan* son apenas menos tiernos, así como los de la *araignée*. La *bavette*, la *hampe*, la *macreuse* y la *tranche* son piezas muy "gustosas", mientras que el *onglet* contiene más sangre. En México se trata de un corte de carne en forma de lámina delgada, de unos 20 cm o más de diámetro. Por lo general es de carne de res, aunque también existen los bistecs de carne de cerdo. El bistec es la manera más común de comer carne en México, pues se obtiene de diferentes partes de la res.

bitter

1. Bebida aromatizada, de sabor amargo, con o sin alcohol. (El adjetivo *bitter* significa, tanto en inglés como en alemán, amargo). La mayor parte de los *bitters* proceden de Italia (Campari, Fernet-Branca). Suelen elaborarse a base de vino o de alcohol, y a menudo se aromatizan con extractos vegetales (genciana, corteza de naranja o de limón, anís estrellado, manzanilla, hisopo, quina, etc.).
2. Concentrado amargo del que se utilizan tan solo unas gotas para aromatizar un cóctel.

Antes de 1900 existían más de una decena de marcas de *bitters*; los más conocidos actualmente son el angostura *bitters*, el Peychaud's *bitters* y el Riemerschmidt (*bitter* de naranja).

→ amargo

bizcocho

Elaboración de pastelería aligerada generalmente con levadura química o claras de huevo batidas a punto de nieve. De entrada se trata de una masa de harina especial muy dura, con poca levadura y muy cocida presentada en diversas formas y destinada a conservarse. Existen numerosas variantes, las más conocidas de las cuales son la genovesa, el saboyano, el *biscuit* enrollado, el manqué y el cuatro cuartos.

Estas preparaciones se enriquecen a menudo con almendras, se aromatizan con piel de limón, vainilla, licor, etc., y se pueden rellenar de confitura o de una crema de mantequilla.

El bizcocho también es una galleta, salada o dulce, de alto valor calórico (de 420 a 510 kcal o de 1,755 a 2,130 kJ por cada 100 g).

En principio, el bizcocho, como su nombre en francés indica (*biscuit*), debía cocerse dos veces. En realidad solamente se cuece de manera más completa que el pan.

Aunque se ignora la fecha de creación del bizcocho, se sabe que los romanos lo conocían, aunque también los ejércitos venecianos y los turcos. Durante siglos fue el alimento básico del soldado y del marino. También fue el pan especial del que se proveían los navegantes, que no se embarcaban sin él. Chateaubriand escribió en sus recuerdos de viaje: "Reducido siempre a una existencia solitaria, cenaba un bizcocho de barco, un poco de azúcar y limón".

En este sentido, hasta el siglo XIX se habló de bizcochos "para guardar" o "de viaje", elaboraciones consistentes que se envolvían en papel de estaño y que se conservaban durante bastante tiempo, como el *beauvilliers* y el *bonvalet*.

En Francia, el bizcocho se comenzó a elaborar hasta el reinado de Luis XIV (1643-1715). En 1894, el bizcocho de tropa —o pan de piedra— fue reemplazado por el pan de guerra, a base de almidón, azúcar, agua, materias nitrogenadas, cenizas y celulosa. La denominación "bizcocho de soldado" no desapareció hasta que se aprovisionó a las tropas, incluso en campaña, con pan.

Antaño se preparaban bizcochos con fondo de carne, llamados "reconstituyentes". Durante la Segunda Guerra Mundial aparecieron bizcochos vitaminados, que se distribuían en las escuelas.

Hoy en día, ciertos productos dietéticos o de régimen se presentan en forma de bizcochos enriquecidos con vitaminas y aromatizados de varias maneras.

blanc de blancs
Designación de vinos blancos obtenidos exclusivamente con uvas blancas como la *chardonnay*, la *sauvignon* o la *chenin blanc*.

blanc de noirs
Designación de vinos blancos obtenidos con uvas tintas como la *pinot noir*. Las uvas se prensan muy pronto para que los jugos puedan fermentar sin los hollejos, que son agentes de coloración.

blanco, en, o ciego, en
Se denomina así la cocción de una costra vacía, elaborada con pasta *brisée* o para fondos, que se rellena con una base que podría destemplar el fondo, o con frutas delicadas que no experimentan cocción. El término también se aplica a una cocción sin coloración.

blanquear
1. Someter alimentos crudos a la acción del agua hirviendo, al natural, con sal o con vinagre, y luego refrescarlos y escurrirlos, o simplemente escurrirlos, antes de cocerlos realmente. Este blanqueo tiene varias finalidades diferentes: reafirmar, depurar, eliminar el exceso de sal o la acritud, facilitar el pelado, reducir el volumen de las verduras. En algunos casos, los elementos se sumergen en agua fría y se llevan a ebullición: papas, dados de panceta, menudos blancos previamente purgados, aves, carne y huesos, arroz (por ejemplo para eliminar el almidón y facilitar la cocción del arroz con leche). En otros casos se sumergen directamente en agua hirviendo, sobre todo en el caso de la col verde y la lechuga.

2. Trabajar vigorosamente con el batidor de varillas una mezcla de yemas de huevo y azúcar en polvo, hasta que la mezcla se vuelva espumosa y clara.

3. Sumergir en un primer baño de fritura ciertas preparaciones de papa a fin de obtener una cocción sin coloración. La consistencia crujiente y el color dorado se realizan en el curso de un segundo paso por la fritura, a una temperatura más elevada.

blanqueta
Preparación de carnes blancas (ternera, ave, conejo, cordero), aunque también de pescado o de verduras, cocidos en un fondo blanco o simplemente en agua con la adición de aromatizantes.

bleu, au
Nombre de la cocción de un pescado (trucha, carpa o lucio) sumergido vivo, o al menos rigurosamente fresco, en un caldo corto con vinagre, sal y aromatizantes. El cuerpo de la trucha adopta una tonalidad azul en presencia de vinagre.

blinis
Pequeña crepa salada y gruesa, elaborada con una masa fermentada que, en principio, incluye harina de trigo candeal y harina de alforfón. En la cocina rusa, los blinis se sirven con crema agria y mantequilla fundida para acompañar entremeses, caviar o pescado ahumado. Se cuecen en una pequeña sartén especial de fondo grueso y borde alto. Existen distintas variedades: con crema de arroz (una mezcla de flor de harina de trigo y harina de arroz), con huevos (se añaden huevos duros picados a la masa clásica), con sémola y con leche (en lugar del alforfón y del agua), con zanahorias en puré incorporadas a la masa.

Bloody Mary
Cóctel largo compuesto de jugo de tomate, vodka, jugo de limón y sazonado con salsa *worcestershire*, tabasco rojo y sal de apio. Se sirve con hielo. De origen misterioso, fue bautizado diversas veces: Mary Rose en 1939, Red Snapper en 1944 y Bloody Mary en 1946.

Blumenthal, Heston
Cocinero inglés (Londres, 1966). Absoluto autodidacta, se apasionó por la cocina ya de adolescente cuando acompañaba a sus padres al *Oustau de Baumanière*. Regresó a Inglaterra y frecuentó a los grandes de su época: Raymond Blanc en el *Manoir aux Quat'Saisons*, cerca de Oxford; Marco Pierre White, el primer tres estrellas británico; sin olvidar a Michel Roux, del *Waterside Inn*, que vela con ojo protector por su joven vecino. Su progreso ha sido fulgurante. Abrió su establecimiento en 1995 en un pueblo encantador a 35 km al este de Londres, a orillas del Támesis, donde sirve platos de cocina burguesa al estilo francés, y decidió innovar gracias a sus encuentros con el físico inglés Nicolas Kurti y a sus contactos con el químico francés Hervé This. Consiguió una estrella en 1998, dos en

2002 y la tercera en 2004: la *Guía Michelin* no tardó en coronar a este hombre que no se olvida de cocinar en el día a día. Está el asombroso "début de menu" que limpia el paladar dejando deslizar el aroma por la nariz: una mezcla de nitrógeno, té verde, limón y vodka. A continuación, una serie de platos: jaleas de betabel y naranja sanguina, ostra barroca con jalea de Pasión y perfume de lavanda, helado de mostaza antigua y col roja en gazpacho, jalea de codorniz con puré de chícharos, crema de camarón y *parfait* de *foie gras*. Heston Blumenthal explora la magia de los sabores reivindicando la nostalgia de la infancia. Su *porridge* de caracoles al perejil y jamón de Jabugo o su sardina en sorbete tostado son reverencias indirectas al "mal gusto" de la década de 1960. Transmutar los maridajes imposibles en creaciones contemporáneas es su estilo, un estilo que constituye todo un guiño a su alter ego de Cataluña, Ferran Adrià.

bock

1. En Francia y en Bélgica, la cerveza *bock* es ligera y de densidad media. En los países anglosajones y en Alemania, en cambio, es muy fuerte y tostada. La *Bockbier*, originaria de la ciudad de Einbeck, en la Baja Sajonia, se exportó antaño a Baviera. En bávaro Einbeck se pronunciaba *oanbock*, y de ahí la palabra *bock*, que de hecho significa carnero, animal que pronto ilustró las etiquetas. La doble *bock* designa, sobre todo en Baviera, una cerveza todavía más fuerte en índice de alcohol.

2. Vaso de cerveza provisto de un asa. Esta jarra puede contener generalmente 1,25 dl.

Bocuse, Paul

Cocinero francés (Collonges-au-Mont-d'Or, 1926), descendiente de una estirpe de restauradores instalados a orillas del Saône desde 1765. Su padre, Georges Bocuse, compró el *Hôtel-Restaurant du Pont* en Collonges. El joven, después de aprender el oficio en el restaurante de Fernand Point, en Viena, y luego en *Lucas-Carton* y *Lapérouse*, en París, debutó en 1942 en un establecimiento de Lyon, y se instaló al fin en 1959 en el restaurante familiar, que convirtió en un gran centro de la gastronomía. Renovó las especialidades culinarias de su región sin adherirse por ello a las nuevas modas. Gracias a conferencias y cursos de cocina en el extranjero, pronto se convirtió en uno de los embajadores de la gastronomía francesa. Es famoso tanto por sus grandes platos (sopa con trufas VGE, lubina en corteza y salsa Choron) como por su carisma, que ha hecho salir al cocinero moderno de su cocina. En Lyon todos los años se concede un premio internacional de cocina con sus auspicios, el premio se llama *Bocuse d'or*. Paul Bocuse es además el fundador de la Escuela de Cocina de Écully, cerca de Lyon.

bodega ◆ cava

bogavante

Crustáceo marino, decápodo (diez patas) de la familia de los astácidos, que vive en las aguas frías. Es un caminador, pero también puede nadar bastante rápido, hacia atrás. Es el mayor, más fino y más buscado de los crustáceos. Suele medir unos 30 cm, para un peso de 300 a 500 g, pero algunos ejemplares alcanzan los 75 cm.

Contiene una carne poco grasa (90 kcal o 376 kJ por cada 100 g), rica en proteínas y en sales minerales, pero compacta y algo difícil de digerir.

El bogavante está dotado de un caparazón grueso. Su pequeña cabeza puntiaguda presenta largas antenas rojas. El abdomen luce siete anillos llenos de una carne blanca y densa. El último segmento, el telson, es más ancho, y sirve de estabilizador, función atribuida a las aletas en los pescados. Bajo la cola se encuentran las pequeñas patas abdominales; las de la hembra están más desarrolladas y se cruzan, ya que sirven para el mantenimiento de los huevos. El primer par de patas presenta unas pinzas poderosas, que constituyen unas armas temibles y son muy carnosas. Son diferentes: una de ellas sirve para triturar, la otra para cortar; según su posición, se dice que el bogavante es diestro o zurdo. El tórax, o caparazón, encierra una parte visceral y el coral, a menudo utilizado para ligar las preparaciones del bogavante en salsa.

El bogavante, que antaño era muy abundante en las costas bretonas, cada vez es más escaso. Se distingue el bogavante europeo, de Inglaterra y de Noruega, azul violáceo o verduzco, muy apreciado; el bogavante de América, amarillo-naranja bajo las patas, que se pesca en las costas orientales de Canadá y de Massachusetts; y el bogavante de El Cabo, más bien marrón. Todos han tenido que ser protegidos. Se han iniciado experimentos de cría del bogavante (difícil a causa de su lento crecimiento y de su pronunciado canibalismo), pero sigue siendo una pieza excepcional.

En el momento de la compra, el bogavante vivo no debe presentar huellas de lucha ni mutilaciones (sobre todo de las patas), principalmente si debe cocerse. Habitualmente, la hembra es más pesada y cunde más que el macho del mismo tamaño, aunque se considera que éste tiene un sabor más fino. El bogavante se cuece vivo, en agua hirviendo en la que se le sumerge entero —y entonces adquiere una tonalidad roja—, bien atado para que no se resista (con lo cual la carne es más untuosa). En los demás métodos de cocción, se corta, también vivo. En todos los casos, es preciso retirar la bolsa de impurezas que presenta en el nacimiento de la cabeza y los intestinos (bajo la cola).

Las preparaciones con este crustáceo, muy renombradas, son numerosas y forman parte de las recetas más clásicas de la gastronomía francesa. También se puede emplear para hacer conchas, ensaladas, áspics, croquetas, suflés, *mousses* y guarniciones de arroz *pilaf*.

→ langosta

bola de cocción

Utensilio metálico que puede tener diversos tamaños, formado por dos semiesferas que se abren para permitir introducir plantas secas destinadas a una infusión o encerrar un alimento que debe cocerse con agua hirviendo. Existen diversas bolas:

- La bola de té, redonda u ovalada y del tamaño de un huevo, es de aluminio o acero inoxidable, y está perforada con varios orificios. Evita la dispersión de las hojas secas en el agua hirviendo.
- La bola de arroz es una esfera de aluminio de unos 14 cm de diámetro, con orificios algo mayores que los de la bola de té. Es pre-

ciso llenarla tan solo hasta la mitad, puesto que el arroz puede doblar su volumen durante la cocción. Se utiliza en particular para cocer arroz en el caldo de un ave a la que debe acompañar.

- La bola de verduras es un cesto ovalado de alambre estañado. Sus dos semiesferas, unidas por un gancho, permiten retirar de un fondo blanco las verduras que se han hecho cocinar sin tener que decantar el fondo.

boletus

Hongos de bosque de la familia de las boletáceas, que viven en simbiosis con los árboles (especies micorrícicas), reconocibles por sus tubos que adornan la parte inferior del sombrero.

Sus pies a menudo son panzudos. Hay numerosas especies comestibles y entre ellas las más conocidas son los ceps.

bolillo

Pan salado de trigo de forma similar a un rombo, con una hendidura en el centro. Es crujiente por fuera y suave y esponjoso por dentro. Es una de las formas más comunes del pan de sal.

Bolivia

Bolivia, país de origen de la papa (junto a Perú), se jacta de producir más de trescientas variedades de este tubérculo.

Son muy apreciados los chuños, papas secadas al frío, muy ligeras, que se ponen en remojo antes de cocinarlas. Además de las sopas con pimentón y las frituras cocidas al aire libre, la cocina boliviana posee una especialidad, el conejo estirado, que como su nombre indica es un conejo que se estira al máximo y cuya carne es extremadamente fina.

bollito misto

Cocido originario del centro de Italia. Las carnes se cuecen largo tiempo en un caldo con cebollas, zanahorias y tallos de apio. Las verduras complementarias (nabos, apio-nabo, etc.) se cuecen a continuación en un poco de caldo colado.

boloñesa, a la

Nombre de distintas preparaciones inspiradas en la cocina italiana, particularmente de Bolonia, acompañadas con una salsa espesa a base de verduras y carne de res. En Italia, la salsa boloñesa que acompaña a las pastas lleva el nombre de *ragù*, deformación del francés *ragoût*.

bomba helada

Postre helado que consta de una mezcla de bomba enriquecida con ingredientes diversos para realizar un *parfait glacé*, que cuaja en frío en un molde encamisado con helado de sorbete.

bombón

Elaboración de confitería a base de chocolate o cubierta de chocolate.

- Bombones rellenos. Son muy variados, y se componen de un interior (*fondant* coloreado y perfumado, praliné, pasta de almendras, caramelo blando, *nougat*, licor, frutas en licor, *ganaches* varias, *pâté de fruits*, etc.) envuelto por una cobertura de chocolate, muy fluida en caliente y rica en manteca de cacao.

- Bombones enmoldados. Estas elaboraciones se componen de una cobertura de chocolate que se hace colar en un molde que inmediatamente se gira para no dejar más que una fina película. El interior se vierte dentro de esta forma delicada, que se cierra enseguida con otra capa fina de chocolate.

boniato ◆ camote

bonito

Pez marino migratorio parecido al atún, de la familia de los escómbridos, de un tamaño medio de 60 cm pero que puede llegar a medir 1 m. El bonito atlántico frecuenta las aguas templadas y cálidas del Atlántico (desde el norte de Escocia hasta las zonas tropicales), del Mediterráneo y el mar Negro. El bonito listado se encuentra básicamente en las zonas tropicales y subtropicales del Atlántico, el Pacífico y el océano Índico. Este pescado graso se prepara como el atún.

bonito, blanco del norte o albacora

Pequeño atún del Atlántico y de los mares tropicales, de la familia de los escómbridos, que en Francia se pesca sobre todo en el Golfo de Vizcaya. Presenta una carne pálida y suele medir menos de 1 m, pero algunos ejemplares pueden alcanzar 1,50 m. Es muy apreciado en Bretaña y se cocina mechado con anchoas, breseado al vino blanco con jitomate, cebolla y ajo y servido con alcaparras. Es el más fino de los atunes en conserva, y su lomo es muy apreciado.

bordeaux o burdeos

Vino tinto, rosado, clarete (seco o licoroso) o espumoso, producido en el departamento de Gironde, algunos de cuyos *crus* son conocidos en el mundo entero.

borgoñona, a la

Nombre de distintas preparaciones cocinadas con vino tinto, la más conocida de las cuales es el *bœuf bourguignon*. Generalmente se acompañan con una guarnición que lleva el mismo nombre, compuesta por cebollitas, champiñones y daditos de panceta.

Esta denominación también se suele aplicar a preparaciones inspiradas más o menos directamente en la cocina regional de Borgoña (*meurette*, caracoles, puchero).

borracho

Variedad propia de la repostería tradicional elaborada a base de bizcocho bañado y empapado en almíbar, licor y, muy habitualmente, ron. Este término también se utiliza de forma popular para designar el clásico baba elaborado en pastelerías como variedad pastelera y como postre en algunos restaurantes.

borraja

Planta aromática de flores azules, blancas o rojas, de la familia de las borragináceas. Su nombre, derivado del árabe *abu rach*, padre del sudor, traduce las cualidades sudoríficas de la tisana que se obtiene con ella. La borraja tiene un olor ligero y un sabor pronunciado de pepino y ostra. Las hojas jóvenes picadas sirven para perfumar ensaladas, salsas y vinagretas. Los alemanes utilizan estas hojas en los pucheros y los caldos cortos, los españoles como verduras, y los orientales las rellenan como las hojas de parra.

Las flores sirven para hacer buñuelos o, si se confitan, para decorar elaboraciones de pastelería.

borrego ◆ carnero

borsch

Potaje de Europa Oriental, habitual en Polonia, Ucrania y Rusia, que tuvo una amplia difusión en Francia en la década de 1920, con la llegada de emigrantes rusos.

Existen numerosas variantes de este plato, más o menos sofisticado según las ocasiones. Lo que lo caracteriza y le da su color son los betabeles, acompañados por otras verduras en cantidades variadas.

La fórmula clásica contempla el empleo de carne de cocido. El *borsch* se sirve tradicionalmente con crema agria y, si se desea, con carne cortada en dados. En Rumania, el *borsch* tiene un sabor agrio, al añadírsele un fermento a base de mazorca desgranada. No obstante, también es común consumir solo el potaje de betabeles, con hongos y alubias (*borsch* magro, típicamente polaco) conservando la carne cocida en el caldo para otro empleo. También existe un *borsch* de pescado y un *borsch* "verde" con espinacas, acedera y lomo de cerdo (o en ocasiones cola de res).

botella

Recipiente de cuello estrecho destinado a contener y conservar un líquido. Las aguas minerales, los refrescos, la sidra, la cerveza, los alcoholes, los aceites y los vinagres se comercializan en botellas de formas, capacidad y materiales diversos.

Ánforas, toneles, botellas. En la Antigüedad, el vino, conservado y transportado en ánforas, perdía parte de sus cualidades. La invención del tonel representó un notable progreso. En la Edad Media, el servicio del vino en la mesa se hacía en vasijas o jarras de estaño. Hasta el siglo XVIII no se generalizó la conservación en botellas de vidrio. Hasta finales del siglo XIX, las botellas todavía se soplaban una por una. Su forma y su volumen variaban, pues, de un taller al otro, y a veces incluso de un ejemplar a otro. Con el desarrollo del comercio de las bebidas alcohólicas, las formas adoptaron características distintas según las regiones, aunque no por ello se uniformizaron.

Las primeras botellas fabricadas con moldeado automático se emplearon en Cognac en 1878. A partir de ese momento se instauró una estandarización que pronto se reglamentó. En la actualidad están de moda las botellas "especiales", y cada *cru* pretende poseer una propia. Pero las botellas más clásicas siguen siendo las más apreciadas.

La práctica corriente consiste en servir el vino en su botella de origen. Según los enólogos, solo pueden colocarse oblicuamente en un cesto los vinos muy viejos que presentan depósitos y que no se quieren decantar.

boudin noir

Producto de charcutería a base de sangre desfibrinada y grasa de cerdo sazonadas e introducidas en una tripa, que se vende por metros o por porciones cerradas en sus extremos. Puede contener, entre otros productos, cebolla, castañas, hongos, etc., según las regiones,

y se sirve con manzanas cocidas o con puré de papas. En el suroeste de Francia (sobre todo en la región de Béarn), el *boudin noir* también se vende en tarro o en lata, sin tripa. En Francia existen tantos tipos de *boudin noir* como charcuteros.

El *boudin noir* es graso y muy rico en hierro.

boukha o boukhra

Aguardiente de higo de 36% Vol., aproximadamente, elaborado en Túnez y consumido como digestivo en todo el norte de África. Los higos, sobre todo de la especie "hordas" de Turquía, se secan y luego se ponen a fermentar, tras lo cual se destilan en un alambique de columna.

bouquet

Conjunto de los aromas terciarios (los que no se deben a la fermentación) que se desarrollan en el curso del envejecimiento de un vino y que se expresan cuando éste, una vez llegado a su madurez, entra en contacto con el oxígeno del aire. Los aromas se deben a los hollejos de la uva.

bouquet garni ◆ ramillete de hierbas

bourbon

Whiskey estadounidense que lleva el nombre de un condado de Kentucky en el que se elaboraron los primeros whiskeys más allá del Atlántico hacia 1790. El *bourbon* se destila principalmente a partir de maíz, al que se añade centeno y cebada malteada en proporciones variables.

bourride

Sopa de pescado típicamente provenzal, cuyo caldo se cuela al final de la cocción y se liga con alioli. La auténtica *bourride* de Sète se hace con rape. En otros lugares a veces se mezclan merlán, lubina, mújol o dorada.

bouzourate

Bebida refrescante consumida en Oriente Medio, realizada con semillas de melón secas, tostadas y molidas, que se ponen en remojo en agua prensándolas en bolsitas de tela fina. El líquido obtenido se endulza y se sirve muy frío.

brandy

Término inglés que designa el aguardiente procedente del vino, envejecido como mínimo 6 meses en barricas de roble. La palabra brandy fue adaptada del holandés *brandewijn*, que significa vino quemado.

En España existe la denominación brandy de Jerez, que envejece mediante el sistema de soleras y se elabora con la holanda, aguardiente de vino de menos de 70% Vol, hasta obtener los tres tipos de brandy: solera (mínimo seis meses de envejecimiento), solera reserva (mínimo de 1 año) y solera gran reserva (al menos 3 años de envejecimiento).

En Cataluña también se elaboran brandys, destilados según el método Charentes de doble destilación, a partir de vinos blancos (parellada, macabeo y *xarel·lo*).

Bras, Michel

Cocinero francés (Gabriac, 1946). Hijo de un herrero y de una cocinera, empezó comprando la casa familiar, *Lou Mazuc*, en Laguiole,

Aveyron, donde consiguió dos estrellas *Michelin* (en 1982, y nuevamente en 1987), antes de instalarse en 1992 en un enorme espacio moderno en el altiplano del Aubrac, a más de 1,000 m de altitud. Allí recibió las tres estrellas en 1999. Su cocina de las hierbas y los caminos ejerce una fuerte influencia en sus colegas. Platos emblemáticos como el *gargouillou* de verduras o el bizcocho de chocolate *coulant* han sido copiados por muchos chefs. Michel Bras es creativo, pero fiel a su tierra, solitario, pero hombre de equipo, y cuenta con el apoyo de su esposa Ginette, que le ayuda a preparar la carta de vinos. Actualmente el restaurante está bajo la batuta de su hijo Sébastien Bras (nacido en Laguiole en 1971).

brasear ◆ bresear

brasera

1. Utensilio de cocción rectangular, de ángulos redondeados, provisto de una tapa que encaja con el cuerpo. La tapa suele estar hueca a fin de recibir el agua para las cocciones rehogadas, así como las asas.

La brasera, de aluminio o de cobre estañado, se utiliza en restauración para las preparaciones que deben cocer a fuego lento durante mucho tiempo. En la cocina doméstica, se suele reemplazar por la olla de hierro colado.

La brasera, que antaño era de tierra, se colocaba directamente sobre las brasas, que también se disponían sobre la tapa para garantizar una cocción regular.

2. Fondo oscuro cocinado con huesos de ternera y de res (previamente se han cocido brevemente, hasta que adquieran color, zanahorias, cebollas y ajo) que se cuecen a fuego lento durante mucho rato en agua con aromatizantes, y que luego se desgrasa y se cuela. Este fondo sirve para preparar las salsas oscuras clásicas francesas.

Brasil

La cocina brasileña, muy marcada por la influencia portuguesa, es una de las más variadas y refinadas de América del Sur. Los indígenas la han enriquecido con harina de mandioca, cacao, camote y cacahuate, y los afroamericanos con ñame, plátano, coco y aceite de palma (*dendê*). El plato nacional es la *feijoada* (guiso a base de alubias negras y carnes semisaladas), tradicionalmente precedida por una *batida* (cóctel con aguardiente de caña y limón verde).

En el noreste se aprecian mucho los pescados y el marisco, sobre todo la fritada de mariscos (mejillones, ostras y trozos de cangrejo empanizados con pasta de buñuelos y fritos), así como los langostinos, con coco en el caso de la *vatapá*, en albóndigas o fritos con alubias rojas, y que se encuentran también en el *xinxim de galinha* (fricasé de pollo con cacahuate y mandioca).

La pastelería de esta región es muy reputada: cremas aromatizadas, pasteles de coco, de ciruelas pasas, yemas de huevo batidas con azúcar y bautizadas con nombres muy imaginativos (mejilla de ángel, saliva de muchacha, ojo de suegra...).

En el centro, como en Argentina, el plato típico es el churrasco y el queso fresco con confitura de guayaba, que se consume en cualquier momento del día.

En el sur, la cocina es más copiosa: menudos y tripas guisados, aves rellenas de frutas, y sobre todo un puré de alubias negras, mandioca y dados de panceta, que es el plato básico.

En cuanto a las frutas tropicales, innumerables, se consumen en todo el país.

brasserie o brasería

Establecimiento en el que se consume cerveza. La palabra designa, asimismo, una fábrica en la que se elabora esta bebida de forma artesanal. Actualmente, la *brasserie* se confunde a menudo con el "café-restaurante", aunque se sirve durante todo el día y a menudo hasta tarde por la noche. Las jarras, las cañas, los chocroutes con guarnición, los platos de ostras y los vinos de Alsacia siguen siendo sus piedras angulares, pero también se proponen todos los platos calientes y fríos de la restauración clásica.

La *brasserie* tradicional es bávara; en Munich sigue en funcionamiento una de las más antiguas, creada en 1589. La llegada a París de refugiados alsacianos y lorenos tras la guerra de 1870 lanzó la moda de las *brasseries*, que se convirtieron en lugares elegantes, tan decorados como los grandes cafés de la capital.

De 1870 a 1940, escritores, artistas, periodistas y políticos frecuentaron las *brasseries*, que prosperaron gracias a ellos; en ellas podían charlar, beber, escribir y comer. Entre los establecimientos que han desaparecido, la *brasserie* Pousset era el lugar de cita de escritores y periodistas, y la de la calle Des Martyrs, el de los artistas. Desde hace unos años, un nuevo interés por la cerveza ha incitado a varios cafés y *brasseries* a especializarse en cervezas. Algunos "bares belgas" o "academias de la cerveza" proponen hasta trescientas marcas, servidas con frecuencia con embutidos, queso e incluso mejillones.

Brazier, Eugénie (apodada *la Mère Brazier*)

Cocinera francesa (Bourg-en-Bresse, 1895-Le Mas-Rillier, 1977). Hija de campesinos de la región de la Bresse, fue la primera chef y la primera mujer, en 1933, que alcanzó las tres estrellas *Michelin* en sus dos establecimientos, en la calle Royale de Lyon, con su mismo nombre (*la Mère Brazier*) y en el puerto de la Luère. Aprendió en casa de la Mère Filloux, que le enseñó el arte de la cocina sencilla a partir de productos de gran calidad. Se instaló por cuenta propia modestamente en 1921, ofreciendo camarones con mayonesa, palomas con guisantes y manzanas flambeadas. Posteriormente se instaló en un albergue que le dio la fama a 20 km de Lyon. En la ciudad la relevó su hijo Gaston, formado por ella. El albergue se convirtió en un espléndido establecimiento de madera al que acudían *gourmets* de todo el mundo. En 1961 perdió sus estrellas en el puerto de la Luère, pero recuperó una en 1962 y logró tres directamente —un fenómeno único— en 1963. Fondos de alcachofa con *foie gras*, *quenelles* gratinadas y aves *demi-deuil* fueron sus obras maestras de esa época.

brazo de gitano o niño envuelto

Nombre muy común y popular que se da a una variedad de pastelería formada por una masa plana y delgada de bizcocho tradicional que habitualmente se unta superficialmente con crema pastelera, crema o trufa y se enrolla dándole forma de cilindro. Se presenta espolvoreado con azúcar tamizado. En Hispanoamérica se denomina también brazo de reina (Colombia y Chile), arrollado (Argentina) o niño envuelto (México).

brécol ◆ brócoli

bresear, brasear o bresar

Cocer en un recipiente cubierto, con más o menos líquido y durante más o menos tiempo, a fuego lento, y en ocasiones al horno, alimentos que deben ser ablandados: carnes de segunda y tercera categoría, verduras (col, endibia, alcachofa o lechuga) o aves de corral grandes. El término brasear también se emplea para la cocción, más corta, de algunos pescados de carne firme (anguila, carpa, rape, salmón o atún).

Una carne que debe bresearse previamente se lardea o bien se mecha y se pone en adobo. La cocción se suele efectuar en dos tiempos. En primer lugar se sofríe la carne en una materia grasa para dorarla, hasta obtener una coloración adecuada. Esta cocción concentra los jugos, los cuales posteriormente serán liberados cuando se añada la guarnición aromática (ajo, chalota, cebolla, zanahoria, etc.) y un líquido para mojar (agua, caldo o vino) más o menos abundante. Gracias a la acción prolongada del calor, darán una salsa concentrada y sabrosa. Al finalizar la cocción, el jugo, más o menos abundante, se puede colar, luego desgrasar y, a veces, reducir. También se le puede dar consistencia ligándolo.

Cuando el alimento que se va a bresear contiene mucha agua (sobre todo las verduras) su cocción se efectúa con muy poco líquido. En el caso del pescado, la cocción se realiza dentro de un líquido para mojar (vino, *fumet* o caldo) poco abundante, con una guarnición aromática previamente rehogada en una materia grasa. Un pescado en rodajas, un molusco cortado en tiras o incluso un crustáceo troceado se deben saltear por ambos lados (con aceite o mantequilla) antes de terminar la cocción con la guarnición. Durante el proceso de cocción se deben rociar.

bretzel

Elaboración alsaciana —y alemana— de pastelería, crujiente, que acompaña a la cerveza. El *bretzel*, en forma de nudo sin apretar, se elabora con una masa pochada en agua hirviendo, espolvoreada con sal gruesa y granos de comino, y endurecida al horno. Al parecer, presentaba en su origen la forma de un anillo que rodeaba una cruz, pero esta estructura era demasiado frágil y debió evolucionar hasta su aspecto actual. También se le da la forma de pequeños bocadillos, denominados *mauricettes*.

brick

Queso estadounidense (Wisconsin) de leche de vaca (45% de materia grasa), de interés tanto más notable cuanto que en Estados Unidos la mayor parte de los quesos son imitaciones o importaciones de productos europeos. Su pasta elástica presenta orificios, y su sabor suave recuerda al del *cheddar*, más fuerte. El *brick* se presenta en forma de un bloque de 25 cm de largo y 12,5 cm de ancho, por 7 cm de altura. Permite preparar sándwiches, canapés, bocadillos de hamburguesa, etc.

bridar

Pasar con la ayuda de una aguja de bridar una o dos vueltas de bramante de asado a través del cuerpo de un ave de corral (o de una pieza de caza de pluma) para mantener las patas y las alas a lo largo del cuerpo durante la cocción. Esta operación se efectúa después de preparar y armar la pieza. El bramante debe sacarse siempre antes de la puesta a punto final, lo cual permite verificar —y terminar si fuera necesario— la cocción de los costados protegidos por las patas.

brie

Queso de leche de vaca (45% de materia grasa), originario de la región francesa de Île-de-France, de pasta blanda y corteza enmohecida, blanca y con pigmentación rojiza. El *brie* se presenta con la forma de un disco de diámetro variable, a menudo dispuesto sobre una superficie de paja. La masa, de color amarillo, pajizo o dorado, presenta un sabor afrutado.

Desde los siglos XVII y XVIII, el nombre de la región de Brie está asociado a los grandes quesos de pasta blanda producidos en la región de París, particularmente para la capital, pero su descripción —"líquido" en tarro, afinado de "color oro" o graso de "primera calidad"— indica que estaban lejos del *brie* que hoy conocemos, y que no incluye las variantes de Meaux, Melun, etc. Las élites tenían en gran concepto el *meaux* afinado o fresco (esto es, blanco). Después del transporte, cuando ya estaba más terminado, se parecía al *maroilles* o al *époisses*. En 1878, el queso de Coulommiers fue presentado por separado de los demás *bries* en la Exposición Universal de París.

Esta diversidad de quesos del Seine-et-Marne, producidos en grandes cantidades, pero a partir de la misma técnica, dio pie a la corporación de los afinadores, responsables del seguimiento de los productos y de su distribución en el mercado, así como a la creación de otros quesos de tipo *brie*.

El *brie* suele servirse al final de la comida, pero también permite preparar *bouchées*, croquetas y canapés. Antaño también se utilizaba para elaborar masas de empanada (y de *brioches*, según Alejandro Dumas, que explica, asimismo, la etimología del *brioche* nada menos que a partir de la palabra *brie*).

El *brie* sigue gozando del mismo prestigio, aunque hoy en día a menudo se fabrica en lecherías y no en granjas. Los numerosos *bries* que saboreamos, como los de Meaux y de Melun (protegidos por una Denominación de Origen), de Montereau, de Nangis y de Coulommiers, están elaborados a base de leche de vaca cruda o pasteurizada.

brigada de cocina

En los restaurantes de cierta importancia, equipo formado por los cocineros y el personal de los servicios anexos. Se halla bajo la autoridad de un jefe de cocina, el cual es secundado por un subjefe (o varios), que dirige a los jefes de partida (encargado de las salsas, encargado de pastelería, etc.). Según la importancia del establecimiento, éstos pueden contar con la ayuda de asistentes y, en algunos casos, de aprendices.

Una brigada de cocina de tradición francesa consta de:

– Un encargado de la despensa, responsable de la recepción de los productos, de su almacenamiento en cámaras frigoríficas, del control de las existencias, de la elaboración de preparaciones frías (buffets, entremeses, salsas, terrinas, etc.) y de cortar carnes y pescados.

– Un encargado de las salsas, que se ocupa de las preparaciones siguientes: saltear-desglasar, sofreír y pochar (carnes y aves). Elabora los fondos y las salsas (excepto para el pescado).

– Un parrillero responsable de las demás cocciones: prepara carnes a la parrilla y al horno y fríe. También se ocupa de elaborar todas las verduras (principalmente las papas) que se fríen o se asan. Confecciona las mantequillas compuestas para las parrilladas. Anteriormente le podía ayudar un auxiliar de parrillero, o incluso un friturero.

– Un encargado de los pescados, que se dedica a la cocción de todos los pescados, moluscos y crustáceos (cuando éstos se preparan al *grill* o fritos) y de sus fondos y sus salsas. En las brigadas reducidas, sus funciones las asume el encargado de las salsas.

– Un encargado de los entrantes, que elabora las guarniciones de verduras, salvo las que son a la parrilla o fritas. Prepara los potajes, algunos entrantes calientes y, en algunos casos, los dulces, cuando no hay pastelero. También asume la cocción de los huevos (tortillas, huevos revueltos, etc.).

– Un *tournant* que sustituye a los cocineros ausentes por descanso o vacaciones.

– Un responsable de las comidas del personal. En las brigadas pequeñas, esta función la lleva a cabo el parrillero.

– Un pastelero que elabora todas las preparaciones de pastelería, postres y bollería. Antes podía contar con la ayuda de un heladero o incluso de un confitero.

Los servicios anexos (lavado de la vajilla y los accesorios) los realiza una persona que se encarga de lavar la batería (y que también se puede ocupar de preparar el pescado), los encargados de platería y de vajilla, los pinches de cocina y, en algunos casos, la persona que pela y prepara las verduras.

Este tipo de organización actualmente se utiliza cada vez menos: la simplificación de las cartas, el uso de materiales prácticos y el empleo de productos semielaborados permiten reducir el número de cocineros. Hoy en día, la cocina se articula en torno a tres ejes: la cocina caliente (encargado de pescados y encargado de carnes, que con frecuencia preparan sus propias guarniciones); la cocina fría, que se ocupa de todas las preparaciones frías, y la pastelería.

Brillat-Savarin, Jean-Anthelme

Magistrado y gastrónomo francés (Belley, 1755-Saint-Denis, 1826) que pasó su juventud en la región de Bugey, donde se aficionó a la cocina. Añadió a su nombre patronímico el de una de sus tías, llamada Savarin, que le legó su fortuna a condición de que llevara su apellido.

Después de estudiar derecho en Dijon, el joven abogado fue elegido diputado en la Asamblea Constituyente, y luego presidente del tribunal civil de Ain, alcalde y comandante de la guardia nacional. La caída de los girondinos lo obligó a exilarse en Suiza.

Retorno a Francia. Brillat-Savarin terminó por embarcarse hacia Estados Unidos, donde vivió de dar clases de francés y de un empleo como violinista. Allí descubrió el pavo, el *welsh rarebit*, enseñó el arte de los huevos revueltos a un chef francés de Boston, apreció la "oca estofada", el *korn beef* (res semisalada) y el ponche. En 1796 obtuvo la autorización para regresar a Francia, pero se le despojó de sus bienes. Pese a ello, en 1800 fue nombrado consejero en la Corte de Casación, función que ocupó hasta su muerte.

Brillat-Savarin, que era soltero, se dedicó entonces a la arqueología, la astronomía, la química y, desde luego, a la gastronomía. Apreciaba los buenos restaurantes y celebraba almuerzos y cenas en su casa con numerosos amigos para los que cocinaba él mismo. El 8 de diciembre de 1825, dos meses antes de su muerte, apareció en la librería, sin mención a autor, el libro que lo haría célebre: *Fisiología del gusto o Meditaciones de gastronomía trascendente, obra teórica, histórica y actual dedicada a los gastrónomos parisinos por un profesor, miembro de varias sociedades literarias y cultas*. La obra conoció enseguida un gran éxito. La ambición de Brillat-Savarin era llevar el arte culinario al rango de una auténtica ciencia, apelando a la química, la física, la medicina y la anatomía. Así, distinguía tres tipos de sed (latente, ficticia y ardiente), hablaba de "esculence" (refiriéndose a la suculencia), descubrió tres movimientos de la lengua cuando el hombre come (*spication*, *rotation* y *verrition*) y se entregó a un análisis muy profundo de la "mecánica" del gusto.

Discurrió acerca de la delgadez y la obesidad, acerca de la influencia de la dieta sobre el reposo, acerca del ayuno, el agotamiento y la muerte. Su espíritu didáctico le llevó a tratar este tema como una ciencia exacta, remontando desde los efectos hasta las causas. Pero Brillat-Savarin también era un narrador de innumerables anécdotas y un defensor de la gastronomía. Su obra, que no ha dejado de reeditarse, llegaba en el momento adecuado para la educación de una burguesía ilustrada y próspera, respetuosa del pasado y admirada por el progreso, preocupada por vivir y sentirse bien.

Las mejores páginas de la *Physiologie* son las referentes a las observaciones de Brillat-Savarin acerca de ciertos alimentos y preparaciones: el cocido y la res hervida, las aves y la caza, las trufas, el azúcar, el café y el chocolate. Su *Histoire philosophique de la cuisine* es, a la vez, erudita y humorística, y va desde el descubrimiento del fuego hasta finales del siglo de Luis XVI, y termina con una evocación de los restaurantes de París en las décadas de 1810 y 1820.

El nombre de Brillat-Savarin ha bautizado a numerosas preparaciones de tartaletas y a una guarnición de costrada o de tortilla hecha con un salpicón de *foie gras* y trufas. Otra guarnición del mismo nombre, a base de puntas de espárrago, acompaña a los huevos *mollet*.

brik

Especie de crepa de los países del Magreb de pasta muy fina, que se rellena con cordero magro picado con cebollas y menta, sobre la que se coloca un huevo. A continuación, el *brik* se dobla y luego se fríe en aceite en una sartén. La masa, de consistencia elástica, está hecha con harina, agua y sal. Posteriormente se cuece con aceite de oliva según una técnica muy delicada: se moja la palma de la mano en agua fría, y luego en la masa, que se extiende en la sartén con un movimiento circular; rápidamente se despega la hoja de *brik* con un cuchillo, sin agujerearla, y se deposita sobre un paño seco. También se venden en comercios hojas de *brik* preparadas.

brioche

Elaboración de pastelería de masa fermentada, ligera e hinchada, más o menos fina según la proporción de mantequilla y huevos. Esta masa es una mezcla de harina, levadura, agua o leche, azúcar y sal, huevos y mantequilla. Incorporando mantequilla en una masa de *brioche* según la técnica del hojaldre, es decir, efectuando una serie de pliegues, se obtiene un *brioche* hojaldrado.

El *brioche* se enmolda de diversas maneras. El *brioche* con "cabeza", llamado *parisienne*, se elabora con dos bolas superpuestas, una pequeña sobre otra de mayor tamaño. Los *brioches* de Nanterre se enmoldan en paralelepípedos, con secciones marcadas. El *brioche* muselina, alto y cilíndrico, es el más delicado.

El *brioche* es una de las elaboraciones regionales de pastelería más difundidas: *brioche* corriente de Normandía (*fallue*), *brioche* de Saint-Genix con praliné, pastel de Reyes de Burdeos (*tortillon*), pastel de novia en La Vendée (que puede alcanzar 1,30 m de diámetro), *brioche* de los Vosgos (relleno de avellanas, uvas pasas y peras secas), *brioche* de Gannat (con queso blanco o *gruyère*), sin olvidar las *fouaces*, las *pompes*, las *couques* y las *cramiques*, así como el *koeckbotteram* de Dunkerque, los *campanilis* corsos y el *pastis* bearnés.

El *brioche* se degusta durante el postre o con el té, pero también se emplea para muchas elaboraciones de cocina. La masa de *brioche* ordinaria es idónea para el *koulibiac* y para el filete de res en empanada. El *brioche* muselina sirve para cubrir el *foie gras*, el salchichón y el cervelas lionés. Los *rissoles* (una especie de empanadillas) también se hacen con masa de *brioche*, pero se cuecen en fritura. Los *brioches* individuales se emplean como envoltorios de pasta para distintos salpicones salados o dulces, que se sirven como entrantes calientes o postres.

brocheta

Aguja de gran tamaño, generalmente de acero inoxidable, que sirve para ensartar elementos cortados en trozos para cocerlos a la parrilla o sobre brasas. La brocheta de madera se descarta tras su uso.

La palabra designa, asimismo, la preparación, es decir, los elementos principales ensartados, entre los cuales a veces se intercalan ingredientes complementarios. Las brochetas son más tiernas si los ingredientes se han macerado o marinado en aceite sazonado, a veces aromatizado con hierbas, ajo o aguardiente.

Los alimentos, que se presentan ensartados en la brocheta en la que se han cocido, se sirven como entremés caliente o como plato principal. Las brochetas son muy apreciadas en algunos países.

En coctelería, se utilizan pequeñas brochetas de madera en el que se presentan las frutas (cortadas o enteras si son pequeñas) destinadas a la decoración de los cócteles. Además de frutas, a veces se trata de trozos de verduras o pétalos de flores. El *barman* dispone en general de brochetas de diversas medidas. En España se le conoce a estas pequeñas brochetas de coctelería como pinchafrutas.

brócoli o brécol

Variedad de col de la familia de las brasicáceas, cultivada por sus brotes florales carnosos, de unos 15 cm de longitud. Los tallos y las ramas (sin hojas) se consumen como espárragos, en puré o gratén, o acompañando a las carnes.

broqueta

Brocheta metálica coronada con un motivo alusivo (gallo, crustáceo, liebre, pescado, jabalí, etc.), utilizada para presentar un plato caliente o frío de gran estilo. Las broquetas a menudo se disponen en abanico.

brownie

Pastel tradicional de América del Norte, cuyo nombre hace referencia a su color marrón (*brown*). En efecto, el *brownie* es un bizcocho de chocolate que contiene nueces y que se cuece al horno sobre una placa. Gracias a su índice elevado de azúcar y mantequilla, presenta una textura particular: crujiente por arriba y muy tierna en su interior. Se sirve cortado en cuadrados y a menudo se acompaña con crema.

brûlot

Aguardiente que se flambea antes de beberlo o bien después de verterlo en una bebida, o incluso antes de añadirlo a una preparación.

El *brûlot* designa familiarmente un terrón de azúcar empapado de aguardiente, que se enciende en una cuchara posada sobre una taza antes de dejarlo caer en el café. El *café brûlot* es una bebida típica de Luisiana. Su receta consiste en calentar ron con azúcar, canela, una naranja claveteada con clavos de olor y piel de limón. Cuando el azúcar se ha fundido, se vierte sobre la mezcla café muy caliente y se sirve el líquido obtenido, filtrado, en tazas muy calientes. En Italia se prepara una bebida vertiendo *anisette* flambeado sobre granos de café.

brunch

Comida de origen estadounidense que desempeña a la vez función de desayuno y almuerzo, y cuyo nombre proviene de la contracción de *breakfast* y de *lunch*. El *brunch* se suele practicar el domingo, entre las 10 y las 12 horas. En el menú hay platos tradicionales del desayuno a la inglesa y los de una comida fría: huevos con tocino o revueltos, *corn flakes* y productos lácteos, ensaladas de frutas y de verduras, *pancakes* untados de mermelada o de jarabe de maple, batidos, jugos de frutas, té y café e incluso pasteles salados y embutidos. La anfitriona suele preparar panes con uvas pasas, pan de maíz o *french toasts*.

brunoise

Modo de corte de las verduras en dados minúsculos, de 1 o 2 mm de lado, y resultado de esta operación, ya sea una mezcla de verduras variadas (zanahorias, nabos, apio-nabo, etc.) o cierta cantidad de una sola verdura. La *brunoise*, que a menudo se sofríe en mantequilla, se utiliza como guarnición de potajes, salsas y farsas, y aromatiza a ciertos elementos o platos (cangrejos de río, *ossobucco*, etc.).

La *brunoise* suele utilizarse inmediatamente después de elaborarse, pero se puede conservar unos instantes bajo un paño húmedo.

buchteln

Postre de ciruelas, muy apreciado en Austria. Se compone de cuadrados de masa leudada, doblados sobre mermelada de ciruela, queso blanco o avellana picada, que se ponen en un lugar caliente para que aumenten de volumen, luego se cuecen en el horno a fuego lento y se sirven enseguida acompañados de compota de ciruela pasa o con crema inglesa.

buey ◆ res

buey de mar

El mayor de los cangrejos europeos, que se pesca tanto en el Atlántico como en el Mediterráneo, donde vive en los fondos rocosos y pedregosos hasta los 100 m de profundidad. Su caparazón oval, de color pardo-amarillo, más ancho que largo, está ligeramente festoneado en su contorno. El primer par de patas, muy desarrollado y que lleva grandes pinzas con extremos negros, encierra una carne delicada.

El buey de mar, que puede pesar hasta 5 kg, se come cocido en caldo corto, frío, con mayonesa. En Saint-Malo se presenta sin caparazón, con una mayonesa de finas hierbas y cuartos de huevo duro. Es particularmente adecuado para las elaboraciones rellenas.

En Canadá, el cangrejo nórdico del Atlántico y el cangrejo durmiente del Pacífico se parecen al buey de mar.

búfalo

Rumiante de la familia de los bóvidos, salvaje en África y domesticado en la India. La carne de los búfalos jóvenes, sobre todo hembras, es tierna, con un sabor muy cercano al de la res.

La leche de búfala, más rica en lípidos que la leche de vaca, contiene 7% de materia grasa y sirve para elaborar quesos como el surati en la India o la *mozzarella* y el burriello en Italia.

bufet

Gran mesa en la que sobre un mantel se han dispuesto bebidas y platos dulces y salados destinados a los invitados de una recepción.

• Platos salados. Generalmente se presentan en porciones de un bocado (aunque en un bufet clásico también figuran galantinas, patés *en croûte*, pescados en *gelée*, carnes y aves en *chaud-froid*, huevos en *gelée*, etc.):

– sándwiches y canapés, con pan de molde o de centeno, cortados geométricamente y decorados;

– panecillos en miniatura rellenos;

– dados de queso, aceitunas, jamón, etc., pinchados en palillos y presentados en "erizo";

– barquillas y tartaletas con aparejos fríos de mayonesa o *rémoulade*;

– panes-sorpresa de pan de centeno, con purés aromatizados, nueces picadas, queso, jamón, etc.;

– tostadas calientes con distintos ingredientes;

– elaboraciones saladas a escala reducida y servidas calientes: pizzas, *quiches*, *allumettes*, *bouchées* de anchoas y de queso, ciruelas pasas con tocino, hojaldres salados, salchichas cóctel, buñuelos salados.

• Platos dulces. También son muy variados y se proponen simultáneamente, en porciones reducidas:

– tartaletas y barquillas;

– lionesas, milhojas, bizcochos rellenos, pavés y *mokas* en *bouchées*;

– *petits-fours* glaseados, *fruits déguisés*;

– cestas de frutas, ensaladas de frutas, cuencos con crema.

El bufet de campo es menos clásico y menos formal. Los jamones crudos o cocidos, los surtidos de embutidos y de carne fría se acompañan con condimentos variados. También se presentan verduras crudas cortadas, en cestas, con salsas frías. Las ensaladas compuestas variadas se proponen junto a los surtidos de quesos. Las bebidas se suelen presentar en un barrilete (vino, cerveza). Cestas de frutas y tartas completan el bufet de campo, con un surtido de panes de hogaza y de centeno.

Bulgaria

La cocina búlgara se ha visto profundamente marcada por los turcos y los árabes. En el curso de su dominio (a partir del siglo XIV), éstos transmitieron el gusto por los *mezze* (surtido de bocados salados con hojas de vid rellenas), y por el *halva* (confitería con semillas de sésamo), todo ello regado con *raki*. El yogur, ingrediente de base, se utiliza en gran medida en los guisos, en el *ghivetch* (carnes y verduras en terrina, cocidas a fuego lento con especias y coronadas con huevos y yogur) o en las verduras crudas, como el *tarator* (pepino mezclado con yogur y nueces picadas).

El plato popular por excelencia es la copiosa *chorba* (sopa) de pollo, con menudos de cordero o tripas, pero también se aprecia la carne seca y salada (*pasterma*), los *kebabcheta* (albóndigas de carne asadas), los *chichcheta* (brochetas de carne) y los *baniztsa* (hojaldres de queso y verduras). El *sirene* es un renombrado queso de oveja.

La viticultura búlgara es relativamente reciente, aunque en Tracia, antigua Bulgaria, se cultivaba ya la vid hace 3,000 años. En realidad no se desarrolló hasta que el régimen comunista recurrió a ella para exportar y obtener divisas. Hoy existe una neta voluntad de ofrecer calidad a la hora de producir los vinos búlgaros. Desde 1990, el vino búlgaro (en particular el tinto) es conocido por alemanes, británicos y polacos.

Actualmente, el cultivo y la vinificación siguen llevándose a cabo en complejos agroindustriales, con mayor o menor fortuna. Los vinos blancos, a menudo de la cepa *rkatsiteli*, vinificados a la antigua, sin control de temperatura, son menos interesantes.

bulgur

Trigo germinado, secado y machacado, muy utilizado en la cocina de los países de Oriente Medio. El bulgur se cuece en tres veces su volumen de agua hasta que ésta se ha evaporado. Entonces se añade mantequilla, que se deja fundir (o bien *smeun* ya fundido). También puede cocerse en agua con vinagre o bien con salsa de tomate, caldo de carne o cebollas en rodajas. A continuación se acompaña con uvas pasas, garbanzos o albóndigas de carne picada. También se puede cocer con habas o salchichas de despojos.

Además, el bulgur forma parte de la farsa de salchichas de hierbas y de hígado de carnero, así como del tabulé.

bullabesa

Plato de pescados hervidos y aromatizados de la cocina provenzal, en particular de Marsella, pero del que existen numerosas variantes.

En su origen, la bullabesa era un plato de pescadores, cocinado en la playa al regresar de la pesca en un gran caldero que se colocaba sobre una hoguera, y compuesto por los pescados que no podían venderse en el mercado, como la escórpora (indispensable en una auténtica bullabesa), que prácticamente solo se consume de esta manera. A menudo se añaden crustáceos y moluscos: santiaguiños, mejillones, pequeños cangrejos (la langosta es un refinamiento urbano). Además del aceite de oliva, la pimienta y el azafrán aromatizan esta preparación, así como un trozo de piel de naranja seca.

La auténtica bullabesa debe prepararse con peces de roca, pescados con caña (son más sabrosos que si se pescan con red) justo antes de la cocción. El pescado y el caldo se sirven separados. Éste se vierte sobre rebanadas de pan casero seco (en Marsella se hace con un pan especial llamado *marette*).

Pero también se puede acompañar la bullabesa con picatostes frotados con ajo, salsa *rouille*, parmesano, e incluso jitomates secos y una ensalada de oruga. La cocina provenzal propone otras sopas de pescado. En Martigues, donde la bullabesa se sirve con papas (cocidas aparte), se prepara una bullabesa negra (con sepias y su tinta).

Las bullabesas de sardinas y de bacalao también son típicas, así como la *bourride* de Sète y el *revesset* de Toulon. A veces se añade vino blanco al caldo. Varias regiones del litoral francés poseen, asimismo, su preparación de pescados en sopa: la *bouillinada* del Rosellón, la *cotriade* bretona, la *chaudrée* de Charentes (que ha dado lugar al *chowder* norteamericano), la *marmite* de Dieppe, el *waterzoï* flamenco o el *ttoro* vasco.

buñuelo

Preparación compuesta de una pasta que puede encerrar o no un ingrediente cocido o crudo, y que se fríe en aceite. Según su composición, el buñuelo se puede servir como entremés, entrante o postre, casi siempre caliente y espolvoreado con sal fina o azúcar. La pasta utilizada difiere según la naturaleza del alimento que contiene. El baño de fritura debe ser siempre abundante, puesto que los elementos comienzan cayendo al fondo del recipiente de cocción y luego ascienden a la superficie por acción del calor, lo cual aligera y hace hinchar la pasta. Los buñuelos deben girarse a media cocción.

El principio del buñuelo es simple, pero las preparaciones varían mucho tanto en lo referente al sabor como a la forma.

• Buñuelos con pasta de freír. Ciertos alimentos ricos en agua necesitan empanarse para que se puedan freír. Puede tratarse de un simple enharinado o de un empanado inglés, pero se precisa pasta de freír para obtener buñuelos. La preparación, salada o dulce, se hace con numerosos elementos crudos (aunque cortados en

un tamaño pequeño y de cocción rápida) o cocidos (marinados o no). Los buñuelos de flores fueron muy apreciados en la Edad Media (violeta, saúco, lirio). Hoy en día solo se utilizan las flores de acacia y las de calabaza.

• Buñuelos de pasta *choux*. Según sea dulce o salada, la pasta *choux* permite preparar buñuelos como entremés o postre, que reciben entonces el nombre de suflés. La pasta *choux* salada permite añadir queso rallado, dados de jamón, almendras, etc. Si es dulce da lugar a los *pets-de-nonne*.

• Buñuelos de pasta de *brioche* ordinaria. Reciben el nombre de vieneses o *dauphine*, y se componen de rodajas de pasta, en ocasiones llenas de confitura, sumergidas en aceite muy caliente (180 °C). Una vez que se han hinchado y dorado bien, los buñuelos se espolvorean con azúcar.

• Buñuelos de pasta de *gaufre*. Se moldean en gaufreras de formas diversas (estrella, barquilla, corazón, rosa), ensartados en un asta larga. Estos buñuelos se consumen entonces al natural, pero sirven sobre todo como costradas de guarnición.

Los buñuelos figuran entre los postres regionales más antiguos, a menudo asociados a una fiesta: *bugnes* lioneses, *oreillettes* de Montpellier, *beugnons* del Berry, *bignes* de Auvernia, *roussettes* de Estrasburgo, *tourtisseaux* de Anjou, *bottereaux* de Nantes, etc.

En México se preparan con una mezcla de harina de trigo, huevo, agua, sal y manteca de cerdo, que se deja reposar, se estira y se moldea. Posteriormente se fríe en manteca de cerdo o aceite y se espolvorea con azúcar o se baña con miel de abeja o piloncillo.

burdeos ◆ *bordeaux*

burgos

Queso fresco castellano, muy popular en España, elaborado tradicionalmente con leche de oveja. Se elabora también con leche de vaca, pero mantiene sus características originales: queso suave, de color blanco, apenas salado y graso al paladar.

burrito

Especialidad mexicana originaria de Ciudad Juárez (Chihuahua), en la frontera con Estados Unidos. Consiste en una tortilla mexicana de 30 cm de diámetro elaborada con harina de trigo que envuelve diversos tipos de relleno: fríjoles, carne, queso, chiles, cebollas o especias.

butifarra

Producto de charcutería (que se elabora sobre todo en Cataluña, Baleares y Valencia, en catalán *botifarra*), embutido en tripa, preparado con carne y grasa de cerdo trinchada, condimentos (básicamente sal y pimienta) con sangre (butifarra negra) o sin ella (butifarra blanca). La composición depende de la tradición del lugar donde se elabora y el gusto varía según el tipo de carne y la proporción de los condimentos. En México se prepara por herencia española y es famoso el de origen chiapaneco, que se acostumbra preparar con carne de lomo de cerdo con pimienta y nuez moscada, macerando la carne en vino blanco o vinagre de piña. Se acostumbra como botana bañada de jugo de limón.

caballa o macarela

Pez marino de la familia de los escómbridos que se encuentra en la costa atlántica de América del Norte, en el mar del Norte europeo y en el Mediterráneo. Mide 60 cm como máximo y presenta en el dorso y en los costados color azul o verde metálicos y vientre plateado. Su carne se clasifica como azul, es decir, oscura y grasosa, con un porcentaje de entre 6 y 8 % de lípidos.

Se pesca todo el año, en superficie durante el verano y en profundidad durante el invierno, pero sobre todo de marzo a noviembre, cuando se aproxima a las costas. Se desplaza en bancos que aparecen cada año en lugares y momentos precisos de acuerdo con su ciclo reproductivo. En México, es posible pescarla junto con las sardinas en los litorales de la península de Baja California, en las costas de Sonora y en el océano Pacífico.

Fresca, se puede preparar asada, frita, rellena, horneada, en cebiche, pochada o hervida. En México, en general se vende enlatada o ahumada y se acostumbra desmenuzarla para preparar tostadas o ensaladas.

cabécou

Pequeño queso de cabra que posee varios nombres según su origen: *cabécou* d'Entraygues, de Fel, de Quercy-Rouergue o del Périgord. En el suroeste de Francia, la palabra *cabécou* designa la cabra. El *cabécou* es un queso de pasta blanda que se presenta en forma de un disco de 5 a 7 cm de diámetro y 2 o 3 cm de alto, con un peso de 80 g. Su corteza es de color blanco crema, a veces con motas azules. El *cabécou de rocamadour* es más pequeño (35 g) y procede de los departamentos del Lot, Aveyron, Corrèze, Dordoña y Tarn y Garona.

cabello de ángel

Confitura filamentosa que se obtiene como resultado de la cocción de la pulpa de chilacayote con azúcar, añadiéndole a veces canela o jugo de limón. Se consumen como dulce o se utilizan en pastelería para rellenar preparaciones elaboradas con masas o pastas como empanadas.

cabernet franc

Cepa de origen francés, específicamente de Burdeos. Sus racimos poco voluminosos y sueltos presentan pequeñas bayas negras azuladas con hollejo fino y pulpa moderadamente astringente.

Esta variedad de uva se utiliza para elaborar la mayoría de vinos tintos con Denominación de Origen de la región de Burdeos, donde se mezcla a menudo con *cabernet sauvignon*, *merlot* y Malbec.

Vinificado en el valle del Loira da vinos con aromas de frambuesa y violeta que deben beberse con cierta rapidez. Algunos de ellos son chinon, bourgueil, saint-nicolas-de-bourgueil y saumur-champigny.

En la zona de Burdeos también se le puede nombrar *bouchet, carbouet* o *plant des sables*; en los Pirineos, *bouchy*, y en el valle de Loira, *breton* o *véron*.

cabernet sauvignon

Cepa de origen francés, específicamente de Burdeos. Es una de las uvas más versátil de Francia, país en el que se cultiva en más de 31,000 ha, con predilección por los suelos pobres y secos. Sus racimos poco voluminosos presentan pequeños granos negros de hollejo espeso y duro, de pulpa firme y crujiente.

Esta variedad de uva se utiliza en una proporción considerable para elaborar la mayoría de los vinos tintos con Denominación de Origen de Burdeos. Les confiere color, tanicidad y aromas de violeta y pimiento. Los vinos deben envejecer varios años en barrica para conseguir su óptima expresión. Si se vinifica solo, produce un vino áspero prácticamente imbebible cuando es joven.

cabeza

Parte superior o anterior del cuerpo de los animales. Se considera un despojo en la carnicería; sin embargo, algunas de sus partes son particularmente apreciadas.

La cabeza de los bovinos proporciona la lengua y otras piezas utilizadas en México para elaborar tacos de cabeza, como ojo, cachete, trompa, buche, entre otros.

El cuero de la cabeza de ternera es comestible tras escaldarlo y eliminar el pelo. También se pueden consumir la lengua y los sesos. La cabeza de ternera puede comerse entera, por la mitad, o deshuesada y enrollada.

La cabeza de carnero o de cordero se asa entera en ciertas regiones de África y de Europa Oriental, así como en Francia y en la cocina magrebí.

La cabeza de cerdo da lugar a numerosas preparaciones de charcutería como el queso de puerco o queso de cabeza.

cabeza de lomo

Pieza procedente de las regiones cervical y dorsal anterior del cerdo, que proporciona una carne grasa y tierna. De este corte se obtienen chuletas, piezas para brochetas y asados (que no es necesario engrasar). Se suele añadir en los pucheros. El lomo en un solo trozo, deshuesado o no, también se bresea.

cabra

Animal de la familia de los caprinos que se cría sobre todo por su carne y su leche. Su carne, bastante firme, tiene un sabor agradable, aunque posee un olor pronunciado. Apreciada sobre todo en las regiones de cría, cuando el animal es joven, se come asada o hervida, a veces incluso salada, ahumada y seca.

En México se prepara con la carne el mole de caderas, el mole de chivo, el chivo tapado o la birria de chivo.

cabrales

Queso artesanal asturiano con Denominación de Origen. Se elabora con leche cruda y entera de vaca, oveja o cabra, o con la mezcla de dos o tres de estas leches, concediéndose especial importancia a la leche de cabra. La corteza es blanda, delgada, untuosa, de color gris con zonas amarillo-rojizas; la pasta es azul, de consistencia untuosa, compacta y sin ojos, de olor intenso y sabor fuerte y picante. Se presenta en forma cilíndrica de 7 a 15 cm de altura, con diámetro y peso variables.

cabrito

Cría de la cabra o chivo que se alimenta únicamente con leche. Cuando se sacrifica para consumir su carne, siempre se trata de un macho muy joven (de entre 4 semanas y 4 meses de edad aproximadamente), puesto que las hembras se reservan para la producción de leche.

La carne de los cabritos se asemeja a la del cordero lechal. Se suele consumir asada, y en México es famoso el cabrito asado, el cabrito al horno o el cabrito en su sangre.

cacahuate o cacahuete

Fruto de la planta del mismo nombre de la familia de las fabáceas. Tiene forma de vaina abultada, de superficie arrugada color café claro, la cual puede contener de 2 a 6 semillas. Originaria de América del Sur fue introducida a África en el siglo XVI por los portugueses. En la actualidad, una parte escasa de su producción procedente de variedades especiales se reserva para el consumo de cacahuates enteros. La gran mayoría es utilizada en la industria: en la conservación de alimentos, en la elaboración de margarina y de aceite, este último, de los más demandados después del de canola y el de girasol por resistir altas temperaturas.

Los cacahuates aportan mucha energía al organismo (aproximadamente 560 kcal por cada 100 g); además, son ricos en lípidos mono y poliinsaturados, en calcio, hierro y en vitamina E.

En África y en diversas partes de América el cacahuate constituye un alimento base: reducido a pasta o asado constituye o acompaña diversos guisos y salsas. En México es usual comerlo como botana, ya sea con cáscara o sin ella, salado enchilado o al estilo japonés. También se emplea como ingrediente de varios guisos como los pipianes, los encacahuatados o los moles.

En Estados Unidos se fabrica una pasta de cacahuate llamada crema de cacahuate o mantequilla de maní, (*peanut butter*) que se consume untada sobre pan.

cacao

Árbol de la familia de las esterculáceas de cuyo fruto se obtienen los granos con los que se produce el chocolate. Del náhuatl *cacahuatl*, y éste del maya *kakaw*, fruto rojo y fuerte. El fruto se denomina mazorca de cacao y puede medir hasta 30 cm de largo y unos 10 cm de grosor. A diferencia de otros frutos, éste se desarrolla en el tronco y en las ramas principales del árbol.

Su origen se remonta unos 4,000 años en la América tropical y subtropical. Las culturas que se establecieron en las cuencas del Amazonas y el Orinoco, en las selvas de Colombia y Panamá, ya conocían el fruto, aunque solo consumían el recubrimiento blanquecino que protege a los granos, para luego tirarlos. Los primeros registros de la domesticación y utilización de la semilla procesada indican que los mayas lo utilizaron hace unos 2,000 años como alimento y como moneda, herencia cultural que después imitaron los mexicas y otras sociedades mesoamericanas. El cacao fue tan importante en la zona que varias culturas desarrollaron mitos y cultos rituales y divinos relacionados con él. Después de la Conquista los españoles adoptaron y difundieron al interior y exterior de sus fronteras el valor del cacao como alimento.

En la actualidad se pueden identificar tres principales variedades de cacao.

• El cacao forastero constituye 80% de la producción mundial. Es el más bajo en calidad, con un sabor amargo y aromas ácidos.
• El cacao criollo conforma apenas 1% de la producción mundial. Son granos delicados y presentan un sabor suave a pesar de un ligero amargor.
• El cacao trinitario conforma 19% de la producción mundial. Es un cacao híbrido, cruza de las variedades forastero y criollo. Es bastante fino y rico en materias grasas.

El cacao más apreciado a nivel mundial es el que procede de Venezuela; es fino, aromático y fácil de fundir. Otros cacaos son el de Brasil, el cual posee un agradable amargor; el de Ecuador y las Antillas, cuyo sabor permite intensificar otros más débiles y los provenientes de África, que son de buen rendimiento pero de menor calidad, por lo cual se destinan a preparaciones industriales. También son utilizados internacionalmente los cacaos de Sri Lanka y Java.
→ chocolate, cocoa

cacerola

Utensilio de cocción cilíndrico, provisto de un mango y a menudo acompañado de una tapa. Los materiales más comunes con los que son fabricadas son aluminio (revestido o no de una película antiadhesiva), acero inoxidable, hierro colado o chapa de acero esmaltada, níquel, cobre-acero inoxidable, vitrocerámica, porcelana de fuego, entre otros.

Al seleccionar o utilizar una cacerola es preciso tener en cuenta el fondo (sobre todo si se cocina con electricidad), la estabilidad y la manejabilidad (mango de longitud adecuada, no demasiado pesado, aislado si es de metal, que no se mueva), el vertido (mediante pico o, aún mejor, mediante un reborde especial en toda la circunferencia, lo cual permite verter a partir de cualquier punto de la cacerola) y la facilidad de mantenimiento.

Las cacerolas sirven esencialmente para calentar líquidos, cocer alimentos en un líquido y recalentar preparaciones (en ocasiones al baño María).
→ brasera

cacharro

Recipiente ancho de forma circular, generalmente provisto de dos asas, que se utiliza para preparar, cocer o reservar alimentos.

- Cacharro de claras de huevo. Es de cobre no estañado, semiesférico y provisto de una anilla que permite mantenerlo con el pulgar.
- Cacharro de verduras (sin asas). De hojalata o de plástico. Es grande y sirve para lavar las verduras.
- Cacharro de azúcar. De cobre no estañado. Es semiesférico y se utiliza para la cocción del azúcar.
- Cacharro para blanquear. De cobre no estañado. Es cilíndrico y sirve para cocer con mucha agua las verduras.
- Cacharro de fritura. De aluminio, acero inoxidable o plancha negra. Está equipada con un cesto-escurridor.
- Cacharro para guisos. De aluminio reforzado, acero inoxidable o cobre. De forma cilíndrica, profundo y provisto de una tapa, sirve también para cocer verduras y potajes.
- Cacharro para confitura. De cobre rojo. Tiene los bordes redondeados.
- Cacharro (*calotte*). De hojalata o acero inoxidable. En restauración sirve para mezclar mezclas o cremas, o para reservarlas.

cachete o carrillada

Músculos masticadores de un animal de carnicería. El cachete —de res, ternera o cerdo— constituye una buena pieza para hervir, bresear o preparar un estofado como el bourguignon. Es tierna, gelatinosa y de sabor fuerte. Esta víscera debe ser siempre verificado por los servicios veterinarios para descartar la presencia de larvas de parásitos.

En México el cachete de res es una carne suave y con poca grasa que se consume comúnmente en tacos o en barbacoa.

La mejilla de ciertos pescados (sobre todo el rape y la raya) es un bocado delicado.

cadera

Pieza de la parte trasera de la res o la ternera. En la res corresponde a la parte anterior de la contra y a la parte posterior del corazón de la cadera. En la ternera corresponde al corazón de la cadera y a una pequeña parte de la contra. De ambos animales se pueden obtener bistecs de esta pieza.

café

1. Semilla del fruto del cafeto, arbusto de la familia de las rubiáceas originario de Sudán y Etiopía. Hoy en día, dos especies de cafeto son las responsables de 95% de la producción mundial: *Coffea arabica*, considerada la mejor, y *Coffea canephora*, cuya variedad más conocida es la robusta. Todos los países productores de café están situados en la zona tropical, cuya producción mundial total (más de 100 millones de sacos al año) se compone de 2/3 de la especie arábica y 1/3 de la robusta. Brasil, el primer exportador mundial, produce la primera especie, mientras que en India, Indonesia y Vietnam la producción de la segunda va en ascenso.

Una vez que se extraen las dos semillas que contiene cada fruto mediante el método seco o húmedo, se procede a tostarlo para desarrollar el color, los aromas y sabores característicos. Cuanto más prolongado es el tostado el café gana en amargor y pierde acidez. La complejidad del tostado radica en hallar ensamblajes adaptados a los gustos de los consumidores y de una calidad constante, a pesar de la irregularidad de las cosechas.

En el comercio, la gama de variedades de café que se ofrece va desde las simples mezclas arábica/robusta hasta una selección de las mejores semillas. Se puede encontrar molido o en grano. Al aire libre pierde rápidamente su aroma y se enrancia, por lo tanto, hay que conservarlo en un lugar fresco, protegido de la humedad, y consumirlo pronto una vez abierto el empaque o envase.

2. Infusión que se obtiene con los granos de café molidos. Está documentado que ya se bebía café en Adén (actualmente en Yemen) en 1420; la costumbre pasó a Siria y luego a Constantinopla (1550); los venecianos fueron los primeros occidentales que lo importaron en 1615, y se introdujo en Francia en 1669, en la corte de Luis XIV. Paulatinamente se convirtió en una bebida de moda en la corte y entre los nobles. La invención del molinillo de café, en 1687, contribuyó en gran medida a su difusión. Hoy en día, el café es una institución en casi todos los países del mundo, como rito de bienvenida, como momento significativo de la vida social y como placer gastronómico.

El café es poco calórico, siempre que se tome sin azúcar. Se atribuyen diferentes propiedades a la cafeína, su principal constituyente. Su acción contra el sueño es muy variable en función de los individuos (cabe señalar que un arábica contiene menos cafeína que un robusta), pero está comprobado que la cafeína estimula el sistema nervioso, a nivel intelectual y físico, y aumenta la vigilia. Su efecto en los vasos sanguíneos puede ser eficaz contra la migraña y ciertas enfermedades del corazón. Por el contrario, un consumo excesivo de café puede provocar alteraciones nerviosas más o menos graves. En cuanto al café con leche, resulta indigesto para algunas personas.

Según los países y las regiones, en función de su fuerza y su aroma, se sirve muy concentrado, con un vaso de agua fría (en Grecia, en Turquía y en los países árabes), más o menos azucarado (el azúcar de caña es el más apreciado), con un bombón de chocolate (en Suiza, en Alemania y en los Países Bajos) o una galleta (en Bélgica y en Inglaterra) y, muy a menudo en el norte de Francia, con una jarrita de crema líquida. En Etiopía, cuna de la especie *Coffea arabica*, el café es objeto de un verdadero ceremonial.

La preparación del café puede realizarse según dos métodos básicos: el turco o el francés.

El café a la turca es, de hecho, una decocción. El procedimiento consiste en verter el café, reducido a un polvo extremadamente fino, en agua hirviendo, con una cantidad casi equivalente de azúcar en polvo, y luego volver a poner la mezcla en el fuego hasta que hierva. Se repite tres veces la operación, que se efectúa en una pequeña cacerola de base ancha y forma cónica. Posteriormente se vierten unas gotas de agua fría para que el poso se precipite, y se sirve a continuación el café muy caliente, a menudo en vasos pequeños. Este tipo de café se bebe en los países mediterráneos y en Oriente

Medio. En Arabia a menudo se añaden dos semillas de cardamomo. En Grecia se conoce con el nombre de café griego.

El café a la francesa es una infusión y no un hervido. El método consiste en verter agua hirviendo sobre el café molido (algo menos fino que para el café turco) a través de un filtro. Según las épocas y las costumbres, los utensilios han ido evolucionando desde la cafetera de porcelana (formada por dos partes superpuestas) y el percolador (provisto de grifos y manómetros), hasta la cafetera de pistón o la cafetera de filtro eléctrica. El café a la francesa nunca debe hervir, y menos aún recalentarse. Los puristas recomiendan emplear un agua poco mineralizada y poco clorada.

El café express (*espresso* en italiano) es un estilo de café originado en Italia. Se obtiene por el paso de agua casi hirviendo a presión a través del café molido, bien compactado dentro del filtro. Desde hace tiempo las cafeteras express de bomba han sustituido el percolador en las barras de las cafeterías, y en su forma reducida, ha irrumpido en las cocinas.

El café *capuccino* también lo han difundido los italianos, llamado así a causa de su color marrón claro que evoca el color del hábito de los monjes capuchinos. Se trata de una taza de café fuerte a la que se añade crema batida o nata espumosa mediante presión; se sirve con una pizca de chocolate en polvo

El café vienés o *café-crème* austriaco se obtiene colocando una cucharada de crema batida o crema montada en la superficie del café, sin remover. En otras regiones, este café se sirve ya mezclado con leche.

En América del Sur se consume mucho café tinto (café negro fuerte y muy azucarado). En Argentina y en México se bebe un café cuyo tostado se efectúa con azúcar (torrefacto), y que presenta un acentuado sabor a caramelo. En las Antillas se perfuma el café con vainilla, canela, jengibre, etc.

→ cafetería

café con leche

Infusión de café a la que se añade leche; en varias regiones de Europa es un desayuno muy difundido. Su moda, procedente de Viena, se remonta a finales del siglo XVII, cuando se convirtió en la bebida favorita de María Antonieta. Las opiniones acerca de esta bebida siempre han sido discordantes: acusada de ser indigesta y poco refinada, sin embargo, se recomendaba por sus cualidades nutritivas en el siglo XVII. En el campo del norte y el este de Francia, la cena estuvo constituida durante mucho tiempo por un cuenco de café con leche, tostadas y queso.

En algunas regiones de México la infusión de café se obtiene moliendo juntos café tostado oscuro y café tostado con azúcar; aunque también puede elaborarse sin azúcar. En el puerto de Veracruz y en muchas otras partes del estado se encuentra un tipo de café con leche llamado café lechero, que consiste en leche caliente mezclada con una infusión de café muy cargado. A gusto del comensal se vacía un poco de café en el vaso o taza, se añade una cantidad generosa de leche y se endulza al gusto. Similar a esta bebida es el café con leche que se sirve en los cafés de chinos del Distrito Federal.

café liégeois

Copa helada al café, de origen vienés, apreciada hoy en toda Europa. Elaborada a base de café ligeramente endulzado, una crema de café helada y crema chantilly.

cafeína

Alcaloide presente en el café (de 1 a 2%), el té (de 1,5 a 3%) y la nuez de cola (de 2 a 3%), que posee propiedades estimulantes, tónicas y diuréticas.

En algunas personas puede provocar, en dosis moderadas, palpitaciones, un estado de nerviosismo, alteraciones del sueño, dolores de cabeza, problemas digestivos, entre otros. La cantidad de cafeína contenida en una taza de café o té varía de acuerdo con el origen de los granos y las hojas. Hoy en día existen cafés y bebidas de cola sin cafeína, así como tés sin teína.

cafetera

Utensilio doméstico que sirve para hacer o servir café. Durante mucho tiempo solo existieron dos modelos de cafeteras: el infusor (en el que el café queda retenido en una manga) y la cafetera "à la Dubelloy" (en la que se filtra el café). Este último modelo apareció hacia 1850 y es una variación del tipo tradicional de "cafetera de la abuela" de barro cocido con forma redondeada.

En el periodo de entreguerras se difundió otro principio, basado en dos bolas de vidrio templado (tipo "Cona") superpuestas y calentadas mediante una lámpara de alcohol. Por el efecto del calor, el agua situada en la bola inferior asciende, atraviesa el café que se encuentra en la bola superior, vuelve a bajar y luego vuelve a ascender dos o tres veces. Fue preciso esperar a la década de 1950 y a la influencia italiana para que aparecieran otros modelos, que se colocan directamente en el fuego, con el agua y el café situados en compartimentos separados. También aparecieron la cafetera de filtro de papel y la cafetera italiana.

La cafetera italiana funciona según el principio de percolación (asociación de infusión e infiltración), y está constituido por un depósito de agua fría, un generador de agua caliente y un portafiltros que contiene el café molido. Mediante un termosifón, el agua fría propulsa al agua caliente que atraviesa el café. La bebida es impulsada entonces hacia un recipiente más o menos grande, situado sobre una placa caliente. La infusión se realiza fácilmente mediante gravedad a una temperatura cercana a los 95 °C.

Las cafeteras eléctricas, que han conservado el principio del molido muy fino, funcionan a presión o con un filtro (gota a gota, al vapor). Algunas permiten dosificar la fuerza de la infusión mediante un paso más o menos rápido del agua.

La cafetera exprés está destinada a preparar una o varias tazas de café muy concentrado (*espresso*, en italiano). Esta máquina inventada en Italia funciona por percolación: el agua calentada a unos 90 °C es inyectada a presión (entre 9 y 19 bares) a través del café molido (6 o 7 g por taza), en unos treinta segundos. Entre los modelos para una preparación individual, muchos han sido ideados para funcionar con pequeñas dosis de café molido envasado entre dos hojas de papel-fieltro o en una cápsula hermética. La mayoría disponen de un tubo que proyecta vapor para espumar la leche del *capuccino*. Se aconseja utilizar agua blanda (cuyo contenido en cal se ha reducido) para, de esta manera, evitar las incrustaciones de cal en la máquina.

cafetería
Establecimiento especializado en la venta de café y diversos alimentos (café, jugos de frutas, gaseosas, bocadillos, sándwiches, ensaladas, panes, galletas, entre otros), que también se conoce simplemente como café. En la actualidad, en muchas partes del mundo existen las cafeterías como un lugar de reunión social o de esparcimiento personal. Desde la primera cafetería del mundo de la que se tiene registro que data de 1550 en Constantinopla, estos lugares han sido espacio propicio para múltiples fines: enterarse de las últimas noticias; divertirse con juegos de mesa; intercambiar ideas; fumar y charlar; ser lugar de reunión de artistas, literatos, líderes sociales y políticos, así como ser centro de las últimas modas y tendencias socioculturales.

cajeta
Dulce de leche de cabra, de consistencia líquida y muy espesa, preparado con azúcar, bicarbonato de sodio y algún almidón como fécula de maíz. La leche mezclada con los demás ingredientes se hierve por varias horas en un cazo de cobre sin dejar de mover hasta que espesa y adquiere un color café claro. Se pueden añadir otros ingredientes como vainilla, canela o ron para resaltar el sabor, y cuando la cantidad de ellos es generosa, entonces se convierte en una cajeta que adquiere el nombre del sabor, por ejemplo, cajeta de vainilla.

La forma más común de comer esta golosina es a cucharadas o untada sobre pan. Además, se pueden elaborar con ella otras preparaciones como flanes, gelatinas, *hot cakes* o crepas.

cake
Pastel que, en Francia, se prepara según una receta bien definida. El *cake*, en forma de paralelepípedo, está constituido por una masa a la que se añade polvo para hornear, relleno de frutas confitadas y uvas pasas, con láminas de almendras en su superficie y cocido en un molde especial de bordes altos, encamisado con papel encerado.

La buena ejecución de un *cake* exige un respeto escrupuloso por las proporciones de azúcar y de harina para que las frutas queden uniformemente repartidas por la masa y no caigan al fondo. La cocción también debe efectuarse correctamente: con un calor bastante vivo al principio, y luego progresivamente reducido. Envuelto en papel de aluminio y guardado en una lata cerrada, el *cake* se conserva bien. Se sirve en rebanadas y a menudo con el té.

En el Reino Unido y en Estados Unidos, la palabra *cake*, precedida por un calificativo o el nombre de una ciudad, se aplica a pasteles del tipo bizcocho o *pudding*: especialidades regionales (*Dundee cake*, *Eccles cake*), pasteles de fiesta (*wedding cake* [boda], *Christmas cake* [Navidad], *birthday cake* [cumpleaños]), preparaciones familiares (*sponge cake* [bizcocho muselina], *almond cake* [con almendras], *plum cake* [con ciruelas], *chocolate cake*, *pound cake* [cuatro cuartos], etc.), pequeños bizcochos (*oatcakes* [con avena], *short-cakes* [sablés]), etc.

calabacita
Hortaliza de la cual se conocen dos tipos en México: la calabacita criolla y la calabacita italiana. La criolla es de color verde pálido con forma redonda, y mide de 4 a 6 cm de diámetro; su pulpa es color amarillo pálido y sus semillas tienen el mismo sabor que la pulpa. La italiana tiene forma oblonga, mide de 6 a 12 cm de largo y puede alcanzar hasta 4 cm de diámetro; su piel es verde claro u oscuro.

Ambas variedades de calabacitas se utilizan tiernas en un sinnúmero de platillos regionales en México y en diversas partes del mundo.

calabaza
Fruto de la familia de las cucurbitáceas con diferentes colores, tamaños y formas según la variedad a la que pertenezcan o su grado de desarrollo. En general son plantas rastreras o trepadoras con zarcillos ramificados y flores amarillas. En general, tienen hojas y tallos con pelos rígidos que las hacen ásperas al tacto; el fruto mide hasta 1 m de largo y es verde pálido, grisáceo, verde negruzco o naranja tostado; es de forma alargada, elíptica, piriforme o subglobosa. Su pulpa es blanca, amarilla o anaranjada al madurar, y sus semillas blancas de 2 a 2,5 cm de largo por 1 a 1,5 cm de ancho. En la cocina mexicana, la calabaza es muy popular, siendo uno de los ingredientes base de la alimentación del mexicano desde la época prehispánica junto con el maíz y el chile.

El fruto tierno o maduro se consume como verdura, y maduro también se utiliza para elaborar dulces como calabazate o calabaza cristalizada. Además, también se aprovechan sus semillas, que se salan y se tuestan en comal para comerse como botana; con ellas también se preparan salsas y se extrae aceite. También se comen sus flores en diferentes guisos o rellenas.

calabaza dulce
Nombre genérico de los frutos de varias plantas de la familia de las cucurbitáceas. La calabaza dulce procede de un arbusto trepador de América y África. Su pulpa blanca y delicada se come cruda, en ensalada, cocida al horno o hervida, e incluso rehogada, con tocino y finas hierbas (Martinica) o en *curry*, con res (Sri Lanka). En Japón, la carne de ciertas variedades, seca y cortada en finas láminas, se utiliza para sopas.

En América del Sur de la pulpa se obtiene un líquido que sirve para elaborar un jarabe muy popular.

Al secarse, la calabaza se vuelve dura y leñosa, y al vaciarla sirve entonces para fabricar utensilios de cocina, cantimploras y pequeños recipientes para almacenamiento. En México se conocen como guaje.
→ guaje

calabaza *pâtisson* o calabacita amarilla
Variedad de calabaza pequeña semiesférica, de la familia de las cucurbitáceas, con borde dentado redondeado, que puede alcanzar aproximadamente unos 25 cm de diámetro.

Su carne, de un blanco lechoso bajo una piel verduzca, es firme y ligeramente dulce, con un sabor parecido al de la calabaza.

La calabaza *pâtisson* se cultiva en los países cálidos, y en Francia se encuentra en el sur, en agosto y en septiembre. Previamente blanqueada, se cocina sobre todo salteada en preparaciones de intenso sabor. Se puede rellenar. Las calabazas muy pequeños se confitan en vinagre y se utilizan como *pickles*.

calabaza *giraumon* o zapallo

Especie de calabaza, de la familia de las cucurbitáceas, cultivada en las Antillas y en algunos países tropicales. Existen diversas variedades: una de fruta grande (más de 3 kg) y otra de menor tamaño (1 kg aproximadamente). Es preferible esta última, ya que esta calabaza no se conserva una vez se ha abierto. Es muy rica en agua y poco energética (31 kcal o 130 kJ por cada 100 g).

Su carne firme es dulce y tiene un sabor ligeramente almizclado. Se come cruda, como el pepino, pero sobre todo cocida, como la calabaza, en la cocina antillana (en una *ratatouille* llamada "giraumonade", y en guisos). Cuando está verde sirve para realizar una confitura, como la de jitomate. Las hojas se preparan a veces como las de acedera.

calamar

Molusco marino del orden de los decápodos, parecido a la sepia. En México se comercializan dos variedades: el calamar aleta larga y el calamar gigante. El primero es de color café rojizo, abundante en el Golfo de México y el Caribe. Se captura todo el año, en especial de mayo a julio. Comúnmente mide no más de 20 cm, y se puede adquirir fresco, congelado o enlatado. Se prepara asado, relleno, empanizado, cocido en salsa o en su tinta. La segunda variedad va del color rosa pálido hasta el púrpura, y de él se han capturado ejemplares de hasta 4 m de largo y 12 kg de peso. Abunda en el Golfo de California y en la costa del Pacífico. Se vende en filetes y se prepara en milanesa, a la plancha, en cebiches, en escabeches y en otros guisos.

calcio

Elemento mineral imprescindible para el organismo humano, almacenado de forma casi exclusiva en los huesos. Su papel es esencial en la constitución y mantenimiento de los huesos, en el control del ritmo cardiaco y la coagulación sanguínea. Las necesidades cotidianas de calcio en un adulto son de 800 mg (1,000 mg en periodo de crecimiento o de gestación, 1,200 mg durante la lactancia y entre los ancianos). La vitamina D juega un papel primordial en la absorción y fijación del calcio.

Las principales fuentes de calcio son la leche (1,250 mg por litro), el yogur (el mismo índice) y los quesos (de 75 a 1,200 mg por cada 100 g). También lo contienen los huevos, las verduras, el tofu, las sardinas enlatadas, las almendras, las avellanas y las naranjas. Existen determinadas aguas minerales con una cantidad de calcio importante (sí se indica en las etiquetas), por lo que su consumo debe ser moderado.

caldeirada

Caldo portugués denso, a base de moluscos y de pescados al vino blanco, que se vierte sobre rodajas de pan doradas con aceite de oliva.

caldereta

Guiso español preparado habitualmente con pescado, aunque cada zona lo elabora con sus productos más peculiares. De este modo, la caldereta extremeña o manchega se suele preparar con cordero. La más conocida y famosa es la caldereta de langosta, propia y típica de la isla de Menorca.

caldo

Líquido resultante de la cocción de ingredientes, como verduras, aromáticos, carnes o una combinación de ellos. Estos caldos pueden utilizarse para cocer posteriormente otros ingredientes con el fin de potenciar sus sabores, o se pueden consumir como preparaciones terminadas, es decir, como sopa o guiso principal. Los caldos más comunes son el de pollo, el de res, el de pescado y el de crustáceos, por mencionar algunos. Hoy en día existen versiones industriales en extractos, líquidos o sólidos, que se deslíen en agua.

caldo blanco

Mezcla de agua y harina a la que se añade jugo de limón (o vinagre, cuando las cantidades son importantes). Se utiliza para cocer algunas vísceras (cabeza y manos de ternera, principalmente) y las verduras que tienden a oscurecerse durante la cocción (cardos, centros de alcachofa, salsifis, etc.).

caldo corto

Decocción especiada y aromatizada, a veces con la adición de vinagre o de vino, que sirve principalmente para cocer pescado y crustáceos, aunque también para cocinar despojos blancos. A nivel industrial se encuentran caldos cortos liofilizados, de empleo fácil, que simplemente se diluyen en agua.

En principio, un caldo corto se aprovecha en otra preparación después de haber cocido en él los ingredientes deseados, pues los sabores que en él se han desarrollado es deseable utilizarlos para reforzar otra preparación.

caldo verde

Plato nacional portugués que consiste en un potaje preparado con aceite de oliva con papas y col verde, al que se le añade rodajas de salchichón al ajo, y que se acompaña con pan de maíz y vino tinto. La col rizada portuguesa, de color verde oscuro y muy perfumada, debe cortarse en tiras muy finas.

callo de hacha

Molusco cuya concha es de forma similar a un hacha o abanico; su callo blanco es suave y muy apreciado. En México se encuentran las especies *Atrina rigida* y *Pinna rugosa*. El callo de ambas especies se come crudo con gotas de limón, empanizado, en cocteles, cebiches y frito.

callos a la madrileña

Plato de tripas de consistencia gelatinosa elaborado con res, morcilla, pimentón, salsa de jitomate, ajo, especias y hierbas aromáticas. Se sirve a menudo como tapa y es distintivo de la cocina madrileña.

caloría

Unidad de medida utilizada en nutrición para expresar el aporte energético de los alimentos y las necesidades del organismo. Está establecida de acuerdo con la cantidad de calor necesaria para que 1 l de agua pase de 15 a 16 °C con una presión atmosférica normal.

Las necesidades energéticas de cada persona están determinadas por la edad, el sexo, la altura, el peso, el clima y la actividad individual. Hoy en día se estima adecuado para un hombre absorber entre 2,100 y 3,000 kcal, y para una mujer entre 1,800 y 2,200 kcal. El crecimiento puede hacer aumentar las necesidades en 50%, y la actividad física, de 200 a 400 kcal por hora.

El aporte energético de los distintos alimentos depende de su índice de proteínas (1 g = 4,1 kcal), de lípidos (1 g = 9,3 kcal) y de carbohidratos (1 g = 4,1 kcal). Las sales minerales, los oligoelementos, las vitaminas y el agua no aportan calorías. El alcohol proporciona 7 kcal por gramo (es decir, de 600 kcal por litro [vino] a 3,000 [coñac]). Para un buen equilibrio alimentario, 15% de las calorías debe proceder de las proteína; 35 % de los lípidos, y 50% de los carbohidratos.

calvados

Aguardiente de sidra normando elaborado según tradiciones regionales. Obtuvo su primera Denominación de Origen en 1942. Su producción de extiende por gran parte de la Baja Normandía, y en otras regiones como el departamento de Calvados y el de Domfront. Cada uno de las variedades comprende distintas normativas de producción con el objetivo de cumplir con los estándares de calidad; algunas son variedades de manzanas, el número de destilaciones y el tiempo en barrica.

Cuando es viejo, se degusta como digestivo. Los normandos y los bretones aprecian el café con calvados. Además, es empleado en cocina y en pastelería, sobre todo en las especialidades normandas.

camarón o gamba

Nombre genérico de pequeños crustáceos decápodos que viven en el mar o en agua dulce, con abdomen desarrollado y caparazón flexible, cuya carne es muy apreciada. Hay muchas especies de camarones o gambas en todo el mundo, los cuales son objeto de una pesca intensiva.

Para la venta, la mayor parte de los camarones se cuecen de inmediato tras su captura, a bordo de los pesqueros. El aspecto brillante y la forma más o menos curva del caparazón, la firmeza de la carne y la facilidad para pelarlos dependen, de hecho, de su frescor. En el mercado también se encuentran pelados, frescos, en conserva o ultracongelados, así como enteros ultracongelados.

Cocidos se sirven al natural, con mantequilla o se utilizan en numerosos entremeses y salsas. Asimismo, en muchas regiones se fríen enteros, se asan en brochetas o se cocinan a la parrilla. Se consumen en el sureste asiático, Japón y China, a la parrilla, marinados o secos. Los buñuelos de camarón, especialidad china y vietnamita, se presentan como *chips* blanquecinos, de textura muy aireada; están hechos de pasta de camarón secada al sol y cortada en forma de pétalos, que se sumergen en fritura muy caliente, donde se hinchan. Se sirven con el aperitivo o para acompañar entremeses exóticos. En México, es común su inclusión en cócteles y ceviches, así como prepararlos empanizados, fritos, horneados o hervidos.

Camboya

La cocina camboyana se basa esencialmente en los productos agrícolas, y la población obtiene sus recursos alimentarios a partir de los cultivos de arroz, hortalizas y frutas, así como de la pesca.

Las comidas se basan en las sopas, como el *kâko*, sopa de verduras variadas con carne, pescado o pollo, acompañada de limón, hierba limón y hierbas aromáticas. Las ensaladas están muy extendidas y son muy variadas, como el *nhoam*, una ensalada de verduras con pollo (sazonada con una salsa a base de pescado, jugo de limón, menta y chile), o la ensalada de mangos verdes con pescado seco o salado. El pescado también se come fresco o salteado con verduras. El pescado ahumado sirve para elaborar el *prahoc*, una pasta muy salada de fuerte olor que se prepara y conserva de un año para otro y que entra también en la composición de una salsa, denominada *anluok feuk kroeung* (mezcla de pescados asados, limón y pimiento), que acompaña a menudo a las verduras, cocidas o crudas, pero también a plantas, flores y frutos.

Después de las comidas, los camboyanos suelen comer solo frutas: mangos, plátanos, papayas, naranjas, lichis o longanes. Las elaboraciones de pastelería se realizan con huevos, azúcar y leche de coco, y las más populares llevan el nombre de *yeup*, de *vôy*, de *kroopkhmor*, de *san-khyar*. Algunas se hacen a partir de arroz de consistencia caldosa o de gelatina de alga.

cambridge

Nombre de una salsa emulsionada de la cocina inglesa, a base de anchoas, yemas de huevo y mostaza, que acompaña a las carnes frías.

camembert

Queso de leche cruda de vaca parcialmente descremada, que se presenta en forma de disco de 11 cm de diámetro por 3 cm de grosor, con un peso de unos 250 g. Su corteza de color blanco es enmohecida por *Penicillium candidum*.

Desde agosto de 1983 la Denominación de Origen "camembert de Normandía" se reserva a quesos de quesería artesanal "producidos, afinados y acondicionados" en los cinco departamentos normandos (Calvados, Eure, Manche, Orne, Seine-Maritime).

Al lado de este queso con denominación, existe un camembert genérico elaborado con leche pasteurizada, de corteza muy afieltrada y sabor menos sutil. Cuando un camembert es de calidad media, se le puede retirar la corteza y amasarlo con mantequilla para elaborar canapés, suflés y croquetas.

camote

Conocido también como batata o boniato es un tubérculo comestible de la familia de las convolvuláceas, originario de América del Sur y cultivado en todas las zonas tropicales y subtropicales, así como en el contorno mediterráneo. El mayor productor es China. Los tubérculos son de formas y colores variables. La pulpa, como la piel, puede ser de color amarillo-anaranjado, rosa o violeta. Tiene sabor a castaña, más o menos pronunciado según las variedades. Es bastante energético (110 kcal o 460 kJ por cada 100 g), rico en cloro, hierro, potasio, niacina y en vitaminas C y B. Las variedades con pulpa anaranjada son particularmente ricas en provitamina A.

Los camotes se preparan de múltiples maneras, como las papas: se cuecen con su piel, en croquetas, en puré, al horno, en *chips* y para elaborar diversos postres, dulces y golosinas. Entran igualmente en la composición de pasteles y pastas. Sus hojas tiernas se preparan como las espinacas. En el Extremo Oriente asiático, los extremos de los tallos se consumen como verduras.

campana o cubreplatos

Utensilio abombado para cubrir fuentes, de acero inoxidable o de metal plateado, provisto de un botón o de un mango, cuya circunferencia se adapta al contorno de ciertas fuentes de servicio (fuentes hondas, fuentes de verduras, etc.). La campana, destinada a conservar la comida caliente, se utiliza sobre todo en restauración, principalmente cuando el servicio se realiza junto a la mesa, de la fuente al plato.

La campana de quesos, de vidrio o de chapa metálica, sirve para proteger los quesos del aire y de las moscas. Suele descansar sobre una bandeja redonda de madera o de mármol.

Canadá

La cocina cotidiana de Canadá difiere poco de la de Estados Unidos, dado que los orígenes étnicos y las condiciones de vida de estos dos países son muy semejantes. En el oeste, en la Columbia Británica, la tradición británica sigue estando muy viva, especialmente en Vancouver. En las provincias de las Praderas las tradiciones culinarias son una herencia de los judíos de Europa Central, los escandinavos, los islandeses y los menonitas, aunque predomina la influencia ucraniana. La provincia de Ontario, cuyas tradiciones son británicas, alemanas y menonitas ha adoptado algunos platos de inmigrantes recientes que han llegado de Hungría y de Italia. Todavía se pueden degustar dos platos originales: el *spiced beef* y los filetes de cerdo rellenos de frutas. Las provincias del Atlántico explotan los recursos del mar. El bacalao se cocina de forma simple: fresco o salado, a menudo con papas y hierbas saladas, y sin salsa. La cocina de Acadia, replegada durante mucho tiempo en sí misma, ha evolucionado de manera original conservando el recuerdo de Francia. Algunos platos tradicionales a base de papas, pescado y marisco son de una gran delicadeza.

La cocina de Quebec es una mezcla entre las tradiciones anglosajonas y las viejas recetas del terruño normando. Patés de carne y de caza —en realidad empanadas saladas—, y platos cocidos a fuego lento a base de carne o de legumbres han dominado una alimentación rural muy rica en calorías. Inspirándose en la cocina clásica francesa y la *nouvelle cuisine*, la cocina de Quebec se ha conformado con ciertos productos como la manzana y el jarabe de arce para preparar platos selectos como el pato del lago Brome o el asado de jamón ahumado. Los nuevos inmigrantes han influido en los hábitos alimentarios de Quebec con especialidades griegas, italianas, libanesas, vietnamitas.

Desde 1988, la Vintner Quality Alliance (VQA), inspirándose en el sistema de Denominación de Origen, ha repartido las 9,000 ha de viñedos canadienses en tres regiones: Ontario, Columbia Británica y Quebec.

canal

El canal está compuesto por el esqueleto de un animal sacrificado, sangrado, destripado y desollado (salvo el cerdo), en el que se insertan los músculos por medio de los tendones y aponeurosis.

El canal de bovino se sierra en dos partes por la mitad de la columna vertebral. La médula se aspira y el canal medular y las apófisis de las vértebras se retiran. El medio canal frío de bovino, de gran tamaño, a continuación se corta perpendicularmente entre la 5a. y la 6a. costilla: se obtienen dos cuartos delanteros de 5 costillas (o DEL5) y dos cuartos traseros de 8 costillas (o AT8). De este modo se separan las porciones de cocción lenta de los músculos de cocción rápida, que requieren un tiempo de maduración. Los canales de ternera y cordero se mantienen enteros.

canapé

Rebanada de pan de forma y grosor variables sobre la que se coloca una preparación, fría o caliente.

→ *amuse-gueule*

canastilla o cestillo

Recipiente provisto de un asa o de mangos, utilizado para transportar o conservar provisiones o para preparar distintos alimentos.

- La canastilla de mimbre o de láminas de madera se destina a las frutas y verduras, e incluso al marisco.
- La canastilla de botellas es un botellero con compartimientos, de metal o de plástico, utilizado para transportar botellas en posición vertical.
- La canastilla de freidora, de alambre, es el accesorio de la freidora donde se colocan los alimentos para sumergirlos en el aceite caliente.
- La canastilla de verduras cilíndrica, con rejilla de alambre, se utiliza en restauración para cocer ciertas verduras a la inglesa y sacarlas del agua sin que se estropeen.
- La canastilla de nidos es una especie de cucharón con rejilla de doble pared, de alambre estañado, que sirve para realizar los nidos de papas fritas; en México se utiliza para hacer canastillas de tortilla de maíz.
- La canastilla de ensalada, o escurridor, de alambre estañado o materia plástica, rígido o plegable, sirve para escurrir la ensalada verde lavada.

Candelaria

Fiesta católica (2 de febrero) que conmemora la presentación de Jesús en el Templo y la Purificación de la Virgen. La palabra procede del latín *festa candelarum* (fiesta de las Candelas) porque ese día se encendían —y se siguen encendiendo— muchos cirios en las iglesias. En Europa la fecha del 2 de febrero coincide también con el inicio de las labores en el campo después de los rigores del invierno. En esta ocasión, en Francia, se comen crepas y buñuelos: platos a base de harina, que, por su forma redonda y su color dorado, podrían simbolizar el sol. La utilización de trigo candeal de la cosecha anterior atraía la bendición sobre la cosecha futura, según se creía antaño.

Existe una serie de supersticiones relacionadas con las crepas tradicionales de la Candelaria. En Borgoña es preciso lanzar una a lo alto del armario para que el dinero no falte durante el año. También se considera que la persona poco diestra, que deja caer una crepa al girarla, tendrá mala suerte.

En México se celebra, junto con las festividades de la Virgen, el levantamiento del niño Jesús del nacimiento. Para la ocasión, las personas que encontraron los muñecos en la rosca de reyes del 6 de enero hacen la fiesta a la que se vieron comprometidos. En cada lugar existen maneras diferentes de celebrarla y distintos alimentos que se elaboran para este día, ya sea para convivir o regalar. Por ejemplo, en Acahuato, Michoacán, se preparan los achicaladitos, en el Distrito Federal se acostumbra ofrecer tamales y chocolate con leche.

candi

Adjetivo que califica un azúcar depurado y cristalizado. El azúcar *candi* se presenta en forma de cristales blancos u oscuros, irregulares, obtenidos mediante cristalización lenta de un jarabe de azúcar concentrado.

Se utiliza para la preparación del champán, la elaboración de frutas en aguardiente y de los licores caseros. En confitería se preparan con *candi fondants*, frutas cubiertas con caramelo, pastas de almendra, etc.

El azúcar *candi* se prepara con 1 kg de azúcar y 400 ml de agua. Se hierve un minuto y se deja enfriar. Luego se posan los elementos elegidos sobre una rejilla en una *candissoire*, se cubre con otra rejilla y se vierte el azúcar para bañarlos por completo. Se protegen con papel sulfurizado y se dejan reposar doce horas antes de retirar el jarabe. De esta manera, se forma una capa de azúcar cristalizado.

candissoire

Utensilio plano y rectangular de hojalata, de bordes poco elevados y ligeramente abiertos. El fondo está provisto de una rejilla fija de alambre estañado. La *candissoire* sirve para dejar reposar las preparaciones *candi* (frutas, *petits-fours* frescos) después de glasearlas con azúcar fundido. También se dejan escurrir en ella las piezas pequeñas de pastelería embebidas en alcohol (los babas individuales en particular).

canela

Corteza de varios arbustos exóticos de la familia de las lauráceas que se utiliza como aromatizante. Esta corteza, a la que se le retira la epidermis que se pone a secar, se enrolla sobre sí misma formando un tubo (*canella* en italiano) de color marrón claro o gris oscuro, según la especie. La canela desprende un olor suave y penetrante, y posee un sabor cálido y picante. Se encuentra también en polvo y en extracto. Los canelos (o cinamomos) más apreciados son los de Sri Lanka y China.

Los antiguos la utilizaban para aromatizar el vino. Hoy en día es común para aromatizar los postres, compotas y similares. En México es muy utilizada tanto en preparaciones dulces como saladas.

canelones

Pasta de harina de trigo que ha dado su nombre a una especialidad italiana (la palabra en italiano significa "tubos grandes"). Estos rectángulos de pasta de sémola de trigo duro se escalfan en agua, se les coloca una preparación encima y se enrollan en cilindros. A menudo los canelones se cubren con salsa de jitomate o queso parmesano, y se gratinan. En el comercio se pueden encontrar canelones secos listos para rellenar o congelados ya rellenos.

caneton y canette

Cría del pato, que recibe este nombre cuando tiene menos de dos meses, pero cuya carne sigue siendo tierna hasta los cuatro meses.

Por comodidad, los restauradores suelen presentar hoy en día sus recetas a base de *caneton* con la denominación genérica de "pato".

cangrejo

Nombre genérico de los crustáceos decápodos caracterizados por un abdomen reducido, replegado bajo un gran caparazón. Los cinco pares de patas tienen una importancia variable según las especies, pero el primero siempre está provisto de fuertes pinzas (aunque menos desarrolladas en el centollo). Algunas de las especies conocidas en este grupo, aparte de los que se conocen como cangrejos, son centollo, buey de mar y nécora.

La carne de los cangrejos es fina y delicada, pero la operación de pelado de las patas es larga y minuciosa. Las vísceras, en especial el hígado y la sustancia cremosa situada entre la carne y el caparazón son muy apreciadas. Los cangrejos deben comprarse vivos, pesados y bien llenos, aunque en ciertas pescaderías se venden ya cocidos. Diversos cangrejos se pueden rellenar.

cangrejo de río

Crustáceo de agua dulce, de la familia de los astácidos. Dotados de pinzas, los cangrejos de río miden de 12 a 15 cm. Los cangrejos de río, abundantes antaño, son hoy en día muy escasos en los cursos de agua tanto de llanura como de montaña.

Consumidos desde la Edad Media, aparecieron en la alta cocina en los siglos XVII y XVIII, en recetas como el pichón con cangrejos de río, pero se pusieron de moda sobre todo en el siglo XIX. Desde finales del siglo XIX y principios del XX comenzaron a ser más raros y, por ello, cada vez más caros.

En Francia se pueden encontrar cuatro variantes: el cangrejo de pies rojos, el más fino y buscado, que vive sobre todo en Auvernia; el cangrejo de pies blancos, más pequeño, corriente en los ríos de montaña; el cangrejo de los torrentes, que se encuentra en los cursos de agua de las montañas de Alsacia y del Morvan; y el cangrejo de río americano, mucho menos fino, que se introdujo en los ríos franceses a finales de la Primera Guerra Mundial. Se consumen en gratenes, suflés, empanadas, empanadillas, *mousses*, timbales y *veloutés*.

Sin duda, la escasez de cangrejos de río se debe a la contaminación de las aguas, a la pesca furtiva y a las enfermedades. Por esta razón, la especie más frecuente en los mercados es el cangrejo de río de vivero, de patas delgadas (o de pinzas finas), llamado "cangrejo de río de Turquía", adulto en dos o tres años e importado, vivo o congelado, de Europa Central. Tiene un caparazón rugoso, verduzco, con articulaciones anaranjadas.

En un cangrejo de río solo se come la cola, aunque las pinzas, rotas con un cascanueces, poseen un poco de carne, y el caparazón se pica para cocinar *bisques* y mantequillas compuestas. Antes de toda preparación es preciso "castrarlo", es decir, retirarle su "intestino", que le daría un sabor amargo. Esta operación no es necesaria si se deja ayunar a los cangrejos dos días.

cannelé

Pastelito bordelés elaborado con harina y leche, y aromatizado con vainilla. Esta preparación, en forma de cono y de color marrón, cocida tradicionalmente en moldes específicos de "cannelés", ofrece un contraste delicioso entre la corteza crujiente y la masa esponjosa, aromatizada con ron y vainilla.

canónigo o *mâche*

Planta de la familia de las valerianáceas, de hojas redondeadas en forma de roseta, que se consume sobre todo cruda en ensalada. Llamada "hierba de los canónigos", en Europa crece espontáneamente en los campos, sobre todo en otoño. En la actualidad se cultiva de septiembre a marzo, y proporciona una ensalada de invierno de sabor bien marcado. La hierba de los canónigos es poco calórica (36 kcal o 150 kJ por cada 100 g), rica en omega-3, en celulosa y en vitaminas. Existen distintas variedades: la verde del norte de Francia, de hojas anchas, es más rústica que la redonda de huerta, de hojas pequeñas y muy verdes, sabrosa, jugosa y tierna; la hierba de los canónigos italiana, de hojas más claras, ligeramente dentada y velluda, es menos afrutada. La hierba de los canónigos de Nantes disfruta de un *label* rojo y de una indicación geográfica protegida.

La hierba de los canónigos siempre debe lavarse con mucha agua y escurrirse bien. Combina muy bien en ensaladas compuestas con manzanas, nueces, remolachas, etc., y enriquece los rellenos de ave. También puede cocerse como las espinacas.

cantal o *fourme de cantal*

Queso de Auvernia con Denominación de Origen, de leche de vaca (45% como mínimo de materia grasa), de pasta prensada sin cocer y corteza natural cepillada. Se presenta bajo la forma de un cilindro de 35 a 45 cm de diámetro y de 35 a 40 cm de grosor, con un peso de unos 35 a 45 kg.

Según su grado de maduración, el cantal, de color marfil y finamente granulado, es de consistencia blanda y de sabor suave, avellana, o algo más firme y de un sabor más intenso. Su Denominación de Origen delimita su área de producción.

El cantal de quesería artesanal se produce todo el año. El de granja procede de las queserías de los montes del Cantal; en este caso es mejor en verano y en otoño. Los amantes de este queso lo aprecian afinado 3 meses, cuando la corteza, muy gruesa, se hunde en la pasta formando manchas pardas y cuando adquiere un sabor bastante áspero. Se puede servir al final de la comida con un vino ligero y afrutado, aunque también se emplea en gratenes, empanadas, sopas y suflés, así como en elaboraciones típicamente regionales (*patranque*, *truffade*).

caña de azúcar

Planta de la familia de las poáceas, cuyo tallo contiene una médula rica en azúcar (14% de sacarosa). El cultivo de caña de azúcar se desarrolló mucho y a gran escala a partir de la llegada de los españoles a América, debido a sus deseos de satisfacer un creciente mercado del azúcar. Hoy en día, la caña de azúcar se cultiva en todas las regiones cálidas y húmedas del mundo. Localmente, sobre todo en las Antillas, se recoge una caña llamada "de boca", que se masca después de retirar la corteza para elaborar su jugo dulce. El jugo de la caña industrial, obtenido mediante molienda de los tallos, sirve para fabricar azúcar. Por otra parte, fermenta espontáneamente y produce, mediante destilación, alcoholes, como la tafia y el ron agrícola.

capón

Gallo joven castrado y cebado, cuya carne es muy tierna y con destacable acumulación de grasa. En Francia existe una Denominación de Origen para este animal.

caponata

Especialidad siciliana compuesta por berenjenas, apio y jitomates, troceados y fritos en aceite de oliva. Se condimenta de varias maneras y se sirve fría, como entremés.

capuchina o mastuerzo

Planta ornamental de la familia de las tropeoláceas, cuyas hojas y flores a veces se preparan en ensalada. También se utilizan para decorar otras ensaladas y como condimento. Los botones florales y las semillas todavía tiernas, confitados en vinagre de estragón, pueden sustituir a las alcaparras (son un poco más duros pero más aromáticos). La capuchina tuberosa, originaria de Perú, proporciona tubérculos que, una vez confitados como los *pickles* o pepinillos, acompañan entremeses y carnes frías.

caracol

Gasterópodo terrestre, de la familia de los helícidos, de concha en espiral, cuyo tamaño aumenta con la edad. El caracol es uno de los primeros animales consumidos por el hombre, a juzgar por los restos de conchas encontrados en los yacimientos prehistóricos. En muchas regiones del mundo se consumen de diversas formas, ya sea hervidos, asados o fritos. Es común que se cocinen en caldos con aromáticos como hierbas, hortalizas o especias, para después ser consumidos o salteados con otros ingredientes.

carambola

Fruto del carambolo, de la familia de las oxalidáceas, originario de la península de Malaca, cultivado en las Antillas, en Indonesia y en Brasil. La carambola, de color amarillo dorado, de forma alargada y con una serie de líneas en relieve, tiene una carne jugosa y acidulada. Se consume fresca en rodajas, en ensaladas o en postres.

caramelizar

Transformar azúcar en caramelo por acción del fuego. Esta manipulación culinaria, que exige precisión, se emplea sobre todo en pastelería. El término es usado en diversidad de acciones como cocinar una preparación o ingrediente cuyo contenido de azúcar pueda caramelizarse transcurrido un tiempo determinado; untar con caramelo (por ejemplo, un recipiente); aromatizar con caramelo; propiciar que, bajo el *grill* o con un soplete, la superficie de una preparación azucarada adquiera color dorado.

Asimismo, caramelizar también significa hacer adherir y dar color a los jugos de carne en el fondo de un recipiente de cocción antes de desgrasar y después de desglasar, mediante una reacción de Maillard. Esta operación permite concentrar un jugo, una salsa o un fondo. Se dice que está caramelizado aquello que tiene el aspecto, el sabor o el color del caramelo.

caramelo

1. Azúcar cocido, más o menos oscuro, en función de la temperatura y del tiempo de cocción. Si se calienta a más de 150 °C el jarabe de azúcar cambia de color, pierde poco a poco su poder endulzante, mientras que su olor a quemado, en principio discreto y ligero, se acentúa cada vez más. En el último estadio de cocción, resulta tan acre que no se puede consumir.

Entre los puntos a considerar para obtener un buen caramelo están: elegir un cazo pequeño bien limpio, de acero inoxidable, de aluminio grueso o de cobre no estañado, que garantice una buena difusión del calor; optar por una azúcar muy refinada; añadir unas gotas de jugo de limón, de vinagre o unos gramos de glucosa; calentar a fuego medio agitando la cacerola adelante y atrás para repartir el calor, y vigilar bien la coloración progresiva del caramelo.

Existen varios puntos de cocción del caramelo que se designan de diversas formas en diferentes idiomas; sin embargo, los principales son el caramelo suave (132 °C), el caramelo fuerte (149 °C) y el caramelo oscuro (170 °C). Cada uno sirve para diferentes propósitos.

En ocasiones, el caramelo se elabora en seco, es decir, sin agua, para la realización de ciertas recetas, como el *nougatine* o el helado.

2. Producto de confitería a base de azúcar, que se chupa o se muerde. En la Antigüedad ya se elaboraban golosinas, pero el auténtico caramelo surgió a partir del siglo XII, con la caña de azúcar, que los cruzados trajeron de Oriente.

El siglo XIV es la gran época de las pastas de almendra y de frutas, del azúcar de manzana, de las confituras, del mazapán y del pignolat. Las peladillas y pralinés datan del Renacimiento. Pero, aunque el caramelo se democratizó, no por ello dejó de ser eminentemente urbano. En los siglos XVII y XVIII, las confiterías de París se convirtieron en lugar de cita de los ricos burgueses. *Marrons glacés*, pastillas, *papillots*, frutas confitadas y caramelos con palo se fueron multiplicando. Con la aparición del azúcar de remolacha, los caramelos se popularizaron y se diversificaron bajo las denominaciones más fantasiosas.

Hacia finales del siglo XIX se crearon las primeras fábricas de caramelos. Hoy en día el caramelo es una rama importante de la confitería, en la que las tradiciones regionales siguen desempeñando un papel relevante. Las principales materias primas utilizadas son el azúcar, el jarabe de glucosa, la leche (entera o descremada), la goma arábiga, las almendras y las avellanas, la grasa vegetal, las frutas, la miel y la mantequilla. La aromatización artificial está autorizada, así como la acidulación y la coloración. Entre los principales productos de confitería elaborados en la actualidad, los caramelos de azúcar cocido ocupan el primer lugar. A continuación vienen los chicles, los caramelos blandos, los caramelos con leche y los toffees, las frutas confitadas y las pastas de frutas, las peladillas y los productos gelificados, las gomas y los regalices, los *fondants* y los *papillots*, los caramelos de licor y los caramelos a base de gel de almidón.

El procedimiento de elaboración clásica de los caramelos consiste en cocer una masa de sacarosa y de glucosa, que se aromatiza y colorea después. Se forma entonces un cilindro que se enfría parcialmente y al que luego se da forma (en el caso de los caramelos compactos) o que se vacía (en el caso de los caramelos rellenos).

Otro tipo de caramelo es aquel que tiene a menudo una forma cuadrada, que se elabora con una mezcla de azúcar y de jarabe de glucosa o de azúcar invertido cocido, a la cual se incorporan productos lácteos (leche fresca, en polvo o concentrada, mantequilla, crema, entre otros), materias grasas vegetales y aromatizantes (cacao, café, vainilla, avellana, etc.). La variedad de las denominaciones (caramelo duro o blando, *fudge*, *toffee*) depende de la composición, del grado de cocción, de la forma del producto acabado y de su sabor, que en esencia, procede de la leche.

Carême, Marie-Antonin

Cocinero y pastelero francés (París, 1784-íd. 1833). Nacido en el seno de una familia numerosa y muy pobre, se encontró en la calle desde los diez años. Acogido por un tabernero del Maine, aprendió los rudimentos de la cocina. A los dieciséis años entró como aprendiz con el pastelero Bailly, en la rue Vivienne, uno de los mejores de París, que lo ayudó en sus estudios. Carême, más conocido como Antonin, mantuvo contactos con Jean Avice, brillante pastelero, quien lo aconsejó y animó. El joven, dotado y trabajador, destacó bien pronto, y Talleyrand, que se abastecía con Bailly, le propuso entrar en su servicio.

Carême dirigió durante doce años las cocinas de Talleyrand. Sirvió también al príncipe regente de Inglaterra, el futuro Jorge IV, y fue enviado a servir al zar Alejandro I (con el que finalmente no trabajó, pero se trajo de Rusia algunos grandes clásicos, como el *borchtch* y el *koulibiac*). Luego estuvo en la corte de Viena, en la embajada de Inglaterra, y en casas de miembros de la nobleza. Pasó sus últimos años con el barón de Rothschild. Carême murió a los cincuenta años, no sin haber hecho realidad su sueño: "Publicar un libro sobre el estado de mi profesión en la época en que vivimos". La obra escrita por Carême comprende *Le pâtissier pittoresque* (1815), *Le maître d'hôtel français* (1822), *Le pâtissier royal parisien* (1825) y, sobre todo, *L'art de la cuisine au xixe siècle* (1833), en 5 volúmenes (los dos últimos los escribió su discípulo Plumerey).

Carême comprendió que la nueva aristocracia, surgida del Consulado, aspiraba al lujo y a la etiqueta. Por ello creó recetas a la vez espectaculares y refinadas, hechas para la élite de la nueva sociedad. Algunas de estas fórmulas siguen siendo célebres, sobre todo las salsas. Rediseñó ciertos utensilios de cocina, modificó la forma de las cacerolas para hilar el azúcar, concibió moldes e incluso se preocupó por la forma del gorro de los cocineros. Se le atribuye la creación del volován y de los grandes merengues. Su nombre está vinculado a recetas y preparaciones bautizadas en su honor.

carbohidrato ◆ glúcido

carbonada

Especialidad flamenca elaborada con tajadas de res que en primer lugar se marcan y luego se cuecen con cebollas y cerveza.

También se denomina carbonada a las parrilladas de cerdo, así como a ciertos estofados de res al vino tinto que se preparan en el sur de Francia.

cardamomo

Planta aromática de la familia de las zingiberáceas, originaria de la costa de Malabar, en la India, cuyas cápsulas encierran unas semillas que, una vez secas, se emplean como especia en Asia, sobre todo en la India, donde aromatizan el arroz, los pasteles, las tortillas, las albóndigas de carne, los fideos y otras especialidades.

caribú

Cérvido canadiense salvaje de gran tamaño. La población de caribús está regulada por una caza muy estricta y una comercialización llevada a cabo por los inuits (esquimales). Se corta y se cuece del mismo modo que el ciervo europeo. Habitualmente se sirve muy crudo con una salsa de pimienta, acompañado con una pera cocida al vino tinto o verduras de otoño (puré de apio-nabo o betabeles rallados).

La palabra también designa una bebida típica del carnaval de Quebec, a base de vino tinto al que se añade aguardiente puro.

carlota

Postre de la pastelería contemporánea, elaborado con soletas o bandas de *biscuit* dispuestas en círculo, con capas de crema bavaresa, *mousse* de chocolate, cubos de frutas, láminas de genovesa embebida en almíbar o jarabe y decorada con frutas o virutas de chocolate.

La carlota original, que no apareció sino hasta finales del siglo XVIII, se inspiró en elaboraciones dulces inglesas. Estaba constituida por una densa mermelada de fruta —generalmente de manzana— aromatizada con limón y canela, que se vertía en un molde redondo, ligeramente más ancho en el borde que el fondo, tapizado con rebanadas de pan de molde untadas de mantequilla; todo ello se horneaba, se desmoldaba y se servía tibio, con una crema inglesa fría.

Carmen

Nombre de varias preparaciones (consomé, huevos y lenguado) y de una guarnición, caracterizadas por la presencia de jitomate o de pimiento.

La ensalada Carmen está compuesta por arroz, pechuga de pollo cortada en dados, pimiento rojo en tiras y chícharos, todo sazonado con una vinagreta de mostaza y estragón picado.

carmín

Colorante natural rojo, llamado también "cochinilla" o "ácido carmínico" (E 120), cuyos empleos son muy numerosos: embutidos y salazones, camarones en conserva y pescados ceciales, jarabes, licores y aperitivos, quesos y leches aromatizadas, y sobre todo preparaciones de confitería y pastelería.

→ aditivo alimentario

carne

Músculos de los mamíferos y de las aves que pueden ser consumidos como alimento. Existe una distinción entre la carne roja (cordero, res, carnero) y la carne blanca (cerdo, ternera, conejo, aves de corral). También se establece una diferencia entre la carne de carnicería (despojos, res, cordero, cerdo y ternera), de charcutería (cerdo), de las aves de corral y de la caza.

La carne está compuesta de fibras proteicas rodeadas de finas membranas (colágeno) y reunidas en haces que forman los músculos. En un animal de carnicería, existen unos 200 músculos que se pueden consumir, y que pesan desde unos gramos hasta varios kilogramos. Algunos de ellos están rodeados de gruesas fajas de tejido conjuntivo, las aponeurosis. La naturaleza de las fibras y el estado del tejido conjuntivo determinan el destino culinario de los cortes. Así, en la res, se distinguen las piezas de cocción rápida (a la sartén, a la parrilla o asadas) y las de cocción lenta (para hervir, bresear o guisar). Las masas musculares están rodeadas de una grasa más o menos abundante. Cuando ésta se encuentra entre los haces del músculo, se dice que la carne está entreverada.

En la composición de las carnes, el índice de proteínas es constante (aproximadamente 20% en el músculo limpio y sin grasa, con aminoácidos abundantes, indispensables para la alimentación), mientras que el de los lípidos varía según el animal y la pieza. Los carbohidratos están ausentes, ya que el glucógeno muscular se transforma, al morir el animal, en ácido láctico. La carne roja contiene, asimismo, sales minerales (sobre todo hierro y fósforo) y vitaminas.

Generalmente se distinguen las carnes magras (menos de 5% de lípidos en el músculo); las carnes medianamente grasas (de 5 a 10% de lípidos); y las carnes grasas (más del 10% de lípidos). Las grasas saturadas y monoinsaturadas son de res, y en el caso del cerdo son sobre todo monoinsaturadas y poliinsaturadas. El índice de agua de la carne es tanto más importante cuanto más delgado está el animal y oscila entre el 65 y 75%.

La carne es un alimento proteico indispensable por su riqueza en aminoácidos, diferentes de los que aportan los vegetales. Una vez cocinada, conserva sus sales minerales y sus vitaminas.

El sabor de la carne depende sobre todo de la cocción y la preparación. Su *flaveur* es difícil de precisar: es ligeramente ácido y recuerda a la mantequilla. Se digiere con facilidad y se asimila bien.

Inmediatamente después del sacrificio del animal, la carne se somete a una maduración de 7 días a una temperatura de 2 °C; pasado este tiempo, está lista para ser consumida. Sus características de color, suavidad, capacidad de retención del agua, jugosidad y sabor dependerán de muchos factores, principalmente la edad, raza y alimentación del animal, así como de la pieza anatómica de la que se trate.

Los modos de cocción de la carne se dividen hoy día en dos grandes métodos, subdivididos en diversas técnicas:

– Cocción rápida, en la cual se distinguen tres técnicas:

1. Cocción de las piezas tiernas en una sartén, con una materia grasa muy caliente.

2. Asado de las piezas tiernas sobre brasas o una parrilla (lo cual elimina una buena parte de las materias grasas).

3. Asado al horno, en espetón o en una charola, con poca o nula cantidad de materias grasas y rociando frecuentemente la pieza.

– Cocción lenta, que agrupa tres técnicas:

1. Cocción en sartén (dorado y luego cocción con el recipiente tapado, en un líquido corto y aromático).

2. Braseado y cocción en ragú en un caldo o vino (a veces también cerveza, sidra o leche), para que la carne se vuelva más tierna.

3. Pochar en un líquido más abundante (agua), con verduras y aromatizantes.

La carne se consume casi siempre sometida al fuego y caliente, aunque también fría y a veces cruda (*carpaccio*, tártara); en estos casos se acompaña de hierbas, especias y aromatizantes para realzar su sabor. La carne poco cocinada es digestiva y conserva todas sus cualidades; la carne hervida experimenta transformaciones mucho más importantes (mientras que el caldo se carga de principios nutritivos); la carne asada, en horno o en parrilla, más olorosa y sabrosa, es, para ciertos amantes de este alimento, más apetitosa que la carne hervida.

La conservación de la carne se puede realizar de diversas formas:

– La congelación y, en grado menor, la refrigeración son procedimientos de conservación eficaces.

– La cocción en grasa y la conservación en un lugar fresco son también buenos procedimientos para los *confits* de oca, pato y cerdo.

– La salazón, practicada desde la Antigüedad, se efectúa con las carnes crudas como el cerdo y la res.

– El ahumado se practica principalmente en la carne de cerdo y en los embutidos, así como en las aves. Algunas piezas de res se trataban tradicionalmente de este mismo modo, aunque esta carne no soporta bien las modificaciones de sabor debidas al humo.

– El secado de la carne es un procedimiento practicado en las regiones en las que el aire es seco y puro.

– La criodesecación o liofilización es un procedimiento reciente de preparación de las carnes secas. Dispuestas en capas finas, se congelan y luego se desecan por sublimación (paso directo del agua que contienen en estado sólido al estado gaseoso).

– La apertización (esterilización mediante calor) hoy en día se emplea habitualmente para la conservación de las carnes cocidas o cocinadas.

carne molida o carne picada

Carne picada de algún animal, como res, cerdo, carnero o pollo, empelada en muchas preparaciones Se pica delante del consumidor cuando éste lo solicita o, en ciertas condiciones, se prepara con antelación. También se encuentra congelada. El sabor de la carne molida depende en buena parte de cómo se ha efectuado la operación, pues cuando la carne se aplasta pierde una parte de su jugo. La carne molida puede contener cierta cantidad de materias grasas. Además del *steak tartare* y de las carnes picadas asadas o salteadas

(por ejemplo, hamburguesas), los empleos de la carne molida son numerosos: albóndigas, rellenos, picadillos, panes de cocina, entre otros.

carnero o borrego

Término genérico que designa a un mamífero rumiante consumido por su carne, que también da leche, utilizada para la elaboración de quesos célebres, así como lana y cuero. Si es macho adulto se le conoce como carnero; oveja si es hembra, y cordero si es una cría.

En la carne de cordero lo que más se aprecia es una textura firme, densa, y un color intenso, procedente de un animal de corta edad. Un olor fuerte en la carne de carnero se puede atenuar retirando los músculos cutáneos y desgrasando al máximo las piezas de carne. Esta carne sirve, sobre todo, para elaborar *tajines* o cuscús.

La carne de los animales que pacen al aire libre adquiere el sabor de la hierba consumida, mientras que los carneros llanos de granja de las regiones cerealistas tienen una carne más grasa.

Austria es uno de los mayores exportadores mundiales. El Reino Unido también es exportador y consumidor de carnero, como lo testimonia su cocina: *irish stew*, potaje *mutton broth*, *haggis*, pierna de carnero a la menta.

El carnero también es la carne de base en los países del Magreb y de Próximo Oriente y Oriente Medio, así como de los del subcontinente indio.

En Francia se consume mucho menos que antaño, pues el público prefiere el cordero. La lana se ha convertido en un producto accesorio, pero durante siglos su producción ha permitido mantener con vida a los ovinos, y las recetas más antiguas se concibieron para que su carne fuera más tierna y para eliminar el sabor a lana: pochado de pierna en Inglaterra, adobo y mechado en Francia, asado del animal entero al aire libre en los países mediterráneos. Los guisos, salteados y breseados, que constituyen las elaboraciones más numerosas, a menudo con féculas, aportan la untuosidad necesaria para las carnes firmes. Para los asados y parrilladas se debe elegir un animal lo más joven posible.

En México, el carnero es conocido también como borrego, y es esencial para elaborar platillos como la barbacoa y la birria, importantes en las regiones del centro y altiplano central del país.

La utilización del carnero en la cocina depende de las diferentes piezas:

– Las piezas de asar las proporciona la pierna (que también se puede hervir escalfada), la silla inglesa, el costillar entero y la paletilla, deshuesada o sin deshuesar. El barón, que comprende las dos piernas y la silla inglesa, también se asa.

– Las piezas que se asan a la parrilla suelen ser las chuletas primeras, segundas y descubiertas, filetes y costillas, con o sin hueso, cortadas de la pierna. Los medallones proceden de los centros del costillar deshuesados o del filete.

– Las piezas para brochetas se suelen cortar en la falda, la espalda o el pescuezo, pero son menos tiernas que las del cordero.

– Las piezas que se brasean, saltean o hierven las proporciona el pescuezo, la falda y la parte alta de las costillas, así como la espalda.

– Algunas vísceras del carnero son muy apreciados. Las tripas se cocinan tan sólo en algunas regiones, por ejemplo, en México, en donde se consumen en una preparación llamada comúnmente pancita, que consiste en las vísceras condimentadas y cocinadas, introducidas en el estómago limpio que hace la función de contenedor; se cocina junto con la barbacoa.

carnitas

Platillo popular mexicano que consiste en pequeños cortes o pedazos de carne de cerdo fritos en manteca del mismo animal. Se consideran deliciosas por su gran sabor y por la suavidad de la carne. En las carnitas se preparan diversas partes del cerdo, pero la maciza es considerada la más fina, pues es sólo carne sin hueso del lomo o de la pierna. Se llama surtida a una mezcla que hacen en los puestos de carnitas combinando diferentes partes como costillas, maciza, cueritos y falda, con el fin de ofrecer al comprador un poco de todas las carnes. Michoacán es considerado la tierra donde se inventaron y donde se hacen la mejores carnitas.

carnaval

Periodo de regocijo popular y de celebraciones festivas, que tiene lugar en los días que preceden al Miércoles de Ceniza, víspera de la Cuaresma.

Su origen se remonta a las fiestas romanas de las calendas de marzo, que celebraban el despertar de la naturaleza mediante ritos agrarios: las prohibiciones se transgredían y se autorizaban los disfraces y se quemaban maniquíes de paja en medio de los gritos. En el campo, los ritos mágicos se mezclaban con celebraciones gastronómicas.

Teóricamente, en Francia, el carnaval se extiende desde el día de Reyes hasta el Miércoles de Ceniza, pero antaño alcanzaba su paroxismo durante la cena del Martes de Carnaval, en la que abundaban carnes de todo tipo. En la región de Champaña esta cena debía incluir pies u orejas de cerdo. En el Marne se comían los gallos vencidos durante las peleas del día. En Turena, el plato especial era una pierna de cabra; en el Lemosín, un conejo relleno; en el Quercy, un gran volován que contenía un pollo despiezado con una salsa con salsifís. En Provenza era de rigor el gran *alioli*. En el Nivernais, la cena estaba compuesta de: caldo con pasta, res hervida con verduras, gallo a la sangre (o en salsa blanca), pavo u oca asados, ensalada de ajo y aceite de nueces, queso blanco con crema, tarta de ciruelas pasas y *brûlot* de aguardiente de orujo.

Estas festividades reunían a un gran número de personas, por lo que era preciso realizar postres bastante baratos y con celeridad, preparados con la ayuda de una buena fogata, y de ahí la tradición de las crepas, de los *waffles*, de los buñuelos y otras golosinas semejantes.

En el este de Bélgica se celebra el carnaval comiendo "buñuelos bola de Berlín," o bien ensaladilla rusa (Mamédy); en el oeste (Tournai), la víspera del Martes de Carnaval se prepara un "conejo del lunes perdido".

En Quebec se asocia una bebida con el carnaval: el "caribú", una mezcla de aguardiente puro (entre 40 y 80% Vol.) y vino tinto, que se bebe por la calle para calentarse.

En Suiza, en Basilea, la costumbre requiere comer sopa de harina y tartas de cebolla o de queso. En Lucerna se degustan los *Fasnacht Chuechli*, una especie de buñuelos fritos.

carpa

Pez de agua dulce, de la familia de los ciprínidos. Poblaba las aguas existentes entre el mar Negro y Manchuria. En China, donde está domesticado desde hace 2,000 años, es el pescado más apreciado, particularmente los labios, considerados como la parte más fina. Probablemente fue introducido en Europa por los romanos y ha colonizado todos los estanques y ríos de curso lento. Puede alcanzar los 75 cm de longitud y presenta un cuerpo robusto, cubierto de escamas gruesas (parduzcas en el dorso, amarillo dorado en los costados y blanquecinas en el abdomen). Su boca, pequeña y sin dientes, presenta cuatro minúsculas barbillas. Mediante cruzamiento se han obtenido variedades de mejor rendimiento: la carpa cuero y la carpa espejo, la más fina. Se encuentran en el mercado carpas asiáticas congeladas, cuya carne pasa por ser más firme y más sabrosa que las criadas en Francia.

Al comprarla, la carpa debe ser carnosa. Si está viva, es preciso extraer bien la bolsa de la hiel, difícil de sacar del fondo de la garganta. Se aconseja que se sumerja el pescado, vaciado y sin escamas, en varios baños sucesivos de agua con vinagre.

La carpa se prepara asada, rellena, asada a la parrilla, hervida o, si es pequeña, frita.

carpaccio

Entremés italiano compuesto por rebanadas muy finas de filete de res crudo, servidas frías, con una mayonesa ligera. Esta preparación nació en 1950 en el *Harry's Bar* de Venecia (que no guarda relación con el homónimo bar americano de París); y su nombre es un homenaje al pintor renacentista veneciano Vittore Carpaccio.

carragenina o carragenano

Aditivo que se extrae de las algas rojas, muy utilizado en la industria agroalimentaria por sus propiedades espesantes, estabilizantes y gelificantes. El carragenano se utiliza en los productos lácteos, los embutidos, las carnes reestructuradas, los platos preparados y el *surimi*, así como en ciertos productos ligeros, en los que contribuye a reemplazar la materia grasa.
→ aditivo alimentario

carré ◆ costillar

carrillada ◆ cachete

carrot cake

Pastel típicamente estadounidense, compuesto por una masa a base de harina, huevos, especias, azúcar y aceite, a la que se incorpora zanahorias en puré o en trozos. El *carrot cake*, grueso y mullido, se cubre con un glaseado cremoso a la vainilla; puede ir acompañado de nueces y uvas pasas.

carta

Documento que enlista todos los platos disponibles de un restaurante, y que se presenta a los clientes para que elijan la composición de sus comidas. La carta, manuscrita o impresa, a veces ilustrada, propone a menudo uno o varios menús, sugerencias, platos del día, de temporada o regionales, así como el resto de los platos o carta propiamente dicha, que contiene, en orden de servicio, los entrantes fríos, los entrantes calientes, los pescados, las carnes, las guarniciones y los postres, si bien estos últimos se presentan cada vez más en una carta específica.

Hoy en día las cartas son más cortas y están mejor estructuradas que hace unos años, y testimonian la especificidad de cada establecimiento.

La carta de vinos suele proponer una selección más o menos vasta, que algunas veces se enriquece con vinos de gran calidad, clasificados por regiones de producción.

cártamo o alazor

Planta oleaginosa de la familia de las compuestas, originaria de Oriente, que se utiliza en las industrias alimentaria y farmacéutica, así como colorante. De sus semillas se extrae un aceite bajo en colesterol. Los pétalos de sus flores reemplazan a veces al azafrán (los británicos lo llaman "azafrán bastardo"), pero su sabor es un poco más amargo; sirven sobre todo para colorear y condimentar los platos de arroz. En Jamaica, el cártamo se utiliza como especia, mezclada con chile y clavos de olor.

casa, de la

Denominación gastronómica que significa que un plato lo ha elaborado el propio restaurador, según una receta cuya originalidad reivindica, y que este plato solo puede proceder de la "casa" en la que se ha servido.

cascanueces

Instrumento que sirve para romper, mediante presión, las nueces, avellanas y otras frutas de cáscara dura. Se trata, frecuentemente, de una pinza de acero cromado, con dos niveles de calibre para poder romper cascarones de grosor distinto. También existen cascanueces de madera, de forma cilíndrica, equipados con un gran tornillo que aplasta la nuez cuando se enrosca.

cáscara de cítrico, corteza de cítrico o piel de cítrico

Capa exterior de la piel de todos los cítricos. La corteza se extrae con la ayuda de un cuchillo especial que permite separarla de la parte blanca y amarga de la piel. La corteza de cítrico, cortada en juliana fina o en trocitos, se emplea para aromatizar cremas, masas de pastel y postres. También se puede confitar, con azúcar o con vinagre (para aromatizar terrinas). La corteza de cítrico se utiliza también rallada o frotada sobre terrones de azúcar. Las cortezas de naranja confitadas con azúcar, a veces cubiertas de chocolate, reciben en Francia el nombre de *orangettes*.

casis

Licor muy perfumado, obtenido por maceración de bayas de casis (grosella negra) en alcohol, al que se añade azúcar (de 325 a 375 g de frutas y 400 g de azúcar por litro de alcohol). Esta "crema de casis", de 16 a 18% Vol., es la gran especialidad de Dijon y de la Côte-d'Or, donde su elaboración se inició en 1841 gracias a Claude Joly. Parti-

cipa en la composición del mêlé-cass (un tercio de casis, dos tercios de aguardiente de vino) y en la de numerosos cócteles, como el "cardinal", mezcla de *beaujolais* tinto y casis. La invención del kir aumentó notablemente su producción.
→ grosella negra

cassatta

Postre helado de origen italiano, compuesto por una masa bomba (preparación a base de yemas batidas con azúcar cocido, mezcladas con crema batida) cuajada en un molde semiesférico encamisada con capas sucesivas de helado de vainilla y helado de fruta. En ciertas regiones se añade *ricotta*, chocolate rallado y frutas confitadas, en ocasiones maceradas en aguardiente o licor.

cassis

Vino con Denominación de Origen, blanco o tinto, vivo y aromático, que procede de un viñedo cercano al puerto de Cassis, entre Marsella y La Ciotat. Los blancos se elaboran a partir de uvas *ugni blanc*, *sauvignon*, garnacha blanca, clairette y marsanne. Los tintos provienen de uvas garnacha, Cariñena, Mourvèdre, Cinsault y Barbaroux.

cassoulet

Especialidad de la región del Languedoc en Francia, a base de alubias cocidas en una olla con corteza o piel de cerdo, condimentos y aromatizantes, acompañadas de carnes y gratinadas al finalizar la cocción.

Aunque la calidad de las alubias es primordial para procurar al *cassoulet* su sabor y su untuosidad, son las carnes las que le otorgan su originalidad. El *cassoulet* original de la ciudad de Castelnaudary incluye esencialmente cerdo (lomo con hueso, jamón, jarrete, salchichón y piel fresca de tocino), y a veces una pieza de *confit* de oca.

En el *cassoulet* de Carcasona se añade pierna de carnero llano y, en periodo de caza, perdiz. El de Toulouse, con los mismos ingredientes que el de Castelnaudary, pero en menores cantidades, se enriquece con panceta, salchicha de Toulouse, carnero y *confit* de oca o de pato.

Existen otras variantes con otras carnes y embutidos. También se elabora un *cassoulet* de bacalao.

La preparación del *cassoulet* exige operaciones simultáneas: por un lado, la cocción de las alubias y, por otro, la cocción de las carnes (cerdo y carnero separadamente) que se añadirán (breseado del lomo, preparación del guiso de carnero y, si es necesaria, la cocción de las salchichas). El pan rallado final es indispensable para la obtención de una costra dorada.

castaña

En francés *marron*, es el fruto del castaño, de la familia de las fagáceas, comestible después de la cocción. Los erizos espinosos generalmente contienen dos o tres castañas de masa desigual, separadas por membranas, o bien una sola, voluminosa y de forma regular, llamado en francés.

Una vez cocida es muy nutritiva, ya que aporta 170 kcal por cada 100 g. Constituye una destacada fuente de folatos y es rica en potasio y almidón (30%).

Las castañas durante mucho tiempo desempeñaron un papel esencial en la alimentación humana y animal de las regiones en donde naturalmente se encuentran. En diversas partes de Europa se hacen preparaciones con ella, como el *brillidi* o polenta de castañas, así como un pastel de castañas llamado en Córcega. En otras regiones se preparan sopas, papillas, confituras, rellenos, purés, cremas e incluso harinas. También es usual que se consuman simplemente asadas.

Los macarrones se suelen reservar para la elaboración de platos destacables, y en general, se sirven enteros. Encontramos en conserva al natural o congelados o al vacío. Tienen un papel importante en pastelería y confitería; la *creme de marron* y el *marron glacé* son de lo más representativo.

castaña de agua

Nombre que se da al fruto de dos plantas: *Trapa natans* y *Eleocharis minina*. La primera es europea, y da un fruto acuático que se consume, como la castaña, cocida, asada o en puré. La segunda, asiática, produce un fruto también acuático que, una vez cocido, se sirve con leche de coco, frutas exóticas o sorbetes de frutas. A menudo se vende en comercios asiáticos empacada al vacío y lista para cocinar.

cata

Apreciación a través del gusto de la calidad de un producto. Existen catas de mantequilla, de aceite, de *foie gras*, de quesos, de chocolate, entre otras. No obstante, la palabra se emplea sobre todo para los vinos y otras bebidas alcohólicas.

El catador profesional juzga la calidad y las características de un vino gracias a la vista, el olfato y el gusto o *bouquet*. La cata se llama "a ciegas" cuando se mantienen en secreto el origen y la identidad del vino. Un vino es armonioso cuando el conjunto de las etapas que se deben seguir para la cata presentan características predeterminadas por agradables por aquellos versados en el mundo del vino.

catador

Especialista que aprecia la calidad de una bebida o de un alimento mediante el gusto con diferentes objetivos. Por ejemplo, la industria alimentaria recurre a catadores o degustadores para determinar los sabores y las combinaciones de éstos que podrían ser exitosas en el mercado. Productos como café, mantequilla, *foie gras* o aceites se someten al arbitrio de *panels*, palabra inglesa que designa a grupos de catadores cuyos juicios se comparan, para reconocer aquellas características gustativas deseables en los productos y alimentos.

catavinos

Pequeño recipiente redondo y plano, de estaño, plata o metal plateado, provisto de un asa coronada en cuya parte superior se puede apoyar el pulgar, en el que se vierte un vino para examinarlo antes de probarlo, a raíz de una cata. La forma del catavinos varía según la región.

cátsup ◆ salsa cátsup

cava

1. Vino espumoso de calidad procedente sobre todo de la comarca catalana del Penedès, en la que cabe destacar la localidad de Sant Sadurní d'Anoia como principal centro productor. Se elabora con uvas blancas (macabeo, *xarel·lo* y *parellada*; tambien existen cavas rosados, con uvas tintas *trepat*) y según el método tradicional de fermentación en botella. Tras un envejecimiento mínimo de 9 meses sobre las lías producidas durante la segunda fermentación; se procede al degüelle de la botella con el fin de retirar estas lías y añadirle una pequeña cantidad de licor de expedición (mezcla de vino y azúcar). Según el licor añadido se obtienen los distintos tipos de cava:

– *brut nature*: hasta 3 g/l y sin adición de azúcar
– *extra brut*: hasta 6 g/l de azúcar
– *brut*: hasta 15 g/l de azúcar
– extraseco: entre 12 y 20 g/l de azúcar
– seco: entre 17 y 35 g/l de azúcar
– semiseco: entre 33 y 50 g/l de azúcar
– dulce: más de 50 g/l de azúcar

2. Lugar en el que se conservan los vinos. Una cava o bodega debe ser oscura, ligeramente húmeda (70%), fresca (14-16 °C), con una temperatura constante y estar al abrigo de malos olores y vibraciones. Si la humedad es excesiva, se fija el moho en el exterior de los tapones, lo cual no tiene efecto alguno sobre el vino pero puede reblandecer a la larga los tapones. Una sequedad demasiado grande puede proporcionar vinos duros y de poco cuerpo, prematuramente envejecidos.

Las botellas de vino se guardan en posición horizontal en botelleros de madera o de metal, ordenadas por región y por año. El libro de cava, en el que aparecen inventariados todos los vinos que se poseen (con nombre, añada, precio, proveedor, fecha de recepción, fecha de consumo y notas de cata), es indispensable para la buena gestión de una bodega. Los aguardientes y licores se guardan en posición vertical, sobre un estante, pues no acusan tanto las diferencias de temperatura como la luz, que los oxida. Por otro lado, el contacto directo del líquido con el tapón produce que éste se queme, debido a la alta concentración de alcohol.

Hoy en día se fabrican armarios de vino en los que hay un termostato, un sistema antivibratorio y un higrómetro que permiten mantener condiciones favorables para la buena conservación de los vinos.

caviar

Huevas de esturión saladas y sometidas a cierta maduración. Las huevas de esturión, una vez extraídas del vientre de las hembras (10% de su peso), se lavan, se tamizan, se ponen en salmuera y luego se escurren y se acondicionan en latas metálicas. Se distingue el caviar en granos y el caviar prensado. El caviar blanco, procedente de esturiones albinos, no pasa de ser una curiosidad.

El esturión vive en el mar, pero en la época del desove remonta los grandes ríos de Rusia y Asia. Hoy en día, se pesca casi exclusivamente en el mar Caspio (98%). La Unión Soviética fue durante mucho tiempo el único proveedor de caviar. En 1953 donó a Irán las explotaciones que mantenía en las costas iraníes del Caspio. Actualmente este país es el mayor productor mundial de caviar.

El caviar, muy frágil, se toma fresco, nunca helado, y combina de maravilla con blinis y crema agria, o bien con tostadas ligeramente untadas de mantequilla.

caza

Conjunto de los animales salvajes a los que se da caza para el consumo de su carne. La caza fue la base de la alimentación cárnica durante siglos, pero actualmente se consume de manera más puntual. Hoy en día si las piezas de pequeño tamaño (perdiz, faisán, liebre, etc.) han disminuido drásticamente a raíz de la contaminación de los ecosistemas y de las prácticas agrícolas modernas, las piezas grandes son muy abundantes. Sin embargo, está prohibido cazar ciertos animales en peligro de extinción.

Se distinguen dos categorías de caza: la caza de pelo y la caza de pluma. El modo de vida y de alimentación del animal cazado determinan la textura y el sabor de su carne, dándole un aroma perfumado y potente que se acentúa con la edad. La carne de estos animales es más compacta, con más color que la carne de carnicería, menos rica en grasa y más rica en proteínas. Es más difícil de digerir y debe consumirse con moderación.

La carne de caza es una carne cadavérica (no sangrada) que puede ser portadora de enfermedades y de parásitos. Además, a veces es muy rica en plomo. En la caza que se vende en comercios se practica una inspección sanitaria, la cual no se realiza en las piezas de cazadores independientes.

Siempre se debe dejar reposar la carne de caza antes de cocinarla; de este modo alcanza cierto grado de maduración que la hace más tierna y sabrosa. La caza que se vende en el comercio ya está madura. Cuando se compra es preciso elegir un animal fresco (que no haya pasado por un largo periodo de anaquel después de su muerte) y joven: el pico y la quilla de un ave deben doblarse, y el peso y la presencia de cartílagos dan una idea de la edad de la caza de pelo.

El corte de la carne de piezas grandes y sus modos de preparación son los mismos que los de los animales de carnicería. Siempre hay que cocer bien la carne de caza para evitar cualquier riesgo sanitario.

En ocasiones, un acompañamiento dulce (frutas) permite realzar el sabor pronunciado de la carne oscura, que se sirve entonces con salsas de sabor intenso. La caza de pluma se trata como las aves de corral. Terrinas y patés completan la cocina de la caza (cuando contienen más de 20% de carne de caza, la preparación puede llevar la denominación del animal de caza.

cazadora

Nombre de varias preparaciones salteadas (riñones, medallones o escalopas, chuletas de ternera y, sobre todo, pollo), servidas con una salsa a base de champiñones, chalota, vino blanco y jitomate. Esta misma salsa, con hígados de ave salteados, acompaña, asimismo, a los huevos escalfados o al plato, y también puede ser el relleno de una tortilla de huevo u *omelette*.

En cocina clásica se califica de "cazadora" a distintas preparaciones en las que figura puré de carne de caza (potaje, bocadillos, huevos *cocotte*).

cazón

En México, nombre con el que se le denomina a un tiburón pequeño, aunque también se usa para nombrar a cualquier especie de tiburón joven. Su apariencia es una réplica en miniatura de los tiburones grandes. Se utiliza frito, asado, empanizado, como relleno de empanadas, tacos o tamales, entre muchas otras formas.
→ tiburón

cebada

Cereal alimenticio empleado en la industria alimentaria y en la cocina. En esta última se utiliza la cebada perlada, cuyos granos han sido pelados y reducidos al estado de pequeñas perlas redondas pasándolos entre dos muelas. Se emplea para elaborar sopas, potajes, guarniciones y postres. Asimismo existe la cebada en copos y en forma de sémola, esta última llamada cuscús de cebada. La cebada, transformada en malta, es la materia prima para la elaboración de cerveza y de whisky. Debido a su bajo contenido en gluten, es poco apto para la panificación.

cebolla

Hortaliza de la familia de las aliáceas que produce un bulbo formado por capas blancas y carnosas, recubiertas de pieles finas amarillas, pardas, rojas o blancas, más o menos secas. Originaria del norte de Asia y de Palestina, la cebolla se cultiva desde hace más de 5,000 años. Desempeña un papel muy importante en la gastronomía de los países del norte y del este de Europa.

Existe una gran diversidad de cebollas. Se distinguen principalmente por el color y la forma del bulbo, por la época de siembra y de formación del bulbo (algunas variedades se plantan en otoño y forman el bulbo en primavera; otras se plantan en primavera y sacan el bulbo en verano), así como por su empleo.

La cebolla, poco energética (47 kcal por cada 100 g), es rica en azufre y en vitamina C, pero bastante indigesta cruda. Cuando se compra es preciso que esté bien firme. La cebolla blanca debe ser brillante, y la amarilla o la roja deben ir protegidas por una piel seca y fácil de romper. Se conserva bien en lugares frescos, secos y bien ventilados.

En la cocina, la cebolla desempeña un papel privilegiado. Se consume como verdura, como ingrediente de cocción, como condimento y como complemento aromático. Asimismo, se puede emplear fresca, semiseca, seca, cruda o cocida.

La cebolla constituye la base de preparaciones típicas de muchas regiones. En México, fue introducida por los españoles y hoy en día el denominativo de un platillo "a la mexicana" indica que incluye chile, jitomate y cebolla. En el país la cebolla blanca es la más utilizada, seguida de la morada y de la cambray, esta última, una variedad de tamaño pequeño consumida frecuentemente asada o en escabeches. Además de los usos en forma cruda, asada o hervida, también es frecuente emplearla molida en muchos guisos o curada con limón.

cebollín o cebollino

Planta aromática de la familia de las alióideas, a la cual pertenecen la cebolla y el ajo. Sus tallos verdes, huecos y carnosos, crecen en matas. El cebollín tiene un sabor aliáceo, pero un poco menos pronunciado y más discreto que el de la cebolla; cuando su bulbo es suficientemente carnoso también se consume. Originario de China y muy apreciado en la cocina del sureste asiático, el cebollín se utiliza fresco y finamente cortado, para dar sabor a los aliños de ensalada, para condimentar el queso fresco o para aromatizar. En Francia es agrupado en el rubro de hierbas finas.

cebú
Bóvido originario de la India, difundido asimismo en Malasia, en África, y sobre todo en Madagascar. El cebú se caracteriza por una porción de grasa en la cruz. Se cría para el tiro y la producción de carne.

cecina
Carne curada de la misma manera que el jamón, pero de un animal diferente del cerdo. La más habitual es la de res, aunque también existe de cabra, conejo o caballo.

En México, se trata de carne de res ligeramente salada y oreada, secada por exposición directa al sol o mediante ahumado. Se consume asada o frita en diversas regiones del país.

cedazo
Utensilio formado por dos círculos de madera que se ensamblan el uno en el otro, que mantienen tensa una tela de seda, de crin o de nilón, o bien, una tela metálica estañada, de mallas más o menos tupidas. Los cedazos textiles permiten tamizar harina o azúcar lustre, a fin de eliminar los grumos y obtener un polvo fino y regular. Los tamices metálicos se emplean para colar un puré de frutas, una mermelada, una preparación pastosa, o para reducir a puré ingredientes cocidos.

cena
La palabra cena se refiere a la ingesta de alimentos que se realiza por la noche.

En su origen, la palabra designaba la comida de la mañana, que se tomaba después de la misa, primero hacia las 7 horas y posteriormente hacia las 9 o las 10.

Progresivamente, la hora de la cena fue retrasándose a lo largo del día, mientras que el rito de la misa cotidiana se observaba de forma menos estricta, y se adoptó la costumbre de servir una ligera colación al levantarse (era el desayuno). Con Luis XIII y Luis XIV, se "cenaba" al mediodía.

En el siglo XVIII, la cena se trasladó hacia las 14 horas, pero el llamado *souper* seguía siendo a menudo la comida principal del día. En la Revolución se situó a última hora de la tarde, mientras que el *souper* se servía, en las ciudades, en ocasión de una velada con invitados. En el campo, donde las costumbres habían cambiado menos, la comida de la noche siguió llamándose durante mucho tiempo *souper*. Actualmente, la cena tiene lugar hacia las 20 horas.

centeno
Cereal de la familia de las poáceas, parecido al trigo candeal, originario de Anatolia y del Turkestán, que apareció en Europa en la Edad de Hierro y se cultivó sobre todo en las regiones nórdicas, en las zonas montañosas y en terrenos pobres. Menos rico en proteínas que otros cereales, el centeno está bien provisto de fósforo, azufre, hierro y vitaminas B. Proporciona 335 kcal o 1,400 kJ por cada 100 g.

La harina de centeno es de color gris, con alto contenido en almidón pero con poco gluten. Es panificable, aunque leuda con dificultad. A menudo se mezcla con harina de trigo para elaborar un pan de miga oscura y densa, que se conserva bien. El auténtico pan de centeno, de sabor un poco ácido, al que se da forma de bolas o de panecillos, acompaña a las ostras y mariscos. La harina de centeno también se utiliza para preparar el pan de especias y ciertos pasteles y preparaciones rusas y escandinavas. También se prepara un aguardiente de grano a base de centeno.

centollo
Nombre usual de un cangrejo de la familia de los majidos, de caparazón espinoso, patas delgadas y vellosas y pinzas alargadas. Es común en las costas del Atlántico, donde no supera los 20 cm, mientras que el gigante de la familia, que vive en las costas de Japón, tiene un cuerpo de 40 cm y una envergadura de cerca de 3 m. Es considerado en ocasiones el más apreciado de todos los crustáceos.

centro de mesa
Pieza de orfebrería o de porcelana que se sitúa en el centro de la mesa, en ocasión de una gran comida. El centro de mesa suele tener la forma de una bandeja con un efecto espejo, sobre la que se disponen candelabros, cestas de frutas o jarrones con flores. El empleo de los centros de mesa se remonta a la Edad Media, pero conocieron su mayor éxito en los siglos XVII, XVIII y XIX.

cep o cepa
Nombre usual de las hongos comestibles del género *boletus*, llamadas en España seta calabaza o seta de Burdeos (en catalán *cep*, en vasco *onddozuri* y en gallego *andoa*), cuyo gran pie rechoncho se parece a un tronco de árbol o cepa.

Existen más de veinte variedades comestibles, reconocibles por su pie hinchado y sus tubos característicos (llamados "heno" o "barba") que tapizan la cara inferior del sombrero.

Los *ceps* jóvenes son mejores, más sanos (exentos de larvas) y apreciados; pero los adultos, maduros (poros amarillos), son más sabrosos. Cuando el tiempo es húmedo, los tubos a veces son demasiado viscosos y es necesario eliminarlos.

Los *ceps* más finos pueden consumirse crudos, en ensalada, cortados en finas láminas, pero sobre todo son sabrosos cocidos, en tortilla de huevo, en *velouté* y en *confits* y estofados, e incluso con pescados de río. Para conservarlos se pueden esterilizar, congelar, secar o sumergir en aceite.

En México a los hongos de este género se les conoce con varios nombres como: cepa, cemita, pancita o pambazo. Como características generales son lisos, de color crema, café pálido, canela o rojo anaranjado; con sombrero plano de 8 a 30 cm de diámetro; y su pie es grueso, bulboso en la base, con la superficie reticulada, blanca o de color café canela pálido. Su carne es blanquecina o amarillenta y no cambia de color si se estruja o se rompe. Su olor es muy agradable cuando está fresco, y cuando está seco huele ligeramente a nuez. Su sabor es dulce, sobre todo en los ejemplares tiernos. Se recomienda retirar la piel del sombrero antes de guisarse, pues puede dar un ligero sabor amargo. Crece en el suelo, solitario, en los bosques de encino, pino y mixtos.

cepa
Término para designar a las diferentes variedades de la vid, bautizadas así por los viticultores y que los botánicos llaman *Vitis vinifera* "cultivares". Todas las cepas tienen la misma especie antecesora, una planta trepadora de la familia de las vitáceas, que apareció hace unos 20 millones de años. Las numerosas cepas conocidas actualmente se han seleccionado en función de los suelos y de las condiciones climáticas. Hoy en día existen más de 5,000 variedades de vid. No pueden reproducirse por sementera, sino únicamente por esqueje, acodo o injerto.

→ *cep*

cerceta
Pato salvaje de tamaño pequeño, de la familia de las anátidas, del que se cazan varias especies. Los más comunes son la cerceta común o de invierno, poco migradora y presente en Francia todo el año, y la cerceta carretona o de verano, que viene de África. La cerceta pardilla es menos común. Más difícil de cazar que el pato salvaje, a causa de su vuelo entrecortado, la cerceta se prepara del mismo modo que éste. Su carne, algo parda y amarga, pero de una gran finura, es muy buscada por los amantes de la caza de pluma. En América del Norte, la cerceta de alas verdes y la de alas azules, que recorren 11,000 km para anidar en el norte e invernar en el sur, se cuentan entre las más cazadas en temporada.

cerdo
Mamífero de la familia de los suidos, criado por su carne, que es la más consumida en el mundo. Se domesticó él mismo al vivir de los desperdicios generados por la actividad humana en las proximidades de los lugares habitados, de donde surgió la noción de impureza relativa a su carne por parte de diversas religiones.

Antaño, los cerdos tenían las patas largas, se cebaban con patatas o castañas y se sacrificaban hacia los diez o doce meses. Hoy en día son más bajos y se sacrifican tras ser cebados durante seis meses con una alimentación a base de cereales, con un peso entre 100 y 110 kg. Un cerdo de calidad se reconoce por su carne rosada, bastante firme y sin exceso de humedad. En charcutería se opta por una carne con bastante color, que es la que presenta una mejor retención de agua.

La carne fresca conserva su sabor y su consistencia tierna si se cuece a fuego lento y se consume no demasiado cocida. Se conserva semisalada, salada o ahumada.

Las canales de cerdo se clasifican en el matadero, midiendo a nivel de la espalda el grosor de la grasa y el diámetro del músculo largo dorsal. Con una ecuación se obtiene el índice de músculo de las piezas, el cual permite prever el rendimiento en carne de la canal. Una vez que ha sido sacrificado el animal, se vacía su interior (despojos), se separa de la cabeza, y luego se corta en dos. En cada media canal

CEPA	TIPO	SINONIMIAS
albariño	Blanca	—
barbera	Tinta	—
cabernet franc	Tinta	*bouchet, carbouet, plant des sables, bouchy, breton, véron*
cabernet sauvignon	Tinta	—
chardonnay	Blanca	—
chenin blanc	Blanca	—
gamay	Tinta	—
garnacha	Blanca y Tinta	—
gewurztraminer	Blanca	—
merlot	Tinta	—
moscatel	Blanca	—
nebbiolo	Tinta	—
palomino	Tinta	—
pedro ximénez	Blanca	—
pinot blanc	Blanca	—
pinot gris	Blanca	—
pinot noir	Tinta	—
riesling	Blanca	—
sauvignon	Blanca	—
sauvignon Blanc	Blanca	—
sémillon	Blanca	—
syrah	Tinta	—
tempranillo	Tinta	tinta fina, tinta del país, cencibel, tinto de Madrid, tinta de toro, *ull de llebre*
zinfandel	Tinta	—

se retira la panceta y, a nivel del jarrete, el muslo posterior (jamón) y la paletilla, que se tratan separadamente. La carne fresca de cerdo que más se vende procede sobre todo de la parte dorsal (lomo o lomo con hueso).

– La cabeza de lomo se asa o se brasea. Esta parte es menos seca que el lomo, y se prepara también en puchero. Proporciona cortes para asar o freír, así como dados para brochetas.

– El costillar y el centro del lomo, deshuesados o sin deshuesar, se preparan en asados, pero también en buenas chuletas para cocer a la parrilla o en sartén. Son piezas magras y ligeramente secas.

– La punta del lomo, menos seca que el centro, se cocina en asado.

– El solomillo se incluye en la parte media del lomo. Separado de ésta constituye un medallón sabroso y tierno.

– Las asaduras, con sus fibras musculares en abanico bien aparentes, son piezas planas para cocer a la parrilla, sabrosas pero poco numerosas.

– El jamón a veces se comercializa fresco; se pueden cortar trozos gruesos, para asarlos a la parrilla, o en dados para brochetas. También se cuece en caldo, se hornea o se brasea.

– La paletilla a menudo se brasea con el hueso. Si se pica, puede constituir farsas finas para patés. También se puede asar (sin mechar) o cocinarla como ragú; a menudo se emplea para el puchero o la *choucroute*.

– El *travers* incluye una parte de las costillas. Hoy en día es frecuente asarlo a la parrilla o laquearlo.

En Europa todavía se siguen criando numerosas razas antiguas para elaborar salazones secas regionales. Existen pocas razas de cerdos industriales; estos cerdos son seleccionados y dan carnes muy estandarizadas. El cerdo se puede preparar de muy diversas formas, y es un producto versátil que acepta muchas combinaciones de sabores, desde las saladas y las especiadas hasta las dulces. Guarniciones y salsas elaboradas con frutas, verduras, especias, lácteos o embutidos combinan bien. Este animal es la base de muchos caldos, pucheros y especialidades regionales de muchas partes del mundo. En México, es ingrediente de las carnitas, del pozole, del chorizo y de algunos moles.

cereal

De Ceres, diosa romana de las mieses. Planta cuyas semillas sirven para la alimentación humana (y también para la ganadería y la industria). La mayoría de los cereales son poáceas: trigo (candeal), trigo duro, espelta, arroz, maíz, cebada, avena, centeno, mijo y sorgo. El alforfón, o "trigo negro", es una poligonácea, y la quinoa, una quenopodiácea. Los cereales se consumen en forma de granos enteros (maíz o arroz) o bien, y más comúnmente, reducidos a harina. También se presentan en forma de sémola, copos, granos hinchados, pretratados y precocinados. Los cereales se caracterizan por tener un contenido elevado en carbohidratos y aportar proteínas y vitaminas B al organismo; sin embargo, son pobres en aminoácidos y en calcio.

cereza

Fruta del cerezo, árbol de la familia de las rosáceas. El color externo de la cereza varía del rojo más o menos oscuro al amarillo claro, y su pulpa es más o menos dulce o ácida (dependiendo de la concentración de ácido málico) según las variedades.

Al natural, sirven para preparar compotas, macedonias de frutas y copas heladas, aunque también tartas, flanes, suflés, *clafoutis* o el famoso pastel Selva Negra. Las cerezas confitadas son indispensables para los *cakes*, *puddings* y decoraciones de pasteles. Las variedades ácidas se emplean con licor para los bombones de chocolate. Sirven también para conservas agridulces y como condimento o acompañamiento, sobre todo para la caza y el pato.

Entre los licores y alcoholes elaborados con cerezas, es preciso destacar el *cherry* inglés, la ratafía de Provenza, el marrasquino de

Italia y el kirsch de Alsacia. También se hace un vino con sabor cereza con jugo de cereza fermentado, y en Bélgica, la cerveza *lambic kriek* está aromatizada con esta fruta.

cervelas

Gran salchichón o embutido corto, elaborado con carne de salchicha más o menos entreverada, a veces ahumado, con pimienta o ajo, que se vende cocido o crudo. Antaño, el cervelas también contenía sesos (*cervelle* en francés), y de ahí su nombre. La mayor parte de los cervelas, también llamados "salchichones de cocer", se cuecen con verduras.

El cervelas de Estrasburgo se presenta en rosarios de varios segmentos de 6 a 8 cm, con una tripa de color rojo, y se consume frito o frío, en ensalada, con una vinagreta de cebollas. El cervelas de Lyon, de puro cerdo y de calidad superior, está trufado o lleva pistaches, se vende crudo, listo para cocer, y debe servirse caliente.

Antaño también existía un cervelas de pescado, especialidad de Reims, que se preparaba para la Cuaresma, con carne de lucio, papas, mantequilla y huevos, y que se pochaba. Hoy en día se elabora a partir de numerosos pescados y mariscos.

cerveza

Bebida alcohólica obtenida mediante fermentación de un mosto dulce, a base de cereales germinados (principalmente cebada), con la adición de lúpulo. Mientras que en algunas regiones se utiliza un cierto porcentaje de maíz y arroz, Alemania es el único país que se rige bajo su "ley de pureza", la cual prohíbe añadirlos.

La cerveza es la bebida alcohólica más difundida en el mundo y la más antigua que se conoce. En Jericó (Jordania) se encontraron los primeros rastros de la elaboración de una bebida fermentada a partir de cereales 8,000 años a.C. Los mesopotámicos y los egipcios fueron los mayores consumidores de esa cerveza primitiva de la Antigüedad. Estos pueblos la bebían tibia y procedía de la maceración de pan de cebada desmigajado en agua, fermentado en jugo de dátil aromatizado con comino, mirto, jengibre y miel.

Los galos, los celtas y los sajones elaboraban la *cervoise*, que todavía no contenía lúpulo, introducida por monjes bávaros en el siglo XIII.

La antigüedad de la elaboración de la cerveza en Europa, sobre todo en el norte, y luego su difusión por todo el mundo, están vinculadas al valor de sus materias primas: pureza del agua, calidad de la cebada y finura del lúpulo. La cebada es un cereal rico en almidón, pero que no fermenta de manera natural en presencia de levadura. Por ello es preciso obtener un mosto sometiendo a la cebada a varias transformaciones: el malteado (remojo, germinado, secado, tostado y molido de los granos), y braceado o cocción, para finalmente añadir la levadura que dará paso a la fermentación. Con relación a este útlimo paso, existen tres tipos que determinan las características de la cerveza:

– La fermentación baja (7 días, a una temperatura de 7 a 8 °C) proporciona las cervezas más corrientes (*pils* o *lager*), frescas y en las que predominan los aromas de malta y de lúpulo.

– La fermentación alta (3 días, a una temperatura de 14 a 25 °C) proporciona cervezas más afrutadas, de aromas a menudo complejos. Son las cervezas trapenses o de abadía belgas, las cervezas de guarda del norte de Francia, las ales y las *stouts* británicas o las *weissenbier* y *altbier* alemanas.

– La fermentación espontánea (varias semanas, o incluso meses, en barricas) es una técnica arcaica (con levaduras salvajes o espontáneas que están en el ambiente), que se practica todavía en la región de Bruselas, para obtener la *lambic* y la *gueuze*.

Después de la fermentación, la cerveza joven (también llamada cerveza verde) será objeto de una maduración durante un periodo que va desde dos o tres semanas hasta varios meses. Luego se filtrará y se acondicionará (en botellas, latas o barriles), y a menudo será pasteurizada.

El color, independiente de la duración de elaboración, está vinculado al tostado más o menos intenso que se ha infundido en el proceso de la transformación de cebada en malta, que hace aparecer caramelos. El color de las cervezas tostadas u oscuras va del ámbar claro al negro opaco, cuanto más tiempo se tuesta la malta, más coloración otorga a la cerveza y le da un sabor especial. Por su parte, las cervezas rubias o claras, más o menos pálidas, se distinguen por su amargor. Este tipo de cerveza es el más difundido en el mundo, de estilo *pils* y generalmente de fermentación baja, por lo cual es bastante ligera y muy fresca. Pero existen también cervezas rubias de fermentación alta.

En la cerveza, el grado expresa el porcentaje de extractos que contenía la malta antes de su fermentación (grado Plato). El índice de alcohol definitivo sólo es una tercera o una cuarta parte de esta cifra: de 2 a 3% Vol. para las cervezas *light* o de bajo contenido alcohólico; de 4 a 5% Vol. para las cervezas Premium; y de 5 a 7% Vol. para las cervezas especiales.

La cerveza contiene azúcar que no fermenta (y que se elimina en las cervezas lights), materias nitrogenadas, sales minerales y vitaminas. Un litro de cerveza proporciona unas 500 kcal. El tipo de elaboración y las tradiciones locales han generado numerosos estilos.

La cerveza es una bebida de mesa, pero sirve además para preparar cócteles y cocinar numerosos platos a los que otorga untuosidad y cierto amargor. También puede acompañar a algunos quesos y se emplea en la preparación de masas como la de crepas, buñuelos, rebozados y otras.

Una cerveza se caracteriza por varios factores: su amargor (que siempre debe ser tolerable) producido por los taninos y el lúpulo; su brillo, resultante de su limpidez y de su transparencia, que prueba que se ha trabajado y filtrado bien; y su espuma, que debe ser estable y aguantar bien el paso del tiempo.

Fuera de las comidas, la cerveza se bebe según ciertas reglas de degustación que los conocedores respetan.

cestillo ◆ canastilla

ceviche o cebiche

Platillo preparado con trozos de pescado crudo, marinados en jugo de limón u otro líquido ácido y condimentado con otros ingredientes que varían según la región. El ceviche clásico es de pescado, pero también se puede preparar con otros ingredientes como pulpo, ca-

marón, almeja, jaiba o caracol. Es una especialidad de las costas del Golfo y Pacífico de México, donde representa el entremés y la botana perfecta. Es posible que el origen del ceviche mexicano se haya originado en la época de las rutas comerciales que abrieron los españoles entre México y Filipinas, lo cual explicaría también la tradición de este platillo en Perú, región que se disputa con México el origen de esta preparación.

Los ingredientes de los ceviches varían de acuerdo con la zona donde se elaboren. La cebolla, el jitomate y el cilantro son comunes en los ceviches mexicanos, y otros ingredientes como salsa cátsup, salsas picantes diversas, hierbas aromáticas como el orégano u otros como aceitunas, también se emplean de forma regional.

chabacano o albaricoque

Fruta del chabacano o albaricoquero, árbol de la familia de las rosáceas. Conocido en México como chabacano y en España como alboricoque, tiene forma redondeada, de color amarillo-naranja, de piel aterciopelada. Su carne, tierna y poco jugosa, es dulce y perfumada. El hueso, liso, se separa con facilidad, y la almendra que encierra es comestible y se emplea para perfumar confituras.

El árbol crecía ya en estado silvestre en China hace varios milenios. Pasó a la India, luego a Persia y Armenia (de ahí su nombre latino).

El chabacano, rico sobre todo en caroteno (provitamina A), pero también en sales minerales (potasio, magnesio, calcio, fósforo, hierro, sodio, flúor), contiene azúcares fácilmente asimilables.

A causa de su fragilidad, a menudo el chabacano se elabora en conserva (al natural o en almíbar, enteros o en mitades, o también en dados en las macedonias). También sirve para realizar jugos de frutas y alcohol.

También se puede degustar fresco, al natural. Debe comprarse al punto, puesto que una vez recolectado deja de madurar. Si se limpia bajo el agua, es preciso secarlo cuidadosamente para poder apreciar todas sus cualidades. Se emplea mucho en la cocina casera, en pastelería (elaboraciones calientes y frías, pasteles varios, macedonias, helados) y en confitería (frutas confitadas, mermeladas, confituras). Para integrarlo en los helados y en los sorbetes se reduce a puré o a *coulis*.

→ orejón

chachlik

Plato de la cocina rusa, originario de Georgia, constituido por brochetas de carne cruda de carnero (pierna con silla) cortada en cubos y adobada en una vinagreta aromatizada con tomillo, nuez moscada, laurel y cebollas. Las brochetas se asan a la parrilla y se sirven con arroz rociado de mantequilla fundida. También se puede intercalar jamón y rodajas de cebolla entre los dados de carne.

chaira

Barra cilíndrica realizada con acero muy duro, aunque quebradizo, que sirve para aguzar el filo de los cuchillos. Esta barra de extremo redondo, que presenta unas ranuras finas, se fija a un mango que termina con una anilla que sirve para colgarla.

→ afilador

chakchouka

Plato tradicional de la cocina árabe y magrebí. Este guiso de pimientos, jitomates y cebollas cocidas en aceite se sazona con chile, *harissa* y salsa de jitomate. Eventualmente se añaden huevos crudos, y cuando estos están cocidos, se espolvorea el plato con menta seca. Los pimientos pueden reemplazarse por chícharos, habas, papas o una mezcla de calabacitas y berenjenas. A menudo la *chakchouka* se acompaña con *merguez* (embutido de res o de carnero) asado o rebanadas de carne seca.

chalota

Planta aromática de bulbo muy dividido, de la familia de las aliáceas. Existen diferentes variedades que ya se cultivaban en regiones como la actual Francia, norte de Europa y Asia Central.

La chalota es importante en platillos tradicionales bordeleses, normandos y parisinos.

Finamente picada, acompaña las ensaladas y *crudités*, los pescados y las carnes a la parrilla, además de dar sabor a salsas y preparar mantequillas compuestas. Sus hojas jóvenes, finamente cortadas, pueden incorporarse, asimismo, a las ensaladas. Las cocinas vietnamita, china, india y criolla también recurren en gran medida a la chalota.

chambarete o morcillo

Parte del miembro de un animal situada por encima del muslo o de la paletilla, en las patas traseras. En México se le denomina chambarete y en España morcillo.

El chambarete de res se prepara generalmente cocido. En el cordero, esta pieza se llama *souris del gigot*. En la ternera, el chambarete delantero o trasero es gelatinoso y magro, con un hueso rico en tuétano. Deshuesado y cortado en dados grandes se usa para el salteado, el braseado o la blanqueta. Entero, puede cocerse en un caldo corto añadido a un puchero. Cortado en rodajas gruesas se convierte en el *ossobucco*. El codillo de cerdo deshuesado se cocina salteado; entero, constituye el *jambonneau*. El codillo trasero, más carnoso, puede asarse, brasearse o hervirse como el jamón, pero es menos tierno. El codillo delantero se brasea o se hierve, o bien se cocina guisado, una vez cortado en trozos. El codillo de cerdo semi-salado es una pieza selecta para la *choucroute* y los pucheros.

champán

Vino blanco espumoso producido en Champaña a partir de uvas *chardonnay, pinot noir* y *pinot meunier*. Hasta el siglo XVI, el vino de Champaña era un vino "tranquilo", como el de Borgoña.

En el siglo XVII, un monje benedictino, Dom Pérignon, mejoró el método de fermentación llamado *champenoise*, ya conocido, y sobre todo comenzó a asociar vinos de distintos viñedos.

Todos los vinos tienen una tendencia natural a "trabajar" durante la primavera. Esta fermentación libera gas carbónico. En general, el tonel o barrica permite que ese gas se escape; pero si los vinos ya están embotellados, se vuelven ligeramente espumosos (antaño se les llamaba "vinos del demonio" o "vinos saltatapones"). Así, cuando se pone un vino tranquilo en una botella de vidrio grueso y se fija sólidamente el tapón, el gas permanece en el interior.

Hoy en día, los viticultores de Champaña elaboran en primer lugar un vino blanco tranquilo. En primavera lo embotellan con azúcar de caña y levaduras, lo cual provoca una segunda fermentación y la aparición de gas carbónico. Este proceso dura unos tres meses, aunque la estancia en la bodega es bastante más larga.

Una vez eliminado el poso de las lías (degüello), las botellas a las que se les ha ido infundiendo, reciben finalmente el "licor de expedición", mezcla más o menos dulce de vino viejo y aguardiente, que da al champán sus características: semiseco, para la merienda o el postre o para el aperitivo, a lo largo de toda la comida, sobre todo con los platos de crustáceos, las carnes o las aves de corral blancas, y por la noche.

El cava utiliza el mismo procedimiento de elaboración.

La botella de champán clásica tiene una capacidad de 750 ml; es más gruesa que las botellas de vino habituales, y su fondo presenta un marcado hueco para resistir la presión de los gases. En el siglo XIX, los comerciantes de Champaña crearon botellas de capacidades diferentes: entre las más conocidas, el magnum (1,5 l), el jéroboam (3 l) y el Nabucodonosor (15 l).

El champán es enemigo de la luz y de las diferencias de temperatura. Si es demasiado viejo, pierde su frescor y su espuma y adopta una tonalidad amarilla dorada oscura. Desde el siglo XVIII es, tanto en Francia como en el resto del mundo, el vino de fiesta por excelencia.

El champán debe servirse bien frío, pero nunca helado. El tapón no debe saltar; al contrario, es preciso retenerlo inclinando con fuerza la botella, para que los gases choquen contra el cuello de la misma y la diferencia de presión no deje escapar demasiadas burbujas. Se vierte delicadamente en copas en forma de flauta, preferibles a las copas abiertas, en las que el champán pierde su gas con excesiva rapidez.

champiñón

Variedad de hongo cultivada, de sombrero carnoso y láminas rosadas, que se vuelven más oscuras cuando el hongo es más viejo. El pie es derecho, provisto de un anillo. Se distinguen varios tipos de champiñones, todos ellos son ricos en fósforo, en materias nitrogenadas y en vitaminas B, pero poco energéticos.

Los champiñones cultivados (*Agaricus bisporus*), disponibles todo el año en el mercado, tienen una carne firme y suave, pero el favor del que disfrutan por parte de los cocineros se debe sobre todo a su gran abundancia. Se eligen en función de su empleo: rellenos, como guarnición, picados, cortados en láminas.

Los champiñones se pueden comer crudos cuando son jóvenes y firmes, o al menos bien blancos y muy firmes. Salteados en una cacerola, en láminas o en cuartos, acompañan a carnes, pescados, aves o se elaboran en tortilla de huevo. Torneados, rellenos, a la parrilla, etc., participan en numerosas guarniciones clásicas. Forman parte de guisos, caldillos y sopas también.

Los champiñones también se venden en lata y existen cuatro categorías: "extra" (champiñones enteros y regulares), "primera selección", "selección" y "en trozos". También se encuentran liofilizados y en forma de esencia para aromatizar las salsas.

chantilly

Nombre que se da a distintas preparaciones que tienen en común la presencia de crema batida o nata montada. Fría y dulce, y aromatizada si se desea, acompaña o termina numerosos postres o bien, es empleada para su elaboración. Sin endulzar interviene también en la preparación de salsas emulsionadas frías, como la mayonesa, o calientes, como la holandesa, que reciben entonces el nombre de muselinas.

Chapel, Alain

Cocinero francés (Lyon, 1937-Aviñón, 1990). Su padre, Roger, compró en 1938, en Mionnay (Ain), *La Mère Charles*, un modesto albergue que se convirtió treinta y dos años más tarde en el restaurante de Alain Chapel. El joven realizó su aprendizaje con Jean Vignard (*Chez Juliette*, en Lyon), y con Fernand Point (*La Pyramide*, en Viena). De 1960 a 1967, efectuó su "vuelta a Francia" y, en 1972, se convirtió en el "mejor obrero de Francia" (recorrido por distintos restaurantes de la geografía francesa). Trabajó con su padre y luego solo, y obtuvo su tercera estrella *Michelin* en 1973.

A él se deben algunos platos espléndidos, como el pastel de hígados rubios en la línea de Lucien Tendret, así como la innovación de una carta poética, en la que cada elemento es detallado, una costumbre que desarrollará uno de sus discípulos más famosos, Alain Ducasse. Tras su desaparición, Suzanne, su esposa, continúa regentando su restaurante con brío junto con su discípulo Philippe Jousse. Alain Chapel es autor de un importante libro de recetas que lleva el significativo título de *La cuisine, c'est beaucoup plus que des recettes*, 1987.

chapata o *ciabata*

Pan muy popular en el norte de Italia, sobre todo en Lombardía. La chapata o *ciabata* (alpargata en italiano) se llama así por su forma plana y rectangular. Su masa, muy hidratada y fermentada durante largo tiempo, da una miga aérea, mullida y muy aromatizada por el aceite de oliva. La costra es fina y lisa, y generalmente se espolvorea con harina.

chapati

Torta india a base de harina de trigo y de mantequilla clarificada. Cocido en una sartén, el chapati queda ligeramente hinchado y crujiente. A veces se rellena con espinacas picadas con jengibre y comino.

chaptalización

Práctica consistente en añadir azúcar al mosto durante la fermentación alcohólica para obtener un vino con mayor grado de alcohol: con 17 g de azúcar por litro de mosto se obtiene un grado de alcohol. Esta adición de azúcar (de betabel o de caña) está estrictamente reglamentada en su práctica y su finalidad. El nombre procede del inventor del procedimiento, el químico y político Jean-Antoine Chaptal (1756-1832).

chapulín o saltamontes

Término que designa a varios insectos pertenecientes a los acrídidos, de los que existen alrededor de 66 especies del orden *Orthopte-ra*. Se consumen en estado de ninfa o adultos en diversos lugares del mundo como en regiones desérticas, en Asia y en México, por mencionar algunos.

Hay sobre todo dos especies comestibles: una pequeña, con alas verdes y vientre plateado, y una de mayor tamaño, con la cabeza y las patas rojas. Los saltamontes se comen a la parrilla, asados o hervidos, secos y reducidos a polvo o en pasta. También sirven como condimento.

En México, para cocinarlos, se lavan y se hierven en agua con sal; una vez cocidos se venden en los mercados para comerlos tostados o fritos, con sal y limón, al mojo de ajo, al ajillo, con totopos o en tacos acompañados de salsa. Algunos restaurantes los sirven como entremés y en algunos bares o cantinas se pueden encontrar como botana.

charcutería

Término que designa a un conjunto de productos transformados a base de carne y despojos de cerdo, de ave, de caza, de ternera, de res y de cordero. La palabra también designa el establecimiento en el que se venden estos productos.

Los romanos están en el origen de la charcutería como profesión. Las múltiples preparaciones de charcutería (salazones, salchichas, salchichones, patés, *rillettes*, *andouilles*, morcillas, embutidos, carne de salchicha, jamones, galantinas) han sido durante mucho tiempo especialidades regionales, dominadas por los procedimientos de la salazón y del ahumado.

chardonnay

Cepa blanca, una de las más finas, de origen borgoñón, con numerosos nombres regionales. Presenta racimos compactos con bayas de color amarillo ambarino y jugo dulce, que dan los borgoñas blancos más grandes, de color amarillo dorado. La *chardonnay* se ha aclimatado asimismo en muchas regiones vitícolas del mundo.

charola de servicio o bandeja de servicio

1. Charola grande de borde pequeño, provista a veces de asas laterales, que sirve para presentar los platos o para transportar distintos objetos.
2. Término con el que se designa a un surtido de ciertos ingredientes o productos que comparten características similares. Así, la bandeja de mariscos es un surtido de moluscos y crustáceos que se sirven sobre una bandeja cubierta de hielo picado o de algas. El plato o tabla de quesos es un surtido de quesos que se propone sobre una bandeja de mármol, madera o mimbre, dotada a veces de una campana y con un cuchillo a juego.

charola para hornear o placa de horno

Accesorio del horno, formado por una plancha de metal con pequeños bordes o sin ellos. Sirve para cocer en el horno todas las masas, pasteles y piezas de pastelería que no necesitan molde, o para colocar uno de estos últimos sobre ella. A veces se coloca sobre ella papel o tapetes siliconados, pero también se puede untar de mantequilla o bien enharinar directamente.

chartreuse

Licor de varias plantas, nacido de una receta muy antigua, al parecer en 1735, que siguen elaborando los monjes de la orden de los cartujos en Voiron, cerca de Grenoble.

Los cartujos siguen produciendo un elixir vegetal de 71% Vol., un *chartreuse* verde de 55% Vol., y un *chartreuse* amarillo, más suave, de 40% Vol. (creado en 1840). A raíz de su segundo exilio en España (de 1903 a 1929), elaboraron su licor en Tarragona y lo vendieron con este nombre.

La composición del *chartreuse* sigue siendo secreta, pero se sabe que contiene plantas como la melisa, el hisopo, hojas de angélica, canela en rama, *macis* y azafrán, que le confieren propiedades tónicas.

château
Explotación bordelesa consagrada a la producción de vino, cuyo nombre a menudo es engañoso, pues por lo general no se trata de una fastuosa mansión o de un castillo, sino de una bonita casa de campo rodeada de viñas.

El *château* produce el vino a partir de un solo viñedo de la propiedad, y este vino suele ser de una sola añada. Entre los más de dos mil *châteaux* de la región, solo unos doscientos son objeto de una clasificación oficial.

La palabra *château*, seguida de un nombre propio, equivale en la región de Burdeos al nombre o la marca de un vino.

chateaubriand
Pieza de carne de res, muy tierna, de unos 3 cm de grosor, obtenida a partir del filete. El *chateaubriand* se asa a la parrilla o se cuece en un sartén, y se sirve con una salsa; la más clásica es la bearnesa.

chayote
Fruto carnoso, jugoso, con sabor tenue, de la familia de las cucurbitáceas. Tiene forma ovalada, y es generalmente de color verde en diferentes tonos. Dependiendo de la variedad pesa entre 200 g y 2 kg. La planta en la que crece es una enredadera con guías que rebasan los 6 m de largo. La planta en general es parecida a la de la calabaza.

En México, se utilizan el chayote común, el chayote erizo y el chayote blanco. Se emplea como verdura en caldos o pucheros, asado, hervido, y en diversas preparaciones regionales.

cheddar
Queso inglés de leche de vaca (de 45 a 50% de materia grasa), de pasta prensada y de corteza natural. Se presenta en forma de un gran cilindro de 35 a 40 cm de diámetro y un grosor equivalente, y pesa de 27 a 35 kg. A veces se presenta en bloques de 450 g.

Originario de la población de Cheddar, en el condado de Somerset, se elabora industrialmente en todos los países anglosajones. Una de sus peculiaridades es pasar por un proceso llamado chedarización, que es el momento en el que el cuajo se calienta y madura, antes de enmoldarse, para que posteriormente, la pasta adquiera un color amarillo o anaranjado.

Tiene un sabor de avellana bastante intenso, ni dulce ni ácido. Cuando está muy afinado (hasta los dos años en una bodega seca), aparecen unas vetas oscuras en la pasta, y entonces adopta el nombre de *blue cheddar*.

A menudo se sirve con el desayuno y con él se elaboran galletas saladas. También sirve para la preparación de pasteles de queso,

ensaladas compuestas, canapés, sándwiches, hamburguesas, entre otros alimentos. Al final de la comida se acompaña con madeira, oporto, jerez o cerveza *lager*.

cheddarización
Procedimiento de elaboración de ciertos quesos, entre ellos el *cheddar*, aunque también los cantal. La *cheddarización* consiste en romper vivamente el cuajo que se ha obtenido mediante adición de fermentos, hasta que quede reducido a pequeños granos. Éstos experimentan a continuación una ligera cocción a 38 °C antes de ser sometidos a un escurrido forzado mediante prensado mecánico.

cheesecake
Pastel estadounidense de queso blanco, cuya receta más apreciada es la tradicional preparación judía de Nueva York. Cremoso y compacto, el *cheesecake* se compone de una pasta preparada a partir de bizcocho seco desmenuzado, mantequilla y azúcar. Extendido en un molde de tarta, este fondo se rellena a continuación con (queso blanco espeso elaborado en Estados Unidos), mezclado con huevos y azúcar. Cocido al horno y luego desmoldado, este pastel se suele servir cubierto de frutas frescas o un *coulis* de frutos rojos.

chef de cocina
Organizador y coordinador del trabajo en la cocina que gestiona. Al chef de cocina le corresponde la concepción de los menús, de las cartas, de las sugerencias y de las fichas técnicas, además de establecer el costo de los platos de acuerdo con los insumos y demás egresos para su elaboración. También se encarga del abastecimiento y de la calidad de los platos realizados por la brigada de cocina que dirige. Es responsable de la formación del personal que compone la brigada, así como de los aprendices, a los que transmite su saber. Se encarga de mantener las relaciones de la cocina con los otros servicios del restaurante o del hotel.

chemise, en, o camisa, en
Nombre de distintas preparaciones en las que el ingrediente principal conserva su envoltorio natural o se envuelve. Los dientes de ajo *en chemise* se ponen enteros, sin pelar, en la fuente de cocción a fin de aromatizar un guiso o un asado (se retiran para el servicio, a veces después de extraer su pulpa en el jugo de cocción). Las papas *en chemise* se cuecen en su piel. Algunas aves o cortes de carne se rodean con jamón o tocino de jamón y se cuecen en el horno o en caldo. Las trufas *en chemise* se cuecen en el horno en papel encerado untado de mantequilla.

chenin blanc
Cepa originaria de Anjou, con racimos bastante compactos, bayas medias y crujientes, de color amarillo dorado, con pulpa densa y mosto dulce, utilizada para elaborar vinos licorosos, vinos secos y pastosos o bases de vinos espumosos. Esta cepa está muy bien aclimatada en otras regiones vitícolas del mundo.

cheshire chester
Queso inglés de leche de vaca (45% de materia grasa), de pasta prensada no cocida, de color naranja, y de corteza natural engrasada. Se

presenta en forma cilíndrica de 35 a 40 cm de grosor, con un peso de 22 a 40 kg.

Originario del condado de Cheshire, es el queso inglés más antiguo. Tiene un sabor poco intenso, más pronunciado cuando ha madurado mucho (hasta 2 años). Dicho sabor particular se debe a los depósitos de sal que hay en los pastos en los que pacen las vacas.

Existen tres variedades: roja (la más conocida), blanca y azul (bastante raras).

chianti

Vino italiano producido en Toscana, comercializado en una botella especial con una funda de mimbre (en el caso de las calidades corrientes que se beben jóvenes), y en botellas de tipo burdeos en el caso de los mejores vinos de añada.

Estos últimos constituyen el *chianti* classico, procedente de un sector muy pequeño situado entre Florencia y Siena y que se reconocen gracias a un sello que representa un gallo negro sobre fondo dorado. Los más corrientes, llamados "tolerados", se elaboran en cantidad mucho mayor en cinco regiones delimitadas, cuya producción es muy desigual.

Chiboust

Pastelero que en el siglo XIX se instaló en la rue Saint-Honoré, en París. En 1846 creó el *saint-honoré*, con lo que rendía un doble homenaje a su barrio y al santo patrón de los panaderos y pasteleros.

La crema *chiboust*, que acompaña tradicionalmente este pastel, es una crema pastelera, generalmente aromatizada a la vainilla y aligerada en caliente con un aparejo de merengue. A veces los pasteleros acompañan el *saint-honoré* con una simple chantilly.

chicha

Bebida precolombina alcohólica de origen peruano, a base de granos de maíz (o de otros cereales) cocidos y fermentados. Actualmente se consume en Bolivia, Colombia, Ecuador y Perú. La chicha morada es una bebida refrescante, azucarada y sin alcohol.

chícharo o guisante

Semilla redonda y verde de una planta de la familia de las fabáceas, de pequeño tamaño, extraída de una vaina, también verde pero no comestible. En México se le conoce como chícharos, mientras que en España se les denomina guisantes. En cada vaina hay de tres a ocho chícharos y siempre se comen cocidos.

Cuando se compran frescos, las vainas deben ser lisas y de color verde brillante, con chícharos no muy grandes y lustrosos, tiernos y no harinosos.

Los chícharos se sacan de la vaina con facilidad con la mano y no tienen por qué lavarse. Se cuecen en agua hirviendo, en mantequilla o con dados de tocino. También se les puede añadir zanahorias pequeñas o aromatizarlos con menta. Los chícharos son acompañamiento clásico de carnes y aves de corral, se asocian a menudo con puntas de espárrago o fondos de alcachofa, así como con otras verduras. Se preparan también en puré o crema y se incluyen en sopas y pucheros. Fríos, se integran en las ensaladas compuestas y en las terrinas de verduras.

Los chícharos proporcionan 92 kcal o 385 kJ por cada 100 g (con 16 g de carbohidratos) y son ricos en fibras, fósforo, potasio, betacarotenos y vitaminas B_1, C y K.

chícharo chino ◆ tirabeque

chicharrones

1. Residuos de grasa de cerdo o de oca fundida, a los que se añaden trocitos de carne, con lo que constituyen una especie de *rillettes* toscas y que se comen fríos (también se les llama *gratterons* o *fritons*). Existen variedades de esta preparación de acuerdo con la región donde se elaboran; las más conocidas son Auvernia, Lyon, Burdeos, Jura, entre otras.
2. En México, piel de cerdo oreada y frita, de textura crujiente. Para obtenerlo debe pasar por un proceso que toma varios días; los dos últimos pasos, el sancochado (freír en manteca no muy caliente la piel del cerdo ya tratada) y la fritura a alta temperatura, le otorgan su distintiva consistencia y textura quebradiza y crocante.

Este producto es muy consumido por los mexicanos en muchas formas: en tacos, en salsa verde, prensado, en ensalada con frijoles refritos o como parte de algunas masas de tamal.

chifonada

Hojas comestibles cortadas en tiras más o menos anchas. Para obtener las tiras, se superponen las hojas y se filetean en juliana con un cuchillo; posteriormente, se consumen crudas o se añaden a alguna preparación.

Child, Julia

Cocinera y escritora estadounidense (Pasadena, 1912-Santa Bárbara, 2004). Su nombre de soltera era Julia Carolyn Mac Williams. Estudió Artes, era jugadora de baloncesto (medía 1,88 m) y se apasionó tanto por la cocina francesa que la dio a conocer a los estadounidenses a través de numerosos artículos (sobre todo en el *Boston Globe*), libros de recetas (*The French Chef Cookbook*, *From Julia Child's Kitchen*) y programas televisivos. Fundó el American Institute of Wine and Food en el valle de Napa y se convirtió en un personaje tan popular en Estados Unidos que fue portada del *Time* en 1966 y a menudo fue caricaturizada por los cómics estadounidenses, que la consideraron la gran "profesora de cocina" de su país.

Chile

La cocina chilena se basa sobre todo en la carne (particularmente el carnero) que usualmente se consume a la parrilla. Al mismo tiempo su cocina refleja la abundancia de los productos del mar, como ejemplo, la sopa de congrio, una renombrada especialidad. Los llamados chupesson, una mezcla de tripas, verduras o carne seca, y las empanadas también son muy variadas, con rellenos de carne o de pescado.

Chile, fuertemente influido por la enología francesa y española, produce uno de los mejores vinos de América del Sur. Las primeras instalaciones de viñedos datan de finales del siglo XVIII. Hoy en día cubren una superficie de 175,000 ha, que se extiende a lo largo de 1,200 km de la costa del Pacífico. La viticultura chilena se concentra en dos grandes regiones: la región central y la del secano. Los vinos chilenos se exportan con gran éxito al mundo entero.

chile

Fruto picante originario de América, de la familia de las solanáceas, del que existen variedades de muchos tamaños, formas y colores.

En el México prehispánico, el chile fue junto con el maíz, el frijol y la calabaza, base de la dieta de sus habitantes. Rastros arqueológicos demuestran que el cultivo del chile fue anterior al del maíz y del jitomate. Desde entonces, México ha producido mayor volumen y variedad de chiles que cualquier otro país. A partir de la llegada de los españoles a América, muchos chiles fueron llevados de México y del resto de América al Viejo Mundo y al Oriente, donde fueron procesados, lo cual dio lugar a nuevas variedades, por ejemplo, el pimiento.

Tres especies son las que actualmente se utilizan en México: *Capsicum annum*, *Capsicum chinense* y *Capsicum pubescens*. Es un ingrediente indispensable en los guisos del país, además de ser base para muchos moles, adobos, salsas, pipianes, caldos y sopas; se dice que es el chile el que define, caracteriza y hace único el sabor de la cocina mexicana. Los chiles se consumen frescos o secos y, dependiendo de su preparación, se emplean como verdura o condimento. De las tres especies que se utilizan en el país existen muchas variedades, entre las más comunes, el piquín, guajillo, ancho, poblano, jalapeño, de árbol, chipotle y pasilla, por mencionar algunos. Muchas regiones de México cuentan con variedades y nombres locales difíciles de obtener en otras zonas, lo cual propicia la elaboración de platillos distintivos.

El chile es un alimento rico en vitamina C (125 mg por 100 g) y en provitamina A. Su contenido en capsaicina (lo cual le otorga su sabor picante) varía considerablemente según las variedades, y su sabor va del dulce al muy fuerte. En el País Vasco, el pimiento de Espelette (Denominación de Origen), rojo-anaranjado es muy afrutado. Su equivalente en Navarra, el pimiento del piquillo de Lodosa (Denominación de Origen) es tan célebre como la paprika húngara. En las Antillas, los chiles que se utilizan mucho tienen nombres fantasiosos: pimiento zozio (o *piment oiseau* o lengua de loro), pimiento lamparilla o "siete hervores cortos", y por lo general son fuertes. En muchas regiones el chile forma parte de diversas preparaciones, por ejemplo, en los países anglosajones se utiliza en la preparación de los *pickles* y de los condimentos con mostaza; en Túnez, la salsa *harissa*, a base de chiles rojos picantes y especias, sazona el cuscús y diversas *tagines*, pastas y sopas. Las especias de los *currys* indios incluyen numerosas clases de chiles, mientras que el *öt* chino es un puré de chile rojo con sal y aceite, que acompaña a numerosos platos. La páprika húngara, es un tipo de chile rojo reducido a polvo.

Fuera de México se le puede nombrar ají o pimiento, en inglés *chilli* y en francés *piment*.

chile ancho

Chile seco de color café-rojizo, que mide en promedio 12 cm de largo y 7 cm en su parte más ancha. Tiene forma triangular y su piel es de textura rugosa y brillante. Al ser remojados adquieren un color rojo ladrillo, por ello se utiliza mucho para colorear la gran mayoría de los guisos rojos en México. Es tal vez el chile más utilizado en dicho país, y posee variantes regionales. Cuando es fresco se le llama chile poblano.

chile chilaca

Chile fresco color verde oscuro o negruzco, brillante, de forma alargada, algo plana y retorcida. Es carnoso y a veces muy picante. Generalmente mide entre 15 y 23 cm de largo y unos 2 o 3 cm de ancho y es distintivo de México. Cuando está seco se vuelve negro y se le llama chile pasilla. Se utiliza sobre todo en el centro de dicho país, donde generalmente es asado y pelado antes de usarse. Se prepara en rajas, picado, molido o relleno.

chile chipotle

Chile seco y ahumado de color café oscuro y de textura arrugada. Es uno de los chiles secos más picosos de México. Mide en promedio 6 cm de largo y unos 2,5 cm en su parte más ancha. Cuando está fresco se le llama chile jalapeño. La técnica de ahumar los chiles chipotles data de la época prehispánica de América. Actualmente, se venden secos en los mercados populares para hacerlos en escabeche o adobados; los más grandes se seleccionan para ser rellenados. Otros usos, ya sea enteros o molidos, son para dar sabor a sopas, caldos y guisos diversos como moles o adobos.

chile colorado

Chile seco muy utilizado en las cocinas de los estados del norte de México, que se deja madurar y secar. Su piel es delgada, con un intenso tono rojo cobrizo, y presenta arrugas irregulares. Mide entre 12 y 15 cm de largo y 3 cm de ancho; suele ser de sabor suave. Con él se colorean las salsas rojas de chilaquiles y enchiladas; es habitual que se mezcle con harina de trigo para espesar salsas como las que se usan en la carne con chile y en guisos similares. Además, en ocasiones suele mezclarse con chile ancho para dar más color y textura a las salsas o preparados.

chile de árbol

Chile alargado y delgado que mide en promedio 7 cm de largo y 1 cm de ancho. Fresco es de color verde, y al madurar se torna rojo; en estas dos presentaciones se puede conseguir en los mercados populares de México, específicamente en los puestos de verduras. La forma más usual para emplear este chile es cuando ya está seco, para dar sabor a diversos guisos y muy comúnmente para elaborar salsa de mesa.

chile en nogada

Chile poblano relleno de picadillo de cerdo, bañado con salsa de nogada (elaborada con nuez de Castilla) y adornado con perejil y granada roja. Es una especialidad mexicana de la cocina de Puebla que se considera platillo nacional. Los ingredientes de la presentación forman los colores de la bandera mexicana. El relleno consiste en carne de cerdo, manzana, durazno, plátano macho, almendras, piñones, jitomate, pasas, cebolla, perejil, clavo, canela y acitrón, entre otros ingredientes. La nogada de las recetas antiguas únicamente se elabora con nuez de Castilla fresca, agua o leche, queso de cabra y a veces almendras. Sin embargo, hoy en día se realizan sobre esta base diversas versiones de chiles en nogada, añadiendo más o menos ingredientes.

Una leyenda popular muy difundida cuenta que estos chiles fueron servidos en honor de Agustín de Iturbide, primer emperador de México después de independizarse de España. Independientemente de sus orígenes, actualmente existe un sinnúmero de recetas de esta preparación. Casi siempre se consume como platillo festivo para celebrar la fiesta que rememora la Independencia de México.

chile habanero

Chile fresco de color verde claro cuando joven, que se vuelve amarillo y más tarde anaranjado en su etapa madura. Es el único chile perteneciente a la variedad *Capsicum chinense* que se utiliza en México. Tiene textura suave y forma globosa. Mide 4 cm de largo y tres de ancho, y se considera el chile más picoso utilizado en México. Es el chile clásico de la comida de Yucatán. De manera reciente, se le otorgó la Denominación de Origen llamándolo Chile Habanero de Yucatán. Es originario de la zona del Caribe, la región costera de Sudamérica y Yucatán. La gran mayoría prefiere usarlo cuando es de color verde o amarillo; sin embargo, cuando se torna color anaranjado, se desarrollan otras características y aromas. Se come fresco, crudo, asado o cocido; seco o deshidratado casi no se usa. Es muy común en las salsa y algunas preparaciones típicas de la península de Yucatán.

chile jalapeño

Chile fresco de color verde claro u oscuro, de forma cónica alargada, con terminación chata. Es carnoso, con piel brillante, y mide en promedio unos 6 cm de largo y 3 cm de ancho. Puede ser moderadamente picante o muy picante. El chile jalapeño se vuelve color rojo intenso cuando madura, y se usa más la variedad de color verde. En México, se utiliza para rellenar, para hacer rajas o molido como parte de diversos guisos. Es ampliamente cultivado en diferentes regiones de este país, por lo que se le conoce con diversos nombres locales.

chile manzano

Chile fresco, carnoso, bulboso, con forma semicónica y piel brillante color amarillo intenso. Mide en promedio 5 cm de largo y 3 cm en su parte más ancha. Es el único chile de la especie *Capsicum pubescens* que se utiliza en México. Es extremadamente picoso, tanto que rivaliza con el chile habanero en cuanto a intensidad de picor. Existen los chiles que son verdes y que maduran a un color amarillo, y los que maduran a un tono rojo. Con cualquier variedad de color se elaboran encurtidos, escabeches o salsas; también se rellenan o son mezclados con cebolla para acompañar tacos.

chile pasilla

Chile seco de forma alargada, de 15 a 2 cm de largo y de 2 a 3 cm de ancho, de color café negruzco y superficie brillante y arrugada, consumido en México. Es moderadamente picante, y cuando está fresco se llama chile chilaca. Se utiliza para hacer muchas salsas como la borracha, en diferentes moles y adobos, en el revoltijo y en varios guisos de carne de res, cerdo y pollo.

chile piquín

Bajo este nombre se alberga a un sinnúmero de chiles pequeños muy apreciados en la cocina mexicana, que son muy picantes, sean frescos o secos, y se distinguen por ser ovalados y ligeramente cónicos, de color verde cuando están inmaduros, rojos al madurar y casi siempre rojo sepia al secarse. Miden generalmente de 1 a 2 cm de largo y 0,5 cm o menos de ancho. Es un chile que se distribuye de manera amplia desde el norte de México hasta Sudamérica. Este chile es muy usado para acompañar diferentes guisos; se consume fresco verde, en salmuera y maduro rojo en salsas diversas. Gran cantidad de los chiles piquines se dejan secar y después se muelen, para ser comercializados con el nombre de chile piquín molido.

chile poblano

Chile fresco carnoso, de tamaño grande, de forma cónica aplanada con algunas ondulaciones. Generalmente es verde oscuro con piel brillante, aunque algunas variedades pueden ser más claras. Tiene un sabor particular que no se considera muy picante. Mide 12 cm de largo y 6 cm de ancho aproximadamente. Al madurar, adquiere color rojo, y al secarse, se llama chile ancho.

Es el chile más utilizado en México, y del que más hectáreas se siembran. Entero es muy utilizado para rellenarlo. Es muy común hacerlo en rajas, que se comen solas, o con otras preparaciones. Se emplea también como complemento de sopas. Cualquier preparación que tenga en su nombre "a la poblana" significa que tiene a este chile como ingrediente.

chile serrano

Chile fresco pequeño, de forma cilíndrica, terminado en punta. Mide en promedio de 3 a 5 cm de largo y 1 cm de diámetro. En su gran mayoría se consume inmaduro, es decir, color verde, aunque al madurar se vuelve rojo y se utiliza de la misma manera. Se considera picoso y generalmente se procesa con sus semillas y venas, también muy picosas. Es uno de los chiles más cultivados y utilizados en México. Se come crudo, cocido, asado o frito. Se emplea en salsas, como condimento de la comida diaria, molido en diferentes guisos, asado, encurtido, en escabeche, entre otros usos.

chile verde

Término que en México designa en general a todos los chiles que se comen frescos y en su mayoría inmaduros, los cuales se prefieren de color verde, aunque casi todos al madurar cambian a color rojo y se ocupan de igual forma. En el centro de este país, cuando se habla de chile verde se hace referencia invariablemente al chile serrano.

chili con carne

Guiso de carne de res picada, cocido largo tiempo con cebollas cortadas y condimentado con chile y comino en polvo. Se sirve con frijoles, que se añaden a la olla en el curso de la cocción.

Este plato típico de la antigua cocina de los pioneros de Texas es muy popular en Estados Unidos.

chimichurri

Salsa argentina utilizada para acompañar las carnes asadas. Se elabora con aceite de oliva, ajo, chile, pimienta negra, orégano, laurel y jugo de limón o vinagre.

China

La cocina y la alimentación siempre han constituido en China un tema de discusión y de reflexión para los filósofos, los escritores y los emperadores. Apenas hay separación entre la filosofía, la religión y la alimentación, y todo el mundo debe conocer el ritual alimentario y adecuarse al mismo.

Un rasgo fundamental de la gastronomía china es la búsqueda de la armonía, que se obtiene mediante los contrastes: a un plato crujiente le sigue una preparación cremosa y un plato con especias se acompaña con una guarnición suave. La originalidad y la sutilidad de esta cocina se expresan mediante la mezcla de los cuatro sabores fundamentales (ácido, salado, amargo y dulce) en un mismo plato.

La importancia capital que los chinos otorgan a la cocina desde hace siglos ha sofisticado cada vez más esta última, hasta convertirse, a los ojos de los occidentales, en un misterio poco menos que desalentador. Por otra parte, las preocupaciones dietéticas a menudo se extienden a las recetas afrodisiacas, como aletas de tiburón, nidos de golondrina, huesos de tigre, huevos de cien años, entre otras.

El repertorio clásico de recetas chinas, que procede de la gran tradición mandarín, incluye platos cocinados con palmas de oso, labios de carpa, axilas de rinoceronte o estómagos de rana, a cuyas cualidades medicinales se suman propiedades mágicas y que combinan el sabor, el aroma y el color.

Los métodos de cocción se han visto condicionados por la pobreza del combustible, notable en China. Los cocineros pensaron cortar todos los alimentos en trozos pequeños según su naturaleza —en dados, láminas, tiras, rodajas, en "granos de arroz"—, lo cual permite una cocción más rápida. Por otra parte, los alimentos se impregnan mejor de todos los condimentos, y al mismo tiempo tienen una función decorativa.

El modo de cocción más utilizado es el salteado, que conserva todo el jugo y todo el sabor de los alimentos; las guarniciones nunca resultan pastosas. Los caldos, que a menudo intervienen en las salsas, siempre son muy claros. La presentación artística del plato es importante, puesto que la comida debe seducir al comensal.

Una comida china comprende primero los platos fríos, luego los platos calientes, finalmente una sopa ligera y, en ocasiones, un postre. Para una comida de ceremonia, la sopa es, por el contrario, espesa, y se prevé un gran plato de festín (pato a la pekinesa, por ejemplo), luego un caldo ligero y al final unas golosinas dulces. En algunas zonas, el arroz no es el acompañamiento obligatorio.

En el norte, donde se produce poco, se consume menos que en el sur, y se comen panecillos cocidos al vapor, sustituidos por tortitas de trigo en el centro del país. El arroz se pone sobre la mesa desde que comienza la comida, en cuencos individuales. Las costumbres exigen que se renueve al finalizar la comida, pero por educación nadie lo toca (pues ello significaría que todavía se tiene apetito). Durante las comidas no se consume té, sino un vino de arroz o un aguardiente de sorgo, o incluso cerveza. En esta zona, la cocina se hace a fuego lento, pero también se utiliza la fritura (en el wok), si bien los platos son ligeros y especiados. Las grandes especialidades

de Pekín son las más antiguas (albóndigas de cerdo en salsa agridulce, res salteada con jengibre, pastel de arroz a las ocho joyas).

En el este predomina la salsa de soya. Se preparan muchos productos del mar, sopas, buñuelos y tortitas (la sopa con nidos de golondrina es originaria de esta región).

En el oeste y en el centro, el pescado se consume seco; los platos incluyen muchos hongos, y se confitan frutas, los *kumquats* o naranjas chinas por ejemplo.

En el sur, la cocina está dominada por las preparaciones de pescado, de moluscos y de crustáceos (lubina rellena, buñuelos de cangrejo, abalones con salsa de ostras, camarones con fideos de arroz, sopa de aletas de tiburón).

Varios alimentos de base se consumen en todas partes, en particular los huevos: frescos (fritos o cocidos al vapor), los llamados "de cien años" conservados en sal (en el caso de los huevos de pata), o los braseados (duros y luego cocidos a fuego lento con cebollas y consomé). Los fideos (de arroz, de soya o de trigo) son de una extrema variedad. Las verduras siempre se eligen en función de su consistencia y de su sabor, y a menudo se cuecen al vapor (como los peces de agua dulce y los moluscos, que nunca se comen crudos). Las frutas frescas son lo suficientemente variadas como para elaborar postres (lichi, longan, mango, papaya), acompañados en ocasiones de *sablés* de almendras o buñuelos de ajonjolí.

La mayoría de las recetas chinas se pueden realizar con productos occidentales, pero también existen otros específicamente chinos. Entre las verduras: hongos (negros, perfumados o "de paja"), flores de lis (una verdura seca, amarilla, ligeramente dulce), soya (semillas, brotes, aceite, salsa), loto (semillas, hojas, raíces), dátiles rojos, algas, castañas de agua, col china, brotes de bambú, flores de platanero. Entre los productos del mar: abalones, medusa (seca y cortada en las ensaladas), anguila ahumada, vejigas de pescado. Entre los pescados de río se aprecian particularmente el lucio y la carpa.

Existen distintas variedades de arroz: el caldoso y el arroz perfumado. Con el arroz también se hacen galletas. Las especias, los aromatizantes y los condimentos son indispensables. En cambio, son raros la leche y sus derivados.

Las bebidas corrientes comprenden, desde luego, el té (que nunca acompaña a las comidas principales), la leche de soya y el jarabe de semillas de ajonjolí o de ginseng. El vino de arroz, que se utiliza asimismo como condimento en cocina, se sirve tibio. El aguardiente más reputado es el *mei Kuei lu*, elaborado a partir de sorgo y de rosas frescas, y que se bebe durante la comida, entre los platos.

El servicio de la mesa simple incluye un cuenco en un plato, unos palillos y una cuchara. Para un cubierto de fiesta se añade una taza de alcohol, una copa de té y un segundo tazón. Existe la costumbre de hacer circular unas servilletas, calientes y perfumadas, después de un plato graso o que se haya comido con los dedos. Una comida familiar reúne todos los platos al mismo tiempo en la mesa. La comida de fiesta es una sucesión de platos (de doce a veinte) que precisan temperaturas de degustación diferentes. El lugar de honor, que le corresponde al comensal de mayor edad, se orienta hacia el sur, de cara a la puerta de entrada del comedor. Tradicionalmente, las mujeres ocupaban un lado de la mesa y los hombres el otro.

Con una producción de 10,000,000 de hectolitros, China desarrolla intensamente el cultivo de la vid, que abarca unas 360,000 ha. Por su sabor, los vinos blancos suaves son los favoritos, pero los blancos secos y los tintos comienzan a ganar terreno, paulatinamente.

chinchón

Bebida espirituosa anisada, de 35% (dulce) a 74% (seco) de Vol. Se elabora en la localidad homónima (Denominación de Origen) a partir de un destilado de macerados de anís verde en mezcla hidroalcohólica de alcoholes naturales de origen agrícola, en alambiques de cobre.

chino

Colador cónico provisto de un mango. Existen distintos modelos: el chino en estameña metálica permite filtrar los caldos, las salsas y las cremas finas, los jarabes y las gelatinas que deben ser muy lisas; el chino de acero inoxidable perforado sirve para colar las salsas espesas prensándolas con la ayuda de una mano de mortero, para eliminar los grumos.

chipirón

Se designa con este nombre a los calamares de tamaño pequeño. Muy apreciados en cocina, se acostumbran salteados con ajo y perejil o simplemente enharinados y fritos; el plato más conocido y popular son los chipirones en su tinta.

Chipre

La cocina chipriota conjuga la doble influencia griega y turca. La tradición de hospitalidad está muy viva en esta isla.

El tradicional *mezze* (surtido de platos para picar) es muy popular, y es símbolo de la hospitalidad y el trato acogedor; se sirve como entrante.

Las *mezedhes* son entremeses o surtidos de elementos cortados en trocitos. Son numerosos y variados, y pueden ser simples —jamón ahumado, salchichas ahumadas, aceitunas, huevos, habas—, componerse de ensaladas o ser más elaboradas, como las *coupes* (carne picada especiada cubierta de pasta de trigo molido).

El *pilaf*, otra especialidad, es elaborado con arroz (puede sustituirse por trigo picado); se acompaña a menudo con lentejas o espinacas.

El ajo, las especias y las hierbas aromáticas son muy apreciadas y resultan omnipresentes en la gastronomía chipriota.

La carne —res, cordero, ternera y sobre todo cerdo— se sirve generalmente a la parrilla, en brochetas o en guisos. La carne picada entra en la composición de farsas de verduras, todas de tipo mediterráneo, o sirve para preparar platos como la *moussaka* o la *kaloyirka* (pasta con carne picada).

Como en toda la cuenca mediterránea, se consumen muchos productos del mar: bacalao, pez espada, pulpo o calamar se cuecen al horno, se asan a la parrilla o se preparan en salsas, como el *octaphoolhi stifado*, pulpo con cebollas, o *kamamaria yiemista*, calamar relleno.

Los numerosos cítricos permiten elaborar jarabes y licores, entre los que destaca un licor de mandarina. Las elaboraciones de pastelería a menudo rebosan de jarabe y de miel.

Los egipcios, los griegos y los romanos apreciaron los vinos de Chipre y en la Edad Media los cruzados los dieron a conocer por todo Occidente. El más famoso, el *commandaria*, es un vino de postre elaborado a partir de una mezcla de uvas tintas y blancas sobremaduradas, que existe desde hace ocho siglos. Dulce y aromático, desarrolla interesantes aromas de pan de especias, uvas de Corinto y miel.

La gran mayoría de los viñedos (18,000 ha) están plantados con cepa mavron, que proporciona tintos poderosos muy apreciados localmente, aunque también rosados. Entre los blancos secos, obtenidos a partir de la cepa *xynisteri*, sobresalen el *aphrodite* y el *arsinoé*.

chips

Finas rodajas de papa, fritas y saladas, a menudo preparadas industrialmente y que se venden en bolsas. Pueden estar aromatizadas (adobadas, por ejemplo) o contener menos aceite y sal (llamadas *light*). Las *chips* se sirven con el aperitivo o para acompañar parrilladas y asados. En este último caso, se pueden degustar calientes.

chirimoya

Fruto de un árbol de la familia de las anonáceas, originario de Perú y que crece en varios países tropicales. Existen varias especies semejantes, como la guanábana y la anona.

Tiene el tamaño de una naranja, un aspecto en el que destaca su piel con protuberancias y un color verde tendente al pardo negruzco cuando está bien madura. Se sirve fresca, cortada por la mitad; su pulpa, blanca y jugosa, a la que se retiran las semillas negras para comerla con cucharilla, tiene un sabor agridulce y aroma de rosa. También se emplea para hacer sorbetes y macedonias de frutas.

chirivía

Hortaliza de la familia de las apiáceas, cuya raíz blanca, cónica, con sabor de limón y dulce, se consume como verdura. Ya la cultivaban los griegos, y fue muy apreciada durante la Edad Media y el Renacimiento. Recogida en otoño y en invierno, es bastante energética (74 kcal o 310 kJ por cada 100 g) y rica en fibras y potasio. Tiene todos los empleos del nabo y a menudo es más sabrosa que éste; también se puede cocinar como la zanahoria.

chistorra

Producto muy arraigado en Navarra y Guipúzcoa (la palabra procede del vasco), elaborado con carne picada magra y grasa, básicamente de cerdo, sal, ajo y pimentón, embutido generalmente en tripa natural de oveja o cordero, de color rojizo y sabor muy característico. Una vez elaborado, con o sin ahumado, se deja que se oree.

chocolate

1. Bebida de origen prehispánico hecha a base de cacao disuelto en agua o leche, que se sirve caliente con bastante espuma. En la época prehispánica el cacao se molía y se mezclaba con vainilla y flores. Con el paso de los siglos los ingredientes autóctonos se mezclaron con los de otras latitudes y el cacao se convirtió en lo que hoy se conoce como chocolate. Esta bebida fue rápidamente difundida en Europa, donde obtuvo un gran éxito. Actualmente la combinación más común es la de cacao, azúcar, canela almendra y vainilla. Es importante aclarar que en México el chocolate siempre se concibió como una bebida y no como golosina; esta es una de las razones por la cual en el país nunca se desarrolló un buen chocolate como golosina, además de que la técnica para transformarlo se perfeccionó en tierras europeas.

Actualmente, esta bebida es muy consumida en todo México, además de en muchas otras regiones del mundo. Los ingredientes, la intensidad de sabores y la consistencia varían dependiendo de la zona. En el país existen varias formas de consumirlo, de acuerdo con sus ingredientes y con su cantidad de azúcar: chocolate con agua, chocolate con leche, chocolate a la francesa, chocolate a la española y chocolate a la mexicana.

La popularidad de esta bebida es tal, que la industria ha desarrollado mezclas comerciales instantáneas. El chocolate en polvo es una mezcla de azúcar y de al menos 32% de cacao en polvo. Puede contener algún emulsionante que favorezca su solubilidad, así como aromas como la vainilla o la canela, naturales o sintéticos.

2. Producto alimentario compuesto esencialmente por una mezcla de pasta de cacao y azúcar, que se remueve durante mucho tiempo en caliente antes de moldearse en tabletas. Se le puede añadir leche, miel, frutos secos, etc. En 1826, el holandés Van Houten inventó el cacao en polvo, soluble en agua. La expansión del chocolate en forma sólida empezó en Inglaterra en 1847 con la comercialización de las primeras tabletas. En 1870, el francés Menier, con su fábrica de Noisiel, contribuyó a la democratización del chocolate. Hubo que esperar a 1901 para que el chocolate *fondant*, inventado por el suizo Lindt, alcanzase gracias al procedimiento del "conchado" la calidad que todavía hoy conocemos, bajo múltiples variantes. El suizo Nestlé, inventor de la leche en polvo, dio origen, junto con Peter, al chocolate con leche.

El chocolate es muy nutritivo en volumen reducido: aporta más de 500 kcal o 2,090 kJ por 100 g. Según si contiene leche o no, el chocolate consta de 55 a 62% de carbohidratos, 30% de lípidos y entre 2 y 9% de proteínas, así como calcio, magnesio, hierro, fósforo y, sobre todo, potasio. Contiene teobromina, un alcaloide estimulante similar a la cafeína.

Existen diferentes tipos de chocolate:
- Chocolate oscuro, negro o amargo. Es una mezcla de azúcar y cacao que contiene un mínimo de 35% de cacao, 18% del cual debe ser manteca de cacao. Calificativos como negro, extra, fino, superior, de degustación, entre otros, implican un mínimo de 43% de cacao, 26% del cual debe ser manteca de cacao.
- Chocolate con leche. Contiene un mínimo de entre 20 y 25% de cacao y entre 20 y 14% de materia seca de leche o productos de la leche. Los chocolates de mayor calidad de este tipo contienen al menos 30% de cacao y 18% de materia seca de leche o productos de la leche.
- Chocolate blanco. Contiene un mínimo de 20% de manteca de cacao y 14% de materia seca de leche o productos de la leche.
- Chocolate de cobertura. Contiene una proporción más elevada de manteca de cacao, al menos 31%, lo cual garantiza una excelente viscosidad. Permiten un trabajo profesional del chocolate: baño, elaboración de bombones o glaseado de pastelería.

En ocasiones, a los diferentes tipos de chocolate pueden añadírseles mantecas vegetales, lo cual reduce su calidad. Existen igualmente denominaciones que corresponden a otros ingredientes o presentaciones de los chocolates como chocolate relleno, tableta rellena, chocolate con avellanas *gianduja*, así como numerosas denominaciones comerciales, como chocolate de postre o chocolate de cobertura, sin olvidar las cremas para untar, las mermeladas y jaleas de chocolate.

La calidad del chocolate depende de la calidad de las materias primas, comenzando por los granos del cacao, y del cuidado con que se han llevado a cabo los distintos procesos de fabricación: tostado y molido de los granos, conchado o integración de la mezcla de pasta de cacao/azúcar, leche y grasa vegetal. Cuanta mayor sea la cantidad de manteca de cacao que contenga el chocolate, más tierno y suave será; cuanto más azúcar lleve, más dulce será.

Cuando el chocolate se almacena al resguardo de la humedad y de los olores a una temperatura de unos 18 °C, se conserva muchos meses.

Para los pasteles y postres se elige un chocolate con un gran porcentaje de cacao (en polvo o tableta), cuyo aroma se puede intensificar añadiendo cacao sin azúcar. Para empleos específicos (napado, *fondant*, decoración, glaseado), se utiliza el chocolate de cobertura. La base de los pasteles de chocolate es, a menudo, un bizcocho, una genovesa o un merengue. El chocolate puede intervenir también en la crema pastelera y en la crema de mantequilla, como relleno y en salsas.

El chocolate es un sabor de base para algunos helados y cremas heladas, coberturas y cremas cocidas o cuajadas en tarros. Además, permite realizar carlotas, suflés y *mousses* variadas.

En la elaboración de galletas, sirve de relleno o de glaseado. En la bollería cabe citar los panecillos con chocolate. En la confitería, el chocolate también está muy presente.

Existe un terreno en el que es menos conocido el uso del chocolate: la cocina propiamente dicha. Este empleo es poco usual; sin embargo, en México algunas de las variedades de moles, entre ellos el mole poblano, tienen a este ingrediente como fundamental en su elaboración.

→ cacao, cocoa

chocolatera

Recipiente alto, a menudo en forma de cono truncado o con la parte inferior redondeada, provisto de un pico vertedor y de un mango horizontal de madera, utilizado para servir el chocolate caliente. La chocolatera posee una tapa con un orificio para que pueda pasar un batidor especial destinado a obtener espuma en el chocolate en el momento de verter en las tazas.

En México, las chocolateras son jarras o vasijas algo estrechas y de poca capacidad en las que se introduce el molinillo para batir el chocolate y obtener abundante espuma. Tienen una capacidad aproximada a tres tazas, lo que permite batir el chocolate caliente para obtener suficiente espuma para cada porción, que luego debe servirse inmediatamente. En Oaxaca, las jarras chocolateras suelen ser de barro natural o pintadas de verde con la forma del jarrito típico, pero más alargadas y grandes. En Tabasco se hacen de madera tallada en una sola pieza de 20 cm de alto por 11 cm de diámetro en su parte más ancha.

chocolatín ◆ pan de chocolate

choesels

Especialidad de la cocina belga, cuyo nombre designa los testículos del toro en dialecto valón. De hecho, los *choesels* a menudo son páncreas de res, y el plato al que dan su nombre es un guiso de carnes y diversas vísceras, cocidas a fuego lento con cebollas y cerveza.

chop suey

Plato popular de la cocina china, que a menudo es un plato único. Por lo general se compone de carne —pollo, cerdo, res o camarón— salteada en un wok con verduras; en ocasiones el *chop suey* está constituido por restos de las comidas anteriores. Se sirve con arroz.

chorba

Sopa de la cocina árabe, a base de rabos y chuletas de carnero llano en trozos, salteados en aceite con cebollas y jitomates, a los que se suman calabacitas, ajo, tomillo y laurel, se añade agua y se sazona con pimienta roja y pimienta negra.

La *chorba* puede ser más o menos espesa y acompañarse de garbanzos, cereales, pescado, etc. Antes de servir, se agregan macarrones o fideos. Hay numerosas variantes, según la región. En la cocina de los Balcanes se encuentran preparaciones análogas, como la *corba* yugoslava y la *ciorba* rumana o búlgara.

chorizo

Especialidad española elaborada con carne (sobre todo carne magra de cerdo) picada y adobada con pimentón y otros condimentos (ajo, chile u orégano) que suelen variar según el lugar donde se elabora, embutida en tripa de cerdo. A menudo se consumen recién hechos, fritos o asados a la parrilla, pero habitualmente se dejan secar o se ahuman.

El chorizo crudo, frito o asado participa en la preparación de innumerables platos de la cocina española, como el cocido y el arroz a la cazuela. También es muy popular en Portugal y en América Latina.

chou o choux

Pequeña preparación pastelera, elaborada con una masa de doble cocción, que se come fría, a menudo rellena de una crema u otra preparación. En pastelería, los *choux* (*chou* en singular) sirven sobre todo para realizar *croquembouches* y, con rellenos y glaseados distintos, constituyen surtidos de *petits-fours* frescos. Cuando se rellenan con preparaciones saladas, los *choux* se sirven como entremés.

choucroute

Col blanca finamente cortada, salada y luego fermentada, que se suele acompañar con papas cocidas en agua y un surtido de carnes y charcutería. Asimismo, también existe una preparación con este nombre, una especialidad de Alsacia, de Lorena y de algunas regiones de Alemania.

La *choucroute* también acompaña o sirve para cocinar otras elaboraciones, llamadas "a la alsaciana" (aves o piezas de carne, paletilla de cerdo o perdiz, huevos fritos, caracoles, pescados e incluso sopa).

Christmas cake

En el Reino Unido, pastel tradicional de la época de Navidad (el *Christmas pudding*, por su parte, se reserva para el mismo día de Navidad).

Además del *english Christmas cake* existen un *irish* y un *scottish* (*Dundee cake*, sin glaseado), bastante parecidos. La versión *english* es un gran pastel redondo y plano; su masa, semejante a la del *cake*, está enriquecida con frutas confitadas, almendras, especias y alcohol. Una vez cocida, se unta de mermelada de chabacano, a veces se cubre y se rodea con una lámina estrecha de pasta de almendra, y luego se napa con glasa real en un grosor suficiente para poder "esculpir" en ella una decoración de puntitas. Se decora con cerezas confitadas y ramas de acebo.

Christmas pudding

Pastel tradicional de las Navidades británicas que se come el mismo día de Navidad. Se elabora a base de grasa de riñón de res, uvas pasas, pan rallado, harina y frutas confitadas. Se cuece en agua hirviendo durante varias horas y se sirve muy caliente, flameado con ron o con aguardiente. El *Christmas pudding* es mejor si se prepara con antelación y se conserva mucho tiempo (hasta un año dentro del refrigerador). Antaño presentaba la forma de una gran bola y se cocía en un paño. En nuestros días se utiliza una terrina, pero se sigue envolviendo siempre en un paño.

chtchi

Sopa bien consistente de la cocina rusa, a base de *choucroute* breseada y cocida en un caldo fuerte, a la que se añaden trozos de panceta de res (previamente blanqueados), carne de pato (o de pollo) pochada, tocino salado y salchichas ahumadas. El *chtchi* se sirve en sopera con crema agria (*smitane*) e hinojo o perejil picado.

También se prepara un *chtchi* con verduras (espinacas, acedera, ortigas).

chufa

Planta vivaz mediterránea, de la familia de las ciperáceas, que produce pequeños tubérculos del tamaño de una avellana cuya pulpa blanca, harinosa y dulce les ha valido el sobrenombre de "almendras de tierra". En el Magreb, la chufa, por lo general picada, participa en la composición de los rellenos de ave, las albóndigas y las mezclas de especias. La chufa cultivada en la huerta de Valencia tiene Denominación de Origen y sirve para preparar la horchata de chufa valenciana, bebida refrescante y nutritiva que goza de gran popularidad.

De la chufa también se extrae un aceite y se elabora una harina utilizada en pastelería.

chuleta ◆ costilla

churrasco

Nombre con el que se conoce popularmente a un trozo de carne magra de res, ternera o novillo. Es un trozo muy jugoso y sabroso, y habitualmente se asa a la parrilla. Se considera que el mejor churrasco es el que se corta del sitio que cubre la parte de la aguja y las primeras costillas de la res. Este asado es especialmente popular en Argentina y Uruguay.

churros

Especialidad española consistente en una masa de pasta a base de harina de trigo, agua y sal, de forma alargada y acanalada que, una vez frita y bien dorada, se trocea y acompaña con azúcar. Se acostumbran a tomar durante el desayuno o la merienda acompañados de chocolate. En México, esta preparación también es muy común.

chutney

Condimento agridulce elaborado con frutas o verduras (o una mezcla de ambas) cocidas en vinagre con azúcar y especias hasta que se obtiene una consistencia de confitura.

De tradición culinaria india, el *chutney* (palabra inglesa derivada del hindi, "especias fuertes") es en realidad una especialidad británica, que data de la época colonial (como los *pickles*).

Los *chutneys* se pueden preparar a partir de numerosas frutas exóticas (mango, coco, piña, pulpa de tamarindo), aunque también con distintos productos occidentales (berenjena, jitomate, cebolla, melón, uva, cerezas, manzana, etc.). Algunos *chutneys* se reducen a puré, otros conservan elementos en trozos. Todos se caracterizan por un jugo con la consistencia del jarabe, muy picante en algunos casos, que cubre los ingredientes.

Tras cocerse unas dos horas, se guardan en tarros de vidrio y se conservan como confituras. Realzan el sabor de los platos algo insípidos, principalmente fríos (pollo, pescado, jamón, restos de carne hervida).

cidra

Cítrico originario de China, fruto del cidro, parecido al limonero, de la familia de las rutáceas. En Francia se cultiva sobre todo en la Costa Azul y en Córcega. La cidra, mayor que el limón y ligeramente piriforme, posee una piel gruesa y verrugosa, que se utiliza confitada, en los licores y en pastelería (*cakes*, bizcochos, *puddings*, etc.).

ciervo

Rumiante salvaje que habita las regiones templadas, de la familia de los cérvidos, que puede pesar hasta 200 kg y del que se consume la carne. La mejor carne es la de los cervatos (hasta 6 meses), y la de la joven cervatilla todavía es más fina que la del macho.

El ciervo era muy apreciado en la Edad Media. Se comía asado, guisado en su sangre o en potaje.

Hoy en día, en Francia, la caza del ciervo está reglamentada en cada departamento. No obstante, las capturas anuales se estiman en unos 10,000 ejemplares. En Canadá, el ciervo de Virginia es la pieza de caza mayor favorita en octubre y en noviembre.

cigarrillo

Galleta en forma de tubo, llamada también cigarrillo ruso, preparada con la pasta para lenguas de gato dispuesta en discos sobre una placa. Cuando salen del horno, los círculos de pasta, aún tibios y maleables, se enrollan en una varilla de madera.

cilantro o coriandro

Planta aromática de la familia de las apiáceas, llamada también perejil árabe o perejil chino, de la que se utilizan las semillas secas (enteras o en polvo) y las hojas (frescas y cortadas o secas). Los judíos usaban sus semillas para aromatizar sus galletas, y los romanos para conservar la carne. En el siglo XVIII, las semillas, cubiertas de azúcar, se mascaban. En la actualidad, su uso no es muy frecuente en Europa; sin embargo, en México las hojas y tallos frescos gozan de gran popularidad, pues es añadido a muchos guisos tradicionales así como a salsas de mesa.

cincelar

Practicar unas incisiones oblicuas poco profundas en la superficie de un pescado redondo (caballa, sobre todo) o una *andouillette*. La operación acelera y permite que penetre la sazón.

En cuanto a las verduras y finas hierbas cinceladas, se cortan en trozos pequeños, en tiras finas o en dados minúsculos.

cinco especias

Mezcla china de anís estrella, clavo de olor, hinojo, canela y pimienta. Las cinco especias son reducidas a polvo y de esta forma se comercializan. La mezcla diluida en salsa de soya se utiliza para untar carnes o aves antes de dorarlas o saltearlas.

cintilla o pez cinto

Pez de la familia de los triquiúridos, plano como una cinta, que puede alcanzar 1,10 m. Es muy común en el Mediterráneo y en las costas mexicanas. Su piel brillante está desprovista de escamas y su hocico está armado con numerosos dientes.

El pez cinto, que a menudo se vende a trozos, tiene una carne firme y es adecuado sobre todo para las sopas de pescado. En México se consume regularmente rebozado y frito acompañado de jugo de limón y salsa picante.

ciruela

Fruto del ciruelo, árbol de la familia de las rosáceas, redondo u oblongo, amarillo, verde o violeta. El ciruelo, originario de Asia, se cultivaba ya en Siria y los romanos realizaron injertos. En Roma ya se secaban las ciruelas de Damasco (que traían de esta ciudad los cruzados en el siglo XII). La ciruela comenzó a ser muy apreciada durante el Renacimiento, y a partir del siglo XVI surgieron numerosas variedades.

La ciruela, que proporciona 64 kcal o 268 kJ por cada 100 g, es bastante rica en azúcar, en fibras, en calcio, en magnesio, en potasio y en sorbitol. Se come fresca de julio a septiembre como fruta de mesa, y luego seca, como ciruela pasa. También se conserva en aguardiente y de ella se obtiene un alcohol.

Algunas variedades están destinadas a las conservas, a las confituras o a la destilería. También sirve para elaborar tartas, buñuelos y compotas.

ciruela amarilla o mombin

Fruto amarillo o rojo oscuro, de un árbol de la familia de las anacardiáceas, redondeado, oblongo o ligeramente piriforme, de 3 a 5 cm de longitud. Llamado también spondias o ciruela de España, y en México, jobo, que se cultiva en México, Filipinas y las Antillas. El sabor de su carne amarilla, dulce y jugosa, recuerda mucho al de la naranja. Se consume al natural, en compota, en confitura o seco. Otra variedad (de color amarillo pálido, de carne firme y jugosa, y sabor más acidulado) se cultiva en la India y en el Pacífico. Acompaña a numerosos platos salados (en particular el pollo) y entra en la composición de los *chutneys* (sobre todo cuando la fruta está verde), pero también se consume crudo, bien maduro. En México, con esta ciruela se hacen atoles, salsas picantes, licores o se encurten.

ciruela pasa
Ciruela violeta, seca o deshidratada, que se conserva mucho tiempo. El método tradicional consiste en exponerla al sol; no obstante, en la actualidad, las frutas se suelen secar en hornos especiales.

Muy energética (290 kcal o 1,212 kJ por cada 100 g) y rica en azúcar, es un alimento con abundante fibra, sorbitol, hierro, potasio, magnesio, calcio y vitaminas B y E.

Antes de su utilización es preciso lavarlas, y luego ponerlas en remojo (al menos dos horas y en general una noche) en agua. También se pueden cocer directamente en agua o vino tinto, sobre todo para elaborar una compota o un puré.

Las ciruelas pasas, preferentemente deshuesadas, intervienen en numerosas elaboraciones de pastelería, tanto enteras como en mermelada. También entran en la composición de helados, macedonias o compotas de frutas, y pueden servirse igualmente maceradas y flambeadas. En confitería se rellenan de distintos productos y se conservan bien en armañac. Por otro lado, las ciruelas pasas constituyen un condimento muy apreciado en cocina, en particular con el conejo y el cerdo. En muchos países hay ciertos platos que se elaboran con ciruela pasa.

cítricos
Frutas del género *Citrus* (bergamota, clementina, lima, limón, limón verde, mandarina, naranja dulce, naranja amarga, toronja), de híbridos de este género (tangerina) y también de géneros próximos (*kumquat* o naranja china).

Cultivadas en zonas de clima templado cálido, estas frutas ricas en vitamina C, en ácido cítrico y en potasio tienen un sabor más o menos ácido. Contienen aceites esenciales muy aromáticos.

Los cítricos se consumen en gran parte al natural. En algunas recetas se asocian a carnes y aves de corral. También se emplean en pastelería y en confitería, así como en destilería. Ocupan un lugar preponderante en la industria de los jugos de frutas.

Asimismo, se utilizan en la industria alimentaria: aceites esenciales aromáticos y la pectina procedente de la piel; el agua de flor de azahar obtenida a partir de las flores del naranjo amargo y los aceites de las semillas.

civet
Ragú de piezas de caza de pelo preparado con vino tinto, que se termina ligando con la sangre del animal (a veces sustituida por sangre de cerdo), lo cual le da sus característicos color y untuosidad. En la preparación se suelen incluir otros ingredientes como cebollas o tocino.

También se llama *civet*, por extensión, a ciertas preparaciones de crustáceos (bogavante), de pescados (atún) o de moluscos en salsa.

clafoutis
Postre rústico del Lemosín, preparado con cerezas negras, dispuestas en una fuente de horno untada de mantequilla, sobre las que se vierte una pasta de *crêpes* bastante espesa. Se sirve tibia, espolvoreada con azúcar. La Academia Francesa, que había definido la palabra como una "especie de flan con frutas", debió ceder a las protestas de los habitantes del Lemosín y la definió como "pastel de cerezas negras". No obstante, existen numerosas variantes, con cerezas rojas y otras frutas.

clarete
Vino tinto ligero, cuyo color no es rosado, sino rojo franco, de débil intensidad. El clarete, suave y afrutado, que se bebe fresco y joven, está elaborado con uvas poco ácidas, utilizadas en su plena madurez, al término de una fermentación corta (de 2 a 4 días).

Antaño, el clarete era una mezcla de vino blanco y de vino tinto, o bien un tinto ligero. De esta palabra deriva el término, utilizado por los anglosajones para designar al burdeos tinto. Hoy en día, el claret es un burdeos tinto, sea cual sea su edad.

clarificar
Efectuar las operaciones necesarias para que una sustancia turbia se vuelva límpida y clara. La clarificación concierne sobre todo a los líquidos (caldos y bebidas), pero el término también se emplea para el azúcar, la mantequilla y otros ingredientes.

- Clarificación de la mantequilla. Consiste en fundir mantequilla al baño María, sin remover, a fin de eliminar el suero, que forma un depósito blanquecino.
- Clarificación del caldo. En la cocina casera, el caldo de cocido o de ave se sirve tal cual pero en la cocina profesional se clarifica. La clarificación se efectúa utilizando carne magra de res molida y clara de huevo, así como una guarnición cortada en *brunoise*. Cuando el caldo se lleva progresivamente a ebullición con los elementos de la clarificación, la clara de huevo coagula y aprisiona todos los elementos que enturbiaban el líquido. La pérdida de sabor resultante se compensa con el de la carne magra de res y de los elementos aromáticos que se han añadido.
- Clarificación del vino. Se efectúa mediante filtrado y encolado, con la ayuda de sustancias que arrastran las partículas sólidas al fondo de la cuba o de la barrica.
- Clarificación de la cerveza y de la sidra. Antes de introducirla en barriles o botellas, la cerveza se filtra para que adquiera brillo. La operación se efectúa bajo presión para que no se escape el gas carbónico. En cuanto a la sidra, se vuelve límpida mediante la coagulación de la pectina con diastasas al salir de la prensa. A continuación se trasiega con sifón a los toneles al abrigo del aire.
- Clarificación de los jarabes, licores y bebidas caseras. Los jarabes y los jugos de frutas y de verduras se filtran a través de un papel

poroso o una muselina o manta de cielo. Las bebidas con frutas fermentadas se clarifican con clara de huevo batida a punto de nieve, y luego se filtran. Los licores se filtran a través de algodón, en un embudo, y a veces se precisa efectuar un encolado con clara de huevo.

clavetear

Clavetear uno o varios clavos de olor en una gran cebolla cruda que se añade a una preparación para aromatizarla durante la cocción. También se clavetean frutas en caso de preparaciones dulces.

El término también significa hacer penetrar en una carne, un ave, una pieza de caza o un pescado, unos "clavos", es decir, pequeños bastoncillos de trufa, de jamón cocido o de lengua escarlata (en las carnes), o de trufa, filetes de anchoas o pepinillos (en los pescados).

En México a esta acción se le conoce como mechar. Las carnes se rellenan comúnmente con aceitunas, alcaparras, pasitas, almendras, pimienta gorda, zanahorias y tocino, entre otros ingredientes.

clavo de especia o clavo de olor

Botón floral del clavero, de la familia de las mirtáceas, recolectado antes de su desarrollo y secado al sol. Es pardo y duro, mide 12 cm de longitud aproximadamente, con una cabeza de 4 cm de diámetro, y tiene un sabor picante y especiado.

Durante mucho tiempo, el clavo de especia, introducido en Europa hacia el siglo iv, fue tan codiciado como la pimienta. Es originario del archipiélago de las Molucas, donde los holandeses ostentaron durante largo tiempo el monopolio de su cultivo. En la Edad Media, la escuela de medicina de Salerno lo consideraba una panacea. Se creía que las naranjas claveteadas con clavo de olor protegían a las personas contra la peste. En Nápoles se elaboraban pastillas con esta especia que se consideraban afrodisiacas. El clavo de especia también se utilizaba para conservar la carne y los embutidos.

Actualmente, en Europa, se limita a unos empleos bien precisos: frutas en aguardiente; adobos en vinagre; cebolla claveteada con unos clavos de especia en los platos hervidos o braseados; elaboraciones de pastelería con miel y frutas secas. En el vino caliente, a menudo se asocia con la canela. Está presente en numerosas mezclas de especias indias, en el *râs-al-hânut* magrebí y en el cinco especias chino. En México, es ingrediente de algunos adobos, moles, embutidos, escabeches, encurtidos y caldos.

clementina

Fruta del clementino, cítrico de la familia de las rutáceas obtenido en 1902 en Argelia por el padre Clément, procedente de un cruce natural entre un mandarino y un naranjo amargo. La clementina, pequeña, anaranjada y esférica, es firme, y su piel se adhiere a la pulpa, que es jugosa y acidulada. Es rica en vitamina C y se conserva bien en un lugar fresco.

La clementina se consume fresca, aunque también se puede confitar o conservar en aguardiente. Su jugo se utiliza para elaborar sorbetes y bebidas. En pastelería y confitería tiene los mismos empleos que la naranja. De ella se extrae un licor y se utiliza en coci-

na como la naranja amarga. Los británicos la emplean para hacer *pickles*.

cobre

Metal rojizo utilizado tradicionalmente para ciertos utensilios especializados de cocina. El cobre presenta la ventaja de ser un excelente conductor del calor. En cambio, bajo la acción de la humedad, se cubre muy rápidamente de cardenillo y destruye la vitamina C. El interior de los utensilios de cobre debe recubrirse, pues, con una capa de estaño puro, que se debe renovar con regularidad.

coca

Especialidad catalana (denominada también *cóc*) consistente en un pan de harina de trigo de forma generalmente ovalada a la que pueden añadirse diferentes ingredientes, como aceite, mantequilla, huevos o almendras. Pueden ser saladas, como las *coques de recapte*, con arenque, cortes de butifarra, cebolla y pimiento, o dulces, como las *coques de sant Joan*, con azúcar y frutas confitadas.

cocada

Dulce hecho de coco rallado o molido, cocido con azúcar o piloncillo, que según la región, puede tener más ingredientes y distintas formas y texturas. Existen muchas variantes en todo México de este dulce, tanto en las zonas costeras como en las tierras del interior.

cocción

Operación culinaria que se sirve del calor, gracias a la cual un alimento comestible cambia sus propiedades originales, lo que puede resultar en que sea más digerible y apetitoso, al tiempo que favorece su conservación por más tiempo que si estuviera sin cocer.

Existen varias técnicas de cocción. Entre las que se consideran sencillas están la fritura, el asado (al horno, al fuego directo, entre otros), el hervido, el vapor y el salteado. Entre las mixtas, el braseado. Ciertos alimentos deben cocerse obligatoriamente antes de consumirse, por ejemplo, las féculas o la papa.

Los objetivos de la cocción son diversos:

- Modificación de los componentes. La cocción modifica los componentes bioquímicos de los productos (mediante ablandamiento, coagulación, hinchamiento o disolución). De esta manera, algunos productos se pueden consumir mejor (arroz, harina) o son más fáciles de absorber. Asimismo, la cocción de las verduras y de las frutas trae consigo la descomposición de las pectinas y de los azúcares complejos como el almidón, con lo cual los alimentos son más blandos y fáciles de digerir. La cocción de las carnes y de los pescados modifica en primer lugar su color (paso de crudo a cocido a 62 °C) y luego la cantidad de jugo que contienen (paso del estado jugoso al seco a 68 °C). Según el tiempo y la temperatura, la cocción destruye asimismo el tejido conjuntivo (colágeno) de las carnes y contribuye a su ternura.

- Transformación del aspecto exterior. La cocción transforma superficialmente ciertos tipos de alimentos, mediante coloración (por ejemplo, gratinados, asados, parrilladas, verduras glaseadas, azúcares) o hinchamiento (panes, suflés).

– Reducción o extracción de los jugos y de los principios nutritivos. Estas transformaciones se efectúan tanto por concentración (sumergiendo rápidamente el alimento en un líquido hirviendo o sellándolo en un cuerpo graso caliente para aprisionar todos los jugos) como por expansión (dejando que los jugos se difundan en un líquido que se impregna con todos sus sabores y que, a su vez, penetra en el alimento), o bien de manera mixta (en un braseado, poco dorado seguido de cocción en líquido). La digestibilidad está en función de la proporción de materias grasas cocidas. El modo de cocción juega con los parámetros de esta digestibilidad y el valor nutricional de los productos.

– Desarrollo del aroma y de los sabores. La cocción desarrolla el sabor de los alimentos, aunque también puede atenuarlo cuando es excesivo (acidez, amargor). Los condimentos y las adiciones de componentes aromáticos en la salsa añaden sus sabores propios, que se unen a los de los ingredientes de base; estos aromas y sabores pueden concentrarse o atenuarse gracias también a una maceración, a una reducción o a un flambeado.

– Eliminación de elementos nocivos. El calor destruye una parte de los microorganismos nocivos.

Existen cuatro medios o ambientes que permiten agrupar todos los modos de cocción.

– Agua. Inmersión en agua fría o hirviendo; pochado con ligeros hervores o cocción a ebullición plena; blanqueo rápido o pequeña ebullición prolongada en todos los líquidos; al vapor, aromático o no; al baño María; tapado o destapado; con o sin remojado previo.

– Cuerpo graso. En grandes o pequeñas cantidades (salteado, fritura); a fuego vivo o lento; rebozado o no.

– Aire libre. Por contacto directo con la llama o el calor (en espetón, en parrilla, bajo la ceniza), o en un medio de calor seco (horno).

– En ambiente confinado. En un recipiente cubierto, a veces herméticamente cerrado, con líquido, generalmente después de dorar el alimento y siempre en un medio aromático, a veces sin ningún cuerpo graso.

La cocción, cuyo tiempo es muy variable dependiendo de lo que se desee cocer, puede acelerarse mediante ciertos aparatos. En ciertos casos debe cronometrarse con precisión (pochado, asado). En otros, puede prolongarse sin inconveniente (cocción a fuego lento). En ocasiones, se detiene cuando el alimento todavía está parcialmente crudo.

cocción al vacío

Esta técnica reciente de tratamiento de los alimentos está reservada todavía a los profesionales (industriales, restauradores), a causa de la complejidad del equipamiento y de la técnica requerida. Esta técnica es, a la vez, distinta y complementaria a las citadas anteriormente en la definición de cocción, en la medida que utiliza algunas de ellas para la coloración o coagulación previa (asado en parrilla, salteado o vapor) y se asemeja por su forma y duración a la cocción en ambiente confinado o a la cocción a fuego lento.

Se practica a temperatura precisa, con el producto situado en una bolsa de plástico retractilado al vacío para mejorar los intercambios térmicos. Una vez cocido por inmersión o aspersión en el agua, el alimento conserva sus aromas y se encuentra al resguardo de las oxidaciones y las contaminaciones.

La cocción al vacío permite cocer los productos a temperaturas muy precisas y perfectamente reguladas. El plástico alimentario garantiza la protección contra la dilución de los elementos gustativos, y el vacío lo aplica sobre el producto como una piel, lo cual favorece la transmisión térmica. El vacío ralentiza ante todo los fenómenos de oxidación y amplifica los sabores durante la cocción, puesto que nada sale de la bolsa. La temperatura justa favorece el control y la reproductibilidad de los colores y las texturas, además de garantizar la salubridad de los productos así tratados.
→ conservación al vacío

cocción al vapor

Modo de cocción muy antiguo, practicado en particular en China desde hace milenios y redescubierto por la cocina moderna.

El elemento determinante de la cocina al vapor es la calidad perfecta de los productos tratados, ya que el menor aroma sospechoso queda acentuado.

El procedimiento clásico consiste en verter en un recipiente de cocción la cuarta parte de su volumen de un caldo más o menos aromatizado, disponer el alimento en el interior del utensilio, en una rejilla o una cesta que aflora sobre el líquido hirviendo, dejar pasar el vapor, y cocer lentamente, en general tapado. También se pueden cocer alimentos en su propio vapor, sin líquido.

En este modo de cocción, el calor hace fundir la grasa de las carnes, que cae en el caldo. Por otra parte, los alimentos conservan más sus vitaminas y los minerales hidrosolubles. El tiempo de cocción es bastante largo en el caso de las carnes.
→ vaporera

cochinita pibil

Platillo típico de la cocina de la península de Yucatán preparado con carne de lechón o cerdo condimentado con recado rojo (mezcla de achiote con especias). Tradicionalmente se hornea en *pib* (horno subterráneo), pero en la actualidad muchas veces se cocina en un horno convencional o al vapor. Generalmente la carne se sirve deshebrada para comerse en tacos con tortillas de maíz, acompañadas de cebollas moradas curtidas o una salsa de chile habanero llamada ixnipec.

cochonnaille

En Francia, sinónimo familiar de las elaboraciones de charcutería, a veces con un tono irónico, que sugiere la idea de abundancia.

La moda de los buffets campestres realzó el protagonismo de estos surtidos de salchichones, galantinas, jamones, patés, *andouilles* y otros embutidos, que evocaban, a los ojos de los habitantes de las ciudades, las francachelas rurales.

cocido

Plato popular y tradicional en muchas regiones, elaborado generalmente con carnes, hortalizas, aromáticos y otros productos.

En España, por ejemplo, existen múltiples variantes del cocido cuyos ingredientes dependen de la tradición y las costumbres propias de la zona donde se elabora: el caldo o cocido gallego, el cocido madrileño, el andaluz, el asturiano, el extremeño, el montañés, etc. Todos ellos, se basan en el principio de cocción de carnes, legumbres y verduras. En México, es usual encontrar con el nombre de cocido a muchos preparaciones caldosas, elaboradas con el mismo principio.

cocina

Local reservado a la preparación de los alimentos. La cocina, en tanto que espacio diferenciado, apareció hacia el siglo v a.C., y conservaba un carácter religioso: el hogar en el que se cocían las verduras y las carnes también era el altar de culto de los dioses lares. Las cocinas romanas de las grandes mansiones estaban muy bien equipadas: cisterna, lavadero, horno de pan, cavidades en las superficies de trabajo para picar las especias, trípodes de bronce.

En los castillos de la Edad Media, la cocina era uno de los espacios más importantes, y en él reinaba una actividad constante. Era muy amplia, estaba dotada de una o varias gigantescas chimeneas, y se dividía en numerosos anexos (panadería, frutería, etc.). En cambio, en las casas burguesas y en las granjas a menudo era la pieza común, en la que se recibía a los visitantes, se cocinaba y se comía.

En el México prehispánico no existía un espacio reservado y confinado exclusivamente a la preparación de alimentos. Fue hasta la llegada de los españoles que este espacio comenzó a desarrollarse en el territorio novohispano.

En el Renacimiento se perfeccionaron los equipamientos y la decoración. En Francia, en el reinado de Luis XV, época en la que el arte culinario conoció una auténtica renovación, la cocina de una casa noble podía ser bastante lujosa.

En el siglo XIX, los progresos técnicos —la batería de cocina y, sobre todo, el horno— transformaron la cocina en un auténtico "laboratorio", como lo llaman los chefs. En las casas burguesas era un espacio netamente separado del resto de la casa, que poseía su entrada de servicio. A veces estaba situada en el sótano o en el extremo de un largo pasillo. En ella abundaban los utensilios: balanza y pesos, servicios de cubiertos, escurridor, latas de especias, cacerolas, etc.

En el terreno profesional, en el siglo XIX, el equipamiento de los restaurantes (cada vez más numerosos) se va convirtiendo en cocinas-laboratorios equipadas con hornos, baterías de cocina e innumerables utensilios, que permiten preparar y servir centenares de platos diferentes. Los grandes restaurantes de nuestra época no son más que su versión moderna.

En el siglo XX, los progresos en la iluminación y la calefacción, las concepciones de decoración interior, así como la aparición de los aparatos de refrigeración y conservación, han integrado progresivamente la cocina en la vivienda. La reducción del espacio disponible se traduce en equipamientos funcionales (aparición de la cocina equipada o cocina americana).

➜ estufa

cocina clásica

Conjunto de técnicas y preparaciones culinarias que, para la sociedad que las emplea y consume, son parte fundamental de su tradición, de sus usos y de sus costumbres que les da unidad como grupo cultural. Así, se puede hablar de cocina clásica marroquí, cocina clásica colombiana o de cualquier otra región del mundo. Aunque muchas de ellas pueden compartir ingredientes, técnicas, utensilios, métodos de cocción y demás elementos, siempre habrá rasgos que las particularicen de las otras cocinas.

Tiempo atrás, este concepto se limitó al conjunto de técnicas y preparaciones culinarias originadas en Francia que se consideró fundamental que todo cocinero debía conocer y dominar. Tal pensamiento se sustentaba en la idea de que sólo la cocina clásica "por excelencia" y la única era la francesa. La modificación de este término se originó debido a que comenzó a mostrar demasiados particularismos y no respondía de forma satisfactoria a las culturas locales. Si bien, algunas de las técnicas y métodos de cocción que los franceses siglos atrás desarrollaron son de importancia capital aún hoy día para el ejercicio de la cocina profesional, muchas de las preparaciones y técnicas que en su momento se consideraron básicas, hoy día resultan improcedentes y descontextualizadas de muchas regiones del mundo.

cocina criolla

La cocina criolla se ha inspirado en el crisol africano ancestral. Estas tradiciones culinarias se han ido adaptando a distintas regiones: Luisiana (Estados Unidos), Brasil y antiguas colonias francesas, inglesas, españolas y holandesas (Antillas, La Reunión).

La cocina criolla se caracteriza ante todo por los productos específicamente locales (hierbas, crustáceos, frutas y verduras tropicales) y por una asociación muy variada de ingredientes múltiples en un mismo plato. Se distingue por las mezclas dulce-salado, los ragús picantes y la fritura. En cambio, no suele haber cocciones a la parrilla o al fuego.

cocina de ensamblaje

Tratamiento industrial o artesanal de alimentos frescos destinados a cocinas periféricas (colectivos, restaurantes, etc.), que más tarde los personalizan. Estos productos se pelan, limpian, cortan, calibran y eventualmente se cuecen, y otros se deshidratan o liofilizan (en particular los fondos y jugos). Todas estas operaciones se efectúan en una cocina central (llamada en ocasiones comisariato en México), y los acondicionamientos se adaptan para los distintos productos y exigencias de su posterior utilización. Los productos se conducen luego a una cocina periférica en la que el profesional se encarga de su acabado (ensamblado de los productos y personalización del plato). Esta práctica es común en los restaurantes de cadena y franquicias.

cocina tecnoemocional

Término acuñado en 2006 por el periodista y gastrónomo Pau Arenós para denominar un tipo de gastronomía que busca, a partir de distintas tecnologías y conceptos, destilar emociones y buscar el placer intelectual de los comensales, que asumen un papel activo en el acto de comer. Para conseguirlo se presta atención a los cinco sentidos, y no solo al gusto y el olfato, y se parte de una propuesta multidisciplinaria, que incluye artistas, científicos y productores.

cocinar

Preparar los alimentos para que puedan consumirse y sean apetitosos. Las técnicas culinarias de preparación (pelar, cortar, limpiar, etc.) y los distintos modos de cocción permiten transformar los productos brutos en alimentos cocinados. El acabado, la sazón y la decoración contribuyen a mejorar el resultado. Estas distintas operaciones requieren a menudo cierto tiempo y dedicación aunque una parrillada o un plato de *crudités* no precisan tanto trabajo.

coco

Fruto del cocotero, árbol de la familia de las arecáceas, gran palmera originaria de Melanesia, difundida sobre todo en Filipinas, la India, Indonesia y Polinesia, así como en África tropical. El fruto fresco, ovalado, grande como un melón, está formado por una corteza fibrosa, carnosa, de color verde a naranja, y por un núcleo muy duro. Este contiene un líquido dulce, de color blanco opalino, muy refrescante: el agua de coco. Cuando la fruta está madura, sus paredes internas están tapizadas de una pulpa blanca y firme, delicadamente perfumada y sabrosa, procedente del líquido que se ha hecho consistente. Esta pulpa contiene una destacada proporción de materias grasas. El coco es muy nutritivo: 370 kcal o 1,547 kJ (fresco) y 630 kcal o 2,633 kJ (seco) por cada 100 g. Además, contiene fósforo, potasio y carbohidratos.

El coco es un ingrediente principal en las cocinas india, indonesia, africana y sudamericana. El producto de base es la pulpa fresca rallada o tamizada, o la pulpa seca, también rallada y luego mezclada con agua. Permite preparar numerosos condimentos, sazona las verduras y los pescados crudos y sirve para cocinar los guisos de ave, res o crustáceos. La leche de coco, muy utilizada en la cocina india, da a los *currys*, a las salsas y a la cocción del arroz una untuosidad y un aroma específico. En Polinesia se utiliza para preparar potajes, confituras y marinadas de pescados. En Brasil y en Venezuela, la crema de coco glasea postres y elaboraciones de pastelería. En Vietnam y en Filipinas se cuece en leche de coco el cerdo, la res y las aves de corral, previamente maceradas.

En Europa, el coco se emplea sobre todo en forma de pulpa rallada, en galletería y pastelería. También se elaboran confitura y helados.

El coco se abre con un golpe seco o perforando ambos extremos, dejando que libere el líquido que contiene y luego cociéndolo en el horno para que estalle. La pulpa se separa entonces con mucha facilidad. De la pulpa rancia (copra) se extrae un aceite que, una vez purificado y desodorizado, proporciona la mantequilla de coco, utilizada como cuerpo graso culinario.

cocoa o polvo de cacao

Polvo obtenido mediante la pulverización de la pasta de cacao, una vez que se ha retirado la mayor parte de su materia grasa. Este proceso fue desarrollado por el holandés Van Houten en 1828.

La cocoa es muy utilizada en repostería y pastelería en muchas regiones del mundo. Su sabor es amargo, por lo cual frecuentemente se emplea en preparaciones que contienen lácteos y azúcar para crear sabores similares al chocolate.

cocotte

Utensilio de cocción redondo u ovalado, de paredes gruesas, generalmente provisto de dos mangos y una tapa que encaja perfectamente, destinado a las cocciones lentas con poco líquido (estofados, braseados, etc.).

Las *cocottes* actuales suelen ser de hierro colado esmaltado (mate o brillante), pero también pueden ser de aluminio (más ligero), acero inoxidable (no se rompe, pero no es tan buen conductor y es más costoso) o de cobre (solo los modelos pequeños).

Los platos en *cocotte* exigen casi siempre un dorado previo a fuego fuerte antes de pasar a la cocción a fuego lento. Es preciso, pues, que la *cocotte* sea de un material antiadherente que resista las diferencias de temperatura

coctel o cóctel

1. Mezcla de una bebida alcohólica con distintos elementos (licor, jugos de frutas, jarabe, aromatizantes) en proporciones variables. Existen también recetas de base que se adaptan a la bebida alcohólica elegida. También pueden prepararse cócteles sin alcohol, en los que se mezclan jugos de frutas y verduras.

Los cócteles nacieron en Estados Unidos hacia finales del siglo XIX, cuando comenzaron a embotellarse licores y aguardientes de calidad. Los *barmen*, especialistas en el arte del cóctel, comenzaron a bautizar sus creaciones con nombres que se han convertido en clásicos.

Los profesionales clasifican los cócteles por familias, definiendo cada una en función de tres grandes criterios: una asociación de ingredientes dados, una forma de preparación y una manera de servir la mezcla. Los ingredientes se dividen, a su vez, en tres grupos: la base (ginebra, vodka, calvados, armañac, etc.), un aditivo aromático, elemento que aporta al cóctel su carácter, amargo o dulce, y a veces su color (*bitters*, jarabes, licores, etc.), y el cuerpo, que actúa en la textura de la mezcla proporcionando aromas complementarios (champán, vermut, soda, agua con o sin gas, jugo de fruta, leche, crema, yema de huevo, etc.).

Por último, los cócteles se dividen en: *short drink,* bebidas cortas, y *long drink,* bebidas largas, según si se sirven secos (*dry*) o alargados con agua u otro líquido, en una copa de cóctel sin hielo o en un vaso *tumbler* con hielo.

El cóctel se prepara en una coctelera, o bien, directamente en el vaso de degustación. La adición de un "chorrito" de licor o de jarabe se hace con un dosificador. Para el servicio, el vaso puede escarcharse con azúcar, decorarse con una rodaja de limón, una aceituna, una cereza, etc.

La mezcla se completa a veces en el último momento con nuez moscada rallada, pimienta, azúcar o chocolate en polvo.

Además de la coctelera y de un surtidos de copas y vasos (copa de cóctel, copa catavinos, copa de vino, copa de champán, vaso de chupito, vaso corto, vaso largo, jarra), el equipo del bar incluye la licuadora, dosificadores de alcohol, una cucharilla mezcladora, coladores (para cubitos, para hielo picado y para pulpa), unas pinzas para cubitos, un cuchillo mondador, popotes o pajillas, un exprimidor, un picador para el hielo, un rallador, entre otros.

2. Recepción organizada con ocasión de un acontecimiento de la vida pública (inauguración de una exposición, de un congreso, etc.) o privada (petición de mano, pequeña recepción), en la que los invitados suelen permanecer de pie y se les sirven bebidas, alcohólicas y no alcohólicas, mientras comen bocadillos. El cóctel suele tener lugar a última hora de la tarde en un lugar cubierto, mientras que el *garden-party*, una recepción similar, se celebra en un jardín.

coctelera

Utensilio de bar en el que se mezclan los ingredientes de un cóctel agitándolos con hielo. El uso de la coctelera se recomienda particularmente para los cócteles a base de crema o de licores con consistencia de jarabe, así como para los que contienen un huevo, leche o incluso jugo de frutas. Existen tres tipos de cocteleras, y su capacidad varía entre 0,5 l y 1 l: la coctelera Boston, la coctelera continental y la coctelera con filtro.

codillo

Curva delantera o trasera del cerdo, situada por debajo del jamón o de la paletilla, el codillo se consume fresco, semisalado o ahumado. Breseado y pochado, con un tiempo de cocción más largo, interviene en el *choucroute* y en los pucheros. En charcutería, el codillo trasero se sala, se cuece en un caldo aromatizado y luego se deshuesa y enmolda en caliente en forma cónica, en molde o dentro de un paño. A menudo se empaniza y se presenta con el hueso adornado con una *papillote*.

codorniz

Pequeña ave migratoria de la familia de los fasiánidos, semejante a la perdiz. Las codornices generalmente pesan entre 150 y 200 g. Se asan en el horno o a la parrilla (principalmente en brochetas), se saltean, se brasean o se rellenan. También se pueden preparar en paté o en terrina.

cogollo

Se conoce con este nombre la parte interior, habitualmente más tierna y más sabrosa, de muchas hortalizas. Los más populares y los que mejor se aprovechan en cocina son los cogollos de lechuga. Son muy apreciados los cogollos de Tudela, de sabor más pronunciado y gustoso, y ligeramente amargo.

cohombro ◆ pepino de mar

cointreau

Licor de cáscara de naranja amarga creado por Adolphe y Jean-Édouard Cointreau en 1849, quienes hicieron macerar estas pieles en aguardiente para elaborar, según la fórmula exclusiva, un licor llamado *triple sec*.

El *cointreau* se prepara hoy con naranjas dulces de la costa mediterránea. Las cáscaras se maceran en aguardiente durante una noche, y luego la mezcla se destila para proporcionar una bebida alcohólica de un 80% Vol., de la que solo se guarda el "corazón". Una vez destilado de nuevo, el alcohol de naranja obtenido permite elaborar un nuevo aguardiente mediante separación de los aceites y las esencias aromáticas más pesadas. Al final se le añade azúcar, alcohol y agua para que alcance los 40% Vol. El *cointreau* se puede tomar solo en un vaso de degustación con hielo, además de ser utilizado en numerosos cócteles.

col

Nombre que se da a distintas plantas de la familia de las brasicáceas, cultivadas como verduras. Conocida en Europa desde hace más de 4,000 años, la col marítima, que crecía en estado silvestre, se difundió por todas partes de Europa durante la Edad Media. Esta col común, apreciada en primer lugar por sus virtudes medicinales, se integró rápidamente a la alimentación, donde constituyó la base de las sopas.

Mediante cultivo y selección proporcionó posteriormente distintas verduras: col de Bruselas, coliflor, brécol y colinabo, col blanca, verde o roja, etc. Las coles chinas se introdujeron en el continente europeo en el siglo XVIII.

La col es rica en sales minerales y vitaminas (sobre todo cuando está cruda). Forma parte de numerosas guarniciones y se presta a múltiples preparaciones, rústicas y clásicas. Es una base para sopas, pucheros y rellenos.

col china

Variedad de col cultivada en China, dos de cuyas variedades están disponibles en los meses de junio a marzo en el mercado europeo, el *pe-tsai* y el *pak-choi*. También se pueden encontrar en conserva, saladas, con vinagre o dulces.

La col llamada *pe-tsai* se consume cruda y finamente cortada, en ensalada, o bien escalfada y cocinada con jugo o con salsa agridulce.

La llamada *pak-choi* se suele preparar como el apio-nabo. En la cocina china, la col salteada o breseada, siempre cortada en tiras finas, acompaña al cerdo, al pescado y a los crustáceos, como condimento o como verdura propiamente dicha.

col de Bruselas

Yema comestible de cierto tipo de col que se desarrolla en la juntura de las hojas que se escalonan a lo largo de un alto tallo.

Originarias de Italia, las coles de Bruselas son ricas en azufre, potasio y vitaminas B9 y C. Aportan 54 kcal o 226 kJ por cada 100 g.

Se pueden utilizar cocidas en agua hirviendo (después de blanquearlas) para acompañar las carnes, para gratinarlas o para reducirlas a puré. También se pueden servir frías en ensaladas.

colación

Comida rápida, que a menudo se toma fuera de las horas habituales de las comidas (por ejemplo, al volver del trabajo), pero que puede ser relativamente consistente.

colador

Utensilio cónico, semiesférico o más ancho en su parte superior, que sirve para filtrar bebidas, líquidos o salsas, o para escurrir alimentos crudos o cocidos para separarlos de su líquido de escurrido, remojo o cocción. El colador pequeño generalmente está provisto de una punta o de dos solapas flexibles que permiten introducirlo en el pico vertedor, como en el caso del colador de té o de tisana, de acero inoxidable o aluminio, con pequeños orificios (ciertos modelos son de mimbre). El colador de leche, de fina rejilla metálica, sirve para retener el velo de nata. El colador más fino, utilizado para filtrar las salsas o colar los caldos, cremas, etc., es el colador chino. El colador de verduras, mucho mayor, es de rejilla metálica con una punta, de aluminio, materia plástica o hierro estañado, con dos mangos laterales y a veces tres pies.

Existen tres coladores especializados para el *barman*: el colador para cubitos de hielo (compuesto por una placa metálica agujereada alrededor de la cual hay un espiral), que permite retener los cubitos utilizados para refrescar una bebida preparada en un vaso mezclador; el colador para hielo picado, que cuela una mezcla que contenga hielo picado, y el colador para pulpa, empleado para tamizar un líquido espeso o para eliminar los elementos que hay en suspensión en un líquido.

→ chino

colar o tamizar

Filtrar a través de un colador, una manta de cielo o una estameña un caldo, una salsa, una crema fina, un jarabe o una jalea que deben ser muy lisos. Para colar las salsas espesas se prensan en un chino metálico con la ayuda de una mano de mortero, a fin de eliminar los grumos que pudiera haber. También se utiliza este término para deshacer grumos de ingredientes secos o preparaciones, por ejemplo, harinas.

colcannon

Plato irlandés muy popular, elaborado con un puré de papa y col verde, al que se añade mantequilla o leche y que se condimenta intensamente con cebollín picado, perejil y pimienta.

coliflor

Inflorescencia hipertrofiada de una variedad de col. Está rodeada por hojas que se rompen fácilmente, de un verde azulado, cuyo frescor garantiza el de la coliflor (los tallos y el cogollo se pueden emplear para las sopas y los panes de verduras).

La coliflor resulta poco calórica (30 kcal por cada 100 g), rica en azufre, en potasio, en hierro y en vitaminas (C, B1 y B2 en particular), y es la col más fácil de digerir. Era ya conocida en el imperio romano.

La coliflor se consume hervida para hacer puré, potajes o ensaladas frías, rehogada con otras verduras, en suflé, gratinada, salteada o frita.

Se cuece entera (después de ponerla en remojo en agua con vinagre y posteriormente enjuagarla con agua limpia) o bien en ramilletes, bien lavados. A menudo desprende un fuerte olor durante la cocción. Es preferible blanquearla, sin sal, y luego cocerla en un caldo blanco. También se puede añadir jugo de limón al finalizar la cocción para que quede bien firme y blanca.

colinabo ◆ nabo rave

Colombia

La cocina colombiana es muy abundante y consistente. Los tamales y empanadas se consumen a diferentes horas del día, y las comidas se articulan en torno a pucheros completos como el ajiaco, de ave, maíz, patatas y aguacate, todo ello con diversos chiles, o el sancocho, a base de pescado y servido con mandioca y plátanos verdes. Las arepas, una especie de tortitas de maíz, sirven de pan. El coco, muy difundido, se encuentra tanto en platos salados como en preparaciones dulces. Son frecuentes las frutas tropicales, papayas y frutas de la pasión, así como las fresas y las naranjas.

colorante

Aditivo destinado a modificar el color de un producto alimentario industrial o de un plato cocinado, en su masa o en superficie. La confitería y la pastelería, los productos lácteos y las bebidas son las ramas de la industria alimentaria en las que más se emplean los colorantes, naturales o sintéticos.

El empleo de colorantes en alimentación no es nuevo. En la Edad Media, la coloración de la mantequilla ya estaba reglamentada. En cuanto a los platos cocinados, se conoce el uso del azafrán, del verde de espinaca o del caramelo desde la más remota Antigüedad. Hoy en día, la ley es muy precisa e impone, sobre todo, que la presencia de colorantes se mencione en el envase.

Los colorantes que son naturales en su mayoría son de origen vegetal, salvo la grana cochinilla o carmín (E 120); la riboflavina amarilla (E 101), extraída de la leche, del trigo, del hígado o de los huevos; el caramelo (E 150) y el carbón vegetal (E 153). Entre los vegetales se encuentran: la curcumina, extraído de la cúrcuma; los carotenoides, extraídos de la zanahoria, jitomate o pimientos; las xantofilas, extraídas de algas y hongos; el rojo de betabel, extraído de las raíces del betabel hervidas; los antocianinos, extraídos de la berenjena, de la col roja, y el color verde, extraído de la clorofila y sus derivados.

Entre los colorantes sintéticos hay diversos, y algunos de ellos se encuentran prohibidos en ciertos países.

→ aditivo alimentario

colorear

Realzar o cambiar el color de una preparación (crema, relleno, salsa, pastel, bebida, etc.) con la ayuda de un colorante natural o sintético.

Colorear una carne significa caramelizar su superficie marcándola a fuego vivo en un cuerpo graso o sometiéndola a un calor radial.

colza

Planta oleaginosa de la familia de las brasicáceas muy cultivada en Francia y en Europa. Sus semillas, ricas en aceite, se trituran para separar el aceite de la parte sólida (las proteínas), la llamada "torta", destinada a la alimentación de los animales de cría. La trituración es una operación de molturación por fricción, que combina un movimiento de frotado con una fuerte presión.

El aceite de colza se aconseja para aderezar, sobre todo por su riqueza en omega-3. Se conserva bien y se mantiene líquido hasta alrededor de los 0 °C.

combava o lima kafir

Cítrico esférico rugoso, verde oscuro, de la familia de las rutáceas. El *combava* se conoce sobre todo por su corteza y su perfume intenso. Es muy apreciado en las cocinas del sudeste asiático en las que se emplea para elaborar samosas, tártaros o panes de pescado, cócteles o salsas. Sus hojas, que se congelan bien, están presentes en las cocinas de Tailandia y Malasia. Los frutos y las hojas también se utilizan en Reunión para los ponches y los *rougails*.

comercio justo

Movimiento social que promueve unas normas internacionales "justas" en materia de trabajo, política social y medio ambiente, favorables a los pequeños productores y cooperativas, en particular de los países en vías de desarrollo. Este compromiso se realiza a través de la venta de sus productos, sobre todo alimenticios (café, té, frutas, etc.), en comercios especializados o gracias a unas etiquetas que se conceden.

comida

Alimentos que se consumen cada día a una hora fija. Las tres comidas principales del día son el desayuno, el almuerzo y la cena. El día está constituido por otros momentos para alimentarse, como las colaciones: tentempié, merienda, té, cena tardía. Ciertas ocasiones de la vida social se celebran mediante comidas de una forma particular: banquete, bufet frío, *lunch*. Una comida al aire libre sobre la hierba es un picnic. Las fiestas religiosas se celebran mediante comidas que incluyen platos tradicionales variados (Navidad, Semana Santa, final del ramadán).

comino

Planta aromática de la familia de las apiáceas, originaria del Turkestán, difundida en la cuenca mediterránea desde hace mucho tiempo e introducida en Europa en la era cristiana. Sus semillas oblongas, estriadas y con un vello erizado, poseen un sabor cálido, picante y algo acre.

Actualmente el comino se cultiva en los países mediterráneos, aunque también en el norte de Alemania, en Rusia y hasta en Noruega.

Hoy en día el comino perfuma el pan (sobre todo en el este de Europa), ciertos embutidos y quesos, además de variados guisos.

componentes aromáticos

Moléculas volátiles contenidas en un vino, que forman su *bouquet*. Solo se perciben en fase gaseosa, por vía nasal directa (olor) y por vía retronasal (gusto). Los componentes aromáticos se clasifican habitualmente en tres categorías: los aromas primarios, que corresponden al carnet de identidad de la cepa; los aromas secundarios, que aparecen a raíz de la fermentación alcohólica; y los aromas terciarios, llamados también aromas de envejecimiento o aromas de oxidorreducción.

Los vinos también se clasifican por familias aromáticas: aromas de flores, de frutas frescas, de frutos secos, de vegetales, de olores de bosque, de olores animales, de especias, balsámicos (alquitranes, alcanfor), químicos (yodo, vinagre), empireumáticos (café, caramelo, cacahuate, humo).

compota

Preparación de frutas, frescas, secas o deshidratadas, cocidas enteras o en trozos en un almíbar poco concentrado.

Con frutas frescas la cocción se efectúa mediante cocido en almíbar, a fuego lento o bien con ebullición fuerte. Una misma compota puede componerse de distintas clases de frutas. Se sirve tal cual, tibia o fría, con crema batida o nata montada, espolvoreada con canela o azúcar vainillada, y con galletas. También se encuentran en preparaciones más elaboradas (copas heladas y bavaresas, en particular) o en preparados de pastelería o postres (carlotas). Las frutas desecadas deben ponerse en remojo en agua fría o tibia, con la eventual adición de un alcohol (kirsch, ron, armañac) o té, antes de cocer en almíbar.

Tanto si las frutas son frescas como secas, el almíbar de cocción (o la propia compota) a menudo se aromatiza de varias maneras: vainilla, piel de limón o de naranja, canela en polvo o en rama (para el jarabe), clavos de olor, almendras en cáscara de limón, coco rallado, frutas confitadas, uvas pasas, etc.

comté

Queso del Franco-Condado con Denominación de Origen, de leche de vaca (45% de materia grasa como mínimo), de pasta prensada cocida y corteza natural cepillada (de amarillo dorado a parduzco). El *comté*, llamado también "*gruyère* de Comté" se elabora artesanalmente en chalés de montaña o en talleres colectivos cuya creación se remonta al siglo XIII. Se presenta en forma de una rueda de perfil recto o ligeramente convexo, de 40 a 70 cm de diámetro y de 9 a 13 cm de altura, con un peso de 35 a 40 kg. El *comté* puede servirse al final de la comida y se utiliza con frecuencia en cocina, tanto rallado como en láminas en buñuelos, canapés, empanadas, *fondue*, gratinados, ensaladas compuestas, suflés.

concasser

Picar, trocear o aplastar una sustancia de forma más o menos tosca. En México, este término se utiliza sólo cuando se hace referencia a trocear en pequeños dados los jitomates, previamente pelados y sin semillas. En otras regiones, se puede referir a trocear toscamente cualquier ingrediente o producto.

concentrado

Se dice de una sustancia a la que se ha reducido el índice de agua mediante evaporación u otro procedimiento. En cocina, son los caldos o fondos sometidos a una cocción lenta y prolongada, que concentra los jugos en un producto de textura similar a la del almíbar, que se emplea sobre todo para reforzar las salsas.

El concentrado de tomate es un *coulis* muy reducido obtenido mediante concentración del líquido extraído de los jitomates, filtrado para retirarle las pieles y las semillas. Se utiliza mucho en la preparación de salsas y guisos. En cuanto a las frutas, su tratamiento industrial mediante frío o calor proporciona jugos concentrados que, tras añadirles agua, permiten elaborar bebidas.

condimento

Sustancia alimentaria utilizada para realzar el sabor natural de los alimentos y de los platos cocinados, estimular el apetito, favorecer la digestión o conservar ciertos productos. Este término es muy vasto y se aplica a la vez a las especias, los aromatizantes, las salsas, las frutas y a distintas composiciones más o menos cocinadas. La sazón es una sustancia añadida a una preparación en curso de la elaboración, mientras que el condimento, elegido en función de la armonía gustativa es un acompañamiento (pepinillos, frutas en vinagre, *ketchup*, mostaza), o bien un ingrediente (especias compuestas, finas hierbas, frutos secos, trufas), o incluso un agente de conservación (aceite, sal, azúcar, vinagre).

La costumbre de utilizar condimentos es tan antigua como la propia cocina. En su origen, era sobre todo un medio de conservación. La mayor parte de los condimentos es de origen vegetal (aromatizantes, especias, frutos secos o confitados, verduras aromáticas), pero algunos (el *nuoc-mâm* vietnamita, el *nam pla* tailandés o el *patis* filipino) se elaboran a base de pescado o de crustáceos secos y picados.

Los condimentos se utilizan bajo las formas más diversas, tanto en estado bruto, crudos, como elaborados. Su empleo depende de las costumbres alimentarias, que varían de un país a otro. No se deben olvidar otros condimentos, como los colorantes naturales (caramelo, jugo de betabel, verde de espinaca, etc.), los vinos y las bebidas alcohólicas, algunas flores e incluso el queso (quesos azules, *gruyère*, *mozzarella*, parmesano).

congrio

Pez marino de la familia de los cóngridos, común en el canal de la Mancha y en el Atlántico, llamado "sili mor" en Bretaña y "orratza" en Gascuña. También se encuentra en el Mediterráneo francés con el nombre de "fiéla" o "fela". Al congrio se le conoce corrientemente como "anguila de mar" a causa de su cuerpo liso y largo, y mide de 0,5 a 1,5 m (y hasta 3 m). Tiene la piel desnuda de un color gris parduzco, sin escamas visibles, y pesa de 5 a 15 kg (a veces hasta 30 kg). Su mandíbula de carnívoro es ancha y está provista de dientes sólidos. Se comercializa todo el año, entero, en trozos o en rodajas. Su carne firme, pero bastante insípida, es adecuada para sopas y *matelotes*. Las rodajas cortadas en la parte del medio y hacia la cabeza (que lleva menos espinas que la cola) pueden asarse.

conejo

Pequeño mamífero duplicidentado del orden de los lagomorfos. El desarrollo de las razas modernas ha permitido producir conejos más específicamente por la calidad de su carne, por su piel o su pelaje. Existe una especie originaria de la península ibérica y otra de América.

Hoy en día todos los conejos domésticos proceden de ejemplares de conejar. Algunas razas, como el gigante de Flandes, pueden dar ejemplares que pesan hasta 10 kg, mientras que otras proporcionan conejos en miniatura, de unos 400 g. Los conejos que se comercializan suelen pesan entre 1,2 y 1,4 kg (peso del canal), y no llegan a las 12 semanas de edad. Su carne de color blanco rosado es muy tierna y muy poco grasa (unas 135 kcal o 564 kJ por 100 g). Es preferible elegir un conejo de canal corta con una rabadilla ancha y muslos rollizos. Los conejos de campo, que se venden en mercados de zonas rurales, tienen un sabor más fuerte y son menos tiernos. Por otra parte, cada vez se importan más conejos congelados procedentes de China.

Las formas de cocinar el conejo son incontables y muy variadas. Su carne, poco grasa y, por lo tanto, relativamente insípida, soporta perfectamente los aromatizantes, aunque sin exceso.

confit

Pieza de cuarto de ave (oca, pato o pavo) o de carne cocida en su grasa y conservada en un tarro. El *confit*, que es una de las formas de conserva más antiguas que existen, es una especialidad del suroeste francés.

Para elaborar un *confit*, los trozos de carne se ponen en salmuera en un recipiente con hierbas y especias. Posteriormente, se cuecen en su propia grasa, se colocan en tarros, se coloca una capa de grasa, comúnmente manteca de cerdo, y se cierra, procurando que quede hermético.

También se pueden tratar en *confit* otras carnes, como la gallina, el conejo o la ternera.

confitar

Preparar ciertos alimentos para su conservación, cociéndolos lentamente en su grasa, cubriéndolos de azúcar o sumergiéndolos en almíbar (confitería, frutas confitadas) o introduciéndolos en tarros con alcohol (cerezas en aguardiente), en vinagre (alcaparras, *pickles*, pepinillos) o en una preparación agridulce (*chutneys*).

confitería

Productos alimenticios a base de azúcar, golosinas y caramelos, con exclusión de las elaboraciones con chocolate, que son una rama particular de la confitería, llamadas bombones. También se llama confitería a la tienda del confitero y al conjunto de las técnicas artesanales o industriales del trabajo del azúcar.

Se pueden distinguir varias categorías de productos de confitería:
- caramelos de azúcar cocido
- caramelos de leche y toffees
- pastas para mascar
- gomas
- confiterías gelificadas
- peladillas y caramelos con almendras
- pralinés
- *nougats*
- pastillas y comprimidos
- pastas de frutas
- pastas de almendra

Numerosas materias primas participan en la fabricación de estos productos: azúcar, jarabe de glucosa y azúcar invertido, miel, leche, materias grasas animales y vegetales, frutas (frescas, en conserva, congeladas o en pulpa), cacao, frutos secos, goma arábiga, pectina, féculas y almidón, gelatina, ciertos ácidos, productos aromáticos naturales o sintéticos y colorantes autorizados.

La gran mayoría de los productos de confitería es objeto de compras "por impulso" —en particular entre los niños—, que se escalonan a lo largo de todo el año. No obstante, algunos se consumen más bien con ocasión de fiestas (bautizos, comuniones, Pascua, Navidad), como las peladillas, los *marrons glacés*, los *papillotes* o las frutas confitadas.

confitura

Preparación que se obtiene mediante cocción de frutas enteras o en trozos en almíbar, y no sólo en su jugo.

El arte de las confituras nació en Oriente Medio. Lo introdujeron en Europa los cruzados, del mismo modo que la caña de azúcar y ciertas frutas todavía desconocidas para los europeos.

En la actualidad, el sabor de una confitura se realza con ciertas especias (canela, vainilla), un poco de alcohol (kirsch, ron), caramelo (en el caso de las manzanas), con otra fruta de sabor más intenso (cítricos mezclados, cereza y grosella, melocotón y frambuesa, ruibarbo y fresa). El color (en el caso de los melocotones o el melón) puede reforzarse con moras o frambuesas. Otro tipo de frutas también son aptas para realizar compotas.

La confitura de leche o dulce de leche, que no lleva frutas, se consume mucho en América del Sur y se obtiene reduciendo lentamente leche azucarada aromatizada con vainilla o canela.

El elemento de conservación primordial en las confituras es el azúcar. En principio, se utiliza un peso equivalente de azúcar refinado y frutos lavados, secos, sin pedúnculos, pelados y deshuesados. No obstante, se puede aumentar ligeramente este peso en el caso de frutas ricas en agua, o bien disminuirlo en frutas ricas en pectina (o si se utiliza un gelificante, que cuaja un poco más la confitura). Si la proporción de azúcar es demasiado reducida, o si no se cuece suficientemente, la confitura podría fermentar y conservarse mal. Si hay mucho azúcar, la confitura es demasiado concentrada y tiende a cristalizar. Se puede sustituir todo o parte del azúcar por miel.

Al cocer una confitura, por debajo de una determinada temperatura, que varía según la fruta, la confitura queda líquida, y por encima de ella, se quemaría. Por ello es preciso procurar mantener constantemente la temperatura prescrita para cada receta. Se distinguen dos fases de cocción:

– Primera fase. Evaporación del agua que contienen las frutas: un gran vapor se escapa del recipiente. Al final de esta fase se espuma la confitura para garantizar su limpidez.

– Segunda fase. Cocción de las frutas: disminuye la emisión de vapor, y los hervores son más "apretados". El termómetro de cocción permite controlar la temperatura. La mayor parte de las confituras cuecen a punto de napado: cuando se sumerge una espumadera y se vuelve a sacar, la confitura resbala, se desliza en una sola masa y queda fijada (densidad de 1,2964). Para ciertas frutas basta una densidad de 1,250.

Las frutas conservarán su aroma si su cocción se lleva a cabo rápidamente, a fuego vivo (para acelerar la evaporación), pero removiendo de vez en cuando, sobre todo si la confitura es espesa, y procurando intercalar un difusor si existe el riesgo de excesivo recalentamiento.

Posteriormente, se introduce la confitura en tarros para su almacenamiento y conservación.

Las confituras se consumen untadas en rebanadas de pan y como acompañamiento de postres. También sirven para rellenar o napar bizcochos, aromatizar el yogur o el queso blanco y preparar salsas de postre. En ocasiones desempeñan un papel en la cocina para acompañar ciertas carnes o piezas de caza.
→ jalea de frutas, mermelada

congelación

Tratamiento mediante frío destinado a la conservación de un alimento o producto perecedero cuya temperatura debe alcanzar lo más rápidamente posible de −10 a −18 °C. La rapidez de la cristalización del agua contenida en el alimento interrumpe la evolución microbiana y permite preservar sus cualidades organolépticas y nutricionales. Mientras que la ultracongelación es un método industrial de conservación regido por decreto, la congelación se efectúa esencialmente a nivel doméstico y es un método fácil y seguro (si no se rompe la cadena de frío).

Casi todos los alimentos pueden congelarse, aunque a veces debe usarse un recurso adicional: los huevos, por ejemplo, que no pueden congelarse en su cáscara, se rompen y se baten ligeramente. Los platos cocinados y las masas de pastelería son la mayor parte de los productos congelados familiares.

Cada alimento necesita prepararse de una manera específica para ser congelado.

– Verduras. Blanquear rápidamente con agua hirviendo sin sal (salvo jitomates y hongos), escurrir, sumergir en agua helada, escurrir de nuevo y secar bien.

– Frutas. Eliminar los pedúnculos y los huesos, secar sin lavar y espolvorear con azúcar (100 g por kg).

– Carne. Desgrasar al máximo, deshuesar si es posible y cortar en piezas pequeñas.

– Aves de corral. Desplumar, vaciar, chamuscar, desgrasar, llenar con papel de aluminio arrugado y atar (o cortar en trozos).

– Pescado. Vaciar, descamar, secar, llenar con papel de aluminio si está entero o cortar en rodajas, desbarbar y secar.

– Quesos de pasta blanda. Envolverlos al natural.

– Platos cocinados. Interrumpir la cocción de 10 a 20 min antes de finalizar.

– Masas de pastelería. Envolver las masas en bolas o bien trabajarlas con el rodillo y congelarlas en moldes o recipientes.

Todos estos productos deben empacarse en papel aluminio, bolsas de plástico especiales para congelación, o recipientes especiales. Una vez empacados, es preciso etiquetarlos y luego congelarlos.

congelador

Aparato frigorífico doméstico, en forma de armario o de cofre, alimentado mediante electricidad, destinado a conservar los alimentos a una temperatura de −18 °C, después de haberlos congelado a −24 °C como mínimo.

congelados

Nombre que se da, por un lado, a los alimentos y a los platos conservados en un congelador después de haberlos preparado para este fin, y, por el otro, a los productos comercializados, sometidos a un tratamiento mediante frío y mantenidos en este estado hasta el momento de su venta.

En general, cuando se utilicen productos o preparaciones congeladas, una vez que se han descongelado no se recomienda congelarlos de nuevo, ya que ello podría acarrear un riesgo sanitario de crecimiento de microorganismos.

conserva

Producto alimentario acondicionado en un recipiente hermético a los líquidos y los gases que ha sido tratado mediante apertización para asegurar su conservación a temperatura ambiente.

El tratamiento se efectúa a temperaturas comprendidas entre 107 y 150 °C. Permite destruir todos los microbios, incluso las formas esporadas, y su objetivo es la destrucción de las esporas de diferentes especies de *Clastridiom botulinum*, responsable del botulismo. Cuanto más elevado es el tratamiento térmico, más breve es su duración. La mayoría de los líquidos son sometidos a tratamientos UHT (ultra alta temperatura), que preservan más las cualidades nutricionales, en particular las vitaminas.

La elaboración de conservas se practica sobre todo a nivel industrial. A escala familiar se suele hablar de semiconservas, en la medida en que los tratamientos térmicos son menos drásticos. En este caso a menudo son sustituidos por otros tratamientos complementarios de conservación, como la salmuera o, más simplemente, el frío.

conservación

Mantenimiento, durante un periodo más o menos largo, de los alimentos perecederos bajo una forma apta para su consumo. La mayor parte de procedimientos de conservación son muy antiguos y de origen empírico. No obstante, los descubrimientos biológicos de finales del siglo XIX y el perfeccionamiento de las técnicas han permitido una mejora considerable y una diversificación de los métodos. La conservación, ya sea industrial, artesanal o casera, consiste en interrumpir o ralentizar el desarrollo y la acción de los microorganismos naturales y de las enzimas a fin de evitar la alteración del producto.

Existen varias formas de conservación de los alimentos:
- Deshidratación. Este procedimiento elimina una gran parte del agua del alimento para evitar las reacciones de evolución. El secado y el ahumado se conocen desde la Antigüedad. En la práctica casera para deshidratar verduras, plantas aromáticas u hongos, basta exponerlos al aire libre o al sol. Se obtiene el mismo efecto en el caso de las frutas si se introducen en un horno normal. A nivel industrial, se recurre a tres aparatos (secadores de placas, pulverizadores o tambores), según la naturaleza del producto. La liofilización consiste en deshidratar al vacío un producto congelado.
- Saturación del medio. De manera menos directa, desemboca también en la eliminación del agua. Es el principio de conservación mediante cocción en azúcar (confituras, confitería) o mediante

salazón (carne cruda sumergida en sal seca o en una salmuera saturada). El salado interviene, además, para conservar la mantequilla. La conservación en aceite (plantas aromáticas, pescado, etc.), también bastante antigua, presenta una limitación temporal.
- Aislamiento mediante otros productos. Sustrae al alimento a la acción del oxígeno. De este modo, tradicionalmente, los huevos se envuelven en papel de periódico o se sumergen en lechada de cal, las frutas se envuelven en parafina, y los *confits* se conservan en su grasa. La esterilización permite conservarlos mucho más tiempo.
- Conservación antiséptica. Los antisépticos crean un medio incompatible con toda vida microbiana, y de ahí su empleo entre los aditivos autorizados. Los métodos clásicos se sirven del vinagre, de jugo agridulce (pepinillos, *pickles*, *chutneys*) o del alcohol (frutas). La fermentación alcohólica (vino, cerveza, sidra, aguardiente) y la fermentación ácida (*choucroute*) son, en grados muy diferentes, factores de conservación.
- Tratamiento mediante calor. El calor destruye enzimas y microorganismos, siempre que la temperatura sea lo suficientemente elevada y la duración del tratamiento lo bastante larga. La pasteurización (leche, semiconservas) sólo permite una conservación corta (de unos pocos días a unos meses), y obliga a guardar los productos en el frigorífico. La esterilización (conservas, leche UHT, apertización) permite una conservación muy larga a temperatura ambiente. Dichos procedimientos propician en cualquier caso la destrucción de ciertas vitaminas. La tindalización (doble esterilización con 24 horas de intervalo) no es una técnica de conservación perfecta y, por otra parte, altera de manera muy significativa las cualidades del producto.
- Tratamiento mediante frío. Durante siglos fue preciso contentarse con el hielo y la nieve naturales. A una temperatura de −8 o −10 °C, la actividad de las enzimas y de las bacterias se ralentiza, pero los gérmenes no se destruyen. La refrigeración (de 5 a 8 °C) permite conservar durante unos días verduras, productos lácteos, bebidas abiertas, carne fresca, etc. La congelación (−18 °C) o ultracongelación (−40 °C) permiten una conservación más larga, hasta varios meses.
- Ionización. Consiste en exponer los productos a una radiación ionizante, que destruye enzimas y microorganismos e interrumpe la germinación. La industria la aplica a las cebollas, las chalotas y el ajo. Actualmente, los aparatos electrodomésticos permiten contar con tiempos de conservación cada vez más largos, y los progresos realizados en el embalaje de los diferentes productos permiten aumentar todavía más dichos tiempos.

→ acondicionamiento, apertización

conservación al vacío

El envasado al vacío, o en atmósfera modificada, en bosa de plástico (polietileno, polipropileno, poliéster o poliamida), es una nueva técnica industrial que, combinada a las técnicas del frío, permite conservar los alimentos cuando estos son tratados rápidamente tras la recolección, el sacrificio, la cocción o cualquier otra técnica de transformación industrial. Los equipamientos todavía son poco numerosos, y la técnica demasiado compleja para poder utilizarlos sin riesgos en la cocina doméstica. En cambio, esta técnica de envasado está muy extendida en la cocina profesional, en la que está asociada a la cocción.

→ cocción al vacío

conservación por alta presión

Procedimiento de conservación que consiste en someter a los alimentos a presiones comprendidas entre 3,500 y 6,000 bares (o kilopascales) durante varios minutos, para provocar la destrucción de microorganismos contaminantes. La calidad higiénica de los productos mejora, y su textura, sabor y valor vitamínico prácticamente no se alteran. Se utiliza mucho en Japón (jugos de frutas, productos lácteos), mientras que en Europa es general en la comercialización de jugos de frutas frescos.

conservadores o conservantes

Aditivos químicos utilizados a fin de aumentar la estabilidad química o microbiana de un producto alimentario y prolongar la duración de su vida comercial. Los conservantes constituyen la categoría de aditivos cuya eficacia es más patente.

– Antisépticos. Son los más corrientes e incluyen varios tipos. Entre los principales se encuentran los sulfitos, los nitritos, los nitratos, al ácido sórbico, el acído fórmico, al ácido acético, el ácido láctico o el ácido benzoico. Entre los productos a los cuales se les añaden estos conservantes son bebidas, frutas secas y confitadas, papas, mantequilla, embutidos, carnes, salazones, quesos, jugos de frutas, leche, productos de confitería, entre otros.

– Antifúngicos. Son, esencialmente, el difenilo y sus derivados así como el tiabendazol. Se emplean para tratar en superficie los plátanos, los cítricos, el pedúnculo de las piñas y los papeles que los acondicionan. Este tratamiento debe mencionarse en la etiqueta. Estos conservantes no penetran a través de las cortezas y pieles, pero si se pretenden utilizar estas últimas es preferible elegir frutas no tratadas.

→ aditivo alimentario

consomé

Caldo resultante de la cocción de alguna carne, que se sirve generalmente caliente, o a veces frío, usualmente al principio de la comida. Existen los consomés simples, que son el producto de la cocción de ciertos ingredientes, y los consomés fortificados, que pasaron por una clarificación y una concentración de sabores y aromas.

contra de res o pulpa negra

Pieza de res situada en la cara externa del muslo y compuesta por una parte de la cadera y de la parte central de la pulpa. Antiguamente comprendía el redondo y la culata. Se consideraba una pieza para bresear o preparar guisos de cocción prolongada, pero la creciente demanda de piezas para bistecs la ha convertido en una pieza de cocción rápida. La contra también sirve para preparar *steaks tartares* y brochetas. Puede asarse en una sola pieza, o separada en dos partes, engrasada y atada. También se puede, tras congelación parcial, cortar finamente al estilo del *carpaccio*. Llamada también pulpa negra.

convoy

Utensilio compuesto por un soporte provisto de dos recipientes, uno para el aceite y el otro para el vinagre o el jugo de limón, acompañados a veces por un salero, un pimentero y un recipiente con mostaza. El convoy es, sobre todo, un accesorio de mesa de restaurante, del que se sirven los clientes para completar la sazón de las ensaladas, si fuera necesario.

→ vinagrera

coñac

Aguardiente de vino elaborado en la zona de Cognac. Hoy en día, el coñac procede exclusivamente de vinos blancos procedentes de cepas seleccionadas, recogidas y destiladas en una región delimitada que solo cubre dos departamentos (Charente y Charente-Maritime). Existen seis grandes regiones de denominación de esta bebida, las cuales corresponden a calidades diferentes.

El coñac es un aguardiente resultante de una doble destilación, efectuada en un alambique de doble circulación, llamado "alambique charentés". Este destilado debe envejecer durante 2 años como mínimo en barricas fabricadas con madera de roble. Hasta los 5 años, el coñac es de color amarillo pálido, con un ligero sabor a vainilla; entre los 5 y los 10 años, su color se intensifica y su sabor se afirma; hasta los 30 años, la disminución progresiva del grado alcohólico y la formación de azúcar lo suavizan. Se precisan 50 años para que el índice de alcohol descienda de forma natural desde el 70% Vol. inicial hasta el 40% Vol., adecuado para el consumo. Por ello, este índice se reduce artificialmente añadiendo agua destilada. El envejecimiento del coñac resulta muy caro y, cada año, la cantidad de aguardiente evaporada se evalúa en más de 20 millones de botellas (la producción anual es del orden de 170 millones).

El coñac, que nunca se comercializa antes de los dos años, se vende entonces con la denominación *Trois Étoiles*. A continuación, VO, VSOP y *Réserve*, que corresponden a cinco años de envejecimiento; *Napoléon*, *Extra* y *Vieille Réserve*, a seis o más años. En realidad, las distintas calidades que se venden son el resultado de mezclas de aguardientes de edades y *crus* distintos: viejos aguardientes (diez, veinte o treinta años, o incluso más) se mezclan con productos de menor edad. La edad de la mezcla se considera siempre la del coñac más joven.

En Francia era costumbre servir el coñac, como digestivo, en una copa abombada o en forma de tulipán y entibiarlo haciéndolo girar lentamente en la palma de la mano, a fin de que desarrolle la paleta de todos sus aromas. Hoy en día se sirve con hielo, como aperitivo o digestivo, y se utiliza para elaborar numerosos cócteles.

El coñac se bebe al natural en la mayor parte de las regiones de Europa, pero también se consume como *long drink* (alargado con agua o refresco) en los países anglosajones. Así, en el Reino Unido (donde a menudo se denomina brandy), se sirve en ocasiones con *ginger ale*; en Estados Unidos se encuentra en numerosos cocteles; en Canadá se le añade agua mineral con gas muy fría; en Extremo Oriente es corriente servirlo al natural, en el curso de una comida.

El coñac también aporta su *bouquet* incomparable en cocina, pastelería y confitería: platos con salsa, preparaciones flambeadas y maceraciones.

cookie

Pequeña galleta estadounidense, individual, dulce y cocida al horno sobre una placa. Las *cookies* a menudo están elaboradas con ingredientes variados: chispas de chocolate, jengibre, avellanas, nueces pecanas, etc.

copa

Recipiente redondeado de tamaño variable, generalmente montado sobre un pie, que sirve para presentar cremas, helados o frutas, que adoptan el nombre de copa.

La copa es también el recipiente en el que se consumen vinos, champanes y licores.

Con relación a las copas de vino, durante mucho tiempo los cristaleros diseñaron copas excéntricas pretendidamente hermosas, pero que ignoraban las características del vino. Hoy en día esto ya no sucede: una copa no debe prevalecer sobre el vino, sino al contrario, realzar su valor.

Hasta hace unos veinte años, era habitual presentar en la mesa servicios completos con copa de vino blanco, copa de burdeos y copa de borgoña, lo cual no tenía mucho en cuenta el placer del vino. Con el desarrollo de la sensibilidad de la degustación, los especialistas y los enólogos han desarrollado copas más aptas para la cata.

Estas nuevas copas tienen un pie lo suficientemente alto como para hacer rodar el vino fácilmente y sin tenerlo que calentar. La abertura es suficiente para que la nariz y la boca penetren y, al mismo tiempo, no demasiado ancha para que los aromas no se escapen. El borde de la copa es fino como una cáscara de huevo, para que el contacto con los labios sea lo más delicado posible.

También existen copas destinadas a la degustación de vinos o aguardientes (en forma de tulipán alargado) y copas de bordes rectos y sin pie para el whisky.

copa flauta

Recipiente en forma de cilindro estrecho, en el que se sirve el champán, los vinos gasificados y la cerveza tipo *pilsen*. Respecto a la copa de vino, la flauta presenta la ventaja de conservar las burbujas, ya que éstas se liberan más despacio.

También se denomina así una botella alta y fina que se emplea desde hace tiempo para los vinos de Alsacia, Mosela y el Rin y, más recientemente, para muchos vinos rosados.

coque, à la

Nombre de un modo de cocción del huevo, que se sumerge de 3 a 4 minutos en agua hirviendo y se degusta dentro de su cáscara, colocada en una huevera; también se le conoce como huevo en *cocotte*. Esta expresión se aplica igualmente a las comidas que se pochan sin pelar (durazno).

También se designan con este término distintos alimentos que se comen en su envoltorio natural.

coral

Nombre que recibe la parte de color verde, que se vuelve anaranjada con la cocción, ubicada en el tórax de bogavantes y langostas, y que sirve de elemento para ligar salsas de acompañamiento. También es el nombre de la glándula genital de color anaranjado de la vieira o del erizo de mar.

corazón

Tipo de víscera o despojo de los animales de carnicería. Una res de 300 kg tiene un corazón de aproximadamente 2,8 kg; el de una ternera de 100 kg, unos 900 g; el de un cordero de 18 kg, unos 130 g.

Al realizar la compra, el corazón debe ser firme y de color rojo vivo. Tras eliminar las fibras duras y los coágulos de sangre que aún contiene, este músculo desprovisto de grasa, poco costoso, puede ser excelente pese a su falta de reputación gastronómica.

El corazón de res se come asado o brascado, y a veces relleno. También puede cortarse en dados y asarse en brochetas (como en el anticucho, un plato popular de Perú).

El corazón de vacuno menor, más tierno, es más apreciado. El más sabroso es el de ternera, también asado o salteado en rebanadas.

El corazón de cerdo, de cordero y de carnero se preparan con preferencia en guisos. Los corazones de aves se suelen asarse en brochetas, utilizarse en terrinas, o incorporarlos a ensaladas.

corazón de la cadera

Pieza de la falda de la res situada detrás del lomo bajo y formada básicamente por los músculos lumbares. El corazón de la cadera, que resulta menos tierno que el solomillo, pero más sabroso, da bistecs, cortes pasa asar a la parrilla a fuego vivo o en la sartén, así como trozos para brochetas o para *fondue*. También se puede cortar en asado y tratarlo como lomo bajo o solomillo, pero en este caso su carne, apretada y magra, debe engrasarse.

En la ternera, está situada en la parte superior del muslo trasero. El corazón de la cadera es excelente para asar, más sabrosa y tierna que las partes centrales de la tapa y de la contra. Se pueden cortar escalopas.

corcho

Parte exterior de la corteza del alcornoque, árbol de la familia de las fagáceas, que crece en Portugal, en Marruecos y en Francia. Es un material de densidad débil, aislante, imputrescible, poco combustible y muy poco permeable, que posee una elasticidad particular que permite comprimirlo sin que se produzca dilatación lateral. Por otra parte, se adhiere a las paredes lisas, incluso húmedas, lo cual lo convierte en un material ideal perfecto para los tapones de botella.

cordero

Carnero joven cuya osamenta pesa entre 16 y 22 kg. El cordero se despieza como el carnero y se consume asado, a la parrilla o salteado. Las chuletas o costillas a la parrilla a veces se denominan, en inglés, *lamb chops*.

Corea

La cocina coreana debe su originalidad a las tradiciones milenarias, que ha sabido conservar frente a las influencias procedentes de dos poderosos vecinos, China y Japón. Se basa en productos sencillos maridados con un gran número de condimentos y especias. El ajo, el cebollín, la soya, la pimienta roja, las semillas de ajonjolí, el jengibre, el ginseng y las hojas de mostaza son realzados con ciertas hierbas escasas.

Las bandejas de verduras, carne o pescado, normalmente cocidos a fuego lento, al vapor o salteados a fuego vivo, son compartidos por todos los comensales durante las comidas, mientras que el único plato individual es el tazón de arroz y, a veces, de sopa.

Los vegetales ocupan un lugar de primer orden, sobre todo en forma de *kimchi*, una preparación a base de col fermentada presente en casi todas las comidas. El plato vegetariano más corriente es el *bibimpap* (arroz con verduras), con numerosas variantes regionales. Uno de los mejores se prepara en una vasija de cerámica con hojas, flores y raíces de montaña, condimentadas con especias de temporada y cubiertas con una salsa picante. El ginseng, de incontables propiedades medicinales, es uno de los ingredientes del *ogol* (ragú de pollo negro), acompañado de arroz glutinoso, azufaifas (frutas), ajo y castañas, pero también se prepara en ensalada, té o vino, como golosina o incluso como goma de mascar. La harina de bellotas de roble, otro recurso original, se cuece al vapor con mijo y se corona con frijoles rojos. También sirve para elaborar pasteles ligeramente dulces, que se reparten durante los ritos de duelo.

La carne de carnicería, en otro tiempo escasa y cara, ha dado lugar a preparaciones de adobo prolongado o cocidas a fuego lento, como el *bulgogi*, rebanadas delgadas de carne de res o de cerdo marinadas en una salsa de soya aromatizada con un poco de azúcar, cebollín, pimienta negra, aceite y semillas de ajonjolí, a continuación asadas en una parrilla y servidas con un acompañamiento de verduras frescas y su propia condimentación.

La importante pesca industrial proporciona un gran surtido de pescados, crustáceos y moluscos, conservados y ennoblecidos, al igual que las carnes y las verduras, en salazón, en marinada o por fermentación. Las salsas a base de pescado y algas aromatizan carnes y verduras. Los productos del mar también están presentes en numerosos platos "mixtos", como el *eoseon*, un rollo de filete de pescado relleno de carne de res, hongos y verduras, o el *samhap-janggwa*, cocido en el que la carne de res, la oreja de mar y los mejillones se cuecen a fuego lento en una salsa de soya con zanahorias y cebollas.

cornete

Elaboración de pastelería en forma de cono. Los cornetes en los que se sirven las bolas de helado están hechos con una masa de *gaufrette* o de barquillo, pero los cornetes rellenos a menudo son de pasta de hojaldre cocida enrollada en torno a moldes de cornete. Se llenan después de su cocción con crema pastelera o crema batida, a la que se pueden añadir frutas confitadas variadas y troceadas.

También se puede llamar cornete a una rebanada de jamón o de salmón enrollada, llena con una preparación fría y servida como entremés.

cornish pasty

Pequeña empanada originaria del condado de Cornualles, en el Reino Unido, plato tradicional de los mineros del estaño que bajaban a la mina con su *pasty*, que contenía más pasta que carne. La masa está hecha con harina, puré, mantequilla, agua, levadura y sal. Se trabaja en cuadrados, sobre los que se deposita un relleno de carne de cordero picada, cebolla cortada y papa. Los cuadrados se aplastan, se unen entre sí, se untan con huevo batido en leche y luego se cuecen en el horno caliente. El *cornish pasty* se sirve como entrante caliente, espolvoreado con perejil.

corona

Disposición de ciertas preparaciones dulces o saladas, cocidas en un molde de savarín (en forma de rosca), colocadas en orla (sobre todo de arroz) o en círculo sobre platón o fuente redonda. El centro suele contener otros alimentos. Los *brioches* y el pan también pueden moldearse en corona.

corregir

Modificar el sabor demasiado intenso de una preparación añadiendo otra sustancia de sabor contrario. Un poco de azúcar en un *coulis* de jitomate corrige el exceso de acidez. Unas rodajas de papa cruda o un trozo de azúcar sumergidos unos segundos en una preparación demasiado salada absorben la sal y corrigen el sabor salado en exceso.

cortador o cortapastas

Utensilio de hojalata, de acero inoxidable o de material sintético, redondo, semicircular, ovalado o triangular, liso o acanalado, que permite cortar de forma rápida y regular placas de pasta en formas y dimensiones variables (barquillas, pequeños *sablés*, volovanes, etc.). El cortapastas de columna es un utensilio de hojalata o de acero inoxidable, redondo, liso y alto, de diámetros diferentes, que permite cortar un alimento en cilindros, normalmente las hortalizas.

Asimismo, existen cortadores con formas decorativas: cuadrado, corazón, estrella, hoja, trébol, animales, entre otras.

cortapastas

Pequeña rueda acanalada, de madera dura, metal o plástico, montada en un mango de madera, que sirve para cortar la pasta en tiras o bandas dentadas, para decorar la parte superior de las tartas, dar forma a los buñuelos de pasta o a los ravioles. El cortapastas de pizza, de disco metálico, sirve para cortarla en partes.

cortar

Porcionar, generalmente con un cuchillo o instrumento similar, un alimento, ya sea en trozos irregulares, dados, cubos, rodajas, láminas, entre otros. Algunos cortes tienen nombres específicos de acuerdo con sus características como juliana, *brunoise*, *mirepoix* o macedonia, así como rodajas, trozos o filetes. El corte de las carnes es particular para cada pieza de carnicería, y algunas se cortan con una forma y un grosor específicos. También se utiliza la palabra en panadería, en el sentido de cortar en una masa formas de pasta variadas.

corte

Porción de algún alimento, generalmente con características previamente establecidas, que es ubicada fácilmente por aquellos que están habituados a procesarla o consumirla. Existen diferentes tipos de cortes, entre ellos, se encuentran los cárnicos (res, cerdo, cordero, aves), y los elaborados con frutas y verduras (*bruonoise*, *mirepoix*, juliana, entre otros).

corteza de cítrico ◆ cáscara de cítrico

corteza de cerdo o piel de cerdo
Piel de cerdo sin el sebo; es más o menos gruesa y grasa. Escaldada y luego chamuscada y rascada después del sacrificio, se deja en ciertas piezas o bien se separa de ellas. En el último caso, sirve para cubrir *cocottes* y braseras y para elaborar gelatinas, jugos y caldos. En charcutería, forma parte de la composición de ciertos productos a base de cabeza de cerdo. En numerosas preparaciones regionales o de otros países desempeña un papel gastronómico como en el caso del *cassoulet* y algunos embutidos. Se cuece en un caldo aromatizado para la preparación de balotinas, rellenos y galantinas.

corvina
Pez de la familia de los esciénidos que vive en el Atlántico, del Canal de la Mancha al Golfo de Guinea, pero también en el Mediterráneo. Mide entre 1 y 2 m aproximadamente. Se parece un poco a la lubina.

Tiene una carne que es muy apreciada, tan fina o más que la de la lubina. Se prepara generalmente a la parrilla para apreciar su sabor.

corzo
Pequeño rumiante de la familia de los cérvidos, común en los bosques templados, que en Francia y Alemania se está convirtiendo en una pieza de caza popular, puesto que el ganado de esta especie aumenta de forma regular. Hasta los seis meses se le llama "corcino" y se denomina "corzo" al macho adulto (con un peso de 20 a 25 kg) y "cabra" o "cabritilla" a la hembra.

La carne de corzo, de color rojo oscuro, es tierna y sabrosa, sobre todo en ejemplares jóvenes, por lo que no es preciso adobarla en este caso (la cocción debe conservarla rosa en su interior).

Las mejores piezas son las chuletas y los medallones, que se obtienen del solomillo. Se saltean y se sirven con una salsa de pimienta. La silla y la pierna se comen asadas. También se hacen *civets* de corzo, servidos con puré de castañas, cerezas, salsa de pimienta, jalea de grosella o peras en jugo.

En Canadá se da al corzo, el nombre de "ciervo de Virginia".

cosmopolitan o cosmo
Coctel hecho a base de vodka, triple seco, jugo de arándanos y jugo de limón recién exprimido. Se sirve en copa coctelera.

costilla o chuleta
Hueso plano, alargado y más o menos curvo de la parte lateral del tórax de los animales de carnicería. Suele haber trece pares, salvo en el cerdo, que tiene catorce y a veces quince.

En carnicería, la costilla o chuleta corresponde a una pieza cortada en la región dorso-lumbar y está constituida por la parte superior del hueso, una parte de la vértebra y los músculos adheridos.

- Chuleta de res. La chuleta con su hueso, o chuleta inglesa, es una pieza de primera calidad, que se asa en el horno o a la parrilla, y que es más sabrosa si procede de un animal bastante graso.
- Chuleta de ternera. Las primeras o segundas chuletas, procedentes del costillar, se asan a la parrilla o se cuecen asadas con muy poca grasa.

- Chuletas de aguja. Algo más firmes, se suelen hacer asadas, mientras que las chuletas centrales, que se obtienen del lomo, son bastante anchas. No presentan "costilla", y a menudo se rellenan o, en ocasiones, se empanizan.
- Chuleta de cerdo. Las primeras chuletas se cortan en la cabeza de lomo, magro y bastante tierno, en el *carré*, donde se distinguen las primeras costillas y las segundas, más secas, o bien en el lomo bajo. Todas estas piezas, parcialmente deshuesadas, pueden asarse enteras, en el horno o en espetón.
- Costillas de carnero o de cordero. Se distinguen de delante hacia atrás: las costillas de aguja (obtenidas levantando la paletilla), bastante magras; las segundas costillas de palo, más entreveradas de grasa; las primeras costillas de palo, con un buen medallón; las costillas de riñonada (sin hueso largo), cuyo medallón se prolonga en una parte de la pared abdominal, y que con frecuencia en el caso del cordero se presentan dobles (con los 2 lomos).

Todas estas costillas se consumen a la parrilla o asadas, y el costillar a menudo se asa entero.

costillar o *carré*
Pieza de carnicería (de ternera, de cordero o de cerdo) que comprende el conjunto de las primeras y segundas costillas. El costillar suele cortarse en porciones individuales (chuletas y costillas), para asar o cocer en sartén.

- El *carré* (o costillar) de carnero llano (o de cordero, más delicado) se desgrasa ligeramente. La parte alta de las astas de las costillas se limpia y los huesos de las vértebras se cortan, a fin de facilitar el servicio. Este *carré* puede presentarse "plano" o en forma de "corona".
- El *carré* de ternera, deshuesado, se asa con los huesos, dispuestos alrededor, que le confieren su sabor.
- El *carré* de cerdo, deshuesado y atado, proporciona un excelente asado. En cualquier caso —dado que la carne posee mayor intensidad de sabor cuando se ha cocinado con los huesos— es mejor cortar las vértebras o retirarlas, y despejar la parte alta de cada chuleta para facilitar el servicio.

costrada o costrón
Pequeña elaboración de tamaño variable —realizada con una costra frita u horneada, ya sea de pan (pasta de hojaldre o pan de caja), de sémola o arroz o de una preparación de papas duquesa— que en el momento de servir se llena con un salpicón, un ragú, verduras o un puré, ligados con una salsa reducida apropiada. Las costradas, que son características del sur de Francia, se sirven como entremés caliente, pero también se utilizan en las guarniciones clásicas de la alta cocina.

côtes-de-Provence
Vino tinto, blanco o, sobre todo, rosado, que se bebe fresco y joven, producido entre Niza y Marsella. Los tintos y los rosados proceden de uvas garnacha, Mourvèdre, Cinsault, Tibouren y Carignan; los blancos, de uvas Clairette, *sémillon*, Ugni Blanc y Vermentino.

côtes-du-Rhône
Vino tinto, rosado o blanco, generoso y soleado (los más famosos se venden bajo su propia Denominación de Origen), producido en el

valle del Ródano entre Lyon y Avignon. Un cierto número de municipios disfruta de la Denominación de Origen *côtes-du-Rhône-villages* para sus *crus* tintos. Los tintos y los rosados proceden de uvas garnacha, *syrah*, Mourvèdre, Cinsault y Carignan; los blancos, de uvas Clairette, Bourboulenc, Roussanne, Picpoul y Marsanne.

cotija
Queso mexicano seco madurado de pasta dura, elaborado con leche bronca de vaca, sal y cuajo. Es de corteza rugosa y gruesa de color amarillo, sabor fuerte, salado y aroma refinado. Tradicionalmente se elabora de forma cilíndrica con un peso de hasta 20 kg. Para su venta debe tener al menos tres meses de añejamiento. Dependiendo de las características que se observen al rebanarlo, se denomina de tajo, cuando no se desmorona, y de grano cuando se desmorona. Este queso no se funde. Generalmente se consume rallado sobre enchiladas, sopas o antojitos.

coulis
Puré líquido obtenido mediante cocción sazonada de verduras (jitomates colados), crustáceos, o frutas. Los *coulis*, dependiendo de su tipo, pueden servir como salsa, para preparar potajes o como acompañamiento.

coupage
Mezcla de vinos de distintas añadas y procedencias, obtenidos en general de una misma cepa, que se realiza para mejorar y equilibrar un vino.

cracker
Galleta salada de origen británico, ligera y crujiente, de textura hojaldrada y fácil de romper. En los países anglosajones, los *crackers* se degustan sobre todo con queso. El auténtico *cracker* tiene un sabor neutro (elaborado con harina de trigo candeal y materias grasas) y la marca del fabricante aparece a menudo impresa en la masa.

crecer, leudar o levantar
Se dice de una pasta que, bajo la acción de un agente fermentador (masa madre, levadura, polvo para hornear), aumenta de volumen. Es preciso dejarla en un lugar tibio (de 25 a 30 °C), al resguardo de las corrientes de aire, a fin de favorecer la fermentación. Una pasta de *brioche* o de pan poco crecida es pesada y no se airea. Si está demasiado crecida, se vuelve ácida.

crema o nata
1. Llamada también nata, es un concentrado de materia grasa de la leche, de color blanco marfil y consistencia untuosa, que comprende de 30 a 40% de materia grasa, elementos no grasos y agua. La crema fresca designa la crema cruda o pasteurizada (ni esterilizada ni ultracongelada), sea líquida o espesa.

Hasta finales del siglo XIX, la crema se obtenía dejando reposar la leche en un lugar fresco durante 24 horas. Los glóbulos grasos ascendían a la superficie y entonces se recogía la capa de crema con una espumadera.

Hoy en día, la extracción se hace con descremadoras centrifugadoras. La fuerza del descremado determina el índice de materia grasa en la nata.

- Crema cruda. Es aquella que no ha experimentado ningún tratamiento térmico y se refrigera inmediatamente después del descremado
- Crema líquida. La pasteurizada, sin siembra.
- Crema espesa. La que ha experimentado una maduración mediante siembra con fermentos lácticos, tras su pasteurización.
- Crema UHT. Aquella que se ha esterilizado y no puede optar a la denominación "crema fresca", pero gracias a sus cualidades y a sus facilidades de empleo se utiliza mucho en restauración.
- Crema doble. La enriquecida con materia grasa.
- Crema agria. La que se prepara por fermentación bacteriana (por lo que se conserva poco) y se emplea mucho en las cocinas alemana, anglosajona, rusa y polaca.

La crema de leche o nata que se forma en la superficie de la leche cruda hervida, se emplea en pastelería familiar, para enriquecer ciertos pasteles.

La utilización de la crema en la cocina es amplia. Abarca desde preparaciones saladas hasta dulces. Puede ser parte fundamental de la preparación o puede actuar como ligazón, como fortificadora del sabor o como acompañamiento o guarnición. En México, al crema fresca o ácida es esencial al momento de consumir muchos antojitos mexicanos.

2. Licor de fruta que contiene una fuerte proporción de azúcar (250 g por litro como mínimo y, en el caso de la crema de casis, 400 g por litro). El término suele acompañar además el nombre de la fruta, el sabor o la denominación que caracterizan al licor. Las cremas se obtienen mediante maceración en aguardiente —con la adición de un almíbar— de sustancias muy diversas: frutas, plantas o flores. Las cremas se suelen beber como digestivos en vasitos pequeños. Intervienen en ciertos cócteles y a veces se sirven en aperitivo con hielo y agua.

crema catalana
Postre tradicional y popular de la cocina catalana elaborado con yemas de huevo, azúcar, leche, harina, canela, cáscara de limón y almidón, que se suele servir en recipientes de barro. Es costumbre dejarla enfriar y, una vez espolvoreada con azúcar, se carameliza la superficie superior para que se dore.

crema de castañas
Puré dulce de castañas, de consistencia untuosa, utilizado en confitería y en pastelería; es una especialidad del departamento de Ardèche, en Francia. La crema de castañas permite realizar postres helados, a veces acompañados con *marrons glacés*. También sirve para rellenar elaboraciones de pastelería y postres. Se emplea asimismo para enriquecer masas de bizcocho. Se puede servir al natural o fría, con crema batida y galletas.

crema quemada o crema caramelizada
Crema compuesta por una mezcla de yemas de huevo, azúcar y leche o crema, a menudo aromatizada, que cuaja mediante cocción en el horno. Se sirve fría y cubierta con azúcar caramelizada.

cremas de postre
Preparaciones rápidas elaboradas a base de leche, huevos y azúcar, que se sirven frías, sean líquidas o no. Constituyen la mayoría de los

postres de la cocina familiar, pero también son un elemento de base para las bavaresas, las carlotas y los *puddings*.

– Cremas cuajadas. La receta de base es la del flan de leche al caramelo. También se llaman cremas enmoldadas, flanes o tarritos de crema.

– Cremas líquidas. La receta de base es la de la crema inglesa, muy empleada en pastelería y que se puede encontrar en polvo (es el inglés). Los sabayones también pertenecen a esta categoría.

La crema inglesa por lo general acompaña a los huevos a la nieve, y se sirve con bizcochos, *brioches*, carlotas, genovesas, *puddings*, etc.

cremas para pastelería

Preparaciones a base de leche, huevos y azúcar, más o menos fluidas. No se sirven solas, sino que intervienen en numerosos postres y pasteles.

• Crema chantilly o crema batida (nata montada). Esta crema líquida batida, dulce y avainillada acompaña postres, frutos rojos, queso blanco y otras especialidades. Se utiliza como relleno y como decoración de postres helados. Además, entra en la composición de los *parfaits*, los suflés helados, las bavaresas y las carlotas heladas.

• Crema pastelera. Esta crema a base de huevos, azúcar, leche y harina (que le da su consistencia) se utiliza como relleno y como guarnición, así como en algunos postres calientes o fríos.

• Crema con mantequilla. Las preparaciones emulsionadas a base de mantequilla, azúcar, huevos y un sabor determinado se preparan de distintas maneras, pero todas tienen en común su consistencia.

• Crema de almendra. Esta crema, mezcla de azúcar, mantequilla, almendras en polvo y huevos, a veces aromatizada con ron, forma parte de elaboraciones de pastelería de pasta de *brioche* o de hojaldre.

cremas saladas

Cada una de las cremas elaboradas a partir de un fondo blanco (antaño, con leche y un *roux* blanco) o una bechamel, ligada con harina, harina de arroz o fécula de maíz y que concluye con la adición de crema líquida, lo cual le otorga una consistencia untuosa. El elemento básico lo proporciona una verdura, arroz (o cebada), un crustáceo o carne de ave.

crepa

Tortita fina de pasta dulce o salada, flexible y ligera, que se cuece en un sartén, una placa de hierro colado o una crepera.

Las crepas son muy populares en toda Francia y en otros países como Alemania o Austria. Se pueden encontrar de distintos sabores. En Bretaña y en el oeste de Francia se preparan todo el año. En cocina clásica, las crepas se sirven como entremés caliente, rellenas con una preparación espesa a base de bechamel o de *velouté*, a la que se añaden distintos elementos. También se ponen en purés y sopas, cortadas en tiras finas. No obstante, se aprecian sobre todo como postre, espolvoreadas con azúcar o rellenas.

crepera

Sartén de fondo plano y borde poco elevado, destinada a la cocción de las crepas. Hoy existen creperas de sobremesa, de gas o eléctricas, cuya superficie de calor está generalmente dotada de un revestimiento antiadherente.

crepería

Restaurante de origen bretón, especializado en la degustación de crepas de trigo candeal o de alforfón, dulces o saladas, con rellenos variados y preparadas al momento. Actualmente, las creperías se han implantado en todas las regiones francesas, incluso lejos del litoral. En ellas es característico el vaso de sidra, y se pueden encontrar otras especialidades bretonas, como las sardinas a la parrilla.

crêpes Suzette

Nombre de una preparación de crepas dulces. Tradicionalmente, el relleno y la salsa estaban perfumados con mandarina, pero hoy en día se perfuman con naranja.

En la receta proporcionada por Auguste Escoffier, solo intervienen la mandarina y el *curaçao*: jugo y licor en la pasta, pero también en la mantequilla y el azúcar fundidos, a los que se añaden pieles de mandarina que sirven para cubrir las crepas.

crépinette

Pequeña preparación plana, generalmente elaborada con carne picada preparada a la que en ocasiones se añade perejil picado y que se envuelve con redaño (o tripa) de cerdo.

La *crépinette* también se puede elaborar con carne de cordero, ternera o ave. Se prepara con un picadillo de carne y hongos (champiñones o setas silvestres), que a veces se trufa, se liga y se envuelve en un redaño. Las *crépinettes* se untan con mantequilla fundida y, si se desea, se pueden empanizar con pan molido, asarse a la parrilla, saltearse o cocerse en el horno. Se sirven con un puré de papa, lentejas o papas a la panadera (con mantequilla y cebolla), y una salsa a base de semiglasa y trufa si están trufadas, una salsa cazador, charcutera u otra si solo contienen cerdo o ave.

cresta de gallo

Excrescencia carnosa y roja que luce el gallo en la parte alta de su cabeza. Las crestas de gallo que se utilizan en cocina deben ser bastante voluminosas, lo que actualmente es cada vez más raro. También se emplean como guarnición de barquillas o de costradas. Antaño, con los riñones de gallo, formaban parte de numerosas preparaciones.

La lengua escarlata y las láminas de trufa a veces se cortan en cresta de gallo.

criadillas

Testículos de los animales de carnicería, en especial de carnero, cordero y res. Las criadillas eran muy apreciadas antaño en Oriente, en los países mediterráneos y en la Francia de Luis XV, y lo siguen siendo en Italia y en España (criadillas de toro fritas). Se preparan como las mollejas, o con una vinagreta de fuerte sazón.

crianza

1. Conjunto de los cuidados que se prodigan a los vinos de calidad después de su fermentación para conseguir el mejor sabor y una

larga vida. La crianza, que comprende el atestamiento, el trasiego, la clarificación y la filtración, permite controlar la evolución biológica y físico-química del vino. Se efectúa en barricas de roble, que permiten una aireación lenta, y dura desde unos meses (*beaujolais*, *muscadet*) hasta uno o dos años (burdeos, borgoñas), e incluso seis años (al menos para los *vins jaunes*).

2. Término para los vinos blancos y rosados con un periodo mínimo de envejecimiento de 18 meses, de los que al menos 6 habrán permanecido en barricas de madera de roble de 330 l. También aplica para los vinos tintos con un envejecimiento mínimo de 24 meses, de los que al menos 6 habrán permanecido en barricas de madera de roble de 330 l.

crisantemo

Planta de la familia de las asteráceas que florece en el mes de junio y cuyos pétalos amarillos, con sabor a berro, se utilizan en Japón, China y Vietnam en las ensaladas. Sus flores se secan y sirven para aromatizar infusiones como el té.

cristalería

Conjunto de piezas y elementos, principalmente para el servicio en la mesa, elaborados con vidrio o cristal. El vidrio nace de una mezcla de arena silícea, carbonato de sosa y carbonato de cal, calentada a 1,500 °C. Puede adoptar todas las formas, grabarse, colorearse y dorarse. Pertenece a las artes de la mesa y representa un embalaje alimentario de gran calidad. Cuando se le añade óxido de plomo se convierte en cristal, un vidrio muy límpido, de sonoridad clara cuando es fino.

Existen hoy en día múltiples formas de copas, vasos y recipientes de cristal o de vidrio para las bebidas o para el servicio de la mesa; algunos de ellos son: jarras para la cerveza; vaso chupito, de capacidad muy pequeña, ideal para los cócteles que se toman de un solo trago; copa de martini (o de cóctel), recomendada para *short drinks* servidos sin cubitos de hielo en la copa; vaso *rocks* (vaso corto u *old fashioned*), utilizado para servir *short drinks* con cubitos o hielo picado; vaso *highball* (vaso largo o Collins), para los *long drinks*, y jarra *toddy*, ideada para resistir los cócteles calientes; vaso mezclador, indispensable para preparar cócteles servidos sin hielo, que es un vaso grande de paredes rectas provisto de un pico vertedor, con una capacidad que oscila entre los 600 y 700 ml. Cabe destacar que la copa de vino y la copa de champán también se utilizan para servir ciertos cócteles.

croissant o cuerno

Bollo de masa fermentada u hojaldrada a la que se da forma de triángulo con el rodillo y que se enrolla sobre sí misma y se curva en forma de cuarto creciente de luna.

En su origen, los *croissants* eran de masa de pan mejorada. Hoy en día a veces adoptan una forma alargada. Se pueden servir como entremeses calientes, rellenos de jamón, queso, champiñones e ingredientes similares.

croquembouche

Pieza montada en forma de cono, constituida por pequeños elementos de pastelería o confitería, que gracias a su glaseado con almíbar a punto de caramelo presenta una consistencia crujiente. Se va formando en torno a un molde cónico, también llamado *croquembouche*, que luego se retira por la base cuando todas las piezas están bien fijas entre sí gracias al caramelo solidificado. Se trata de una preparación tradicional de los buffets y de los banquetes de boda o de primera comunión.

El *croquembouche* clásico está constituido por *petits choux*, rellenos o no de crema (pastelera o de otra clase) y remojados en un almíbar a punto de caramelo fuerte. También se realizan *croquembouches* con *fruits déguisés* o glaseados, *gimblettes*, elementos de pasta de almendra, merengue, *nougatine*. Las decoraciones son múltiples.

croque-monsieur

Sándwich caliente formado por dos rebanadas de pan de caja o de molde untadas de mantequilla, entre las que se colocan láminas de queso *gruyère* y una rebanada de jamón. El *croque-monsieur* se dora por ambos lados, en una sartén, con mantequilla, o bien bajo el *grill*. Se puede napar la parte superior con bechamel de queso *gruyère* y gratinar, o bien sustituir el jamón por pechuga de pollo y el queso *gruyère* por queso gouda. También se puede añadir una rodaja de jitomate o incluso de piña. Cuando se sirve con un huevo al plato encima, adopta el nombre de *croque-madame*.

croqueta

Pequeña preparación salada o dulce, frita, que se sirve caliente como entremés (croquetas de pescado, de carne, de ave, de jamón, de hongos, de molleja de ternera, etc.), como guarnición (sobre todo croquetas de papa) o como postre (croquetas de arroz, de castaña, de sémola).

La preparación de base se liga con una salsa bastante densa (blanca, *velouté*, de jitomate; bechamel o queso para las papas; crema pastelera para las croquetas dulces). Las croquetas se hacen en forma de bastoncito, de cilindro, de bola o de rectángulo. Generalmente se empanizan a la inglesa y luego se sumergen en un aceite muy caliente, que les da su característico color dorado y consistencia crujiente.

crotón ◆ crutón

crottin de Chavignol o chavignol

Queso francés de la región del Valle del Loira con Denominación de Origen, de leche de cabra (45% de materia grasa como mínimo), de pasta blanda y corteza natural, moteada por moho blanco, azul o pardo. Se presenta bajo la forma de una bolita aplastada que pesa unos 60 g. Madura cuatro semanas, y a veces hasta tres meses (entonces se rompe fácilmente y su sabor se acentúa). También se consume fresco, cuando todavía está suave y bien blanco. Es de los quesos de cabra más famosos del país; se degusta al final de la comida, pero también se utiliza en la preparación de suflés, ensaladas, etc.

croûte

Costra de masa o rebanada de pan que se utiliza como soporte para ciertas preparaciones de cocina o también de pastelería.

Ciertas *croûtes* (*bouchée*, hojaldre, flan, tarta, volován) son timbales o costras de masa (de hojaldre o brisa) horneados en blanco que posteriormente se rellenan con una preparación dulce o salada. Las *croûtes* constituyen asimismo el envoltorio exterior de ciertas elaboraciones (filete Wellington, paté *en croûte* o en costra).

Las *croûtes* servidas como entremés caliente son costrones, rebanadas de pan de molde redondas o cuadradas, ligeramente ahuecadas y doradas en mantequilla, rellenas de distintos ingredientes (jamón, hongos, anchoas, marisco, etc.), cubiertas con una salsa reducida y gratinadas.

Las *croûtes* servidas como postre caliente por lo general son rebanadas de pan *brioche*, glaseadas en el horno y cubiertas de frutas cocidas o confitadas, regadas con almíbar, decoradas con almendras en láminas, cubiertas con confitura o mermelada, etc.

croûton ◆ crutón

cru

Viñedo o parcela de viñedo borgoñón (también llamado *climat*) que produce un vino de calidad de características específicas. Los mejores *crus* pueden ostentar la denominación *grand cru* o *premier cru*. La palabra también designa a un vino de Burdeos procedente de una determinada zona (llamada *château*). La clasificación oficial establecida en 1855 distingue los mejores vinos, llamados *grands premiers crus* (o *premiers grands crus*) de los demás *crus*, clasificados de 1 a 5 según su mérito.

crudités

Verduras o frutas crudas, servidas como entremés, generalmente cortadas en láminas o bastoncitos, o bien ralladas, y que acompañan a salsas frías. Los elementos a menudo se presentan en una variedad de elementos, con varias salsas, contrariamente a las ensaladas compuestas, que se suelen asociar con una sola salsa. El plato de *crudités* también puede contener un huevo duro con mayonesa.

crumble

Especialidad británica tradicionalmente preparada con frutas (manzana, pera, ruibarbo, melocotón o cereza) recubiertas de pasta desmenuzada gruesa, hecha de una mezcla de mantequilla, harina y azúcar, y a veces almendras en polvo. Esta pasta se espolvorea encima de la preparación antes de la cocción.

crustáceo

Animal con caparazón (artrópodo) que vive en agua salada o dulce. Todos ellos deben estar bien vivos cuando se compran. También se venden en cajas sobre hielo o ya cocidos, así como congelados y en conserva. Los cangrejos y los bogavantes deben poseer todas sus pinzas y los más pesados son los mejores.

Los crustáceos se preparan de formas muy variadas: a la americana o en *bisque*, en fritura, pochados en caldo corto o asados a la parrilla. También se sirven como entremés frío: los de mayor tamaño se pelan (patas, pinzas y caparazón), mientras que los más pequeños se sirven enteros o sin su cabeza, con la cola pelada. Son muy apreciados en diversas regiones del mundo.

crutón, crotón o croûton

Pequeño trozo de pan de forma variable, asado, dorado en mantequilla, frito en aceite o secado en el horno, al natural o frotado con ajo. Los crutones en dados, también llamados picatostes, sirven para acompañar ciertas preparaciones (cremas, sopas, ensaladas verdes, huevos revueltos, tortillas de huevo, espinacas en mantequilla) o platos compuestos.

cuajada

Estado insolubilizado de la caseína de la leche que resulta de la coagulación de ésta. La cuajada puede ser ácida (aporte de fermentos lácticos) o dulce (adición de cuajo animal, quimosina, o vegetal, enzima de la higuera, de piña, de alcachofa, etc.). La cuajada dulce puede consumirse fresca o fermentada; en el segundo caso, origina ciertas especialidades como los quesos fuertes.

cuajo

Enzima secretada por la cuarta bolsa del estómago de los rumiantes jóvenes (bovinos, ovinos, caprinos) y compuesta sobre todo de quimosina. Utilizada en polvo o en forma líquida coagula la leche, primera etapa de la elaboración de los quesos. En ciertos quesos se da preferencia a las enzimas vegetales: ficina (higuera), bromelina (piña americana), cardamina (alcachofas, cardos), papaína (papayo), etc.

Cuaresma

Periodo de cuarenta días de abstinencia —las comidas con grasa se autorizaban sólo los domingos—, previsto en la religión católica como tiempo de penitencia antes de Pascua en memoria de los cuarenta días que ayunó Jesucristo en el desierto. El rigor original de la Cuaresma imponía no comer carne, grasa ni huevos. La comida ordinaria se componía, pues, de verduras, y a menudo legumbres. Pero mediante una limosna al clero, se podían consumir, aunque sin excesos, mantequilla, huevos y ciertas piezas de caza de agua, como el castor. En cocina, en vez de ligar con huevo se hacía con carne de carpa, y la pastelería supo esquivar la dificultad con los crocantes, los pasteles de harina con miel y la pasta de almendras.

La Cuaresma contribuyó a desarrollar la imaginación de los cocineros. Así el bacalao, que durante varias semanas se servía en la mesa cada día, es uno de los pescados que presenta mayor número de preparaciones.

En México se preparan muchas comidas especiales que se denominan comidas de cuaresma o comidas cuaresmales; especialmente los viernes se evitan las carnes rojas. Durante los días del Duelo y la Pasión, la dieta se basa en platillos de pescados, mariscos y verduras. Existen guisos clásicos como el revoltijo, el bacalao, la sopa de habas, los huauzontles, los peneques, los chiles rellenos de queso y atún, las tortitas de papa y de coliflor, los nopales, los ejotes con huevo, la capirotada y las torrejas entre muchos otros.

cuatro cuartos

Pastel de elaboración familiar elaborado con un peso igual de harina, mantequilla, azúcar y huevos (el peso de estos últimos determina el de los tres ingredientes restantes). La manera de mezclarlos y el orden en el que se incorporan varían según las recetas. El cuatro cuartos puede aromatizarse con vainilla, limón, naranja, etc.

cuatro especias

Mezcla de especias compuesta de pimienta molida, nuez moscada rallada, clavo de olor en polvo y canela en polvo. La mezcla de cuatro especias se utiliza en diversas especialidades francesas.

cuba libre

Cóctel largo (*long drink*) que se sirve en vaso *highball*, muy consumido en los países anglosajones y latinos. El cuba libre se prepara con ron y refresco de cola; se sirve con una rodaja de limón.

cubierto

Conjunto de los accesorios de mesa de que dispone un comensal (plato, vaso, cuchillo, tenedor, cuchara) y que señala su lugar en una mesa preparada. En términos profesionales, el cubierto designa sólo el tenedor y la cuchara.

Hasta el siglo xv, era costumbre "servir a cubierto", es decir, cubrir con un gran lienzo blanco los platos expuestos sobre la mesa o el bufet, para mostrar a los comensales que se habían tomado todas las precauciones para evitar un envenenamiento. De ahí procede el término "cubierto" para designar el servicio de mesa. Posteriormente, a lo largo de los siglos los diferentes tipos de cubiertos, es decir, las formas de servicio en la mesa variaron, hasta simplificarse a su forma actual.

El cubierto en la actualidad precisa de disposiciones muy precisas: plegado de la servilleta, número de copas, emplazamiento del tenedor, del cuchillo, de la cuchara y demás artefactos necesarios para el consumo y servicio de los alimentos en la mesa.

Hoy en día, existe una amplia gama de cubiertos de acero inoxidable, mate o brillante, e incluso réplicas de modelos de orfebrería de plata.

cubo

Recipiente cilíndrico o troncocónico, provisto de un asa o de dos mangos laterales, que sirve para conservar fresca una botella o presentar cubitos de hielo.

- El cubo de champán, de acero inoxidable o de metal plateado, de 18 a 20 cm de diámetro, sirve para conservar fresca en agua con hielo una botella de champán, de vino blanco seco, de rosado, de clarete o de vino espumoso.
- El cubo de hielo, más pequeño (de 10 a 13 cm de diámetro), permite presentar en la mesa cubitos con el aperitivo o los refrescos.
- El cubo de hielo isotérmico, forrado con una pared aislante y provisto de tapa, permite conservar los cubitos enteros sin que se derritan.
→ hielera

cubrir o recubrir

Envolver en pasta de freír un alimento relativamente rico en agua, para aislarlo durante la fritura. También significa recubrir una preparación con salsa, alguna gelatina u otra preparación con el objetivo de aislarla o conservarla.

En pastelería, se cubren (napan) con chocolate, *fondant* o azúcar cocido ciertos pasteles, *petits-fours*, golosinas o bombones. Los helados que se presentan sobre un bastoncito se cubren de chocolate o de praliné, lo cual garantiza su rigidez.

En chocolatería, se cubren con chocolate, blanco, negro o con leche los bombones compuestos por *ganache*, praliné, pasta de almendras u otros rellenos.

En la industria alimentaria, la operación de cubrir consiste en envolver un alimento con una sustancia neutra, que mejora su presentación y alarga la duración de conservación (sobre todo en el caso de los salchichones).

cuchara

Utensilio formado por una parte cóncava y un mango más o menos largo, utilizado para recoger, manipular, servir o degustar alimentos, generalmente líquidos.

- Cucharas de mesa. En su mayor parte son de metal, al menos la parte cóncava. Un cubierto de mesa incluye tres tamaños de cuchara: la de mesa (la de mayor tamaño), la sopera y la de postre. Se pueden añadir otras cucharas más específicas.
  Los cubiertos de servicio comprenden, asimismo, cucharas especiales: para el pescado y la ensalada (de madera, cuerno o plástico, que son incorruptibles a la acidez), para la salsa, para la sal, la mostaza, el azúcar, la confitura, la miel, entre otras.
- Cucharas de cocina. Su forma y material dependen de su empleo: cucharas con picos vertedores, con orificios, hondas, para helado, *parisienne* o boleadora (para formar esferas), entre otras.

cucharón

Gran cuchara esférica, bastante profunda, provista de un mango largo, que se utiliza para servir potajes y sopas. Puede estar hecha de material sintético para recipientes con revestimiento antiadhesivo. El pequeño cucharón con pico, de aluminio o de hojalata, sirve para recoger jugos y salsas. También existe un cucharón de ponche o de vino caliente, a veces de vidrio, que también presenta un pico.

cuchillo

Instrumento cortante compuesto de un mango y una hoja. Esta última se prolonga hasta el interior del mango y queda ceñida mediante una virola o abrazadera. Entre esta parte oculta y la hoja hay una parte saliente, la báscula, que evita que la hoja toque la superficie de la mesa cuando se posa el cuchillo plano. Cuando no presenta virola, la parte oculta de la hoja se mantiene entre las dos plaquitas que forman el mango. Hasta la generalización del acero inoxidable, las hojas eran de acero, salvo en los cuchillos para frutas o para pescados (de plata); aunque el acero al carbono se afila mejor y permanece afilado durante más tiempo que el inoxidable.

- Cuchillos de mesa. El antecesor del cuchillo fue el sílex tallado. Las primeras hojas fueron de bronce y luego de hierro. Hasta finales del siglo xvi, el cuchillo servía a la vez para cortar y para pinchar los alimentos en el plato, así como para cortar el pan. Era un objeto personal, que se llevaba en el cinto. Hoy en día, forman parte del servicio clásico los cuchillos para cortar carne, para servir el pescado o el queso (con la punta bífida curva) y para los pasteles.
  Cada comensal dispone de un cuchillo grande (o cuchillo de mesa), a veces de un cuchillo *lame-steak* (dentado, con muescas o de corte especial), y de pequeños cuchillos de forma variable según la comida. El cuchillo para untar, concebido para el servicio de la mantequilla, posee una hoja sin afilar, de punta redondeada. El cuchillo para el pan presenta dientes de sierra.

• Cuchillos de cocina. Los cuchillos de un chef de cocina son tan personales como el instrumento de un músico: su peso, equilibrio y forma desempeñan un papel determinante. El equipo clásico comprende las siguientes piezas: el cuchillo de carnicero (para deshuesar, pequeño, de hoja corta, ancha cerca del mango y puntiaguda en su extremo); el cuchillo para trinchar (de hoja larga, ancha y puntiaguda); el cuchillo "de cocina" y el cuchillo-machete (pesado, resistente y grueso, para romper los huesos, trocearlos o cortar la carne); el cuchillo filetero (de hoja larga y flexible, puntiaguda); el cuchillo de cocina o "de chef" (de hoja muy ancha y rígida, de extremo puntiagudo, para trinchar, trocear y picar); el cuchillo mondador (el más pequeño y más utilizado, de hoja puntiaguda y poco ancha, para pelar verduras y frutas y efectuar las tareas menores).

Existen otros cuchillos que completan este conjunto, como el cuchillo para pelar verduras y frutas, el cuchillo de sierra, entre otros. Asimismo, otros más específicos y que sólo son conocidos por los profesionales, como el machete, el cuchillo para retirar los nervios, el cuchillo de salami, entre otros.

cuello

En las aves, parte que corresponde al pescuezo.

El cuello de pato o de oca relleno es una especialidad del suroeste de Francia. El cuello se deshuesa minuciosamente, luego se cose la piel en un extremo y se rellena con una mezcla de carne de la misma ave y de cerdo, junto a un poco de *foie gras*, armañac y jugo de trufa. La cocción se efectúa en la grasa del pato o de la oca. El cuello relleno se come frío o caliente, acompañado de una salsa *périgueux* (semiglasa con esencia y trozos de trufa).

cuerno • *croissant*

cuerno de gacela

Elaboración oriental de pastelería que tiene forma de cuerno, formada por dos masas: por un lado, una mezcla de almendras peladas y picadas, azúcar, mantequilla y agua de azahar, que se enrolla en pequeñas salchichas del tamaño de un dedo; por el otro, una pasta muy flexible y elástica, estirada cuidadosamente hasta los 2 o 3 mm de grosor. En esta pasta se cortan cuadrados de 10 a 12 cm de lado, sobre los que se sitúan en diagonal las salchichas de pasta de almendras, y luego se enrolla cada pastelito dándole la forma de un *croissant*.

Los cuernos de gacela se cuecen en el horno a fuego lento y se espolvorean con azúcar glass.

curaçao

Licor de naranja, elaborado en su origen por los holandeses con la cáscara de las naranjas amargas que crecían en la isla de Curaçao, en las Antillas holandesas. Alcanzó mucha popularidad y numerosos destiladores de varios países decidieron elaborarlo. Es muy aromático y se consume como digestivo.

El *curaçao* se emplea para aromatizar. Para embeber bizcochos, en las *crêpes* Suzette, en el pato a la naranja y en numerosos cócteles.

cúrcuma

Planta herbácea de las regiones tropicales, de la familia de las zingiberáceas, utilizada como especia o como colorante. De ella se extrae la curcumina, colorante utilizado en lácteos, elaboraciones de confitería, bebidas y mostazas. Reducido a polvo, el rizoma de la cúrcuma, más amargo que el azafrán pero de un color análogo, entra en la composición del *curry*.

La cúrcuma se utiliza sobre todo en el sureste asiático y en la India para preparar el arroz, las legumbres, las salsas picantes y los platos de pescado y marisco.

curry

Nombre de una mezcla de especias de origen indio, en polvo o en pasta. Designa, asimismo, el plato aromatizado por esta mezcla de color amarillo.

En la India cada cocinero prepara su propio *curry*, y los componentes varían según la región, la casta y el uso. En Occidente, las mezclas obedecen a fórmulas fijas. Hoy en día se encuentran *currys* suaves, fuertes y muy picantes. Una composición clásica comprende, por ejemplo, cúrcuma, cilantro, comino, pimienta (indispensables), clavo de olor, cardamomo, jengibre, nuez moscada, tamarindo y chile (opcionales). También se puede realzar con hinojo, alcaravea, ginseng, albahaca seca, granos de mostaza o canela. En Sri Lanka se añade leche de coco y yogur, y en Tailandia, pasta de camarones secos. En la India, los *currys* son untuosos, líquidos, secos o en polvo, y su color va del blanco al pardo dorado o al rojo, pasando por el verde.

En Oriente, el *curry* aromatiza numerosas comidas vegetarianas, así como platos de carne o de pescado. En Occidente se preparan sobre todo *currys* de cerdo, pollo o cordero. Existen tres maneras de preparación del *curry*:

– A la india. La carne en trozos se pone a dorar con cebollas y chalotas en láminas, y luego se reemplaza por un guiso de jitomates con *curry* (al que a veces se añade leche de coco) y especias, que se deja cocer a fuego lento antes de volver a introducir la carne con caldo.

– A la china. La carne, cortada en trocitos muy pequeños, se pone a macerar con el *curry* y la salsa de soya, y luego se vierte una sola vez en una sartén con manteca de cerdo, donde se cuece con especias.

– A la inglesa. La carne en trozos, espolvoreada con harina y luego con *curry*, y mojada con caldo, se cuece en un guiso clásico.

El *curry* también realza el sabor de diversas preparaciones como un arroz *pilaf*, un *bisque*, una sopa, un guiso de lentejas, un plato de verduras o incluso una mayonesa para el pescado o una mantequilla compuesta.

cuscús

Plato tradicional del Magreb (Argelia, Marruecos y Túnez), a base de sémola de trigo duro, a veces cebada o trigo verde. Se sirve como segundo plato, después del *méchoui* en Argelia y los *tagines* en Marruecos. Se come modelando con los dedos pequeñas bolitas de "grano". En los tres países, los elementos son los mismos —sémola y caldo—, pero los ingredientes que los enriquecen varían mucho.

El cuscús puede acompañarse con habas, una gran diversidad de verduras (acelga, alcachofa, berenjena, calabacítas, chícharos, hinojo, papas) y, a veces, carne.

El cuscús preparado con habas frescas y uvas pasas se reserva para las comidas del alba durante el mes del ramadán. Se come bebiendo suero de leche o leche cuajada .

La preparación del cuscús descansa sobre dos constantes, sin las cuales pierde su autenticidad: por un lado, la calidad del "grano", que depende esencialmente del arte de manipular la sémola en la mano y cocerla; y por otro (ya que el cuscús salado es el más difundido), el sabor de la carne, que depende en gran medida de la elección de verduras y especias, sobre todo el *râs-al-hânut*, mezcla de cinco especias reunidas en el caldo.

cuscusera

Recipiente de aluminio o de acero inoxidable formado por dos partes que se encajan la una en la otra.

La parte inferior es una especie de olla, a menudo abombada y dotada de mangos. En ella se vierte el caldo de verduras o de carne (o simplemente agua). La parte superior se llama y su fondo presenta unos orificios pequeños. Allí se coloca la sémola o los alimentos que deben cocer al vapor. La cuscusera se cierra mediante una tapa, que a veces presenta unos orificios para la evacuación del vapor.

D

dacquoise

1. Bizcocho compuesto de claras de huevo y una mezcla de azúcar glass y azúcar en polvo, seco en su interior y blando y mullido en su exterior, como un macarrón liso. Este bizcocho, tradicionalmente enriquecido con almendras, puede llevar asimismo avellanas, pistaches, coco o especias. Se utiliza a menudo como soporte de postres de pastelería.

2. Pastel originario del suroeste de Francia, llamado también *palois* (los dacquois son los habitantes de Dax, y los *palois*, los de Pau), formado por dos o tres discos de pasta merengada con almendras (mezcladas en ocasiones con avellanas, coco o pistaches), separados por capas de crema de mantequilla de diversos sabores, y espolvoreado con azúcar glass. El fondo del *dacquoise* es una variante del *succès*, y está a medio camino entre el merengue y el bizcocho.

A menudo se recurre a los fondos de *dacquoise* para dar cierta consistencia crujiente a cremas, *mousses*, *ganaches* o *bavarois*.

daikon

Hortaliza de la familia de las brasicáceas. Posee una gran raíz cilíndrica y es muy cultivada en Extremo Oriente; también llamada "rábano de Japón" o "rábano de Satzuma". Su raíz carnosa, blanca y verde en el cuello, puede alcanzar 1 m y pesar varios kilogramos. En Japón se consume cruda, cortada en láminas, o en cintas para ensaladas o rallada para acompañar el pescado. Cocido, el *daikon* (o *daico*) se utiliza como el nabo (cortado en láminas finas, sobre todo en los purés y sopas). También se confita en sal.

daiquiri

Cóctel de ron y jugo de limón al que se añade un poco de almíbar. Se presenta generalmente en un vaso escarchado y, si se desea, se puede alargar con agua con gas.

dal

Término genérico hindi que significa leguminosa, y que se aplica a todo tipo de legumbres (chícharos, garbanzos, lentejas, frijoles). Dada la importancia de las comidas vegetarianas en las cocinas india, pakistaní y cingalesa, los *dal* ocupan un lugar preponderante en ellas, pues constituyen una fuente de proteínas indispensables.

Los *dal* más corrientes son tres. El *mung dal* (frijol dorado) que presenta granos verdes, pardos o rojos. Se come fresco, crudo en ensalada, salteado con *ghee*, mezclado con arroz, pescado cocido o carne en ragú, en puré para espesar salsas y condimentos. El *urid dal* tiene granos negros y reducidos a polvo y sirve para preparar tortitas y papillas. El *maisur dal* (pequeñas lentejas de color rosado), cocido y molido, sirve sobre todo para hacer buñuelos.

La preparación más simple del *dal* consiste en cocerlo en agua a la que se añade especias como cúrcuma, jengibre rallado y chile (o comino y cilantro) y servirlo con un puré de cebolla al que se incorporan granos de mostaza. A menudo se añade a esta preparación arroz o papas y almendras cortadas en láminas.

damier

Pastel elaborado con una genovesa aromatizada al ron, rellena y cubierta con crema de mantequilla al praliné. El contorno presenta almendras en láminas, y la parte superior está decorada en damero, y de ahí su nombre.

danablu

Queso danés con Denominación de Origen, de leche de vaca (entre 50 y 60% de materia grasa), de pasta verde y corteza blanquecina. El *danablu* suele presentarse en forma de rueda de 2,5 a 3 kg, pero puede tener otras formas. Es el más célebre entre los quesos de tipo azul, su origen se remonta a antes de la Primera Guerra Mundial y posee un sabor fuerte y algo picante.

dariole

Pequeña elaboración de pastelería, cocida en un molde de diámetro algo mayor en su parte superior, llamado asimismo *dariole*, que se emplea también para preparar los babas individuales, flanes, *cakes*, pasteles de arroz o pasteles de verduras. En cocina, se llama *dariole* a una tartaleta de queso y a una especie de pequeño flan de queso.

darphin

Nombre que se da a una preparación de papas cortadas en bastoncitos finos y cocidas en la sartén y luego en el horno, de modo que se obtenga una tortita gruesa, dorada por ambos lados, pero blanda en el centro.

dartois

Entremés caliente o elaboración de pastelería, formado por dos bandas de pasta de hojaldre que encierran una guarnición dulce o salada.

dash o trait

Pequeña cantidad de alcohol, de *bitter*, de licor o de jugo de fruta que entra en la composición de un cóctel. El *dash* designa siempre una cantidad escasa, un chorrito o un chorro de líquido.

dashi

Fondo de caldo a base de *konbu* (algas) y bonito seco, aromatizado de distintas maneras (shiitakes o pececillos secos), muy utilizado en la cocina japonesa. El *dashi* puede ser dulce para los platos agridulces. Se le puede incorporar *sake*, salsa o pasta de soja, o añadírsele verduras finamente cortadas.

dátil

Fruto de la palmera datilera (o datilero), de la familia de las arecáceas, que se presenta en racimo. El dátil, de color marrón, carnoso, de unos 4 cm de longitud, es rico en fibra, calórico (300 kcal o 1,254 kJ por cada 100 g: un dátil pesa aproximadamente 10 g), muy rico en azúcares fácilmente asimilables y también contiene hierro, calcio, potasio, fósforo, magnesio y vitaminas (B1, B2, B3), que lo convierten en un alimento idóneo para el esfuerzo físico y un tónico del sistema nervioso.

En la Antigüedad, los griegos lo utilizaban en salsas para la carne o el pescado y para elaborar diversas preparaciones de pastelería.

Originaria del Golfo Pérsico, la palmera datilera, "árbol de vida" de los caldeos (que se alimentaban de sus frutos y de sus yemas, se saciaban con su savia, tejían sus fibras y quemaban los huesos como combustible), se cultiva hoy intensivamente en el Magreb, en Egipto y en Arabia. Solo se exportan a Europa algunas variedades, sobre todo el *deglet nour*, el dátil de Túnez (de piel lisa y fina), el *halawi* (muy dulce) y el *khaleseh* (de piel pardo-anaranjada y muy aromático). Los dátiles se venden a granel, al peso, en racimos, o bien en cajas.

En Francia, el dátil se consume como una golosina, a menudo rellena o glaseada. En la cocina del Magreb se emplea de las formas más diversas, sobre todo en los *tagines* y los cuscús dulces, en los guisos de ave y en los platos especiados con *curry*, e incluso para rellenar el pescado (sábalo). En pastelería, su papel también es muy importante: buñuelos, *nougats* y confituras. La savia del datilero produce un jugo grisáceo y dulce, que fermenta rápidamente y se vuelve espumoso. Esta bebida refrescante se consume mucho en la India, donde el dátil entra en la elaboración de salsas especiadas, golosinas y galletas. En Iraq, su jugo se utiliza para condimentar las sopas y las ensaladas de *crudités*.

dátil de mar

Molusco bivalvo perteneciente a la misma familia que el mejillón y parecido al dátil vegetal. Habitualmente vive en agujeros que el mismo molusco perfora en la roca calcárea. Es una especie muy apreciada en la gastronomía del litoral mediterráneo español y se acostumbra consumir hervido.

daumont, à la

Nombre de una guarnición muy opulenta, que data de la época de la Restauración francesa (dedicada al duque D'Aumont) y destinada principalmente a los grandes pescados breseados (sábalo, salmón, rodaballo). Actualmente, esta denominación se otorga a preparaciones de pescado más simplificadas, así como a unos huevos tibios o escalfados que incluyen cangrejos de río, champiñones y salsa *nantua*.

débarrasser

Término francés que designa la acción de trasvasar de un recipiente una preparación, pasándola desde el utensilio de cocción (sartén, cacerola, olla) hasta el de preparación (otra cacerola, una charola) para dejarla enfriar o reservarla.

En restauración, *débarrasser* una *mise en place* significa retirar del fuego o de una superficie de trabajo todos los utensilios que se hallaban en ese lugar durante el servicio.

decantar

Trasvasar un líquido turbio después de dejarlo reposar el tiempo necesario para que las impurezas en suspenso se depositen (caldo, fondo).

Se decanta la mantequilla fundida al eliminar la espuma y el suero para obtener una mantequilla clarificada.

Una carne cocida en un fondo o en una salsa se decanta retirándola del recipiente. El líquido de cocción se decanta pasándolo por el colador chino para eliminar la guarnición aromática y una vez ligado sirve para realizar una salsa. Luego la carne y la salsa se unen para la última fase de la cocción.

En ocasiones se decanta un vino trasegándolo delicadamente a una jarra, a fin de dejar que los aromas se desarrollen durante unas horas o para asentar los sedimentos que se hayan podido formar en la botella en el curso del envejecimiento. No obstante, esta operación provoca una oxidación violenta que, en algunos casos, es nefasta para el vino, sobre todo si es viejo.

decocción

Extracción de los principios de una sustancia por ebullición. El producto (planta aromática, verdura, carne, etc.) se sumerge en agua, que hierve más o menos tiempo. De esta manera se obtienen los caldos de carne y de verduras, los caldos cortos y los extractos aromáticos.

deconstrucción

Término filosófico que Ferran Adrià aplica a una parte de la culinaria. Describe preparaciones tradicionales cuyos ingredientes se cocinan y se colocan de distinta manera en el plato, separados o reagrupados, con distintas texturas o temperaturas, aunque su sabor es el original.

decoración o decorado

Conjunto de las operaciones destinadas a perfeccionar la presentación de los platos, sobre todo de los fríos (preparaciones en *bellevue*, en áspic, en *chaud-froid*, pescado en gelatina, a la parisina, etc.), de las carnes y de las aves de corral (acabadas con su guarnición específica), de las ensaladas compuestas y de las elaboraciones de pastelería y postres.

La decoración, ausente en la cocina regional (franca y sin sofisticación, y que se sirve a menudo en la fuente de cocción), era exagerada en la "cocina de la Corte". La de Taillevent, en el siglo XIV, con sus aves reconstruidas y sus colores simbólicos, o la de Antonin Carême, en el siglo XIX, con sus grandes piezas arquitectónicas, son emblemáticas en este aspecto.

Actualmente, la decoración descansa sobre todo en la utilización de ingredientes naturales y comestibles, de colores y de formas diferentes, empleados para dar contraste o armonía. Condicionada por los alimentos que deben realzarse, el tiempo de ejecución, las circunstancias y los elementos de que se dispone, la decoración recurre a técnicas precisas, pero también a la creatividad de cada cocinero, para agradar a la vista antes que al olfato o al gusto.

La decoración de los platos siempre se prevé y se organiza con antelación (elementos preparados, transformados, dispuestos en su lugar, platos de acabado disponibles, etc.). La paleta del cocinero está bien provista de colores (verde de espinaca, de berro; rojo de betabel, de rábano; huevos de lumpo rojos o negros; yema y clara de huevo, etc.), y se pueden variar las formas y los volúmenes (dados, cubos, bolas, la marca del hierro caliente sobre un merengue, el cuadriculado sobre las parrilladas, etc.), jugando con toda una gama de consistencias (sólida, en polvo, granulosa, pastosa, gelatinosa). Los cocineros japoneses y chinos prestan una particular atención al aspecto decorativo de los platos, y el corte de las verduras y del pescado se eleva en aquellas tradiciones al nivel de arte.

Numerosos elementos de decoración son comestibles, aunque no siempre se comen:

- Limones y naranjas acanalados para pescados *à la meunière*, escalopas vienesas, pato a la naranja.
- Berro en ramilletes para parrilladas y asados.
- Florones de hojaldre, dientes de lobo, picatostes para carnes en salsa, pescados *bonne femme*, espinacas.
- Huevos duros picados o en rodajas para ensaladas o entremeses.
- Perejil fresco para pescados y entremeses.
- Papas duquesa, paja, en nido, en cesto.
- Jitomates en rodajas, en abanico o en "rosas", estragón, piel de limón, peladura de manzana roja, rábano, trufa, mayonesa, etc. Hay otros elementos que no se consumen.
- Papel en forma de encaje u ondulado, redondo, ovalado o cuadrado, para entremeses calientes, patés, etc.
- *Papillotes* para costillar de cordero, chuleta de ternera, pierna, etc.
- Servilleta doblada en góndola para el pescado y en cuadrado para las tostadas y las bombas heladas.
- Zócalos y escalones para pescados, crustáceos, supremas, medallones de *foie gras*, etc.

En pastelería y en confitería, la decoración desempeña un papel particularmente importante, y el trabajo del azúcar (estirado, hilado, torcido, etc.) permite todo tipo de decoraciones. Las grandes piezas de pastelería, las copas heladas y los postres son las preparaciones en las que este arte mejor se aplica. Sobre todo se utiliza el caramelo, el chocolate (copos, perlas y fideos), la crema de mantequilla (aplicada mediante una manga con boca acanalada), las almendras (en láminas, tostadas o picadas), el napado, la glasa real, el azúcar glass, el *fondant*, la pasta de almendras, los granos de café, las violetas de azúcar, las frutas confitadas, la crema chantilly y los *marrons glacés*.

decorar con tiras

Operación consistente en disponer unas tiras de pasta de bordes rectos o dentados sobre un pastel, a fin de formar una cuadrícula. Esta operación, que se practica sobre todo en la tarta austriaca *linzertorte* y en los pastelitos franceses llamados *conversation*, se reali-

za al final de la preparación, después de rellenar la pieza y antes de su cocción.

delfín, o delfina, a la

Nombre que se da a las verduras tratadas como las papas a la delfina (nabo, calabacitas o berenjena, por ejemplo). Si el puré obtenido es demasiado acuoso, se seca en el horno (sobre todo en el caso de las calabacitas).

Las piezas de carne a la delfina se sirven con una guarnición de papas *dauphine* o papas a la delfina.

delikatessen

Término creado en Alemania durante el siglo XVIII para designar los alimentos "delicados". La palabra se aplica hoy en día, en los países germánicos y en Estados Unidos, a los productos alimentarios de lujo o de importación: charcutería, vinos, alcoholes, golosinas, chocolates, frutas exóticas, quesos, conservas agridulces y panes de especias.

demi-glace

Reducción de un fondo oscuro ligado de ternera, al que se añade fondo oscuro claro, cuidadosamente espumado. Su condimentación y su aromatización determinan su empleo en distintas salsas oscuras (salsa oporto, salsa de madeira, salsa *périgueux*).

Denominación de Origen (DO)

"Denominación de una zona, una región o una localidad, que sirve para designar un producto originario de ésta y cuya cualidad o características se deben al medio geográfico, que comprende factores naturales y factores humanos". La Denominación de Origen (DO) protege el nombre y regula los compontes y los procesos de producción o elaboración de ciertos productos.

Las DO garantizan una protección jurídica contra todo riesgo de imitación. Al respetar escrupulosamente la definición legal, dan a los productos que se benefician de ella una verdadera identidad cultural.

En los países Europeos la Denominación de Origen, fue aplicada en primer lugar al sector vitícola para proteger a los productores después de la destrucción de los viñedos a causa de la filoxera, se ha extendido progresivamente a otros productos: aguardientes, quesos, etc., pero se sigue aplicando sobre todo en el sector vinícola.

En México, algunos productos alimenticios que gozan de esta protección son el café de Chiapas, el chile habanero de la península de Yucatán, la charanda, el mezcal, el sotol, el tequila y la vainilla de Papantla.

→ Indicación Geográfica Protegida (IGP)

Denominación de Origen Protegida (DOP)

"Denominación de un producto cuya producción, transformación y elaboración deben tener lugar en una zona geográfica determinada, con un procedimiento reconocido y constatado." Conocida en francés como *Appellation d'Origine Protégée* (AOP), es la transposición a la Unión Europea de las Denominaciones de Origen (DO). Este derecho de propiedad intelectual, creado el 14 de julio de 1992, abierto a estados terceros, está reconocido en 150 países. Es obligatorio el registro de cualquier signo nacional de identificación del origen equivalente reconocido por un estado miembro de la Unión, salvo en el caso de vinos y espirituosos.

densidad
Relación que se establece entre la masa de un determinado volumen de un cuerpo y la masa del mismo volumen de agua a 4 °C.

La medida de la densidad de los líquidos alimentarios es importante sobre todo en vinificación, en la elaboración de cerveza o sidra, en la industria de las materias grasas (aceite, margarina), para la leche (índice de materia grasa) y para las salmueras de charcutería.

La medida de la concentración de azúcar (principalmente en la elaboración de confituras, bombones y preparaciones de confitería) se realiza actualmente en densidad, y ya no en grados Baumé, como se hacía antaño.

desalar
Eliminar de forma parcial o total la sal que contienen ciertos alimentos conservados en sal. El desalado se efectúa mediante inmersión en agua fría. Esta disuelve de manera progresiva la sal, que termina por depositarse en el fondo del recipiente. Así, por ejemplo, el bacalao debe ponerse en remojo la víspera de su empleo, cambiando el agua varias veces. La paletilla, el costillar y el jamón salados deben ponerse en remojo unas horas antes de cocerse. El desalado de la panceta salada se efectúa blanqueándola. Según un aforismo culinario, "la sal de conservación no es la sal de sazón", dando a entender que es mejor desalar en exceso para volver a salar, si fuera necesario.

desarmador
Long drink refrescante creado en la década de 1930, cuando el vodka fue introducido en Estados Unidos. Está compuesto de jugo de naranja y vodka. Se sirve en un vaso *highball* lleno de hielo.

desayuno
Comida que se toma por la mañana, al despertarse. La etimología de la palabra remite a la interrupción del ayuno nocturno. El desayuno francés "completo" se compone de una taza de té, café, café con leche o chocolate, acompañada de *croissants*, tostadas o *biscotes*, con mantequilla y confitura o miel. Es reducido comparado con el desayuno anglosajón, el alemán o el escandinavo, en los que figuran elaboraciones de charcutería, compotas, hojuelas de maíz, jugos de frutas, huevos, salchichas asadas, etc. En México el tradicional desayuno es sustancioso y abundante, puede contener jugo, fruta, pan de dulce, algún plato principal a base de huevos, carne o tortillas, café y mermelada.

desbarbar
Cortar con unas tijeras las aletas de un pescado crudo. Esta operación se realiza con todos los pescados, salvo los muy pequeños, como la sardina y el eperlano. Se desbarban los pescados planos servidos enteros (rémol, lenguado, rodaballo) retirando las "barbas" (cartílagos) que les sirven de aletas. También se desbarban los mejillones, las ostras después de su cocción, los huevos pochados para mejorar su presentación, retirando los filamentos de clara que han coagulado de forma irregular.

descascarillar
Retirar la cáscara de un huevo cocido, tibio o duro. Para facilitar la operación, basta con pasar el huevo recién cocido por agua fría y luego hacerlo rodar sobre la superficie de trabajo para agrietar la cáscara.

descorazonador o vaciador
Pequeño utensilio compuesto por una gubia de metal con mango, cuyo extremo forma un anillo de 3 o 4 cm de diámetro. El descorazonador sirve para retirar el "corazón" (semillas y pericarpio) de las manzanas o peras antes de cocerlas enteras o cortarlas en rodajas.

descremar o desnatar
Separar la crema de la leche. El descremado se realiza de forma espontánea cuando se deja reposar la leche fresca entera veinticuatro horas. La crema o nata asciende a la superficie, donde se retira con facilidad. Se utiliza sobre todo en pastelería casera. En lechería industrial, el descremado se efectúa con centrifugadoras.

desecado
Uno de los procedimientos más antiguos de conservación de los alimentos. El desecado ralentiza la proliferación de los microorganismos, así como las reacciones de deterioro, pero modifica el aspecto de los alimentos, que pierden total o parcialmente el agua que llevan en estado natural. En general deben rehidratarse antes de emplearse.

Desde la época prehistórica se exponían al sol, antes de almacenarse, cereales, bayas, nueces y frutas.

Los indígenas norteamericanos secaban la carne de bisonte para preparar el *pemmican*. Actualmente ciertas carnes experimentan un desecado más o menos intenso, a veces asociado con el ahumado y el salado.

El desecado al aire y al viento se aplica al pescado, con frecuencia salado, tanto en Escandinavia como en Senegal o la India.

En cuanto al desecado de vegetales, se practica en muchas regiones del mundo desde tiempos inmemoriales. En Grecia se deseca la uva, en Turquía los chabacanos, en Irán y en España los jitomates, en Hungría el pimiento, y en todas las zonas rurales francesas se desecan frutas y verduras locales.

En el proceso industrial, la elección del procedimiento de secado depende de las características del alimento y de las ventajas que se buscan, además de la conservación. Con los métodos modernos se elimina una mayor proporción de agua, y se habla más bien de "deshidratación".

El desecado, que se practica con facilidad a nivel doméstico, se puede hacer de distintas maneras.

- Al aire libre, en un espacio interior ventilado (legumbres, bacalao salado) o en un secador, con cinta transportadora o de suspensión en una corriente de aire (legumbres).
- En un horno de temperatura precisa (frutos secos).
- En un secadero con atmósfera controlada, en el que la temperatura y la higrometría disminuyen progresivamente (salchichones secos).

• En una instalación a base de microondas sobre cinta transportadora (*chips*).

→ **deshidratados**

desecar

Eliminar el excedente de agua de una preparación calentándola a fuego bajo. De este modo se seca el puré de papa, por ejemplo, antes de añadirle leche y mantequilla.

De forma más específica, esta operación se aplica a la primera cocción de la pasta *choux*: la mezcla de agua, mantequilla, harina y sal o azúcar se trabaja vivamente a fuego alto, con una espátula de madera, hasta que la masa se despega de las paredes del recipiente, lo cual permite que el exceso de agua se evapore antes de la incorporación de los huevos y de la segunda cocción en el horno.

desengrasar o desgrasar

Retirar el exceso de grasa de un producto, una preparación o un recipiente de cocción. Se desengrasa la carne, cruda o cocida, con la ayuda de un pequeño cuchillo de carnicero; los líquidos calientes con un pequeño cucharón o una cuchara; y los líquidos fríos, cuya grasa se ha solidificado, con una espumadera (también se pueden pasar por el colador chino).

Para perfeccionar el desengrasado del consomé caliente, se dispone, una vez clarificado, papel absorbente en su superficie.

Cuando se cuece un alimento en un sartén o una placa, éste se desengrasa eliminando la grasa cocida, antes de desglasar.

desflemar

Técnica que consiste en quitarle el sabor fuerte a un alimento. En México tal vez lo que más se desflema son las cebollas, pasándolas por agua corriente o agua caliente, o curtiéndolas en vinagre, jugo de limón o naranja agria. Con técnicas similares se desfleman riñones, nopales, chiles, berenjenas y otros alimentos.

desglasar

Disolver, con la ayuda de un líquido (vino, consomé, fondo, crema, vinagre), los jugos contenidos en un recipiente que ha servido para un dorado, un salteado o una cocción al horno, a fin de obtener un jugo o una salsa.

Bajo el efecto del calor, los jugos caramelizan en el fondo del recipiente. Si estas partículas oscuras, que se mezclan con la grasa de cocción, cuando se retiran los elementos cocidos (una pieza de caza, un medallón, una gran pieza de carnicería, pescado, pollo, turnedó) no están suficientemente coloreadas y bien separadas, es conveniente dejar el recipiente unos minutos al fuego, luego desengrasar (eliminar la grasa cocida) y proceder al desglasado.

Para ello, se vierte el líquido (generalmente en pequeñas cantidades) en el recipiente, al fuego, dejando disolver todos los jugos, dejándolo cocer y adquirir color, y luego reduciéndolo hasta que alcance la consistencia deseada. En el curso de la operación, los vinos pierden acidez. En ocasiones, el desglasado viene precedido por un flambeado.

Cuando está bien reducido, se baña en un fondo (claro o ligado), un caldo, un *fumet*, etc., para convertirlo en un jugo o una salsa.

Después se rectifica la sazón y, si se precisa, se cuela todo por un colador chino antes de napar la preparación, que se habrá mantenido caliente.

deshidratador

Aparato eléctrico que permite deshidratar frutas, verduras, hongos, carnes, pescados y hierbas aromáticas. Los alimentos, cortados en rodajas y dispuestos en una bandeja, son secados con aire caliente, que es ventilado durante varias horas. Una vez deshidratados, estos alimentos, cuyas propiedades nutritivas y sabor se preservan, se pueden conservar durante aproximadamente 12 meses. Se consumen tal cual o rehidratados en agua caliente.

deshidratados

Alimentos o preparaciones a las que se ha privado de una parte más o menos importante del agua que normalmente contienen.

La deshidratación tiene varias finalidades: conservación más larga de los productos; reducción de su peso y a veces de su volumen (con los consiguientes efectos para el transporte y almacenamiento); rapidez en su empleo (cafés, leches, caldos y otros productos llamados "instantáneos"). Se realiza según dos técnicas.

• Concentración. Este procedimiento conlleva una deshidratación parcial mediante evaporación, filtrado o centrifugado. Los productos (concentrados de verduras, extractos de carne, jugos de frutas, leche, caldos) conservan, según los casos, entre una tercera parte y la mitad de su agua, y siguen siendo fluidos. La concentración no asegura por sí sola la conservación, ya que una vez realizada, el producto debe esterilizarse o congelarse.

• Desecación. Esta deshidratación real se obtiene mediante distintos procedimientos, según la textura del alimento.

– Secado en bandejas: los alimentos sólidos, reducidos a trocitos, pasan al interior de un horno o un túnel, en sentido inverso a una corriente de aire caliente y seco, que absorbe poco a poco su humedad.

– Secado en tambores: los alimentos maleables (harinas para bebés, cremas, purés) se extienden en una capa fina en la pared exterior de un cilindro giratorio, calentado desde el interior. Unos cuchillos rascadores separan la película seca, que a continuación se reduce a polvo.

– Atomización: los líquidos (café, leche) se pulverizan y se deshidratan mediante una corriente de aire caliente, para luego recuperarlos en forma de polvo. Los productos sometidos a la desecación solo contienen, como promedio, 6% de su agua inicial, y pueden conservarse mucho tiempo en recipientes herméticos.

→ **desecar**

deshojar

Quitar las hojas de una lechuga, alcachofa, hierba aromática, etc. Este término también significa cortar en "hojas" la carne de un pescado cocido (bacalao salado y eglefino, principalmente) siguiendo los estratos que la componen.

deshuesador

Pinza destinada a extraer los huesos de ciertos frutos (sobre todo cerezas y aceitunas) sin dañar la pulpa. Uno de los brazos de la pinza termina con una semiesfera que presenta un orificio, y el otro con una vara que presiona y se hunde en el fruto.

deshuesar

Retirar, total o parcialmente, los huesos de una pieza de carne, de un ave de corral o de una pieza de caza. La operación de deshuesar una carne de carnicería en crudo se realiza con la ayuda de un cuchillo de deshuesar.

desleír

Técnica que consiste en disolver un ingrediente en agua o algún otro líquido. Se deslíe la masa de maíz para hacer atoles o espesar caldos, las bolas de pozol, la pasta de achiote, el polvo de pinole, entre otros productos.

desmoldado

Operación consistente en retirar una preparación de cocina o de pastelería, caliente o fría, de un molde. Solo unas pocas preparaciones cocidas en molde no deben desmoldarse. El desmoldado puede convertirse en una delicada operación.

- Áspics y preparaciones en gelatina. Sumergir el fondo del molde unos segundos en agua caliente, pero no hirviendo. Retirarlo y sacudirlo lateralmente, con suavidad. Despegar el contorno de la preparación con la hoja de un cuchillo. Disponer una fuente de servicio al revés sobre el molde. Mantenerlos juntos, girarlo todo rápidamente y retirar el molde. Esta técnica se aplica también a los postres y flanes a la crema.
- Genovesas y pastas de bizcocho. Desmoldar el pastel cuando se saque del horno, sobre una rejilla, para que pueda enfriarse. La operación resultará más fácil si se ha engrasado (con mantequilla clarificada) y enharinado el molde antes de la cocción.
- Pasteles que se han pegado un poco. Girar el molde sobre una fuente y disponer sobre el fondo un paño mojado, o bien colocar el molde, al sacarlo del horno, sobre un mármol frío o un lavadero de cerámica: la humedad facilita el desmoldado. Para las tartas, la operación es más fácil cuando se utiliza un simple molde de aro.
- Helados. Pasar los bordes de un molde por agua fría y luego sumergirlos rápidamente en agua algo tibia, para que el helado no empiece a derretirse. Deslizar un cuchillo alrededor de la pared interior, apoyando en ella la hoja para no dañar la preparación. Disponer sobre el helado una servilleta doblada o un tapete de papel, y luego la fuente de servicio, y girarlo todo. Retirar el molde verticalmente.

desnervar

Retirar las partes nerviosas (es decir, las aponeurosis, membranas blancas que rodean parcialmente ciertos músculos) de una pieza de carne cruda, o los tendones de un ave de corral. Esta operación se practica con la ayuda de un pequeño cuchillo de carnicero, y facilita la cocción y mejora la presentación de las carnes que se asan, saltean o cuecen a la parrilla.

desollar

Retirar la piel de una anguila o un congrio efectuando una incisión alrededor de la cabeza y luego tirando de la piel hasta llegar a la cola. También se dice "despellejar".

despepitar

Retirar las pepitas o semillas de ciertas verduras o frutas. Se despepita un jitomate pelado con una cucharita o una uva pelada con una aguja o con un pequeño clip desplegado, por ejemplo.

desperdicios o restos

Partes de una verdura, de una carne, de un pescado, de un ave de corral o de una pieza de caza que no se utilizan en una elaboración y que a veces se reservan para un empleo posterior. Puede tratarse de desechos no consumibles o de elementos poco "nobles", que pueden intervenir como ingredientes en la cocción de la elaboración principal (desperdicios de pescado o de caza para los *fumets*) o en otra preparación.

despojos de ave o vísceras de ave

Partes accesorias de distintas aves, que comprenden, por un lado, la cabeza, el cuello, las alas y las patas, y por otro, la molleja, el corazón y el hígado, así como los riñones y la cresta de gallo.

Los despojos exteriores de las aves de gran tamaño (pollo de granja, pavo, oca), que se venden por separado, pueden servir para preparar fricasé o en cocidos en platos tradicionales. Los despojos internos se utilizan en rellenos, guarniciones o terrinas. Estos despojos internos suelen llamarse "menudillos".

despiezar

Separar, con la ayuda de un cuchillo de carnicero, los diferentes trozos de una gran pieza de carnicería o un animal entero (un ejemplar de caza de pelo), que previamente es preciso despojar y vaciar de forma minuciosa.

desplumar

Arrancar las plumas de un ave de corral o de una pieza de caza de pluma. Se trabaja de la cola a la cabeza y con cuidado, para no desgarrar la piel. El desplumado es más fácil cuando se ha introducido el ave, sobre todo si es pequeña, en el frigorífico para reafirmar su carne. El chamuscado posterior permite que desaparezca el plumón. Los pequeños "tubos" de pluma que se siguen resistiendo se retiran con la punta de un cuchillo de cocina.

despojos ◆ vísceras y despojos

destilación

Tratamiento de un líquido mediante el calor para aislar sus constituyentes volátiles y recuperar una parte de ellos por condensación. La destilación es la operación fundamental de la elaboración de aguardientes. Dado que el alcohol es más ligero que el agua, se evapora a una temperatura más baja que ésta.

Cuando se calienta un líquido alcoholizado a una temperatura comprendida entre los dos puntos de ebullición respectivos, se pueden retener los vapores que se desprenden y condensarlos mediante enfriamiento para obtener un líquido cuyo índice de alcohol es más fuerte.

La destilación de los vinos y de los mostos fermentados gracias al alambique proporciona la gama de los aguardientes. Inventado por los árabes, el alambique lo utilizaban en la Edad Media tanto los alquimistas como los médicos. En 1309, Arnaud de Villeneuve menciona, en una obra dedicada al rey, un "aguardiente" elaborado al destilar vino.

La destilación, en el sentido moderno de la palabra, nació en 1800, cuando el químico inglés Adam inventó la rectificación. Esta redestilación suprime el mal sabor del alcohol, aunque también el bueno, lo cual obliga a reintroducir sustancias aromáticas (sobre todo en la ginebra, el vodka y el aquavit).

La destilación fue durante mucho tiempo un arte doméstico o artesanal. Los gobiernos de todos los países, al considerar que el consumo de alcohol constituía una gran fuente de ingresos, prohibieron o reglamentaron el empleo de los alambiques individuales y aplicaron un conjunto de impuestos a la destilación colectiva.

destripar ◆ eviscerar

diabla, a la

Nombre que se da a ciertas piezas de carne, de aves de corral, de pescados, de crustáceos o de despojos, cortados, sazonados, a veces untados con mostaza, empanados, asados y servidos con una salsa picante, llamada "diabla" o "a la diabla".

En la cocina inglesa, estos platos, calificados de *devilled* (endiablados), son muy corrientes. El pichón a la diabla se abre por el dorso, se aplana, se sazona, se cuece en la parrilla y luego se cubre de pan rallado y se dora. Desde luego, se sirve con una salsa diabla.

En la cocina mexicana es un término que designa a preparaciones muy picosas en las que se utilizan distintos tipos de chiles según la región; de esta manera se preparan muchos pescados y mariscos, entre los que sobresalen los camarones a la diabla, que se cocinan fritos o a la plancha bañados con salsa picante, o cocidos en ella.

Diana, a la

Nombre de elaboraciones dedicadas a Diana, diosa romana de la caza y la naturaleza salvaje, que incluyen piezas de caza. Los platos pueden ser elaborados con venado o codornices. También se puede tratar de un puré de caza, como guarnición de huevos tibios o en *cocotte* sobre empanada. También se denomina así a un consomé de caza que puede ir acompañado por distintos elementos.

dietética

Conjunto de reglas de la nutrición cuya aplicación contribuye a mejorar la salud. Estudia el valor alimentario de los productos de consumo, diagnostica las enfermedades acarreadas por una mala nutrición y calcula las raciones alimentarias que convienen a las distintas categorías de consumidores. Esta ciencia no solo se vincula a los regímenes, sino también a los aspectos psicológicos e incluso sociológicos de la alimentación. Por otra parte, las cuestiones propiamente culinarias no le son ajenas, pues la calidad de los alimentos y sus modos de preparación y de cocción influyen en el valor alimentario. Para los regímenes particulares (en caso de afección cardiaca, de diabetes, de obesidad, etc.), se habla también de "dietoterapia".

dietéticos, productos

Preparaciones alimentarias industriales que responden a las necesidades específicas de ciertas categorías de consumidores (bebés, mujeres embarazadas, personas de la tercera edad, deportistas), o para paliar ciertas enfermedades (obesidad, diabetes, enfermedades cardiovasculares, cáncer o sida).

Las principales categorías de productos dietéticos hacen referencia a los regímenes hiposódicos (tostadas sin sal), hipoglucídicos, hipocalóricos (comidas de bajo contenido calórico), regímenes que precisan un aporte reducido o un contenido preciso en proteínas, lípidos, ácidos grasos esenciales o triglicéridos. Encontramos asimismo productos sin gluten (pastas y *biscotes*), preparaciones con un contenido garantizado en ciertas vitaminas, aminoácidos o en magnesio, y productos específicos para el esfuerzo o el crecimiento.

dietista

Especialista en dietética e higiene alimentaria, que ha recibido una formación técnica y paramédica. Su ámbito de actividad comprende de la alimentación en hospitales (elaboración, explicación y control de los regímenes) y en las colectividades (elaboración de menús, consejos, educación, sobre todo en el ámbito escolar), así como en la industria alimentaria (puesta a punto de alimentos dietéticos). También puede tratar problemas relacionados con la nutrición.

difusor

Placa redonda o cuadrada, de tela metálica o de doble grosor de chapa perforada, generalmente provista de un mango, que se interpone entre una fuente de cocción y la fuente de calor, ya sea para ralentizar la cocción o porque el material del recipiente no soporta el calor intenso.

digestivo

Licor o aguardiente que se consume después de una comida, más por el placer de la degustación que por su eventual acción digestiva. Los digestivos se sirven en un vaso frío o con un cubito de hielo, en una copa de licor o en una de degustación.

Dinamarca

La cocina danesa, sólida y siempre abundante, es rica en cremas y en mantequilla. El arenque, la carne de cerdo y la papa son algunos de sus ingredientes más característicos.

El arenque se prepara de unas sesenta maneras: marinado, confitado en vinagre, asado, con salsa especiada, etc. Siempre presente en los célebres "surtidos nórdicos", y acompañados por crema de rábano picante los pescados ocupan un lugar predominante en la cocina danesa. Las especies utilizadas son numerosas (bacalao, *haddock*, maruca, platija, salmón, anguila, etc.), y se preparan de múltiples maneras (fritas, cocidas al horno o al vapor, desecadas).

La carne se prepara guisada, asada o picada: lomo de cerdo relleno de ciruelas pasas y manzanas, asado de cerdo con corteza crujiente y *hakkebøff* (bistec picado con cebollas y napado con salsa oscura). Las aves de corral son un plato de fiesta, como el pollo relleno al perejil o el pato o la oca asados. Las verduras de acompañamiento suelen ser las papas caramelizadas y el repollo breseado, o la col rizada hervida, y luego picada y napada con crema.

Las numerosas hortalizas sirven para elaborar los condimentos, y las especias (comino y clavo) juegan un papel predominante en las elaboraciones. Entre los quesos, destaca el *samsø*, de pasta prensada y con sabor de nueces y de mantequilla, así como sus variantes (*danbo, fynbo, elbo*).

En los postres, los frutos rojos y las manzanas son los protagonistas: flan de cerezas, *pudding* con frutas, *rødgrød* (pastel de compota de manzana cubierto por pan rallado mezclado con mantequilla fundida y dorada, y coronado por crema batida). Algunas elaboraciones de pastelería son muy populares, como las grandes empanadillas de hojaldre rellenas o la tradicional *kransekage*, una gigantesca pieza elaborada con coronas de pasta de almendra apiladas que se adornan con frutas confitadas y decoraciones de azúcar lustre. Además, a los daneses les gusta preparar galletas en casa, como las *brune kager* (con especias, almendras y azúcar terciada), panes de especia y *sablés* de mantequilla.

Finalmente, en bebidas destaca la importancia de las cervezas y de los aguardientes, como el aquavit, o *akvavit*, elaborado a base de papa y grano, aderezado con distintas hierbas aromáticas y especias.

diplomático

Postre cuya denominación exacta es *pudding* a la diplomática. Existen dos versiones, una cocida y la otra cuajada en frío.

En la primera versión se alternan capas de *brioche* sentado embebido en leche, con frutas confitadas y mermelada de albaricoque, todo ello cubierto por un aparejo de crema inglesa cruda. Este diplomático, cocido al baño María, se sirve frío, desmoldado, acompañado por una crema inglesa, un *coulis* de fruta o una salsa de chocolate.

En la segunda versión, más corriente, el diplomático se forma en un molde con la superposición de capas de bizcochos "a la cuchara", remojados en almíbar perfumado al ron o al kirsch, frutas confitadas, mermelada de chabacano y un *bavarois* o una crema con huevos. El conjunto se pone en el frigorífico y luego se sirve desmoldado, napado con un *coulis* de frutas o una crema inglesa.

Los diplomáticos individuales son barquillas rellenas de una crema con frutas confitadas, con mermelada de chabacano, glaseadas con *fondant* y adornadas con una guinda cereza confitada.

También se llama así a una bomba helada, que se caracteriza por la presencia de frutas confitadas.

DO ◆ Denominación de Origen

dolma

Preparación típica de la cocina turca y griega, compuesta por verduras rellenas, cuyo nombre deriva del verbo turco *doldurmak* (llenar). El *dolma* más conocido es una hoja (*dolma*) de vid (*yalanci*) rellena de arroz y de carne de cordero. También se puede preparar con verduras para rellenar (pimiento, calabacita, berenjena, jitomate), o con hojas de col, de higuera e, incluso, de avellano.

Los *dolmas* (o dolmades) a base de carne se sirven tibios; suelen ir acompañados de una salsa de yogur. Los *dolmas* sin carne se degustan generalmente fríos, como entremés.

domyoji age

Receta japonesa de camarones fritos empanizados con arroz seco, acompañadas de pimientos y berenjenas, todo cortado de forma fina y acompañado de rodajas de limón. Es uno de los ejemplos más característicos de platos que unen contrastes de textura, color y sabor, muy apreciados por los gastrónomos nipones.

donut

Especie de buñuelo de pasta fermentada (nuez [*nut*] de pasta [*dough*]), muy popular en Estados Unidos, sobre todo en las regiones pobladas en su origen por alemanes y escandinavos, que preparaban por entonces elaboraciones análogas. El *donut*, en general en forma de anillo y a veces relleno de gelatina de grosella, está espolvoreado de azúcar glass y se suele servir tibio.

dorada y besugo

Peces marinos con reflejos dorados o plateados, de la familia de los espáridos (como el pagel), llamados también brema de mar. Se trata de pescados magros (80 kcal o 334 kJ por cada 100 g), ricos en magnesio.

- La dorada real se pesca en el Mediterráneo y en el Golfo de Vizcaya, pero también puede criarse en vivero. Mide de 30 a 50 cm y puede pesar hasta 3 kg. Sus escamas son plateadas y luce una mancha entre los ojos. Cuanto más fresca es, más brilla. Su carne, muy blanca, fina, firme y suave, es excelente.
- El besugo procede sobre todo del Atlántico y puede pesar hasta 3 kg. Es dorado, con aletas rosas y una mancha negra cerca de las branquias. Su carne es más bien seca y poco firme, pero es muy sabrosa.
- La chopa o dorada gris es grisácea y sin reflejos, y mide de 20 a 40 cm para un peso que va de 300 g a 2 kg. Posee una carne menos fina que los pescados anteriores, pero está muy difundida y resulta más económica.
- La dorada en México se pesca en el Pacífico y en el Golfo de México especialmente de octubre a mayo. Puede medir hasta 1 m y pesar entre 12 y 18 kg. Se exporta con el nombre hawaiano *mahi mahi*. Su carne es gris azulada y contiene poca grasa, su pulpa es muy firme y con mucho sabor.

Las doradas y besugos frescos se venden enteros y vaciados. Presentan numerosas escamas, anchas y pegajosas. También se encuentran filetes congelados. Estos peces se cocinan a la parrilla, asados, pochados o cocidos al vapor de algas. En los países mediterráneos se asan en espetón y se acompañan con garbanzos o alubias. Es el pescado por excelencia del *sashimi* japonés.

dorar

Dar color hasta una caramelización superficial a un producto como carne, un ave o una verdura en un sartén o una cazuela, utilizando un cuerpo graso a alta temperatura. El dorado de una carne constituye un principio de cocción mediante concentración de jugos. El término se aplica comúnmente a alimentos fritos. También se pueden dorar los alimentos en el horno.

douillon

Elaboración normanda de pastelería, que consta de una pera o una manzana entera vaciada y rellena con una mezcla de mantequilla, azúcar y canela, envuelta en una lámina de pasta y cocida al horno.

drambuie

Licor escocés a base de whisky, miel de brezo y hierbas aromáticas. Se bebe solo, con cubitos de hielo o con un trocito de cáscara de limón. Su fórmula es propiedad de la familia Mackinnon, que la comercializa desde 1909 y la guarda en secreto. El *drambuie* es muy popular en Reino Unido y en Estados Unidos.

dry

Adjetivo inglés que significa seco, y que califica al vermut o la ginebra (por oposición a "dulce") y, por extensión, a toda bebida cuyo índice de azúcar es reducido, así como a los cócteles en los que se incluyen dichos ingredientes. Aplicado al champán, significa, en cambio, bastante dulce, por oposición a *extra dry*, que significa bastante seco, y a *brut*, que corresponde a muy seco. *Dry* (o *dry* martini) es un cóctel muy seco elaborado con unas gotas de Martini seco y una medida de ginebra, con una aceituna y un trocito de piel de limón.

Ducasse, Alain

Cocinero francés (Orthez, 1956). Se crió en la granja familiar de las Landas y siguió una formación clásica: el *Pavillon Landais* en Soustons, la escuela de hostelería de Burdeos, más adelante siguió cursos de formación con Michel Guérard en Eugénie-les-Bains, Roger Vergé en Mougins y Lenôtre, en París. Con Alain Chapel, en Mionnay, le fue revelada la cocina al servicio del producto. En 1984 logró dos estrellas *Michelin* en la *Terrasse au Juana*, en Juan-les-Pins, antes de asumir la dirección de los fogones del *Hôtel de Paris*, en Mónaco, en 1987, donde creó el *Louis XV*. Allí recibió la consagración de las tres estrellas, en 1990. En este momento lanzó un grupo que le impulsó hacia una gloria planetaria. Obtuvo tres estrellas en París en 1997, primero en el *Hôtel du Parc* y más tarde en el *Plaza Athénée*, y las consiguió de nuevo en Nueva York, en el *Essex House*, en 2005. Mientras, creó restaurantes "de fórmula" (*Spoon, Bar et Boeuf*) en París, Tokio, Mónaco, Saint-Tropez, Londres o en isla Mauricio, relanzando viejos bares (*Au Lyonnais, Benoît*), imaginado tabernas al estilo antiguo pero modificadas al gusto actual (la *Abbaye de La Celle*, la *Bastide de Moustiers, Ostapé*), demostrando, tras Escoffier relevado por César Ritz, que se puede ser uno mismo en todas partes y a la vez.

Es autor de varias obras de recetas de referencia, y ha creado una escuela de cocina que forma a numerosos discípulos llamados a servir las principales mesas de todo el mundo.

duelos y quebrantos

Especialidad castellana propia de La Mancha. Se basa en huevo revuelto, chorizo, jamón y, a veces, sesos de cordero, todo frito en una sartén con aceite y ajos. Es conocido por aparecer en *El Quijote* de Cervantes.

dulce

Calificativo que se aplica a un alimento que tiene un sabor dulce, como el de la miel o del azúcar de mesa (sacarosa, extracto de la caña de azúcar y de la remolacha). Existen varios sabores dulces debidos a azúcares o a moléculas diversas (edulcorantes sintéticos, proteínas, etc.).

Los edulcorantes "endulzan" ciertos productos alimentarios, pero no tienen las propiedades nutritivas del azúcar y sobre todo carecen de su contenido energético.

→ caramelo

dulce de calabaza

Preparación hecha a base de calabaza de Castilla cocida en miel de piloncillo y por lo general con rajas de canela. Es tal vez el dulce más importante en las festividades del día de Muertos en México. En cada región de nuestro país se preparan diferentes modalidades y tiene varios nombres. La calabaza puede estar entera o cortada en grandes trozos, puede incluir o no sus propias semillas. A veces el dulce se sirve con mucha miel y otras es casi seco; esto depende de la región y de las costumbres de quien lo prepare.

dulce de leche

Postre muy popular en América Latina (denominado cajeta en México, arequipe en Venezuela y manjar en Chile). Se elabora hirviendo leche, azúcar y vainilla, y añadiéndole bicarbonato de sodio, hasta conseguir una pasta espesa. Suele acompañar o ser el relleno de diferentes especialidades de pastelería.

En México también se le llama así a una preparación hecha con los mismos ingredientes además de canela, pero de consistencia más sólida. El dulce de leche caliente se puede extender en una tabla para que se enfríe y se corta en cuadritos, rectángulos o rombos. También se le puede dar forma con una manga pastelera o con moldes.

dulces de leche

Dulces de consumo habitual en todo México, elaborados con leche que es hervida a fuego bajo con azúcar y canela hasta que se obtiene una pasta suave. Esta pasta se puede extender en una tabla para que se enfríe y cortarla posteriormente en cuadros, rectángulos o rombos. También se puede introducir en una manga pastelera con una duya rizada y obtener dulces con esta forma. Debido a la diversidad de maneras de elaboración de este dulce, y a los ingredientes que se le pueden añadir, se le nombra de maneras distintas en México. En muchas regiones a este dulce se le llama simplemente jamoncillo.

dulzón

Calificativo que designa un sabor más bien insípido y poco intenso. La palabra tiene un uso peyorativo: un postre dulzón no es lo bastante dulce, una salsa dulzona carece de carácter, un vino dulzón no ha acabado de definirse entre el seco y el dulce, etc.

Dumaine, Alexandre

Cocinero francés (Digoin, 1895-íd. 1974). Aprendiz desde los doce años en un hotel de *Paray-le-Monial*, pasó por todos los escalones de la profesión antes de afirmarse como chef de prestigio en renombrados establecimientos (*Le Carlton*, en Vichy y luego en Cannes, *Le Café de Paris* y el hotel *Louvois* en París, el hotel del *Oasis* en Biskra). En 1932 abrió un restaurante en Saulieu, que con la ayuda de su mujer convirtió en un gran centro de la gastronomía. El hotel de *La Côte-d'Or* representó, con los establecimientos de *Point en Vienne* y de *Pic en Valence*, uno de los tres faros de la cocina regional francesa entre las décadas de 1930 y 1950. Retirado en 1964, Dumaine redactó, en colaboración con Henry Clos-Jouve, un libro de recuerdos y recetas titulado *Ma cuisine*.

Dumas, Alexandre

Escritor francés (Villers-Cotterêts, 1802-Dieppe, 1870). En 1869, el novelista aceptó la propuesta que le presentó un joven editor, Alphonse Lemerre, para que escribiera un *Grand Dictionnaire de Cuisine*.

La obra de 1,152 páginas se terminó en marzo de 1870, unas semanas antes de su muerte, y apareció en 1872. A pesar de que la obra tiene errores, lagunas y juicios precipitados; está escrita en un estilo ameno y divertido, llena de anécdotas y de artículos mitad rigurosos y mitad jocosos, que la convierten en "la más sabrosa de las novelas de capa y apetito" (J. Arnaboldi).

dumpling

Bolita de pasta escalfada, salada o dulce, que se sirve como guarnición o como postre. Esta preparación, muy corriente en la cocina anglosajona, es parecida a los *knödel* y *klösse* de Austria y Alemania.

Los *dumplings* de pasta de pan eran tradicionales para acompañar a la res hervida con zanahorias y con puré de chícharos, plato típico de los *cockneys* londinenses, que hoy sigue apreciándose. Estas *quenelles* se hacen actualmente con una mezcla de harina y de grasa fina de res, y se escalfan en el caldo de la carne.

El *apple dumpling* es una especie de *douillon* de pasta fermentada.

En Estados Unidos, los *dumplings* se hacen con harina, levadura, mantequilla y leche. Tras darle forma de bolas grandes como nueces, se pochan en las sopas de verduras, los pucheros, los consomés de res o de ave. A su pasta se puede añadir harina de maíz, puré de papa, queso rallado o miga de pan. Escalfados con agua apenas hirviendo, acompañan asimismo los asados y las carnes hervidas.

Los *dumplings* de pasta dulce se escalfan en un jarabe de frutas y se sirven con una compota, mermelada, mantequilla fundida o crema. A veces se rellenan con frutas.

duquesa

1. Preparación de pasta *choux*, salada o dulce, que se sirve como entrante, guarnición o postre (como los profiteroles). Las duquesas saladas se llenan de *mousse* o de un salpicón. Las dulces están rellenas de crema pastelera con vainilla o de crema batida, glaseadas con azúcar, y pueden llevar pistaches picados y almendras fileteadas o espolvorearse con cacao.

2. *Petits-fours* elaborados con conchas de merengue o pastas de una masa de lengua de gato, soldadas de dos en dos mediante una crema de mantequilla aromatizada.

3. Variedad de pera de invierno.

4. Nombre que designa varios postres en los que interviene la pera de invierno llamada duquesa.

→ **papas duquesa**

durazno o melocotón

Fruto de un árbol de la familia de las rosáceas, de piel aterciopelada, cuya carne jugosa y perfumada, blanca o amarilla, encierra un hueso más o menos adherido a ella. Originario de China, el durazno o melocotón ha sido muy apreciado desde siempre como fruta de mesa y utilizado en postres delicados. Muy digestivo, cada 100 g contiene 12 g de azúcar y proporciona 50 kcal o 209 kJ. Es rico en flavonoides. Al comprarlo debe estar bien maduro, oloroso, con una piel fina y un color uniforme sin manchas oscuras. La mayor parte de las vitaminas están situadas en la piel, por lo que es preferible no pelarlo cuando se toma como fruta de postre. Existen otros frutos muy próximos al durazno, como la nectarina y el griñón.

El durazno acompaña ciertos platos salados (hígado de ternera, pato, cangrejo), pero da lugar sobre todo a postres calientes o fríos: coronas y orlas, tartas, helados y sorbetes, frutas pochadas en almíbar o en vino. Con este fruto también se preparan licores, aguardientes y frutas confitadas.

durio o durian

Árbol de la familia de las malváceas, originario de Malasia, muy cultivado en el sureste asiático, sobre todo en Vietnam y en Filipinas, donde su fruto es una codiciada delicia. El durio es grande como un melón y puede llegar a pesar 5 kg. Es oblongo y su corteza dura y verduzca, presenta grandes espinas. Su pulpa blanquecina o de color café claro, que contiene grandes semillas brillantes de color marrón claro, es cremosa y sabrosa, pero desprende un olor de putrefacción cuando la fruta está demasiado madura.

Se consume maduro, cuando su piel comienza a agrietarse. Se toma crudo, con cuchara, como entremés o como postre, y sus semillas se tuestan como castañas. También se come en mermelada con azúcar y crema líquida. Su uso en países occidentales es reciente.

duxelles

Picadillo de champiñones, cebollas y chalotas rehogado en mantequilla. La *duxelles* se utiliza como relleno, farsa, guarnición o elemento de una salsa y de diversas preparaciones llamadas *à la duxelles*.

duya ◆ manga de pastelería

éclair o relámpago

Pequeña elaboración de pastelería alargada, de pasta *choux*, rellena de crema y glaseada con *fondant*. El tamaño del bastoncillo de pasta que se aplica con la manga de pastelería sobre la bandeja de cocción varía, según si se quiere obtener *petits-fours*, pasteles individuales o un *éclair* grande.

Después de la cocción, el *éclair* se abre en sentido longitudinal y se rellena de crema pastelera, a menudo de café o chocolate, aunque también de ron o frutas (grosella negra, frambuesa). La parte superior se glasea con *fondant* aromatizado con el mismo sabor. También puede llenarse con crema batida, puré de castaña, frutas en almíbar o frutas frescas.

Ecuador

La cocina ecuatoriana es muy semejante a la peruana. El plato popular por excelencia es el ceviche. En todos los mercados hay restaurantes en los que se puede comer pescado crudo marinado en jugo de limón. También destacan los tamales, las tortitas de maíz, los patés rellenos y las copiosas sopas de color intenso, servidas con deliciosos panecillos. Las numerosas variedades de plátanos acompañan a diversos ingredientes, salados o dulces, como los frijoles, el arroz, el maíz y la papa. Con motivo de la fiesta de Todos los Santos, se prepara una gran cantidad de pastelillos de azúcar decorados que las familias comen junto a las tumbas de sus parientes difuntos.

edam

Queso de pasta prensada no cocida de leche de vaca, originario del puerto de Edam (Holanda Septentrional). En su país de origen, el edam, producido por una cooperativa de Westbeemster, goza de una Denominación de Origen protegida con el nombre de Noord-Hollandse Edammer. Es de forma esférica, de unos 15 cm de diámetro, y está recubierto de cera amarilla o roja, según su tiempo de afinado, que dura entre 3 y 6 meses. Este queso se sirve al final de la comida. Es un ingrediente de numerosos platos y recetas: joven o medio afinado para sándwiches, *croûtes*, canapés, *croque-monsieurs* y ensaladas compuestas; más bien maduro para los gratenes, suflés y tartas. En Burdeos, cortado en daditos, acompaña a veces las catas de vino en las bodegas. Forma parte de una preparación originaria de la isla de Curaçao (Antillas holandesas): el *keshy yena*.

eddo

Gruesa raíz oblonga y vellosa muy emparentada con el taro o malanga. Es rica en almidón y agua (90%), y también en potasio, y se utiliza como la mandioca o el taro. Es insípida.

educación y etiqueta en la mesa

Reglas que rigen el comportamiento de los comensales en el curso de una comida, que han evolucionado con el tiempo y son distintas según los países.

Los griegos y los romanos comían recostados y los galos, sentados. Los japoneses comen sentados sobre sus talones. Los franceses mantienen las manos sobre el mantel, a cada lado del plato, mientras que los ingleses las posan sobre sus rodillas. Los eructos, una gran grosería en Occidente, eran una manifestación civilizada en el Imperio romano, como lo siguen siendo en Oriente Medio.

edulcorante

Sustancia química de síntesis que posee un poder endulzante muy elevado, pero sin valor nutritivo. Algunos, como el aspartame, no aportan casi ninguna caloría; otros, como los polioles (presentes en los caramelos y los chicles sin azúcar), proporcionan algunas. Entre los edulcorantes intensos que se consideran aditivos alimentarios destacan el aspartame, el acesulfame, la sacarina y los ciclamatos. Muchos alimentos los contienen, y deben aparecer en la etiqueta. Con ellos se preparan platos ligeros sin azúcar.

egipcia, a la

Nombre de distintas preparaciones de las que forman parte, juntos o por separado, el arroz, la berenjena y el jitomate.

Las berenjenas a la egipcia están rellenas con su pulpa, picada con cebolla, y servidas con jitomates salteados. La guarnición a la egipcia se elabora con rodajas de berenjena salteadas, arroz *pilaf* y jitomate sofrito. La ensalada a la egipcia lleva arroz, salpicón de hígados de ave, jamón, hongos, fondos de alcachofa, chícharos, jitomates troceados y pimientos rojos. El pollo a la egipcia está salteado con cebollas, hongos y jamón; se dispone en terrina, en la que se alternan capas de pollo y guarnición, se tapiza con rodajas de jitomate y se cuece tapado al horno, añadiendo un poco de fondo de ternera en el último momento. Los huevos al plato a la egipcia se sirven con mitades de jitomate rellenas de arroz al azafrán.

Egipto

La gastronomía del Egipto contemporáneo es relativamente frugal, y no se diferencia mucho de la alimentación habitual de los demás países orientales y mediterráneos. Sin embargo, la cocina de la época de los faraones conoció un notable refinamiento, gracias a la utilización de espárragos, la preparación de piezas de caza, y el uso de varias especies de cebollas y puerros, diversas especias (como la cúrcuma) y frutas.

El alimento de base no es tanto el arroz como el pan de maíz, una gran cantidad de verduras (*bamias*, *gombos* y un preparado muy difundido, el *foul medames*) y las legumbres. El único plato auténticamente típico de Egipto es la *molokheya* (o *mouloureija*), una sopa de hierbas bastante consistente, rica en mucílago y de sabor dulzón, a la que se añade carne de pollo o conejo, especias y salsa de jitomate. La carne más corriente es el cordero (asado o picado, cocido a fuego lento con huevos y verduras); se come poca res (que se emplea para las labores agrícolas y tiene una carne dura). En cuanto al pescado y el marisco, destacan unos camarones muy grandes que se preparan con una especie de *risotto* con pimiento y jitomate, y las huevas de mújol.

La pastelería se parece mucho a la de otras partes de Oriente Medio, aunque los egipcios sienten predilección por el *loukoum* y el *baklava*.

Los dátiles se usan mucho en la alimentación (confitados, secos o reducidos en harina o en gachas). También en pastelería, en especial para elaborar el *menenas*, una bola de pasta de almendras y flor de azahar, rellena con dátiles deshuesados, almendras, pistaches y canela, y cocida al horno. Las frutas son abundantes y variadas (cítricos, plátanos, granadas, mangos y sandías).

Los egipcios beben sobre todo agua aromatizada con azahar o agua de rosas, jugo de caña de azúcar sin fermentar y una infusión roja típica, el *karkadè* (flores de hibisco secas), con sabor a grosella.

electrodomésticos de cocina

Conjunto de los aparatos eléctricos de cocina de uso doméstico, que han experimentado un gran desarrollo en las últimas décadas. Primero, dichos aparatos fueron mecánicos, pero muy pronto aparecieron los primeros que funcionaban con electricidad. En 1929, el antecesor del lavavajillas se expuso junto a una máquina para hacer *gaufres* y unos hornillos eléctricos. Diez años más tarde, se presentaron tostadores, hervidores y refrigeradores.

A partir de 1948, cuando se celebró el primer Salón de la posguerra, se produjo un auténtico auge de los electrodomésticos: en 1954 apareció el primer robot-mezcladora de Francia; en 1960, picadoras, peladoras y tostadoras automáticas; en 1962, los hornos eléctricos; en 1967, cuchillos eléctricos; en 1968, lavavajillas automáticas; y en 1970, freidoras eléctricas.

El grupo de los electrodomésticos pequeños de la cocina está formado por los siguientes aparatos: abrelatas, batidora, tetera, cafetera, centrifugadora, crepera, cortador, cuchillo eléctrico, extractor de jugos, freidora, *grill* eléctrico para carne, molinillo de café, pelador, picadora, máquina de helados, tostadora, yogurtera y robots universales.

Los electrodomésticos de gran tamaño de la cocina comprenden, además del lavavajillas, los aparatos de cocción y de frío: asador, cocina, encimera, horno, horno de microondas, refrigerador y congelador.

elote

Mazorca tierna del maíz, que tiene múltiples usos en la cocina mexicana: se acostumbra pelarlo y cortarlo en trozos para añadirlo a caldos de res, pucheros y moles de olla, entre otros guisos. También se rebana a lo largo para obtener los granos que se emplean de múltiples maneras: pueden añadirse al arroz blanco, a la mexicana o a la jardinera, y forman parte de varias sopas de verduras, diferentes caldos, esquites y atoles. Con los granos molidos se preparan los tamales de elote y la torta de elote. Los elotes cocidos y asados son muy populares y se venden por las calles de México.

En el extranjero se denomina maíz dulce a una variedad de elote de granos de color amarillo claro muy dulces que vienen en una mazorca grande. Este maíz debe cosecharse cuando aún no está maduro y consumirse rápidamente, de lo contrario su azúcar se transforma en almidón. Es preciso elegirlo con granos lechosos, rodeados de hojas de color verde pálido. También se vende en granos, en conserva al natural.

Se presentan con mantequilla fresca y sal. Las mazorquitas se confitan en vinagre con pepinillos y otros encurtidos.

El maíz dulce acompaña a las carnes o las aves asadas. Los granos cocidos se emplean para las ensaladas compuestas.
→ maíz

ejote o judía verde

Nombre que recibe la vaina del frijol cuando está tierna y las semillas que alberga no se han desarrollado. Forma parte de la familia de las leguminosas: En la cocina mexicana se agrega a consomés de res, sopas de verduras, pucheros, moles de olla y caldos tlalpeños. Es bastante digestiva, poco nutritiva y poco energética (39 kcal o 163 kJ por cada 100 g), rica en fibras y en provitamina A (o betacarotenos). Los ejotes se deben elegir bien verdes o de color amarillo dorado, algo brillantes, duros, fáciles de romper, y de forma regular; se deben utilizar rápidamente después de adquirirlas. Es común que se sumerjan en agua hirviendo con sal para fijar su color, y con la finalidad de que estén ligeramente crujientes antes de utilizarlas en preparaciones como ensaladas.

emborrachar

Mojar ciertos pasteles con un jarabe, un alcohol o un licor para que sean más tiernos y para aromatizarlos (placa de genovesa, baba, bizcocho de soletilla, *plum-pudding*, *savarin*). También se denomina "bañar" y embeber.
→ bañar

embotellado

Operación que consiste en traspasar el vino a las botellas. En las etiquetas, la mención "embotellado en la propiedad" garantiza que el vino ha recibido esta manipulación en el lugar de producción.

embudo

Utensilio que facilita el trasiego de líquidos en botellas o recipientes de gollete estrecho. Generalmente cónico (y oval en el caso del aguardiente) y más o menos abierto, es de vidrio, acero inoxidable, plancha estañada o esmaltada, o plástico. En confitería, el embudo de *fondant*, con una varilla de madera que obstruye a voluntad el orificio, sirve para colocar algunos caramelos en los moldes. En charcutería, el embudo de salchichas, de morcilla o de cervelas (embutidor) se utiliza para rellenar las tripas con la ayuda de una pieza de madera que sirve para empujar.

émincé

Rebanada fina de carne asada, braseada o hervida, napada con una salsa y calentada de nuevo en el horno (sin ebullición para que no pierda su textura suave y tierna) en la fuente de servicio. Los *émincés* constituyen una forma clásica de aprovechar los restos. Se elaboran sobre todo con res y cordero, en ocasiones también con piezas de caza (venado) y pocas veces con cerdo, aves de corral o ternera joven, ya que las carnes blancas siempre son más secas cuando se vuelven a calentar.

Por extensión, se llama "émincés" a varias preparaciones que no son de restos y cuyos ingredientes se cortan en finas láminas antes de la cocción. Es el caso del *émincé* de ternera, las rebanadas se saltean rápidamente por pequeñas cantidades y luego se reúnen en la fuente de saltear y se bañan con fondo o semiglasa, a veces con crema líquida, acompañadas de hongos salteados.

emmental

Queso de leche de vaca de pasta prensada y cocida. El nombre "emmental" está asociado a su origen suizo, en el valle del Emme. Fue elaborado por primera vez en Francia por las monjas de la abadía de Soligny-la-Trappe, en el Orne (Baja Normandía), en 1815, con el nombre de *emmental*. Desde entonces se viene produciendo en el Grand Ouest y en el Este (Ain, Isère, Saboya, Alta Saboya, Haute-Marne, Vosgos y Franco Condado), donde posee un *label grand cru*. Se presenta en forma de rueda de 70 a 100 cm de diámetro, con las superficies convexas, de 16 a 25 cm de alto, y con un peso de entre 70 y 130 kg. Su corteza es de color amarillo claro, seca y lisa. La pasta es de color marfil, firme y flexible, con agujeros bien definidos del tamaño de una nuez. Su sabor es franco, afrutado y fuerte.

empanada

Especialidad que consiste en una masa de pan que admite toda clase de rellenos. La empanada es una de las creaciones tradicionales de la cocina gallega que suele prepararse con una base de cebolla y pimiento y rellenarse de carne, verduras, marisco o pescado (sobre todo bonito, pulpo, bacalao, sardina, angula o lamprea). Se cuece al horno o, a veces, se fríe.

La empanada dulce es una preparación de pastelería con forma de semicírculo. Se elabora con una lámina (o plancha) redonda de pasta de hojaldre, doblada sobre un relleno de compota de frutas (tradicionalmente de manzanas), y se puede comer tibia o fría.

En Chile, Argentina y Paraguay, las empanadas son unas pequeñas y típicas pastas, una especie de empanadillas con reborde adornado, rellenas de carne picada, uvas pasas, aceitunas, cebolla, condimentadas con pimentón, paprika y comino. Se sirven como aperitivo o entremés, siempre muy calientes y se acostumbran a acompañar con vino.

En México las empanadas se pueden preparar con masa de harina de trigo o masa de maíz (estas últimas más conocidas como quesadillas) y se pueden freír u hornear. Los rellenos pueden ser dulces o salados.

empanadilla francesa o *rissole*

Pequeña preparación (salada o dulce) de pastelería rellena y por lo general frita, o dorada con huevo y cocida al horno. Las *rissoles*, elaboradas con pasta para bases de tarta, hojaldre o masa de *brioche*, tienen o bien forma de empanadillas dobladas sobre el relleno, o bien están compuestas por dos rodajas que encierran el relleno.

empanizar o rebozar

Cubrir con pan molido o pasta un alimento antes de freírlo, saltearlo o asarlo. Los ingredientes empanizados a la inglesa se pasan primero por harina, luego se cubren con mezcla inglesa para empanizar y finalmente con pan molido fresco o tostado. Los ingredientes empanizados a la milanesa se pasan por miga de pan, a la que se añade un tercio de su volumen de queso rallado, en ocasiones después de haberse cubierto con mezcla inglesa para empanizar. Las carnes empanizadas en mantequilla (o a la francesa), para ser asadas a la parrilla, se untan con mantequilla clarificada y luego se pasan por miga de pan recién tamizada.

empapelado • *papillot*

emú

Ave de la familia de las dromiceidos de gran tamaño (de 1,60 a 1,80 m). Originario de Australia, se cría para la producción de carne en varios países, como Francia. Sacrificado hacia los 10-12 meses, cuando pesa 40 kg, da una carne roja y tierna, cuyo sabor recuerda al de la caza. Se cocina del mismo modo que esta última. Se utiliza sobre todo el filete de las pechugas, el medallón del muslo y las piernas.

emulsificación

Operación dirigida a dispersar un cuerpo graso líquido, en forma de gotas, en una preparación líquida. La mayonesa se obtiene por emulsificación de aceite en una mezcla de yemas de huevo y vinagre.

emulsión

Preparación obtenida por dispersión de un líquido en otro no miscible con el primero. Por ejemplo, la dispersión de aceite en agua, mediante ciertas proteínas, conduce a una emulsión. Las emulsiones nunca son estables: persisten durante un tiempo variable, a veces muy prolongado. Las principales emulsiones culinarias son la mayonesa, la vinagreta y las salsas de vino montadas con mantequilla. Las emulsiones pueden ser frías (mayonesa y sus derivados) o calientes (salsa holandesa, muselina y sus derivados).

emulsionante

Compuesto utilizado para dispersar una materia grasa en forma líquida en una solución acuosa. En la mayonesa, la yema de huevo es lo que aporta los compuestos emulsionantes que son las proteínas y los fosfolípidos, entre ellos las lecitinas. Algunos emulsionantes están estipulados en la lista positiva de los aditivos alimentarios. Los emulsionantes naturales comprenden esencialmente las lecitinas y los mono y diglicéridos de ácidos grasos alimentarios. Los primeros se extraen de las almendras o de semillas (sobre todo las de soja) en el caso de los productos de chocolate, o bien de la yema de huevo para las leches en polvo; los segundos se encuentran en la margarina y la mayonesa preparada.

encamisar

Tapizar las paredes o el fondo de un molde con: a) una capa más o menos gruesa de una preparación que permita que el alimento no se pegue al recipiente y se pueda desmoldar fácilmente; o b) con distintos ingredientes que forman parte integrante del plato. En el caso de un áspic, se cuaja en el interior del molde una fina película de gelatina. En un flan, un pastel de arroz, etc., se cubre con caramelo. En el caso de las bombas heladas, se unta de crema o de helado, y luego se llena con el helado o la base indicados. En las carlotas se encamisa con bizcochos de soletilla, láminas de genovesa o rebanadas de pan de molde. Los moldes a veces se encamisan con papel sulfurizado untado de mantequilla.

encella

Recipiente de paredes perforadas en el que se deja escurrir el queso fresco. Según las regiones y el tipo de elaboración, la forma y el material varían: cuadrada, cilíndrica o con forma de corazón; y de madera, gres, loza, mimbre, junco trenzado, hojalata o material plástico. Determinados quesos frescos se venden en la encella en la que se han enmoldado, como el panela.

enchiladas

Especialidad mexicana que se prepara con tortillas de maíz untadas con salsa de chile y enrolladas o dobladas; por lo general están rellenas de algún alimento. Existen muchos tipos de enchiladas en todo el país; es uno de los platillos más populares de México, las recetas varían de una región a otra y se complementan con cebolla, crema, queso u otros ingredientes. Lo común es servir tres por persona. En términos de salsas y colores, las más comunes son las enchiladas de mole, las verdes y las rojas.

encimera ◆ hornilla

encolado

Modo de clarificación tradicional de los vinos, por el cual se eliminan las partículas en suspensión mediante la introducción de un producto coagulante: claras de huevo batidas a punto de nieve cuando se trata de *grands crus*; o sangre de res, gelatina o bentonita (arcilla) en el caso de los vinos menos nobles. Esta "cola", mezclada con el vino en una barrica o una cuba, se deposita lentamente en el fondo arrastrando todas las impurezas que enturbian al vino. Después de esta operación se efectúa un trasiego.

encurtir

1. Procedimiento de conservación de alimentos aplicado a aceitunas, pepinillos, cebollitas, coliflor, zanahorias y otras hortalizas y frutas. Se consigue sumergiéndolas en una solución con sal o en vinagre y hierbas aromáticas; en México a esto también se le conoce como escabeche.
2. En México también es el proceso de maceración de frutas en alcohol de caña, ron, brandy o algún otro aguardiente.

endibia

Verdura de hojas blancas y tupidas, obtenida mediante forzado en la oscuridad de una raíz de achicoria, que forma una bola en forma de piña alargada, firme y regular. Llamada en Bélgica *chicon* o *witloof*

(hoja blanca en flamenco), achicoria de Bruselas en Alemania y achicoria belga en el Reino Unido, la endibia es digestiva y poco calórica (20 kcal u 84 kJ por cada 100 g). Rica en agua, aporta potasio, selenio y vitaminas C, B1, B2, B3. Se pueden encontrar endibias de octubre a mayo.

Resulta necesario retirar las hojas dañadas de las endibias, pasar las hortalizas bajo el agua rápidamente y secarlas. Es preciso quitar la base en la que se concentra el amargor, pero no se tienen que blanquear.

Esta verdura se puede preparar cruda, en ensalada (a la vinagreta, con los elementos variados que participan en las ensaladas de invierno: remolacha, queso cocido, nuez, manzana, gajos de naranja o de pomelo). Las endibias se preparan cocidas de muchas maneras: napadas con bechamel, rociadas con mantequilla avellana o jugo oscuro de ternera, servidas con mantequilla fresca y finas hierbas, gratinadas, o reducidas a puré. Acompañan a asados y aves de corral. Se pueden bresear, prepararlas en chifonada o en *fritots*. También constituyen un plato principal: se rehogan, luego se envuelven en jamón y se napan con una salsa al oporto y a las uvas pasas, o bien se rellenan y gratinan.

enebro

Planta de la familia de las cupresáceas, cuyas bayas negruzcas se utilizan en cocina y licorería por su sabor incisivo y ligeramente resinoso. Las bayas de enebro, enteras o machacadas, se usan mucho en la gastronomía nórdica: preparaciones de caza de pelo y de pluma, adobos y caldos cortos, platos de cerdo y *choucroute*.

Del enebro se obtiene un aguardiente muy aromático, que se consume sobre todo en Francia (*genièvre*), Países Bajos (*genever* y *schiedam*), Bélgica (*pequet*) y España (ginebra).

En los Países Bajos, este aguardiente, preparado con cebada, centeno y maíz, destilado con aromatizantes (anís, cilantro, comino, enebro), tiene un índice de alcohol de 38 a 43% Vol.

A la ginebra inglesa (o gin, deformación de la palabra *genever*), así como a ciertos *schnaps* y aquavits también se les incorpora bayas de enebro durante su elaboración. Estas bayas aromatizan también algunas cervezas escandinavas.

eneldo

Planta aromática de la familia de las apiáceas originaria de Oriente e introducida desde la Antigüedad en Europa, también llamada *falso anís*. En Roma, el eneldo era el símbolo de la vitalidad. Actualmente es apreciado por los gastrónomos tanto por sus semillas aromáticas como por sus hojas ricas en esencias, de sabor parecido al de las ramitas de hinojo tierno.

El eneldo se emplea en una u otra de sus formas en las cocinas de Europa central, del norte y del este. Es la principal planta aromática del *gravlax* sueco (salmón crudo o marinado), y se incorpora al vinagre de los pepinillos a la rusa (*malossol*). El eneldo es indispensable para la preparación de terrinas de pescado y acompaña la ensalada de patatas, pepino o queso blanco.

enfriar

Bajar rápidamente la temperatura de una preparación que debe consumirse fría; para conseguirlo, suele colocarse en la parte más fría del refrigerador o, en restauración, en una cámara de enfriamiento rápido. La preparación de ciertos rellenos necesita, además, que los ingredientes se pongan previamente a enfriar en un recipiente sobre hielo picado.

enfrijoladas

Platillo de la cocina mexicana, elaborado con tortillas de maíz que se sumergen en caldillo espeso de frijoles molidos, enrolladas o dobladas, se sirven en un plato, con queso, cebolla y crema. Dependiendo de la región se sirven en el desayuno, el almuerzo o la cena.

engrasar

Untar con un cuerpo graso una placa de pastelería o el interior de un molde para evitar que las preparaciones se peguen durante la cocción y para facilitar el desmoldado.

enharinar

Cubrir un alimento con harina, o espolvorear con harina un molde o una superficie de trabajo. Se enharina un alimento antes de freírlo o saltearlo; a continuación se golpea con la yema de los dedos para que caiga el excedente de harina. La operación nunca se debe hacer con mucha antelación, puesto que la harina debe quedar seca. También se enharinan los alimentos antes de empanizarlos a la inglesa; y se enharinan los trozos de un salteado de carne o de ave, una vez dorados y antes de bañarlos.

Asimismo, esta operación se puede hacer sobre un mármol o una placa de pastelería antes de trabajar una pasta, para evitar que se pegue. Ciertos moldes y placas de pastelería, untados con un pincel con mantequilla clarificada, se enharinan antes de verter una base o extender una pasta, a fin de facilitar el desmoldado (o limitar la extensión del aparejo sobre la placa al comenzar la cocción).

enjuagadedos

Pequeño bol individual de metal, vidrio o porcelana, que se llena de agua tibia, por lo general perfumada con limón. Su uso es obligatorio cuando se sirven moluscos o crustáceos que se pelan con los dedos, espárragos o alcachofas. Los enjuagadedos se sitúan a la izquierda del plato cuando el comensal está a punto de terminar de comer, y se retiran de inmediato cuando se ha enjuagado la yema de los dedos.

enmantequillar

1. Incorporar mantequilla a una preparación. Se pueden añadir pequeños trozos de mantequilla a una salsa o un potaje en el momento de su acabado, y así se vuelven más grasos; añadir mantequilla a una masa, enriqueciéndola; incorporar mantequilla en una *détrempe*, obteniéndose, tras una serie de pliegues, una masa que permite preparar productos hojaldrados (*croissants*, por ejemplo). Cuando se incorpora a una *ganache*, ésta será más suave.
2. Untar con un pincel mantequilla fundida en el fondo de una fuente, el interior de un molde o la superficie de una placa de pastelería o una hoja de papel sulfurizado. Se evita que los elementos se peguen durante la cocción y se facilita el desmoldado.

enmoldar

Introducir una sustancia fluida o pastosa en un molde, cuya forma adoptará al cambiar de consistencia mediante cocción, enfriamiento o congelación. Esta operación se realiza de distintas maneras según la naturaleza de la preparación.

enokitake

Nombre común de numerosas especies de hongos con láminas, de tamaño modesto, a veces muy reducido, de textura blanda y putrescible, también llamadas "colibias". Destaca el *enoki* por su sombrero blanco. Conocido, cultivado y consumido desde hace mucho tiempo en Extremo Oriente, es rico en vitaminas, en fósforo y en potasio.

enología

Ciencia que estudia los métodos de elaboración y conservación de los vinos. El enólogo es un técnico diplomado, y se distingue del enófilo en que este último es un amante de los vinos, más o menos conocedor de su mundo.

enrejado o rejilla

Utensilio de pastelería, redondo o rectangular, de alambre de hierro estañado o alambre de acero inoxidable, y a menudo con pequeños pies. En él se colocan algunos pasteles cuando se desmoldan al salir del horno; el vapor se escapa mientras se enfrían, y esto evita que se reblandezcan.

También se denomina "enrejado" el accesorio que se sitúa en una fuente o una grasera y evita que la pieza que se asa se impregne de su jugo de cocción.

enriquecer

Añadir ciertos constituyentes a los productos agroalimentarios, por lo general vitaminas o minerales. A veces se enriquecen los alimentos con la restitución de los elementos que han quedado destruidos en el curso de la elaboración. Los alimentos se denominan "enriquecidos con" cuando se les ha añadido distintos elementos en gran cantidad, como los productos lácteos, los cereales y los jugos de frutas.

Los regímenes vegetarianos se suelen enriquecer con legumbres y cereales para obtener el aporte de proteínas necesario, equivalente al de la carne.

enriquecido

Calificativo que designa a un producto alimentario al que se ha añadido una cantidad importante de nutrientes, vitaminas o minerales. Se trata sobre todo de productos en los que predominan glúcidos, lípidos o proteínas; están destinados a deportistas, y a personas desnutridas o que hayan sufrido un accidente. En la actualidad, la leche, los yogures, los cereales o los jugos de frutas se "complementan con" o presentan un "índice garantizado de" vitaminas y sales minerales, pero no están "enriquecidos con".

ensalada

Plato de verduras crudas o de alimentos fríos, aliñado con una salsa fría, que se sirve como entremés, entrante o antes de comer queso.

• **Ensaladas verdes.** Se preparan con hojas de verduras, siendo la lechuga la más utilizada. Le siguen la lechuga tipo Batavia, la romana, la escarola, la achicoria rizada, la endibia y el berro. También son importantes las verduras de hojas pequeñas: la espinaca, la verdolaga, oruga, hierba de los canónigos, *radicchio*, rapónchigo y achicoria silvestre.

Estas ensaladas verdes, que también se pueden cocer, se sirven —como entremés o como guarnición de ciertos platos, por ejemplo, parrilladas, tortillas, pollo asado o embutidos— crudas y generalmente aliñadas con vinagreta, y a veces aromatizadas y con productos de pequeño tamaño (picatostes, dados de panceta, queso, chalota, ajo, etc.).

- Ensaladas simples. Están elaboradas por un solo ingrediente de base, crudo o cocido, que se sirve frío con una salsa fría. Forman esta clase las verduras, carnes y crustáceos "en ensalada".
- Ensaladas compuestas. Estas preparaciones, más elaboradas, reúnen varios productos, siempre bien surtidos. Pueden intervenir ingredientes simples o muy rebuscados, pero siempre con un contraste de sabores. La salsa de acompañamiento, acorde a los productos, no debe ocultar el sabor de éstos. Las ensaladas compuestas se sirven como entrante, con asados calientes o fríos o como plato único.

ensalada de frutas

Postre frío elaborado con varias frutas generalmente aromatizadas con jarabe perfumado, a veces con aguardiente o licor. Las frutas pueden ser crudas, secas y rehidratadas, o pochadas y enfriadas. Las ensaladas de frutas se combinan a veces con helados y sorbetes de frutas o de vainilla.

ensaladera

Recipiente hueco sin asa, un poco más ancho en la parte superior, que suele ir con una tapa a juego, y que se emplea para servir la ensalada.

ensalada rusa o ensaladilla rusa

Macedonia de verduras ligada con mayonesa y a la que se puede añadir pescado o carne. La característica esencial es que los ingredientes sean muy variados y que la sazón tenga un sabor marcado.

ensamblaje

Operación que consiste en mezclar las diferentes *cuvées* del mismo origen (Champaña, Burdeos, valle del Ródano, Languedoc, Provenza, Armañac, etc.) con el objeto de mejorar la calidad o tipicidad de un vino o un aguardiente.

entrada o entrante

Primer plato de un menú. En el orden clásico se degusta en tercera posición, después de los entremeses (o las sopas y cremas) y el pescado (o el plato que ocupa su lugar); precede, pues, al asado. En una gran cena, el entrante es una preparación caliente con salsa o un plato frío. Los entrantes "mixtos" son las costradas, los timbales y los patés pequeños. Cuando se sirven varios entrantes, éstos deben ser diferentes.

En la actualidad predomina la tendencia orientada a la simplificación y la reducción del número de platos. Por tanto, el menú se articula muy a menudo en torno a un plato central, precedido por un entremés o una sopa, a veces un entrante, y seguido de una ensalada, el queso y el postre.

En la Edad Media, entre los entrantes había cortezas de melón confitadas, empanadas de ostras, *andouillettes*, godivós, ramequins con queso, etc., y hoy en día, pescados, marisco, caviar, *foie gras*, patés y pastas (ñoquis, macarrones, espaguetis, raviolis, quenefas), elaboraciones saladas de pastelería (*bouchées*, costradas, patés calientes, *quiches*, tartas saladas, timbales, empanadas y volovanes), preparaciones con huevos o suflés e incluso verduras (alcachofas, espárragos). Los embutidos fríos, las *crudités*, el melón, los pescados marinados o en aceite, los rábanos, las ensaladas compuestas, etc., suelen incluirse dentro de los entremeses.

entrecôte

Pieza de res que corresponde a la región dorsal anterior del animal, y que se obtiene a partir del costillar deshuesado, y no "entre dos costillas", como sucedía antaño y deja entender su nombre. El *entrecôte* es una carne que a menudo está entreverada de grasa, y es, pues, sabrosa; se asa a la parrilla o a la sartén. También se obtienen *entrecôtes* de las costillas bajas, que se preparan de la misma manera pero son más firmes. El *entrecôte* debe tener como mínimo unos 1,5 cm de grosor para conservar una buena firmeza y todo su sabor. Suele prepararse parcialmente limpio de grasa, con todo el contorno cortado para impedir que se retraiga al cocerse.

entremeses

Primer plato de una comida. Los entremeses deben estimular el apetito. A veces se confunden con los *snacks* de aperitivo, y se componen entonces de un surtido variado.

En cocina se distingue entre los entremeses calientes y fríos. Los entremeses calientes, llamados antaño "entrantes volantes" o "pequeños entrantes", agrupan tanto a buñuelos como a *bouchées*, *cromesquis*, croquetas, *fritots*, pequeños patés, empanadillas, etc. El grupo de entremeses fríos se compone de pescados o mariscos marinados, ahumados, en aceite o en vinagre; embutidos variados, verduras a la griega, huevas de pescado, y todo tipo de verduras crudas y platos cocinados (cóctel de camarones, huevos rellenos o en gelatina, pomelo relleno, ensaladas compuestas, etc.).

La expresión "entremeses variados" designa en restauración un surtido que se propone en bufet o en una bandeja (entremeses "a la rusa").

entremets

Conjunto de platos que se servían después del asado, es decir, verduras y "platos dulces". En la Edad Media, en la corte de los reyes y de los príncipes, el *entremets* era un auténtico espectáculo, pues los platos se acompañaban con música, números de malabarismo y danzas.

En restauración este término sigue haciendo referencia a todas las preparaciones de verduras (*crêpes* y buñuelos salados, croquetas, empanadas, suflés) y postres, ya sea calientes (buñuelos, *crêpes*, frutos flambeados y suflés), fríos (*bavarois*, manjar blanco, carlota, compotas, cremas, postres de arroz o de sémola, flanes, frutas con arroz o sémola, merengues, *puddings*, timbales), o helados (*biscuits* helados, bombas y *mousses*, copas heladas, frutas escarchadas, helados con frutas, *parfaits*, sorbetes, suflés y *vacherins*).

envasado al vacío ◆ conservación al vacío

envejecimiento

Conservación de un vino para mejorar sus cualidades organolépticas. Esta maduración controlada puede hacerse evitando, más o menos, el contacto con el oxígeno del aire; es el caso de los vinos blancos y tintos clásicos de tipo borgoña, burdeos y a veces *côtes-du-Rhône*. También puede obtenerse gracias al contacto constante con el oxígeno del aire, como en los vinos dulces naturales y los *vins jaunes*. Un envejecimiento excesivo conduce a la maderización del vino, que repercute negativamente en su calidad.

envolver

Cubrir por completo una pieza que debe pocharse o cocer en caldo. Para ello se utiliza un redaño de cerdo, una muselina o un paño, a fin de que la preparación permanezca envuelta durante la cocción.

enzima

Proteína que permite acelerar las reacciones químicas de una sustancia orgánica catalizándolas, sin modificar las demás características de esta sustancia y sin que esta se vea modificada. Las primeras enzimas aisladas se denominaron "fermentos" y más adelante, "diastasas". Hoy en día los enzimas se utilizan para la preparación de los productos alimentarios, para mejorar su sabor, su textura o, simplemente, su digestibilidad. Sus aplicaciones son cada vez más numerosas (panadería-pastelería, elaboración de queso, jugo de fruta, cerveza, etc.). La amilasa, por ejemplo, digiere el almidón para hacer levantar la masa de pan. Asimismo, existen enzimas que permiten pegar carnes o pescados, favoreciendo así la creación de productos nuevos, como los *surimis*.

epazote

Planta aromática de la familia de las quenopodiáceas de anchas hojas dentadas originaria de América Latina. El epazote puede medir más de 1 m de alto y se distingue por su olor específico, su sabor acre, bastante pronunciado y con un leve toque a limón. El epazote tiene infinidad de usos en la cocina mexicana; es indispensable en guisos como los frijoles de olla, los caldos de gallina, el caldo tlalpeño, los moles verde y de olla, el chilpachole de jaiba, las sopas de tortilla y de elote, los papadzules, los esquites, las salsas verdes, las enchiladas, los chilaquiles y en innumerables variedades de tamales.

époisses

Queso borgoñón con Denominación de Origen, de leche de vaca, pasta blanda y corteza lavada. El *époisses* se presenta en forma de un disco de 10 cm de diámetro y de 3 a 6 cm de grosor, con una ligera depresión en el centro. Por lo general, no lleva envoltorio, aunque a veces se sirve en una caja. Es suave y untuoso, de color amarillo claro a amarillo oscuro según el afinado, y tiene un sabor intenso.

erizo de mar

Equinodermo emparentado con la estrella de mar. Es un invertebrado marino cuyo cuerpo está formado por un caparazón esférico de placas calcáreas con pinchos móviles que encierra los aparatos digestivo y locomotor y las cinco glándulas genitales. Estas últimas son de color amarillo o anaranjado, y constituyen la parte comestible (coral o yemas).

Existen numerosas especies de erizos de mar. La consumida en Europa es relativamente plana y mide de 6 a 8 cm; su color es pardo verduzco o violeta. En Francia, donde el erizo se captura sobre todo en el Mediterráneo —aunque también en Bretaña—, su pesca y venta están prohibidas de mayo a septiembre.

Un erizo fresco presenta pinchos firmes y un orificio bucal muy cerrado. Se abre con guantes y con tijeras puntiagudas a partir de la parte blanda que rodea la boca. Se corta el contorno a media altura y, después de retirar el casquete, se elimina el aparato digestivo. El sabor del coral es muy yodado. El erizo se consume crudo, o bien en *coulis*, picado o reducido en puré, para aromatizar salsas, suflés, huevos revueltos, rellenar tortillas, preparar pescados o mariscos, rellenar *croûtes*, etc.

escabeche

Adobo frío que se aplica al condimentar y conservar pescados (sobre todo sardinas, caballa, bonito, mejillones), aunque el escabeche también se aplica a hongos, aves de corral (pollo) y diversas piezas de caza de pluma (perdiz).

El nombre de esta técnica, que se ha difundido en toda la cuenca mediterránea y que es una importante aportación de la cocina española a la cocina universal, varía según los países: *scabetche* en el norte de África, *escabecio* o *scavece* en Italia, *escabèche* en Francia e incluso escabeche en Bélgica.

En España, se dora la perdiz con aceite y ajo, y luego se escurre y se cubre con su adobo, añadiendo diversos aromatizantes, y se sirve fría. En Chile, el pollo en escabeche se prepara de la misma manera, y se sirve frío con limón y cebollas. En México se preparan escabeches principalmente con verduras y son famosos los chiles en escabeche, que incluso se fabrican a nivel industrial.

→ adobo

escaldar

1. Sumergir un alimento en agua hirviendo con el fin de endurecer sus tejidos, eliminar las impurezas de la superficie, facilitar el pelado, aflojar sus fibras o eliminar un sabor acre. También se escaldan los tarros de confitura antes de llenarlos, para que no estallen por el efecto del calor de la preparación.
2. En la manipulación de las vísceras, sumergir en agua hirviendo el estómago y el intestino de un animal de carnicería para eliminar sus mucosas, a fin de que estén limpios para el consumo; para la depilación de la cabeza y los pies se utiliza agua algo menos caliente.

También se dice de la acción de remojar las patas de un ave de corral, cuando ésta tiene que presentarse entera, durante unos quince segundos en agua caliente (de 60 °C a 80 °C) para poder retirar enseguida la piel que las recubre.

escalfar ◆ pochar

escalopa

Rebanada fina, tierna y magra que se obtiene de la tapa o de la babilla de ternera. La que se obtiene de la *sous-noix*, la espalda o el corazón de la cadera es más firme y nerviosa. Las pequeñas *scaloppine* italianas, preparadas en *saltimbocca* o en *piccata*, se cortan del solomillo. Por extensión, se llama escalopa también a una loncha regular cortada en un filete de pescado grande (sobre todo el salmón) o en la carne de bogavante y, asimismo, a las lonchas finas de jamón o de paletilla de cerdo. Este término también se aplica al *foie gras* y a las mollejas de ternera.

Las escalopas de ternera tienen forma ovalada y regular. Son planas, y a menudo se cortan en un lado para que no se retraigan durante la cocción, y se saltean o se preparan asadas. Son un poco secas y de sabor discreto, por lo que muchas veces se cocinan en salsa, con crema y champiñones. Una preparación clásica consiste en empanizarlas a la milanesa o a la vienesa, y con ellas también se pueden preparar popietas. En el mercado se encuentran escalopas de pavo, obtenidos de la pechuga, que se preparan de la misma manera que los de ternera.

escalopar

Cortar en rebanadas más o menos finas, en sentido oblicuo, una pieza de carne, un gran filete de pescado, carne de bogavante o ciertas verduras.

escamar o descamar

Retirar las escamas a un pescado. Esta operación resulta más fácil con una especie de rascador de hojas verticales dentadas o con una valva de vieira.

escamoles

Huevos, larvas y pupas de hormigas de las especies *Liometopum apiculatum* y *Liometopum occidentale*; su color es blanco cremoso y por su apariencia se asemejan al arroz inflado. Se extraen del suelo donde las hormigas hacen sus nidos y sólo se pueden adquirir entre marzo y abril. En muchos sitios se consideran de fino sabor y tienen un alto valor proteico. Se acostumbra comerlos en torta de huevos de guajolote y en mixiote; también se prepara el mole de hormiga: en una salsa de chile se cuecen los escamoles, se agregan nopales cocidos en tiritas y se le da sabor con epazote.

escarchar

1. Poner sal en la orilla del vaso, tarro o copa. Este término se emplea en los bares y cantinas del país. Primero se pasa una rodaja de limón por la orilla del vaso para humedecerlo; luego, la boca del vaso se hunde en un plato con sal, lo que deja un arillo de sal alrededor del borde, también puede hacerse con azúcar o chile en polvo. En otros países de habla hispana este procedimiento se conoce como incrustar.
2. Introducir unos cubitos en un vaso vacío y hacerlos girar rápidamente para formar en la pared un vaho opaco, antes de verter un cóctel o un aguardiente de frutas.

escarola

Variedad de lechuga de la familia de las asteráceas, con hojas más o menos onduladas, crujientes, cuyo cogollo suele ser pálido, con hojas blancas ribeteadas de amarillo.

La escarola se consume sobre todo cruda, en ensalada verde, con un aliño intenso de mostaza o chalota, a veces con cuartos de jitomate o ejotes blanqueados; o como ensalada de invierno, con nueces y uvas pasas. También se puede preparar cocida como la endibia o la espinaca.

Escoffier, Auguste

Cocinero francés (Villeneuve-Loubet, 1846-Montecarlo, 1935). Comenzó su trayectoria profesional a los trece años en casa de su tío, que dirigía en Niza un renombrado restaurante, y prosiguió su aprendizaje en París, Niza, Lucerna y Montecarlo. Su trabajo, que ejerció durante sesenta y tres años, se desarrolló sobre todo en Inglaterra donde, en 1892, se encargó de la apertura del *Savoy*, del que se había hecho cargo César Ritz. En 1898, Ritz le confió la dirección de las cocinas del *Ritz* de París, que llevó hasta su retirada (1921). Durante la guerra franco-prusiana de 1870 se encargó de las cocinas del mariscal Bazaine. También tuvo la ocasión de dirigir las cocinas del emperador de Alemania, Guillermo II (después de un crucero en el transatlántico *Imperator*), quien le concedió el título de "emperador de los cocineros".

Escoffier, condecorado con la Legión de Honor (la cinta en 1920 y el botón ocho años más tarde), fue uno de los chefs que más contribuyó a la fama mundial de la cocina francesa. Su obra escrita sigue siendo una referencia básica para los profesionales, sobre todo *Le guide culinaire* (con Philéas Gilbert y Émile Fétu, 1903), *Le livre des menus* (con los mismos colaboradores, 1912) y *Mi cocina*. Se le conoce sobre todo por ser el creador de los duraznos Melba.

Reformó los métodos de trabajo en cocina, racionalizando el reparto de las tareas en la brigada y velando por la imagen de marca del cocinero. Al mismo tiempo, cuestionó ciertas recetas tradicionales, en particular en el tema de las salsas, y sustituyó la española y la alemana, "degradadas" según él, por *fumets*, jugos naturales y concentrados.

escolar

Pez marino de la familia de los gempílidos que llega a medir 2 m y puede pesar 45 kg, de un color uniforme marrón oscuro que con la edad cambia al negro. Vive entre 200 y 900 m de profundidad, y sube a la superficie de noche. Se pesca con caña en aguas tropicales y templadas del Atlántico y el Pacífico, desde las costas africanas hasta Indonesia. La carne firme de este pescado carnívoro es blanca, aceitosa, tierna y blanda, rica en ácidos grasos insaturados. Soporta muy bien la cocción. Se comercializa fresco en rodajas, congelado o marinado en escalopas, y en Japón lo encontramos preparado en panes de pescado.

escurridor

Soporte formado por un trenzado o una rejilla de madera, de hierro estañado, de acero inoxidable o de plástico que sirve para dejar que se escurran los utensilios de cocina o la vajilla.

El escurridor de botellas es una columna de hierro estañado con varas en las que se introducen las botellas a través del gollete después de haberlas lavado.

escurrir

Dejar que un alimento crudo que se acaba de lavar, o un alimento cocido o refrescado bajo el agua, suelte el líquido retenido. La duración de este proceso depende del alimento y de su preparación posterior. Para escurrir se emplean diversos utensilios. Con las verduras se utiliza un colador o una rejilla; la coliflor se saca con una espumadera y se pone en un colador, a veces cubierto por un paño; el arroz y la pasta se vierten con su cocción en un colador o un cedazo; los huevos escalfados se ponen a escurrir sobre un paño doblado; y las espinacas se presionan entre las manos, así como el pan mojado con leche que sirve para elaborar una farsa.

También significa dejar que los alimentos que acaban de sacarse de un baño de fritura suelten su excedente de aceite o de cuerpo graso. Las papas, los buñuelos, los pescaditos, etc., se apartan del aceite con una espumadera de fritura o se levantan en la cesta de la freidora, y luego se depositan sobre papel absorbente.

El escurrido es una operación importante en la elaboración de quesos. Natural o acelerado, permite eliminar el suero de leche del cuajo. Los quesos frescos se escurren en una encella.

esencia
Sustancia aromática concentrada, utilizada para intensificar el sabor de una preparación culinaria o para aromatizarla.

Las esencias naturales se obtienen mediante: destilación del aceite esencial de un fruto o de un aromatizante (almendra amarga, canela, limón, naranja, rosa), reducción de una infusión o de una cocción (huesos de una pieza de caza, perifollo, hongo, estragón, vísceras de pescado, jitomate), por infusión o maceración de un producto (ajo, anchoa, cebolla, trufa) en vino o vinagre. Las esencias que se venden en las tiendas se intensifican a veces con aromas y colorantes artificiales.

esferificación
Técnica culinaria creada por Ferran Adrià consistente en presentar una preparación líquida (jugo, vino, té) en forma de pequeñas bolas o esferas, parcialmente gelificadas, que se rompen al masticarlas, cuando el líquido fluye. Utiliza el principio, por forma y textura, de las huevas de pescado (caviar).

esmedregal
Pez de dorso azul verdoso con el vientre y los costados más claros, plateados y hasta blancos. Por lo general mide 47 cm y pesa 1,5 kg. Cuando es joven, se puede pescar todo el año en aguas costeras del Golfo de México y la península de Yucatán. Se vende generalmente fresco, y en raras ocasiones seco y salado. Su carne es suave y fina; se acostumbra comer frito (entero o en rebanadas), en filetes, en diversos guisos y en escabeche.

espagueti
Pasta alimentaria originaria de Nápoles. Los espaguetis son largos cilindros macizos, muy finos. Eran de elaboración doméstica ancestral y se comercializaron en el Renacimiento al mismo tiempo que los macarrones.

Cocido *al dente*, el espagueti se suele servir con salsa de jitomate y parmesano, como acompañamiento de carne o ave. No obstante, existen numerosas recetas originales, sobre todo en el Lacio: *a cacio e pepe* (con queso y pimienta), *alla carrettiera* (con hongos y atún), *con le vongole* (con almejas y perejil picado), *allamatriciana*.

En Nápoles se aprecia con una salsa de almejas americanas, con setas, guisantes y *mozzarella*, o bien *alla zappatora* (con pimiento).

En Capri se cocina con calamar. En Umbría se adereza con trufas blancas picadas, marinadas en aceite de oliva con ajo y anchoas.

Fuera de Italia, el espagueti se prepara sobre todo a la napolitana (con jugo de carne o salsa de jitomate), a la boloñesa (con una salsa elaborada con carne picada, aromatizantes y jitomate), y a la carbonara.

espaldar o lomo
Parte superior de la canal de una pieza de carnicería de gran tamaño, correspondiente a la región dorso-lumbar. El espaldar proporciona la cinta de chuletas y el solomillo.

El lomo del pescado corresponde al conjunto de músculos de la parte dorsal de los pescados de dos filetes, situado sobre la espina central. Es carnoso y firme.
→ lomo

espaldilla
Parte superior del miembro anterior de un animal de carnicería. La espaldilla una vez porcionada (y si es el caso deshuesada) se puede bresear, hervir, asar o cocer a la parrilla.

La espaldilla de ternera da piezas para bresear, saltear, asados y guisos, e incluso escalopas. También se puede preparar rellena y enrollada, breseada o asada.

La espaldilla o paletilla de cordero se cocina deshuesada como asado, mechada con ajo, rellena o no, o parcialmente deshuesada como una pierna de cordero.

La paleta de cerdo raramente se trabaja entera: se distinguen la paletilla (puede ser asada, salada o ahumada) y la parte superior o "espaldilla" (a menudo da lugar a elaboraciones de charcutería).

Por lo que respecta a los animales de caza de pelo, la espaldilla se prepara como la pierna o el muslo, aunque por lo general en *civet*.

España
En España convive hoy en día dos tipos de cocina. En primer lugar, una cocina basada especialmente en mancuernas de productos (cordero y papas, bacalao y garbanzos, tocino y pimientos, perdices y alubias, pescado y arroz), que presenta elaboraciones culinarias propias de las diferentes tradiciones culturales mencionadas como los asados castellanos, los cocidos y los pucheros; la *escudella* catalana y las ollas; los caldos y las empanadas; el alioli y el morteruelo, las gachas; los *marmitakos*, la escalibada; los escabeches, las calderetas; las *caldeiradas*, el pisto; las cocas, las fabadas; las migas, el romesco; los gazpachos, la porrusalda; los chilindrones, la samfaina; las menestras, el ajoblanco, mil arroces; los duelos y quebrantos. Y en segundo lugar, una cocina moderna que refleja la creatividad y capacidad imaginativa de unos cocineros que han alcanzado el más alto prestigio internacional y que han situado a las diferentes cocinas del Estado español como un referente importante de la gastronomía mundial.

La cocina tradicional y popular ha aprovechado las múltiples influencias histórico-culturales y la incorporación de nuevos productos (arroz, pasta, jitomate, cacao, pimentón, entre otros) para complementar productos originales de auténtico valor culinario y gastronómico, como son, entre muchos otros, el jamón de cerdo ibérico (de Extremadura, Andalucía y la provincia de Salamanca), el jerez, los aceites (excelentes en Andalucía, Cataluña y Bajo Aragón), los quesos (cabrales, mahón, idiazábal, manchego, zamorano y torta del Casar, entre muchos otros), los chorizos, las sobrasadas, las morcillas de origen casero de Burgos y León, los mazapanes, las ensaimadas, los turrones, las yemas y los buñuelos. La mayoría de estos productos son de elaboración artesanal y están controlados, desde una perspectiva de producción y de calidad, por consejos reguladores y Denominaciones de Origen.

Las tapas constituyen un mundo absolutamente particular y pasional de la comida en España. Los bares de tapas son populares tanto en Andalucía como en País Vasco, Asturias, Murcia o Aragón. El tapeo es un hábito inequívocamente popular: unos sabrosísimos pimientos de Padrón recién fritos y espolvoreados con sal, las almejas a la marinera, unas simples aceitunas o unas almendras recién tostadas (sin duda, el mejor complemento de un buen jerez), los boquerones fritos o solo en vinagre, el bonito o las sardinas en escabeche, los mejillones y los chanquetes, mil y una croquetas, los callos, los chipirones, los pinchos o unas navajas.

Actualmente España cuenta con diversas y numerosas Denominaciones de Origen conocidas en el mundo entero: jerez-xérèssherry (en Andalucía), que produce manzanilla y fino, vinos secos de color oro pálido, el oloroso, el pedro ximénez y el cream; rioja (en La Rioja) y Ribera del Duero (en Castilla y León) con sus tintos reconocidos mundialmente; Navarra con sus rosados aterciopelados; y Cataluña con sus clásicos espumosos (cava). Pero los viñedos se extienden por casi toda España con vinos ya conocidos como los de Alella, Alicante, Bierzo, Cariñena, Conca de Barberà, Costers del Segre, Empordà, Gran Canaria, Jumilla, Málaga, La Mancha, Montilla-Moriles, Montsant, Penedès, Priorat, Rias Baixas, Ribeiro, Rueda, Somontano, Tarragona, Terra Alta, Toro, Valdepeñas, Valle de Güímar, etc.

española, a la

Nombre de distintas preparaciones inspiradas en la cocina española, a menudo fritas en aceite, en las que figuran sobre todo el jitomate, el pimiento, la cebolla y el ajo. La guarnición a la española (para piezas de carne pequeñas, salteadas o asadas en cazuela tapada) está compuesta por jitomates rellenos de arroz con jitomate, pimientos y cebollitas breseadas, y una salsa de madeira. La mayonesa a la española, se elabora con jamón picado, mostaza, una pizca de ajo y pimienta roja.

Los huevos son el producto que cuenta con más preparaciones a la española. Escalfados, sobre jitomates cocidos llenos de un salpicón de pimiento, napados con salsa de jitomate, rellenos y decorados con rodajas de cebolla fritas. Al plato, sobre un lecho de cebollas cortadas finamente, con jitomate sofrito y dados de pimientos fritos, dispuestos en corona con mitades de jitomate y rodajas de cebolla fritas, y con una salsa de jitomate a la que se ha añadido un salpicón de pimiento. O revueltos, con jitomates y pimientos cortados en dados, servidos siempre con rodajas de cebolla fritas.

espárrago

Planta vivaz de la familia de las liliáceas cuyo rizoma subterráneo, o raíz, da unos brotes llamados turiones o espárragos. El espárrago, apreciado ya en la Antigüedad, se empezó a cultivar en Francia en el Renacimiento.

El espárrago fresco debe ser rígido, y al romperse debe dar una sección brillante. Envuelto en un paño húmedo se puede conservar 3 días como máximo, pero se endurece. Encontramos conservas de espárragos al natural, enteros, en trozos o en miniatura (llamados "picnic"), o únicamente de puntas. Antes de utilizarlos es preciso enjuagarlos con agua.

Esta hortaliza poco nutritiva (25 kcal o 104 kJ por 100 g) es rica en agua, fibras, potasio y vitamina C. Hay que contar 300 g por persona para un entrante. Independientemente de cómo se usen, los espárragos siempre se cuecen en primer lugar en agua o al vapor, y no es preciso blanquearlos antes de congelarlos. Deben servirse tibios.

espátula

Utensilio de cocina formado por una larga hoja rectangular, plana y flexible, de punta redondeada, y con un mango corto. La espátula sirve para cubrir uniformemente un pastel con crema o *fondant*, igualar la parte superior de una preparación, y despegar y girar ciertas preparaciones en una sartén.

- La espátula de pescado tiene la hoja ancha y plana, a veces perforada, con un mango plano. Se utiliza para girar y servir los pescados enteros y también los filetes grandes.
- La espátula de reducir tiene la hoja ancha y cuadrada, con mango largo y plano. Se utiliza para remover líquidos, salsas o cremas durante la cocción, y así impedir que se peguen.
- La espátula de madera se usa para mezclar y trabajar distintas preparaciones, tanto en crudo como en el fuego (sobre todo con el fin de no rayar el recipiente).
- La espátula flexible o miserable (de goma, plástico o silicona) se utiliza para rascar el fondo de los recipientes o para incorporar con suavidad claras de huevo a una preparación.
- La espátula de codo o acodada tiene una hoja que forma un ángulo en el lado del mango, con el objetivo de que éste quede elevado aun permaneciendo paralelo a la hoja, lo que permite servir con mayor facilidad, sobre todo las terrinas.

especia

Sustancia aromática vegetal, con sabor más o menos perfumado o picante, que sirve para sazonar las comidas. La especia se distingue del aromatizante en que el sabor es más importante que el perfume.

En Europa, las especias se emplean con mucha mayor moderación que antaño. La sazón se efectúa, sobre todo, en función de las comidas: clavos de olor y pimienta en granos para los adobos; nuez moscada y canela para las salsas al vino; azafrán para la bullabesa y la paella; comino y anís para la elaboración de galletas; enebro y cilantro para la caza, etc. También son más suaves, salvo el pimentón picante en España, los chiles en América Latina, y la paprika en Hungría. Las especias se venden sobre todo en granos o en polvo, a granel o en frascos. Se aconseja conservarlas en tarros.

En otras regiones del planeta existen tradiciones culinarias, incluso muy antiguas, que otorgan a las especias un papel mucho más importante. Es el caso de la India, donde su preparación es tan compleja como la de las salsas en la gastronomía francesa. En China también se consumen en numerosas ocasiones, y siempre se eligen en función de diferentes combinaciones de sabores muy elaboradas. Cabe citar sobre todo el anís, el cilantro, el jengibre, el pimiento y el chile secos, y el ajonjolí. Las cocinas antillana y africana usan especias desconocidas en Europa (flores, semillas y raíces, e insectos o pescados secos).

En los países árabes existe un gusto especial por lo salado, picante y dulce, el azafrán y el agua de rosas, la pimienta y los pimientos secos picantes.

Especialidad Tradicional Garantizada (ETG)

Conocida en Francia como *Spécialité Traditionnelle Garantie* (STG), es una característica europea de la que puede beneficiarse un producto agrícola destinado a la alimentación humana o un artículo alimentario, si han sido elaborados a partir de materias primas tradicionales o si se caracterizan por una composición tradicional o por una forma de producción y/o transformación tradicional, conformes a un pliego de condiciones y sin vínculos con un origen geográfico específico. El nombre del producto certificado puede estar reservado (por ejemplo, jamón serrano) o no (por ejemplo, *mozzarella*); en el segundo caso, solo la etiqueta permite diferenciarlo.

espelta

Variedad de trigo, de origen muy antiguo, cuyos granos pardos están fuertemente adheridos a la espiga, como en la cebada y la avena, contrariamente a lo que sucede en las demás clases de trigo. Hay que distinguir entre espelta, o escanda común, cuyos granos sirven para elaborar cerveza, y la escanda menor (o carraón), cuyo cultivo ha sido relanzado en la Alta Provenza, y que goza de una indicación geográfica protegida. El valor nutritivo de la espelta es igual al del trigo blando.

Una vez descascarillados, los granos se cocinan como el arroz, para acompañar el cordero, por ejemplo, y también se emplean en algunas sopas campesinas, sobre todo en la Provenza. También se preparan en ensalada. La harina de espelta sirve para elaborar pan, bollos y bizcochos.

espesante

Aditivo alimentario que aumenta la viscosidad de un producto (leche gelificada con chocolate, crema helada, platos cocinados). La mayor parte de los espesantes se extraen de vegetales: algas, semillas de algarroba, guar, frutas, etc. Las dosis autorizadas pueden variar según los alimentos.

espetón

Vara de hierro puntiaguda en la que se ensarta una pieza de carne o un animal entero (cordero, pieza de caza o ave de corral) para asarlos, horizontal o verticalmente, ante el fuego.

Este modo de cocción garantiza un asado perfecto. Con la primera fase, rápida y a temperatura elevada, se pretende coagular la sangre y dorar la superficie del asado (sobre todo en las carnes rojas y las piezas de caza ricas en jugos, que deben estar bien sentados antes de la cocción). Con la segunda, a fuego más suave, el interior de la pieza alcanza el grado de cocción deseado.

espinaca

Hortaliza de la familia de las quenopodiáceas, cuyas hojas de color verde oscuro (con protuberancias o lisas) se suelen comer cocidas, como verdura, o crudas, como ensalada, cuando son jóvenes y tiernas. Las espinacas, ricas en agua y pobres en calorías (de 20 a 32 kcal o de 84 a 134 kJ por cada 100 g), son muy digestivas, y contienen muchos elementos minerales (principalmente hierro) y vitaminas.

Originarias de Persia y desconocidas por los antiguos, se vendían en la Edad Media frescas o cocidas, picadas y prensadas en bolitas. En el siglo XVII se cocinaban con azúcar y se cultivaban más de diez variedades, entre las que destacaban la "monstruosa de Viroflay" y la "maravilla de Versalles".

En la actualidad, pueden comprarse todo el año, pero sobre todo de marzo a mayo; las variedades de invierno tienen hojas más grandes que las de verano. Las espinacas también se pueden adquirir en conserva (en rama, picadas o en puré) o congeladas (representan 80% del consumo total).

Las espinacas en rama (es decir, solo blanqueadas, escurridas y servidas con mantequilla fresca) son un acompañamiento clásico de la ternera, las aves y los huevos, y también son ingredientes de platos regionales, como tartas y tians, empanadillas y patés. Participan asimismo en la composición de rellenos (mezcladas con otras hierbas, sobre todo acedera) o ensaladas y sirven para hacer suflés, purés y gratenes. Es la verdura característica de las preparaciones a la florentina.

espíritu

Antigua denominación del alcoholato, obtenido mediante destilación de un producto aromático macerado en alcohol. El espíritu de casis se emplea como componente de distintos licores y bebidas. El espíritu de vino es un aguardiente que suele presentar más de 80% Vol.; se consigue por triple destilación y se utiliza en la elaboración de licores.

esponjamiento

Operación dirigida a introducir un gas (a menudo aire) en forma de burbujas en una preparación líquida o sólida. Mediante el esponjamiento de la crema se obtiene crema batida.

espuma

Preparación caliente o fría elaborada a partir de una crema, un puré, un líquido o agua a los que se ha añadido un poco de gelatina, que se introduce en un sifón para crema batida a fin de inyectarles aire. Mediante este tratamiento se obtiene una preparación muy ligera y perfumada. Los primeros experimentos, realizados por el chef catalán Ferran Adrià en 1994, se realizaron con bases saladas (puré de alubia, betabel o almendra) y seguidamente dieron lugar a creaciones dulces, en particular espumas frías para rellenar tartas. Actualmente se usa el término "espuma" para designar cualquier preparación elaborada con un sifón, aunque contenga otros ingredientes, como claras de huevo, fécula, crema fresca, etc.

espumadera

Cuchara ancha y redonda, plana o ligeramente curvada, con orificios y un mango largo. Es de acero inoxidable, aluminio, plancha esmaltada u hojalata cuando sirve para las salsas y los caldos; y de cobre no estañado para las confituras. También se encuentran espumaderas concebidas para recipientes con revestimiento antiadherente. Para sacar los alimentos de un baño de fritura se utiliza una gran espumadera de alambre.

espumadera de alambre o araña

Espumadera grande de alambre estañado o de alambre inoxidable que se utiliza para retirar los alimentos de un baño de fritura o de agua, y escurrirlos.

espumar

Retirar la espuma que se forma en la superficie de un líquido o de una preparación que está cociendo (caldo, confitura, ragú, salsa). Esta operación se repite tanto más a menudo cuanto más larga es la cocción. Se hace con una espumadera, un cucharón pequeño o una cuchara.

espumoso

Vino efervescente, a excepción del champán. La presencia de gas carbónico, que le da el carácter de espumoso, se obtiene de distintas maneras.

El método más antiguo, llamado "rural", retrasa la fermentación natural hasta el embotellado. La técnica *champenoise* provoca una fermentación "secundaria" al introducir azúcar en las botellas. En el procedimiento de Charmat, la fermentación tiene lugar en una tina cerrada, antes del embotellado.

Los espumosos suelen ser blancos, pero en algunas regiones vinícolas se elaboran espumosos rosados e incluso tintos.

essai

En la Francia del Antiguo Régimen, prueba de cata a la que se sometían las comidas y bebidas destinadas al rey, los príncipes y las personas de alto rango, para evitar cualquier riesgo de envenenamiento.

estabilizante

Aditivo alimentario que sirve de agente de textura, para mantener una consistencia determinada de un producto. Los estabilizantes se suelen asociar con un emulsionante, un espesante o un gelificante. Los más utilizados son la lecitina (yema de huevo), el ácido tártrico, los alginatos, el agar-agar, las semillas de algarroba, de tamarindo o de guar y las pectinas.

Estados Unidos

La cocina de Estados Unidos no se limita a la de los *fast-foods* y *snack-bars*. Las aportaciones culinarias de los primeros europeos que se establecieron en el territorio se enriquecieron con las influencias italiana, china, africana, judía, etc. Existen, sin embargo, algunos ingredientes básicos que han perdurado anclados en la tradición gastronómica estadounidense.

El maíz constituye uno de los ejemplos más claros de este hecho. Se consume en forma de granos inflados (palomitas) o mazorcas rociadas con mantequilla fundida (*corn on the cob*), se cocina en papillas (*hominy grits*) y se mezcla con judías en el *succotash*. La harina de maíz se utiliza para preparar tortitas en Nuevo México, panes y pasteles. La calabaza, también muy difundida, se come en sopa, en tarta, en pastel y en puré. Y el arroz es la base del *jambalaya* de Nueva Orleans, de las preparaciones criollas, del *dirty rice* (arroz con despojos) y del *hoppin'john* (arroz, tocino y *dolic* de ojo negro).

Existen numerosas recetas de pucheros y frituras: el *New-England boiled dinner* (cocido), las *Boston baked beans* (cerdo en salazón con alubias y jitomate), el chili con carne de Texas, el *Philadelphia pepperpot* (muy especiado), el *burgoo* de Kentucky (*porridge* con carne y verduras), el *gumbo* criollo (guiso de carne y marisco), y las sopas, sobre todo a base de pescado (*chowders*) o frutas (calientes o frías). Todos estos platos se cuecen a fuego lento, en la marmita. En la sartén se fríen no solo el tocino y los huevos, sino también las croquetas de bacalao (*codballs*), las *fanny dodies* (almejas americanas) y el *hangtown fry* (ostras y huevos fritos).

El ritual de la barbacoa y de la *planked meat* (carne o pescado cocidos al horno sobre una tabla de roble o de nogal americano que sirve de fuente de servicio) refleja el gusto, siempre vigente, por la cocina rústica: pescados, moluscos, carnes (*spare ribs*, hamburguesas y *t-bone steaks*) se asan a la parrilla al aire libre.

También son tradicionales los platos clásicos de las fiestas y del Día de Acción de Gracias: pavo salvaje con pan de maíz, servido con arándanos y una salsa de naranja; jamón con clavos de olor y al whisky, *fried chicken* (pollo frito) y *pecan pie* (empanada con nueces pacanas).

Las elaboraciones de pastelería se basan todavía en la tradición del *home made* (hecho en casa): panecillos (*buns* y *rolls*), galletas (*cookies*, *brownies*), que completan los *pancakes* (*crêpes*), los *donuts* (buñuelos) y todos los pasteles y postres: *apple pandowdy* (empanada de manzana), *pound cake* (cuatro cuartos), *strawberry shortcake* (bizcocho muselina con fresas), *upside down cake* (pastel invertido con piña), *lemon chiffon pie* (tarta de limón merengada), *gingerbread* (pan de especias), *Brown Betty* (*pudding* de manzana) y *cheesecake* (con queso blanco y galletas desmenuzadas). Y también los postres helados, sundaes, *banana split* y suflés helados de múltiples sabores.

Existen numerosas especialidades regionales. Nueva Inglaterra ha conservado la tradición de las sopas, los asados y las empanadas de la madre patria. Los productos del mar (almejas americanas, bogavante, bacalao) se consumen mucho. En Pennsylvania y Wisconsin, la herencia alemana se nota de forma clara con la cocina agridulce (*sweet and sour*), las carnes adobadas y los productos lácteos. La presencia escandinava es notable en Minnesota (donde se pueden degustar el *smörgåsbord*, los arenques y las elaboraciones de pastelería típicamente danesas). En Michigan se aprecia la influencia holandesa (*gaufres* y pucheros). En Oklahoma, la cocina nativa tradicional tiene sus ejemplos en el *squaw bread* y el *jerky*, carne ahumada. En todo el Medio Oeste, los productos obtenidos de los lagos y ríos se emplean mucho. El sur sigue marcado por la gastronomía francesa en Luisiana, sobre todo en pastelería; en Florida se cocinan las tortugas, los cangrejos y los camarones, y Virginia es famosa por sus jamones y pollos. El suroeste está dominado por las cocinas española y mexicana (pollo con arroz, tamales, picadillo y tacos). En la costa oeste, en California, predominan los productos del mar (*cioppino*) y se produce gran cantidad de fruta. En Oregon son características las piezas de caza, y el estado de Washington es célebre por su salmón y sus cangrejos de río.

Estados Unidos produce 85% de los vinos que se consumen en el territorio, de los cuales 90% proceden de California. La viticultura no se desarrolló hasta la segunda mitad del siglo XIX, cuando California se convirtió en un estado de la Unión.

estameña
Tejido poco tupido empleado para colar un *coulis*, una gelatina, una salsa densa o un puré de frutas. El producto se puede apretar con una espátula, a través de un cedazo o un colador que sirve de soporte; o aplastarse en el tejido, en cuyo caso sus dos extremos se retuercen en sentido inverso uno respecto al otro. La estameña era de crin, lana, seda o hilo, y se empleaba para tamizar, cerner o filtrar. Hoy en día suele ser de hilo de lino, algodón o *nylon*, y sobre todo se usa en confitería para la preparación de jaleas y jarabes de frutas.

estandarización o normalización
Tratamiento físico que permite que los componentes de un producto cumplan unas normas definidas. Se suele utilizar en la industria láctea para producir leches con un índice de materia grasa definido por la reglamentación: entera (36 g por litro), semidescremada (de 15,4 a 18 g por litro) o descremada (menos de 3,09 g por litro). Se puede aplicar asimismo a las proteínas, como ocurre en Australia y en California.

estaño
Metal blanco muy maleable, inalterable al aire, empleado por lo general en forma de hojas para envolver productos alimenticios (chocolate, confitería, quesos, charcutería, té, entre otros). Sirve también para cubrir la chapa (hojalata) y el cobre del que están hechos algunos utensilios de cocina, e impedir así que se oxiden (estañado).

Este metal, que no altera el sabor del vino, la cerveza o el té, se suele emplear para fabricar jarros, jarras de cerveza y teteras.

esterilización
Procedimiento de larga conservación, obtenido por la destrucción de la totalidad de los microorganismos y enzimas susceptibles de alterar un alimento. Se consigue calentando el alimento a más de 100 °C (preferentemente entre 110 y 115 °C), después de introducirlo en un recipiente hermético.

Una esterilización satisfactoria requiere alcanzar una temperatura conveniente y mantenerla un lapso de tiempo suficiente. No obstante, para preservar las cualidades nutritivas y gustativas del producto, los métodos industriales se diversifican cada vez más (agitación de los recipientes para los fluidos, o utilización de temperaturas muy elevadas, durante poco tiempo). La leche, por ejemplo, puede calentarse de 15 a 20 min a 115 °C (esterilización tradicional clásica) o solo 2 segundos a 150 °C (esterilización UHT, es decir, ultra alta temperatura). La esterilización, también llamada "apertización", es un procedimiento habitual de conservación casera.

Para esterilizar frutas y verduras, éstas deben pelarse, lavarse y, a veces, blanquearse previamente en agua hirviendo, y luego introducirse en recipientes que resistan fuertes temperaturas. Después del cierre se cubren con una solución salina o dulce, en ocasiones añadiendo jugo de limón, para conservar el color natural del alimento y aumentar su acidez, factor de buena conservación. Los recipientes cerrados se sitúan entonces en un esterilizador o un autoclave.

esterilizador
Recipiente cerrado con una tapa para esterilizar las conservas caseras (a nivel industrial se emplean los autoclaves).
* El esterilizador simple, provisto de dos mangos, está fabricado en chapa galvanizada.
* El esterilizador eléctrico, de volumen más reducido, se fabrica en plástico resistente al calor y está equipado con un termostato.

El esterilizador presenta el inconveniente de no elevar la temperatura del agua por encima de su punto de ebullición, lo cual obliga a salarla hasta la saturación (250 g de sal por litro) para obtener una ebullición a 108 °C; debe tenerse en cuenta que la temperatura de esterilización correcta se sitúa entre los 110 y 115 °C.

estofado
Guiso elaborado con carne cocida a fuego lento en salsa o jugo, en una olla tapada por varias horas. A veces se le añade una pequeña cantidad de vinagre para suavizar un poco las carnes. Se elaboran en recipientes cerrados que impiden la salida del aire, lo que contribuye a que el alimento absorba todo el aroma de los condimentos, así como la cocción prolongada a fuego lento. En él se combinan carnes, verduras y especias.

estragón
Planta aromática de la familia de las asteráceas, originaria de Asia Central. El estragón perenne, de flores estériles, se multiplica por división en primavera. El estragón ruso, menos oscuro y aromatizado, se obtiene por siembra.

Las hojas lanceoladas y de color verde vivo del estragón, de sabor muy fino y delicado, han sido utilizadas en cocina desde el siglo XVI. Tienen múltiples empleos: frescas, aromatizan las ensaladas, los platos en gelatina, las salsas (bearnesa, *gribiche*, *ravigote*, tártara, Vincent) y una mantequilla compuesta; cocidas, se utilizan en preparaciones de pollo, de anguila (*au vert*), de huevos y de hortalizas. También aromatiza la mostaza y el vinagre. En puré o en crema, sirve para rellenar o decorar *bouchées*, barquillas, canapés, hongos o fondos de alcachofa. Se conserva bien gracias a distintos procedimientos (hervido, congelado, seco). Se utiliza para la elaboración de licores y su aceite esencial se emplea en perfumería.

estufa
Aparato de cocción que funciona a gas o electricidad y constituye una versión moderna del fogón. El modelo tradicional incluye una superficie de cocción y un horno.

En general, los chefs prefieren las estufas con fuegos de llama visible, que se regulan fácilmente, pero en menor cantidad también se usan las eléctricas que presentan menos riesgos y permiten ajustar de forma más precisa el calor a las necesidades. De hecho, el medio ligeramente húmedo que reina en un horno eléctrico proporciona excelentes resultados, sobre todo en pastelería. Hoy en día, las superficies de cocción de vitrocerámica y las placas eléctricas de inducción se difunden cada vez más.

Las superficies de cocción suelen incluir de tres a cinco fuegos, sean quemadores de gas, placas eléctricas o una combinación de ambos. Los principales son:

– Quemador de gas. Es rápido o ultrarrápido (de 2,000 a 3,000 kcal/h), simple o secuencial (se apaga y se enciende automáticamente, permitiendo una cocción muy flexible), y se ajusta instantáneamente.

– Placa eléctrica. Está dotada de un termostato incorporado o un palpador, que permiten que la corriente se corte cuando se alcanza la temperatura deseada. La cocción es fácil y controlada, pero la potencia máxima solo se obtiene al cabo de varios minutos, y el enfriamiento también requiere cierto tiempo. La placa eléctrica no desprende ni llama ni humo, ni ennegrece el fondo de las cacerolas, pero requiere recipientes de cocción de fondo grueso, más caros.

– Superficie de cocción de vitrocerámica. Se presenta como una gran placa de cristal opaco, con la cual varios elementos calefactores (un foco radiante a base de resistencias eléctricas y/o un foco halógeno, que utiliza lámparas de filamentos) transmiten el calor por radiación hacia unas posiciones señaladas por un trazo.

– Placa de inducción. También está recubierta de vitrocerámica. En el interior de la placa un generador de campo magnético alimenta y dirige una bobina, llamada "inductor". Cualquier recipiente (metálico y magnético) que se coloque encima de la placa, cierra el campo magnético, creándose corrientes de inducción que calientan el fondo del recipiente y el contenido, mientras que el resto de la placa se mantiene frío. El calentamiento cesa en cuanto el recipiente es retirado de la placa.

esturión

Pez grande migrador de la familia de los acipenséridos que vive en el mar y remonta los ríos en la época de desove. El esturión es un pez muy antiguo, presente en la Tierra desde el Cretáceo. Su evolución es atípica, pues no pertenece al grupo de los peces óseos ni al de los cartilaginosos. Existen 25 especies diferentes de esturiones: 16 son migradores y 9 viven exclusivamente en agua dulce. Mide entre 1 y 6 m y pesa hasta 200 kg a la edad de 120 años. Tiene un cuerpo ahusado cubierto de grandes escamas y una boca sin dientes. En la Edad Media era habitual pescarlo en el Sena, el Ródano y el Gironde (recientemente todavía se encontraba en este río, con el nombre de *créat*). Actualmente el esturión vive sobre todo en el mar Negro y el mar Caspio, donde es buscado básicamente por sus huevos (caviar), y en Canadá. La reducción de sus capturas en Irán y la ex Unión Soviética ha favorecido los criaderos de esturiones a orillas del mar Caspio. En Francia también se han desarrollado técnicas de cría con la especie *Acipenser baeri*, originaria de Siberia y que vive en agua dulce. Este esturión puede medir 1,20 m y pesar 15 kg a los 6 años. En general se vende con un peso de 2,5 kg. Su consumo es muy común en Rusia (con el nombre de *sterlet*), donde se

come al natural, salado o ahumado, y donde también se emplea la médula espinal (*vesiga*), sobre todo en las farsas de patés. Su carne es firme y bastante grasa.

El esturión se prepara como la ternera breseada. La preparación clásica del esturión a la rusa recibe el nombre de "en espera": el pescado, que se cuece durante mucho rato en un caldo corto con la adición de aromatizantes, en una mezcla de agua, vino blanco y jugo de pepinillos agridulces, se sirve frío con perejil cocido, aceitunas, hongos, colas de cangrejo de río, rábano picante, limón y pepinillos *malossol*; o caliente con una salsa de jitomate terminada con mantequilla de cangrejo de río. También se sirve ahumado.

etiqueta

Trozo de papel pegado sobre un producto o un embalaje que ofrece al comprador determinada información. La etiqueta desempeña un papel importante en la venta de numerosos productos, como quesos, vinos y alcoholes, cuya calidad está en función del origen; o las confituras y el chocolate, cuyos componentes obedecen a porcentajes que a menudo son muy precisos. Permite también la trazabilidad y garantiza la frescura de un producto, como la etiqueta de salubridad que acompaña a las ostras, los mejillones u otros mariscos.

En el caso de los quesos, la etiqueta puede incluir la mención "con leche cruda", el índice de materia grasa (magro: menos de 20% de materia grasa; ligero: de 20 a 30%), el peso, la región de elaboración (si se trata de una Denominación de Origen Controlada) y el nombre de la quesería, el *label*, si lo hay, o el sello del sindicato, y distintas menciones específicas ("pura leche de cabra", "afinado en nuestras bodegas", etc.).

En el caso de los vinos, la etiqueta desempeña una función estética y práctica. Coronada a veces con un collarín o una contraetiqueta, revela la identidad del contenido de la botella (es obligatoria cuando el vino se pone a la venta). La redacción de las distintas menciones que figuran está reglamentada de manera estricta. Las menciones que aparecen están rigurosamente codificadas.

La legislación europea distingue los vinos de calidad producidos en regiones determinadas (entre estos últimos están clasificados los vinos franceses DOC y VDQS) y los vinos de mesa (donde se encuentran los vinos de mesa propiamente dichos, los vinos de mesa con indicación geográfica y los regionales).

étuve

Especie de horno hermético de temperatura constante (unos 150 °C) destinado a la deshidratación industrial de frutas, verduras y determinados productos, como los salchichones secos y el arroz paddy.

En panadería, es habitual introducir un producto en un *étuve* para acelerar la fermentación.

eviscerar o destripar

Retirar las vísceras de un pescado, un ave de corral o una pieza de caza. Esta operación forma parte de la preparación de estos alimentos.

Los pescados de mar, que se suelen vender parcialmente destripados, deben desbarbarse y desescamarse, o bien se les tiene que retirar la piel gris. En el caso de los grandes pescados redondos (tipo merluza), el destripado propiamente dicho se efectúa a continuación mediante una incisión en el vientre. Los pescados más pequeños o las porciones (huachinango, trucha) se destripan a través de los opérculos, a fin de evitar abrir la parte ventral (salvo si deben servirse rellenos por la espalda). Los grandes pescados planos (tipo rodaballo) se destripan por el lado de la piel negra, y las porciones de pescados planos (como el lenguado), mediante una incisión en el lado derecho. Normalmente se retiran las agallas. Después del destripado, los pescados deben lavarse de forma minuciosa.

Las aves de corral a menudo están disponibles en el mercado sin intestino. El destripado, que se efectúa después de chamuscar, consiste en despegar de la piel del cuello, para suprimirlos, los tubos digestivo y respiratorio, la grasa y las glándulas, así como el buche. A continuación se introduce el índice en el interior, por el lado del cuello, para despegar los pulmones. Finalmente, a través del orificio anal, que se debe ensanchar ligeramente, se extrae de una vez el corazón, los pulmones, la molleja y el hígado (procurando no dañar la vejiga de la hiel). El animal está listo entonces para atarlo o cortarlo en crudo.

exprimidor
Utensilio utilizado para producir un líquido o un puré a partir de ingredientes sólidos. Los exprimidores de cítricos, de vidrio o de materia plástica, permiten obtener jugos de cítricos. Sin embargo, se utilizan cada vez más los exprimidores eléctricos o el extractor. Para las jaleas y confituras se usan pequeños exprimidores, coladores y cedazos, en los que las frutas se aplastan muy rápidamente.

exprimir
Eliminar mediante presión el jugo, el agua o el líquido sobrante de un alimento (también se llama "escurrir" si no hay presión). Se prensan los jitomates pelados y cortados en dos apretándolos con una cuchara por encima de un colador, para que suelten el agua (y las semillas) antes de trocear la pulpa. Las espinacas blanqueadas y escurridas se aprietan en bolas, a mano. Para secar un picadillo de verduras antes de cocerlo, o para que el perejil picado quede más seco, se emplea un paño o un trapo doblado en forma de bolsa.

extra
Calificativo aplicado, en condiciones reglamentadas, a productos que presentan características particulares. Dependiendo el país el término extra puede designar a algunos o varios productos. Los huevos "extra", que en Francia se señalan con una etiqueta especial (letras blancas sobre fondo rojo), son los más frescos; se embalan antes de los tres días después de la puesta y pueden conservar esta mención durante siete días. Las frutas y verduras "extra", señaladas con una etiqueta roja, son de calidad superior. Un champán *extra-sec* es un champán bastante seco (el realmente seco lleva la etiqueta *brut*). Un queso "extragraso" presenta un índice de materia grasa comprendido entre el 45% y 60% (recibe asimismo el nombre de "crema").

extracto
Producto concentrado procedente de una reducción más o menos importante de un fondo de carne, o de una cocción de pescado o de verduras. De este modo se obtienen glasas y *fumets*, que permiten dar cuerpo a salsas, *coulis* y ragús. Cuando la evaporación es muy intensa, el extracto se vuelve sólido; bajo esta forma se presentan los extractos de carne o de pescado (cubitos o tabletas, cuyo aroma se refuerza a menudo con cebolla o soja).

Los extractos de aromatizantes y frutas utilizados en la elaboración de jarabes han de cumplir una serie de reglas: un extracto "de pura fruta" para jarabe no debe contener ácido cítrico ni colorante sintético.

En panadería y en pastelería se utiliza extracto de malta para favorecer la fermentación de ciertas masas (bizcochos, *brioches*, *cakes*, hojaldres), darles mayor ligereza y mejorar su sabor.

extractor de jugos o extractor de zumos
Aparato eléctrico utilizado para extraer, mediante rotación rápida, el jugo de las verduras y las frutas (salvo los cítricos, que se exprimen). Un colador retiene la pulpa, las pepitas y la piel.

Con los jugos obtenidos se preparan bebidas, helados, sorbetes y jaleas.

F

fabada

Potaje de alubias blancas y grandes, guisadas con tocino, morcilla y chorizo. Es un plato originario del Principado de Asturias que se caracteriza por el sabor peculiar que le confiere el tocino ahumado. Actualmente continúa siendo el plato más conocido de la cocina asturiana.

faisán

Ave originaria de Asia, de la familia de los fasiánidos, aclimatada en Europa desde la alta Edad Media. En Francia, la caza ha reducido de manera considerable las poblaciones de faisanes, a pesar de las aportaciones periódicas de aves de cría, que se dejan en libertad en enero y se reproducen sobre el terreno, o bien se sueltan únicamente en el momento de la caza. En este caso son mucho menos sabrosos. La hembra posee una carne más fina que el macho. Solo las aves muy viejas deben pasar por una mortificación de dos o tres días en un lugar fresco y seco (salvo si sus heridas son importantes); no deben dejarse reposar los individuos de cría, pues su carne podría pudrirse.

El faisán también se ha naturalizado en América del Norte, donde ha vuelto a su estado salvaje en ciertos lugares. En Canadá existen "granjas de tiro" en las que se sueltan las aves (entre agosto y diciembre) para disfrute de cazadores.

El faisán joven se asa, sobre todo "al punto" (la carne de la pechuga debe quedar ligeramente rosa), o se cuece relleno en *cocotte*, a menudo aromatizado con alcohol o vino; en general solo se sirven los muslos y las pechugas. La carcasa permite preparar un *fumet* para la salsa o un consomé. El faisán también se prepara salteado, en fricasé, previamente cortado en cuatro (dos supremas y dos muslos) o en seis (dos alas, dos muslos y dos trozos de pechuga). Cuando es de más edad, se prepara en *chartreuse* o en *salmis*, acompañado por col breseada, ceps, pasta fresca o papas con tocino y cebollas. Las piezas más viejas se cocinan estofadas, en paté o en terrina. Pero la preparación más prestigiosa es el faisán Sainte-Alliance, dispuesto sobre un canapé cubierto de puré de becada y rodeado de naranjas amargas.

En México puede tratarse de un ave endémica de la península de Yucatán, Chiapas y Tabasco, que presenta un plumaje de tono verde o bronce, brillante y ocelado, es decir con manchas redondas; la cola está moteada de blanco y negro y cada pluma tiene en la punta bandas bronceadas; la cabeza está desnuda y es de color azul brillante con verrugas anaranjadas y un apéndice carnoso colgando de la frente, las patas son de color rojo brillante con espolones largos y

agudos; el macho pesa alrededor de 5 kg y las hembras 3 kg, éstas son similares al macho, pero más oscuras, sin espolones ni verrugas. Es un ave de caza muy apreciada por el sabor de su carne, que se considera sutil y alcanza un alto valor comercial. Actualmente son especies en peligro de extinción.

faisandage

Operación consistente en dejar una pieza de caza en un lugar fresco durante un tiempo variable (hasta ocho días, e incluso más), para que su carne sea más tierna y obtener un sabor particular bajo el efecto de la mortificación.

Este proceso se produce por unos gérmenes del intestino, que invaden los tejidos y descomponen las proteínas, engendrando sustancias que, a la larga, se vuelven tóxicas. En consecuencia, una carne que ha sufrido un *faisandage* es poco digestiva. Una caza herida en el vientre o dañada por los perdigones nunca debe someterse a *faisandage*, pues se pudriría.

Las aves más pequeñas no se vacían. Las piezas grandes de caza (ciervo o jabalí) deben vaciarse lo antes posible; en general, solo se mortifican (de uno a tres días de espera) y no se someten a *faisandage*. El *faisandage* de la caza de pluma se practica envolviendo el ave en una muselina o un paño, y colgándola en un lugar fresco y seco, si es posible en una corriente de aire.

La becada es el ave que puede esperar mayor tiempo, seguida del pato, el faisán y el perdigón. Las aves pequeñas se suelen comer "a la punta del fusil". La caza de pelo se deja "sentar" de dos a cuatro días.

Actualmente, el *faisandage* prolongado raramente se considera una cualidad gastronómica.

falafel

Puré de garbanzos de origen israelí, conformado en albóndigas que se fríen en aceite. Tradicionalmente, estas albóndigas se comen dentro de pan pita.

falda

Pieza de carne de carnicería poco gruesa correspondiente a la parte inferior de los músculos abdominales. La falda de res es una pieza para prepararla en guisos, deshebrada, molida, en bistecs y muchas otras formas; y la de ternera sirve para preparar blanquetas y salteados.

farináceas

Término genérico que designa las plantas alimenticias de la familia de las fabáceas que pueden proporcionar harina (habas, alubias, lentejas, alverjones, etc.), que pueden ser legumbres (aunque no necesariamente; sí en el caso de las féculas), o algunos tubérculos, como la papa, e incluso frutas, como la castaña. Se trata de los alimentos vegetales más ricos en nitrógeno y desempeñan un papel esencial en la cocina vegetariana. Es importante en la cuenca mediterránea (garbanzos y habas en España y el Magreb), en América del Sur (frijoles rojos y negros) y, sobre todo, en el subcontinente indio.

farsa ◆ relleno

Fauchon, Auguste Félix

Comerciante francés especializado en los ultramarinos (h. 1856-París, 1939). Abrió en 1886 en París, en la plaza de la Madeleine, una tienda de alimentación consagrada de forma exclusiva a los mejores productos franceses: galletas, charcutería, confitería, ultramarinos, quesos, vinos y licores y aves. Auguste Fauchon era hostil al exotismo culinario y enviaba a los clientes aficionados a esta tendencia a la tienda de su colega Hédiard. En el periodo de entreguerras, su establecimiento se amplió con un salón de té-pastelería y un servicio de lo que hoy llamaríamos *catering*. Tras la muerte de su fundador, el local se abrió a las especialidades del mundo entero, pero conservó una selección de productos de lujo franceses.

fecha de caducidad

Fecha límite de consumo de los productos de alimentación cuyas cualidades microbiológicas los hacen perecederos tras un breve periodo de conservación y que pueden representar un peligro para la salud de los consumidores. La fecha se deja a criterio del profesional, salvo en el caso de productos sometidos a las normativas vigentes. En este caso, la fecha se calcula para una temperatura de conservación dada y debe figurar en el envase en forma de la indicación "consumir antes de", seguida de la indicación del día y el mes.

fecha límite de consumo preferente

Fecha límite de utilización óptima de los productos de alimentación que, una vez rebasada, son susceptibles de haber perdido todas o parte de sus cualidades organolépticas, físicas, nutritivas, etc., sin que su consumo constituya por ello un peligro para la salud humana. Esta fecha, que aparecerá dependiendo el país productor y/o el producto, figura en el envase junto con la indicación "consumir preferentemente antes de", seguida de la indicación del día y el mes (duración inferior a 3 meses), el mes y el año (duración comprendida entre 3 y 18 meses) o del año (duración superior a 18 meses).

fécula

Harina de almidón extraída de los vegetales (raíces, tubérculos, tallos, frutos, semillas). Se suele llamar "fécula" al almidón contenido en los órganos subterráneos (ñame, mandioca, papa) y "almidón" al producto extraído de las semillas (trigo, maíz, arroz). Existen féculas de cereales (trigo candeal, arroz, etc.), de papa, exóticas (arrurruz, mandioca, ñame, salep, etc.), de frutas (castaña, bellota dulce, etc.) y de legumbres (alubias, lentejas, alverjones, etc.).

La fécula de papa se emplea mucho en la industria alimentaria (charcutería, postres, harinas dietéticas, pastelería y *puddings*).

En cocina (donde la fécula sirve en primer lugar de espesante para las papillas, los *coulis*, las cremas y como ligante) se emplea sobre todo la fécula de maíz, la de papa, el arrurruz y la mandioca.
→ almidón

feculento

Verdura o fruta rica en fécula. Los alimentos feculentos suelen comprender todas las farináceas. Junto con los cereales, constituyen una de las bases de la alimentación: plátanos, castañas, ñames, mandioca, camotes o papas. Ricos en vitamina C (ausente en los cereales) y glúcidos (almidón), pero pobres en proteínas y sales minerales, son, ante todo, alimentos energéticos.

feijoa

Arbusto frutal de la familia de las mirtáceas. Originario de América del Sur, fue introducido en Europa en el siglo XX. El fruto, de 2 a 8 cm de longitud, aparece a finales de otoño. Cubierto por una piel verde fina, su carne, algo granulosa, es rica en yodo y su sabor evoca a la vez a la fresa y a la piña. Se consume fresco, bien maduro, y sirve para preparar sorbetes, confituras y jaleas. Participa, escalfado, en las ensaladas de frutas exóticas.

feijoada

Especialidad brasileña que debe su nombre al ingrediente de base, la alubia negra (*feijão*). Este completo plato de fiesta se asemeja algo al *cassoulet* francés.

fermentación

Transformación espontánea o provocada de determinados elementos orgánicos de los alimentos, debido a la influencia de levaduras o de bacterias. Estos microorganismos están presentes de forma natural en los alimentos o se añaden por necesidades de una elaboración. El tipo de fermentación varía según el alimento, el fermento y la duración del proceso, que desemboca en la formación de ácidos o alcoholes: elaboración de vinagre, fermentación láctica (para la leche, los cereales y las verduras) o alcohólica.

Los principales alimentos que sufren esta transformación son las pastas fermentadas, los productos lácteos (quesos, *kéfir*, *kumis*, leche cuajada, yogur), la carne (salchichón crudo) y las bebidas (cerveza, hidromiel, *kwas*, *poiré*, sidra, vino). Y también ciertas preparaciones de cereales (sobre todo en la India y África) y verduras (*choucroute*; pepinillos y betabel rojo en Europa del Este; mezcla de verduras cortadas finas en China). En Extremo Oriente se encuentra la mayor variedad de productos fermentados, a base de soja, arroz y leguminosas, e incluso pescado (*nuoc-mâm*).

La fermentación es un procedimiento de conservación excelente, que mejora, además, el valor nutritivo de los alimentos (mayor digestibilidad) y la eficacia de las proteínas.

fermento

Microorganismo (bacteria, levadura, hongo) responsable de la fermentación de los alimentos (cerveza, charcutería, quesos, vinos, etc.). En la elaboración de quesos, los fermentos lácticos (lactobacilos y estreptococos) transforman la lactosa en ácido láctico. Los fermentos caseicos solubilizan los quesos de pasta blanda, y los fermentos propiónicos degradan la materia grasa de los quesos de pasta prensada cocida durante su afinado.

feta

Queso fresco prensado griego con Denominación de Origen, de leche de oveja o de cabra (el índice de materia grasa es variable). Es el más conocido de los quesos griegos, cuyo origen se remonta a la Antigüedad. Se elabora de modo tradicional: la leche cuajada se divide, se pone a escurrir en un molde especial o un saco de tela, y luego se corta en rodajas gruesas que se salan por ambos lados y se introducen en barriles llenos de cuajo o salmuera.

Este queso de pasta fresca y de sabor acidulado, célebre en toda la cuenca oriental del Mediterráneo, se utiliza sobre todo en cocina (hojaldres, gratenes, ensaladas compuestas) o pequeños entremeses (*mezze*), acompañados de ouzo.

fetuccine ◆ tagliatelles

feuille de Dreux

Queso elaborado en el departamento de Eure-et-Loir con leche de vaca parcialmente descremada y envuelto en una hoja de castaño. Tiene forma de disco, de 15 cm de diámetro y 3 cm de alto, y pesa 300 g. Presenta una corteza enmohecida, blanca, y su pasta es blanco marfil. Contiene 30% de materia grasa. Tiene un sabor fuerte debido al afinado bajo la hoja. Actualmente este queso ha recuperado el envoltorio de hoja que le ha valido su nombre y su sabor característico.

fibra

Parte de un alimento vegetal que no puede absorber el intestino humano. Está formada por celulosa, hemicelulosas, pectinas y lignina, sustancias que influyen favorablemente en el tránsito intestinal.

Las fibras permiten regular de forma continuada la absorción por el organismo de los lípidos y los glúcidos, limitando así los cambios glucémicos bruscos entre dos comidas; por lo tanto, es conveniente introducir fibra en todas las comidas. Los cereales integrales, las frutas y las verduras frescas, así como el salvado de trigo, contienen mucha fibra.

fideos

Pasta muy fina de sopa que se obtiene con un molde de pastas. Los cabellos de ángel son una variedad particularmente fina, que sólo se emplea en los consomés y sopas claras. También se utilizan fideos para realizar ciertos postres, como *puddings* y suflés.

Los fideos chinos, preparados con harina de soya, se presentan en largas madejas nacaradas; hervidos o fritos, completan sopas, mezclas de verduras, farsas, etc. En Extremo Oriente existen asimismo fideos de harina de arroz, blanquecinos, planos y largos, que se preparan como los tallarines.

fideuá

Especie de paella en la que se ha sustituido el arroz por fideos. Su origen es objeto de polémica, pero parece ser que la localidad valenciana de Gandía y su comarca (La Safor) son la cuna originaria de esta popular especialidad. Habitualmente se prepara con pescado, pero los fideos, como el arroz, admiten toda clase de ingredientes.

filete

Los filetes de pescado están formados por la carne situada a lo largo de la espina dorsal. Son cuatro en los pescados planos y dos en los redondos. Se obtienen en crudo para prepararlos cocidos, *poêlés*, marinados, o incluso enrollados sin espinas, en el momento del servicio.

El filete de ave o de caza de pluma es un trozo largo y delgado, que corresponde a la pechuga (en el pato criado para *foie gras* se llama "magret").

filete miñón o filete *mignon*

Porción de un músculo de la res, situado en el interior de la caja torácica, a lo largo de las primeras vértebras dorsales. Una vez limpio y preparado, proporciona uno o dos bistecs. Sin preparar se utiliza en el filete *bourguignon*. Es muy tierno y sabroso.

En el cerdo y el corzo existe también el filete *mignon*. En el caso del cerdo, se llama así el lomo, que puede asarse al horno o a la cazuela, cortado en medallones o en trocitos para brochetas.

filetear

Filetear almendras o pistaches consiste en cortarlos en láminas finas en sentido longitudinal, con un cuchillo de cocina o un instrumento especial. Por extensión, se aplica este verbo a cortes de carne.

Algunos chefs emplean el término *effilocher*, sobre todo para los poros cuando se reducen a filamentos finos. En un servicio con acabado en el plato, una "effilochée" es un plato cuyo elemento principal es una carne fibrosa, pescado o carne (*effilochée* de raya, de *confit*, etc.).

En los pescados, extraer filetes de la carne de éstos. Se efectúa sobre una superficie de trabajo específica, con un cuchillo llamado "cuchillo de filetes de pescado", dotado de una lámina flexible y fina.

filtro

Recipiente poroso o perforado que permite retirar de un líquido las materias sólidas que contiene. En cocina, se filtran los líquidos a través de una manta de cielo o una muselina.

El filtro de café contiene el café molido sobre el que se vierte el agua hirviendo. Puede ser de metal, tierra o porcelana perforados, o de tela ("calcetín"). En muchas cafeteras modernas, el filtro es un cono de papel especial que se coloca en un soporte. El café de filtro es un café que se cuela directamente en la taza a través de un filtro individual, por lo general de metal.

financiero

Pastelito de forma ovalada o rectangular elaborado con una pasta de bizcocho enriquecida con polvo de almendra, mantequilla fundida y claras de huevo. También se denomina así una pieza grande de pastelería, elaborada con la misma pasta y decorada con almendras en láminas y frutas confitadas. Los financieros pequeños sirven a veces de fondo para *petits-fours* glaseados, y los grandes, que se cuecen en distintos moldes de tamaño decreciente, para edificar una pieza montada.

finas hierbas

Hierbas aromáticas, por lo general verdes, que se utilizan, recién cortadas o picadas, para perfumar una salsa, aromatizar un queso blanco o cocinar una carne o una verdura salteada. Suelen ser perejil, cebollín, albahaca, romero, tomillo, laurel y perifollo, que se utilizan aisladamente o en un ramillete de hierbas aromáticas. Algunos chefs incluyen entre las finas hierbas los tallos de apio o hinojo. Antaño se añadían hongos picados.

fine champagne
Coñac de calidad superior correspondiente a una mezcla de los dos mejores *crus* de la zona de Denominación de Origen coñac. Proceden de la Grande Champagne y la Petite Champagne.

Desde el punto de vista legal, la palabra "fine" designa un aguardiente natural de buena calidad, producido en una región determinada.

Finlandia
Entre las especialidades de la cocina finlandesa se encuentra la fermentación de las verduras (*choucroute* de col o nabo, pepino o betabel rojo en salmuera), el puchero carelio (*karjalanpaisti*) que se elabora con las tres carnes del *baeckeoffa* (res, cerdo y cordero), pero se sustituye el vino por agua. La influencia eslava queda patente en el *borchtch*, los blinis, los *pirojki* carelios, el *karjalanpiirrakk* (pequeña tarta de centeno rellena de puré de papa o arroz, y servida con mantequilla fundida y huevos duros) y el *vorshmack* (picadillo de cordero, res y arenque salado, con ajo y cebolla), entre otros platos.

En el oeste y el sur se mantiene la tradición de la mesa escandinava, con la abundancia de entrantes fríos. También destacan elaboraciones de pastelería, panes secos y *pulla* (brioches con cardamomo).

El norte está marcado por la cultura lapona. La carne de reno se sala, se seca, se ahuma o se cuece con huesos de tuétano, y también se consume cruda, en *carpaccio*. El plato más clásico es el *poronkäristys*, pequeños bistecs de reno salteados y servidos con puré de papa y arándanos aplastados y endulzados.

Finlandia es la mayor reserva europea de peces de agua dulce, teniendo así: anguilas, lavareto (*siika*), corégonos blancos (*muikku*), percas, truchas, salmones, lucios y arenques, pescados que se ahúman, salan o marinan. También abunda la caza: pato colvert, alce, perdiz nival y liebre.

La recolección de productos silvestres es una actividad muy popular. Además de los hongos de bosque, se recogen todo tipo de bayas: arándanos, arándanos trepadores americanos, fresas y frambuesas silvestres, zarzamoras árticas, bayas de serbal. Estas bayas se servirán como acompañamiento, como postre o transformadas en licores suaves o fuertes.

flambear y chamuscar
Flambear es rociar un plato con un aguardiente y prender fuego para intensificar su gusto. El flambeado de una preparación salada en curso de cocción consiste en rociar un aguardiente ya calentado (coñac, armañac, calvados, ron, whisky), que se prende inmediatamente después. Se realiza antes del desglasado (pollo a la cazadora) o antes de bañar la preparación (gallo al vino). En restauración, el flambeado al ron, al *grand marnier*, etc., se efectúa delante del comensal, sobre un hornillo especial, y suele aplicarse a postres calientes, como por ejemplo las *crêpes*.

El término francés "flamber" quiere decir también "chamuscar", pasar un ave de corral por la llama para terminar de limpiarla. El chamuscado es el primer estadio de la preparación de un ave: consiste en pasar rápidamente las alas, las patas y el cuello por la llama de un quemador, manteniéndolos tendidos. La operación, que se completa pelando al animal, tiene la finalidad de eliminar sus últimas plumas y el plumón.

flamenca, a la
Nombre de distintas preparaciones de la cocina regional del norte de Francia. La guarnición a la flamenca se compone de bolas de col verde rellenas y breseadas, zanahorias y nabos torneados y glaseados, papas a la inglesa y, a veces, lengüetas de panceta salada y rodajas de salchichón cocido con las coles. Esta guarnición, que casi es un puchero, acompaña sobre todo a piezas grandes de carne (cadera de res, por ejemplo) o a la oca breseada, y más raramente a piezas pequeñas de carne. Todo ello se napa con semiglasa, fondo de ternera o el desglasado de la cocción.

flamiche o flamique
Especie de tarta dulce o salada del norte de Francia y Flandes con rellenos diversos. Antaño era una tortita de masa de pan rociada con mantequilla fundida, que se degustaba caliente, al salir del horno. Hoy en día se añaden verduras o queso. Las *flamiches* con verduras se rellenan con una mezcla de verduras sofritas y yemas de huevo batidas. La *flamiche* más conocida es la de poros, llamada *flamique à porions* en Picardía, donde también se hace con calabaza y cebollas. Las *flamiches* con queso se elaboran por lo general con un queso fuerte del tipo maroilles. La *flamiche* a la antigua se prepara con una pasta de hojaldre de tres vueltas, a la que se incorpora maroilles semiafinado, sin corteza, al mismo tiempo que la mantequilla. Esta tortita se degusta como entrante caliente, con cerveza.

flan
Especie de tarta salada o dulce, cubierta con una mezcla de flan (o crema con huevos) al que se le pueden añadir frutas, uvas pasas, hígados de ave, marisco, etc. Según los casos, el flan se sirve como entrante caliente o postre. En la Edad Media, los cocineros preparaban numerosos flanes.

También se llama "flan" a una crema cuajada, invertida o enmoldada, a menudo aromatizada con caramelo. Es el flan de huevo español, que suele ser de huevo o vainilla.

En pastelería el flan se compone de un fondo de tarta de pasta brisa rellena con crema cocida (agua o leche, azúcar, huevos y aromas diversos), y cocido otra vez en el horno.

En México la preparación más común se elabora combinando leche, azúcar y yemas de huevo, horneando esta mezcla en baño María y bañándola con caramelo. Uno de los más populares es el flan napolitano; por lo general se licúan de seis a ocho huevos, una lata de leche evaporada y una de leche condensada; la mezcla se vierte sobre un molde solo o con caramelo y se hornea en baño María o se cuece en olla de presión. En ocasiones se le agrega ralladura de naranja o de limón, café, vainilla, queso o algún otro ingrediente para darle sabor. Antiguamente era un postre más delicado: se preparaba con leche, azúcar, claras y a veces almendras; actualmente se trata de un flan denso.

flan francés

Postre que se elabora vertiendo leche hirviendo y azúcar sobre huevos batidos, aromatizados de distintas maneras. El flan se sirve frío en su fuente de cocción. Horneado al baño María, como el flan tradicional, las principales diferencias con éste son que el molde no se forra de caramelo y no se tapa al cocer.

flauta

1. Pan largo y estrecho, de unos 200 g, que se encuentra entre la *ficelle* (125 g) y la *baguette* (250 g). Por lo general, se elabora con una masa especial, mientras que la *baguette* solo se hace con masa blanca.
2. Taco frito, generalmente de carne, muy delgado y de entre 20 y 40 cm de largo. Los rellenos más comunes son carne de pollo deshebrada, picadillo de carne de res, rajas de chile poblano y papas cocidas. Se llama así debido a su parecido con el instrumento musical del mismo nombre.

flaveur

Conjunto de las percepciones que se experimentan al mismo tiempo por la nariz y la boca ante un alimento. Pueden comprender sensaciones térmicas, táctiles, químicas, etc.

fletán o *halibut*

Pez plano marino de la familia de los pleuronéctidos, que vive en aguas frías y profundas. Muy abundante cerca de Terranova y Groenlandia, y también está presente en el Pacífico. Puede medir 4 m y pesar más de 300 kg. Su carne, magra y fina, tiene muy pocas espinas y con ella se pueden preparar numerosas recetas. El fletán se consume mucho en los países nórdicos y en Canadá, donde se vende fresco, congelado, salado o ahumado.

fleurer ♦ enharinar

flor

Elemento reproductor de las plantas superiores, muy usado en la cocina en todas las épocas y lugares.

Empleos. En Europa, las flores se utilizan sobre todo en las bebidas aromáticas y en licorería (vino de mayo con aspérula, sidra con flor de saúco, jarabe de hisopo, ratafía de clavel). Además, ciertas especias y condimentos muy conocidos son flores: clavo de olor, alcaparras, flores de capuchina al vinagre, flores de lavanda secas, flor de azahar.

A menudo se añaden flores en las sopas y cremas al final de la cocción. En las ensaladas, su papel es sobre todo decorativo: borraja, capuchina, madreselva, amapola, violeta. Dispuestas en corona o en ramillete, en armonía de colores con los demás ingredientes, se añaden en el último momento, ya que el vinagre hace que cambie su color.

Algunas se preparan fritas, como las flores de acacia, de calabaza, de saúco, de jazmín. Las de calabaza y calabacín también se comen rellenas y sirven para elaborar tortillas.

Se condimentan mantequillas compuestas con pétalos de flor de jazmín, de azahar, de limonero o de ajo. La menta en flor es adecuada para el pescado, así como las flores de tilo o de jazmín, que también se pueden mezclar con farsas.

También se elaboran infusiones aromáticas que se beben o que se utilizan para cocer platos al vapor. Las violetas silvestres combinan bien con la res, las flores de ajedrea con la ternera, las de salvia con el cerdo, y las de menta y tomillo con el cordero.

La confitería siempre ha recurrido a las flores: agua de rosas, jalea y confitura de rosas, pétalos cristalizados, flores de azahar pralinées, violetas confitadas y también confitura de mimosa, primavera, etc. En Oriente se utilizan botones de rosa secos como condimento y se elaboran confituras de pétalos de rosa. En Extremo Oriente las flores participan en la cocina propiamente dicha: ensalada de pétalos de crisantemo o de magnolia, flores de jazmín y de hibisco con las aves y los pescados, lirios amarillos en las salsas y los caldos.

En los colmados selectos y en determinadas grandes superficies se pueden encontrar flores comestibles.

florentina, a la

Nombre de numerosas preparaciones de pescado, de carne blanca o de huevos, en las que figuran espinacas (en puré o en hojas) y, muy a menudo, salsa *mornay*.

En Italia, la denominación *alla fiorentina* se refiere a preparaciones típicamente florentinas.

flor de calabaza

Flor de la familia de las cucurbitáceas, producida por la planta de la calabaza; tiene forma de trompeta con cáliz monosépalo color amarillo o naranja. Las flores, unisexuales, crecen de manera aislada en las axilas de las hojas. La planta posee flores masculinas y femeninas; las femeninas dejan de crecer para que se produzcan las calabazas, y las masculinas son las que se cortan para consumirse. Existen muchos platillos elaborados con flores de calabaza, las cuales se consumen crudas o guisadas. La flor se limpia retirando los tallos. No se les deben quitar los cálices bulbosos, pues dan más sabor y una textura agradable a los guisos, aunque muchas personas retiran el cáliz y los estambres, porque piensan erróneamente que amargan el platillo. Se deben comprar el mismo día que se van a preparar, pues se marchitan fácilmente. Actualmente en los estados del centro de la república se acostumbra preparar las quesadillas rellenas de flor de calabaza, con o sin queso, y sopas de flor de calabaza.

focaccia

Pan italiano redondo (de unos 35 cm de diámetro) y plano como una hogaza, aromatizado con aceite de oliva, ajo y salvia, y que en ocasiones lleva dados de jamón. Se come a modo de pan con una comida ligera, o se emplea para preparar sándwiches.

fogón

Aparato de cocción alimentado con madera, carbón, gas o electricidad. El fogón, en su origen de albañilería y luego de plancha gruesa o hierro colado (la popular cocina económica), constituye el equipamiento de base de una cocina, sobre todo en restauración. Posee una superficie de cocción de hierro colado pulido, en la que se pueden depositar los recipientes en función de la intensidad de calor requerida, y uno o varios hornos.

Los modelos más recientes están adaptados a las necesidades de una gran cocina: fogones de "golpe de fuego", "fuego vivo" y "placa de cocción lenta".

foie gras

Hígado de oca o de pato domésticos, saturado e hipertrofiado por la grasa, obtenido mediante un engorde con glúcidos. El cebado de las ocas y otros animales ya era practicado por los egipcios de la época de los faraones, y más tarde por los romanos, que para este fin utilizaban higos. Después de sacrificar el animal, el hígado era sumergido durante varias horas en un baño de leche con miel para perfumarlo.

Hoy en día los animales se engordan con granos de maíz triturados. El hígado pesa de 600 a 900 g en la oca y de 400 a 600 g en el pato. Un peso superior no merma la calidad, pero puede propiciar que se funda más (por pérdida de grasa) con la cocción.

El color del *foie gras* varía del marfil al blanco rosado; debe notarse flexible al presionarlo a temperatura ambiente con un dedo y estar libre de hematomas. La manipulación del *foie gras* debe efectuarse en unas condiciones de higiene rigurosas, con guantes (para evitar cualquier riesgo de listeriosis), y es imperativo que se respete la cadena del frío. Por otra parte, la mayoría de preparaciones a base de *foie gras* contienen conservantes (sales nitradas) en dosis autorizadas.

El *foie gras* se consume cocido, entero o en trozos, o bien entra en la composición de distintas preparaciones. Las preparaciones siguientes se encuentran reglamentadas desde 1994.

Desde 1994 las preparaciones con base en *foie gras* están sometidas a una nueva reglamentación, muy estricta. Los *foie gras enteros* (oca o pato) son lóbulos enteros. Los *foie gras* son trozos de lóbulos (se prohíbe mezclar oca y pato). El *parfait* de oca debe incluir al menos 75% de *foie gras* (se autoriza la mezcla). El medallón o paté de *foie* y la *mousse* de *foie* deben contener un 50% mezclado con una farsa.

fondant

Almíbar al que se añade glucosa, cocido a punto de bola fuerte (130 °C), trabajado sobre el mármol con la espátula hasta que se vuelve una pasta densa y opaca, y que a continuación se trabaja a mano. Esta pasta blanca, blanda y homogénea se conserva bien en un embalaje hermético.

El *fondant* se utiliza sobre todo en confitería (interior de bombones, caramelos), donde se emplea coloreado y perfumado. Fundido al baño María con un poco de agua, almíbar ligero o alcohol, se deja fluir en cajetillas o sirve para cubrir mazapanes, frutos secos o fruta fresca y cerezas en aguardiente.

En pastelería, al natural o con sabor (de chocolate, café, fresa, frambuesa, limón o naranja), sirve para glasear *choux*, *éclairs*, genovesas, milhojas, etc.

fondos

Elaboraciones consistentes en un caldo aromatizado, graso o magro, que se utiliza para elaborar una salsa o para bañar un guiso o un breseado. El fondo se llama "blanco" si los elementos que lo componen se ponen directamente en el líquido de cocción, y "oscuro" si se

deja que tomen color. Según el caso, la salsa que contribuye a prepararlo se denominará "blanca" (alemana, aurora, *poulette*, suprema, etc.), u "oscura" (Bercy, bordelesa, española, picante, etc.).

Los fondos se utilizan claros o ligados. Son a base de ternera, de res o de ave, incluso de caza, con verduras y diversos aromatizantes (fondo magro). Los fondos de pescado suelen llamarse *fumets*. Las preparaciones de base, tales como el fondo blanco, la brasera, el caldo corto, el consomé, la esencia, la gelatina, el adobo, el *matignon*, la *mirepoix*, el *roux*, la salmuera y la *velouté* también son fondos de cocina, es decir, preparaciones necesarias para la elaboración de platos cocinados.

Los fondos blancos u oscuros son de realización lenta y a menudo resultan costosos. En la práctica son patrimonio de la restauración. En la cocina doméstica las salsas se suelen bañar con caldo de cocido. En el comercio se pueden encontrar extractos sólidos que basta disolver en agua hirviendo.

fondos para tartas • bases

fondue

Especialidad de los Alpes franceses y de Suiza, elaborada con uno o varios quesos de pasta cocida, que se dejan fundir a fuego lento en un recipiente llamado *caquelon*, con vino blanco y diversos aromatizantes. A continuación se pone el *caquelon* sobre un hornillo de mesa y los comensales degustan la *fondue* muy caliente, untando en ella trozos de pan pinchados en unos tenedores de dos dientes y mango largo.

En Bélgica se llaman *fondues* a pequeños cuadrados fritos de pasta con queso.

fondue bourguignonne

Plato compuesto por pequeños trozos de res que se pinchan con un tenedor largo y se sumergen en un *caquelon* u otro recipiente análogo lleno de aceite calentado a 180 °C, antes de degustarlos con distintas salsas (tártara, alioli, bearnesa o Choron, etc.).

fondue china

Plato tradicional introducido en Extremo Oriente por los mongoles en el siglo XIV, y realizado en su origen con cordero. Hoy se prepara siguiendo el mismo principio que la *fondue bourguignonne*, cociendo tiras de carne de res y de cerdo, láminas finas de pechuga de ave, bolitas de pescado, etc., en un caldo de pollo hirviendo sobre un hornillo de carbón de madera fijado a la cazuela de *fondue*. Este plato se acompaña con verduras frescas cortadas finas, un puré de frijoles y fideos de arroz, y salsas a base de soya, jengibre y aceite de ajonjolí.

En Vietnam se prepara con res, aves de corral, camarones y pescado, acompañados por una salsa de camarones y condimentos agridulces. A veces se añaden vieiras, tiras de calamar y leche de coco.

fondue de chocolate

Preparación de chocolate negro fundido al baño María, al que se añade mantequilla, leche, crema y azúcar. Manteniéndose líquida sobre un hornillo de mesa, los comensales sumergen en ella trocitos de genovesa, bizcocho, *brioche*, trozos de frutas frescas o confitadas, etc.

fontainebleu

1. *Mousse* de crema y de queso blanco de leche de vaca (de 60 a 75% de materia grasa), presentada en un tarrito de cartón parafinado, envuelto en una muselina. Se consume, como muy tarde, al día siguiente de su elaboración. Se sirve con o sin azúcar y a menudo con fresas o mermelada.

2. Nombre de una guarnición de pequeñas piezas salteadas (turnedó o medallón), compuesta por una jardinera de verduras cortada finamente, ligada con mantequilla y dispuesta en pequeñas barquillas de papas duquesa doradas al horno.

fontina

Queso italiano con Denominación de Origen, de leche cruda de vaca (de 45 a 50% de materia grasa), de pasta prensada semicocida, corteza cepillada y a veces frotada con aceite. Es originario del valle de Aosta y su elaboración se remonta al siglo XII. Se presenta en forma de rueda de 40 a 45 cm de diámetro y de 7 a 10 cm de grosor. Es flexible y presenta unos pequeños orificios. Su sabor es muy agradable y se utiliza en cocina, sobre todo en la *fondue* piamontesa. Una vez que ha madurado se puede rallar y se emplea como el parmesano.

forestal, a la

Nombre de piezas grandes o pequeñas de carne, de aves de corral, incluso de huevos o verduras, cuya preparación incluye hongos silvestres (a menudo rebozuelos o morillas, a veces ceps), salteados o rehogados en mantequilla. La guarnición forestal acompaña a las carnes y combina los hongos con papas avellana o doradas, y dados de tocino blanqueados y dorados. Se sirve con una semiglasa, un fondo de ternera ligado o el desglasado de la carne.

forrar o fonsear

Cubrir el fondo y las paredes de una cazuela, un molde o una terrina, con tocino, cortezas de cerdo, aromatizantes o una pasta. Se forra una brasera tapizando el fondo con elementos aromáticos (cebollas y zanahorias cortadas finas, tomillo, laurel, perejil, ajo), grasos o nutritivos (cortezas de cerdo, panceta salada, etc.). Se cubre una terrina de paté con rebanadas de tocino. Se forra el fondo y las paredes de un molde de pastelería con una placa de masa, que se adapta con un cortapastas o pasando el rodillo de pastelería sobre los bordes del molde después de llenar dicha placa para eliminar el excedente. Cuando se forra un molde de tarta, a menudo se forma una cresta que sobrepasa el contorno y que se "pellizca" para mejorar la presentación final.

fosfato

Aditivo alimentario utilizado como estabilizante. Los derivados del ácido fosfórico facilitan la retención de agua y regulan la humedad de ciertos productos: charcutería, postres envasados, queso fundido, leche condensada, preparaciones para flan.

fósforo

Elemento constitutivo, junto al calcio y el magnesio, de la parte mineral de los huesos. También interviene en los distintos metabolismos. Las necesidades cotidianas del organismo en fósforo son de 12 a 15 mg por kg de peso (se precisa una mayor cantidad durante el crecimiento, el embarazo y la lactancia), pero generalmente se alcanzan, ya que la mayor parte de los alimentos contiene cantidades apreciables.

fouace

Elaboración de pastelería que figura entre las más antiguas de Francia. En su origen era una tortita de flor fina de trigo candeal, sin fermentar y cocida bajo ceniza en el hogar. La *fougasse* es una variante que suele incluir una guarnición salada. Muchas regiones francesas han elaborado o siguen elaborando *fouaces*.

En nuestros días se tratar de una tortita de *brioche* bastante rústica, cocida al horno, aromatizada de diferentes maneras y generalmente preparada para Navidad o el día de Reyes. Antaño muy difundida en el oeste de Francia, hoy en día la *fouace* es más frecuente en el sur.

fourme

Nombre de numerosos quesos de pasta azul (fourmes d'Ambert y de Montbrison, etc.) o de pasta prensada en estado fresco (*fourmes de cantal*, de Laguiole) producidos en el Macizo Central. El término *fourme*, que dio origen al vocablo francés *fromage*, queso, deriva de las palabras latinas *forma* o *formatica*, que significan puesta en forma.

foutou

Plato tradicional africano, muy apreciado en Benín y en Costa de Marfil, elaborado con raíces de mandioca y plátanos casi verdes o ñames, cuyo valor culinario depende de la variedad de salsas que lo acompañan. La mandioca y los plátanos se cuecen en agua para conseguir una pasta lisa, a la que se da forma de panecillos o de tortita grande. Las salsas están elaboradas con carnes y verduras (cebollas, jitomates, laurel y chile, cocidos a fuego lento en aceite con acelgas, garbanzos cocidos, ragú de cordero y de cerdo en trocitos) o bien con pescados y verduras (carne de cangrejo, berenjenas, *gombos*, pimientos, plátanos verdes y filetes de pescado).

fraisier

Pastel formado por dos placas cuadradas de genovesa, humedecidas con jarabe al kirsch y colocadas una encima de la otra, separadas por una capa de crema de mantequilla aromatizada al kirsch, sobre la que se disponen fresas frescas. La parte superior está cubierta con crema de mantequilla (coloreada con carmín) o con pasta de almendra o merengue italiano, y decorada con fresas.

frambuesa

Fruto del frambueso, zarza silvestre de la familia de las rosáceas presente en los sotobosques y cultivada también en campo o en invernadero. La frambuesa es un fruto frágil, que se conserva muy mal. Es poco energética (40 kcal por cada 100 g), pero rica en pectinas.

El cultivo de este fruto se remonta a la Edad Media, pero se mejoró en el siglo XVIII y no se desarrolló realmente hasta el siglo XX.

Variedades. La frambuesa, de forma ovoidal o cónica, es bastante pequeña, de un rojo más o menos oscuro —aunque existen variedades amarillas—, es dulce, un poco ácida y muy perfumada. Congelada, la frambuesa está disponble en cualquier época del año.

La frambuesa, fruto de postre por excelencia, se come al natural, con azúcar o crema líquida. Con ella se hacen mermeladas, compotas, postres montados, jaleas, jarabes y tartas, así como bebidas fermentadas, licores y aguardientes. Su jugo perfuma helados y sorbetes. Se conserva en almíbar, en aguardiente o al natural.

frangipane

Crema cocida elaborada con leche, azúcar, harina, huevos y mantequilla, con la adición de macarrones aplastados o almendras en polvo y, opcionalmente, unas gotas de extracto de almendra amarga. El nombre de esta crema procede de un perfumista italiano instalado en París en el siglo XVII, Frangipani, quien creó un perfume para los guantes a base de almendra amarga, en el que se inspiraron los pasteleros. El frangipane se emplea hoy para cubrir fondos de tarta y para rellenar pasteles de hojaldre o *crêpes*.

frapar

1. Enfriar rápidamente. Frapar un helado significa reservarlo a baja temperatura para garantizar su perfecta conservación.

2. Frapar una crema o una mezcla para helado quiere decir rodearlo con hielo picado o ponerlo en el congelador para que cuaje.

3. Frapar champán es sumergir la botella en un cubo con hielo picado.

4. Frapar un cóctel es sacudirlo con hielo en una coctelera.

frasco o tarro

Recipiente de vidrio de boca ancha, cerrado herméticamente mediante una tapa metálica que se enrosca o una tapa de vidrio provista de una juntura de goma y sostenido por una grapa metálica. Los frascos se emplean para conservar alimentos esterilizados y frutas en almíbar, en vinagre o en aguardiente. Los productos en frascos deben almacenarse en un lugar oscuro.

En las confituras de elaboración casera, los frascos no se cierran con una tapa, sino con una hoja de plástico especial, que se adhiere a las paredes del recipiente, o bien con una película de parafina, pegada en caliente a la superficie de la confitura y protegida por un forro de papel sulfurizado.

freidora

Aparato eléctrico que sustituye a la tradicional sartén de fritura. La freidora se compone de un recipiente más o menos grande, una resistencia eléctrica, un termostato graduado, una tapa, un cesto de escurrido y un piloto luminoso. La freidora puede funcionar sin tapa, ya que la profundidad del recipiente evita las salpicaduras. Cuando los alimentos están fritos al punto, la película que se forma en su superficie impide que el cuerpo graso los empape. Al mismo tiempo evita que el baño de fritura tome el sabor de los alimentos.

freír

Cocer un alimento, o terminar su cocción, mediante su inmersión en un cuerpo graso a alta temperatura. Este modo de cocción, realizado en el último momento, se aplica sobre todo a pequeñas piezas crudas o cocidas, cuidadosamente secas. El alimento a menudo se empaniza con harina, pan molido, pasta de freír, pasta de *crêpes*, pasta *choux*, etc., que proporcionan una bonita corteza dorada.

fresa

Fruto del fresal, planta trepadora de la familia de las rosáceas, de un color rojo más o menos vivo y forma cónica o cordiforme. Poco dulce, aporta 40 kcal o 167 kJ por cada 100 g, sales minerales y vitaminas (C y B). Es una fruta frágil, que se conserva en el frigorífico, aunque poco tiempo.

Presente en el mercado desde el mes de marzo, la fresa conoce su temporada plena en mayo y junio, y a menudo hasta noviembre. También se puede encontrar en invierno, procedente del Hemisferio Sur o de Israel. Se sirve como postre, al natural, con azúcar, con crema líquida o con crema batida, macerada en vino, champán o kirsch, en copas heladas o en coctel de frutas, pero también participa en la preparación de *bavarois*, helados, *mousses*, suflés y tartas. Las variedades más perfumadas son las que más habitualmente se utilizan para elaborar mermeladas y compotas.

fresa de bosque

Pequeña fresa silvestre, que se coge en los bosques o a la sombra de los montes bajos, en junio-julio en el llano, y en agosto-septiembre en la montaña en Europa. Es de color rojo muy oscuro, mate, y no supera los 12 mm de longitud. Esta especie es el origen de las variedades europeas de fresas cultivadas, a las que supera en sabor y perfume. La fresa de bosque se presta a todas las preparaciones de la fresa cultivada.

fricadelle

Albóndiga algo aplastada elaborada con un picadillo de carne o un relleno. Pueden freírse, asarse o cocerse en guiso. Son típicas de la gastronomía belga y alemana, donde a veces se cocinan con cerveza. Se sirven con salsa de jitomate, paprika o *curry*, con pastas frescas, arroz o un puré de verduras.

fricasé

Preparación en caldo blanco de carne de ave o de ternera (y a veces de cordero). La carne, cortada en trozos, se cuece a fuego lento, sin que coja color, con una guarnición aromática. A continuación se enharina, se moja en fondo blanco y se cuece en un líquido ligado. El fricasé suele llevar crema y se acompaña con cebollitas glaseadas en blanco y hongos. El término también se aplica a preparaciones de pescado en trozos, salteados y luego cocidos en salsa.

frijol o judía

Variedad de legumbre cuyo cultivo está muy extendido en México y que es uno de sus productos básicos y primordiales. Habitualmente se sirven como guarnición, refritos, en puré o en enchilada. Se conocen alrededor de 470 razas, entre híbridos, tipos, ecotipos y variedades que se cultivan o se encuentran de forma silvestre en todo México. La gran mayoría de los frijoles pertenecen a la especie *Phaseolus vulgaris*.

En general, los frijoles más utilizados son los bayos y los negros, aunque algunas variedades son color mostaza o amarillos. Se trata de un alimento de gran importancia en la cocina mexicana. Dependiendo de la preparación, pueden emplearse como guarnición, tomarse como sopa o como plato fuerte.

frijol mungo

Variedad de frijol originaria de Extremo Oriente, de granos pequeños verdes, amarillos o pardos. Se suelen comer los brotes, crudos o blanqueados, como verdura de acompañamiento, como entremés o en ensaladas compuestas exóticas. También se encuentran en conserva al natural o frescas en los comercios de productos procedentes de países orientales.

frijol rojo o alubia roja

Variedad de frijol de la familia de las fabáceas, muy consumido en América, en España y en las Antillas. Acompañan el chili con carne, ragú de res típico de Texas. En Francia, esta variedad de frijol se cultiva poco, se cocina a menudo con vino tinto y tocino.

frijoles refritos

Frijoles cocidos, machacados o licuados que se fríen con manteca de cerdo o aceite hasta que el caldo se ha evaporado y quede una pasta firme y suave que durante la cocción permita ver el fondo del sartén y la pasta se despegue con facilidad y forme una especie de bolillo o pan al sacarla de ahí. Es una de las formas más importantes y habituales de cocinar los frijoles en México. Acompañan diversos antojitos como tostadas, tortas, pambazos, cemitas, gorditas y panuchos, entre muchos otros.

frío

Medio de conservación de los productos alimentarios, sin duda, el más antiguo, utilizado ya en la Antigüedad y la Edad Media (neveros rudimentarios excavados en el suelo y llenos de hielo o nieve).

En cualquier caso, la industria del frío no conoció un auge realmente considerable hasta mediados del siglo XIX, con los inventos de los franceses Ferdinand Carré y Charles Tellier y del estadounidense Birdseye.

Se ha fijado el umbral de frío entre −8 y −10 °C, temperaturas en las que la ralentización de las actividades enzimáticas y bacterianas frena la alteración de los alimentos. Cuanto más se baja este nivel, más se prolonga la conservación.

Se llama "cadena del frío" al conjunto de condiciones indispensables para la buena conservación de los productos frescos, congelados, ultracongelados y helados. Los productos deben mantenerse permanentemente, entre el momento de la congelación y el de la utilización, a −18 °C como mínimo.

fritura

Cocción de un alimento mediante inmersión rápida en un baño de materia grasa muy caliente.

Si se hace correctamente y a la temperatura adecuada, la fritura debe proporcionar una preparación seca, crujiente y dorada.
- Preparación de los alimentos. Los alimentos deben estar lo más secos posible, ya que el agua, que se evapora a 100 °C, disocia la grasa (calentada entre 140 y 180 °C).
- Grados de fritura. Según la utilización del baño de fritura, se reconocen tres grados sucesivos de cocción.

- La fritura media (entre 140 y 160 °C, obtenida en 15 min) es adecuada para el primer baño de ciertas preparaciones de papas (sin coloración) y para los pescados en rodajas.
- La fritura caliente (de 160 a 175 °C, que se obtiene en 25 min) es adecuada para todas los fritos empanados, los buñuelos, que deben hincharse, y las preparaciones cocidas, que tan solo deben tomar color (croquetas).
- La fritura muy caliente (cerca de 180 °C, antes de que comience a desprender olor) se reserva a los pescaditos y a las papas paja, *chips* o *gaufrettes*, que se cuecen al mismo tiempo que toman color (la manipulación debe ser muy rápida). También permite una segunda cocción de las papas *pont-neuf*, *allumettes*, *mignonnettes*, etc.
- Cuando el alimento frito está hecho, sube a la superficie (salvo los buñuelos, que deben girarse). En este momento es preciso sacarlo inmediatamente, dejarlo secar en la rejilla de cocción y luego depositarlo en papel absorbente antes de disponerlo, espolvoreado con sal o azúcar, sobre papel absorbente o una servilleta.

fruta o fruto

Órgano comestible de las plantas con flores, que contiene las semillas y sucede a la flor. Aunque esta definición se aplica a ciertas verduras (berenjena, calabacín, melón, jitomate), se reserva esta denominación para las que se comen al final de la comida y que se utilizan en pastelería y confitería.

Entendida en este sentido, la fruta suele ser un alimento carnoso o pulposo, rico en agua, azúcar y vitaminas, al que su aroma y sabor dulce destinan a bebidas y a postres variados. Las frutas se reparten en tres grandes grupos:
- Frutas ricas en agua (hasta 90%) y en vitamina C: cítricos, fresas, manzanas, duraznos, peras, piñas, etc. Son refrescantes y proporcionan ácido ascórbico y minerales. Son más o menos calóricas según su proporción en azúcar.
- Los frutos ricos en glúcidos: castañas, ciruelas pasas, dátiles, etc. Son energéticos.
- Los frutos ricos en lípidos y pobres en agua: almendras, avellanas, nueces, etc. Aportan mucho calcio y vitaminas B, y son muy calóricos (unas 650 kcal o 2,717 kJ por cada 100 g). Ocupan un lugar aparte, pero no pueden reemplazar a las frutas frescas, que son indispensables para el equilibrio alimentario.

Algunas frutas tropicales llegaron a Europa ya en la Antigüedad (el dátil norteafricano y la granada de Oriente Medio), otras las trajeron consigo los grandes navegantes del siglo XVI (la piña americana, la tuna de México, el mango de Asia), y otras se han introducido en época más reciente. Algunas otras se han adaptado bien a climas más fríos: fruta de la pasión, kiwi, tamarindo.

Las frutas crudas que se sirven al natural, como postre, siempre son frutas de temporada, bien maduras y perfectamente sanas.

Las frutas sirven para preparar compotas, confituras, jaleas y mermeladas, así como bebidas (con o sin alcohol).

Se conservan de distintas maneras, según su especie. La esterilización permite conservarlas al natural o en almíbar, pero también pueden confitarse en azúcar o vinagre, o bien guardarlas en aguardiente o en licor. La ultracongelación funciona bien con algunas frutas, y la deshidratación produce todas las variedades de frutas desecadas.

El limón es la fruta más utilizada en cocina, pero también cabe destacar la piña y el plátano, los arándanos y las grosellas, las almendras, los higos, la toronja, la cereza, el membrillo, el mango, la naranja, el melocotón, el coco, la uva, las castañas, las ciruelas pasas y la manzana.

fruta de la pasión o maracuyá

Fruto de una liana, de la familia de las pasifloráceas, originaria de América tropical, que también se cultiva en África, Australia y Malasia.

La pasiflora, pasionaria o flor de la pasión debe su nombre a la forma de corazón que poseen las flores, cuyos órganos evocan los distintos instrumentos de la pasión de Cristo (corona de espinas, martillo, clavos).

La fruta de la pasión, del tamaño de un huevo de gallina, se recubre con una piel amarillenta (entonces se denomina maracuyá) o pardo-rojiza, lisa y brillante cuando no está madura. Posee una pulpa amarilla-anaranjada, acidulada y muy perfumada, llena de pequeñas semillas negras comestibles. Es poco calórica (46 kcal o 193 kJ por cada 100 g), rica en provitamina A y en vitamina C, y se come al natural, con cucharilla, con azúcar y, opcionalmente, rociada con kirsch o ron. Se emplea para la preparación de sorbetes, bebidas, gelatinas y cremas dulces.

fruto del pan

Fruto del árbol del pan, o frutipán, de la familia de las moráceas, originario de Polinesia. Desde muy pronto se extendió por todas las islas del Pacífico, y más tarde a las Antillas, donde todavía constituye un alimento tradicional. Los primeros exploradores europeos lo introdujeron en las Antillas. Es de forma redondeada, mide hasta 20 cm de diámetro y está cubierto por una piel rugosa y un poco cerosa, de color verde amarillento. Su pulpa blanca y firme no contiene ninguna semilla, ya que la fruta se desarrolla sin fecundación. Se consume frito, asado, hervido o reducido a puré. Tiene un elevado contenido en hidratos de carbono.

frutas confitadas

Frutas enteras o en trozos, conservadas en azúcar mediante baños sucesivos de almíbares cada vez más concentrados. Poco a poco, el almíbar va sustituyendo al agua que las frutas llevan de forma natural. Se calientan a temperaturas precisas para evitar que cristalicen o se caramelicen. Se tienen que impregnar de forma progresiva para "nutrir" la pulpa hasta el fondo sin que se rompa o se endurezca.

En teoría se pueden confitar todas las frutas, pero en la práctica, ciertas variedades no se prestan a este modo de conservación por tener un elevado índice de agua.

Además de la pulpa de una fruta (entera, como la cereza, o en rodajas, como la piña), también se confitan las cortezas de cítricos (cidra, limón, naranja, toronja), ciertas flores (en particular las violetas) y ciertas raíces (jengibre). Las frutas más usadas son piña, pera, manzana, durazno, limón, naranja, tuna, chilacayote y camote; pueden presentarse muy brillantes o revolcadas en azúcar de grano grueso.

Las frutas confitadas se ofrecen como golosinas y se utilizan en pastelería. Cortadas en trocitos, se incorporan a la masa de ciertos pasteles (*brioches*, *cakes*) y a helados, y decoran numerosos postres (sobre todo la angélica, la cidra y la cereza).

Ciertas frutas se confitan en sal, sobre todo los limones que acompañan a los *tagines* marroquíes.

frutas desecadas

A menudo se denominan, erróneamente, "frutos secos", pero en realidad son frutas con pulpa deshidratadas al sol o en un horno (chabacano, plátanos, higos, duraznos, peras, manzanas, ciruelas o uvas). Conservan sus cualidades de fruta fresca, pero son mucho más energéticas (280 kcal o 1,170 kJ por 100 g aproximadamente) debido a su riqueza en azúcares. Se comen al natural, como una golosina o después de sumergirlas durante varias horas en té, agua tibia o un alcohol. Pueden sustituir las frutas frescas en compotas y algunos postres, utilizarse en pastelería (*cake*, *far breton*, *pudding*, etc.) o flambearse (pasas al ron). Se emplean asimismo en cocina (ragú de cordero con albaricoques, perdiz con higos, rellenos con uvas pasas, conejo con ciruelas y *tagines*). La confitería también hace uso de estas frutas (dátiles y ciruelas, sobre todo).

frutas en aguardiente o frutas en licor

Frutas conservadas en una bebida alcohólica, sobre todo aguardiente. Entre otras se pueden citar: granos de uva al coñac, cerezas en aguardiente de orujo, mandarinas en licor de naranja, ciruelas mirabelles o ciruelas pasas en armañac, peras en calvados, etc. Sirven para acompañar ensaladas de frutas o copas heladas, se utilizan en confitería y se sirven como digestivo, después del café.

frutas en conserva

Frutas carnosas conservadas al natural o en almíbar, en frascos o latas, después de haberlas esterilizado. Se presentan en forma de frutas enteras o en trozos (mitades en el caso de los duraznos y chabacanos, rodajas en las piñas y dados en las macedonias o cócteles).

Las frutas grandes a veces se pelan (peras) o deshuesan (chabacanos), pero las cerezas, las ciruelas mirabelles y las frambuesas se conservan al natural y enteras.

La conserva les modifica poco su valor nutritivo, y siguen siendo tan ricas en vitaminas como las frescas. Solo se modifica el índice de sales minerales.

frutas encurtidas

Frutas pequeñas conservadas en frascos con vinagre, especias (canela, clavos de olor, pimienta) y una pequeña proporción de azúcar para que la maceración no sea demasiado agria. Se trata sobre todo de cerezas, granos de uva muy sanos, pequeños melones verdes o nueces verdes.

También se utilizan frutas en los *pickles* y los *chutneys*. Todas estas preparaciones sirven como condimento para las carnes frías, la charcutería e incluso las carnes hervidas.

En México tradicionalmente se encurten ciruelas, nanches, mangos, membrillos, duraznos y grosellas, dependiendo de la región. El licor resultante, llamado mistela, queda impregnado del sabor de la fruta y se bebe por separado.

frutos secos

Frutos sin pulpa, envueltos en una cáscara leñosa, como las almendras, los cacahuates, las avellanas, las nueces, las nueces de la India, los piñones, los pistaches, etc. Son muy ricos en lípidos y pobres en agua, y particularmente energéticos.

Secos, y a menudo salados, se proponen como aperitivo. Pero se suelen emplear también en pastelería y en confitería (pasta de almendra, *nougat*, aromatizantes de cremas y helados, *pralin*), así como en cocina (almendras con las truchas y ciertos rellenos, nueces o piñones en las ensaladas compuestas, pistaches en charcutería).

fudge

Caramelo tierno, fundente y no pegajoso. Esta elaboración de confitería, que data del siglo XIX, es el resultado de un error en las proporciones de la receta del caramelo.

fuente o bandeja de servicio

Recipiente plano, ovalado, redondo, cuadrado o rectangular, de borde más o menos alto, recto o con la parte superior más abierta, generalmente sin tapa y sin mango, destinado a la cocción o al servicio de mesa. Existen en una gran variedad de materiales y algunas fuentes están concebidas para pasar del horno a la mesa.

Los empleos condicionan la forma de las fuentes:

- Las fuentes de cocción actuales (de arcilla barnizada, vidrio, porcelana o acero inoxidable) se destinan sobre todo a la cocción al horno.
- Las fuentes de servicio comprenden fuentes planas, con o sin reborde y fuentes "hondas", con o sin tapa.
- Los recipientes desechables, de diversos tipos de plástico, de plexiglás, de aluminio, etc. se utilizan cada vez más, especialmente en el caso de la comida rápida.

fumet

Aroma que se desprende de ciertos alimentos. En cocina, la palabra designa una preparación líquida, con cuerpo y sabor intenso, obtenida mediante la reducción de un caldo, un fondo o una cocción, y empleada para reforzar el gusto de una salsa o de un fondo de cocción, o bien para bañar un producto.

El término *fumet* se utiliza sobre todo para los hongos y el pescado. En el caso de la carne, las aves de corral y la caza se emplea la palabra "fondo".

- *Fumet* de hongos. Se obtiene mediante una cocción muy reducida de hongos cultivados, hervidos con mantequilla en agua con jugo de limón y sal. Este *fumet* intensifica el sabor de ciertas salsas.
- *Fumet* de pescado. Se elabora cociendo despojos de pescado, y permite bresear o escalfar pescados y preparar salsas de acompañamiento (normanda, suprema, al vino blanco).

fundir

Aplicar calor a un producto (chocolate, mantequilla, un cuerpo graso sólido, etc.) de modo que se vuelva líquido. Para evitar que el producto se queme, a menudo se recurre al baño María o se intercala un difusor y se remueve con una cuchara de madera.

Gagnaire, Pierre

Cocinero francés (Apignac, 1950). Inició su formación en el establecimiento de Paul Bocuse, a los quince años. En 1968 fue contratado en *Tante Alice*, en Lyon. En 1976, después de pasar dos años recorriendo mundo, volvió al restaurante de su padre, *Le Clos Fleuri*, en Saint-Priest-en-Jarez. Cuatro años más tarde abrió un restaurante en el centro de Saint-Étienne y obtuvo una estrella *Michelin*. La segunda estrella llegó en 1986. Después de un viaje a Japón, en 1993 se trasladó a un elegante inmueble Art Déco en Saint-Étienne y consiguió su tercera estrella. En 1996, tras quebrar su restaurante, probó suerte en París. Se adjudicó directamente dos estrellas (en 1997), y pronto las tres (en 1998). Está considerado como el cocinero francés más creativo. Su carta se va modificando constantemente.

gaillac

Vino blanco, tinto o rosado con Denominación de Origen, producido en las dos orillas del río Tarn. La característica principal de esta denominación reside en una gran diversidad de estilos de vino. La variedad esencial en blanco (el manzac) puede producir vinos melosos o secos. Los segundos presentan un ligero *perlant* muy agradable.

galanga

Especia oriental de la familia de las cingiberáceas, procedente de un rizoma de pulpa naranja o blanquecina bajo una corteza rojiza. Su aroma recuerda un poco al del azafrán. La galanga se utiliza mucho en la cocina de Indonesia y Tailandia.

galantina

Preparación a base de piezas magras de caza, conejo, cerdo, ternera o ave, a los que se añade un relleno elaborado con huevo, especias y otros ingredientes (*foie gras*, lengua escarlata, pistachos, trufas).

La galantina se cuece en un fondo, a menudo enmoldada en una terrina rectangular. También puede enrollarse en un paño, adoptando entonces el nombre de balotina.

→ balotina

galera

Es el único crustáceo que solo posee cuatro pares de patas (por lo tanto, no se clasifica en el orden de los decápodos, sino en el de los estomatópodos). La galera posee un par de patas principal llamado "patas raptoras", parecidas a las de la mantis religiosa. Su aspecto es parecido al de un bogavate sin pinzas, y mide unos 10 cm. A veces se encuentra con otros crustáceos en los fondos limosos del Mediterráneo. La galera se come cocida en agua.

gallano o gallito de rey

Pez marino de la familia de los lábridos, que se pesca en las aguas cercanas al litoral atlántico, desde Noruega a Senegal, pero también en el Mediterráneo. El gallano, también llamado "gallito de rey", puede confundirse con la maragota, mide 40 cm y llega a vivir veinte años. Habita en los campos de laminarias y algas herbáceas, donde se alimenta de pequeños crustáceos y moluscos. En Bretaña se cuece al vapor sobre un lecho de cebollas.

galleta

Masa generalmente de harina de trigo más otros ingredientes, que se hornea en porciones individuales. La industria galletera, de origen británico, es muy activa desde hace unas décadas. Inspirándose en recetas tradicionales, emplea diversas harinas, materias grasas vegetales —salvo en las especialidades "de mantequilla pura"—, azúcar (sacarosa, pero también glucosa y maltosa), fécula, leche, huevos y levadura. La fabricación está enteramente automatizada. No obstante, ciertas especialidades regionales se elaboran todavía de manera artesanal. Las distintas galletas, saladas o dulces, se suelen clasificar en tres categorías, según la consistencia de su pasta:

- Pastas duras o semiduras. Comprenden las galletas de mantequilla, las galletas para merienda y desayuno, los *sablés*, así como todos los *crackers* y galletas de aperitivo, saladas y aromatizadas. Estas galletas, que son las más consumidas, contienen aproximadamente 70% de harina y se hacen sin huevos.
- Pastas blandas. Proporcionan galletas secas (cigarrillos, tejas, lenguas de gato) o blandas (magdalenas, macarrones, *petits-fours*, *croquignoles*).
- Pastas líquidas. Dan lugar a las *gaufrettes*. Estas galletas poseen un elevado índice de agua o leche y la materia grasa se reduce, así como la proporción de harina.

Las galletas se consumen particularmente en los países anglosajones y en el norte de Europa.

galliano

Licor elaborado desde 1896 en la Toscana. Se obtiene a partir de un gran número de hierbas y flores, bayas y raíces (anís estrellado, lavanda, vainilla, etc.) y es de color amarillo. El *galliano* tiene 30% Vol. y entra en la composición de varios cócteles.

gallina

Ave doméstica del orden galliformes. Hembra del gallo.

La gallina se suele sacrificar entre los dieciocho meses y dos años, época en la que pesa de 2 a 3 kg. Su carne, bastante firme y un poco grasa, se prepara a menudo hervida con fondo blanco, gracias a lo cual es más tierna. La carne de gallina es una buena materia prima para la preparación de ciertos productos de charcutería cocida, sola o mezclada con cerdo.

→ aves de corral, *poule*, pularda

gallineta

Peces de la familia de los escorpénidos, con una gran cabeza espinosa, pero que no tienen apéndice de piel, ni surco detrás de los ojos ni espinas en las aletas. Son de color rosa con reflejos plateados, con el interior de la boca negro o rojo. Más carnosos que las escórporas, dejan menos vísceras (de 40 a 50%) y poseen una carne magra y firme que proporciona excelentes y sabrosos filetes que recuerdan al sabor del buey de mar.

gallo

Ave doméstica de la familia de las gallináceas, macho de la gallina. En las granjas se solía guardar a los gallos que eran buenos reproductores, mientras siguieran desempeñando este papel. En consecuencia, se sacrificaban a una edad avanzada y debían pasar por una larga cocción, del tipo adobo. Hoy en día estos platos se suelen preparar con pollo o gallina.

gamay

Cepa tinta de jugo blanco, rústica y fértil, cultivada en Beaujolais, Borgoña, Auvernia, el valle del Loira y Saboya-Delfinado. La gamay se ha aclimatado bien en Estados Unidos, Brasil y Australia.

gamba ◆ camarón

gammelost o gamalost

Queso noruego de leche descremada de cabra o de vaca (índice de materia grasa de carácter variable), de pasta semidura, de color pardo amarillento veteado de azul y corteza natural parda. Se presenta en forma de panes rectangulares y cilíndricos de 2 a 3 kg y tiene un sabor fuerte y picante.

ganache

Crema de pastelería elaborada a base de crema y chocolate que se utiliza para completar postres, rellenar pasteles o bombones y realizar *petits-fours*. Los chocolateros suelen aromatizarla con especias, frutas, café o té para preparar sabrosos bombones de chocolate.

ganso ◆ oca

garam masala

Mezcla de especias que significa literalmente "especia ardiente", muy utilizada en la cocina hindú. El *garam masala* generalmente incluye cardamomo, comino, clavos de especia, canela y nuez moscada (con o sin *macis*). Pero según las variantes se le puede añadir granos de pimienta negra, semillas de fenogreco, cilantro o hinojo. Para que las especias conserven toda su fuerza, es preferible triturarlas y mezclarlas justo antes de su utilización. El *garam masala* siempre se emplea en cantidades pequeñas, y se suele añadir al final de la cocción.

garbanzo

Leguminosa de la familia de las fabáceas que se presenta en forma de semillas redondeadas y con protuberancias, de color beige y con-

tenidas en vainas. Los garbanzos son originarios de la cuenca mediterránea y se venden frescos, secos o en conserva.

Son muy energéticos (361 kcal o 1,509 kJ por cada 100 g), debido a su contenido en glúcidos, y ricos en proteínas, en fósforo, en calcio, en hierro y en vitamina B9.

Los garbanzos, que se consumen siempre cocidos y previamente puestos en remojo, se utilizan como guarnición, en puré o en potaje. Están presentes en numerosos platos meridionales (estofado, ragú) y en los pucheros españoles (cocido, olla podrida). Se incluyen tradicionalmente en el cuscús y se preparan como las alubias. Pueden prepararse también en ensalada como las lentejas o incluso en gratén, cubiertos con salsa *mornay*. Con ellos se puede también hacer harina.

En Latinoamérica la mayoría del cultivo se produce en México. Se utiliza con mayor frecuencia en caldos de pollo o de gallina o en sopas; pero también se prepara en dulces, o se comen como botana tostados, salados y con chile.

garbure

Cocido bearnés elaborado con caldo de verduras, col y *confit* de oca. Existen muchas variantes, como el *briscat* elaborado con base en maíz.

garnacha

Una de las variedades de uva que más se cultiva en España. La garnacha blanca es una variedad muy peculiar en Cataluña (*garnatxa* en catalán). La tinta, empleada habitualmente como mezcla con otras variedades como el tempranillo, el mazuelo, el *syrah* o el *cabernet sauvignon*, produce excelentes tintos.

garrafa

Recipiente de vidrio o de cristal, de base ancha y cuello estrecho, que puede cerrarse con un tapón del mismo material. La garrafa se emplea para servir agua y vino. Los licores y los alcoholes también se conservan en garrafas taponadas.

Los vinos llamados "de garrafa" son vinos de mesa ligeros y frescos, jóvenes y baratos, que se sirven en el restaurante en jarra y no en botella.

garum

Condimento empleado por los griegos y los romanos, que se obtenía dejando macerar vísceras y trozos de pescado en salmuera con hierbas aromáticas. El garum, de olor y sabor muy fuertes, participaba en numerosas recetas y servía asimismo de condimento en la mesa.

gas propulsor y gas de envase

Aditivos alimentarios utilizados para extraer productos (por ejemplo, crema batida) de su contenedor (gas propulsor), o para modificar la atmósfera interna de los envases concebidos para conservar alimentos. Los gases que se suelen emplear son, en el primer caso, el óxido de nitrógeno, y en el segundo, el nitrógeno, el gas carbónico y el oxígeno.

gastrique

Reducción de vinagre y azúcar o miel hasta su caramelización, para luego rebajarla con un líquido (agua, vino, fondo, etc.). Sirve para elaborar las salsas calientes que acompañan preparaciones con frutas como el pato a la naranja.

gastronomía

Según la definición francesa, arte del buen comer, que a finales del siglo XIX Charles Monselet definió como "la joya de todas las situaciones y de todas las edades". La palabra se fue popularizando a partir de la aparición de *La gastronomie ou L'homme des champs à table* (1801), de Joseph Berchoux y de *Le gastronome à Paris* (1803), de Croze Magnan.

En 1835, la Academia francesa recogió la palabra "gastronomía" en su diccionario. Pero el mejor hallazgo verbal le corresponde a Curnonsky, "príncipe de los gastrónomos" y fundador de la Academia de gastrónomos, que creó el término "gastronómadas" para designar a los viajeros amantes de las especialidades regionales.

El auténtico gastrónomo estima las producciones refinadas del arte culinario, pero sólo apela a ellas con moderación. Busca a diario las preparaciones más simples, que son las más difíciles de realizar a la perfección.

gastronomía molecular

Disciplina científica introducida en 1988 por Hervé This y Nicholas Kurti, que considera que la actividad culinaria tiene un componente artístico y otro técnico, y que debe procurar la felicidad. La gastronomía molecular explora, esencialmente desde un punto de vista químico y físico, estos ámbitos. Ha dado origen a varias corrientes, entre otras la "cocina molecular", que utiliza algunos ingredientes y métodos procedentes de laboratorios científicos. A título de ejemplo, el chocolate Chantilly, que es una mouse de chocolate sin huevos, es resultado de una reflexión sobre el esponjamiento de las emulsiones; el nitrógeno líquido permite obtener helados y sorbetes de textura muy fina, y el sifón de gas carbónico da espumas y *mousses*.

gaufre ◆ waffle

gaufrera ◆ wafflera

gaufrette

Pequeña galleta seca y muy ligera, a menudo de fabricación industrial, elaborada con una pasta parecida a la de los *gaufres*, pero menos líquida. Las *gaufrettes* se venden secas, dobladas en abanico, enrolladas en forma de cigarrillo o rellenas de confitura o crema pralinée. Los cornetes de helado están hechos con pasta de *gaufrette*.

También se llama *gaufrette* a las láminas finas de papa alveoladas y luego fritas, a veces en forma de nido.

Gazetin du comestible, Le

Publicación periódica del siglo XVIII de la que solo quedan los doce números aparecidos de enero a diciembre de 1767. Este antecesor de las guías culinarias modernas indicaba a los lectores dónde podían obtener todos los productos necesarios para una buena mesa.

gazpacho

Sopa refrescante elaborada inicialmente con miga de pan seco, ajo, vinagre, aceite y agua a la que posteriormente se incorporó jitomate, pimiento y pepino. Ésta es la base del tradicional gazpacho andaluz que se suele acompañar con trozos de pan frito, cebolla, jitomate y huevo duro, todo picado bien fino.

Otra variedad es el gazpacho manchego que es un guiso que se prepara con carne de caza y se sirve caliente encima de una torta.

gelatina ◆ grenetina

gelatina de postre

Postre dulce y frío elaborado con jugo de frutas, licor o vino licoroso y grenetina. Las gelatinas de postre se preparan con una base líquida con grenetina. A esta base se le añade un licor (10 ml por cada 90 ml de líquido) o un vino licoroso (30 ml por cada 70 ml) o un jugo de frutas. En el caso de los frutos rojos, se añade de 10 a 30 ml de agua por cada 500 g de jugo, según si este último es más o menos gelatinoso. Este jugo se filtra y luego se añade a la gelatina (50 ml por 1 l). Para las frutas acuosas (limón, mandarina, naranja, uva, etc.) se añade a la base con grenetina el jugo de frutas filtrado. Al usar frutas con hueso se añade a la base el almíbar en el que han cocido.

En general, las gelatinas de frutas se perfuman con un licor.

La piña americana, el kiwi y el lichi contienen un enzima que destruye la gelatina. Para anular este efecto, es necesario cocer estas frutas, aunque se pierden algunas de sus propiedades, o utilizar otro gelificante.

En México las gelatinas son muy socorridas como postre o refrigerio. Las bases con grenetina pueden ser elaboradas con agua o con leche.

gelatinas de cocina

Preparaciones translúcidas que se solidifican al enfriarse gracias a los elementos gelatinosos que contienen (sobre todo los huesos). Existen diferentes gelatinas, blancas u oscuras, procedentes de los fondos o caldos de base. Se obtienen de forma natural cuando los fondos se preparan con elementos ricos en gelatina. En caso contrario, es preciso añadir en los fondos, antes de clarificarlos para que sean límpidos, hojas de gelatina rehidratadas en agua fría.

Las gelatinas se usan sobre todo para elaborar platos fríos, para decorar platos fríos y para abrillantar piezas frías. Las gelatinas de carne, de ave y de caza se reservan a los áspics, terrinas, etc., cuyo elemento dominante es el mismo que el de la gelatina. Los áspics de crustáceos o de pescado recurren a la gelatina en polvo o en hojas desleída con un *fumet* de pescado colado y clarificado. Las gelatinas pueden colorearse y también aromatizarse con un aguardiente.

gelificante

Aditivo alimentario que da a una preparación la consistencia de una gelatina. Los principales gelificantes son las pectinas, el ácido algínico y sus derivados, el agar-agar, los carragenatos, el almidón y la harina de algarrobo. Se emplean en papillas, confituras, cremas heladas y flanes.

genciana

Planta de la familia de las gencianáceas, presente en las montañas de Europa (principalmente del Jura y de los Alpes), y cuya raíz se usa como sucedáneo de la quina. La gran genciana amarilla (*Gentiana lutea*) era una auténtica panacea para los montañeses. Hoy en día se utiliza por sus virtudes aperitivas y digestivas. La esencia de genciana es un tónico amargo, que participa en la composición de numerosos aperitivos.

genovesa

Preparación ligera de pastelería que debe su nombre a la ciudad de Génova. La masa de genovesa se elabora con huevos enteros batidos en caliente con azúcar, a los que se añaden harina y mantequilla fundida. Se le pueden incorporar almendras en polvo o frutas confitadas y aromatizarla con licor, cáscara de cítrico, vainilla, etc. La genovesa, a menudo emborrachada con almíbar al alcohol o a las especias, sirve de base para numerosos pasteles rellenos. Cortada en dos o más láminas, que se cubren de confitura, crema, mermelada, etc., se napa, glasea y decora al gusto. Hoy en día sirve de soporte a las cremas, *mousses* y *bavarois*.

Georgia

La cocina georgiana disfruta de un suelo fértil y de un clima cálido y soleado, que permiten el cultivo de numerosísimas frutas y verduras.

Los platos se parecen mucho a los que se preparan en toda la cuenca mediterránea, como la *adjersandal* (berenjenas cocidas al horno con cebollas y jitomates fritos) o el pollo en *cocotte* con jitomate.

Las carnes, sobre todo de carnero y de cordero, se preparan en brochetas (*chachlik*) o se maceran con especias y ajo, antes de secarlas (*pasterma*); tradicionalmente se acompañan con arroz.

Las salsas son muy originales: de nueces para las carnes, pescados y aves; a las finas hierbas para las populares alubias rojas, con ciruelas pasas, sobre todo para el pollo en gelatina.

Hay otras especialidades muy famosas, como el yogur, el *touchouri* (queso de pasta dura) y el *ghomi* (*porridge* de sémola de maíz).

Georgia tiene una historia vitícola muy antigua, ya que las primeras vides se plantaron hace unos 9,000 años. Su clima, corregido por las influencias de los mares Negro y Caspio, ha favorecido ampliamente la viticultura.

germen de soya ◆ soya, semilla germinada

germinado ◆ semilla germinada

Get 27 y Get 31

Licores de menta fresco y fuerte (de 21 a 24% Vol.), con un importante índice de azúcar (por ello se denominan "crema de menta"). Creado en 1796 en Revel, cerca de Toulouse, por Jean Get, que lo bautizó *peppermint* (en inglés, menta pimentada), el Get 27 se sirve con hielo o se termina de llenar con agua. Los anglosajones lo toman con hielo picado.

En África y en Oriente Medio, se termina de llenar con agua mineral. El Get 31 se prepara con menta blanca y es incoloro.

gewurztraminer

Uva blanca que da su nombre a un vino con Denominación de Origen de Alsacia, que presenta aromas especiados.

ghee

Mantequilla clarificada, utilizada habitualmente en la cocina india. El mejor *ghee* se elabora con leche de búfala. Interviene como ingrediente en pastelería, como grasa de cocción, para condimentar purés de legumbres, arroz, etc. La población menos favorecida prepara el *ghee* con aceite de ajonjolí o mostaza. En Nepal se elabora con leche de yak.

gianduja

Mezcla de chocolate, de origen italiano, con avellanas con un mínimo de 32% de materia seca de cacao, 8% de cacao seco desgrasado y entre 20 y 40% de avellanas finamente molidas. Especialidad de la región de Turín (se producen avellanas en el Piamonte), el *gianduja* entra en la composición de numerosos bombones y bocados de chocolate, ya sea puro o en mezcla o superposición con pasta de praliné, *ganaches*, pastas de fruta o pasta de almendras.

gibelotte

Guiso de conejo preparado con cubos de tocino, cebollas cambray y un ramillete de hierbas aromáticas, y bañado con caldo y vino. En el curso de la cocción, se añaden hongos y, al final, el hígado picado.

gigue o cuissot

Muslo de animal de caza mayor (corzo, ciervo). Una vez retirados los nervios, la *gigue* se mecha con bastones de tocino, a veces se adoba y luego se asa en el horno. El puré de apio o de castañas, el *fricasé* de hongos de bosque y la jalea de grosella son las guarniciones clásicas.

También se llama *gigue* al muslo de pavo o guajolote.

gigot

Pieza de carnicería correspondiente al conjunto formado por la silla y el muslo (pierna) del cordero. Se denomina *gigot* acortado cuando no se incluye la silla. Se pueden cocinar los dos trozos separadamente: la silla atada proporciona un asado muy fino, mientras que el *gigot* acortado se puede asar, a la parrilla, al horno, o pocharse, brasearse o incluso asarse en cazuela. En cualquier caso, la mejor cocción es el asado, sin adición de cuerpo graso. Si es un *gigot* magro, se puede untar de aceite. Un adobo previo, seguido de una cocción al horno, lo transforma en un *gigot* cazadora, con sabor a venado.

ginebra

Aguardiente de grano (de maíz, cebada o centeno, principalmente) elaborado en los países anglosajones. La ginebra se aromatiza con diversos ingredientes de origen vegetal, sobre todo con bayas de enebro. La palabra ginebra procede de *genever*, "enebro" en holandés, ya que los primeros destiladores británicos (finales del siglo XVII) intentaron imitar el sabor y el aspecto del *genever* holandés, un aguardiente de enebro cuya importación acababa de prohibirse.

La ginebra se toma sola, frapé o con hielo. También es la base de numerosos cócteles y de bebidas refrescantes, la más común de las cuales es el gin-fizz, una mezcla de ginebra, jugo de limón, azúcar y soda.

ginger beer

Bebida espumosa y algo alcoholizada, muy consumida en el Reino Unido, obtenida mediante fermentación en agua de una mezcla de azúcar, jengibre y cremor tártaro. Los anglosajones, que aprecian el sabor algo acre y pimentado del jengibre, lo utilizan también en el *ginger ale* (agua con gas a la que se añade colorante y esencia de jengibre, empleada a menudo como top de ginebra o el whisky) y en el *ginger wine* (agua, jengibre, levadura, azúcar, limón, uvas pasas, pimienta y a veces alcohol). Mezclado con whisky, da lugar al *whysky mac*.

ginseng

Raíz de la aralia, de la familia de las araliáceas, que crece en las regiones montañosas de Corea y Manchuria. Considerada la "raíz de la vida" por los chinos, que le han atribuido todo tipo de virtudes terapéuticas, mágicas e incluso afrodisíacas, el ginseng se utiliza sobre todo en una bebida tónica, pero está desaconsejado en caso de taquicardia o hipertensión arterial. Se utiliza también en la elaboración de golosinas, pastillas, tintes y ungüentos. Se puede conservar asimismo entero, en alcohol o seco, y emplearlo, finamente rallado, como condimento, a la manera del jengibre. Su sabor es parecido al del hinojo.

girasol

Planta oleaginosa de la familia de las asteráceas, originaria de América del Norte, cultivada hoy en numerosos países.

El aceite que se extrae de las semillas de girasol es rico en ácidos grasos esenciales, con un muy fuerte índice de omega-6. Es conveniente para la preparación de mayonesas y se puede utilizar para la cocción.

Las semillas de girasol se pueden consumir como botana y se utilizan en la fabricación de panes especiales; son muy energéticas.

Tras la extracción del aceite por trituración de las semillas se recupera la parte sólida para la alimentación de los animales de cría.

girolle

Pequeño utensilio con manivela vertical que sirve para rallar ciertos quesos, como la *tête-de-moine*. Permite realizar fácilmente copos de queso, finos y regulares, en forma de pétalos, que también reciben el nombre de *girolles*.

glasa

Sustancia con consistencia de jarabe, obtenida mediante reducción de un fondo no ligado de carne, de ave o, más raramente, de caza o pescado.

La glasa se utiliza para terminar ciertas salsas, para intensificar su sabor o para napar preparaciones destinadas a ser glaseadas en el horno. Se emplea asimismo como fondo de salsa, después de haber añadido otros elementos.

Las glasas también se utilizan para preparar purés, cremas, *coulis*, gelatinas, etc. En el comercio se encuentran glasas de carne ya preparadas, bajo el nombre de "extracto" o de "esencia", a menudo a base de res y de sustancias vegetales. Ofrecen una gama de sabores más restringida que las glasas cocinadas, pero estas últimas, de ela-

boración larga, ya no desempeñan un papel tan importante como antaño.

glasa de azúcar

Preparación a base de azúcar glass, utilizada como glasa en pastelería y en confitería. La glasa de azúcar se obtiene mezclando 5 partes de azúcar glass con una parte de agua y posteriormente se aromatiza con ralladura de cítricos, esencias o licores.
→ glasear, glass real

glaseado

Gelatina líquida a base de mermelada de chabacano colada o jalea de grosella, a la que se suele añadir un gelificante. El glaseado rubio o rojo otorga un acabado brillante a las tartas de frutas, así como a los babas, a los *savarins* y a varios postres. También ejerce una acción protectora, pues evita que las frutas se oxiden o lleguen a secarse.

Un glaseado con chocolate también recibe el nombre de espejo.

glasear o abrillantar

Obtener una capa brillante y lisa en la superficie de un producto o elaboración.

- Glaseado en caliente. Consiste en untar regularmente una pieza cocida al horno con jugo o fondo, en el curso de la cocción o al final de la misma, para que se forme una fina capa brillante sobre su parte superior. El glaseado en caliente también se puede hacer sometiendo a un calor vivo (bajo la salamandra o el *grill* del horno) una preparación salada o dulce, napada con una salsa que contenga yemas de huevo, holandesa, un sabayón, mantequilla fresca incorporada poco a poco o crema, reducida con el fondo de salsa, para que la superficie se dore.

- Glaseado de verduras. Consiste en cocer cebollas cambray, zanahorias o nabos torneados en forma de vaina con agua, sal, mantequilla y azúcar hasta que el líquido de cocción se transforme en jarabe y cubra las verduras con una película brillante y caramelizada. Las cebollas cambray "glaseadas en blanco" (en el caso de que se mantenga claro el jarabe) se utilizan para platos en salsa blanca (blanqueta). Si se prosigue un poco la cocción, el jarabe se oscurece y se obtienen cebollas "glaseadas en oscuro", que participan en particular en las guarniciones de platos en salsa oscura (salteado de res).

- Glaseado de postres. Consiste en cubrir los postres, en caliente o en frío, con una fina capa (llamada "espejo") de mermelada de fruta o de *fondant* de chocolate para que sean más brillantes y atractivos. Se aplica sobre todo a las elaboraciones de pastelería llamadas "espejo".

- Glaseado con azúcar. Consiste en cubrir la parte superior de un pastel con una capa de *fondant*, glasa de azúcar, glasa con agua (200 g de azúcar por medio vaso de agua) o glass real, si se desea, perfumada o coloreada. En confitería, el glaseado de frutas (confitadas o en licor) o de los *petits-fours* se realiza poniéndolos en remojo en azúcar cocido a punto de caramelo, para cubrirlos de una capa brillante y dura (los *marrons glacés* son castañas confitadas en almíbar de azúcar). Este glaseado puede efectuarse espolvoreando con azúcar lustre, al finalizar la cocción, un pastel, un postre, un suflé, etc., para que la parte superior se caramelice y se vuelva brillante.

El término "glaseado" designa asimismo el hecho de cubrir con una fina película de jalea clara u oscura un alimento destinado a servirse frío.

glass real o *glass royal*

Glasa de azúcar que se obtiene mezclando azúcar glass, clara de huevo y jugo de limón, a fin de obtener una mezcla bastante consistente que pueda extenderse sin que gotee. El glass real puede aromatizarse con ralladura de cítricos, esencias o licores; y en ocasiones se colorea con uno o varios colorantes artificiales.

gloucester

Queso tradicional inglés de leche de vaca (de 48 a 50% de materia grasa), de pasta prensada, no cocida, y corteza lavada, a menudo cubierta por una capa cerúlea pardo-rojiza. El *gloucester* se presenta en forma de cilindro de 20 a 30 cm de diámetro y con un grosor de 10 a 15 cm (en el caso del *single*) o de 20 a 35 cm (en el *double*). Bajo la corteza se desarrolla a veces una película azul, signo de calidad. La pasta presenta un sabor cremoso ligeramente picante. El *gloucester* sirve para preparar sándwiches y canapés, pero también se puede consumir como postre, con una ensalada de frutas o una compota.

glúcido o carbohidrato

Principio energético (1 g de glúcidos aporta 4,1 kcal o 17,1 kJ) presente en numerosos alimentos (cereales, frutas, verduras, legumbres, pan, golosinas, bebidas, etc.). Los glúcidos, llamados también azúcares, carbohidratos o hidratos de carbono, no tienen por qué tener sabor dulce. Se distinguen dos grandes categorías de glúcidos:

- Los glúcidos complejos (cereales, pastas, arroz, leguminosas, papas, etc.), denominados "azúcares lentos" porque se digieren lentamente, tras una transformación; liberan progresivamente su energía a lo largo de varias horas.
- Los glúcidos simples (azúcar de mesa, caramelos, productos y bebidas azucaradas, y también frutas, jugo de frutas, etc.), son llamados "azúcares rápidos", ya que se digieren muy rápidamente, sin transformación; estos glúcidos actúan como un latigazo en el organismo, ya que aportan azúcares utilizables de forma inmediata. Pero si se consumen en cantidad excesiva ocasionan desórdenes metabólicos (sobre todo obesidad).

Cabe señalar que algunos glúcidos no son asimilados por el organismo y, por lo tanto, no participan en el aporte energético; como ejemplo, las fibras, que son residuos glucídicos de los alimentos de origen vegetal.

Una alimentación equilibrada debe incluir entre 50 y 55% de glúcidos, una décima parte de los cuales en forma de azúcares rápidos. Para una buena digestión, los glúcidos complejos deben masticarse bien.

Las combinaciones de alimentos o su forma de preparación y de cocción influyen en el índice glucémico, que mide la elevación del índice de glucosa en la sangre. Un glúcido simple integrado en una comida será absorbido más lentamente que si se consume solo; algunos azúcares complejos se pueden transformar en azúcares rápidos (cereales inflados, pastas demasiado cocidas o el puré de papas, por ejemplo).

glucosa

Es el más simple de los glúcidos y el mayor elemento energético de todas las células, en particular las del cerebro. Los jugos digestivos reducen los glúcidos alimentarios en glucosa para asimilarlos, y raramente está presente de manera natural en los alimentos. La glucosa fermenta a consecuencia de la acción de la levadura de cerveza para proporcionar alcohol. El jarabe de glucosa o "de fécula" es una materia viscosa, transparente, formada por azúcares. Se obtiene mediante sacarificación del almidón y se emplea en confitería para dar consistencia a los azúcares cocidos y a la mermelada de chabacano utilizada para los napados.

glutamato de sodio o glutamato monosódico

Producto muy utilizado en la cocina oriental. Se extrae químicamente del gluten y sirve para reforzar el sabor de los alimentos.

gluten

Término que designa la unión de dos tipos de proteínas presentes en algunos cereales: avena, trigo, cebada o centeno. En medicina este término se reserva a los glútenes de los cereales mencionados, mientras que en la industria de transformación de los cereales el vocablo gluten designa las proteínas de todos los cereales. En presencia de agua, el gluten forma una red continua, elástica e impermeable al gas, la cual permite la panificación.

En ocasiones el gluten es responsable de alteraciones intestinales transitorias o de una intolerancia definitiva, que afecta sobre todo a los niños. El arroz integral, el alforfón, el mijo y la quinoa son cereales que no contienen gluten. Las legumbres y las papas también están libres de gluten.

gobio

Pequeño pez de río, de la familia de los ciprínidos, con cabeza grande y labios gruesos, cuya carne es muy fina.

Los gobios deben vaciarse, secarse (pero no lavarse), pasarse por leche o cerveza y luego escurrirse, salpimentarse, pasarse por harina y freírse con aceite muy caliente. Cuando están dorados y crujientes se escurren, se espolvorean con sal fina y se sirven con limón, como entremés. Si son un poco grandes, se fríen en dos tiempos: primero en aceite no muy caliente, para cocerlos, y luego en una fritura muy caliente para dorarlos.

godivó

Relleno fino a base de ternera y de grasa, con la que se elaboran *quenelles* servidas como entrante caliente, se rellenan volovanes o se acompañan carnes. El godivó se prepara también con carne de pescado o de ave. La mezcla debe ser bien lisa y firme, lo cual resulta laborioso, ya que la carne y la grasa se pican en frío con crema o *panade*, huevos y condimentos.

goma

Jugo vegetal viscoso y translúcido, que brota de ciertos vegetales, de forma natural o después de cortar la corteza.

Las gomas se dividen en tres grupos.
- La goma arábiga procede de dos especies de acacia (*Acacia verek* y *Acacia arabica*) de Sudán y Egipto. Conocida desde la Antigüedad, se presenta en forma de trocitos redondeados, blancos o rojizos, fáciles de desmenuzar, que se disuelve rápidamente en agua. Se emplea como base para las gomas de mascar y las pastas de malvavisco y de regaliz, y sirve también para preparar el interior de las peladillas y para lustrar ciertos artículos de confitería. Además interviene en el tratamiento químico de los vinos, como estabilizante de la limpidez.
- La goma adragante o tragacanto es la más mucilaginosa y se extrae de una variedad de astrágalo (*Astragalus gummifer*) que crece en Grecia, Siria, Irán y otros países asiáticos. Es totalmente insoluble. De ella se obtienen estabilizantes, emulsionantes y espesantes para la industria alimentaria (postres envasados, gelatinas, mayonesa, sopas, cremas, purés). Impide la formación de cristales en las cremas heladas y la cristalización del azúcar en las confituras.
- También se utiliza en la industria farmacéutica. La goma de guar, producida por una leguminosa, tiene los mismos empleos que la goma adragante.
- La goma nostras, llamada también "goma del cerezo" o "de Francia", la producen en su mayor parte los árboles del género *Prunus*, en particular el albaricoquero, el cerezo y el ciruelo. Se disuelve de forma imperfecta en el agua, con la que forma un mucílago muy denso.
- Con el nombre de gomas-resinas se clasifican los jugos opacos de olor fuerte provenientes de numerosas familias de vegetales: Las gomas-resinas, compuestas por gomas, resinas y esencias, son muy poco solubles en agua. Estas gomas agrupan la asafétida, la escamonea, la gomaguta, el incienso, la mirra y el opopónax, se emplean en terapéutica.

gomasio
Condimento compuesto por ajonjolí y sal. Las semillas de ajonjolí mezcladas con sal gris gruesa se tuestan y seguidamente se trituran. El gomasio sirve para sazonar verduras crudas, ensaladas, aves, etc. Se vende en comercios de productos dietéticos u orgánicos..

gombo, okra o quimbombo
Hortaliza tropical, de la familia de las malváceas, originaria de África oriental o del Sudeste Asiático. Existen numerosas variedades de *gombo* que se diferencian por la forma del fruto.

El *gombo*, estriado con surcos longitudinales, puede ser alargado (de 6 a 12 cm de longitud) o corto y rechoncho (de 3 a 4 cm de longitud). En este último caso a menudo se llama *bamya* (o *bamia*).

El *ketmie-gombo*, rico en calcio, fósforo, hierro y vitamina C, proporciona 40 kcal o 167 kJ por cada 100 g. Se utiliza antes de que llegue a su maduración, cuando está tierno y pulposo, bien verde, y las semillas no se han formado por completo.

El *gombo* se puede encontrar fresco, seco y en conserva al natural. Una vez blanqueado y refrescado, se prepara con mantequilla, braseado con grasa, con crema, en puré, con limón, con arroz, etc.

Participa en la preparación de algunos *tagines*, o de la *ratatouille* criolla. Acompaña al cordero en Egipto y al pollo en Estados Unidos.

En México se cultiva en Puebla y en el norte de Tamaulipas. En algunas regiones del país es empleada como verdura y sus semillas maduras, tostadas, se utilizan como aditivo o sustituto del café. También se le conoce con el nombre de *chimbombó*.

gordita
Preparación típica de la cocina mexicana, elaborada con masa de maíz en forma de tortilla gruesa. En algunos regiones de México se acostumbra rellenarla con frijoles o carne, freírla en manteca de cerdo o aceite y acompañarla con salsa verde o roja. También existen muchas gorditas dulces. En cada estado o región existen variantes notables, a veces con denominaciones locales diferentes.

gorgonzola
Queso italiano con Denominación de Origen, de leche de vaca (de 45 a 55% de materia grasa), de pasta blanca o amarilla clara veteada de verde, y de corteza natural gris con manchas rojas. El gorgonzola se presenta en forma de cilindro de 25 a 30 cm de diámetro y de 16 a 20 cm de grosor, envuelto en papel metálico. Tiene un olor pronunciado y un sabor dulce, acentuado o incluso picante, según su grado de maduración (en seco y en bodega fría y húmeda). Su técnica de elaboración es particular: el cuajo caliente del ordeño de la mañana se coloca en el fondo de los moldes, en los lados y en la parte superior, mientras que el cuajo frío de la noche se introduce en el medio.

Este magnífico queso milenario, servido en cubos para el aperitivo, incorporado como el roquefort a ensaladas compuestas, untado sobre canapés o presentado en un surtido de quesos, puede realzar el sabor de salsas o rellenos, perfumar platillos gratinados, suflés u hojaldres. En Lombardía se sirve a veces la polenta caliente con un trozo de gorgonzola fundente en medio. En la región de Trieste se aprecia como postre una mezcla de gorgonzola, mascarpone (un queso fresco cremoso), crema de leche, pasta de anchoas, comino, cebollín y mostaza suave.

gotero
Dispositivo fijado en una botella que permite dosificar las bebidas muy fuertes, concentradas o de las que solo se utilizan unas pocas gotas.

gouda
Queso de los Países Bajos de leche de vaca (48% de materia grasa), de pasta prensada no cocida y corteza natural parafinada. El gouda se presenta en forma de rueda pequeña de talón convexo, de 25 a 30 cm de diámetro y de 7 cm de grosor, que pesa de 5 a 15 kg. Es de color amarillo claro a ocre amarillo, según si se ha madurado durante dos o tres meses (corteza parafinada, teñida de amarillo o incolora). El semimadurado tiene la corteza roja, y el viejo, amarilla. Este queso es digestivo y rico en calcio.

El *noord-hollandse gouda* está protegido por una Denominación de Origen. Según la duración de la maduración, es tierno, firme o muy duro, y tiene un sabor suave o pronunciado. Se ha copiado en muchas partes del mundo y se parece mucho al edam, y de hecho se emplea como éste.

Gouffé, Jules

Cocinero francés (París, 1807-Neuily, 1877). Aprendiz de pastelero con su padre, en París, se convirtió en discípulo de Antonin Carême. De 1840 a 1855 dirigió un restaurante reputado del parisino Faubourg Saint-Honoré. Cuando estaba ya retirado, el emperador Napoleón III seguía solicitando sus servicios para sus cenas de gala. Su obra *Livre de cuisine* (1867) es fundamental y se reeditó varias veces, e incluso fue revisada y aumentada por Prosper Montagné. Otros títulos suyos son: *Livre des conserves* (1869), *Livre de pâtisserie* (1873) y *Livre des soupes et des potages* (1875). Se le ha denominado el "apóstol de la cocina decorativa".

gougère

Pasta *choux* en forma de corona o bolita a la que se añade queso (*comté*, *emmental* o *gruyère*), sazonada con pimienta y cocida en el horno. En Borgoña, las *gougères* frías acompañan las catas de vino en las bodegas, pero también se sirven tibias como entrantes.

grada

Zócalo generalmente recortado en pan de molde, utilizado para el acabado de piezas frías, como los guisos *chauds-froids*, en particular para los buffets. Las gradas también se empleaban antaño para las piezas de pastelería. En este caso se trataba de brocas de madera torneada, decoradas con alcorza, pasta de almendra, azúcar trabajado, *nougat*, etc. Más tarde, las gradas se realizaron en preparaciones de pastelería comestibles.

grado alcohólico

Medida del volumen de alcohol puro contenido en las mezclas alcohólicas a 20 °C de temperatura. Se expresa con el símbolo "% Vol.", y debe figurar en la etiqueta de la botella o envase.

grados Baumé

Antigua medida de densidad de los líquidos dulces, evaluada con ayuda de un pesajarabes. Desde el 1 de enero de 1962, todos los aparatos de medida están graduados en densidad.

gran reserva

Vinos blancos y rosados con un periodo mínimo de envejecimiento de 48 meses, de los que habrán permanecido al menos 6 en barricas de madera de roble de 330 l y en botella el resto de dicho tiempo.

Vinos tintos con un envejecimiento mínimo de 60 meses, de los que al menos 18 habrán permanecido en barricas de madera de roble de 330 l y en botella el resto de dicho periodo.

grana padano

Queso italiano con Denominación de Origen, elaborado con leche de vaca parcialmente descremada (32% de materia grasa), de pasta prensada cocida y corteza natural engrasada con aceite. Se presenta en forma de un cilindro con el lado ligeramente convexo, y un peso entre 24 y 40 kg. Conocido desde el siglo XII, presenta una textura granulosa y muy dura, y un sabor ahumado, ligeramente rancio. En cocina a menudo se emplea rallado, en particular en la sopa *minestrone*.

granada

Fruto del granado, de la familia de las litráceas, originario de Asia. De piel coriácea roja, su pulpa está formada por una multitud de semillas de color rojo, envueltas en una película carnosa y separadas por paredes blancas. Posee un sabor dulce y perfumado, es poco energética (32 kcal o 134 kJ por cada 100 g) y rica en fósforo y en pectina.

Los egipcios la hacían fermentar para extraer un vino de alto grado alcohólico. Empleada como condimento por los antiguos (semillas secas), utilizado sobre todo como medicamento hasta el Renacimiento, aparece en recetas en la época de Luis XIV, sobre todo para salsas, purés y cremas.

La granada se cultiva en numerosos países cálidos: América Central, India, Líbano, Pakistán, y también en España y el sur de Francia.

En la cocina de muchos países se emplea como ingrediente o como condimento: concentrado de granada en las preparaciones libanesas, semillas frescas en las ensaladas, en los purés de berenjena, en los cuscús dulces o en la crema de almendras en la cocina oriental, y semillas aplastadas en las carnes en la India y en Pakistán. En el sur de Europa solo se consume fresca o en bebidas refrescantes, pero la melaza de granada, concentrado que aporta su sabor acidulado a ciertos platos libaneses, hoy en día goza de consideración entre los cocineros. En México es un fruto muy apreciado como fruta fresca, y es una guarnición básica de los chiles en nogada.

granadina

Refresco elaborado con agua y jarabe de granadina. Este jarabe, elaborado antiguamente con granadas, se elabora en la actualidad con sustancias vegetales, ácido cítrico, frutos rojos variados y aromas naturales.

Este jarabe colorea ciertos cócteles, y aperitivos, como el "tomate" (mezcla de anís y jarabe de granadina alargado con agua).

grand marnier

Licor untuoso y perfumado, a base de naranja y de aguardiente de vino. Mediante destilación de una maceración de pieles de naranja en alcohol se obtiene un alcoholato que se mezcla con coñac, rigurosamente seleccionado, para obtener el *cordon rouge*, el más fuerte (40% Vol.), o bien con aguardientes de vino para dar lugar al *cordon jaune*. La preparación envejece varios meses en barrica de roble antes de filtrarlo y endulzarlo. El *grand marnier*, creado en 1880 por la sociedad Marnier-Lapostolle, de Neauphle-le-Château, se sirve como licor y a menudo se utiliza en pastelería. También participa en la composición de cócteles.

Grand Véfour, Le

Restaurante parisino, situado en la galería de Beaujolais, en el Palais-Royal. Llamado inicialmente *Café de Chartres*, lo compró en 1820 Jean Véfour. Napoleón Bonaparte, Anthelme Brillat-Savarin, Joachim Murat, Alexandre Grimod de La Reynière y más tarde Alphonse de Lamartine, Adolphe Thiers y Charles-Auguste Sainte-Beuve frecuentaron este reputado restaurante, y apreciaban el pollo Marengo y las mayonesas de ave. En el Segundo Imperio, un hermano de Jean Véfour abrió un restaurante también en el Palais-Royal y entonces se solía distinguir entre el *Grand Véfour* y el *petit véfour* (que desapareció en 1920). En 1948, Louis Vaudable, cuyo restaurante *Maxim's* se había cerrado, compró el establecimiento y se asoció con Raymond Oliver, un joven chef que dos años más tarde se convirtió en el propietario. Jean Cocteau, Colette y Emmanuel Berl (cuyo lugar habitual aparece señalado con una placa en la pared), que acudían como vecinos y a quienes se han dedicado varias recetas, contribuyeron al ascenso de este centro de la gastronomía, que ha conservado intacta su decoración del siglo XVIII.

granizado

Especie de sorbete a la italiana (*granita*). Esta preparación semicuajada se elabora con un simple jarabe de fruta poco dulce, o un almíbar aromatizado con café o algún licor y hielo frappé. Debe su nombre a su textura granulada y se sirve en un vaso de sorbete o en una copa como refresco.

De fácil preparación, el granizado se presta a numerosas variaciones, a base de verduras, hierbas aromáticas, infusiones, etc.

grappa

Aguardiente de orujo de uva elaborado en el norte de Italia. La *grappa* se obtiene destilando los orujos de la prensa, sobre todo a partir de moscatel o de uva de barolo. Las mejores *grappas* proceden del Piamonte, del Véneto, de Friuli o del Trentino. Para atenuar el sabor a tanino, se coloca el alcohol en toneles de roble de Eslavonia. La *grappa* también se utiliza en cocina, sobre todo para preparar el rebeco breseado, aromatizado con bayas de enebro y tomillo, especialidad del Piamonte.

grasas animales

Sustancias situadas en los tejidos adiposos de los animales, untuosas, que funden a baja temperatura y sirven de materia grasa en cocina.

- La "grasa de cobertura", situada en el lomo del cerdo y la panceta, constituye el tocino. La "grasa de cobertura", en la espalda del cerdo, así como la grasa de la papada constituyen el tocino graso. En cuanto a la manteca de cerdo, se trata de grasa de cerdo derretida y purificada. Rica en ácidos grasos saturados.
- El sebo de la res ya no se consume, pero todavía se utiliza grasa de riñón de res, sobre todo en Escocia e Inglaterra (elaboraciones de pastelería, *puddings*, ragús).
- La grasa de los riñones o de rabo de cordero interviene sobre todo en las cocinas orientales.
- La grasa de oca, de elevada reputación gastronómica, tiene un área geográfica precisa en Francia: Aquitania y Languedoc. También se utiliza en las cocinas escandinava y judía.
- La grasa de los riñones de ternera se emplea en ciertos rellenos.

Las grasas animales se utilizan sobre todo en la industria alimentaria (de galletas, margarinas); a menudo están saturadas (y se etiquetan como hidrogenadas). Pero la introducción de aceites de plantas tropicales y de grasas vegetales, así como el desarrollo de la utilización de la mantequilla, han reducido sensiblemente el papel de las grasas animales en la cocina industrial.
→ materia grasa

grasas vegetales

Cuerpos grasos tradicionales de numerosos países africanos y orientales. También sirven para elaborar productos de uso corriente en Europa, como la vegetalina, compuesta de aceite de coco hidrogenado. Las grasas vegetales se extraen, en su mayoría, del palmito, la copra y el *karité*.

A menudo se presentan en forma de bloques rectangulares blancos y cerúleos. Su punto de fusión es inferior al de las grasas animales, pero, como los aceites, soportan temperaturas elevadas, y en consecuencia pueden utilizarse para las frituras, que de este modo son más digestivas.
→ materia grasa

grasera

Bandeja rectangular de plancha esmaltada, ligeramente hueca, cuyas dimensiones se adaptan a las del horno, en el que se sitúa bajo el *grill* o el espetón giratorio, para recoger los jugos de las carnes y la grasa fundida, o bien los líquidos que se derraman a consecuencia de una elaboración de pastelería.

gratén

Corteza dorada que se forma bajo la acción del calor en la superficie de una preparación, a menudo recubierta de una capa de queso rallado, mezclado o no con pan molido seco o pan molido fresco. Antaño, el gratén era lo que quedaba pegado al recipiente de cocción, y que se "rascaba" (*gratter*, en francés) con deleite. Por extensión, el gratén designa una preparación de pescados, carnes, verduras, platos de pasta e incluso preparaciones dulces. La realización de un gratén consiste en hacer cocer o calentar en el horno el alimento a gratinar bajo una capa protectora que evita que se deseque, aportándole sabor y una textura suave. Este alimento puede ser crudo (como el *gratin dauphinois*) o ya cocido.

Emplear fuentes de horno que puedan llevarse directamente a la mesa, y untarlas con abundante mantequilla para que la preparación no se pegue. Cuando la preparación se pone a dorar solo bajo el *grill*, debe estar ya muy caliente. Para un gratén completo, es preciso que el plato esté aislado mediante una rejilla o situado en un baño María, sobre todo en el caso de las cocciones delicadas. El gratén, servido directamente en su fuente de cocción, es, a menudo, un plato familiar (por ejemplo, a base de carne picada o restos de aves), pero también puede ser un plato de alta cocina.

gratin dauphinoise

Nombre de una preparación de papas al gratén. El auténtico gratin dauphinois, del "país de las cuatro montañas": Lans-en-Vercors, Villard-de-Lans, Autrans y Sassenage, no contiene queso ni leche ni huevos, sino solo papas de carne amarilla cortadas en rodajas y crema, en una fuente de gratén frotada con ajo y untada de mantequilla. No obstante, existe una variante de que se hace con una mezcla de huevo, leche y crema, que se vierte sobre las rodajas de papa, y se esparce queso rallado. La versión saboyana se elabora con capas de papas alternadas con *beaufort* rallado y trocitos de mantequilla, todo ello recubierto de caldo.

gratinar

Cocer o terminar de cocer una preparación en el horno, a fin que presente en su superficie una fina corteza dorada. Resulta bastante delicado conseguir que un plato al que no se ha añadido pan molido esté enteramente cocido sin que su capa de superficie supere la fase de coloración oscura.

En cambio, se obtiene con bastante facilidad el dorado superficial de una preparación ya cocida esparciendo por encima queso rallado, pan molido seco o fresco, o queso mezclado con pan molido seco, con unas bolitas de mantequilla. Así se elaboran la gratinada, las conchas rellenas, las verduras napadas con salsa *mornay*; y en México se emplea en platillos como las enchiladas suizas y las crepas.

El gratinado se realiza en el horno para una cocción lenta, o bajo el *grill* o la salamandra en el caso de un acabado rápido.

Grecia

La cocina griega se caracteriza por un gran consumo de pescado, cordero y verduras mediterráneas, con hierbas aromáticas, aceitunas, aceite de oliva y limón. También se encuentra la influencia oriental, con el gusto por los pequeños bocados (*mezze*) que se degustan bebiendo ouzo, con el café muy fuerte servido con agua fría, con las elaboraciones de pastelería densas y muy dulces.

En el norte, el cordero es abundante y se prepara en ragú, en brochetas (*suvlakis*) o en albóndigas picadas y especiadas (*keftedes*). En el sur, la carne es más escasa. En todas partes abunda el pescado. A menudo se asa a la parrilla, untado con aceite de oliva y con el acompañamiento del limón, o bien se cuece al horno con hierbas aromáticas (anís, cilantro, hinojo).

La originalidad de la cocina griega está en la preparación de las verduras, en particular de las berenjenas, indispensables para la *mousaka*, y que se preparan rellenas, gratinadas o en puré. Las calabacitas, las alcachofas y las hojas de col se preparan rellenas. Destacan la *pitta*, una torta de espinacas y queso de oveja, que se sirve con yogur líquido, y el *tzatziki*, un entremés refrescante elaborado con pepino, yogur y ajo. El limón es omnipresente, se utiliza en guarniciones de ragú, verduras marinadas y los postres.

Los productos lácteos representan una parte importante de la alimentación, como en todos los países de los Balcanes. Los famosos quesos griegos, elaborados con leche de oveja o de cabra, son bastante variados: los hay de pasta dura; y de pasta blanda, como el feta (el más conocido, sea o no madurado). Estos quesos se utilizan con frecuencia para hacer rellenos, gratenes y salsas, y para complementar ensaladas.)

Grecia Antigua

La cocina griega antigua es poco conocida ya que, al contrario que la cocina romana, no nos ha llegado ninguna recopilación de recetas. De todos modos, Ateneo, compilador egipcio que vivió en el siglo III d.C., nos ha aportado ciertas precisiones en *La cena de los sabios*, sobre todo acerca del célebre Archestrato (mediados del siglo IV a.C.).

En la Grecia Antigua una de las materias grasas empleadas era el queso fresco, que entraba en la preparación de algunos platos. Según Aristófanes, poeta cómico contemporáneo de Archestrato, el rancho del soldado en campaña era "queso y cebolla".

En la misma época parece que existió una viva polémica acerca de la cocción de las carnes (en particular las de liebre y de tordo, apreciadas ambas). Había partidarios de hervirlos antes de asarlos, mientras que otros preferían asarlos directamente. Los griegos consideraban que asar una carne a la parrilla era un procedimiento bárbaro.

El desarrollo de la panadería también se debe a la Antigua Grecia, donde se preparaban sesenta y dos especies de pan. Unos siglos más tarde, los panaderos de Roma eran casi todos griegos.

El desayuno consistía en pan remojado en vino puro (única comida en la que no lo diluían con agua). Al mediodía comían de pie y deprisa y, generalmente, a última hora de la tarde, consumían un tentempié para esperar la cena. Esta última, que tenía lugar muy tarde, era la única comida del día que daba lugar a una reunión amigable, a veces seguida por una fiesta más prolongada.

Las elaboraciones de pastelería no diferían mucho de las que hoy encontramos en toda la cuenca mediterránea: miel, aceite y harina, trabajados con aromatizantes diversos, enriquecidos con almendras, dátiles, semillas de adormidera, nueces o piñones, en forma de tortitas planas y de buñuelos, en ocasiones con la adición de semillas de ajonjolí y acompañados con queso blanco y vino dulce.

gremolata

Condimento de la cocina italiana, formado por una mezcla de piel de naranja y de limón, perejil y ajo picados, que se emplea en diversos platillos como el *ossobucco*.

grenetina o gelatina

Sustancia incolora e inodora, extraída de los huesos y de los cartílagos de los animales, así como de ciertas algas. La grenetina se presenta en forma de polvo o de hojas translúcidas. Para utilizarla, se hidrata en agua fría y luego se disuelve en agua hirviendo, o se funde al baño María o en el horno microondas (sola o en el líquido indicado en la receta), antes de incorporarla. Se utiliza para las gelatinas de cocina, para numerosos postres fríos o helados, así como para el encolado de vinos y jugos de frutas. También se emplea en confitería industrial.

Un nuevo uso de la grenetina consiste en integrar varias hojas en un puré de frutas o verduras para elaborar, con la ayuda de un sifón, una espuma ligera y sabrosa.

gres

Cerámica opaca, densa y dura que sirve para realizar piezas de servicio rústico o bien utensilios destinados a conservar los alimentos. Los greses comunes son pardos, rojos, amarillos o grises, según el color de la arcilla vitrificable de que se componen. Los greses finos, elaborados con una mezcla de arcilla y feldespato, suelen estar esmaltados.

griega, a la

Nombre de distintas preparaciones originarias de Grecia o simplemente inspiradas en la cocina mediterránea. Las verduras a la griega se cuecen en una marinada aromatizada con aceite de oliva y limón y se sirven frías, la mayoría de veces como entremeses o entrantes.

El *pilaf* a la griega es un arroz con carne de salchicha, chícharos y dados de pimiento rojo. Los pescados a la griega se napan con una salsa al vino blanco aromatizada con apio, hinojo y semillas de cilantro.

grill ♦ parrilla

grillé aux pommes

Elaboración de pastelería, de forma rectangular, realizada con compota de manzanas, aromatizada en ocasiones con vainilla, montada sobre una base de pasta de hojaldre y cubierta de tiras cruzadas de esta misma pasta, que se hornea hasta que la pasta de hojaldre se dora.

Grimod de La Reynière, Alexandre Balthasar Laurent

Escritor y gastrónomo francés (París, 1758-Villiers-sur-Orgen, 1837). Último vástago de una estirpe muy rica de recaudadores fiscales, era lisiado de nacimiento, con una mano en forma de gancho y la otra de pata de oca. El niño, rechazado por su madre, se rebeló contra su familia, cursó estudios de derecho y se hizo notar por sus extravagancias.

Tras obtener su título de abogado, el joven celebraba en el palacete de su padre un salón dos veces a la semana hasta que a raíz de un escándalo espectacular, la familia del joven abogado obtuvo contra él una orden de confinamiento, y en abril de 1786, se envió a Alexandre a un convento de bernardinos, cerca de Nancy, donde pasó tres años. En la mesa del abad, Grimod descubrió el arte del buen comer, en el que se perfeccionó en Lyon y en Béziers, donde se refugió a continuación.

La muerte de su padre, en 1792, le reclamó de nuevo a París. Volvió a establecer relaciones con su madre, a la que salvó del cadalso, y se propuso recuperar unas migajas de la herencia paterna, como el palacete de los Champs-Élysées, donde volvió a organizar cenas extravagantes.

Grimod se orientó a continuación hacia una nueva institución, los restaurantes. De esta manera nacieron los ocho números del *Almanach des gourmands*, 1804-1812, guía anecdótica y práctica de París, que incluía un "itinerario nutritivo", que tuvo mucho éxito. En 1808 publicó un *Manuel des amphitryons* para enseñar a los nuevos ricos del Nuevo Régimen el arte de recibir invitados. Por otra parte había instituido un jurado catador, que otorgaba una especie de certificado llamado "legitimación" a los platos y alimentos que le enviaban proveedores deseosos de obtener publicidad. El jurado catador debió interrumpir sus reuniones cuando ciertos juicios acarrearon protestas, e incluso se acusó a Grimod de parcialidad interesada. Amenazado por denuncias, debió suspender la publicación de su almanaque. A la muerte de su madre heredó restos de una inmensa fortuna, se casó con la actriz con la que vivía ya desde hacía veinte

años y se retiró al campo, adonde iban a visitarle sus amigos de siempre. Falleció en una cena de medianoche.

grissini

Bastoncillo seco y crujiente, del tamaño de un lápiz, elaborado con una masa de pan a la que se añade aceite. Los *grissini*, de origen italiano y, en particular, turinés, sirven para el aperitivo (con una rebanada de jamón enrollada) y sustituyen al pan.

grog

Bebida tradicional de invierno, elaborada con una mezcla de agua hirviendo, ron (o coñac, kirsch o whisky), azúcar (o miel) y limón. En su origen, el *grog* era solo un vaso de ron al que se añadía agua.

Su nombre procede de un almirante británico, Vernon, al que llamaban *Old Grog* porque llevaba un atuendo de *gros-grain* (*grogram* en inglés).

grosella

Pequeño fruto redondo del grosellero, arbusto de la familia de las grosulariáceas, rojo o blanco, dispuesto en racimos de siete a veinte bayas. Originaria de Escandinavia. Es poco energética (30 kcal o 125 kJ por cada 100 g) y contiene vitaminas (especialmente vitamina C) y pectina. Es rica en ácido cítrico, que le da su sabor ligeramente agrio. Existe una variedad de color rosa frambuesa, todavía más perfumada, la grosella-uva, cuyas bayas son grandes, y que es muy apreciada para las tartas.

Las grosellas congeladas provenientes de Polonia y Hungría se reservan para la industria de las confituras.

Las grosellas se comen al natural (lavadas rápidamente, separadas del racimo y espolvoreadas con azúcar), solas o en ensalada. También se elaboran jarabes, jugos, así como postres fríos y tartas. Su empleo principal sigue siendo, sin embargo, la preparación de confituras y jaleas, muy utilizadas en pastelería e incluso en cocina.

grosella negra o casis

Fruto del grosellero negro, arbusto de la familia de las grosulariáceas, originario del norte de Europa, que da racimos de bayas negras y jugosas, algo ácidas y aromáticas. La grosella negra o casis se produce en Francia (sobre todo en Borgoña, aunque también en la región de Orleans, en la Alta Saboya), Alemania, Bélgica y los Países Bajos. Es muy rica en vitamina C, ácido cítrico, potasio y calcio, y bastante energética (60 kcal por cada 100 g). La "negra de Bretaña" tiene bayas pequeñas muy oscuras y brillantes, y es muy perfumada y sabrosa. Las variedades de bayas grandes, menos densas, son más acuosas.

La grosella negra, que se recoge en verano, pocas veces se vende fresca como fruta de mesa. Se emplea para la elaboración de jalea, de confitura, de jugo de fruta, de jarabe y sobre todo de licor. Las bayas, congeladas o reducidas a puré, se utilizan también para preparar sorbetes, bavaresos, carlotas, suflés o tartas. A veces se encuentran en el comercio bayas de grosella negra secas, que pueden sustituir a las pasas de Corinto en pastelería.

grouse (perdiz blanca)

Nombre inglés de la perdiz blanca de Escocia, ave de la familia de las gallináceas, cercana al grévol, que se alimenta de brotes de abedul, bayas de enebro y arándanos.

Muy apreciada en Inglaterra y en Escocia, donde es abundante, es una pieza prácticamente desconocida en países como Francia. La *grouse* no se somete a *faisandage*, pero previamente se remoja en leche, y se come asada, breseada, en paté o en terrina, según su edad. El "glorioso doce" (12 de agosto) es un importante acontecimiento en el Reino Unido, porque señala la apertura de la caza de la *grouse*.
→ perdigón y perdiz

grumo
Pequeño fragmento coagulado de un líquido (leche, sangre) o pequeña agregación que se forma cuando se deslíe sin precaución una materia en polvo como la harina, sobre todo en las pastas fluidas (pasta de crepas o *hot cakes* y pastas para fritura), las papillas, las salsas y las bases para ligar.

gruyère
Queso suizo de leche cruda de vaca (45% de materia grasa), de pasta prensada cocida y corteza cepillada y lavada. Disfruta de una Denominación de Origen y se presenta en forma de rueda de un diámetro de 55 a 65 cm y de una altura de 9,5 a 12 cm por un peso de 25 a 45 kg. Se elabora en los cantones de Friburgo, Neuchâtel, Vaud y Jura y en algunos distritos y municipios del cantón de Berna (mayoritariamente en la parte francófona).

Según los suizos, el *gruyère* lleva el nombre de los condes de Gruyère (cuyo blasón contenía una grulla, ave zancuda llamada *grue* en francés), instalados en el cantón de Friburgo a principios del siglo IX.

Debido a una extensión abusiva, a veces en Francia se llama *gruyère* a todos los quesos en forma de grandes ruedas de pasta prensada cocida (*beaufort*, *comté*, *emmental*). En Francia, el *gruyère* suizo se denomina Fribourg.

Madurado de 6 a 16 meses en bodega húmeda, el *gruyère* posee un delicioso sabor afrutado. Se consume al final de la comida o en sándwich, y se presta a múltiples empleos en cocina: en dados, en láminas o rallado (*fondue*, gratén, suflé, *croque-monsieur*, ensaladas compuestas, condimento de la pasta y del arroz, etc.). También participa en la elaboración de quesos fundidos llamados cremas de *gruyère*, servidas con merengues de *gruyère* en la región.

guacamole
Salsa de aguacates maduros, machacados y mezclados con chile verde, jitomate, cebolla y cilantro. En ocasiones se agregan al preparado gotas de jugo de limón para detener la oxidación del aguacate. Se consume en casi todo México, aunque existen algunas variantes regionales: se pueden agregar frutas como durazno, uva o granada; hierbas aromáticas como hojas de aguacate y pipicha; e insectos como jumiles o chapulines.

El guacamole es muy importante en la cocina mexicana, porque se consume como acompañante o salsa en prácticamente cualquier tipo de tacos. También sirve de guarnición en las comidas del mediodía, especialmente para el arroz y los frijoles. Es una botana clásica que se acompaña con totopos fritos de tortilla de maíz.

guaje
1. Fruto en forma de vaina de color café o verde pálido que mide de 10 a 30 cm de largo y de 2 a 3 cm de ancho; contiene semillas comestibles de olor fuerte, que tienen forma de gota aplanada y miden unos 0,5 cm de diámetro. En algunas comunidades rurales e indígenas en México se consumen sus semillas crudas, cocidas, tostadas o molidas. Las semillas secas se emplean molidas para dar volumen a las tortas de camarón seco. Las hojas o retoños tiernos de guaje crudo, llamados huaxquelite, se comen en tortilla de maíz con sal y chile piquín asado o en salsa.
2. Fruto que en México, una vez seco, se utiliza como contenedor y recipiente para almacenamiento de líquidos y productos diversos. Las formas varían de acuerdo al fruto, ya sea esférica, ovalada o alargada. Para las faenas agrícolas y grandes travesías en las comunidades rurales, aún se utiliza el guaje con dos protuberancias esféricas, con una abertura en la parte superior, para transportar líquidos (agua, pulque, aguamiel, entre otros) y beberlos durante el camino para mitigar la sed. Se utiliza también para guardar y conservar las tortillas calientes.
→ calabaza dulce

guajolote o pavo
Aves de la familia de las gallináceas nativa de México y de Estados Unidos que fue exportada a Europa en el siglo XVI. La domesticación del guajolote comenzó desde la época de los aztecas; actualmente la mayoría de los guajolotes que hay en el país se encuentran domesticados, aunque también existen en estado silvestre, en los bosques de los estados del norte. Su plumaje es negruzco con reflejos broncíneos, excepto en la cabeza, que está desnuda y cubierta de carúnculas rojizas y azuladas. El macho mide 1,20 m y pesa de 5 a 10 kg; la hembra mide poco menos de 1 m y pesa de 3 a 5 kg. En la actualidad se crían diferentes razas con fines comerciales, como el gigante bronceado, cuyo macho pesa unos 18 kg, y la hembra 10 kg. El guajolote negro es común en nuestro país; sin embargo, en Inglaterra, donde es conocido como pavo de Norfolk, se cría y consume en mayor cantidad. En Europa se le conoce como pavipollo a los guajolotes que se ha criado hasta las 25 semanas. A partir de este plazo se habla de pavo. En cocina se llama "pavo" indiferentemente al macho o a la hembra, pero la carne del macho es más seca. La carne de pavo es magra.

En México, el guajolote se come como plato principal en los menús de varias festividades importantes. Se acostumbra en moles, pipián, rellenos, en diversas salsas de chile, al vino, horneado y muchas otras presentaciones. Muchas comunidades rurales consumen los huevos que producen las hembras.

En Estados Unidos es el manjar tradicional del Día de Acción de Gracias desde la llegada de los primeros colonos que se salvaron de la hambruna gracias al pavo salvaje. El pavo se rellena de pan de maíz, se asa y se sirve con sus jugos ligados y jalea de arándano americano, por lo general acompañado de papas y un puré de calabaza. En Quebec se sirve el día de Año Nuevo, con un relleno magro o a base de carne (cerdo o carne picada preparada).

Además de las preparaciones relativas a las alas, las escalopas de pechuga, los muslos y las menudencias, el pavo se come asado, relleno, a veces braseado o en ragú. El pavipollo puede asarse a la parrilla o cocerse en fricasé, como el pollo, o cocerse a la cazuela (con berenjenas, alcachofas, hongos, cebollas o papas doradas).

guanábana

Fruto tropical de la familia de las anonáceas, de forma ovoide o acorazonada, con piel verde y espinas grandes, muy burdas, gruesas e inofensivas. Por lo general mide entre 20 y 25 cm de largo y posee un aroma exquisito. La pulpa es blanca, carnosa, fibrosa, jugosa y de sabor agridulce, con muchas semillas negras lustrosas. Debe consumirse madura. La guanábana es originaria de México y la América tropical. Al igual que la chirimoya y la anona, se trata de un fruto delicado que debe transportarse con cuidado, pues se estropea fácilmente. En México abunda de octubre a diciembre, aunque puede encontrarse en los mercados casi todo el año. En la mayor parte de la república es muy gustada como fruta fresca, en especial en las regiones cálidas; con su pulpa se preparan aguas frescas, nieves, raspados, licuados e incluso gelatinas; también se pueden preparar mermeladas o ates.

guarnición

Acompañamiento simple o compuesto de una preparación. La guarnición siempre se realiza en función del elemento principal y, a veces, de la salsa.

Una guarnición simple comporta un solo elemento, por lo general una verdura (salteada, cocida al vapor, ligada con mantequilla, a la crema), arroz, pasta, frijoles, guacamole o purés. Una guarnición compuesta reúne diversos ingredientes. Éstos pueden ser clásicos (hongos preparados de distintas maneras, cubos de tocino, mezcla de verduras frescas o ensalada, cebollas cambray asadas) o más elaborados.

Se puede tratar también de una especie de ragú, elaborado con un salpicón compuesto (hongos, quenefas, mollejas de ternera, aves), ligado con salsa, que se dispone en barquillas, en volovanes, en una pequeña cazuela, etc.

guarnición aromática

Composición a base de verduras, aromatizantes y condimentos diversos, utilizada para enriquecer una preparación en sabores y olores, sobre todo para las cocciones largas. Según los casos, puede comprender: ajo, bayas de enebro, ramillete de hierbas aromáticas, zanahoria, apio, cebolla (a veces claveteada con clavos de olor), poros, perejil, etc. Siempre se retira de la preparación antes del servicio.

guayaba

Fruto de un árbol de la familia de las mirtáceas, originario de América tropical. Es bastante energética (52 kcal o 217 kJ por cada 100 g) y muy rica en vitaminas C, B3, en provitamina A y en fósforo. Su piel fina y amarilla, moteada de negro cuando está madura, a veces veteada de verde, recubre una pulpa rosa-anaranjada, blanca o amarilla con una textura suave y cremosa. Muy perfumada y refrescante, un poco acidulada, encierra numerosas semillas muy duras, las cuales son comestibles. La guayaba más apreciada es la llamada "pera de las Indias", del tamaño de un huevo de gallina.

La guayaba se consume madura, como fruta fresca. Se le puede añadir azúcar o ron si no está completamente a punto. Con ella se hacen bebidas, cremas heladas y jaleas.

En México un gran porcentaje de la producción nacional se destina para preparar dulce de guayaba, guayabas en almíbar o ate de guayaba; también se prepara en licores de excelente aroma y calidad. Se consume de manera similar en Brasil: la pulpa recuperada después de la preparación de jaleas permite elaborar una pasta de frutas que se sirve como postre con queso de cabra fresco; también existe la conserva de guayaba con almíbar.

En el sur de México se consume una variedad de guayaba de color verde. Mide entre 8 y 10 cm de diámetro, es muy carnosa, crujiente, con muchas semillas en el centro y se come verde o inmadura con sal.

En China se aprecia la "guayaba-fresa", originaria de Brasil. Es del tamaño de una cereza, de carne blanca, negra, amarilla o roja, muy perfumada.

Guayana Francesa

La cocina del departamento francés más grande, situado en América del Sur, es rica en productos y técnicas culinarias, que la distinguen de las Antillas francesas y de los demás países suramericanos. A lo largo de los siglos, la cocina nativa de la Guayana se ha visto influenciada por las cocinas francesa, africana, china e india. A los ingredientes indígenas se han ido sumando vegetales importados de Asia y África, como el plátano, la lima, el mango o también las especias de Extremo Oriente (canela, clavo de especia, cúrcuma, jengibre, pimienta, nuez moscada, etc.).

En la selva, que cubre casi toda la Guayana, abunda la caza —el pécari, el tapir o la iguana, por ejemplo—, que se prepara asada, en fricasé o en ragú, acompañada con arroz y sémola de mandioca. Los múltiples ríos, que cruzan la región albergan numerosas especies de peces, así como en la costa del océano Atlántico. Del mismo modo que las carnes, los pescados se suelen acecinar —ahumar y salar— para permitir su conservación hasta el momento de su preparación. El cerdo, la carne más habitual en el territorio guyanés, y el pollo se cocinan en colombo (porciones marinadas en una mezcla de especias y luego salteados en aceite con verduras y frutas tropicales).

Las plantas de tubérculos (mandioca, ñame o camote, por ejemplo), las alubias pintas y los pepinos largos, se incluyen en ragús y colombos y rellenan deliciosas tartas saladas. Las frutas tropicales —mango, papaya verde, guayaba, banana de la Guayana, coco, etc.— están presentes tanto en los platos salados como en los postres, como tartas y sorbetes. La piña también da una bebida fermentada, de sabor ácido y perfumado, aromatizada con vainilla, limón, etc. La caña de azúcar sirve para elaborar la tafia, un ron artesano. El fruto del pan se utiliza como verdura.

Guérard, Michel

Cocinero francés, nacido en Vétheuil (Val-d'Oise) en 1933. Después de ser jefe de pastelería en el *Crillon* (1957) y consagrado "mejor obrero de Francia" en el terreno de la pastelería (1958), creó *Le Pot-au-Feu* en Asnières, en 1965. Con Jacques Manière y otros cocineros, se benefició del auge de la *nouvelle cuisine* y se instaló en Eugénie-les-Bains (1974), donde en 1977 obtuvo la tercera estrella *Michelin*. Ha desarrollado sus propias investigaciones dietéticas, sobre todo con una línea de productos ultracongelados, y ha publicado numerosas obras que han tenido mucho éxito. A él se deben varios platos célebres, como el bogavante asado y ahumado a la chimenea, el *oreiller moelleux* de hongos de carrerilla o el salmonete abierto al fuego. Sus postres (suflé con pulpa de limón, pastel *mollet* del marqués de Béchamel) son igualmente reconocidos.

gueridón ◆ mesa de flambear

gueuze

Cerveza de fermentación láctica, a base de cereales aromatizados, de índice de alcohol intermedio (de 3,5 a 4,5% Vol.), acidulada y bien afrutada. Fabricada en Bélgica, se obtiene mediante el *assemblage* de distintas cervezas *lambic*, que vuelven a fermentar en botellas de champán durante uno o dos años. Esta cerveza se toma *à la bruxelloise*, con grandes rebanadas de pan untadas con queso cremoso y acompañadas por rábanos negros.

guignolet

Licor a base de cerezas maceradas en alcohol; a continuación, la mezcla se trasiega, se filtra y se endulza.

El *guignolet* al kirsch, elaborado con cerezas maceradas en kirsch puro, es sabroso y perfumado. Se sirve como aperitivo y es más dulce y con menor índice de alcohol que el *cherry* inglés. El *guignolet* ordinario a menudo se mejora con la adición de un poco de kirsch en la copa.

guindilla

Variedad de chile de la especie frutescens. De incisivo sabor, por lo general muy picante, interviene como condimento bastante habitual en una parte importante de las recetas de la cocina española.

guisante ◆ chícharo

guitarra

Aparato manual profesional que consta de un juego de marcos metálicos provistos de unos hilos tensados más o menos separados para cortar rápidamente en rebanadas, cuadrados o rectángulos chocolate, pastas de fruta, bizcochos, etc.

La hoja "guitarra", de polietileno, se utiliza para dar forma al chocolate, el cual, una vez endurecido, se desprende fácilmente y tiene un aspecto brillante.

gulab jamun

Especialidad india, compuesta por bolas de harina de trigo con queso (*panir*) fritas en aceite y luego marinadas en un jarabe de azúcar.

gulasch

Plato húngaro que lleva el nombre de los pastores de reses magiares (*gulyas*). Es una sopa de res con cebollas y paprika, con la adición de papas, y su origen se remonta al siglo IX, antes de la fundación del reino de Hungría, cuando las tribus nómadas contaban con una alimentación adaptada a su modo de vida.

En aquella época se trataba de láminas de carne que se cocían a fuego lento con cebollas hasta la completa reducción del líquido y luego se secaban al sol y se transportaban en un odre. Ante una hoguera, al aire libre, se preparaba un ragú o una sopa cociendo esta carne en agua con nabos. La adición de paprika a este plato fue más tardía.

El *gulasch* se prepara tradicionalmente en un caldero especial (el *bogracs*). Hoy existen variantes regionales, pero los puristas rechazan toda elaboración ligada con harina o vino, así como la adición de crema agria en el momento de servir. Se acompaña localmente de *tarbonya* (granos de pasta al huevo, secados y luego salteados en manteca de cerdo con cebollas y perejil) o bien con *csipetke* (pequeñas quenefas de pasta al huevo, pochadas en caldo). Los húngaros consideran que el *gulasch* vienés es una versión edulcorada del auténtico *gulasch*.

gusano

Animal o larva de insecto que presenta un cuerpo blando y alargado; vive bajo tierra, en el agua o como parásito de otros animales o de plantas. Algunas especies son manjares apreciados en varios países tropicales. En Camerún se vende en los mercados una veintena de larvas diferentes, tostadas. También se preparan en salsa, con semillas de cacahuate o de calabaza, cocidas sobre brasas, envueltas en hojas de plátano o en brochetas. Los pigmeos, que los aprecian mucho, los aplastan en aceite de palma para convertirlos en condimento. Los japoneses tuestan las larvas de mantis, de libélula o de avispa.

En las Antillas, los gusanos de palma son una golosina codiciada, tostados en brochetas que se sirven espolvoreadas con pan rallado y acompañadas de jugo de limón.

En México, los gusanos se utilizan como alimento desde la época prehispánica. Unas de las variedades más consumidas son dos larvas de mariposa que se crían en la base de las pencas de maguey, por lo que se le conoce como gusanos de maguey. El gusano blanco mide entre 5 y 7 cm. La temporada de producción y consumo es de abril a mayo, principalmente en las zonas pulqueras de México. Cuando se capturan se envuelven en hojas de mixiote; se tuestan o fríen hasta que quedan crujientes y dorados y se sirven en tacos con tortillas untadas de guacamole. Su sabor se asemeja al del chicharrón de cerdo. El gusano rojo se considera de mejor sabor y más aromático que el gusano blanco, sin embargo, es más barato. Se recolecta en los estados del centro del país, donde abundan los magueyes. Se consumen en tacos, fritos o asados en el comal. En los mercados se venden secos, ensartados en hilos o vivos. En Oaxaca se utilizan para elaborar la sal de gusano; es también costumbre que el mezcal lleve un gusano rojo flotando en la botella para garantizar que se trata de la auténtica bebida y algunas personas lo llaman mezcal de gusano.

gusto

Sensación sintética producto de la estimulación de los órganos de los sentidos por los alimentos. Los estímulos son principalmente gustativos, pero también visuales, auditivos y olfativos. Existen como mínimo 8,000 receptores del gusto en las papilas gustativas de la lengua, del paladar y de la cavidad bucal.

Clásicamente, se pueden distinguir cuatro sabores fundamentales: el salado y el ácido, el dulce y el amargo, que combinados de distintas maneras, definen el sabor de cada cosa. Existen otras sensaciones que no entran en esta clasificación: picante, frío, etc. En gastronomía el sentido del gusto y del olfato van muy unidos, pues al percibir los olores se revela el aroma de los alimentos.

Así pues, cuando se habla del sabor de un plato se alude tanto a las informaciones transmitidas por los nervios olfativos como a las que proporcionan las papilas gustativas.

H

haba

Hortaliza de la familia de las fabáceas, cultivada por sus semillas comestibles. Originaria de Persia, el haba se conoce y consume en la cuenca mediterránea desde la Antigüedad, sobre todo en Egipto.

La harina de haba se mezcla a veces con harina de trigo para blanquear el pan. Puede producir alergia en algunas personas.

El haba es muy rica en prótidos, en fibras y en vitaminas, incluso cuando está seca, y es la más nutritiva de todas las leguminosas (50 kcal o 209 kJ por cada 100 g de habas cocinadas).

Antes de la alubia, fue la legumbre con la que se elaboraba el *cassoulet*. En la actualidad sigue siendo una de las bases de la alimentación en Oriente y en el norte de África.

Las habas frescas se comen verdes, crudas y con sal, o maduras, cocidas en agua hirviendo después de haberles retirado la película blanca elástica que las cubre.

Las habas secas, disponibles todo el año, son más calóricas (343 kcal o 1 433 kJ por cada 100 g). Antes de la cocción deben ponerse en remojo unas doce horas.

habiller

Preparar un pescado, un ave de corral o una pieza de caza de pluma antes de la cocción.

- *Habillage* de un pescado. Consiste en desbarbarlo, desescamarlo, eviscerarlo y lavarlo. El *habillage* varía en función de las características del pescado (plano o redondo, pequeño o grande) y de su utilización.
- *Habillage* de un ave o de una pieza de caza de pluma. Consiste en desplumar al animal, chamuscarlo y prepararlo. A continuación las aves se evisceran, a veces se lardean, y por lo general se bridan. La preparación varía según el animal. Ciertas piezas de caza de pluma no siempre se vacían por completo y el *habillage* se completa armando, atando y algunas veces lardeando. La preparación es diferente cuando las aves se cortan en trozos o cuando se retiran previamente las vísceras, las partes de carne blanca de la pechuga y el muslo, las supremas, etc. En estos casos solo se despluma, se chamusca y se vacía.

HACCP ◆ APPCC

haddock

Eglefino vaciado, descabezado, partido en dos en sentido longitudinal y ahumado lentamente a baja temperatura. El color anaranjado característico de este pez se refuerza a menudo con tintura.

Su carne tierna y perfumada se suele pochar en leche y se sirve con papas al vapor, espinacas en rama, y a veces con un huevo escalfado y napado con una salsa blanca a la crema.

En el Reino Unido, el *haddock* designa al eglefino fresco, y al ahumado se le llama *finnan haddie*. Este último, pochado, figura en el menú del *breakfast* escocés, incluso del *high tea*, y también se consume asado a la parrilla, con mantequilla fundida, o estofado con una salsa de *curry*.

haggis

Plato nacional escocés formado por una panza de oveja o de cordero rellena con la asadura del animal (corazón, hígado, pulmones) picada con cebollas, *gruau* de avena y grasa de cordero. Este plato de aroma intenso se debe escalfar al menos dos horas en un caldo. Se sirve con un puré de nabos o con verduras cocidas en el caldo. Se acompaña con whisky puro de malta o con *strong ale* (cerveza fuerte).

halal

Palabra árabe que significa permitido o lícito, utilizada para designar los alimentos cuyo consumo está autorizado por el islam. Estas prescripciones dietéticas, que presentan ciertas similitudes con las de la religión judía, prohíben específicamente el consumo de cerdo, sangre y de cualquier animal que no haya sido degollado y desangrado ritualmente, así como el consumo de alcohol.

halicot

Guiso de cordero o carnero llano, llamado también "*haricot* de cordero", aunque no incluye *haricots* (frijoles), al menos en su origen. De hecho, se encuentran recetas de este plato en el siglo XIV, a cargo de Taillevent, cuando los frijoles aún no se habían introducido en Francia.

Hoy en día el *halicot*, además de la carne cortada en trozos, lleva nabos, cebollas, papas y a veces judías desgranadas.

halloumi

Queso chipriota tradicionalmente elaborado con leche de cabra y de oveja (y leche de vaca en el caso de quesos fabricados industrialmente). Su forma y su textura recuerdan las de la *mozzarella*, pero el *halloumi* es mucho más salado y a menudo contiene menta picada. Se presenta en forma de un pan de entre 220 y 270 g de peso, conservado dentro de agua salada o suero. Este queso, una vez cortado en lonchas, se suele freír o asar, y se sirve con verduras o en ensaladas.

halva

Elaboración oriental de confitería a base de semillas de ajonjolí tostadas y molidas en pasta fina (*tahin*), a la que se añade azúcar cocido. Enmoldado en plaquitas, el *halva* (*chalwa* o *halwa*) es rico en materia grasa y posee un sabor dulce, aunque algo amargo.

Existe, especialmente en Turquía, un *halva* (o *helva*) a base de harina o de sémola cocida con piñones, azúcar, leche y agua.

hamburguesa

Bistec picado redondo y grueso, base de la barbacoa estadounidense tradicional. Su nombre procede de la expresión *hamburger steak* (bistec asado a la moda de Hamburgo), que introdujeron en Estados Unidos los colonos de origen alemán. En la actualidad, muy popularizado por los *snack-bars* y los *fast-foods*, a menudo se sirve con salsa de jitomate y dentro de un panecillo redondo con una hoja de ensalada y rodajas de jitomate.

harina

Producto de la molienda de los granos de trigo o de otro cereal (avena, espelta, maíz, arroz o centeno) o de ciertos vegetales harinosos o leguminosas (castañas, habas, lentejas, garbanzos, alforfón o soya). La denominación de harina, sin más precisión, designa el producto obtenido de la molienda del grano de trigo. En el caso de otro grano, en la etiqueta se debe mencionar el cereal del que se ha extraído.

La harina de trigo se suele elaborar en grandes fábricas, con unos cilindros acanalados y otros lisos, cada vez más cercanos entre ellos, donde los granos son triturados y laminados, para desaparecer algunos elementos esenciales del trigo, en particular ciertas proteínas y sales minerales. La harina obtenida contiene almidón, gluten, agua, azúcares simples, materias minerales, materias grasas, vitaminas y enzimas.

Las harinas se clasifican por tipos y, para determinar el tipo de harina (de 45 a 150), el molinero debe realizar unos análisis muy estrictos, que determinarán los porcentajes de materias minerales residuales (índice de cenizas). Cuantos menos minerales contiene la harina, más pura es.

La harina se utiliza en panadería, pastelería y cocina. En Europa se pueden encontrar diferentes calidades de harina, que corresponden a usos específicos según sus proteínas, humedad, etc. Entre éstas tenemos a la harina ordinaria, la harina de pastelería, la harina superior y la harina completa.

Además de la harina de trigo clásica, existen muchas otras harinas empleadas sobre todo en pastelería, como la harina de centeno, la harina de flor, la harina de gluten, la harina de alforfón, la harina de soya, la harina de maíz, la harina de papa, la harina de arroz, la harina de espelta, la harina de cebada, la harina de avena, la harina de morcajo, etc.

harissa

Condimento magrebí y de Oriente Medio. Se trata de una pasta de chiles rojos picados con ajo (o cebolla), jitomate en conserva, comino, cilantro y aceite. Una vez preparada, la *harissa* debe reposar unas doce horas.

En los países del Magreb, acompaña al cuscús, diluida en un poco de caldo, así como a las sopas y la carne seca.

haut-médoc

Vino tinto con Denominación de Origen procedente de uvas *cabernet sauvignon*, *merlot*, *cabernet franc*, *petit verdot* y Malbec. Se elabora en la parte del Médoc que se halla por encima del río Gironde, y que agrupa los *châteaux* más célebres de las seis denominaciones municipales: Moulis, Listrac, Margaux, Saint-Julien, Pauillac y Saint-Estèphe.

helado y crema helada

Elaboración helada obtenida por congelación de una preparación dulce a base de frutas, café, chocolate, etc., a veces aromatizada con un alcohol o un licor, que normalmente contiene leche o crema y yemas de huevo. Para preparar helados (como las nieves) se utiliza un aparato que trabaja y lo mezcla todo a la vez que refrigera. En las sorbeteras eléctricas simples el frío es generado por un producto refrigerante previamente puesto en el congelador. Las sorbeteras automáticas o turbinas para hacer helados, más rápidas, son una réplica de los aparatos profesionales. A continuación se suele enmoldar el helado, y luego se pone en el congelador.

En la actualidad se admiten estabilizantes, como la gelatina alimentaria, la clara de huevo, el agar-agar y la algarroba. Los colorantes son los mismos que los de los caramelos, y los aromas son obligatoriamente naturales.

Según sus componentes, muy reglamentados, los helados se dividen en tres grupos.

- Helados a la crema o cremas heladas: mezclas de leche, crema líquida y azúcar, con un aroma natural o frutas (pulpa o jugo).
- Helados con huevos: yemas de huevo, leche, azúcar, sabor de un producto.
- Helados con jarabe: azúcar y sabor de un producto, con agua si este sabor se extrae de fruta, con leche si es un aroma como el cacao, el café, el praliné o la vainilla.

Hermé, Pierre

Pastelero francés (Colmar, 1961). Heredero de cuatro generaciones de panaderos-pasteleros alsacianos, empieza su carrera a los catorce años junto con Gaston Lenôtre. A los veinte años pasa a ser encargado de pastelería en *Fauchon*, donde permanecerá once años. Más adelante aporta su experiencia a *Ladurée*, rue Royal de París, para el que abrió un exitoso establecimiento en los Campos Elíseos. Tras la inauguración de una boutique y un salón de té en Tokio, Pierre Hermé ha creado su propio sello con dos boutiques en París, en la orilla izquierda del Sena. Es el mascarón de proa de los pasteleros franceses actuales. Su "dos milhojas", su macarrón con rosa (o Ispahan), y sus variaciones sobre el chocolate (con nuez, pistaches, en milhojas) le proporcionan un renombre internacional de "sastre" de su profesión. Es autor de numerosas obras técnicas y de recetas, entre las que destaca el *Larousse de los postres* (1997).

herve

Queso belga con Denominación de Origen, de leche de vaca (45% de materia grasa) de pasta blanda y corteza lavada de un color ocre rosado. El *herve* se presenta en forma de cubo de 5 a 10 cm de lado. Tras seis semanas de maduración tiene un sabor suave, pero es muy intenso después de ocho semanas.

hervir

Llevar un líquido (agua, fondo, caldo corto) a ebullición y mantenerlo en ella, a fin de cocer los alimentos que se han sumergido en el mismo. Para cada líquido, la ebullición se produce a una temperatura fija y constante (100 °C en el caso del agua y a nivel del mar). La cocción "a grandes hervores" no exige menos tiempo, pero evita que los elementos se peguen entre sí o en el fondo del recipiente. También se hace hervir un líquido de cocción para concentrarlo.

Los aceites y otros cuerpos grasos de fritura tienen temperaturas de ebullición que alcanzan los 200 °C. En cuanto a los almíbares, llegan a ebullición en función de su concentración.

hidromiel

Bebida a base de miel y de agua muy estimada por los griegos de la Antigüedad (que veían en las abejas un símbolo de inmortalidad) y muy consumida por los romanos. Los celtas, sajones, galos y escandinavos (con el nombre de *met*) la bebían tanto como la cerveza. En la Edad Media se seguía preparando, e incluso en el siglo XVIII, pero después retrocedió ante el vino de forma más generalizada que la cerveza.

El hidromiel simple es una mezcla de sabor dulzón de agua y de miel. El vino de hidromiel (de 13 a 15% Vol.) es más fuerte y tiene un sabor parecido al moscatel. La mezcla se calienta, se espuma, se enfría, se decanta, se pone a fermentar varias semanas y se trasiega. A veces se favorece la fermentación con vino blanco o levadura de cerveza, pero lo más importante es la miel: debe ser de primera calidad, muy fina y perfumada. El hidromiel también proporciona aguardiente mediante destilación.

hiel

Bilis de los animales de carnicería, de las aves de corral y de las piezas de caza, segregada por el hígado y almacenada en una bolsa (vesícula biliar). Cuando se evisçera un ave o una pieza de caza de pluma, se debe procurar no romper esta bolsa que contiene la hiel, ya que modificaría el sabor de la carne con su amargor.

hielera o refrescador

Recipiente cilíndrico u ovalado, de borde alto, cubo o cubitera que sirve para refrescar las bebidas sumergiendo la botella en hielo o en agua salada.

Existen recipientes refrescadores, como las copas de caviar, para presentar en la mesa manjares que deben consumirse muy fríos, y que poseen un doble fondo que contiene hielo picado.

hielo o cubos de hielo

Empleados antaño como elemento refrigerante, hoy se usan para presentar ciertos productos frescos (marisco, pescado) en los comercios y restaurantes. En menor medida se utilizan para preparar esculturas donde también se presentan algunos alimentos. Los bloques de hielo siguen un proceso industrial y se preparan en establecimientos autorizados.

Los particulares utilizan más a menudo los cubitos de hielo del refrigerador (sobre todo para bebidas).

hierba centella o *souci*

Planta de huerto, de la familia de las asteráceas, con flores amarillas. Sus pétalos, antaño utilizados para colorear la mantequilla, enrique-

cen tradicionalmente ciertos platos, como la sopa de congrio de Jersey (con col, puerros y guisantes), decoran las ensaladas verdes y sirven para aromatizar un vinagre.

hierba de la plata, barilla o *ficoïde glaciale*

Antigua verdura, de la familia de las ficoidáceas. Sus hojas carnosas parecen estar escarchadas, de ahí su nombre. Se comen crudas o cocidas, como las espinacas o la tetrágona.

hierba limón o té limón

Planta aromática de la familia de las poáceas, originaria de Malasia, cuyo aroma recuerda al del limón. Sus hojas secas son muy utilizadas en la cocina indonesia y china, tanto para las maceraciones de pescado como para las carnes asadas a la parrilla.

En México se emplea para realizar infusiones.

hierbaluisa o verbena

Planta de la familia de las verbenáceas, confundida muy a menudo con la verbena y también conocida por los nombres de "hierba de la princesa", "luisa", "reina luisa", "cedrón" y "verbena olorosa".

Es una planta originaria de América del Sur, concretamente de Chile, aclimatada en Europa desde el siglo XVIII, cuyo aroma intenso e inconfundible recuerda un poco la agradable fragancia del limón.

En cocina las hojas frescas, enteras o troceadas, de la hierbaluisa se emplean a menudo en la elaboración de ensaladas y postres. También es muy utilizada en pastelería, como infusión, para aromatizar bebidas y para aderezar platos.

hierba santa o acuyo

Planta aromática de la familia de las piperáceas. Sus hojas son verdes, tienen forma acorazonada, textura suave, delgada, brillante en la cara superior y opaca en la inferior. Su tamaño varía, dependiendo del lugar donde crezca: pueden alcanzar entre 12 y 25 cm de diámetro. Crece en lugares húmedos, de forma silvestre; también se cultiva en huertos familiares. Su aroma y sabor recuerdan al anís. Es originaria de México. Actualmente se utiliza para dar sabor a varias preparaciones como tamales, caldos, guisos de res, cerdo, pollo y pescado.

hierbabuena

Hierba originaria del Mediterráneo, de la familia de las labiadas. Las variedades más utilizadas en México son *Mentha arvensis*, *Mentha sativa* y *Mentha spictata*. Es de color verde pálido, muy aromática. Su sabor y olor son semejantes a la menta. En México se utiliza en caldos, guisos y sopas, tanto para perfumarlos como por sus cualidades digestivas.

hierbas aromáticas

Nombre genérico que se da a diversas plantas silvestres o de huerto de hojas verdes, consumidas frescas o secas, así como a las hierbas aromáticas.

En cocina, tradicionalmente se ha agrupado las hierbas según criterios que nada tienen de absoluto:

- Las hierbas de huerto: bledo, berro, espinaca, lechuga, acedera, acelga, verdolaga, etc. Se utilizan en la preparación de sopas y potajes, en ensaladas o guarnición.

- Las hierbas de sazón, llamadas también "guarniciones de ensalada" (arúgula salvaje y cultivada, etc.), engloban las finas hierbas y las plantas aromáticas herbáceas: apio silvestre, apio, perifollo, cilantro, estragón, perejil, etc.
- Las hierbas de Provenza (albahaca, laurel, romero, ajedrea y tomillo), a menudo mezcladas y picadas, a veces secas, deshidratadas y ultracongeladas. Se utilizan sobre todo para aromatizar las parrilladas.
- Las hierbas venecianas son una mezcla (perifollo, estragón, perejil), finamente picada e incorporada a una mantequilla trabajada.

hierro
Elemento esencial de la hemoglobina de los glóbulos rojos de la sangre y de la mioglobina de los músculos. Las necesidades de hierro, calculadas en 10 a 15 mg al día, son mucho más elevadas en las mujeres embarazadas (20 a 30 mg) y en los niños.

Los alimentos más ricos en hierro son las vísceras y las carnes, los moluscos, los frutos oleaginosos, la yema de huevo, las legumbres, algunas verduras (espinacas y perejil) y el pan, mientras que ciertos productos lácteos, los quesos, las frutas y las demás verduras contienen muy poco hierro. Los alimentos ricos en vitamina C (cítricos, fresa, kiwi o col) y en vitaminas B9 (hígado, brócoli, berros o espinacas) favorecen la capacidad de absorción del hierro, mientras que los taninos del café, el té, el vino y la cerveza la reducen.

hierro colado
Aleación de hierro y carbono con la que se fabrican varios utensilios de cocina, sobre todo cazuelas, parrillas y sartenes. El hierro colado, pesado y resistente, conserva durante mucho tiempo el calor y permite tanto las parrilladas rápidas como los guisos a fuego lento. Los utensilios de hierro colado esmaltado, recubiertos por dos capas de esmalte (de color y brillante o negro y mate), pueden pasar directamente del fuego o del horno a la mesa, pero son frágiles, pues el material es sensible a los choques y a las ralladuras. El aluminio colado es mucho más ligero y se utiliza ampliamente para el material de cocina.

hígado
Víscera roja de los animales de carnicería, de las aves de corral y de las piezas de caza.

El hígado de ternera es el más tierno. Se cocina entero o en lonchas. Las cocinas italiana y francesa le dedican numerosas recetas.

Por orden de valor nutritivo, vienen los hígados de vaca y de cordero, ambos tiernos (a menudo cocinados en la sartén o en brochetas). El hígado de res, menos apreciado y bastante más barato, también se puede freír, asar o saltear. El del cerdo a veces se cocina a la cazuela, pero sobre todo se emplea en charcutería.

Los hígados de ave se usan mucho en cocina: en brochetas, en *risotto*, el *pilaf* y distintas guarniciones. El de pato, incluso cuando el animal no se ha cebado, es de una gran delicadeza y se cocina con armañac y uvas.

El hígado de ciertos pescados marinos también es comestible. Se utiliza sobre todo el de raya y el de rape. El hígado de bacalao, conservado en aceite y luego ahumado, se unta sobre canapés fríos.

higo
Fruto de la higuera, de la familia de las moráceas, piriforme y globuloso, que se consume fresco o seco. Originario de Oriente, el higo era ya muy apreciado por antiguas civilizaciones.

Los higos frescos son bastante energéticos (52 kcal o 217 kJ por cada 100 g de higos frescos), ricos en glúcidos (12 g por 100 g de higos frescos), en potasio y en vitaminas. Cuando están maduros presentan pequeñas grietas superficiales y resisten mal a la presión del dedo, pero no deben estar demasiado blandos. La firmeza del rabillo es un buen índice de frescor.

Los higos se consumen al natural o se preparan en dulce. También se sirven como entremés frío, con jamón crudo. Los violetas de piel gruesa acompañan al pato, el conejo, la pintada y el cerdo. También se hacen confituras y distintas bebidas fermentadas, como la *boukha* tunecina.

Los higos secos son muy nutritivos (260 kcal o 1,086 kJ por cada 100 g de higos secos), ricos en azúcar (62 g por cada 100 g de higos secos) y en vitaminas. Son blancos, secados en primer lugar al sol, lavados con agua de mar y luego desecados en cámara a temperatura constante. Son muy perfumados, oscuros e hinchados al principio de temporada, pero se van secando progresivamente y cada vez son más claros.

Los higos secos acompañan muy bien al cerdo o el conejo, como las ciruelas pasas.

Es mejor elegir higos vendidos a granel que los que se encuentran en barquillas o cestas siempre y cuando se especifique su origen.

higo chumbo ◆ tuna

hinojo
Planta aromática (anisada), de la familia de las apiáceas, cuyos frutos, tallos y bulbos pueden consumirse como aromatizante o verdura. Su bulbo, formado por la base ancha y carnosa de las hojas que se imbrican las unas en las otras, se consume como verdura cruda o salteada. Para consumirse debe estar bien blanco, firme, redondeado y sin manchas.

Cocido, el hinojo se prepara como el apio: breseado o salteado en mantequilla, a veces cocido a fuego lento en salsa, gratinado o con tuétano, como los cardos. Crudo y cortado en tiras, en ensalada, posee un olor anisado que va bien con ciertas verduras y sobre todo con la crema líquida.

hisopo
Planta aromática de la familia de las lamiáceas, originaria de la cuenca mediterránea, de sabor amargo y olor fuerte, un poco áspero. Muy utilizada en la Antigüedad y la Edad Media para aromatizar las sopas y las farsas, en nuestros días participa en la elaboración de licores (*chartreuse*, Bénédictine).

Las hojas jóvenes se pueden utilizar en infusión, como condimento para la cocción de distintos pescados grasos o ciertas elaboraciones de charcutería e incluso ensaladas y compotas de frutas, a las que dan un sabor original.

hochepot
Cocido de Flandes en el que pueden intervenir las orejas y la cola de cerdo, la panceta y el rabo de res, la paletilla de cordero, el tocino

salado y todas las verduras del cocido. Pero a menudo el elemento cárnico esencial, y a veces único, es el rabo de res. Las verduras se sirven enteras o en puré.

Antaño era un plato de carne picada, nabos y castañas, cocidas con caldo en un recipiente de barro.

hojalata

Hoja de acero de poco grosor, recubierta por ambos lados por una capa de estaño. Resistente a la corrosión de los productos ácidos, es impermeable al agua, a las grasas y al gas. Además es muy buen conductor del calor.

También se utiliza para fabricar numerosos utensilios de cocina, como moldes de pastelería, placas, coladores chinos, espumaderas, etc. Para los recipientes de cocción hoy en día se prefiere el aluminio o el acero inoxidable, ya que el estañado podría fundirse a fuego vivo.

hojaldrados

Preparaciones realizadas en pasta de hojaldre, rellenas de casi cualquier alimento (queso, jamón, marisco, etc.) y cortadas en bastoncillos o triángulos, que se sirven como entrante caliente.

Los hojaldrados también son bastoncillos de pasta de hojaldre, que se doran y a los que se esparce ajonjolí, queso o paprika. Se sirven, calientes o fríos, como *snacks* de aperitivo.

holandesa, a la

Denominación que se aplica a huevos escalfados, verduras cocidas en agua (alcachofa, espárrago, acelga, col) o pescados pochados, servidos con una salsa holandesa (aparte o para napar), así como a preparaciones inspiradas en la cocina holandesa, como por ejemplo los huevos "en taza".

homogenización

Técnica que consiste en hacer estallar, bajo una fuerte presión, los glóbulos de la materia grasa de la leche en partículas muy finas. Ésta se encuentra entonces repartida de forma homogénea y no asciende a la superficie.

La homogeneización facilita el tratamiento térmico de conservación de la leche (pasteurización, esterilización) y evita el depósito de nata en las paredes de los embalajes. Por otra parte, hace que la leche sea más digestiva.

hongo

Los hongos proceden de un micelio subterráneo que se desarrollan sobre un soporte nutritivo húmedo y rico en carbono (humus, raíz, madera).

El valor nutritivo de los hongos en prótidos es superior al de las verduras de hoja. Son muy poco calóricos (100 g de colmenillas: 40 kJ; de rebozuelos: 47 kJ; de champiñones de cultivo: 67 kJ; de boleto de pie escabroso: 76 kJ; de ceps: 85 kJ, o de trufas: 115 kJ).

Los hongos comestibles, más o menos calóricos y ricos en proteínas, comprenden especies cultivadas (sobre todo champiñones) y numerosas variedades de recolección (boletos, rebozuelos, trompetas de los muertos).

La morilla y trufa disfrutan de un renombre gastronómico muy antiguo.

La recolección de hongos silvestres es sin duda tan antigua como la de las bayas. Para recolectar hongos es esencial conocerlos bien, ya que algunos de ellos son tóxicos, peligrosos e incluso mortales. En caso de duda es necesario mostrarlos a un experto. Cuando se recolectan hongos o se compran, deben ser frescos, jóvenes y no agusanados. Conviene prepararlos lo más rápido posible; son en general muy putrescibles.

Para preservar todo el aroma de los hongos de recolección lo mejor es no pelarlos ni lavarlos, sino simplemente secarlos con un paño, en primer lugar húmedo y después seco. Es necesario cortar los pies cuando son duros, fibrosos o agusanados.

Los hongos son más un condimento sabroso y delicado que una auténtica verdura, salvo algunas excepciones, que pueden constituir una guarnición o un plato por sí mismos. Algunas especies se comen crudas (champiñones), pero la mayor parte solo son comestibles una vez cocidas.

La desecación es adecuada para las especies cuya carne está poco hidratada. Las especies carnosas pueden congelarse. Los hongos se conservan tanto en aceite como en vinagre o salmuera.

En algunos países de habla hispana a los hongos se les conoce por el nombre de setas.

→ **laccaria, lactarius, seta**

hongo amarillo ◆ **rebozuelo**

hongo tecomate ◆ **amanita cesárea**

horchata

Bebida elaborada a base de chufas molidas, que se mezclan con agua o leche, azúcar y limón. Es una elaboración tradicional valenciana (en especial de la localidad de Alboraya). Existen también horchatas de almendras, arroz o cebada.

En México se trata de una bebida refrescante que se prepara normalmente con granos de arroz remojados en agua que después se muelen y se mezclan con agua endulzada; al final se aromatiza con canela. Puede añadirse leche y, ocasionalmente, otros ingredientes. En algunas regiones de México se elabora la horchata de coco, que contiene arroz molido y licuado con leche, canela y azúcar.

hormiga chicatana

Hormiga grande de color café oscuro o rojizo. Es una de las más abundantes en México, donde se reconocen las variedades *Atta mexicana* y *Atta cephalotes*. Abundan en mayo, junio y julio. Para comerlas, se les quitan las patas, las alas y la cabeza. Su sabor recuerda al del cacahuate. Se comen asadas, en tacos, en guisos diversos o como botana.

hornilla o encimera

Aparato de cocción independiente, de hierro colado esmaltado, de acero inoxidable o de vitrocerámica, que va encajado en la superficie de trabajo de una cocina. La hornilla está equipada con dos, tres o cuatro quemadores de gas o placas eléctricas, o ambos tipos.

• La encimera de vitrocerámica no tiene fogones a la vista, sino una superficie lisa, formada por una placa de cristal especial, muy resistente a los golpes y a las variaciones fuertes de temperatura. Las fuentes de calor, dispuestas bajo esta placa, transmiten el ca-

Cereales

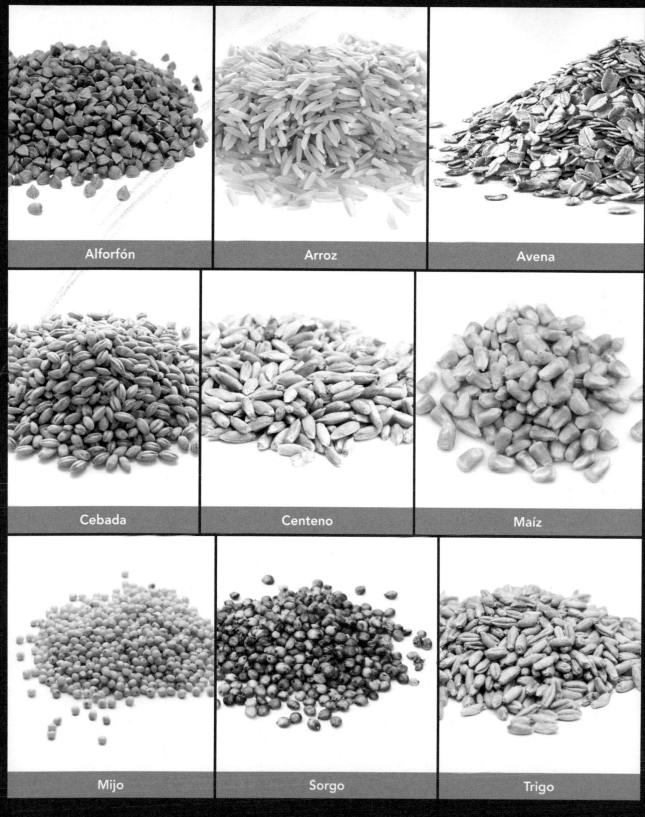

Alforfón	Arroz	Avena
Cebada	Centeno	Maíz
Mijo	Sorgo	Trigo

Aves

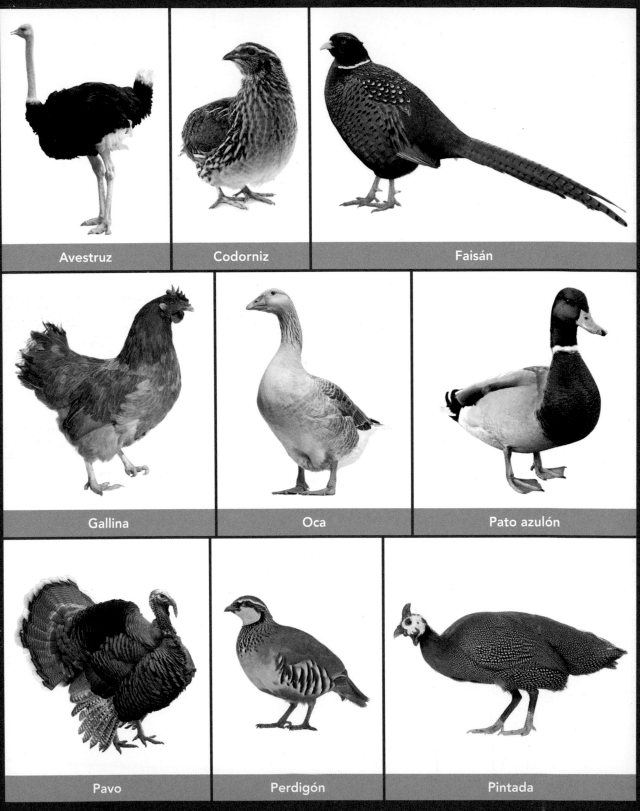

Avestruz

Codorniz

Faisán

Gallina

Oca

Pato azulón

Pavo

Perdigón

Pintada

Peces

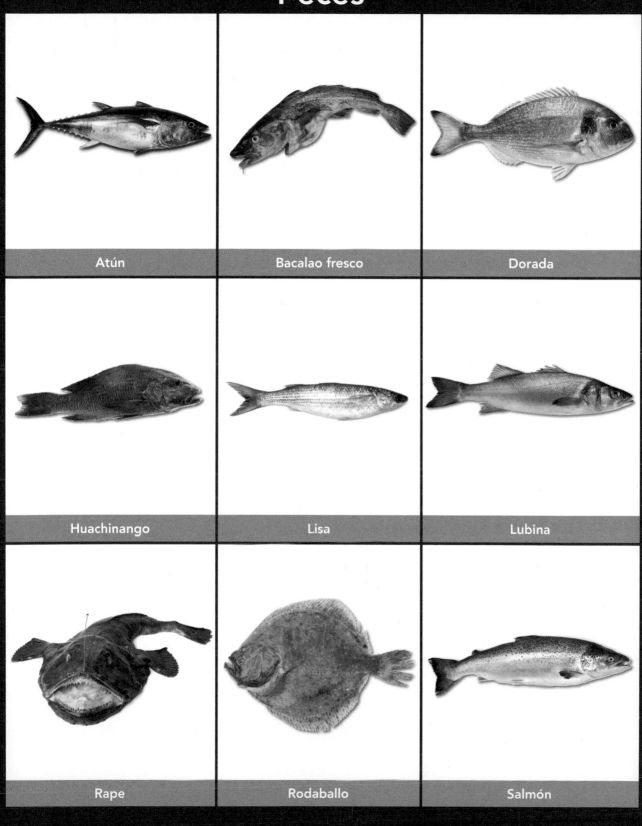

Atún	Bacalao fresco	Dorada
Huachinango	Lisa	Lubina
Rape	Rodaballo	Salmón

Crustáceos y moluscos

Abulón

Almeja

Berberecho

Bogavante

Buey de mar

Calamar

Camarón

Erizo de mar

Jaiba

Crustáceos y moluscos

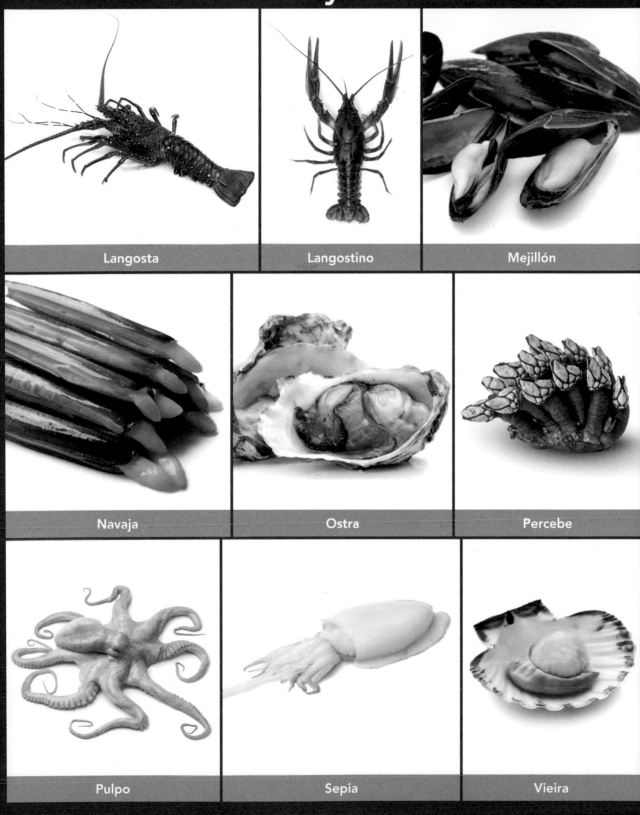

Langosta

Langostino

Mejillón

Navaja

Ostra

Percebe

Pulpo

Sepia

Vieira

Especias

Alcaravea	Anís estrella	Azafrán
Cardamomo	Cúrcuma	Ginseng
Jengibre	Nuez moscada	Paprika

Plantas aromáticas

Albahaca

Eneldo

Estragón

Mejorana

Menta

Orégano

Perifollo

Salvia

Tomillo

Hongos

Amanita cesárea

Cep

Laccaria

Morilla

Rebozuelo

Shiitake

Trompeta de los muertos

Trufa negra

Trufa blanca

Pastas

Canelones

Espagueti

Kadaïf

Macarrones (*penne*)

Ravioles

Spätzles

Tagliatelles

Tallarín (*soba*)

Tortellini

Quesos

Asiago

Camembert

Cheddar

Crottin de Chavignol

Edam

Feta

Gorgonzola

Gruyére

Manchego

Quesos

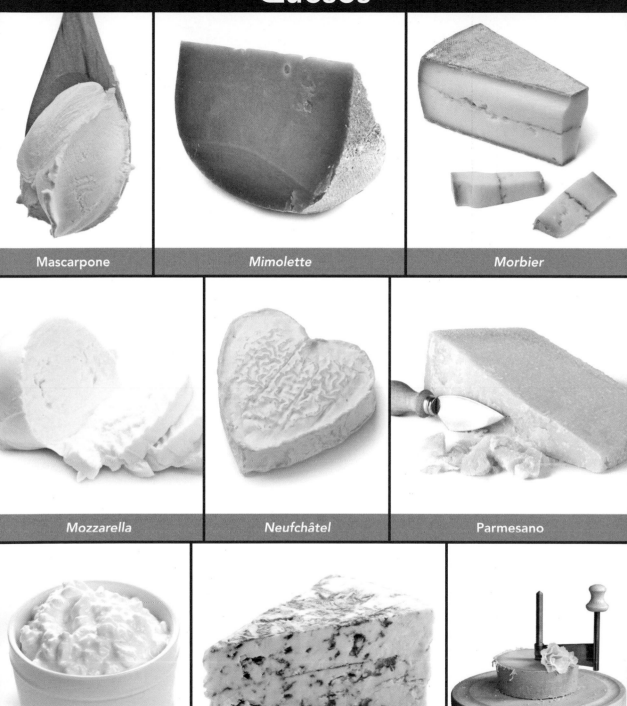

Mascarpone

Mimolette

Morbier

Mozzarella

Neufchâtel

Parmesano

Queso *cottage*

Roquefort

Tête-de-moine

Charcutería

Boudin noir

Butifarra

Chorizo

Foie gras

Jamón

Morcilla

Mortadela

Pastrami

Salami

Pasteles

Baba

Baklava

Brazo de gitano

Carrot cake

Éclair

Milhojas

Ópera

Sachertorte

Tarta de Santiago

Frutas y verduras de Asia

Col china (*pak-choi*)

Kaki

Kumquat

Loto (raíces)

Litchi

Mangostán

Rambután

Ruibarbo

Yuzu

Productos de Asia

Curry

Ghee

Kombu

Miso

Nido de golondrina

Nori

Nuoc-mâm

Tofu

Wasabi

Ingredientes de América

Amaranto

Camote

Chirimoya

Fruta de la pasión

Guayaba

Pitahaya

Quinua

Tomate

Vainilla

lor por radiación hacia unas posiciones materializadas por un trazado.

- La mesa de inducción (o placa de inducción) también está recubierta de vitrocerámica. En el interior de la mesa, un generador de campo magnético alimenta y dirige el inductor. Cualquier recipiente metálico y magnético (lo cual excluye el cristal, el aluminio y el cobre) colocado encima de la superficie cierra el campo magnético, y unas corrientes de inducción calientan primero el fondo del recipiente y después su contenido, mientras que el resto de la placa se mantiene frío.

horno

Aparato de cocción derivado del horno de pan. Los hornos modernos están incorporados a las placas de cocción, o bien son independientes. Se componen esencialmente de un espacio calorífugo, calentado por un difusor que funciona con gas o mediante resistencias eléctricas dispuestas en la parte baja o en la parte superior. Sea de gas o eléctrico, el horno está provisto siempre de un termostato que regula la temperatura, en general de 60 a 280 °C, con un botón a veces graduado de 1 a 8 (o a 10). Es importante precalentar el horno, 10 o 15 min antes de introducir los alimentos, para obtener mejores resultados.

- El horno tradicional (de convección natural) produce un calor que se reparte de forma desigual. El horno de convección forzada (o de "aire impulsado" o "de calor giratorio") está equipado con una turbina que mueve el aire en el espacio de calor, homogeneizando la temperatura.
- El horno a vapor cuece los alimentos mediante vapor, preservando así el sabor, la textura y las vitaminas.
- Los hornos mixtos, de calor y aire impulsado permiten realizar cocciones a una temperatura perfectamente regulada, en particular al vacío.
- Los hornos combinados reúnen las ventajas de un horno eléctrico y las de un horno de microondas.

También existen los hornos de leña, de tierra cocida y hormigón refractario, en el que uno puede elaborar pan o cocer pizzas.

horno de microondas

Aparato eléctrico que permite la cocción o el calentamiento de alimentos por acción de ondas ultracortas a muy alta frecuencia. Estas microondas provocan la rápida agitación de las moléculas de agua contenidas en los alimentos, lo cual genera un calentamiento intenso. Cuanta más agua libre hay en los productos (líquidos o verduras), más rápido y homogéneo es este calentamiento; cuando más ligada está el agua (carnes, pescados), más lento y disparejo es. Las microondas atraviesan materiales como el cristal, el plástico o la cerámica, pero son reflejadas por los metales. Por ello es imperativo no introducir ningún objeto metálico en un horno microondas.

hot cake o pancake

Pequeña crepa estadounidense, algo gruesa, que se come untada con mantequilla y cubierta con mermelada o miel de maple, o rellena de arándanos, plátano o fresas. A veces se prepara con harina de maíz.

En Argentina, y en Latinoamérica en general, se refiere a una torta similar a una crepa, pero más gruesa, que se cubre con dulce de

leche, miel, mermelada o chocolate. También se utiliza para preparaciones saladas.

hot dog

Panecillo largo lleno con una salchicha de Frankfurt, que se consume caliente, y untado de mostaza ligeramente dulce. Esta expresión estadounidense, aparecida hacia 1930, significa "perro caliente".

huachinango

Pez marino de carne muy apreciada. Mide unos 60 cm y su piel es color rojo uniforme; pesa al menos 1 kg. Se vende fresco, entero o cortado en filetes. Su carne es magra y blanca con tonalidades rojas, a la cual se considera muy fina. Se prepara de múltiples formas: frito, empapelado, asado, al mojo de ajo y en cualquier salsa o guiso; con él se elabora, el célebre huachinango a la veracruzana.

hueso

Elemento sólido de la estructura de un animal vertebrado. Sumergidos en un líquido hirviendo, sobre todo los de ternera, proporcionan gelatina, indispensable para la textura y el sabor de ciertos fondos de cocción. Por regla general, los huesos, troceados, a veces rostizados al horno, y tras añadirles diversos aromatizantes, sirven para preparar los fondos de salsa. Ciertos huesos, en particular los de res, contienen tuétano.

hueso de fruta o semilla de fruta

Parte central leñosa de ciertos frutos carnosos, que encierra una almendra. La infusión de las almendras de ciertos huesos sirve para preparar licores, aguardientes y ratafías.

hueso de santo

Dulce castellano, elaborado con mazapán, almendras, azúcar y, a veces, papa.

La pasta obtenida se enrolla formando canutillos que recuerdan a un hueso, rellenos tradicionalmente de dulce de yema, aunque también de confitura, cabello de ángel o chocolate. Es típico degustarlo en la celebración del día de Todos los Santos.

huevas de pescado

Huevas de peces marinos o de agua dulce, a menudo de sabor muy delicado, que se utilizan en cocina para preparar canapés, barquillas o tostadas.

También se designan colectivamente con el término "ovas".

Existen tres tipos de preparación de las huevas de pescado: al natural, (las huevas de salmón o trucha, de lucio o pez volador), secadas al sol (huevas de bacalao, mújol, atún y otros) y mezclas a base de huevas de pescado a veces trabajadas en forma de una pasta llamada "tarama".

huevo

Cuerpo orgánico esférico u oblongo, que producen y ponen sobre todo las hembras de las aves. Protegido por una cáscara, contiene el germen de un embrión y reservas alimentarias. La palabra "huevo", sin otra mención, designa exclusivamente al huevo de gallina. Los demás huevos comercializados se venden obligatoriamente con la mención de origen del animal: codorniz, pata, oca. Los huevos de avestruz o de cocodrilo son inusuales en el mercado. El comercio de huevo de tortuga está penado por la ley por ser una especie en peligro de extinción.

En un huevo de gallina de 60 g, la cáscara pesa 7 g. Calcárea y porosa, está cubierta en su interior por una membrana que, en el extremo más redondeado, deja un espacio llamado "cámara de aire", que aumenta de volumen cuando el huevo envejece. La clara (35 g) es una masa translúcida de agua y albúmina. La yema (18 g) contiene el germen (visible si el huevo está fecundado, lo cual no impide que pueda consumirse), así como lecitina (grasas fosfóricas). Contiene también hierro, azufre y vitaminas A, B, D y E.

El huevo es un alimento muy equilibrado y nutritivo, relativamente poco energético (76 kcal o 318 kJ por cada 100 g), ya que es pobre en azúcar, y contiene todos los aminoácidos indispensables para el hombre. Se digiere con facilidad si no interviene en preparaciones demasiado grasas.

El huevo ocupa un lugar fundamental en muchas industrias alimentarias, en particular en la elaboración de pastas, helados, galletas y pasteles. Sus empleos son múltiples en cocina y en pastelería. Participa en numerosas pastas de base, así como en la composición de bebidas como el *egg-nog*, el rompope, etc.

Pero el huevo es un alimento en sí mismo, que se cocina de las formas más diversas (revuelto, en *cocotte*, tibio, cocido, estrellado, *mollet*, escalfado, en tortilla, etc.) y con todo tipo de alimentos complementarios.

huevo "cien años"

Huevo de pata que los chinos envuelven en un emplasto de cal, barro, sal nitro, hierbas aromáticas y paja de arroz, lo cual garantiza una conservación "infinita". Se consumen a partir del tercer mes, pero su sabor mejora con la edad. Una vez que se retira el envoltorio, el huevo es negro y brillante. Se consume frío, al natural o acompañado con láminas de jengibre, rodajas de pepino o trozos de mollejas de pollo confitadas.

huevo cocido o huevo duro

Huevo cocido con cáscara en agua hirviendo durante alrededor de 10 min hasta que la clara y la yema cuajen por completo.

huevo en *cocotte*

Huevo roto, con cuidado para no reventar la yema, en un recipiente pequeño o *cocotte*, en el que previamente se ha untado mantequilla o introducido una base cualquiera.

huevo escalfado o huevo pochado

Huevo cocido sin cáscara en un líquido hirviendo. La yema queda entonces envuelta en la clara como en una bolsa ("poche", en francés). El líquido empleado suele ser agua con bastante vinagre.

huevo estrellado o huevo frito

Huevo que se introduce en un baño de fritura o en una sartén que contenga aceite, manteca de cerdo o grasa de oca muy caliente. La clara queda coagulada y se dora ligeramente y la yema no se cuece.

huevo hilado o *œuf filé*

Huevo escalfado en forma de filamentos finos, utilizado para decorar un consomé, un potaje o una crema.

huevo *mollet* ♦ huevo tibio

huevo pasado por agua

Huevo cocido con cáscara en agua hirviendo, cuya yema queda líquida y la clara poco coagulada.

huevo *poêlé* o *œuf poêlé*

Huevo cocido a fuego medio, haciendo girar la sartén de modo que la clara se coagule y dore ligeramente y la yema no se cueza.

huevo revuelto

Huevo desleído, más que realmente batido (de hecho, basta romper las yemas y remover un poco) y cocido con mantequilla o aceite a fuego bajo. Los huevos revueltos se sirven al natural o con diversos ingredientes (jamón, champiñones, espinacas, salchichas, jitomate, etc.)

huevo tibio o huevo *mollet*

Huevo cocido con cáscara en agua hirviendo durante más tiempo que un huevo pasado por agua y menos tiempo que un huevo cocido, de manera que la yema quede densa pero todavía fluida. Todas las recetas de huevos tibios se pueden aplicar a los huevos escalfados.

huitlacoche

Hongo parásito que se desarrolla sobre las mazorcas tiernas del maíz. Aparece como un tumor de forma globosa que infecta los granos de la mazorca. Es grisáceo por fuera y negro en su interior. Abunda de julio a septiembre, durante la temporada de lluvias en México. Es uno de los hongos más gustados para los mexicanos del centro del país. Se consume como relleno de antojitos, en sopas y cremas, así como en algunos guisos.

humectante

Aditivo alimentario destinado a compensar los efectos de una débil humedad ambiental. Los humectantes permiten proteger ciertos artículos del desecamiento o facilitar la disolución de los alimentos en polvo en diversas preparaciones acuosas.
→ aditivo alimentario

humita ♦ tamal

hummus

Plato libanés muy popular, que forma parte de los entremeses tradicionales o *mezze*. Está compuesto por una pasta de garbanzos cocidos, pasta de ajonjolí, ajo, jugo de limón y aceite de oliva.

Hungría

La cocina húngara hunde sus raíces en las antiguas tradiciones de los magiares nómadas, que se alimentaban de productos en conserva, que permitían preparaciones fáciles y rápidas cuando se detenían en el camino. Un ejemplo típico es el *tarbonya*, preparación seca a base de harina y de huevos, en forma de chícharos secos, que antaño se consumía hervida con carne seca, y que hoy constituye una guarnición popular de los platos con salsa.

En la cocina húngara moderna dominan la papa, la manteca de cerdo y el tocino, la cebolla y la crema agria. Pero el gran protagonista es la paprika, y que participa en cuatro preparaciones típicas: el *gulasch* (sopa de res con cebollas), el *pörkölt* (parecido al *gulasch*, pero con una carne más grasa), el *tokány* (ragú de carne en láminas finas) y el *paprikache* (ragú de carne blanca o de pescado).

Un almuerzo húngaro comienza con una sopa espesa (aromatizada con comino, ajo y paprika), un farináceo (*tarhonya* dorado con manteca de cerdo, *galouchka*, pequeños ñoquis de harina, o tallarines con sazonamientos salados o dulces, o raviolis con confitura de *quetsche*), o bien el *lecso* (una especie de *ratatouille* de "paprikas", jitomates y cebollas a la que se añaden cubos de tocino y rodajas de salchichón).

Los pescados de río ocupan un lugar preeminente. Se acompañan de pimientos verdes y cubos de tocino, y a menudo se asocian con el eneldo, los hongos y la crema líquida.

Los cangrejos de río se preparan a menudo en ragú, con paprika o con crema, para llenar *crêpes* y hojaldres. El *foie gras* también se cocina de forma habitual.

Todas las carnes se cocinan con paprika. Pero destacan algunos platos que no la incluyen: el *choucroute*, aromatizado con eneldo, y las parrilladas (*fatanyeros*), en las que se asocian filete de res, escalopa de ternera, chuleta de cerdo y tocino ahumado con *crudités*.

Las verduras también se realzan con paprika, como los espárragos gratinados a la crema, los hongos en ragú y las papas.

Entre los quesos cabe destacar el *teasjt* y el *cascaval*, producto de la influencia turca.

Las elaboraciones de pastelería agrupan las empanadillas o las *crêpes* rellenas (de queso blanco, confitura y nueces picadas), los buñuelos, los suflés, las tartas y las *quenelles* de queso blanco. Sobre todo destaca el *rétès*, primo del *strudel*.

Hungría es la nación vitícola más importante de Europa del Este. El más conocido de los vinos blancos de "calidad superior" se elabora en la región de Tokaj, el Tokaji, conocido con el nombre de *tokay*.

I

icaco

Fruto del icaco, arbusto de la familia de las rosáceas, cultivado en las Antillas y en América Central. El icaco, de forma globosa, mide de 2 a 4 cm de diámetro. Su piel es amarilla, blanca, roja o violácea según la variedad. Su carne blanca, blanda, cremosa, jugosa y dulce, aunque un poco astringente, encierra una almendra comestible.

Llamada ciruela "de coco", "de paloma" o "de algodón", el icaco se come al natural o se confita con azúcar o vinagre.

En México se encuentra en las costas del Golfo de México, Guerrero, Oaxaca y Chiapas. Se consume fresco de manera regional, cuando el fruto es blanco, porque cuando es de color rosa o morado el sabor es insípido. En Campeche y en Veracruz se preparan los icacos en dulce.

idiazabal

Queso graso con Denominación de Origen, elaborado en el País Vasco con leche de oveja de las razas lacha y carranzana. Tiene una corteza dura, de color amarillo, y una pasta prensada y compacta, de color variable (del blanco al marfil amarillento). Gran parte de su producción se comercializa ahumada (la corteza es entonces de color pardo oscuro). La intensidad depende de la duración del ahumado, que se realiza mediante combustión de madera de haya. Se presenta de forma cilíndrica, con un peso de entre 1 y 3 kg.

IGP ♦ Indicación Geográfica Protegida

imam bayildi

Plato de la cocina turca, cuyo nombre significa: "el imam se ha desmayado de felicidad ante la suculencia de este manjar". Se trata de berenjenas rellenas con su pulpa, cebolla y jitomate, a los que se puede añadir arroz y distintos ingredientes (en particular, uvas pasas), especias y hierbas aromáticas, pero nunca carne. Este plato se puede servir tanto caliente como muy frío.

Las berenjenas ocupan un lugar muy importante en la cocina turca y se encuentran (sean o no rellenas) como guarnición del cordero asado.

En cocina clásica, la guarnición a la *imam bayildi* comprende láminas de berenjena fritas, mitades de jitomate salteadas y arroz *pilaf*, y acompaña los turnedós y los medallones de cordero.

imbricar

Disponer elementos de manera que se cubran parcialmente, solapándolos como las tejas de un tejado. Así se prepara la parte superior de ciertas piezas frías con láminas de trufa fijadas con gelatina.

imperial, a la

Denominación que se aplica a distintos platos, como un consomé de ave a la tapioca (decorado con *quenelles*, crestas y riñones de gallo, guisantes y perifollo), varias preparaciones de pescado (lenguado o trucha con colas de cangrejo de río, lechazas escalfadas y una juliana de trufa) o bien preparaciones de ave con láminas de *foie gras* y de trufa.

incorporar

Añadir un elemento a una preparación, masa o pasta y mezclarlos muy bien. Los huevos de una pasta *choux* se incorporan uno a uno. Las claras de huevo batidas a punto de nieve de una genovesa o de buñuelo, se incorporan delicadamente, cortando la pasta, sin revolver.

India

La cocina india está dominada por el arroz, las legumbres (chícharos, garbanzos, lentejas), las especias (cardamomo, canela y clavo de olor, nuez moscada), el yogur y las frutas. La influencia de las religiones y la práctica del vegetarianismo son muy determinantes en el subcontinente. Cada región posee no obstante ciertas especialidades originales. La dominación británica ha contribuido a difundir en el mundo preparaciones y condimentos inspirados en la cocina india, en particular el *curry* y los *chutneys*, pero las preparaciones tradicionales indias son algo diferentes.

El *curry* es un ingrediente básico en la cocina india. La gente prepara su propio polvo de *curry* al ritmo de las necesidades y en función de cada plato. Además del *curry*, existen dos ingredientes indispensables: el *ghee* (mantequilla clarificada) y la leche concentrada, a menudo utilizada para preparar postres. El arroz acompaña cada plato salado, siempre mezclado con una salsa o verduras aplastadas, o cocido con cebollas salteadas y especias.

Los indios aprecian mucho las botanas variadas, servidas para el aperitivo o para el té, salados o dulces, como pequeños patés con carne, albóndigas de pescado especiadas y buñuelos de hueva de pescado, de berenjena o de soya, servidos con un *chatni* (*chutney*). El cacahuate y la nuez de la India se comen frescos, salados o tostados.

El pan está constituido por tortitas de harina de trigo (*naan*), de harina de lenteja o de papa hecha puré, a veces rellenas y doradas en el *kodai* (utensilio fundamental, en forma de sartén sin mango) con *ghee*.

Los platos de verduras se sirven con arroz o pan *naan* y combinan sabores muy contrastados: especias, frutas y demás condimentos.

Se emplean frutas como piña, higo, mango, papaya y el cogollo del platanero como verduras.

El pollo, el cordero y el cerdo se preparan en ragús especiados o marinados y asados. El cerdo, a menudo se prepara agridulce. Se cocinan múltiples *currys* de cordero y de pollo, pero también de mollejas y de numerosas verduras. Existen preparaciones muy variadas de pescados marinados con especias, *currys* y salsas a base de yogur.

El té se toma por la mañana o por la tarde. También son muy populares los jarabes de fruta y leche de coco, así como los yogures diluidos y aromatizados.

En los postres se encuentra el yogur con los frutos secos, la leche con uvas pasas, almendras y cardamomo, y también los fideos con leche, perfumados a la canela. Se aprecia el queso fresco con pistaches, con uvas pasas y con pétalos de rosa, así como los mangos con leche y los pasteles de plátano, almendras o arroz. Los dátiles son indispensables para numerosas elaboraciones de confitería.

india, a la

Nombre que se da a numerosas preparaciones de pescado, huevos, carne o aves de corral (e incluso verduras) preparadas con *curry* y acompañadas a menudo con arroz a la india.

Indicación Geográfica Protegida (IGP)

Signo europeo de calidad. La IGP designa un producto originario de un determinado lugar y cuya calidad, reputación u otra característica pueden atribuirse a este origen geográfico y cuya producción y/o transformación y/o elaboración tienen lugar en el área geográfica delimitada (reglamento comunitario de 14 de julio de 1992). Solo los productos que poseen ya una etiqueta o un certificado de conformidad pueden optar a esta protección.

→ Denominación de Origen

Indonesia

La cocina de este país se basa en el arroz, acompañado por diversos productos y muchas especias y salsas. Otros recursos gastronómicos son el pollo y el cerdo, el ñame y el palmito, así como el marisco.

Ciertos condimentos y especias resultan familiares en el mundo occidental (ajo, clavo de olor, chalota, laurel, nuez moscada, cebolla, azafrán, etc.), pero incluyen también raíces secadas en polvo, ciertos frutos como el *djeruk purut* (limón pequeño muy aromático) o el tamarindo, la guindilla roja y condimentos cocinados como el *trasi* (pasta de camarón fermentada). Además se encuentran influencias de la India, como el *curry*, o de China, como los fideos de arroz o la salsa de soya.

Las frutas se comen al natural o en ensalada, sobre todo en el *rudjak*, elaborado con piña, pepino, mango verde y *bengkuang* (un nabo grande), y realzados con azúcar, tamarindo, vinagre y *trasi*.

La especialidad sigue siendo el *saté*, trocitos de carne ensartados en bastoncillos de bambú, asados y remojados en una salsa especiada. También se prepara el *saté* con pollo, cordero, cerdo, pescado, camarones o marisco.

Las bebidas corrientes son el té, la leche de coco y los jugos de frutas, pero se consumen también aguardientes locales a base de arroz o de fibras vegetales fermentadas.

industria cárnica

Conjunto de las actividades relacionadas con la transformación y la comercialización de los animales de ganadería destinados al consumo humano.

Desde la antigua Roma, la profesión de carnicero estuvo reglamentada, diversificada y dotada de privilegios. Inspirándose en el cuerpo de los maestros carniceros romanos, la Galia transmitió a la Edad Media la tradición de los cargos hereditarios. En 1096 se creó el primer comercio de carnicería en París (en la actual plaza de Châtelet).

Hoy en día en Francia las carnicerías se dedican esencialmente a la preparación de las carcasas, de los cuartos y de las piezas de medio: corte, deshuesado, preparación y presentación. En la carnicería el trabajo sigue siendo en gran parte manual. No obstante, las exigencias comerciales han llevado a numerosos carniceros a vender productos de charcutería y platos preparados. Los supermercados e hipermercados comercializan cerca de 80% de la carne que se vende a los particulares. Ésta se corta total o parcialmente en el propio almacén, o bien llega ya lista, y puede prepararse según demanda o bien venderse en autoservicio. Los acondicionamientos se realizan en talleres generalmente visibles por la clientela y muy controlados por los servicios veterinarios.

Tradicionalmente, en México las carnicerías son puestos de mercado o establecimientos fijos que generalmente se dedican a vender un solo tipo de carne. Aunque también es posible encontrar carnicerías donde se comercializa todo tipo de cortes y vísceras de carne de res, cerdo, ternera, cordero, pavos, pollos, entre otras, además se pueden encontrar embutidos. En este tipo de establecimiento los compradores pueden pedir a su gusto el corte, el grueso y la cantidad, escogiendo lo que haya a la vista para comprar.

infusión

Preparación obtenida cuando se infusiona una sustancia aromática en un líquido muy caliente que luego se deja enfriar. El término designa también la bebida obtenida, en especial el té y las tisanas. Muchas personas toman infusiones después de cenar, sobre todo aquellas que presentan cualidades digestivas.

infusionar

Verter un líquido hirviendo sobre una sustancia aromática y esperar a que se cargue de los aromas y los sabores de ésta, al tiempo que se enfría. Se hacen en infusión sobre todo el té y las plantas de tisana, pero también las peladuras de trufa en vino blanco (para obtener una "esencia" que aromatizará las salsas), la vainilla en leche o la canela y el clavo de olor en vino tinto.

inglesa, a la

Nombre de las verduras, carnes o pescados tratados, según distintos modos de cocción.
- Verduras a la inglesa. Se cuecen con agua y se sirven al natural, con perejil picado, mantequilla fundida o fresca, una salsa de finas hierbas, etc.
- Carnes y aves a la inglesa. Se escaldan, hierven o cuecen en un fondo blanco. Según el caso, las verduras se cuecen al mismo tiempo o separadamente, con agua o al vapor.

- Pescados y trozos de carne empanizados a la inglesa. Se empanizan con un pan molido inglés y se saltean o se fríen.
- Pescados asados a la parrilla a la inglesa. Se tienen que cortar en rodajas si son grandes, y cincelados si son pequeños. Su cocción debe realizarse a fuego lento, después de untarlos con aceite o mantequilla fundida (y enharinarlos si su carne es delicada). Se acompañan con mantequilla fundida o mantequilla *maître d'hôtel*.
- Preparaciones de la cocina británica "a la inglesa". Denominación que puede referirse tanto a salsas, entremeses o *pies* como a distintas preparaciones con huevos.
- Crema inglesa. Es una preparación de base de la cocina clásica.
- Servicio "a la inglesa". El camarero sirve a los comensales utilizando un tenedor y una cuchara para coger los manjares.

inserir

Practicar un corte más o menos profundo con la ayuda de un cuchillo bien afilado. Se hacen incisiones en el vientre de un pescado para vaciarlo, en un *gigot* para introducir un diente de ajo, o en una fruta para facilitar el pelado o el corte.

La importancia de la incisión depende de la finalidad que se busque: facilitar la cocción de los pescados a la parrilla o fritos o incrustar láminas de trufa en un alimento.

instantáneo

Calificativo que designa un producto que ha sido sometido a desecación y al que basta añadir agua o leche caliente: café, caldo de pollo o verduras en polvo o cubos, por ejemplo. Su volumen y su peso se reducen y su conservación es mayor.

intensificar

Reforzar el sabor y el aroma de una preparación añadiendo sustancias concentradas (glasa de carne en una salsa, por ejemplo) o fuertes y picantes. También se puede intensificar el sabor de una preparación líquida reduciéndola.

ionización

Procedimiento de conservación de los alimentos mediante rayos ionizantes: rayos gamma, rayos X y rayos de haces de electrones acelerados. La ionización está reglamentada por la Organización Mundial de la Salud (OMS). Permite frenar la germinación de algunas verduras, matar o esterilizar a los insectos que infestan los cereales o los frutos secos, eliminar microorganismos patógenos y retrasar la maduración de ciertas frutas (fresa, mango, etc.). No obstante, provoca la destrucción parcial de las vitaminas, y es un método oneroso. La ionización se aplica sobre todo a productos secos, especias o platos cocinados (por ejemplo, la carne de ave separada mecánicamente es ionizada para eliminar la salmonela). La indicación "producto tratado por rayos ionizantes" (o el logo correspondiente) debería figurar en la etiqueta de los alimentos, lo cual no siempre es así.

irish coffee

Bebida alcoholizada a base de café, whisky y crema batida, que a veces se sirve como postre. Se calienta un vaso o copa larga y se vierte en él una buena medida de whisky. Luego se echa un café muy fuerte y se cubre con crema.

El *irish coffee* fue inventado en 1942 por el *barman* Joe Sheridan, que trabajaba en el aeropuerto de Foynes, en Irlanda, donde tuvo la idea de servir esta bebida para hacer entrar en calor a los viajeros estadounidenses.

irish stew

Guiso de carnero con papas. La papa, introducida en Irlanda en el siglo XVI, se convirtió en la base de la alimentación y se juntó con el carnero en este plato de sabor intenso. Los trozos de pescuezo se disponen en capas alternas con rodajas de papa y con cebollas cortadas finas, regadas con agua y cocidas a fuego lento. El acompañamiento clásico está formado por col roja marinada con especias. De forma menos tradicional, el *irish stew* se puede preparar con cordero, acompañándolo de nabos, zanahorias, chirivía, cebada o incluso *stout*.

Irlanda

La cocina de este país, gran productor de carne y productos lácteos, se caracteriza por unos platos sencillos, guisos de carne, sobre todo de res y cordero, de embutidos (salchichas de cerdo, *puddings* y tocino) y de verduras (papa, zanahoria, nabo, chirivía, etc.), siendo las salsas muy poco frecuentes. La papa es uno de los ingredientes de casi todos los platos desde su introducción en el siglo XVI. La pesca, otro sector económico importante, ofrece pescado (arenque y sobre todo caballa) y marisco (bogavante, camarones, berberechos, etc.), especialmente a lo largo del litoral, donde el salmón ahumado, las ostras y los mejillones son muy apreciados.

Además de la omnipresente papa, se utiliza la col, por ejemplo: el *colcannon* se prepara con col rizada y puré de papa, a veces enriquecidos con leche o crema y aromatizados con poro, cebolla, cebolleta o ajo.

Entre los platos dulces sobresale la tarta de manzanas y el *barmbrack* (pan con pasas), que se toma con té.

La *irish stout*, o *dry stout*, es una cerveza oscura densa y fuerte, de alta fermentación, braseada a partir de un mosto cuyos granos han sido tostados, lo cual le confiere un leve sabor a café; existen dos variantes: dulce y amarga. Los whiskys, menos numerosos que los escoceses, son más ligeros y suaves, sin el sabor ahumado que confiere la utilización de turba.

isla flotante

Postre muy ligero, elaborado con claras de huevo endulzadas, horneadas al baño María y luego desmoldadas sobre una crema inglesa, cubiertas con caramelo, decoradas con almendras tostadas y en láminas, praliné picado, pralinés rosas aplastados o cáscara de limón en juliana fina.

En México la isla flotante puede referirse al postre antes mencionado, del cual existen variantes regionales, pero también puede tratarse de un pan muy ligero horneado sobre leche hervida. El pan se elabora con harina de trigo, huevo, azúcar y canela; se vierte sobre leche hervida con azúcar y canela y se hornea; se sirve en rebanadas, ya sea fría o a temperatura ambiente. Antaño, este postre casero se preparaba con pinole en lugar de harina.

Italia

La cocina italiana es célebre en el extranjero sobre todo por la pasta, el *risotto*, el *fritto misto* y la pizza. Además de estas especialidades, excelentes cuando son auténticas, destacan la charcutería (mortadela, *prosciutto*, salami, jamón de Parma), y se coincide en la calidad de los aceites, los vinos y los quesos, así como en la superioridad de los postres (*gelati*, *casattas*) y del café. Pero en realidad, estos ejemplos tan solo representan una ínfima parte de los productos regionales que encontramos en todos los ámbitos de la alimentación, ya se trate de la panadería, de conservas diversas, embutidos elaborados con todo tipo de carne, los numerosos quesos y también licores.

- La cocina del Norte del país se caracteriza por el uso de mantequilla, queso de vaca, embutidos, *ossobucco* y arroz y por preparaciones como la pizza y el *pesto* de albahaca; por su parte, la cocina del sur es el reino del aceite de oliva, de las aceitunas, de la pasta, de la polenta, el *risotto*, los pescados y el marsala.
- Tanto el arroz como la pasta son productos básicos en la cocina italiana: el arroz se degusta como relleno de jitomates o de pimientos, con ajo y albahaca, y como guarnición de pescados y mariscos; en cuanto a las famosas pastas italianas, se sirven al comenzar la comida, con mantequilla y parmesano; con salsa de jitomate, de ragú de carne (a la boloñesa) o con salsa *alla carbonara*; con mariscos y con *pesto* de albahaca. Existe una infinidad de pastas: cortas, largas y rellenas de carnes, quesos o verduras.
- Italia también honra la carne. Los piamonteses aprecian el *bollito misto*, acompañado por salsa verde (perejil, ajo y aceite de oliva) y el *stracotto al barolo* (estofado al vino). Los lombardos, por su parte aprecian la *busecca* (sopa espesa con callos de ternera, alubias y verduras). La variedad de preparaciones de ternera es sorprendente: con jamón; con limón; con marsala; con atún, anchoas y alcaparras; con aceitunas de Livorno; o bien, escalopas finas, rellenas, salteadas en mantequilla y desglasadas al vino blanco y al marsala; salteada con aceite y aromatizada con jitomate, ajo y orégano.

Existe menor variedad de preparaciones de aves, pero cabe destacar las supremas de pollo a la Valdostana (cubiertas de trufa blanca y *fontina*, salteadas y desglasadas con vino blanco) y el pollo frito a la toscana. Los pájaros en brochetas se sirven sobre una cama de polenta.

Los pescados proporcionan recursos muy variados. Los del mar se cuecen en aceite de oliva y vino blanco, y se perfuman con ajo y perejil, o bien, como en Sicilia, se cuecen en *papillot* y se rellenan de almendras. Los pescados de río también son importantes, en un país en el que abundan los lagos. Destacan las truchas asalmonadas de los lagos y la lamprea. Abundan las sopas de pescado, apreciadas en toda Italia y muy diferentes de una a otra región.

- Italia produce verduras en abundancia y sabe prepararlas de maravilla: espinacas con mantequilla y parmesano; calabacitas y pimientos rellenos, espárragos acompañados por huevos pochados con parmesano y mantequilla fundida; habas, chícharos y alcachofas con jamón o con cebolla.

A menudo se termina la comida con un queso (gorgonzola, *provolone*, incluso *mozzarella*) o unas frutas, antes de tomar un café *expresso* bien denso. Entre las elaboraciones de pastelería cabe destacar el *panettone* milanés, el mazapán siciliano, el *zabaione* (sabayón) florentino, los *amaretti* piamonteses (macarrones con almendras), la *cassatta* siciliana, las preparaciones a base de mascarpone o los helados.

La soleada Italia es un inmenso viñedo de 910,000 ha, el más productivo del mundo. Aunque su consumo interior es importante, el país también es el máximo exportador del mundo (15 millones de hectolitros). País vinícola desde la Antigüedad, posee más de 1,000 tipos de cepas. Las más conocidas son la Sangiovese (que sirve, en particular, para hacer el *chianti*) y la *nebbiolo*, tintas ambas.

italiana, a la

En la cocina francesa clásica, nombre que reciben los platos de carne, pescado, verduras o huevos preparados con salsa italiana, a base de *duxelles* de champiñón, jamón y finas hierbas picadas, o acompañados por una guarnición que incluye alcachofas en cuartos y macarrones.

También se da esta denominación a la pasta cocida *al dente* y a otras preparaciones típicas de la cocina de la península itálica, entre las que destaca una ensalada compuesta de una mezcla de verduras con filetes de anchoas y dados de salami, aliñada con mayonesa.

La salsa italiana fría es una mayonesa fría a la que se añade un puré de sesos y perejil picado.

J

jabalí

Cerdo salvaje de la familia de los suidos, que posee el mismo antepasado que el cerdo doméstico y que se caza desde la Antigüedad. Los jabatos tienen una carne delicada, cuyo sabor se afirma con la edad, hasta ser muy fuerte en el adulto. Este animal se cría hoy en cautividad, lo cual permite consumir su carne todo el año.

El animal de menos de seis meses se llama "jabato" o "rayón" y su pelaje es claro, listado con bandas oscuras de la cabeza a la cola, y su caza está prohibida. Desde los seis meses hasta el año de vida se le llama "jabato bermejo", a causa de su color, y luego, de uno a dos años, "jabato de un año". Entonces su carne es excelente para usos culinarios. Más tarde aparece el pelaje negro del jabalí adulto, que puede llegar a vivir hasta treinta años. La carne de un macho de ocho años, aún siendo dura y de sabor muy fuerte, sigue siendo apta para el consumo. La delicada carne de rayón se utiliza tal cual. En el caso de los bermejos y jabatos, se precisa un adobo en vino tinto de dos a tres horas. Para los animales de mayor edad, debe prolongarse el adobo de cinco a ocho horas y es indispensable una cocción larga.

La mayor parte de recetas de cerdo sirven para el jabalí, excepto el asado (aunque sí para el rayón). Las chuletas, estén o no adobadas, se asan. También se pueden cortar lonchas en las partes tiernas y cocinarlas como escalopas. El muslo, o jamón, se bresea en agridulce con su adobo, al que se puede añadir uvas pasas, piel de naranja o ciruelas pasas. El lomo de rayón se lardea y se asa. El lomo de jabalí puede estofarse, previamente dorado, y luego se deja cocer sobre un fondo de cortezas de cerdo con su adobo. Las mejores piezas casi siempre se preparan en *civet*. También se puede picar la carne de rayón y cocerla en torta o en *pie* con ciruelas pasas.

jabato o rayón

Jabalí joven, mamífero de la familia de los suidos, de menos de seis meses. Hasta los tres meses, su pelaje es estriado, de la cabeza a los muslos, con largas bandas negras, y se le llama "rayón".

La carne del jabato, tierna y sabrosa, no tiene el sabor salvaje de la del adulto. No es preciso marinarla. El animal proporciona chuletas y escalopas; el filete da asados que se cubren con albardillas. La carne de jabato también se cocina en *fricasé* o en *civet*, añadiendo vino.

jaiba

Cangrejo marino cuyo color varía según la edad, de gris a azul verde con sombras o tintes oscuros. La especie que se consume en México es Callinectes sapidus. Pesa alrededor de 100 g y mide 20 cm de largo. Con este crustáceo se preparan muchos guisos mexicanos de importancia, como las jaibas rellenas, el chilpachole, salpicones, cocteles, ceviches y caldos, entre otros.

jalea de frutas

Preparación obtenida llevando a ebullición una mezcla de azúcar y jugo de frutas. Solo las frutas ricas en pectina se prestan a la preparación de las jaleas. Su acidez y su concentración de azúcar desempeñan asimismo un papel importante. Se prepara con membrillo, grosella, mora, arándano o manzana, o de una mezcla que reúne una fruta perfumada, pero pobre en pectina (grosella negra, frambuesa), con grosellas o manzanas.

Para obtener el jugo se revientan las bayas o se hace macerar las frutas en trozos con su corazón y sus pepitas, encerradas en una muselina. En ambos casos, esta operación se realiza en caliente con muy poca agua. A continuación se pasan por un colador muy fino. Al jugo se le añade su peso en azúcar y se cuece. Se vierte unas gotas en un plato frío para verificar que la jalea haya cuajado (las gotas deben solidificarse rápidamente).

➙ confitura, mermelada

jamaica

Flor malvácea con cinco pétalos, de sabor ácido y color rojo intenso, que se utiliza para elaborar diversas preparaciones y con cuya infusión se elaboran bebidas en África, Asia y Latinoamérica.

jambalaya

Especialidad de Nueva Orleans, inspirada en la paella y formada por arroz muy especiado con pollo y jamón. A veces se añade salchicha, pimientos, jitomates, camarones u ostras.

jambonnette ardéchoise

Elaboración cocida de charcutería originaria de la provincia de Ardèche, compuesta por paletilla y tocino de cerdo, picados, sazonados y envueltos en una corteza de cerdo en forma de pera. La *jambonnette* se consume cortada en rodajas finas.

jamón

Muslo de cerdo por lo general preparado para ser conservado. El jamón se vende entero o en lonchas, fresco, cocido, crudo, curado y a veces ahumado. Un buen jamón cocido debe ser de color rosa claro homogéneo, carnoso y estar rodeado, por debajo de la corteza, de una fina capa de grasa.

La paletilla de cerdo se prepara de la misma manera, pero no puede llevar la denominación "jamón". Es de sabor menos fino y a menudo se incorpora en los platos cocinados que incluyen jamón.

El jamón figuraba ya en la mesa de los romanos. Los galos sabían conservarlo frotando la carne con sal, hierbas y vinagre, y luego secándolo y ahumándolo. En la Edad Media el jamón se consideraba un símbolo de riqueza y hoy en día se consume en todos los países de Europa.

Las características de los distintos jamones crudos o cocidos estaban vinculadas antaño a la naturaleza de la sal, al procedimiento de conservación, a la raza, a la alimentación y a la edad del cerdo, y de ahí sus denominaciones geográficas. Éstas siguen estando justificadas en el caso de numerosos jamones regionales, pero en la actualidad muchos de ellos son objeto de una reglamentación europea y, por ello, la denominación a menudo ya no corresponde más que a una técnica de preparación, sea cual sea el lugar de producción. El jamón de Bayona, o el jamón curado del Lemosín y de las Ardenas disfrutan de una etiqueta roja.

El método de inmersión del jamón en salmuera ya no se utiliza. El jamón se sala mediante inyección de salmuera en las venas y después se deshuesa y limpia, o en los músculos después de deshuesarlo y limpiarlo. Se cuece al vapor o con caldo, en molde o en un paño. Algunos jamones se cuecen "al hueso" y se venden tal cual, como en el caso del jamón de York.

Las técnicas de producción moderna, industriales aunque también artesanales, recurren a una salazón mediante inyección dosificada (aproximadamente 10%), luego a un amasado en cuba giratoria al vacío, seguido de un enmoldado en bolsa de plástico retráctil y previamente desgasificada al vacío. El jamón, que a continuación se pone en una red elástica o en un molde paralelepípedo u oblongo, se cuece al vapor o en un medio líquido, según métodos sofisticados de aumento de la temperatura orientados a limitar las pérdidas de peso. El enfriamiento también se controla y el jamón debe reposar uno o dos días antes de ser comercializado. Hay distintas especialidades que ocupan un lugar específico, como el jamón de Reims, empanado, o el jamón entreverado de Borgoña o del Morvan, que junta la paletilla y el jamón cocidos, con la adición de gelatina y de perejil, y que se enmolda.

Los jamones curados son los jamones secos ahumados. La tradición exige que se froten repetidamente con sal, sin inyecciones de salmuera (aunque se practican en ciertos jamones curados "del país" o "de montaña"). La maduración constituye la fase más importante de la producción. La etiqueta roja garantiza la calidad de los cerdos, la composición de la mezcla de salado y la duración de secado.

El jamón es una pieza selecta cuando se cocina fresco y entero, hervido, breseado, asado a la parrilla o en el horno (acompañado con arroz, hongos o piña), o cocido *en croûte*. El jamón cocido se suele emplear en numerosas preparaciones: áspic, canapé, cornete relleno, *crêpe*, *croque-monsieur*, farsa, gratén, *mousse* y paté, tortilla y otras preparaciones a base de huevo, *quiche*, ensalada compuesta, sandwich y suflé. Los jamones crudos y los curados se degustan como entremés frío, pero también participan en la composición de platos cocinados (a la alsaciana, a la vasca, a la lemosina, etc.).

En Quebec, el jamón, salado mediante inyecciones de salmuera y, a veces, ahumado con madera de arce, se suele servir entero, con o sin hueso. Se hierve en agua, más o menos tiempo según si se ha cocido o no previamente. Luego se corta la grasa en rombos, se mecha con clavo de olor y se napa con una mezcla de mostaza seca y jarabe de arce (o azúcar terciado desleído en jugo de manzana o de piña). Se termina la cocción del jamón en el horno para que se cubra con una bonita corteza dorada.

Japón

La refinada cocina japonesa se basa en elementos poco numerosos, pero que se realzan con una poesía y una delicadeza incomparables. La gastronomía nipona descansa tanto en el sabor de los alimentos, a menudo sutilmente combinados (verduras, productos del mar, arroz y soya), como en la presentación y los utensilios de mesa.

También se ha visto influida por aportaciones occidentales como la técnica de la fritura (*tempura*), importada por los jesuitas en el siglo XVII, y el aumento sensible del consumo de carne (sobre todo pollo y cerdo), que en otros tiempos estaba condenado por los preceptos budistas. Antaño, el *sukiyaki*, que se ha convertido en el plato nacional nipón, lo cocinaban los campesinos de manera clandestina.

Platos en armonía con las estaciones. Uno de los grandes principios de la cocina japonesa es que todo producto debe servirse en su estación propicia. La primavera se celebra con el "pastel del ruiseñor", a base de arroz viscoso amasado, relleno de pasta de frijol dulce y espolvoreado con harina de guisante, también dulce. En abril se comen calamares crudos. Mayo es el mes del *shincha*, el té nuevo (verde como reza la costumbre, pero espeso y perfumado) y del *ayu*, pequeño pescado de agua dulce de carne delicada, asado a la parrilla con sal.

En primavera también tiene lugar la "fiesta de los niños", dedicada antaño de forma exclusiva a los varones, con diferentes manjares preparados que evocaban la virilidad y el coraje: cigalas presentadas con las pinzas erguidas (como un casco de samurai), pasteles de arroz envueltos en hojas de roble (símbolo de crecimiento vigoroso).

En verano se toma anguila asada en carbón de madera, paté de soya relleno de bonito seco, cebollín y jengibre, o tallarines de alforfón glaseados. En agosto, época en la que hace mucho calor, los platos son ligeros y refrescantes: pollo frito, pepinos rellenos con pasta de ciruela, trucha en caldo corto y erizos de mar.

Otoño es la estación de los hongos, sobre todo del *matsutake*, con su exquisito sabor a carne asada, que se marina en salsa de soya y *sake*, y luego se asa o se cuece al vapor con pollo, pescado y nueces de ginkgo. También es la época del *kaki* y de las castañas, excelentes con el arroz dulce. Septiembre, mes de la Luna, es la época de las rodajas de abalone cocidas al vapor de pepino, de los brotes de bambú hervidos, de los rollos con anguilas y de los huevos duros.

El invierno impone comidas más recias: terrina de pulpo con *daikon* (rábano grande ligeramente amargo), sopa con hongos desecados. En noviembre el arroz es muy sabroso. El *gohan* es el arroz cocido y esta palabra significa también, por extensión, "comida". Esta estación también es la de los pescados de carne blanca, que se sirven crudos, a la parrilla o fritos, en ragú o en sopa. Las sopas de tallarines con carne y verduras, apreciadas todo el año, son muy adecuadas para los rigores del invierno, durante el cual se puede tomar la deliciosa mandarina, símbolo del Sol, regalo ritual el día de fin de año.

Unos pocos ingredientes se repiten sin cesar, pero siempre preparados de distintas maneras. En primera fila figuran la soya, que se multiplica en *miso*, tofu y salsas, y el arroz, con innumerables preparaciones dulces o saladas.

Los demás ingredientes corrientes son específicos: vino de arroz suave (*mirin*) o fuerte (*sake*), vinagre de arroz, aceite de ajonjolí, mostaza de rábano picante (*wasabi*), *daikon*, calabaza seca, bardana, *shirataki* (una fécula extraída de una especie de ñame y a la que se da forma de pasta fina), brotes de bambú y raíces de loto.

El sabor de los adobos se despliega en una gama de *pickles* (ciruelas, rábanos, jengibre, erizos de mar). Los tallarines y los fideos, gruesos o muy finos, pueden ser de harina de alforfón, trigo o arroz.

Los productos del mar se imponen con una amplia gama de algas secas (*nori*, *konbu*, *wakame*), que pulverizadas o comprimidas se añaden a las salsas, a las sopas, a las cremas y a las guarniciones. Otro ingrediente muy utilizado es el atún seco (*katsuobushi*). Son indispensables el jengibre, la pimienta, la guindilla, la mostaza, el glutamato y las especias y finas hierbas frescas, sobre todo el perejil y el cebollín.

Los platos se preparan con técnicas características. Así, el pescado a menudo se come crudo, finamente cortado (*sashimi*). El pollo se asa con sal o se adoba en agridulce, y luego se fríe y se rocía con el adobo. La duración de las cocciones siempre es de una precisión extrema. La carne de res es poco frecuente, pero casi siempre se corta en lonchas finas, se asa y luego se pasa rápidamente por un caldo de verduras.

Hay dos técnicas niponas características: el *nahemono* (platos cocidos en la mesa, sobre una parrilla o en un recipiente de *fondue*) y el *nimono* (alimento hervido en un líquido aromático). La cocción al vapor también es muy usual.

El auténtico orgullo de la cocina japonesa es la fritura. Ésta exige mezclas de aceites cuidadosamente dosificados, en particular para los buñuelos, que se sirven en surtido, con un abanico de salsas. También cabe mencionar el arte del corte, tanto para la preparación como para la presentación, que requiere utensilios especiales y una gran destreza.

Los japoneses se encuentran entre los mayores consumidores de pescado y de marisco del mundo. Sus aguas poseen gran número de especies de pescados marinos, multitud de algas comestibles, cetáceos, moluscos y crustáceos (abulones, almejas americanas, cangrejos, camarones, bogavantes y ostras), de un sabor y una diversidad excepcionales (debidas a la presencia de una corriente cálida y otra fría que convierten las aguas niponas en un vivero gigante). El atún, el bonito, la dorada y la sepia son los más consumidos, sobre todo en forma de filetes crudos, servidos con salsa de soya, mostaza y rábano picante, o bien como *sushi* (bolitas de arroz al vinagre, envueltas con algas y rellenas con carne de pescado o de crustáceo).

Una de las especialidades es el *fugu*, un pescado que contiene un veneno muy fuerte, pero su carne es muy apreciada. Se sirve solo en ciertos restaurantes, en los que el chef posee una licencia especial que garantiza una degustación sin peligro. El pescado también se prepara muchas veces en fritura.

El desayuno se compone por lo general de un bol de arroz con algas secas, una sopa de *miso* o un plato de huevos. El almuerzo, bastante frugal y muy rápido, se reduce muy a menudo a arroz acompañado por huevos y carne (chuleta de cerdo o hamburguesa) o a tallarines, fríos o en sopa. La cena, en cambio, es más completa y refinada. Suele incluir al menos cuatro variedades de platos, que combinan preparaciones líquidas, crujientes y cocidas a fuego lento, algunas de sabor intenso y otras refrescantes. La alternancia de las consistencias y de los sabores es, en efecto, una de las reglas de oro de la cocina japonesa, en la que el color, la textura y la forma cuentan tanto como el gusto.

Junto a la cerveza, el té es la bebida de acompañamiento más difundida. Incluso es objeto de una ceremonia tradicional, el *chadô*, en el curso de la cual la tetera, los boles, las bandejas y las comidas refinadas concurren para que su preparación se convierta en un ritual simbólico de una gran armonía, que se desarrolla en familia o con ocasión de la visita de amigos.

Las golosinas y los pastelitos se reservan para las fiestas tradicionales o se saborean entre las comidas, como las frutas frescas. En las fiestas y en los grandes eventos se toman platos cargados de simbología, como la sopa de almejas americanas que se sirve en las bodas sintoístas (las dos partes de la concha evocan la unión), o el arroz rojo (cocido con *azuki*, pequeñas alubias rojas) que es un símbolo de felicidad.

En el día de Año Nuevo, los platos se presentan en una serie de "cajoncitos", con la única excepción de las preparaciones de *mochi*, arroz viscoso amasado, al que se da forma de tortita y que se cuece con verduras (para los platos salados) o bien con alubias rojas y azúcar (para el postre). También se consumen carpa, castañas, hojas de crisantemo, helechos de la buena fortuna, naranjas y pan de pescado.

jarabe

Líquido que se obtiene a partir de un almíbar aromatizado con esencias o alcoholes, o al que se ha añadido jugo de fruta o infusiones antes de proceder a una última concentración para llevarlo a la densidad requerida.

Los jarabes se obtienen mediante disolución de materias endulzantes glucídicas —en general sacarosa— en agua, y se aromatizan a continuación.

Son muy concentrados y, después de alargar de seis a ocho veces su volumen con agua, proporcionan bebidas de colores, refrescantes y económicas.

jardinera

Mezcla de verduras (zanahorias, nabos y ejotes), que se sirve como guarnición de carnes salteadas o asadas, aves asadas, mollejas de ternera breseadas, etc. Las zanahorias y los nabos se cortan en bastoncillos de 0,5 cm de sección y de 3 a 4 cm de longitud, mientras que los ejotes se cortan en trozos, a veces en rombos de 3 a 4 cm.

Cada uno de estos elementos se cuece por separado, a la inglesa, y luego se mezclan con chícharos frescos y se ligan con mantequilla. La jardinera se completa a menudo con alubias y floretes de coliflor. Se puede salsear con jugo de asado o fondo de ternera claro.

jarra
Recipiente cilíndrico o abombado, provisto de un asa y de un pico (a diferencia de la garrafa), utilizado para servir agua, jugo de frutas, sidra, cerveza o vino de mesa. La jarra puede estar hecha de plástico o vidrio, pero es de barro o loza que conserva mejor el frescor del líquido. En restauración, el "vino en jarras" es un vino de calidad media que se sirve a granel.

jazmín
Flor muy olorosa de un arbusto de la familia de las oleáceas. En Extremo Oriente, el jazmín *sambac* aromatiza el té y el jazmín "chino" se utiliza en pastelería e incluso en cocina.

jengibre
Planta perteneciente a la familia de las cingiberáceas, originaria de las Indias y de Malasia, cultivada en los países cálidos, cuyo tubérculo aromático, de sabor picante, se utiliza fresco, confitado en azúcar o bien en polvo. El jengibre, muy apreciado durante la Edad Media, proporcionaba el "polvo jengibrina", con el que Taillevent (siglo xiv) aromatizaba *cretonnées*, *dodines*, *galimafrées* y sopas. En Europa se emplea especialmente en pastelería y confitería (bizcochos, bombones, confituras y pasteles, en particular en Alsacia, los Países Bajos y el Reino Unido), y para aromatizar bebidas. Hoy en día, por influencia de la cocina llegada de oriente, el jengibre se ha redescubierto como condimento: en polvo (o fresco, rallado), para realzar sopas y platos de pescado y crustáceos, o en forma de láminas marinadas para acompañar los sushis.

En China, y sobre todo en Japón, el jengibre se emplea en los caldos cortos, adobos, sopas y cremas, y es el condimento más utilizado para acompañar pescados. En India y Pakistán, el jengibre aromatiza las carnes, los pescados en su salsa, el arroz y los purés de verduras, realza el *curry* y perfuma el té. Confitado en azúcar, constituye la golosina más difundida de todo el Sureste Asiático.

jerez
Vino español con Denominación de Origen muy célebre, conocido como *sherry* en inglés y *xérès* en Francés. Es elaborado en Andalucía, en un triángulo limitado por Jerez de la Frontera, el Puerto de Santa María y Sanlúcar de Barrameda.

El jerez es un vino encabezado cuyo grado alcohólico se aumenta mediante la adición de aguardiente. La fermentación tiene lugar en bodegas bien aireadas. Al principio esta fermentación es tumultuosa, y luego más tranquila. Las barricas se clasifican en dos categorías. Las destinadas a dar el fino (seco y ligero) se encabezan con aguardiente hasta 15,5% y aquellas que no están destinadas a desarrollar la crianza biológica bajo el velo en flor se encabezan hasta los 18% y proporcionarán el oloroso o amontillado, más potente y de color más oscuro al que se añade, a veces, un poco de pedro ximénez, una cepa que proporciona un vino muy oscuro y dulce, ya que sus uvas se secan al sol antes de prensarse, para que sea más dulce.

El jerez tiene un sistema propio de envejecimiento: el de soleras y criaderas. Se disponen las barricas en varias hileras superpuestas, llenas hasta las cinco sextas partes de su capacidad, conteniendo vinos de edades diferentes. La hilera inferior (solera) acoge el vino más viejo; cada vez que se retira vino de esta hilera para embotellarlo, se sustituye por la misma cantidad de vino procedente de la hilera inmediatamente superior (criadera), que a su vez se completa con vino de la criadera superior, etc. De este modo, los vinos viejos educan a los nuevos. En consecuencia, no consta una añada determinada en las botellas pues los vinos proceden siempre de un *coupage*.

El fino debe beberse muy joven y no mejora en la botella, mientras que los demás vinos pueden conservarse varios años, como el oloroso, idóneo para el aperitivo.

La manzanilla es un fino elaborado en Sanlúcar de Barrameda, en la desembocadura del Guadalquivir. Se dice que las salpicaduras del océano Atlántico le confieren aromas yodados de gran finura y vivacidad.

jeringuilla
Pequeño cilindro hueco provisto de un pistón y dos asas que termina en un embudo fileteado al que se adaptan bocas de distintos tipos. La jeringuilla se utiliza en pastelería para las decoraciones. Su rigidez la convierte en un utensilio más manejable que la manga de pastelería.

La jeringuilla de asado, provista de una pera en su extremo, es de plástico y permite aspirar el jugo para rociar la carne en el curso de la cocción.

En charcutería también se utilizan otras jeringuillas para inyectar salmuera en las carnes en salazón.

jésuite
Pastelito triangular de hojaldre, relleno de crema frangipane y cubierto con glasa real. Antaño, estos pasteles estaban recubiertos con un glaseado oscuro (praliné, chocolate) y su forma intentaba evocar el birrete de borde enrollado de los jesuitas.

jícama
Tubérculo de forma ovalada, de la familia de las leguminosas, originario de Centroamérica. Mide de 10 a 20 cm de diámetro en su parte más ancha. Por fuera es de un tono amarillento y por dentro es jugoso, de carne blanca con mucho almidón, textura crujiente y de poco sabor, ligeramente dulzón. En México se consume como golosina, cortada en rebanadas o bastones y bañada con jugo de limón, sal y chile en polvo; se sirve en platoncitos como botana o se vende en puestos o carritos callejeros; también se utiliza en el pico de gallo o como verdura en encurtidos de chiles o ensaladas.

jigger ◆ medidor

jitomate o tomate
Fruto globoso de forma esférica u ovoide, de la familia de las solanáceas, de color verde cuando no está maduro y rojo cuando madura. Es de origen americano y fue muy cultivado y difundido a lo largo de Mesoamérica antes de la llegada de los españoles, quienes lo introdujeron a Europa con en el siglo xvi, donde se consideró durante mucho tiempo tóxico y hasta el siglo xviii fue una simple planta or-

namental. Poco a poco se implantó en España y después en Italia y en Francia. Su pulpa, jugosa y con numerosas semillas, tiene sabor ácido y algo dulzón. El jitomate es muy rico en agua (93%) y poco energético (23 kcal u 83,6 kJ por cada 100 g); proporciona vitamina C (18 mg por cada 100 g) y licopenos. Aperitivo, diurético, laxante y refrescante, también es más o menos ácido (ácido cítrico y málico) y dulce.

Las variedades (alrededor de 600) son extremadamente distintas en tamaño (los enormes corazón de buey), forma (cuerno de los Andes), color (negro de Crimea, Black russia), sabor (ácido, dulce, chocolatado), con o sin semillas (jitomate en racimo de Estados Unidos). En los mercados mexicanos se conocen principalmente dos variedades: el jitomate bola, que como su nombre lo indica es redondo, y el jitomate guaje o guajillo, que tiene forma ovalada, algo alargada, de menor tamaño que el anterior.

Los jitomates frescos deben ser firmes, carnosos, brillantes, sin arrugas ni grietas, preferentemente de color uniforme. Los que están un poco verdes maduran con facilidad en un lugar cálido.

Forman parte de las cocinas mexicana, ibérica, italiana, francesa, y poco a poco han alcanzado la mayor parte de los países de Europa. La utilización del jitomate en la cocina mexicana es infinita: con él se prepara todo tipo de salsas rojas, caldillos, guisos y moles, se come crudo en rebanadas, asado o cocido, etc.

En otras cocinas combina a la perfección con condimentos de sabor intenso (ajo, chalota, albahaca, estragón, comino) y su alianza con la aceituna, el pimiento y la berenjena ya es clásica. Acompaña con el mismo éxito al atún, el bacalao, la sardina y el salmonete como a la res, la ternera, el pollo o los huevos. Se emplea asimismo en vinagres (en el caso de los pequeños redondos), en confituras (rojo o verde) e incluso en sorbetes. En España y algunos países de América Latina al jitomate se le conoce como tomate.

→ tomate

jocoque
Producto mexicano con orígenes en Medio Oriente, hecho a base de leche de vaca, ligeramente fermentado, con consistencia de crema espesa y de sabor agrio. Se obtiene de la superficie de la leche cruda que se deja a temperatura ambiente para que acidifique; después se junta con jocoque de días anteriores para guardarlo en recipientes de barro. Se consume en tostadas, antojitos regionales, sopas y panes.

Los orígenes de este producto provienen del labne, producto que se elabora de manera similar al jocoque, con la diferencia de que se emplea leche de oveja, de vaca y, ocasionalmente, de cabra. Dependiendo del país donde se produzca (Líbano, Siria, Israel, Palestina, etc.) será su consistencia, que puede ser ligeramente líquido o espeso (esto mediante el desuerado). Generalmente se conserva y consume con aceite de oliva, aderezado de condimentos y acompañado de pan árabe.

Jouanne
Restaurante parisino fundado en 1823, cerca del mercado de la carne y de los despojos, en el antiguo barrio de Les Halles. Era célebre por sus callos al estilo de Caen, como su vecino *Pharamond*. En 1891 se trasladó a la avenida de Clichy y su clientela lo siguió, atraída

también por el *gigot* a la bretona. Más tarde se instaló en la rue Dauphine y sobrevivió hasta 1972, mientras que *Pharamond* sigue manteniendo su especialidad en callos, sidra y papas suflés.

joule o julio
Desde 1980 es la unidad de medida oficial internacional de la energía. El *Kilojoule* o Kilojulio (kJ) sustituye a la caloría (1 kJ = 0,24 kcal, es decir, 239 calorías), pero las etiquetas suelen presentar ambas unidades, ya que la kilocaloría sigue siendo la más usada.

judía   ◆ frijol

judía verde   ◆ ejote

jugo
Líquido obtenido por lo general presionando un tejido animal o vegetal. Los jugos (o zumos) de frutas se utilizan sobre todo en confitería. El empleo de un extractor de jugos permite extraer los jugos de ciertos vegetales difíciles de exprimir y de este modo preparar jugos de verduras.

El asado o la cocción en la sartén de una carne libera sus jugos, que se caramelizan en el fondo del recipiente y permiten obtener, mediante desglasado, un líquido (llamado asimismo "jugo") que se aprovecha para dar sabor al plato.

jugo de cocción
Líquido más o menos rico en sabores y principios nutritivos que se forma en el curso de la cocción de una carne o una verdura. Abundante sobre todo cuando la cocción se hace tapada, el jugo fluye también de las carnes asadas y sirve para aromatizarlas. Ciertas preparaciones se denominan "en su jugo" cuando se cocinan o terminan con un jugo de cocción de sabor intenso y bien aromatizado, sobre todo las verduras, los huevos en *cocotte*, la pasta y el arroz.

El "jugo" también es la base aromática de las elaboraciones de charcutería cocidas, obtenida mediante cocción lenta y prolongada de huesos de cerdo dorados y de gelatina.

jugo de frutas o zumo de frutas
Jugo natural extraído de una fruta mediante presión o con un extractor de jugos, que resulta una bebida refrescante, rica en vitaminas (especialmente vitamina C). El jugo de frutas se consume natural o con agua con gas o natural.

El valor calórico de estos productos depende, naturalmente, de la fruta de la que se han extraído y también de la proporción de azúcar añadido en el caso de los jugos embotellados; en ese caso, en el contenido nutrimental debe incluir la mención "azucarado" o "con azúcares añadidos", seguida de la indicación de la cantidad máxima de azúcares añadidos. Desde el punto de vista dietético, solo los jugos de fruta sin azúcares añadidos son recomendables, sobre todo para las personas que comen poca fruta.

Los jugos de frutas son bebidas, pero también intervienen en la preparación de salsas, marinados, helados y sorbetes.

jugo ligado
Jugo de cocción, por lo general de carne, cuya consistencia se suele espesar gracias a un *roux* o a otro producto harináceo desleído en crudo. Hoy en día esta práctica se utiliza cada vez menos, ya que los

cocineros prefieren obtener la consistencia deseada mediante reducción de las salsas.

juliana

Preparación de una o varias verduras cortadas en bastoncillos. Las verduras se cortan con cuchillo (o con mandolina) en láminas regulares de 1 a 2 mm de grosor, luego se superponen y se cortan en filamentos de 3 a 5 cm de longitud. La juliana de verduras se utiliza para completar sobre todo sopas, cremas y consomés.

También se suele denominar "juliana" a una manera de cortar verduras crudas, servidas como entremés, y muchos otros ingredientes: pechuga de pollo, hongos, pepinillos, jamón, pimientos, pieles de cítricos, etc.

jumil

Nombre que reciben varias especies de chinches de campo o de monte de la familia *Pentatomidae* y el orden *Hemiptera* que se consumen en México. Miden poco menos de 1 cm; los machos son ligeramente más pequeños que las hembras. La coloración del dorso varía de amarillenta a verdosa, con pequeñas manchas pardas. En el abdomen tienen nueve segmentos y en el costado externo de cada uno hay un poro glandular que exuda un líquido aceitoso y fétido muy característico. En el Estado de México y en Morelos se prepara la salsa de jumiles; los insectos se asan y machacan en molcajete con tomates asados y chiles verdes. También se añaden al guacamole y al arroz o se comen en tacos con tortillas de maíz.

jurel

Nombre con que se conocen a varias especies de peces marinos de la familia *Carangidae*. En las costas de México se capturan por lo menos siete especies, con características diferentes cada una. Su carne oscura y grasosa se prepara frita, seca, o como parte de algunos guisos y rellenos regionales.

K

kacha

Preparación de la cocina rusa y polaca, elaborada con sémola de alforfón mondada, cocida en agua o en grasa. En Rusia, tradicionalmente, se cuece en el horno en un molde de cerámica vidriada, con la adición posterior de mantequilla y luego trabajada con el rodillo y cortada en pequeñas galletas que acompañan a sopas, cremas o guisos. La *kacha* se puede enriquecer con queso, huevos u hongos, y también se puede gratinar.

kadaïf

La pasta *kadaïf*, también llamada "cabello de ángel" o *knafé* en el Oriente Medio, se emplea en diversos pasteles orientales. Está compuesta de harina, agua y almidón de maíz, se le da forma de finos fideos y estos se enrollan en pelotas. En Europa también se utiliza para elaborar platos salados (camarones o queso recubiertos de *kadaïf* al horno, por ejemplo).

kaki

Palabra japonesa que designa al fruto de un árbol originario de Oriente, de la familia de las ebenáceas, cuyo cultivo se introdujo en Europa en el siglo XIX. El *kaki* (o caqui) se parece a un jitomate anaranjado. Su carne bastante blanda, también anaranjada, contiene de una a ocho semillas según las variedades, y posee un sabor agridulce, un poco astringente. Proporciona 64 kcal o 268 kJ por cada 100 g, es bastante rico en potasio (200 mg) y en vitamina C (de 7 a 22 mg). El *kaki* debe consumirse bien maduro, y su pulpa se toma con cucharilla. También se emplea para elaborar compotas, confituras y sorbetes.

karité

Árbol de África tropical, de la familia de las sapotáceas, cuyos frutos ovoidales, de pulpa dulce, contienen una almendra. Una vez secas y picadas, las almendras proporcionan una pasta cremosa, rica en calcio y en vitaminas, llamada mantequilla de *karité*, que se utiliza como grasa en cocina en ciertos países de África, en los que no crecen ni la palmera ni el cacahuate.

kartoffelsalat

Preparación alemana elaborada a base de papas cocidas y mezcladas con diversos ingredientes dependiendo de la región donde se elabore. Es uno de los platillos más populares de la cocina alemana. En gran parte de Alemania se consume esta ensalada con vinagre, aceite, cebolla y tocino; puede consumirse fría o caliente dependiendo de las preferencias del comensal. Otra versión de la *kartoffelsalat* está elaborada con mayonesa, yogur o crema, pepinillos y manzana.

kebab

Brocheta turca de carne asada a la parrilla o en espetón (*kebabi* en turco), que se encuentra también en los Balcanes y en Oriente Medio. El *shish kebab* alterna en una brocheta de madera o de metal cubos de cordero y dados de grasa de cordero (a menudo reemplazada por dados de tocino). Existen numerosas variantes, con o sin verduras, con ternera, incluso con búfalo o con albóndigas de carne picada.

El *kebab* designa, además, el "asado que gira" (*döner kebab* en turco) o el "sándwich griego", un sándwich caliente con ternera, pollo o pavo, presentado listo para comer en un espetón vertical.

kedgeree

Plato británico de origen indio, llamado también *cadgery* o *kadgeri*. Es un arroz al *curry* con huevos duros y restos de pescado (por lo general *haddock*, aunque también salmón o incluso rodaballo, que de hecho es la aportación británica al plato original).

kéfir

Leche fermentada y alcoholizada, cuya flora dominante es un cóctel de lactobacilos y de una levadura específica, que se encuentra en el origen de la producción de alcohol. El *kéfir* está hecho de leche de oveja, de vaca o de cabra. Es originario del Cáucaso.

keftedes

Preparación típica de la cocina turca, a base de carne picada a la que se añaden tocino y especias, a veces ligada con huevos, a la que se da forma de bastoncitos, que a continuación se enharinan y se saltean. La palabra es de origen magiar, pero los *keftedes* también se encuentran tanto en la cocina alemana como en la austriaca y la griega, donde su sabor se realza con cebolla picada.

Keller, Thomas

Cocinero estadounidense (Camp Pendleton, Oceanside, California, 1955). Criado en California, y más adelante en Florida, aprendió los rudimentos de la cocina francesa clásica con Roland Henin en el *Dunes Club* de Rhode Island, y más tarde consiguió su primera plaza de chef en el restaurante *La Rive*, en el valle del Hudson, en Catskill. Trabajó en Nueva York, en el Polo del hotel *Westbury*, posteriormente siguió los cursos de la escuela Ritz-Escoffier de París y se perfeccionó en los establecimientos de Guy Savoy, Gérard Besson, en el *Taillevent* y en el *Pré Catelan*. Regresó a Nueva York en 1984, fue nombrado chef en *La Réserve* y más tarde en *Rakel*. Inauguró el restaurante de sus sueños con *French Laundry*, en Yountville, que abrió en 1994, en el centro del Napa Valley. En esta gran cabaña de piedra y madera, una antigua casa de citas, más tarde lavandería, en la época de la construcción del ferrocarril, muy pronto le llegó el éxito. Su *tartare* de salmón servido en cucurucho o sus ostras pochadas con tapioca y caviar atrajeron a la flor y la nata de los *gourmets*, que viajaron hasta Yountville. Abrió *Bouchon* en Las Vegas, en 1998, y luego *Per Se*, en Nueva York, que consiguió tres estrellas en la primera *Guía Michelin New York* en 2005. Al año siguiente logró las primeras tres estrellas concedidas a un restaurante californiano con *French Laundry*, que sigue regentando en paralelo. El arte de hacer malabarismos con los sabores justos, los maridajes precisos y los productos de lujo, como las verduras biológicas, sin emulsión, ni facilidad de ningún tipo, le convierten en el primer *maitre* cien por cien estadounidense digno de los mejores franceses.

Kellogg, Will Keith

Industrial estadounidense (Battle Creek, Michigan, 1860-1951). Trabajando con su hermano, célebre médico nutricionista y director de un hospital dedicado a los desórdenes de origen alimentario, descubrió en 1894 un procedimiento que permitía transformar los granos de maíz en copos. Dado que éstos resultaban adecuados para el régimen vegetariano preconizado por los adventistas (grupo al que pertenecían ambos hermanos), el procedimiento se industrializó en 1898. A partir de 1906 una sociedad se encarga de la distribución de los *corn-flakes*, que se han convertido en uno de los elementos de base del desayuno estadounidense.

ketchup ◆ salsa cátsup

kimchi o gimchi

Preparación coreana a base de col de Pequín (o *pe-tsai*) y, a menudo, rábanos blancos, salados y aromatizados con pimientos rojos, ajo, jengibre, etc., sometido a la fermentación, tradicionalmente en tinajas enterradas. Existen numerosas variantes de *kimchi*, que puede contener hasta 87 ingredientes. El *kimchi* sirve de acompañamiento o de ingrediente para numerosos platos de la cocina coreana.

kir

Aperitivo elaborado con crema de casis sobre la que se vierte borgoña blanco. El casis blanco nació en Dijon en 1904, a iniciativa de un camarero, llamado Faivre, que tuvo la idea de asociar estos dos productos locales. Este aperitivo es, pues, anterior al canónigo Kir, alcalde de Dijon de 1945 a 1968, que le dio su nombre el día 20 de noviembre de 1951 y lo hizo célebre al convertirlo en la bebida principal de las celebraciones de honor del Ayuntamiento.

Cuando el vino blanco se sustituye por champán se transforma en casis champán y cuando se reemplaza por vino tinto se obtiene el *communard*.

kirsch

Aguardiente de cereza (*kirsche* en alemán), originario de Francia (Alsacia y Franco Condado) y de Alemania (Selva Negra). Por lo general, se elabora con cerezas negras o cerezas ácidas, fermentadas naturalmente en tonel y luego destiladas. El kirsch, que posee un *bouquet* potente y un sabor muy fino, se degusta como digestivo, pero también se emplea en pastelería y confitería (bizcochos embebidos, bombones rellenos, cremas aromatizadas, ensaladas de frutas). Además se usa para flamear y participa en la composición del ponche y de ciertos cócteles.

kissel

Elaboración dulce fría de la cocina rusa, constituida por una jalea azucarada, espesada con fécula y perfumada con frutos rojos, vino blanco o café. También se sirve caliente, con crema líquida.

kiwi

Fruto de una planta trepadora originaria de China, la actinidia, de la familia de las actidiniáceas, cultivada sobre todo en Nueva Zelanda, aunque también en California, Italia, el suroeste de Francia y Córcega. El kiwi, llamado también "grosella de China", está cubierto por una piel velluda de color pardo verduzco y posee una carne verde clara, jugosa, perfumada y acidulada. Proporciona 53 kcal o 220 kJ por cada 100 g y es muy rico en vitamina C. Se come en el postre, abierto en dos y con cucharilla, o bien pelado y cortado en dados o en rodajas. También participa en la composición de ensaladas de frutas y en tartas. Acompaña a las codornices asadas, a las caballas al horno o a las chuletas de cerdo asadas. También sirve para preparar una salsa agridulce para carnes y pescados fríos.

klösse

Farináceo de la cocina alemana y austriaca, formado por bolitas escalfadas en agua hirviendo. Los *klösse* se sirven con mantequilla fundida y pan rallado dorado, o como guarnición de la sopa o de platos en salsa. En la cocina polaca se encuentra una preparación análoga, los *klouski*, bolitas a base de harina, huevo, azúcar y levadura, servidas como postre.

knödel

Especie de *quenelle*, dulce o salada, muy difundida en Europa Central y del Este. En Alsacia y en Alemania, los *knödel* (*knödl* o *knoedel*) son bolitas de pasta de tallarines, que se acompañan con crema líquida o mantequilla fundida. A veces se añade a la pasta tuétano (*markknödel*) o hígado en puré (*leberknödel*). Los checos y los eslovacos los preparan también con miga de pan remojada en leche, puré de papa o pasta fermentada, y un picadillo de carne con cebolla. En Rumania se llaman *galuchte*. Se comen salados en la sopa de pollo. Los *knödel* de postre son grandes ciruelas sin hueso, cubiertas de pasta de buñuelo y fritas (las *zwetschenknödel* austriacas), o bien cuadrados de pasta rellenos de compota de cereza o de chabacano o rellenos de ciruelas (en Transilvania).

kokotxas

Palabra vasca que designa la parte inferior de la mandíbula o de la papada de la merluza. Para cocinar las *kokotxas* es preciso elegir un pescado de gran tamaño.

kombu o konbu

Alga comestible, corriente en la cocina japonesa, que se presenta en forma de grandes hojas negras, secas, que se rehidratan para incorporarlas en caldos, acompañar el pescado, realzar guarniciones, etc.

korn

Aguardiente alemán de cereales, que se bebe tradicionalmente al mismo tiempo que la cerveza. Existen centenares de marcas y en la etiqueta se suele precisar el tipo de cereal utilizado para su elaboración. Se destila sobre todo en el norte de Alemania y en el valle del Ruhr.

kosher

Palabra hebrea que significa "permitido y ritual, acorde a la Ley", que califica todo aquel alimento que se puede comer según la religión judía. (También se encuentran las grafías *kascher, kasher, casher, cascher, cacher* y *cawcher*.)

El *kashrout* (conjunto de las leyes de purificación) establece en este terreno unos principios fundamentales. De un lado, prohíbe consumir sangre, por lo que la carne de carnicería debe proceder de un animal degollado, y luego salado y lavado. La manipulación está muy vigilada. Por otro lado, prescribe "no cocer ternera en la leche de su madre", por lo que están prohibidos los platos en los que se mezcla la leche (o sus derivados, como la mantequilla o las preparaciones que la contienen) y la carne, así como estos productos en una misma comida. Además, distingue las carnes *tabor* (autorizadas) y *tame* (proscritas). Las prohibiciones estrictas se aplican a ciertos animales como el cerdo, la caza de pezuña no hendida, el caballo, los crustáceos, los moluscos, los pescados sin escamas, los reptiles, el camello y el hipopótamo. También están prohibidas las bebidas fermentadas (salvo el vino, sometido a otras reglas). Las frutas y verduras se consideran inmediatamente consumibles; pero si el alimento autorizado entra en contacto con una sustancia prohibida, deviene a su vez proscrito. Los judíos de estricta observancia solo compran, pues, productos certificados *kosher*.

kouglof

Brioche alsaciano con uvas pasas, enmoldado en corona alta y entorchada. Es la delicia habitual de los desayunos del domingo. Se prepara la víspera, pues es mejor ligeramente sentado. Acompaña bien a los vinos de Alsaciano.

koulibiac

Paté *en croûte* ruso relleno de carne o de pescado, verduras, arroz y huevos duros. En Europa existen numerosas adaptaciones y variantes de esta preparación. Los moldes tradicionales son de barro cocido y tienen forma de pez, pero a menudo se cuece como un paté *pantin*, es decir, sin molde.

kumquat o naranja china

Cítrico de la familia de las rutáceas, originario de China Central, cultivado en Extremo Oriente, Australia y América. Del tamaño de un huevo de codorniz, es amarillo o naranja oscuro y, bajo una piel tierna y dulce, posee una pulpa acidulada. Proporciona 65 kcal o 272 kJ por cada 100 g y es rico en provitamina A, en potasio y en calcio. Se consume fresco (con su piel) y también sirve para preparar confituras, mermeladas y ciertos pasteles. Se emplea además en cocina, sobre todo en rellenos para aves.

krapfen

Buñuelo alemán y austriaco de masa fermentada, generalmente relleno de confitura de albaricoque o de frambuesa, y a veces de pasta de almendra, servido caliente con una crema inglesa o una salsa de chabacano.

kriek

Cerveza de fermentación belga, hecha a base de cereales y aromatizada con cereza, de color rojo. La *kriek*, con débil índice de alcohol, es la más famosa de las cervezas lambics con frutas: aromatizadas con grosella negra, frambuesa, durazno, uva moscatel e incluso plátano.

kulich

Brioche ruso de Pascua, de forma alta, a cuya masa se añaden uvas pasas, frutas confitadas, azafrán, cardamomo, *macis* y vainilla. Se glasea con azúcar y, según la costumbre, se toma con huevos duros.

kummel

Licor de leve sabor anisado, de origen holandés, elaborado a partir de la alcaravea, llamada antaño "comino de los prados" (*Kümmel*, en alemán). Es muy dulce y se puede servir con cubitos. También aromatiza helados.

kwas

Cerveza rusa de elaboración artesanal, elaborada con centeno y cebada, o con pan negro desmenuzado, puesto en remojo y fermentado. Se aromatiza con menta o con bayas de enebro. El *kwas*, de color oscuro y con un bajo índice alcohólico, es a la vez agrio y dulzón. Lo venden en verano, en las calles de Moscú, unos pequeños camiones-cisterna. Se bebe al natural y fresco, o añadiendo aguardiente o té. También se utiliza en cocina, sobre todo en algunas sopas.

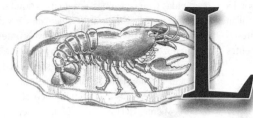

L

label

Palabra inglesa que significa etiqueta, utilizada en francés para designar una marca colectiva, que certifica que un producto alimentario posee un conjunto de características previamente fijadas y que establece un nivel de calidad superior.

Un producto con *label* presenta un interés particular para el consumidor, vinculado a su origen (res charolés del Bourbonnais, crema de Alsacia), a condiciones de producción (aves de granja de Loué, pavo negro de los granjeros del suroeste de Francia) y de elaboración (*emmental* francés *grand cru*, salazones de Lacaune). El *label* geográfico debe estar registrado como indicación geográfica protegida. El *label* es distinto de la Denominación de Origen, que garantiza una protección jurídica contra todo riesgo de imitación.

Creado en 1960, el "*label* rojo" se reconoce por su forma de sello con cinta. Su atribución nunca es definitiva y los criterios por los que se otorga se actualizan periódicamente.

labne

Queso libanés de consistencia cremosa que puede contener hierbas aromáticas, y que se sirve rociado con un hilo de aceite de oliva y acompañado de pan árabe.

laccaria

Término genérico que designa un conjunto de hongos muy pequeños de color rojizo-anaranjado, rosa o amatista, de láminas espaciadas carnosas y pie delgado. Son hongos muy comunes, que viven en simbiosis con los árboles.

Las laccarias comestibles se comen como guarnición, mezcladas con otros hongos.

En México se consumen algunas variedades conocidas como hongo xocoyol, manzana, manzanilla o manzanita.

lacrar

Asegurar el carácter estanco de una botella con la ayuda de una cera especial, el lacre. El tapón de corcho se hunde hasta el reborde del gollete, y este último se sumerge en el lacre licuado al baño María, que se endurece en unos veinte minutos.

lactarius

Hongo del que brota, cuando se rompe, una leche blanca, roja, naranja, violeta, amarilla o grisácea, que puede cambiar de color a causa de la oxidación al contacto con el aire. Los lactarius a menudo son acres. Ninguno de ellos es venenoso; sin embargo, muchos carecen de un valor gustativo remarcable. De hecho, se buscan sobre todo por su carne crujiente, que los distingue de otras especies comestibles. Destacan el níscalo (*Lactarius deliciosus*), conocido en México como hongo enchilado y el níscalo vinoso (*Lactarius sanguifluus*).

lactobacilo

Tipo de bacteria (*lactobacillus*) benigna que se encuentra en la flora intestinal y en los productos lácteos. Convierte la lactosa en ácido láctico, por lo que interviene activamente en el proceso de elaboración de quesos, yogures y otros productos fermentados (*choucroute*, *pickles*). Algunas bebidas también contienen lactobacilos como suplemento dietético.

laguiole

Queso francés procedente de Rouergue (Auvernia) con Denominación de Origen, de leche cruda de vaca (45% de materia grasa), de pasta prensada no cocida y corteza natural cepillada y de color gris. El laguiole se presenta en forma de cilindro de 40 cm de diámetro y de 35 a 40 cm de grosor, y pesa de 30 a 40 kg.

Parecido al cantal, se elabora en las queserías de montaña. Es más o menos oscuro según la duración de su afinado (de tres a seis meses en bodega húmeda) y tiene un sabor pronunciado. Es mejor de julio a marzo-abril. Se sirve al final de la comida o como tentempié. Fresco, es la base del *aligot*.

lamprea

Nombre de un reducido grupo de vertebrados de la clase de los agnatos, próximo a los peces. Existen varias especies de lamprea, de las cuales la más corriente es la lamprea marina, que mide 1 m como máximo. Su cuerpo es anguiliforme, sin escamas; su lomo presenta un jaspeado negro, y su abdomen es púrpura en los machos. Posee siete pequeños orificios branquiales circulares detrás de la cabeza. Con su boca fija en forma de ventosa, que contiene dientes concéntricos, la lamprea marina parasita a otros peces adhiriéndose a ellos. Se pesca sobre todo en el Dordoña, en primavera, cuando remonta las aguas dulces para reproducirse.

Su carne grasa pero delicada es muy apreciada desde la Edad Media. Las capturas de lamprea no bastan para satisfacer la alta demanda, de ahí su elevado precio. Se cocina como la anguila, pero la receta más clásica es a la bordelesa.

lampuga o dorado común

Pez plano pelágico, de dorso color metálico verde-azul y costados plateados con tonos dorados que pierde al morir. Mide 1 m en promedio, pero puede alcanzar los 2 m. Se pesca con caña y con artes de arrastre en todos los océanos del mundo y en el Mediterráneo. Su carne firme es gris azulada, contiene poca grasa y mucho sabor. Es muy apreciada a nivel mundial. En algunas regiones se comercializa con el nombre hawaiano *mahi mahi*. En México se consume fresco en ceviches y se prepara horneado, asado a la parrilla y en diferentes guisados.

langosta

Crustáceo andador decápodo (tiene diez patas), de la familia de los palinúridos, caracterizado por antenas muy largas, la presencia de espinas en el lado de los segmentos abdominales y la ausencia de pinzas. La langosta vive en los fondos rocosos, entre 20 y 150 m de profundidad. La larva, minúscula, debe pasar por más de veinte mudas antes de que el animal alcance los cinco años de edad y tenga el tamaño mínimo legal para su consumo, es decir, 23 cm. A una edad más avanzada, la langosta puede alcanzar 50 cm y pesar 4 kg. A pesar de las prolíficas puestas (hasta 100,000 huevos), cada vez es más escasa. Cerca de Roscoff (Bretaña) se han llevado a cabo intentos de cría.

Con el nombre de langosta se conoce en México a los miembros de 4 familias de decápodos: *homaridae, nephropsidae, palinuridae* y *scyllaridae*. Las cuatro especies se pueden encontrar en aguas mexicanas, no obstante las únicas sujetas a una captura comercial en la República Mexicana son las especies pertenecientes a la familia de los palinúridos. Los crustáceos pertenecientes a la familia *Homaridae*, son conocidos en Europa como bogavantes.

Las langostas frescas deben comprarse bien vivas (y en ese caso mueven fuertemente la cola cuando se cogen) e intactas (ni orificios en el caparazón ni miembros arrancados). Solo las antenas, frágiles, pueden haber sufrido algún daño. Las hembras, reconocibles por sus "palmas" destinadas a retener los huevos bajo el abdomen, cunden más que los machos.

Como todos los crustáceos, la langosta fresca se cuece viva. Su carne fina, densa, blanca y delicada, tiene un sabor menos acentuado que el del bogavante, pero se prepara de la misma manera.

Las preparaciones más adecuadas son las de sabor intenso: langosta salteada y flameada; con una salsa de *curry*; a la parrilla y servida con mantequilla aromatizada con hierbas; cocinada con algún aguardiente, etc.

En las costas de México es muy común comerlas frescas. Se prepara de la misma forma que otros crustáceos: al mojo de ajo, al ajillo, a la mantequilla, asada, frita y en sopas; casi siempre se acompaña con tortillas de maíz o de harina, dependiendo de la región.

Otras preparaciones típicas de cocina internacional son la langosta con chocolate (cocida en una cazuela con un sofrito de jitomate y condimentos, con una picada de almendras y avellanas, pimiento y chocolate a la canela) y la langosta con jengibre de China (en trozos pelados, fritos y luego asados en aceite de ajonjolí con cebollas, cebollín y jengibre fresco).

→ bogavante

langostino

Término que en México es utilizado para designar a los camarones de agua dulce del género *Macrobrachium*. Viven en ríos de corrientes rápidas y, en ocasiones, en aguas tranquilas de lagunas costeras. Las especies *Macrobrachium americanum* y *Macrobrachium rosembergii* son las más importantes a nivel comercial. La primera tiene caparazón grisáceo café; mide en promedio 20 cm y pesa de 30 a 40 g. Se encuentran en ríos, lagos y estanques de cultivo en la región del Pacífico, y abundan de julio a diciembre. La especie *Macrobrachium rosembergii* es de origen asiático, se ha adaptado a las aguas de las vertientes del Golfo de México y del océano Pacífico. De color gris azulado, por lo regular los ejemplares que se venden miden 20 cm. Su cultivo en estanque es muy exitoso, por lo que se puede encontrar todo el año. Su carne es blanca y su sabor similar al de la langosta. Se considera que los langostinos medianos son los de mejor sabor; se preparan asados, al mojo de ajo, al ajillo, a la mexicana, en caldos y sopas, enchipotlados, en salsa verde, fritos o gratinados.

En el Mediterráneo y el Atlántico se captura un langostino de 15 a 20 cm de longitud, que se consume de manera similar a los camarones.

lanzón

Pez pequeño y plateado de la familia de los ammodítidos, muy común en el Atlántico, el mar del Norte y el Canal de la Mancha. El lanzón se caracteriza por su forma alargada y su cabeza puntiaguda, y mide como máximo 25 cm de longitud. Se pesca en la arena, con la marea baja. Se comercializa fresco y solo se prepara en fritura.

lapa

Molusco marino de la familia de los patélidos, que mide de 3 a 7 cm de diámetro y tiene una gruesa concha cónica de color gris opaco en el exterior y amarillo-anaranjado en el interior. La lapa abunda en las rocas del litoral atlántico francés. El interior de la concha de la especie que vive en el Mediterráneo es de color azul irisado. Las lapas se comen crudas, tras haber levantado con un cuchillo la masa visceral negra y haber despegado el pie, con jugo de limón o vinagreta; asadas, con un poco de mantequilla; cocinadas en una *cocotte*, con salsa de jitomate. Si se pican se pueden emplear como relleno.

lasaña

Pasta italiana en forma de anchas cintas, lisas o onduladas, a veces de color verde (con jugo de espinaca), que se prepara gratinadas, alternada con capas de ragú a la boloñesa, cubierto todo ello con parmesano rallado.

laurel

Arbusto de la región mediterránea, de la familia de las lauráceas, cuyas hojas perennes de aroma y sabor picante y amargo se emplean como aromatizador. Esta planta es el laurel noble o laurel de Apolo que coronaba en la Antigüedad grecorromana a los poetas y a los generales vencedores.

El laurel es uno de los aromatizantes más corrientes y el ramillete de hierbas aromáticas siempre incluye una hoja. Frescas o secas, enteras o troceadas, estas hojas realzan caldos cortos, sopas, estofados, patés, ragús y terrinas. El laurel es un aromatizante fuerte, que puede dominar por encima de los demás sabores de la receta.

El laurel no debe confundirse con otras dos plantas muy tóxicas, que se distinguen de el por el tamaño de sus hojas: el laurel cerezo y el laurel de flor o adelfa.

lavar

Eliminar las impurezas de los alimentos (arena, tierra, insectos, etc.) sumergiéndolos en agua fría, a veces con la adición de un poco de vinagre. Los productos de la tierra, cuya superficie a menudo está dañada, sobre todo si se consumen crudos, deben lavarse minuciosamente en baños sucesivos. La ensalada, por ejemplo, precisa de varios baños, pero con precaución, pues es frágil. Ciertos alimentos muy delicados simplemente se secan (hongos silvestres, frambuesas).

leche

Líquido blanco, opaco y naturalmente dulce, "producto integral del ordeño total e interrumpido de una hembra lechera que goce de buena salud, bien alimentada y sin forzarla" (definición legal).

La leche es un alimento equilibrado, segregado por las hembras mamíferas para alimentar a sus crías. Desde siempre ha sido un símbolo de fertilidad y de riqueza. En la Biblia, la Tierra prometida es un país en el que manan la leche y la miel, y Moisés cita las leches de oveja y de vaca como dones de Dios.

En la India y otros países asiáticos, la leche de cebú o de búfala es sagrada. Los griegos y los romanos apreciaban sobre todo las leches de cabra y de oveja, aunque también gustaban de las leches de yegua, camella y burra.

La leche de vaca es un alimento esencial (65 kcal o 272 kJ por cada 100 g) que contiene de promedio por litro: 870 g de agua, 35 g lípidos, 32 g de materia nitrogenada (95% de proteínas, una de las cuales, la caseína, coagula en forma de cuajo), 45 g de lactosa (azúcar de débil poder endulzante), numerosos minerales (de 7 a 10 g, en particular de calcio) y una gran variedad de vitaminas.

La leche encierra una población microbiana abundante, que interviene en la coagulación natural de la misma, pero que puede ser patógena. Por ello, para conservar la leche es necesario utilizar el frío que inhibe el desarrollo de los microorganismos, o el calor, que los destruye (pasteurización y esterilización).

La leche se emplea de muchas maneras. Es elemento de base de la crema, de la mantequilla, de los quesos y de los yogures, y también es una bebida apreciada: al natural, aromatizada con jarabe de fruta, vainilla o con chocolate. Puede añadirse al té y el café, y sirve para preparar chocolate caliente. Participa asimismo en ciertos cócteles (malteadas de frutas, sobre todo). En cocina, la leche es indispensable en gran número de preparaciones: salsas (bechamel), para terminar purés y cremas para los gratenes, para el caldo corto de ciertos pescados e incluso para la cocción de ciertas carnes. Postres, cajetas, dulce de leche, flanes, crema inglesa y cremas cocidas contienen leche en proporciones notables, así como los helados y las pastas de base, sobre todo las más fluidas (buñuelos, crepas, *waffles*).

leche condensada o leche concentrada

La leche concentrada (o condensada) se obtiene al vacío y se presenta en forma líquida o semipastosa, en lata o en tubo. Puede estar endulzada y se conserva bien. Sirve en particular para preparar postres helados, y se emplea mucho en confitería y en pastelería industrial.

leche de almendras

Preparación líquida a base de almendras picadas. Se puede preparar con almendras picadas, desleídas y con la adición de gelatina para servir de base para postres fríos o copas heladas.

La leche de almendra (almendras licuadas con agua y coladas) puede ser utilizada, por las personas adultas, como sustituto de la leche de vaca cuando se presenta alguna intolerancia a la lactosa, o bien, si se desea disminuir el consumo de grasa.

En pastelería clásica, la leche de almendras es un pastel redondo a base de pasta de almendras, con azúcar y huevos. Después de la cocción se unta de mermelada de chabacano y se cubre con una placa de pasta de almendra también untada de mermelada y glaseada en blanco. El contorno está decorado con almendras picadas y tostadas.

leche frita

Postre típico de Castilla y León y el País Vasco elaborado con leche, harina, yemas, endulzado y aromatizado. Los trozos regulares de una masa homogénea preparada con harina, yemas y leche hervida (con azúcar, vainilla y cáscara de limón) se rebozan y fríen en aceite caliente. Seguidamente se espolvorean con azúcar y canela.

leche merengada

Bebida muy popular en España preparada con leche hervida, canela y azúcar, a la que se incorpora ralladura de limón. Se deja que empiece a cuajar en el congelador y se le añade clara de huevo batida con azúcar. Se devuelve al congelador durante unas dos horas como mínimo y se sirve espolvoreada con canela.

lechón

Cría del cerdo, sacrificado a los 2 meses como máximo, cuando pesa menos de 15 kg. Por lo general se asa entero, y constituye un plato suntuoso, pero también se cocina en blanqueta y en ragú. Su carne es suculenta y apreciada desde la Edad Media en toda Europa. Antaño la piel y las orejas asadas eran un manjar selecto. En España se sigue apreciando la piel dorada, cortada en finas láminas y acompañada de un vino tinto de rioja con cuerpo.

El lechal asado "a la inglesa" (relleno de cebolla y de salvia, rociado con su jugo y con madeira, y servido con puré de manzana y uvas pasas) era un plato famoso en la década de 1890 y se servía en los restaurantes del Boulevard, en París.

Otra especialidad, el lechón con gelatina, se elaboraba sobre todo en el este de Francia.

lechuga

Nombre genérico de una hortaliza anual de la familia de las asteráceas cuyas hojas se consumen crudas o cocidas. Existen diferentes tipos de lechuga. En casi cada uno de ellos encontramos variedades verdes, rubias o rojas. La lechuga, que se ha cultivado de forma ininterrumpida desde la Antigüedad remota, debe su nombre a su látex, que parece leche, y que al parecer tiene propiedades sedantes. La lechuga siempre ha sido considerada como la "escoba del intestino", dado que permite regular el tránsito digestivo y reducir el estreñimiento. Los romanos ya la consumían exactamente como nosotros actualmente.

Todas las lechugas son muy ricas en agua (95%) y poco energéticas (18 kcal o 75 kJ por cada 100 g, muy por debajo de las 50 kcal o 209 kJ por 100 g de diente de león). Contienen numerosas sales minerales (nitratos) y vitaminas del grupo B. Siempre deben lavarse con mucha agua potable (para retirarles todo rastro de tierra, de pesticidas, de contaminación atmosférica y de parásitos) y escurrirse con mucho cuidado. El tamaño de las hojas es importante a la hora de determinar la preparación.

Las lechugas se sirven crudas, en ensalada simple o compuesta. A menudo se emplean las hojas crudas como decoración o guarnición, en particular de las lechugas escarolas. También se comen braseadas, rellenas o a la crema, y participan en la preparación de los chícharos a la francesa.

En México la lechuga romana se utiliza rebanada para acompañar antojitos.

lecitina
Fosfolípido presente en ciertos alimentos: los huevos, la soya, etc. La lecitina se utiliza en cocina y en la industria alimentaria como emulsionante. Se emplea, por ejemplo, durante la operación del conchado del chocolate, a fin de dispersar los azúcares en la manteca de cacao.

legumbre
Fruto o semilla que se cría en vainas (habas, alubias, frijoles, lentejas, chícharos, ejotes guajes, etc.). Se trata de semillas que se conservan bien, en un lugar seco, de una a otra estación y que se comen siempre cocidas. Su poder energético es bastante elevado (330 kcal o 1380 kJ de promedio por cada 100 g), y su índice de agua es muy bajo (11%) comparado con el de las verduras (hasta 95%).

Debido a su riqueza en prótidos (alrededor de 23%), las verduras desempeñan un papel importante cuando el aporte de proteínas animales es insuficiente. No obstante, no contienen todos los aminoácidos indispensables para la nutrición y en consecuencia se deben combinar con granos (maíz, arroz, trigo) o semillas (ajonjolí, semillas de girasol, semillas de calabaza). Algunas contienen hierro, sobre todo las alubias y las lentejas, pero no es muy asimilable por el organismo.

Las legumbres, muy ricas en glúcidos (hasta 60%) y pobres en materias grasas, se digieren fácilmente. Son la base de la alimentación en la India y en numerosos países del norte de África (garbanzos, habas, lentejas, alubias), así como en América del Sur (frijoles). Su consumo en los países industrializados, después de haber disminuido mucho, se ha estabilizado en la actualidad e incluso ha aumentado gracias a las ensaladas compuestas.

leguminosa
Planta de la familia de las fabáceas que lleva frutas en una vaina, conocidas como legumbres (habas, alubias, frijoles, lentejas, chícharos, ejotes, guajes, etc.). El término también se aplica en botánica a la soya y al cacahuate. Las semillas de las leguminosas se caracterizan por su elevado poder energético. Tienen también un fuerte índice de proteínas y de glúcidos (almidón), pero son muy pobres en sal y en materia grasa. Las semillas de soya y de cacahuate son ricas en lípidos.

lemon curd
Especialidad inglesa elaborada con limón, que acompaña a tartaletas o que puede servir para untar como confitura. La preparación se conserva en el refrigerador, en un frasco bien cerrado.

lengua
Órgano carnoso comestible procedente de la cabeza de un animal de carnicería, que se clasifica entre los despojos. La lengua de res, una vez limpia y preparada, pesa más de 2 kg. Como la lengua de ternera (la mejor), de cerdo o de cordero (150 g), conoce múltiples preparaciones. Para prepararla se hierve en agua con ajo, cebolla y laurel hasta que se suaviza un poco; luego se le retira la capa de piel que la cubre y se vuelve a cocer con los mismos ingredientes hasta que queda muy suave; posteriormente se rebana y se guisa al gusto: servida con salsas de sabor intenso, en buñuelos, entomatada, estofada, en tacos, al gratén, o fría, a la vinagreta o en ensalada.

A los romanos les gustaban las lenguas de flamenco y, en la Edad Media, se preparaban patés de lenguas de mirlo. Las lenguas de bacalao fritas en salsa tártara son una preparación típicamente canadiense.

lengua de gato
Galleta en forma de lengüeta redondeada y plana. Las lenguas de gato, delicadas y desmoronables, se conservan bien y acompañan por lo general postres helados, cremas, ensaladas de frutas, champán y vinos licorosos.

lenguadina
Pez plano de la familia de los pleuronéctidos, común en el Atlántico y el mar del Norte. Existen especies con los ojos a la derecha (lenguadina nórdica, mendo limón) y otras con los ojos a la izquierda (serrandel o gallo). Miden 40 cm de promedio, y su rendimiento es del orden de 50% en filetes. La carne de las lenguadinas es blanca y magra.

lenguado
Pez óseo de la familia de los soleidos, con las aletas pelvianas por delante de las pectorales, plano, con los ojos en el lado derecho. Existen diversas variedades anatómicamente muy parecidas entre ellas. Este pez de forma ovalada presenta una mancha negra en el extremo de la aleta pectoral, en la cara pigmentada. La cara ciega es blanquecina. En el momento de la venta el lenguado debe medir al menos 20 cm, pero puede alcanzar los 60 cm y pesar más de 1 kg. Un lenguado del n° 4 corresponde a una porción (lenguado porción), y pesa 250 g; por lo tanto, se necesitan 4 para sumar 1 kg de pescado (ello explica la numeración de los tamaños para la comercialización).

El lenguado era uno de los pescados preferidos de los gastrónomos romanos. En la cocina antigua se preparaba marinado en sal, estofado, frito, en paté, en sopa, en ragú o asado. Pero bajo el reinado de Luis XIV de Francia, a finales del siglo XVII, se convirtió en un "manjar real". A partir de entonces se crearon preparaciones muy elaboradas.

Los lenguados pescados en alta mar suelen ser más finos que los que se capturan cerca del litoral, y los de las aguas frías son mejores que los de los mares cálidos. Es un pescado magro (1% de lípidos), que tiene una merma relativamente importante (50%). Los filetes no tienen espinas y su textura es muy firme, manteniéndose muy bien durante la cocción.

El lenguado es uno de los pescados que conoce mayor número de preparaciones, tanto en cocina clásica como en cocina casera. Los más pequeños se fríen; los medianos (de 220 a 250 g) se asan en el horno o a la parrilla y los grandes se escalfan en caldo corto o se rellenan y cuecen al horno, o bien se brasean. Los filetes, enrollados en popietas o planos, se pochan y se sirven en salsa, a veces empanizados y fritos o asados.

Lenôtre, Gaston

Pastelero, *traiteur* y restaurador francés (Saint-Nicolas-du-Bosc, 1920-Sennely, 2009). En 1945 fue pastelero en Pont-Audemer, pero en 1957 decidió establecerse en París y a partir de 1960 emprendió una actividad de *traiteur*, organizando grandes fiestas en París. Revolucionó su género preparando platos enteros cortados y servidos en la sala, no simplemente brindis o canapés, como entonces era habitual; aligeró la pastelería, desarrolló los "miroirs" de frutas, los *bavarois* y los pasteles de temporada. Multiplicó sus actividades, con sus boutiques Lenôtre y su escuela Lenôtre en Plaisir, al servicio de la pastelería (1971). Formó un gran número de grandes profesionales, gestionó restaurantes de prestigio como el *Pré Catelan* (1976) y el *Pavillon Élysées* (1984). Fue propietario en el Anjou del Castillo de Fesles y publicó numerosas obras (*Faites votre pâtisserie comme Lenôtre*, 1975, *Desserts traditionnels de France*, 1992). Vendió la casa y las sucursales que llevan su nombre al grupo ACCOR.

lenteja

Semilla circular biconvexa de la familia de las fabáceas. Se consume siempre cocida. La lenteja, originaria de Oriente Medio, se cultiva y se aprecia desde la más remota Antigüedad. Las preparaciones con lentejas con frecuencia llevan el calificativo de Esaú en referencia a la historia bíblica (Antiguo Testamento, libro del *Génesis*), según la cual Esaú habría cedido su primogenitura a su hermano menor, Jacob, por un plato de lentejas.

Nutritivas y energéticas (336 kcal o 1,404 kJ por cada 100 g), las lentejas son ricas en prótidos (24%), glúcidos (56%), fósforo, hierro y vitaminas del grupo B. Se cuecen y preparan como las alubias, pero no es necesario ponerlas en remojo. Calientes, se emplean como guarnición, así como en sopas, potajes, cremas y purés. También se preparan en ensalada.

leudar o levantar ◆ crecer

levadura

Hongo microscópico unicelular utilizado para la fermentación de pastas crecidas o leudadas. Los trabajos científicos sobre las levaduras comenzaron en el siglo XVII con la invención del microscopio.

En 1857 Louis Pasteur demuestra que es la levadura la que, en ausencia de oxígeno, provoca la fermentación.

La levadura de panadero o de la cerveza se compra fresca y necesita un cierto tiempo para actuar cuando se introduce en la masa. Se alimenta de los azúcares que aporta el almidón de la harina y los transforma en gas carbónico y en alcohol etílico, lo cual permite que aumente el volumen de la masa. Esta fermentación "alcohólica" propicia la formación de alvéolos en la miga de pan o la masa de los pasteles (baba, *brioche*, *kouglof*, etc.).

La levadura química o polvo para hornear, es una mezcla de sustancias químicas: bicarbonato de sodio o carbonato de amoniaco asociado con cremor tártaro, ácido tártrico o fosfato de aluminio sódico, y con un excipiente (harina, almidón o carbonato de calcio alimentario). Tiene los mismos efectos que la levadura de la cerveza, pero actúa directamente con el calor de la cocción. Se emplea en pastelería casera, pero no posee las cualidades nutricionales de la levadura natural (rica en proteínas y en vitaminas B).

Las levaduras permiten obtener también bebidas fermentadas (vino, cerveza, sidra, sidra de pera), ya que transforman los azúcares de los vegetales en alcohol y en gas carbónico.

levístico

Planta aromática de la familia de las apiáceas, originaria de Persia, llamada también "ligústico" o "apio de montaña", a causa de su aroma. El levístico es muy apreciado por ingleses y alemanes, que emplean sus hojas y sus semillas para aromatizar ensaladas, purés y platos de carne. Los pecíolos de las hojas, blanqueados, se comen en ensalada, y cuando se confitan recuerdan a la angélica. El tallo y la raíz, muy aromáticos, se utilizan en preparaciones de fondo para adobos y ragús.

lías

Residuos que se depositan en el fondo de los toneles y de las cubas en las que fermentan los vinos y que se eliminan mediante trasiego. Las lías están formadas esencialmente por tártaro y levaduras muertas. La crianza del vino sobre lías, practicada sobre todo en el muscadet, permite enriquecer en aromas al vino. Algunos cocineros van a buscar lías a las bodegas y las utilizan con el objetivo de elaborar salsas específicas.

Líbano

La cocina libanesa se inspira en las tradiciones europeas, árabes y orientales y está marcada por un cosmopolitismo gastronómico caracterizado, no obstante, por el arroz y por las verduras y legumbres mediterráneas. Pero la predominancia del aceite de ajonjolí y el empleo del trigo machacado (bulgur) le otorgan rasgos específicos. El plato "nacional" es el *kebbé*: albóndigas redondas o alargadas de carne picada de cordero, mezclada con bulgur, cebolla, perejil, piñones o almendras, que se asan en el horno o a la parrilla y a menudo en brochetas. No menos importante es el tabulé, entremés en el que se combinan el bulgur, la menta, el perejil, las especias y el jitomate en una maceración en limón y aceite.

La originalidad de la mesa libanesa reside sobre todo en la gran diversidad de entremeses, los *mezze*, que a menudo forman una comida completa. Algunos ejemplos son: hojaldres con espinacas o carne picada, puré de berenjena o de garbanzos (*falafel*) con aceite de ajonjolí (*baba ghanouj* y *hummus*), pepino con salsa de yogur y menta y hojas de parra rellenas.

El pollo se cocina a menudo con arroz, relleno de carne picada, piñones o almendras, asado y perfumado con ajo; adobado y servido en brochetas, o acompañado con cuscús y aromatizado con azafrán. El cordero se cocina a la parrilla, asado, en brochetas o en albóndigas de carne picada.

A los libaneses les gustan las elaboraciones de pastelería dulces: dátiles confitados, *baklava*, *lukum*, *halva*, confituras de higos enteros o de rodajas de membrillo. También toman helados muy delicados, de leche y de arrope, aromatizados con azahar.

→ *mezze*

libro

Tercera bolsa del estómago de los rumiantes, que con otras partes de este estómago, constituye parte de la preparación de las tripas o de los callos. El libro tiene una pared interna con varios pliegues u hojas, entre las que se trabajan los alimentos para descomponerlos.

libro de cocina

Recopilación de recetas o de consideraciones gastronómicas. En Occidente, la tradición de la literatura culinaria se remonta a la obra de Archestrato (siglo IV a.C.), de la que conocemos únicamente unos pocos fragmentos. De la Antigüedad romana solo nos ha llegado una recopilación compuesta por recetas de finales del siglo IV d.C., y del que circularon varias copias hasta la época carolingia bajo la firma de Apicio, célebre epicúreo del siglo I de nuestra era. Se tuvo que esperar hasta la segunda mitad del siglo XIII para asistir al renacimiento de la tradición con los primeros recetarios que demostraban la existencia de una auténtica "nueva cocina".

En el curso de los siglos XIV y XV aparecieron numerosos libros de cocina. Se presentaban en forma de rollos (pocos ejemplares) o de códices, de pergamino, en las versiones más lujosas, o bien de papel, material que poco a poco se iría imponiendo y que contribuyó a la difusión de esta forma de literatura.

El libro de cocina medieval se incluía en general en una obra de vocación científica, donde aparecían temas tan variados como la medicina, la astrología o la agronomía. Se solía tratar de una transcripción de recetas que hasta entonces se transmitían oralmente o de una compilación de recetarios más antiguos. No obstante, aparecieron creaciones de grandes maestros cocineros, que conocieron un éxito considerable.

Éste fue el caso del *Libro de arte coquinaria*, el primer libro de cocina impreso (1473), obra del maestro Martino, que compuso la parte culinaria de la obra de Platino *De honesta voluptate*. También fue el caso de *Le viandier*, atribuido a Guillaume Tirel, llamado Taillevent, cocinero de Carlos V y luego de Carlos VI. Este libro fue aumentando constantemente y disfrutó de un favor considerable durante varios siglos. Fue el primer libro de cocina impreso en Francia e inauguró la riquísima línea de libros de recetas firmados por grandes cocineros.

A partir de Taillevent y, sobre todo, de La Varenne, que con su *Le cuisinier français* (1651) marcó el principio del reinado del arte culinario francés en el mundo occidental, todos los grandes cocineros dejaron una obra escrita: *Le cuisinier* (1656), de Pierre de Lune; *L'art de bien traiter* (1674), firmado L.S.R.; *Le cuisinier royal et bourgeois* (1691), de Massialot, y también *L'école des officiers de bouche* (1662) y *La maison réglée* (1692), de Audiger, que detallaban el servicio de mesa y la gestión de la casa.

En el siglo XVIII se escribieron grandes textos: *Le cuisinier moderne* (en 1733 en inglés y en 1735 en francés), de Vincent La Chapelle; *Les dons de Comus o Les délices de la table* (1739), atribuido a Marin; *La cuisinière bourgeoise* (1746) y *Les soupers de la cour* (1755), de Menon. Otros títulos, más especializados, conocieron también mucho éxito: *Le traité des aliments* (1702), de Louis Lémery; *Le cuisinier gascon* (1740), que pese a su título no trataba sobre cocina regional; *Le festin joyeux* (1738), de Lebas, en el que las recetas aparecen musicadas con melodías que entonces estaban de moda; *Le cannaméliste français* (1751), de Gilliers; y *L'art de bien faire les glaces d'office* (1768), de Émery.

El impulso democrático de la Revolución Francesa penetró hasta las cocinas. Una librera parisina, madame Mérigot, escribió y publicó en 1794 *La cuisinière républicaine*. A esta recopilación le siguió un año más tarde *Le petit cuisinier économe*, de Jannet, que en 1796 publicó *Le manuel de la friandise ou Les talents de ma cuisinière Isabeau mis en lumière* (inspirado en Menon).

A partir de las primeras décadas del siglo XIX se revelaron los grandes renovadores del arte culinario francés: Viard, con su libro *Le cuisinier impérial* (1810), y sobre todo Antonin Carême, con *Le pâtissier royal parisien* (1815), *Le cuisinier parisien* (1828) o *L'art de la cuisine française au XIX siècle*, obra terminada por Plumerey (1843-1844).

Los restauradores aparecieron en el siglo XIX y algunos de ellos cogieron pronto la pluma, como Beauvilliers con *L'art du cuisinier* (1814). También lo hicieron algunos destacados *gourmets*: Grimod de La Reynière (*Almanach des gourmands*, de 1803 a 1812); Cadet de Gassicourt (*Les dîners de Manant-Ville*, 1809); Colnet (*L'art de dîner en ville*, 1810) y el marqués de Cussy (*L'art culinaire*, 1835).

La gastronomía y el arte culinario se convirtieron a partir de entonces en un género literario, en el que se distinguió en particular Alexandre Dumas padre (*Le Grand Dictionnaire de cuisine*, 1873), e incluso en un género periodístico, con Charles Monselet (*Almanach des gourmands*, 1863-1870, y *La cuisinière poétique*), o el barón Briss (366 menús aparecidos en *La liberté*).

Pero los grandes profesionales siguieron publicando sumas teóricas y prácticas, reflejo fiel de la cocina tal como se hacía y se enseñaba en la época, en especial Urbain Dubois (*La cuisine classique*, 1856), Jules Gouffé (*Livre de cuisine*, 1867) y Garlin.

Pronto, el libro de cocina se convirtió en un género extremadamente diversificado. Auguste Escoffier, "rey de los cocineros y cocinero de los reyes", publicó en 1903 su célebre *Guide culinaire* (con Philéas Gilbert y Émile Fétu).

Tras él, los grandes chefs abordan tarde o temprano el libro culinario, y los medios de comunicación se interesan cada vez más por ellos. En la actualidad ofrecen sus recetas en libros ilustrados en color, pero también en revistas especializadas, en la sección culinaria de revistas generales, en las ondas radiofónicas, en la pequeña pantalla y en Internet. También hay otro género que conoce un auge extraordinario: el de las crónicas de *gourmets* y de críticos, una vía que abrió Curnonsky. El público descubre su pasión por la historia de la gastronomía, las recetas regionales o exóticas, la evolución de la alimentación y del arte culinario en general, y de ahí nace una producción rica y variada, que va desde las fichas coleccionables hasta las reimpresiones de ediciones antiguas, pasando por los manuales de dietética.

lichi ◆ *litchi*

licor

Bebida alcohólica obtenida mediante una mezcla de alcohol y aguardiente con aromatizantes, que se bebe pura al final de la comida, como digestivo, o a veces alargada con agua como aperitivo, o que entra en la composición de algunos cócteles como aditivo aromático (el Controy en el margarita, por ejemplo). El índice de alcohol varía de 15 a 55% Vol., pero la media es de 40% Vol., aunque el licor, por el hecho de ser dulce (de 100 a 250 g de azúcar por litro), parece menos fuerte. Los licores se utilizan en confitería y en pastelería.

Las preparaciones medievales, a base de vino, miel, flores, hierbas y raíces, las elaboraban los monjes con finalidades terapéuticas.

Todos los licores utilizan como materias primas aguardiente o alcohol neutro de 96% Vol., una sustancia aromática (fruto, planta, semilla o esencia) y almíbar (y a veces miel). La elaboración se puede efectuar mediante destilación o infusión (cuando un fruto o una planta no soportan este tratamiento) o también con la adición de esencia en alcohol.

Para elaborar los licores de frutos (*cherry*, *curaçao*, marrasquino), las bayas o pieles comienzan macerándose en alcohol, y luego se trasiega y destila el líquido dos veces. La preparación de los licores de plantas (*chartreuse*, *galliano*, *peppermint*) es más larga. Un solo alcohol necesita varios alcoholatos, y éstos se ponen a envejecer por separado en barricas de roble. Después se mezclan, se añade azúcar (o miel), se filtran y se embotellan. En los licores de semillas (*sambuca*, *drambuie*, *kummel*), el espíritu se obtiene por maceración de las semillas en un alcohol. Se añade un jarabe concentrado y luego se mezcla y se filtra. Cabe señalar que cuando el contenido en azúcar de un licor es superior a 250 g por litro se suele hablar de crema (crema de casis, crema de cacao, crema de menta, etc.).

Se pueden elaborar licores sin necesidad de un alambique o de un equipamiento especial. Así se realizan licores a base de frutos (ratafías) mediante infusión o maceración en un alcohol. El filtrado es importante, así como el encolado, a veces necesario, para obtener un líquido limpio. Se puede colorear con productos naturales (caramelo, té, jugo de cereza, verde de espinaca). Los licores caseros mejoran con el paso del tiempo cuando se ponen a envejecer al abrigo de la luz y de la humedad, en jarras de cerámica.

licorero

Caja de ebanistería o de marquetería, dotada a veces de asas, cuyo interior está compartimentado para ordenar botellas y frascos de licores, así como el servicio de copas o vasos a juego.

licuadora

Aparato eléctrico que sirve para picar, moler, procesar o para mezclar alimentos. La licuadora se utiliza para hacer sopas y cremas de verduras o leguminosas tersas y homogéneas, reducir las frutas cocidas a compota, los jitomates a *coulis*, ciertas verduras sin fécula a puré, así como para montar una mayonesa muy firme, emulsionar una vinagreta o preparar rellenos finos, *mousses* y muselinas.

- La licuadora de brazo o de inmersión está formada por un bloque con motor provisto de un mango que se prolonga en una columna que lleva una cuchilla que gira a unas 10,000 revoluciones por minuto. Se introduce directamente en el recipiente de cocción o preparación, o bien en un recipiente-tamiz que retiene todas las sobras (pepitas, pieles, fibras). A veces está dotado de un accesorio para pasar purés, menos rápido para que la preparación no sea ni pegajosa ni viscosa.
- La licuadora de vaso presenta un bloque con motor que sirve de base, sobre la cual descansa un recipiente en el que se sumerge la cuchilla. Tiene una capacidad limitada y es preciso fraccionar las cantidades a tratar.

liebre

Pieza de caza de pelo, de la familia de los lepóridos, de carne oscura. Las poblaciones salvajes se han visto considerablemente reducidas por las técnicas agrícolas, la concentración parcelaria y la desaparición de setos. En Europa, los planes de caza, tras recuento de las poblaciones, y la colocación de un brazalete inviolable a las piezas capturadas (como en el caso del corzo), permiten gestionar eficazmente sus poblaciones.

La liebre vive en las llanuras o en los lindes de bosques, en una madriguera. La carne de liebre es magra, aporta unas 132 kcal o 551 kJ por 100 g. La liebre vendida muerta con la piel se altera pronto. Es preciso destriparla rápidamente y reservar la carne en el frigorífico.

La liebre se prepara de diferentes formas, según la edad del animal. El lebrato (de dos a cuatro meses y 1,5 kg), se asa; la liebre del año (de 2,5 a 3 kg) es la más adecuada para la cocina y proporciona buenos lomos para asar y saltearlos; el animal mayor de 1 año (de 4 a 5 kg, a veces más) se cocina sobre todo, en estofado o en terrina.

Se pueden separar los filetes, los muslos y los medallones, que son objeto de preparaciones específicas. En Alemania preparan la liebre con cerezas. El consumo de la liebre en México es poco común y generalmente solo se prepara en comunidades rurales.

ligar

Acción destinada a dar consistencia a un líquido (crema, *velouté*, salsa).

Se distinguen diversas maneras de ligar, según el ingrediente utilizado para ello y según la temperatura a la que se trabaja.

- Con almidón (harina, fécula de maíz o de papa, crema de arroz, o de cebada, masa de maíz). El producto de ligazón, desleído en frío, se vierte en el líquido hirviendo, que se remueve sin cesar sobre el fuego mientras se espesa.

- Las ligazones con yema de huevo, sangre, crema o hígado son casi emulsiones y conciernen por lo general a la puesta a punto o acabado de un potaje o de una salsa destianada a un gallo al vino, a un pato a la sangre o a una blanqueta. Estas ligazones no deben hervir jamás.
- Las ligazones a base de *roux* (harina o fécula cocida en mantequilla) se obtienen vertiendo el líquido de ligazón hirviendo sobre el *roux* frío, que se remueve con el batidor hasta llegar a la ebullición, seguida de unos minutos de cocción (bechamel, *velouté*). El mismo tipo de ligazón, llamada "seca", se hace espolvoreando con harina los elementos salteados en un cuerpo graso, antes de añadir el líquido de cocción (bresear, ragú).
- Las ligazones hechas a base de la mezcla de huevo y de harina, eventualmente con la adición de otros ingredientes en el líquido hirviendo, tienen como modelo la crema pastelera.
- Las ligazones de acabado, menos cocinadas, se hacen en el último momento. La ligazón con crema batida termina la salsa Chantilly; la ligazón con mantequilla concierne asimismo a las salsas. En ambos casos, la preparación no debe hervir. También se utiliza la mantequilla trabajada, añadida en trocitos en la preparación que se quiere ligar.

ligero o *light*

Calificativo que indica que se han reducido las proporciones de ciertos elementos de un producto. El consumo de productos ligeros permite adaptar los aportes de glúcidos y lípidos a las necesidades energéticas.

Los productos lácteos (cremas para untar, mantequilla y ciertos quesos) han sido los primeros en ver reducida su proporción de grasas, las cuales se eliminan fácilmente en el proceso de elaboración; con la llegada de los edulcorantes intensos les han seguido los productos dulces (jugo de fruta, helados y pasteles). Actualmente se cuestiona el uso de estos edulcorantes, ya que estimulan el gusto por el azúcar; por consiguiente, hay que evitar abusar de las bebidas *light*, ya que aumentan el apetito de azúcar. En cambio, el interés por los productos bajos en materia grasa es innegable, ya que contienen las mismas cantidades de proteínas y calcio.

lima

Cítrico de la familia de las rutáceas, de origen asiático, tiene forma globosa, es verde cuando está inmaduro y se vuelve amarillento al madurar. Posee una protuberancia saliente en la base, su pulpa es verde, de sabor ácido algo amargo y dulzón, y es muy aromática. Mide alrededor de 6 cm de diámetro.

En el sur de México se consume como fruta fresca, se emplea para aromatizar la sopa de lima y el jugo se utiliza en la preparación de aguas frescas.

lima dulce o *limonette de Marrakesh*

Preparación culinaria del limón que se confita en salmuera y se utiliza para aromatizar ragús y *tagines* en la cocina marroquí (pollos y pescados). Los verdaderos limones se pueden confitar y utilizar de forma idéntica.

lima kafir ✦ *combava*

limón o limón verde

Cítrico de la familia de las rutáceas, de forma esférica (de 2,5 a 4 cm de diámetro); tiene una piel verde viva (con matices amarillos en su madurez), muy perfumada, y produce un jugo abundante y ácido.

Cultivado en países con clima tropical (Costa de Marfil, América Latina, Antillas y Oceanía) se utiliza mucho en las cocinas criolla y latinoamericana (ragús de pescado o de carne, pollo adobado, confituras, sorbetes, ponches, limonadas y cócteles).

La ralladura de la cáscara se emplea en postres, merengues, pasteles y *chutneys*, y para perfumar el té, las cremas y la leche. Los frutos se utilizan para fabricar confituras y licores, y por lo general su cáscara se emplea confitada en repostería.

Los gajos de limón acompañan el surtido de marisco, las frituras, los buñuelos salados y distintas preparaciones empanizadas.

El jugo de limón se obtiene mediante simple presión o con un exprimidor, sirve como antioxidante natural (para evitar que se pongan negras ciertas verduras). Se utiliza en grandes cantidades en la preparación de aguas frescas, helados, sorbetes y granizados. La presencia del limón en la cocina de México es notoria, se utiliza para aderezar sopas, frutas como la papaya o la jícama, ensaladas de lechuga, carnes asadas, milanesas, pescados y mariscos y combinándolo con sal y chile en polvo se agrega sobre cualquier verdura o fruta (elotes cocidos, mangos y pepinos); y es indispensable para la elaboración del cebiche.

limón amarillo

Cítrico, fruto del limonero, de la familia de las rutáceas, cuya pulpa ácida y jugosa está protegida por una piel amarilla, perfumada, más o menos gruesa. Se diferencia de la cidra y del limón. Originario de la India o de Malasia, el limonero se introdujo en Asiria, y luego en Grecia. En Roma, la "manzana médica", un cidro ancestro del limón, se empleaba tanto de condimento como por sus propiedades medicinales. En la Edad Media, los cruzados se llevaron consigo de Palestina varios cítricos entre los que se encontraba el limón amarillo, que comenzó a cultivarse en España, el norte de África e Italia.

El limón amarillo también se utilizó como producto de belleza. Las mujeres consideraban que aportaba un hermoso color rojo a los labios y una tonalidad pálida al cutis, según la moda de la época. Pero sobre todo fue un remedio esencial contra el escorbuto (que se manifiesta a través de hemorragias múltiples y que se abatía a menudo sobre las tripulaciones en la época de la navegación a vela), pues es muy rico en vitaminas C y niacina, en ácido cítrico y en calcio. Sus empleos son numerosos en cocina, en pastelería, en confitería y en la industria de las bebidas.

El jugo de limón amarillo se añade a numerosas preparaciones (blanqueta, ragú). Figura en los adobos y en los caldos cortos. Sustituye al vinagre en aderezos para verduras y ensaladas, y condimenta ciertas salsas. Se utiliza en grandes cantidades en la preparación de helados, sorbetes y granizados, así como en las bebidas refrescantes.

Se pueden obtener la ralladura de cáscara de limón amarillo, pelándola con un cuchillo pelador o frotándola con un terrón de azúcar, según el empleo previsto. Sirve de aromatizante, sobre todo en pastelería (cremas, flanes, *mousses*, suflés, tartas), y también se puede confitar (bizcochos y galletas).

Los gajos de limón amarillo condimentan ciertos ragús y salteados, así como los *tagines* y son tradicionales con el té. Los limones confitados en salmuera se utilizan mucho para aromatizar pescados y carnes en la cocina del Magreb. Los limones amarillos sirven para preparar confituras, mermeladas, el *lemon curd*, *chutneys* y tartas, y enteros se pueden escarchar o glasear.

El limón amarillo se utiliza en confitería y en licorería en forma de aroma natural. También perfuma ciertos tés aromatizados.

limonada
Bebida refrescante elaborada con agua natural o mineral, azúcar y jugo de limón. La limonada se puede elaborar también dejando macerar ralladura de cáscara de limón en agua durante algunas horas, posteriormente se cuela y se añade un poco de jugo de limón y azúcar.

En algunos lugares se conoce como "limonada" a bebidas dulces gasificadas incoloras, derivadas de las gaseosas, a las que se añaden aromas extraídos de cítricos ácidos.

limpiar • purgar

linzertorte
Tarta austriaca hecha de pasta *sablée*, a menudo aromatizada con vainilla, limón y canela, cubierta de confitura de frambuesa y decorada con tiras de pasta cruzadas.

liofilización
Procedimiento de conservación basado en la deshidratación mediante frío, llamado asimismo "criodesecación". El tratamiento conlleva tres etapas sucesivas: ultracongelación clásica, calentamiento al vacío del producto ultracongelado para conseguir su sublimación (su agua pasa directamente del estado sólido del hielo al estado gaseoso del vapor sin pasar por el estado líquido) y finalmente un calentamiento rápido para eliminar el agua residual.

Un alimento sólido liofilizado es extremadamente ligero, ya que no contiene más que de 1 a 2% de su agua inicial, pero conserva prácticamente todo su sabor y sus cualidades nutritivas. Los mejores resultados se obtienen con elementos de pequeño tamaño y con los líquidos, sobre todo con café.

lionesa, a la
Nombre de distintas preparaciones, por lo general salteadas y caracterizadas por el empleo de cebollas cortadas finas, sofritas en mantequilla y doradas, a menudo con un desglasado al vinagre y la adición de perejil troceado. También se denominan "a la lionesa" platos acompañados con salsa lionesa, igualmente a base de cebolla.

lípidos
Nombre científico de las grasas compuestas por ácidos grasos y fuente importante de la energía proporcionada por la alimentación (1 g de lípidos aporta 9 kcal o 39 kJ). Un 95% de los lípidos presentes en el cuerpo, como los que proporcionan los alimentos, son triglicéridos (combinación de una molécula de glicerol con tres ácidos grasos) y fosfolípidos. Nuestro cerebro contiene entre 50 y 70% de lípidos. Los lípidos alimentarios son o bien saturados (obtenidos de grasas animales, a excepción del pescado) o bien insaturados (extraídos de grasas de pescados o de vegetales, como el aguacate y las semillas oleaginosas). El consumo de los primeros debe limitarse, ya que su exceso puede ser responsable de enfermedades cardiovasculares; los segundos deben priorizarse, ya que tienen un efecto beneficioso para la inmunidad, la protección cardiovascular y contra el cáncer. Algunos lípidos aportan ácidos grasos esenciales, los omega-3 y omega-6.

Los lípidos aportados por la alimentación son o bien los cuerpos grasos añadidos utilizados en cocina o para aliñar, como el aceite, la mantequilla y la crema, o bien las grasas de constitución de los alimentos (embutidos, queso, chocolate, carnes grasas, frutas oleaginosas, etc.). Éstas son grasas llamadas "ocultas", ya que forman parte de los alimentos o son añadidas durante la elaboración de los productos, tanto industriales como artesanales (bizcochos, salchichas, etc.). Es aconsejable equilibrar los cuerpos grasos entre la mantequilla por un lado y el aceite y la margarina por el otro (para conseguir un buen equilibrio entre las grasas monoinsaturadas, poliinsaturadas y saturadas), moderar el consumo de alimentos que sean ricos en grasa en su constitución (escoger las partes menos grasas y quitar la grasa de la carne) y limitar las grasas añadidas. Es recomendable que la ración energética, proveniente de lípidos, se sitúe entre 30 y 35% de la ingesta diaria.

→ ácido graso, materia grasa, grasas animales, grasas vegetales

lisa, mújol o mugil
Pez del litoral perteneciente a la familia de los mugílidos, muy corriente, que frecuenta los estuarios y las lagunas, donde incluso se puede criar. Existen varias especies de lisas con características similares. Son peces de cuerpo alargado, ojos grandes, lomo color verde olivo y costados plateados. Su carne es magra, blanca y un poco blanda; contiene pocas espinas. En ocasiones puede presentar un olor a humedad por lo que resulta necesario purgar la carne en agua salada o leche. Se preparan con un caldo corto, al horno o a la parrilla, después de desescamarlas cuidadosamente. La hueva de lisa es muy apreciada; se come fresca, semiseca o seca y salada.

En México las lisas habitan en los fondos arenosos y lodosos del Golfo de México y el océano Pacífico, donde se puede pescar todo el año. Se venden frescas, ahumadas o secas y saladas; su carne es oscura, de sabor fuerte, con muchas espinas, por lo que en general se come frita. En la isla de Mexcaltitán, Nayarit, la lisa salada es el pescado que más se consume, las lisas se abren por la mitad y se dejan secar al sol durante un día y después se comen asadas o fritas; en ocasiones se dejan secar durante dos o tres días para conservarlas y consumirlas en tiempos de escasez, en este caso se pueden comer guisadas en salsa de jitomate, asadas o fritas. La hueva de lisa se prepara frita, capeada, empanizada, mezclada con huevo o guisada con chile, tomate y cebolla para tacos o tostadas.

→ huevas de pescado

listón, punto de • punto de listón

litchi

Fruto originario de China, de la familia de las sapindáceas, cultivado en Asia. Grande como una ciruela, cubierto de una corteza rugosa rosa o roja, posee una pulpa blanca y jugosa, translúcida, en torno a una gran semilla pardo-negra. Llamado también "cereza de China", "lichi" o "lychee", aporta 68 kcal o 285 kJ por cada 100 g, es bastante rico en vitamina C y contiene 16% de glúcidos. Su carne dulce tiene un sabor de rosa, ligeramente acidulado. En la cocina china se asocia a menudo con carne o pescado. Fresco, resulta excelente para realzar el sabor de ensaladas de frutas. Se vende en conserva, en almíbar y deshuesado y a veces también se encuentra seco o confitado.

lito

Servilleta grande blanca utilizada en restauración, sobre todo para transportar los cubiertos, para la colocación de platos calientes y el servicio del vino; generalmente se dobla en tres a lo largo y se tiene a disposición, sobre el brazo izquierdo.

lobo marino

Nombre que se da en Canadá a la foca, mamífero marino de la familia de los fócidos, al que antaño se cazó intensamente. Hoy en día se intenta comercializar, pero el éxito es pequeño. Su carne, muy nutritiva, debe limpiarse de grasa, pues tiene un sabor pronunciado. Se enharina para saltearla y luego se deja cocer mucho tiempo en la cazuela. Las aletas breseadas son un manjar selecto.

lomo

Pieza muy tierna de la región lumbar del cerdo y el cordero.

El lomo o chuleta del lomo de cordero se presenta a menudo con una parte de los músculos abdominales y se corta en chuletitas, simples o dobles. Entero se llama "silla inglesa", y se asa.

El lomo de lechal, deshuesado, limpio, enrollado y atado, se corta en medallones.

El lomo de cerdo se corta en chuletas, que no presentan la prolongación del hueso, o en forma de caña (deshuesado). Se considera un corte fino, apreciado por su suavidad, pero es un poco seco.

Por lo regular se hornea y se sirve rebanado, bañado con alguna salsa que le aporte humedad. Se puede preparar también mechado con tocino o frutos secos.

→ espaldar

lomo bajo

Parte del aloyau de la res situada en la región lumbar. Este trozo noble, menos tierno que el filete, que con frecuencia se presenta con la grasa que lo recubre, tiene más sabor que éste. El lomo bajo da, una vez deshuesado y limpio, asados o medallones que se asan en el horno o a la parrilla.

long drink o trago largo

Bebida "larga" que se sirve en un vaso de 120 a 330 ml (o más). Compuesto de aguardientes, jugos de frutas, jarabe, soda, agua con gas, etc., presenta un índice de alcohol bajo o nulo. Se sirve a veces con un popote.

→ coctel

longan

Fruta de un árbol de la familia de las sapindáceas, originaria de la India y China, ovoidal y grande como una ciruela. Parecido al litchi, pero menos perfumado. Es rico en vitamina C y proporciona 65 kcal o 272 kJ por cada 100 g. Su piel roja, rosada o amarilla cubre una carne translúcida, poco dulce, que encierra un gran hueso negro, marcado con una mancha blanca en forma de ojo (y de ahí su nombre en chino, "ojo de dragón"). Se encuentra en conserva en almíbar, a veces confitado. Participa en la composición de ensaladas de frutas, y con ella se elabora una bebida refrescante.

longaniza

Embutido elaborado con carne de cerdo adobada y picada a la que se han añadido diferentes especias y condimentos (pimienta, laurel, clavo, ajo, canela, comino, orégano, chile, vinagre, etc.) o sencillamente sal y pimienta). Similar al chorizo, aunque más delgada y no se amarra en segmentos. Para su elaboración, la carne de cerdo se macera por lo menos una noche en un adobo. Las tripas de cerdo se lavan, se inflan, se tienden y se dejan secar al sol; después se remojan para hacerlas suaves y se rellenan con la carne. Por último, las longanizas ya embutidas se vuelven a colgar para secarlas y en ocasiones se ahúman. Las especias utilizadas, así como el proceso de elaboración pueden variar en función de la zona donde se elabora, en España o América Latina. Se consume fresca, recién elaborada, frita o asada o curada y seca.

En México se asa o se fríe para comer en tacos, con huevo, frijoles, o como relleno de diversos antojitos.

lonja

Gran espacio cubierto en el que se celebra un mercado. En las grandes lonjas romanas había, en varios niveles, puestos de fruta, jarras de vino y aceite, especias, pescados, etc. Las principales lonjas parisinas fueron Les Halles centrales (que se remontan a 1183, bajo Felipe Augusto), la lonja del trigo y la harina (de 1765), la del pescado fresco y la de las ostras. Hasta 1969, Les Halles centrales agruparon los mercados al por mayor de la alimentación bajo los "paraguas" (pabellones metálicos construidos a partir de 1851, bajo Napoleón III, por el arquitecto Victor Baltard).

lota

Pez de agua dulce de la familia de los gádidos, cuyo cuerpo alargado y cilíndrico, amarillento veteado de ocre y pardo, está cubierto de una capa viscosa. La lota puede alcanzar 1 m, abunda sobre todo en los lagos saboyanos y se consume en Europa. Una vez limpia, se prepara como la anguila o la lamprea. Su hígado, voluminoso y muy buscado, sirve para preparar terrinas, y se cuece como el hígado de ternera.

loto

Planta asiática de la familia de las nelumbonáceas, de la que se consumen las grandes semillas (crudas, hervidas o tostadas), las raíces (como apio) y a veces las hojas (como espinacas).

En Vietnam, las semillas de loto, cuyo sabor recuerda al de la almendra, se emplean en la preparación de una sopa dulce muy popular.

En Java, las hojas de loto se rellenan de arroz con champiñones.

En China se rellenan con carne y cebolla picadas, y las semillas, confitadas en vinagre o jarabe, son apreciadas como golosinas.

En Europa se pueden encontrar conservas de raíces de loto al natural, cuyas rodajas, que presentan una serie de orificios, son características y sirven de guarnición de carnes y aves.

loza

Cerámica recubierta por un esmalte incoloro o de color que la impermeabiliza, muy utilizada para los servicios de mesa.

La loza tradicional, a base de arcilla mezclada con margas y arenas, está recubierta por un esmalte opaco. Nacida en Asia, llegó a Italia y se difundió a continuación por Europa. En el siglo XVI, Bernard Palissy perfeccionó la técnica de la cocción, y cada escuela inventó un estilo caracterizado por la forma y la decoración.

Las lozas finas, creadas en el siglo XVIII por el inglés Josiah Wedgwood, se hacen con mezclas especiales que permiten obtener productos muy blancos, que a continuación reciben un esmalte transparente.

Todas las lozas, tanto las comunes como las finas, pasan por dos cocciones, y a veces por tres. La primera se efectúa para asegurar la solidez del material; la segunda para endurecer el esmalte; y la tercera, después de la decoración cuando ésta no se ha aplicado sobre el esmalte en crudo. Hoy en día las grandes manufacturas reproducen modelos antiguos, teniendo en cuenta las exigencias modernas como, por ejemplo, el lavado en lavavajillas o la buena resistencia al calor.
→ porcelana

lubina o lobina

Pez marino, de la familia de los morónidos, cuyo nombre deriva de lobo, en algunas regiones es conocido con el nombre de róbalo. Es un depredador voraz, de 35 a 80 cm de longitud, que gusta de las aguas agitadas y los medios rocosos. La lubina fue la primera especie marina no salmónida que se cultivó comercialmente en Europa y actualmente es un pez comercial importante cultivado en el Mediterráneo. Es relativamente escaso y por ello bastante costoso. Actualmente se cría en piscifactorías y se vende en porciones de 400 g; es más graso, pero se conserva mejor que el salvaje. La lubina tiene una carne fina y densa, muy magra y delicada, y presenta pocas espinas. Permite preparaciones delicadas.

lucio

Pez de agua dulce de cabeza alargada, de la familia de los esócidos, cuyas fuertes mandíbulas están provistas de centenares de dientes pequeños y agudos. Habita en ríos y lagos en el Norte de América, Europa y Asia. El lucio, que mide de 40 cm (tamaño mínimo por debajo del cual está prohibido pescarlo) a 70 cm, tiene el cuerpo ahusado, veteado de verde o de pardo, con el vientre plateado. La carne de los lucios de río es firme, blanca y sabrosa. Los que viven en los lagos no son tan buenos como los de los ríos.

En Canadá, el gran lucio o lucio del norte, es el más difundido, y el maskinongé, todavía de tamaño mayor, el más apreciado.

El lucio se prepara en *quenelles* a causa de sus abundantes espinas. Su carne es adecuada para elaborar terrinas de pescado. También se cocina con vino blanco o tinto, asado, en escabeche e incluso relleno con carne de cerdo.

lucioperca

Gran pez de agua dulce, de la familia de los pércidos, parecido a la perca, que puede alcanzar 1 m y pesar 15 kg. Su lomo es gris-verde, atigrado con rayas oscuras. Sus branquias y su aleta anal presentan radios espinosos, delicados de eliminar. Las escamas son ligeras y cuesta eliminarlas porque tienen la tendencia a volverse a pegar a la piel. Su carne es fina, firme y blanca, con pocas espinas, y se prepara como la del lucio o la de la perca.

Luján, Néstor

Periodista, escritor y gastrónomo español (Mataró, 1922-Barcelona, 1995). Premio nacional de gastronomía en 1974, publicó, entre otras obras, *Las recetas de Pickwick*, *Historia de la cocina española* (en colaboración con Joan Perucho), *La cocina moderna* (junto a su mujer Tin Luján) y *Diccionari Luján de gastronomia catalana*.

lukum

Elaboración turca de confitería a base de azúcar, miel, jarabe de glucosa y harina, aromatizada y coloreada, a veces cubierta de almendras, pistachos, piñones o avellanas. El *lukum* (*rahat lukum*, "reposo de la garganta") es elástico y muy dulce. Se presenta en cubos con azúcar lustre.

lunch

Nombre de la comida que los anglosajones toman en las horas medias del día. El *lunch*, más ligero que el almuerzo, se compone a menudo de carnes frías, embutidos, huevos, ensaladas y sándwiches, acompañados de té, café o cerveza.

En México la palabra *lunch* se utiliza para designar a alimentos que se transportan durante los viajes; o bien los refrigerios que se consumen durante los recesos en los lugares de trabajo y en las escuelas. Estos alimentos varían dependiendo de las costumbres alimentarias de las personas. Por ejemplo, puede ser una torta, un tamal, una quesadilla, gorditas de maíz, fruta (entera o picada), verduras crudas (jícama, pepino, zanahorias), un sándwich, etc.

lúpulo

Planta vivaz y trepadora de las regiones templadas, de la familia de las cannabináceas, cuyas flores hembras se emplean por su amargor característico en la elaboración de la cerveza (bastan de 100 a 300 g de lúpulo para aromatizar 100 l). En Bélgica los brotes de lúpulo se consumen como verdura.

luter

Cerrar herméticamente la tapa de un recipiente mediante una mezcla de harina y agua. Esta junta de pasta, llamada "lut" o "repère", se endurece por acción del calor y permite una cocción mediante estofado, sin evaporación, preservando los aromas de los alimentos.

Luxemburgo

La cocina luxemburguesa ofrece algunas particularidades gastronómicas.

Habas, chícharos y papas han sido desde hace siglos una de las bases de la alimentación, junto con la avena (en papillas) y el alforfón (en tortitas y *quenelles*).

El almuerzo y la cena suelen comenzar con una sopa de verduras, más ligera en el primer caso. La más célebre es la *bounesschlupp*, que se prepara con frijoles verdes (con alubias y ciruelas se llama *bohnensuppe*).

Las hortalizas más frecuentes siguen siendo las papas y las coles. Las primeras se comen en muchas ocasiones, y se sirven en plato único, enriquecidas con cubos de tocino, o con potajes, carnes y pescados. Las segundas acompañan tanto a la carne como a los embutidos y patés o a las papas.

El otro pilar de la cocina luxemburguesa es el cerdo. El *gras-double* y las tripas forman parte de los menús típicos y el plato nacional es el pescuezo de cerdo ahumado con habas (*judd mat gaardebounen*). El cerdo se prepara de innumerables maneras: en ragú, en chuletas, breseado, asado, y los restos siempre se aprovechan.

Las numerosas salchichas presentan sabores muy variados, y los jamones están aromatizados y ahumados de distinta forma, como el jamón de Oesling, ahumado con madera de haya, roble y enebro.

Los pescados más consumidos son el lucio (al *riesling*) y la trucha (*au bleu*). Los cangrejos de río a la luxemburguesa son muy apreciados en las comidas de fiesta.

El *kachkéis* se prepara con leche descremada, cuajada y escurrida y se parece mucho a la *cancoillotte*. Se extiende sobre rebanadas untadas de mantequilla, con crema líquida o yema de huevo, y se suele acompañar con mostaza.

Los postres (*crêpes*, preparaciones con frutas, tartas y crema montada) son simples, exceptuando el *baumkuchen*, pastel cocido en espetón según una receta de origen austriaco de finales del siglo XVIII.

El Mosela evoluciona en un paisaje de viñas que incluye 98% de cepas blancas: Elbling, Rivaner, Auxerrois, *pinots blanc* y *gris*, *riesling* y *gewurztraminer*. Éstas proporcionan blancos clásicos, pero también espumosos y, desde 1988, *crémants*. El Elbling tradicional, establecido desde la época de los romanos, produce abundante vino rústico, muy apreciado por los conocedores a causa de su original pureza.

macarela ◆ caballa

macarrón

Pequeña galleta redonda, crujiente por fuera y blanda por dentro, hecha con una masa a base de polvo de almendras, azúcar y claras de huevo, a menudo aromatizada con café, chocolate, fresa, avellana, coco, pistache, vainilla, etc. Los macarrones se suelen presentar pegados de dos en dos, como el macarrón *gerbet* de París.

Su origen es muy antiguo. La receta parece proceder de Italia, en particular de Venecia, durante el Renacimiento, pero hay fuentes que evocan ya los macarrones de Cormery a finales del siglo VIII. Con posterioridad, numerosas ciudades de Francia los convirtieron en su especialidad.

macarrones

Pasta alimentaria (llamada *penne* en italiano) en forma de largo tubo de 5 a 6 mm de diámetro. Los macarrones, que se cuecen en agua hirviendo con sal, se sirven con queso rallado, salsa de jitomate o gratinados, en timbal, en corona con marisco, verduras, hongos, etc.

Los macarrones se preparan bajo distintas denominaciones: *all' amatriciana, alla carbona, alla ciociara*, o como en Sicilia, con dados de berenjena frita, *ricotta*, salsa de jitomate y albahaca.

macedonia

Mezcla de verduras cortadas en daditos y ejotes en trozos. Comprende zanahorias y nabos cortados, limpios, preparados en rodajas de 3 o 4 mm de grosor, luego en bastoncillos y finalmente en dados de 3 o 4 mm de lado, a los que se añaden ejotes cortados en trocitos. Estas verduras se cuecen por separado y se mezclan luego con chícharos bien escurridos, y a veces con otras verduras.

También se utiliza fría, mezclada con mayonesa, para rellenar jitomates o acompañar huevos duros, cornetes de jamón, o se enmolda en áspic.

macerar

Remojar, durante un tiempo determinado, alimentos crudos, secos o confitados, hierbas o especias, en un líquido (aguardiente, licor, aceite, mezcla agridulce, jarabe, vino, vinagre) para conservarlos o para que se impregnen de su perfume. La maceración se realiza sobre todo con las frutas. Para los productos cárnicos se emplea más bien el término "marinar".

Cuando se ponen a macerar frutas en un aguardiente más o menos diluido o en azúcar, éste penetra en la pulpa, que a su vez le cede una parte de su agua natural y de sus principios aromáticos y sápidos.

La maceración se practica en culinaria, en pastelería, y más recientemente, en la preparación de algunos cócteles.

machete

Cuchillo ancho y corto de acero inoxidable en forma de hacha. El machete de carnicero, que pesa aproximadamente 1,5 kg, permite romper los huesos grandes. El machete, profesional o doméstico, sirve para trocear los huesos y las carcasas de ave.

macis

Condimento constituido por la prolongación ramosa y carnosa del arilo de la nuez moscada, originario de las regiones tropicales. Es una redecilla de fibras de color escarlata cuando está fresca, que se hace secar —con lo que se vuelve rosa— y que se reduce a polvo. Se emplea sobre todo en charcutería y en mezclas de especias. También realza el sabor de sopas y carnes en salsa y reemplaza a la nuez moscada en las tortillas de huevo, la bechamel o el puré de papa.

mâcon

Vino del Mâconnais, región meridional de Borgoña. Las Denominaciones de Origen *mâcon* y *mâcon Supérieur* responden a tintos, rosados o blancos, mientras que la *mâcon-villages* es solo de vino blanco. Los tintos y los rosados proceden de uvas gamay, *pinot noir* y *pinot gris*, y los blancos de *chardonnay* y *pinot blanc*.

macrobiótica

Modo de alimentación inspirado en el zen, escuela budista de Japón, basada en el equilibrio de los principios yin (femenino) y yang (masculino). Fundada por Sakurazawa Nyoiti, llamado Oshawa (1893-1966), la macrobiótica comprende una decena de regímenes, adaptados a la identidad de cada individuo, más o menos yin o yang. Los alimentos básicos son los cereales completos y las legumbres. Los regímenes más generosos aceptan algunas verduras y muy poco pescado. Las carnes, las frutas, el café y el alcohol están proscritos. La única bebida autorizada es el té.

Madagascar

La cocina malgache es la heredera de varias tradiciones: africana, china, india, británica y francesa. Se caracteriza por platos de sabor intenso, en los que se mezclan especias y los condimentos más diversos: ajo, canela, cardamomo, *curry*, jengibre, chile, aunque también cebollín, laurel, tomillo, etc.

Maíz, mandioca o yuca, camote y arroz conviven con jitomates y verduras —berros, frijoles o espinacas—. Acompañan las carnes (res y cordero) o los pescados para dar sopas, caldos o ragús, que a menudo constituyen un plato único.

La bebida tradicional malgache se llama ranon' ampago, ranovola o ampangoro, según las regiones. Las frutas tropicales, preparadas en buñuelos, en pasteles o en flanes, componen sus postres.

madeira

Vino encabezado (es decir, al que se añade aguardiente), que puede presentar hasta 20% Vol., producido en la isla portuguesa de Madeira. Muy apreciado en Estados Unidos, el Reino Unido y el norte de Europa, el madeira se utiliza sobre todo en preparaciones culinarias. Los viñedos, plantados en terrazas desde el litoral hasta cerca de 1,000 m de altitud, producen vinos muy diferentes.

Se pueden distinguir cuatro tipos principales, que llevan el nombre de la cepa de la que proceden: el sercial, el más seco y con más *bouquet*; el verdelho, más dulce; el boal, vino de postre característico; y el malmsey, muy dulce y licoroso. Los madeiras tienen la reputación, sin duda exagerada, de ser eternos, aunque ciertamente algunos vinos pueden ser centenarios.

madrileña, a la

Nombre que se aplica a un consomé de ave con *fumet* de apio y de jitomate, realzado con pimentón (como numerosas sopas de la cocina española).

maduración

Transformación lenta que experimenta un producto bruto o elaborado para que pueda consumirse o aplicar una elaboración posterior.

La maduración de una carne de carnicería o de una pieza de caza consiste en dejarlas reposar un cierto tiempo. La carne que acaba de sacrificarse pasa de este modo del estado de carne todavía caliente al de la carne rígida, y luego al de carne "sentada" o reposada, más tierna y sabrosa, ya que los nervios se han destensado y los músculos se han relajado. En la práctica, esta operación se efectúa en una cámara frigorífica a 2 °C durante cinco o seis días, pero una maduración al aire libre de unos días en verano y de una semana en invierno produce los mismos efectos.

La maduración o afinado de los quesos corresponde a la última fase de su elaboración, después de la coagulación y el escurrido.

mafé

Plato tradicional senegalés, a base de res, verduras, cebolla, ajo, jitomate y pasta de cacahuate, que se sirve con arroz blanco. La res se puede sustituir por pollo o espalda de cordero.

magdalena

Pequeña elaboración de pastelería en forma de concha, hecha con azúcar, harina, mantequilla fundida y huevos, aromatizada con limón o con agua de azahar. La masa se cuece en moldes ovalados y estriados, que otorgan a las magdalenas la apariencia de conchas. Su creación se atribuye a Commercy, ciudad lorena súbdita del rey polaco Stanislas Leszczynski. Se cuenta que en 1755 el soberano descubrió esta preparación, realizada por una joven campesina. La apreció notablemente y la bautizó con el nombre de la muchacha.

magnesio

Elemento mineral presente en los cereales completos, los frutos secos, ciertas aguas minerales y sobre todo el cacao. El magnesio es indispensable para el organismo (cataliza un gran número de reacciones enzimáticas) y su acción sobre el sistema nervioso central es idéntica a la del calcio, al que refuerza. Es importante para la transmisión del influjo nervioso, la contracción muscular y el equilibrio emocional. Las necesidades cotidianas de magnesio están evaluadas entre 5 y 7 mg por kilo de peso.

magret

Músculo de la pechuga de un pato cebado para la producción de *foie gras*. Presentados con la piel y la capa de grasa contigua, durante mucho tiempo los *magrets* de pato solo se trataron en *confit*. Conocieron una nueva aceptación a partir del momento en el que los restauradores landeses retomaron la tradición rural, asándolos (primero por el lado de la piel, para que la grasa impregne la carne) y sirviéndolos muy poco hechos, bien crujientes. Los *magrets* de mejor calidad proceden de patos deshuesados al día siguiente del sacrificio, para servirse un día más tarde.

maguey ✦ agave

mahi mahi ✦ dorada

mahón

Queso con Denominación de Origen, de pasta prensada, elaborado en Menorca con leche de vaca procedente de las razas frisona, pardo alpina y menorquina. De color amarillento, más intenso en los curados, destaca su sabor ligeramente salado. Se presenta en forma de paralelepípedo, con un peso de entre 1 y 4 kg.

Maillard, reacciones de

Conjunto de reacciones químicas descubiertas en 1912 por Louis Camille Maillard que son importantes en numerosas transformaciones alimentarias porque contribuyen a aportar color y sabor a los alimentos. Las reacciones de Maillard intervienen en la formación de la corteza del pan y de los asados, y dan el sabor del café tostado.

maître d'hôtel

1. Persona que en los grandes restaurantes dirige el servicio de sala. El *maître d'hôtel* tiene bajo sus órdenes a diferentes jefes de partida que, a su vez, mandan sobre los meseros. Debe controlar la buena marcha general del servicio y, para ello, conocer tan bien el comedor como la cocina. A veces termina ciertas preparaciones delante de los clientes (corte, flambeado, incluso preparación de la carne tártara, presentación de los pescados que se sirven en filetes, etc.) y asesora con diplomacia a los clientes en la elección del menú.
2. Nombre de una mantequilla compuesta (con perejil picado y jugo de limón) que se sirve con carnes y pescados a la parrilla, pescados fritos o verduras frescas (en especial ejotes), ya sea en salsera (reducida a pomada) o en rodajas (solidificada en el frigorífico).

maíz

Cereal de la familia de las poáceas cuyas semillas blancas, amarillas, azules o rojizas forman una mazorca alargada. El maíz es energético (350 kcal o 1,463 kJ por 100 g), rico en glúcidos (almidón), lípidos y prótidos. Es pobre en algunos aminoácidos esenciales.

El maíz, que es originario de México, fue introducido por Hernán Cortés a finales del siglo XV en Europa. En el continente americano ocupa un lugar esencial en la alimentación de personas y animales. Existen registradas hasta 305 diferentes especies de maíces.

- Maíz en grano. Variedad de la cual existen diferentes especies que se caracterizan por dejarse secar y tener así un grano duro, con una mazorca pequeña. Reducido a sémola o a harina, permite preparar buñuelos, papillas, crepas, *galettes*, pasteles diversos y pan.

  Los copos de maíz se prepara con harina de maíz. El almidón de maíz (Maizena) también se obtiene del maíz en grano.

  Por otra parte, el maíz en grano es la base para la elaboración del *bourbon* y de ciertas cervezas. Algunas variedades se destinan a la extracción de aceite de mesa dietético, muy rico en ácidos grasos poliinsaturados.

  Por último, con éste tipo de maíz, después de haberse nixtamilizado, se elaboran las tortillas. En México existen diversas variedades de maíz para elaborar las tortillas: el maíz amarillo es de grano mediano o grande y tono amarillo pálido; al cocerse con cal se vuelve más amarillo y produce una masa de este color. El maíz azul es un nombre genérico aplicado a variedades de maíz color azul marino, negro, gris oscuro o verde oscuro, todos producen una masa color azul oscuro. El maíz blanco se utiliza también para elaborar este alimento.
- Palomitas de maíz o maíz palomero. Cuando se calientan los granos de este tipo de maíz en un recipiente hermético, estallan y se hinchan, formando unas masas blancas, ligeras, que se toman al natural, saladas o dulces.
- Maíz cacahuacentle o maíz pozolero. Maíz parecido al cacao; recibe este nombre debido al tamaño de sus granos. Maíz que produce mazorcas grandes con muchas hileras de granos blandos, anchos, redondeados y harinosos. Su uso más popular es para preparar pozole.

→ elote

maki

La palabra significa "rollo" en japonés. Esta especialidad culinaria nipona, usualmente llamada sushi, se presenta en forma de un rollo de arroz rodeado de una hoja de alga *nori* secada, con el interior relleno de pescado o de diversos ingredientes, como hongos *shiitake* o rábanos blancos.

malakoff

Nombre que se da a varios pasteles de la cocina clásica. El más conocido consta de dos planchas de pasta de *dacquoise*, separadas y cubiertas por *mousse* de café, con la parte superior espolvoreada de azúcar glass y el contorno cubierto por almendras tostadas en láminas. Existe otra versión compuesta por una corona de pasta *choux* dispuesta sobre un fondo de hojaldre o de genovesa. El centro se llena con helado *plombières*, crema montada u otra preparación fría y espumosa.

En el cantón de Vaud, en Suiza, el *malakoff* es un buñuelo de queso.

malanga

Raíz alimenticia grande y muy firme, cuyo exterior es moreno y su carne blanca. La malanga es un tipo de taro amazónico muy empleado en México, Colombia, Cuba y otros países de Latinoamérica. En las Antillas se utiliza rallada para preparar acras.

→ taro

malibú

Licor de coco, de sabor dulce, que se consume frío con cubitos o con la adición de jugo de fruta o refresco.

malta

Palabra de origen inglés que designa la cebada cuya germinación artificial se interrumpe. Este cereal, una vez seco, tostado y reducido a harina, se utiliza como materia prima para la elaboración de la cerveza.

La malta contiene sobre todo almidón, que se transforma en dextrina y en azúcar bajo la acción de enzimas, que permiten obtener el mosto de la cerveza. Según el tostado al que se somete la malta (a veces hasta la caramelización), se obtienen cervezas de diversos colores.

Después de su destilación, el mosto sirve para elaborar el whisky. La malta también se ha empleado como sucedáneo del café.

La malta es también un aditivo en la panificación que favorece la fermentación de la pasta y mejora la coloración de la corteza durante la cocción.

maltesa, a la

Nombre de preparaciones dulces o saladas que contienen naranja. La denominación designa en particular una salsa holandesa a la que se le añade jugo y piel de naranja, que acompaña a pescados pochados o a verduras cocidas en agua. La bomba helada a la maltesa está encamisada con helado de naranja, mientras que el interior contiene crema montada perfumada a la mandarina.

malva

Planta de la familia de las malváceas, muy común en los campos, banquetas y jardines. Existen unas veinte especies, difundidas en el mundo entero. La variedad más conocida es la gran malva, que puede alcanzar 1 m de altura. Se utiliza para infusiones y, en México, se emplean sus hojas a manera de quelites.

malvavisco

Término que designa a ciertas preparaciones de confitería más o menos elásticas y a menudo de color. Generalmente se trata de una mezcla de azúcares cocidos, ligera, enmoldada, seca y a veces cubierta de chocolate. Es muy apreciado en los países anglosajones, donde se le denomina *marshmallow*.

mamey colorado

Fruto ovoide de la familia de las zapotáceas, que mide entre 8 y 20 cm de largo; su cáscara es de color pardo a moreno rojizo, es dura, quebradiza y áspera. Su pulpa es blanda, rojiza o rosada; tiene sabor muy dulce y delicado, y alberga una o dos semillas llamadas pixtles, que tienen forma elipsoidal, negro brillante y miden de 5 a 10 cm de largo. Es originario de Mesoamérica, quizá de las selvas de Chiapas o de Tabasco y Veracruz, donde todavía se encuentran en forma silvestre, aunque hoy predominan los cultivos extensos. El mamey es muy apreciado como fruta fresca, para hacer licuados con leche, helados, nieves o dulces. Es un fruto que se consume mucho como postre cuando se come solo.

mamey de Santo Domingo

Fruta de un árbol de las Antillas, de la familia de las clusiáceas, del tamaño de un melón pequeño. La carne del mamey tiene un color semejante a la del chabacano, y su textura es menos firme que la de éste. Su pulpa, una vez retirada la piel gruesa que la recubre y las partes blancas más duras, sirve para elaborar mermeladas, nieves y jugos de frutas.

Mancha, La

Es la zona vinícola más extensa de España y del mundo y está situada en Castilla-La Mancha, entre las provincias de Albacete, Ciudad Real, Cuenca y Toledo. El clima es continental extremo. La variedad de uva más destacada es la Airén entre las blancas, y Cencibel entre las tintas. Se producen vinos blancos, rosados, tintos, dulces, de aguja y espumosos. Aquí también se elaboran y destilan vinos que posteriormente se envejecerán en Jerez, por el sistema de soleras, para la obtención del brandy de Jerez.

manche à gigot

Pinza provista de una llave con tornillo y un mango. En ella se encaja el extremo del hueso de un *gigot* o de un jamón para sostenerlo, apretando la llave, durante el corte. El *manche à gigot* suele acompañar al cubierto para cortar (tenedor y cuchillo) que va a juego con él.

manchego

Queso de Castilla-La Mancha con Denominación de Origen, de leche de oveja (50% de materia grasa), pasta prensada no cocida y corteza natural lavada. Se presenta en forma de un cilindro de 25 cm de diámetro y 10 cm de grosor. Se vende fresco, curado o viejo después de cinco, veinte o sesenta días de maduración. Su pasta muy grasa, firme bajo el dedo cuando está curada, tiene un sabor bastante fuerte y áspero. El manchego en aceite se conserva en aceite de oliva.

mandarina

Fruto del mandarino, cítrico de la familia de las rutáceas, originario de China. La mandarina, esférica y ligeramente aplastada, es dulce y perfumada, pero presenta numerosas semillas. Poco energética (40 kcal o 167 kJ por cada 100 g), es rica en agua (88%), potasio, vitamina C, ácido salicílico y calcio. Consumida sobre todo al natural, también se confita y se emplea en cocina y en pastelería, como la naranja. Se puede realzar su sabor en los empleos dulces con kirsch, coñac o champagne. Su piel sirve para elaborar licores.

mandioca o yuca

Planta euforbiácea, cuyas raíces comestibles, de carne blanca bajo una piel oscura, se usan como verdura y para la producción de tapioca.

La raíz soporta condiciones climáticas extremas y puede permanecer por largo tiempo en el suelo sin deteriorarse. La mandioca, originaria de Brasil y difundida en toda América del Sur y Central, fue introducida en África en la época del tráfico de esclavos, y sigue siendo una de las bases de la alimentación en este continente (picada, reducida a sémola, salada o dulce, en tortitas o en papillas). También se implantó en Asia. En gran parte de Sudamérica y España se le conoce como mandioca; en México, como yuca.

- La mandioca dulce, muy energética (262 kcal o 1,095 kJ por cada 100 g), es rica en glúcidos, pero pobre en proteínas, en vitaminas y en sales minerales. Pelada, lavada y cortada en trozos, la raíz, cocida en agua salada y preparada como la papa, acompaña a la carne y el pescado. También se extrae una harina que permite preparar tortitas, pasteles, panes, cremas y guisos, así como la que acompaña a la *feijoada*. Las hojas del arbusto se preparan como espinacas. En México se utiliza para preparar diversos platillos dulces y salados, caldos, sopas, moles, salsas o postres. Se utiliza frita, hervida en conserva o mezclada con masa de maíz para preparan tortitas dulces o saladas; su harina sirve para preparar atoles.
- La mandioca amarga se destina a la industria alimentaria. La fécula, extraída mediante centrifugado, cocida, machacada y finalmente seca, proporciona la tapioca.

mandolina

Utensilio de corte que sirve para cortar ciertas verduras en juliana, las papas en tiras, *gaufrettes* o *chips*, para laminar finamente las frutas, rallar queso o chocolate, etc. Generalmente la mandolina consta de una placa metálica, un juego de láminas y peines muy afilados y un soporte que permite protegerse la mano. Existen muchos modelos de mandolinas. A falta de mandolina, para las verduras tiernas se puede utilizar un "cortador" o "pelador en juliana", un pequeño utensilio provisto de mango.

manga de pastelería o manga pastelera

Instrumento utilizado en cocina y en pastelería para distribuir un producto de consistencia pastosa. La manga, hecha con una tela gruesa, con *nylon* o de plástico (cuando es desechable), es de forma cónica. Cuando se comprime, el ingrediente introducido por la base del cono es expulsado por la punta en forma de bolitas o de serpentinas. La boca, o duya, es de acero inoxidable, hojalata o materia plástica; también es cónica y se adapta a la punta de la manga. Su abertura, de diámetro variable (7 u 8 tamaños diferentes, de 25 a 60 mm), redonda o plana, lisa, dentada o acanalada, permite disponer al gusto la pasta, la crema o el puré que sale de la manga.

manganeso

Oligoelemento presente en los cereales completos, las nueces y el té, en débil cantidad en las legumbres y verduras, y prácticamente ausente en carnes y productos lácteos. El manganeso, necesario para la actividad de numerosas enzimas, aumenta la secreción de insulina y facilita la asimilación de la glucosa por parte de las células. Por otra parte es indispensable para el crecimiento de los huesos y de los cartílagos.

mango

Fruto del mango, árbol perteneciente a la familia de las anacardiáceas, del que existen numerosas variedades. El mango, más o menos grande, redondo, ovoidal o puntiagudo, presenta una piel verduzca, veteada de amarillo, rojo o violeta. Su carne anaranjada, jugosa y muy perfumada, se adhiere a un hueso grande y plano. Proporciona 62 kcal por cada 100 g y es muy rico en hierro, en vitamina A, C y B. Su pulpa suele ser fundente y dulce, con un gusto acidulado.

En México se suelen encontrar diversas variedades como el mango ataúlfo, el mango cocoyo, el mango criollo, el mango Manila, el mango de oro, el mango panameño, el mango petacón, el mango piña, el mango plátano y el mango rosa.

Originario de Malasia y conocido en Asia desde hace mucho tiempo, el mango se introdujo en África y luego en América, hacia el siglo XVI. En Asia y en las Antillas se utilizan mangos todavía verdes, crudos o cocidos, como entremeses o como guarnición de carnes y pescados. Los *chutneys* de mango se hallan entre los más famosos.

Los mangos maduros acompañan a ciertos platos, pero se emplean sobre todo para ensaladas compuestas y para preparar nieves, helados, confituras, mermeladas y jaleas. También se toman al natural.

mangostán

Fruta redondeada y con surcos de un árbol perteneciente a la familia de las gutiferáceas, originario de Malasia. El mangostán, cuyo tamaño es semejante al de una naranja, tiene una piel gruesa y dura, de color rojo oscuro cuando está maduro, que cubre una carne blanca, delicada y muy perfumada, alojada en cinco o seis celdillas interiores. Se toma bien maduro, al natural, pelado y cortado en cubos. Se emplea para elaborar mermeladas, nieves y cocteles de frutas. En la gastronomía de Indonesia se emplea para hacer un vinagre y de sus semillas se extrae un aceite, la mantequilla de *kokum*.

manhattan

Cóctel con numerosas variantes, preparado con una medida de vermut rojo, dos medidas de whisky de centeno, dos chorritos de angostura *bitter* y servido como aperitivo muy frío o con cubos de hielo.

Jenny Churchill está considerado su creador, en 1874, en una época en la que el arte de los cócteles se encontraba todavía en sus inicios.

manivela

Mecanismo que sirve para hacer girar regularmente un espetón de asar ante una fuente de calor. La manivela es un accesorio del horno o de los asadores, que suele funcionar mediante electricidad.

manjar blanco

Postre peruano que se elabora calentando y concentrando al máximo una mezcla de leche y azúcar, a la que se agrega finalmente algún tipo de aromatizante, como la vainilla. En Argentina existe un dulce parecido llamado dulce de leche, mientras que en Ecuador recibe el nombre de manjar de leche; en Venezuela, Colombia y Panamá el de arequipe; y en México el de cajeta. Se emplea solo o como relleno y cobertura de pasteles, alfajores, etc.

mano de mortero

Utensilio que sirve para aplastar o trabajar en un mortero distintos ingredientes: ajo, mantequillas compuestas, sal gruesa, especias enteras, frutos secos, verduras, etc., incluso perejil u hojas de laurel. La mano de mortero de puré tiene un mango que termina en una cabeza grande y robusta de madera, porcelana o metal perforado.

manteca o lardo

Grasa que se encuentra en el abdomen del cerdo y que recubre los riñones. Una vez fundida, esta grasa proporciona una excelente manteca de cerdo. También se utiliza en la preparación de los *boudins* y las *rillettes*.

manteca de cacao

Materia grasa natural que se extrae de la pasta de cacao. Es inodora e incolora, y confiere al chocolate la fluidez que permite cubrir pasteles y productos de confitería. Es rica en ácidos grasos saturados.

manteca de cerdo

Materia grasa extraída en caliente del tocino o del lardo de cerdo. La manteca de cerdo es una sustancia untuosa y blanca. Se utiliza para las largas cocciones, pero también para la fritura (no se descompone hasta los 210 °C). Su sabor es bastante intenso.

En México se producen dos tipos: la oscura y la blanca. Esta última es más clara y por ello se expende más cara. Se utiliza mucho en la cocina tradicional mexicana para freír gran cantidad de antojitos como quesadillas, tacos, flautas, empanadas, garnachas y muchos más. Es también indispensable en la preparación de panes tradicionales, para preparar la masa de tamales y para dar un sabor muy característico a distintos moles, pipianes, frijoles y otros guisos típicos.

mantequilla

Sustancia grasa (82% de materia grasa) obtenida por mazado de la crema de leche, y luego lavada y trabajada para que quede untuosa. La mantequilla se endurece con el frío y se vuelve líquida con el calor.

Su color varía del blanco crema al amarillo oro, según la alimentación de las vacas lecheras.

La práctica de la cría de bovinos explica la distribución geográfica de la mantequilla en Europa. Muy apreciada en los países escandinavos, en los Países Bajos, en Alemania, en el Reino Unido y en Francia, se ve reemplazada progresivamente por el aceite (o por la manteca de cerdo o la grasa de oca) a medida que se desciende hacia el sur.

Es rica en vitamina A, D, colesterol y aporta grasas saturadas.

En Europa, la mantequilla se elabora casi exclusivamente con leche de vaca. En África y en Asia se prepara con leche de búfala, camella, cabra, yak, oveja, yegua o burra.

Desde un punto de vista legal, la mantequilla es un "producto lácteo de tipo emulsión de agua en materia grasa, obtenido por procedimientos físicos y cuyos constituyentes son de origen animal".

A temperatura ambiente, una buena mantequilla no debe romperse fácilmente ni ser grumosa o pegajosa. Su aroma es delicado, llamado "de avellana". También existe la mantequilla semisalada (de 0,5 a 3% de sal) y la salada (más de 3%).

Su presentación es muy variable: bloques de 1 kg, rollos o placas de 500, 250 o 125 g y minidosis individuales de 7 a 30 g. El embalaje se realiza en papel sulfurizado, con papel forrado con aluminio, que la protege bien de la luz, o en una caja de materia plástica. La mantequilla se conserva muy bien en el frigorífico. No obstante, es

preciso colocarla en un compartimiento especial o en una mantequera hermética, ya que es muy permeable a los olores.

La mantequilla, fresca y cruda, se unta sobre rebanadas y tostadas, canapés y sándwiches. Acompaña a embutidos, mariscos, carnes y pescados asados, las verduras a la inglesa, las pastas y el arroz.
Permite preparar mantequillas compuestas.

En cocina es, sobre todo, un ingrediente de base. Es el cuerpo
graso utilizado para las cocciones en sartén, los salteados, los asados
e incluso los breseados, aunque su empleo es más delicado que el
del aceite o la manteca de cerdo, pues se quema con mayor facilidad. Es indispensable para las salsas emulsionadas calientes (bearnesa, holandesa) y los *roux*, así como para las cremas y para montar
las salsas. Es una base para la pastelería, en particular en los *brioches*,
croissants, *sablés*, pastas de bizcocho y pasta *choux*, galletas y tartas,
así como para las cremas de mantequilla que sirven de relleno. Clarificada o fundida, sirve también para untar moldes o para untar y
rociar distintas preparaciones.

mantequilla avellana

Nombre que se da a la mantequilla calentada en la sartén hasta que
ésta adquiere el color de una avellana. Se utiliza para terminar numerosos platos salteados, sobre todo de pescado.

La salsa avellana es una holandesa a la que se han añadido unas
cucharadas de mantequilla avellana. Acompaña al salmón, la trucha
y el rodaballo salteados.

mantequilla clarificada

Mantequilla a la que se ha extraído el agua derritiéndola a fuego
muy lento, así como algunas materias secas no grasas que provocan
su enranciamiento y no le permiten soportar temperaturas elevadas. La mantequilla se clarifica para determinados usos, en particular para elaborar salsas emulsionadas calientes, para rociar un
gratinado o cocer alimentos en la sartén o el horno. En los comercios se puede encontrar una mantequilla de cocción que tiene las
mismas propiedades que la mantequilla clarificada.

La cocina india emplea habitualmente una grasa clarificada en
pastelería, denominada *ghee*, como grasa de cocción y para condimentar purés de legumbres, el arroz, etc. La mejor es a base de mantequilla de leche de búfala.

mantequilla compuesta

Mantequilla a la que se le añaden, en frío o en caliente, hierbas y otros
ingredientes. De este modo se obtienen preparaciones de colores
y sabores variados. Frías acompañan a carnes y pescados asados, y
sirven para realizar *allumettes*, canapés, etc. Calientes intervienen
sobre todo en el acabado de ciertas salsas.

- Mantequilla compuesta fría con ingredientes crudos: los ingredientes se tamizan, se pican, se cortan, se rallan o se reducen a
  puré, y luego se incorporan a la mantequilla en pomada.
- Mantequilla compuesta fría con ingredientes cocidos: éstos se
  cuecen, se reducen y después se enfrían. Finalmente se incorporan a la mantequilla en pomada.
- Mantequilla compuesta caliente: se pican caparazones de crustáceos y luego se incorporan a la mantequilla, que se funde al baño
  María, luego se espuma, se tamiza y se solidifica.

mantequillera o mantequera

1. Aparato en el que se bate la crema para elaborar la mantequilla.
La mantequera tradicional es una especie de tonel de madera, que
gira en torno a un eje horizontal. Las paletas fijadas en las paredes favorecen la agitación. Las mantequeras industriales, de acero
inoxidable, son continuas. Equipadas con batidores para trabajar la
mantequilla, se mantienen a una temperatura de 10 a 13 °C, y su velocidad de rotación va de 25 a 50 revoluciones por minuto.
2. Recipiente de vidrio, porcelana o acero inoxidable destinado a
conservar la mantequilla (en este caso conlleva una tapa) o servirla
en la mesa. Las mantequillas compuestas se suelen servir en salseras.

manzana

Fruto del manzano, árbol frutal de la familia de las rosáceas, es el
fruto más cultivado en el mundo y hoy en día es la fruta que más se
consume en Francia, Estados Unidos, el Reino Unido y Alemania.
Originario de Asia Menor ya crecía en estado silvestre en Europa en
época prehistórica.

La manzana proporciona 52 kcal o 217 kJ por cada 100 g y es rica
en glúcidos, fibras, y potasio.

La manzana se conserva en un frutero ventilado o en refrigeración. Se puede desecar, hacer en confituras, jaleas y mermeladas,
conservas en almíbar, pasta de manzana y *chutneys*.

Además de la destilería y de la elaboración de sidra y de jugo de
manzana, esta fruta tiene numerosos y variados empleos en pastelería: buñuelos, empanadillas, carlotas, flanes, *puddings* y tartas, sin
olvidar el clásico *strudel* austriaco y el *apple pie* inglés.

En las preparaciones saladas, la manzana acompaña a preparaciones de cerdo, de caza y de aves de corral, a veces incluso pescados
como el arenque. Acompaña muy bien a los platos cocinados con
sidra y participa en la composición de ensaladas, con apio, nueces,
uvas pasas, betabel rojo, etc.

El jugo que se obtiene al prensar manzanas frescas constituye un
jugo mucilaginoso que es muy útil para la elaboración de jaleas de
frutas, ya que no desnaturaliza su perfume.

manzana de acajú ◆ marañón

manzanilla

1. Planta herbácea medicinal perteneciente a la familia de las asteráceas. La manzanilla se utiliza en infusión para calmar las náuseas,
las migrañas y las digestiones difíciles, y para estimular el apetito.
2. Vino andaluz con Denominación de Origen, con las mismas uvas
blancas y según los mismos métodos que el jerez fino (comparte reglamento y órgano de gestión con la Denominación de Origen jerez-
xérès-sherry), aunque se trata de un vino diferente, más claro, muy
seco, que adquiere color y fuerza al envejecer.

maple o arce

Árbol de las regiones templadas, de la familia de las sapindáceas. Una
de sus variedades, el arce de azúcar, crece en el noroeste de América
del Norte y principalmente en Quebec (70% de la producción total).
Su savia, incolora, recogida mediante una incisión de los troncos en
primavera, se reduce por ebullición de treinta a cuarenta veces su volumen para que proporcione, según el grado de cocción, un jarabe

límpido y dorado de sabor herbáceo, o un azúcar puro que se presenta en bloques o granulado. El maple fue prácticamente la única fuente de obtención de azúcar de los primeros pioneros, pero con el tiempo, el jarabe de maple lo ha suplantado en el favor popular. Hoy en día se utiliza para acompañar y endulzar crepas, *hot cakes* y helados o perfumar *mousses* y suflés.

El jarabe espeso de maple puede batirse y enfriarse rápidamente para obtener la mantequilla de maple. Existen muchos otros productos derivados del jarabe de maple: aperitivo, digestivo, jalea, caramelos, etc.

maquée
Queso blanco crudo original de Valonia (Bélgica), de leche de vaca presurizada y escurrido en una estameña. Después de su escurrido se bate ligeramente para que se vuelva cremoso. El maquée se toma untado sobre una rebanada de pan, salado y acompañado de rábano rojo, o bien dulce y espolvoreado con azúcar terciado.

máquina para helados ◆ sorbetera

máquina para pan
Aparato electrodoméstico destinado a elaborar fácilmente pan en casa. Basta con introducir las cantidades indicadas de harina, sal, levadura (en los comercios hay mezclas listas para usar) y agua; la máquina realiza la mezcla, el amasado y, al cabo de un tiempo de reposo, la cocción. Según el modelo y el programa elegidos, la operación dura entre una y varias horas, y permite elaborar entre 500 g y 1,2 kg de pan aproximadamente. Con un poco de experiencia también se puede hacer pan fresco al gusto personal.

maracuyá ◆ fruta de la pasión

marañón o manzana de acajú
Abultamiento carnoso en forma de pera que corona el anacardo (que contiene una almendra blanca), el fruto del anacardo, un árbol que pertenece a la familia de las anacardiáceas.

El marañón o manzana de acajú se consume maduro, preferentemente acompañado con azúcar, ya que suele resultar un poco ácido.

En Brasil es muy conocido y se emplea para hacer mermeladas, jaleas, compotas y bebidas, así como una especie de vino (*cajuado*) y un vinagre.

marcar o *quadriller*
Marcar la superficie de un alimento cocido a la parrilla (por lo general una carne o un pescado) con varias líneas que se cruzan formando rombos. Las barras de la parrilla (bien calientes, aunque no ardientes) provocan una caramelización superficial de la carne que previamente se ha untado de aceite.

En pastelería, la operación consiste en disponer pequeñas bandas de pasta cruzándose sobre una tarta (en particular la *linzertorte*). Con una brocheta al rojo se marca la parte superior de una crema dulce o de un merengue.

marchand de vin
Nombre de varias preparaciones cocinadas con vino tinto y chalotas, en particular una mantequilla compuesta que acompaña a las carnes a la parrilla.

Marchesi, Gualtiero
Cocinero italiano (Milán, 1930). Aprendió el oficio en el restaurante paterno, *Il Mercato*, y prosiguió su aprendizaje entre los años 1948 y 1950 en el *Kulm* de Saint-Moritz y en la escuela hotelera de Lucerna. Regresó al establecimiento familiar y se dedicó a promover los productos franceses, pero sin dejar de profundizar hasta el corazón de la tradición italiana y renovándola, inspirándose sobre todo en Marinetti y en el futurismo. Perfeccionó sus conocimientos de las técnicas culinarias francesas en *Ledoyen*, en París, y más tarde en *Troisgros*, en Roanne, antes de volver a Italia para ponerlos en práctica. Inauguró su propio restaurante en Milán en 1977, donde recibió inmediatamente la primera estrella de la *Guía Michelin* y la segunda en 1978. En 1986 consiguió las primeras tres estrellas de Italia. Amante del arte y la música, establecido actualmente en el *Albereta*, en Erbusco, asesora a diversos restaurantes italianos, desde Milán hasta Roma. Ha adquirido celebridad con platos provocadores, como los raviolis abiertos, el *risotto* oro y azafrán o los *spaghettis* con caviar.

marengo
Nombre de un salteado de ternera o de pollo al vino blanco, con jitomate y ajo. La receta original era un pollo frito en aceite, que Dunand cocinó al parecer para Bonaparte la noche de la victoria que los franceses obtuvieron sobre los austriacos en el pueblo de Marengo, en Italia, el 14 de junio de 1800. Se dice que el cocinero del primer cónsul solo tenía un pollo, unos huevos y unos cangrejos de río, y ni siquiera mantequilla. Frió, pues, el ave, cortada en crudo, con aceite de oliva, jitomates y ajo, y luego la sirvió acompañada de huevos fritos, cangrejos de río armados y picatostes. Estos últimos ingredientes han ido desapareciendo de la receta con el tiempo.

margarina
Materia grasa inventada en 1869 por el químico francés Henri Mège-Mouriès, compuesta inicialmente por una emulsión de grasas animales y agua o leche. La definición actual se aplica a "todas las sustancias alimentarias, salvo la mantequilla, sea cual sea su origen, procedencia y composición, que presentan el aspecto de mantequilla y que se preparan para los mismos usos que ésta". Este proceso se da gracias al método de la hidrogenación, que permite solidificar las grasas vegetales.

Las margarinas aportan tantas calorías como la mantequilla, pero, a diferencia de la mantequilla, no contienen colesterol.

La margarina soporta la cocción, salvo la fritura, por lo que se emplea en sustituto de la mantequilla para panadería, pastelería, para untar, etc.

margarita
Coctel que su invento se atribuye a una cantina de Chihuahua donde se empezó a preparar en 1942. Otra versión menciona que este coctel se habría creado en Acapulco por una mexicana, Margarita Sames, en 1948. Este coctel se prepara con tequila, jugo de limón, jarabe natural y triple seco o Controy* y se sirve en una copa para coctel escarchada con sal. Para servir, se adorna la copa con una rodaja de naranja o de limón. Puede ser la natural de limón, de fresa, tamarindo, mango, etc.

marinada y adobo

Líquido bien condimentado, en el que se reposan durante un tiempo carnes, vísceras, caza, pescado, verduras o frutas. Si es adobo se refiere generalmente a carnes rojas, y si es marinada se refiere a carnes blancas y pescados. El adobo permite, en primer lugar, aromatizar los elementos; en segundo lugar, propicia que las fibras de ciertas carnes sean sensiblemente más tiernas. La marinada conserva más tiempo los productos (pescados y verduras sobre todo). La duración de la marinada depende de la naturaleza y también del volumen de la pieza a tratar, así como de las condiciones exteriores.

En México, el adobo se refiere a una salsa espesa de diferentes chiles secos, especias y vinagre en la cual se marina carne durante varias horas para después cocinarla lentamente durante un tiempo prolongado.

marinar

Poner en un líquido aromático un ingrediente durante un tiempo determinado, para que esté más tierno y se aromatice. Esta práctica culinaria, también llamada macerar y adobar, conserva durante más tiempo las piezas de carne. Hoy en día se marinan los alimentos sobre todo para perfumarlos, aromatizarlos o reforzar su sabor.

Diversas tradiciones gastronómicas recurren a este procedimiento; en los países mediterráneos, en los países nórdicos, en la India, en Japón y Perú.

marinera, a la

Término que refiere a pescados, crustáceos o moluscos cocidos en vino blanco, generalmente con cebollas o chalotas y, sobre todo, de los mejillones, cuyo fondo de cocción, decantado, se liga a continuación con mantequilla trabajada. La guarnición marinera siempre incluye mejillones, y a veces camarones. La cocción a la marinera se aplica igualmente a los cangrejos de río, a las ranas y a distintos mariscos utilizados como guarnición.

marisco

Conjunto de los moluscos (ostiones, ostras, mejillones, almejas, vieiras), crustáceos (camarones, langostinos, bueyes de mar) y animales marinos comestibles de pequeño tamaño (erizos). La expresión francesa "fruits de mer" se emplea sobre todo para la presentación de un surtido que se sirve como entremés sobre hielo picado, acompañado de mantequilla y pan de centeno.

marlín

Nombre que reciben varias especies de peces de la familia de los istiofóridos. En general su carne, fresca o congelada, es roja y muy firme; en México, se rebana en filetes para asar, freír o rebozar. También se consigue ahumada. Se consume también como parte del relleno de tacos o en tostadas, como botana aderezada con salsa picante o salsa de soya con otros ingredientes.

marmelo

Arbusto tropical, de la familia de las rutáceas, semejante al limonero, originario de India Oriental, que también se llama "bilba" o "beli". Sus frutos, que parecen naranjas de tamaño medio, son bastante perfumados. Los indios los cuecen bajo la ceniza, puesto que su piel es dura, y luego los comen con azúcar. También sirven para elaborar confituras.

marmita

Recipiente cilíndrico con asas laterales, provisto de una tapa, cuya altura es, al menos, equivalente a su diámetro. A causa de su gran capacidad (hasta 50 l), la marmita se utiliza para cocer en agua grandes cantidades de alimentos (moluscos y crustáceos, pasta, cocido, sopa, etc.). Las cocinas de los restaurantes y de los comisariatos utilizan incluso marmitas llamadas "de caldo", de gran capacidad (de 100 a 500 l) y provistas de un grifo de vaciado en su base. Pueden ser de barro, de hierro colado (esmaltado o no), de aluminio, de acero inoxidable o de cobre estañado en su interior. Las más altas se llaman "de cocido".

marmitako

Palabra vasca que designa un guiso propio de los pescadores vascos, que se elaboraba en alta mar con pescado recién sacado del agua (sobre todo atún o bonito cortado a dados). En la fórmula ancestral no había presencia de papa ni pimiento, productos que se han incorporado con los años y que hoy son ingredientes elementales.

mármol

Superficie de trabajo, tradicionalmente de mármol, utilizada por los profesionales de la pastelería y de la confitería para trabajar el chocolate, el azúcar y las masas, que precisan de cierto frescor. Para las masas delicadas (sablée o de hojaldre) se utilizan incluso mármoles refrigerados por convección. Este material presenta la ventaja de no absorber ni la grasa ni la humedad. Siempre está limpio y fresco (a condición de que los ácidos no lo ataquen). En el hogar, sobre todo para hacer caramelos, se emplea una pequeña placa de mármol untada de aceite.

marmoleado

Cúmulo de grasa situado entre los músculos, que debe distinguirse del jaspeado constituido por la infiltración de grasa dentro de los músculos (grasa intramuscular).

marquesa

Nombre que designa a una variedad de postres. La marquesa de chocolate es un postre, a medio camino entre la mousse y el parfait. Se hace con chocolate, mantequilla muy fina, huevos y azúcar, se moldea en frío y se sirve con crema inglesa a la vainilla o con crema montada. Las marquesas también son una especie de granizado, por lo general de fresa, piña o kirsch, al que se añade crema montada en el momento de servir.

Asimismo se llama "marquesa" a una dacquoise con chocolate, o bien a una genovesa (o un bizcocho con almendras) rellena de crema pastelera al chocolate y glaseada con fondant de chocolate.

Por último, la marquesa era antaño una bebida refrescante, hecha con vino blanco o champán dulce, a la que se añadía agua de seltz. Se servía muy fría con rodajas de limón muy finas.

marrasquino

Licor preparado por edulcoración de aguardiente, elaborado con huesos de marasque, una variedad de cereza amarga, originaria de

Dalmacia, región que se encuentra en la costa balcánica del mar Adriático, actual Croacia. La ciudad de Zara (la actual Zadar, en Croacia) era antaño un famoso centro de producción.

El marrasquino se usa sobre todo para aromatizar en pastelería y en confitería, y también para preparar ciertos cócteles.

marron ◆ castaña

marron glacé

Castaña confitada con azúcar, consumida como golosina o utilizada en pastelería. Una vez retiradas las dos pieles, las castañas se cuecen en agua 1 o 2 horas para ablandar la carne. Se envuelven en una muselina y a continuación se confitan durante 7 días en un almíbar de azúcar y glucosa ligeramente avainillado a una temperatura constante de 60 °C. Después de escurrirlos, se recubren con una fina película obtenida con el almíbar del confitado y azúcar lustre. Se envuelven individualmente en hojas de aluminio "dorado" y se conservan en refrigeración.

Marruecos

La cocina marroquí, original y a veces compleja, ha sabido casar una multitud de influencias: bereber, egipcia, española, francesa, judía. Las comidas cotidianas se componen con frecuencia de un plato único y copioso, que puede ser una sopa, con carne o ave, o un pescado con verduras. Realzadas mediante mezclas sutiles de especias (*rás al-hánout*), cocidas durante horas en el *tagine* o al vapor , logran adquirir un sabor y una textura sorprendentes.

Entre sus especias, condimentos y aromatizantes se encuentran: ajo, anís, canela, cantárida, cardamomo, alcaravea, cilantro, comino, cúrcuma, agua de rosas o de azahar, *macis*, menta, nuez moscada, cebolla, perejil, chile, pimienta, regaliz, azafrán, ajonjolí, tomillo, etc. Esta cocina también debe mucho a los contrastes de gustos (dulce/salado). Por otra parte, los marroquíes emplean ampliamente el limón confitado, que se encuentra en numerosos platos como el *tagine* de pollo, limones confitados y aceitunas.

En las costas casi todos los días se come pescado. El cuscús a veces se sirve con pescado, pero por lo general contiene carne de cordero o de ave.

En Marruecos, el arte de preparar la pasta de hojaldre alcanza su súmmum con la pastilla, que alterna finísimas capas de pasta de hojaldre, almendras y un relleno de ave (pichón o pollo) o de res, picados y especiados, todo ello espolvoreado con canela y azúcar. La pastilla, rellena de almendras con crema pastelera, también es un postre.

La pastelería marroquí es menos densa en almíbar que la de otros países mediterráneos. En todos los casos contiene almendras y azúcar, pero los postres son más secos.

Las bebidas más apreciadas son los jugos de fruta, sin olvidar el té a la menta, auténtica institución que marca el ritmo de la jornada y que es el símbolo de la hospitalidad marroquí.

marsala

Vino de postre, el más conocido entre los vinos dulces italianos, producido en los alrededores de Marsala, puerto situado en la punta occidental de Sicilia. El marsala se hace con un vino blanco aromático, el passito, al que se añade aguardiente. De este modo se obtiene el marsala, que es blanco, muy seco, con un índice de 17 o 18% Vol. Tras añadirle una cantidad mayor o menor de jarabe de uva, que le da una tonalidad oscura y un sabor a caramelo, se convierte en *superiore* o *italia*, según su dulzor. También se utiliza en cocina.

martini

Coctel seco hecho a base de ginebra con un chorro de vermut seco. Suele servirse en copa coctelera, adornada con una aceituna insertada en un palillo. Existen numerosas variantes del martini, entre las que sobresale el vodka martini, en el que se sustituye la ginebra por vodka, y el martini dulce, en el que se sustituye el vermut seco por vermut rojo y la aceituna por una cereza al marrasquino.

Martinica ◆ Antillas francesas

masa de maíz o masa para tortillas

Masa que se utiliza para preparar las tortillas de maíz en México. El maíz se nixtamaliza, es decir, se cuece en agua con cal, se deja reposar toda la noche, se enjuaga y se muele en molino; en algunos lugares agregan sal o un poco más de cal a la masa para conservarla mejor. Cuando el efecto de la cal ha pasado, la masa tiende a blanquearse nuevamente. Esta masa también se utiliza para elaborar tamales, mezclándola con manteca de cerdo, sal y el caldo de la carne con que se rellene. Para que la masa esponje se le agrega tequesquite o polvo de hornear y se bate.

En España se le conoce con el nombre de masa harina.

masa madre

Sustancia susceptible de provocar una fermentación. En panadería, se trata de una mezcla de harina y agua, fermentada gracias a fermentos naturales presentes en la harina y no por el aporte de levaduras industriales. De consistencia más bien firme, esta pasta se utiliza para sembrar el pan artesano (pan con masa madre). Cada día, el panadero debe refrescar su masa madre, trabajándola con harina y agua. Utiliza una parte para la jornada y guarda la otra para repetir la operación al día siguiente. Los panes con masa madre son densos, con una miga irregular y con un olor rico y un poco agrio. Acompañan bien a los platos en salsa y a los embutidos y patés.

masa harina ◆ masa de maíz

mascabado

Azúcar de caña o de betabel, de consistencia algo húmeda, procedente de un jarabe de refinería, coloreado y perfumado por los componentes naturales de su materia prima.

En el comercio se encuentran dos mascabados, el rubio y el moreno. El primero se obtiene cociendo de nuevo el jarabe eliminado a raíz de un primer escurrido del azúcar. El moreno, más oscuro y de aroma más intenso, es el resultado de la recocción del jarabe eliminado a raíz del segundo escurrido del azúcar.

mascarpone

Queso fresco italiano de sabor suave, un poco agrio, textura compacta y color blanco nacarado. Se elabora con crema de leche de vaca (a veces de búfala) calentada a 90 °C, a la que se añade una solución ácida cítrica que favorece la coagulación. El mascarpone, rico en materia grasa (de 50 a 80%), puede asociarse a verduras, aunque básicamente se combinan con frutas, miel, chocolate y bizcochos. También aparece en la composición de muchos postres. Por último, es un ingrediente esencial del tiramisú. El mascarpone se conserva en refrigeración, y una vez abierto debe consumirse rápidamente.

masquer

Cubrir enteramente una preparación con una capa lisa de mantequilla, una crema, una salsa, una jalea u otra mezcla consistente, ya sea dulce o bien salada (*masquer* un canapé con mantequilla de anchoas, una genovesa con crema de mantequilla, un huevo pochado con salsa bearnesa, etc.).

También consiste en cubrir el fondo de una fuente con una preparación o con ingredientes diversos, que se extienden formando una capa regular.

Massialot, François

Cocinero francés (1660-1733). Oficial "de bouche" de personajes ilustres (los duques de Chartres, de Orleans y de Aumont, el cardenal de Estrées y el marqués de Louvois, entre otros), en 1691 publicó anónimamente *Le cuisinier royal et bourgeois* (su nombre no apareció hasta la reedición de la obra, en 1712). Se le debe asimismo una *Instruction nouvelle pour les confitures, les liqueurs et les fruits* (1692). Estas dos obras, poco conocidas por el público, pero muy estimadas por los cocineros profesionales del siglo XVIII, ejercieron una influencia indudable en la evolución de la cocina. Entre las recetas de Massialot es preciso recordar una pularda con aceitunas verdes y finas hierbas, una hure de salmón en ragú al vino blanco, con mosto agraz, alcaparras y hongos, así como unas benoiles (*pets-de-nonne* aromatizados con agua de azahar y servidos muy calientes, espolvoreados con azúcar).

matadero o rastro

Establecimiento público o privado en el que se da muerte a los animales de carnicería para transformarlos en productos aptos para el consumo (carne, vísceras) y en subproductos (cuero, pelos, crin, cuerno).

mate

Arbusto originario de América del Sur, de la familia de las aquifoliáceas, llamado "acebo del Paraguay" y "yerba mate". Sus hojas secas, tostadas y pulverizadas dan lugar, en infusión, a una bebida tónica, rica en cafeína, que también lleva el nombre de "mate" o "té de los jesuitas".

Esta infusión, muy consumida en Brasil y todavía más en Argentina, se aromatiza en algunas ocasiones con limón, leche o alcohol.

matelote

Estofado de pescado (por lo general de agua dulce: anguila, carpa, lucio, trucha, sábalo) preparado con vino tinto o vino blanco con diversos aromatizantes. La *matelote* es una receta corriente en Francia (en las regiones del Loira y del Ródano, en Languedoc y Aquitania). Existen distintas elaboraciones regionales.

Existe una *matelote* elaborada con pescados marinos, típica del litoral normando, que se prepara con rodaballo, rubio, congrio, rémol, etc. En primer lugar se flambea al calvados, luego se cuece en sidra, se liga con mantequilla y se le añaden camarones y mejillones u ostras.

Por extensión, el modo de preparación en *matelote* (en su origen, *plat de matelots* [plato de marineros]) también se aplica a los sesos, al salteado de ternera y a los huevos duros o escalfados. Las *matelotes* suelen presentar una guarnición formada por cebolletas, hongos y cubos de tocino, a veces con camarones en caldo corto, y pan frito.

materia grasa

Cuerpo graso alimentario utilizado en cocina y en pastelería como grasa de cocción, condimento o sazonador, como ingrediente de base o complementario, o como medio de conservación.

Ciertas materias grasas sólo se utilizan cocidas (manteca de cerdo), otras conocen empleos crudos o cocidos (mantequilla, ciertos aceites), mientras que las hay que no soportan ninguna cocción por ser ricas en ácidos grasos insaturados (aceite de nueces o de almendras).

Diversas materias grasas están vinculadas a tradiciones culinarias bien precisas: mantequilla de *karité* en África, aceite de ajonjolí en Asia, *smeun* en el norte de África, *ghee* en la India, grasa de riñón de res en el Reino Unido, manteca de cerdo en México. Además, las materias grasas son componentes importantes de ciertos alimentos.

– Cuerpos grasos sólidos. Comprenden la mantequilla, la margarina y las grasas vegetales.

Entre las grasas animales, igualmente sólidas, se emplea sobre todo la manteca de cerdo y el tocino, la grasa de ternera, la grasa de riñón de res y de cordero, y la grasa de oca. A excepción de esta última, rica en ácidos grasos insaturados, se recomienda limitar su uso por ser ricas en grasas saturadas.

– Cuerpos grasos líquidos. Comprenden principalmente los aceites extraídos del maíz, la soya, el cacahuate, la oliva, la nuez, el cártamo, la colza, el ajonjolí, etc. Son ricos en ácidos grasos, excepto el aceite de palma o de copra.

matignon

Sofrito de verduras preparado en graso o en magro (con o sin jamón), empleado como guarnición aromática en distintas preparaciones breseadas o asadas en cazuela.

La palabra designa asimismo una guarnición para piezas de carne, compuesta por fondos de alcachofa rellenos de sofrito de verduras, espolvoreados con pan rallado y gratinados. Acompañados por lechugas breseadas y algunas veces con una salsa al madeira o al oporto.

mató

Queso fresco, sin corteza, que constituye un célebre y tradicional postre catalán. Antaño se preparaba con leche de cabra, pero más recientemente se elabora también con leche de oveja y de vaca. Suele acompañarse con azúcar, pero hay quien lo prefiere acompañado con miel (*mel i mató*).

maultaschen

Grandes raviolis alemanes, originarios de Suabia, rellenos de carne y espinacas, con mejorana, nuez moscada y cebolla, pochados en un caldo de carne. Los *maultaschen* constituyen el plato tradicional de los viernes. Se sirven en una sopa de verduras, con cebollino y cebollas doradas, o en un cocido. Asimismo se preparan gratinados bajo una capa de cebollas salteadas, o bien dorados con pan rallado, con salsa de jitomate o también como guarnición de tortilla.

mayonesa o mahonesa

Salsa emulsionada fría, a base de yema de huevo, mostaza, vinagre, aceite, sal y pimienta. Duplicando la cantidad de mostaza (antes o después de la emulsificación con aceite), la mayonesa se transforma en *rémoulade*.

Hay historiadores que atribuyen su invención al duque de Richelieu, que tras conquistar a los ingleses el puerto de Mahón (en Menorca), el 28 de junio de 1756, bautizó al parecer con el nombre de "mahonesa" esta salsa que (él o su cocinero) fue el primero en realizar.

Si se incorporan ingredientes a una mayonesa simple se pueden obtener salsas derivadas: andaluza, italiana, tártara, verde, *cambridge*, india.

Para que la emulsión se produzca, todos los ingredientes deben estar a la misma temperatura. Nunca debe guardarse en el frigorífico, sino en un lugar fresco.

La mayonesa se sirve en salsera para acompañar platos fríos o como sazonamiento, por ejemplo en la ensaladilla rusa y las macedonias saladas que, por extensión, también se denominan "mayonesas".

mazagrán

Taza alta, de forma cónica, en la que se sirve el café y ciertos postres helados. En su origen, el café que se servía en un mazagrán era frío, se le añadía aguardiente o ron y se presentaba acompañado con helados y un popote pequeño.

mazapán

Pasta de almendras picadas, azúcar y claras de huevo, con la que se elaboran rellenos de tartas y numerosas preparaciones de pastelería.

También se llama "mazapanes" a ciertos artículos pequeños de confitería a base de pasta de almendra, coloreada y enmoldada en forma de frutas, verduras y temas varios.

En México se refiere a un dulce cocido en horno, elaborado con pasta de almendras, pepitas de calabaza o cacahuates molidos con azúcar.

McGee, Harold

Científico y escritor estadounidense (Cambridge, 1951). Estudió en el Instituto de Tecnología de California y se interesó por la química de los alimentos y la historia de las técnicas culinarias. Sus investigaciones se encuentran en la base de muchas de las elaboraciones efectuadas en los restaurantes de alta gastronomía, inicialmente en los países anglófonos (Heston Blumenthal, entre otros). Su obra principal, de 1984, es *La cocina y los alimentos: enciclopedia de la ciencia y la cultura de la comida*.

mechadora o aguja de mechar

Utensilio que sirve para mechar las carnes antes de cocerlas. Se trata de una vara hueca de acero inoxidable, puntiaguda en un extremo y encajada en un mango de madera en el otro. El canal que contiene se llena con un bastoncillo de tocino. Se hunde la mechadora en la pieza de carne y, cuando se retira, el tocino se queda dentro de la carne.

mechar y lardear

Añadir tocino a una pieza de carne o a ciertos pescados para darles suavidad.

Mechar consiste en hundir en varios lugares de una pieza de carne, con la ayuda de una mechadora, unos bastoncillos más o menos gruesos de tocino graso o magro, eventualmente salpimentados. Esta misma operación se puede hacer con bastoncitos de jamón, pero el elemento siempre debe estar bien firme (al salir del frigorífico) para poderse introducir en la pieza sin dificultades. El sabor y la presentación de esta pieza (sobre todo al cortarla) mejoran de forma notable.

Lardear significa cubrir con finas rebanadas de tocino las piezas de carne que se deben cocer juntas. De este modo, las carnes magras alternan con grasa. La operación también se realiza en aves, que después se suelen bridar.

→ clavetear

mechui

Plato festivo de origen magrebí y, más en general, árabe, cuya cocción suelen vigilar los hombres. El *mechui* tradicional está constituido por un cordero o un carnero entero, vaciado, condimentado en su interior y asado al aire libre en espetón sobre brasas de una hoguera de leña. Este manjar (*kharouf machwi*, en árabe), también se prepara con una gacela, un muflón o una cría de camello.

medallón

Pieza de forma redonda u ovalada, más o menos gruesa, obtenida a partir de una carne (centro de chuleta, filete de ave), un pescado o un crustáceo, incluso *foie gras* (escalopa). Los medallones de ternera o de ave se saltean o se asan y se sirven calientes o fríos.

medidor o jigger

Accesorio empleado por los *barmen* profesionales para dosificar con precisión la proporción de cada uno de los ingredientes de un cóctel. Este dosificador normalmente consta de dos medidas diferentes, y varía de un país a otro según las unidades de capacidad que se utilizan. La medida también se utiliza en los bares para servir los aperitivos.

Medio Oriente ◆ Oriente Medio

médoc

Vino tinto con Denominación de Origen, de Burdeos, procedente de uvas *cabernet sauvignon*, *merlot*, *cabernet franc* y *petit verdot*. Producido al sur del estuario de la Gironda, es de hermoso *bouquet*, redondo y suave, o firme y con cuerpo.

mejillón

Molusco del que existen numerosas especies en el mundo. Generalmente presentan una concha oblonga, delgada y finamente estriada, de color azul más o menos oscuro. Pueden medir desde 8 cm hasta 20 cm dependiendo de la especie.

Los mejillones se recolectan mediante pesco o mediante viveros. Se comercializan por peso y pueden estar frescos, congelados, en conserva o en semiconserva.

Los mejillones que se compran vivos deben estar bien cerrados, no secos. Deben cocinarse en los tres días siguientes a la expedición desde el lugar de producción (las conchas rotas o entreabiertas, que no se cierran cuando se chocan, deben descartarse por sistema).

Antes del empleo es preciso retirar todos los filamentos y pequeños animales calcáreos cónicos que llevan pegados en sus conchas, cepillándolos y rascándolos bajo agua corriente. Los mejillones crudos deben consumirse el mismo día de la compra.

El mejillón proporciona 80 kcal o 334 kJ por cada 100 g y es rico en calcio, hierro y yodo.

Es un alimento muy popular que a menudo se cocina sin gran elaboración: a la marinera, a la crema, frito, salteado o gratinados.

Los mejillones están presentes en numerosas recetas internacionales: intervienen en la paella y en el *mussel broth* inglés, sin olvidar las distintas preparaciones belgas, al vino blanco, con crema y perejil, o con cerveza *lambic*. Los mejillones se acompañan entonces con papas fritas bien crujientes.

mejorana

Planta aromática de la familia de las lamiáceas, originaria de Asia. La mejorana se emplea sobre todo en la cocina meridional y oriental: pizza, estofado a la romana o salsa de jitomate, aunque también en las brochetas de cordero a la parrilla, el *gulasch* o el pescado al horno. Acompaña a las leguminosas y las vinagretas. De ella se extrae además un aceite esencial muy perfumado, utilizado en la industria alimentaria.

melaza

Residuo no cristalizable de la fabricación del azúcar de caña o de betabel, que se presenta como una sustancia oscura, viscosa y densa.

La melaza de primera extracción es de aspecto pálido y muy dulce. En la siguiente extracción es más oscura y menos dulce. En la última extracción es negra, muy nutritiva, con un sabor acre.

Cuando el jugo dulce se ha calentado y concentrado varias veces, se separa el azúcar cristalizado de la melaza, que contiene entonces el 50% de su peso en azúcar, así como agua, sales minerales y materias nitrogenadas.

Solo la melaza de caña, llamada "melaza negra", se vende al menudeo para usos domésticos.

melba

1. Nombre de distintas preparaciones dedicadas a una célebre cantante australiana del siglo XIX, Nelly Melba. La más conocida son los duraznos melba, creados por el cocinero Escoffier en 1892. La receta actual se compone de una copa cubierta por helado de vainilla, sobre la que se colocan mitades de durazno pelados, cocidos en almíbar y napados con jalea de grosella.
2. Guarnición para piezas pequeñas de carne, compuesta por jitomates rellenos.

melindros ◆ soleta

melocotón ◆ durazno

melón

Fruto de la planta de la familia de las cucurbitáceas que, según las variedades y las regiones, se puede recoger verde o maduro. En el primer caso es poco dulce y se consume crudo, como el pepino, o encurtido en vinagre, como los pepinillos. Estos melones pueden ser alargados y medir más de 1,20 m; actualmente se encuentran en todos los continentes. Entre los frutos recogidos maduros existen variedades de carne anaranjada, verde o blanca. La variedad cantaloup es esférica, de tamaño mediano y presenta franjas de color verde oscuro. Tiene una pulpa anaranjada, dulce, fundente y aromática.

Es originario de África tropical y subtropical, poco energético (30 kcal o 125 kJ por cada 100 g), muy rico en agua (90%) y contiene caroteno (provitamina A) y vitamina C.

El melón se conserva en un lugar fresco y aireado (se aconseja ponerlo en el frigorífico). Se congela muy bien, pelado, cortado en rodajas.

Se consume generalmente como fruta fresca o interviene en la elaboración de postres de frutas refrescadas. Se puede servir con rebanadas muy finas de jamón serrano. Confitado en azúcar es un ingrediente de los *calissons* (de la Provenza). El melón confitado en vinagre se prepara, cortado en trozos, como los pepinillos, y acompaña a las carnes y aves de corral.

membrillo

Fruto del árbol homónimo de la familia de las rosáceas. Redondeado o piriforme, amarillo y recubierto de una fina pelusa en su madurez, desprende un olor fuerte, y su carne dura, muy áspera cuando está cruda, es rica en tanino y en pectina.

Es poco calórico (33 kcal o 138 kJ por cada 100 g) y rico en potasio. Sirve sobre todo, siempre con la adición de azúcar, para preparar compotas, jaleas y ates. En Oriente se come también salado, relleno como el pimiento o en *tagines* y guisos, o incluso para acompañar aves asadas (codorniz, pollo).

Originario del Cáucaso y de Irán, el membrillo o pera de Cidonia no solo se emplea en cocina: sus pepitas, por ejemplo, se utilizan en perfumería y en medicina.

membrillo japonés

Fruto del membrillo de Japón, arbusto ornamental de la familia de las rosáceas, con racimos de flores rojas. Los membrillos japoneses se presentan como bayas verduzcas, ovoidales, que proporcionan un jugo abundante, con sabor a limón. Son muy duros, aparecen en otoño y no se comercializan. Solo se pueden tomar cocidos, sobre todo en jalea, mezclados con manzanas (1,5 kg de membrillos japoneses por cada 500 g de manzanas).

menestra

Nombre común que se da a un guiso español de verduras y hortalizas (habitualmente alcachofas, espárragos, chícharos, ejotes, habas, poros y zanahorias) al que se acostumbra añadir trozos de jamón. La composición de la menestra suele variar en función de las verduras de cada temporada.

menjar blanc

Especie de gelatina de almendras, es uno de los postres más antiguos. En la Edad Media, este nombre designaba una gelatina de carne blanca, hecha con la carne de ternera picada, o bien un postre con miel y almendras. Muy conocido en Cataluña (significa comida blanca en catalán), es un postre a base de almendras, azúcar y almidón de arroz.

menta

Planta aromática perteneciente a la familia de las lamiáceas, muy olorosa, utilizada en infusión, para aromatizar licores, pastillas y jarabes, y para aromatizar ciertas preparaciones de cocina. Existen distintas variedades de menta, cuyos empleos son diferentes. La menta verde o dulce realza las ensaladas de pepino, acompaña al tabulé libanés, envuelve los rollos de primavera vietnamitas y se usa para elaborar la salsa de menta inglesa; seca, perfuma el té. La menta piperita se emplea en confitería y en licorería. También se utilizan las variedades menta poleo, menta acuática, menta limonera o menta bergamota y menta de Japón. Las hojas de menta secas pueden conservar su sabor durante dos años.

menú

Detalle de los platos que componen una comida y, por extensión, papel, cartón o cualquier otro espacio en el que se escribe el nombre de dichos platos. En restauración, la lista del conjunto de platos que pueden servirse se denomina carta, y el menú es una proposición de comida cuya composición fija el restaurador. La palabra menú data de 1718, pero la costumbre de establecer una lista de platos servidos es bastante más antigua.

Los grandes chefs proponen hoy menús de degustación, gracias a los cuales, con varios platos servidos en pequeña cantidad, el cliente puede probar sus mejores especialidades.

Auguste Escoffier decía que elaborar el menú es uno de los aspectos más difíciles del oficio de restaurador: es preciso encontrar el equilibrio justo entre los productos disponibles, las especialidades que caracterizan al restaurante, la indispensable renovación y el placer del comensal (comida copiosa o ligera, tradicional u original).

merengar o cubrir con merengue

Cubrir o decorar con merengue (italiano o francés) un postre o una elaboración de pastelería, que a continuación se pasan por el horno bajo el *grill* para darles un color dorado de superficie, llamado "meringage". Se denomina de la misma manera el hecho de incorporar azúcar en polvo en las claras de huevo batidas a punto de nieve.

merengue

Elaboración de pastelería a base de claras de huevo firmemente batidas a punto de nieve y de un peso dos veces mayor de azúcar, muy ligero, espumoso, sauve o crujiente según su grado de cocción. Hasta principios del siglo xix, los merengues cocidos al horno se modelaban con cuchara.

Se pueden distinguir tres clases de merengue:
• El merengue ordinario (o merengue francés) se hace con claras de huevo batidas a las que se incorpora tradicionalmente azúcar

glass o azúcar refinada, o una mezcla de ambas. Utilizado tal cual, participa en la preparación de los huevos a la nieve, permite realizar la *baked Alaska* y merengar las tartas. Esta especie de merengue, que se cuece en el horno previamente calentado a 120 °C, con la puerta entreabierta para impedir que caiga y para que se cueza sin tomar color, produce la gama de las conchas secas que se pueden aromatizar y colorear de distintas maneras, así como los fondos de *vacherin*. Cuando se añaden almendras o avellanas picadas se obtienen los fondos de *progrès*, *succès* y *dacquoise*.

• El merengue italiano se realiza vertiendo almíbar a 120 °C sobre claras de huevo batidas. Esta preparación, que rara vez se utiliza sola, sirve para "merengar" tartas, flanes y postres, cubrir la *zuppa* inglesa y el *brioche* polaco, antes de pasarlos por el horno. Sin cocer, el merengue italiano participa en la composición de los *biscuits* helados, cremas de mantequilla, *mousses* y suflés helados, y también se hacen *petits-fours*.

• El merengue suizo, muy firme, se prepara mezclando las claras de huevo y el doble de su peso de azúcar, que a continuación se calienta a baño María. Cuando la temperatura llega a 55-60 °C, se deja enfriar por completo la preparación y se bate a mano. Entonces se da forma al merengue y luego se seca en un horno a 100 °C (o en horno de secado o estufa a 60 °C). Los merengues suizos se utilizan, especialmente, como decoración.

merguez

Embutido que se fríe o se asa en brasas, a menudo en brochetas, originario de África del Norte, tradicionalmente de res y de carnero. Su consumo se ha difundido mucho en Francia a partir de la década de 1950.

El *merguez*, de pequeño calibre (de 18 a 20 mm de diámetro), se caracteriza por una sazón de pimiento seco y pimienta, lo cual le da su color rojo oscuro. Algunos *merguez* llevan cerdo, y en este caso es obligatorio mencionarlo. Los *merguez* se utilizan sobre todo como guarnición de cuscús.

merienda

Ligera colación que se toma entre el almuerzo y la cena. Con la modificación de las horas de las comidas en el siglo xviii, la merienda, que antaño se tomaba en Francia hacia las 17 horas y constituía una auténtica comida, se fue suprimiendo poco a poco. En la ciudad fue reemplazada por la moda inglesa del *five o' clock tea*.

En México, la merienda refiere a la pequeña colación que se consume entre la comida y la cena. Ésta puede estar compuesta por un pan dulce, café, leche, café con leche, galletas, fruta, ensalada, etc. Se acostumbra aproximadamente a las 18 horas dependiendo de las costumbres familiares. Actualmente ha caído en desuso, sobre todo en las grandes ciudades.

→ almuerzo, cena

merlán

Pez de la familia de los gádidos, como el eglefino o el bacalao, de los que se distingue por la ausencia de barbillas. El merlán, de 25 a 40 cm de longitud, tiene el lomo de color gris verduzco, los costados dorados y el vientre plateado, con una línea de pequeños trazos amarillos-pardos encima de la aleta pectoral (merlán brillante del Norte y merlán de traíña de Bretaña). Vive cerca de las costas y se pesca sobre todo en el Atlántico, desde el norte de Noruega hasta España. Es un pescado magro (menos del 1% de lípidos), de carne fina y laminada, que se "deshace" con cierta facilidad, pero que se digiere muy bien si se prepara sin excesivos cuerpos grasos. Se prepara de muy diversas maneras: frito, a la parrilla, empanizado o pochado en vino. También se come relleno e interviene en los rellenos, panes y *mousses*. Sin embargo, requiere que se realce su sabor.

merlot
Cepa de uvas azules-negras, cultivada en el suroeste francés y en la región de Languedoc-Rosellón. El *merlot* debe su nombre al color de sus bayas y a los mirlos ("merles"), que las aprecian mucho.

La *merlot* produce un vino afrutado y sedoso, de gran riqueza. En la región de Burdeos a menudo se asocia con *cabernet sauvignon* y con *cabernet franc*. De ella se origina el célebre Pétrus, uno de los grandes vinos del mundo.

También existe una *merlot* blanca, utilizada en mezcla para las denominaciones de origen burdeos.

merluza
Pez marino de la familia de los gádidos, alargado y cilíndrico, del que existen unas diez especies caracterizadas por la ausencia de barbillas; por otra parte sólo posee dos aletas dorsales y una aleta anal. La merluza puede medir hasta 1 m y pesar unos 4 kg. Su lomo es gris con reflejos dorados y su vientre blanco. A la de pequeño tamaño a menudo se le llama "merluchón". La pequeña merluza plateada, pescada en el oeste del Atlántico, es muy sabrosa.

La cocción de la merluza, sobre todo en caldo corto, debe ser corta y se tiene que vigilar bien, ya que la carne tiene tendencia a deshacerse. Las preparaciones son numerosas, tanto calientes (con salsa muselina, normanda o con alcaparras, y muy a menudo *mornay*, o gratinadas) como frías (con mayonesa, salsa verde o vinagreta). En general, se pueden hacer con merluza todas las recetas de bacalao fresco.

mermelada
Preparación de frutas, enteras o cortadas en trozos, maceradas durante 24 horas en azúcar y cocidas con éste hasta que adquieran la consistencia de un puré (1 kg de azúcar por 1 kg de frutas). En una mermelada, las frutas ya no se pueden identificar, a diferencia de una confitura.

En México la definición de mermelada y confitura pueden confundirse fácilmente, inclusive el término jalea de frutas también puede caer en la misma definición.

→ confitura, jalea de frutas

mero
Pez de la familia de los serránidos, robusto y de gran tamaño (más de 1,50 m y 50 kg), de la que existen dos especies cercanas, una mediterránea y la otra, la más difundida, a la vez mediterránea y atlántica. Esta última especie, de color pardo moteado de amarillo y de

ocre, es un pez tranquilo de los mares cálidos. Su cabeza enorme está dotada de una boca ancha en la que el labio inferior sobresale respecto al superior, armada con numerosos dientes. Es la presa favorita de los pescadores submarinos y se comercializa cada vez más. Este pescado de carne excelente se cocina como el atún, a la parrilla o sobre brasas.

merveille
Pequeño buñuelo de pasta, a veces fermentada, preparado con una masa bastante espesa, trabajada con el rodillo y cortada en tiras para formar pequeñas trenzas llamadas nudos o *bunyètes*, o bien con el cortapastas, de distintas maneras. Después de la cocción en el baño de fritura las *merveilles* se sirven calientes, tibias o frías, espolvoreadas con azúcar. Las *merveilles* son comunes en numerosas regiones meridionales francesas, donde se preparaban para el carnaval.

mesa
Mueble compuesto por una superficie horizontal sostenida por una o varias patas, sobre la que se depositan los platos y utensilios necesarios para las comidas.

La mesa ha evolucionado a lo largo de los años hasta obtener la orientación simplificadora actual, donde la gastronomía pasa por delante del recargamiento decorativo de la mesa.

mesa de flambear o gueridón
Pequeño carro con una bandeja, equipado con uno o dos quemadores, utilizado en restauración para el flambeado de los platos que se sirven en la mesa ante el comensal.

mesclun
Mezcla de hojas jóvenes de hierbas para ensaladas, sobre todo lechugas: escarola, *radicchio*, arúgula, lechuga francesa, lechuga italiana, perifollo, achicoria, verdolaga, etc.

metal
Cuerpo denso, opaco, insoluble en agua o en los disolventes usuales, que es asimismo un buen conductor del calor. Por ello la mayor parte de los utensilios de cocción son de metal. Los metales, susceptibles por otra parte de adquirir una superficie bruñida y fáciles de trabajar, en caliente por fusión o forja, en frío por laminado, estampado, repujado, se utilizan desde la Antigüedad para fabricar vajilla.

– El cobre se calienta y enfría rápidamente, con lo que permite tiempos de cocción muy precisos, pero es costoso y debe mantenerse con cuidado, pues se oxida; por ello, a menudo se estaña en su interior.

– El aluminio, menos costoso, más ligero y fácil de mantener, se deforma fácilmente y reacciona ante ciertos productos alimentarios.

– El hierro colado se calienta y se enfría con mayor lentitud. Presenta el inconveniente de romperse con facilidad, ser pesado y oxidarse, salvo cuando se esmalta, pero el esmalte es frágil y reduce todavía más los intercambios térmicos.

– El acero inoxidable, sólido, inalterable, es mal conductor; por ello, el fondo de los utensilios de acero inoxidable a veces lleva una capa de otro metal.

– El hierro se emplea en forma de plancha, esmaltada o no, para fabricar sartenes y recipientes de fritura. Recubierto con una capa de estaño, y transformado así en hojalata, la chapa es irreemplazable para la fabricación de las latas de conserva.

metate

Del náhuatl *metlatl*. Instrumento usado en México que consiste en una piedra rectangular sostenida por tres patas, una delantera y dos traseras, aunque en ocasiones se apoya en un tronco tallado y a una altura superior. Se utiliza para moler ayudándose con una piedra cilíndrica llamada metlapil o mano de metate. Estrictamente existe un metate para cada tipo de ingrediente. Se ha utilizado en México desde la época prehispánica, pero actualmente en la cocina moderna se utiliza poco, debido a que lo están desplazando rápidamente los molinos eléctricos y manuales, los procesadores de alimentos y las licuadoras. Sin embargo, es motivo de orgullo, tanto que cuando se utiliza para moler los ingredientes de los platillos, se suele insistir en que se hicieron con él. El metate suele ser tan apreciado para las cocineras indígenas mexicanas, que éste puede ser uno de los regalos más especiales en una boda o una de las cosas que se desean heredar de la abuela o de la madre.

método *champenoise*

Conjunto de las operaciones que permiten la preparación del champán. En primer lugar, el vino de base, o *cuvée*, se prepara a partir de tres cepas autorizadas: *pinot noir*, *pinot meunier* y *chardonnay*. El prensado (tradicionalmente de 4,000 kg de uva) se fracciona para dar la *cuvée*, de unos 20 hl de mosto (2,050 l), y la segunda prensa (410 l); estos mostos se vinifican a continuación de manera clásica. Después se procede a embotellar con adición de una mezcla de azúcar y levaduras, a fin de provocar un desprendimiento de gas carbónico que engendra una presión de cinco o seis atmósferas. Luego se ponen en pupitres y se remueven a fin de que el poso descienda a la altura del gollete, antes de realizar el degüello (eliminación de este poso). Se termina añadiendo un licor de expedición (combinación de vino viejo, coñac y azúcar, en cantidad variable), que permite obtener champán más o menos seco.

meunière, à la

Nombre de un modo de cocción que se puede aplicar a la mayor parte de pescados, enteros, en rodajas o en filetes, enharinados y cocidos en mantequilla. Se rocían con jugo de limón, luego con mantequilla avellana y finalmente se esparce perejil por encima de los mismos. Las ranas, las vieiras y los sesos también se pueden preparar *à la meunière*.

mexicana, a la

Preparaciones elaboradas con chile verde, cebolla y jitomate cocidos o crudos. Es probable que la expresión provenga de los colores de los ingredientes que recuerdan a los de la bandera mexicana. En el centro de México es habitual añadir cilantro a los tres ingredientes básicos. Entre los platillos más degustados están los huevos a la mexicana, los bistecs a la mexicana y las puntas de filete a la mexicana.

México

La cocina mexicana es heredera de las antiguas prácticas prehispánicas y de las aportaciones de los colonos españoles, que introdujeron la cría del cerdo y el cultivo del arroz, así como de medios de cocción como la fritura. Los habitantes prehispánicos del actual territorio mexicano empleaban métodos de cocción como cocer al vapor, en estofado o a la brasa, lo cual derivó a la larga en la diversidad de guisos y salsas (sobre todo moles), que realzan los platos hervidos o asados. El maíz siempre ha sido la base de la alimentación: se consume cocido, hervido, a la brasa o a la parrilla, pero sobre todo nixtamalizado. Esta técnica prehispánica permite preparar desde entonces tortillas, que se consumen al natural con ciertos platos, o rellenas de distintas maneras (tacos). Las hojas de las mazorcas se rellenan de masa de maíz y manteca de cerdo, carne, aves de corral, verduras, chiles, etc., y se cuecen al vapor para realizar los tamales, con sus múltiples sabores.

Los frijoles están omnipresentes en la culinaria mexicana, así como los jitomates y tomates. Existen como mínimo cien variedades de chiles, de tamaño, color y sabor diferentes: ancho, cascabel, colorado, mulato, serrano, etc. Frescos o en polvo, fuertes o suaves, se encuentran en todas partes: aderezan las salsas, los antojitos, las sopas y los guisados; incluso se sirven rellenos.

Aparte del cerdo, en México se consumen bastante las aves de corral, el cabrito, la res, pescados, mariscos e insectos. Entre sus frutas figura el aguacate, el plátano, la piña, la papaya, la guayaba, la guanábana, la tuna, entre otras.

La viticultura mexicana (cubre unas 39,000 ha), que durante mucho tiempo fue escasa, conoce actualmente una renovación, y los especialistas han depositado grandes esperanzas para los próximos años.

mezcal

Nombre genérico que identifica a diversas bebidas alcohólicas destiladas obtenidas a través de la cocción, sancochado o tatemado de las piñas de diferentes magueyes y la posterior fermentación y destilación de los jugos de las mismas. Algunas de ellas cuentan con Denominación de Origen, tal es el caso del tequila. Dependiendo de la variedad de agave, del productor y otros factores, su graduación alcohólica va de los 45° a 60°. Debido a la Denominación de Origen con la que cuenta, el nombre mezcal oficialmente se refiere a las bebidas producidas en los estados de Durango, Guanajuato, Guerrero, Oaxaca, San Luis Potosí, Tamaulipas y Zacatecas. Sin embargo, muchas de ellas se denominan mezcal sin pertenecer a las delimitaciones de la DO.

mezclar

Reunir ingredientes sólidos o líquidos en un utensilio de preparación y mezclarlos para preparar una preparación, una pasta o una masa, etc. La mezcla se realiza a mano (pastas de hojaldre, *brisée*, *sablée*), con la ayuda de un instrumento (espátula, cuchara de servicio, batidor, tenedor, cubiertos) o con la máquina (mezcladora, picadora, molino).

Cuando se trata de añadir a una preparación elementos batidos (claras de huevo, crema para batir), se debe mezclar delicadamente con una espátula de madera, plástico o goma, procurando que la preparación conserve toda su ligereza. Por el contrario, ciertas mezclas se hacen groseramente para que conserven una cierta textura (relleno, terrina).

mezze o mezes

Surtido de bocadillos de aperitivo, a menudo fríos, que se come en Grecia, Turquía, Líbano y otros países de Oriente Medio y del este del Mediterráneo, acompañado con vino o algún aperitivo aromatizado de anís. Los *mezze* pueden consumirse como una comida entera. Además del tarama, las hojas de parra rellenas y los *beurrecks*, comprenden mejillones con salsa picante, aceitunas verdes y negras, carne seca con ajo (*pasterma*), hongos marinados, alubias blancas en salsa y, o bien salchichón seco con pimienta , o bien *cacik* (picadillo de pepino con yogur, aderezado con ajo y servido muy frío).

→ *amuse-gueule*

miche ◆ pan campesino

miel

Sustancia dulce comestible que las abejas producen a partir del néctar de las flores y/o del mielato (rocío de miel, secreciones de los insectos que se nutren de la savia de las plantas) y que almacenan en los alveolos de los panales.

Según el origen floral y el momento de la recolección, la miel contiene de 17 a 20% de agua, de 76 a 80% de azúcares (glucosa, fructosa y otros azúcares, como la sacarosa), ácidos, proteínas, sales minerales (calcio, magnesio, fósforo y potasio), más abundantes en las mieles oscuras, pero prácticamente carecen de vitaminas. Su poder energético es superior al del azúcar, se tolera mejor y sus azúcares los asimila el organismo a la perfección.

La denominación "miel" corresponde a un producto extraído de los alveolos del panal mediante centrifugación, y luego decantado y depurado. Puede seguirle el nombre de la planta de origen cuando la miel procede esencialmente de sus flores (miel de lavanda, de acacia, de abeto, etc.), de una indicación topográfica (miel de montaña, de llano) o geográfica (miel de Auvernia, de Alsacia, etc.).

Se distingue entre mieles poliflorales, o "de mil flores" (que pueden ser producto de ensamblajes), y las mieles monoflorales, obtenidas básicamente de una sola planta. Su consistencia, sabor y color varía según las flores y la temperatura.

Se emplea en la pastelería: en el pan de especias, bizcochos, pasteles orientales, *nougats*, caramelos, etc. La miel de consumo doméstico cada vez es más apreciada. También se emplea en la cocina salada.

migas

Plato de origen popular preparado con pan seco desmenuzado y frito en aceite o grasa junto a otros ingredientes. Se aromatizan con ajo, pimentón o hierbas aromáticas.

En México se trata de una preparación que, dependiendo de la región, se elabora con trozos de pan viejo, ajo picado, longaniza, chorizo o tocino, huevo y queso, todo cocido y servido caliente.

mignon o miñón

Nombre de una preparación de piezas pequeñas de carne salteadas, de ave o de molleja de ternera, acompañada de fondos de alcachofa cubiertos de chícharos a la francesa y coronados con láminas de trufa. Las piezas se napan previamente con semiglasa al madeira.

mignonnette

Pequeña bolsita de tela llena de granos de pimienta y clavos de olor, que aromatizaba antaño sopas y guisos.

Hoy en día, la *mignonnette* designa la pimienta groseramente machacada o molida, en particular la pimienta blanca, más perfumada, que se emplea para el bistec a la pimienta, las marinadas, etc.

Por otra parte, ciertos chefs llaman "mignonnette" al medallón de cordero, la suprema de ave, el filete *mignon*, etc., cuando se preparan con cierto refinamiento. También se llaman *mignonnettes* a las papas cortadas a un grosor doble que las *allumettes*.

mijo

Nombre habitual de varias especies de cereales cultivadas en climas calurosos y secos, a menudo designadas con la denominación colectiva "mijo". En particular el mijo común y el fonio tienen un papel importante en la alimentación de los países de los continentes africano y asiático. El mijo, rico en magnesio, hierro, manganeso y vitamina B se vende en grano, en copos, en sémola o harina. Se cuece durante 20 min en el doble de su volumen de líquido. Los granos, dorados a la sartén antes de ser cocidos, toman un aroma a avellana. Se consumen al natural con verduras, con huevo o en un potaje, en el relleno, en albóndigas o en pequeñas tortas.

mikado

Nombre de distintas preparaciones de cocina clásica francesa en las que se utilizan ingredientes que evocan Japón. Las escalopas de ternera o de ave se disponen sobre croquetas de arroz al *curry*, napadas con una salsa de *curry* a la que se añade un poco de salsa de soya y que se acompañan con tartaletas rellenas de brotes de soya a la crema. Los *turnedós* o los medallones se disponen sobre mitades de jitomate asadas a la parrilla, napadas con jitomate ligeramente troceado, alargado con salsa de jitomate, y llenas de salsifís rehogados en mantequilla.

En cuanto a la salsa, se trata de una holandesa a la que se añade jugo de mandarina y piel de este fruto, cortado en juliana y blanqueado.

milanesa

Nombre que se da a escalopas o a chuletas de ternera pasadas por huevo batido y pan rallado, a veces con la adición de parmesano rallado, y luego cocidas en mantequilla. La guarnición milanesa, servida con un timbal de macarrones o un *risotto*, comprende hongos cortados finos, jamón y lengua escarlata cortadas en juliana, y láminas de trufa; todo ello se calienta con mantequilla, se desglasa al madeira y luego se moja con un fondo de ternera ligado. Reciben la denominación "a la milanesa" las preparaciones gratinadas al parmesano, y los macarrones en mantequilla, servidos con queso rallado y salsa de jitomate.

En México se trata de una preparación elaborada con un bistec de carne de res o pollo, en ocasiones de cerdo, empanizado y frito. Se trata de una de las formas más populares de preparar bistecs en México.

milhojas

Pastel constituido por capas de pasta de hojaldre superpuestas, a menudo caramelizadas, separadas por crema pastelera al kirsch, al ron, a la vainilla, etc., y recubiertas con azúcar lustre o *fondant*.

La palabra también se aplica a hojaldres salados, rellenos con una mezcla a base de pescado o crustáceos, servidos como entrantes calientes.

millésime

Año de producción de un vino. Las condiciones climáticas influyen mucho en la maduración de la uva, más abundante en los años húmedos, más dulce en los años secos, por lo que los vinos no presentan la misma calidad todos los años. El año de la cosecha solo se indica en los "vinos de calidad producidos en una región determinada" (Denominación de Origen). Ciertas "grandes añadas" han dejado un recuerdo imperecedero en la memoria de los enófilos (1921, 1929, 1947, 1949, 1953, 1955, 1957, 1959, 1961, 1985, 1990, 2000, 2003, 2005, 2009).

mimolette

Queso de pasta prensada no cocida de leche de vaca (con 40% de materia grasa) cuyo nombre deriva de "mi-mou et mi dur" (medio blando, medio duro). Es de forma esférica, mide 20 cm de diámetro y pesa alrededor de 3 kg. Se elabora en Normandía desde el siglo XIX a partir de una técnica holandesa. Se da color a la pasta con zumo de zanahoria, y la corteza seca queda salpicada de pequeñas cavidades. En Lille la *mimolette* se cura en sótanos húmedos y toma el nombre de "bola de Lille". Este queso, muy afinado y duro, acompañado con higos, se puede degustar en trozos o en finas láminas con un vino encabezado.

mimosa

Término que puede referir a cualquiera de las siguientes preparaciones:

1. Preparación de huevos duros rellenos servidos como entremés frío. Las mitades de clara se vacían y se llenan con la manga de pastelería acanalada con las yemas, tamizadas y mezcladas con mayonesa y perejil.

2. Ensalada compuesta, con yema de huevo duro picada.

3. Se denomina así un cóctel *short drink* a base de champán y de jugo de naranja, servido en una flauta.

mincemeat

Preparación agridulce de la cocina inglesa hecha a base de grasa de riñón de res, uvas pasas, frutas confitadas, especias y, a veces, dados de filete de res cocido, macerada en alcohol y utilizada tradicionalmente para cubrir los *mincepies*.

El *mincemeat* sirve también para preparar varios postres calientes: buñuelos servidos con salsa de chabacano y ron, una tortilla dulce aromatizada al brandy, empanadillas, etc.

minestrone

Sopa de verduras italiana enriquecida con pasta o a veces con arroz. Los italianos comienzan muchas veces la comida con una *minestra* (sopa de verduras), una *minestrina* (potaje más ligero, con pasta de pequeño tamaño) o un *minestrone*.

La preparación, variable según las regiones, se caracteriza por la diversidad de las verduras. En Toscana, las alubias blancas son indispensables, como las calabacitas, los poros, las cebollas, los jitomates, las zanahorias y la col negra, y se sirve con aceite de oliva crudo y una rebanada de pan aromatizado con ajo. En Génova, se prepara con calabaza, col, habas, calabacitas, alubias rojas, apio y jitomates. En Venecia se encuentra un *minestrone* con pasta y alubias. Se acompaña sobre todo con *pesto*. Por otra parte, se suele tomar con queso rallado aparte, y una guarnición de ajo y diversos aromatizantes.

mint julep

Cóctel de tipo trago corto que se prepara aplastando unas hojas de menta con una mano de mortero en el fondo de un vaso y luego añadiendo azúcar, hielo picado y *bourbon*. Otros *juleps* que contienen menta se hacen con champán o ginebra y jugo de naranja. En todos los casos se sirven decorados con menta fresca.

mirabelle

Pequeña ciruela amarilla, de carne firme, dulce y perfumada, que en Francia se produce principalmente en Alsacia y en Lorena. Las de Nancy y Metz son muy apreciadas.

La *mirabelle* se consume fresca, pero sirve sobre todo para hacer conservas en almíbar, mermeladas y un aguardiente blanco, así como flanes y tartas. En Lorena, el aguardiente goza de una denominación reglamentada.

mirepoix

Preparación culinaria creada en el siglo XVIII por el cocinero del duque de Lévis-Mirepoix, mariscal de Francia y embajador de Luis XV, consistente en unas verduras cortadas en dados más o menos grandes según el tiempo de cocción previsto para el plato principal. Se distinguen tres tipos de *mirepoix*:

- La *mirepoix* "baja en grasas", utilizada como guarnición aromática de fondos, preparaciones salteadas, braseados y jugos, contiene zanahorias, cebollas, apio, tomillo y laurel.
- La *mirepoix* "en graso" se prepara con los mismos ingredientes, pero añadiéndoles tocino de la papada o dados de jamón; sirve de guarnición aromática para algunas salsas (jitomate, española) o para potajes de legumbres (puré de chícharos secos).
- La *mirepoix* a la bordelesa, para la cual las verduras se cortan en *brunoise* y a continuación se sofríen con mantequilla; se emplea para la cocción de crustáceos salteados (cangrejos de río a la bordelesa, por ejemplo).

mischbrot

Pan preparado con 70% de harina de centeno y 30% de harina de trigo. La masa madre obtenida con la mitad (o más) de harina de centeno otorga al *mischbrot* un sabor ligeramente acidulado y una miga poco aérea. Este pan, el más consumido en Alemania, a veces se aromatiza con tocino, cebollas, etc. Se toma varios días después de su elaboración.

mise en place

Con este término se designa en el ámbito profesional de la cocina a los preparativos previos y necesarios que se deben contemplar antes de comenzar a ofrecer servicio al cliente en cualquier establecimiento de alimentos y bebidas. La *mise en place* incluye la modificación previa de los ingredientes (limpieza, desinfección, cortes, precocción), organización y acondicionamiento de los materiales y utensilios (ollas, cazuelas, cazos, cucharas, palas, afilado de cuchillos), preparación de salsas, guarniciones y decoraciones básicas (caldillo de jitomate, salsas picantes, arroz blanco, salsa holandesa, rallado de quesos, aderezos, mezclas de hierbas), entre muchas otras acciones. El objetivo es agilizar al máximo la labor de elaboración, servicio y presentación de los platillos.

miserable o paleta

Utensilio formado por una hoja ancha y flexible de plástico, que no corta, de forma cuadrada, rectangular o ligeramente trapezoidal con la punta redondeada. Sirve para rascar en las paredes de un recipiente de preparación la totalidad de una mezcla (crema, relleno, pasta, salsa, etc.) que se traslada a un molde, una compotera, una copa, etc. También se utiliza para mezclar cuidadosamente claras o crema montada con otros ingredientes en numerosas recetas de postres.

miso

Pasta de soya fermentada, espesa y aromática, hecha con gérmenes de soya cocidos, trabajados con arroz, trigo o cebada. Según el grado de fermentación, su sabor irá del dulzón al salado, y su color, del amarillo claro al pardo oscuro. El *miso* se utiliza como condimento de la cocina japonesa, en particular para la sopa que lleva su nombre.

mistela

Bebida licorosa que se obtiene por adición de alcohol al mosto con lo que se evita que éste inicie la fermentación. Así se obtiene una bebida con todas las características y dulzor natural de la uva de la que nace.

mixed grill

Surtido típicamente anglosajón de distintas carnes (chuletas de cordero, dados de hígado, salchicha fina, bistec) asadas en barbacoa o en la parrilla de hierro colado, servido con una guarnición de verdura y jitomates asados con perejil.

mixólogo

Persona que efectúa indagaciones sobre los ingredientes, las mezclas, las técnicas de trabajo o la historia del bar, y cuya labor es reconocida por los profesionales, que le atribuyen este título. El término mixología (ciencia de las mezclas), aparecido a mediados del siglo xix, fue utilizado en San Francisco en el 1882 por Jerry Thomas, autor del primer libro práctico sobre cócteles, publicado en 1862.

moda

Nombre de una preparación de grandes piezas de res breseadas, a las que se añaden, a los tres cuartos de la cocción, pie de ternera deshuesado y cortado en cubos, zanahorias torneadas y cebolletas. El res a la moda (*boeuf à la mode*) se consume caliente o frío, en *gelée*.

mojar

Añadir un líquido en una preparación culinaria, sea para hacerla cocer o para elaborar la salsa, el jugo, etc. El líquido puede ser agua, leche, caldo, un fondo, vino, etc. A esta operación también se le llama "bañar".

Mojar significa asimismo verter agua o fondo blanco para cubrir las carnes y la guarnición de una blanqueta en el momento de ponerla a cocer, así como añadir fondo de ternera ligado a un salteado de ternera, o desglasar el recipiente de cocción con vino o alcohol después de preparar un asado.

"Mojar hasta la altura" o "cubrir" significa añadir el líquido de cocción de modo que sólo aflore la parte superior de los elementos a cocer. En ciertos casos sólo se moja a media altura (pescados al horno).

mojarra

Pez de la familia de los espáridos, como las doradas, a las que se parece. Ovalada, rolliza, con grandes ojos y una aleta dorsal que presenta radios espinosos, la mojarra tiene un cuerpo plateado con una mancha negra en la aleta caudal. Existen diferentes especies entre las que destacan:

- La mojarra común (que mide unos 20 cm) posee una gran mancha negra que atraviesa lateralmente la cola y sobresale por las aletas dorsal y anal. También luce otra mancha negra en el dorso, detrás de la cabeza.
- El sargo común (hasta 40 cm) presenta, además de la mancha negra en la cola, siete u ocho bandas verticales oscuras en el dorso y los costados. Las aletas ventrales son negras.
- El raspallón (la mojarra más pequeña) tiene aletas ventrales amarillas y presenta cuatro o cinco bandas transversales oscuras.

moka o moca

Variedad de café procedente de Arabia. Solo los cafés recolectados en los confines del mar Rojo tienen derecho a la denominación "*moka*", nombre del puerto de Yemen por el que tradicionalmente se exportaban. El *moka* es un café potente, muy aromático, pero hay quien lo encuentra amargo o especiado. Se suele servir muy fuerte y muy azucarado, en tacitas. Es un sabor muy apreciado en pastelería, helados y confitería.

El *moka* es un pastel formado por varios discos o láminas de genovesa o de bizcocho embebidos con jarabe al café y separados por capas de crema de mantequilla aromatizada al café o al chocolate.

Por extensión se denomina *moka* a cualquier preparación en la que se emplee una mezcla de chocolate y café.

molcajete

Del náhuatl *molcaxitl*, de *molli*, salsa y *caxitl*, taza, escudilla o cajete. Utensilio utilizado en México, de origen prehispánico, parecido a un mortero con tres patas cortas, fabricado de piedra o barro. Se utiliza para moler distintos ingredientes y especialmente para preparar salsas, las cuales en ocasiones se sirven en este mismo recipiente. Al aditamento con el que se muelen los ingredientes se llama mano de molcajete o tejolote, y a los alimentos molidos en él se les denomina molcajeteados o tamulados. A la acción de utilizar el molcajete se denomina molcajetear.

molde

Recipiente hueco, utilizado para realizar o cocer numerosas preparaciones (áspic, confitería, postres, pasteles, jaleas, helados, panes, patés, etc.). En el molde se vierte una pasta, un relleno, una crema o una mezcla, que adopta la forma del recipiente bajo la acción del calor o del frío y la conserva al desmoldarla.

Actualmente la mayoría de moldes son de hierro blanco, de metal con un revestimiento antiadherente o de un material flexible a base de silicona (compatible con el microondas), pero también pueden ser de aluminio (moldes económicos, pero deformables), de vidrio templado o de porcelana de fuego (moldes pesados y frágiles, pero que pueden pasar del horno a la mesa) e incluso de barro cocido vidriado, para ciertas recetas específicas.

Existe un amplio abanico de moldes: de barquilla para tartaleta, de babá, de bizcocho, de *brioche*, de bomba helada, de *cake*, de carlota, de *croquembouche*, de flan, de genovesa, de helado, de magdalena (individuales o en placas de 12 a 24 piezas), de *savarin*, de charcutería, placa de tronco de Navidad, moldes de *kouglof*, de buñuelos para chocolate (en forma de pez, de huevo, etc.), de pan, de paté (dotados de bisagras o formados por dos mitades), de tarta (pueden tener un fondo móvil, redondo o rectangular, liso o con motivos de decoración), etc.

molde cortapastas ◆ cortador

moldear o dar forma

Dar la forma final a una preparación, a veces antes de la cocción. Se puede dar forma a una pasta fermentada antes de introducirla en el molde, o bien a una preparación de pescado, de carne o de otros elementos, ya sean rellenos, empanizados o cubiertos, antes de cocerlos.

También se emplea la palabra francesa *former* cuando una pasta de genovesa o una salsa emulsionada forma cinta, lo cual indica que la primera está lista para enmoldar y la segunda ha llegado al término de su cocción.

mole poblano

Plato de fiesta de la cocina mexicana. Se trata de una salsa color café oscuro, brillante, espesa y muy aromática que se acompaña generalmente con alguna ave. La salsa se elabora con diferentes chiles (ancho, mulato, pasilla y chipotle), especias (clavo, pimientas negra y gorda, comino, canela y anís), además del chocolate, cacahuate, almendra, nuez pacana, pepitas de calabaza, ajonjolí, pasas, tortilla de maíz, jitomate, tomate, ajo y cebolla. Dependiendo de la región es el método de elaboración de la salsa. El plato se sirve con la pieza de carne napada con la salsa, semillas de ajonjolí esparcidas, y acompañado de arroz a la mexicana.

moles mexicanos

El mole es un término que designa a una infinidad de guisos sencillos o complejos, por lo regular elaborados con base en una salsa espesa. El más conocido es un mole oscuro que en todo México se designa como mole poblano, aunque en todo el país se elaboran moles de colores, sabores y texturas diferentes.

Es sabido que desde la época prehispánica se preparaban diversas salsas molidas y complejas, que con el paso de los años y siglos se fueron modificando y adaptando a los nuevos ingredientes y técnicas culinarias, hasta llegar a la variedad de moles que hoy en día se consumen en todo el país. Es frecuente que los moles sean preparaciones de consumo cotidiano o que tengan diferentes significados festivos e incluso religiosos o rituales, dependiendo de la zona donde se consuman.

Algunos de los principales moles son el ya citado mole poblano, el mole verde, el mole de olla, el mole amarillo, el mole negro y el mole rojo, todos ellos elaborados con distintos ingredientes y servidos con distintas carnes.

El mole es una preparación tan frecuente y tradicional en México que se puede conseguir en polvo o en pasta, al cual se le deberá añadir agua o caldo de la carne elegida para su consumo.

molino

Instrumento manual o eléctrico destinado a reducir un género sólido a polvo. El molino eléctrico para café presenta cuchillas y sirve para moler café, especias o semillas no grasas.

El molinillo de pimienta y el de sal gruesa (así como algunos de especias) son molinos mecánicos, de muela o ruedecilla, accionados por una manivela o por un movimiento de rotación de la tapa. Se pueden adquirir de madera, de vidrio, de plástico, en acero inoxidable, etc.

molleja

De color blanco, la molleja de ternera, de cordero y de cabrito, son vísceras. Están formados por una glándula —el timo—, situada en la entrada del pecho, delante de la tráquea, y que desaparece en el adulto. La molleja se compone de una parte alargada, la garganta (no comestible), y una parte redonda y comestible, la nuez. Las mollejas de cordero y de ternera se cuecen salteadas, breseadas, asadas, a la parrilla, pochadas, gratinadas, en brochetas, en hojaldres, en buñuelos, etc. Intervienen asimismo en guarniciones y ragús para timbales y volovanes.

molleja de ave

Estómago musculado de las aves de corral, comestible una vez se ha vaciado y retirado su aponeurosis blanco azulada. El ave se puede vender con la molleja o sin ella. La molleja fresca se cuece más fácilmente cuando está cortada en láminas o picada; puede confitarse o conseguirse en conserva.

molusco

Invertebrado de cuerpo blando en general dotado de una concha para protegerse. Se pueden clasificar en tres familias principales:
- Los bivalvos, que poseen una concha con dos valvas articuladas (mejillones). Son los más consumidos.
- Los gasterópodos, los más numerosos y extendidos, se clasifican en tres subgrupos según la forma de su concha: en espiral (caracoles), aplanada o cónica.

– Los cefalópodos, los más evolucionados, poseen una concha externa en espiral y tabicada, interna (sepia) o bien carecen de ella (pulpo).

Los moluscos presentan muy poca grasa y son muy ricos en hierro, cobre, magnesio, yodo y sodio. Se comen crudos o cocidos enteros, o sólo el músculo, según las especies. Los moluscos se limpian previamente de su masa intestinal y a continuación se preparan marinados o cocidos. No se debe consumir aquellos que permanecen cerrados tras una cocción a fuego vivo. Los moluscos son la base de las bandejas de marisco; a veces constituyen un plato por sí sólos, por ejemplo en el caso de los mejillones a la marinera.

mombin ◆ ciruela amarilla

mondar

Retirar la piel de un fruto (almendra, durazno, jitomate), que en primer lugar se pone en un colador y se sumerge unos segundos en agua en ebullición. En español esta operación se llama también "escaldar y pelar" y se realiza con la punta de un cuchillo de cocina, delicadamente, sin dañar la pulpa. Las almendras están preparadas para ser mondadas cuando su piel se separa bajo la presión de los dedos.

mono

Mamífero de las regiones intertropicales, cuyas especies arborícolas, vegetarianas y frugívoras tienen una carne comestible. En Amazonia, ésta forma parte de la alimentación de base de las tribus de la selva. En Casamance (Senegal), la carne de mono, macerada con limón, se cuece en ragú especiado, como el pollo. En África Central se preparan monos asados, acompañados por salsas con especias y cacahuate.

Monselet, Charles Pierre

Periodista, poeta y escritor francés (Nantes, 1825-París, 1888). Este amigo de Baudelaire es famoso sobre todo por *La cuisinière poétique* (1859), obra en la que colaboraron Dumas, Banville, Gautier, etc. Del 21 de febrero al 1 de agosto de 1858, Monselet hizo aparecer cada domingo *Le Gourmet*, bautizado "diario de los intereses gastronómicos". Este periódico efímero se volvió a editar a continuación bajo el título de *Almanach des gourmands*, inspirado en Grimod de La Reynière, del que pretendía ser continuador. El *Almanach* apareció en 1861 y 1862, y luego de 1866 a 1870.

A Monselet, amigo de numerosos restauradores de su época, se le dedicaron varias recetas, algunas de las cuales tienen en común las alcachofas y las trufas: *attereaux* con ostras pochadas, cuartos de alcachofa rehogados y láminas de trufa, cubiertos de salsa Villeroi, empanizados a la inglesa y fritos; tortilla rellena con un salpicón de fondo de alcachofa y de trufa cocido a fuego lento en crema líquida, acompañada por láminas de trufa calentadas en mantequilla y servida con una salsa de madeira bien reducida.

Montagné, Prosper

Cocinero francés (Carcasona, 1864-Sèvres, 1948). Hijo de un hotelero de Carcasona, se orientó en primer lugar a la arquitectura, pero adoptó el oficio paterno cuando sus padres abrieron un hotel en Toulouse. Desde entonces fue ascendiendo todos los peldaños de la profesión, en los mejores establecimientos de París, Cauterets, San Remo y Montecarlo, tras lo cual regresó a París, donde se convirtió en chef de *Le Pavillon d'Armenonville*, de *Le Doyen* y del *Grand Hôtel*, donde pasó a ser primer jefe de cocina. Redactó entonces, junto a Prosper Salles, su primera obra culinaria, *La Grande Cuisine illustrée* (1900), seguida del *Grand Livre de la cuisine* (1929). Con el concurso del doctor Gottschalk, redactó el *Larousse gastronomique*, cuya primera edición data de 1938. Se le debe también *La cuisine fine* (1913), *Le trésor de la cuisine du bassin méditerranéen*, *le festin occitan* (1929), *Cuisine avec et sans ticket* (1941), etc.

Durante la Primera Guerra Mundial, Prosper Montagné organizó las cocinas centrales del ejército francés. Después de una estancia en América del Norte, en el curso de la cual asesoró a la dirección de los mataderos de Chicago, regresó a París y abrió en la rue de l'Échelle un restaurante al que mucha gente consideró el mejor de Francia. Organizó asimismo los primeros concursos de cocina de las exposiciones gastronómicas. Su nombre se perpetúa en particular gracias al club *Prosper Montagné*, asociación de gastrónomos y profesionales fundada por René Morand en recuerdo de su maestro, para "honrar la calidad".

montar

Trabajar con el batidor de globo o la batidora eléctrica claras de huevo, crema para batir o una masa dulce (genovesa, pasta de merengue), para que la masa de la preparación almacene una cierta cantidad de aire, lo cual permite que ésta aumente de volumen y le da una consistencia y color específicos.

Montar yemas de huevo significa mezclarlas enérgicamente con un batidor de globo a fuego lento, hasta obtener una preparación cremosa, necesaria para la elaboración de una salsa emulsionada caliente. También se montan las emulsiones, tanto en caliente (bearnesa) como en frío (mayonesa), incorporando el cuerpo graso en la yema.

Montar una salsa con mantequilla significa añadir mantequilla en trocitos para que quede más lisa o más brillante. Ésta se incorpora o bien girando con una cuchara o bien dando un movimiento de rotación al recipiente.

montrachet

Vino blanco seco, procedente de uvas *chardonnay*, con Denominación de Origen, uno de los más célebres de Francia, a la vez suave y muy elegante. El montrachet, producido en dos municipios de la Côte de Beaune, Puligny-Montrachet y Chassagne-Montrachet, está considerado por ciertos expertos como el mejor vino blanco del mundo.

mont-blanc

Postre frío hecho de fideos de puré de castañas con vainilla y merengue seco, que se decora con crema montada. En Alsacia y en los países germánicos este pastel también recibe el nombre de *torche aux marrons* (antorcha de castañas).

mora ◆ zarzamora

mora azul

Baya de un arbusto de la familia de las ericáceas, originaria de las regiones frías y montañosas del norte de Europa y de América. El fruto, del tamaño de los chícharos, es de color azul más o menos violáceo, de sabor acidulado. Existen variedades cultivadas que dan bayas grandes, pero menos sabrosas. La mora azul es medianamente energética (60 kcal o 250 kJ por 100 g), muy rica en vitamina E y rica en vitamina C. Contiene polifenoles (antocianinos) que tienen una función antioxidante. La mora azul silvestre debe lavarse muy bien para evitar la ingestión de parásitos de animales salvajes. Se consume sobre todo en la península Escandinava y Alemania, así como en América del Norte.

El arándano sirve para hacer compotas, mermeladas, jaleas, jarabes, licores, tartas, helados y nieves, así como salsas y condimentos para platos salados.

morbier

Queso del Franco Condado con Denominación de Origen, de leche de vaca (45% de materia grasa), de pasta prensada no cocida y corteza natural gris clara o anaranjada. El *morbier* tiene forma de disco de 35 a 40 cm de diámetro y de 5 a 8 cm de grosor. Presenta una raya central de carbón vegetal, que deriva de la época en que los quesos, puestos unos junto a otros durante varios meses dentro de la chimenea, salían manchados de hollín. Se afina en seco durante 45 días por lo menos, y posee un sabor bastante pronunciado.

morcilla

Embutido elaborado a base de carne y sangre de cerdo y que, junto con el chorizo, participa como ingrediente básico en una parte importante de guisos y potajes que se preparan en la geografía ibérica e hispanoaméricana. Según donde se elabore, la morcilla puede llevar cebolla, arroz o especias. Se consume frita o cocida, seca o ahumada.

morcillo ◆ chambarete

morena

Pez de la familia de los murénidos, de cuerpo serpentiforme plano, de color pardo chocolate, jaspeado de amarillo. Llega a medir 1,30 m. La morena no posee aletas pelvianas ni aletas pectorales, sino unas largas y finas aletas dorsal y anal. Es muy voraz, vive y caza de noche, al acecho, en zonas rocosas. Su mordedura es temible debido a su gran boca, a sus numerosos dientes y a una toxina que segregan sus tejidos bucales. La carne de la morena es grasa, pero fina y sin espinas.

Se come fría con alioli. Participa en la preparación de la bullabesa y puede prepararse como la anguila.

morilla o colmenilla

Hongo de primavera muy apreciado, pero bastante escaso. El sombrero cónico de la morilla presenta profundos alveolos, por lo que es preciso limpiarla con mucho cuidado y suficiente agua para retirar la tierra, la arena o los insectos que se alojan en ellos.

Las morillas de sombrero oscuro, de color pardo a negruzco, son las más apreciadas. Las rubias son menos sabrosas. Los *morillons*, de pie más largo, son menos finos que los anteriores.

Todas las morillas deben cocerse bien, ya que la cocción destruye ciertas sustancias tóxicas que contienen. A menudo se saltean en mantequilla, y luego se ligan con crema o se desglasan con madeira. Constituyen una guarnición a la forestal para un ave, una carne roja o mollejas de ternera. Pueden gratinarse y realzan los potajes y las salsas. Se conservan al natural, en aceite o deshidratadas.

mornay

Nombre de una salsa derivada de la bechamel, a la que se añaden yemas de huevo y queso *gruyère* rallado, con la que se cubren diversas preparaciones cocidas destinadas a ser gratinadas en el horno o en la salamandra: huevos pochados, revueltos, pescados, moluscos, verduras, crepas rellenas, picadillos variados, etc. La salsa *mornay* también participa, en forma de masa, en la preparación de ciertos entrantes calientes (*allumettes, talmouse, gougère*).

moronga o rellena

Tripa rellena de sangre de cerdo mezclada con grasa, condimentos y especias. Por lo general, para consumir la moronga ésta se rompe por completo o se corta en rebanadas y se fríe en poco aceite. Se come en tacos, sola o en alguna salsa. Es uno de los embutidos más conocidos en México, proveniente de España, donde la preparación se modificó según los ingredientes regionales donde se elabora.

morro ◆ trompa

mortadela

Embutido de origen italiano, especialidad de Bolonia. La mortadela es una especie de salchichón grande, un poco ahumado y aromatizado de distintas maneras (originariamente con mirto —en italiano—, y de ahí su nombre). También se trufa con pistaches. Presenta un diámetro de 25 cm como mínimo, y cortada se presenta como una pasta fina y clara, en la que se reparten dados de grasa. Se sirve en rebanadas muy finas como entremés.

mortero

Recipiente redondeado de tamaño variable, de madera, de porcelana gruesa, de mármol o de piedra, en el que con la ayuda de una mano de mortero se aplastan alimentos que se quieren reducir a puré, pasta o polvo. Su uso en la cocina se remonta a la Antigüedad. El mortero sigue siendo muy útil para ciertas preparaciones, como los rellenos y las mantequillas compuestas, así como para el alioli y la brandada. En las cocinas india (mezcla de especias, harina de lenteja), africana (picado de mandioca o yuca y de mijo) y de América Latina (harina de maíz), sigue siendo un utensilio básico.

mosaico

Decoración que se realiza en la parte superior de una terrina o una galantina con elementos de distintos colores, cortados en forma de círculo, cuadrado, estrella, triángulo, etc.

En pastelería, el mosaico es una genovesa redonda, rellena de crema de mantequilla y recubierta con mermelada de chabacano, cuya parte superior está glaseada con *fondant* blanco. Con la manga de pastelería se trazan líneas paralelas y alternadas con confitura de chabacano y de grosella, que a continuación se rayan transversalmente con la punta de un cuchillo.

moscatel

1. Nombre genérico de cepas caracterizadas por un aroma especiado y un sabor pronunciado a uva. El moscatel de grano pequeño presenta bayas blancas ambarinas y firmes, y proporciona numerosos vinos dulces naturales. El moscatel de Alejandría, cultivado al aire libre en la Costa Azul y en invernadero en Antibes, tiene un *bouquet* tendente hacia un sabor de higo seco. Estas dos variedades, mezcladas, permiten obtener el muscat de Rivesaltes. El moscatel proporciona asimismo uva de mesa.

2. Vino dulce natural procedente de la cepa moscatel, cuyas variedades, blancas o tintas, tienen un sabor especiado. Se elabora en Francia principalmente, aunque hay numerosos moscateles en Italia, España y Grecia.

moscovita

Nombre que se da a varios postres fríos y enmoldados, cuya preparación se parece a la del *bavarois*. Antaño, los moscovitas eran preparaciones glaseadas, ceñidas en moldes hexagonales herméticos, en cúpula, llamados "moldes de moscovita". Hoy en día el moscovita es un *bavarois* de frutas, un helado *plombières*, o bien un *biscuit* helado empapado de kirsch y coronado con una cúpula de crema helada o de frutas mezcladas con crema.

moscovita, a la

Término que se aplica a varias preparaciones inspiradas en la cocina rusa o creadas por chefs franceses que trabajaron en Rusia en el siglo xix.

mostacero

Tarro pequeño en el que se presenta la mostaza en la mesa. A veces el mostacero forma parte del convoy. Está provisto de una tapa que incluye una muesca para alojar la cucharilla de servicio.

mostaza

Planta herbácea de la familia de las brasicáceas, originaria de la cuenca mediterránea. Sus semillas sirven para preparar el condimento del mismo nombre, de color amarillo y de sabor más o menos picante.

La denominación "mostaza" se reserva en Francia a un producto resultante de la molienda de los granos de mostaza negros o pardos, o de ambos. La única excepción es la "mostaza de Alsacia", elaborada con semillas de mostaza blancas. En Francia, la capital de la mostaza es Dijon, seguida por Meaux.

Además de sus empleos como condimento, la mostaza interviene en cocina para untar antes de la cocción el conejo, el cerdo, el pollo y ciertos pescados (los más grasos). Puede realzar el caldo de un ragú o la cocción de una blanqueta y está en la base de numerosas salsas, calientes o frías.

En la cocina inglesa, la mostaza se utiliza sobre todo en salsa, a menudo realzada con yema de huevo o pasta de anchoa, para acompañar pescados.

En Italia, la mostaza de Cremona se parece más a un *chutney* que a una mostaza, ya que se elabora con frutas maceradas en una salsa agridulce con mostaza. Acompaña a menudo a la carne hervida.

La mostaza se conserva en un tarro hermético colocado en un lugar fresco.

mosto

Jugo de uva no fermentado. El mosto contiene de 70 a 85% de agua y de 140 a 225 g de azúcar por litro. La fermentación transforma este azúcar en alcohol: con 17 g de azúcar se obtiene 1% Vol.

mousaka

Plato común en Turquía, Grecia y los Balcanes, formado por láminas de berenjena dispuestas en capas y alternadas con un picadillo de res o de cordero, cebolla, jitomate fresco, menta y especias, al que a menudo se añade una bechamel densa. La *mousaka* se cuece en un molde redondo u ovalado, por lo general cubierto de pieles de berenjena.

mousse

Dispersión de un gas en forma de burbujas en un líquido (*mousse* líquida) o en un sólido (*mousse* sólida). En cocina, se trata de una preparación salada o dulce, ligera, compuesta de ingredientes finamente batidos, que son esponjados o se les añade una espuma (claras batidas a punto de nieve, sabayón, crema montada, etc.). Las *mousses* en ocasiones se enmoldan (se les añade un agente gelificante, como la gelatina). Algunas también se sirven calientes.

En pastelería, las *mousses* de frutas se componen de purés de fruta, gelatina, crema montada y merengue italiano. Las de chocolate contienen chocolate fundido, crema o azúcar cocido, yemas de huevo, claras de huevo y/o crema montada. La aparición de las *mousses* en la década de 1970 permitió aligerar la pastelería, sobre todo los *entremets* y los pastelillos.

mozzarella

Queso italiano de leche de búfala (52% de materia grasa), elaborado en el Lacio y en Campania (con leche de vaca en el resto de Italia), de pasta cocida fundente y corteza inexistente.

La *mozzarella di latte di bufala* se presenta en forma de bolas o panes de tamaño variable (de 100 g a 1 kg), conservados en agua salada o suero. Tiene un sabor suave, ligeramente acidulado, y se come al final de la comida. La *mozzarella* producida en los municipios de las provincias de Caserta y Salerno y otros de provincias vecinas gozan de una Denominación de Origen, denominada *mozzarella di bufala campana*. Cuando la *mozzarella* es ahumada, se le llama afumata. La que se elabora con leche de vaca se utiliza sobre todo en cocina, en particular para la pizza.

La *mozzarella in carrozza*, pequeño sándwich relleno de queso, empanado en harina, remojado en huevo batido, frito en aceite y servido muy caliente, es un plato napolitano muy popular.

muesli

Mezcla de copos de cereales y de frutos secos originaria de la Suiza germánica, sobre la que se vierte leche fría y que se suele tomar como desayuno. En algunos comercios se encuentra *muesli* ya preparado, que se puede conservar varios meses.

muffin

Panecillo inglés, redondo, con leche, que se sirve caliente con el té, junto a mantequilla fresca y confitura. Se denomina de igual manera un bizcocho pequeño estadounidense preparado en cajitas de papel, decorado con arándanos, plátano, pepitas de chocolate, etc.

mug
Palabra anglosajona que designa una gran taza cilíndrica o de borde un poco abierto en la que se suele servir un café poco concentrado.

mugil o mújol ◆ lisa

mulligatawny
Plato de origen indio, adoptado por los británicos y, sobre todo, por los australianos. Este consomé de pollo se acompaña con verduras rehogadas, y su sabor se realza fuertemente con *curry* y especias, todo ello con carne de pollo y arroz cocido a la criolla. En la preparación original india, estos últimos elementos se suman a almendras peladas y leche de coco (a veces sustituida por crema). Los australianos añaden jitomates y tocino ahumado.

munster o munster-géromé
Queso con Denominación de Origen de leche cruda o pasteurizada de vaca (45% de materia grasa), de pasta blanda y corteza lavada, que también recibe el nombre de Géromé, o *munster-géromé*, cuando se ha elaborado en la región de Gérardmer.

El *munster*, en forma de disco plano, de pared recta, posee dos formatos: el grande, con un peso de 450 g a 1 kg, por 13 a 19 cm diámetro, y 2,4 a 8 cm de altura, y el pequeño, que pesa al menos 120 g, con un diámetro de 7 a 12 cm y una altura de 2 a 6 cm. Su corteza es lisa y húmeda, de color naranja o rojo anaranjado. La pasta es de textura blanda, cremosa. El *munster* se produce en Alsacia y en algunas zonas de la Lorena y el Franco-Condado. En Alsacia tradicionalmente se sirve acompañado con papas en su piel y semillas de comino, servidas aparte.

murcia
Queso de Murcia con Denominación de Origen elaborado a partir de leche de cabra murciana. Si es fresco, la corteza es prácticamente inexistente y la pasta es blanca y de textura blanda; si es curado, la corteza es lisa, de color céreo u ocre, y la pasta firme y más amarillenta. La pasta siempre es compacta al corte. La zona de obtención de leche apta para su producción comprende todo el territorio murciano y se presenta en forma cilíndrica en piezas de 300 g y de entre 1 y 2 kg.

murfatlar
Vino rumano de postre, procedente de uvas *chardonnay*, moscatel Ottonel y *pinot noir*, de 16 a 18% Vol., producido en la Dobrudja, no lejos del mar Negro. Las uvas sobremaduradas proporcionan un vino dorado, generoso, cuyo *bouquet* evoca el azahar. Se considera el mejor vino de Rumania.

Muro, Ángel
Escritor y gastrónomo español (Madrid, 1839-Bouzas, Vigo, 1897). Autor del célebre libro *El practicón* (1894), uno de los tratados de cocina más leídos y utilizados por la gran mayoría de los cocineros peninsulares hasta mediados del siglo XX. También escribió las famosas *Conferencias culinarias* y los dos tomos del *Diccionario general de la cocina* (1892).

muselina
Mousse salada o dulce, preparada en una tela fina denominada muselina.

La palabra se aplica asimismo a preparaciones cuya delicadeza se quiere subrayar: una salsa derivada de la mayonesa o de la holandesa, un relleno de *quenelles*, una pasta de bizcocho, un puré de papa, etc.

muslito
Parte inferior del muslo de un ave o de una pieza de caza de pluma cuya forma se parece a la mano de mortero (*pilon*, en francés). La carne de esta parte es más jugosa que la de la pechuga, pero menos fina que la de la parte alta del muslo.

naan

Pan indio, preparado con harina de trigo, levadura, leche, un poco de azúcar y agua, y cocido en el *tandoori* (horno tradicional de la India).

nabo

Hortaliza de la familia de las brasicáceas, cultivada por su raíz carnosa, alargada o redondeada, de color amarillo pálido o blanco, a menudo violeta en la base de las hojas. Originario de Europa, durante mucho tiempo se ha utilizado en cocina, sobre todo en las sopas y los cocidos. Los nabos de huerta se clasifican según su forma: el milan es redondo y blanco con cuello violeta, el *nantais* y el *croissy* son alargados y blancos. Existen también nabos amarillos y negros (alargados o redondos).

El nabo, poco energético (36 kcal o 150 kJ por cada 100 g), es rico en agua, azufre, potasio y azúcar.

Los nabos se pelan y se lavan o simplemente se cepillan si son muy pequeños. Indispensables en el cocido y los pucheros, se preparan como las zanahorias o en puré, budin y suflé. Acompañan bien a las carnes grasas porque absorben la grasa.

nabo rave o colinabo

Raíz redondeada de distintas hortalizas de la familia de las crucíferas, rica en agua, cuyos usos culinarios son los mismos que los de los nabos largos.

nachos

Especialidad del norte de México y sur de los Estados Unidos consistente en pedazos triangulares de tortilla de maíz, fritos y bañados con queso amarillo derretido.

Fuera de México es usual consumirlos con diversas salsas (guacamole o mayonesa), queso, frijoles o con carne asada.

nage

Caldo corto aromatizado, en el que se cuecen moluscos o crustáceos (vieiras, cangrejos de río, langostas o bogavantes pequeños). A continuación se sirven calientes o fríos, en su cocción, realzados con un condimento o con la adición de crema líquida. Entonces se dice que están *à la nage* (nadando).

nailon o *nylon*

Poliamida utilizada en cocina y en pastelería por su solidez. El nailon (o *nylon*) permite fabricar tejidos filtrantes, cerdas de pinceles y ciertos cepillos de harina. Enmoldado, se utiliza en la composición de mangos de raspadores y de espátulas.

nam pla

Salsa de color claro utilizada en la cocina tailandesa elaborada con extracto de jugo de pescado (o de camarones), parecido al *nuoc-*

mâm vietnamita y a la salsa de pescado utilizada en otras cocinas del sureste asiático (Camboya, Laos o Filipinas).

nantesa, a la

Nombre de distintas preparaciones que incluyen una salsa al vino blanco montada con mantequilla. Las vieiras a la nantesa, por ejemplo, se pochan, se escalopan y se calientan en vino blanco, con ostras y mejillones pochados, y luego se sirven en su concha, con la salsa y glaseadas en la salamandra. Los pescados a la parrilla a la nantesa se sirven con una salsa elaborada con chalotas al vino blanco y montada con mantequilla.

También se llaman "a la nantesa" las carnes asadas o breseadas con una guarnición de nabos glaseados, chícharos y puré de papa.

nantua

Nombre que se aplica a preparaciones que incluyan cangrejos de río, enteros o en mantequilla compuesta, puré, *mousse* o *coulis*. Las preparaciones *nantua* también suelen incluir trufa.

napar

Verter una salsa, un *coulis*, una crema, etc., sobre un alimento, de modo que lo cubra lo más completa y uniformemente posible.

napolitana, a la

Se dice de la pasta italiana que se presenta cubierta con salsa de jitomate o acompañada con jitomates y queso rallado, servida como entrante o como guarnición de piezas pequeñas de carnicería. La salsa napolitana, creada por Carême, que no tiene relación con la cocina de Nápoles, incluye rábano picante, jamón, madeira, salsa española, jalea de grosella y uvas pasas, y a veces cidra confitada.

naranja

Fruto del naranjo, cítrico de la familia de las rutáceas, esférico, con la piel anaranjada, a veces veteada de rojo, cuya pulpa acidulada, anaranjada o roja oscura, se divide en gajos, a menudo con semillas.

Originaria de China, se consume mucho y en algunos países se ha convertido en la segunda fruta más consumida, detrás de la manzana. La naranja, poco energética (44 kcal o 184 kJ por cada 100 g) es muy rica en vitaminas, sobre todo en vitamina C (50 mg por cada 100 g). Se conserva varios días a temperatura ambiente.

La naranja, que es básicamente una fruta de postre, se utiliza en pastelería y confitería: buñuelos, bizcochos, confituras, mermeladas, cremas de postre, frutas escarchadas, genovesas rellenas, helados, nieves, *mousses*, cocteles de frutas, suflés, etc. La corteza confitada interviene en numerosos postres y pasteles, como ingrediente o como decoración.

La gama de bebidas es muy variada: jugos y naranjadas, licores y vinos de frutas, jarabes, refrescos.

En cocina, la naranja puede acompañar elaboraciones con pato, hígado, morcillo de ternera, lengua de cordero, perdiz, ensaladas, lenguado y trucha.

naranja amarga

Fruto del naranjo amargo, cítrico de la familia de las rutáceas. Esta naranja de corteza verde rugosa sirve sobre todo para elaborar mermeladas, jaleas y confituras. La flor del naranjo amargo también permite obtener agua de azahar como la flor del naranjo, el limonero y el cidro. La sustancia muy perfumada que encierra la gruesa piel de las naranjas amargas se utiliza en destilería en la elaboración del *curaçao*, del *cointreau* y del *grand marnier*. La salsa de naranja amarga acompaña a algunas recetas clásicas, como el pato o el caneton napado.

naranja china ◆ *kumquat*

naranjada

Bebida refrescante a base de jugo de naranja y azúcar, terminada con agua con o sin gas, a la que a veces se añade un poco de jugo de limón o un chorrito de *curaçao* o de ron. La naranjada se suele servir muy fresca, con cubitos de hielo.

nashi

Fruto de un árbol de la familia de las rosáceas, originario de Japón. De color amarillo moteado, tiene una carne que recuerda a la de la pera. Crujiente y jugoso, el *nashi* tiene un ligero perfume a almendra y se consume crudo.

nasi goreng

Especialidad indonesia que consta de arroz salteado con pollo cortado fino, o res o cerdo y cebolla, al que se añade luego carne de bogavante en cubos. Este plato se acompaña con salsas especiadas y rodajas de cebolla fritas. El *nasi goreng* fue adoptado en la época colonial por la cocina holandesa, que lo convirtió en una preparación europeizada, el *rijsttafel*, o "tabla de arroz".

nasi kuning

Plato de fiesta de la isla de Java. El arroz, coloreado de amarillo con cúrcuma, se dispone en cono y se presenta en el centro de un bufet en el que hay pollo frito, verduras crudas dulces, o cocidas con coco, brochetas de pollo y albóndigas de res y papa. Todo ello se acompaña con condimentos especiados.

nata

Grasa que se encuentra emulsionada en la leche bronca o cruda; al dejar reposar la leche durante cierto tiempo, la grasa se separa de la leche y flota en la superficie; de esta forma se obtiene la nata, que se utiliza en varias regiones de México como ingrediente para preparar un sinnúmero de panes, galletas, gorditas y postres, o bien, se bate con sal para elaborar mantequilla. En ocasiones, sirve como complemento para los frijoles, plátanos machos fritos o untada en pan. Hasta la década de 1980 era común que la leche bronca se entregara diariamente a la puerta de las casas, donde se hervía para obtener la nata. Esta práctica ya casi desapareció, sobre todo de las ciudades, debido al aumento en el consumo de leche pasteurizada. En España se le llama nata a la crema.
→ crema

natilla

Postre consistente en una crema elaborada a base de leche, yemas de huevo y azúcar. Se le añade canela, vainilla o ralladura de limón o naranja para darle aroma.

navaja

Molusco de la familia de los solénidos, de conchas alargadas en forma de vaina.

Con la marea baja, la navaja se hunde profundamente en la arena y se captura depositando un poco de sal gruesa en el orificio que indica su posición en la playa. Las dos especies principales son la navaja recta, de 10 a 20 cm de longitud, y la curva, de 10 a 15 cm. Deben purgarse antes de comerse, crudas o sobre todo cocidas, y a veces rellenas.

navarín o *navarin*

Estofado de cordero con papas y/o verduras diversas (en el navarín primaveral, con verduras nuevas). Sin duda, esta preparación fue bautizada de este modo por deformación de la palabra francesa *navet* (nabo), verdura que en su origen constituía la guarnición principal. Así queda justificada la denominación "navarín" aplicada por ciertos chefs a otros guisos, de crustáceos, ave o rape, con guarnición de nabos.

Navarra

Vinos con Denominación de Origen procedentes de cinco áreas de Navarra (Ribera Baja, Ribera Alta, Valdizarbe, Baja Montaña y Tierra Estella), de clima diferente según la zona, más atlántico y lluvioso al norte y más seco y mediterráneo al sur, y suelos calizos y profundos. Los vinos rosados son los más conocidos, elaborados a partir de la variedad garnacha de uva, aunque también se usan uvas tempranillo y *cabernet sauvignon*. En los últimos años la zona está produciendo tintos con muy buena calidad a los que se han incorporado el *cabernet sauvignon*, el *merlot*, el graciano y el mazuelo. También produce moscatel.

nebbiolo

Cepa tinta del norte de Italia, una de las principales, junto a la barbera y la moscato. La *nebbiolo*, muy fina, con un sabor ahumado, es célebre gracias al barolo, potente vino tinto que se origina a partir de ella. A menudo se mezcla con otra cepa, la bonarda, que desempeña el mismo papel que la *merlot* en la región de Burdeos. Los vinos que da la *nebbiolo* deben envejecer al menos dos años en barrica de roble.

nécora o *étrille*

Pequeño cangrejo oscuro, de la familia de los portúnidos, dotado de patas posteriores en espátula, muy difundido en las orillas del Atlántico y del Canal de la Mancha. La nécora, recubierta de pelos cortos y rígidos, mide unos 10 cm. Se cuece en caldo corto unos 10 min. Es difícil de pelar, pero posee una carne fina y sabrosa. Si se añade a una *bisque* o a un *coulis*, otorga a la preparación un apreciado aroma.

néctar

Jugo o puré de frutas (de 25 a 50% como mínimo), al que se añade agua y azúcar y, a veces, aditivos alimentarios.

En botánica, el néctar es el líquido dulce segregado por las flores y transformado en miel por las abejas.

nectarina

Fruto de la familia de las rosáceas de piel roja y amarilla, lisa y brillante. La nectarina, de origen chino, es una mutación natural del durazno. Tiene la piel lisa, y su carne, que se desprende del hueso, es blanca, amarilla, anaranjada o rojiza. Esta fruta se adapta bien: fue introducida en Europa hacia el 1950 por Estados Unidos, un importante productor.

Este fruto es poco energético (50 kcal o 209 kJ por 100 g) y rico en carotenos. Como pasa con los duraznos, se consume fresco, en cocteles de frutas, en *coulis*, en nieves y en pasteles. Se pueden conservar en almíbar, confitar en azúcar o congelar.

nem

Especialidad vietnamita frita, a base de una tortita de arroz rellena, parecida al rollo primavera chino. El relleno está hecha de carne de cerdo picada, fideos, unos hongos negros aromatizados y secados, germen de soya, cebolla, pimienta, sal y a menudo huevos. En ocasiones la carne es sustituida por carne de cangrejo de mar, de camarón o de pescado.

neufchâtel

Queso con Denominación de Origen del Pays de Bray, en Normandía, de leche de vaca cruda o pasteurizada, de pasta blanda y corteza enmohecida. El *neufchâtel* se presenta en tres formas: la *bonde*, cilíndrica, mide 4,5 cm de diámetro y 8 cm de altura, con un peso de 200 g; la *briquette* mide 7 cm de largo, 5 cm de ancho y 3 cm de altura, con un peso de 100 g; por último, el *coeur* (con forma de corazón) mide 8,5 cm del centro al extremo, 10 cm de un arco al otro y 3,2 cm de alto, con un peso de 200 g. La pasta, homogénea, lisa y blanda, es claramente salada, su índice de sal es superior al 3%; contiene un 50% de materia grasa del extracto seco. El *neufchâtel* se consume fresco o afinado en diversos grados.

nevera ◆ refrigerador

niçoise, à la

Nombre de distintas preparaciones inspiradas en la cocina de la región de Niza elaboradas sobre todo con ajo, aceitunas, anchoas, jitomates y judías verdes.

Los pescados asados *à la niçoise* (salmonete, lenguado, merlán) se sirven con jitomate troceado, filetes de anchoa, aceitunas, etc.

La guarnición *niçoise* para piezas grandes de carnicería y aves combina jitomates pelados rehogados en aceite y realzados con ajo, ejotes verdes ligados con mantequilla (o bien calabacitas y alcachofas pequeñas rehogadas) y papas *château*.

nid d'abeille

Pastel tradicional muy popular en Alemania y en Alsacia. Es un *brioche* redondo, de unos 5 cm de grosor, recubierto antes de la cocción por una mezcla de mantequilla y azúcar, miel y almendra, y luego abierto en dos y recubierto de crema pastelera.

nido, al

Nombre que se da a los pajaritos asados, dispuestos en nidos de papas paja o *gaufrettes*. A veces se decoran con cerezas cocidas y manojitos de perejil o de berro.

También se llaman "al nido" los huevos *mollet* o escalfados dispuestos en jitomates vaciados o situados en un "nido" de mantequilla de Montpellier a la que se da forma con la manga de pastelería, y luego cubiertos de gelatina picada y berro.

nido de golondrina

Fragmentos secos de los nidos que la salangana, golondrina de las costas del mar de China, produce con su saliva, después de haber engullido las sustancias gelatinosas de las algas. El producto, blanquecino y poroso, se utiliza sobre todo en la cocina tradicional china para acompañar una sopa (después de hincharlo en el agua) a la que le da una consistencia viscosa y un aroma característico. Los nidos de golondrina intervienen en los ragús y en ciertas guarniciones compuestas.

nieve

Postre congelado elaborado con agua, azúcar y un ingrediente que le da sabor, normalmente una fruta. La diferencia entre la nieve y el helado es que este último se prepara con materia grasa como leche o crema en lugar de agua. El término nieve y helado suele emplearse de forma indistinta.

→ punto de nieve

nigiri

Bolitas japonesas de arroz a la vinagreta recubiertas de rebanadas de pescado. El *nigiri* es uno de los dos tipos de sushi.

Nignon, Édouard

Cocinero francés (1865-1934). Su aprendizaje y su carrera excepcional le llevaron a grandes establecimientos de medio mundo y fue chef de las cocinas del zar de Rusia, del emperador de Austria y del presidente estadounidense Wilson, tras haber ejercido en el *Claridge's* de Londres y en el *Ermitage* de Moscú.

En 1918 tomó la dirección del restaurante *Larue*, en París, y cambió su chaquetilla blanca de chef por la chaqueta negra de *maître d'hôtel*. Fue el autor de tres obras de cocina, en las que plasmó su experiencia: *L'Heptaméron des gourmets ou Les délices de la cuisine française* (1919), *Les plaisirs de la table* (1926) y *Éloges de la cuisine française* (1933) Algunas de sus recetas, como la *beuchelle tourangelle* (a base de molleja, riñones de ternera y morillas en una salsa de crema) siguen siendo muy apreciadas por los gastrónomos.

niño envuelto ◆ brazo de gitano

níquel

Metal blanco brillante, resistente a la oxidación y a la corrosión. Su empleo principal es el niquelado, efectuado por electrólisis, generalmente sobre un primer revestimiento de cobre. Sirve de base para el cromado.

El níquel forma parte de numerosas aleaciones, como el acero inoxidable y la alpaca (esta última elaborada con níquel, cobre y zinc), utilizada para la fabricación de utensilios de cocina, como cubiertos y platos a los que a continuación se da un baño de plata.

níscalo

Hongo comestible (*Lactarius deliciosus* y *Lactarius sanguifluus*) muy apreciado en Cataluña (en catalán, rovelló), donde se cocina con ajo y perejil o se utiliza para acompañar carnes (en especial butifarra).

níspero

Fruto del níspero del Japón, árbol de la familia de las rosáceas, que crece en Oriente y en la cuenca del Mediterráneo. Tiene una piel resistente con un poco de vello, de color amarillo pálido o anaranjado, una carne blanca, amarilla o anaranjada, firme o fundente según la variedad, y con uno o varios huesos. Es poco energético (38 kcal o 159 kJ por cada 100 g), sin embargo es rico en calcio. Se come al natural, bien maduro, como postre, o sirve para preparar confituras, jaleas, jarabes y licores.

níspola o *nèfle*

Fruto piriforme y de color oscuro, procedente del níspero europeo, de 3 a 4 cm de diámetro, cuya pulpa grisácea contiene 5 huesos (algunas variedades carecen de ellos). Originaria del continente europeo, la níspola sólo es comestible muy madura, después de haber sobremadurado lentamente bajo paja en un frutero. Aporta 97 kcal por cada 100 g, tiene un sabor suave y acidulado y algo vinoso. Se emplea sobre todo para hacer compotas.

nitrato

Aditivo alimentario utilizado como conservante en la elaboración de conservas, salazones y charcutería. Unidos al cloruro de sodio, los nitratos de sodio y de potasio evitan las proliferaciones microbianas. Participan en la coloración roja de ciertas elaboraciones de charcutería.

Los nitratos, empleados también como abono, pueden encontrarse en las aguas potables y en las verduras (betabeles, zanahorias, espinacas, ejotes y lechugas).

nitrógeno líquido

En estado líquido (−196 °C), el nitrógeno congela rápidamente los alimentos. Esta propiedad se emplea en cocina molecular para obtener helados y sorbetes de textura muy fina debido al tamaño extremadamente pequeño de los cristales que se forman.

nixtamalización

Proceso que consiste en cocer maíz en agua con alguna sustancia alcalina (cal o ceniza del fogón, entre otros) para ablandar el grano y retirarle la cáscara antes de molerlo. Este proceso vuelve al maíz mucho más nutritivo, ya que las proteínas del grano solo se pueden asimilar una vez transformadas por la sustancia alcalina. Entre más se lava el maíz, más blanco se pone, pero también la masa se vuelve más delicada y es muy fácil que se torne agria; por ello, la masa de maíz de las tortillerías es muy amarilla y resistente.

Después de este proceso se obtiene masa para elaborar tortillas, tamales, harina para tortillas y otras especialidades mexicanas.

nogada

Salsa elaborada con nuez, queso, especias y algún vino tinto, jerez o vinagre, que originalmente servía para acompañar pescados. En la actualidad existen variantes en la receta y se utiliza casi exclusivamente para bañar los chiles en nogada.

Nola, Robert de

Cocinero catalán (1458-1494). Llamado *mestre* Robert, fue cocinero del rey Fernando I de Nápoles y autor del *Libre del Coch*, publicado en 1520 en Barcelona, uno de los primeros libros de cocina impresos del continente europeo, redactado en catalán a finales del siglo xv, en un momento en el que la cocina catalana era una de las más importantes del Mediterráneo. Esta obra presenta recetas de cocina catalana, provenzal, árabe e italiana.

nopal

Nombre genérico que se emplea para designar diversas plantas del género Opuntia, originarias del continente americano. Son cactáceas con tallos o pencas tiernas, de forma ovalada, carnosas, aplanadas, delgadas, con espinas y un líquido mucilaginoso que se conoce como baba. La fruta que produce se llama tuna (si es dulce) y xoconostle (si es ácida). En México se han clasificado entre 65 y 100 especies, entre silvestres y domesticadas. Siempre se procura eliminar la baba cociendo el nopal en abundante agua, al vapor, con limón o con cáscaras de tomate. En México el nopal puede usarse en cualquier preparación dulce o salada. Puede cocinarse en sopas, ensaladas, moles, antojitos, con carnes, tamales, etc., e incluso en preparaciones dulces como mermeladas, pasteles, pays, panes, entre otras. Se utilizan sus pencas, sus frutos y sus flores.

nori

Alga comestible utilizada en la cocina nipona desde hace siglos y cultivada en el litoral mediante métodos tradicionales.

El alga *nori*, rica en vitaminas, generalmente se vende en polvo, en hojas o en filamentos, envueltos en celofán, a veces secada y en ocasiones aromatizada con *sake* o salsa de soya e incluso endulzada. Se utiliza para envolver arroz, enrollándolo en pequeños cilindros (para preparar sushis), como guarnición de potajes, pastas o arroces.

norme de produit

Documento de referencia que describe el conjunto de especificaciones requeridas para un producto, los métodos de ensayo o de análisis de estas especificaciones y su umbral de aceptación.

En Francia, se establece bajo la responsabilidad de la Asociación Francesa de Normalización (AFNOR) por y para el conjunto de los productores o fabricantes, distribuidores, compradores, consumidores, organismos técnicos y de investigación, y los poderes públicos.

normanda, a la

Nombre que se da a distintas preparaciones inspiradas en la cocina normanda o para las que se utilizan los productos más típicos de esta región (mantequilla, crema líquida, mariscos, así como manzanas, sidra y calvados).

El lenguado a la normanda (el modelo de numerosas preparaciones de pescados braseados al vino blanco), derivado de un pescado a la crema (que en su origen se preparaba con sidra en lugar de con vino blanco), se ha convertido en un plato conocido. Su compleja guarnición (con ostras, mejillones, colas de camarón, champiñones, trufas, gobios fritos y cangrejos de río en caldo corto) ya no es específicamente normanda.

La salsa normanda, que acompaña a numerosos pescados, es una *velouté* de pescado a la crema con *fumet* de hongo.

Las piezas pequeñas de carne y el pollo a la normanda se saltean, se desglasan con sidra, se mojan con crema líquida y, a veces, se realzan con calvados.

La perdiz a la normanda se cuece tapada con manzanas reinetas y crema líquida.

Noruega

La gastronomía de este país de pescadores se basa en el bacalao y el salmón, así como en la trucha y el arenque. El pescado, consumido fresco, ahumado o salado, aparece en todas las comidas. En el desayuno, que es copioso y consistente, se come pescado salado o marinado, queso fuerte, tocino, papas salteadas, huevos, distintos panes y *brioches*, acompañados con mantequilla y mermeladas. Como en toda Escandinavia, las comidas adoptan la forma de grandes buffets (*koldtbord*) que reúnen ensaladas, huevos, elaboraciones de charcutería, pescados y panes (como los *knekkebrd*), salsas y crema agria.

Las carnes de reno y cordero son las que más se consumen. La de reno se prepara como la de res. Las preparaciones de caza se acompañan con verduras rústicas, así como hongos.

La trucha se come fresca o fermentada, el bacalao fresco (o *skrei*) se prepara tradicionalmente pochado en agua y el salmón cocido a menudo en caldo corto y servido frío (con mantequilla de rábano picante y pepino, o salsa de eneldo), o bien a la parrilla, o ahumado. El bacalao salado, hervido, se sirve con mantequilla fundida y una salsa de huevos, o bien se cuece a fuego lento con papas y chícharos amarillos, con una salsa de mostaza. El arenque y la caballa son especies muy apreciadas.

El *gjetost* es un "falso" queso muy tradicional, al igual que el *jarlsberg*, queso de leche de vaca, de pasta cocida.

En los postres dominan las frutas, aunque también los frutos rojos y las bayas. Al natural, cocidas, acompañadas con crema o en elaboraciones emplatadas, estas frutas constituyen siempre postres ligeros.

noruega, a la

Término que se aplica a distintas preparaciones frías de pescado y de crustáceos, en general abrillantados con gelatina y dispuestos con pepino relleno con puré de salmón ahumado, mitades de huevo duro rellenas de *mousse* de camarón, cogollos de lechuga, jitomates pequeños, etc.

También se llama "a la noruega" a platos de pescado calientes, como un suflé de *haddock* y anchoas, así como a *dartois* de pescado y mantequilla de anchoas, decorados con filetes de anchoas. La tortilla noruega es un postre helado elaborado con una capa de bizcocho emborrachado, de helado de vainilla, cubierto de merengue, pasado bajo el *grill* y flambeado.

nougat

Elaboración de pastelería a base de azúcar, miel y frutos secos. Actualmente la elaboración del *nougat* está mecanizada por completo: la pasta de azúcar, a la que se añade jarabe de glucosa, miel y azúcar invertida, se bate a continuación, por lo general aligerada (con clara de huevo, gelatina o albúmina de huevo o de leche), y luego se rellena con frutos secos. Extendida en marcos de madera cubiertos de pan ácimo; esta pasta se enfría y luego se corta con sierra.

nougatine

Preparación a base de caramelo rubio y almendras picadas a veces con la adición de avellanas.

En primer lugar la *nougatine* se lamina sobre un mármol untado de aceite, luego se corta en placas o en caramelos más o menos finos, o bien se modela en forma de huevo, cornete, copa o de otros motivos utilizados en decoración de pastelería.

nouvelle cuisine

Fórmula ideada en 1972 por dos críticos gastronómicos, Henri Gault y Christian Millau, que con ello pretendían distinguir a varios chefs jóvenes que deseaban liberarse de cierta rutina en materia culinaria.

A principios de la década de 1970, la *nouvelle cuisine* se elaboró a partir del rechazo de las preparaciones consideradas demasiado pesadas, en un momento en el que se había denunciado el exceso de grasa como causa de graves enfermedades. También se elaboró a partir de la elección de sabores naturales, cada vez más importantes y valiosos en un momento en el que la industria alimentaria estaba muy presente en la alimentación cotidiana.

A partir de estos principios se establecieron algunas reglas estrictas: frescor absoluto de los alimentos, ligereza y armonía natural en las preparaciones y simplicidad en los modos de cocción. La presencia visible de cuerpos grasos, ligazones con harina y platos "disfrazados", quedaban ahora proscritos.

La *nouvelle cuisine* recomienda las salsas ligeras, a base de fondos de carne, *fumet*, esencias y aromatizantes. Rehabilita los productos verdaderamente naturales y las modestas hortalizas. Opta por las cocciones cortas (*al dente*) que según los dietistas conservan al máximo el valor nutritivo de los alimentos, y sin cuerpos grasos.

Por otra parte, los platos reciben nombres insólitos que subrayarán su novedad: en la carta se propondrán *gigots* de pescado todavía rosas, *darnes* (rodajas) de carne, escamas de berenjena, productos exóticos, compotas de verduras o sopas de postre. Los alimentos se sirven individualmente, en un plato.

La *nouvelle cuisine* representó el declive de las fórmulas establecidas, de las preparaciones pomposas o académicas, y que es más adecuada para el modo de vida moderno, de la misma forma que la cocina burguesa se adaptó a las costumbres del siglo xix.

Nueva Zelanda

La cocina neozelandesa, simple y rústica, aprovecha en gran parte la producción de la isla: ganadería ovina, verduras y frutas tropicales, productos lácteos, pescados y crustáceos, así como caza de pelo de gran tamaño. Las parrilladas y ragús, aderezados con hierbas aromáticas, constituyen lo esencial de las preparaciones culinarias. El kiwi está presente en todas las comidas. Se consume fresco en el postre o en ensalada y también participa en la preparación de tartas o pasteles, y en ciertos platos salados.

Nueva Zelanda, con 15,000 ha de viñas, produce vinos tintos y blancos. Los tintos, a menudo demasiado ácidos, proceden de cepas de *cabernet sauvignon*, gamay, *pinot noir* y *merlot*. Los blancos son agradables, presentan una buena acidez (característica de los vinos del país) y se producen a partir de *chardonnay, chenin blanc, sauvignon* y Müller-Thurgau.

En la región de Marlborough se elaboran vinos espumosos con el método *champenoise*.

Los vinos neozelandeses se clasifican según un sistema de denominaciones, registrado y jerarquizado en cuatro niveles de zona geográfica. Llevan el nombre de la cepa, con la mención de su origen.

nuez

Nombre con el que se le conoce a dos semillas comestibles principalmente:

• La nuez pacana es lisa, oblonga y puntiaguda, con cáscara café oscura y delgada; su almendra es cerebriforme y comprimida, con sabor dulce y aroma suave. Originaria de México y el sureste de los Estados Unidos, se le conoce también como nuez cáscara de papel, por ser delgada y fácil de retirar. Únicamente se come seca y se ocupa en dulces y postres.

• La nuez de Castilla es la semilla del nogal, árbol de la familia de las juglandáceas, cubierto por una cáscara dura, que encierra la carne, en forma de hemisferios cerebrales. Esta carne está recubierta por una delgada película amarilla más o menos oscura, que es preciso retirar cuando se consume fresca.

Algunas variedades de cáscara fina se rompen a mano, pero para abrir la mayor parte de nueces se necesita un cascanueces. Particularmente energéticas (500 kcal o 2,010 kJ por cada 100 g), la nuez es muy rica en lípidos (52%, de los cuales 70% son poliinsaturados), en prótidos (11%), en fósforo (500 mg por cada 100 g) y en potasio (700 mg por cada 100 g), pero pobre en vitaminas.

Este fruto seco interviene mucho en pastelería, como ingrediente o como decoración, pero también se emplea en cocina (en ensaladas, preparaciones de carne, ave o pescado). Aromatiza salsas, rellenos o empanadillas, así como una mantequilla compuesta. El aceite de nuez, muy dietético, de sabor muy afrutado, se reserva para sazonar ensaladas.

nuez de Brasil

Fruto oblongo de un árbol de la familia de las lecitidáceas, de cáscara parda muy dura, originario de Brasil y de Paraguay. Su almendra blanca, grasa y muy nutritiva, tiene un sabor parecido al del coco, y se emplea del mismo modo.

nuez de cola

Fruto de un árbol de la familia de las malváceas, de América del Sur y de África, donde se consume mucho como estimulante. Su índice de cafeína es análogo al del café, pero su acción tónica es menos intensa y más prolongada.

En Estados Unidos y en Europa, la cola se utiliza en la elaboración de galletas y sobre todo en la producción de bebidas con gas, también llamadas bebidas de cola, las cuales no contienen alcohol; están elaboradas a base de extractos de frutas y de plantas, se beben frías, (a veces con jugo de limón), e intervienen en ciertos cócteles y combinados (en particular con whisky o ron).

nuez de ginkgo

Fruto ovalado y de color verde pálido de un árbol asiático de la familia de las ginkgoáceas. La almendra, grande como una aceituna, se emplea mucho en la cocina japonesa, tostada o asada, como guarnición de pescado o de ave, o como fruto de postre en otoño. Existe un plato típico que mezcla en una cazuela grandes camarones con nueces de ginkgo, trozos de pollo y setas rehogadas con sal gruesa.

nuez de macadamia

Fruto de un árbol tropical de la familia de las proteáceas, de origen australiano. La nuez de macadamia (o nuez de Queensland) posee una corteza exterior carnosa y verde, en torno a un núcleo pardo claro muy duro, que encierra una almendra blanca, cuyo sabor recuerda al del coco. En Asia se utiliza en los *currys* y los ragús. En Estados Unidos se emplea para perfumar helados y preparar pasteles, y se come también cubierta con miel o chocolate.

nuez de la India o anacardo

Almendra que cuelga de la parte inferior del fruto del marañón, árbol de la familia de las anacardiáceas, originario de América del Sur e implantado hacia el siglo XVI en la India. La nuez de la India es lisa de color blanco-crema, en forma de riñón, muy energética una vez tostada (612 kcal o 2,558 kJ por cada 100 g), rica en materias grasas y en fósforo. Se consume seca, tostada y salada. En la cocina india participa en numerosas preparaciones: *curry* de cordero, guiso de res, arroz con camarones, guarnición de verduras, rellenos de ave, pastel y bizcocho.

nuez moscada

Fruto aromático de la mirística, árbol de las regiones tropicales de Asia y América, de la familia de las miristicáceas, del que existen numerosas especies, la más conocida es la de las islas de la Sonda. Es ovoidal, del tamaño de una almendra de color pardo ceniciento y arrugada. Tiene un sabor y un aroma muy especiados, y tiene que estar dura y ser pesada. Se utiliza sobre todo rallada, con la ayuda de un rallador pequeño especial, bien cortante. Contiene 30% de materia grasa. Con las nueces rotas se elabora una mantequilla de nuez moscada, que se desmenuza con facilidad y es muy olorosa. Puede servir de cuerpo graso culinario o aromatizar mantequillas compuestas.

La nuez moscada realza las preparaciones a base de papa, huevo y queso. En pastelería perfuma los pasteles de miel o de limón, las compotas, las tartas de frutas, el *cake* inglés, los *leckerli* de Basilea y ciertos postres de vainilla. También aporta el toque final a numerosos cócteles y ponches, y desempeña un papel importante en licorería.

nuoc-mâm

Salsa de color pardo claro elaborada con extracto de jugo de pescado, típica de la cocina vietnamita. El pescado, dispuesto dentro de toneles en capas alternadas con sal, se deja fermentar durante varios meses. Más adelante se prensa y se transforma en una pasta. El líquido que se obtiene se filtra.

El *nuoc-mâm* desprende un olor fuerte, y su sabor es muy salado. Es uno de los ingredientes de las marinadas, y se utiliza también para la cocción de ciertos alimentos. El *nuoc-cham* es una salsa a base de *nuoc-mâm* diluida con agua, vinagre, sal y pimienta picada, o incluso con ajo laminado. Se sirve especialmente con los rollos vietnamitas o *nems*.

ñame

Tubérculo de una planta trepadora, de la familia de las dioscoreáceas, de la que se cultivan una decena de especies, principalmente en África, Asia, Oceanía, Brasil y las Antillas. Los tubérculos, en general alargados, pueden pesar hasta 20 kg. Su carne es blanca, a veces amarilla o moteada de rojo o violeta, según las variedades.

El ñame proporciona 102 kcal o 426 kJ por cada 100 g, es muy rico en almidón y un alimento de base en numerosos países tropicales. Los tubérculos pelados se consumen hervidos, fritos o braseados. En el África Occidental, la preparación más apreciada es el *foutu*, una pasta elástica obtenida picando trozos de ñame pelados y cocidos en agua en un mortero de madera. El ñame se puede preparar de multitud de formas (puré, gratén, guiso, sopa, etc.). En algunos países de África, los ñames en ocasiones son reducidos a harina después de un blanqueado y un secado natural. Esta harina sirve de base para diferentes preparaciones en forma de pasta o de cuscús.

ñoquis

Preparación a base de papa, de sémola o de harina de trigo y espinacas. Modelados en forma de bolitas, los ñoquis se suelen escalfar, y luego sazonar con una salsa o gratinar y servir como entrante caliente.

De origen italiano, han inspirado a las cocinas austrohúngara y alsaciana bajo la forma de *knödel*, ñoquis alsacianos, o *spätzel*, preparaciones todas ellas más o menos próximas.

Se pueden distinguir los ñoquis a la romana de los ñoquis a la parisina, a la piamontesa o a la tirolesa (papas en puré sin leche, huevos y harina). En cualquier caso, el principio de base se puede variar de manera infinita.

oblea

Galletita plana o enrollada en forma de cornete, apreciada en la Edad Media, y probablemente mucho más antigua. Las obleas, que tal vez fueron las primeras galletas de la historia de la cocina, son las antecesoras de las *gaufres*. Elaboradas con frecuencia con una pasta de *gaufres* un poco espesa, se cocían en planchas planas o redondas.

Los *oubloyers* (u *oublieux*), cuya corporación fue creada en 1270, preparaban y vendían las obleas (*oublie*) en plena calle, instalándose en la plaza del mercado los días de feria, y delante de la iglesia los días de fiesta. A menudo encajaban estas galletitas entre sí y las vendían de cinco en cinco, lo cual se denominaba una "mano de obleas".

En el siglo XVI, la mayoría de pasteleros parisinos se establecieron en la Cité, en la rue des Oubloyers. Día y noche, los aprendices salían a la calle cargados con sus cestas, gritando: "¡He aquí el placer, señoras!", lo cual les valió el nombre de *plaisirs* (placeres). Los últimos *oubloyers* ambulantes desaparecieron de París en la década de 1930.

oca o ganso

Palmípedo migrador de la familia de las anátidas, que a causa de sus pasos regulares por encima de las regiones templadas, fue en primer lugar una codiciada pieza de caza, y luego un ave doméstica, reputada ya entre los egipcios, los griegos y los romanos. La oca gris, la más difundida, puede pesar hasta 12 kg después de su cebado, y es la que proporciona los mejores *foie gras*. En Francia recibe distintos nombres, según la región donde habitan.

Las ocas cebadas son célebres por su hígado. Los animales reproductores pueden mantenerse hasta los cinco o seis años. No obstante, las ocas a menudo se sacrifican hacia los tres meses (las pechugas están bien desarrolladas y la carne es delicada) para ser cocinadas. Se utilizan todas las piezas. El resto (carne y hueso) se vende tal cual, o se corta y se prepara en *confit* o en *rillettes*. La molleja, el corazón, la lengua, el cuello y los despojos se preparan según sabrosas recetas regionales. La grasa se utiliza para numerosas preparaciones, y el *confit* de oca participa, en particular, en la composición del *cassoulet*. A pesar de la competencia del pavo, que se prepara de la misma manera, la oca sigue siendo el plato típico de las fiestas de fin de año en numerosos países del norte de Europa.

En México se consumen algunas especies de gansos, provenientes todas del norte de América, que reciben diferentes nombres regionales. Se preparan igual que los patos y se prefiere consumir las aves jóvenes.

→ *foie gras*

oeufs à la neige

Postre frío compuesto de una crema inglesa sobre la que se disponen claras de huevo batidas a punto de nieve, modeladas con cuchara y escalfadas en agua hirviendo o en la leche que servirá para hacer la crema inglesa (en este caso las claras son menos melosas). Los *oeufs à la neige* (o *en neige*) se sirven rociados con gotas de caramelo rubio o se decoran con pralinés aplastados.

→ isla flotante

okrochka

Potaje frío de la cocina rusa, a base de *kwas* y de verduras, servido con huevos duros en cuartos, finas hierbas y pepinos cortados finos, y acompañado de una guarnición en graso o en magro —salpicón de filete de res, de pechuga de ave, de lengua escarlata y de jamón— o colas de cangrejo de río y de salmón en cubitos. El *okrochka* siempre se presenta con crema ácida.

oleaginosas

Nombre genérico de las frutas, semillas y plantas ricas en materia grasa (de 40 a 60%) y proteínas vegetales: almendras, cacahuates, avellanas, nueces, aceitunas, pistaches, semillas de cártamo, canola, amapola, ajonjolí, soya, girasol, etc. Además de su papel de materia prima para la producción de aceites, las oleaginosas desempeñan un papel importante en cocina y en gastronomía. Algunas se sirven crudas, tostadas o saladas con el aperitivo, e intervienen en la cocina en adobos, salsas o moles, en ensaladas de frutas, compotas, pasteles, etc. Como todos los cuerpos grasos, las oleaginosas, que casan bien con las verduras, son un elemento básico en los regímenes vegetarianos.

oligoelemento

Cuerpo químico simple que representa tan solo un porcentaje ínfimo de los constituyentes de los organismos vivos, pero cuya presencia es necesaria para su crecimiento y desarrollo. Los oligoelementos más conocidos, más esenciales y más activos son el manganeso, el cobre, el zinc, el cobalto (cuyos efectos se incrementan cuando se asocian), el aluminio, el bismuto, el cromo, el hierro, el flúor, el litio, el molibdeno y el selenio.

oliva ◆ aceituna

Oliver, Raymond

Cocinero francés (Langon, 1909-París, 1990). Hijo de un hotelero de la región de Burdeos, que fue chef en el *Savoy* de Londres, Raymond Oliver comenzó su aprendizaje con su padre, dio la vuelta profesional a Francia y en 1948 se asoció con Louis Vaudable, propietario del *Maxim's* (que había estado cerrado durante la liberación de Francia al final de la segunda guerra mundial [1945]), para reabrir *Le Grand Véfour* y volver a dar todo su lustre a este restaurante. En 1950 tomó la dirección y fue el responsable de su éxito. Obtuvo tres estrellas *Michelin* en 1953. Fue uno de los innovadores y renovadores de la cocina francesa; reintrodujo las cocinas de los diferentes territorios franceses en la alta cocina parisina. Su humor y su erudición hicieron mucho por el renombre del arte culinario francés, gracias a los programas de televisión, a sus conferencias en el extranjero y a sus obras de cocina, como *La gastronomie à travers le monde* (1963), *La cuisine* (nueva edición, 1983) y *Cuisine pour mes amis* (1976).

olla exprés u olla de presión

Olla de cierre hermético en la que los alimentos se cuecen a una temperatura más elevada (entre 112 y 125 °C) y, en consecuencia, con mayor rapidez que en una olla ordinaria (100 °C como máximo).

La olla a presión se concibió para la cocción en estofado, al vapor, con agua o con caldo (con líquido en cantidad reducida). Sus ventajas residen en una ganancia en tiempo, en la conservación de las sales minerales, en una utilización reducida de materia grasa, así como en una mejor dispersión de las grasas. Sin embargo, hay algunos inconvenientes que impiden que sustituya la cocción a fuego lento tradicional: las carnes tienen tendencia a ser más insípidas y blandas, y los sabores de los ingredientes se mezclan indistintamente.

olla podrida

Cocido español. Esta especialidad originaria de Castilla constituye una comida tradicional en la que se unen carnes y aves diversas, verduras y arroz o lentejas, cocidos en una gran olla y dispuestos en varios servicios, con salsas de sabor intenso.

El primer servicio comprende, después del caldo, la carne de res o de ternera, acompañada por garbanzos, nabos, calabaza y papas. A continuación se sirve la perdiz o la gallina con lentejas y arroz. Se prosigue con cordero y los despojos con jitomates, y se termina con el chorizo ahumado y el jamón, servidos con col.

olla vaporera ◆ vaporera

Ombiaux, Maurice des

Escritor y gastrónomo belga (Beauraing, 1868-París, 1943). Apodado "príncipe de los narradores valones" y "cardenal de la gastronomía", fue rival y amigo de Curnonsky, detrás del cual se situó a raíz del referéndum que coronó a este último "príncipe de los gastrónomos".

Ombiaux escribió numerosas obras, como *Le Gotha des vins de France* (1925), *Les fromages* (1926), *Le nobiliaire des eaux-de-vie et liqueurs de France* (1927), *L'art de manger et son histoire* (1928), o *Traité de la table* (1930). Se le debe una reedición de *Le pâtissier français*, atribuido a La Varenne.

omelette o tortilla

Preparación dulce o salada, elaborada con huevos enteros, batidos y cocidos sin coloración en la sartén, y que se sirve al natural o con otros elementos. El éxito de una tortilla depende de la calidad del sartén, de la cantidad y del reparto de la mantequilla, así como de la cocción. Mientras se elabora se pueden añadir distintos elementos de guarnición. El *omelette* que se sirve enrollado, doblado o aplanado, constituye, según si es salado o dulce, un plato de desayuno, una entrada o un postre, a menudo caliente o muy caliente. También se emplea para incorporarlo, cortado, en sopas y purés.

- El *omelette* salado con guarnición incorporada alberga ingredientes que se han mezclado con los huevos batidos antes de la cocción.
- Al *omelette* salado relleno se le añaden ingredientes calientes después de la cocción y luego se enrolla sobre sí mismo en la fuente de servicio.
- El *omelette* salado con guarnición conlleva, además del relleno interior, una pequeña proporción de guarnición dispuesta en la parte superior o en una hendidura longitudinal; la mayor parte de estos *omelettes* se rodean con un cordón de salsa.
- El *omelette* salado plano se prepara como el *omelette* clásico, pero con menos huevos. Se cuece durante más tiempo y se gira a mitad de la cocción. De este modo se obtiene una especie de crepa gruesa, que a veces se sirve fría y que se aderaza con las mismas guarniciones que el *omelette* clásico.
- El *omelette* dulce de postre suele rellenarse con mermelada o con frutas cocidas perfumadas con licor dulce y glaseada en el horno, y a veces flameada.

➞ tortilla

omega-3 y omega-6

Ácidos grasos esenciales que deben ser aportados necesariamente por la alimentación, ya que el organismo no los sintetiza. El omega-3 (entre ellos el ácido alfa-linolénico) y el omega-6 (entre ellos los ácidos linoleico y araquidónico) tienen un papel fundamental e intervienen cada uno en diferentes niveles en los sistemas cardiovascular, endocrino e inmunitario. Todo aporte excesivo de uno de ellos comporta una alteración del metabolismo del otro y una carencia relativa. Como la alimentación industrial es rica en omega-6, hay que procurar consumir regularmente alimentos ricos en omega-3 para restablecer el equilibrio (aceites de canola, de soya y de nuez, pescados grasos y semigrasos, verdolaga, espinacas, nueces, almendras o germinado de trigo).

Ono, Masakichi

Cocinero japonés (Yokohama, 1918-1997). Fue el decano de los chefs nipones y practicó en su país la cocina francesa. Hijo de un restaurador, estuvo muy pronto en contacto con la gastronomía occidental, y mientras aprendía las reglas estrictas de la tradición japonesa, se convirtió en discípulo de Escoffier. Después de trabajar en cocina, tomó la dirección del hotel *Okura*, donde tenía su restaurante, *La Belle Époque*.

ópera

Pastel rectangular compuesto por tres capas de bizcocho *Joconde* embebido con un jarabe de café fuerte y relleno de crema de mantequilla de café y *ganache* de chocolate. La parte superior está cubierta con un glaseado de chocolate amargo, decorado con hojas doradas, sobre el que aparece escrita la palabra ópera. Este pastel fue inventado en 1955 por Cyriaque Gavillon, de la casa *Dalloyau*. Gavillon pretendía crear una nueva forma de postre con diferentes capas bien visibles, un solo bocado del cual bastase para revelar el sabor del pastel entero. Su esposa, Andrée Gavillon, fue quien le dio el nombre de "ópera" en honor a una bailarina principal y a sus jóvenes acompañantes que hacían trenzados en su tienda. El ópera sigue siendo el pastel más vendido en la casa *Dalloyau*. En Asia se vende dentro de un pequeño cofre-regalo.

oporto

Vino encabezado portugués, uno de los más célebres del mundo, producido en el valle del alto Duero, y expedido desde Oporto, en la desembocadura del río.

El oporto se encabeza por añadidura de aguardiente, lo cual interrumpe su fermentación. Es más o menos dulce según el momento en el que se produce esta operación y según las mezclas a las que se procede a continuación. La presencia de alcohol se sitúa entre 19 y 22% Vol.

Solo los oportos con indicación de añada o "vintage", proceden de una única vendimia, de un año excepcional. Se embotellan jóvenes, y tras 2 años de envejecimiento en barricas deben pasar unos 15 años en bodega para adquirir su plenitud. Entre los demás oportos obtenidos de una misma cosecha se distinguen las cualidades siguientes: "late bottled vintage" o LBV (envejecido 4 años en barrica) y "colheita" o "fecha de la cosecha" (envejecido 7 años en barrica), que se puede consumir inmediatamente.

El resto de oportos son *coupages* y maduran en barricas de roble:
- Los más jóvenes, llamados "ruby", son dulces y afrutados, de un bonito color rojo.
- Los que han pasado años en madera adquieren una tonalidad parda dorada y se les llama "tawny" (morenos). Tanto éstos como los anteriores no mejoran en botella.
- El oporto blanco, de color topacio, procede de cepas blancas.

En principio, el oporto se bebe a temperatura ambiente, como digestivo. Los oportos más ligeros y los blancos pueden servirse en el aperitivo y se consumen fríos. El oporto es uno de los ingredientes de ciertos cocteles, entre ellos el B & P ("brandy and porto"), muy conocido en Irlanda, donde se combina con coñac, o el porto flip, una bebida corta y cremosa que contiene yema de huevo y almíbar de azúcar.

En cocina, el oporto se asocia a las aves de corral y al jamón.

orégano

Planta aromática de la familia de las lamiáceas, que a veces se confunde con la mejorana. En Europa, el orégano crece sobre todo en declives soleados de las regiones mediterráneas; en México, es posible encontrarlo de forma silvestre en varios estados con climas cálidos o desérticos. Sus hojas pequeñas y ovaladas verde oscuro, de un sabor suave o acre, un poco mentolado o pimentado, aromatizan numerosos platos. Se emplea fresco o seco en las pizzas, el estofado a la romana, las brochetas de cordero, el pescado al horno, la salsa de tomate, la *ratatouille*, en los platos a base de feta, en adobos, consomés, caldos o sopas, guisos de pollo, pato, cerdo o res, escabeches, cebollas encurtidas y salsas.

oreillettes

Buñuelos de pasta originarios de la región francesa del Languedoc, tradicionales en la época del carnaval. Las *oreillettes* se elaboran con pasta azucarada, cortada en rectángulos alargados, abiertos en medio (a veces se pasa un extremo del rectángulo de pasta por la abertura practicada para obtener una especie de nudo) y luego fritos en aceite. Las de Montpellier, aromatizadas con ron y cáscara de naranja o de limón, son famosas.

oreja

1. Pan de pasta de hojaldre, rodeado de azúcar refinada, formado por una doble vuelta de pasta cortada en rodajas, cuya forma característica evoca las hojas de una palmera. Puede consumirse como pan dulce o como galleta (para acompañar helados y postres). En Europa se le conoce como palmera.

2. Despojo de carnicería (sobre todo de cerdo) que se utiliza en cocina. Antaño, las orejas se solían asar o saltear. En la actualidad los despojos se siguen incorporando a distintas preparaciones de charcutería.

oreja de mar ◆ abulón

orejón

Chabacanos o albaricoques secos. Los mejores chabacanos secos proceden de Turquía, pero también de Irán, California y Australia. Como sucede con todas las frutas desecadas, la pérdida de agua debida al secado acarrea un aumento de la aportación del valor energético (a igual peso, el albaricoque seco aporta más calorías que el fresco). Los albaricoques secos se pueden tomar al natural, pero deben rehidratarse en agua tibia durante dos horas como mínimo antes de cocinarlos.

En la actualidad se le llama también orejón a cualquier fruta seca, nombrando la fruta de la que procede, por ejemplo, orejón de manzana.

→ deshidratados

orgánico ◆ agricultura orgánica

Organismo Genéticamente Modificado (OGM)

Se define como "organismo (a excepción de los seres humanos) cuyo material genético ha sido modificado de un modo que no puede efectuarse de forma natural por multiplicación y/o por recombinación", según la directiva comunitaria 2001/18/CE. Las técnicas de modificación creadas pretenden acentuar o, al contrario, atenuar ciertas características del organismo, conferirle otras juzgadas deseables o eliminar las consideradas indeseables. Las transformaciones genéticas que se vienen efectuando se dan, en particular, en las especies vegetales ampliamente cultivadas, como el maíz, la soya, el betabel o la colza.

En el seno de la Unión Europea, la diseminación deliberada de OGM en el entorno ("pruebas de campo") y su puesta en el mercado obedecen a una reglamentación muy estricta, pero en constante evolución. Por ejemplo, una directiva hace obligatorio el etiquetado de los OGM y de los productos obtenidos a partir de estos organismos para los artículos alimentarios y sus ingredientes (incluidos los aromas y aditivos) considerados individualmente, cuando su presencia (salvo de forma fortuita) supera un umbral de 0,9%. Cuando el producto contiene o está formado por OGM (por ejemplo, maíz dulce), la etiqueta lleva la información siguiente: "genéticamente modificado" o "contiene (nombre del ingrediente) producido a partir de (nombre del organismo) genéticamente modificado". Cuando un artículo contiene varios ingredientes, la información sobre la presencia de OGM debe precisarse en relación con cada ingrediente de la lista de los ingredientes o en la parte inferior de esta lista. En el caso de los productos alimentarios no envasados previamente (salvo los que se sirven en restauración), la información debe exponerse de forma legible, bien en el expositor del producto o cerca de éste, o bien en el material de embalaje. En cambio, la obligación del etiquetado no afecta a los productos obtenidos con ayuda de un OGM (por ejemplo, leche, carne o huevos obtenidos de animales alimentados con OGM), ni a ciertas sustancias utilizadas durante la fabricación de un producto alimentario (auxiliares tecnológicos, soportes de aditivos y aromas, etc.). La utilización de OGM o de sus productos derivados (salvo la de medicamentos veterinarios) está prohibida para la agricultura biológica, a pesar de que sus productos no pueden ser calificados de "sin OGM" debido a su protección (posibilidad de una polinización cruzada en el campo, por ejemplo). Cualquier alegación negativa está regida por unos criterios estrictos, a los que el operador debe ajustarse. La existencia y la utilización de estos OGM es una cuestión controvertida.

organoléptico

Se dice de la impresión que se adquiere directamente a través de los órganos de los sentidos y que determina la apetencia o el rechazo por un alimento. Las cualidades organolépticas de un alimento (o de una bebida) permiten definirlo por el conjunto de su olor, sus aromas, su sabor, su color, su aspecto, su textura (consistencia al tacto, a la masticación), etc.

orgeat

Bebida a base de azúcar y leche de almendra, aromatizada con azahar, que se sirve como refresco, alargada con agua. En su origen se trataba de una decocción de cebada (*orge* en francés) y de ahí su nombre.

Oriente Medio o Medio Oriente

La cocina de Oriente Medio es a la vez simple y refinada. Desde hace milenios, el patrimonio culinario de cada país de la región se ha enriquecido con las aportaciones de los viajeros, pero también con las de los sucesivos invasores. Así, la mayor parte de los nombres de los platos árabes son originarios de Persia. Del mismo modo, la destilación de los pétalos de rosa, especialidad refinada de los persas, se ha difundido, y el agua de rosas aromatiza numerosos postres, así como el agua de azahar. La influencia del Islam es hoy en día preponderante en Oriente Medio, donde el consumo de carne de cerdo, así como el de alcohol, están prohibidos.

La sutileza de los platos de estos países se debe sobre todo a las innumerables especias y hierbas aromáticas que entran en su composición. Las semillas de ajonjolí en particular, tostadas y reducidas a puré, proporcionan la *tahina*.

La cocina de Oriente Medio se basa asimismo en la unión de dulce y salado: el yogur, por ejemplo, es un elemento esencial en las preparaciones saladas. Los frutos secos están presentes muy a menudo, como en la salsa tarator (piñones, pan y ajo), que acompaña generalmente al pescado. La tradición de los *mezze* es antigua, como en toda la cuenca mediterránea.

La comida se organiza casi siempre en torno a un plato único, sopa o guiso: sopas de lentejas, de espinacas o de aguacate, preparadas la víspera para que los sabores se mezclen y se realcen.

Calabacitas, espinacas, *gombos*, lentejas, garbanzos y pimientos se utilizan con mucha frecuencia. Pero predominan la berenjena y el jitomate: en ensalada, en puré o simplemente fritos o rellenos (*dolmeh*), participan en todas las preparaciones, tanto calientes como frías, solos o mezclados con otros ingredientes.

El bulgur, que se sirve como acompañamiento, es la base del *tabbouli* y del *kibbeh*. Pero el primer lugar lo ocupa el arroz servido al natural o aromatizado con azafrán.

El carnero y el cordero son las carnes más corrientes en los países de Oriente. Una especialidad son las brochetas de carne tierna, previamente marinada en una mezcla de especias, cocidas sobre fuego de leña. También puede picarse para rellenar las verduras o las frutas, o cortarse en trozos para servir de base a varios guisos compuestos por con verduras, frutas frescas y secas, nueces y hierbas aromáticas. El pollo, el pichón, las codornices y el pescado se cocinan con frecuencia a la parrilla y con excepción del pescado se acostumbran también en estofado.

En esta región del mundo, (donde se inventaron el mazapán y el *nougat*), el arte de la pastelería y de la confitería destaca de forma muy particular: pasteles de miel y nueces, dulces de membrillo, pasteles de anís, pastel de hojaldre con almendras y pistaches (*baghlava*).

Estas delicias se sirven con el café, turco o árabe, este último perfumado con clavo de olor, cardamomo, flor de azahar y agua de rosas.

orly

Nombre de una preparación de pescado frito. Los pescados, marinos o de agua dulce, fileteados en crudo o enteros según su tamaño, se rebozan en una pasta para freír o se empanizan a la inglesa y luego se fríen, se escurren y se sirven con salsa de jitomate y perejil frito. Esta preparación se aplica también a piezas pequeñas fritas de carne o de ave.

oro

Metal precioso cuyos empleos en orfebrería de mesa se limitan a decoraciones de mesa y plata sobredorada. El oro conoce además ciertos empleos alimentarios. En la Edad Media se envolvían patés y aves asadas con finas láminas de oro. En la actualidad, se decoran bombones con un fino brillo de lámina de oro. En el Danziger Goldwasser (agua de oro de Danzig), que sirve para aromatizar, en particular, el suflé Rothschild, hay minúsculas partículas de oro en suspensión. Por otra parte, el oro es un aditivo (E 175) autorizado para la coloración en superficie de las elaboraciones de confitería, decoraciones de pastelería, pastillaje, golosinas y, en charcutería, para la coloración de las tripas, vejigas y otros envoltorios.

ortiga

Planta herbácea de la familia de las urticáceas, con pelos urticantes, cuyo valor alimentario y cualidades terapéuticas se conocen vagamente, en algunos casos el contacto con sus vellosidades puede causar fiebre. Las ortigas contienen provitamina A y vitamina C, son más ricas en hierro que las espinacas, y se pueden preparar como éstas.

- Las hojas jóvenes de la ortiga pequeña se utilizan picadas en las ensaladas.
- Las hojas de la ortiga grande, común y vivaz, se cocinan en sopas verdes, solas o mezcladas con acedera, poro, berro o col, espesadas con habas o papas.
- En algunas regiones de México las flores blancas se consumen cocidas, fritas en manteca de cerdo con o sin cebolla y revueltas con huevo o con frijoles de la olla. Las semillas se utilizan para elaborar algunas salsas.

orujo

Nombre popular con el que se conoce el aguardiente obtenido a través de un proceso de destilación de orujos u hollejos de uva fermentados y destilados. En España los orujos más famosos y que gozan de más prestigio son los gallegos (denominación específica orujo de Galicia, entre 37,5 y 50% Vol.) y el orujo de Liébana (Cantabria).

osmazomo

Nombre dado al principio sápido de la carne por el químico francés Louis Jacques Thenard (1777-1857), inventor del agua oxigenada.

Anthelme Brillat-Savarin, que empleaba mucho este término obsoleto, reemplazado hoy en día por el de "ósmosis", decía: "El osmazomo traduce el mérito de los buenos caldos y fondos; es él el que, al caramelizarse, da un tono rojizo a las carnes; por él se forma el dorado de los asados; y de él sale el efluvio de los venados. [...] Al osmazomo le sucede, mediante tratamiento con agua hirviendo, lo que se entiende más específicamente por materia extractiva. Este último producto, unido con el osmazomo, compone el jugo de la carne."

ossobucco

Plato de la cocina italiana, originario de Milán, cuyo nombre significa "hueso (con) agujero". Se trata de un guiso de rodajas de chambarete de ternera sin deshuesar, breseadas con vino blanco, cebolla y jitomate. A menudo se sirve con arroz.

La variante tradicional llamada *alla gremolata*, preparada sin jitomate, se adereza con un picadillo de ajo y cáscara de limón.

ostión

Diversas especies de moluscos bivalvos que habitan en estuarios, bahías, lagunas costeras y en mar poco profundo. Dependiendo de la variedad se pueden encontrar en las costas del pacífico o en el Golfo de México. Existe una especie originaria de Japón que se cultiva en una bahía falsa en Baja California, llamada ostión gigante.

Una de las formas más habituales de comer ostiones es en su concha, abiertos y servidos al natural para ingerirlos crudos; se condimentan al gusto con sal, limón, cebolla y cilantro picados o salsa picante. Otras formas de prepararlos es en escabeche con verduras, en caldos o sopas, en gratén (con queso parmesano y aromatizado con nuez moscada) y horneados con una salsa cocida preparada con jitomate, cebolla, ajo y cilantro.

ostra

Molusco de concha bivalva del que existen numerosas especies comestibles. Los celtas, los griegos y los romanos ya las criaban. Hasta el siglo XIX se cogían libremente en los bancos naturales. Las de Ostende (Bélgica) eran muy codiciadas.

Hoy en día las ostras son objeto de cría (ostricultura), que permite garantizar su continuidad y, sobre todo, presenta garantías de higiene. Como pasa con todos los moluscos, al venderse llevan una etiqueta de salubridad.

En la costa este de Canadá se encuentra el ostión americano; y en la costa oeste, la ostra honda del Pacífico (también se cultiva en Francia), que puede vivir hasta 30 años y alcanzar 30 cm de longitud.

La cría dura de 3 a 4 años y precisa de una vigilancia constante. Cuanto más crece la ostra, más espacio reclama, y debe desplazarse a viveros mayores. Es preciso evitar la polución y preservar a la ostra de sus numerosos enemigos (bígaros, cangrejos, estrellas de mar, aves marinas, pulpos y rayas).

En Francia la mitad de las ostras hondas proceden de la zona de Marennes-Oléron, donde tienen la particularidad de engordar en criaderos específicos. Según la calidad del producto, las ostras se someten a un pre engorde de varios meses y su densidad varía de 40 a 1 o 2 ostras por metro cuadrado.

Actualmente existen ostras triploides, que poseen tres cromosomas y, por lo tanto, son estériles. Su ventaja es evidente: la ostra se mantiene muy carnosa y grasa durante todo el año, no forma la lechaza y se puede consumir a partir de otoño.

Las ostras se venden vivas, con las conchas cerradas o que se cierran cuando se tocan, y relativamente pesadas, puesto que deben estar llenas de agua. Solo se abren en el último momento.

Incluso cuando están grasas o lechosas, durante su periodo de reproducción, las ostras son pobres en lípidos (1%). En cambio, son ricas en proteínas, en elementos minerales, en oligoelementos y en vitaminas.

Se consumen crudas y vivas, al natural (con una pizca de pimienta blanca o de limón, mantequilla fresca y pan de centeno) o bien con vinagre y chalota. Pero, desde hace mucho tiempo, las ostras también se cocinan en preparaciones frías o calientes. Pueden pocharse y luego enfriarse y servirse con distintas salsas, a veces en barquetas, o gratinarse en sus conchas o sobre centros de alcachofa, encostradas, etc. El gratinado siempre se debe efectuar con mucha rapidez, y a menudo no es necesario pocharlas con antelación. Los buñuelos, las brochetas, las croquetas, las sopas y los consomés completan la gama de preparaciones calientes. Las ostras sirven a veces como guarnición para recetas de pescado, e incluso acompañan a la carne roja y al pollo. En las cocinas inglesa y estadounidense las aprecian mucho: sopa, salsa, *angels on horseback* (ángeles a caballo).

ouidad

Plato tradicional de la cocina marroquí presente en varios países magrebís. El *ouidad* (u *ouided*) se compone de sémola de trigo duro, como el cuscús, y de pescados, como la escórpora y la dorada.

ouzo

Bebida tradicional griega, a base de anís y alcohol blanco, con una graduación de 40 a 45% Vol. Se bebe como aperitivo, y a lo largo del día, pura, con cubitos de hielo o alargada con agua.

oveja

Hembra de la especie ovina, de la que se consume la leche, a menudo en forma de queso y, al terminar el periodo de reproducción, entre cuatro y seis años, la carne. Ésta, a menudo más grasa que la del cordero o la del carnero, roja y firme, de sabor bastante pronunciado, requiere una cocción particular. La mayor parte de las piezas se venden en carnicería bajo el nombre de "carnero". La leche de oveja contiene más materia grasa (64%), proteínas (56%) y materias minerales (8,5%) que la leche de vaca, pero la proporción de lactosa es un poco más débil (42%), por lo que es más digestiva.

En numerosos países se encuentran quesos a base de leche de oveja: España (cabrales, idiazábal, manchego, roncal), Portugal (*serpa, rabaçal*), Italia (*pecorino, fiore sardo*), Hungría (*liptauer*), Grecia (feta, *kasseri*), Bulgaria (*katschkawalj*) y Francia (roquefort).

El queso de oveja fresco se consume con azúcar o con crema de leche, y sirve para preparar tartas o rellenar empanadas.

ovoproductos

Huevos transformados según unas normas de higiene muy estrictas. Los ovoproductos se obtienen a partir del huevo entero, de sus diferentes componentes o de su mezcla, una vez eliminadas la cáscara y las membranas. Los primeros ovoproductos disponibles en el mercado han sido el huevo entero, la clara o la yema. Se presentan en forma líquida, concentrada, secada, cristalizada o congelada. Son pasteurizados sistemáticamente antes de ser transformados. Los ovoproductos se han creado para responder a un imperativo de seguridad alimentaria y a los condicionantes técnicos de los profesionales, para quienes cascar los huevos uno a uno es una pérdida de tiempo (pasteleros, cocineros de la restauración o industriales del sector agroalimentario).

pacana o pecana ◆ nuez

pacharán

Bebida espirituosa de Navarra (en vasco *nafarroako patxarana*) con Denominación de Origen, elaborada con un método tradicional de maceración de pacharanes o endrinas, frutos que transmiten a la bebida un característico color rojizo y un sabor particularmente afrutado. Su graduación alcohólica se sitúa entre 25 y 30% Vol. y su contenido en azúcares entre 80 y 250 g por litro. Se suele tomar como digestivo y es recomendable beberlo a una temperatura de entre 3 y 7 °C.

paella

Propia de la huerta de Valencia, es probablemente el plato más conocido de la cocina española. De origen rural, se elabora en paella con los ingredientes más variados que proporciona la huerta, el mar o el bosque.

La más popular es la valenciana, que se elabora con pollo, cerdo, conejo, caracoles, alubias, ejotes, alcachofa, jitomate, pimiento, langostinos y, por supuesto, arroz y azafrán. La gracia está en el punto de cocción del arroz y en que quede seco y suelto. Quien ama la paella adora el arroz *torraet* o *socarrat* (tostadito o quemado superficialmente), que queda en el fondo de la paella un poco tostado y agarrado.

pain de poires

Elaboración suiza de pastelería, de gran consistencia, compuesta por una pasta brisa con mantequilla, rellena de peras secas, cocidas y reducidas a puré.

paisana, a la o *paysanne, à la*

Mezcla de verduras cortadas en finas láminas (papa, zanahoria, nabo) o en cuadrados de 1 cm (col), utilizada para cocinar potajes llamados "cortados" o como guarnición de una carne, un pescado o una tortilla. Por extensión, varias preparaciones reciben el nombre de "a la paisana" cuando se bresean con un sofrito de verduras, que no tienen por qué estar cortadas a la paisana. Las papas a la paisana se cortan en rodajas y se cuecen a fuego lento en caldo con diversos aromatizantes. La tortilla a la paisana incluye papas, acedera y finas hierbas.

Países Bajos

En este país rico en pastos, los productos lácteos son abundantes y sabrosos, y los quesos tienen un notable renombre: edam (gran bola roja o amarilla), queso de Leyden (redondo o plano, aromatizado con comino o con anís), gouda (gran rueda plana de color amarillo-crema, a veces aromatizada con comino), etc.

En los Países Bajos la ganadería y la pesca son muy importantes, y en las mesas alternan las elaboraciones de charcutería y una gran variedad de pescados, entre los que destaca el arenque y la anguila. Acompañados con una gran gama de panes.

La cocina neerlandesa es más bien copiosa. En invierno, sobre todo, se aprecia la sopa con guisantes secos, el *hutspot* (puchero con costillar), el *balkenbrij* (pastel de cabeza de cerdo servido con compota de manzana), el *hazepepper* (*civet* de liebre a la pimienta) o el morcillo de ternera con *choucroute*, aunque también el *rolpens* (carne adobada y luego salteada, servida con patatas y piña) o bien la escalopa de ternera salteada con crema al queso, con nuez moscada y verduras.

El arroz, importado en grandes cantidades de las antiguas colonias, es el ingrediente de base de numerosos platos dulces y salados. El jengibre, la canela y la nuez moscada desempeñan un papel notable entre las elaboraciones de pastelería y las golosinas.

Los neerlandeses aprecian el café, la cerveza, la leche y los vinos del Rin o de Francia, pero también la ginebra (antigua preparación de la farmacopea) y los licores (*advocaat* y *curaçao*).

pak-choi ◆ col china

pala

Espátula plana de extremo redondeado, rectangular o triangular, montada en un mango. A veces agujereada o con hendiduras, sirve para recoger ciertos alimentos delicados de una fuente de servicio sin romperlos.

- La pala de horno, de madera o metal y dotada de un largo mango, es una herramienta profesional, utilizada para manejar el pan o las grandes piezas de pastelería. La pala para pizzas es a menudo de acero inoxidable.
- La pala de la harina, de aluminio, madera o policarbonato transparente, es pequeña y honda, y sirve para tomar los ingredientes.
- La pala de pescado, de acero inoxidable o metal plateado, a veces puede disponer de agujeros o ser ligeramente honda.
- La pala de tarta, de porcelana, loza, acero o metal plateado, se diseña a juego con la vajilla o los cubiertos.

palangre

Arte de pesca que consiste en una línea madre con muchos anzuelos unidos a ella mediante otras líneas más delgadas, las brazoladas. Los palangres llevan los complementos idóneos para su flotabilidad y fondeo. Según el cebo y el tamaño del anzuelo varía el tipo y el tamaño de la pesca.

palet

Petit-four seco, plano y redondo, elaborado con una masa de bizcocho más o menos rica en mantequilla, aromatizada de diferentes maneras (ron, anís, vainilla, etc.), con la adición de almendras en polvo, piel de cítrico confitada, etc. Los *palets de dames* incluyen pasas de Corinto.

paleta ♦ miserable

paleta de cerdo o espaldilla

Parte de la espalda de cerdo que incluye el omóplato. La paleta se emplea cruda, asada o a la cazuela, semisalada o ahumada. Acompaña a ciertas legumbres, a la *choucroute* y al puchero. La paleta a la diabla es una especialidad alsaciana tanto si se sirve caliente como fría: la pieza se pone en salmuera ligera y se recubre con una mostaza mezclada con perejil y cebollas picadas, todo ello rodeado de un redaño de cerdo.

paletilla

Parte del cerdo correspondiente a las patas delanteras. La paletilla a menudo se consume curada, al igual que el jamón (parte trasera). También es una carne muy apta para ser asada. Asimismo son muy apreciadas las paletillas de cordero o las de cabrito, sobretodo para servirlas como asado.

palillos

Bastoncillos utilizados en Asia para tomar los alimentos en las fuentes o en los platos individuales y llevarlos hasta la boca, a veces después de haberlos mojado en una salsa. Ni siquiera se emplea una cuchara para la sopa: se cogen las partes sólidas con los palillos y luego se bebe el líquido. Según la costumbre china, es preciso coger los palillos por el medio: si se cogen por arriba, es un signo de arrogancia; por abajo, una falta de elegancia.

Para la preparación de la comida, para separar ingredientes, mezclarlos en el curso de la cocción o trasladarlos de un lugar a otro, se emplean palillos más largos.

palma *doum*

Palmera africana de la que se extrae un vino de palma. En su *Grand Dictionnaire de cuisine* (1872), Alexandre Dumas precisa: "La palma *doum* da un fruto refrescante, cuyo sabor a pan de especia he podido juzgar yo mismo. Una dama de El Cairo, que en otra época quiso agasajarme, me tendió con sus finas manos enrojecidas por la henna, un fresco sorbete de palma *doum*."

palma palmira

Palmera de Asia y de África, de la familia de las arecáceas, cuyos brotes y yemas jóvenes resultan comestibles. La pulpa de los frutos produce una harina que se emplea en numerosas preparaciones culinarias locales. En Sri Lanka se utiliza para hacer una mermelada muy apreciada. Los frutos también se consumen crudos o tostados. En cuanto a la savia, se usa para preparar bebidas fermentadas.

palmera

Árbol tropical de la familia de las palmáceas, cuyas numerosas especies proporcionan productos alimentarios variados. Se pueden comer los frutos de la palmera (dátiles, coco) y sus yemas (palmitos). La fécula extraída del tronco proporciona el sagú. De la savia se extrae el vino de palma. Algunas especies de palmera también proporcionan azúcar, aceite y una mantequilla vegetal.

→ oreja

palmito

Yema terminal de ciertas palmeras, en particular de la palmera de las Antillas. Las partes tiernas se consumen crudas, cortadas finas, en ensalada. Las partes más firmes se cuecen y sirven para preparar acras, gratenes o guarniciones de tortilla. Su sabor recuerda, en cierto modo, al de la alcachofa.

El palmito en trozos se vende en conserva.

paloma y pichón

Ave doméstica o salvaje apreciada como ave de corral o caza.

– El pichón es un animal muy joven (un mes), muy tierno, que a menudo se come asado.

– La paloma bravía es el ancestro de todas las variedades de palomas domésticas. Vive todavía en estado salvaje en Bretaña, en Provenza y en zonas montañosas (las que hay en otras partes son palomas domésticas que se han escapado). La paloma salvaje más difundida en Francia es la paloma torcaz. Su carne es más densa y perfumada que la de la paloma doméstica, pero ambas se preparan de la misma manera.

La mayor parte de las recetas destinadas a las becadas se pueden aplicar a los pichones y palomas. Las preparaciones breseadas en cacerola, en compota, en balotina, en paté o en *salmis* son adecuadas para los ejemplares más viejos, mientras que los más jóvenes y, en consecuencia, más tiernos, pueden asarse a la parrilla, saltearse, prepararse en *crapaudine* o en *papillot*. La paloma no debe desangrarse, sino ahogarse. No se retira el hígado, ya que carece de hiel. A los pichones apenas se les aplican albardillas de tocino, mientras que las palomas adultas se bridan por completo.

paloma torcaz

Ave cuyos pasos migratorios por los puertos pirenaicos franceses dan lugar a una caza tradicional con red. La paloma torcaz se prepara como la paloma de cría, pero su carne, más sabrosa, es muy tierna cuando el animal es joven. Se aprecia asada, a la parrilla, o bien en *confit*.

En América del Norte, la paloma torcaz ha quedado totalmente exterminada. Parece que este animal (llamado *tourte* en el Canadá francófono) está en el origen de la *tourtière*, un plato típico quebequés.

palometa

Pez marino, de la familia de los brámidos, poco común, que se vende bajo el nombre de *hirondelle de mer* ("golondrina de mar") en la costa atlántica francesa y como "castagnola" en las costas mediterráneas. También vive en el océano Índico y en el Pacífico. La palometa mide de media entre 40 y 60 cm y tiene un cuerpo oval, gris-negro, con una aleta caudal negra y muy abierta. Su carne, excelente, se prepara a menudo en filetes.

En México la palometa es un pez del género Peprilus, de cuerpo comprimido y de 18 a 30 cm de largo. Son de color gris azulado con el vientre y los costados plateados. Se pescan en el Pacífico y en el Golfo de México. Su carne es blanca y magra, se consume principalmente frito o empapelado.

palometa roja

Pez de la familia de los berícidos, de un color rojo-anaranjado y ojos grandes. Se puede distinguir la palometa larga, que mide unos 35 cm, y la palometa común, de cuerpo más grueso y que puede alcanzar los 40 cm. Se pescan en el Atlántico norte, desde Irlanda hasta Noruega, a 600 m de profundidad, y se venden sobre todo en filetes (rara vez enteros), frescos o congelados, bajo el nombre de "dorada rosa". Su carne es muy apreciada.

palomino

Variedad de uva básica de los vinos de jerez, muy apta para la elaboración de vinos generosos. Gracias al jerez, fue una de las primeras variedades españolas que alcanzó gran prestigio a nivel internacional. Cultivada también en otras regiones, es en esa zona vinícola donde alcanza su máximo y mejor rendimiento.

palomitas de maíz

Granos de maíz inflados, que se hacen estallar con aceite caliente en una sartén tapada, y que se vuelven blancos y esponjosos. Se consumen como botana y se pueden espolvorear con sal, mantequilla, azúcar, caramelo o chile.

pan

Alimento hecho con harina amasada y fermentada con agua y sal, al que se dan formas diversas con o sin molde, y que se cuece en el horno. La acción de un agente fermentador es la que da al pan su carácter propio.

La invención del pan fermentado se atribuye a los egipcios, que elaboraban tortitas a base de mijo y de cebada, cocidas sobre piedras calentadas, y que al parecer descubrieron la fermentación por azar, con un trozo de masa que se había vuelto agria.

A raíz del Éxodo fuera de Egipto (hacia 1250 a.C.), los hebreos no se llevaron levadura, y de ahí la tradición del pan ácimo, sin fermentar, para conmemorar el paso del mar Rojo. Los griegos cocían sobre una parrilla o en una especie de sartén unos panes de trigo candeal, pero sobre todo de centeno o avena. Los romanos cocían sus panes en hornos domésticos, hechos con ladrillo y barro, y los solían aromatizar. Los galos incorporaban *cervoise* (antecesora de la cerveza) en el amasado, y obtenían un pan fermentado de gran reputación. En la Edad Media se comenzó a desarrollar la profesión de panadero. A partir de esta época, los panes empezaron a ser extraordinariamente variados.

En el siglo XVII apareció un nuevo modo de fermentación, con leche, sal y levadura de cerveza. Se empezaron a elaborar otros panes, más delicados y enmoldados. Durante mucho tiempo la calidad del pan estuvo vinculada a la de la harina empleada en su elaboración y a su color: pan blanco y fino para los ricos, pan moreno y grosero para los pobres.

La panificación comprende tres operaciones principales: el amasado, la fermentación y la cocción, después de dar forma al pan.

– Amasado. Consiste en mezclar de forma homogénea el agua, la levadura o la masa madre y la harina, con un poco de sal para mejorar el sabor final. Antaño el amasado se hacía de forma manual, lo cual resultaba fatigoso y poco higiénico, pero hoy en día se ha generalizado el amasado mecánico.

La operación dura unos diez minutos. La masa dulce o ligera (para los panes de fantasía, a veces para las hogazas) contiene un 65% de agua, la masa media o bastarda (la más utilizada) está hidratada al 60% y la masa firme o dura (panecillos y panes con formas determinadas) contiene entre 40 y 45% de agua. En el curso del amasado se introducen los fermentos en la masa, ya sea con masa madre o con levadura industrial.

– Fermentación. Este fenómeno natural y espontáneo se produce a una temperatura favorable cuando un agente fermentador se mezcla con la harina amasada con agua.

Se puede distinguir entre fermentación salvaje o endógena, hecha con masa madre (masa fermentada de la hornada anterior, que se añade a la nueva), y la fermentación genéticamente controlada, o exógena, hecha con levadura industrial (obtenida mediante selección de cepas de fermentos cultivados).

En el primer caso, el panadero retira de una hornada del día la masa madre, que garantizará la fermentación del día siguiente. Ésta, que hace que el pan sea más ligero creando una serie de alvéolos, le confiere asimismo sus características organolépticas y sus cualidades. Los fermentos encuentran en la masa húmeda y caliente azúcares, sobre los que actúan produciendo burbujas gaseosas, que terminan por levantar la masa. Esta fase se produce en la amasadera. A continuación tienen lugar el pesado y el modelado, es decir, se da forma a la masa y se labra (se hacen unas cruces o cortes en la superficie), tras lo cual se coloca en bandejas para el reposado, en el que la masa prosigue su trabajo de fermentación.

– Cocción. Puede hacerse con gas o electricidad, pero la tradicional cocción con fuego de leña conserva sus adeptos. Los panes se hornean lo más rápido posible, con la ayuda de una cinta horneadora o una pala de madera de mango muy largo. Una vez cocidos, calientes y de color dorado, se retiran del horno y se depositan en un local aireado pero sin corrientes de aire, donde poco a poco van alcanzando la temperatura ambiente. La última operación de la panificación es la pérdida de humedad del pan, antes de ponerse a la venta. En la panadería industrial actual, todas estas operaciones están mecanizadas.

La panificación llamada "fina" se aplica al conjunto de los productos especiales, como los *longuets*, los panes de molde, los grisines, los panes tostados o los panes a la brasa (que no deben confundirse con los *biscotes*) de fabricación industrial.

La neopanificación es un sector de la panadería industrial que engloba los panes dietéticos que se pueden conservar varios días, e incluso varias semanas, por lo general cortados con antelación (panes de *brioche*, panes de hogaza, de cereales, de centeno, enriquecidos con salvado, sin sal, con gluten, etc.) y que se venden a menudo en los supermercados.

Fermentado mucho o poco, elaborado con trigo, arroz, maíz, salvado, centeno o gluten, el pan se encuentra en todas partes, con técnicas de cocción muy variadas: en aceite, en terrina (como ciertos panes del norte de África), en contacto con calor seco (la gran mayoría de panes se cuecen en el horno) o al vapor, como en China. También encontramos panes especiales (pan de molde, pan integral), y existen panes cuyo sabor y aroma varían según las sustancias aromatizantes, condimentos o semillas incluidos en su composición

PANES			
allumette	cuatro cuartos	magdalena	*pithiviers*
baba o babá	*dacquoise*	*merveille*	pizza
baklava	*damier*	milhojas	*plum cake*
baumkuchen	*dariole*	*mischbrot*	polvorón
beigli	*dartois*	*muffin*	profiteroles
beigne	diplomático	*naan*	*quenelle*
bireweck	*donut*	*nid d'abeille*	quiche
biscôme	duquesas	*nougat*	religiosa
biscote	*éclair* o relámpago	oblea	*rétès*
biscuit Joconde	empanada	ópera	rosquilla
bizcocho	empanadilla francesa	*oreillettes*	*sablé*
bolillo	filo, pasta	*pain de poires*	*sachertorte*
borracho	financiero	*palet*	*saint-honoré*
brazo de gitano o niño envuelto	*flamiche* o *flamique*	pan campesino o *miche*	saltena
	flauta	pan de caja o pan de molde	*sausseli*
bretzel	*focaccia*	pan de chocolate o chocolatín	*savarin*
brioche	*fouace*	pan de especias	*scone*
brownie	*fraisier*	pan de leche	selva negra (pastel de la)
cake	*gaufre*	pan de pasas	soleta o melindros
cannelé	*gaufrette*	pan molido o pan rallado	*stollen*
carrot cake	genovesa	pan tomate o pan con tomate	*streusel*
chapata o *ciabata*	*gougère*	pan tostado o tostada inglesa	*strudel*
chou o *choux*	*grillé aux pommes*	*pancake*	tamal
Christmas cake	*grissini*	*panellet*	tarta de Santiago
churros	hojaldrados	*Paris-Brest*	tartaleta
cigarrillo	hojaldre, pasta	*paskha*	*tatin*
cookie	*jésuite*	pastel de Reyes	teja
cornete	*kouglof*	*pet-de-nonne*	tiramisú
cornish pasty	*krapfen*	*petit-beurre*	tortilla
croissant	*kulich*	*pie* o *pay*	*trifle*
croquembouche	lengua de gato	*pirogui*	tronco de Navidad
croûte	*linzertorte*	*pistolet*	*tulipe*
crutón	macarrón	pita	volován

(ajo, algas, cebolla, comino, *emmental*, hierbas de Provenza, higos, lino, nuez, oliva, roquefort, semillas de amapola o de girasol, sésamo, uvas pasas, etc.).

En Escandinavia, los panes (a menudo de centeno) son muy variados. En Alemania existe asimismo una gran variedad de panes (de trigo, de centeno, aromatizados con comino, sésamo, girasol, etc.), y entre ellos el asombroso Pumpernickel, un pan de centeno con miga casi negra. También se toma el pan Graham (nutricionista estadounidense de finales del siglo XIX, que lanzó la producción industrial de pan de harina integral) y panes blancos con suero de mantequilla o almendras, cuando no son de trigo candeal puro, y enmoldados en forma de salamandra, tortuga, trenza, sol, violín, etc.

En los países mediterráneos, los panes suelen tener una masa compacta, muy blanca, a veces amasada con aceite, como el pan de Argel, ovalado y de extremos puntiagudos, o el pan tunecino, plano y redondo.

En Estados Unidos, así como en el Reino Unido, se consume a menudo pan de molde, a veces con una masa parecida a la del *brioche*. El amarillo *corn bread*, hecho de maíz, es una especialidad estadounidense.

En Rusia se pueden encontrar bolas de pan de centeno de miga densa y oscura, típica de los países de Europa del Este.

El pan, uno de los alimentos que, como el vino, suele estar presente en la mesa de principio a fin de la comida, constituye el acompañamiento tradicional de todos los platos.

También interviene en cocina y en pastelería como ingrediente. Desempeña un papel importante en numerosas sopas. Es indispensable para la *fondue* saboyana, y reducido en polvo o tamizado, proporciona el pan rallado fresco y el pan rallado seco. Empapado de leche, se emplea para las *panades*, las farsas y distintos aparejos. También se encuentra en ciertos postres (*pudding*).

Un buen pan debe presentar una corteza crujiente, bien dorada, relativamente consistente, y una miga tierna. Un pan que "se sienta" demasiado deprisa o que es insípido es de mala calidad.

El pan se sirve fresco, pero no caliente, ligeramente "sentado" en el caso del pan de centeno, preferentemente al día siguiente de la cocción en los grandes panes de hogaza fermentados. Se corta en el último momento, en rebanadas no muy delgadas para que conserve todo su sabor, o en trozos en el caso de la *baguette* y de otros panes largos.

Una ración diaria de 300 g de pan proporciona 125 g de glúcidos de absorción lenta, 25 g de prótidos de origen vegetal, unos 2 g de lípidos, sales minerales (calcio, magnesio, fósforo, potasio) y 750 kcal o 3,135 kJ (la tercera parte de la ración cotidiana media), pero esta aportación varía según la naturaleza y calidad de la harina.

Los nutricionistas están de acuerdo en reconocer que un "buen" pan constituye una base alimentaria indispensable, en perfecto equilibrio.

pan campesino o *miche*

Pan redondo de trigo candeal puro, que puede pesar de 500 g a 3 kg. Destinado originariamente a los ciudadanos acomodados, el pan campesino se fue convirtiendo poco a poco en el pan usual de las campiñas. Al principio era de tamaño pequeño, pero fue ganando peso y dimensiones y convirtiéndose en una hogaza, un pan clásico de consumo familiar.

En la Suiza francófona, se llama *miche* a un pan semiblanco, por lo general oblongo, de 1 kg de peso. Se denomina *michette* a un pan de 500 g.

pan de caja o pan de molde

Pan de sección cuadrada o redonda, caracterizado por una miga densa y blanca y una corteza casi inexistente, que se utiliza tostado o ligeramente sentado para realizar *toasts*, sándwiches, canapés y picatostes. Elaborado con harina, sal, azúcar, leche, mantequilla y levadura fresca, y cocido en bola, el pan de molde no debe confundirse con el pan de *brioche*, que es mucho más rico en azúcar.

pan de chocolate o chocolatín

Pequeña preparación de bollería, formada por un rectángulo de pasta de *croissant* doblada en carpeta sobre dos barras de chocolate y cocida en el horno.

pan de especias

Pan de formas diversas, elaborado con una pasta a base de harina, miel y especias. La preparación de panes o de tortitas a las que se añade miel, que durante mucho tiempo fue el único producto edulcorante conocido, es muy antigua.

Parece probable que Europa descubrió el pan de especias en el siglo XI, a raíz de las Cruzadas. En Pithiviers se dice que lo introdujo en la ciudad san Gregorio, un obispo armenio que se refugió allí en aquella época. Sea como fuere, en este momento se difundió la elaboración del pan de especias por los actuales Países Bajos, Reino Unido, Alemania, Bélgica, Francia e Italia.

Las especias son, junto a la miel, la característica del pan de especias, que recibe el nombre de *pfefferkuchen* (pastel de pimienta) en Alemania y *gingerbread* (pan de jengibre) en el Reino Unido.

En la actualidad se distinguen en Francia dos tipos de pan de especias: el de Dijon, con harina de trigo y yemas de huevo, y la *couque*, con harina de centeno. La *demi-couque* o *couque* bastarda, elaborada con una mezcla de harinas, se emplea sobre todo para los grandes panes de especias en forma de bloque.

Consumido sobre todo para merendar o como golosina, o en ocasión de fiestas (sobre todo en Bélgica y en Alemania), el pan de especias conoce también algunos empleos en cocina: para espesar una salsa, un ragú o una carbonada, en particular cuando se trata de una receta a la cerveza.

pan de leche

Producto de bollería de pasta fermentada, con leche, de forma alargada o redonda, a veces con granos de azúcar en su parte superior. El pan de leche se sirve en el desayuno o con el té, y se emplea también para realizar pequeños sándwiches.

pan de pasas

Producto de panadería de masa fermentada briochada y uvas pasas. La masa se enrolla en espiral, se corta en porciones de 1,5 cm de grosor, se deja levantar, a continuación se dora con huevo y se cuece en la placa del horno. Puede estar relleno de crema pastelera o de crema de almendras. El pan de pasas también recibe el nombre de "caracol", y cuando está relleno de frutas confitadas y recubierto con *fondant* blanco se llama "*brioche* suizo".

pan molido o pan rallado

Miga de pan seca y reducida a polvo, utilizada en cocina sobre todo para las preparaciones empanizadas o gratinadas. Antaño se obtenía raspando la corteza del pan y dejándola secar en el horno a baja temperatura. El pan rallado blanco, elaborado con miga de pan sentado pasada por el cedazo y secada sin tostarla, sirve para empanizar las piezas de freír.

Hoy en día la mayor parte de los panes rallados comercializados se fabrican de forma industrial.

pan tomate o pan con tomate

Especialidad catalana (*pa amb tomàquet*) consistente en untar con la pulpa de un jitomate maduro rebanadas de pan, especialmente de pan rústico (*pa de pagès*). Se le añade sal y aceite de oliva y se acompaña con carnes (especialmente jamón: *pa amb tomàquet i pernil*) o quesos. Combina muy bien con el cava.

pan tostado o tostada inglesa

Rebanada de pan de molde tostada en una tostadora y que se sirve caliente para el desayuno o el té, con mantequilla y mermelada, o para acompañar ciertos manjares (caviar, *foie gras*, pescado ahumado, etc.).

Las tostadas sirven de soporte para rellenos diversos que se sirven como entremeses calientes.

panade

1. Aparejo a base de harina, utilizado para ligar las farsas de *quenelles*, ricas o no en materia grasa. Como en el caso de una pasta *choux*, la harina se vierte de una sola vez en agua hirviendo, con sal y mantequilla. A continuación la preparación se seca sobre el fuego. Otros aparejos de *panade* se realizan empleando como base, además de la harina, yemas de huevo, pan, pulpa de papa o arroz.
2. Especie de sopa o papilla elaborada con pan, caldo, leche (o agua) y mantequilla. Debe cocer un cierto tiempo y se sirve muy caliente, a veces enriquecida con huevos (enteros o yemas) o crema líquida.

panadería

Lugar en el que se elabora y se vende pan.

Desde la Antigüedad hasta principios del siglo xx, el material de panadería prácticamente no evolucionó: frescos romanos representan amasadoras accionadas por animales. La amasadora mecánica data de 1920. El horno, antaño alimentado con madera y luego con carbón, hoy funciona con electricidad o gas. A menudo se trata de un horno rotativo, en el que penetra un carro vertical. En las panaderías artesanales, el horno de solera es el más frecuente.

Se han producido otras mejoras. La amasadora de velocidad acelerada permite blanquear la masa oxigenándola. La cámara de fermentación controlada ofrece al panadero más flexibilidad, puesto que se trata de un recinto que puede generar calor o frío, lo que permite ralentizar o acelerar la fermentación según las necesidades organizativas. La última aportación técnica es la de la congelación.

pancake ◆ *hot cake*

pancetta

Especialidad de charcutería italiana, a base de panceta magra de cerdo deshuesada, sin las cortezas, salada en una cuba durante unos diez días, horneada a temperatura fija antes de enrollarla y espolvoreada con pimienta troceada y molida. Embutida en una tripa de celulosa, la *pancetta* se vuelve a hornear y se seca durante tres semanas. Se consume cruda, en rodajas finas, y participa en la composición de diferentes platos de pasta.

→ *bacon*, tocino

panela

Queso fresco elaborado con leche de vaca pasteurizada, aunque también se puede producir con una mezcla de leche de vaca y cabra. Es blanco, con textura porosa, suave y esponjosa. Se elabora en piezas de hasta 2 kg, por lo cual es común comprarlos en porciones y no entero. Es muy popular en los estados del centro de México. Se consume como botana y se usa para rellenar chiles o verduras. También se desmorona sobre tacos, tostadas, quesadillas, ensaladas y frijoles. Asimismo, es popular servido con ate.

→ piloncillo

panellet

Especialidad tradicional de la repostería catalana, que se prepara con motivo de la festividad de Todos los Santos. Los *panellets* se elaboran con mazapán mezclado y perfumado con diferentes ingredientes y esencias. Los más populares son los de piñón, pero los hay de yema, café, almendra, membrillo, fresa, etc.

panera o *panetière*

Pequeño armario con celosía, colgado en la pared o en el techo, que antaño servía, sobre todo en Bretaña y en Provenza, para conservar el pan.

En la actualidad, la panera es un cofre, un cajón, una caja con puerta corrediza o una bolsa de ropa en la que se guarda el pan.

panetière, à la

Se dice de preparaciones diversas que, después de su cocción, se disponen en un pan redondo vaciado en costrada y dorado en el horno. La preparación puede ser individual o realizarse en una única gran pieza.

panettone

Gran pan dulce de *brioche* italiano, elaborado tradicionalmente a base de masa madre (fermento) natural, especialidad de la ciudad de Milán, que tiene numerosas variantes regionales. Esta elaboración, muy consumida en Navidad, se come también en el desayuno y se sirve a veces como postre, acompañada por un vino generoso.

panga o tiburón malayo

Pez de agua dulce de la familia de los pangásidos próximo al pez gato y emparentado con el siluro. El panga, de color verde y con la piel lisa sin escamas, tiene un crecimiento muy rápido, puesto que pesa 1 kg hacia los 6 meses. Es de constitución robusta, y se cría en jaulas flotantes en el delta del Mekong, en Vietnam, donde se comercializa con el nombre de *tra fish* o *basa catfish*. Su carne es blanca, rosada o amarillenta, según las condiciones de cría, lo que le da una textura y un sabor diferentes (la carne a veces tiene un sabor marcado a lodo si la cría se realiza en aguas de baja calidad). Solo el panga de carne blanca parece que se cría en aguas vivas. Su carne es firme, sin espinas, con un sabor neutro que permite múltiples preparaciones. La progresión del volumen de cría de este pez es fulgurante, hasta el punto de que compite directamente con la tilapia y la perca del Nilo. Se comercializa principalmente en filetes congelados.

panini

Sándwich italiano hecho a base de pan blanco, cuya pasta a menudo está aromatizada con un chorrito de aceite de oliva, se rellena con verduras, charcutería, *tapenade* o crema de aceitunas, cebollitas blancas y aromatizantes diversos. A continuación el *panini* se tuesta ligeramente y se consume caliente.

panza

Primera bolsa del estómago de los rumiantes, más voluminosa que las tres restantes. Antes de toda utilización, la panza se vacía, se lava, se escalda en agua a 70 °C y luego se rasca para retirar todas las partículas alimentarias adheridas a la pared. A continuación se pone rígida en agua hirviendo. De este modo se obtiene la panza para la elaboración *gras-double* a la lionesa o a la florentina. Con la panza de cordero y las demás vísceras se preparan los *tripous* de Auvernia y el *haggis* escocés. En México, la panza de res se prepara principalmente en un caldo sazonado con chiles y jitomate o como relleno para quesadillas.

papa o patata

Tubérculo harinoso originario de América, de la familia de las solanáceas, que se ha convertido en un ingrediente de gran importancia, como verdura fresca (siempre cocida) o como producto transformado (*chips*, papas fritas), utilizado también en destilería, en fábricas de féculas y en galletería. Una papa mediana de 100 g proporciona 86 kcal o 360 kJ y contiene 77 g de agua, 19 g de glúcidos (almidón), 2 g de prótidos y sales minerales (potasio, hierro, yodo). Sustituye a 40 g de pan, pero contiene dos veces y media menos cantidad de glúcidos.

Sus cualidades nutricionales son interesantes, si se evita el abuso de grasas al prepararlas. La cocción al vapor conserva sus vitaminas B y C. Esta última es muy abundante en la papa temprana. Los glúcidos que contienen son complejos o lentos, pero se transforman en rápidos cuando las papas se convierten en puré.

Cultivada por los incas y los aztecas, la papa fue descubierta en Perú por Pizarro, y llegó a Europa en 1534. Cincuenta años más tarde, Walter Raleigh, favorito de Isabel I de Inglaterra, realizó el mismo descubrimiento en Virginia. Los italianos, que la conocieron gracias a los españoles, la llamaron *tartufola* (trufa pequeña), por analogía con este hongo que también crece bajo tierra, y los alemanes *kartoffel*. La papa se implantó rápidamente en toda Europa.

En Francia, Antoine Augustin Parmentier la propagó a finales del siglo XVIII, a pesar de los prejuicios que rodeaban a este alimento de pobres, simplones o soldados.

La papa, que se convirtió en un alimento de base, sano y barato, es casi indispensable en cocina, y conoce una gama de recetas muy ricas, desde las preparaciones más simples y populares hasta las más refinadas.

En Europa, el consumo anual se encuentra alrededor de 80 kg por habitante, mientras que en Estados Unidos desciende hasta los 52 kg (la mitad de ellos como productos transformados).

Las papas se deben conservar en un lugar seco y aireado (entre 8 y 10 °C), para evitar que se endulcen, y sobre todo oscuro, para impedir que reverdezcan y aparezca la solanina, que las vuelve amargas e indigestas.

Se puede disponer de papas todo el año. En gran parte de las papas comercializadas no se utilizan inhibidores químicos de la germinación, puesto que dicho proceso se puede detener almacenándolas a temperaturas bajas (entre 6 y 8 °C). Para las papas tratadas se requiere una mención en la etiqueta. Las papas también se venden al vacío.

Hoy en día existen dos grandes categorías de papas: las de carne harinosa (de consumo corriente) y las de carne firme. Las primeras se destinan sobre todo a las sopas, a las papas fritas y a los purés. Las segundas, al resto de preparaciones.

La papa puede acompañar prácticamente a todas las carnes, aves y pescados y a los huevos. Existen numerosas asociaciones clásicas. También es la base de platos tradicionales, regionales o de muchos países: *aligot*, *criques*, *gulasch*, *gratin dauphinois*, *irish stew*, *pflutters*, *rösti* suizo, *saladier* lionés, causa limeña, etc. A menudo se realza el sabor de la papa con queso rallado, dados de tocino, cebolla, crema, finas hierbas o aromatizantes diversos. También da consistencia a numerosas preparaciones.

papas a la delfina ◆ papas *dauphine*

papas avellana

Pequeñas bolas de pulpa de papa doradas con mantequilla, utilizadas en numerosas guarniciones simples o compuestas, por lo general para piezas pequeñas de carne.

papas *dauphine* o papas a la delfina

Preparación de papas reducidas a puré, al que se añade pasta *choux*, en forma de bolas y fritas en aceite muy caliente. Las papas *dauphine* o papas a la delfina acompañan a carnes o piezas de caza a la parrilla o asadas. Esta mezcla puede enriquecerse con queso rallado o jamón de Bayona, sobre todo para elaborar croquetas.

papas duquesa

Puré de papa al que se añade mantequilla y yema de huevo, se aplica mediante una manga de pastelería y se fríe para acompañar las piezas de carne. Las papas duquesa se emplean como decoración. También se preparan como croquetas empanizadas y fritas. Cuando se enriquecen con trufas picadas, se cubren con almendras en láminas y se les da forma de croquetas redondas, dan lugar a las papas Berny. Mezcladas con jamón picado, cubiertas de fideos finos crudos y en forma de tapones, constituyen las papas *saint-florentin*.

papas paja

Nombre de una preparación de papas cortadas en juliana larga, que después se fríen. Por su aspecto evocan la paja dorada y acompañan a menudo a las parrilladas.

pápaloquelite o pápalo

Planta perteneciente al orden de las asterales que mide hasta 1,5 m de altura. Comienza a ramificarse desde la base y sus hojas son casi circulares, de hasta 5 cm de diámetro. Crece espontáneamente en los cultivos de clima cálido y templado en México, pero es especialmente consumida en el centro del país, donde sus hojas perfumadas y de sabor fuerte son muy apreciadas en salsas y tacos.

papaya

Fruto de un árbol tropical de la familia de las caricáceas, alargado y globuloso, cuya piel con surcos, amarillenta, recubre una pulpa anaranjada. El centro de la fruta está ocupado por una cavidad llena de semillas negras. La papaya, originaria de la América tropical, se cultiva en América, en Asia y en África. Es poco energética (44 kcal o 184 kJ por cada 100 g) y muy rica en betacarotenos y rica en vitaminas C y B3 así como en potasio. Se consume verde, como verdura, o madura, como fruta. En Europa se consume sobre todo en forma de confitura o de jugo, y en ensaladas. En México es muy consumida en los desayunos como fruta fresca, en licuados o en dulce.

Una vez "sangrada" (para que suelte el jugo blanco y ácido que encierra, un látex del que se extrae una enzima utilizada en medicina), y después de retirarle las pepitas, la papaya verde puede rallarse como una zanahoria cruda. Se cocina como la calabaza, al gratén, hervida o frita, en rodajas (como en Vietnam).

Cuando está bien madura, la papaya se sirve como entremés como el melón, rociada de jugo de lima, en ensalada o de postre con azúcar y crema líquida. Su pulpa jugosa y refrescante mejora si se realza con un poco de ron.

papel

Material empleado en cocina para la preparación, la cocción, el servicio o la conservación de los alimentos y las elaboraciones.

El papel sulfurizado, a menudo llamado "papel estrella", está tratado para resistir al calor (hasta 220 °C) y soportar el horno de microondas. El papel siliconado soporta temperaturas superiores. Se utilizan en el horno para contener preparaciones que se van a cocer en *papillot*, para recubrir una charola antes de cocer en ella una preparación que pueda pegarse (una tarta, por ejemplo), a fin de que no tomen color demasiado pronto.

También se utiliza papel filtro, y se cubre los alimentos con film transparente o se envuelven en papel de aluminio.

El papel de encaje o blondas (de formato variable, redondo u ovalado, con bordes dentados) se utiliza para presentar sopas, postres y pasteles.

Por su parte, el papel absorbente interviene para limpiar ciertos elementos, secar artículos delicados y escurrir las preparaciones fritas.

papet

Puchero tradicional suizo (cantón de Vaud). El *papet*, compuesto por poro y papas, y acompañado a menudo de un trozo de carne de cerdo ahumado, se sirve por lo general con un corte de salchicha con col.

papillot o empapelado

Alimento cocido y servido en un envoltorio de papel sulfurizado o de papel de aluminio. La preparación en *papillot* se aplica a un elemento crudo o ya cocido, a menudo acompañado por una guarnición aromática, una salsa, un picadillo de verduras, etc.

El papel se engrasa con mantequilla o aceite y luego, una vez lleno, se dobla plegando el borde como un dobladillo, de modo que se obtenga un envoltorio bien firme. El *papillot* se hincha con el calor del horno, y se sirve muy caliente, antes de que vuelva a bajar.

También con este nombre se conoce a una pequeña decoración de papel blanco cortado con la que se cubre el hueso de una chuleta de cordero o de ternera, un muslo de ave, el extremo de una croqueta a la que se ha dado forma de chuleta, etc. El de tamaño más grande se denomina "*papillote*".

papillote, caramelo o bombón

Golosina originaria de Lyon, envuelta en un papel siliconado en el que figuran ilustraciones, acertijos, bromas o citas, y rodeada de un papel brillante de color vivo, con los extremos doblados. Las *papillotes* pueden contener *fondants*, pastas de frutas, bombones rellenos, pralinés, *nougats*, etc. Sus orígenes se remontan a finales del siglo XVIII, cuando un aprendiz de confitero tuvo la idea de escribir unas palabras de amor a su amada en un papel y envolver con él una golosina. Su patrón, el señor Papillot, se apropió de su idea, naciendo así el *papillote*.

paprika

Variedad de pimentón dulce (*paprika* en húngaro) de la familia de las solanáceas, que se reduce a polvo después de desecarlo, y es utilizada para aromatizar ragús, farsas, platos en salsas y sopas, así como para perfumar quesos frescos.

El paprika es el ingrediente más característico de la cocina húngara (en la que no se introdujo hasta el siglo XIX, aunque el pimentón fuera conocido en Europa desde el siglo XV) y también realza numerosas preparaciones francesas que se inspiran en mayor o menor medida en aquella tradición.

El arbusto que proporciona este pimiento dulce es originario de América. Sus vainas, de 7 a 13 cm de longitud y de 3 cm de anchura, se recogen a finales de verano, cuando están rojas, y luego se ponen a secar y se muelen. Szeged, en el sur de Hungría, es la capital del paprika, cuya mejor variedad es la rosa o dulce, de sabor picante, pero sin posgusto acre, y muy rico en vitamina C.

El paprika desarrolla mejor su aroma en las cocciones con cebolla y manteca de cerdo (mejor que con mantequilla). No obstante, es preferible incorporarlo fuera del fuego o a un líquido, pues de otro modo el azúcar que contiene podría caramelizarse y afectar al sabor y al color del plato.

paprikache

Ragú húngaro con paprika y crema agria, elaborado con carne blanca o pescado (mientras que el *gulasch* se hace con res), cocinado con cebollas picadas o cortadas finas y acompañado de jitomates, pimientos o papas.

parafina

Mezcla de hidrocarburos sólidos que se distinguen por su carácter neutro. La parafina, blanca, translúcida, insípida, inodora, que funde con facilidad, se emplea para cubrir frutas y verduras y para glasear la corteza de los quesos. También se usa para tapar tarros de confitura.

El aceite de parafina, compuesto asimismo por hidrocarburos, de consistencia untuosa, no es ni un aceite ni un cuerpo graso, a pesar de su nombre. No aporta ni lípidos ni calorías, y se emplea sobre todo en los regímenes hipocalóricos como sucedáneo del aceite alimentario. No debe consumirse regularmente y solo se puede tomar en pequeñas cantidades, ya que tiene un efecto laxante y además obstaculiza la asimilación de las vitaminas liposolubles (A, D, E, K). Así pues, solo se emplea por consejo médico, en caso de fuerte estreñimiento. Reservado a un empleo en crudo (vinagreta, mayonesa) no debe ni calentarse ni servir para engrasar un utensilio de cocción.

Paraguay

En la cocina paraguaya, de carácter mestizo debido principalmente a la presencia hispánica e indígena, existe una gran preferencia por la carne de res a la parrilla.

Se consume el maíz, el arroz, los frijoles y ejotes, la mandioca cocida y es típico el puchero (sopa con verduras u carne de res). Son populares también las empanadas y las albóndigas.

Se consumen muchas frutas tropicales como postre.

parfait

Postre helado con una proporción importante de crema que le da su untuosidad y su consistencia. No se funde demasiado deprisa y puede cortarse en rebanadas. El *parfait* se sirve tal cual o se emplea como base para preparar un *biscuit glacé*, un suflé helado o un *vacherin*.

parfait amour

Licor de origen holandés, a base de limón (o de cidra), clavo de olor, canela y cilantro macerados en alcohol y a los que se añade almíbar. Este licor, que data del siglo XVIII, fue muy popular en la década de 1930. El alcoholato se edulcoraba, se coloreaba en rojo o en violeta y se aromatizaba con violeta.

pargo

Pez de la familia de los espáridos, que vive en el Mediterráneo (sobre todo en la costa española) y en el Atlántico (en el sur del Golfo de Vizcaya), pero que cada vez es más escaso. El pargo, en forma de huso rechoncho, se distingue de las doradas por su vientre rectilíneo. Mide de 30 a 50 cm, tiene el dorso rosado más oscuro y puede pesar hasta 1 kg. Se prepara como la dorada, pero es algo menos sabroso.

En el Pacífico se conoce como pargo a un pez de la familia de los lutjánidos. Son de carne blanca y pocas espinas. En México suelen consumirse al horno, asados, fritos o en caldo.

parisien

Postre de pastelería clásica, formado por un bizcocho de limón relleno de frangipane y de frutas confitadas, cubierto con merengue italiano y dorado a fuego lento. En panadería es el nombre que recibe un pan de 400 g.

parisina, a la

Se dice de preparaciones muy diversas, representativas de la restauración clásica parisina, sobre todo de piezas pequeñas o grandes de carnicería o de ave, cuya guarnición comprende papas parisinas (papas avellana, con finas hierbas) acompañadas por lechugas breseadas o fondos de alcachofa.

La denominación también se aplica a numerosas preparaciones frías de pescados o de crustáceos en las que interviene mayonesa cuajada (fondos de alcachofa con macedonia de verduras a la mayonesa o huevos duros con distintas guarniciones), así como a pequeños patés redondos de pasta de hojaldre rellenos con una mezcla homogénea de ternera, grasa y trufas. Distintas preparaciones a la parisina incluyen pechuga de pollo, champiñones, lengua escarlata o macedonia de verduras. Por su parte, el potaje a la parisina está hecho a base de poro y papa, acabado con leche y aderezado con perifollo.

pargo blanco y negro

Pez tropical de las Antillas y de África, parecido a las doradas. El pargo blanco y negro, robusto, que pesa hasta 2 kg, tiene la cabeza triangular, que termina en un hocico puntiagudo, y es de colores vivos. Su carne, fina y firme, se presta muy bien a las marinadas de lima y de especias. Este pescado también se prepara con coco o simplemente se asa a la parrilla.

Paris-Brest

Pastel en forma de corona, hecho con pasta *choux*, relleno de una crema muselina praliné y en su parte superior presenta almendras cortadas. Lo creó en 1891 Monsieur Bauget, pastelero de Maisons-Lafitte, cuyo establecimiento se encontraba en el recorrido de la carrera ciclista entre París y Brest. Como homenaje a esta carrera, este artesano ideó unos pasteles circulares que evocaban las ruedas de bicicleta. El *Paris-Brest* se vende como pastel individual o familiar, en general para 6 u 8 personas.

Parmentier, Antoine Augustin

Farmacéutico militar y agrónomo francés (Montdidier, 1737-París, 1813). Contrariamente a la leyenda, Parmentier no "inventó" la papa. Ya era conocida y cultivada en Francia desde la época del agrónomo Olivier de Serres (1539-1619), pero los franceses la consideraban un alimento para el ganado o para los indigentes. Parmentier fue un propagador convencido de este tubérculo, que ya estaba muy difundido en otras partes de Europa.

En 1772, la academia de Besançon fundó un premio para el descubrimiento de vegetales susceptibles de completar la alimentación de las poblaciones en caso de hambruna. Parmentier formó parte de los siete competidores que defendían el empleo de la papa. Fue laureado en 1773. Cinco años más tarde publicó su *Examen chimique de la pomme de terre*. Muy pronto, el propio monarca Luis XVI animó los esfuerzos de Parmentier.

En 1786, después de un año de hambruna, se le concedió un terreno en Neuilly, en el llano de Les Sablons, cerca de París. Más tarde obtuvo permiso para plantar papas en la llanura de Grenelle, el actual Champ-de-Mars. Durante el día, los cultivos los vigilaban los militares, lo cual constituía para los parisinos la prueba de que allí se cultivaba algún género valioso. Por la noche, los ladrones venían a abastecerse clandestinamente, con lo que se convirtieron en los propagandistas más eficaces del nuevo tubérculo.

Antoine Parmentier, experto en molinería, creó asimismo una escuela de panadería en París. Publicó numerosas obras sobre la pataca o topinambur, el maíz, la castaña, los vinos, los jarabes, las conservas y la higiene alimentaria en general. Su nombre está asociado desde entonces a la papa, a numerosas preparaciones a base de carne de este tubérculo y, en particular, a un picadillo de carne de res dispuesto entre dos capas (o cubierto por una sola) de puré y gratinado, llamado "hachis Parmentier".

parmesano

Queso italiano con Denominación de Origen, de leche de vaca parcialmente descremada (de 32 a 50% de materia grasa), de pasta prensada cocida y corteza natural engrasada. El llamado "rey de los quesos italianos" es muy antiguo, ya que nació en Toscana en el siglo XI. Se presenta en forma de un gran cilindro de 35 a 40 cm de diámetro y de 18 a 25 cm de grosor, y pesa de 24 a 40 kg. Calificado de *vecchio* después de 1 año de afinado, de *stravecchio* después de 3 años (algunos amantes lo prefieren cuando tiene 10 años), tiene un sabor láctico ahumado, afrutado, salado y a veces picante. Se sirve al final de la comida, pero también recién rallado en numerosas preparaciones culinarias o como acompañamiento de las pastas.

parrilla o *grill*

Utensilio de cocina que sirve para asar carnes, pescados y verduras. El modelo más antiguo consiste en una rejilla de hierro forjado, dotada de un asa y montada sobre cuatro pies, que se coloca sobre brasas. Esta parrilla, previamente untada de aceite, es adecuada para las grandes piezas de carne. Existe otro modelo formado por dos rejillas unidas por una bisagra y entre las que se encierra los alimentos que se van a asar. El inconveniente es que la grasa que cae sobre las brasas hace desprender, cuando se inflama, vapores nocivos. Las rejillas constituidas por una placa de hierro colado o chapa se ponen en contacto directo con la placa o el quemador de la cocina. Deben limpiarse antes de cada uso para eliminar sabores metálicos.

Las parrillas eléctricas independientes actúan por radiación, gracias a una resistencia, o bien por contacto. Estas últimas están dotadas a menudo de un revestimiento antiadherente, y están constituidas por una placa gruesa, lisa o acanalada, o por dos placas con bisagra.

Uno de los elementos de calor de los hornos eléctricos o de gas es el *grill*, constituido por quemadores o elementos infrarrojos situados en la parte superior y que asimismo sirve como salamandra.

parrillar

Cocer un alimento exponiéndolo a la acción directa del calor, mediante difusión o por contacto: brasas de carbón de madera, de leña o de sarmientos; una piedra plana o una placa de hierro colado muy caliente; o una parrilla. Esta técnica de cocción permite que el alimento experimente un golpe fuerte de calor inicial y conserve todo su sabor. En las carnes provoca una caramelización superficial de los prótidos que aprisiona los jugos nutritivos (para que la carne no sangre, es preciso evitar salarla o pincharla). Antes de disponer los alimentos en la parrilla, a menudo se untan con aceite o mantequilla fundida.

Las piezas de carne en contacto con la parrilla ardiente quedan marcadas con unos trazos oscuros. Si se hacen girar en el curso de la cocción, se obtiene un cuadriculado decorativo. Si la cocción se debe prolongar mucho, primero se provoca la citada caramelización a fuego vivo y después se disminuye la intensidad del calor.

pascaline

Preparación de cordero, antaño reservada al día de Pascua, de la que los escritores Alexandre Dumas y Charles Monselet dieron en el siglo XIX la misma receta. Simon Arbellot, por su parte, cita una *pascaline* de cordero bien diferente, realizada más tarde por Prosper Montagné, que había encontrado la receta "en los papeles de Talleyrand y de Carême": se trata de cabezas de cordero rellenas de hígado, tocino y finas hierbas, asadas en cazuela, luego dispuestas en una fuente redonda con pies de cordero cocidos en fondo blanco, mollejas de cordero mechadas, croquetas de lengua y de sesos y rebanadas de pan fritas, todo ello napado con una salsa *velouté* a la que se añaden champiñones cortados finos.

pascalización

Esta técnica de conservación de los alimentos, también llamada "alta presión", consiste en aplicar presiones muy elevadas (entre 4,000 y 6,000 veces la presión atmosférica) en unos espacios especiales a temperatura normal, lo cual destruye los microorganismos sin alterar el sabor de los productos frescos. Este procedimiento se empieza a utilizar en Japón, sobre todo para conservar jugos de frutas, pero su aplicación todavía es limitada debido a su alto costo.

Pascua

Fiesta cristiana que celebra la resurrección de Cristo. De hecho, es la prolongación de la fiesta anual celebrada por los judíos en memoria de la salida de Egipto del pueblo hebreo. La religión judía prescribe que, durante la semana del 14 al 21 del mes de nisan (principio de primavera), los fieles deben abstenerse de consumir todo alimento fermentado. El día de Pascua la comida incluye un cordero asado, inmolado según la práctica *kosher*.

El día de Pascua, fijado para el primer domingo después de la primera luna llena que sigue al equinoccio de primavera, recae entre el 22 de marzo y el 22 de abril. Es la época de la plena renovación de la naturaleza y numerosas tradiciones culinarias marcan esta fiesta que sucede a la abstinencia de la Cuaresma.

En Francia, la costumbre de regalar huevos pintados o decorados se remonta al siglo XV. La tortilla pascual a menudo se adereza con tocino o salchichón, para marcar bien el fin del periodo de ayuno. A la tortilla le sigue un plato de carne, a menudo de cordero o de cabrito, pero también se consume cerdo. El pan que se comía el día de Pascua era más blanco que el pan diario, y constituía casi una golosina. La pastelería está presente a través de todo tipo de pasteles específicos.

En Rusia se conserva, además de los huevos multicolores, numerosas recetas tradicionales del día de Pascua, como el *koulitch* y la *paskha*.

En Alemania es tradicional la *Ostertorte*, un pastel formado por una pasta de bizcocho rellena de crema de mantequilla con *moka*, y que es decorado con huevos de chocolate.

pase

Término que designa el espacio situado entre las cocinas y la sala de restaurante, donde se encuentra el chef durante todo el servicio. En este lugar el chef anuncia los pedidos, los hace avanzar y los hace rectificar si es preciso, pero también vela para que la ejecución y la composición de los platos sean conformes a los estándares. También es en el *pase* donde, cuando corresponde, da el último toque en el acabado.

El *pase* consta de una "mesa caliente" (generalmente cubierta con un muletón y un mantel), que permiten recibir y conservar en caliente las fuentes o los platos, y una "mesa fría" para las preparaciones frías. El mesero debe esperar tras el *pase* la autorización del chef para llevarse los platos.

paskha

Pastel de Pascua tradicional en Rusia, elaborado con queso blanco, azúcar, crema agria y mantequilla, relleno de uvas pasas, frutas confitadas y nueces o almendras, y enmoldado en pirámide. Antaño el molde de la *pashka* era de madera, y sus caras talladas huecas representaban los atributos de la Pasión. Hoy en día las frutas confitadas sirven aún para dibujar, en el momento del acabado del pastel, las dos letras X y B (iniciales, en el alfabeto cirílico de las palabras *Khristos Voskress*, "Cristo ha resucitado").

pasta

1. Base que sirve para realizar una preparación de pastelería. Por ejemplo, se hace una pasta merengada para preparar un *vacherin*.

Algunas pastas de bizcocho se trabajan en caliente (genovesa) y otras en frío (bizcocho enrollado, bizcocho de Saboya).

2. Preparación a base de sémola de trigo duro y agua, que a veces contiene huevos o verduras. Esta es la definición de las pastas "secas", que es preciso distinguir de las pastas llamadas "frescas", a base de harina y huevos. Se presentan en múltiples formas, a veces aromatizadas, y se venden listas para cocer en agua, para acompañar un potaje o para gratinar, o bien rellenas para calentar.

Se cuenta que la pasta se viene elaborando desde la Antigüedad en China, donde Marco Polo las habría descubierto hacia el 1295. Sin embargo, al parecer antes de esta época ya se conocían en Italia. Catalina de Médicis las introdujo en Francia en el siglo XVI. Al principio estaban reservadas a la nobleza y la burguesía, se extendieron a la Provenza y a Alsacia, después de llegar a la Europa central y a Alemania, pero hubo que esperar a finales del siglo XIX para que, gracias a la fabricación industrial, la pasta se convirtiese en el alimento popular que todavía es actualmente.

La fabricación de la pasta solamente requiere operaciones mecánicas, sin cocción ni fermentación. Los granos del trigo duro primeramente son reducidos a sémola. Ésta será amasada en presencia de

agua hasta que alcance un 32% de humedad, con una aportación opcional de huevos frescos. Tras el amasado y prensado, la pasta obtenida es sometida a operaciones de trefilaje y extrusión o de laminado-cortado, según el aspecto final deseado. A continuación se efectúa un secado prolongado en caliente, hasta obtener el índice de humedad del 12,5%, que permite una conservación prolongada. No se permite ningún añadido de productos químicos o colorantes. Por último, la pasta se envasa en estuches de cartón o en bolsas transparentes. Por el contrario, la pasta fresca no se hace secar (su índice de humedad es superior al 12,5%). Una vez se le ha dado la forma y, si corresponde, una vez rellena, la pasta fresca se vende en comercios envasada en una atmósfera protectora, o a veces se vende a granel. Tras la abertura, esta pasta debe consumirse rápidamente.

Las pastas de buena calidad deben ser lisas y regulares, sin rastros blanquecinos, translúcidas o de una tonalidad marfil tirando a amarilla. Cuando se cuecen su volumen se multiplica normalmente por tres.

Una proporción media de pasta (60 g secas o 180 g cocidas) proporciona, sin sazonamiento, 230 kcal o 961 kJ y un aporte interesante de proteínas vegetales. Con mantequilla, salsa de jitomate y queso (es decir, glúcidos, lípidos y vitaminas), la pasta constituye un plato perfectamente equilibrado.

La pasta se debe comer *al dente* (aún firme), ya que contiene azúcares lentos que proporcionan energía de manera prolongada, mientras que una cocción excesiva transforma el almidón de la pasta en azúcares rápidos.

Las pastas se distinguen por la proporción de sus componentes:
- Pastas clásicas. Solo contienen sémola de trigo duro y agua. Es mejor elegirlas de calidad superior. Su sabor varía con su forma: conchas, macarrones o tagliatelle, fabricados con la misma sémola no tienen el mismo sabor, independientemente de la sazón. Algunas tienen estrías, que mejoran la adherencia de las grasas. Entre las pastas clásicas se suelen distinguir: las largas, las cortas y las pastas para sopa.
- Pastas con huevos. Contienen de tres a ocho huevos por kilo de sémola.
- Pastas con gluten. Incluyen al menos un 20% de materias nitrogenadas procedentes del gluten y tienen un índice de glúcidos reducido (56,5% contra 75% habitualmente).
- Pastas con leche. Presentan al menos 1,5 g de extracto seco procedente de la leche por cada 100 g de pasta.
- Pastas con verduras o aromatizadas. En el momento de la elaboración se añade una verdura picada (a menudo espinacas), un aromatizante o un jugo (por ejemplo de tomate o de tinta de sepia).
- Pastas rellenas. Se venden en conserva, en paquete al vacío, ultracongeladas o en semiconserva.
- Pastas de trigo integral. Son de color oscuro, ricas en fibras y más saciantes que las pastas clásicas.

La mayoría de las pastas son originarias de Italia y se pueden clasificar en cuatro grandes familias:
- Pastas de sopa. Muy pequeñas y de formas variadas. Agrupan los *anellinis* (pequeños aros, a veces dentados), *conchigliettes* (pe-

queñas conchas), linguinis (granos pequeños), *penninis* (plumas), *risonis* (granos de arroz), *stellines* (estrellas), así como las pastas de letras, los cabellos de ángel y los fideos.

- Pastas para cocer. Son las más numerosas. Las hay planas, más o menos anchas (*tagliatelles*, *fettuccinis*), otras redondas (*spaghettis*, *spaghettinis* y *fedelinis*, estas últimas son las más finas). Las hay huecas, ya sea rectas (macarrones, *rigatonis*, *pennes*) o curvas (conchas), o presentadas en nido (*pappardelles*), en forma de mariposa (*farfalles*) o en hélice (*eliches*).
- Pastas para gratinar o cocer en el horno. Previamente cocidas en agua, comprenden las lasañas (lisas o de bordes ondulados), pero también los *tortiglionis* (codos estriados), los grandes macarrones (*bucatinis*), las conchas y las pajaritas (*cravattines*), etc.
- Pastas para rellenar. Las más corrientes son los canelones y los raviolis, pero los italianos han dado a conocer asimismo los *agnolottis* (pequeñas empanadillas), los *cappellettis* (sombreritos), las *lumaches* (grandes conchas), los *manicottis* (grandes canelones estriados con extremos biselados), los *tortellinis* y *tortellonis* (de menor o mayor tamaño), etc.

El abanico de las salsas para pasta es muy variado, con preparaciones más o menos densas, a menudo a base de jitomate, a veces con la adición de jamón, tocino, carne picada, marisco, crema, queso acabado de rallar (parmesano, *gruyère*), anchoas, pechuga de pollo, hongos, verduras cortadas finas, etc. Las salsas boloñesa y milanesa son las más tradicionales. La pasta también se puede servir en timbal, al gratén, en ensalada, con huevos revueltos, con mejillones, en corona, con guisantes, etc. En las farsas intervienen la carne picada, las espinacas con bechamel, los hígados de ave, el queso y las finas hierbas, la carne picada preparada, los hongos, etc. En Italia, el plato de pasta se sirve como entrante. Las pastas combinan igualmente bien con ensaladas y forman parte de deliciosos postres, con frutas o chocolate.

pasta de almendras

Preparación de confitería a base de almendras dulces escaldadas, peladas y secas, y luego finamente molidas y mezcladas con dos veces el mismo peso de azúcar en polvo y un poco de glucosa.

La pasta de almendra a menudo se aromatiza con aguardiente blanco, para rellenar caramelos o bombones de chocolate. Es la materia prima del *calisson*, el *aboukir*, el turrón y el mazapán.

En pastelería sus empleos son muy variados, en particular para decorar o recubrir numerosos pasteles (tronco, genovesa). La pasta de almendra fundente (en la que la proporción de azúcar es menor) se aromatiza con vainilla, limón, naranja, fresa, pistache, café o chocolate.

También se prepara una pasta de almendra granulada para cubrir pasteles y *petits-fours*. Además sirve para rellenar frutos secos servidos como *petits-fours* (dátil, ciruela pasa).

pasta de cacao

Es la materia prima de todos los productos a base de cacao y de chocolate. Esta masa untuosa y amarga se obtiene mediante molienda —cuya técnica condiciona su finura y fluidez— de granos fermenta-dos, seleccionados, lavados, pelados (no debe contener más de 5% de desperdicios aplastados) y tostados, pero con su materia grasa natural (de 45 a 60% según las variedades).

pasta de frutas

Elaboración de confitería a base de pulpa de fruta, azúcar y pectina. Su confección se asemeja bastante a la de una confitura, pero proporciona una preparación mucho más seca. En España recibe varios nombres: "frutas de Niza", "jaleas secas", "carne de fruta".

La pulpa de la fruta representa 50% del producto terminado (40% en el caso de los membrillos y los cítricos).

En las pastas de frutas industriales, la pulpa se compone habitualmente de pulpa de chabacano y/o pulpa de manzana y pulpa de la fruta que da su denominación *à la pâte*, así como de un aromatizante y a veces un colorante. La pulpa se cuece con azúcar, jarabe de glucosa y pectina y luego se perfuma, se colorea y se vierte en moldes de almidón o en placas; a continuación se corta. Después de enfriarse de 12 a 24 horas, las pastas se desmoldan, se cepillan, se orean y se pasan por azúcar cristalizado, azúcar lustre o glasa real. Se conservan a temperatura media, en atmósfera ligeramente húmeda.
→ ate

pasta filo

La pasta filo, que se presenta en hojas muy finas, está hecha de harina, agua y almidón de maíz. Se utiliza mucho en las cocinas turca y griega (*filo* procede del griego, hoja) y es parecida a la hoja de *brik* empleada en el norte de África. Es flexible como la seda, y tradicionalmente se ha destinado a la elaboración de *baklavas* y otras recetas dulces, aunque también de platos salados, como los hojaldrados de queso, etc.

pasta hojaldre, pasta de hojaldre o pasta hojaldrada

Pasta a la que se le intrega matequilla doblándola sobre sí misma y aplastándola con el rodillo un cierto número de veces, dejándola reposar entre cada operación, llamada "vuelta". Cuantas más vueltas se hagan (hasta ocho), más numerosas son las "hojas" y más se hinchan.

La pasta de hojaldre, ligera, dorada y crujiente, casi nunca endulzada sea cual sea su destino, se suele rellenar o decorar por encima. Sus empleos son múltiples en cocina y en pastelería. Se pueden preparar de múltiples maneras, en función del número de vueltas y del cuerpo graso. Se pueden incorporar yemas de huevo, azúcar o ron.

El hojaldrado inverso consiste por una parte en mezclar la mantequilla y una parte de la harina, y por otra en realizar una masa clásica e incorporarla a la preparación mantequilla-harina, y luego dar las vueltas como para un hojaldre clásico. Este método permite obtener una textura más fundente y friable.

Se llama "medio hojaldre" a lo que queda de la pasta de hojaldre después de cortar placas. Estos recortes se apoyan los unos contra los otros sin amasarlos, se trabajan con el rodillo y se utilizan para forrar barquillas o tartaletas, o para realizar florones y otros elementos de decoración.

pasta orly • orly

pasta tulipán

Pasta ligera compuesta por mantequilla, azúcar glass, harina y claras de huevo. La pasta se extiende en primer lugar en forma de disco con la ayuda de una cuchara o de una paleta, y luego se cuece en el horno caliente. La flexibilidad de la pasta todavía tibia permite darle tradicionalmente una forma de tulipán o cualquier otra. Este tipo de pasta se sirve fría y crujiente, con crema batida o como acompañamiento de ciertos postres helados. Se deben conservar en un lugar seco.

pastas de cocina y pastelería

Mezclas a base de harina y agua con las que se obtiene o bien pan ácimo y pasta (añadiendo un poco de sal) o bien masa de pan (añadiendo levadura). En cocina, y sobre todo en pastelería, las pastas (algunas de las cuales también se fermentan) se enriquecen con un cuerpo graso, huevos, leche, a veces azúcar y diversos ingredientes complementarios.

Una pasta puede constituir un fondo, una *croûte* para rellenar, un envoltorio que se cierra, una bolsa que se dobla, una preparación para rellenar, una preparación más o menos fluida para cubrir, un soporte de pastel mullido, firme, seco o ligero. Según su empleo, su consistencia es más o menos maleable o fluida, en función de la proporción de líquido que contiene.

Todas las pastas incluyen sal fina, incluso las pastas dulces de pastelería. En cambio, las de las preparaciones saladas no se endulzan nunca.

– La harina, base de toda pasta, contiene gluten cargado de almidón, que asegura la cohesión del producto final. El agua (o la leche) deslíe el almidón, disuelve la sal y el azúcar y permite que las levaduras se desarrollen (a veces se obtiene este efecto empleando cerveza). La materia grasa, variable en cantidad e incorporada de distintas maneras, da su textura a la pasta. El cuerpo graso, batido con azúcar, se aligera.

– Los huevos facilitan la emulsión del cuerpo graso y aumentan la resistencia de la pasta después de la cocción. Las claras batidas aportan una gran ligereza. La yema interviene asimismo para dorar la pasta.

– La mantequilla, aun siendo de consistencia bastante firme, debe ser maleable para amalgamarse con la harina o para incorporarse al pastón.

– La levadura química (o polvo para hornear) y la harina se tamizan al mismo tiempo para que se mezclen bien. La levadura seca debe deslírse con agua.

Según la manipulación (amasado, ceñido, batido, desecado, tiempo de reposo), se obtienen las pastas fermentadas, las secas o las blandas. La aplicación rigurosa de las recetas de base, así como su ejecución, garantizan el éxito de las pastas.

La mayor parte de las pastas se preparan en frío, mezclando con mayor o menor rapidez los elementos (a veces sin homogeneizarlas, como en la pasta *sablée*), pero algunas se hacen en varios tiempos, con la aportación de calor: en primer lugar en agua hirviendo al fuego, luego en el horno con agua o en fritura para la pasta *choux*. Según su utilización final, una misma pasta se cuece de distintos modos: *brioche* cocido en el horno o en una fritura; pasta *choux* pochada en agua, cocida en el horno o frita; hojaldre cocido en el horno o en fritura.

La cocción tiene una importancia capital. El horno debe calentarse previamente a fin de alcanzar la temperatura deseada en el momento de hornear.

• Pastas leudadas o levadas. Son las pastas de baba, de *brioche*, de *kouglof*, de pan, de *savarin*, a las que se ha incorporado masa madre natural o levadura fresca. Aumentan de tamaño gracias a la acción del agente de fermentación (masa madre, levadura, pasta prefermentada) sobre el gluten contenido en la harina. Las pastas de bizcocho, la genovesa y el merengue, lo hacen bajo la única acción del calor en el aire almacenado en las yemas de huevo trabajadas con azúcar, o en las claras batidas a punto de nieve. La pasta *choux* se hincha en el horno, en un baño de fritura o mediante pochado. Las pastas de freír y de buñuelos también pueden hacerse con la adición de una sustancia de fermento o claras de huevo batidas a punto de nieve, que proporcionan un aspecto hinchado y mullido a la preparación.

• Pastas secas. Están compuestas de harina, cuerpo graso, sal y un ingrediente para ligar. La pasta brisa (o para fondos), seca y ligera, elaborada de forma rápida y puesta en reposo antes de su empleo, es la base clásica de las *croûtes*, *patés*, tortas, tartas, etc. La pasta *sablée*, reservada a la pastelería fina, es muy friable; permite realizar pasteles secos o fondos de larga conservación, que se pueden aderezar en cualquier momento. La pasta de hojaldre, más rica en materia grasa, es más larga de trabajar, pero se puede preparar con antelación. Sus empleos son muy variados, tanto en cocina como en pastelería.

• Pastas blandas. Se derivan de las pastas secas o de las pastas leudadas, en función de los ingredientes que contienen. Los bizcochos de Saboya y las magdalenas incluyen huevos batidos o levadura. La pasta debe cocer y levantar con regularidad. Las pastas de bizcochos y de galletas también son de esta categoría, así como las pastas de *gaufres* y de *crêpes*.

Para todas las pastas, la acción del calor, después de la evaporación del elemento líquido, es la que otorga la textura: seca para una *croûte*, mullida para una genovesa, crujiente para un hojaldre, suave para una *crêpe*, aireada para una pasta *choux* o un *brioche*, etc.

En la actualidad se encuentran en el comercio pastas ultracongeladas en bloques o láminas planas, sobre todo para las pastas de hojaldre y brisa.

paste ◆ *cornish pasty*

pastel

1. Nombre genérico que designa toda preparación de pastelería dulce, que se cuece y que se elabora a partir de una masa a la que se añaden, antes o después de la cocción, distintos ingredientes. Existen muchos tipos de pasteles y cada uno tiene sus características propias. Se puede enmoldar o modelar de distintas maneras.

Las masas y las bases son poco numerosas, pero los pasteles pueden variar infinitamente en cuanto a forma, tamaño, naturaleza de los ingredientes y decoración.

En el campo, hasta época reciente, los pasteles se hacían a menudo con masa de pan mejorada y enriquecida. Así surgieron *brioches*, *pognes*, *couques*, *fouaces* y *cramiques* diversos.

En la Antigüedad se elaboraban pasteles cocidos entre dos placas de hierro, antecesores de las *gaufres*, así como elaboraciones a base de queso blanco. En la Edad Media las preparaciones se diversificaron, aunque seguían siendo rústicas. Las más corrientes eran los buñuelos, los *casse-museaux*, las *darioles*, los *échaudés*, las *nieules*, las obleas, las *talmouses* y las tartas.

Pronto, los pasteleros franceses, asociados en una corporación, se convirtieron en creadores, sobre todo durante el Renacimiento, bajo la influencia de los cocineros italianos que Catalina de Médicis llevó consigo hasta la corte de Francia.

Entonces aparecieron el hojaldre, los pasteles de viaje de larga conservación, los bizcochos muselina, los merengues y, finalmente, las grandes y decorativas piezas arquitectónicas.

En los siglos XVIII y XIX, los pasteles se convirtieron en obras maestras de refinamiento e ingenio, sobre todo cuando los pasteleros estaban al servicio de un príncipe o de una gran casa.

Numerosos pasteles tienen un carácter ritual o simbólico, vinculado a una fiesta religiosa (Navidad, Pascua, Epifanía, Candelaria). La vida familiar también ha sido la ocasión para degustar pasteles (de bautizo, de cumpleaños, de boda). En el campo, la vida cotidiana a menudo venía marcada por el ritmo de los pasteles: los de las veladas o reuniones, los de los días de mercado o de los días de trilla.

Se puede distinguir entre los pasteles individuales y las piezas grandes. Ambos llevan a veces el nombre de quien los creó o de aquél a quien fue dedicado, o bien evocan un origen geográfico, pero muy a menudo se han bautizado con una denominación fantasiosa o un nombre que recuerda su modo de elaboración. Se llaman "galletas", "pasta" o "pasteles secos" a los *petits-fours* secos, productos de galletería, pequeñas tortitas, etc., servidos con el té o los helados.

2. Preparación salada a base de verduras o de picadillos varios, enmoldado y cocido a baño María o en el horno, servido como entrante, guarnición o plato principal.

pastel de arroz

Postre frío a base de arroz con leche, al que se añade azúcar y huevos. Puede enriquecerse con frutas (frescas, secas o confitadas) y servirse con una crema inglesa o un puré de frutos rojos. Su éxito depende de la naturaleza del arroz (de grano redondo y no vaporizado).

pastel de Reyes

Elaboración tradicional de pastelería del día de Reyes. Para esta ocasión se designa un "rey" o una "reina" al azar, gracias a un haba que se introduce en el pastel.

Este ritual se remonta sin duda a la época romana: a raíz de las fiestas en honor de Saturno (las saturnales), todas las prohibiciones se podían transgredir, y el "rey de un día" se elegía por sorteo con la ayuda de un haba disimulada en una tortita.

En Francia existen dos modelos del pastel de Reyes. En el norte, en Lyon y en Île-de-France es una torta de hojaldre, a veces rellena de frangipane. En el sur es un pastel de *brioche*, a menudo relleno de frutas confitadas o aromatizado con aguardiente o flor de azahar.
→ rosca de Reyes

pastel de zanahoria ♦ *carrot cake*

pastelería

Conjunto de las preparaciones dulces o saladas que precisan de la presencia de una pasta como soporte o como envoltorio, y por lo general cocidas al horno. La pastelería también designa el establecimiento en el que se elaboran y se venden estos productos

El papel del pastelero cobra protagonismo sobre todo en el terreno de los postres y de las elaboraciones dulces: bizcochos, postres calientes, fríos o helados, pasteles grandes o pequeños, *petits-fours*, piezas montadas, etc. Otras elaboraciones (*bouchées*, *panequets*, patés *en croûte*, *quiches*, empanadillas, tortas, volovanes, etc.) son más bien patrimonio del cocinero, pues la técnica es profesionalmente diferente. La pastelería está muy vinculada a la heladería, a la confitería y a la chocolatería, y precisa del recurso a las cremas y salsas dulces.

pasterma

Carne de cordero, de cabra o de res macerada con especias y ajo, y luego seca. La *pasterma*, de sabor muy fuerte, forma parte de los *mezze* turcos, armenios, griegos y de Oriente Medio, y se toma como jamón seco.

pasteurización

Tratamiento térmico de conservación de los alimentos, en el curso del cual éstos se calientan a 65-85 °C, desde unos minutos hasta una hora. La pasteurización permite destruir los microorganismos patógenos o responsables de ciertas alteraciones, sin modificar realmente el sabor ni el valor nutritivo de los productos: leche, quesos (cuando la leche es pasteurizada), pepinillos, jamón, *foie gras*, jugos de frutas, etc.

pasteurizado

Calificativo que se aplica a un alimento tratado mediante la técnica de la pasteurización. Los productos pasteurizados deben mantenerse en frío (entre 3 y 6 °C) y, una vez abiertos, deben consumirse en dos o tres días como máximo.

pastilla

1. Especie de torta marroquí de hojaldre, rellena de ave (sobre todo pichón), mariscos o verduras, que se come caliente como entrante. La pastilla se compone de hojas de pasta de una gran finura (que también sirven para preparar los *briks*), dispuestas en un molde redondo engrasado con mantequilla, en capas superpuestas que alternan con la guarnición elegida. Este relleno, siempre muy especiado y condimentado, está hecho de trozos de pollo y huevos duros, o de codornices y hongos, o de res picada y espinacas, etc.

La pastilla se barniza con huevo y se cuece tradicionalmente sobre brasas de leña. El molde se gira a media cocción sobre una fuente de las mismas dimensiones para dorar el otro lado. También se puede cocer en el horno, sin girarla, rociada con mantequilla fundida. Se sirve espolvoreada con azúcar y canela.

También se elaboran pastillas de postre, rellenas con almendras, crema pastelera o fideos cocidos con leche, azúcar y canela.

2. Pequeño caramelo redondo y plano, que se prepara de distintas maneras.

– El azúcar se cuece con azúcar glass, un aromatizante y un colorante, y luego con la ayuda de un embudo se divide "a la gota" (en la actualidad esta operación se hace de forma automática). De este modo se preparan los *drops* ingleses (literalmente "gotas"), con distintos aromatizantes, a veces cubiertos de chocolate.

– Al azúcar glass se le añade goma adragante o arábiga, luego se lamina y se divide mediante timbrado. Las pastillas obtenidas, que rara vez son de color, se perfuman con menta, limón, anís o con sales extraídas de un agua mineral (pastillas de Vichy).

– El almíbar se transforma en gránulos que a continuación se comprimen y que en general se guardan al natural.

pastillaje o alcorza

Preparación constituida por una mezcla de azúcar glass y agua, a la que se añaden grenetina, almidón, fécula o goma adragante, a veces de color y trabajada a mano o con batidora eléctrica.

Las piezas moldeadas o cortadas se secan al aire y luego se ensamblan con glasa real o pastillaje reblandecido. El pastillaje permite la elaboración de piezas decorativas semejantes a esculturas. Algunos pasteleros practican la pintura sobre pastillaje.

pastis

Bebida alcohólica de anís estrellado (badiana) y regaliz, que en Francia se ha convertido en un aperitivo muy popular. El *pastis* es una mezcla de alcohol puro y de esencia de anís (anetol), puestos a macerar uno o dos días con regaliz, y que luego se filtra y endulza. Presenta entre 40 y 45% Vol. de alcohol y siempre se bebe alargado con agua, que le confiere una tonalidad lechosa. Aparecido hacia 1938 en la región de Marsella, donde el comercio de las plantas aromáticas siempre ha sido muy activo, sucedió a las absentas. En cocina se emplea para dar un sabor de anís a ciertas preparaciones (a menudo de pescado).

pastrami

Porción del extremo grande del pecho de la res, salada mediante inmersión en una salmuera especiada y aromatizada (semillas de pimiento verde, ajo, orégano, etc.), secada y ahumada. El *pastrami*, muy popular en Nueva York y originario de los países de Europa del Este, se sirve en finas lonchas con las que se preparan sándwiches.

pata

Hembra del pato, más pequeña pero más rolliza que el macho. Su carne es más fina y más sabrosa, por lo que es preferible para los asados.

El huevo de pata, de cáscara blanca verduzca, pesa de 80 a 120 g. Es muy apreciado en Extremo Oriente, y solo debe consumirse duro o cocinado, ya que a menudo es portador de gérmenes.

pataca ◆ topinambur

patata ◆ papa

paté

Preparación cocida de cocina o de charcutería, caliente o fría, típica de Francia. Es tan variada como las regiones que la preparan: paté de Chartres (de caza), de Amiens (de pato), de Pithiviers (de alondras), de Pézenas (de cordero, especias y azúcar), de Brantôme (de becada), de Périgueux (de *foie gras* trufado).

En principio, se distinguen dos tipos de paté: el paté propiamente dicho y el de terrina. El primero es una farsa encerrada en una costra (*croûte*) o corteza de pasta y está cocida en un molde de metal. El segundo es una farsa que se cuece en un molde de barro, de porcelana o de metal, encamisado con albardillas de tocino. Pero de hecho, el término paté puede designar ambas preparaciones: paté *en croûte*, caliente o frío, y paté en terrina, frío, para rebanar.

El paté ya era conocido por los romanos, que lo hacían sobre todo con cerdo, pero también con todo tipo de ingredientes macerados y especiados (lenguas de ave, en particular). En la Edad Media, las recetas de carnes cocidas en pasta eran muy numerosas, y siguieron siéndolo.

En charcutería, la composición de los patés (que en realidad son terrinas) se distinguen: el paté de campaña (en particular el paté de campaña bretón, con *label* rojo, que es un paté clásico de puro cerdo, a cuya carne picada se han añadido despojos, cortezas de cerdo, cebollas, especias y aromatizantes), el paté de ave (15% de carne del animal) y de caza (20%), el paté de *foie* (de 15 a 50% de *foie*) y el paté de cabeza de cerdo (cabeza cocida deshuesada, con la adición de carne salada cocida, sin retirar la corteza). Las farsas se pican de manera más o menos fina, a veces con elementos enteros en forma de lengüetas, cintas, dados, etc.

En cocina, los patés son, muy a menudo, patés *en croûte*. La pasta más corriente es la pasta de paté, pero también se utiliza una pasta llamada "fina", con mantequilla, así como la pasta de hojaldre y la pasta de *brioche* sin azúcar. La tapa de pasta, soldada en el borde para encerrar bien el relleno, se barniza para que se dore al horno y a menudo se decora con detalles. En el centro se practica una chimenea para permitir que el vapor de cocción pueda escaparse.

Por otra parte, es preciso incluir entre los patés *en croûte* ciertas preparaciones que no se enmoldan, sino que se cuecen en un envoltorio de pasta (*koulibiac* de paté pantin). La única diferencia con las empanadas es que los elementos del aparejo del relleno suelen estar enteros y la pasta de la corteza suele ser de pan en las empanadas.

pâté impérial ◆ rollo primavera

pato

Ave palmípeda de la familia de las anátidas, domesticada en China desde hace más de 2,000 años. Hoy en día es un ave de cría.

Se consume: asado en espetón; asado en el horno; breseado o asado (relleno) o en patés, balotinas y *cassoulet*.

Es preferible cocinar un ave joven pero no demasiado, ya que en este caso, la quilla, insuficientemente osificada, es blanda, la carne no está hecha y el rendimiento de la carne es escaso.

pato a la pequinesa

Plato de prestigio de la cocina clásica de los mandarines en China.

El pato se vacía, se lava, se escalda rápidamente y, a continuación, se seca. Con la ayuda de una bomba de aire, se despega la piel de la carne, de modo que esté bien hinchada.

El ave se rellena con una mezcla de cebollín, anís, jengibre, apio y aceite de ajonjolí, y luego se cose y se cuelga expuesto a una corriente de aire, donde se unta cada media hora con una mezcla de miel y harina. Al cabo de tres horas se asa en el horno, rociándolo con su jugo y un poco de aceite de ajonjolí.

Este plato es objeto de un ritual preciso: la piel se corta solo en rectángulos de 3 × 4 cm. El comensal, con sus palillos, coloca un rectángulo de piel sobre una pequeña especie de crepa china salada y caliente, añade un trozo de tallo de cebolla de cambray que remoja en una salsa a base de ciruelas agrias, lo adereza todo con un poco de azúcar y ajo, luego envuelve la crepa sobre sí misma y degusta el rollito, manipulándolo siempre con los palillos.

La tradición exige que solamente se sirva la piel, ya que la carne está reservada para otros usos, y a los comensales se debe presentar con antelación el pato cortado y reconstruido.

pato azulón

Pato salvaje migrador, de la familia de las anátidas, cada vez más sedentario y que se puede encontrar incluso con cierta facilidad en estanques de las grandes ciudades.

El macho adulto posee un plumaje multicolor. La cabeza y el cuello son de color verde oscuro con reflejos azulados y a menudo una anilla blanca en la base del cuello. El dorso es de color azul metálico, la garganta rojiza y el vientre blanco grisáceo. Las alas son de color azul ceniciento.

La hembra, algo más pequeña, tiene un plumaje beige más o menos oscuro, como el de la cría.

El pato azulón o ánade real se prepara como los otros patos.

pato laqueado

Preparación tradicional de la cocina china, consistente en untar un pato con una salsa laqueada agridulce, y asarlo y servirlo caliente o frío, cortado en trocitos.

La salsa es una mezcla de salsa de soya, cinco especias, miel líquida, aceite, ajo, vinagre, harina, jengibre, glutamato, colorante rojo, alcohol de arroz, aceite de guindilla y levadura química. Se puede reemplazar por salsa hoisin, condimento especiado de consistencia parecida a la del almíbar.

El pato se vacía, se pincha en varios lugares con una aguja, se pone a marinar durante una noche en la salsa y luego se cuelga. A continuación es preciso untarlo con un pincel varias veces, dejándolo secar entre cada aplicación, condición indispensable para obtener una piel dorada y crujiente. Después se asa en espetón y debe rociarse varias veces con su jugo y la salsa de lacar. El éxito de la preparación depende del grado de absorción de la salsa por parte del pato. El ave se corta perpendicularmente en el sentido de las fibras, en trocitos que se sirven con hojas de lechuga fresca y cabezas de puerro en agridulce o pepinillos. El pato laqueado se prepara mucho en los puestos callejeros y en los pequeños restaurantes de China y de Extremo Oriente.

pato salvaje

Ave acuática a partir de la cual se ha obtenido el pato doméstico. El pato azulón o ánade real es la especie más difundida. El macho tiene un plumaje verde y gris, realzado con marrón y blanco, y la hembra, un plumaje beige. El pato azulón, muy sedentario de octubre a marzo, solo desciende hacia el sur si hace mucho frío. Hoy en día se cría con regularidad.

Por lo general solo se comen los muslos y las pechugas de los patos salvajes (por lo que se precisa un ave para dos personas). Las preparaciones del pato doméstico también se pueden aplicar al pato salvaje.

pauillac

Vino tinto con Denominación de Origen, procedente de uvas *cabernet sauvignon*, *cabernet franc*, *merlot* y *petit verdot*. Proviene de un municipio del alto Médoc, cuyos viñedos producen uno de los mejores *crus* del mundo, vinos potentes, con cuerpo, finos y elegantes, dotados de una gran capacidad de envejecimiento.

pavé

1. Entrante frío, por lo general formado por una *mousse* enmoldada en cuadrado o en rectángulo en una terrina encamisada de gelatina, decorada con láminas de trufa.

2. Pastel o postre en forma de paralelepípedo, así como al pan de especias en bloque.

3. Término genérico empleado para los quesos gruesos de base cuadrada.

4. Rebanada muy gruesa de res que se obtiene de las piezas más tiernas, destinada a asarse a la parrilla y que se suele servir para una sola persona.

5. Salchichón seco grueso al que se le da forma de medio cilindro o de paralelepípedo rectángular aplastado. El *pavé* se cubre a veces con pimienta o hierbas aromáticas.

pavo ◆ guajolote

pay ◆ *pie*

paysanne, à la ◆ paisana, a la

pecho

Pieza de carne constituida por los músculos pectorales del animal.

En Francia, el pecho de res se utiliza para el cocido, el breseado y el salteado.

El pecho de ternera se cocina en blanqueta, breseado, salteado o relleno.

El pecho de carnero y de cordero, cortado en trozos, participa en la preparación del cuscús, los navarins y los salteados. También puede asarse entero o relleno.

El pecho de cerdo fresco se preparaba antaño en ragú y semisalado. Constituye asimismo la panceta y se utiliza en cocina, ahumado o salado. También puede enrollarse, embutirse y secarse, o rellenarse.

pechuga de ave

Pieza de carne blanca contigua a la quilla en un ave. Las pechugas de ave se utilizan sobre todo cortadas en dados, en supremas, en láminas o deshebradas.

pecorino

Queso italiano de leche de oveja, de pasta prensada, cocida o cruda, y corteza cepillada, a menudo untada de aceite y teñida en ocre. El *pecorino* se produce en el sur de Italia, con formas y denominaciones diferentes. El más conocido es el *pecorino* romano, de pasta cocida (36% de materia grasa). Se presenta en forma de un cilindro de 20 a 26 cm de diámetro y de 14 a 22 cm de grosor. Se afina al menos durante ocho meses y tiene un sabor picante. El *pecorino* siciliano y el *pecorino* sardo, más grasos, son de pasta cruda.

pectina

Sustancia gelificante natural, constituida por glúcidos, presente en numerosos vegetales, en particular en los jugos de ciertas frutas (limón, membrillo, grosella, mora, naranja y manzana).

La pectina también se extrae industrialmente de los restos de manzana desecados.

En el curso de la elaboración de las confituras, la pectina favorece que las gelatinas se cuajen. Éstas tienen más posibilidades de éxito si se hacen hervir, con azúcar y jugo de frutas, envueltas en una muselina las pieles y las pepitas de manzana o de membrillo.

pedro ximénez

Variedad de uva blanca, propia de zonas cálidas, con la que se elaboran sobre todo los vinos de montilla-moriles. Es muy apropiada para la producción de vinos generosos, secos y dulces, y es la base de finos y amontillados. En la Denominación de Origen málaga, la pedro ximénez, unida a la variedad moscatel, se emplea para las clásicas mistelas.

pejelagarto

Pez de agua dulce, de cuerpo cilíndrico, hocico alargado y puntiagudo semejante a un lagarto, lo que explica su nombre. Se puede pescar todo el año, y abunda especialmente en el mes de junio. Mide en promedio 60 cm de largo y 10 cm de ancho. Su carne blanca, consistente y abundante, se considera exquisita. En México, se considera un alimento indispensable en la cocina típica de Tabasco y Chiapas. La forma más común de prepararlo es asado a las brasas sobre una parrilla, volteándolo de vez en vez para que se cueza parejo. Se sabe que está listo cuando deja de salir sangre y la piel tiene color dorado. Para comerlo, debe retirarse la piel, y la carne se acompaña con tortillas y salsa de chile amaxito o jugo de limón y sal.

peladilla

Elaboración de confitería formada por una almendra (llamada "núcleo") cubierta de azúcar endurecido, liso, blanco o de color. La almendra se puede reemplazar por una avellana, un pistache, pasta de almendra, chocolate o licor.

La almendra cubierta con miel ya era una golosina muy apreciada por griegos y romanos. La peladilla, tal como se conoce hoy en día, se menciona por primera vez en 1220, en los archivos de la población de Verdún (Meuse, Lorena). En esta época, los boticarios (denominación en la que se incluían también los confiteros) cubrían con miel ciertas especias (anís, cilantro, hinojo) llamadas "especias de cámara", que se consumían para purificar el aliento o como digestivo. Una vez introducido el azúcar de caña, aparecieron las primeras peladillas auténticas: su núcleo era una almendra o una semilla de calabaza o de pepino, recubierta de azúcar endurecido. Hoy en día Verdún es "la ciudad de las peladillas". El "obús de Verdún", elaborado con chocolate y dotado de una mecha que se puede encender, libera al explotar peladillas y accesorios de cotillón.

pelar

Eliminar la capa superficial de un alimento. En el caso de una verdura o de una fruta, se emplea un cuchillo de cocina. La acción de pelar un ingrediente previamente escaldado o pasado por aceite caliente también recibe en francés el nombre de *monder*.

Pellaprat, Henri Paul

Cocinero francés (París, 1869-1950). Después de realizar su aprendizaje en la pastelería parisina *Pons*, entró como cocinero en *Champeaux*, se convirtió en adjunto en el restaurante de Casimir Moisson y luego fue chef en *La Maison dorée*. Tras ser profesor de cocina en la escuela del Cordon-Bleu, en París, escribió numerosas obras culinarias, que siguen siendo una referencia: *L'art culinaire moderne* (1935), *La cuisine familiale et pratique* y *Le possion dans la cuisine française*.

pellizco ◆ pizca

pelmieni

Raviolis rusos, originarios de Siberia. Elaborados con pasta de fideos, están rellenos de carne picada, puré de papa con queso o carne de ave, cocidos en agua salada hirviendo, y tras escurrirlos ligeramente, se sirven rociados con mantequilla fundida. Con frecuencia se presenta con crema agria o jugo de carne al que se ha añadido jugo de limón.

pepinillo

Variedad de pepino, de la familia de las cucurbitáceas, cuyos frutos se recogen verdes para, en general, encurtirlos en vinagre y utilizarlos como condimento.

Las frutas se lavan, cepillan, purgan y sumergen en un baño de salmuera (o se disponen en toneles de madera y se espolvorean con sal). Después de su fermentación se desalan, lavan, blanquean y se vuelven a cubrir con vinagre de alcohol, tras lo cual se escurren y finalmente se colocan en tarros de vidrio y se cubren con vinagre aromatizado; según la receta de cada fabricante, los mejores se preparan con vinagre de vino blanco. Hoy en día la pasteurización permite conservarlos más tiempo.

También existen especialidades internacionales: pepinillos a la rusa (*malossol*), a la polaca o a la alemana. Son más grandes, de piel lisa, preparados en agridulce, mucho menos ácidos y más crujientes. En su país de origen se comen más como verdura que como condimento. Otra preparación tradicional en Europa central consiste en conservar los pepinillos gracias a la fermentación láctica, como en el caso de la *choucroute*. En la cocina francesa los pepinillos acompañan sobre todo carnes frías y hervidas, patés, terrinas, charcutería y platos en gelatina. También entran en la composición de ciertas salsas (picante, picada, *ravigote*, *gribiche*, etc.), e intervienen en ensaladas compuestas.

pepino

Fruto de una planta anual trepadora, de la familia de las cucurbitáceas como las calabazas y los pepinillos, que se come salado, crudo o cocido.

Originario del Himalaya, el pepino se cultiva en la India desde hace más de 3,000 años. Fue introducido en Egipto y los judíos lo plantaron en Galilea.

Carnoso, bien firme, alargado y cilíndrico, el pepino posee una carne de color verde pálido, crujiente y fresca, ligeramente amarga, bajo una fina piel verde, brillante y generalmente lisa. Al lado de los tipos holandeses semiespinosos, encontramos minipepinos, tradicionalmente cultivados en el Medio Oriente. Tienen la piel lisa y no suelen tener semillas. El pepinillo es una variedad de pepino pequeño cuyos frutos se recolectan muy jóvenes.

El pepino es muy rico en agua (96 %), poco calórico (12 kcal o 50 kJ por 100 g) y contiene además sales minerales y un poco de vitamina C.

El pepino fresco es muy firme. Casi siempre debe pelarse, ya que su piel puede ser bastante amarga. Cuando se sirve crudo, es mejor purgarlo, tras lo cual es más digestivo y a veces se suaviza su amargor, pero su carne se vuelve más blanda y su aroma es menos intenso. Es preciso escurrirlo bien para que su agua no interfiera con el sazonamiento (vinagreta con estragón, crema, yogur).

El pepino además se come cocido, rehogado o bien salteado con mantequilla, cocinado al gratén, con jugo o con bechamel, para acompañar un plato de carne o de pescado. También se puede rellenar, crudo o cocido.

El pepino es tan apreciado en las cocinas del norte y el este de Europa (pepinos en agridulce, potajes fríos) como en los países mediterráneos (pepino a la griega, pepino con menta, gazpacho, ensaladas).

pepino de las Antillas

Especie cercana al pepino, originaria de África pero cultivada y consumida sobre todo en las Antillas y Brasil, cuyos frutos ovoidales son muy espinosos, como las castañas de India. Se consume en ensalada o confitado en vinagre, como los pepinillos.

pepino de mar o cohombro

Animal perteneciente a la misma familia que los erizos. Actualmente están considerados como un producto delicado y excelente. También conocido como cohombro y, en catalán, como *espardenya,* su parte comestible es el tubo o aparato digestivo. Hace unos años los pescadores los utilizaban solo como carnada.

pepitoria

1. Guiso popular y tradicional que se suele preparar con pollo o gallina (aunque también se pueden usar las perdices, el chivo o el conejo) y cuya salsa se enriquece con yema de huevo duro. Las preparaciones "en pepitoria" son toda una tradición en la cocina española.

2. En México se le denomina pepitoria a diferentes dulces regionales, elaborados a partir de distintas variedades de semillas o nueces como cacahuate, ajonjolí y piñón, aunque las originales son las que se elaboran con pepita de calabaza. Éstas se mezclan con una miel que se obtiene calentando panela o piloncillo y, una vez que se enfría el preparado, se elaboran en formas de círculos, cuadros o en bolitas. Pueden ser de un solo ingrediente o incluir varias semillas.

peppermint

Licor de menta elaborado con distintas variedades de menta, que se ponen a macerar en alcohol. A continuación, la infusión se filtra y se endulza. El *peppermint* se bebe al natural o rellenado con agua, cubitos de hielo o hielo picado.

pequet

Alcohol belga de la región de Lieja de 30 a 40% Vol., elaborado con cebada destilada y bayas de enebro. A veces envejece en barrica.

pera

Fruto del peral, árbol de la familia de las rosáceas, oblongo e hinchado en el lado opuesto al rabillo. Su piel amarilla, bronceada, roja o verde recubre una carne blanca fundente, fina o ligeramente granulosa, en el centro de la cual se alojan unas pepitas. Originario de Asia Menor, el peral crecía en estado silvestre en la época prehistórica. Conocida por los griegos, la pera fue muy apreciada sobre todo por los romanos, que la consumían cruda, cocida o secada al sol, y de la que extraían una bebida fermentada. En la actualidad, gracias a una selección progresiva, existen innumerables variedades. La pera proporciona 61 kcal o 255 kJ por cada 100 g, es rica en fibras y contiene vitamina B3 y potasio.

Fruta de mesa reputada pero frágil, la pera se pela con un cuchillo y un tenedor de postre. Cuando está cruda se oxida rápidamente. Por ello, en una ensalada de frutas o en una orla se rocía con jugo de limón.

En la actualidad, las variedades específicas para ser cocidas prácticamente han desaparecido; se pueden encontrar a veces en los mercados rurales, pero solo revelan su sabor cuando se cuecen.

Los postres con peras son numerosos y refinados: carlotas, coronas de frutas frías o glaseadas, *croûtes, mousses,* suflés, tartas y tortas, con distintos glaseados y guarniciones; compotas, confituras, helados, peras cocidas al vino y sorbetes completan la gama de los postres. Las peras también acompañan platos de aves y de caza, y se preparan como entremés. Se utilizan asimismo secas, en particular para las compotas y los acompañamientos de platos salados.

Se elaboran también conservas de peras en almíbar y también un aguardiente y un licor. El aguardiente que envejece unos meses en un cántaro de gres o en botella, desarrolla un aroma delicado, cercano a la fragancia de la fruta, que al degustarlo se aviva refrescando los vasos con cubitos de hielo. El licor está hecho con un aguardiente diluido y endulzado, o con destilación y maceración.

perca

Pez de las aguas estancadas o de corrientes débiles, de la familia de los pércidos, de sabor muy fino. La perca mide de 25 a 35 cm, pero puede alcanzar entre 50 y 60 cm y pesar 3 kg, lo cual resulta excepcional, ya que su crecimiento es lento. De aspecto giboso, con el dorso pardo verduzco marcado por algunas bandas oscuras, posee dos aletas dorsales contiguas, también de color pardo-verde, mientras que las demás aletas son rojas. La primera aleta dorsal, así como los opérculos, son espinosos. La perca debe desescamarse inmediatamente después de pescarla, pues de otro modo la operación resulta imposible. Las percas pequeñas se preparan en fritura; las medianas, *à la meunière* o en *matelote*, y las grandes se pueden rellenar, como el sábalo.

percebe
Crustáceo que vive en las rocas, fijado a las mismas mediante un pedúnculo largo de unos 5 cm, y cuyo tegumento se parece a una piel de lagarto. No es muy común en los mercados, ya que es difícil de pescar.

El percebe se cuece 20 min en caldo corto, pero solo se puede consumir el cilindro anaranjado constituido por el ovario. Acompañado por una vinagreta es muy apreciado en España y en Francia.

perdigón y perdiz
Caza de pluma de la familia de los fasiánidos, muy apreciada y cazada en todo el territorio francés, y de la que existen dos variedades principales: la perdiz roja y la perdiz pardilla. Sea macho o hembra, la perdiz recibe el nombre de perdigón cuando tiene menos de ocho meses.

- El perdigón se reconoce por su pico flexible y por la primera pluma del ala, marcada con un punto blanco.
- La perdiz roja, la de mayor tamaño (de 400 a 500 g), tiene el dorso y el vientre rojizos, la garganta blanca y el pico y las patas rojas.
- La perdiz pardilla es la más conocida. Tiene el dorso gris-rojizo y el vientre gris ceniciento, con una mancha marrón en el macho. Exportada a América del Norte, se ha adaptado muy bien en el sur de Canadá y en el norte de Estados Unidos.
- La perdiz griega, parecida a la perdiz roja, gozaba de una gran reputación gastronómica, pero hoy en día su presencia es muy escasa. Vive sobre todo en los Alpes, por encima de los 2,000 m.
- El colín de Virginia (perdiz de América), introducido en Francia, proporciona buenos resultados.

En Quebec también se llama perdiz a ciertas especies locales, como el grévol moñudo, la perdiz nival y el urogallo (perdiz de las sabanas). Estas aves se cocinan a menudo con habas con tocino, o con un asado de cerdo, gracias a lo cual su carne es más tierna.

El perdigón, de carne tierna y fundente, se cuece muy deprisa. Cubierto de albardillas de tocino y rodeado de hojas de parra, se asa con bayas de enebro o de uva, y a veces se rellena.

La perdiz precisa de una cocción más prolongada que el perdigón. De hecho, la perdiz joven se prepara como el perdigón (paté, *salmis*, suflé, trufada, en cacerola, en *chaud-froid*, envuelta en redaño, en estofado, en gelatina, en *mousse*, etc.). Cuando es vieja se prepara clásicamente en *chartreuse*, con lentejas o con coles, y se emplea también para farsas, purés y *coulis*.

→ *grouse*

perejil
Planta aromática de la familia de las apiáceas, originaria del sur de Europa, cuyas hojas, raíces y tallos aromatizan platos de todo tipo.

El perejil también se emplea mucho como elemento de decoración. Es rico en hierro (6 mg por cada 100 g) y muy rico en vitamina C (200 mg por cada 100 g).

Se distinguen tres variedades de perejil, dos cultivadas por sus hojas y la otra por su raíz carnosa (tuberosa).

Las variedades valoradas por sus hojas sirven exclusivamente de condimento. El perejil común tiene hojas planas y poco recortadas, y es el más perfumado. El perejil rizado, muy verde, menos gustoso, sirve sobre todo de decoración y guarnición.

En el perejil tuberoso se valora su raíz, blanca amarillenta, cónica, ligeramente dulce, que se cocina como la zanahoria, la chirivía o el perifollo tuberoso. Participa en la composición de sopas y potajes.

En cocina, el perejil fresco es una de las hierbas del ramillete de hierbas aromáticas y figura en las marinadas y los caldos cortos. Con ajo picado constituye la *persillade*. Troceado se esparce sobre los platos acabados. Frito sirve de guarnición a los artículos fritos. Picado entra en las mantequillas compuestas, en salsas y en vinagretas. El perejil también se emplea seco o congelado.

perifollo
Planta aromática de la familia de las apiáceas, originaria del sur de Rusia y común en toda Europa. El perifollo se emplea como condimento fresco. Sus tallos se incorporan a potajes o tortillas y aromatizan salsas (bearnesa, *gribiche*, vinagreta) y preparaciones de pescados de agua dulce (*au vert*), de aves de corral o de carne blanca. Esta planta tiene un aroma muy volátil, ligeramente anisado y más o menos almizclado, y por ello es preciso evitar calentarla en exceso o mezclarla con demasiado aceite.

Pérignon, Dom Pierre
Monje benedictino de la congregación de Saint-Varme (Sainte-Menehould, 1638-Épernay, 1675). Bodeguero de la abadía de Hautvillers, cerca de Épernay, este monje perfeccionó los *assemblages* de vinos blancos de Champaña, en una época en que los aficionados solo apreciaban los vinos tintos de estos viñedos.

Durante mucho tiempo se ha asegurado que dom Pérignon había descubierto la champanización, que permite conservar las burbujas naturales de este vino; sin embargo, el procedimiento ya era conocido, y él no hizo otra cosa que mejorarlo. En cambio, puso a punto una técnica de encolado para clarificar el champán y reemplazó los tapones de cáñamo empapado de aceite por tapones de corcho.

périgueux
Nombre de una salsa elaborada al madeira a la que se añaden trufas en cubitos o picadas, para piezas pequeñas de carne, aves, caza, *bouchées*, etc., que en este caso reciben el nombre de *périgueux* o "a la perigurdina".

perlas de Japón ◆ tapioca

perlón
Pez de la familia de los tríglidos que mide 75 cm como máximo. Parecido al rubio, se distingue de éste por sus grandes aletas pecto-

rales de color azul y su línea lateral lisa. Pescado todo el año desde Noruega hasta Senegal y en el Mediterráneo, el perlón o bejel tiene una carne blanca y firme que se prepara a la normanda o al horno sobre un lecho de papas y cebollas.

perroquet
Bebida preparada en un *tumbler* lleno de hielo y compuesta por 20 ml de jarabe de menta, una medida de *pastis* y agua al gusto. Es muy refrescante y apreciado en el sur de Francia.

persillé
Se dice de quesos que presentan mohos internos de color verdeazul. En el caso de algunos de ellos, la palabra se utiliza como denominación. Estos quesos de pasta blanda son en su gran mayoría de leche de vaca. El roquefort (de oveja) constituye una excepción. Su pasta se siembra con mohos y se perfora con la ayuda de largas agujas finas para favorecer el desarrollo de las vetas. Los *persillés* precisan de un afinado largo y minucioso en bodegas muy húmedas (de 2 a 6 meses según las formas y los tamaños).

Perú
La cocina peruana se basa en una tradición andina milenaria que ha sabido sacar provecho de la gran biodiversidad del país y de las numerosas especies vegetales y animales domesticadas: maíz, papa y moniato (llamado chuño o carapulcra cuando está deshidratado), chiles (ají, rocoto), quinoa, frijoles, hierbas aromáticas (huatacay, muña), frutas (jitomate, cacahuate, aguacate, chirimoya) y también conejillo de Indias (cuy), llama y alpaca (cuya carne secada al sol se denomina charqui), pollos y patos andinos, pescados y mariscos, a los que cabe añadir numerosos productos de la selva amazónica. Esta cocina indígena se ha fusionado con las cocinas española, árabe, africana y asiática a partir de la Conquista para convertirse en una de las más ricas del continente.

Especialidades nacionales y regionales. Para sus platos calientes, la cocina peruana a menudo utiliza una salsa a base de pimiento fuerte seco llamada "aderezo", cuya fuerza se atenúa de diferentes modos. El chile, identificado por su color —rojo (ají panca), amarillo (ají mirasol) o incluso verde (ají verde) y fresco— se despepita, rehidrata, muele y se cuece o fríe con ajo y cebollas. Puede acompañar múltiples preparaciones. Para los platos fríos se prefiere el pimiento fresco, ají o rocoto, cortado o molido.

Cada región tiene sus productos y sus especialidades: en la costa se prefiere el ceviche (pescado crudo marinado con limón); en el norte, el pato y los pescados; en Lima, el ají de gallina (gallina con pimiento), los platos a base de papas (causa, carapulcra, papa rellena o huancaina) y los pescados; en Arequipa, en el sur, los cangrejos de río preparados en sopa o con una salsa a base de pimiento amarillo, y el rocoto relleno (chile relleno de carne); en Cuzco y en la región andina, la carne de cordero y la de alpaca, muy tierna, la quinoa, el chuño y el olluco, un tubérculo; en la Amazonia la mandioca (o yuca), el jabalí ahumado y el pescado.

Como postre se prefiere preparaciones a base de frutas locales (chirimoya, lúcuma). El pisco *sour* (un aguardiente de uva con almíbar de caña, limón y claras de huevo) se sirve como aperitivo. Además de vino y cerveza, se suele beber chicha, una bebida a base de maíz, fermentado o no.

pesajarabe   ♦ aerómetro de jarabe

pescado   ♦ pez

pescado a la talla
Platillo de la cocina mexicana que consiste en un pescado cocinado al carbón o a las brasas, que se abre en mariposa; previamente se unta con una salsa roja a base de chile guajillo y/o chile ancho y otros condimentos. El pescado se vende por peso o medida, es decir, a la talla; por lo regular se compran porciones grandes para compartir. Son muy populares las preparaciones que se hacen en las palapas y en los restaurantes a la orilla del mar en los estados mexicanos del océano Pacífico, especialmente en Barra Vieja y Pie de la Cuesta, en Guerrero. En las costas de Oaxaca la salsa del pescado a la talla incluye chile puya, ajo, pimienta, clavo, orégano y mayonesa.

pescuezo o cuello
Pieza de carnicería que corresponde al cuello de los animales. El pescuezo tiene una base ósea constituida por las siete vértebras cervicales. Tiene diversos usos culinarios.

pesos y medidas
Cantidades de ingredientes indicadas en las recetas de cocina, calculadas en kilogramos, gramos, litros, centilitros, etc. No obstante, en la práctica culinaria a veces se emplean también unidades de medida que corresponden al contenido de utensilios corrientes o del sistema anglosajón.

Al medir utilizando utensilios, tenemos que una cucharada sopera (15 ml) equivale a 3 cucharadas de té (5 ml), 8 cucharadas soperas corresponden a una taza (227 ml) y 4 tazas, a 900 ml, es decir, equivalente al *quart* estadounidense.

En el sistema anglosajón, que se emplea en el Reino Unido, Estados Unidos y Australia, las unidades de pesos y medidas habitualmente empleadas obedecen a otro sistema distinto al métrico en el cual se emplean libras y onzas.

pestiño
Dulce consistente en una pequeña masa de harina, mantequilla y huevos, frita en aceite de oliva y cubierta de miel. Se le puede añadir vino blanco, ajonjolí o canela. Típico de Andalucía y otras zonas del sur peninsular, se consume especialmente en Navidad y Semana Santa.

pesto
Salsa italiana fría, de origen genovés, a base de aceite de oliva, albahaca, parmesano, ajo y piñones. El *pesto* se sirve sobre todo con las *trenette* (espaguetis ligeramente planos), las lasañas genovesas y el *minestrone*.

pet-de-nonne
Buñuelo de pasta *choux* grande como una nuez, cocido en una fritura no muy caliente, que proporciona una bolita ligera y muy hinchada, y de ahí su nombre (que significa "pedos de monja"). Estos buñuelos de viento se sirven bien dorados, calientes y espolvo-

reados con azúcar, a veces con una salsa de frutas. También se pueden rellenar de crema o de mermelada después de la cocción.

petit-beurre
Pequeña galleta cuadrada o rectangular, con los bordes dentados. La pasta está hecha con harina, azúcar y mantequilla fresca, sin huevos. El *petit-beurre*, especialidad de Nantes, se ha convertido en un producto de galletería industrial. Se come en la merienda, acompaña a ciertos postres y a veces sirve para realizar preparaciones dulces.

petit-four
Término genérico que se aplica a preparaciones de pastelería y confitería muy diversas, que tienen en común su reducido tamaño y que se comen de un bocado.

La aparición de la palabra se remonta al siglo XVIII, época en la que los hornos se construían de albañilería, de modo que la cocción de los artículos pequeños tenía lugar à *petit four* (literalmente, "a horno pequeño"), es decir, con el horno prácticamente apagado, cuando la cocción de las grandes piezas de horno había terminado y el fuerte calor había desminuido. Después de los bombones, peladillas, mazapanes, pralinés y frutas confitadas, que habían estado de moda durante el Renacimiento y el siglo de Luis XIV, hicieron su aparición otras elaboraciones, que exigían de los pasteleros imaginación y sentido decorativo, pese a tratarse de artículos muy pequeños.

Los *petits-fours*, muy variados, constituyen siempre una parte de la pastelería moderna. Se pueden distinguir cuatro categorías.
- *Petits-fours* frescos. Son los *petits-fours* propiamente dichos. Agrupan los siguientes tipos:
  - Las reproducciones en miniatura de pasteles individuales (barquillas, *chou*, duquesa, pequeño baba, pequeño relámpago, tartaleta, etc.).
  - Los *petits-fours* glaseados, los más numerosos y diversificados. Existen los hay que están cortados en un fondo de genovesa o de bizcocho esponjoso, rellenos de crema de mantequilla, confitura, crema pastelera o *ganache*, cortados en forma de *bouchée* cuadrada, triangular o en rombo, y luego glaseados con confitura de albaricoque y decorados. Otros están formados por un soporte de chocolate, *dacquoise*, merengue, *nougatine*, pasta de almendra, etc., sobre el cual hay un cubo de genovesa emborrachado de licor, una cucharada de crema, un dado de fruta confitada o glaseada, y luego glaseado con *fondant*, decorado con la manga de pastelería o cubierto con una cobertura de chocolate, remojado en azúcar cocido, decorado con frutas confitadas, almendras en láminas o coco.
- *Petits-fours* blandos. Son pastelitos o bizcochos de conservación limitada, a menudo elaborados a base de almendra o avellana, y compuestos de pasta de bizcocho o de magdalena, o de *pain de Gênes* (buñuelo, financiero, macarrón, *noyer*).
- *Petits-fours* salados. Se sirven con ocasión de un aperitivo, un coctel o un *lunch*, y también se llaman *snacks*, se realizan con un fondo de pasta de hojaldre, brisa, *choux* o de *brioche* (barquilla, *bouchée* de hojaldre, *croissant*, bastoncito de hojaldre, pequeña *allumette*, pequeña empanadilla, pizza o *quiche* en miniatura, etc.), cubierto o relleno con un aparejo salado (mantequilla compuesta, queso, mayonesa, *mousse* de crustáceo o de *foie gras*, pasta de anchoas, puré de verdura o de caza, salmón ahumado, etc.).
- *Petits-fours* secos. Son pastelitos o galletas secas de buena conservación, sobre todo destinados a acompañar las cremas de postre, cremas heladas y sorbetes, pero también al té, los vinos generosos o de postre: bastoncillo, bizcocho a la cuchara, cigarrillo, croquet, tortita, lengua de gato, macarrón, merengue milanés, *palet*, roca, teja, etc.

petite marmite
Especie de cocido que se sirve con su caldo en el recipiente de cocción (inicialmente una cazuela de barro), a veces en marmitas individuales de porcelana de fuego. La *petite marmite* incluye en teoría carne de res, rabo de res, ave, huesos de tuétano y verduras del cocido, así como bolitas de col.

petit-salé
Trozo de carne de cerdo (panceta, *travers*, costillar, cabeza de lomo) que ha sufrido un salado en salmuera o en sal seca, que se vende crudo con la mención "semisalado" y que se cocina después de desalarlo mediante un remojo. El *petit-salé* tiene más sabor y se cuece con mayor rapidez que una carne no salada. Su preparación clásica es el puchero y también se acompaña con col, lentejas o alubias. A menudo se encuentra en la guarnición de la *choucroute*.

petit-suisse
Queso fresco de leche de vaca que contiene entre 30 y 60% de materia grasa sobre el extracto seco y un máximo de 82% de agua, de pasta fresca no salada y corteza inexistente. El *petit-suisse* se presenta en forma de un pequeño cilindro rodeado de papel, y pesa 30 g.

El creador de este pequeño cilindro es Étienne Pommel, el cual, a principios del siglo XIX elaboró con éxito quesos frescos enriquecidos con crema y envueltos en papel. Más tarde construyó una fábrica de quesos en Gournay-en-Bray e inventó la caja de madera de 6 o 12 quesos con una tapa que lleva grabado su nombre. No obstante, la creación del *petit-suisse* se atribuye a la señora Hérould, que al parecer quiso rendir homenaje a su vaquero de origen helvético, el cual le habría sugerido la idea de enriquecer la cuajada con crema.

Presentado como postre, con azúcar, miel, confitura o frutas cocidas, o bien con sal, finas hierbas y pimienta, el *petit-suisse* también interviene en la cocina, en salsas emulsionadas frías, para untar en canapés (mezclado con paprika, finas hierbas picadas o uvas pasas) y en el relleno de ciertas aves, como el pavo y la pintada, gracias a lo cual la carne es más melosa.

pez
El pez es un animal vertebrado acuático, que suele estar recubierto de escamas, que respira con la ayuda de branquias y se desplaza gracias a sus aletas. En la actualidad se conocen más de treinta mil especies, que forman un grupo muy heterogéneo. La mayor parte vive en los mares y los océanos, a niveles más o menos profundos. Los

peces de agua dulce son mucho menos numerosos y algunos de ellos (anguila, salmón) pasan una parte de su existencia en el mar.

Los peces se clasifican, en primer lugar, según su esqueleto: cartilaginoso (tiburón, pintarroja, raya) u óseo (la mayoría), y luego según el lugar que ocupan sus aletas. La forma de su cuerpo —ahusado, comprimido (raya) o lateralmente (peces planos, con los ojos en el lado derecho o izquierdo, como el lenguado, el rémol o el rodaballo), o alargado y serpentiforme—, el número y la forma de sus aletas, la anchura de la boca, la presencia de dientes, de espinas, de aguijones, de barbillas, el grosor de la piel, el trazado de la línea lateral o la pigmentación también permiten diferenciarlos.

Los peces presentan ciertas características específicas asociadas a su forma de vida. Tienen aproximadamente la misma densidad que el agua. En general poseen una vejiga natatoria que les sirve de flotador. En el medio acuático, como prácticamente no tienen ningún peso, su esqueleto es ligero y simple (en su caso se habla de espinas, no de huesos, mucho más densos y pesados). Los peces crecen a lo largo de toda su vida (por lo tanto, su tamaño teóricamente es ilimitado), y precisamente por ello no envejecen. Por consiguiente, no es preciso cocer durante más tiempo un pescado de cierta edad, ya que no cambia de textura ni de sabor al aumentar de edad y de volumen.

Como son animales de sangre fría, la temperatura de su cuerpo es variable. En general sus ojos carecen de párpados, unas estructuras para ellos inútiles, dado que sus ojos están constantemente en contacto con el agua. Los peces tienen dos mandíbulas articuladas.

La cría a gran escala de las especies llamadas "nobles", debido a su escasez hace bajar su precio y aumentar su consumo. Ello sucede con el salmón, la trucha, la dorada, la lubina o el rodaballo. Inversamente, ciertos peces comunes han pasado a ser escasos debido a una sobreexplotación (bacalao, merluza, atún o merlán).

El término "pescado" se refiere al pez ya extraído del agua, y es el que se utiliza siempre en cocina.

La evolución de las formas de vida y una mayor concienciación acerca de los conocimientos en dietética han modificado notablemente el ritmo de consumo de los productos del mar. Por ejemplo, el viernes ha dejado de ser el día obligatorio y único de consumo de pescado. Hoy en día se consume más a menudo. Por otra parte, los nutricionistas recomiendan comer un producto del mar dos o tres veces por semana.

La compra del pescado debe determinarla tres elementos: la temporada, la frescura y la proporción de partes comestibles.

– Temporada. Hoy en día se encuentran casi todo el año pescados que provienen de costas extranjeras. No obstante, es aconsejable elegir los que se capturan en aguas nacionales en plena temporada, ya que son más sabrosos y menos costosos.

– Frescura. Es la primera cualidad de un pescado, que nunca es mejor que cuando sale del agua. De todos modos, los medios de transporte y de refrigeración actuales permiten consumir pescados de un sabor sin mácula, lejos de los lugares de pesca.

De hecho, las técnicas de conservación son muy antiguas, ya se trate del frío, la desecación, el ahumado o la conservación en barril.

Las posibilidades de consumo se ampliaron mucho gracias a los nuevos métodos de conservación: conservas en lata, tarros, bolsas, al vacío o en atmósfera modificada. La congelación y ultracongelación a bordo de los barcos factoría han sido factores determinantes para hacer llegar nuevas especies a los mercados.

– Proporción de partes comestibles. La cantidad de partes comestibles, en peso neto sobre el peso total bruto, varía considerablemente, de 35 a 80%, según las especies, las preparaciones y la presentación final. Así pues, es necesario prever 250 g brutos de pescado para obtener una porción neta de 150 g.

Todos los pescados son muy ricos en proteínas, pero también en fósforo, magnesio, cobre, hierro y yodo, así como en vitamina B (los pescados grasos o azules lo son en vitaminas A y D).

En todos los casos, presentan un índice de lípidos débil o muy mediano, que disminuye todavía más después del desove.

Los pescados magros o blancos, que son los más numerosos, reúnen a gádidos (bacalao, merluza, etc.), pleuronéctidos (rodaballo, lenguado, etc.), doradas, rubios, salmonetes y rayas (de 0,5 a 4% de lípidos).

Los pescados semigrasos, que pueden contener de 4 a 10% de lípidos, comprenden las sardinas, las caballas, los arenques y las truchas, que también se consideran pescados azules.

Los pescados grasos o azules, poco numerosos, agrupan a los atunes (13%), los salmones (de 8 a 12%), las morenas y las lampreas (de 13 a 17%). El pescado más graso es la anguila (20%).

El pescado, tanto el marino como el de agua dulce, se prepara caliente o frío de múltiples maneras, y admite las farsas, guarniciones y acompañamientos de salsas, mantequillas compuestas, verduras y frutas variadas.

La cocción de un pescado siempre es delicada, ya que debe estar lo suficientemente cocido (la espina apenas de color rosa y nada pegajoso), pero no demasiado (pues entonces está astilloso y seco). Los tiempos de cocción se han abreviado en las últimas décadas; puede practicarse en seco o bien en un medio húmedo, en fritura, al vapor, o bien en *papillot* o en *caisse*. El pescado crudo también tiene sus adeptos, pero exige una frescura absoluta y un corte hábil.

pez aguja

Pez de la familia de los belónidos, muy alargado, prolongado por un pico puntiagudo que le ha valido los sobrenombres de becada de mar y, en Bretaña, de *aiguillette* (agujita). El pez aguja, azul verduzco en el dorso, blanquecino en el vientre, puede alcanzar los 80 cm y pesar 1,5 kg. Su sabor es muy fino, sobre todo en primavera. Se prepara como el congrio y también se come en fritura.

pez cinto ◆ cintilla

pez de san Pedro

Pez costero de la familia de los ceidos, plano, de forma romboidal, de color bronce dorado con reflejos plateados. Su cabeza es enorme, y sus mandíbulas pueden estirarse hacia delante. Su cuerpo está bordeado por grandes espinas y los radios de sus aletas son espinosos. A ambos lados del cuerpo presenta una gran mancha negra encima de la línea lateral, precisamente por ello la leyenda cuenta que san Pedro, al pescarlo, dejó la impronta de sus dedos en sus dos caras. El san Pedro mide de 30 a 50 cm. Debido a su anatomía, da un rendimiento en carne muy bajo, del orden de 30 a 35%. Cada uno de sus filetes se escinde de forma natural en tres partes. Es uno de los mejores peces marinos: su carne blanca y firme se separa fácilmente y permite elaborar numerosas preparaciones breseadas, salteadas, cocidas en *papillot*, a la parrilla, etc. Se cocina como el rodaballo o el rémol, forma parte de la bullabesa y las sopas de pescado. En Inglaterra recibe el nombre de *john-dory*, deformación de uno de sus nombres franceses, *jean doré*.

pez espada

Pez marino que mide de 2 a 5 m y pesa de 100 a 500 kg, de la familia de los xifíidos, abundante en todos los mares cálidos. Buscado por los amantes de la pesca deportiva, posee una carne excelente, que recuerda a la del atún. En la costa atlántica de Canadá y de Estados Unidos a veces se comercializa fresco, pero sobre todo congelado. En los mercados de Europa se puede encontrar fresco y se comienza a criar en viveros. Para prepararlo es mejor cocerlo de diez a quince minutos para que sea más digestivo, y luego asarlo a la parrilla, bresearlo u hornearlo. En México se pesca en el Golfo de México y en el Pacífico; se consume en filetes y en sopas.

piamontesa, a la

Se dice de las preparaciones en las que interviene el *risotto*, elaborado de distintas maneras (a veces con la adición de trufas blancas del Piamonte), para acompañar aves, piezas de carnicería y pescados. La denominación "a la piamontesa" también se aplica a platos del Piamonte.

pibil

En la cocina mexicana, se denomina así a los alimentos horneados en el pib, u horno subterráneo. Es una técnica de cocción que se empleaba antiguamente para preparar el venado y el faisán en la región maya. Actualmente se aplica este nombre a los alimentos condimentados con achiote o recado rojo.

picadillo

Preparación a base de carne, de pescado o de verduras crudas o cocidas, cortadas en trocitos muy pequeños, utilizada como base de rellenos. En cocina se llama sobre todo "picadillo" a una preparación de sobrantes de carne. El ejemplo más clásico es el *hachis* Parmentier, para el que se emplean carne de res molida y puré de papa bajo un gratén. Las papas pueden reemplazarse por puré de verduras.

En la cocina francesa, los picadillos de res, de cordero, de conejo o de cerdo a veces se enriquecen con hongos, y los de ternera o de ave con crema, bechamel o salsa *mornay*. Los picadillos de carne también sirven de base a las albóndigas, *caillettes*, croquetas y *fricadelles*.

En la cocina mexicana suelen ser de cerdo o de res picada o molida. Se les agregan cebolla, ajo, jitomate, perejil, pasas, almendras y aceitunas y otros ingredientes. Se come solo o acompañado de arroz o frijoles; de manera habitual se utiliza para rellenar empanadas, quesadillas, enchiladas, tamales, chiles, calabacitas, chayotes o quesos.

picadora

Utensilio destinado a picar la carne, el pescado, las verduras o los aromatizadores.

- La picadora manual o media luna está constituida por una ancha hoja curva, provista de un mango en cada extremo. Se le imprime un movimiento de báscula sobre la tabla de picar. También existen picadoras manuales de dos hojas. La picadora manual, provista de una manivela y fijada en una mesa gracias a un sargento, está equipada de una tolva por la que se introducen los elementos, que son arrastrados hacia la cuchilla mediante un tornillo sin fin y salen por rejillas que se pueden cambiar según la finura deseada.
- La picadora eléctrica sigue el mismo principio. Puede ser el accesorio de un robot multifunción. Otros modelos se presentan como un cilindro macizo, vertical, que termina en un receptáculo transparente en el que gira la cuchilla. Estos aparatos pican la carne, el pescado, pero también los frutos secos (almendras, nueces, etc.) y las verduras crudas.

picante

Calificativo que designa un elemento extremadamente ácido que pica al paladar. También se dice de una bebida gaseosa que pica, es decir, que provoca una sensación agresiva en la boca. El sabor picante se encuentra en el limón y en el vinagre, pero también en una fruta pasada o en un vino estropeado. También puede ser una cualidad, como en un queso muy madurado o en la mostaza.

picar

Reducir un alimento a trozos muy pequeños con la ayuda de un cuchillo o de una picadora, para obtener una preparación más o menos fina o incluso pastosa.

piccalilli

Condimento inglés a base de manojitos de coliflor, de pepinillo cortado fino, de chalotas y de aromatizantes diversos, macerados y conservados en una mostaza dulce diluida con vinagre de malta. Estos *pickles*, fuertes o suaves, se venden en tarro y acompañan a las carnes frías, en especial al jamón y al asado de cerdo.

piccata

Pequeña escalopa redonda, de ternera, que se obtiene en la tapa, la contra o la babilla, salteada con mantequilla en la sartén. Esta preparación de origen italiano se suele preparar con marsala o limón. También se pueden preparar *piccatas* de pescado.

pickles

Condimento anglosajón a base de verduras o frutas (o una mezcla de ambas), conservadas en un vinagre aromatizado. Los *pickles*, de origen indio, están emparentados con los *achards* de Madras o de Bombay, pero los británicos modificaron la receta para que fueran menos picantes. Acondicionados en tarros de vidrio, los *pickles* también son de elaboración casera, como las frutas en vinagre, y conocen los mismos empleos: acompañamiento de carnes frías, de ragús y de carnes hervidas, *snacks* de aperitivo o como elemento de entremeses variados.

En primer lugar se sumergen las verduras en salmuera o se ponen a purgar, y luego se enjuagan, se ponen en tarros y se recubren con vinagre especiado, o bien se cuecen en vinagre con aromatizantes diversos. Las frutas a menudo se cuecen un poco para conseguir que el vinagre penetre perfectamente bien en su carne. También se tratan del mismo modo huevos duros en *pickles*, así como nueces.

Las especias, además de realzar el sabor, desempeñan un papel de conservante. La fórmula clásica consiste en mezclar, por cada litro de vinagre, un bastoncillo de canela, una cucharadita de clavos de olor, dos cucharaditas de cuatro especias, una cucharadita de pimienta negra, una cucharadita de granos de mostaza y dos o tres hojas de laurel. El líquido se lleva hasta el umbral de la ebullición y luego se pone a macerar durante tres días. Después se cuela y se vierte frío sobre las verduras (que deben estar crujientes), o caliente sobre las frutas (que deben estar algo más tiernas). De este modo se preparan los surtidos de *pickles* (*mixed pickles*).

En Quebec, los *pickles* se llaman *marinade*, mientras que en Estados Unidos la palabra *pickles* designa solo a los pepinos marinados.

pico de gallo
Preparación de la cocina mexicana parecida a una ensalada de frutas. Se puede comer como botana, guarnición de pescados, como ensalada o como salsa para tacos. Varían según la región, pero lo ingredientes base generalmente son verduras como chile, cebolla o jitomate y algunas frutas.

pie o pay
Preparación tradicional de la cocina anglosajona. La palabra designa en inglés una empanada, una tarta o una torta.

Los *pies*, en el Reino Unido y en Estados Unidos, se sirven como entrante, como plato principal o como postre. De las Islas Británicas destacan el *chicken pie* (pollo, hongos y finas hierbas), el *steak and kidney pie* (res, riñón, papa, cebolla y perejil), el *game-pie* de caza, el *eel-pie* (torta de anguila), el *pork and apple pie* (cerdo y manzanas), etc. Otros *pies* son específicamente estadounidenses.

Los *pies* de postre se elaboran de dos formas: cociendo frutas entre dos láminas de pasta, para servirlo con crema líquida o con una bola de crema helada; la segunda forma, llenando una pasta precocida o parcialmente cocida con una preparación ligada con huevo: las tartas de calabaza (*pumpkin pie*), de jarabe de arce (*sugar pie*) y de nuez pecana (*pecan pie*) se terminan de cocer en el horno, y la tarta de limón (*lemon pie*) se pasa un poco por el horno para dorar el merengue.

En Quebec se emplea la palabra *pâté* para designar al *pie* salado y *tarte* para calificar todos los *pies* dulces.

pièce montée o pieza montada
Preparación de pastelería de gran tamaño, dispuesta de manera muy ornamental, realizada para un gran banquete o una fiesta, que suele proporcionar el tema de la decoración. Hoy en día, la *pièce montée*, mucho más rara, sigue siendo de rigor en bodas y bautizos.

La *pièce montée* contó con un gran favor en el pasado, en particular en la Edad Media, gracias a los *entremets*, que constituían auténticos espectáculos, con arquitecturas gigantescas y animales reconstruidos, como el pavo real. Pero fue en los siglos XVIII y XIX cuando conoció su mayor gloria, con temas alegóricos. No obstante, estas suntuosas piezas pocas veces eran comestibles, ya que su función era, ante todo, decorativa.

Hoy en día la *pièce montée* es más modesta. Se elabora con alguno más de los siguientes elementos: placas de bizcocho o de genovesa, *nougat*, azúcar suflé, flores, cintas y hojas de azúcar hilado o torneado, cintas de azúcar trenzado, pastillaje, crestas y borlas de azúcar hilado, guirlaches, frutas confitadas, almendras confitadas, motivos de pasta de almendra, copos de chocolate, etc. El procedimiento más simple consiste en superponer en pirámide láminas de pasta de tamaño decreciente, con distintas guarniciones, glaseadas y decoradas. Existen dos tipos básicos de *piece montée*:
- La *pièce montée* a la francesa, que es la más clásica, se realiza sobre un pórtico metálico con un pivote central, que permite superponer bandejas que sostienen bizcochos o genovesas decorados.
- La *pièce montée* a la española está compuesta de elementos montados por separado. Cada bandeja se sostiene mediante columnas que enmarcan la preparación de la bandeja anterior.

En cualquier caso, el pastelero puede dar vía libre a su imaginación, a partir de distintos temas. Hoy en día, el *croquembouche* es la *pièce montée* más común (de pasta *choux* o de frutas glaseadas).

piedra de afilar
Utensilio de forma ovalada o rectangular hecho de abrasivos aglomerados de grano más o menos fino, que sirve para afilar manualmente la hoja de los cuchillos. Según los modelos, la piedra debe humedecerse con agua o con aceite.

piel de cebolla
Nombre que antaño se daba al vino rosado. Esta expresión, que hoy es peyorativa, designa el matiz anaranjado que ciertos vinos tintos adquieren al envejecer y que otros, rosados o tintos, poseen de forma natural.

piel de cerdo ◆ corteza de cerdo

piel de cítrico ◆ cáscara de cítrico

pierna
Pata entera de ternera que incluye el morcillo, la *noix*, la babilla, la contra y el corazón de la cadera. En el caso del cordero, la pierna equivale al *gigot*. En el cerdo es la extremidad posterior con la cual se preparan diversos guisos además de ser usada para el jamón.
→ *gigot*

pies o manitas
Despojo blanco de los animales de carnicería: ternera, cordero, cerdo y res. Los pies de carnero o de cordero, deshuesados, chamuscados y cocidos en caldo corto, se bresean, se asan, se fríen y se preparan *à la poulette*, en fricasé o en ensalada.

Las manitas de cerdo se venden saladas, precocidas y empanadas. Blanqueadas y limpias pueden cocerse en un fondo aromatizado, servirse asadas, cocidas en adobo, breseadas o en vinagreta. En México se consumen en escabeche o empanizadas y fritas.

El pie relleno es una preparación compuesta por pie de cerdo y rabo deshuesado, morcillo y grasa de cerdo cubiertos en una farsa, con perejil esparcido y todo ello envuelto en un redaño.

Los pies de ternera se utilizan sobre todo como fuente de gelatina para bañar preparaciones, pero también se cocinan aparte: deshuesados, limpios y blanqueados, y luego cocidos en caldo blanco, se comen fritos, en *curry*, *à la poulette* o empanados y asados, con una salsa diabla o tártara. Las manitas de res solo intervienen en los callos, como complemento; en México se comen preparadas con una vinagreta sobre tostadas de maíz y se le conoce como pata.

pieza montada ◆ *pièce montée*

pilaf

Preparación de arroz de origen oriental. En el *pilaf* clásico el arroz se dora en aceite o en mantequilla con cebolla, y luego se moja con caldo, se especia y, a media cocción, se añade carne, pescado o verduras, crudos o cocidos. Siempre debe estar bien condimentado, en general con azafrán. Pero de hecho se le pueden añadir múltiples ingredientes. El *pilaf* se suele enmoldar en corona, que acoge la guarnición en el centro, o en *darioles*, para acompañar a una carne, un pescado o una ave.

pilpil

Alimento precocinado, elaborado con trigo completo, es decir, rico en proteínas y en sales minerales. El *pilpil*, muy energético, se cuece cuatro minutos en dos veces su volumen de agua hirviendo, luego debe hincharse y absorber el líquido de 7 a 10 min. Se emplea en la cocina vegetariana, para elaborar sopas, papillas y cremas de legumbres y aromatizantes, para rellenar verduras en lugar del arroz, o bien, según la receta del tabulé tunecino, con *crudités* a la vinagreta.

pil-pil

Técnica consistente en remover la cazuela en la que se cuece bacalao (bacalao al pil-pil) para conseguir emulsionar el aceite de oliva con la gelatina del pescado.

piloncillo, panela o panocha

En la cocina mexicana, edulcorante elaborado a base de melcocha prieta o miel de azúcar no clarificada en forma de cono truncado. Se utiliza en la preparación de dulces tradicionales.

pils o pilsen

Cerveza clara de fermentación baja cuyo nombre procede de Pilsen (Plzen), ciudad checa en la que se fabricó por primera vez en 1842. Llamada también *pilsner*, *pilsener* o *lager*, esta cerveza dorada, con un índice de lúpulo medio, se ha convertido en la más difundida del mundo (alrededor de 90% de la producción total).

pimienta

Frutos, bayas, drupas, semillas u hojas de numerosas plantas de sabor picante. Estrictamente, la palabra pimienta está reservada a la baya y a la semilla de la pimienta, una planta trepadora de la familia de las piperáceas originaria del sureste asiático, cuyas flores dan origen a unos racimos de bayas, primero verdes, luego amarillas, rojas y finalmente pardas, que se vuelven negruzcas una vez desecadas.

El grano del *Piper nigrum* da lugar a diferentes pimientas:
- La pimienta negra, muy aromática, es la baya entera, cogida poco antes de la maduración y secada.
- La pimienta blanca se obtiene a partir de la misma baya, recogida muy madura. Luego se le retira su parte carnosa (pericarpio) mediante triturado en agua salada. Es menos picante y es adecuada para sazonar las salsas blancas. Una vez molida se llama *mignonnette*.
- La pimienta verde es la baya recogida antes de madurar; se vende seca, en vinagre o en salmuera. Su sabor es menos picante pero más afrutado; es más tierna y se puede comer entera.
- La pimienta gris es simplemente una mezcla de pimienta negra y pimienta blanca.

De la misma familia que las piperáceas y del género *Piper*, también se consumen bayas, drupas, semillas u hojas que tienen un perfume similar al de la pimienta negra. Se consideran "falsas pimientas":

- La pimienta Bétel, de la cual se aprovechan las hojas, se consumen en Asia, a menudo combinadas con nuez de areca y con cal en *le chique* de Bétel.
- La pimienta de Guinea o pimienta ashanti. Son unas bayas rojas que una vez maduras, presentan un aroma típico a pimienta negra y con sus mismos usos.
- La pimienta larga, originaria de Asia tropical, ya conocida por los romanos, con un aroma muy parecido al de la pimienta negra.
- La pimienta de Cubeba, o pimienta de Java, de sabor acre y mucho menos perfumada que la pimienta negra.

Otras especies que no son de la familia de las piperáceas son:

- La pimienta rosa o pimienta de Brasil, de la familia de las terebintáceas. Las drupas, rosas y con un aroma ligeramente dulce y picante, huelen a esencia de trementina; dan un aroma muy agradable al *foie gras* semicocido, a las ensaladas de frutas y al chocolate.
- La pimienta de agua, de la familia de las poligonáceas, cuyas hojas tienen un sabor a pimienta. Antiguamente era muy utilizada en el campo.
- Los granos del paraíso, granos de Guinea o melegueta, de la familia de las anonáceas. Su aroma es parecido al de la pimienta y la cúrcuma; todavía son muy consumidos en África.
- La pimienta de Sichuan (China) y la pimienta del *Zanthoxylum spinosum* (Japón) son dos especies diferentes de la misma familia, la de las rutáceas, de bayas carnosas, chispeantes en boca, levemente anestesiantes y con sabor a limón. Son ideales para aromatizar el chocolate (pralinés).
- La pimienta de los monjes, o sauzgatillo, de la familia de las verbenáceas, con drupas de cuatro semillas con un marcado sabor a pimienta. En la Edad Media era la pimienta de los pobres.
- La pimienta *maniguete* o pimienta de Etiopía, de las zingiberáceas, de semillas piramidales, muy picantes, ardientes, de origen africano.

También se designa a la pimienta de Jamaica, o la pimienta de Cayena, con el nombre de pimienta. Por último, la arañuela o neguilla, de la familia de las ranunculáceas, se asimila igualmente a las pimientas; se utilizan en panadería para aromatizar panes de fantasía.

La pimienta se vende en granos o molida. Pero para conservar sus cualidades, siempre es mejor molerla en el último momento, en función de las necesidades. Las mejores variedades a menudo llevan el nombre del puerto de exportación: pimienta blanca de Tellicherry (India), pimienta negra de Lampong (islas de la Sonda), de Mangalore (Madras), de Saigón, de Singapur, etc.

La pimienta debe su sabor picante a unos aceites esenciales, a una resina acre y a la piperina. Estimula el apetito, favorece la digestión y es excitante e irritante en dosis fuertes.

Muchas preparaciones deben su nombre y su carácter al empleo de la pimienta: salsa *poivrade*, bistec a la pimienta, *pfefferkuchen* alemán (pan de especias, literalmente "pastel de pimienta"), o *pepper pot* holandés (ragú de cordero con cebolla, con mucha pimienta).

La pimienta es la especia por excelencia, y la contienen gran número de platos salados, calientes o fríos. En granos enteros aromatiza los caldos cortos, los adobos y las conservas en vinagre. Troceada se esparce sobre parrilladas, ciertas verduras crudas, farsas y picadillos. Recién molida aromatiza las ensaladas y las cocciones. La pimienta verde conoce aplicaciones particulares, en especial en el pato asado, el rape, las terrinas de pescado y la ensalada de aguacate.

pimienta de Guinea

Bayas secas muy aromáticas de un árbol africano de la familia de las anonáceas. Dichas bayas tienen menos sabor que la pimienta auténtica y su olor recuerda al jengibre y también a la cúrcuma.

pimienta de Jamaica, pimienta gorda o pimienta de Tabasco

La pimienta de Jamaica procede del mirto-pimiento, un árbol de la familia de las mirtáceas, de América Central, del que se extrae la vainillina. Las semillas secas desprenden un fuerte olor a clavo de olor, nuez moscada, canela y pimiento. Se utilizan para sazonar adobos, salsas y rellenos.

pimiento

Fruto de una especie de chile de sabor dulce, hortaliza herbácea de la familia de las solanáceas, utilizada como verdura, cruda o cocida. Su difusión en la cocina está vinculada a la introducción de los alimentos mediterráneos en el repertorio clásico. Es poco calórico (22 kcal o 92 kJ por cada 100 g) y rico en betacarotenos y en vitaminas B9 y C.

Al comprar pimientos deben ser bien brillantes. Se emplean sin pepitas y a veces pelados, puesto que su piel es poco digestiva (para retirarla sin esfuerzo, colocar los pimientos de 10 a 15 min bajo el *grill* del horno). Los pimientos a menudo se rellenan. También intervienen en las ensaladas, los condimentos marinados o adobados y ciertos platos típicos, como la *caponata*, el gazpacho, la piperrada y la *ratatouille*. Acompañan con igual acierto al jamón, el conejo, el cordero, el pollo, el atún, los huevos y el arroz, y caracterizan las preparaciones a la andaluza, a la vasca, a la portuguesa, a la turca, etc.

pimiento morrón

Pimiento aromático y de carne compacta, ligeramente dulce y, a diferencia de otros tipos de pimiento, nada picante. De color verde o rojo (ya maduro) se comercializa tanto fresco como asado.

pimpinela

Hierba aromática vivaz, de la familia de las rosáceas, cuyas hojas dentadas tienen un sabor que recuerda al del pepino. La pimpinela pequeña es la variedad más apreciada, joven y tierna; sirve, junto con otras finas hierbas, para realzar una ensalada, perfumar una tortilla de huevo, una salsa fría, una marinada o una sopa. Figura en la mezcla de hierbas de la anguila *au vert*.

pincel

Utensilio de mango plano, provisto de pelos de seda blanca o de nailon, utilizado para untar con mantequilla clarificada o aceite ciertas preparaciones (en particular las aves que se van a asar), para engrasar moldes y fuentes, así como para barnizar con huevo batido la parte superior de preparaciones de pasta antes de su cocción.

pinchafrutas ◆ brocheta

pinchar y mechar

Introducir en la superficie de ciertas carnes, sin atravesarlas, bastoncillos de tocino cuyo tamaño varía en función de la preparación. La acción de pinchar se llama "clavetear" por la semejanza con la inserción de clavos de olor en la carne. Esta acción se realiza con la ayuda de una aguja de mechar, según el principio del mechado, con la diferencia de que se deja que los bastoncitos de tocino sobresalgan un poco en una de las superficies del alimento. Su finalidad es obtener, gracias a que el tocino se funde con el calor de la cocción, un rociado permanente de la pieza. Por ello los bastoncitos de tocino deben situarse en la parte superior y no deben cubrirse de líquido. También se mechan superficialmente ciertas carnes con dientes o bastoncitos de ajo. Las cebollas se clavetean con clavos de olor.

Pinchar una placa de pasta cruda antes de cubrirla o cocerla en blanco consiste en practicar pequeños orificios regulares con la ayuda de un tenedor o de un rodillo de pinchos, a fin de que no se hinche durante la cocción. También se pinchan con el tenedor salchichas y morcillas con el objetivo de que la tripa no estalle durante la cocción.

pincho moruno

Especialidad española de carne de cordero o de pollo adobada en pimentón que se presenta troceada en cubos ensartados en un pincho o brocheta de madera.

pinot blanc

Forma blanca de la célebre cepa *pinot noir*, seleccionada a principios del siglo xx por el especialista en híbridos Oberlin. En Francia, la *pinot blanc*, flexible y vigorosa, se cultiva sobre todo en Alsacia, donde se asocia con la Auxerrois Blanc para proporcionar la Denominación de Origen *pinot blanc*, llamada también "Klevner". También participa en la elaboración del *crémant* de Alsacia y cada vez se trabaja más.

pinot gris

Forma gris de la célebre cepa *pinot noir*, de la que solo se distingue por el color gris azulado de sus granos. Vinificada exclusivamente en blanco, presenta aromas menos marcados que las demás *pinots*.

pinot noir

Cepa tinta de alta calidad. La *pinot noir* presenta pequeños racimos, compactos, cuyas bayas de un color negro azulado están rodeadas de una película gruesa, rica en materias colorantes, que protege una pulpa incolora poco abundante y fundente. Es la responsable del renombre de los grandes vinos de Borgoña tintos, como romanée-conti, la tâche, musigny, chambertin, clos-de-vougeot, pommard o corton. También es una de las cepas clásicas de Champaña, asociada a la *chardonnay* y a la *pinot meunier*; en este caso, el prensado se lleva a cabo rápidamente para que las pieles no coloreen el jugo. Bajo un clima favorable la *pinot noir* puede producir los vinos más ricos y sedosos del mundo, en particular en suelo calcáreo.

pintada

Ave de la familia de las numídidas, originaria de África, donde todavía viven ciertas especies salvajes. La pintada la conocían y apreciaban ya los romanos, que la llamaban "gallina de Numidia" o "de Cártago". Hoy en día es un ave de corral que está disponible todo el año. Francia es el primer productor mundial de pintadas, que disfrutan en ciertos casos de un *label* rojo que garantiza su origen, su alimentación y la duración de su cría. Se llaman "pintadas de granja" solo a las criadas al aire libre, por oposición a las que se crían en batería. A fin de que sea tierna y sabrosa, la pintada se consume joven. Se puede asar o preparar como un faisán joven o un perdigón, incluso como un pollo. La pintada adulta se cocina sobre todo en fricasé o como la pularda.

En charcutería se emplea la pintada en la preparación de las balotinas o del *pintadeau* relleno.

pintar ◆ barnizar

pinzas o tenazas

Utensilio de metal, de madera o de plástico cuyos brazos articulados permiten coger los alimentos para prepararlos, servirlos o degustarlos. Las pinzas de espárrago, de pepinillo, de caracol, de ensalada, de hielo y de azúcar (estas dos últimas a veces son automáticas) son de uso corriente. La tenaza de bogavante se emplea para romper las patas de los crustáceos a fin de extraer la carne. Las pinzas para quitar las espinas del pescado se parecen a unas pinzas de depilar, más anchas. La pinza para fuentes está ideada para coger y sostener las fuentes calientes, y la pinza para pasta (o para tarta) sirve para pellizcar el reborde de una pasta o una tarta. Existen también pinzas de servir, de pasteles, de espagueti, etc.

piña

Planta tropical americana de la familia de las bromeliáceas, cuyo fruto, perfumado, de carne amarilla y jugosa, pesa entre 1 y 2,5 kg.

Tras ser descubierta en Guadalupe por Cristóbal Colón en el 1493, la piña fue introducida en Europa (Inglaterra, Bélgica y Francia) y, sobre todo, rápidamente se exportó a los diferentes países tropicales, en particular por los navegantes portugueses. Se cultivó precozmente en invernadero en Bélgica. Carlos I de Inglaterra (en 1672) y más tarde Luis XV (en 1733) se contaron entre los primeros que probaron frutas producidas en Europa.

La piña fresca, rica en azúcares (12%), potasio y vitaminas (carotenos y vitamina C), aporta 50 kcal o 209 kJ por 100 g. Contiene una enzima proteolítica (bromelina) que puede tener interés dietético y que se utiliza en los adobos y marinadas para ablandar las carnes.

La piña permite acompañar carnes grasas (recetas antillanas, criollas y asiáticas de cerdo y de pato), asociando los sabores dulce y salado, e incluso crustáceos en cócteles. También se consume mucho en conserva, sobre todo en postres y entrantes.

Se consume como fruta fresca en rodajas redondas cuyo centro se vacían. La carne también se puede cortar según los rombos de la corteza.

piñón

Pequeña semilla oblonga, extraída de la piña del pino piñonero, árbol de la familia de las pináceas que crece en las regiones mediterráneas. Rodeado de una cáscara dura, el piñón está alojado entre las escamas de la piña. Es muy energético (670 kcal o 2,800 kJ por cada 100 g) y rico en ácidos grasos insaturados (de hecho se vuelve rancio con bastante facilidad), en glúcidos, en magnesio y en potasio. Su sabor recuerda al de la almendra, aunque a veces es más resinoso e intenso.

A veces se consumen los piñones al natural, una vez pelados, con otros frutos secos, pero en general se tuestan en un sartén y se utilizan en pastelería (bizcochos, galletas, macarrones) o en cocina. A menudo aderezan el arroz en la India y en Turquía, donde realzan asimismo a los mejillones rellenos, así como los rellenos de ave y las albóndigas de cordero, como en el Líbano. En Italia, los piñones se emplean en salsas (por ejemplo, en el *pesto*) para aderezar la pasta, las farsas de pescado, para complementar una tortilla o realzar un pollo salteado. En Provenza se emplean en preparaciones de charcutería, en la torta de acelgas nizarda y en las ensaladas de *crudités* con aceite de oliva.

pirogui

Pequeño paté *en croûte* ruso y polaco. La base de los *piroguis* (llamados también *pierogi* en polaco) puede ser una pasta *choux*, un hojaldre, una pasta fermentada o de *brioche*, mientras que el relleno está compuesto de sesos, de queso blanco, de caza, de verduras picadas, de pescado o de arroz, de carne, de ave, etc. Los *piroguis* acompañan al *borchtch* o se sirven como entrante caliente.

pisco

Aguardiente de vino blanco producido en Perú (alrededor del puerto de Pisco) y Chile (donde recibe el nombre de brandy chileno), obtenido a partir de cepas moscatel rosado de la familia del moscatel de Alejandría. Tras la destilación, el pisco puede ser envejecido, en barricas blanqueadas para no dar color al aguardiente. El pisco, con un 35 a 45% Vol., se suele consumir en América del Sur con jugo de limón, azúcar, una clara de huevo y hielo (pisco *sour*). Es uno de los ingredientes de ciertos cócteles a base de ron, entre ellos el célebre pisco *punch*, o a base de cola (el piscola).

pisco *sour*

Coctel peruano preparado a base de pisco, jugo de limón, azúcar o jarabe de goma, clara de huevo y hielo picado. Es el coctel emblemático del Perú. A partir del clásico pisco *sour* se ha desarrollado una serie de variantes con ingredientes y frutas nativas, como el coca *sour*, el aguaymanto *sour* y el maracuyá *sour*, entre otros.

pissaladière

Tarta nizarda cubierta y decorada con abundantes filetes de anchoas y aceitunas negras, que se come caliente o fría. Recibe este nombre porque, antes de hornearse, tradicionalmente se untaba con *pissalat*.

pistache

Semilla de un árbol de la familia de las anacardiáceas, originario de Siria y cultivado en Irak, Irán y Túnez. Ovalado, verde pálido bajo una película rojiza, encerrado en una cáscara fácil de romper y que recubre una pulpa parduzca, el pistacho tiene un sabor delicado. Es muy energético (630 kcal o 2,635 kJ por cada 100 g), a causa de su índice de lípidos (de él se extrae un aceite poco consumido) y glúcidos, y rico en calcio, fósforo, potasio y vitaminas B3 y E.

En la cocina mediterránea y oriental, el pistache forma parte de farsas y salsas de ave, así como de los picadillos. Clásicamente se emplea en galantinas, en la cabeza de cerdo prensada y en la mortadela. En la India, reducido a puré, aromatiza el arroz y las verduras. Combina muy bien con la ternera, el cerdo y las aves.

En pastelería, su color verde (a menudo acentuado de forma artificial) y su sabor delicado (a menudo resaltado por la almendra amarga) son muy apreciados en las cremas (en particular para llenar pasteles), así en helados y postres helados. Se sirve igualmente tostado y salado como aperitivo. En confitería combina muy bien con el *nougat*.

pisto

Sofrito de hortalizas (habitualmente pimiento morrón, jitomate, cebolla, ajo, calabacita y berenjena) aromatizado con hierbas al que a menudo se les incorporan huevo, jamón y otros ingredientes, según la geografía, la temporada y las costumbres. El más conocido y popular es el pisto manchego.

pistolet

Panecillo belga, redondo, de pasta muy ligera y crujiente, que se consume en el desayuno, sobre todo los domingos. Los *pistolets* son el equivalente de los *croissants* franceses. Se sirven asimismo durante el día, fríos y llenos de embutido o de queso, o de filete de res picado crudo.

pistou

Condimento de la cocina provenzal compuesto por albahaca fresca aplastada con ajo y aceite de oliva. También se llama *pistou* a la sopa de verduras y fideos que lleva este condimento.

pita

Plato tradicional de Oriente Medio. La base de la pita es un pan redondo ácimo, cortado en dos, calentado y luego lleno con una mezcla de maíz y semillas de sésamo en puré, *crudités* ralladas y garbanzos.

pitahaya o fruta de dragón

Fruto de una planta carnosa trepadora, originaria de América. La pitahaya puede ser rosa, roja o amarilla, a veces es ácida y a veces dulce. Sus gruesas escamas ocultan una carne blanca o roja trufada de minúsculas semillas, que se toma fresca.

pithiviers

Gran pieza de pastelería hojaldrada, con bordes festoneados, rellena de una crema de almendras. Esta especialidad de la ciudad francesa de Pithiviers (Loiret) ejerce tradicionalmente la función de pastel de Reyes, y en este caso contiene un haba. Pithiviers también es famosa por otro pastel, también hojaldrado, pero relleno de frutas confitadas y cubierto de *fondant* blanco.

En cocina clásica se prepara un *pithiviers* con mollejas a la crema, riñones, hígados de ave en salsa, etc.

pizca o pellizco

Cantidad muy pequeña de una sustancia en polvo, en granos o en fragmentos pequeños, que se coge entre los dedos pulgar e índice. Las recetas indican una pizca cuando la cantidad está comprendida entre 3 y 5 g.

Existen otras palabras para ciertos ingredientes. Una "punta" (de un cuchillo) a veces es sinónimo de pizca, pero la cantidad obtenida suele ser algo más importante. A menudo como medidas similares se puede decir "una gota" de aceite, "un hilillo" de vinagre, "un pellizco" de nuez moscada, una brizna de tomillo, etc.

pizza

Preparación italiana muy popular, de origen napolitano, cuya fórmula más simple consiste en cocer, tradicionalmente en un horno de leña, una torta de pasta de pan cubierta con jitomates troceados, aderezados con aromatizantes (orégano) y ajo, y a los que se puede añadir, si se desea, *mozzarella*.

La pizza conoce hoy en día numerosas variantes enriquecidas con distintos ingredientes (corazones de alcachofa, aceitunas, pimientos, alcaparras, hongos, tocino ahumado, jamón, filetes de anchoas, mariscos, camarones, mejillones, etc.). Se sirve como entrante caliente o como plato único.

En su origen, la pizza era una tortita (*schiacciata*) u hogaza (*focaccia*), de pasta fermentada, que debía cocerse bien pero quedar tierna. Los bordes se levantaban para formar el *cornicione* (gran marco). El sazonamiento se componía de aceite de oliva, anchoas y *mozzarella* de búfala. En el siglo XIX, los napolitanos añadieron el jitomate, las aceitunas negras y el orégano, lo que confirió su carácter definitivo a la pizza, que por esta razón se denomina "napolitana".

Entre las variantes que giran en torno a este modelo existen dos históricamente atestiguadas y dignas de considerarse. Desde 2004 disfrutan de un *label* europeo de especialidad tradicional garantizada si su presentación respeta determinados criterios.

La primera es la pizza *margherita*, cuyo nombre procede de Margarita de Saboya, que al visitar Nápoles en 1885 manifestó su preferencia por esta pizza (se suprimen el orégano, las anchoas y las aceitunas y se añade abundante albahaca al jitomate y a la *mozzarella*). La reina vio en ella una receta "patriótica", ya que los tres colores representaban los de la bandera nacional de Italia, que por entonces se había unificado desde hacía poco.

La segunda variante auténtica es la pizza *marinara*. Es la más simple de todas, y recibe este nombre porque constituía el tentempié del marino. Hoy en día el sentido se ha modificado, y a veces se le añaden almejas y mejillones.

La pizza napolitana ha dado la vuelta al mundo, al ritmo de las emigraciones de los italianos, que en todas las grandes ciudades de Europa y América del Norte han abierto pizzerías, símbolos del *fast food* a la italiana.

Pla, Josep

Escritor, periodista y viajero impenitente español (Palafrugell, Gerona, 1897-Llofriu, Gerona, 1981). De origen campesino, fue el escritor catalán más popular y leído. De su amplia obra destaca *El que hem menjat*, auténtico tratado de cocina popular catalana, en el que Pla se recrea hablando, con rigor y precisión, de paisajes, productos, costumbres y cocina. En 1980 le fue concedida la medalla de oro de la Generalidad de Cataluña.

placa de horno ✦ charola para hornear

placa de inducción

La placa de inducción es un aparato eléctrico de cocción que se está incorporando cada vez más en las cocinas domésticas y profesionales. En el interior de la placa, recubierta de vitrocerámica, un generador de campo magnético alimenta y dirige una bobina llamada inductor. Cualquier recipiente metálico y magnético (lo cual excluye el vidrio templado, el aluminio y el cobre) colocado sobre la superficie cierra el campo magnético y se crean corrientes de inducción que calientan el fondo del recipiente y luego su contenido, mientras que el resto a la placa permanece fría. El calentamiento cesa en cuanto el recipiente es retirado de la placa. Un disco especial de acero ferromagnético que se coloca encima de la placa puede servir de enlace, permitiendo cocinar con recipientes no compatibles con la inducción.

plancha

Originariamente se trataba de una gran placa metálica que se colocaba encima de las brasas para cocer un gran número de pollos y verduras. Actualmente la plancha es una placa de hierro colado o de acero (a menudo esmaltada, a veces revestida con cromo o un revestimiento antiadherente), calentada por quemadores de gas, eléctricos o para poner encima de una barbacoa. Incluso existen modelos de vitrocerámica e inducción. La cocción a la plancha tiene lugar a temperaturas elevadas (a más de 300 °C); es sencilla, rápida, no deben añadirse materias grasas y se puede utilizar con todo tipo de alimentos: camarones, chorizo, aves cortadas, pescados enteros, verduras en porciones, etc., que se pueden cocer al mismo tiempo, puesto que el calor no es homogéneo en toda la superficie de la placa.

plantas marinas

Conjunto de los vegetales marinos de 3,000 millones de años de edad, como las algas y la salicornia.

Las algas se cuentan entre los primeros seres vivos que existieron en la Tierra. Se calcula en 30,000 el número de especies de algas. Se consumieron durante las grandes hambrunas del siglo XIX en Irlanda, y desde hace tiempo los japoneses son sus principales consumidores en todo el mundo, con 80 g en promedio por persona y día. Debido a su excepcional valor nutritivo, las algas se consideran como uno de los alimentos más prometedores del siglo XXI. Son ricas en vitaminas, calcio, hierro, magnesio y yodo, y contienen pocos lípidos (entre un 1 y 2%).

Las algas forman un conjunto botánico heterogéneo que se divide en cuatro grupos, de los cuales solo tres son comestibles directamente: las rojas, las pardas y las verdes. El cuarto grupo es el de las algas azules.

Se presentan frescas, saladas, en salmuera, secadas o en conserva. Se utilizan como las verduras y, sobre todo, como condimento o elemento decorativo. Las algas también se emplean en la industria agroalimentaria como gelificante, estabilizante, ligante o agente filmógeno.

La salicornia vive únicamente en la línea de costa; se recolecta a mediados de julio. Sus extremos tiernos se consumen en ensalada, cocidos como ejotes, confitados en vinagre o como condimento.

plástico

Nombre genérico de los materiales de síntesis sólidos y ligeros, que pueden ser de color y que en el terreno culinario han reemplazado a muchos materiales tradicionales. Los plásticos, susceptibles de ser modelados o enmoldados, se realizan a partir de sustancias vegetales, animales y, sobre todo, minerales (carbón y petróleo). El primero fue el celuloide (nitrato de celulosa), aparecido en 1868. Según el tratamiento inicial, la densidad del material y la adición de suavizantes, estabilizantes, sustancias que los hinchan, antioxidantes, lubrificantes, etc., los productos obtenidos son más o menos flexibles, transparentes u opacos.

En el sector alimentario se emplean distintos tipos de plásticos, cuyos componentes se hallan estrictamente reglamentados.

- El poliestireno permite fabricar los tarros de queso fresco, de yogur, crema y de cremas de postre, así como ciertos objetos y utensilios.
- El poliestireno expandido se emplea en los embalajes de los huevos y de ciertos quesos, y protege las cremas heladas y, a veces, las barquillas de frutas y verduras.
- El polietileno sirve para hacer tapones, cajas y botellas rígidas, películas protectoras y bolsas. Asimismo es conveniente como material para cortar con cuchillo (tabla de cortar, tajo).
- El cloruro de polivinilo, o PVC, se utiliza para las botellas de aceite y de agua mineral, así como para cajas de frutas, galletas o elaboraciones de confitería.

plátano

Fruto del platanero, planta herbácea de grandes dimensiones, de la familia de las musáceas, originaria del Asia (de la India a Filipinas), cultivada en las regiones tropicales y subtropicales de todos los continentes. Existen más de 500 variedades. Cada planta produce desde algunas frutas hasta 200, de pulpa más o menos blanca, carnosa y más o menos dulce en su madurez.

Se pueden distinguir dos categorías: el plátano propiamente dicho, que se consume sobre todo como fruta, crudo o cocido, pero también en preparaciones saladas, y el plátano Harton, que se utiliza como verdura.

Bien protegido por su piel gruesa, sigue madurando después de la compra y se puede conservar varios días. Debe evitarse guardarlo en el frigorífico, pues se vuelve negro con el frío. Sea cual sea su preparación, siempre se elimina la piel y los filamentos blancos que se adhieren a la carne.

El plátano crudo es un buen alimento de crecimiento: nutritivo, energético (83 kcal o 347 kJ por cada 100 g), rico en provitamina A, en vitaminas C y K, en glúcidos (unos 19 g por cada 100 g) y en potasio. También contiene pectinas, que contribuyen a su untuosidad, y ácido málico (gracias al cual es refrescante cuando se come crudo). Sus preparaciones cocidas revelan plenamente su aroma: enriquecidos con azúcar, mantequilla o alcohol, su uso muy popular en la repostería mundial. También puede emplearse como verdura cocida. Su empleo es tradicional en las cocinas antillana, latinoamericana o africana.

El plátano seco es más energético que el fresco (285 kcal o 1,191 kJ por cada 100 g) y mucho más rico en minerales (en especial potasio); se considera un alimento de deportistas; se puede utilizar en compotas y ensaladas de frutos secos.

platería

Conjunto de objetos y utensilios de mesa fabricados con plata, plata dorada o metal plateado: los cubiertos y la vajilla batida (es decir, hecha sin soldaduras, en una sola lámina de metal), así como los accesorios y piezas decorativas (candelabros, salvamanteles, campanillas, saleros, portacuchillos, etc.).

Platina, Bartolomeo Sacchi

Sobrenombre del humanista italiano Bartolomeo Sacchi (Platina, 1421-Roma, 1481). Fue bibliotecario del Vaticano después de publicar en Venecia, en 1474, un libro redactado en latín y dedicado al arte culinario y a la dietética, *De honesta Voluptate ac Valetudine*. La obra tuvo mucho éxito y la tradujo al francés el prior de Saint-Maurice, cerca de Montpellier, con el concurso de un célebre cocinero, Nony Comeuse. Platina defendió la idea, nueva para la época, de que la cocina debía ser más delicada que abundante. Este libro de recetas, que también es una recopilación de consejos médicos y de buenos usos de mesa, es uno de los primeros que propuso especialidades locales del sur de Francia.

plato

1. Pieza de vajilla individual, de dimensión y forma variables, que sirve para contener los alimentos.

En la Antigüedad los platos, planos u hondos, estaban hechos con arcilla, madera o metal más o menos precioso. Los romanos también realizaron platos hechos de pasta de vidrio.

A finales del siglo xv, el plato de plata se convirtió en un símbolo que distinguía a las personas acomodadas y, hasta el siglo xvii, las mesas de los burgueses ricos se cubrieron de magníficas piezas de orfebrería, para después dar paso a la loza y la porcelana.

En la actualidad se han incorporado otros materiales: metal inoxidable o esmaltado, vidrio tratado, materias plásticas, cartón revestido, etc.

Un servicio de mesa completo comprende, por orden decreciente de tamaño: platos planos, hondos, de queso, de postre, de fruta, de *lunch* y de pan. El plato de ensalada puede tener forma de media luna. Otros platos más especiales completan el servicio: platos para caracoles o para ostras (con emplazamientos para una docena o media docena), de *fondue bourguignonne* (con compartimientos para las salsas), copas para aguacate, para maíz, para alcachofa. Los platos-escurridores se utilizan para servir las fresas o los espárragos.

Según las reglas de la buena mesa, dos platos nunca deberían situarse uno encima del otro. Su cambio es indispensable después del pescado, así como para el queso. Se recomienda prever platos calientes para servir los alimentos que exijan una determinada temperatura de degustación.

Aunque el empleo del plato se ha difundido por la mayor parte de los países occidentales, dista mucho de ser la única manera de consumir la comida. En Extremo Oriente casi solo se utilizan cuencos y copas (aunque hay platitos para recoger los restos). En África, a menudo se come con los dedos directamente de la fuente principal y, en Medio Oriente, en ocasiones son unas tortas planas las que sirven de soporte para los alimentos.

2. Manjar que se sirve a raíz de una comida y que puede ser muy diverso.

- El plato principal, el más abundante, suele ser una carne, un ave, una pieza de caza o un pescado, servido con una guarnición. Es el que determina el conjunto del menú.
- El plato único, a menudo de carácter regional, reemplaza algunas veces al plato principal. Este es el caso de la *choucroute* con carne, del gran alioli, del cuscús, de la paella, del pozole, etc.
- El plato del día es la sugerencia que hace el chef de un restaurante para el plato principal, en función de su abastecimiento y de la temporada.

Por otra parte, la palabra plato es sinónimo de especialidad, de receta regional, así como del contenido del plato.

platón

Pequeña fuente rectangular u oblonga, de metal, loza o vidrio, destinada a servir un entremés frío. Los platones, a menudo utilizados de dos en dos, pueden encajarse geométricamente en corona o en damero, lo cual facilita el acabado y permite una presentación armoniosa.

plum cake

Preparación de pastelería de origen inglés, elaborada con una pasta fermentada aromatizada con ron y a la que tradicionalmente se añaden tres variedades de uvas pasas. El *plum cake* puede ser una pieza grande o un pastelito individual. (En inglés, la palabra *plum* designa a la vez la ciruela, la ciruela pasa y la uva pasa.)

plum-pudding
Postre dulce típicamente inglés, enmoldado en terrina, a base de grasa de riñón de ternera o de res, uvas pasas, ciruelas pasas, almendras, especias y ron, cocido al baño María y que se sirve flambeado, acompañado con una salsa al coñac y a la mantequilla.

pochar o escalfar
Cocer alimentos en un líquido más o menos abundante, manteniendo una ebullición muy ligera e incipiente. El pochado es una cocción suave, que se aplica a numerosos alimentos (despojos, fruta, tuétano, huevo, pescado, carne, ave) y a diversas preparaciones (clara de huevo a punto de nieve, *boudin*, *knödel*, *quenelle*, salchicha, etc.). El principio de la cocción se hace en el líquido frío o caliente. Cuando el alimento (sobre todo carne) se pone a pochar en el líquido frío, pierde sus jugos, y en consecuencia una parte de su sabor y melosidad, pero el líquido queda aromatizado; cuando se pone en el líquido ya casi hirviendo, la albúmina que contiene se coagula, y conserva sus jugos y, en consecuencia, su sabor, pero el líquido queda menos perfumado.

Las piezas de larga cocción, como la *poule au pot*, a menudo se acompañan con verduras y diferentes aromatizantes y condimentos. El líquido (agua o fondo blanco) se espuma y desgrasa con regularidad. Ciertos alimentos protídicos frágiles (sesos, huevo entero, pescado) se escalfan en agua a la que se le añade vinagre o jugo de limón. Ciertos pescados (enteros o en filetes) se cuecen en una placa untada de mantequilla, en el horno y con poco líquido, pero los pescados grandes redondos (enteros o en trozos) se pochan en caldo corto. En ciertos casos se añade leche al líquido (*haddock*, pescado blanco). En lo que concierne a las frutas, se cuecen en un jarabe después de pelarlas (durazno) o tras pelarlas y rociarlas con jugo de limón (pera).

poêler
Técnica francesa que consiste en cocer a fuego lento, en un recipiente tapado, con un cuerpo graso, una guarnición aromática y una cantidad pequeña de líquido (agua, fondo, vino, etc.). El *poêlage*, que se acompaña con frecuentes incorporaciones de líquido, se parece a la vez al asado (al principio de la cocción) y al breseado. Proporciona preparaciones muy sabrosas —el fondo de salsa, que se sirve desgrasado, es rico y con cuerpo— y es adecuado, sobre todo, para las carnes blancas y las aves.

Poêler también significa "cocer un alimento en la sartén con mantequilla o aceite", sentido que procede del nombre del utensilio usado, *poêle*, que significa sartén en fracés.

Point, Fernand
Cocinero francés (Louhans, 1897-Vienne, 1955). Hijo de restauradores, su familia regentaba el hotel-bufet de la estación de Louhans, donde su madre y su abuela eran responsables de las cocinas. Realizó su aprendizaje en París (en Foyot, en el Bristol, en el Majestic, como responsable de salsas) y luego en Évian, en el Hôtel Royal, donde fue encargado de la partida de pescados. En 1922, cuando la compañía ferroviaria del PLM (París-Lyon-Marsella) rehusó reconocer oficialmente el bufet de la estación de Louhans, Auguste Point, su padre, se instaló en Vienne. Dos años más tarde dejó el restaurante a su hijo, que lo bautizó con el nombre de La Pyramide. En poco tiempo, el establecimiento, cuya cocina era de un gran clasicismo, se convirtió en una meta de los gastrónomos de esta ruta hacia el sur. Todas las celebridades de la época fueron a probar la "cumbre del arte culinario" (Curnonsky). La personalidad de Fernand Point —del que Sacha Guitry dijo: "Para comer bien en Francia, basta con un punto" (*point*)— tuvo mucho que ver en ello: su humor, su intransigencia y el calor de su recepción, sus anécdotas, sus excentricidades y su imponente corpulencia hicieron de él uno de los grandes chefs franceses. De hecho, creó escuela, y sus alumnos, Raymond Thuilier, Paul Bocuse, Alain Chapel, los hermanos Jean y Pierre Troisgros, Louis Outhier y Marius Bise, son el testimonio del valor de su ejemplo.

pois d'Angol
Semilla de la familia de las fabáceas, originaria de Asia, que también se cultiva en África, en las Antillas y sobre todo en la India. Esta semilla, de color variable, aparece contenida, junto a otras cuatro o siete, en una vaina un poco plana que crece en un arbusto. Los *pois d'Angol*, también llamados *gandu*, son de color verde pálido a rojo oscuro y se consumen como los guisantes de Europa: frescos (en ensalada, en crema o como guarnición) o secos (en puré o como base de salsa). Secos son mucho más nutritivos. También se hace una harina con la que se preparan buñuelos y pasteles.

En México se le conoce como chícharo gandul y se consume de manera regional en la península de Yucatán y en el estado de Veracruz.

poissonnière
Vasto recipiente de cocción de forma alargada, de borde vertical, provisto de dos asas, una rejilla y una tapa. La *poissonnière* o *saumonière* (de aluminio, acero inoxidable o cobre estañado en su interior) sirve para cocer en caldo corto los pescados largos de gran tamaño, que se tratan enteros (merluza, salmón, lucio, etc.). Su rejilla permite retirar el pescado sin romperlo.

poivrade
1. Nombre de varias salsas en las que la pimienta desempeña un papel más importante que el de un simple condimento. La más conocida es una *mirepoix* mojada con vinagre y vino blanco, reducida, a la que se añade un *roux* y vino blanco, y realzada con granos de pimienta aplastados. Acompaña a la carne en adobo y a la caza de pelo. Las otras salsas *poivrades* son a base de vinagre y chalotas (calientes) o de vinagreta (frías).

2. Pequeña alcachofa que se come al natural con sal.

polenta
Papilla o masa de sémola de maíz, de las que existen numerosas variantes, aunque en su origen es una especialidad tradicional del norte de Italia.

La polenta se prepara tradicionalmente con agua, en un amplio caldero de cobre no estañado, donde se remueve con una gran espátula de madera. Cuando se come dura, es decir, sólida, se deja enfriar sobre una bandeja redonda de madera antes de cortarla con la ayuda de un cordel. También se puede preparar con leche (como postre), o con agua y leche mezcladas, ya que la polenta, como el arroz y la pasta, se presta a innumerables preparaciones: buñuelos, *croûtes*, gratenes, timbales, etc.

Al natural, con mantequilla y con queso, servida con una salsa, incluso aderezada con verduras o jamón, la polenta acompaña numerosos platos.

También se encuentra en el mercado polenta precocinada al vapor, de fácil preparación.

pollo

Joven gallinácea de cría, macho o hembra, de carne tierna, blanca o ligeramente amarilla según la alimentación. Esta última determina el sabor del ave, que se sacrifica entre las seis y las trece semanas.

El pollo fue introducido en Grecia por los persas. Conoció un largo eclipse en la Edad Media (época en la que se comían sobre todo gallinas, pulardas y capones) y no volvió a aparecer hasta el siglo XVI. Hoy en día figura en las recetas del mundo entero.

Su calidad depende sobre todo de su edad, su raza y su alimentación: harina de cereales, maíz y productos lácteos, así como gusanos, moluscos e insectos que encuentra en el suelo.

En la actualidad se encuentran cada vez más a menudo pollos a los que se han retirado los intestinos, pero en los que se ha conservado el hígado, la molleja, el corazón y los pulmones, o bien directamente eviscerados, sin las menudencias, o listos para cocer (vaciados por completo, con el cuello y las patas cortados en la articulación). La carne de pollo es muy digestiva, poco grasa y proporciona 120 kcal o 502 kJ por cada 100 g.

Los principales modos de cocción del pollo son la parrillada (entero, en *crapaudine* o en trozos), la fritura (trozos empanados), el pochado y, sobre todo, el asado y el salteado.

Para un asado es mejor que el pollo tenga un poco de grasa, que se funde con el calor y evita el desecamiento de la carne. Si está cocido al horno, se puede aderezar con tomillo o estragón, o rellenarlo. Para saber si está a punto se debe pinchar: el jugo que fluya debe ser incoloro. Si se sirve frío, se envuelve, aún en caliente, con papel de aluminio para que conserve su melosidad y su sabor.

Para una cocción a la cazuela, el pollo debe ser rollizo y bien firme, pero no muy graso.

Para un *fricasé* o un salteado, dos pollos bastante pequeños proporcionan más piezas nobles.

Para un pochado, el ave debe ser preferentemente rolliza, pero no muy grasa ni demasiado joven, ya que en estos casos tendría tendencia a encogerse.

Las preparaciones de pollo más variadas son los salteados, del más simple al más refinado, pero también se prepara en balotina, en *barbouille*, a la burguesa, en *capilotade*, en *chaud-froid*, a la diabla o bien *au sang*. Con su carne se preparan chuletas compuestas, *crépinettes*, *cromesquis*, *fritots*, *mousses* o patés. Con sus despojos se elaboran caldos o consomés, y con su hígado, brochetas, guarniciones de *pilaf*, farsas o terrinas.

→ recogemigas

polluelo y pollito

Cría de la gallina, cuando acaba de salir del huevo y durante los primeros días de su vida (cuando todavía está cubierta de plumón y es demasiado delgada para poderla consumir). No obstante, en cocina se llama "pollito" o "pollito tomatero" a un pollo joven de carne ya hecha y sabor delicado, sacrificado cuando pesa entre 250 y 300 g. Se suele preparar como el pichón. El picantón, de edad algo mayor y de tamaño un poco más grande, pero también tierno, se prepara de la misma manera.

Polonia

La cocina polaca es el reflejo de tradiciones culinarias de influencias germánicas, turcas, húngaras y francesas, y de la comunidad judía. Los polacos tienen la reputación de comer y beber copiosamente. En la comida de la mañana figura a menudo carne fría o charcutería, mientras que la de la noche está formada por papas con leche cuajada, *klouski* (una especie de knepfles), pequeños patés o grandes ravioles, que acompañan el plato.

Hacia las 14 horas tiene lugar la comida polaca donde la sopa siempre es imponente: en primer lugar el *barszcz* (parecido al *borchtch* ruso), la *zupa szczawiowa*, con acedera y tocino ahumado, el *chlodnik*, el *rassolnick*, el *krupnik*, una crema de cebada con verduras, así como el *kapusniack* con col, apio y tocino, y el *stchi*, una especie de cocido de res, lengua y orejas de cerdo, aromatizado con hinojo.

Las carnes de carnicería casi siempre se bresean o se cocinan en ragú (como el *bigos* nacional), pero también se aprecian las preparaciones rellenas. El animal rey en Polonia es el cerdo, con el que se produce una charcutería sabrosa.

Los platos de pescado a menudo proceden de la cocina judía: arenques marinados o a la crema, carpa en gelatina con salsa agridulce o rábano picante, caballas en agridulce. Además se prepara trucha a la cracoviana, cocida y servida con huevos duros picados, jugo de limón y mantequilla fundida.

La col está omnipresente, en particular en la ensalada de *choucroute* con manzanas y zanahorias. Numerosas verduras cocidas en agua se preparan con huevos duros picados y mantequilla fundida. El agridulce se encuentra en las ensaladas, así como en las conservas de ciruelas en vinagre y especias.

La pastelería polaca es suntuosa: baba o *babka* (a medio camino entre el *brioche* y el *kouglof*, pero sin emborrachar con ron), *chrust* (bizcocho muy dulce); pasteles con miel (de la que Polonia es una gran productora) o con jengibre. El *mazurek* se parece a una *linzertorte*, mientras que el *makowiec* de Navidad es un pastel cubierto de gelatina, relleno de semillas de amapola, y la *tort orzechowy*, un pastel de nueces, glaseado con café. Los *paczki* son buñuelos rellenos de confitura, y los *malesniki*, crepas rellenas de queso blanco.

Los polacos acostumbran a beber cerveza en las comidas y té con los postres. El vodka se degusta al principio de la comida, con los *zakouski*, como en Rusia. El *zubrowka* (vodka aromatizado con "hierba de bisonte", una gramínea muy olorosa) es muy apreciado. A menudo se bebe café frío.

polvo de cacao • cocoa

polvorón

Dulce típico originario de Andalucía y Castilla, elaborado con harina, principalmente, a la que se añade azúcar, canela y manteca de cerdo. Se le pueden incorporar almendras molidas, se corta en forma circular y se hornea. En México existen muchas variedades. Puede ser una galleta gruesa de pasta blanca, rosa, amarilla, café, marrón claro, chocolate o bicolor; su superficie se espolvorea con azúcar glass. La forma también varía y puede ser redonda o romboide.

pomelo o pamplemusa • toronja

Pomiane, Édouard Pozerski de

Médico y gastrónomo francés (París, 1875-1964). El doctor Pomiane, jefe del laboratorio de fisiología de la alimentación en el Instituto Pasteur, donde ejerció durante toda su carrera, acabó interesándose de forma natural en la cocina. Inventó la gastrotecnia, estudio razonado de los fenómenos físico-químicos experimentados por los alimentos durante la cocción. Gran gastrónomo y *gourmet*, cocinaba él mismo a la perfección. Édouard de Pomiane es considerado uno de los autores y cronistas gastronómicos franceses más populares y más modernos por sus observaciones y sugerencias.

En particular se le deben *Bien manger pour bien vivre* (1922), *Le code de la bonne chère* (1924), *La cuisine en six leçons* (1927) y *Radio-Cuisine* (publicación en 1936 de los programas radiofónicos que hizo en 1932-1933 y en 1934-1935). Con *Cuisine juive, ghettos modernes* (1929), remontó a las fuentes de su familia polaca (su padre había emigrado a Francia en 1845). Publicó *La cuisine pour la femme du monde* (1934), *Réflexes et Réflexions devant la nappe* (1940) y *Cuisine et Restrictions* (1940).

Optimista a pesar de las dificultades de abastecimiento, bajo la ocupación nazi en la Segunda Guerra Mundial publicó *Bien manger quand même* (1942).

pont-neuf

Nombre de una preparación de papas fritas, cortadas en bastoncillos dos veces más gruesos que un corte *allumettes*. Las papas *pont-neuf* sirven sobre todo de guarnición a las piezas pequeñas de res asadas a la parrilla, en particular al turnedó Henri IV.

poolish

Pasta muy líquida compuesta por harina y agua a partes iguales y sembrada de levadura de pan. La cantidad de levadura varía en función del tiempo de fermentación deseado. La fermentación en *poolish*, de origen polaco e introducida en Francia en el siglo XVIII, facilita el trabajo de panificación, ya que aumenta la elasticidad de la masa. Los panes obtenidos tienen un sabor bastante marcado y se conservan bien.

popieta

Preparación consistente en una rebanada fina de carne, por lo general de ternera, en cuyo centro se coloca un relleno. Luego se dobla en cuatro y se enrolla, atada o sujetada mediante bastoncillos de madera. Puede estar envuelta por una fina albardilla de tocino, y luego breseada con poco líquido o *poêlée*.

Por analogía, se realizan popietas de res, de aves de corral, de verduras (hojas de col o de lechuga, rellenas y luego enrolladas, atadas y breseadas) o de pescado (rebanadas finas de atún, filetes de lenguado, de merlán o de anchoa, rellenos y enrollados y luego cocidos en *fumet*).

porcelana

Cerámica de pasta fina, compacta, a menudo blanca, translúcida, por lo general recubierta por un esmalte incoloro y transparente. Este material sirve para realizar los servicios de mesa, de té y de café. Con la porcelana de fuego, o aluminita, se fabrican también recipientes de cocción.

La pasta de porcelana contiene esencialmente caolín, feldespato y agua; experimenta dos cocciones y a veces se le aplica una decoración en esmalte.

La auténtica porcelana dura fue creada en China, en el siglo I d.C. La producción, que en primera instancia fue artesanal, se concentró bajo los Ming (siglos XIV-XVII) en manufacturas. Con posterioridad, Japón desarrolló a su vez una producción importante. Durante mucho tiempo, Europa se esforzó en imitar las porcelanas orientales. A finales del siglo XVI, en Florencia se produjeron pastas que estaban a medio camino entre la dura y la blanda. Esta última es una producción esencialmente francesa, que comenzó en Ruán y en Saint-Cloud a finales del siglo XVII, en una época en la que todavía no se había descubierto el caolín en Europa. La porcelana blanda francesa extrae su belleza particular de su brillo aterciopelado y de su aptitud para recibir ricas decoraciones policromas.

En 1709, el alquimista de Augusto el Fuerte, príncipe elector de Sajonia, descubrió un yacimiento de caolín y logró fabricar la primera porcelana europea. Comenzó entonces la riquísima producción de la manufactura de Meissen (Sajonia), imitada en Viena, en Berlín, etc. En Francia se descubrió caolín en 1776, en Saint-Yrieix, cerca de Limoges, que se convirtió en el centro de fabricación de la porcelana dura francesa.

pörkölt

Plato húngaro, el más típico entre las cuatro especialidades húngaras cocinadas con paprika. El *pörkölt*, muy aderezado con cebolla, se prepara a menudo con una carne más grasa que la que se emplea para el *gulasch*, y cortada en trozos más grandes. De esta manera se cocina sobre todo el cerdo, aunque también cordero, caza, oca, pato, ternera e incluso pescado (carpa), así como cangrejos de río (al vino blanco).

poro o puerro

Hortaliza de la familia de las liliáceas, originaria del Medio Oriente, cultivada como verdura.

El poro está formado por hojas sobrepuestas que constituyen un cilindro. La parte subterránea, blanca y tierna, es la más apreciada. Las hojas son verdes y por lo general se cortan por la base o se descartan.

El puerro ya lo cultivaban los egipcios y los judíos. Los romanos, que lo consumían con frecuencia, lo introdujeron en Gran Bretaña, donde hoy en día constituye la verdura nacional galesa.

El puerro, diurético, rico en celulosa, en mucílago y en sales minerales, es poco calórico (40 kcal o 167 kJ por cada 100 g). Contiene abundantes moléculas de azufre y es rico en fibras, potasio, provitamina A y vitamina B.

En el momento de la compra, los puerros deben ser muy frescos, lisos, de color tierno, con las hojas erguidas. Se pela eliminando las raíces y la base, y luego se corta la parte blanca hasta el inicio de las hojas en un solo trozo, reservando la parte verde. Debe lavarse repetidas veces (la raíz hacia arriba debajo del grifo). Por lo general se blanquean con agua hirviendo salada antes de prepararse: fríos a la vinagreta o con mayonesa, calientes con bechamel, en salsa blanca, gratinados, breseados, con mantequilla fundida o con crema, así como en potaje y en tarta, pero también en buñuelos, a la griega, incluso rellenos. La parte blanca, cortada en *brunoise*, en juliana, a la paisana, etc., figura a menudo en las guarniciones aromáticas, los caldos cortos y los fondos de cocción.

porridge
Papilla espesa de harina o de copos de avena, cocida en agua o en leche, que se come endulzada o sin endulzar, tras añadir leche fría o caliente, o crema líquida. Es una de las bases tradicionales del desayuno en los países anglosajones. El *porridge*, que siempre ha sido muy popular en Escocia, Irlanda y Gales, llegó luego a Inglaterra, donde se aprecia rociado con *golden syrup* (jarabe de azúcar de caña).

porrusalda
Sopa de poros y papas a la que se puede añadir ajo, costilla o bacalao. De gran tradición en el País Vasco, es uno de los platos más apreciados de la cocina casera y acostumbra a estar presente en las cartas de los grandes restaurantes vascos.

Portugal
La cocina portuguesa se distingue por sutiles combinaciones de sabores, el empleo moderado de especias fuertes y el uso recurrente de finas hierbas y aromatizantes diversos. Destacan algunos rasgos generales: gran consumo de col, arroz, papa y bacalao; gusto marcado por las sopas; numerosas preparaciones de pescado y marisco; charcutería renombrada; y postres muy dulces, a menudo a base de huevo.

El pescado nacional es el bacalao (*bacalhau*), con el que, según se dice, se pueden hacer mil recetas diferentes, pero que se cocina sobre todo de tres maneras. Puede prepararse en croquetas fritas (con cilantro, menta y perejil), servidas con huevos escalfados; pochado y desmenuzado, con mejillones cocidos al vino y jitomates, y luego cocido al horno en la cocción de los mejillones; o pochado y cocido al horno sobre un lecho de papas y cebollas, con aceitunas negras y huevos duros en cuartos.

Son muy apreciados el cerdo adobado servido con moluscos rellenos de dados de tocino, o la *matelote* de pollo con anguila y cangrejos de río. El pato asado se acompaña con jamón y chorizo, mientras que, en la *cataplana* (una sartén honda cerrada con una tapa), se cuecen a fuego lento pimientos rojos y cebollas, jamón ahumado y salchichas, almejas y berberechos grabados, jitomates y perejil.

En Lisboa y en el sur del país, los mariscos siempre están presentes en el menú, sobre todo el bogavante cocido en caldo corto, servido con una salsa de jitomate y pimiento. En las *cervejarias* (cervecerías) se encuentra todo tipo de moluscos recién pescados, mejillones y grandes camarones, caracoles y calamares (a la parrilla, con huevos revueltos).

Se consumen quesos como el castelo branco, elaborado solo con leche y pasta prensada, así como el rabaçal, hecho de leche de cabra y/o oveja y coagulado con cuajo animal, y el serpa, un queso de leche de oveja coagulado con savia de cardos. El *azeitão*, el serpa y el *serra da estrela* son buenos quesos de leche de oveja, generalmente frescos.

Cada ciudad cuenta con varias especialidades dulces , siendo célebres los *pastéis* de nata o *pastéis* de Belém (en las afueras de Lisboa), que consisten en un flan aromatizado con canela y corteza de limón y espolvoreado con azúcar lustre. Además, se consume el *pudim flan*, cremoso, denso y rico en huevos; arroz con leche, aromatizado con canela; membrillos caramelizados al horno y buñuelos rociados con jarabe; en todas partes se aprecian mucho los mazapanes. El pastel más original es, sin duda, la *lampreia de ovos*, elaborado con yemas de huevo cocidas y enmoldadas en forma de lamprea, decorada con frutas confitadas y dispuesta sobre un lecho de yema de huevo. Entre las especialidades del sur destacan los higos rellenos con almendras y chocolate, un pastel con almendras, limón y canela y el tocino de cielo.

Los portugueses exportan gran parte de su oporto, pero consumen la mayoría de sus vinos. El vino común, por lo general tinto, es bueno, con cuerpo y poco costoso. Los vinos de Denominación de Origen están regidos por una reglamentación muy estricta, con controles de calidad rigurosos. Además del célebre oporto existen otros dos vinos encabezados con derecho a Denominación de Origen: el madeira, producido en la isla del mismo nombre, situada a 850 km de Lisboa, y el moscatel de Setúbal, uno de los mejores moscateles de Europa. Entre los vinos de origen certificado, el más conocido es el *vinho verde* (tinto, blanco o, menos corriente, rosado), lleno de vivacidad y un poco espumoso, producido en el norte del país.

postre
Último plato de una comida. Este término genérico engloba el queso, las preparaciones dulces (postres emplatados, elaboraciones de pastelería y helados) y las frutas crudas.

La palabra francesa *dessert* procede de *desservir* (retirar lo que se ha servido) y en consecuencia designa lo que se ofrece a los comensales una vez se han retirado los platos anteriores y los utensilios de servicio correspondientes. En cualquier caso, su sentido ha evolucionado, en particular, en lo que concierne a los postres emplatados.

En la Antigüedad, las comidas por lo general terminaban con frutos frescos o secos, productos lácteos y miel. En la Edad Media, Francia, los principales manjares dulces, servidos a menudo entre los platos de carne, eran jaleas, compotas, flanes, manjares blancos, tortas, *nieules*, *fouaces*, *échaudés*, *gaufres* y pastelitos. El postre propiamente dicho se componía de la *issue* (un vaso de hypocras con obleas), y luego de los *boutehors* (peladillas con especias y frutas confitadas).

En el siglo XVII, los postres pasaron a ser composiciones elaboradas, adornadas con flores, con mazapanes, *nougats*, pirámides de frutas, confituras secas y líquidas, bizcochos, cremas, almendras dulces con azúcar y azahar, nueces, pistachos y *marrons glacés*. A finales del siglo aparecieron los helados. A partir de esta época, la pastelería evolucionó mucho gracias a la diversidad de pastas de base (hojaldre, genovesa, merengue y pasta *choux* en particular).

En el siglo XX, la evolución de la industria alimentaria se ha traducido en la aparición de los postres instantáneos: mezclas en polvo que permiten, con una simple disolución en leche, realizar flanes y otras elaboraciones aromatizadas.

En Francia, además de las creaciones de los maestros pasteleros parisinos, existe gran diversidad de postres regionales: bourdelot normando, broyé del Poitou, *clafoutis lemosín*, crémet d' Anjou, *eierkückas* de Alsacia, *fiadone* corso, *flaugnarde* de Auvernia, *pithiviers*, *pogne* de Romans, *poirat* del Berry, así como buñuelos diversos, *brioches*, *crêpes* y *gaufres*, sin olvidar los trece postres de Provenza, tradicionales en Nochebuena.

El Reino Unido, Alemania, Austria y Bélgica, donde la mantequilla, la crema, la leche, los huevos y el chocolate son abundantes y de buena calidad, ofrecen la misma variedad de postres y elaboraciones de pastelería.

En los países mediterráneos y orientales, así como en América del Sur, las golosinas y las frutas son netamente predominantes.

En Europa del Este, las frutas cocidas, los *brioches* y los bizcochos especiados suelen cerrar las comidas, mientras que en China y en Japón no existe postre.

En Estados Unidos se aprecian sobre todo las cremas heladas, los *pies* y los bizcochos rellenos, aunque también las frutas y las *crêpes*.

En la composición de un menú, el postre debe elegirse en función de la naturaleza y de la abundancia de los platos anteriores, sin dejar por ello de satisfacer el apetito. Variará según si la comida incluye parrilladas o carne en salsa, pescado o caza, si sucede a un surtido de quesos y también según la época del año (frutas de temporada) y las tradiciones del calendario. Por otra parte, la presencia de una especialidad regional o exótica en el menú puede reforzarse de forma agradable con la de un postre que combine bien con ella.

Ciertos restaurantes proponen un carro de postres que se pueden degustar a voluntad, o bien un surtido en un gran plato, de todos los postres de la carta.

potaje

1. Preparación líquida que se suele servir caliente en platos hondos, al principio de la comida. En francés se les conoce bajo el nombre de *potages*. Se distinguen dos grandes grupos de potajes, según su composición:

Los potajes claros comprenden: los caldos y consomés de carne, de ave, de pescado o de crustáceos, a veces ligeramente ligados con tapioca o con fécula y con la adición frecuente de una guarnición.

Los potajes ligados (con crema, mantequilla, arrurruz, tapioca, *roux*, verduras o yemas de huevo) comprenden: los potajes-purés, los *coulis* o bisques a base de crustáceos, las cremas, las *veloutés*, los consomés ligados, las sopas, a menudo de carácter regional, y los potajes cortados, es decir, sin colar.

2. Guiso caldoso español. Con múltiples variantes, está basado en verduras, legumbres secas (lentejas, garbanzos, alubias) y un sofrito. Puede llevar carne (tocino, chorizo, etc.) para dar sabor.

potasio

Elemento mineral que desempeña un papel indispensable en el metabolismo de las células del organismo, en su hidratación (del mismo modo que el sodio), en el mantenimiento del automatismo cardíaco, en la asimilación de los glúcidos y en la síntesis proteica. El potasio, muy frecuente en los alimentos vegetales, es abundante en las frutas frescas, los frutos oleaginosos y las legumbres, así como en los cereales completos y el chocolate. Las necesidades de potasio deben limitarse en ciertos regímenes (en caso de insuficiencia renal, por ejemplo).

pot-au-feu

Preparación francesa, que proporciona a la vez un caldo o sopa, carne hervida (sobre todo res) y verduras (bulbos y hojas). Se parece al cocido o a la olla de España. Sus variantes son tan numerosas como las del puchero o la *poule au pot*, platos que en todo caso se preparan en un amplio *pot* u olla, en la que los ingredientes cuecen durante largo tiempo todos juntos en agua con aromatizantes. Para lograr un buen *pot-au-feu* se precisan numerosas carnes de texturas y sabores diferentes: piezas poco grasas, piezas más grasas y piezas gelatinosas. Aparte, gruesas rodajas de morcillo proporcionarán tuétano.

Si se quiere potenciar el sabor y la limpidez del caldo, se introducen las carnes en agua fría, se lleva a ebullición y luego se espuma a partir de los primeros hervores; el caldo es claro y sabroso, pero la carne es más insípida. En cambio, cuando se desea que esta conserve todo su gusto, es mejor ponerla en agua hirviendo: de este modo los jugos permanecen en la carne y no se mezclan con el caldo. Un *pot-au-feu* cocido la víspera es más sabroso.

Las verduras suelen ser zanahorias, nabos, chirivía, cebolla (a menudo claveteada con clavo de olor), puerros y apio en rama, sin olvidar diversos aromatizantes y un ramillete de hierbas aromáticas. Las papas, que de hecho no son indispensables en las recetas más clásicas, se cuecen aparte. Un *pot-au-feu* bien surtido constituye una comida por sí mismo. En primer lugar se sirve el caldo desgrasado, con picatostes tostados y a veces queso rallado, luego el tuétano, sobre tostadas, y al final las carnes cortadas, rodeadas por las verduras, con sal, pimienta recién molida, pepinillos, rábano picante rallado, mostazas, *pickles*, pequeñas remolachas y cebollas conservadas en vinagre, e incluso jalea de grosella, como es tradicional en el este de Francia.

Los restos de la carne de *pot-au-feu* se pueden emplear para distintas preparaciones frías o calientes: ensalada de res con pepinillos, con papas al aceite o a la chalota; miroton, o *bouilli*, con salsa y gratinado; albóndigas, conchas, croquetas, *fricadelles*, hachis Parmentier, etc.

pote gallego

Cocido popular gallego, de características parecidas (aunque con ingredientes distintos) a la *escudella* catalana, al cocido extremeño y, por supuesto, al cocido madrileño. El pote gallego se elabora sobre todo con alubias blancas, cola o costilla de cerdo, carne de vaca, papas, berzas y grelos o brotes de nabos.

potée

Preparación cocida en un recipiente de barro. La palabra designa en particular una mezcla de carnes (en la que domina el cerdo) y verduras (nabos y hierbas, y sobre todo col y papas), cocidas en caldo y servidas como plato único.

La *potée* es un plato muy antiguo, popular en toda la campiña francesa, con muchas recetas regionales y varias denominaciones (*garbure, hochepot, oille*, etc.) y del que hay equivalente prácticamente en todos los países del mundo. Entre las versiones más famosas se encuentra *potée albigeoise, potée* alsaciana, *potée* arlesiana, *potée auvergnate, potée verrichonne, potée bourguignonne, potée* bretona, *potée champenoise, potée franc-comtoise, potée* lorenesa y *potée morvandelle*.

potted char

Conserva de pescado muy popular en el Reino Unido, muy usual durante el desayuno. La carne de pescado (tradicionalmente tímalo), cocida y reducida a puré con diversos aromatizantes, se guarda en tarritos bajo una capa de mantequilla clarificada y se conserva muy bien.

Los *pottes shrimps* son camarones salteados en mantequilla especiada con pimienta y nuez moscada, introducidos en tarros pequeños y recubiertos con mantequilla clarificada. Se sirven con tostadas calientes.

poule

Hembra de diversas gallináceas, en particular del gallo, pero también puede denominar al faisán (*poule* faisana). Antaño el pavo se llamaba *poule* de Indias, y la pintada, *poule* de Numidia. La palabra *poule* suele designar a la gallina ponedora.
→ gallina

pozol

Bebida refrescante elaborada a base de maíz, que forma parte de la alimentación diaria entre los habitantes de los estados mexicanos de Tabasco, Chiapas, Veracruz, Oaxaca y la península de Yucatán. Se elabora con nixtamal, vuelto a cocer y molido. A veces se le añade y mezcla otros ingredientes.

pozole

Platillo de la cocina mexicana que consiste en una sopa de gran tamaño que contiene carne de cerdo y porciones generosas de maíz cacahuacentle cocido y reventado; se sirve en un plato especial muy hondo llamado plato pozolero. En la mesa se condimenta con jugo de limón, sal, salsa picante o chile piquín molido, lechuga y rábanos rebanados, cebolla picada y orégano molido. Es una preparación de origen prehispánico.

pralin

Preparación a base de almendras o de avellanas (o de ambas), cubiertas de azúcar caramelizado y luego molidas. Utilizado en pastelería y en confitería, el *pralin* sirve para aromatizar cremas y helados y rellenar bombones de chocolate. Se vuelve rancio muy deprisa, pero se conserva unos días en un tarro hermético o envuelto en papel de aluminio. *Praliner* significa añadir o aromatizar con *pralin*.

El praliné es un relleno de bombón o de *bouchée* muy delicado (almendras o avellanas doradas mezcladas con azúcar, y luego molidas con chocolate o manteca de cacao), o bien un pastel (la mayor parte de las veces se trata de una genovesa rellena de una crema con mantequilla y *pralin*).

praliné

Caramelo que consiste en una almendra cubierta con azúcar caramelizado, similar a las almendras garrapiñadas. Su aspecto giboso procede de la técnica utilizada para su elaboración. En primer lugar, las almendras se calientan, y sobre ellas se vierte azúcar cocido hasta el punto de bola. Se mezclan con dicho azúcar y se caramelizan. La última capa está aromatizada y es de color, con lo que se obtienen pralinés rosas, rojos, beiges o marrones.

El praliné es una especialidad de Montargis, Francia. En Bélgica, Suiza, Alemania y Austria se denomina praliné al bombón de chocolate.

El praliné se ha convertido en una elaboración de confitería de feria, cocida al aire libre en un utensilio de cobre. En este caso a veces se reemplaza la almendra por cacahuates, que son más baratos.

precocción

Primera cocción muy rápida aplicada a un alimento, y que modifica su aspecto. Comprende en particular el dorado (a fuego vivo con coloración) y el blanqueo mediante ebullición rápida, ya sea en agua o en un baño de fritura a 130 °C.

prensado

Operación que se lleva a cabo durante la elaboración de los quesos de pasta prensada, cocida o no. El prensado consiste en acelerar el escurrido del cuajo situándolo bajo una prensa manual o mecánica. Permite la producción de los quesos de reserva.

preparar

Suprimir las partes no utilizables de una carne, un ave, un pescado o una verdura en el momento de su preparación. Esta acción facilita las operaciones posteriores: en las verduras permite cortarlas en bastoncitos, en *brunoise*, tornearlas, etc. En las aves, las prepara para el vaciado. En una carne de asar consiste en retirar los nervios y el excedente de grasa, pero también atarla y decorarla. Permite asimismo cortar ciertos trozos: el *turnedó*, por ejemplo, se obtiene limpiando el solomillo. Por último, favorece la presentación de ciertas preparaciones.

Preparar una tarta significa igualar los extremos o el contorno. Para los huevos escalfados significa recortar, limpiar su contorno para que queden bien redondos antes de disponerlos en el plato o la fuente.

priorat

Vinos catalanes con Denominación de Origen Calificada procedentes de una zona montañosa, de clima mediterráneo fresco, situada al oeste de Tarragona. El suelo tiene características muy especiales, al estar formado por pequeñas láminas de pizarra, llamadas en catalán *llicorelles,* que dan un carácter mineral a sus vinos. Los viñedos están situados en terrazas estrechas y con mucha pendiente.

Los más conocidos son los vinos tintos: carnosos, tánicos, cálidos y muy persistentes. Se elaboran a partir de garnacha y Cariñena, aunque también se han incorporado otras variedades como el *cabernet sauvignon,* el *merlot* y el *syrah.*

procesador de alimentos o robot de cocina

Aparato electrodoméstico de múltiples funciones, destinado a realizar distintas preparaciones de cocina. Incluye un cuerpo con motor y un recipiente en el que los accesorios actúan protegidos por una tapa. El accesorio elegido (cuchilla helicoidal de dos hojas para picar, batir y mezclar, disco picador, disco rallador, batidores, etc.) gira a la velocidad deseada. El aparato suele ser lo suficientemente potente como para rallar o moler alimentos. A veces también sirve para picar hielo. Hay ciertos modelos dotados de exprimidor o extractor de jugos.

Procope, Le

Café parisino, sin duda el más antiguo, cuya enseña existe hoy todavía, en la rue de l'Ancienne-Comédie (antigua rue des Fossés-Saint-Germain). El establecimiento fue fundado en 1686 por Francesco Procopio dei Coltelli, cuyo nombre se modificó en Procope, y que lo convirtió en un lugar de consumo de café y lo decoró lujosamente con arañas de cristal, entablados y espejos. *Le Procope* se convirtió pronto en el centro más célebre de la vida literaria y filosófica parisina. Desde el siglo XVII hasta el XIX, lo frecuentaron escritores, actores de teatro, enciclopedistas y más tarde revolucionarios y románticos. También se apreciaban sus jarabes, sus helados y sus confiterías, así como sus bizcochos.

Le Procope, que ha cambiado varias veces de propietario desde 1716, comenzó a sentir en el siglo XIX la dura competencia del *Café de la Régence.* Cerró en 1890 y volvió a abrir en 1893 como círculo literario. Luego fue restaurante vegetariano y comedor para estudiantes pobres, antes de pasar a ser propiedad de la Asistencia Pública. En 1952 volvió a abrir como restaurante.

profiteroles

Pequeñas bolas de pasta *choux* salada o dulce, cocidas y luego rellenas. Los profiteroles salados se llenan con crema de queso, puré de caza, etc., y a menudo se aplican a un puré o una crema. Los dulces se rellenan de varias maneras y constituyen los elementos de base del *croquembouche,* del *saint-honoré* y de un postre helado.

progrès

Fondo de pastelería ligero y crujiente, a base de claras de huevo batidas a punto de nieve, azúcar y almendras y/o avellanas en polvo.

prosciutto

Palabra italiana que significa jamón, utilizada en las denominaciones de jamones crudos de origen italiano, sobre todo el *prosciutto di Parma* y el *prosciutto di San Daniele.*

proteína

Compuesto orgánico nitrogenado, constituyente de toda célula viva. Las proteínas, o prótidos, son moléculas gigantes elaboradas a partir de veinte aminoácidos de base, ocho de los cuales no los produce el organismo. Algunas de ellas sirven de estructura de sostén para los tejidos y los líquidos biológicos, otras intervienen en la síntesis de los enzimas y de las hormonas. El valor biológico de las proteínas depende de su buen equilibrio en aminoácidos: es más elevado en los productos animales que en los vegetales. El aporte energético de 1 g de proteínas es de 4 kcal o 17 kJ. Un régimen alimenticio equilibrado debe asociar los aportes de proteínas de origen animal con los de origen vegetal. Las proteínas animales son ricas en colesterol y las vegetales en fibras y vitaminas. Los alimentos de origen animal más ricos en proteínas son las carnes y los pescados (de 15 a 24 g por cada 100 g), los quesos (de 15 a 30 g), la leche (3,5 g) y el huevo (13 g), que ha pasado a ser proteína de referencia. Las proteínas de origen vegetal proceden esencialmente de los cereales (de 8 a 14 g) y las legumbres (unos 8 g). La soya también contiene proteínas. La ración idónea en proteínas debería elevarse a 1 g por kilo de peso y por día.

protocolo y etiqueta de la mesa

Conjunto de las normas que regulan el desarrollo de una comida. Estas reglas son más o menos estrictas, teniendo en cuenta que el almuerzo es, en principio, más simple que la cena. Pero como decía Brillat-Savarin: "Invitar a alguien a la mesa de uno significa encargarse de su felicidad durante todo el tiempo que pasa bajo nuestro techo".

Entre los griegos, la etiqueta exigía calzarse con sandalias ligeras antes de entrar en el comedor. El primer lugar le correspondía al invitado, y era obligado ofrecerle, antes de la comida, un baño o un lavado de pies. Entre los romanos, que comían recostados, los comensales cambiaban no solo de calzado, sino también de atuendo, y se vestían con una túnica de lana prevista para tal efecto; asimismo recibían coronas de flores. Los manjares se presentaban en primer lugar al anfitrión, con música, a cargo de un sirviente que ejecutaba un paso de danza.

En Francia, en la época de los reyes merovingios, a partir del siglo V, se introdujo un ceremonial refinado, inspirado en la corte bizantina.

Con Carlomagno, a principios del siglo IX, el ceremonial se complicó aún más: el emperador estaba sentado en el asiento más elevado, mientras que los duques, príncipes y reyes de otras naciones le presentaban los platos al son de la música de pífanos y oboes. Estos nobles de alto rango no comenzaban a comer hasta que el emperador había terminado, y los servían a su vez los condes, prefectos y grandes dignatarios. Con el tiempo, los reyes tomaron el hábito de cenar solos y ser admitido a su lado era un honor poco frecuente.

A principios del siglo XVI, la mesa de Francisco I de Francia era magnífica, pero la preocupación por comer bien, estimulada por la llegada de los cocineros florentinos, prevaleció sobre el desarrollo formal de las comidas. No obstante, Enrique III de Francia, unos cincuenta años más tarde, volvió a instituir una etiqueta severa, y sus enemigos le acusaron de multiplicar las "reverencias de idolatría".

En el siglo XVII, cuando Luis XIV, el Rey Sol, cenaba "con gran cubierto", lo hacía solo, aunque en público, y los cortesanos tenían permiso para verle comer, mientras que cada *officier de bouche* desempeñaba su función según un complicado ceremonial. En la intimidad, "con pequeño cubierto", la etiqueta se relajaba. Con Luis XV de Francia y Luis XVI, se mantuvo el gran cubierto. En el siglo XIX, bajo el Imperio y hasta el fin de la monarquía, la etiqueta impuso reglas muy estrictas.

Hoy en día, el placer visual precede al del paladar, y una mesa debe tener una disposición agradable, sin lujo ni ostentación. El mantel, blanco o con motivos discretos, sin pliegues, puesto encima de un muletón de algodón para suavizar el contacto y amortiguar los ruidos, debe caer al menos 20 o 30 cm por los lados. Puede estar cubierto con un sobremantel o un camino de mesa, decorado con flores o velas (por la noche) o salpicado con motivos decorativos (pétalos, follajes, etc.). Los manteles individuales, que se colocan directamente sobre la madera o el mármol, son adecuados para una cena improvisada o estival. Los cubiertos se disponen de este modo: el tenedor a la izquierda del plato (con los dientes hacia el mantel, a la francesa, o hacia arriba, a la inglesa), la cuchara de sopa y el cuchillo principal a la derecha (con el filo de la hoja mirando hacia el plato), así como, si se da el caso, el cuchillo de pescado y el tenedor de ostras. Los cubiertos para el queso y el postre se presentarán con el plato correspondiente, pero también se pueden colocar entre los vasos y el plato. Según el número de vinos, delante del plato se colocarán varias copas (no más de tres), de tamaño decreciente. La servilleta, doblada de forma agradable o enrollada y sujeta con un objeto delicado (papel refinado, una cinta, etc.) irá dentro del plato (la servilleta en abanico dentro de la copa es una práctica reservada a los restaurantes). En la cesta del pan se disponen el pan cortado en rebanadas en diagonal y/o panecillos. Igualmente se puede disponer un panecillo en un plato pequeño a la izquierda del cubierto.

Los saleros, pimenteros y mantequilleras se reparten por la mesa, según el número de comensales; el vino, que se descorcha con antelación, se sirve en su botella de origen, salvo excepciones; también debe preverse el servicio de agua fresca, en jarra, o de agua mineral, con o sin gas, en botella (algunas son muy decorativas).

Hasta ocho comensales, el lugar que debe ocupar cada uno lo indica la anfitriona. Con más invitados, es aconsejable escribir en unas tarjetas los nombres y apellidos (con una correcta ortografía) de cada uno de ellos.

En Francia, aparte del protocolo del ministerio de Asuntos Exteriores, solo existen reglas generales, de exigencias a veces contradictorias. En general se alterna el lugar de los hombres y el de las mujeres, separando las parejas, excepto si están juntos desde hace

poco tiempo. La pareja anfitriona se instala cara a cara —a la inglesa— o en el centro de la mesa —a la francesa. Los lugares de honor se sitúan a ambos lados de los anfitriones; es preferible no atribuir estos lugares a una misma pareja. Conviene distinguir a una persona de edad avanzada o cuya función social es preeminente. Una persona invitada por primera vez debe estar mejor situada que otra que repite.

provenzal, a la

Nombre que reciben numerosas preparaciones inspiradas en la cocina de Provenza (o directamente procedentes de esta), en la que dominan el aceite de oliva, el jitomate y el ajo.

La guarnición provenzal para piezas de carne o aves comprende jitomates pelados y rehogados, así como grandes champiñones rellenos de *duxelles* con ajo, o bien jitomate troceado y con ajo, con aceitunas deshuesadas (negras o verdes), o trozos de berenjenas rellenos de jitomate sofrito, ejotes con mantequilla y papas *château*.

La salsa provenzal (*coulis* de jitomate y de cebolla, con ajo y vino blanco) sirve para preparar verduras, huevos, carnes, aves y pescados.

provolone

Queso italiano con Denominación de Origen. Elaborado con leche de vaca (45% de materia grasa), a menudo ahumado, de pasta prensada e hilada, y corteza natural lisa y brillante. El *provolone*, originario de Campania, se presenta en formas muy diversas (pera, melón, cerdito, salchicha, personaje) y pesa de 1 a 5 kg. A menudo lleva el rastro del cordel que ha servido para colgarlo durante el afinado. Tiene un sabor suave o picante según la duración de su afinado (de dos a seis meses). Cuando es viejo se ralla como el parmesano.

PTFE ◆ Teflón®

pub

Taberna o establecimiento de bebidas en los países anglosajones (abreviatura de *public house*, establecimiento público).

En el Reino Unido, el *pub* está formado por varias salas separadas por paneles con vidrios grabados, típicos de la época victoriana, o por tabiques de madera. El *public bar* es la sala común, en la planta baja, donde se sirve cerveza de barril en la barra, así como otras bebidas alcohólicas y bocadillos en el bufet-bar. Al lado está el *saloon-bar*, más elegante, más confortable, así como el *lounge-bar*, donde los clientes pueden retirarse para entablar conversaciones tranquilas. Por último está el *private bar*, reservado a los clientes habituales que gustan de la intimidad. Muy a menudo, los *pubs* ofrecen un servicio de restauración reducido (platos fríos o calientes), sobre todo al mediodía.

Sus horas de apertura y cierre están muy codificados y, muchas veces, los clientes van a buscar y a pagar su consumo directamente a la barra.

puchero

Cocido de la cocina española con res, cordero, salchichón, jamón y verduras. El puchero, que suele ser de sabor intenso, también es tradicional en América Latina, donde a menudo se acompaña de mazorcas de maíz.

pudding

Postre dulce de origen inglés, servido caliente o frío, a base de pasta, miga de pan, bizcochos, arroz o sémola, aderezado con frutos frescos, secos o confitados, y especias, todo ello ligado con huevos o una crema, por lo general cocido en un molde y servido con una salsa de frutas o una crema inglesa (brandy *butter*).

Además del *Christmas pudding*, existe en el Reino Unido una gran profusión de *puddings*, a los que los británicos conceden un aprecio a menudo sentimental: *pudding* Victoria (con manzanas, arroz y limón), *pudding* de la reina (plátanos aplastados, grasa de res, huevos y miga de pan), *pudding* duquesa (macarrones, crema, pistaches y confitura), *cabinet-pudding* (capas alternadas de bizcochos emborrachados de licor o de aguardiente y uvas pasas con frutas confitadas, ligadas con un aparejo de flan) y *hasty pudding*, elaborado con rebanadas de pan y frutas en compota, servido con crema.

En la cocina inglesa, el *pudding* también es una especie de pan de carne con res y riñones o con conejo, así como una preparación de papa.

puerro ◆ poro

pularda

Gallina joven criada en libertad (a razón de 10 m² por animal) y alimentada, a partir de la tercera semana, con maíz, cereales y productos lácteos. Se sacrifica a partir de los 4 meses de edad, tras un periodo de reposo en una jaula de madera, a oscuras, lo cual bloquea el comienzo del período de puesta. Este procedimiento permite obtener, a partir de razas pesadas (Bresse, Le Mans), ejemplares de carne tierna y bien blanca, de sabor muy fino, con una cobertura de grasa importante que le da su sabor incomparable. Como el capón (gallo castrado), la auténtica pularda es bastante escasa, y a menudo se llama, injustamente, "pularda" a un pollo, macho o hembra, que pesa más de 1,8 kg. Algunos criadores de Bresse crían pulardas según la tradición y pueden gozar de una Denominación de Origen desde 1957.

La pularda suele asarse al horno o en cazuela tapada, bresearse o cocerse, pero no se suele hacer salteada o a la parrilla, porque se fundiría toda su grasa.

Producto de lujo, a menudo se prepara con trufas y *foie gras*, y se sirve caliente o fría. En los breseados es preciso evitar mojarla demasiado. Cuando se cuece, se hace en un fondo blanco o en un caldo aromático. A veces el hígado se prepara por separado. La molleja, el cuello, la cabeza y las patas permiten elaborar un caldo.
→ gallina

pulpo

Molusco cefalópodo marino de la familia de los octopódidos. El pulpo, que puede llegar a medir 80 cm, posee una cabeza provista de un pico córneo y ocho tentáculos de igual tamaño, con dos hileras de ventosas. Su carne es bastante fina, pero debe golpearse largo rato y luego blanquearse en agua hirviendo antes de prepararse como el bogavante, o bien freírse en trozos, o incluso cocerse a fuego lento a la provenzal, servirse con arroz al azafrán o en su tinta.

pulque

Bebida alcohólica del centro de México, obtenida por fermentación del aguamiel proveniente del maguey pulquero. El pulque contiene entre 7° y 15° de alcohol; para elaborarlo se selecciona un maguey de entre 10 y 12 años, se capa y se raspa para estimular a la planta a que produzca aguamiel. El maguey producirá de 3 a 4 l diarios durante seis meses. El pulque se consume principalmente en las pulquerías.

pulverizador ◆ atomizador

punch

Bebida fría o muy caliente, a veces flambeada, elaborada con ron y almíbar o bien con té, azúcar, especias, frutas y ron o aguardiente. Hacia 1830, la importación de ron de las Antillas ya estaba autorizada en Francia (con anterioridad estaba prohibido para que no hiciera competencia al coñac), por lo que la anglomanía impuso la moda del *punch*.

Esta boga, que anunciaba la de los cócteles, dio lugar a numerosas variantes: *punch* inglés (té hirviendo vertido sobre rodajas de limón, con azúcar, canela y ron), que antaño se solía quemar; *punch* francés (té en menor cantidad y, en lugar del ron, un aguardiente, todo ello flambeado); *punch marquise* (*sauternes* muy caliente o frío, añadiendo azúcar, piel de limón y clavo de olor, que a veces se flambeaba); *punch* a la romana (sorbete al vino blanco seco o al champán, a la naranja o al limón, con la adición de merengue a la italiana, sobre el que se vierte un vaso de ron en el momento de servir).

El *punch planteur* (mezcla de ron blanco, almíbar de caña de azúcar y jugo de naranja o de limón, a veces con un chorrito de angostura) y el *punch* batido brasileño (aguardiente de ron y jugo de limón verde, guayaba o mango) aparecieron en Europa en una fecha mucho más reciente.

punto, al

Se dice de una pieza pequeña de carne, en particular de res, asada a la parrilla o salteada, cuyo grado de cocción se sitúa después del estado "saignant" (poco hecha, jugosa) y antes del estado "muy hecho". Una parrillada "al punto" no se cuece en todo su grosor. El corazón de la pieza (de un cuarto a un tercio de la misma) no se coagula, pero debe estar caliente.

punto de listón o formar cinta

Expresión que se refiere a una mezcla de yemas de huevo y azúcar en polvo, trabajada en caliente o en frío, cuya consistencia es lo suficientemente lisa y homogénea para que se desenrolle sin romperse cuando se deja caer desde lo alto de la espátula o del batidor.

punto de nieve

Nombre que se da a las claras de huevo batidas hasta una consistencia firme, que sirven para preparar numerosos postres y elaboraciones de pastelería.

puré

Preparación, más o menos espesa, que se obtiene al prensar y pasar por el cedazo (o aplastando con la ayuda de un pasapurés o una mezcladora) alimentos por lo general cocidos.

Los purés de verduras —y sobre todo de papa— que acompañan a los platos de carne, de caza o de pescado son bastante consistentes, así como los que sirven de condimento (para untar sobre canapés, elaborar en una farsa, una salsa, etc.).

Los purés de carne, de caza o de pescado, a los que a menudo se añade una salsa oscura o blanca, sirven sobre todo como guarnición para *bouchées* o barquetas, farsa para huevos duros, fondos de alcachofa, *panequets*, etc.

Las frutas reducidas a puré, en frío o en caliente, intervienen en la preparación de helados, *coulis* y salsas de postre.

purgar o limpiar

Poner en remojo más o menos tiempo en agua fría (con o sin vinagre), renovándola varias veces, una carne, un ave, un pescado o unos despojos para eliminar sus impurezas y su sangre, sobre todo si se destinan a una preparación en filetes, o para que desaparezca el sabor a humedad de un pez de río.

Se purgan ciertas verduras (sobre todo el pepino y la col) espolvoreándolas con sal para que pierdan una parte de su agua natural y sean más digestivas. También se purgan los caracoles salándolos o espolvoreándolos con harina de salvado, lo cual permite que no mueran y, según ciertas fuentes, enternece su carne.

Pyrex®

Nombre registrado de un material que apareció en el mercado en 1937. Se trata de un vidrio poco fusible y muy resistente, que soporta las cocciones en el horno o en la llama con difusor. También se utiliza para recipientes destinados a contener líquidos muy calientes. Por el contrario, no soporta los grandes cambios de temperatura.

Q

quelite

En México, nombre genérico utilizado para referirse a las hojas y tallos comestibles de un gran número de hierbas y plantas. Actualmente se considera como quelite a distintas variedades de plantas, cualquier verdura tierna, hojas, plantas jóvenes, brotes, retoños de árbol y hasta algunas flores. Su consumo es mayor en la época de lluvias, cuando se recolectan. Entre los más conocidos se pueden mencionar al amaranto, el berro, la chaya, las guías, la hierba santa, el huauzontle, la malva, el papaloquelite, el quelite cenizo, el quintonil, el romerito, y la verdolaga. No son muy comunes los cultivos en forma.

quemar

Cocer hasta que el alimento se carbonice bajo la acción de un calor excesivo.

También puede referirse a un término que designa a las pequeñas partículas de color amarillo vivo que se incorporan mal a las cremas y a las pastas resultado de la mezcla de yemas con azúcar. En este caso se suele decir que las yemas están "quemadas".

quenelle

Preparación realizada a partir de una *panade* —harina de trigo, agua y materia grasa— a la que se añade huevo, materia grasa, especias y carne picada de cerdo, de vacuno, de ave, de caza o de pescado, y a la que se da forma de huso.

Las *quenelles* o quenefas tradicionales, joya de la gastronomía lionesa, se preparan con lucio y grasa de riñón de ternera. Se pochan en agua y se sirven en salsa o gratinadas, como entrante.

Las *quenelles* de pequeño tamaño también sirven como elementos de guarnición, sobre todo para las aves grandes, forman parte de ragús y salpicones, o enriquecen ciertos potajes.

quesadilla

Antojito mexicano que consiste en una tortilla de masa de maíz o de harina de trigo doblada a la mitad en forma de media luna, rellena con queso fresco para derretir o algún otro guiso (tinga, papa, hongos, picadillo, cuitlacoche, rajas, etc.) y cocida en comal o frita.

quesillo

Nombre de un tipo de queso elaborado con leche bronca o leche pasteurizada de vaca; es blanco, fresco y de sabor suave. Tan pronto la leche se ha cuajado, se estira para formar tiras que se enrollan juntas hasta formar una bola que puede variar en tamaño y peso. En varias regiones de México es producido de manera industrial. Es originario de Etla, en Oaxaca. Se deshebra y se funde fácilmente, por lo cual frecuentemente se utiliza para elaborar quesadillas y muchos antojitos regionales. También se emplea como botana o para gratinar encima de diversos platillos.

queso

Alimento obtenido por coagulación de la leche, seguida de un escurrido en un molde (en latín "forma", de ahí el nombre francés *fromage*). Se distinguen los quesos frescos (o blancos), los afinados (los más numerosos y variados) y los fundidos (más recientes).

Los primeros quesos aparecieron al mismo tiempo que la ganadería. La leche que no se bebía enseguida y que no se conservaba recibía otros usos: se dejaba cuajar, se prensaba, se espolvoreaba con sal y se dejaba secar al sol sobre piedras.

En el curso de los siglos, las técnicas artesanales introdujeron una extrema diversificación en la producción de los quesos, que dieron origen a las familias de quesos. Las órdenes monásticas desempeñaron un papel importante en el perfeccionamiento de los procedimientos de elaboración.

El queso es un alimento completo y desde siempre estuvo en la base de la comida de los campesinos y de los más humildes. Adquirió sus cartas de nobleza a principios del siglo XV.

En el siglo XX, la pasteurización y la industrialización penetraron en las lecherías tradicionales, y aparecieron nuevos productos. Hoy en día, las técnicas más modernas de conservación permiten que los quesos lleguen a su lugar de destino conservando todas sus cualidades.

Los quesos de granja o de pequeñas queserías, elaborados artesanalmente, a menudo son más gustosos que los quesos producidos de forma industrial.

Los centenares de variedades de quesos se diferencian en primer lugar por la naturaleza de la leche utilizada, y luego por las técnicas de elaboración. En cualquier caso, las etapas del proceso son las mismas.

- Maduración de la leche (salvo en las pastas cocidas). Se produce de forma natural o por acción de fermentos lácticos.
- Coagulación (o cuajo). La leche a la que se añade cuajo coagula la caseína, que se vuelve grumosa y a continuación forma un gel: es la cuajada (sólida).
- Descuajado y escurrido. La cuajada en parte escurrida se convierte en queso fresco. Sin embargo, esta cuajada se puede batir en granos más o menos gruesos, amasar, o incluso calentar a fin de obtener, después del enmoldado, una amplia gama de productos.

– Enmoldado. A esta cuajada, a la que se han añadido mohos, se enmolda, a veces se le aplica presión para terminar el escurrido y, por último, se sala al desmoldar.

– Afinado. Es cuando la cuajada del queso fermenta y permite que éste adquiera sus cualidades particulares de textura, color y sabor. Todos los quesos están agrupados en grandes familias:

– Quesos frescos. No afinados, se obtienen por coagulación láctica, añadiéndoles muy poco cuajo. Se escurren lentamente, y siempre son ricos en agua.

– Quesos de pasta blanda y corteza enmohecida. La cuajada se obtiene mediante cuajado mixto (maduración de la leche y añadido de cuajo); el queso no se suele trabajar, se escurre espontáneamente, se enmolda y durante el afinado se va cubriendo de mohos externos.

– Quesos de pasta blanda y corteza lavada. La cuajada se obtiene añadiendo cuajo o por cuajado mixto; el cuajo se agita un poco, en algunos casos es preescurrido y luego enmoldado. Estos quesos se lavan con agua salada, a la que en ocasiones se añade un colorante (bija) durante el afinado.

– Quesos de pasta *persillé* o azul. La cuajada se corta después del cuajado, a veces se trabaja en caliente y luego se siembran mohos en ella antes de enmoldarla y afinarla. Durante el afinado, en las cavidades de la cuajada o a lo largo de las perforaciones efectuadas en la pasta (venas) se desarrolla el "azul".

– Quesos de pasta prensada no cocida (o de pasta prensada). Se obtienen prensando la cuajada, sin maduración. La cuajada se corta, a continuación se escurre por prensado, se trabaja en caliente, se sala y, por último, se enmolda y se vuelve a prensar para luego afinarla.

– Quesos de pasta prensada cocida. La cuajada obtenida mediante cuajo se "cuece" aproximadamente a 55 °C y se trabaja en caliente durante al menos 1 hora, luego se trasvasa y se enmolda antes del prensado. El queso se sala en salmuera, y más tarde se afina frotándolo periódicamente con salmuera mezclada con unos fermentos específicos.

– Quesos de cabra. Son pastas blandas con corteza enmohecida, cuya cuajada se obtiene tras la maduración de una leche a la que se ha añadido un poco de cuajo. Al comienzo del afinado algunos son sembrados con moho, otros se dejan desnudos o se cubren con carbón vegetal, en cuyo caso se llaman "de ceniza".

– Otros quesos. Los quesos de oveja (exclusivamente con leche de oveja) pueden entrar en todas estas familias, así como los quesos de leche mezclada (cabra-vaca, oveja-vaca). Los quesos de pasta hilada que se consumen frescos, secos o ahumados experimentan un tratamiento particular: después de cortarla, la cuajada se mezcla con suero, se calienta y luego se trabaja hasta obtener una consistencia elástica. Por su parte, los quesos para fundir se obtienen fundiendo otros quesos.

Algunos quesos —más de cuarenta en Francia— disfrutan de una Denominación de Origen.

Los quesos son energéticos y ricos en proteínas. Los de pasta prensada contienen más lípidos que los de pasta blanda. Los quesos también son ricos en calcio (hay más en los de pasta prensada cocida que en los de pasta blanda). También son ricos en vitaminas B2, B12 y A. El índice de materia grasa se calcula a partir del extracto seco. En la mayor parte de los países, aparte de Francia, este índice se calcula a partir del peso total del queso.

Los quesos se conservan en la parte baja del refrigerador, bien envueltos. Es preciso sacarlos una hora antes de servirlos. Los de pasta blanda, si no están completamente hechos, mejoran si se colocan unos días en un lugar fresco. Los quesos azules deben estar ligeramente húmedos.

Cuando un queso se ha empezado, su superficie de corte debe protegerse del desecamiento, dejando respirar al mismo tiempo al queso. Es preciso envolverlo en plástico autoadherible o en papel de aluminio, aunque practicando unos orificios pequeños.

Los quesos se sirven sobre todo como prolongación de la comida, y se presentan con la ensalada o antes del postre.

Por lo general se proponen al menos tres quesos: uno de pasta cocida, uno de pasta verde y otro de pasta blanda con corteza enmohecida o lavada.

El vino es el mejor acompañamiento del queso, aunque la cerveza y la sidra combinan bastante bien con determinados quesos.

En cocina se utilizan numerosos quesos, como ingrediente de base o como condimento. Se pueden emplear crudos (canapés, pastas, ensaladas compuestas, rebanadas) o, más a menudo, cocidos (*crêpes*, hojaldres, pizzas, salsas, suflés, sopas). Existe una gran variedad de platos típicos a base de queso: *aligot, croque-monsieur, croûte, fondue, gougère, goyère, imbrucciata, keshy yena, patranque, raclette, truffade, welsh rarebit*. El queso fresco se emplea sobre todo en pastelería.

QUESO	LUGAR DE ORIGEN
abondance	Saboya
appenzell	Suiza
asiago	Italia
beaufort	Saboya
bel paese	Italia
brick	Estados Unidos
brie	Francia

QUESO	LUGAR DE ORIGEN
burgos	España
cabécou	Francia
cabrales	España
camembert	Francia
cheddar	Inglaterra
cheshire chester	Inglaterra

(continúa)

QUESO	LUGAR DE ORIGEN
comté	Francia
cotija	México
crottin de Chavignol o *chavignol*	Francia
danablu	Dinamarca
edam	Países Bajos
emmental	Suiza
époisses	Francia
feta	Grecia
feuille de Dreux	Francia
fontina	Italia
gammelost	Noruega
gloucester	Inglaterra
gorgonzola	Italia
gouda	Países Bajos
grana padano	Italia
gruyère	Suiza
halloumi	Chipre
herve	Bélgica
idiazabal	España
labne	Líbano
laguiole	Francia
mahón	España
manchego	España
maquée	Bélgica
mascarpone	Italia
mató	España
mimolette	Francia
morbier	Francia
mozzarella	Italia
munster o *munster-géromé*	Francia

QUESO	LUGAR DE ORIGEN
murcia	España
neufchâtel	Francia
panela	México
parmesano	Italia
pecorino	Italia
petit-suisse	Francia
provolone	Italia
quesillo	México
queso azul	—
queso crema	Estados Unidos
queso *cottage*	Inglaterra
queso de cabra	—
queso fresco	—
queso para fundir	—
reblochon de Savoie	Saboya
requesón	España
ricotta	Italia
rocamadour	Francia
roncal	España
roquefort	Francia
saint-maure-de-Touraine	Francia
saint-nectaire	Francia
samsø	Dinamarca
sbrinz	Suiza
serra da estrela	Portugal
stilton	Inglaterra
taleggio	Italia
tête-de-moine	Suiza
tetilla	España
tilsit	Suiza

queso azul

Nombre genérico de los quesos de leche, de pasta blanda y azul.

Se elaboran en todos los casos según el mismo principio: el cuajo se corta en cubos, se escurre y se enmolda. En el curso de la coagulación o, más a menudo, del enmoldado, se incorporan esporas de *Penicillium glaucum*, un hongo que propicia la aparición de las vetas azules. El cuajo enmoldado se sala, se perfora con largas agujas para favorecer el desarrollo del *Penicillium* y se afina más o menos tiempo en seco, en una bodega húmeda.

Entre estos quesos se encuentra el gorgonzola italiano, el cabrales español, el *danablu* danés, el *gammelost* noruego, el *edelpilz* alemán, el *stilton*, el *blue cheshire* y el *blue cheddar* en el Reino Unido, así como las imitaciones estadounidenses de quesos azules franceses e ingleses.

Los quesos azules se sirven al final de la comida, solos o después de los demás quesos, para que su sabor se aprecie mejor. Con frecuencia se emplean en canapés (con mantequilla, nueces picadas, apio, etc.), y forman parte de ensaladas compuestas y sopas regionales o *fondues*. Condimentan ciertos platos de carne y se utilizan en suflés, hojaldres o costradas.

queso crema

Queso fresco estadounidense de leche de vaca, de pasta blanda (33% mínimo de materia grasa). Se consume siempre fresco, y en ocasiones se añaden ingredientes como cebolla, ajo, cebollín, eneldo, etc. Su textura espesa y cremosa lo convierte en el ingrediente básico del *cheesecake*. También se unta en los *bagels*.

queso cottage

Queso inglés de leche de vaca (de 4 a 8% de materia grasa), de pasta. El queso *cottage*, de formas y dimensiones variables, presenta una consistencia blanda más o menos granulosa y un sabor acidulado que lo convierte, en numerosos países, y sobre todo en Estados Unidos, en un ingrediente de los postres y la pastelería.

queso de cabra

Denominación genérica de los quesos preparados exclusivamente con leche de cabra. Su porcentaje de materia grasa varía, en general, entre el 25 y 45%.

Los quesos "semicabra" se elaboran con una mezcla de leches de vaca y de cabra, y contienen al menos 25% de esta última.

queso de puerco o queso de cabeza de cerdo

Preparación de charcutería compuesta por trozos de cabeza de cerdo (salvo los sesos), a veces con la presencia de trozos ricos en materia tendinosa (codillo, por ejemplo), con la adición de gelatina, cocidos con diversos aromatizantes y luego enmoldados en un recipiente. El queso de cabeza de cerdo se corta en rebanadas y se come como entrante. También se le llama "paté de cabeza".

queso fresco

Queso sin afinar, también llamado queso blanco, obtenido por fermentación láctica (ácida) o enzimática (dulce). Se escurre lentamente, y contiene entre 60 y 82% de agua. Los quesos frescos industriales de leche de vaca, que se venden en tarros con fecha de caducidad, son o bien bajos en grasa (menos de 20% de materia grasa), o bien enriquecidos en materia grasa (hasta 72%). La cuajada puede haber sido alisada, lo cual da un grano fino, o no, conservándose el aspecto de leche cuajada. Los quesos frescos se consumen con azúcar o distintos aromatizantes, o se les añaden frutas o compotas.

La leche de oveja y la de cabra proporcionan quesos frescos, elaborados sobre todo en los países mediterráneos y balcánicos, donde intervienen ampliamente en cocina.

La pastelería rusa (*pashka, vatrouchka, nalsniki, cyrniki*) y ciertas preparaciones orientales (*beurrecks*, berenjenas rellenas) recurren a menudo al queso blanco. Asimismo con él se elaboran postres aromatizados de distintos modos y se utiliza en pastelería (helados, suflés, tartas, etc.).

queso para fundir

Queso obtenido por una polimerización de las cadenas de caseína bajo influencia del calor. Preparados en su origen solo con quesos de pasta prensada cocida, los quesos para fundir pueden incluir hoy en día quesos frescos, de cabra, de pasta verde, de pasta cocida o no cocida, etc. Se les añade leche, crema líquida, mantequilla, caseína y a menudo distintos aromatizantes (jamón, pimentón dulce, pimienta, sabor ahumado, nueces, uvas pasas y sales).

Los quesos para fundir se presentan en formas y pesos variables (de 20 g a 2 kg) y siempre se envuelven en papel metálico. Sirven para elaborar tostadas y canapés, *snacks* de aperitivo, *croque-monsieur*, sándwiches, gratinados, etc.

quiche

Tarta cubierta por una mezcla de huevos batidos, crema líquida y cubos de tocino, que se sirve como entrante caliente. Esta preparación originaria de Lorena se ha convertido en un clásico de la cocina francesa. La *quiche* se prepara con muy diversas guarniciones.

quina

Árbol de la familia de las rubiáceas, originario de Perú y cultivado sobre todo en Indonesia por su corteza rica en quinina (sustancia terapéutica). La corteza de la quina también se utiliza en la elaboración de aperitivos y de bebidas alcohólicas, a los que da un sabor ligeramente amargo.

quinta gama

Tratamiento de alta temperatura (pasteurización para las verduras y ciertos platos compuestos, que pasan a ser susceptibles de almacenamiento a temperatura ambiente) o de temperatura precisa (menos de 85 °C para las carnes y pescados) que se aplica a platos cocinados, que se venden frescos y embalados, y que de este modo se pueden conservar unos días en el refrigerador. El dominio de la relación entre el tiempo y la temperatura es determinante, y la seguridad higiénica está vinculada al respeto por el almacenado en frío (entre 0 y 3 °C) durante el periodo precisado en la etiqueta.

quinua o quínoa

Planta de la familia de las quenopodiáceas que se cultiva en los altiplanos de los Andes (Perú, Bolivia, Ecuador). Asimilada a un cereal y apodada el "arroz de los Incas", presenta unas flores sin pétalos muy pequeñas, agrupadas en racimos. Tanto en su variedad blanca como en la roja, la quínoa no contiene gluten, pero es más rica en proteínas que la mayoría de los cereales. Se cuece en agua salada, caldo (o leche) después de enjuagarla para eliminar los residuos de saponina. En cada grano aparece un pequeño germen cuando la quínoa se cuece. Se prepara al estilo del cuscús, al natural o picante o en ensalada mixta, y permite elaborar rellenos y *entremets*. También se consigue en forma de copos.

R

rabadilla

Extremo posterior del cuerpo de las aves y los pájaros, formado por las dos últimas vértebras dorsales, y que sostiene las plumas de la cola.

En el pato, la gallina, el pollo y la oca es preciso eliminar, antes de proceder a la cocción, las glándulas sebáceas situadas en cada lado, ya que darían un sabor desagradable a la carne.

rábano

Hortaliza de raíz comestible, de la familia de las brasicáceas. Los rábanos son de tamaño, forma y color variables. Cultivado en Egipto desde hace más de 5,000 años, conocido y apreciado por griegos y romanos. Es poco energético (20 kcal u 84 kJ por cada 100 g), muy rico en agua, y tiene abundantes sales minerales (azufre) y vitaminas (B9 y C, en particular). Su pulpa es blanca con textura crujiente y sabor fuerte y picante.

Los rábanos rosas bien frescos no deben pelarse: se corta la raíz y casi todas las hojas, luego se lavan con mucha agua y se escurren a fondo. Se pueden servir al natural, con mantequilla fresca y sal o rociados con jugo de limón y sal. Los rábanos rosas un poco grandes se preparan en ensalada, cortados en rodajas finas. En México los rábanos son una guarnición indispensable para el pozole y en ocasiones sirven para adornar platos de enchiladas.

Las hojas de rábano participan en la composición de cremas de papa o de un puré de espinacas o de acedera. En México, las hojas se muelen para dar color y sabor a los pipianes y moles verdes en el centro del país; y en algunas comunidades rurales se hacen tacos con las hojas fritas en manteca de cerdo o aceite con cebolla, una pizca de bicarbonato de sodio y sal y se acompañan con salsa picante.

El rábano negro, un poco más picante que el pequeño rábano rosa, se come con sal, una vez pelado, cortado en rodajas y, a veces, purgado. Se prepara asimismo en *rémoulade*, como el apio, o en ensalada, con una salsa con yogur y chalota.

rábano picante

Planta anual de la familia de las brasicáceas, originaria de Europa Oriental, donde crece de forma espontánea. El rábano picante es un condimento tradicional de las cocinas de Alsacia, Escandinavia, Rusia y Alemania. Muy rico en vitamina C, conocido como antiescorbútico, lo consumían tradicionalmente los marinos.

Su raíz cilíndrica y alargada, gris o amarillenta, de pulpa blanca, de sabor acre y picante y de olor penetrante, se consume rallada (una vez lavada y pelada), al natural o bien suavizada con crema, fresca o agria, o con miga de pan remojada en leche. También se utiliza cortada en rodajas. Aromatiza carnes (res y cerdo) hervidas,

breseadas o frías, pescados (arenque, salmón ahumado), salchichas, ensaladas de papa, etc. El rábano picante se emplea igualmente en salsas (frías o calientes), vinagretas, mostazas, mantequillas compuestas y conservas en vinagre.

Rabelais, François

Escritor francés (La Devinière, cerca de Chinon, Turena, h. 1494-París, 1553). Fue sucesivamente monje, médico y profesor de anatomía, al tiempo que era un prodigioso erudito versado en hebreo, griego y diversas lenguas vivas de su tiempo. Acompañó varias veces al cardenal Jean du Bellay en misión diplomática a Roma.

Rabelais es uno de los mayores escritores franceses, autor de *Pantagruel* (1532), de *Gargantúa* (1534), del *Tiers Livre* (1546) y del *Quart Livre* (1552), cuyos héroes, de dimensiones a menudo imponentes, son amantes de la buena mesa y grandes comedores. Su obra dedica un lugar principal al terreno de la bebida y de la comida. Los términos "pantagruélico" o "gargantuesco" evocan un apetito, una comida, un estómago de gigante, a la medida de la exuberancia de una mesa de festín cargada de manjares.

En el capítulo XI del *Quart Livre*, Rabelais da los nombres "de los valiosos y valientes cocineros que, como en el caballo de Troya, entraron dentro de la hembra del cerdo". Es la ocasión para evocar numerosos términos de cocina y de preparaciones corrientes de su época: *saulpicquet, paimperdu, grasboyau, carbonnade, hoschepot, gualimafré, croquelardon, salladier, macaron, cochonnet* y *talemouse*. En el libro IV de *Pantagruel*, en los capítulos LIX y LX, cita una nomenclatura muy larga de manjares y alimentos, y ofrece numerosas informaciones acerca de ciertos productos que se comían en el siglo XVI.

El apellido de Rabelais es el nombre de una academia gastronómica.

rabil ◆ atún aleta amarilla

rabo o cola

1. Terminación de la columna vertebral de los bovinos.

El rabo de la res proporciona sabrosas preparaciones: es ideal para caldos, sopas, potajes y cocidos para darles más sabor y más cuerpo; guisado con salsa picante; breseado y servido con una guarnición de zanahorias y cebollas glaseadas, o con bolas de col verde rellenas y breseadas, zanahorias y nabos torneados y glaseados y papas a la inglesa; o bien hervido y luego empanizado y asado, acompañado con una salsa de mostaza y pepinillo.

El rabo de ternera completa las carnes de cocido o aromatiza una sopa de verduras.

El rabo de cerdo recibe las mismas preparaciones que las patitas de cerdo: empanizado y asado, en escabeche y también se trata en salmuera.

El rabo de cordero no se emplea mucho en cocina, y se suele asar con el *gigot*.

2. Apéndice caudal de ciertos crustáceos, y a menudo representa su única parte comestible, una vez peladas: colas de camarón, de cangrejo de río, de langosta.

racahut

Fécula alimentaria empleada en Oriente Medio y en los países árabes. Es un polvo grisáceo, compuesto de *salep*, cacao, harina de bellotas dulces, fécula de papa, harina de arroz, azúcar y vainilla, que se deslíe con agua o leche para hacer unas gachas, un puré o una crema.

raclette

Fondue de queso, originaria del cantón del Valais (Suiza). La *raclette* se prepara fundiendo la superficie plana de media rueda de queso de la zona, que se rasca (*racle*) a medida que se vuelve líquida. Según la tradición, el queso debe asarse sobre las brasas de un fuego de madera. A continuación se sostiene el queso inclinado encima de un plato y se rasca la parte que fluye, retirando también la parte de corteza tostada. El queso fundido se toma caliente, con papas cocidas con su piel, carne seca, pepinillos, cebollas en vinagre y pimienta.

La *raclette*, que se acompaña con vino fendant del Valais, exige ante todo un queso graso y perfumado.

Hoy en día existen hornillos o parrilas de *raclette* de mesa. Algunos tienen un soporte para exponer la mitad de la rueda de queso a la radiación de una resistencia eléctrica. Otros están formados por un sistema de calor bajo el cual se introducen porciones individuales.

radicchio

Denominación corriente de la achicoria roja, variedad antaño silvestre originaria de Italia, de la familia de las asteráceas. Sus pequeños cogollos redondos y crujientes, de color rojo veteado de blanco, tienen un sabor a la vez amargo, de pimienta y acidulado.

A menudo, se prepara mezclado con otras ensaladas pequeñas: corazones de lechuga escarola, achicoria silvestre o mezclas de lechugas. Se adereza muy bien con una vinagreta de aceite de nueces y acompaña en particular a terrinas, panes y patés.

ragú

1. Preparación culinaria a base de carne, ave, caza, pescado o verduras cortados en trozos regulares, cocidos en fondo oscuro o blanco ligado, a menudo con una guarnición aromática, durante un lapso prolongado y a baja temperatura.

En la actualidad se distinguen dos tipos: el ragú en fondo oscuro y el ragú en fondo blanco. En el primero, la carne se dora en un cuerpo graso y luego se espolvorea con harina, se calienta y se baña con caldo, fondo claro o agua. En el segundo (como el fricasé), la carne solo se pasa por un cuerpo graso sin que tome coloración antes de enharinarla y bañarla con el fondo.

En el ragú a la inglesa, la carne tampoco se dora, pero la ligazón se hace con las papas que forman parte de la preparación, como en el estofado irlandés.

El ragú napolitano puede hacerse con una mezcla de carnes que se doran ligeramente, se cubren con vino tinto y se deja reducir; posteriormente se agregan jitomates, pasta de tomate y un poco de caldo. Se deja cocer tapado a fuego bajo hasta obtener una especie de salsa que sirve para acompañar pastas.

Las carnes se eligen entre los trozos de segunda categoría: chamorro y falda de ternera; espaldilla, costillas altas y falda de cordero; vísceras o despojos de ave; cabeza de lomo, pata y paleta de cerdo. Los pescados tratados en ragú deben tener una carne bastante firme para soportar la cocción. En lo que respecta a las verduras, se doran previamente y se cuecen en general en su jugo, con diversos aromatizantes y a menudo con jitomates troceados.

2. Guarnición ligada, que se incorpora a un hojaldre (*croûte*) o un volován, para completar el acabado de un pescado o un ave, para acompañar huevos revueltos, para elaborar una *omelette*, etc. Estos ragús se preparan con colas de cangrejo de río, riñones y crestas de gallo, puntas de espárrago, trufas, hongos, mollejas de ternera e incluso con caracoles y marisco.

raita

Preparación india a base de verduras crudas mezcladas con yogur y sal o a base de frutas con azúcar.

raki

Aperitivo anisado turco, llamado "leche de león", muy parecido al ouzo griego. Los mejores *rakis*, de 45 a 50% Vol., se elaboran a partir de aguardientes seleccionados y envejecidos. A algunos se les añade almáciga (resina de lentisco, arbusto parecido al pistachero). El *raki* acompaña los *mezze* antes de pasar al plato principal.

rallador

Utensilio de forma alargada, plana o curva, que presenta una serie de asperezas y pequeños orificios redondos u oblongos, destinado a reducir mediante frotamiento un alimento sólido en filamentos más o menos finos (queso, zanahoria, jícama, apio), en polvo o en trocitos pequeños (coco, nuez moscada, parmesano, cáscara de cítricos, etc.).

El rallador de nuez moscada es el más pequeño (3 cm de longitud), mientras que el de verduras o de queso alcanza los 20 cm. Ciertos ralladores son molinos mecánicos, cuyo tambor (intercambiable) ejerce de superficie de rallado. Para rallar grandes cantidades se utiliza el rallador eléctrico o un procesador de alimentos equipado con el accesorio más adecuado.

rallar

Transformar un alimento sólido en pequeñas partículas o filamentos delgados, por lo general con un rallador. Se pueden rallar verduras crudas, queso, una cáscara de cítrico, etc.

ramadán

Noveno mes del año lunar musulmán, en el curso del cual los fieles del islam deben observar el ayuno desde el alba hasta el crepúsculo.

Durante este periodo y en las horas de ayuno, el musulmán no debe ni beber (solo para enjuagarse la boca), ni comer ni fumar ni mantener relaciones sexuales ni perfumarse. En Marruecos, por ejemplo, cuando se pone el sol, se toma una comida compuesta a menudo por una sopa (*harira*), huevos duros, dátiles y pastelitos dulces. Después de la plegaria de la noche se toma una segunda comida, en la que figuran *crêpes*, miel, a veces una sopa (la *bazine*, a base de sémola, con mantequilla y jugo de limón) o el *halalim* (puchero de legumbres con diversos aromatizantes, salchichas o carne de cordero o ternera, y pasta de sémola con levadura). Hay una tercera comida antes de retomar el ayuno, justo antes del alba. Hacia la mitad del ramadán, se sirve una comida tradicional que, siguiendo con el ejemplo marroquí, está constituida por una pastilla, pollo asado con limón y una pasta dulce.

El fin del ramadán (*Aid el-Kebir*) se celebra con una fiesta en la que se asa ritualmente un cordero.

rambután
Fruta de la familia de las sapindáceas, como el lichi, originario de Malasia, muy común en todo el sureste asiático. El rambután aporta 66 kcal o 276 kJ por cada 100 g y es rico en vitamina C. Su cáscara roja y gruesa presenta una serie de espinas curvas. Su pulpa, translúcida y dulce, es menos perfumada que la del lichi. Se puede encontrar en conserva con almíbar. Fresco, se come pelado, en ensalada de frutas, pero también acompaña a las aves de corral y al cerdo.

ramequin
1. Pequeño recipiente redondo de borde recto, de 8 a 10 cm de diámetro, de acero inoxidable, de porcelana o de cristal templado, utilizado para cocer y servir a la mesa, en porciones individuales, distintas entradas calientes. El *ramequin* también sirve para enmoldar áspics individuales, así como postres fríos, servidos enmoldados o desmoldados (*crème brûlée*, flan, crema catalana, soufflé).
2. Entremés que se sirve caliente, a base de pasta *choux* con leche y queso *gruyère*, consumido en algunas regiones de Francia. Antaño, el *ramequin* era una rebanada de pan tostada cubierta "por carne, riñón, queso, cebolla o ajos" bañada en crema líquida y espolvoreada con algún alimento rallado. El actual *ramequin vaudois* sigue siendo una especie de gratén al queso sobre rebanadas de pan.

ramillete de hierbas o *bouquet garni*
Selección de plantas aromáticas, atadas en forma de manojo o envueltas en una manta de cielo, que dan sabor a caldos y fondos que son base de sopas, cremas, potajes y salsas. Por lo general, el ramillete de hierbas se compone de dos o tres tallos de perejil o mejorana, una rama de tomillo y una o dos hojas de laurel (secas), pero su composición varía en función de los recursos locales. Se le puede añadir apio en rama, poro, salvia, etc. En Provenza, por ejemplo, el romero es ineludible.

Ramsay, Gordon
Cocinero anglo-escocés (Glasgow, 1966). Nació en Escocia y se estableció con su familia en Stratford-upon-Avon. En 1987 empezó a cocinar en el establecimiento de Marco-Pierre White, en el *Harvey's*

de Wandsworth. Más adelante entró en el *Gavroche* de Albert Roux, trabajó durante un año y medio con Guy Savoy, en París, otro año con Joël Robuchon y por último aprendió durante dos meses con Alain Ducasse en el *Louis XV*. En 1993 abrió el *Aubergine* en Chelsea, pronto coronado con una y más tarde dos estrellas *Michelin*. En 1998 se trasladó a la *Tante Claire* de Chelsea, donde logró dos estrellas en su primer año. En 1999 abrió *Petrus*, en la St. James Street de Londres, con Marcus Wareing. En enero de 2001 consiguió tres estrellas en su establecimiento de Chelsea, y en abril del mismo año inauguró *Amaryllis* en Glasgow, con David Dempsey, y más tarde, en octubre, el *Gordon Ramsay at the Claridge's*, mientras que su discípula Angela Hartnett se instaló bajo su dirección en el *Connaught*, revolucionando y aligerando la cocina de este templo del clasicismo franco-londinense a la Escoffier. Actualmente, Gordon Ramsay es una institución de fuerte carácter en el Reino Unido. Sus productos son franco-británicos, las aves de Bresse se mezclan en cabeza de jabalí con el jamón de *gloucester*, la codorniz escocesa se realza con jitomate y una vinagreta con hierbas provenzales, el bogavante, también escocés, se pocha en un caldo corto de verduras a la griega, mientras que la carrillada de res de Aberdeen con especias es de una precisión de sabor sin tacha.

rana
Batracio de aguas dulces, del que se consumen las ancas. Viven en aguas corrientes y estancadas, en bosques húmedos hasta casi desérticos y semiáridos. En general estos batracios tienen lomo verde con manchas negras; su piel es lisa, húmeda y casi desprovista de las acumulaciones de glándulas tan comunes en los sapos. Su larva, llamada renacuajo, también es comestible y tiene varios usos gastronómicos.

En Francia es muy popular el consumo de ancas de rana, se consumen dos tipos: la rana verde, que es la más sabrosa, y la roja. Su carne es blanca, delicada y de fácil digestión, pues contiene poca grasa, aunque un tanto insípida. Como tiene un ligero olor a humedad, antes de prepararse se marina en leche por una hora, o en agua con jugo de limón por 10 min.

En Europa, las ancas de rana a menudo se venden ultracongeladas, y en la mayor parte de los casos ya se pueden cocinar. Se preparan en blanqueta, a la crema, con finas hierbas, en sopa, en *omelette*, en muselina, pero también pueden freírse o saltearse, con ajo o con ajo y perejil.

En México, su consumo fue muy importante en la época prehispánica, los habitantes del Valle de México la consumían ampliamente en muchas preparaciones, como en tamales y mextlapiques. Actualmente no existe gran demanda pero se siguen comercializando en algunas regiones. Se preparan en salsa verde, al mojo de ajo, empanizadas, en pipianes, capeadas, a las brasas, en caldillos o diferentes salsas. Se considera principalmente botana o entremés.

rancio
Se dice de un cuerpo graso o de un alimento graso poco fresco, cuyo olor fuerte y sabor acre se deben a la oxidación. Este fenómeno se acelera con la luz, la temperatura, el oxígeno y los rastros de metales.

Un aceite mal clarificado se vuelve rancio con mayor facilidad, pero se puede solucionar añadiendo un poco de azúcar y cerrando la botella con un tapón aireado.

Para eliminar el sabor rancio de la mantequilla o del tocino se trabaja con bicarbonato de sodio, se deja en remojo, se aclara con abundante agua y luego se escurre.

rape

Pez marino de la familia de los lófidos, también llamado "sapo" o "diablo de mar" a causa de su fealdad. Distribuido al noreste de océano Atlántico, el mar Mediterráneo y el mar Negro.

Su cabeza enorme está dotada de una cara ancha que termina en un cuerpo parduzco y sin escamas, que puede alcanzar 1 m de longitud. Su carne magra, sin espinas, fina y firme, se cocina en cierto modo como la carne (en brochetas, en asado, en salsa, salteada). La merma es poco abundante, y el cartílago central es muy fácil de retirar.

rás al-hánout

Mezcla de especias en polvo cuya composición es muy variable (clavos de olor, canela, pimienta de Jamaica, cúrcuma, comino, alcaravea, cilantro, jengibre, ginseng, nuez moscada, chile de Etiopía, lavanda, orégano, galanga o pimienta negra), utilizada sobre todo en Marruecos y en Túnez (donde por lo general es menos fuerte y se perfuma con botones de rosa secos), cuyo nombre significa "lo mejor de la tienda". El *rás al-hánout* realza los ragús, el caldo del cuscús y también otros alimentos magrebíes.

raspa o rasqueta

Diversos utensilios reciben este nombre. Tanto si es metálica o de plástico, con los bordes rectos o redondeados, flexible o rígida, provista o no de un asa o mango, una raspa se utiliza para despegar y recoger una pasta, una crema, una salsa o chocolate derretido de las paredes de un recipiente o de una placa. También se da el nombre de raspa al utensilio destinado a retirar y cortar porciones de masa o pasta, que también sirve para raspar los restos de masa pegados al mármol o a los tazones. La raspa para crepas, de madera de haya, en forma de rastrillo, sirve para extender la pasta sobre una placa de calor o una crepera eléctrica.

rassolnick

Potaje de la cocina rusa, elaborado con un fondo de ave perfumado con esencia de pepino, ligado con yema de huevo y crema, acompañado de pepino torneado y carne de ave (tradicionalmente pato) cortada en daditos.

Una versión diferente del *rassolnick* se elabora añadiendo res y verduras (betabel, col y poro) al fondo de ave. La versión del potaje ligado con crema y jugo de betabel se realza con hinojo y perejil, y se acompaña con la carne cortada en cubos, y a veces, como complemento, con pequeñas salchichas asadas cortadas en trozos.

rastro • matadero

ratafía

Licor elaborado con aguardiente endulzado en el que se maceran plantas o frutas: angélica, grosella negra, cereza, membrillo, frambuesa, nueces, huesos de cereza, naranja, etc. Suele ser de preparación doméstica.

Actualmente este vocablo designa habitualmente unas bebidas con alrededor de 18% Vol., producidas en ciertas regiones francesas, con pequeñas diferencias en la elaboración entre una y otra. Algunas formas de la ratafía han adquirido carta de nobleza, como el pineau de Charente, elaborado con coñac; el floc de Gascuña, con armañac; el marc de Champagne, con marc de champagne, y el marc de Borgoña, con marc de Borgoña.

En Cataluña también destaca la ratafía, elaborada por maceración hidroalcohólica de nueces verdes, con una graduación alcohólica situada entre 23 y 29% Vol.

La ratafía se toma fría, bien como aperitivo, bien para acompañar un entrante (melón o *foie gras*), un queso de pasta azul o un postre (con frutos rojos o chocolate).

ratatouille

Ragú de verduras típico de la cocina provenzal, especie de pisto originario de Niza, pero muy común en todo el sureste francés. Según los puristas, las diferentes verduras de la *ratatouille* deben cocerse por separado, luego reunirlas y cocerlas juntas a fuego lento. Generalmente una *ratatouille* se compone de cubos de berenjena, cebolla, calabacitas, pimiento, jitomate y ajo; sin embargo al ser una preparación genérica, algunas verduras y los cortes pueden variar dependiendo de la región o de quien la prepare.

La *ratatouille* nizarda acompaña asados, aves de corral salteadas o piezas pequeñas de carne, así como pescados breseados, *omelettes* y huevos revueltos. Se aprecia fría, rociada con un chorrito de aceite de oliva.

ravioles

Pasta de origen italiano, formada por dos cuadrados de pasta de sémola de trigo duro o de harina que encierran un relleno magro o graso, cocidos en agua hirviendo y servidos con una salsa de jitomate y queso rallado, o con mantequilla fundida y salvia. El relleno puede estar compuesto de carne de ternera o res picada, o a veces de espinaca y *ricotta*; entre otras variantes regionales. Cuando son de tamaño muy pequeño, los ravioles también se pueden incorporar a una sopa. Los *agnolottis* piamonteses, una variante de los ravioles, se cortan en forma circular.

Los ingredientes de los ravioles, a base de restos de cortes de carne, siempre deben ser muy variados. Una receta genovesa incluye lechuga, escarola, pulpo cocido en agua, parmesano, mejorana, huevo y perejil. Los ravioles es una de las preparaciones de pasta rellena más conocidas fuera de Italia.

raya

Pez cartilaginoso de la familia de los ráyidos que vive en los mares fríos y templados y del que existen numerosas especies, a menudo de gran tamaño. Las rayas son peces comprimidos dorso-ventralmente, con el cuerpo sin escamas, que se prolonga en unas aletas pectorales triangulares y termina en una cola larga y delgada. La cara coloreada de gris-pardo presenta dos ojos pequeños encima de un morro corto. En la cara ventral se abre una amplia boca, con dientes puntiagudos y cortantes. La raya no tiene espinas y su soporte cartilaginoso se retira con facilidad.

Las diferentes especies se reconocen con bastante facilidad gracias a su aspecto exterior.

- La raya de clavos (de 70 cm a 1,20 m), la más conocida y sabrosa del litoral europeo, está veteada con manchas claras. Debe su nombre a las protuberancias cartilaginosas en forma de clavos diseminados por el dorso, las aletas y, a veces, el vientre.
- La raya mariposa (1 m como máximo) presenta dos manchas en forma de ojo sobre las alas.
- La raya manchada luce grandes puntos negros que se van difuminando hacia los bordes.
- La raya picuda, negra o gris, de morro puntiagudo (puede superar los 2 m y pesar más de 100 kg), es bastante sabrosa, al igual que las rayas cardadora, santiaguesa y pintada.

Aunque son menos gustosas, deben citarse también las rayas boca de rosa, picón, mosaico y colorada. Otras rayas (chucho o pastinaca, tremolina, tembladera y águila marina) son simplemente comestibles.

La piel de la raya está cubierta por una capa viscosa que se denomina "mucus". Esta facilita la penetración del pez en el agua y evita la fijación de microorganismos sobre el cuerpo. Estas glándulas de mucus son numerosas en la raya, y sobre todo se localizan en la piel pigmentada, la más expuesta. Es por ello por lo que actualmente la raya se vende sin esta piel, generalmente en trozos.

La carne, de color blanco rosado, es fina y baja en grasas. Antes de su empleo debe lavarse repetidas veces. El hígado y las "mejillas" de raya son los cortes más codiciados por los amantes de este pez.

La raya se prepara con mantequilla, con salsa holandesa, con vinagreta de hierbas, *à la meunière* o en fritura (sobre todo en el caso de las rayas pequeñas), al gratén o con bechamel.

En México, las rayas están presentes tanto en el Golfo de México (raya tigre) como en el Pacífico, cerca de Baja California (raya mariposa, raya picuda, raya chucho). Se preparan en escabeche, ceviche, sopas y en filetes capeados o empanizados.

rayar

Trazar con la punta de un cuchillo o los dientes de un tenedor una decoración en la parte superior de una elaboración de pastelería pintada con huevo y lista para cocer. Por lo general, se rayan los pays o empanadas de pasta hojaldrada en rombos, el *pithiviers* en rosetón y los bizcochos con almendras en rejilla o bien con trazos paralelos. La masa de pan con levadura se raya antes de la segunda fermentación, por ejemplo en el caso de los bolillos.

realzar

Reforzar la sazón de una preparación añadiendo un condimento o una especia. Un alimento realzado tiene un sabor intenso, con una proporción notable de especias como pimienta, pimentón, chiles secos, clavo de olor, mezcla de especias, etc.

rebajar

1. Disminuir el grado de cocción de un jarabe de azúcar, de una confitura o de un caramelo añadiéndole, poco a poco y removiendo, la cantidad de agua fría necesaria para que tenga una consistencia melosa.

2. Incorporar un líquido o una sustancia apropiada (caldo, leche, huevos batidos, jugo, agua, jarabe) a una masa, una preparación o una bebida, para que adquiera una textura menos espesa y/o más suave; o bien, para que tenga un sabor menos intenso.

rebanar

Cortar en lonchas, láminas o rodajas más o menos finas pero de igual grosor verduras, frutas, carne o embutidos. La operación se realiza con un cuchillo sobre una tabla de corte (pepino, poro, hongos, cebolla, pera, manzana), pero también con la mandolina (zanahoria, nabo, papa, betabel) o con un procesador de alimentos multiusos, equipado del disco específico (papa, zanahoria, col).

En restauración existe un instrumento especial para cortar los jitomates en rodajas de 5 mm de grosor sin aplastarlos, o cortarlos "en abanico" (las rodajas permanecen unidas por la base). Similares a éste existen rebanadores de aguacate, de huevos cocidos y de quesos, que permiten cortar rodajas o rebanadas delgadas del mismo grosor que conservan su forma, es decir, el alimento no se desmorona ni se aplasta.

Las rebanadoras industriales permiten cortar de manera segura y sencilla grandes piezas de carne, jamones, embutidos y barras de queso.

reblochon de Savoie

Queso saboyano con Denominación de Origen, de leche de vaca (45% de materia grasa), de pasta prensada no cocida y corteza lavada, amarilla, rosada o anaranjada. El *reblochon* se presenta en forma de un disco plano de 13 cm de diámetro y de 2,5 cm de grosor. Es muy untuoso y tiene un sabor dulce, de avellana. Su nombre procede del verbo "reblocher", "ordeñar una segunda vez", ya que antaño se elaboraba en los pastos alpinos con la leche del final del ordeño, muy grasa, obtenida una vez que el administrador había pasado a recoger la leche.

rebozuelo u hongo amarillo

Hongo comestible, de la clase de los basidiomicetes, en forma de embudo, que se recoge en los bosques de hoja caduca y de coníferas La cara interior de su sombrero suele estar desprovista de láminas, es lisa o bien lleva unos pliegues más o menos carnosos. El *Cantharellus* más conocido y sabroso es el rebozuelo (*C. cibarius*), especie carnosa, de pie corto, grueso, enteramente de color yema de huevo.

En México se le conoce como hongo corneta, hongo amarillo, hongo duraznillo, hongo fuchila u hongo corneta. En este país se encuentra comúnmente en bosques de pinos, donde forma grandes conjuntos. Su carne es amarillenta, de olor, y sabor parecido al durazno.

Hay dos especies más que comparten una excelente reputación gastronómica: la trompeta de los muertos y la trompeta amarilla, ambas delgadas, esbeltas, poco carnosas pero muy perfumadas, que crecen en mata en los bosques de pino.

Salteados, los rebozuelos acompañan *omelettes*, huevos revueltos, pescados, carne de conejo o de ternera. También se pueden comer crudos, previamente marinados en una vinagreta a las finas hierbas. Conviene lavarlos con precaución, pasándolos rápidamente por debajo del grifo y escurriéndolos luego en papel absorbente.

recado o recaudo

Nombre que recibe una mezcla de especias e ingredientes aromáticos molidos que se utilizan en México como sazonadores de guisos y platillos. El resultado son pastas o polvos indispensables en la cocina de varias regiones del sur del país. Muchos recados se pueden comprar preparados en puestos especiales en los mercados populares.

Existen diferentes tipos de recaudos que se utilizan para preparaciones específicas (tamales, guisos con carne de res, pollo o cerdo, rellenos, escabeches) y cuyos ingredientes varían en función de éstas. Por ejemplo:

- El recado rojo consiste en una mezcla de semillas de achiote, sal, ajo, pimienta, clavo, canela, comino, orégano yucateco, semillas de cilantro y jugo de naranja agria. Sirve para preparar cochinita pibil.
- El recado negro o de chilmole es una pasta elaborada con tortilla de maíz quemada, pimientas, ajo, achiote, orégano, comino, epazote y una variedad de chile colorado seco, que se carboniza, se remoja para quitarle lo amargo y se muele con los demás ingredientes. Utilizado para preparar el relleno negro (a base de carne de cerdo con el que se rellenan pavos).
- El recado de alcaparrado se elabora con pimienta de Castilla, ajo, orégano, comino, canela, clavo y semilla de cilantro, que se muele con vinagre blanco; la pasta se guisa con cebolla acitronada, laurel, jitomate, chile dulce, aceitunas, alcaparras, pasitas, chile xcatik, un poco de vino y bizcocho como espesante. Con este recado se guisan carnes de pollo, cerdo, res o venado.

Otros tipos de recaudo son: el recado de especia, de adobo blanco o puchero, colorado para asados, de chilaquil, de pan blanco y de salpimentado.

recalentar

Llevar a la temperatura de degustación un alimento ya cocido, pero que se ha puesto a enfriar o a refrescar. La operación puede efectuarse con agua hirviendo, con o sin sal, en la que se sumerge el alimento unos instantes (por ejemplo verduras) con la ayuda de un colador. A menudo se hace al baño María, sobre el fuego o en el horno, clásico o de microondas.

A veces, la preparación se pone a recalentar en su fuente de servicio o en un utensilio de cocción, o bien en el horno a fuego moderado (caso de un gratén, unas *quenelles*), a fuego bajo (estofado) o alto (salteado), añadiendo un cuerpo graso.

Ciertos platos de larga cocción son mejores recalentados y se preparan preferentemente la víspera, o incluso dos días antes (bacalao a la vizcaína, lasaña, estofados, paella, etc.).

recogemigas o pollo

Cepillo de cerdas suaves, provisto de un mango, acompañado de una pala pequeña, que sirve para retirar del mantel las migas de pan, por lo general antes del postre y a veces entre los servicios. El modelo automático se compone de una caja que contiene un cepillo que retira las migas cuando se hace rodar sobre la mesa. En los restaurantes a menudo se utiliza otro tipo de recogemigas llamado pollo: una simple lámina metálica en forma de canal.

rectificar

Corregir la sazón de un alimento al finalizar la preparación después de probarlo, añadiendo un ingrediente susceptible de mejorarlo, perfeccionar su sabor o hacer resaltar mejor un sabor particular (sobre todo sal y pimienta, y también azúcar, crema líquida, especias, hierbas aromáticas, etc.).

redaño o telilla de cerdo

Membrana veteada de grasa, que rodea los intestinos de los animales de carnicería. El término se emplea especialmente en el cerdo. En charcutería, después de remojar el redaño para suavizarlo, se utiliza para envolver la carne picada preparada para hacer las *crépinettes* y para cubrir la superficie de una terrina o un paté. Numerosas preparaciones de cocina recurren asimismo al redaño de cerdo, cuyo papel es, por lo general, el de mantener sujeta durante la cocción una preparación picada (costillar de cordero, hoja de col rellena, *foie gras*, hígado de ternera picado, *fricandeau*, zorzales, conejo o *pie* relleno, etc.), aunque además aporta un sabor especial.

reducción

Concentración o espesamiento de un líquido, de una salsa o de una cocción, mediante ebullición y evaporación de ciertos elementos. La finalidad de la reducción es que el líquido sea más sabroso, con más cuerpo o más untuoso. Para ciertas salsas, la reducción precede a la preparación propiamente dicha, y consiste en obtener un concentrado, por lo general a partir de vino blanco, vinagre o vino tinto, con chalotas picadas, estragón, etc. Es el caso de las salsas bearnesa, bordelesa, del *beurre blanc*, entre otras.

reducir

Disminuir el volumen de un líquido (fondo, salsa, jugo) por evaporación, manteniéndolo en ebullición, lo cual aumenta su sabor mediante la concentración de los jugos y le da más untuosidad y consistencia.

refinar

Transformar un producto bruto (o ya trabajado) en producto químicamente puro. En la cadena de fabricación, el refinado es la última operación antes del empaquetado y la comercialización. Permite suprimir las impurezas, los olores, los colorantes o los elementos indeseables de un producto, a menudo fundiéndolo y luego volviéndole a dar su consistencia inicial. El refinado concierne a azúcares, harinas, sal, granos y aceites.

refrescador ◆ hielera

refrescar

Verter agua fría sobre un alimento que se acaba de blanquear o cocer en agua, para enfriarlo con rapidez y detener su cocción.

El término también significa poner un postre, una ensalada de frutas o una crema en el refrigerador para servirlos fríos.

Los vinos que no se almacenan en cavas reguladoras de temperatura se refrescan en una hielera para que alcancen su temperatura óptima antes de servirlos.

refresco ◆ soda

refrigerador o nevera

Aparato eléctrico en forma de armario de metal esmaltado de doble pared, equipado con estantes de rejilla y recipientes, destinado a conservar en frío los alimentos perecederos.

El frío se produce por evaporación o bien mediante la liberación de un fluido frigorígeno.

Hoy en día, en los refrigeradores o frigoríficos de compresión se suelta por el evaporador un gas (freón, propano, cloruro de metilo), previamente comprimido. Pero éste condensa la humedad de la cubeta y la transforma en escarcha (el descarchado debe llevarse a cabo con regularidad).

La cubeta del frigorífico es de materia plástica, de plancha pintada, de plancha esmaltada, de acero inoxidable o de aluminio. En el interior, las temperaturas van de −1 a +8 °C. Según los modelos, la zona más fría (donde se colocan, entre otros alimentos, carnes y pescados crudos) está situada en la parte alta o en la baja. En la zona inferior, un recipiente para verduras permite conservarlas al abrigo del frío intenso en una zona más húmeda. La contrapuerta también está equipada de un portabotellas vertical y compartimientos para la mantequilla y los huevos.

refrigerio

Colación ligera, con frecuencia fría, preparada en previsión del deseo o necesidad de recuperar energías fuera de las horas de comida. Antaño, en las casas acomodadas, el refrigerio de noche, destinado en particular al retorno de un viajero, se disponía sobre un velador, a menudo con queso, frutas y carne fría.

regaliz

Arbusto de la familia de las fabáceas, crece de manera silvestre en Siria, Irán y Turquía. De su raíz se obtienen unos bastoncitos para masticar, y se utiliza también para preparar bebidas refrescantes. Además, se extrae un jugo que contiene de 5 a 10% de glicirricina, principio activo terapéutico, que es conocido desde la Antigüedad.

Una vez purificado y concentrado, este jugo aromatiza asimismo varios aperitivos, se utiliza en la elaboración de cervezas y sirve para preparar artículos de confitería.

Los regalices duros (palitos, pastillas, perlas, figuritas, etc.) se obtienen mezclando el jugo de regaliz puro, materias endulzantes, goma arábiga y, en algunos casos, un aromatizante (menta, anís, violeta). Los regalices blandos (cintas, bastoncitos entorchados, etc.) están formados por una pasta de jugo de regaliz puro, materias endulzantes, harina de trigo, almidón y azúcar glass. Esta pasta, cocida y luego aromatizada, se extrusiona en una máquina.

rehogar o sudar

Cocer un alimento a fuego bajo, tapado, con muy poca materia grasa y líquido, o solo en su propia agua. Este tipo de cocción se aplica a las brunoises y a las julianas de verdura, a las cebollas y a las chalotas cortadas, a los jitomates, a los hongos y a las calabacitas (verduras que sueltan agua), así como a las carnes y pescados que se van a bresar o estofar. A veces se emplea este modo de cocción para las manzanas y las peras en rodajas.

Reino Unido

La cocina británica es fundamentalmente "medieval", como lo testimonian los numerosos cereales que se consumen, las frutas y verduras al agridulce, los asados acompañados por salsas dulces o compotas, el cordero con gelatina de menta, el desayuno copioso y el queso servido en los postres. Posteriormente se enriqueció con influencias procedentes de todo el Imperio británico. En el Reino Unido se siguen mucho las tradiciones, sobre todo las culturales, que adquieren todo su valor en las grandes festividades.

La tradición más importante es la de la fiesta de Navidad. El *punch* caliente, el pavo o la oca asada, el *pudding* flameado con salsa de mantequilla y brandy, el oporto servido con los *savouries*, los *pies* de manzana y los frutos secos componen el menú ritual de las Navidades inglesas.

Nadie puede resistirse a las delicias del salmón ahumado de Escocia, del jamón de York, y del *stilton*, sin olvidar el whisky puro de malta, las cervezas ales y *stouts* y el té *earl grey* con bergamota.

La cocina rural tradicional utiliza mucho las hojuelas de avena. El pan tiene múltiples variantes ancestrales, como el *soda bread* irlandés (con bicarbonato de sodio) o el *hara brith* galés (con pasas de Corinto).

La papa está omnipresente: en las sopas, los pasteles, los panes, los purés, a la sartén, en ragú o "a la inglesa" con pescado pochado, sin olvidar las papas fritas que acompañan al pescado frito que se venden por las calles, servido en un cucurucho de papel (*fish and chips*), y el *bubble-and-squeak* (col y papas salteadas con restos de carne).

Los británicos comen mucha carne (sobre todo res y cordero, aunque también jamón y salchichas). Se utilizan restos de cortes y vísceras en innumerables *pies* y diversos *puddings* de carne, acompañados de verduras cocidas al vapor o marinadas, como los *pickles*.

El pescado también es un elemento importante de la alimentación británica y se puede saborear al natural o preparado de distintas maneras (frito, asado, en ensalada, pochado, relleno) y acompañado con salsas agridulces y algunas frutas como grosellas.

La carne de caza es muy socorrida, las piezas se asan y se acompañan con salsa de arándanos y grosellas, salsa de pan o jalea de serbal. Con las aves de corral se elaboran recetas tradicionales, como el pay de pollo, el pollo "en trizas" con pepinos, el pollo hervido con ostras o con salsa de perejil y el *mulligatawny* (sopa de pollo y *curry* de origen indio).

En el Reino Unido las tartas, confituras, pasteles, jaleas, cremas y postres calientes o fríos tienen como protagonistas las frutas, sobre todo las manzanas, las fresas y las frambuesas. Pero sin duda el rey de los postres es el *pudding*, a menudo servido caliente y con infinitas variaciones (*pies* de frutas, *crumbles*, arroz, sémola o tapioca con leche, etc.). Durante el desayuno o la merienda se consumen ricas elaboraciones de pastelería: *shortbread*, *scones*, *crumpets*, *buns*, etc.

Existen quesos, en su mayoría de leche de vaca, para todos los gustos, como el *cheddar*, el *stilton* y el *lanark blue* (queso de cabra de pasta verde), que se come con *oatcakes* (galletas de avena).

rejilla

Enrejado de forma, tamaño y materiales distintos y funciones variables. Las rejillas de alambre, redondas o rectangulares, son soportes sobre los que se dejan enfriar las elaboraciones de pastelería desmoldadas y ciertas preparaciones de cocina pochadas. Las rejillas de junco o de paja se emplean para escurrir los quesos.

relámpago ◆ *éclair*

relevé

Plato que antaño relevaba a otro manjar (es decir, que lo seguía). El término se aplicaba sobre todo a los entrantes, que eran *relevés* de potaje. Un menú clásico se ordenaba del siguiente modo: entremeses, potaje, *relevé* de potaje, pescado, *relevé* de pescado, asado, a veces seguido de *relevé* de asado, y al final los postres.

religiosa

Elaboración de pastelería formada clásicamente por un círculo grande de pasta *choux* (relleno de crema pastelera o chiboust de café o chocolate, como los relámpagos) coronada por un *choux* más pequeño, también relleno. Después de glasear con *fondant* (del mismo sabor que el relleno), se decora con crema de mantequilla con la ayuda de la manga de pastelería. La religiosa se hace en formato individual o en pieza grande.

relish

Condimento anglosajón de origen indio, parecido al *chutney* pero más especiado. Es un puré agridulce a base de frutas ácidas y verduras a las que se añaden cebollas cambray en vinagre, pepinillos y especias, todo ello cocido con azúcar y vinagre. Acompaña a *currys*, hamburguesas, verduras crudas y carnes frías.

En Canadá se llama *achard*. En Estados Unidos se llama *relish* al condimento dulce, a base de pimiento y pepinillo, que suele acompañar al *hot dog*.

rellenar

Llenar el interior de carnes, pescados, mariscos, verduras, huevos o frutas con un relleno o farsa grasa o magra, un salpicón o picadillo, un puré o cualquier preparación, por lo general antes de la cocción, pero también preparaciones frías.

La mayor parte de las aves de corral y pájaros pueden rellenarse. En carnicería se rellena la pierna de cordero y de cerdo deshuesada, la falda, el corazón o las patitas deshuesadas, las popietas o el lechón entero.

Se pueden rellenar pescados, enteros o solo los filetes, las vieiras, los mejillones, los cangrejos y los caracoles.

Se suelen rellenar verduras como las berenjenas, las coles, las calabacitas, las cebollas, los pimientos, las papas, los champiñones, los jitomates, los corazones de lechuga, las endibias, las hojas de parra, etc. Las frutas que se rellenan con mayor frecuencia son los aguacates, los cítricos, el melón, las peras y las manzanas.

Se pueden rellenar los *omelettes*, las crepas y los ravioles. En pastelería se rellenan bizcochos, panes, hojaldres, pasta *choux*, relámpagos y genovesas con crema de mantequilla o de almendras, crema pastelera o un salpicón de frutas. Los panecillos que se sirven como entremeses fríos se rellenan con toda clase de preparaciones saladas (puré, *mousse*, crema).

En la cocina mexicana existen una gran variedad de rellenos con diferentes características regionales para rellenar chiles, tacos, quesadillas, gorditas, tamales y panes (tortas, sándwiches, hojaldres, marinas).

relleno o farsa

Mezcla de elementos crudos o cocidos, picados más o menos finamente y sazonados, que se utiliza para rellenar piezas de caza, verduras, huevos, pastas, pescados, carnes, aves de corral, entre otros alimentos. También es la base de galantinas, patés y terrinas, y de todos los salchichones, salchichas y demás embutidos. Sirve asimismo para cubrir *croûtes*, panes tostados y canapés calientes, preparar quenefas, y para llenar barquillas, bocadillos y tartaletas.

Se distinguen tres grandes familias de rellenos: los rellenos magros a base de verduras, los rellenos grasos a base de carnes y vísceras, y los rellenos de pescado. Los denominados "magros" suelen incluir un elemento graso que les da la textura suave indispensable. En general, la carne picada constituye la base de un relleno, para un picadillo por ejemplo, y los ingredientes complementarios le dan su carácter y consistencia. La sazón es determinante: especias, hierbas aromáticas, aguardiente, *fumet*, esencias, sal y pimienta, y a veces frutos secos.

El relleno de una preparación que deba hervirse siempre tendrá un sabor más intenso que el de una preparación que se ase. En cambio, esta última tiene que ser lo suficientemente grasa para que el ingrediente principal no se seque, sobre todo si se trata de un ave.

remolacha ◆ betabel

rémoulade

Salsa fría derivada de la mayonesa mediante la adición de mostaza, pepinillos, alcaparras y hierbas aromáticas picadas, acabada en ocasiones con un poco de esencia de anchoas. A veces se le añade huevo duro picado. Cuando acompaña a carnes, pescados y crustáceos fríos, se trata de una simple mayonesa con mostaza y realzada con ajo y pimienta. La salsa *rémoulade* condimenta tradicionalmente el apio-nabo rallado y distintas ensaladas compuestas.

removedor o agitador

Varilla de madera, plástico o vidrio, de unos 10 cm de largo, por lo general adornada con un pequeño motivo decorativo. El removedor sirve para mezclar los distintos líquidos de ciertos cócteles.

remover

Mezclar una preparación con una espátula o con un batidor, durante su elaboración o su cocción, para que los elementos no se aglutinen, no formen grumos, no se peguen al recipiente, etc. Las pastas deben removerse desde el momento de introducirse en agua hirviendo.

En francés se le conoce con el término *vanner* a la acción de remover una crema, una salsa o una preparación mientras se entibia, con una espátula de madera o un batidor, para conservar su homogeneidad y sobre todo impedir la formación de una piel en su superficie (como la nata que se forma en la leche). Esta operación acelera además el proceso de enfriamiento.

"Remover la ensalada" significa dar varias vueltas a los ingredientes, en el último momento, para que se impregnen bien del aliño o aderezo.

reno

Mamífero de la familia de los cérvidos que vive en las regiones árticas. La leche de la hembra de reno es, junto a la de la ballena, la más rica en materia grasa, y se utiliza en la elaboración de ciertos quesos de Laponia, Noruega y Suecia. Los lapones (criadores de renos en semilibertad) comen su carne y consumen su leche.

La carne de reno se prepara como la de corzo. Cuando el animal se alimenta de grano y heno, su carne es de sabor más suave, y entonces se prepara en albóndigas, bistecs o ragús.

→ corzo

reposar

Reservar un alimento o preparación a la espera de seguir con su elaboración. Durante la confección de una pasta para galletas o tartas es indispensable un tiempo de reposo (1 hora o más) en un lugar fresco antes de utilizarla. En el caso de la masa para pan con levadura, se debe dejar reposar en un lugar tibio para permitir que fermente.

También se deja reposar tras la cocción, la carne roja asada o hecha a la parrilla; durante este reposo de varios minutos, la sangre concentrada en el centro de la pieza de carne vuelve a la periferia, lo cual luego permite obtener unas lonchas de un rosado uniforme y evita que los jugos escurran y la carne se seque.

En el caso de los ceviches, el pescado crudo se deja reposar algunos instantes con jugo de limón (para facilitar su digestión) y algunos condimentos (sal, pimienta, hierbas) para que el pescado se impregne de estos sabores, antes de continuar con la elaboración del platillo.

repulgar

Dar forma a un reborde en el contorno de una placa de pasta levantándola poco a poco y doblándola de fuera hacia adentro para formar un borde enrollado que mantiene la guarnición en su interior. Esta operación se efectúa en una tarta o pay que se cuece en un refractario (para unir la tapa con la base), o bien para el reborde de una empanada.

requesón

Producto lácteo similar al queso. Se puede elaborar con suero de cabra o de oveja. Se consume en toda España y recibe diferentes nombres según su procedencia: *brossat* (en Cataluña), *brull* (en Castellón), gaztanbera (en el País Vasco) y *nazurón* (en Extremadura).

En México, el requesón se elabora con los residuos del suero después de producido el queso. Al ser un producto económico es muy solicitado y se emplea en diversas preparaciones, incluso como sustituto del queso. Se procura consumir fresco, ya que se descompone con rapidez. Se utiliza igual que el queso fresco y como relleno en gorditas, quesadillas, tlacoyos, empanadas, muchos postres, pasteles, panes y galletas; también se come con miel o mermelada.

res

Mamífero de la familia de los bóvidos, originario de Europa y Asia, criado para obtener su carne, leche y piel. En algunos países de habla hispana a la res se le conoce como buey.

La carne de res es rica en proteínas animales (de 24 a 28 g por 100 g), hierro asimilable y zinc, así como en vitaminas B3 (niacinamida) y B12.

Una mitad de canal comporta un cuarto delantero y un cuarto trasero, cuya carne debe ser de color rojo vivo y brillante, firme y elástica, y sentada para que esté tierna y sabrosa. La grasa intramuscular, blanca o ligeramente amarilla, forma una red más o menos tupida. Se dice que la carne está "marmoleada" si los depósitos de grasa se pueden ver entre los músculos. El cuarto trasero proporciona la mayor parte de las piezas "nobles", de cocción rápida. Se trata de las piezas más tiernas.

Entre los principales cortes mexicanos de res se encuentran:

- El aguayón, que se localiza en los glúteos del animal; contiene muy poca grasa y es firme y suave a la vez, se corta en bistecs.
- Las agujas están en la barriga del animal, debajo del entrecot y entre la falda y el pecho; se utilizan con mucha frecuencia, ya que contienen poco hueso y bastante grasa y carne suave con mucho sabor; se utilizan para pucheros y caldos o se asan.
- El chambarete se obtiene de las patas delanteras y traseras del animal, casi siempre se vende rebanado con trozos de hueso, lo que lo hace ideal para caldos.
- El cuete es una pieza grande de la pierna del animal, de carne firme y poca grasa, que se acostumbra mechar.
- El diezmillo forma parte del lomo, es muy suave y tiene poco hueso y grasa, se emplea para obtener bistecs, brochetas y carne maciza.
- El entrecot es la parte que queda entre el pescuezo y el filete, es decir, las costillas de la res, con mucho hueso, grasa moderada y carne suave, y aunque se pueden sacar varios cortes, casi todo se destina para bistecs.
- La falda es la parte trasera de la barriga, después de las agujas, contiene una buena cantidad de grasa, nada de hueso y mucha pulpa suave.
- El filete es la parte más codiciada y cara, debido a su extrema suavidad y a que no se obtiene gran cantidad, está entre el aguayón y el entrecot y de él se obtienen escalopas, milanesas, bistecs, tampiqueñas, brochetas y sábanas.
- El pecho es la parte frontal del animal, muy cercana a las patas delanteras; tiene poco hueso y poca grasa y es muy suave; es muy demandado para caldos, para deshebrar y para bistecs.
- La arrachera es el diafragma de la res; es una pieza codiciada especialmente para asar, pero por su dureza debe pasar antes de cocinarse por un proceso de tenderización.
- El pescuezo o cuello tiene carne algo dura, presenta nervios y tiene una cantidad moderada de grasa; se muele o se usa en caldos.

rescoldo, al

Se dice de un modo de cocción rústico, que precisa un fogón o una hoguera de leña. Se aplica sobre todo a tubérculos, vegetales y trufas e incluso a un ave o un animal cubiertos con una capa de arcilla, en particular el pollo. Esta cocción también se llama "a la ceniza". Por ejemplo, para cocer unas papas al rescoldo, éstas se deben deslizar enteras bajo unas brasas calientes (con el fuego apagado) y dejarlas sin remover de 35 a 40 min. Sacarlas, secarlas y servirlas. Se pueden envolver con aluminio, cuando el fuego está todavía encendido y las cenizas son poco abundantes.

En México la palabra rescoldo se refiere a las cenizas calientes, las cuales se aprovechan para cocer, asar o tatemar alimentos.

reserva

1. Vinos blancos y rosados con un periodo mínimo de envejecimiento de 24 meses, de los que habrán permanecido al menos 6 en barricas de madera de roble de 330 l y en botella el resto de dicho tiempo.

Vinos tintos con un envejecimiento mínimo de 36 meses, de los que al menos 12 habrán permanecido en barricas de madera de roble de 330 l y en botella el resto de dicho periodo.

2. Mención que ciertos productores y vendedores añaden a la etiqueta de vinos (obligatoriamente con Denominación de Origen) a los que se desea conferir un prestigio particular.

reservar o guardar

Apartar ingredientes, mezclas o preparaciones destinadas a utilizarse posteriormente, en frío o en caliente. Para evitar que se degraden, a menudo se envuelven en plástico autoadherible, en aluminio, un paño, etc. Para impedir la formación de una piel sobre una crema o una salsa que se quiere reservar, se cubren con papel engrasado con mantequilla o se esparce sobre su superficie un cuerpo graso como mantequilla y aceite que crea una capa protectora.

restaurante

Establecimiento público en el que se sirven comidas, en menú o a la carta, a precios estipulados y a unas horas indicadas.

La palabra francesa *restaurant*, aparecida en el siglo XVI, designó, en primer lugar, un alimento que restaura (que repone las fuerzas). A partir de este sentido, que sobrevivió hasta el siglo XIX, se pasó al de "establecimiento especializado en la venta de productos que restauran las fuerzas" (*Dictionnaire de Trévoux*, 1771).

Hoy en día, la restauración fuera del hogar se organiza en diversas categorías: la de colectivos (empresas, escuelas, hospitales), en progresión constante, tanto a nivel cualitativo como cuantitativo; la comida rápida, con fondas, buffets y establecimientos de comida rápida al estilo estadounidense; y la restauración tradicional, que va desde una cafetería, hasta un restaurante de especialidad (tipo de cocina específica) o un restaurante gastronómico de gran prestigio.

rétès

Elaboración húngara de pastelería, parecida al *strudel* austriaco, formada por una pasta muy fina a base de harina de gluten, con distintas guarniciones, enrollada en forma de cilindro, cocida al horno y cortada en rodajas, que se sirven espolvoreadas con azúcar fina. El relleno puede ser queso blanco con uvas pasas y claras de huevo a punto de nieve; mermelada de manzana a la canela, cerezas o ciruelas cocidas; nueces ralladas con azúcar, mezcladas con limón, uvas pasas y leche; o bien una crema con semillas de amapola cocidas en leche y azúcar, a las que se han añadido manzanas ralladas, piel de limón y uvas pasas de Esmirna.

retsina

Vino griego de calidad corriente, procedente de uvas savatiano blanco y rhoditis, blanco o rosado, al que se añade resina de pino (el mejor es el pino de Aleppo, que crece en Ática), que le da un olor de trementina. El *retsina*, muy apreciado, se bebe joven y fresco, y presenta un índice de 12,5 o 13% Vol.

reventar

Término aplicado en el arroz que consiste en eliminar una parte importante del almidón del arroz haciendo hervir rápidamente los granos en agua salada. Esta operación favorece la cocción del arroz con leche.

Ribera del Duero

Vinos castellanos con Denominación de Origen, procedentes de una zona alrededor de Aranda de Duero que comprende municipios de las provincias de Burgos, Valladolid, Segovia y Soria, de clima continental muy marcado, con inviernos muy fríos. Son vinos tintos de muy alta calidad, sobre todo elaborados a partir de la uva Tempranillo, aunque también se usan la garnacha, la Malbec, la Albillo, la *cabernet sauvignon* y la *merlot*. Son vinos con cuerpo, potentes y elegantes.

ricotta

Queso fresco italiano (de 20 a 30% de materia grasa) de suero de vaca, oveja o cabra, por separado o mezclados. La *ricotta* conserva la forma de su recipiente de enmoldado. Tiene un sabor ligeramente acidulado y se emplea sobre todo en cocina, untada sobre canapés y bocadillos, para completar ensaladas compuestas, rellenar crepas, preparar salsas para la pasta, rellenos, mezclas para buñuelos o ñoquis. Pero también se puede servir al final de la comida, con una vinagreta o bien con azúcar o confitura, o incluso trabajada con marsala.

Entra en la composición de dos renombradas especialidades italianas, la *cassata* siciliana y la *crostata di ricotta*, una especie de pastel que presenta una mezcla de *ricotta*, cáscaras de naranja y de limón, azúcar, uvas pasas, almendras y piñones, cáscara de naranja confitada y yemas de huevo.

riesling

Cepa blanca del valle del Rin, de donde proceden los mejores vinos de Alsacia y del Rheingau. Se encuentra, además, en Alemania, en Austria, Chile y California. El *riesling* alsaciano es un vino agradable, pero con cierta acidez, que revela aromas de frutas y notas minerales.

rijsttafel

Conjunto de platos indonesios que se sirven al mismo tiempo. Esta palabra neerlandesa significa literalmente "tabla de arroz". En torno a una gran fuente de arroz especiado se puede encontrar a la vez *sup* (sopa de sabor muy intenso), *satés* (pequeñas brochetas de carne asada), *opardaging* (lonchas finas de res fritas, condimentadas con coco), hígado de res frito, pollo al *curry*, camarones, *rendang* (carne especiada con leche de coco), *senur-daging* (carne con salsa de soya), e *ikan* balinés (pescado con salsa de jitomate picante).

rillette

Preparación de charcutería elaborada con carne de cerdo, grasa y magra, cortada en trocitos y cocida en manteca de cerdo hasta obtener una disociación de las fibras. A continuación estas fibras se escurren, se desmenuzan más o menos finamente y se vuelven a mezclar con la grasa de cocción. Las *rillettes* se conservan en botes y luego se sirven como entremeses fríos, con pan de hogaza un poco tostado.

Por analogía, también se preparan *rillettes* de oca o ganso, de conejo o de pato, así como *rillettes* de sardina o de atún, elaboradas con pescado cocido en mantequilla y reducido a una pasta cremosa que se mezcla con mantequilla fresca y unas gotas de jugo de limón. Asimismo, se elaboran *rillettes* de anguila o de salmón, preparadas con una mezcla de pescado fresco pochado y pescado ahumado.

riñón

Víscera roja de un animal de carnicería. Los riñones de res y de ternera presentan varios lóbulos, mientras que los de cerdo y cordero solo tienen uno, en forma de alubia.

Los riñones de animales jóvenes (lechal, ternera) son los más delicados. Los de cerdo tienen un sabor más insípido. Los de res, que en el Reino Unido se utilizan en la elaboración de pays de carne y los de cordero son más duros. A veces huelen a orina, por lo que es aconsejable escaldarlos rápidamente en agua con cebolla, ajo y sal, y escurrirlos antes de cocinarlos.

Antes de cualquier preparación se retira la membrana transparente que los rodea (para que no se encojan al cocerse), las partes nerviosas y la grasa del centro. A la parrilla, salteados o en brochetas, los riñones se sirven rosados para que no pierdan su ternura. También se pueden bresear. También son muy sabrosos dorados en su envoltorio de grasa, que se funde poco a poco. Se cocinan enteros o cortados en láminas.

En México se consumen principalmente los riñones de cerdo y de res. Se pueden adquirir en las carnicerías y supermercados. Se guisan en salsas elaboradas con jitomate, ajo, cebolla y chile verde y se acompañan con arroz blanco. El riñón de cerdo por lo regular se fríe para comerse en tacos o se guisa en diferentes platillos elaborados con otras vísceras; aunque se aprovecha como carne de consumo, no es tan popular.

riñonada

Trozo de lomo o de filete de ternera (deshuesado o no), que incluye el riñón. Este último, ligeramente desgrasado, se corta en dos en sentido longitudinal. Las mitades se sitúan una tras otra en el interior del lomo. Éste se enrolla y se ata. Después se asa con el horno caliente para que tome color, y luego se cuece con el horno a fuego lento.

Rioja

Es una de las más reputadas regiones vitivinícolas españolas; sus vinos tienen Denominación de Origen Calificada. Ocupa el valle del Ebro y se divide en Rioja Alta, Rioja Alavesa y Rioja Baja. La variedad mayoritaria es la tempranillo, aunque también hay garnacha, graciano y mazuelo.

Los vinos jóvenes de cosechero suelen elaborarse mediante maceración carbónica o fermentación con las uvas enteras. Los criados en madera pueden ser crianzas, reservas y gran reservas, según el tiempo que envejecen en barrica. Algunos de ellos esperan incluso 10 años antes de su comercialización.

risotto

Preparación de arroz, de origen italiano. El arroz utilizado es de granos largos y abombados, cultivado en la llanura del río Po (Lombardía). Las variedades más usuales son el arroz arborio y carnaroli. Los granos se doran en un cuerpo graso con cebollas picadas y luego se cuecen con caldo que a continuación se deja evaporar; esta operación se repite un par de veces más. La preparación se liga entonces con mantequilla y se le añaden otros ingredientes, como verduras, queso, carnes, etc.

Según los acompañamientos que recibe, el *risotto* se convierte en un plato por sí mismo, con distintas denominaciones: a la milanesa, a la piamontesa, con mariscos, con hígados de ave, etc. Cuando se le añade solo queso o azafrán, constituye una guarnición de carne (en particular de ternera), de huevo, o incluso de pescado, y a veces se enmolda. Como en el caso del arroz, existen también preparaciones dulces.

rissole ◆ empanadilla francesa

Ritz, César

Hotelero suizo (Niederwald, 1850-Küssnach, 1918). Hijo de un pastor, se convirtió en propietario de los mayores hoteles de su siglo. Después de unos oscuros inicios en un hotel de Brigue, llegó en 1867 a París, donde se convirtió en camarero del *Voisin*. Diez años más tarde era director del *Grand Hôtel* de Montecarlo, donde entabló amistad con Escoffier. Su asociación fue la responsable de la gloria del *Savoy* de Londres (1890-1893), y luego del *Carlton*. El 15 de junio de 1898, César Ritz abrió en París el gran hotel de la place Vendôme que lleva su nombre, mientras seguía administrando los demás hoteles.

El *Ritz* de París siempre incluye en su carta algunas creaciones de Escoffier. Proust frecuentaba su salón de té, cuyos helados alabó. Una de las innovaciones del *Ritz* fue la de servir la cena en mesas pequeñas, como en el restaurante, lo cual llevó a la desaparición de la tradicional mesa común.

robot de cocina ◆ procesador de alimentos

Robuchon, Joël

Cocinero francés (Poitiers, 1945). Después de estudiar en el seminario de Mauléon, realizó su aprendizaje en el *Relais de Poitiers*, en Poitiers. De 1960 a 1973, Joël Robuchon superó todos los peldaños de una brigada clásica, en particular en el *Berkeley*, en París. Mejor obrero de Francia en 1976, fue chef en el hotel *Concorde Lafayette*, y luego en el hotel *Nikko*, en París. En 1981, y hasta diciembre de 1993, estuvo al frente del restaurante *Jamin*, donde obtuvo las tres estrellas *Michelin* que le consagraron a la cumbre del clasicismo renovado de la alta cocina francesa. De este modo relanza la moda de los despojos, con una famosa cabeza de cerdo cocida a fuego lento en salvia, y devuelve las cartas de nobleza a la papa con un puré cremoso con mantequilla que creará escuela. Será elevado a "cocinero del siglo" en 1990 por la revista *Gault et Millau*. En un principio trasladó su actividad de restaurador a un hotel particular de la avenida Raymond-Poincaré, donde se jubiló oficialmente a los cincuenta años. Más adelante continuó sus actividades como asesor, en particular en el restaurante *Robuchon-Le Château* de Tokyo (en compañía de Jean-Claude Vrinat, del *Taillevent*), en la *Galleria* de Macao, y en un restaurante más informal bajo el nombre de *L'Atelier* en París, Las Vegas y Nueva York. También está presente en Mónaco, en el hotel *Métropole*, y en París, en la avenida Bugeaud, en la *Table de Robuchon*. Apareció asimismo en televisión, con el programa *Bon Appétit, bien sûr*, de France 3, después de dirigir la cadena televisiva Gourmet TV, con su productor Guy Job. Es autor de numerosas obras, como *Ma cuisine pour vous* (1986) y *Le meilleur et le plus simple Robuchon* (1992).

Roca, Joan

Cocinero español (Gerona, 1964). Nació en el seno de una familia dedicada a la restauración y el hospedaje, y a ese currículo inicial añadió sus estudios en la escuela de hostelería de su ciudad natal. En 1986 fundó en dicha ciudad, con su hermano Josep, *El Celler de Can Roca*, restaurante al que se incorporó en 1996 el hermano menor, Jordi. Los tres forman un equipo ideal (Joan se encarga de la cocina salada, Josep es el *sommelier* y Jordi se dedica a la repostería) que ha logrado unos frutos espléndidos y ha colocado la factoría Roca en la cumbre de la alta gastronomía: en 2009 alcanzó la tercera estrella *Michelin*. Con una enraizada base de cocina catalana, heredada de la familia, sus creaciones (adaptación del perfume Eternity de Calvin Klein, mejillones al *riesling*, turrón de *foie gras*, ostra al chablis, lenguado a la brasa con sabores del Mediterráneo, cordero con pan con tomate) se enmarcan en la cocina tecnoemocional, puesto que buscan que el comensal recupere sabores olvidados, olores e incluso vivencias, a partir de novedosas técnicas gastronómicas (perfumcocción, cocina al vacío, cromatismos, destilados) por las que el *Celler* es un centro de investigación culinaria de primer nivel.

rocamadour

Queso del Quercy con Denominación de Origen, de leche cruda de cabra, de pasta blanda y corteza enmohecida, cuya denominación local es *cabécou de rocamadour*. El *rocamadour* se presenta en forma de un pequeño guijarro de 5 a 6 cm de diámetro y de 1,5 cm de grosor, que pesa unos 30 g. Tiene un sabor láctico, suave y de avellana.

Macerado en aceite de oliva o en aguardiente de ciruela sirve para la preparación de los *picadous*.

rocas

Preparación de pastelería o de confitería, cuyo aspecto irregular y cuya textura a menudo granulosa evocan una roca. Se preparan rocas de almendras, de coco (*congolais*), de chocolate, de uvas pasas, etc. Algunas son grandes como *bouchées* o del tamaño de pasteles individuales, por lo general a base de azúcar y claras de huevo a punto de nieve. Las rocas que imitan elementos arquitectónicos son piezas montadas de azúcar inflado o bien de pasta de bizcocho.

rociar

Mojar ligeramente, con la ayuda de un pequeño cucharón o una cuchara, una comida en el curso de su cocción en el horno o en el asador, utilizando la grasa fundida o el jugo que produce. Esta operación, repetida varias veces, evita que la comida se reseque en su superficie y aporta melosidad a la carne.

rodaballo

Pez plano de la familia de los escotoftálmidos que vive en los fondos arenosos y pedregosos del Atlántico. Presenta los ojos en un solo lado y es parduzco, moteado con manchas blancas y negras. La cara ciega a veces también está pigmentada, lo cual es raro en un pez plano. La piel dura, sin escamas aparentes, presenta una serie de tubérculos óseos. Apreciado desde la Antigüedad, denominado "rey de la cuaresma" durante siglos, el rodaballo ha gozado de las preparaciones más fastuosas.

El rodaballo se vende entero y vaciado, o bien en trozos. Por lo general mide de 40 a 50 cm de longitud y pesa de 2 a 4 kg, pero algunos alcanzan los 90 cm y los 20 kg. Tiene una carne blanca, laminada y firme, muy fina y sabrosa. Ya sea pochado, breseado, asado al natural a la parrilla o bien asado tapado en cazuela, su cocción debe vigilarse con atención, pues cuando se prolonga demasiado, la carne pierde sabor y melosidad.

Ródano

Los antiguos viñedos del valle del Ródano se extienden sobre 200 km. Tiene tres áreas principales con distintos climas y suelos, por lo que los vinos que se producen en cada región tienen particularidades y características muy específicas. Las grandes zonas de explotación son: el Valle del Ródano septentrional o del norte; de clima continental, en esta región los vinos tintos proceden, sobre todo, de las cepas *syrah* y garnacha que aportan color y taninos y, con el tiempo, perfumes de violeta y de especias, en tanto que los vinos blancos proceden de la cepa Viogniery; la otra zona, el Valle del Ródano meridional o del Sur Bajo, presenta un clima mediterráneo; la mayor parte de grandes tintos y rosados proceden de garnacha tinta.

rodillo de amasar

Cilindro macizo y liso, de 20 a 25 cm de longitud y de 5 a 6 cm de diámetro, a menudo provisto de mangos. Los hay de madera, de plástico, de metal y cubiertos con silicón. Sirve para aplanar pastas o masas mediante un movimiento de vaivén regular sobre la superficie de trabajo enharinada en la que se deposita dicha masa.

Los pasteleros profesionales utilizan varios rodillos especializados:
• Rodillo metálico acanalado, para rayar la superficie de los caramelos o de las pastas de almendra.

- Rodillo de madera acanalado, para realizar las vueltas de las pastas de hojaldre.
- Rodillo decorado de mimbre, para imprimir un relieve sobre la pasta.
- Rodillo corta-*croissants*.
- Rodillo-laminador, provisto de discos fijos de diferentes tamaños en sus extremos, que proporcionan de manera automática un grosor regular a la pasta.

rødgrød

Postre danés formado por una mezcla de jugos de frutos rojos (grosella, cereza, frambuesa), espesada con fécula y desleída con vino blanco. Se sirve muy frío en una compotera espolvoreada con azúcar y decorada con almendras en láminas y crema líquida.

rollmops

Filete de arenque sin espinas, marinado en vinagre con especias, enrollado en torno a un picadillo de cebolla y medio pepinillo a la rusa, y sujetado mediante un palillo de madera. La marinada, condimentada con bayas de enebro, clavos de olor y pimienta negra, se vierte fría sobre los filetes enrollados. Los *rollmops* deben marinarse cinco o seis días en un lugar fresco antes de servirse como entremés frío, con perejil y rodajas de cebolla. Los *rollmops* franceses son más picantes que los que preparan los escandinavos, que los prefieren agridulces.

rollo primavera o *pâté impérial*

Manjar chino formado por un cuadrado de pasta *wonton* (pasta al huevo y harina de trigo), en el que se enrolla una preparación compuesta por cerdo, cebollas, camarón, tallos de bambú o germen de soya, hongos perfumados, cebollino y, a veces, castañas de agua. El relleno se liga con huevos, se sazona con salsa de soya, jengibre y pimienta, y se realza con aguardiente de arroz.

Estos rollos se fríen y se acompañan con una salsa de soya al ajo y al limón. Se sirven con hojas de lechuga, germen de soya crudo y hojas de menta o cilantro.

Existe una versión vietnamita, ligeramente diferente por su composición, que se llama *nem* en el norte y *châgio* en el sur de Francia. El cerdo se puede reemplazar por pollo y los camarones por cangrejo. El relleno, que se sazona con *nuoc-mâm*, se envuelve en una fina tortita de arroz.

Los *pâtés* imperiales se fríen o se asan tapados y se sirven con *nuoc-mâm* ligeramente pimentado, hojas de menta y de lechuga.

En México se le denomina rollo primavera a cualquier preparación de pasta *wonton* rellena y frita.

rollo primavera vietnamita

Alimento formado por una hoja de arroz humedecida rellena de carne de cerdo y camarón, acompañado de menta fresca y a veces brotes de soya (frijol mungo). Este plato vietnamita se sirve con *nuoc-mâm* o una salsa con granos de soya.

romero

Planta aromática mediterránea, de la familia de las lamiáceas, cuyas hojas persistentes, de color verde oscuro por encima y blanquecinas por debajo, se utilizan como condimento, frescas o secas.

Estas hojas tienen un sabor muy intenso y un olor fuerte y aromático. Se precisan muy pocas para perfumar un adobo, un ragú, una pieza de caza o una parrillada. El romero combina muy bien con la ternera, las aves, ciertas salsas de jitomate y pescados preparados al horno. En el norte de Europa aromatiza la carne picada preparada, el lechón y el cordero asado. Sus flores pueden decorar ensaladas. Escarchadas en azúcar, como las violetas, sirven como decoración. La miel de romero, especialidad de Narbona, es una de las más famosas de Francia.

romesco

Guiso catalán de pescadores, propio del litoral de Tarragona, elaborado con pescado de la zona, *pebrot de romesco* (pimiento difícil de encontrar que se suele sustituir por la *nyora*), ajos y almendras tostadas.

También se llama así a una salsa preparada prácticamente con los mismos ingredientes y utilizada para condimentar pescados.

romper

Detener momentáneamente la fermentación de una masa leudada doblándola varias veces sobre sí misma. Esta operación se realiza dos veces durante la preparación de la masa y favorece su buen desarrollo posterior.

rompope

Bebida elaborada con ron o aguardiente de caña, azúcar, leche, yemas y especias. Los ingredientes y las cantidades pueden variar según la región donde se elabore. Es una bebida mexicana con un grado alcohólico bajo, que tiene sus antecedentes en bebidas similares de España. Sus orígenes se remontan a los conventos de la Nueva España.

ron

Aguardiente que proviene de la fermentación alcohólica y la destilación de las melazas resultantes de la elaboración del azúcar de caña o del jugo de la caña de azúcar (en el caso del ron añejo y del ron de jarabe). El ron agrícola de la Martinica disfruta de una Denominación de Origen.

Las melazas que se utilizan en la producción del azúcar de caña se diluyen en agua para dar un mosto que, tras añadir levaduras, fermenta de 25 a 40 horas y se convierte en un vino alcoholizado (de 5 a 10% Vol.). Este líquido se pone entonces en columnas o torres de destilación continua: desciende de bandeja en bandeja perdiendo el alcohol y transformándose en vinaza, mientras que los vapores de alcohol se van enriqueciendo progresivamente y ascienden, y luego, bajo la acción de un líquido de enfriamiento, se condensan. El ron tiene entonces un índice de 65 a 75%. Después se le añade agua destilada para descender dicho índice hasta los límites admitidos para su comercialización (de 50 a 55% Vol. para los rones de consumo local, hasta el 75% Vol. para los de exportación).

Para obtener el ron agrícola, que es el más aromático, la caña de azúcar se tritura y el jugo de la caña se tamiza, se decanta y se filtra. Una fermentación de 18 a 48 horas proporciona un vino alcohólico de 3,5 a 6% Vol., destilado o bien en columnas continuas, o bien, y más raramente, en alambiques discontinuos a veces centenarios, donde el líquido se evapora en una caldera o cucurbita. El vapor cargado se desprende a través de un capitel, pasa por un cuello de cisne y llega a un serpentín sumergido en un recipiente de agua fría.

El alcohol se recoge y vuelve a pasar una segunda vez, en el caso poco frecuente de la destilación discontinua, para alcanzar el índice deseado. A su salida de un alambique, el ron es límpido y prácticamente incoloro. Antes de comercializarse debe pasar por varios tratamientos que proporcionarán toda una gama de productos muy diversos.

El ron blanco es el más adecuado para la preparación de ponches, daiquiris y otros cócteles, mientras que los rones ambarinos, con más cuerpo, se reservan para flamear y para ser utilizados en pastelería y cocina. Los rones añejos se conservan para la degustación como digestivo.

Los empleos del ron en pastelería son numerosos y variados, tanto para emborrachar bizcochos y genovesas (para postres emplatados y carlotas) como para perfumar cremas de postre, flanes, *mousses*, pastas de crepa y bizcochos, sabayones, ensaladas de frutas y sorbetes, o también para rociar babás y *savarins*, para flamear crepas, para macerar frutas confitadas o secas, etc.

En cocina, el ron se asocia con ciertas frutas y tubérculos (piña, plátano, camote) y con las carnes, aves de corral y pescados a los que aquellas acompañan (brochetas de rape, pato asado, costillar de cerdo, pavo, pollo salteado, riñones flameados). Pero sobre todo es un aroma para los adobos y las salsas.

roncal

Queso navarro de pasta dura, de un color entre amarillento y marfil, de aroma más bien fuerte y algo picante, elaborado con leche cruda y entera de oveja. Se produce en el valle del Roncal y tiene forma cilíndrica. Fue el primer queso español protegido por Denominación de Origen.

rooibos

Planta originaria de Sudáfrica, con cuyas hojas se obtiene una infusión de color rojo anaranjado, denominada "té rojo", de sabor dulce y sin teína. Se bebe con o sin leche. Esta planta se asocia a menudo a otras plantas aromáticas (menta, hierbaluisa, etc.).

roquefort

Queso con Denominación de Origen, de leche de oveja (52% de materia grasa como mínimo), de pasta verde y corteza natural, elaborado en Rouergue, Francia.

El roquefort se presenta en forma de un cilindro de 19 a 20 cm de diámetro y de 8,5 a 10,5 cm de grosor, bajo papel metalizado. Tiene un *bouquet* y un sabor pronunciados. Es actualmente un queso de oveja, pero en el siglo XVIII era de leche de cabra.

Sembrado con esporas de *Penicillium roqueforti*, el roquefort madura al menos tres meses en una bodega húmeda, donde las *fleurines* (corrientes de aire cargadas de humedad y de flora específica) favorecen la aparición de las vetas azules.

Se consume al final de la comida, pero también interviene en cierto número de recetas: bocadillos de aperitivo, mantequillas compuestas, crepas y hojaldres, ensaladas compuestas, salsas y suflés, sopas, etc.

rosa

Flor del rosal, arbusto de la familia de las rosáceas, cuyos pétalos coloreados y perfumados siempre han desempeñado un papel en la cocina, la pastelería y la confitería. La confitura de rosa, muy apreciada en Oriente Medio y en los Balcanes, se hace con pétalos de rosas de Damasco, macerados en azúcar.

En Francia, Provins es la capital de las golosinas a base de rosa: pétalos confitados, pasta de rosa, pétalos de rosa cristalizados.

El agua de rosa y la esencia de rosa sirven para aromatizar cremas, helados y pastas, así como licores y vinos de flores. La miel de rosas se hace con botones de rosa hervidos con miel, y el vinagre de rosa con pétalos macerados al sol en vinagre de vino.

La esencia de rosa aparece en las elaboraciones de pastelería orientales, como el *lukum*. Los botones, secados y pulverizados, también se utilizan como especia, ya sea solos, o bien con otros ingredientes (*rãs al-hānout*). En el norte de África, varias recetas de aves se aromatizan con rosa, ya que está asociada al jazmín.

rosa de Jamaica

Variedad de hibisco de los trópicos, de la familia de las malváceas, también llamada "acedera de Guinea", utilizada como condimento. Los pétalos, blancos o rojos, de sabor ácido, aromatizan las salsas de pescado y de carne en la India y en Jamaica. Los frutos rojos sirven para preparar confituras y el *karkadè*, una infusión refrescante y acidulada popular en Egipto.

rosbif o *roast beef*

Asado de res cocido al horno o en espetón. Los asados que se venden bajo la denominación *roast beef* proceden de algunas partes de la pata o incluso de la espaldilla

Por lo general, el rosbif se protege con albardillas (lonchas) de tocino y se ata para evitar la formación de una costra superficial durante el asado, aunque, al hacerlo así, la carne se cuece menos. En Inglaterra se sirve asado "al punto", con su jugo, una salsa de rábano picante y el clásico *yorkshire pudding*.

En los países anglosajones (Estados Unidos, Canadá, Inglaterra, Australia, Irlanda) el rosbif se sirve frecuentemente en las comidas familiares de los domingos y las sobras se utilizan para elaborar sándwiches.

rosca de Reyes

Pan elaborado en algunas regiones de México con masa dulce en forma de rosca, adornado con frutas cristalizadas, principalmente higo, acitrón y ate color rojo. La masa contiene harina, sal, azúcar levadura, agua, mantequilla, huevo y, en ocasiones, semillas de anís o ralladura de naranja. A la rosca se le introducen muñequitos de plástico con forma de bebé (antiguamente eran de cerámica) que representan al niño Dios. Se acostumbra comer acompañada con chocolate, atole o ponche. Familiares y amigos se reúnen para partir la rosca en la tarde o noche del 6 de enero, día en que, según la Iglesia Católica, los Reyes Magos visitaron al niño Jesús. Cada persona corta su rebanada y a quienes les toca un muñequito en su pedazo, quedan comprometidos para hacer otra fiesta o reunión el 2 de febrero, día de la Candelaria del niño.

rosquilla

Dulce muy típico de Madrid, tradicional y muy ligado a la festividad de san Isidro. Se elabora con harina, azúcar, aceite, huevos, aguardiente, anís, canela y jugo de limón. Las más célebres y populares son las "tontas", las de Fuenlabrada (que son de yema), así como las de la tía Javiera.

rostícería

Establecimiento en el que se preparan y se venden carnes (sobre todo aves) asadas en espetón. Por extensión, este término se aplica asimismo a un restaurante especializado en carnes asadas, también llamado "asador".

rostizado

Pieza de carne o de pescado, cocida directamente ante el fuego, que representaba, junto al cocido, lo esencial de las comidas de antaño.
→ asar

rostizar ◆ asar

rösti

Preparación suiza hecha de papas cocidas con su piel, ralladas gruesas y doradas en la sartén para formar una gran torta. Los verdaderos *rösti* de Berna llevan trocitos de tocino y cebolla picada.

rouille

Salsa de la cocina provenzal, cuyo color similar al del óxido (*rouille*, en francés) se debe a la presencia de pimiento seco, y a veces de azafrán. El pimiento seco se pica con ajo y miga de pan, o puré de papa y luego se deslíe con aceite de oliva y caldo. La *rouille* acompaña a la bullabesa, a los pescados hervidos o al pulpo. Se le puede añadir jugo de limón y el hígado de un pescado.

roulade

Denominación de distintas preparaciones rellenas y luego enrolladas.

- La *roulade* de cerdo es una loncha de carne poco gruesa, cubierta por una farsa y enrollada sobre sí misma, y luego braseada.
- La *roulade* de ternera se hace con una loncha de *noix* o de falda cortada en forma de bolsa, rellena de una farsa enrollada como una galantina, envuelta en un paño, atada y pochada en un fondo blanco.
- La *roulade* de cabeza de cerdo se prepara con la cabeza deshuesada, con las cortezas, y luego lavada, rellena (con las orejas, la lengua y los solomillos) y cocida envuelta en un paño ceñido. Se sirve como entremés frío.

roux

Mezcla de harina y de mantequilla en proporciones iguales, cocida más o menos tiempo según la coloración deseada (blanco, dorado u oscuro), utilizada como ligazón en distintas salsas blancas (bechamel y sus derivadas) o con más o menos coloración (*roux* dorado para una salsa de jitomate, *roux* oscuro para una salsa española). Se utiliza también para ligar sopas, cremas y potajes o incluso estofados.

Roux, Michel

Cocinero francés (Charolles, 1941). La historia de los Roux en Inglaterra durante mucho tiempo fue una historia de dos, la de los "Roux Brothers": Albert y Michel, ambos formados en pastelería y en ambientes clásicos. Los encontramos en el establecimiento de los Rothschild, en la embajada francesa en Londres o en la embajada británica en París. Construyeron un imperio, permanecieron en Chelsea desde la Lower Sloane Street, en 1967 y acumularon éxitos con el *Gamin* o el *Poulbot*, antes de emigrar en 1981 a Mayfair, donde consiguieron las primeras tres estrellas *Michelin Great Britain* en 1982. Doblaron la apuesta con el *Waterside Inn*, en Bray-on-Thames, un edificio a orillas del Támesis. Cuando decidieron separarse, Albert "tomó" el *Gavroche*, mientras que Michel se quedó con el *Waterside Inn*, que consiguió la tercera estrella bajo su mando en 1985, y las conserva hasta hoy en día.

Michel, que es pastelero de formación (entre otras, en la casa Leclerc de Saint-Mandé), ha formado a numerosos chefs ingleses y franceses que han pasado por su establecimiento y es autor de múltiples obras de pastelería. Actualmente, su hijo Alain le ha relevado en la cocina.

royale ◆ glass real

rubens

Salsa preparada a partir de una *brunoise* de verduras cubierta con vino blanco y luego reducida, a la que se añade *fumet* de pescado. Luego se cuece, se cuela, se desgrasa y vuelve a reducir. A continuación, esta preparación se aromatiza con madeira, se liga con yemas de huevo, se monta con mantequilla roja y se completa con un chorrito de esencia de anchoas.

rubio

Denominación usual de diversos peces de la familia de los tríglidos, muy difundidos en las costas europeas. Todos los rubios presentan un cuerpo cilíndrico, una cola ahusada y una gran cabeza acorazada con placas óseas y poseen un morro alargado y una boca ancha.

Miden de 20 a 60 cm de longitud, pesan de 100 g a 1,2 kg, y se distinguen sobre todo por su color: el perlón (o bejel) tiene el reverso de la aleta pectoral azul; el rubio gris es de color gris-pardo; el rubio rojo (y el salmonete rubio) y el rubio lira (o garneo) van del rosa al rojo, con el vientre más claro. Su carne sin grasa es blanca y firme, a veces algo insípida. Se comen cocidos, en sopa o en bullabesa, siempre limpiados con cuidado, con las aletas cortadas. También se pueden cocer al horno e incluso a la parrilla.

rúcula ◆ arúgula

ruda

Planta herbácea vivaz, de la familia de las rutáceas, de pequeñas hojas grises azuladas y sabor amargo.

En la Antigüedad, la ruda desempeñó un papel importante en la farmacopea y figuraba en la Edad Media en un lugar destacado entre las plantas utilizadas en licorería (perfumaba tradicionalmente los hipocrás con hierbas). Hoy en día en Italia forma parte de la elaboración de la *grappa* (se pone un ramito de ruda fresca a macerar en la botella). En Europa del Este es uno de los ingredientes de los rellenos de carne picada y aromatiza los quesos blancos y los adobos.

ruibarbo

Planta vivaz de la familia de las poligonáceas, originaria del norte de Asia, cuyos peciolos carnosos de las hojas son comestibles. El ruibarbo se convirtió en hortaliza hacia el siglo XVIII.

Es poco energético (16 kcal o 67 kJ por cada 100 g), contiene potasio y algo de sodio. Es muy laxante. Contiene gran cantidad de ácido málico (1,3 g por cada 100 g) y de ácido oxálico (0,5 g por cada 100 g).

Existen numerosas variedades: de tallos verdes, más o menos coloreados de rosa o de púrpura, con peciolos firmes, quebradizos, densos, que pierden su jugo cuando se rompen.

Los peciolos de ruibarbo, a los que siempre se añade azúcar durante la cocción, ya que son muy ácidos, sirven para preparar confituras, compotas y mermeladas, que se realzan a menudo con cáscara de limón o con jengibre. La compota puede acompañar al pescado. El ruibarbo se emplea también en los *chutneys* y en la composición del *rabarbaro*, un aperitivo italiano.

Los canadienses combinan el ruibarbo con la manzana y los frutos rojos, para hacer tartas, pasteles, sorbetes y ponches refrescantes.

Rumania

La cocina rumana es una síntesis de influencias gastronómicas diversas (griega, búlgara, rusa, húngara, turca). La alimentación usual de los rumanos se basa en la tradicional sopa *ciorba* o *borscht* y en un plato a base de pescado, carne de ternera, de cerdo o también de ave con acompañamiento de verduras.

Como en el caso de sus vecinos búlgaros, la tradición del bufet de entremeses está bien implantada. El puré de berenjena (con aceite y vinagre) y las *mititei* (pequeñas salchichas a la parrilla), a menudo servidas con mosto fermentado (*moust*) alternan con todo tipo de ensaladas, albóndigas, etc. Las hojas de col o de parra se rellenan y se bresean, como en Grecia. Carpas, cangrejos de río y lucios se preparan como en Austria (rellenos o fritos).

La cocina rumana se distingue por la abundancia de pescados, entre los que cabe destacar el esturión, aunque el caviar se reserva a la exportación.

Rumania produce varios quesos de oveja. Los quesos de vaca a veces se comen con una especie de pan suave de maíz (*mamaliga*), cuyas preparaciones son tan variadas como las de la polenta italiana. La dominación turca ha dejado el gusto por la pastelería dulce y las confituras variadas (cerezas amargas, chabacanos, fresas, pétalos de rosa, etc.).

Hoy en día, Rumania posee una gama variada de vinos característicos y es uno de los diez primeros países productores del mundo.

rusa

Salsa para *crudités* y pescados fríos, elaborada con una mayonesa con caviar, a veces mezclada con las partes cremosas de un bogavante o de una langosta.

rusa, a la

Crustáceos o pescados abrillantados con gelatina, cubiertos de salsa *chaud-froid* o de mayonesa cuajada y acompañados de ensaladilla rusa.

Ciertas preparaciones a la rusa (pepinillos, arenques, *kacha*) se inspiran en tradiciones eslavas.

Ruscalleda, Carme

Cocinera española (Sant Pol de Mar, 1952). Absoluta autodidacta, hija de agricultores convertidos en comerciantes de verduras y más tarde carniceros, en su pueblo natal, situado en la costa de Cataluña, al norte de Barcelona, realiza una cocina de elevado nivel técnico. Su trabajo se fundamenta en el respeto a la cocina tradicional: utiliza los pescados, la carne y la caza de las tierras catalanas y cuida la selección de alimentos y sus temporadas naturales. Mezcla sabores, texturas, aromas y resultados cromáticos con la intención de recrear la cocina marinera catalana y mediterránea. Realizó estudios de comercio, aprendió las técnicas de la charcutería y abrió, con su marido Toni Balman, el restaurante *Sant Pau* en 1988; consiguió una estrella en la *Guía Michelin* en 1991 y la segunda en 1996. En 1998 publicó su primer libro, *Diez años de cocina en el Sant Pau*. En 2005 se convirtió en la primera mujer española que consiguió tres estrellas *Michelin*. A pesar de ello, es también divulgadora de la cocina de calidad, con títulos como *Cuina a casa*, *La cuina més fàcil i moderna* o *Carme Ruscalleda's Mediterranean cuisine*, publicados entre 2004 y 2007 y adaptados a todo tipo de público. El ravioli transparente de cigalas, los cohombros de mar con puré de patatas, calabacín y *pesto*, las colas de camarones y alcachofas en tres texturas o el bacalao confitado con yema de huevo, membrillo y pasas de Corinto son algunos de los platos que le han dado celebridad.

Rusia

La cocina rusa es heredera de tradiciones escandinavas, mongolas, germánicas y francesas, las cuales se fueron incorporando al pasar de los siglos con cada cambio de dinastía.

En el siglo IX la influencia escandinava fue notoria en la adopción de pescados y carnes ahumadas, alcohol de grano y preparaciones con crema agria. En el siglo siguiente fue Oriente quien se impuso con Vladimir el Grande: berenjenas, cordero y uvas aparecieron junto a cereales y nabos, ingredientes básicos de la alimentación. A finales del siglo XVII, Pedro el Grande se entusiasmó por Francia, y algunos cocineros franceses llegaron a la corte de los zares. A principios del siglo XX, los emigrados aportaron consigo otras especialidades: caviar, blinis, *vatrouchka* y *zakouski*.

El arte culinario ruso alcanza su apogeo con la fiesta de Pascua, los *zakouski* y el té.

La fiesta de Pascua se celebra después de la misa de medianoche que antecede al día de Pascua. A menudo el menú incluye multitud de pequeños patés, un cordero o un lechón asado, un jamón frío en gelatina, un pavo o una pieza de caza asados, huevos de colores, pasteles y repostería tradicionales para esta fecha, así como babas de pasta fermentada. Todo ello se sirve con saleros de sal bendita y tortitas polacas de pan ácimo.

Los *zakouski*, son pequeños manjares calientes o fríos que se sirven acompañados de vodka en caso de que un invitado inesperado llegue a un hogar. A la espera de la cena, los invitados toman arenques marinados, ahumados o a la crema, *naliezniki* (crepas rellenas de queso blanco), huevos rellenos, caviar de berenjena, verduras y frutas marinadas, pepinos con crema agria y con sal (*molossols*), así como quesos.

Durante todo el día se bebe un té muy fuerte, a veces aromatizado, sin azúcar. A menudo se sirve con elaboraciones de pastelería y golosinas: *gozinakhi* (caramelos de nueces y miel), buñuelos de queso blanco, *pampouchki*, *krendiel* (*brioches* muy dulces en forma de pretzel), *waffles* de limón, *vatrouchki* (tartaletas de queso blanco), *zavinariets* (bolitas rellenas de frutas y nueces), *nougat* con avellanas.

rye

Whisky norteamericano, producido y consumido sobre todo en Estados Unidos (Pennsylvania y Maryland) y Canadá. El *rye* está elaborado con centeno sin maltear (al menos un 51%) y con malta de cebada o de centeno. Se bebe más joven que el *scotch* o el *bourbon*, y su sabor es más intenso.

sábalo o alosa

Pez migrador de la familia de los clupeidos, que vive en el mar y remonta los ríos para poner sus huevos.

El llamado saboga remonta poco los ríos y se pesca sobre todo en los estuarios y en el mar. Existe una variedad establecida en aguas dulces, que vive en los lagos italianos. Más pequeña que el sábalo (de 25 a 40 cm), posee un opérculo estriado y entre ocho y doce manchas negras a lo largo de todo el cuerpo. La saboga se prepara sobre todo en sopa.

El sábalo o gran alosa, se pesca en Francia en el Ródano, el Garona, el Loira y el Adour; también se pesca en Inglaterra y en Canadá. Puede medir hasta 60 cm. El sábalo posee un opérculo estriado y una o dos manchas negras detrás de la cabeza. Su carne, muy fina, algo grasa, se altera con rapidez y está llena de espinas. Al freírlas se vuelven quebradizas, y por lo tanto menos molestas.

En Burdeos se come asada y en Nantes se cocina con acedera, pero también se puede freír en rodajas o rellenarla. Era un plato muy apreciado por los romanos y durante la Edad Media.

En México, el sábalo es un pez de cuerpo alargado, comprimido, con dorso gris azulado y vientre plateado. Se encuentra en aguas costeras, estuarios, ríos y lagunas. Mide aproximadamente 1,30 m y pesa alrededor de 40 kg. Su carne es oscura, grasosa y de sabor suave. Se consume asado, frito o empanizado, entre otras preparaciones.

sabayón

1. Postre de origen italiano, formado por una crema fluida y untuosa, a base de vino, azúcar y yemas de huevo. Presentado en copas o vasos decorados, el sabayón se sirve apenas tibio, pero también puede servirse como acompañamiento y cubrir *puddings*, postres de arroz, frutas cocidas, elaboraciones de pastelería o helados.

El sabayón se prepara con los siguientes elementos: vino blanco seco (champán) o dulce (asti, *sauternes*, marsala), vino generoso (frontignan, banyuls), oporto o bien una mezcla de vino blanco y un licor (*chartreuse*, *kummel*) o de un vino blanco y un aguardiente (armañac, coñac, kirsch, ron, whisky).

2. Por extensión, también se llama sabayón a una especie de salsa muselina, por lo general al champán, que acompaña a pescados o crustáceos.

sablé

Pequeña galleta seca y friable, la mayoría de las veces redonda, de diámetro variable y a menudo con el borde acanalado. Los *sablés* se elaboran con harina, mantequilla, yemas de huevo (que a veces no se incluyen) y azúcar, mezclados rápidamente hasta obtener una consistencia arenosa (*sablé* significa arena). La pasta debe trabajarse con el rodillo hasta un grosor de unos milímentros y cortarse con los moldes cortapastas o enrollarse en un cilindro para después cortarlo en rodajas, como en el caso de los *sablés* llamados "holandeses", que combinan dos pastas, una de ellas coloreada con chocolate o canela, y la otra aromatizada con vainilla. Se pueden aromatizar con limón, aderezarlos con almendras en láminas o uvas pasas, glasearlos con chocolate o cubrirlos con confitura.

Las bases hechas con pasta *sablés* sirven para elaborar tartaletas y barquillas, que a menudo se rellenan con crema o con fresa.

sabler

Mezclar sin trabajar con el rodillo. Amalgamar, llevar hasta un estado conjunto y friable la mezcla de los ingredientes destinados a una pasta brisa o *sablée*. El *sablage* o arenado de elementos secos y mantequilla se efectúa en primer lugar con la yema de los dedos, y luego cogiendo la mezcla en pequeñas cantidades, que se frotan entre las palmas de las manos. A continuación se añade agua o huevos, y luego se da forma de bola a la masa para después dejarla reposar.

En la elaboración del praliné, el *sablage* consiste en verter un azúcar cocido a una temperatura de 121 °C sobre frutos secos tostados, y luego en mezclar para que el azúcar se agrume (cuando adquiere una consistencia arenosa envuelve mejor los frutos).

→ pastas de cocina y pastelería

sabor

Sensación producida por la estimulación de los receptores de las papilas gustativas de la lengua.

Tradicionalmente, se distinguen cuatro sabores básicos (el ácido, el amargo, el salado y el dulce), a los que son más o menos sensibles distintas partes de la lengua. Recientes estudios han demostrado que existe una decena de sabores. A partir de su combinación nace el gusto particular de los alimentos. Cuando estos sabores se mezclan, pueden ocultarse o resaltarse recíprocamente.

Entre otras cosas, el arte culinario consiste en utilizar todos sus recursos para jugar de forma armoniosa con los contrastes y las combinaciones de dichos sabores.

saborizante

Aditivo alimentario destinado a realzar el sabor y/o el olor de los alimentos. Los saborizantes también reciben el nombre de "agentes de sapidez". El más conocido es el glutamato, muy utilizado en la cocina asiática, pero cuya adición a los platos está sometida a la reglamentación de los aditivos.

sabra

Licor israelí con sabor a naranja amarga y chocolate. El *sabra* es una variedad de cactácea local, y también es el apodo que se da a los judíos nacidos en Israel.

sacacorchos

Utensilio que sirve para descorchar una botella cerrada con un tapón de corcho. El más clásico es de tornillo helicoidal, con la varilla redonda o plana. Pero existen muchos modelos más, algunos de ellos provistos de una vaina para proteger el gollete, otros de palanca para limitar el esfuerzo, pero también para evitar que la botella se remueva demasiado. El sacacorchos *limonadier* está equipado además con un descapsulador y una hoja para cortar la cápsula. Otro sistema funciona con dos hojas de metal de longitud desigual que se introducen entre el gollete y el tapón, lo cual evita que se tenga que perforar este último.

sachertorte

Célebre pastel vienés, creado por Franz Sacher, chef pastelero del príncipe de Metternich, con ocasión del congreso de Viena (1814-1815). Durante años, una controversia dividió a la ciudad de Viena: de un lado estaban quienes consideraban que la auténtica *sachertorte* era la que se servía en el hotel *Sacher*, dirigido por los descendientes de Franz (dos discos de pasta separados por mermelada de chabacano, con la parte superior glaseada con chocolate); del otro, los fieles a la célebre pastelería *Demel*, que al parecer recibió del nieto de Sacher la "verdadera" receta (un pastel simplemente cubierto de mermelada bajo el glaseado). Al final, el hotel *Sacher* ganó el pleito ante los tribunales.

sagú

Fécula preparada con la médula del árbol del pan, palmera de las regiones tropicales. El sagú se presenta en pequeños granos ovoidales, blanquecinos, rosados o parduzcos, muy duros y semitransparentes, de sabor dulzón. Conocido en Europa desde el Renacimiento, se llamaba "perla de Florencia". Hoy en día se utiliza como la tapioca, en ciertas ligazones y en distintos *puddings*. En la cocina indonesia, reducido a pasta con pulpa y leche de coco, sirve para elaborar buñuelos, pasteles, raviolis, postres, etc. En la India, cocido con agua y azúcar, da lugar a una gelatina de postre.

saint-maure de Touraine

Queso con Denominación de Origen de leche de cabra (45% de materia grasa como mínimo), de pasta blanda y corteza enmohecida, fresco o a veces cubierto de ceniza. Se presenta en forma de cilindro ligeramente troncocónico de 28 cm de largo y 5 o 6 cm de diámetro, con un peso de 250 g. Como signo distintivo, su pasta, de color blanco o marfil, está atravesada por una paja que sirve para consolidarlo mientras se manipula. Se consume en todas las etapas del afinado, y se puede calentar.

saint-honoré

Elaboración parisina de pastelería formada por un disco de pasta para fondos, sobre la que se dispone una corona de pasta *choux*, decorada con pequeñas pastas *choux* glaseadas con caramelo. El interior de la corona se llena de crema chiboust (también llamada "crema para *saint-honoré*"), crema pastelera aligerada con crema batida, o solamente de crema batida.

saint-nectaire

Queso con Denominación de Origen de Auvernia, de leche de vaca (45% de materia grasa), de pasta prensada no cocida y corteza natural, de color amarillo a gris. Se presenta en forma de un disco plano de 20 cm de diámetro y de 4 cm de grosor, que pesa 1,5 kg. Antaño, pero raramente hoy en día, afinado durante ocho semanas sobre un lecho de paja de centeno, este queso desprende un olor a moho, pero presenta un estupendo sabor a tierra, de pronunciado *bouquet*.

sake

Bebida alcohólica japonesa, con un índice de 14 o 15% Vol., producida a partir de arroz fermentado. Los granos, cocidos al vapor, se siembran con esporas específicas. Tras trasegarlo, filtrarlo y envejecer en barrica, el *sake* es incoloro y más bien dulce, con un posgusto amargo. Esta bebida, indisociable de la vida religiosa y social de los japoneses, existe desde hace más de un milenio.

Se distinguen varios tipos de *sake*: el *mirin*, utilizado sobre todo en cocina, el *toso*, suave y especiado, con el que se celebra la fiesta de Año Nuevo; y el *seishu*, que se exporta a Occidente. El *sake* se bebe tibio, incluso caliente, en pequeños cubiletes, como aperitivo, o con el *sashimi*, verduras crudas, parrilladas o frituras. También se emplea mucho en cocina, en las preparaciones de marisco. En los bares de *sake*, reservados a los hombres, se bebe alternándolo con cerveza.

sal

Sustancia cristalizada, friable e inodora, de sabor punzante, empleada como condimento y como agente de conservación. Compuesta por cloruro de sodio en estado puro, la sal es muy abundante en la naturaleza. Se distingue la sal marina, extraída del agua de mar por evaporación (30 kg por metro cúbico), y la sal gema, que existe en estado cristalino en la tierra.

La sal, indispensable para el organismo, contribuye a mantener la presión osmótica de las células. Las necesidades del organismo humano son de alrededor de 5 g de sal por día, pero la alimentación, muy rica en los países occidentales, las cubre ampliamente, a veces de forma excesiva (hasta 20 g), lo que puede propiciar problemas graves de salud.

La sal, condimento alimentario indispensable, sigue siendo hoy en día una materia prima esencial de las industrias agroalimentarias (conservas en lata, salazones, pescados salados, elaboraciones de charcutería, quesería, etc.).

La sal se presenta en tres formas:

- Sal de cocina. En cristales pequeños. Sirve para salar los manjares durante la cocción. Debe permanecer al alcance de la mano en una caja con tapa, que la preserva de la humedad.
- Sal fina. Llamada también "sal de mesa", siempre refinada. Se utiliza como condimento de mesa, en un salero, en pastelería, para los sazonamientos y para el acabado de salsas. Para que no se hu-

midifique en exceso se le añaden distintos productos (carbonato de magnesio, silicoaluminato de sodio, etc.), cuya proporción nunca debe exceder el 2%.

Cuando se trata de "sal marina", en el envase siempre se debe indicar su origen. La "flor de sal" es la primera cristalización, muy fina, que aparece en la superficie de las salinas tradicionales. Es recogida manualmente por los salineros de diferentes costas alrededor del mundo. También encontramos flor de sal aromatizada: con especias tostadas, pimiento de Espelette, cortezas de limón, etc.

- Sal gruesa. Refinada o no, se emplea en la industria y para ciertas preparaciones (res con sal gruesa, verduras que se deben purgar, cocción de un ave con sal gruesa a la cazuela). En la sal refinada se han eliminado las materias terrosas y sales delicuescentes (sal de potasio y sal de magnesio), mediante disolución en agua y posterior evaporación. La sal no refinada, de color gris, es más rica, por lo que resulta muy adecuada para la cocina, así como para la cocción en costra de sal de ciertos pescados (de escamas grandes), aves, verduras, etc. El alimento, encerrado en un cascarón hecho a medida, se cuece en su propio jugo y de este modo conserva todo su sabor.

Los alimentos más ricos en sal son los quesos, los postres industriales, la caza, la charcutería, la carne ahumada y los pescados en salmuera. La función esencial de la sal es realzar y potenciar el sabor de los alimentos y excitar el apetito. Ciertas sales se destinan a empleos particulares:

- La sal de apio, sal fina mezclada con apio-nabo seco y pulverizado, sirve para condimentar el jugo de tomate en cóctel y otros jugos de verduras, e incluso para realzar fondos de cocción y consomés.
- La sal de levístico, sal fina aromatizada con la raíz de esta planta aromática, seca y pulverizada, más intensa que la sal de apio, se emplea en las sopas y salsas, en particular en Alemania.
- La sal especiada, mezcla realizada sobre la base de 2 kg de sal fina, 200 g de pimienta blanca molida y 200 g de diversas especias, permite condimentar farsas, patés y terrinas.
- Existe una sal ordinaria a la que se le añade un 2 o 3% de papaína (enzima extraído de la papaya que favorece la degradación de las proteínas), destinada a que las carnes sean más tiernas y reservada para uso doméstico.
- La sal de mesa yodada es una sal fina a la que se le añade yoduro de sodio. Su uso, recomendado, entre otras instituciones, por la Unicef, puede paliar las carencias de yodo (que supone una disfunción de la glándula tiroides).
- La sal de régimen es un sucedáneo parcial o sin nada de desprovisto de cloruro de sodio.
- La sal nitrada es un conservante utilizado en charcutería y en conservería. La sal de nitrito es una sal a la que se ha añadido una mezcla de nitrato de sodio y de potasio y de nitrito de sodio (10% como máximo).
- La sal de hickory (nogal americano), condimento estadounidense, es una mezcla de sal marina y de serrín de hickory ahumado, pulverizado. Posee un ligero sabor a avellana y se emplea en la cocina de barbacoa.

Existen otras sales de procedencias diversas: sal inglesa de Maldon, sal negra o roja de Hawai, sal ahumada de Noruega, sal rosa de Perú, etc. La sal rosa del Himalaya procede de canteras de este macizo montañoso o de los mares que se secaron hace 200 millones de años. El color rosa claro natural de sus finos cristales es debido a su contenido en hierro.

Se llama sal china al glutamato de sodio y sal de pescado al *nuoc-mâm*.

sal nitro

Nombre usual del nitrato de potasio, utilizado como agente de conservación. La sal nitro se presenta en forma de pequeños cristales blancos, que antaño se obtenían rascando las paredes de las bodegas, y que hoy en día se elaboran de forma industrial. Es un poderoso bactericida, empleado desde hace mucho tiempo para la conservación de los productos alimentarios (sobre todo charcutería y carnes), en los que además fija el color. Se añade a la sal en todas las salmueras, con la adición de al menos dos veces su peso de azúcar, ya que tiene un sabor muy acre. Interviene también en el salado de la mantequilla. Su empleo está sometido a una reglamentación muy estricta.

salado

Calificativo que se emplea para designar el sabor específico que se siente en la boca en contacto con la sal de cocina. El salado, junto al dulce, el amargo y el ácido, es uno de los cuatro sabores fundamentales.

Resulta difícil encontrar sabor a los alimentos no salados, ya que, de hecho, la sal es probablemente el sazonador más antiguo. Por otra parte se ha utilizado desde hace mucho tiempo como conservador de carnes y pescados.

→ salazón

salamandra

Aparato de cocción eléctrico o de gas, de panel irradiador, utilizado por los profesionales para glasear, gratinar o caramelizar ciertos alimentos salados o dulces. El *grill* del horno, utilizado con la puerta entreabierta, puede ejercer la misma función que la salamandra.

salami

Producto de la charcutería italiana bastante parecido al salchichón seco, pero de diámetro mayor. Se elabora con carne de cerdo (o con una mezcla de carnes), picada bastante fina con una proporción abundante de grasa, regularmente repartida en granos de tamaño variable. En Italia existen numerosas Denominaciones de Origen de salami: *salame milanese, fiorentino, di Felino, di Fabriano, di Secondigliano, calabrese*, etc. La masa puede aromatizarse con vino tinto, ahumarse, especiarse con hinojo, perejil o ajo, o realzarse con un picadillo de pimiento. Se puede encontrar salami de oca o de jabalí.

En Francia, el salami de Estrasburgo (o salchichón de Alsacia) a menudo se hace con res (la parte magra) y cerdo (la parte grasa). Es un producto ahumado y de diámetro reducido.

También se preparan salamis en Alemania, Austria, Suiza, Dinamarca, Hungría, etc. Destacan los salamis daneses (masa fuertemente coloreada, salada y ahumada) y húngaros (coloreado con paprika, ahumado, a veces embutido en tripa de caballo o de res).

Estas elaboraciones de charcutería se sirven como entremés frío, a menudo en un surtido de productos variados, en lonchas muy finas. El salami también puede emplearse para elaborar sándwiches, canapés o pizzas.

salazón o salado

Procedimiento de conservación aplicado sobre todo al cerdo y a ciertos pescados, a veces asociado al ahumado o al secado. Esta antigua técnica, muy utilizada por los romanos, conoció un gran desarrollo en la Edad Media.

Por extensión, nombre que se otorga al propio alimento (carne o pescado) tratado con sal seca o salmuera. Los más comunes son:
- Anchoas. Una vez limpios, los pescados se ponen a madurar en sal de seis a ocho meses.
- Arenques, *sprats*, salmones y anguilas. Los pescados se salan con sal o con salmuera, y luego se ahúman.
- Bacalao. Los pescados se abren en dos, se ponen planos y se les extrae las espinas, y luego se apilan entre capas de sal a las que se añade anhídrido sulfuroso, que conserva la blancura de la carne. El salado dura treinta días como mínimo.
- Jamones. Los jamones crudos y el bacon se frotan con sal seca nitrada (tratamiento que a veces se completa con una inyección de salmuera nitrada), y luego se apilan en saladeros. La exudación de agua forma una salmuera sobresaturada, en la que las piezas se desplazan cada diez o quince días. La salazón dura de cuarenta a sesenta días. Los jamones cocidos se ponen en cubas y se recubren de salmuera, donde permanecen de treinta a cuarenta días, entre 3 y 5 °C. El res y la lengua también se pueden salar.
- Frutos y verduras. La salazón se aplica a veces a las judías verdes, a las finas hierbas y, sobre todo a la *choucroute*, sin olvidar los cacahuates, las almendras, las nueces y las avellanas.
- Quesos. El salado constituye una operación importante en la elaboración de los quesos. Acelera el escurrido de los de pasta blanda, espolvoreados a mano, y provoca la formación de la corteza en los de pasta prensada cocida y no cocida, sumergidos en salmuera. Cuanto más se renueva el salado, más gruesa y dura es la corteza. Ciertos quesos frescos se salan en proporciones variables (semisalado) o se conservan en una salmuera ligera (quesos de cabra o de oveja de los países mediterráneos).

→ salado

salchicha

Producto de charcutería formado por una tripa rellena de carne picada y sazonada. La salchicha se suele preparar con carne magra y grasa de cerdo, a veces con el añadido de ternera, res, cordero o aves de corral, en ocasiones con despojos, y siempre con condimentos variados, lo cual explica la diversidad de las preparaciones. Los elementos se pican más o menos finos y se embuten en una tripa de cerdo o de cordero.
- Salchichas francesas. Las categorías se definen dependiendo de si son crudas o cocidas.

– Salchichas crudas. Agrupan sobre todo las salchichas largas y las chipolatas (carne de salchicha clásica, en tripa de cerdo de pequeño calibre), la salchicha de Toulouse (carne de puro cerdo picada bastante groseramente, y con unos 3 o 4 cm de diámetro), las *crépinettes* o salchichas planas (carne de salchicha a la que a veces se añade perejil troceado o en hojas y envuelta en redaño), que son una tradición en la bahía de Arcachon, y varias especialidades regionales, como la pequeña salchicha de la región de Burdeos (se toma a la parrilla con vino blanco y ostras, especialmente en Arcachon), los *diots* saboyanos y la salchicha blanca de Alsacia, que se fríe.

– Salchichas crudas horneadas. Ahumadas o no, se consumen a menudo cocidas en agua. Es el caso de las salchichas del tipo Morteau (puro cerdo, cerradas mediante una clavija de madera que permite colgarlas para el ahumado) o Montbéliard, así como el cervelas de Lyon, charcutería fina de puro cerdo. No obstante, los "gendarmes", muy secados o ahumados, de origen suizo y austriaco, a veces se comen crudos. Existen dos tipos de salchichas de Frankfurt: la auténtica *Frankfurter* alemana está formada por una masa fina de puro cerdo, ahumada en frío y vendida cruda, para pochar; la de elaboración francesa suele ser de puro cerdo en tripa de cordero, horneada y ahumada, y con frecuencia teñida para darle color.

– Salchichas crudas para untar. Son sobre todo la *Mettwurst* alsaciana o *tartinette* (cerdo y res, a menudo realzados con nuez moscada y paprika) y la sobrasada (muy aromatizada y coloreada con pimentón dulce).

– Salchichas crudas para asar a la parrilla o a la cazuela. Comprenden la *merguez*, el chorizo y distintas especialidades, como salchicha de corteza, *figatellis* corsos (con hígado de cerdo) y *sabodet* o *coudenat* (a base de cabeza). La *merguez* es puro res o res y cordero, a veces con la adición de cerdo (mención obligatoria), coloreada de pimiento rojo y con pimentón. El chorizo es puro cerdo o cerdo y res, suave o picante, y también se come crudo.

Ciertos productos de charcutería experimentan una maduración-desecación y a causa de ello se convierten en salchichones secos. No obstante, se venden como salchichas secas, como las salchichas de montaña o de Auvernia.

– Salchichas cocidas. Existen salchichas que se venden cocidas. La más conocida es la salchicha de Estrasburgo (o *knack*), a menudo coloreada en rojo o naranja, pero también destacan las salchichas coctel, de composición más o menos fina, la salchicha vienesa (magro de ternera y de cerdo y grasa de cerdo), con su tripa amarilla pálida, la salchicha de carne (masa fina a base de res, cerdo o ave, con una tripa de 4 a 6 cm de diámetro) y el cervelas de Estrasburgo.

• Salchichas de otros países. La mayor variedad de salchichas se encuentra en Alemania: la *Plockwurst* (res y cerdo), de piel oscura y brillante, para cocer; la salchicha fresca de hígado de cerdo, para untar; la *Bierwurst*, para acompañar la cerveza; la salchicha para cocer del Holstein (cerdo y res) la *Bratwurst*, para asar, con numerosas variantes; la *Zungenwurst* (magro de cerdo, sangre y lengua), con grandes dados visibles, cocida, que se come fría; la *Schinkenwurst* ahumada, para cocer (res y magro de cerdo de grano grueso); las delgadas salchichas de Nuremberg con aromatizantes, para asar a la parrilla; la *Brägenwurst* de Westfalia (larga y delgada, ligeramente ahumada, con tocino, sesos de cerdo, flor de harina de avena y cebolla).

Entre las salchichas de otros países deben mencionarse las de Cambridge, cubiertas de pan rallado, para asar a la parrilla; y las de Polonia (cerdo, res y grasa), con perejil, paprika o cebolla, a menudo ahumadas, para freír o estofar con lentejas.

salchichón

Producto de charcutería formado por un picadillo de carne sazonado y embutido en una tripa, que, después de un tratamiento de maduración-desecación, se come crudo o cocido. Existe gran variedad de salchichones.

- Los salchichones secos se elaboran desde antiguo. Obedecen a reglas precisas que confieren a estas diferentes especialidades su aroma, su textura y su sabor: deshuesado y limpieza de las carnes, preparación de la mezcla (molido de la grasa y el magro con las especias), embutido, horneado en estufa (presecado a 20-25 °C), secado y maduración a 14 °C, durante cuatro semanas como mínimo. Un buen salchichón seco es firme al tacto, incluso duro, con un aroma notable, recubierto por una "flor" que es signo de una fermentación que se ha llevado a cabo de forma correcta, preferentemente sin cubrirlo. Se sirve cortado en rodajas finas, cuya piel se retira, en un platón con mantequilla fresca, como entremés o incluso para el aperitivo. El salchichón seco forma parte de los surtidos de charcutería que se sirven en los bufets de campo. Interviene en sándwiches y canapés.
- Los salchichones cocidos se utilizan en cocina (en *brioche* o en pasta, como guarnición) o se sirven como entremés frío.

salero

Pequeño recipiente utilizado para presentar la sal fina en la mesa. En su origen, los saleros eran simples trozos de pan vaciados. Más tarde aparecieron los saleros de plata, piezas de orfebrería, que a veces se cerraban con llave, puesto que se consideraba que el ingrediente que contenían era muy valioso. Actualmente, la sal fina se suele presentar en un pequeño frasco de cristal con una tapadera metálica que presenta finos agujeros, y la sal gruesa en un pequeño recipiente en forma de bote o en un molino, como la pimienta.

sales minerales

Sustancias minerales contenidas en la mayor parte de los alimentos y necesarias para el equilibrio alimentario: calcio, fósforo, hierro, potasio, sodio, cloro y oligoelementos, que desempeñan distintas funciones en el organismo. El calcio y el fósforo son los principales constituyentes del tejido óseo; el hierro y el potasio intervienen en el metabolismo; el calcio es necesario para la coagulación de la sangre; el magnesio y el calcio son factores del equilibrio nervioso; el potasio y el sodio regulan la hidratación general y el equilibrio ácido-base.

salicornia

Pequeña planta carnosa, de la familia de las quenopodiáceas, hinchada, que contiene un jugo salado, y que crece en las costas. La salicornia, o cuerno salado, se recoge a mediados de julio. Sus extremos tiernos y bien verdes se consumen en ensalada o cocidos como ejotes. Confitados en vinagre sirven como condimento, como los pepinillos.

salmis

Ragú de caza de pluma (becada, pato azulón o perdiz), de pato doméstico, pichón o pintada. La carne primero se asa en dos tercios y a continuación se corta y se trata como un ragú. También es una abreviatura de *salmigondis*, que en el siglo XVII designaba un ragú compuesto por diversas carnes ya cocidas que se recalentaban.

salmón

Pez migrador de la familia de los salmónidos, que pasa una parte de su vida en el mar pero desova en agua dulce. Son escasos los reproductores que posteriormente vuelven a alcanzar el mar, ya que la mayor parte muere de agotamiento en el lugar del desove.

Después de permanecer unos dos años en agua dulce, los alevines (de 15 a 20 cm) comienzan su descenso hacia las aguas saladas.

El salmón es un pez de dorso azulado, moteado con pequeñas manchas negras (rojas durante el desove), con los costados y el abdomen dorados.

Hoy en día, la mayor parte de los salmones que se consumen provienen de viveros. Los principales países productores son Noruega, Irlanda, Escocia y las islas Feroe. El *Salmo salar* salvaje actualmente es escaso; todavía se encuentra en el Báltico (salmón blanco), en Noruega y Escocia. Las demás especies salvajes son los salmones del Pacífico, la mayoría de los cuales se utilizan por sus huevas. Se consumen en gran parte en Estados Unidos y Rusia, sobre todo frescos o en conservas en aceite, o también ahumados en caliente (menos frecuentemente en frío, según el método tradicional, debido a su textura). En Rusia, en Alemania y en Escandinavia, el salmón figura en numerosos platos, como el *koulibiac* ruso o el *gravlax* sueco (salmón crudo marinado con pimienta, eneldo, azúcar y sal).

El salmón se prepara entero o cortado en trozos, supremas o rodajas. La parte central es la más noble. Entero o cortado, el salmón fresco se suele cocer en caldo corto y se sirve con una salsa caliente. También se puede bresear entero, relleno o no, asar en el horno o cocer en espetón (entero o en trozos). Las rodajas se cuecen en caldo corto, se asan a la parrilla, se saltean en mantequilla o se bresean, así como los filetes, las escalopas o las *côtelettes* (rodajas limpias o carne de pescado a la que se ha dado forma).

El salmón recortado (*crimpled salmon*) es una preparación tradicional británica. Con el pescado todavía vivo se le practican profundas incisiones en varios lugares de los costados. Luego se cuelga y se deja desangrar, antes de sumergirlo en agua fría. A continuación se hierve. Se presenta escurrido sobre una servilleta, acompañado de perejil fresco y una salsa holandesa (aunque muchos británicos prefieren regarlo con su cocción), con una ensalada de pepino.

El salmón sometido a un proceso de ahumado constituye un plato refinado, servido como entrante frío con tostadas o blinis, crema fresca o una salsa de *raifort* y limón; se utiliza también en diversos aprestos calientes o fríos, áspics, canapés, cornetes rellenos y huevos revueltos. Los salmones se ahúman en frío, encima de una mezcla de distintas maderas (haya, abedul, roble, fresno, aliso), a la que se incorporan esencias olorosas (enebro, brezo o salvia). Algunos se importan ahumados, y otros son ahumados por el importador.

Un buen salmón ahumado se prepara, preferiblemente, con un *Salmo salar* salvaje, más adecuado para el ahumado debido a su textura y a que soporta bien el corte. El que se congela durante la estación de pesca se puede preparar durante todo el año. Se sala con sal de mar (no demasiada), se ahúma cuidadosamente en frío con madera de haya nueva, y en ocasiones se perfuma con enebro.

Generalmente se sirve cortado a mano, según la demanda del cliente, ya que de este modo se conserva mejor, no se seca y no sufre alteraciones bacterianas. Se vende sin estar congelado.

El salmón irlandés, escocés o noruego tiene un color bastante subido y posee una carne firme, crujiente y perfumada.

El salmón danés, que se pesca en el Báltico, es más claro, más graso y delicado, y tan solo gusta a ciertos aficionados.

El salmón ahumado de forma industrial se vende entero o previamente cortado, en un sobre al vacío, entre las semiconservas. Es mejor reservarlo para las ensaladas compuestas o ciertas preparaciones, donde se integra en una mezcla o en una farsa. En algunas tiendas se puede encontrar salmón ahumado todavía más económico, preparado con un *oncorhynchus*. Varias subespecies de salmón no son demasiado adecuadas para el ahumado.

salmonete

Denominación genérica de dos peces marinos muy parecidos, muy frágiles de la familia de los múlidos, apreciados desde la Antigüedad. Su carne es baja en grasa (80 kcal o 334 kJ por cada 100 g), pero rica en prótidos, en yodo, en hierro y en fósforo. De tamaño mediano (40 cm como máximo), con una cabeza de morro chato (un poco arqueado en el caso del salmonete de fango), con ojos pequeños en la parte superior del cráneo y largas barbillas en el labio inferior, los salmonetes se distinguen por su color.

Los salmonetes muy pequeños, bien coloreados y firmes, no necesitan ser vaciados, y de ahí su apodo de "becada de mar". Si se vacían, siempre se debe dejar el hígado. Se asan a la parrilla, una vez secados y ligeramente salados. Los salmonetes de carne más seca pueden freírse o cocerse. Los de tamaño mediano se asan a la parrilla o se cuecen en *papillot* (siempre con su hígado, que también puede servir para preparar una salsa).

Los salmonetes grandes se cuecen en el horno, en *papillot* o sobre un lecho de verduras, en mantequilla o en aceite de oliva.

salmorejo

Plato andaluz muy popular que se elabora con pan triturado, ajos, sal, aceite, vinagre y agua (a menudo se añade huevo duro, jitomate maduro y virutas de jamón). El salmorejo debe tener más consistencia que el gazpacho, debe servirse fresco y comerse al momento.

salmuera

Solución salina concentrada en la que se sumergen carnes, pescados, aceitunas o verduras para conservarlos. La mezcla de agua y de sal a veces se completa con sal nitro (nitrato), azúcar y diversos aromatizantes.

En charcutería, la salmuera se emplea a menudo en inyección, ya sea en los músculos, o bien en las arterias, antes de la inmersión. Para los jamones cocidos, se utiliza tradicionalmente una salmuera vieja, concentrada de nuevo mediante la adición de sal y nitrato, o bien una salmuera fresca mezclada con un "pie de cuba" (resto de salmuera vieja). En la actualidad este último procedimiento ya no tiene razón de ser con la sal nitrada.

En las cocinas del norte y el este de Francia son muy frecuentes las preparaciones en salmuera: lengua escarlata, *pickles* y arenques. Destaca el *pickelfleisch* a la judía: pecho de res hervido, amasado con sal y sal nitro, remojado en una salmuera con azúcar terciado, bayas de enebro, pimiento, tomillo y laurel, y luego lavado, atado y cocido a la cazuela con zanahorias, que se sirve frío con pepinillos, condimentos y mostaza.

La corteza de ciertos quesos se frota regularmente con salmuera para su afinado.

salón de té

Establecimiento en el que se consume té, chocolate, café, bebidas sin alcohol, pasteles y, a veces, algunas preparaciones de pastelería salada o de huevos, ensaladas, sándwiches, *croque-monsieur*, etc., por la tarde o a la hora del almuerzo. En el Reino Unido, Alemania, Austria y Bélgica está muy difundida la práctica de frecuentar los salones de té ya desde primera hora de la mañana.

salpicón

Preparación compuesta por elementos cortados en daditos, ligados con una salsa si se trata de un salpicón de verduras, de carne, de ave, de caza, de crustáceos, de pescados o de huevos, y de un almíbar o una crema cuando se trata de un salpicón de frutas.

Los salpicones salados se emplean para rellenar barquillas, *bouchées*, cajitas, canapés, cazoletas, costradas, *croûtes*, *dartois*, *mazagrans*, pequeños patés, empanadillas, tartaletas y timbales. Además, se emplean para preparar *côtelettes* compuestas, *cromesquis* y croquetas, y para rellenar o acompañar piezas de caza, huevos, piezas de carne, pescados y aves.

Los salpicones de fruta se preparan con frutas frescas, crudas, cocidas en almíbar o confitadas, a menudo maceradas en un licor, y sirven para llenar distintos postres y elaboraciones de pastelería (*brioches*, copas heladas, crepas, *croûtes*, pasteles de arroz o de sémola, genovesas, etc.).

En México el salpicón es una preparación que se consume fría, elaborada con carne de res, venado, pescado o marisco mezclada con verduras picadas, condimentadas con hierbas aromáticas y limón o vinagre. Los ingredientes y formas de consumo varían según la región donde se elabore.

salsa

Preparación más o menos líquida, caliente o fría, que acompaña o sirve para cocinar un manjar. La función de una salsa es añadir a este último un sabor que se armonice con el suyo.

Herederas de los condimentos antiguos (*garum*, nardo), las salsas medievales (*cameline*, *dodine*, *poivrade*, Robert, etc.) eran muy picantes o agridulces. Fue preciso esperar a los siglos XVII y XVIII para que nacieran preparaciones más refinadas y aromáticas, como la bechamel, la *soubise*, la *mirepoix*, la *duxelles* y la mayonesa.

A Antonin Carême (1784-1833) le debemos la sistematización de las salsas, con las salsas frías y las calientes. Estas últimas, de lejos las más numerosas, se dividen a su vez en salsas oscuras y salsas blancas, e incluyen las grandes salsas, llamadas "madres" (española, semiglasa y salsa de jitomate para las oscuras, bechamel y *velouté* para las blancas), y las innumerables salsas compuestas inspiradas en ellas. Las salsas frías se realizan a menudo sobre una base de mayonesa o de vinagreta, también en este caso con numerosos derivados.

En el repertorio clásico francés poco a poco se han ido añadiendo varias salsas de otros países, introducidas a menudo por chefs que trabajaron en el Reino Unido, en Rusia, etc. (salsas Cumberland, Albert, *reform* y *cambridge*, salsas a la rusa, a la italiana, a la polaca, etc.).

La diversidad de los recursos regionales franceses favoreció la multiplicación de las preparaciones, determinadas por ingredientes característicos: la crema (salsa normanda), el ajo (alioli), la mantequilla fresca (*beurre blanc*), la mostaza (salsa *dijonnaise*), la chalota (salsa bordelesa), el vino tinto o blanco (salsa borgoñona), la cebolla (salsa lionesa), etc.

A partir de Auguste Escoffier, las salsas pasaron a ser más ligeras, y hoy en día numerosos chefs utilizan mezclas más originales.

Una salsa de consistencia más o menos densa, con ingredientes colados o visibles, puede sazonar una preparación cruda, formar parte de un manjar cocinado o acompañar un plato frío o caliente. Cuando la salsa es el resultado de la propia preparación, se trata de platos "en salsa", pero muy a menudo esta se sirve por separado, en salsera, o napando un manjar (huevo duro, *chaud-froid*, concha de pescado).

La elección del material utilizado es importante. Las cacerolas deben ser de borde alto, de metal grueso, para garantizar un buen reparto del calor, lo cual evita que la salsa se queme o se corte. El baño María es un procedimiento indispensable, mientras que el batidor metálico y la espátula de reducir son accesorios ineludibles.

En la práctica, la elaboración de salsas descansa en cuatro procedimientos básicos:
- La mezcla en frío de numerosos ingredientes sólidos y líquidos es el método más simple (vinagreta y *ravigote*, por ejemplo).
- La emulsión (dispersión muy fina, en un líquido, de un sólido que no es soluble, mezcla que permanece estable cierto tiempo) se realiza en frío (mayonesa y sus derivados, alioli, *gribiche*, *rouille*, tártara) o en caliente (holandesa y muselina, bearnesa y *beurre blanc*).
- La mezcla de mantequilla y harina calentada (*roux*) es la base de las salsas "cuajadas", cuyo tipo más representativo es la bechamel

y, que, según los complementos (crema, *gruyère*, cebolla, etc.), proporciona las salsas crema, *mornay*, *soubise*, etc.
- La cocción de un fondo de ternera, de caza, de ave o de un *fumet* de pescado, al que se añade a continuación un *roux* dorado, un *roux* oscuro u otra preparación (*mirepoix*, reducción, aguardiente, marinada, hongos, etc.), proporciona la *velouté* (de ternera, de caza, de ave o de pescado), la española y las salsas para caza, con todas las variantes blancas (alemana, cardenal, *nantua*, normanda, *poulette*) u oscuras (bordelesa, cazador, *périgueux*, *poivrade*, venado, etc.), realizadas a veces con la adición de un ingrediente aromático.

Según la naturaleza del manjar al que se acompaña o que se quiere potenciar, los ingredientes, aromatizantes y especias más diversos pueden entrar en la composición de una salsa. Ciertas asociaciones de sabores son clásicas, como el cordero o el pescado con el *curry* (salsa india), el bacalao y el ajo (alioli), el pato y la naranja (salsa *bigarade*), la caza y la grosella (salsa Cumberland), el res y el pepinillo (salsa picante), etc. Las anchoas, la carne de crustáceo, la *duxelles*, el *foie gras*, el queso rallado, el jamón picado, los jitomates troceados, la trufa picada (en el caso de los sólidos), el aguardiente, la crema, el vino tinto o blanco, el vinagre (en el de los líquidos) permiten variaciones infinitas.

A menudo, la denominación de una salsa es reveladora de sus componentes: salsas *périgueux* con trufas, húngara con paprika, *nantua* con cangrejos de río, etc. A veces, la salsa lleva el nombre de su creador: Mornay, Choron, Foyot, etc.

salsa cátsup

Condimento anglosajón de sabor agridulce, que se vende en botella. En su versión actual, la salsa cátsup o *ketchup* está constituido, en general, de jitomates (*tomato ketchup*), a los que se añade vinagre, azúcar, sal y especias más o menos fuertes (pimienta de Jamaica, clavo de especia, canela, etc.). El término *ketchup* designa también una salsa a base de hongos (*mushroom ketchup*) o nueces (*walnut ketchup*). La salsa cátsup se utiliza para realzar el sabor de las salsas de carne. Acompaña a los huevos, la pasta, el pescado, el arroz y la hamburguesa.

salsa de menta

Salsa típicamente inglesa compuesta de una juliana de hojas de menta mezclada con azúcar y vinagre, realzada con sal y pimienta y alargada con unas gotas de agua. La salsa de menta se sirve fría y acompaña al cordero caliente o frío.

salsa de postres

Acompañamiento líquido de un postre, de un helado, de un sorbete o de frutas cocidas. A menudo se trata de un puré, un *coulis* o una jalea de frutas, desleídos en almíbar, a veces aromatizados con vainilla o aguardiente, que se sirven tibios o fríos, en napado o en salsera. La crema inglesa perfumada también suele utilizarse como salsa de postre fría, así como el chocolate fundido y los sabayones.

salsa de soya

Condimento de base en el sureste asiático, en China (llamada *jiang yong*) y en Japón (llamada *shoyu*). Esta salsa se obtiene a partir de soya, trigo, agua y sal. Varios ingredientes complementarios pueden entrar en su composición: cerdo picado en Cantón, jengibre y hongos en Pekín, y a veces *nuoc-mâm* o paté de anchoas para darle cuerpo. La salsa de soya tiene el mismo valor nutritivo que un extracto de carne, y mejora con el tiempo.

En Japón, país en el que se emplea más, se distingue el *shoyu* oscuro y con cuerpo, empleado sobre todo en cocina, del *shoyu* más claro, que sirve de sazonamiento.

salsa holandesa

Salsa caliente a base de huevos y mantequilla emulsionada. De ella derivan otras salsas: chantilly (o muselina), maltesa, *mikado* o mostaza, según lo que se añada (crema líquida, jugo y piel de limón o mandarina, mostaza blanca). Acompaña los pescados cocidos en caldo corto, las verduras a la inglesa y los huevos. Para realizarla se debe utilizar un sartén con paredes altas de cobre no estañado o acero inoxidable, ya que el aluminio provoca que la salsa adquiera un color verduzco.

La salsa holandesa, muy sensible a todo exceso de calor, se reserva en un baño María tibio. Si se corta, se vuelve a montar incorporando progresivamente una cucharada sopera de agua, caliente si la salsa está fría, fría si la salsa está caliente.

salsa tabasco

Salsa de la cocina estadounidense elaborada a base de chiles rojos macerados en vinagre con sal, especias y azúcar. Vendido en botellitas pequeñas, la salsa tabasco realza los platos de carne, de huevos y frijoles, las salsas, ciertos cócteles y algunos postres.

salsas mexicanas

En México las salsas consisten en una mezcla de algún fruto o verdura, hierbas de olor, especias y casi invariablemente algún tipo de chile, que se emplea para cocinar o acompañar un platillo.

Las salsas de mesa son las diversas preparaciones picantes con las que se aderezan los alimentos al momento de consumirlos. Se preparan con chiles martajados, picados o molidos, frescos o secos, asados, ahumados, cocidos o crudos y, por lo general, mezclados con tomate o jitomate, ajo y cebolla. Las hierbas aromáticas que más se utilizan son epazote y cilantro. Entre las especias con las que se condimentan están la pimienta negra y la de Tabasco, el comino y el clavo. En algunos casos puede llevar frutas, verduras, semillas, quesos o cualquier ingrediente que le dé su característica peculiar.

salsear

Añadir a una preparación, con una cuchara o un cucharón pequeño, toda o una parte de la salsa de acompañamiento. Esta operación se realiza napando el plato o rodeándolo tan solo con un cordón de salsa. El resto se sirve en una salsera.

salsera

Pieza del servicio de mesa, de porcelana o de loza, de bordes altos y de forma más o menos alargada, provista de un asa, que sirve para presentar la salsa o el jugo con el plato al que acompaña. La salsera puede tener uno o dos picos vertedores (aunque casi siempre se emplea una cuchara).

En la salsera para jugo de asado, de dos picos, hay un doble fondo que permite separar la grasa del jugo propiamente dicho.

salsifí

Nombre que se da en cocina a la raíz de dos plantas de la familia de las asteráceas: la del auténtico salsifí (blanca, cónica y alargada, más o menos llena de raicillas) y la del salsifí negro (negra, cilíndrica, larga y limpia, prácticamente la única que se cultiva). Ambas raíces, que se venden en invierno, tienen el mismo sabor (bastante intenso y algo amargo) y una carne fundente. Se preparan del mismo modo, sobre todo como guarnición de carne blanca.

El salsifí silvestre, llamado "barba de chivo", crece en los prados algo húmedos. Sus brotes jóvenes se comen en ensalada y como las espinacas. Sus raíces se cocinan como las del salsifí negro.

saltamontes ◆ chapulín

salteado

Tipo de cocción (blanqueta, ragú, *navarin*) de piezas de carne (sobre todo ternera o cordero), de ave (pollo o conejo), de caza o de pescado, cortadas en trocitos regulares, que se "saltean" con calor vivo antes de espolvorearlos con harina, y luego mojarlos para que se sigan cociendo tapados. El fondo de cocción, reducido y ligado, a veces colado, proporciona la salsa. En el curso de la cocción se puede añadir una guarnición. Estas preparaciones también se denominan ragús.

saltear

Cocer a fuego vivo, en un cuerpo graso, destapado y sin líquido, verduras o pequeñas piezas de carne, de ave, de caza o de pescado. El desglasado del recipiente de cocción puede proporcionar un jugo o una salsa de acompañamiento.

Las papas salteadas son una preparación particular, por lo general elaboradas con rodajas, crudas o cocidas, doradas en la sartén, con mantequilla o aceite. A menudo se les añade ajo y perejil, o bien ajo solo o trufa (*à la sarladaise*), o bien cebollas cortadas finas y sofritas (a la lionesa).

saltena

Empanada rellena de carne, papas, huevos, aceitunas, guisantes y salsa picante. Se trata una especialidad de la gastronomía boliviana que ha tomado su nombre de la pausa que hacen los bolivianos entre las 10 y el mediodía.

saltimbocca

Especialidad de la cocina romana, que se presenta en forma de finas lonchas de ternera asadas tapadas con aceite, recubiertas de lonchas pequeñas de jamón y salvia, y aromatizadas con vino blanco.

salvado

Envoltorio de los granos de los cereales, que se separa de la harina haciéndolo pasar por diferentes cedazos. El salvado propiamente dicho se presenta en forma de pequeñas escamas, que contienen una fuerte proporción de fósforo y de vitaminas B. El salvado tiene propiedades dietéticas de interés, especialmente por su riqueza en fibras no solubles, aunque se desaconseja un consumo regular de pan de salvado, cuya presencia puede irritar los intestinos.

salvia

Planta aromática de las regiones templadas, de la familia de las lamiáceas, cuyas hojas, de sabor picante, alcanforado y amargo, se emplean para condimentar alimentos grasos (charcutería, cerdo, anguila, farsas), ciertos quesos (como el derby inglés) y distintas bebidas, además de infusiones y vinagres aromatizados.

En Francia, sobre todo en Provenza, la salvia se asocia con carnes blancas, en particular con el cerdo, y también con sopas de verduras.

En Italia su papel es más importante: *piccata*, *saltimbocca*, *ossobucco* y popietas se aromatizan con salvia, así como el *minestrone* con arroz. En Bélgica y el Reino Unido la introducen, junto a la cebolla, en numerosas farsas de ave y salsas.

En Alemania aromatizan con salvia el jamón, ciertas salchichas y en ocasiones la cerveza.

En los Balcanes y en Medio Oriente la salvia acompaña el cordero asado. Los chinos la utilizan para perfumar su té.

sambal

Condimento indonesio formado por chile rojo, cebolla rallada, limón, aceite y vinagre. Por extensión, su nombre designa a los manjares que acompaña.

sambuca

Licor anisado italiano, incoloro, muy apreciado por los romanos, que lo beben "con la mosca" (con uno o dos granos de café flotando en el vaso, después de flambearlo y enfriarlo). La *sambuca*, muy fuerte pero dulzona, se toma masticando los granos de café.

samfaina

Especialidad catalana, similar al pisto y a la *ratatouille*, consistente en rehogar hortalizas en aceite de oliva. Elaborada con berenjenas, jitomates, pimientos, cebolla y ajo se fríe a fuego lento. Suele acompañar carnes y pescados.

samos

Vino encabezado con Denominación de Origen originario de la isla griega del mismo nombre. Obtenido mediante la adición de alcohol en el curso de la fermentación, este vino de 18% Vol., es muy dulce. Este aperitivo muy afrutado se bebe con hielo o como vino de postre.

samsø

Queso danés de leche de vaca (45% de materia grasa), de pasta prensada y corteza parafinada amarilla. Originario de la isla del mismo nombre, el *samsø* se presenta en forma de rueda de 45 cm de diámetro, con un peso de unos 15 kg. Es suave y firme, y adquiere un sabor de avellana cuando está afinado. Existen numerosas variantes, entre ellas el *danbo*, el *fynbo* y el *elbo*.

sandía

Gran fruta de una planta de la familia de las cucurbitáceas. Esférica u ovalada, con la piel de color verde oscuro, la sandía pesa de 3 a 5 kg, su pulpa tiene tonalidades rojizas, de color más o menos intenso, muy refrescante y ligeramente dulce, pero sin mucho sabor. La pulpa contiene grandes semillas negras planas.

La sandía, de origen tropical, es conocida desde la Antigüedad. Su composición, en la que destaca el agua (92%), es poco nutritiva (30 kcal o 125 kJ por cada 100 g) y rica en betacarotenos, potasio y fibras. Cuando se compra debe ser pesada y no sonar a hueco.

Por lo general se corta en rodajas que se comen al natural para refrescarse (en algunos países se vende en plena calle). Una vez despepitada, la pulpa también puede añadirse a ensaladas de frutas. En ciertos países se recoge la sandía inmadura para prepararla como la calabaza. También se puede elaborar una confitura con 750 g de azúcar por cada kilogramo de sandía pelada.

sándwich

Preparación fría, elaborada con dos rebanadas de pan que encierran una guarnición simple o compuesta, cortada en lonchas finas o en trozos pequeños. Varios condimentos completan la composición.

La palabra, que data de principios del siglo XIX, procede del título nobiliario del inglés John Montagu, cuarto conde de Sandwich, jugador empedernido, que se hacía servir carne fría entre dos rebanadas de pan para poder comer sin levantarse de la mesa de juego. Sin embargo, desde tiempo antes era costumbre dar a los trabajadores del campo la carne de su comida entre dos rebanadas de pan moreno.

sangre

Líquido vital de los vertebrados. La sangre fresca siempre se ha considerado una comida vigorizante, especialmente en los países fríos, y de ahí la antigua *swartsoppa* sueca (sopa "negra" cuyo principal ingrediente es sangre de oca) y la *czernina* o *tchernina* polaca (consomé con arroz, pasta o picatostes fritos, al que se añade sangre fresca de ave, caza o cerdo antes de ligarlo con un puré de hígado de ave).

La ligazón con sangre se emplea bastante en la cocina francesa, para los ragús, los *civets* y las preparaciones en *barbouille*. El pato *au sang* es un ave que se mata mediante asfixia, muy apreciada en la cocina de Ruán.

La expresión "cocido con gota de sangre" se aplica a una pieza de caza o a un ave joven muy poco cocidas. Al mismo tiempo, una carne *saignante* (sangrante) corresponde a un grado de cocción específico de la parrillada o del asado.

sangría

Bebida aperitiva alcohólica de origen español, elaborada con vino tinto en el que maceran trozos de cítricos (sobre todo limón y naranja) y de otras frutas. A menudo se realza con un licor o aguardiente y a veces se añade agua con gas. La sangría se acostumbra a servir con hielo.

Santamaria, Santi

Cocinero español (Sant Celoni, 1957-Singapur, 2011). Transformó su casa familiar en un sobrio restaurante de lujo coronado en 1994 con tres estrellas *Michelin* (*El racó de can Fabes,* abierto en 1981 en su localidad natal), convirtiéndose en el primer cocinero catalán merecedor de esta importante distinción. Este aficionado ilustrado, que recorrió como cliente apasionado restaurantes de todo el mundo, se convirtió en profesional de altura y creó una música propia, exaltando el producto en sí, obteniendo del mismo un sonido diferente, estableciendo un repertorio, dando cuenta de sus viajes y realizando maridajes extraños, de tono justo y nunca presuntuosos. Abrió restaurantes en Madrid (*Santceloni*, dos estrellas *Michelin* en 2005) y *l'Hospitalet de Llobregat*, en Barcelona (*Evo*, una estrella en 2007), publicó numerosos artículos en diarios y revistas y es autor de libros en los que refleja su teoría y su pasión culinaria: *La ética del gusto, El gusto de la diversidad, Entre llibres i fogons*, en el que conjuga cocina y literatura catalanas, y *La cocina al desnudo*. Sus angulas en vinagre de anguila, ostras con *raifort*, raviolis de camarones sin pasta (unas gambas grandes que contienen una exquisita *duxelles* de ceps), trufas en tres estilos (desmenuzadas sobre tabulé, en blini o en ralladura de albóndiga de *foie gras*) o el tocino campesino, tan suave, con su fino puré de papas, armonizado con caviar son platos destacables.

Santini, Nadia

Cocinera italiana (San Pietro Mussolino, 1954). Lombarda autodidacta, diplomada en ciencias políticas y por el Instituto de Ciencias de la Alimentación de Milán, se formó gracias a su suegra, Bruna, respaldada por su marido Antonio (Bozzomo, 1953), en la casa familiar, *Dal Pescatore*, en Canneto-sul-Oglio, equidistante de Parma, Cremona, Módena y Mantua. Recreó a su manera ligera la cocina de su región, cercana a la llanura del Po y a Emilia-Romagna, ofreciendo una síntesis de la Italia *gourmet*. Parmesano, vinagre balsámico, mostaza de frutas y macarrones amargos son los ingredientes de que hace uso en una región donde las tradiciones, sobre todo el agridulce y los pescados de río, datan del Renacimiento. Las tejas de parmesano crujientes, imitadas en todo el mundo, el *risotto* de pez gato, los raviolis de pintada con hígado de pichón o los *tortellis* de calabaza (*zucca*) o de *pecorino* son algunos de sus platos insignia. Recibió tres estrellas *Michelin* en 1996, y Paul Bocuse calificó su establecimiento como "el mejor restaurante del mundo".

sápido

Calificativo que designa a lo que tiene sabor, considerado en el sentido positivo y agradable de sazonamiento.

sardina

Pez pequeño (25 cm como máximo) de la familia de los clupeidos, parecido al arenque, con dorso azul verdoso y costados y abdomen plateados.

La sardina es un pescado de temporada, de primavera y de verano (en julio-agosto su carne es grasosa y de buen sabor).

Las sardinas frescas también se tratan en escabeche o en bullabesa. Se pueden empanar o asar en cazuela, rellenar y cocer a horno, al plato o en *papillot*, e incluso tomarlas crudas, en terrina o marinadas.

Antes de prepararlas, se desescaman, se vacían y se secan, y luego se les corta la cabeza (salvo si se quiere asarlas a la parrilla, pues se rompen con menos facilidad). Cuando son frescas y pequeñas, simplemente se secan.

Las sardinas pueden ahumarse o salarse, pero sobre todo se someten a conserva en aceite y se enlatan.

Antaño, las sardinas se freían antes de enlatarse, pero hoy en día se rehogan, por lo cual son más digestivas. La mención "extra" o "primera categoría" significa que se han preparado frescas. Las sardinas en conserva pueden prepararse en aceite de oliva, en aceite vegetal, en aceite y limón, con jitomate o en un escabeche de vinagre, y se pueden encontrar incluso sin espinas. Las sardinas enlatadas pueden almacenarse durante varios años, ya que mejoran con la edad, en un lugar fresco, pero nunca frío.

Las sardinas en conserva se sirven como entremés frío, con distintas verduras crudas o ensaladas. Permiten preparar asimismo canapés y *toasts*, *bouchées* y hojaldrados calientes o fríos, así como una mantequilla compuesta.

sartén

Utensilio de cocción, redondo u ovalado, poco profundo, con el reborde inclinado, provisto de un largo mango. El sartén sirve para freír, saltear o dorar carnes, pescados, verduras y huevos, y para cocer distintas preparaciones.

Un sartén clásico, de plancha de acero negra, debe ser grueso y pesado para no deformarse. Para que no se oxide basta engrasarlo, después de secarlo.

Algunas veces se prefieren materiales más ligeros, que tengan acabados más estéticos o de más fácil mantenimiento: aluminio vitrificado, acero inoxidable, hierro colado esmaltado o aluminio con revestimiento antiadherente. Algunos sartenes son:

- El sartén clásico de freír es un utensilio polivalente, pero existen sartenes de uso específico.
- El sartén de trucha (o de pescado), ovalado, es adecuado para cocción de pescados *à la meunière*.
- El sartén de crepas (también llamada crepera), redondo, posee un reborde muy pequeño para permitir que la espátula despegue con facilidad la pasta y se pueda girar la crepa.
- El sartén de tortilla (de huevo) de los cocineros, que a menudo es de cobre estañado en su interior, tiene un reborde alto y permite una cocción uniforme en todo el grosor del huevo.
- El sartén de blinis, cuyo diámetro es el de estas pequeñas crepas rusas, con reborde bastante alto.
- El sartén de castañas, redondo y perforado, está provisto de un mango muy largo para tostar las castañas sobre brasas.
- El sartén de flambeado, empleado sobre todo para flambear en la mesa los postres o ciertas preparaciones, es de cobre y de forma elegante.

sashimi

Preparación de pescados, crustáceos y moluscos crudos que constituye un manjar muy apreciado en Japón. El pescado se limpia, se desespina y se corta en crudo con la ayuda de un cuchillo de hoja larga y fina, en pequeñas lonchas de unos pocos milímetros de grosor (pescados de carne roja y las orejas de mar), en delgadas lengüetas (sepia, crustáceos) o en láminas finas como papel (pescados de carne blanca). Los trozos se disponen con minuciosidad en un plato, aderezados con brotes jóvenes de *daikon* (cortado fino) y algas, y se sirven con limón y una salsa de soya realzada con mostaza de rábano picante (*wasabi*).

sausseli

Pequeña preparación de la cocina rusa, parecida al *dartois* francés. Los *sausselis*, que se sirven como entrante o en la bandeja de *zakuski*, son hojaldres tradicionalmente rellenos de una mezcla de col rehogada con manteca de cerdo, cebolla y huevo duro picados, aunque hoy en día su farsa pueda ser diferente.

sauternes

Vino blanco con Denominación de Origen, procedente de uvas *sémillon*, *sauvignon* y muscadelle, producido en la orilla izquierda del Garona, con uvas vendimiadas una a una cuando alcanzan la putrefacción noble. De reputación mundial, el *sauternes* es un notable vino de postre con aromas de miel, chabacano y pan de especias.

sauvignon

Cepa blanca de bayas redondas, de sabor un poco especiado y una de las mejores cepas de origen francés. Empleada sola proporciona los excelentes vinos blancos del Loira: Menetou-Salon, Pouilly-Fumé, Quincy, Reuilly, Sancerre. Unida a la *sémillon* y a un poco de Muscadelle produce los mejores burdeos blancos, ya sean secos (graves) o dulces (*sauternes*).

sauvignon blanc

Cepa blanca cultivada en la región de Burdeos y en el valle del Loira, que presenta racimos pequeños, de bayas de color amarillo dorado.

savarin

Gran pastel elaborado con pasta de babá sin uvas pasas. Enmoldado en corona y rociado después de la cocción con almíbar aromatizado al ron, se llena de crema pastelera o crema batida, frutas frescas o confitadas. También se preparan *savarins* individuales, rellenos de frutas o crema.

savoury

Pequeña preparación salada de la cocina inglesa, que se sirve al final de la comida, ya sea después del pescado y de la carne o después del postre, si hay uno. La gama es muy variada: *welsh rarebit*, brochetas de ostras, *rôties* con queso, *dartois* con anchoas, tartaletas rellenas, empanadillas, huevos escalfados, bastoncitos de parmesano o al paprika, distintos elementos a la diabla, canapés fríos o calientes, entre otros.

sazonar

Acción de incorporar ingredientes (especias, sal, pimienta, hierbas aromáticas, condimentos, aceite, vinagre), en cantidades variables, para aportar un sabor particular a una preparación o aumentar la intensidad gustativa sin desnaturalizar los distintos alimentos que la componen. La sazón es un arte delicado, pues se necesita un conocimiento justo de los elementos de base y de su impresión gustativa para potenciar la asociación de varios sabores.

sbrinz

Queso suizo con Denominación de Origen. Se elabora con leche de vaca (45% de materia grasa), es de pasta prensada cocida extradura y corteza lavada, cepillada y lisa, amarilla oscura o parda. El *sbrinz* se presenta en forma de una rueda de 60 cm de diámetro y de 14 cm de grosor, con un peso de 20 a 40 kg. Es duro y quebradizo y tiene un sabor pronunciado. A veces se emplea rallado, como el parmesano.

Scappi, Bartolomeo

Cocinero italiano de mediados del siglo XVI, que estuvo al servicio de numerosos papas, y sobre todo de Pío V. A raíz de sus múltiples viajes, Scappi redactó un enorme tratado culinario titulado *Opera* (Obra), publicado en Venecia en 1570. Este trabajo se compone de seis libros, ilustrados con láminas grabadas. El primer libro se consagró a una enseñanza general de la cocina, el cuarto contiene la lista de 113 menús realizados por este cocinero emérito a raíz de los banquetes oficiales. Los cuatro libros restantes evocan los diferentes tipos de alimentos y platos.

scone

Panecillo redondo de pasta fermentada, originario de Escocia. Blando y blanco en su interior, con una hermosa corteza dorada, se come en el desayuno o a la hora del té (en particular el *high tea*, o "merienda-cena", muy practicada en Escocia).

Los *scones* se sirven calientes, abiertos por la mitad y untados de mantequilla, o bien rellenos de confitura de fresa.

scotch broth

Cocido escocés, llamado también *barley broth* (sopa de cebada). Se compone de paletilla de cordero, cebada y distintas verduras (zanahoria, nabo, cebolla, poro, apio, a veces chícharos y col). Se sirve con perejil. Se puede presentar: en primer lugar el caldo, sin colar, y luego la carne, con una salsa de alcaparras.

sellar

Comenzar la cocción de un alimento poniéndolo en contacto con una materia grasa muy caliente o un líquido hirviendo, a fin de provocar la coagulación instantánea de las partes superficiales.

seltz, agua de

Agua natural con gas y acidulada, o artificialmente gasificada con gas carbónico bajo presión, que interviene sobre todo en la preparación de cócteles. Su nombre es una alteración de Niederselters, pueblo de Alemania, en el Taunus, cuyos manantiales son célebres desde el siglo XVIII.

selva negra

Pastel de chocolate originario de Alemania, popular también en Alsacia. Es redondo, mide 6 cm de altura y está formado por tres capas de bizcocho de chocolate emborrachado de kirsch, cerezas enteras en compota y crema batida, a menudo ligeramente aromatizada con chocolate y kirsch. La parte superior está decorada con rosetones de crema batida, virutas de chocolate y cerezas.

semiglasa ◆ *demi-glace*

semilla ◆ hueso de fruta

semilla germinada, germinado o germen

Brote tierno que se alimenta de las reservas contenidas en una semilla o un germen que se introduce en agua para ablandar su piel (el tegumento). Además de los germinados de soya originarios de Asia, en el mercado encontramos semillas germinadas —o brotes— de otras leguminosas (alfalfa o mielga, lentejas, garbanzos), de verduras (espárrago, betabel, berros, poro, rábano, *daikon*, etc.) y de cereales (trigo, quínoa). Las semillas germinadas, envasadas en cajitas, se venden en la sección de productos frescos de los supermercados. También se pueden conseguir germinados en casa en solo unos días.

Las semillas germinadas son muy nutritivas y ricas en vitaminas, ya que concentran la energía necesaria para el desarrollo de la planta. Se consumen crudas, esparcidas en las ensaladas, las verduras o los sándwiches. Son particularmente digestivas, a menudo más que el cereal o la legumbre de la que proceden.

sémillon

Cepa blanca bordelesa, originaria del Sauternais, que está en la base de todos los grandes vinos con Denominación de Origen de Gironde, Dordoña y Lot-et-Garonne. La *sémillon* presenta racimos medianos, compactos, con bayas jugosas de sabor ligeramente especiado.

sémola

Producto obtenido gracias a la molienda de un cereal, sobre todo trigo duro, aunque también arroz (sémola blanca) y maíz (para la polenta), y hasta alforfón (para la *kacha*). En primer lugar se retiran de los granos las impurezas que no sean trigo duro, luego se humidifican a fin de facilitar la separación del corazón del grano (sémola) de su envoltorio (salvado), y luego se muelen. El producto de la molienda se tamiza y se purifica mediante separación del salvado del producto final, la sémola.

El valor nutritivo de las sémolas es parecido al de la harina. Este alimento rico en glúcidos complejos es, a la vez, nutritivo y ligero, sirve para elaborar pasta alimentaria y, en cocina, para preparar sopas, purés y cremas, guarniciones y platos variados (cuscús, ñoquis), así como postres (corona, crema, *pudding*, suflé, *subric*).

La sémola superior es el resultado de la molienda de la parte central de la almendra de trigo duro, mientras que la sémola corriente contiene más partes periféricas del grano (entre ellas un porcentaje más elevado de materias minerales).

Las sémolas finas sirven para preparar pastas alimentarias, mientras que las sémolas medianas y grandes son adecuadas para sopas, purés, cremas y postres. Las sémolas muy finas se destinan a la alimentación de los bebés.

sepia

Molusco cefalópodo marino de unos 30 cm de longitud, que vive en los fondos costeros herbosos. Su cuerpo se parece a una bolsa ovalada de color gris-beige con reflejos malvas, coronado con una cabeza bastante voluminosa, provista de diez tentáculos irregulares, dos de ellos muy largos. La bolsa, casi totalmente rodeada de aletas, encierra una parte dura llamada "pluma", que es el hueso de sepia. Este molusco posee una bolsa de tinta que se suele usar, como en el norte de España, en salsas que acompañan a los calamares o a la misma sepia. Vendida entera o limpia, la sepia se cocina como el calamar, en particular rellena o a la americana.

serpiente

Reptil de cuerpo muy alargado, la mayor parte de cuyas especies, sean o no de carácter venenoso, son comestibles: boa en América del Sur, pitón en África, cobra en Asia, serpiente de cascabel en México, culebras y víboras en Francia.

Hasta el siglo XVIII, los regímenes a base de víbora eran muy famosos en Francia. En las recetas de la época hay abundantes sugerencias: despellejadas y vaciadas, cocinadas con hierbas, para rellenar un capón, en caldo, en gelatina, para elaborar un aceite. A finales del siglo XVII, Luis XIV reglamentó el comercio de víboras limitando su venta a médicos y boticarios. Las culebras se siguieron preparando en algunas tabernas de las afueras, con el nombre de "anguilas de los setos", pero hoy en día están protegidas, como las víboras.

serra da estrela

Queso portugués con Denominación de Origen, de leche de oveja (de 45 a 60% de materia grasa), de pasta blanda y corteza lavada. Se presenta en forma de un cilindro de 15 a 20 cm de diámetro y de 4 a 6 cm de grosor, que pesa de 1 a 1,7 kg. Elaborado en la sierra del mismo nombre, su cuajo se obtiene mediante adición de flores y hojas de un cardo silvestre. Tiene un sabor suave cuando es joven y más picante tras seis semanas de afinado.

servicio

En su origen, conjunto de platos que componían una de las partes de la comida, que incluía en general al menos tres de ellos. El término también designó a continuación la manera de presentar los diferentes manjares a los comensales.

Se puede distinguir el servicio a la francesa, corriente hasta finales del Segundo Imperio (1870), y el servicio a la rusa, que lo reemplazó y que en la actualidad sigue vigente.

• Servicio a la francesa. No fue más que la continuación del ceremonial del "gran cubierto", observado bajo Luis XIV.

Una comida servida a la francesa se divide en tres partes: el primer servicio va desde el potaje hasta los asados, con entremeses y entrantes; el segundo incluye los asados, las piezas frías del segundo, las verduras y los platos dulces (*entremets*); el tercero reúne la pastelería, las piezas montadas y los *petits-fours*, los bombones y los helados. Se terminaba con la fruta.

El orden del menú se regulaba según el número de entrantes, y en principio los platos del segundo servicio debían ser de igual número que los del primero. Los platos del primer servicio se disponían sobre la mesa antes de la llegada de los comensales, sobre pequeños quemadores portátiles o bajo una campana. A esta suntuosa exhibición de orfebrería se añadían los grandes centros de mesa, los candelabros, las flores, la cristalería, los cubiertos, etc.

• Servicio a la rusa. Su introducción en Francia se debe al príncipe Alexandre Borisovitch Kurakin, embajador del zar en París bajo el Segundo Imperio.

El cocinero francés Urbain Dubois lo popularizó hacia 1880, y propició su adopción en las casas burguesas. Las mesas no estaban tan cargadas de piezas de orfebrería: sobre ellas solo se depositaban las flores y pirámides de frutas o piezas montadas decorativas. La finalidad era comer caliente. El orden de los platos se fijaba con antelación y los manjares se presentaban uno a uno y sucesivamente. Este servicio descansa en otro principio: todo debe ejecutarse en un mínimo de tiempo, de modo que el plato se presenta con rapidez, sin alteración de su sabor.

Cada serie de platos lo sirve o prepara un *maître d'hôtel*, al que se señalan con antelación los comensales por los que debe comenzar. Las fuentes se presentan por la izquierda de la persona sentada, y el plato se retira o se pone por la derecha. El vino se sirve por la derecha, en el mismo orden que las fuentes.

- Servicio en restauración. En este terreno los servicios son muy diferentes:
- En el servicio simplificado los manjares se disponen en los platos o las fuentes se colocan sobre la mesa.
- En el servicio a la francesa se da a cada comensal la posibilidad de servirse por sí mismo de la fuente, que se presenta acompañada de un cubierto de servicio.
- En el servicio a la inglesa es el camarero quien sirve los manjares en el plato del comensal.
- En el servicio a la rusa, también llamado "a la inglesa con guéridon", el *maître d'hôtel* muestra a los comensales la fuente para que aprecien la presentación, y luego los manjares se disponen en los platos, operación que se practica sobre un guéridon (o mesa de apoyo), junto a la mesa.

servicio de mesa

Conjunto de mantel y servilletas a juego, o de platos y fuentes con la misma decoración.

También se llama servicio a varias piezas que se utilizan juntas en un manjar determinado:

- El servicio de espárragos comprende una bandeja con escurridor sobre la que se colocan los espárragos al natural, así como la pinza o la pala que permite servirlos.
- El servicio de café o de té reúne, a menudo sobre una bandeja, tazas de tamaño específico, con platitos y cucharillas, la cafetera o tetera, así como el azucarero y una jarrita de leche.
- El servicio para trinchar designa el gran cuchillo y el gran tenedor (y a veces el *manche à gigot*) que permiten cortar en la mesa una pieza de carne, de caza o un ave.
- El servicio de *fondue*, con su quemador portátil y su recipiente, incluye asimismo los pinchos, tenedores largos de dientes finos, y platos compartimentados o pequeños cuencos para las salsas.
- El servicio de queso reúne la bandeja, el cuchillo y unos platitos.
- El servicio de pastel reúne la fuente (redonda o alargada), la pala y los platos a juego, o designa el conjunto de tenedores de postre y la pala.
- El servicio de licor (o de oporto) comprende unas copas y una jarra.
- El servicio de pescado agrupa una fuente alargada, unos platos y, si es necesario, una salsera, así como un cubierto de pescado de gran tamaño.

- El *tête-à-tête* es un servicio que se reduce a las piezas necesarias para dos personas (para el té, el café o el desayuno).
- El servicio de *sushi* consta de pequeños platos individuales para presentar los sushis, pequeños cuencos para las salsas y los condimentos, así como palillos.

servilleta

Pieza de tela individual que sirve para secarse las manos y los labios, así como para proteger la ropa cuando se come. La etiqueta exige que se utilice la servilleta antes de llevar la copa a la boca y cada vez que la salsa o un alimento marca los labios. Está prohibido anudar la servilleta en torno al cuello, salvo cuando se trata de cangrejos de río o de marisco que se debe pelar.

Los romanos disponían de un *sudarium* destinado a secarse la frente y el rostro, mientras que los esclavos circulaban con jofainas para las abluciones. A principios de la Edad Media, los comensales se secaban las manos y la boca en el mantel o en una pieza de tela que solo recubría los bordes de la tabla y se reservaba para este uso. Hacia el siglo XIII aparecieron unos paños colgados en la pared, que los comensales utilizaban a voluntad y que a continuación servían para tapar los restos de comida. Luego llegaron las servilletas individuales de lino o de algodón, bordadas y más tarde damasquinadas.

sésamo • ajonjolí

sesos

Cerebro de los animales de carnicería. Debido a la sospecha de transmisión a los humanos de encefalopatías, el consumo de sesos de res y de cordero adultos está prohibido. Los sesos forman parte de los despojos rojos y son ricos en lípidos (9 g por 100 g), colesterol (2 g por 100 g) y fósforo (320 mg por 100 g). En México los sesos de cerdo se utilizan principalmente en el centro del país para preparar quesadillas, sopas y algunos guisos.

seta o seta de ostra

Hongo carnoso, de un color blanco ligeramente castaño. Nace en forma de varios sombreros superpuestos, de forma muy habitual en los troncos. La seta de ostra (*Pleurotus ostreatus*) vegeta en lugares sombríos y frescos, de otoño a invierno. En algunos países de habla hispana se le denomina seta a cualquier tipo de hongo comestible.

sex on the beach

Coctel elaborado a base de vodka, licor de durazno, jugo de naranja y jugo de arándano. Existe otra versión menos conocida que contiene vodka, Chambord, midori, jugo de piña y jugo de arándano. Se sirve en un vaso *highball* y se toma con popote.

shabu-shabu

Plato japonés de la familia de los platos llamados *nabemono* (cocidos en una sartén grande encima de una estufa portátil puesta sobre la mesa), cuya creación, hacia mediados del siglo XX, al parecer se inspiró en una receta mongol de los tiempos de Gengis Khan. En general, el *shabu-shabu* se compone de finas tajadas de res y verduras picadas, cocidas en agua hirviendo o en un caldo a base de algas, luego sumergidas en una salsa a base de cítricos o de semillas de ajonjolí. El jugo de cocción restante se mezcla con arroz y se consume en sopa. El cerdo, el pollo, el pato, el bogavante y el cangrejo se preparan del mismo modo. El *shabu-shabu*, parecido al *sukiyaki* por su preparación, pero más sabroso, debe su nombre al ruido producido por los palillos cuando se mueven dentro de la sartén.

shiitake

Hongo típico de Asia y uno de los más cultivados y apreciados en el mundo. Posee un sombrero convexo oscuro, recubierto radialmente por fibrillas y mechas lanosas y blanquecinas. Sus láminas tupidas son de color beige blanquecino. El *shiitake* es rico en sales minerales, como fósforo y potasio, y en vitaminas. Tiene virtudes terapéuticas reconocidas. Acompaña muy bien a las carnes y las ensaladas, y se sirve en salsa o a la parrilla.

short drink o trago corto

1. Preparación que se sirve en un vaso pequeño como vaso tequilero, vaso *old fashioned*, etc. Puede ser un coctel o algún licor o destilado. Estos se toman generalmente de un trago y en ocasiones se acompañan de elementos como sal, limón, azúcar, etc.
2. Se el denomina *short drink* a un coctel obtenido mezclando un aguardiente o un licor con un poco de jugo de fruta o de soda. Los *short drinks* se sirven fríos, con hielo, algunos como aperitivo y otros como digestivo.

siete especias

Mezcla de siete especias típicamente japonesa (*sichimi togunashi*), entre las cuales el chile rojo seco es el principal ingrediente. Su composición varía sensiblemente de un lugar de venta a otro. Puede contener, entre otros, semillas de ajonjolí negras y blancas, semillas de amapola y de cáñamo, algas *nori* o incluso cortezas de cítricos secas. En todos los casos, la mezcla de siete especias sirve para condimentar tallarines, potajes, platos *nabemono* (cocidos en la mesa, encima de una parrilla o en un recipiente para *fondue*) o brochetas (*yakitori*).

sidra

Bebida obtenida a partir de la fermentación natural del jugo de manzana. La elaboración de la sidra se conocía ya en la Antigüedad. Reglamentada por Carlomagno, se difundió durante el siglo XII por Normandía y Bretaña, donde el clima es muy propicio al cultivo de manzanos, y suplantó en esta zona a la *cervoise* de los galos.

El arte del sidrero consiste en mezclar con armonía distintas variedades de manzana (entre muchos centenares) para obtener una sidra equilibrada. Las frutas se recogen en su madurez y luego se dejan unos días apiladas antes de molerlas y enviarlas a la prensa. La fermentación se lleva a cabo de forma natural, sin adición de fermentos ni de azúcar y dura un mes. La sidra se trasiega una o dos veces para clarificarla.

Según su calidad y su modo de comercialización, a continuación se filtra o no, y se estabiliza mediante pasteurización si debe enviarse lejos. Embotellada, saturada de gas carbónico, conserva su burbujeo agradable y su sabor refrescante y afrutado, que la convierten tanto en una bebida para saciar la sed como para acompañar una comida.

La denominación *sidra bouché* corresponde a una práctica tradicional, que consiste en dejar cierta cantidad de azúcar residual en el momento del embotellado. Éste desarrolla a continuación su aroma

y un burbujeo particular, que obliga a sujetar firmemente el tapón con alambre, a la manera del champán.

La destilación de la sidra produce el aguardiente de sidra, que en ciertas zonas de Normandía tiene derecho a la denominación calvados *controlé*.

sidra de pera

Bebida fermentada preparada como la sidra, pero con jugo de pera fresca de una variedad específica llamada *poire à poiré*. La sidra de pera es una bebida muy antigua en el oeste de Francia. Menos consumida que la sidra de manzana, se parece a un vino blanco ligero.

Las peras se lavan, se trocean, se introducen en un recipiente de madera con aire y se prensan. El jugo, que se vierte en un tonel, fermenta de forma natural (con bastante rapidez) y luego se trasiega hasta las botellas. Según su densidad, la sidra de pera puede ser tranquila, de aguja o espumosa. A menudo se mezcla con sidra de manzana, a la que aporta aroma y cierta acidez.

sierra

Pez con coloraciones azules, dorso verde azulado, costados plateados y numerosas manchas que van del amarillo al bronce. Su nombre científico es *Scomberomorus maculatus*. Mide entre 50 y 70 cm de largo y puede pesar de 800 g hasta 5 kg. Se pesca en el Golfo de México y en el océano Pacífico. Posee carne oscura de sabor fuerte que se come fresca en ceviches o filetes. Este pescado también se consigue ahumado, seco o salado.

sifón

Botella que contiene, bajo presión, un litro de agua con gas carbónico. El sifón se cierra mediante una cabeza de materia plástica o de metal, enroscada y provista de una palanca que acciona la salida del líquido mediante un tubo que se sumerge en interior de la botella.

El sifón, destinado a servir agua con gas directamente en los vasos, se recarga con agua desenroscando la cabeza, y con gas gracias a unos cartuchos que se encajan en esta cabeza.

El sifón de crema batida, que funciona según el mismo principio, proporciona de forma instantánea una crema batida gracias al gas.

silicón o silicona

Desde la segunda mitad del siglo XX, las propiedades de los elastómeros de silicón han hallado múltiples aplicaciones en la industria y en la vida cotidiana. Numerosos utensilios de cocina (recipientes, moldes diversos, salvamanteles, bandejas de cocción, colador, pincel, etc.) se fabrican con materiales a base de silicón, aunando higiene, solidez, flexibilidad, resistencia al calor y al desgaste, facilidad para limpiar, antiadherencia y, en el caso de la espátula, el hecho de que no raya los revestimientos antiadherentes. En pastelería, un tapete de silicón permite cocer al horno, sobre una placa, fondos de pasta, productos de bollería, merengues, etc. Este tapete (existente en varios tamaños), al igual que los moldes, puede pasar de la temperatura del congelador (−40 °C) a la del horno (300 °C).

silla

Nombre de dos trozos de carne o de caza de gran tamaño. La silla inglesa (cordero o carnero) está formada por los dos lomos no separados. La silla de *gigot* (carnero, cordero y corzo) corresponde a la parte izquierda del *gigot* (que se denomina "recortado" cuando no incluye la silla). Ambos se preparan enteros, asados, o cortados en piezas pequeñas a la parrilla.

siluro o glano

Pez de la familia de los silúridos, misma familia a la que pertenece el bagre. El siluro es una variedad de pez-gato con la piel lisa, sin escamas. Posee seis barbas dispuestas alrededor de la boca y una aleta dorsal muy corta. Puede alcanzar los 3 m de longitud. Es originario de los cursos fluviales del este de Europa, y abunda en el Danubio. Fue introducido en los ríos, se desarrolló rápidamente y es muy buscado por la pesca deportiva. En la región del valle del Loira se practica con éxito su cría en estanque.

Se prepara en rodajas, filetes frescos o ahumado. Su carne es densa, delicada, sin espinas, de color entre blanco y beige sin un sabor fuerte o pronunciado (se le atribuye un sutil sabor a avellana). Se presta a todas las preparaciones, pero se suele cocinar con una salsa al vino blanco o tinto, con fondo de ternera, trocitos de tocino y cebollitas salteadas.

slivovitz

Aguardiente de ciruela muy popular en los países balcánicos, donde también recibe el nombre de *rakia* o *rakija*. Se suele preparar con ciruelas azules, cuyos huesos se aplastan y se dejan fermentar con la pulpa, lo cual da un leve amargor a este alcohol. El *slivovitz* (de 40 a 45% Vol.), célebre desde la Edad Media, se destila dos veces, envejece en pequeñas barricas y tradicionalmente se comercializa en botella redonda y plana, aunque también en botellas más clásicas, con nombres que varían de un país a otro. Se sirve como acompañamiento de un entrante o solo, caliente y endulzado con azúcar o miel.

sloke

Plato a base de algas, tradicional en la alimentación de los escoceses hasta una época reciente. El *sloke*, o espinaca de mar, formaba la base de sopas y salsas (en particular con cordero).

slow food

Movimiento favorable a la valorización de las distintas tradiciones culinarias y la recuperación del placer por la buena mesa y los alimentos. Se declara contrario a la estandarización de los gustos y la universalización de las comidas preparadas y de consumo rápido, el *fast food*. Fue iniciado en el norte de Italia, donde en 1986 se fundó una asociación que perseguía dichos objetivos y que posteriormente se extendió a otros países. En 2002 se convirtió en la actual Fundación Slow Food para la Biodiversidad.

smeun

Mantequilla clarificada típica de la cocina magrebí y árabe. El *smeun* (*smen* o *smenn*) se elabora con mantequilla de oveja (a veces de cabra o de búfala), que se vuelve líquida, se clarifica y se mezcla con un poco de sal y a veces con sémola. Se conserva en tarros de barro cocido o de gres. Al envejecer, esta mantequilla se afina y adquiere un sabor a almendra. Se emplea en pastelería y para aderezar el cuscús, los caldos y los *tagines*.

smitane

Crema agria, más o menos espesa, de uso corriente en Rusia, en otros países de Europa del Este y en Europa Central. Obtenida mediante fermentación bacteriana, la *smitane* se conserva poco tiempo. Adereza en particular el pescado, el *borchtch*, la salsa de las hojas de col rellenas, las *choucroutes* y los ragús de carne húngaros.

La salsa *smitane* se elabora con crema agria mezclada con cebollas picadas, desglasadas en vino blanco hasta su reducción completa. La mezcla obtenida también se reduce, luego se cuela y se le añaden unas gotas de limón.

smoothy

Bebida cremosa y espumosa que se obtiene a partir de una mezcla de jugo de frutas y/o verduras frescas, un líquido (leche, infusión o caldo) o un producto cremoso (yogur, helado o sorbete) y, en ocasiones, helado picado. Los *smoothies* se pueden preparar con una centrifugadora, un extractor de jugo, un robot mezclador, un robot batidor o un aparato específico (robot para elaborar *smoothies*). Existe una gran variedad de *smoothies*, acondicionados en botella o en *brick*.

smörgåsbord

Surtido sueco abundante y variado de manjares fríos y calientes, que constituye una comida entera. De hecho, se trata de un vasto bufet, en el que los comensales se sirven según su apetito, pero respetando un orden tradicional.

La primera etapa de un *smörgåsbord* pasa necesariamente por el arenque, alimento rey en Escandinavia. En un primer plato se puede unir, por ejemplo, arenque del vidriero (marinado en vinagre, con azúcar, zanahoria y especias), arenque marinado frito, arenque con crema agria o arenque ahumado, todo ello acompañado de eneldo y cebolla cruda cortada fina o pepino.

A continuación se pasa a otros platos de pescado: salmón y anguila ahumados, trucha en gelatina, huevas de bacalao con eneldo, huevos duros rellenos, ensalada de camarones con chícharos y hongos, o bien una especialidad típicamente sueca del *smörgåsbord*, el *fagelbo* (yemas de huevo crudas rodeadas de cebollas, alcaparras y remolachas cortadas finas). Se prosigue con las carnes frías y los embutidos suecos: ternera en gelatina, lengua escarlata, rosbif, paté de *foie*.

Al final llegan los platos calientes, que reúnen numerosos manjares típicamente suecos: tentación de Janson (gratín de anchoas con papas, crema y cebollas), cebollas rellenas, albóndigas de carne, etc.

En el bufet se proponen, como acompañamiento, numerosas variedades de pan de centeno y de tortitas crujientes, así como un surtido de quesos fuertes y suaves (que se toman con el arenque). El postre se compone de ensaladas de frutas. Por lo general se sirve un barrilete de aquavit, así como cerveza.

La práctica del *smörgåsbord* se ha difundido por todos los países nórdicos y se llama *koldt bord* en Dinamarca, *smorbrod* en Noruega y *voileipäpöyta* en Finlandia. Los *zakuski* rusos constituyen una fórmula análoga. Arenques marinados, ensalada de arenque con papas y betabel, rebanadas de pan fritas con oca ahumada, esturión y salmón ahumados, y huevas de pescado forman los elementos de base, a los que en Noruega se suman el *rakorret* (truchas fermentadas con sal y azúcar), en Finlandia las lonchas de reno salado y ahumado, acompañadas por huevos revueltos, y en Dinamarca las albóndigas de carne con col roja o las lonchas de oca ahumada con col.

snack-bar
Restaurante en el que se sirven comidas rápidas a todas horas. En Francia, la carta propone platos simples, por ejemplo, el *croque-monsieur*, *quiche*, *hot dog*, hamburguesas, pollo con papas, así como bebidas no alcohólicas (refrescos, café, té, leches aromatizadas).

sobar y amasar
Trabajar, sobando con la mano o con la espátula, una sustancia para ablandarla o para que sea más flexible. De este modo, para conseguir una pasta de hojaldre, es preciso trabajar la mantequilla para darle una consistencia igual a la de la base. Los ingredientes de ciertas masas deben trabajarse durante mucho tiempo para que sean homogéneas. En una pasta o una farsa, la operación se realiza a mano, sobre la superficie de trabajo o en una terrina, aunque también se puede hacer mediante la ayuda de una mezcladora.

sobrasada
Embutido crudo y curado propio de las Baleares, elaborado con carne picada de cerdo, pimentón, sal y especias. Merece especial mención la sobrasada de Mallorca de cerdo negro, elaborada con cerdo de raza autóctona mallorquina.

soda o refresco
Agua con gas, por lo general poco mineralizada, a la que casi siempre se le añade jarabe a base de extractos de frutas (limón, naranja) o de plantas diversas (como la coca o la cola), en ocasiones se incorporan aromas vegetales para proporcionar un gusto amargo a la bebida. En la elaboración de sodas participan distintos acidificantes, edulcorantes y colorantes.

sodio
Elemento mineral que, junto al potasio, desempeña un papel capital en la hidratación de las células e interviene en el mantenimiento del equilibrio entre los ácidos y las bases del organismo. Las necesidades se ven ampliamente cubiertas en el mundo occidental por la alimentación, que aporta de unos 4 a 6 g de sodio diarios, cantidad que numerosos nutriólogos consideran excesiva, ya que una sobrecarga de sodio aumenta los riesgos de hipertensión arterial. La principal fuente de sodio es la sal (cloruro de sodio) añadida al cocinar, y le siguen el pan, los embutidos, los quesos, los platos precocinados, aperitivos diversos (galletas saladas, papas *chips*) y ciertas conservas (especialmente las salsas). Por otra parte, numerosos alimentos son naturalmente ricos en sodio (leche, marisco, clara de huevo, frutos secos, aguas minerales).

sofreír
Cocer en un cuerpo graso, lentamente, una o varias verduras, a menudo cortadas muy pequeñas, para que suelten parte o toda su agua natural, y concentrar sus jugos en la materia grasa. La moderación del calor permite evitar toda coloración, en particular en las cebollas o las chalotas. Cuando las verduras no toman color, se suele decir "hacer sudar".

sofrito de verduras
Preparación de verduras finamente cortadas, cocidas con calor muy suave, en materia grasa (mantequilla o aceite), a veces con muy poca agua o caldo. Las verduras sudan el agua que llevan con el cuerpo graso. La cocción prosigue hasta la evaporación del líquido, y las verduras se funden. Esta preparación, que se realiza con una o varias verduras, se emplea como elemento complementario o como guarnición.

El jitomate sofrito se utiliza sobre todo en preparaciones de huevos, salsas y guarniciones mediterráneas. También completa ciertas farsas y puede servir, enfriado, como condimento para entremeses o pescado (igual que la cebolla sofrita). Aromatizado con cilantro recibe el nombre de "a la griega".

soja ◆ soya

soleta o melindros
Pequeño bizcocho en forma de lengüeta abombada, hecho con una pasta parecida a la del bizcocho de Saboya, pero todavía más ligera. Estos bizcochos sirven a menudo para encamisar moldes de postres fríos o helados. Se conservan de dos a tres semanas en una lata metálica.

solomillo o filete
Conjunto de los músculos intraabdominales, muy tiernos, puesto que son poco activos, de la región lumbar de la res, de la ternera y del caballo.

El solomillo de res, alargado, está formado por un conjunto de músculos. Se puede distinguir, en la cocina y en la carnicería, la cabeza, el corazón (en medio) y la cola. Una vez limpio solo representa 2% del peso de la canal. El solomillo es una pieza selecta; se puede preparar asándolo, mechándolo o envolviéndolo. También se corta en tajadas bastante gruesas (*chateaubriand*) o en *turnedós*.

sommelier
Persona encargada del servicio de los vinos en el comedor, lo cual le exige poseer conocimientos enológicos y saber elegir los vinos de acuerdo con los platos. Por su parte, el bodeguero o cavista se encarga de la vigilancia y seguimiento de los vinos en la bodega. En su origen, el *sommelier* era el monje que, en un convento, se ocupaba de la vajilla, la ropa, el pan y el vino.

sopa
Preparación líquida caliente o fría. En su origen, la sopa era una rebanada de pan sobre la que se vertía caldo, vino, una salsa o una preparación líquida. Hoy en día, la sopa es un caldo, a menudo espesado con pan, pasta o arroz, y acompañado con carne o pescado y verduras. En todos los países, la sopa es un plato básico de antigua tradición.

sopa de ajo
Especialidad de la cocina castellana, muy sencilla, basada en una cocción de pan, aceite de oliva, pimentón, laurel y dientes de ajo

triturados. En numerosas variantes se le añaden diferentes ingredientes, que la convierten en un plato más consistente: ya sea, huevo, chorizo o jamón.

sopa de rabo de res

Potaje clásico de la cocina inglesa. Se trata de un consomé clarificado, a base de rabo de res, aromatizado tradicionalmente con "hierbas de tortuga" (mezcla de albahaca, tomillo, salvia, romero y mejorana, con semillas de cilantro y granos de pimienta, encerrados en una bolsita de muselina). Esta sopa se sirve junto con pequeñas albóndigas de verduras, o con una *brunoise*, y carne de rabo de res. Se aromatiza al jerez, al coñac o al madeira.

sopa gratinada

Sopa de cebolla que se vierte en un bol, una pequeña sopera o una cacerola individual de porcelana, cubierta con pan seco y queso rallado y que se pasa por el horno muy caliente y se sirve gratinada. Mientras que la sopa de cebolla es de origen lionés, la gratinada es parisina, y se acostumbra a servir en los bistrots de Montmartre y del barrio de Les Halles, donde se cena tarde.

En general, el queso utilizado es *gruyère*, *comté* o *emmental*, pero también se pueden realizar gratinadas con cantal o queso azul de Auvernia.

sopera

Recipiente hondo, ancho y profundo, provisto de dos asas, utilizado para servir la sopa, los purés o las cremas. Una tapa, a veces con una muesca para que pueda colocarse el cucharón, conserva el calor de la preparación.

sorbete

Postre helado, que se distingue del helado propiamente dicho por el hecho de no incorporar ni materia grasa ni yema de huevo, por lo cual resulta menos firme y con más grano que éste.

El ingrediente de base de un sorbete es un jugo o un puré de frutas, un vino (champán), un aguardiente (vodka) o un licor, y a veces una infusión aromática (té, menta, etc.). Se le añade almíbar, al que a veces se incorpora glucosa o azúcar invertido (o ambos). Durante la congelación, la mezcla debe batirse.

Históricamente, los sorbetes fueron los primeros postres helados (los helados con leche o crema no hicieron su aparición hasta el siglo XVIII). Los chinos enseñaron a los persas y también a los árabes a prepararlos, y éstos a su vez los dieron a conocer a los italianos.

En su origen, los sorbetes estaban compuestos por frutas, miel, sustancias aromáticas y nieve. En la actualidad, el sorbete se toma como un postre clásico o se consume como un helado entre las comidas.

sorbetera o máquina para helados

Aparato eléctrico que sirve para elaborar helados y/o sorbetes. La sorbetera trabaja la mezcla (leche, yemas de huevo y aroma, en el caso de helados; jugo o pulpa de fruta y agua en el caso de sorbetes) a la vez que enfría.

En los modelos más sencillos, el hecho de "cuajar en helado" es provocado por un producto refrigerante previamente puesto en el congelador. Las sorbeteras automáticas o "turbinas para hacer helados", más rápidas, son réplicas de los aparatos profesionales. Generalmente el hielo es molido, y luego se coloca en el congelador. Basta con sumergir rápidamente el molde en agua tibia y darle la vuelta para extraer el helado o el sorbete.

sorgo

Cereal de los países cálidos, de la familia de las poáceas, el tercero más consumido en el mundo después del trigo y el arroz.

El cultivo del sorgo aparece atestiguado en la India en documentos de hace 3 900 años. Fue introducido en Italia en el siglo I y se cultivó en Europa hasta finales del siglo XV. Sigue siendo un cultivo básico tanto en África como en China. Con él se hacen pasteles aderezados con salsas pimentadas, o mantequilla y leche. En Mali sirve para preparar una especie de cuscús. En Túnez se vende en las calles el tradicional *sohleh*, gachas de mijo con jengibre. También se consume mucho en China. En África Oriental, las mujeres elaboran la *pombé*, una cerveza de sorgo aderezada con tallos de *gombo*. Por su parte, los chinos extraen del sorgo el *caoliang*, un aguardiente que aromatizan con pétalos de rosa, utilizado en cocina para marinadas y salsas.

sorpresa, en

Se dice de manjares cuyo acabado o composición implica una idea de disfrazar, de disimular el sabor o la consistencia, y cuyo descubrimiento, a la hora de la degustación, debe provocar sorpresa. El ejemplo más típico es el de la clásica tortilla noruega, llamada "en sorpresa", en la que un merengue que se pasa por el horno caliente oculta una capa de helado.

Por lo general, reciben este calificativo las frutas escarchadas, suflés o con rellenos variados (limón, naranja, mandarina, melón, piña, etc.) cuyo casquete se vuelve a colocar en su sitio para ocultar el interior. Las *fruits déguisés* también se llaman de este modo.

soubise

Nombre dado a una serie de preparaciones que incluyen cebollas, ya sea en una salsa (bechamel a la que se añade puré de cebolla) o bien en un puré por lo general espesado con arroz. La denominación se refiere, en particular, a preparaciones de huevos dispuestos sobre el puré, a veces napados con salsa. Ese puré puede servir también como guarnición para carnes o como farsa de verduras.

soya

Leguminosa de la familia de las fabáceas, probablemente originaria de Manchuria, que los chinos denominan *dadou* y los japoneses *daizu*. Su tallo leñoso presenta hojas agrupadas de tres en tres y una quincena de vainas vellosas, pardas o verduzcas, cada una de las cuales contiene tres semillas grandes como chícharos. Es la planta más utilizada del mundo: como materia prima de aceite y de harina, como alimento humano y como forraje.

A partir de la soya se obtienen numerosos productos alimentarios:
– Los frijoles de soya se venden en su vaina, frescos, germinados en conserva o congelados. Contienen hasta 20% de proteínas

directamente asimilables. Se preparan hervidos. En China acompañan tanto a la res como a los mariscos.

– Los frijoles de soya secos, amarillos, verdes, negros o bicolores, aportan 422 kcal o 1,764 kJ por cada 100 g y son dos veces más ricos en proteínas (37%) que la res. Puestos en remojo y cocidos en agua, se comen en sopa o en ensalada. En Japón, los frijoles de soya negros, que se cuecen durante largo rato con clavos de olor y azúcar, se aromatizan con salsa de soya y se sirven con una guarnición de arroz.

– La harina de soya (3,5 veces más rica en proteínas que la harina de trigo) se emplea en pasteles, panadería y para ligar salsas. En Japón sirve para acompañar patés de arroz caldoso.

Por otra parte, en la cocina nipona se emplean numerosos productos elaborados a partir de soya: el *natto* (alubias negras fermentadas), utilizado como guarnición de platos de arroz y de ciertos platos de fiesta; el tofu, que tiene numerosos empleos; el *miso*, hecho con arroz, cebada o soya fermentada, que forma parte de los caldos y sopas o como guarnición de pescado, asociado a verduras; el *tonju*, bebida obtenida al extraer con agua los nutrientes solubles de la harina de soya.

Las semillas de soya contienen moléculas con las propiedades de los estrógenos, que tienen un posible papel protector contra la osteoporosis de las mujeres que superan la menopausia.

spaghetti ◆ espagueti

spare ribs

Piezas de chuleta de cerdo (costillas altas) que los estadounidenses asan en la barbacoa, después de dejarlas macerar en una mezcla de salsa de soya, cátsup, azúcar y jengibre, más conocida con el nombre de salsa *barbecue*.

spätzles

Especialidad que comparten Alsacia, Suiza y el sur de Alemania. Se trata de pequeños fideos irregulares cuya pasta está hecha con sémola de trigo duro o con harina y huevos, y cocidos en agua hirviendo. Se sirven como guarnición de carne en salsa o como entrante. En Württemberg, los *spätzles* pueden ser casi pequeñas *quenelles*, cuya pasta incluye puré de hígado (*leberspätzle*) o queso (*kässpätzle*). En Alsacia se llaman *spätzele* o *spetzli* y en la Suiza francófona, *spaetzli*.

spéculos

Pastelitos planos de la pastelería belga, elaborados con pasta enmoldada o cortada con moldes cortapastas, en forma de personajes folclóricos o tradicionales. Los *spéculos* (o *speculoos*), inseparables de las ferias y kermesses flamencas, también se encuentran en el sur de Alemania, donde se llaman *spekulatius*.

spoom

Especie de sorbete espumoso, apreciado en Inglaterra, preparado con un almíbar menos concentrado que el del sorbete, al que, cuando comienza a cuajar, se añade la mitad de su volumen de merengue a la italiana.

steak

Palabra inglesa que significa rebanada, empleada en el caso de la res como sinónimo de bistec. El *steak* se asa a la parrilla o en sartén. Según el grado de cocción estará muy poco hecho (*bleu*), poco hecho (*saignant*), al punto (*à point*) o incluso muy hecho (*bien cuit*). Un *steak* grueso es un *chateaubriant* y uno muy grueso, un *pavé*.

steak and kidney pie

Especialidad de la cocina británica, preparada con carne de res magra y riñón. Cocido bajo una corteza de pasta en una fuente de *pie*, el *steak and kidney pie* constituye un entrante caliente. Antaño figuraba también en el bufet del desayuno.

stilton

Queso inglés de leche enriquecida de vaca (50% de materia grasa), de pasta verde y corteza oscura natural cepillada. Creado en el pueblo de Stilton, este queso se presenta en forma de un cilindro de 15 cm de diámetro y de 25 cm de grosor, que pesa de 4 a 4,5 kg. Considerado uno de los mejores quesos del mundo, tiene un sabor muy pronunciado. Se acompaña con galletas saladas, un vaso de viejo oporto, nueces frescas o uva fresca.

Algunos aficionados cortan un casquete en la parte superior y vierten oporto, madeira o jerez, y luego lo toman con cuchara al cabo de una o dos semanas.

stockfisch

Bacalao salado y secado al aire, que es el ingrediente básico de platos tradicionales tanto en Escandinavia como en el sur y el centro de Francia. El término procede del alemán *stock* (bastón) y *fisch* (pescado), ya que el bacalao se secaba antaño sobre bastones.

stoemp

Mezcla flamenca de papas cocidas en agua y luego aplastadas, y de verduras (col de Saboya, col roja, a veces apio) cortadas bien pequeñas. Al puré obtenido a menudo se le incorporaban cubos de panceta dorados en sartén.

stollen

Especie de pan de masa *brioche*, alemán, con frutas confitadas y distintas especias (vainilla, cardamomo, cáscara de limón, nuez moscada), tradicional en Navidad. Existen numerosas recetas y el *stollen* más conocido es el de Dresde.

stout

Cerveza oscura inglesa e irlandesa, que contiene una fuerte proporción de lúpulo. Las *stouts* existen en tres versiones: amarga (*bitter*, que es la más difundida), dulce (*milk stout*, menos fuerte) o muy fuerte (*imperial russian stout*, poco frecuente).

streusel

Brioche alsaciano redondo, recubierto de una pasta *sablée* sin huevos, aromatizada a la vainilla y a la canela, a la que a veces se añaden almendras en polvo, y que se cuece al mismo tiempo que la pasta del pastel. El *streusel* a veces se abre en dos y se rellena de crema.

stroganov

Nombre que se da a una preparación de carne de res cortada finamente, napada con crema y acompañada por cebollas y hongos. Este plato tradicional de la cocina rusa clásica es conocido en Europa desde el siglo XVIII y se ha interpretado de distintas maneras.

Se prepara con láminas finas de carne de res (solomillo, lomo bajo o *rumsteck*) salpimentadas, espolvoreadas con paprika y salteadas a fuego vivo, y luego salseadas con un desglasado al vino blanco, a la crema y con fondo de ternera ligado, al que se añaden cebollas que se han hecho sudar en azúcar. La res *stroganov* se sirve con arroz *pilaf* y hongos salteados.

Una versión tal vez más típicamente rusa es la que consiste en saltear las cebollas y los hongos a la vez y luego añadir la carne cortada en láminas, tras haberla salteado, y añadir al conjunto un *roux* mojado con crema agria, realzada con mostaza y jugo de limón.

strudel

Elaboración de pastelería vienesa, enrollada y con distintos rellenos, cuyo nombre significa "torbellino". Para lograr un buen *strudel*, uno de los pasteles más famosos de Austria, se precisa una pasta de harina de gluten de gran finura, delicada de preparar y manipular. El relleno suele ser de manzanas con canela y uvas pasas, aromatizadas con piel de limón, pero también puede estar formado por cerezas (guindas deshuesadas, azúcar, piel de limón y almendras picadas) o queso blanco (mezclado con yemas de huevo, piel de limón, uvas pasas, crema y claras a punto de nieve). El *strudel* también se puede hacer con un relleno salado: res hervido picado con cebolla, paprika y perejil (en otra variante se emplea col picada, cocida al horno con grasa y una pizca de azúcar).

suavizar

Atenuar los matices acre, áspero, amargo, agrio, ácido o el exceso de sazón de una comida añadiendo un poco de agua, leche, crema, azúcar, etc., o prolongando su cocción. Una pizca de azúcar suaviza el jitomate cortado en trozos para hacer salsa. Se suaviza una salsa haciendo hervir el vino utilizado para desglasar y sometiéndola a reducción.

Subijana, Pedro

Cocinero español (San Sebastián, 1948). Estudió en la Escuela de Hostelería de Madrid y con Luis Irizar; en 1975 asumió la dirección del restaurante *Akelarre*, situado en lo alto del monte Igueldo, en San Sebastián. *Premio Nacional de Gastronomía* (1979) y *Premio Club Gourmets* al mejor cocinero de España (1982 y 1997), su restaurante posee desde 2006 tres estrellas *Michelin*. Con una base culinaria vasca, ha abierto nuevos caminos en la cocina de fusión. Ha publicado *La cocina vasca de Pedro Subijana*, *La cocina de Akelarre*, *El sueño de Pedro Subijana* y *La cocina doméstica de Pedro Subijana*, entre otros.

subric

Pequeña preparación formada por elementos ligados con salsa alemana o bechamel, huevos batidos y harina, crema y queso rallado, etc. Los *subrics*, salteados en mantequilla clarificada, se sirven como entremés, como entrante caliente o como guarnición, a menudo acompañados por una salsa de sabor bastante intenso.

También se preparan, con arroz o sémola, *subrics* de postre que se sirven con confitura o frutas cocidas. Antaño se cocían "sobre los ladrillos" (*sur les briques*) calientes del hogar, y de ahí su nombre.

succès

Pastel redondo formado por dos fondos de pasta merengada de almendras, separados por una capa de crema de mantequilla praliné o aromatizada con vainilla y enriquecida con *nougatine* troceada. La parte superior, cubierta asimismo con crema bien alisada, se decora con almendras en láminas, avellanas de azúcar y hojas de pasta de almendra. El fondo de *succès* también sirve para preparar *petits-fours*, a menudo rellenos de crema de mantequilla, así como distintas elaboraciones de pastelería contemporáneas.

sucre d'orge

Caramelo muy antiguo de azúcar cocido, elaborado en su origen con una mezcla de almíbar de azúcar caliente y una decocción de cebada (orge), que le daba color. Después de volver a ponerse de moda en 1850, bajo el Segundo Imperio, porque Napoleón III lo apreciaba, el *sucre d'orge* se convirtió en una especialidad de ciertas poblaciones balnearias (Cauterets, Évian, Plombières, Vichy).

Hoy en día es un caramelo de azúcar cocido sin cebada, de varios sabores, al que se da forma de bastón redondo en un pastillero.

El *sucre d'orge* de Moret, de color ambarino, en forma de corazón con una cruz en medio, fue creado en 1638 por las religiosas del convento de Moret-sur-Loing (Seine-et-Marne). La receta, que después de la Revolución Francesa se vendió a un confitero laico de la ciudad, sigue siendo secreta. El *sucre d'orge* de Tours se aromatiza con manzana o cereza. La bergamota de Nancy, el *granit* de los Vosgos y la pastilla de miel de Saint-Benoît-sur-Loire (en forma de frailecillo) también son de *sucre d'orge*.

Sudáfrica

La cocina sudafricana, heredada de los colonos ingleses y holandeses, se caracteriza por el papel preponderante que desempeña la tradición. Se asocian sobre todo carne (res, cordero) y arroz, mientras que los moluscos y crustáceos (langostas, mejillones, ostras) son menos apreciados; el pescado se consume ahumado o fresco (el *kinglip* presenta una carne firme y sabrosa). La especialidad más típica es el *biltong*, carne de res, de avestruz o de antílope, seca, salada y a veces dulce. También se preparan los *beoerewors* (salchichas de res), el *sosatie* (cordero adobado y asado en brochetas) y el *boboti* (res picada y con especias, mezclado con cebollas y almendras, cocido al horno con huevos batidos).

Están muy extendidos los *chutneys* y las salsas picantes. Se come mucho maíz (en harina para el pan, *kakou*, o en papilla dulce en algunas etnias), pocas verduras, pero muchos frutos. Tartas, *puddings*, *gaufres* y confituras cierran las comidas. La producción de vino es importante, pero también se bebe mucha cerveza y jugos de frutas.

La tradición vinícola de Sudáfrica es antigua; las primeras vides plantadas por los emigrantes holandeses datan de 1655. Los viñedos, agrupados en la provincia de El Cabo, se reparten en dos grandes zonas, divididas a su vez en trece regiones de producción, según el principio de las denominaciones de origen, en vigor desde 1972.

Las principales cepas, que se benefician de un clima de tipo mediterráneo, y que suelen dar nombre a los vinos, son *cabernet sauvignon*, *pinotage* (cruce entre el *pinot noir* y el Cinsault), *merlot*, *pinot noir*, *cabernet franc*, Cinsault y tinta barroca para los vinos tintos; *chardonnay*, *sauvignon blanc*, *chenin blanc* o *steen* (29% de la superficie plantada), *riesling*, Colombard y moscatel de Alejandría para los vinos blancos. En los espumosos se utilizan *chardonnay*, *pinot noir* y *chenin blanc*.

sudar ◆ rehogar

Suecia

La cocina sueca está más abierta a las influencias exteriores que la de sus vecinos, y se enorgullece de una tradición culinaria cortesana, en particular con el *slottsstek* (res breseado *à la royale*, servido con arándanos y papas) o el filete de res Oskar (con espárragos y salsa bearnesa). Aunque el monumental bufet del *smörgåsbord* sigue siendo el orgullo de todas las amas de casa, la cocina familiar es más simple y siempre muy aromática: eneldo, mejorana, rábano picante y tomillo acompañan a la mayor parte de los platos.

A menudo se basan en ricas alianzas de sabores. Como en toda Escandinavia, los productos del mar son grandes protagonistas en Suecia, comenzando por el salmón (*pudding* de salmón) y el arenque. El *surströmming*, un arenque del Báltico salado y envejecido en conserva, tiene un sabor tan fuerte como su olor, y se consume con pan de centeno, cebollas crudas y pequeñas papas. El cangrejo de río es muy cotizado, y a menudo se cuece en un agua aromatizada con eneldo.

La res y el cerdo son las carnes más consumidas en Suecia: ragú de res con cerveza, res a la Lindström (carne picada con jugo de betabel, alcaparras y cebolla), espalda de cerdo con arándanos. La charcutería también es muy variada: salchichas para freír, morcillas.

Las numerosas explotaciones de cría de ocas y patos abastecen ampliamente las mesas, en particular en el momento de las fiestas.

En Suecia, la papa es objeto de una auténtica veneración. Sus preparaciones testimonian una gran inventiva: bolitas de papa rellenas de cerdo; papas cortadas en dos y rebosantes de crema, coronadas con huevas de bacalao; pequeñas crepas de papa con cebollino y pimienta; *pytt i panna*, pequeños dados de papa y carne salteados con cebolla, con ajo y perejil y servidos con una yema de huevo cruda, etc.

Quesos y postres. Suecia posee numerosos quesos de vaca y de cabra, entre los que se distinguen el *västerbotten*, bastante fuerte; el *grevé* y el *herrgårdsost*, muy apreciado, los dos de leche de vaca y de pasta cocida; el *kryddost*, aromatizado con comino, y el *getost*, de leche de cabra y pasta blanda.

La pastelería es muy rica y variada, a menudo especiada con azafrán y cardamomo. Los frutos rojos (bayas de saúco, grosellas, arándanos) son muy apreciados y sirven de base a numerosos postres, así como la manzana.

suero

El suero es producto del descremado de la leche; por lo tanto, se trata de una leche descremada. A menudo se confunde con el agua de la leche, el lactosuero, que se obtiene durante el escurrido de la cuajada. Por otra parte, cuando el agua procede de la crema, después de batirla, se le llama suero de mantequilla.

suflé o *soufflé*

Preparación salada o dulce que se sirve caliente, recién sacada del horno, bien hinchada, y que sobresale del molde en el que se ha cocido.

• Suflés dulces. Se componen de una preparación con leche, o bien de puré de frutas y almíbar. En el primer caso se elabora una crema pastelera, ligada con yemas de huevo, que se aromatiza antes de incorporar las claras a punto de nieve. También se puede preparar un *roux* dorado, mojarlo con leche hirviendo dulce y avainillada, ligarlo con yemas (o yemas y huevos enteros) y luego añadir las claras a punto de nieve y el sabor elegido. La parte superior es lisa o a veces acanalada.

Los suflés hechos con una preparación de frutas tienen como base almíbar a punto de caramelo fuerte (145-155°), al que se añade un puré de frutas. La cocción prosigue hasta el punto de bola fuerte (126-135°). Las claras a punto de nieve se mezclan con el batidor y se vierten por encima de la preparación caliente. El sabor de fruta se refuerza con un poco de aguardiente o de licor. Se pueden elaborar estos suflés con una preparación a la crema, y en este caso, el puré de fruta, muy denso, se añade a la composición antes que las claras.

Se puede mejorar la presentación de un suflé de postre mediante un glaseado obtenido espolvoreando azúcar lustre unos minutos antes de finalizar la cocción. Este se carameliza y proporciona una superficie brillante.

• Suflés salados. Se elaboran con una bechamel espesa o un puré ligado con yemas de huevo y al que luego se añaden claras de huevo batidas. Los elementos añadidos a la preparación de base determinan la denominación del suflé. Bajo el efecto del calor, el agua contenida en la mezcla se vaporiza, por lo que se levanta e hincha el volumen de la preparación, que debe servirse de inmediato, antes de que vuelva a "caer". Un suflé nunca debe esperar.

El recipiente de cocción es cilíndrico, a fin de que la preparación se caliente en toda la superficie inferior y suba de forma regular. Se unta de mantequilla y a menudo se enharina. Solo se llena hasta los tres cuartos. Durante la cocción se debe evitar sobre todo abrir la puerta del horno. El molde, que sirve al mismo tiempo de fuente de servicio, está hecho de un material estético que soporta las altas temperaturas.

suflé helado

Postre helado que recuerda al auténtico suflé (cocido en el horno) solo en su presentación. La preparación helada se dispone en un molde de suflé o en un timbal. La parte que sobrepasa del reborde se mantiene con una cinta de papel durante la congelación.

El suflé helado es, de hecho, una simple crema helada o bien, más a menudo, una serie de capas superpuestas de *mousse*, crema helada o aparejo de *parfait* o de bomba, con distintos sabores y colores. Se pueden separar las capas mediante discos de bizcocho empapado en licor, fondos de *succès* o de *dacquoise*, mermelada de frutas, frutas en almíbar o confitadas, etc. La parte superior se decora a menudo con crema batida o una decoración de azúcar.

Suiza

La cocina suiza refleja las grandes regiones lingüísticas del país. Los cantones de lengua francesa conocen las preparaciones del Jura y Saboya; los cantones germánicos comparten las tradiciones alemana y austriaca; y la cocina del Ticino es cercana a la del norte de Italia. Los Grisones tienen un repertorio bastante original, y la Suiza central conserva antiguas recetas agridulces.

La charcutería es sin ninguna duda el denominador común: surtido de salchichas y salchichones, sobre todo ahumados, carnes saladas o ahumadas y tocino, con los que se acompaña la *choucroute* o el puchero.

Suiza produce al menos 150 quesos, algunos de los cuales son de consumo local. Los de pasta dura reúnen, en particular, al *gruyère*, el *emmental*, el *sbrinz*, el *tilsit* (de origen prusiano), las *raclettes* del cantón de Valais y los quesos de *rebibes*.

Por su parte, el chocolate es la tarjeta de visita culinaria del país, y la industria chocolatera está a la altura de su reputación.

No hay una gastronomía típicamente helvética, sino tradiciones culinarias tan diversas como los cantones.

Los suizos son grandes aficionados al vino. Los viñedos del país, instalados en laderas escarpadas, difíciles de trabajar y de mantenimiento costoso, que se extienden por la mayor parte de las regiones, proporcionan sobre todo vinos blancos, obtenidos en su mayor parte de la cepa chasselas.

sukiyaki

Plato típicamente japonés, de la familia de los *nabemono* (cocidos directamente en la mesa). Data de la época en la que el consumo de carne estaba prohibido, y los campesinos asaban de forma clandestina aves o piezas de caza en pleno campo.

El *sukiyaki* se compone por lo general de finas lonchas de res, verduras cortadas finas, fideos o pequeños tallarines y tofu, salteados en un sartén sobre un pequeño quemador portátil y que luego se remojan en huevo crudo. El cerdo, el pollo y el pescado se preparan del mismo modo.

Cada comensal se sirve directamente del recipiente, a medida que la carne se va cociendo.

sundae

En Estados Unidos, crema helada de frutas, cubierto con mermelada, o servida con crema y una cereza, reservada en su origen a la comida familiar del domingo (*sunday* en inglés). A finales del siglo XIX, América del Norte era bastante puritana, y el consumo de elaboraciones dulces y golosinas se juzgaba con severidad.

Pero la boga de las cremas heladas, que las primeras sorbeteras de manivela contribuyeron a poner de moda, iba aumentando, y se acabó llamando *sundae* al helado tradicional que se podía servir el domingo "sin ofender a Dios".

En la actualidad, los helados y sundaes se pueden hacer de múltiples sabores.

suprema

1. Carne de pechuga de ave o filete de caza y, por extensión, filete de pescado fino. Por extensión, ciertas preparaciones de manjares refinados reciben el nombre de "supremas".

Las supremas de ave o de caza se cuecen rápidamente, en seco, o se pochan con muy poco líquido. También pueden dorarse en mantequilla o empanizarse y a menudo se sirven con verduras frescas, ligadas en mantequilla o con crema. La salsa de acompañamiento es blanca u oscura, según la cocción y la guarnición.

Las supremas de pescado se suelen pochar y se presentan con una guarnición y una salsa al vino blanco, con camarón, *nantua*, a la americana, a la normanda, etc.

2. Término para designar a cada uno de los gajos de un cítrico, extraídos con un chuchillo, sin el recubrimiento externo ni las semillas, utilizados para diversas preparaciones como ensaladas o postres.

surimi

Palabra de origen japonés que designa una pasta a menudo enmoldada en bastoncillos, formada por proteínas microfibrilares de pescado y a la que se añaden sobre todo azúcares y sales sintéticas.

Aromatizado con cangrejo, langosta y otros mariscos y crustáceos; actualmente el *surimi* se incluye en numerosas preparaciones frías o calientes. Con sus nuevas presentaciones, su consumo va progresivamente en aumento.

sushi maki

Rollos japoneses de arroz, compuestos de pescado crudo o verduras, envueltos en una hoja de alga *nori* y servidos por lo general con láminas de jengibre con vinagre.

syrah

Cepa tinta de *côtes-du-Rhône*, que produce bayas de color negro azulado, de pulpa fundente y jugosa. Éstas proporcionan vinos potentes, atractivos, tánicos, ricos y afrutados, que mejoran al envejecer.

tabil

Mezcla de especias de la cocina árabe y magrebí, formada por tres cuartas partes de cilantro (fresco o seco) por un cuarto de alcaravea (fresca o seca), picados con ajo y pimienta roja. Secado al sol y molido, el *tabil* se conserva al abrigo de la humedad.

tabla de cocina

Tabla de 4 a 6 cm de grosor, rectangular, redonda u ovalada y de polietileno (material imputrescible resistente a los ácidos) y en algunos casos de madera. De varios colores (cuando es de polietileno), permite emplear cada tabla para un alimento en específico, como carne (roja), pescados (azul), aves (amarilla), verduras y frutas (verde) y otros alimentos (blanca).

- La tabla de cortar sirve también para picar o preparar carnes, pescados y verduras. La destinada a cortar la carne o las aves asadas está provista de una ranura lo bastante ancha como para recoger el jugo.
- La tabla para cortar el pan está formada a veces por tablillas delgadas horizontales montadas sobre un chasis para evitar la dispersión de las migajas.
- La tabla de pastelería sirve para amasar y trabajar con el rodillo las pastas dulces y saladas.

table d'hôte

Gran mesa común en la que, antaño, los comensales se iban sentando según la hora de llegada de las diligencias, para comer platos que preparaban todo el día el alberguista y sus ayudantes. La *table d'hôte* (mesa común) vuelve a estar de moda en los albergues y las granjas de turismo rural.

tabulé

Especialidad de la cocina libanesa a base de bulgur mezclado con diversos aromatizantes, jitomates, cebolla, menta, perejil y limón. Servido como entrante frío, se come tradicionalmente con la mano en hojas de lechuga romana.

taco

Elaboración mexicana que se prepara con una tortilla de maíz o de harina de trigo, rellena con algún alimento y doblada o enrollada. Se come solo o acompañado por alguna salsa. Es el antojito de mayor consumo en México. Por lo general, su nombre se relaciona con su relleno, su textura o por la forma de prepararlo o presentarlo a la venta.

Fuera de México la preparación refiere a una tortilla doblada, frita y rellena de una salsa espesa o de carne picada sazonada con chile, frijoles negros o guacamole con cebolla. Los tacos se toman como tentempié o como entrante caliente.

tagine o tajine

Plato hondo magrebí (Argelia y Marruecos principalmente) de barro cocido barnizado, provisto de una tapa cónica perfectamente hermética. El *tagine* (denominado a veces, en español, "tajín") permite cocer y servir numerosos manjares de cocción lenta en un líquido aromatizado. La palabra designa también el plato preparado con el utensilio, que puede componerse de verduras, pescado, pollo, carne e incluso frutas.

tagliatelles

Pasta alimentaria italiana con huevo, originaria de la región de Emilia-Romagna, en forma de cintas planas de anchura pequeña, de color rubio dorado o verde (con puré de espinacas). Los *tagliatelles* se sirven, por lo general, con una salsa de carne: res, cerdo y jamón ahumado picados con zanahoria, apio, cebolla y finas hierbas, nuez moscada y crema líquida. En Italia se preparan algunas variantes, como los *taglierini* (3 mm de ancho). En Roma, los *tagliatelles* se llaman *fettuccine*. En otros lugares, cortados en tiras de 4 mm, reciben el nombre de *pappardelle*.

Tahití

La cocina tahitiana recurre a abundantes pescados y frutas, entre las que destaca la del árbol del pan, que se come asada, hervida, a la parrilla, molida, en pasta (sobre todo en el *popoï*, base local de la alimentación, que se aderza a voluntad con carne o pescado).

La gran especialidad tahitiana es el pescado crudo: cortado en cubos, marinado en jugo de limón, esparcido con cebolla picada y ajo picado, salpimentado, se sirve rociado con jugo de coco. Además, se prepara el tiburón, los camarones y los cangrejos de tierra.

La malanga, el ñame, las espinacas y las lechugas crecen con facilidad, y también la piña y el plátano.

Por otra parte, se aprecian las aves salvajes asadas, el pato y una variedad de cerdo salvaje de pequeño tamaño, que se asa sobre piedras calientes (un plato de fiesta llamado *ahí moha*).

El cerdo se hornea entre capas de brotes jóvenes de espinaca y hojas de platanero, con ajo, cebolla y jugo de coco. Este último, extraído de la pulpa del coco rallado, constituye una bebida fresca o fermentada muy popular, así como los jugos de fruta.

La pulpa del coco permite preparar también distintos postres (crema, confitura, merengue). El puré de papaya diluido con arruruz, cocido como una crema y aromatizado con vainilla, proporciona un postre apreciado. El *poe meia* es un postre de plátano que se sirve espolvoreado con azúcar y rociado con crema líquida.

tahitiana, a la

Se dice de filetes crudos de pescado, cortados en láminas o en cubitos, que se ponen a marinar en jugo de limón y aceite, con sal y pimienta, y luego se sirven con cuartos de jitomate o pulpa de jitomate, y se espolvorean con coco rallado. El pescado *à la tahitienne* también puede intervenir en la composición de ensaladas con aguacate, gajos de toronja, lechuga y jitomates, sazonados con una mayonesa con limón.

Tailandia

La cocina tailandesa, como la de numerosos países asiáticos, se caracteriza por comidas compuestas por numerosos manjares servidos al mismo tiempo.

Sopas variadas, platos de carne, de aves de corral o de pescado, previamente cortados, verduras, arroz o fideos y frutas se disponen juntos sobre la mesa. Estas preparaciones están muy especiadas y aromatizadas y se consumen con salsas; la más popular, el *nam pla*, elaborada a base de pescados fermentados.

La sopa es muy apreciada por los tailandeses y puede ser un caldo simple o una elaboración completa (sopa con camarones y albóndigas de cerdo o sopa de fideos con res).

La abundancia de verduras y de frutas (piña, berenjena, apio, hongos, col, pepino, papaya, sandía, pequeño plátano verde, soya, coco) permite realizar múltiples ensaladas, a menudo sazonadas con *namprik phao* (una mezcla de ajo, cebolla y chile picado), y preparaciones para acompañar las carnes (res, cerdo), las aves (en particular el pollo), los pescados y los crustáceos. Del coco se utiliza la leche para las cocciones, así como la pulpa.

Los trozos de pollo se maceran antes de su cocción en adobos a base de ajo, cebolla, tamarindo, limón o cúrcuma, cilantro, etc. Así, destacan el pollo con albahaca y el pollo a las tres salsas. El pescado se prepara al vapor en hojas de plátano con jengibre, té limón, coco, etc.

En los postres se recurre a los productos locales: arroz caldoso con plátanos cocido en hojas de plátano, crema de coco o flan de tapioca, con coco y piña.

Taillevent

Sobrenombre del cocinero francés Guillaume Tirel (Pont-Audemer, h. 1310-h. 1395). Fue el autor de uno de los libros de cocina más antiguos redactados en francés, *Le Viandier*, del que hoy en día se poseen cuatro manuscritos. Pese a todo, parece difícil atribuírselos todos, ya que el primero, que data de finales del siglo XIII, es anterior a su nacimiento.

Por lo visto, *Le Viandier* fue escrito a petición del monarca francés Carlos V (1338-1380), que deseaba que los especialistas de su tiempo le escribieran acerca de distintas materias cultas. El título completo del manuscrito llamado "de la biblioteca Mazarine" es: *Taillevent maistre queux du roy de France par cy enseigne a toutes gens pour apparoillier a maingier en cusyne de roy, duc, conte, marquis, barons, prelas et de tous aultres seigneurs, bourgois, merchans et gens d'ouneur* ("Taillevent, maestro cocinero del rey de Francia, enseña a toda la gente a preparar para comer en la cocina de rey, duque, conde, marqués, barones, prelados y todo tipo de señores, burgueses, mercaderes y gentes de honor").

Taillevent habla, pues, de la gran cocina medieval, y no solo de las carnes ("viandes" en francés). De ahí el interés de la obra, en primera instancia, para establecer un inventario alimentario del siglo XIV: capón y conejo, jabalí, chorlito real, cisne, pavo real, cigüeña, garza, avutarda, cormorán y tórtola se suman a los animales de carnicería y a la charcutería (jamón y salchichas); lamprea, locha, anguila, lucio, carpa y otros pescados de agua dulce abundan en las recetas, mientras que los marinos aparecen en menor número (congrio, cazón, caballa, lenguado, arenque, bacalao, rodaballo, esturión, mejillones, ostras y ballena). Las verduras son poco frecuentes, al contrario que las especias. Los huevos, la leche y los quesos desempeñan un papel notable.

Entre los señores y los cocineros circularon numerosas copias de *Le Viandier* antes de que la imprenta lo popularizara. El autor anónimo de *Le Ménagier de Paris* (1393) tomó prestados varios aspectos del mismo y Villon lo citó después de 1450 en su *Testamento*. La influencia de este primer tratado de cocina se hizo sentir hasta la publicación de *Le cuisinier français*, de La Varenne (1651), que introdujo una nueva concepción del arte culinario.

La aportación esencial de *Le Viandier* reside en el lugar que concede a las salsas especiadas, a los potajes y a los ragús, que permiten preparar tanto carnes, aves y caza como pescados marinos y de agua dulce. Por otra parte, el empleo del mosto agraz es característico, así como las ligazones con pan. La frecuencia de preparaciones agridulces, específica de la cocina medieval, es general en aquella época en todos los países de Europa, así como los hipocrás y los vinos con miel o con hierbas.

Los modos de cocción son, sobre todo, el asado y el hervido. Por otra parte, abundan las preparaciones rellenas o a base de picadillo (patés, pasteles y flanes). También se atribuye una gran importancia a los platos de Cuaresma, a la cocina de los días de ayuno, según las prescripciones de la Iglesia.

Durante el siglo XIX, a menudo se pintó la cocina de Taillevent como una sucesión de manjares pesados, complicados y con excesiva presencia de especias, mientras que ciertas recetas de *Le Viandier* son preparaciones simples, cercanas al *aïgo boulido* provenzal, al *tourin* del Périgord, a la *bouilleture* de anguilas, al *saupiquet*, al *hochepot*, a los patés de Pézenas, al *pithiviers* con frangipane o a las peras al vino. Hay numerosos platos que se pueden realizar perfectamente hoy en día: *cretonnée* de chícharos, manjar blanco (*menjar blanc*) con almendras, potaje de berro o tarta *bourbonnaise*, por ejemplo.

De hecho, la *nouvelle cuisine* se ha inspirado en este fondo para actualizar al gusto actual el paté de salmón con acedera, el *civet* de ostras calientes o el jamón fresco con puerro.

tajín ◆ *tagine* o *tajine*

tajo

Bloque de madera maciza con la parte superior plana, que sirve de soporte para cortar las carnes con el machete. Antaño, el tajo se colocaba sobre tres pies de madera; hoy en día está encajado en un chasis fijo.

taleggio

Queso italiano con Denominación de Origen, de leche de vaca (48% de materia grasa), de pasta prensada no cocida y corteza lavada, fina y rosada. Originario de la provincia de Bérgamo, el *taleggio* es de base cuadrada de 20 cm de lado y de 5 cm de grosor, envuelto en papel metalizado, con unos 2 kg de peso. Tiene un olor firme y un sabor afrutado.

tallarín

Pasta alimentaria a base de harina o de sémola de trigo duro, huevos y agua, cortada en forma de finas cintas planas. Los tallarines se consumen frescos o secos. Cocidos con mucha agua hirviendo salada, constituyen un entrante (con mantequilla, con queso, gratinados, con salsa de jitomate, etc.), pero también son una guarnición. Los tallarines enriquecen sopas o consomés (a menudo cortados en trocitos).

La cocina sino-vietnamita utiliza muy a menudo los tallarines. Éstos acompañan carnes salteadas o sopas. Se distinguen algunas elaboraciones como los tallarines amarillos (con huevos y harina de trigo, redondos o planos); los tallarines de arroz (redondos o planos); los fideos de arroz y los fideos de soya (o cabello de ángel), brillantes y translúcidos.

Igualmente encontramos tallarines en la cocina japonesa y china, que se toman calientes o fríos. Entre los japoneses se distinguen los *somen* (muy finos), los *udon* (más gruesos), los *soba* (tallarines de alforfón o de alforfón y trigo) y los *ramen* (tallarines de trigo). Estos últimos existen en versión instantánea.

Talleyrand-Périgord

Charles Maurice de Talleyrand-Périgord fue un político francés (París, 1754-1838). Este anfitrión fastuoso albergaba una mesa que estaba considerada una de las primeras de Europa. De hecho, tuvo a su servicio al célebre pastelero Avice y a Antonin Carême, de cuyo éxito fue en gran parte responsable.

Con su chef Bouchée, que procedía de la casa del príncipe de Condé, Talleyrand organizó cenas que fueron legendarias. Él mismo cortaba las carnes y aves, y servía a sus invitados según su rango. No obstante, en su opinión el arte culinario no era un simple placer de *gourmet*, sino también, y sobre todo, un aliado valioso del prestigio de los gobiernos y de su diplomacia.

En cocina clásica se ha dado su nombre a numerosas preparaciones: chuletas o mollejas de ternera, turnedós, grandes piezas de res o de ternera y aves, acompañadas con macarrones con mantequilla y queso, presentados con una juliana de trufa y cubos de *foie gras*, y acompañados con salsa *périgueux*.

Se ha bautizado con el nombre de "Talleyrand" a distintas preparaciones, como los filetes de anchoas rellenos en popieta, una tortilla al *curry* rellena de mollejas de ternera o unas croquetas de sémola rellenas con un salpicón de ave, lengua escarlata, trufa y champiñones, salseadas con semiglasa.

La salsa Talleyrand tiene los mismos empleos que la salsa *périgueux*.

Por su parte, el talleyrand es un pastel elaborado con una pasta de *savarin* a la que se añade piña picada, con almíbar, y que luego se unta de mermelada de chabacano y se decora con trozos de piña.

tamal

Preparación de origen prehispánico que se consume en varios países de América Latina. Elaborada con masa de algún cereal, cereales o tubérculos molidos y en ocasiones rellena de diversos alimentos; generalmente se envuelve en hojas de maíz o plátano y se cuece al vapor.

En México, Guatemala, El Salvador, Honduras y Nicaragua se elabora generalmente con masa de maíz batida y manteca de cerdo; se puede rellenar con salsa o algún tipo de carne; se envuelve en hojas de maíz o plátano, y se cuece al vapor. También se preparan tamales dulces. Los rellenos pueden ser variados: cerdo, pollo, res, queso, frijoles, verduras o frutas.

En Colombia y Venezuela se elaboran con harina de maíz, arroz, yuca o algún otro cereal; están rellenos de carne, verduras o frutas y condimentados con especias. Generalmente se envuelven en hojas de plátano y se cuecen al vapor. También se elabora un tamal llamado hallaca, que se elabora con masa de maíz, caldo de gallina, carne, frutos secos y achiote, aunque los ingredientes varían dependiendo de la región donde se elabore.

En Perú, Bolivia, Chile y Ecuador se elaboran los tamales con harina de maíz, manteca de cerdo, cerdo, chile o ají y especias. Dependiendo la región pueden variar y aumentar los ingredientes. También se elabora un tamal llamado humita que consiste en masa de elote mezclada con diversos ingredientes, envuelta en las hojas del mismo elote y cocida al vapor. La humita puede ser igualmente dulce o salada.

En Argentina se elabora con harina de maíz y calabaza, se rellena con res o pollo. También se consumen las humitas, elaboradas con elote fresco.

tamalera ◆ vaporera

tamarillo

Fruto de un árbol de la familia de las solanáceas, originario de América del Sur. Los tamarillos se agrupan en racimos de cuatro a seis ejemplares. Es preciso pelarlos antes de degustar su pulpa, ya que su piel no es comestible. Su carne es firme y acidulada. Se comen crudos, en forma de puré, o cocidos como una verdura si no están suficientemente maduros.

tamarindo

Fruto del tamarindo, árbol de la familia de las fabáceas, originario de África Oriental. El tamarindo, conocido en las Antillas, la India, África y el sureste asiático, se presenta en una vaina oscura de 10 a 15 cm de longitud por 2 cm de anchura, que contiene una pulpa a la vez acidulada y dulce, con algunas semillas duras. Se emplea sobre todo para preparar confituras, nieves, *chutneys*, bebidas y condimentos. En la India, su pulpa seca, ingrediente importante de las mezclas de especias, interviene también en las ensaladas, los caldos y los purés de legumbres. El jugo de tamarindo fresco adereza las hortalizas crudas. En China, algunas sopas agridulces se aderezan con tamarindo confitado. En México se utiliza para preparar dulces y aguas frescas.

tandoori

Preparación de la India, en especial la región del Punjab, y Pakistán, que consiste en pollo adobado y asado en un horno especial cilíndrico de barro cocido, el *tandour*. Los trozos de ave, sin piel, se untan con yogur, al que se añade pimiento seco en polvo, cúrcuma, jengibre, especias, cebolla y ajo picados. Después de macerar una noche, se espolvorean con azafrán y se cuecen sobre un lecho de brasas hasta que la carne quede tierna, pero crujiente en su superficie. El *murghi tanduri* (pollo al *tandour*) se sirve con ensaladas: cebollas y jitomates con jugo de tamarindo y cilantro, pepino con yogur y comino, col rallada, pimienta y jugo de limón. En el *tandour* también se cuecen pescados.

tangelo

Cítrico obtenido a partir de la hibridación de la mandarina (tangerina) y de la toronja. Se pela con la misma facilidad que la mandarina. El tangelo (palabra originada en Estados Unidos), de forma irregular, es de mayor tamaño y es más ácido que una naranja, pero se emplea para las mismas preparaciones (fruta de mesa, ensalada de frutas y jugo).

tangerina

Nombre genérico de las mandarinas. La tangerina (nombre que procede de la ciudad marroquí de Tánger), más pequeña que la naranja pero más suave, con un jugo muy dulce, se pela con la misma facilidad que una mandarina. Sus empleos son los de la naranja.

tangor

Cítrico obtenido a partir de la hibridación de la mandarina (tangerina) y de la naranja. Existen distintas variedades, de frutas medianas a grandes, de piel anaranjada o roja, y de carne jugosa con semillas.

tanino

Sustancia perteneciente a la categoría de los polifenoles, contenida en distintos órganos vegetales (corteza de roble, nuez), así como en la piel (que contiene los mejores taninos), las semillas y el escobajo de la uva. Disuelto en el alcohol que se forma en el curso de la fermentación, el tanino es uno de los principales componentes del vino tinto. Es muy abundante en los vinos de Burdeos, lo cual explica la lentitud de su envejecimiento. Cuando están presentes en exceso, causan astringencia en el vino y provocan la formación de un poso en las botellas.

tanto por tanto

Término que refiere a la mezcla en proporciones iguales de azúcar glass y almendras en polvo, utilizada por los profesionales de la pastelería y de la confitería para la preparación de pastas de bizcocho, cremas de almendras, *petits-fours*, etc.

tapa

1. Accesorio plano de cocina, provisto de un mango, un asa o un botón, que sirve para cubrir los utensilios de cocción (olla, cazuela, marmita) para evitar las proyecciones exteriores o la evaporación del agua y de los jugos. A veces es abombada u honda.

Ciertas piezas del servicio de mesa —fuente de verduras, sopera— también están dotadas de tapa.
2. Pieza de res de la región interna del muslo. La tapa es una masa muscular en la que se pueden separar la *poire*, el merlan o el *dessus-de-tranche*, destinados a cortar bistecs o trozos para brochetas y *fondue*. A partir de la parte gruesa se preparan rosbifs, que se suelen lardear.
3. Entremés, bocado o aperitivo que se sirve en España para acompañar el jerez, la manzanilla, la cerveza, el vino local u otra bebida. La costumbre de picar tapas a la hora del aperitivo está muy difundida. Estos surtidos pueden ejercer a veces la función de comida entera, pues son variados y abundantes. Pueden reunir cubos de jamón, pimientos rojos, tortilla española, mariscos, riñones salteados, chorizo, camarones a la plancha, aceitunas negras o aliñadas, empanadillas de atún, coliflor a la vinagreta, boquerones en vinagre, calamares en su tinta o fritos, pimientos rellenos e incluso caracoles en salsa picante, pies de cerdo con jitomate o trozos de pollo fricasés con hongos.
➡ *amuse-gueule*

tapenade

Condimento provenzal a base de aceitunas al que a veces se añaden anchoas o atún desmenuzado, mostaza, ajo, tomillo o laurel. La *tapenade* acompaña a las hortalizas crudas, se unta sobre rebanadas de pan tostado y puede servirse con huevos cocidos (se mezclan entonces con la yema). También puede acompañar a una carne o un pescado a la parrilla.

tapioca

Fécula elaborada a partir del almidón extraído de las raíces de la yuca, que se hidrata, se cuece y luego se muele. Empleada sobre todo para preparar sopas, purés, cremas y postres, la tapioca aporta 360 kcal por cada 100 g. Es muy digestiva y pobre en sales minerales y en vitaminas. La tapioca se vuelve espesa al cocerse y se transforma en translúcida.

Existe una variedad de tapioca llamada perla de Japón, que consiste en bolitas blancas elaboradas con fécula de yuca o fécula de papa. Se utilizan para dar cuerpo a potajes o para preparar postres. Ayudan a espesar y se vuelven translúcidas con la cocción.

tapón o corcho

Pieza de corcho, vidrio o goma, por lo general cilíndrica o troncocónica, que se introduce en el gollete de una botella, una jarra o un frasco para cerrarlo de forma más o menos hermética.

En su origen, el vino se protegía con una capa de aceite, y luego con la ayuda de una clavija de madera cubierta de cáñamo impregnado de aceite. El tapón de corcho fue utilizado por dom Pérignon para mantener el champán bajo presión en la botella. El corcho, elástico, flexible e imputrescible, es insustituible para el vino, que debe seguir respirando. Para la sidra en botella y el champán, el corcho se mantiene con una abrazadera metálica.

Hay otros tapones que permiten cerrar las botellas ya abiertas (tapón cápsula) o medir las dosis que se sirven (tapón vertedor o dosificador).

tarama

Especialidad griega que tradicionalmente se sirve entre los *mezze* o como entremés. Esta pasta lisa y cremosa, de color rosa claro, originariamente se elaboraba con huevas de pescados crudas mezcladas con migajón de pan mojado en leche, condimentos y aderezos, y se servía fría. Actualmente, la tarama industrial se elabora con huevas de bacalao previamente ahumadas, suavizada y presentada como una pasta emulsionada. También encontramos tarama hecha con huevas de otros pescados. Esta preparación permite múltiples formas de canapés.

taro

Nombre genérico de origen polinesio que agrupa varias especies de plantas de la familia de las aráceas, cultivadas en los trópicos por su rizoma tuberoso que forma una serba escamosa. El taro de origen asiático puede alcanzar los 40 cm de largo. Su carne es blanca o amarillenta, más o menos moteada de rojo o violeta. El de origen amazónico se llama malanga.

El taro se cuece al vapor una vez pelado. En China lo cortan en tiras en forma de nidos de golondrina, y en Japón se emplea en los potajes. En las Antillas, su pulpa rallada cruda sirve para preparar los *acras*, y para los pasteles se emplea en forma de puré. Las hojas tiernas aún enrolladas se consumen en forma de espinaca.

tarro • frasco

tarta

Preparación de pastelería o de cocina, a menudo redonda y bastante plana, formada por un fondo o molde de pasta cubierto, antes o después de la cocción, con ingredientes salados o dulces.

- Las tartas saladas se sirven como entrante caliente: *quiche*, tarta de cebolla, de queso, *pissaladière, flamiche, goyère* e incluso pizza.
- Las tartas dulces, por lo general cubiertas de frutas, aunque a veces también de una crema perfumada, una masa a base de queso, arroz, chocolate, etc., son las preparaciones más populares y variadas de la pastelería.

Las tartas cocidas con su guarnición se elaboran con pasta *brisée*, y a veces con pasta de hojaldre. Las que se hornean en blanco y a continuación se cubren se realizan con pasta *sablée* o *brisée*. También existen tartas "invertidas", cuyo modelo de referencia es la tarta *tatin*. También se pueden decorar con tiras de pasta cruzadas, como la *linzertorte*.

Son elaboraciones muy difundidas en Francia, Alemania y Austria, aunque también existen especialidades rusas (*vatrouchka*), estadounidenses (tarta de nueces pacanas) y suizas (la tarta suiza al vino).

tarta de Santiago

Especialidad gallega muy popular, a base de azúcar, huevos, almendra en polvo, mantequilla, canela y limón. Se presenta con un característico color dorado y decorada en la parte superior con una cruz de Santiago de azúcar glass. Se suele degustar junto a un vino dulce.

tartaleta

Pequeña elaboración individual de pastelería, redonda u ovalada, de pasta *brisée*, de hojaldre o *sablée*, que se sirve como postre, con elementos dulces, o como entrante caliente, con elementos salados (los mismos que los de las tartas). Las tartaletas a veces tienen el tamaño de un bocado, y en este caso sirven como *petits-fours* frescos (de frutas) o bocados salados calientes (pizza o *quiche* en miniatura).

tartare o tártara

Nombre de una salsa y una preparación de carne o pescado crudo.
1. Salsa elaborada con mayonesa y yema de huevo duro, a la que se añade cebolla y cebollín, que acompaña a pescados fríos, anguila, *pie* de ternera, ostras y también puede acompañar a papas *pontneuf*.
2. Preparación elaborada con carne picada de res (de caballo, según puristas), servida cruda con yema de huevo y diversos condimentos (cebollas, alcaparras y perejil picado, mostaza, salsa inglesa, Tabasco y aceite de oliva). En Bélgica esta preparación se llama "filete americano". Otros nombres son *steak tartare* o carne tártara.
3. Adjetivo para denominar a distintas preparaciones frías o calientes, siempre muy condimentadas.

tártaro

Depósito salino que deja el vino en el interior de las barricas y las cubas, después del trasiego. Este subproducto del vino está formado sobre todo por bitartrato de potasio, que en estado purificado proporciona cremor tártaro, utilizado como levadura química.

El ácido tartárico, presente en mayor proporción en la uva que en otras frutas, proporciona la mitad de la acidez total del vino, y es el más importante de sus ácidos fijos (junto con los ácidos málico y cítrico). Cuando el mosto no es lo bastante ácido, lo cual daría un vino plano, se le puede añadir ácido tartárico. En cambio, si hay demasiado, el vino será astringente y duro. La acidez contribuye a la conservación del vino y actúa sobre su estabilidad y su color.

tartiflette

Preparación gratinada elaborada a base de queso *reblochon* artesano o *fruitier*, papa y cebolla, a los que a veces se añaden otros ingredientes (crema fresca, tocino, vino blanco o cerveza, etc.), según una receta inventada por el Sindicato Interprofesional del Reblochon (Alta Savoya) en la década de 1980 para promover la venta de este queso. La receta se habría inspirado en un plato tradicional, la péla (sartén), y su nombre, en una variedad local de papa de tamaño pequeño, la *tartifle*.

tartine

Rebanada de pan recubierta por una sustancia fácil de extender. La *tartine* acompaña tanto al desayuno, con mermelada, como al almuerzo y la cena, en el momento del entrante o del queso.

tatin

Nombre que recibe una tarta de manzanas que se cuece al revés, bajo una tapa de pasta, pero que se sirve al derecho, es decir, dándole la vuelta, con la corteza por debajo y las frutas encima. Esta preparación de pastelería se elabora con una mezcla de caramelo, manzanas cocidas y mantequilla bajo una corteza dorada y crujiente. La creación de esta tarta se atribuye a las hermanas Tatin, que a principios del siglo XX regentaban un hotel-restaurante en Lamotte-Beuvron.

taverne anglaise

Nombre que han llevado varios restaurantes de París, a causa del renombre vinculado desde finales del siglo XVIII a la restauración tal como se practicaba en Inglaterra, y por los platos que en ellos se servían, apreciados por un público anglófilo. La primera *taverne anglaise*, llamada también *Grande Taverne de Londres*, fue la que abrió Beauvilliers en el *Palais-Royal* en 1782, antes de fundar otro establecimiento bajo su propio nombre. Hubo también una *taverne anglaise* en la rue Taranne, en Saint-Germain-des-Prés, cuya mesa común se ponía a partir de las seis y cuarto de la mañana. Por su parte, el inglés Lucas comenzó abriendo una *taverne anglaise*, donde se servían *yorkshire pudding* y rosbif frío, antes de que se convirtiera en el restaurante *Lucas* y luego *Lucas-Carton*. A partir de 1870, en la rue de Richelieu, se abrió una cuarta *taverne anglaise* que atrajo a los amantes de la carne muy poco hecha, chuletas de res y tartas de ruibarbo.

taza

Recipiente individual de forma muy variable, provisto de un asa, que sirve para consumir un líquido. La palabra designa también su contenido. En el siglo XV, la taza era un utensilio muy popular, que servía para todas las bebidas calientes o frías. A partir del siglo XVIII, los servicios de loza y de porcelana conocieron una gran difusión, pero también se crearon tazas individuales.

Hoy en día se distinguen las tazas de desayuno, de té, de café y de *moka*. Además, hay tazas de chocolate, de caldo y de tisana. La taza de consomé, ancha y baja, está provista de dos pequeñas asas.

t-bone

Rebanda de carne de res sin deshuesar, preparada en Estados Unidos. El *t-bone* está compuesto por una parte del filete y del lomo bajo y los huesos contiguos de las vértebras lumbares, en forma de "T" (de ahí su nombre).

tchoulend

Especie de ragú de la cocina judía, a base de res estofada. Dado que estaba prohibido encender fuego desde la puesta de sol del viernes hasta el sábado a la misma hora, el viernes a última hora de la tarde se ponían en el horno platos de cocción lenta. Las largas horas de cocción otorgan a estos manjares un sabor notable.

té

1. Arbusto asiático de hoja perenne, de la familia de las teáceas. Existen dos variedades principales de esta planta (*Camelia sinensis*), la de China y la de la India. El clima, el terreno, la altitud y la orientación influyen en la calidad, el color, el perfume y el sabor del té. Los mejores productos se cultivan hacia los 2,000 m de altitud y se recogen en primavera.

El cultivo del té, que antaño se localizaba solo en China, se extendió a Japón, a la India y a otros países de Asia, Medio Oriente y Rusia. La bebida fue introducida en Europa en el siglo XVII por los holandeses, que la dieron a conocer a los franceses y a los ingleses, quienes la convirtieron en su bebida nacional. Después de considerarla un remedio médico, el té se convirtió en una bebida de moda, primero de la aristocracia, pero después de todas las clases sociales. En China, y sobre todo en Japón (con la ceremonia del té), la civilización del té ha marcado la vida social.

Actualmente, los principales productores de té son, por orden, India, China, Sri Lanka y Kenia, seguidos por Indonesia, Turquía, Japón y Taiwán. La cosecha de té se efectúa durante todo el año, salvo en las plantaciones de altitud.

Según los tratamientos a los que las hojas son sometidas, se obtienen tés de colores muy diferentes y de tipos particulares. Se distinguen: el té blanco, marchitado al aire libre; el té verde, sin fermentar, tostado directamente tras la cosecha; el té semifermentado, azulverdoso, y el té negro, el más habitual, fermentado y desecado.

- Té blanco. Este té, a la vez escaso y caro, procedente de la provincia de Fujian (China), no es sometido a ningún tratamiento. Da una infusión muy clara.
- Té verde. Este té es una especialidad de China y Japón. Las hojas primero se dejan marchitar, y luego se secan y se calientan para evitar una posible fermentación. Dan un té algo acre, y una infusión bastante clara. En China se distinguen tres tipos de té verde: de hojas enrolladas, de hojas plegadas y de hojas retorcidas. En Japón, el té verde da una infusión de color muy intenso. Entre las diferentes variedades se puede citar: el *bancha* y el *sencha* (los más consumidos); el *hojitcha* (*bancha* tostado); el *gyokuro* (el más prestigioso) y el *matcha* (se emplea durante la ceremonia del té).
- *Oolong*. Este té de China se compone de hojas semifermentadas. Es sometido a un principio de fermentación más o menos prolongado, según las plantaciones.
- Té negro. Este té, el más extendido, es sometido a cinco operaciones: el marchitado (la hoja es deshidratada y suavizada); el enrollado (las células de la hoja son quebradas, y sus componentes se liberan y se mezclan); la fermentación húmeda (2 o 3 horas a 20 °C); el tostado o desecación (20 min a 90 °C), y la selección y clasificación por niveles de calidad. Dentro de los tés negros se encuentran los tés de Ceilán o Sri Lanka (infusiones bastante fuertes, de sabor franco y simple); los tés de India (particularmente perfumados) y los tés de China (destinados esencialmente a la exportación y ahumados en ocasiones).
- Tés perfumados. Se aromatizan con flores o frutas. El más célebre, el *earl grey*. Se pueden obtener tés perfumados mediante el durazno, la canela, la frambuesa, la fruta de la pasión, el jengibre, la zarzamora, el coco, la toronja, la manzana, la vainilla, etc.

El té no presenta calorías ni sodio; estimula el sistema nervioso gracias a su cafeína (o teína); facilita la digestión gracias a sus taninos astringentes, activa la circulación de la sangre, es beneficioso para el corazón (gracias a la teofilina) y ejerce una acción diurética; es rico en manganeso, en yodo y en cobre. Sin embargo, no es recomendable beber una gran cantidad de té regularmente, ya que la cafeína puede generar hábito.

El té se conserva en un bote metálico, protegido de la luz y la humedad. Hay que tener presente la fecha límite de utilización óptima indicada en el envase.

2. Infusión preparada con las hojas del té. Es la bebida más consumida en el mundo después del agua.

Según los países, el consumo de té obedece a unas tradiciones muy diferentes. El té a la rusa, bastante oscuro y fuerte, que se puede preparar en cualquier momento con agua hirviendo del samovar, se vierte en vasos. En China, el té verde se prepara y se sirve en pequeños cuencos provistos de tapadera; se toma durante todo el día. En el norte de África, el té con menta, muy dulce, se bebe en vasitos decorados, y en India, el té se prepara con leche, azúcar y especias.

3. Ligera colación —por lo general compuesta de elaboraciones de pastelería— que se toma con el té, y que se sirve por lo general por la tarde. Por extensión, se llama "té" a la reunión a la que da lugar esta colación. Dicha tradición se origina a partir del *five o'clock tea* británico y del *high tea* (o *meat tea*). Un té inglés incluye a veces pequeños canapés salados, *scones*, *muffins*, *crumpets*, *buns*, *cakes*, *gingerbread*, *shortbreads*, confituras, mermeladas, *lemon curd*, etc.

té limón ◆ hierba limón

Teflón® o PTFE

Producto de síntesis empleado sobre todo para tapizar el interior de los utensilios de cocción, a los que confiere propiedades antiadherentes.

El Teflón® o PTFE (por sus siglas, politetrafluoretileno), comercializado bajo diversas marcas, se presenta en forma de un enlucido cerúleo suave al tacto. Tiene un coeficiente de frotamiento muy débil y un gran poder aislante. Es estable al calor e ignífugo, soporta una temperatura de 160 °C, no se disuelve y no lo ataca ningún ácido.

Por el contrario, se raya con gran facilidad, por lo que es recomendable utilizar una espátula de madera o de goma para girar o coger los alimentos y no cortar nada directamente en la fuente.

teja

Petit-four seco, fino, hecho con azúcar, almendras en láminas o en polvo, huevos y harina, cimbreada en forma de teja romana, que adquiere su forma característica al secarse, todavía caliente, sobre un rodillo seco.

tempranillo

Cepa tinta cultivada sobre todo en la región de producción de los riojas tintos clásicos, en cuya composición suele participar en un 70%.

Se trata de una cepa importante en Argentina y en España, donde es conocida con diversos nombres: tinta fina o tinta del país (en Ribera del Duero), cencibel (en Valdepeñas y La Mancha), tinto de Madrid (en Madrid), tinta de toro (en Toro) y *ull de llebre* (en Cataluña).

tempura

Surtido típico japonés de buñuelos, preparados según una técnica introducida hacia 1530 por los portugueses y más tarde adaptada, con una masa fina a base de harina de alforfón, agua y huevos, en la que se sumergen verduras, rodajas de pescado de carne blanca, mariscos o porciones de carne (sobre todo de cerdo) y que se sumergen en un baño de fritura a 180 °C. La tempura tradicionalmente se acompaña con sal y limón, así como con un puré de rábano blanco espolvoreado con jengibre.

tenedor

Utensilio de mesa, de cocina o de servicio, en forma de horquilla de dos, tres o cuatro dientes.

El tenedor de mesa existía ya desde antes que Enrique III lo introdujera a Francia en 1574, pero era una pieza de orfebrería; dotado a menudo de un mango plegable, se conservaba en un estuche y se reservaba para uso personal. En cocina se empleaba un gran tenedor para pinchar los alimentos en las ollas o bien los asados. Progresivamente, los tenedores se fabricaron con tres y luego con cuatro dientes.

Hoy en día, solo el tenedor de asado o tenedor trinche, empleado en cocina para pinchar las aves y las carnes, posee dos dientes largos y finos, rectos o ligeramente curvos. Los tenedores de mesa están más diversificados. Ciertos tenedores de servicio se realizan a juego con una cuchara o un cuchillo, así como los tenedores de mesa, de pescado o de fruta, y su tamaño varía hasta el pequeño tenedor de pastel.

Existen otros tenedores para usos específicos: para comer caracoles, ostras, crustáceos o *fondue*.

tequila

Destilado mexicano obtenido del *Agave tequilana* variedad azul, que crece principalmente en el estado de Jalisco. Es una bebida que cuenta con Denominación de Origen, de modo que solo puede producirse en esa entidad y en algunas partes de otros estados como Nayarit, Guanajuato, Tamaulipas y Michoacán.

Se obtiene por destilación después de la fermentación del agave. La pulpa se hornea, se muele y se pone a fermentar con azúcar y levaduras. Tras filtrarse, se procede a una doble destilación que permite obtener una graduación de 40% Vol. Los mostos pueden ser enriquecidos y mezclados con otros azúcares hasta una proporción de 49%; si éste es el caso, el tequila no puede ser llamado 100% agave. Si los azúcares añadidos provienen únicamente de la especie *Agave tequilana*, se le puede denominar 100% agave. Los tequilas se clasifican por sus características como blancos, jóvenes, reposados, añejos y extra añejos. Se beben solos o acompañados de sangrita y se sirven en un vaso alto y delgado (caballito o vaso tequilero), acompañado de rebanadas de limón y sal.

El tequila interviene en la composición de un cóctel mexicano muy popular, el margarita, elaborado con tequila, jugo de limón y licor de naranja, servido en un vaso escarchado con sal. El tequila sunrise se hace con tequila, jugo de naranja y jarabe de granadina.

termómetro

Instrumento que sirve para medir la temperatura de un sólido, un líquido o un equipo de trabajo (congelador, horno). La graduación aparece en grados Celsius, según una escala variable en función del uso previsto. Los termómetros convencionales utilizados en cocina constan de un tubo de cristal que contiene un líquido (mercurio) que se dilata según la temperatura.

Existen diferentes tipos de termómetros empleados en cocina:
- Termómetro de sonda: se introduce hasta el centro del alimento para medir la temperatura en su interior.
- Termómetro para congelador: suele estar graduado de −40 a +20 °C.
- Termómetros de cocción: generalmente están graduados de 0 a 120 °C.
- Termómetros de confitería: miden de 80 a 200 °C.
- Termómetros de sondas electrónicas: sus escalas de medición van, según su uso, de −50 a 300 °C o incluso a 1,300 °C.

ternera

Bovino joven, generalmente macho, impúber, de carne clara, tierna y con poca grasa, pobre en hierro, sacrificado en edades y con pesos diferentes, según el tipo de producción.

Muy consumido en los países europeos, se despieza similarmente a la res. Las vísceras de ternera son las más buscadas en carnicería, en particular el hígado, las mollejas y los riñones, aunque también la cabeza, los sesos, la lengua y los pies. Estos últimos desempeñan un papel privilegiado en la preparación de fondos de salsa, estofados y braseados.

Las preparaciones más clásicas de la ternera son los bistecs, el asado, la granadina y la chuleta asados o emparrillados, el *fricandeau*, la blanqueta y el salteado. Las guarniciones recurren a menudo a un sabor intenso: hongos, finas hierbas, cebolla, acedera, puré de papa. Con esta carne blanca también combinan berenjenas, espinacas o jitomates.

Existen platillos representativos elaborados con la ternera, como el *ossobucco* y la *saltimbocca* italiana, el *pörkölt* húngaro con paprika, los *Wiener Schnitzel* (milanesa empanizada) y el *veal and ham pie* (*pie* de ternera y jamón).

terrina

Recipiente rectangular, ovalado o redondo, de bordes rectos y bastante altos, provisto de orejas o asas y cerrado con una tapa que se encaja en un reborde interior. Por extensión, la preparación que contiene también se llama terrina.

En cocina, las terrinas son numerosas y variadas. A menudo se elaboran a base de carnes mezcladas, pero también de pescado, marisco e incluso verduras. Se sirven como entrante frío, acompañadas de pepinillos, cebollas en vinagre, cerezas o bayas de uva en agridulce, a veces con una salsa para las terrinas de pescado o de verduras (que también pueden servirse tibias). Estas dos últimas se preparan por lo general con ingredientes cocidos y cuajados en gelatina, o reducidos en *mousse* y cocidos al baño María.

La mayor parte de las terrinas de carne contienen cierta cantidad de carne de cerdo (grasa y magra), a veces de ternera, mezclada con la del elemento que dará su nombre a la preparación. Los ingredientes se emplean en proporciones variables y cortados de distintas maneras. A menudo son preparaciones de otoño, elaboradas con hongos, frutos secos (nueces, almendras), aromatizantes (tomillo, laurel, bayas de enebro), etc.

Las terrinas, que se cuecen tapadas en el horno, al baño María, a menudo son manjares rústicos, pero también pueden ser consideradas como platos de alta gastronomía, como la terrina de *foie gras* de oca. Hoy en día, los chefs se inclinan por las terrinas de pescado y de crustáceos.

También se preparan terrinas de postre a base de frutas cuajadas en gelatina, que se sirven con crema líquida o una salsa de frutas.

testículos ◆ criadillas

tête-de-moine

Queso suizo (del Jura bernés, región francófona del cantón de Berna) con Denominación de Origen, de leche de vaca (51% de materia grasa), de pasta prensada no cocida y corteza lavada, de color amarillo parduzco. La *tête-de-moine* se presenta en forma de un cilindro tan ancho como alto, de 10 a 12 cm. Tiene un sabor franco y afirmado. Su pasta semidura se toma en copos que se realizan con la ayuda de una *girolle*, un pequeño utensilio con manivela vertical que sirve para realizar fácilmente copos de queso, finos y regulares, en forma de pétalos.

tetera

Recipiente abombado, provisto de un pico vertedor y de un asa o un mango, que sirve para preparar una infusión de té y servirla. Según su tamaño, la tetera está pensada para una infusión individual o para varias tazas.

El material es variable: porcelana, loza, barro, metal, etc. Los especialistas aconsejan la tetera de arcilla roja, sin barnizar en su interior, superior al metal, a menudo demasiado delgado, y la de porcelana, elegante y a juego con las tazas y el servicio.

Algunos modelos disponen de un colador interno, adaptado a la abertura de la tetera, y en el que se sitúan las hojas del té antes de verter el agua.

tetilla

Queso gallego con Denominación de Origen, suave, cremoso y de sabor delicado, elaborado con leche de vaca de razas frisona, pardaalpina y rubia gallega. De color claro amarillento y consistencia blanda, el queso tetilla se sala en salmuera y se comercializa tras varias semanas de curación. Es el queso más conocido de Galicia y tiene gran aceptación en todo el territorio español. Se presenta en forma cónica y con un peso de entre 500 g y 1,5 kg.

tfina

Ragú de larga cocción de la cocina árabe, elaborado con pecho de res, pie de ternera, garbanzos (o alubias), papas peladas y huevos enteros en su cáscara, dispuestos en capas con aceite de oliva, ajo, paprika y miel. La *tfina* debe cocerse por varias horas. Tradicionalmente se sirven las carnes de un lado y las verduras y los huevos de otro. En la *tfina* con trigo, sin huevos, se reemplazan las papas por trigo o cebada perlada: es el plato del sábado típico de la cocina judía argentina. También se preparan *tfinas* de espinacas o fideos.

thermidor

Nombre de una preparación de bogavante, creada, según ciertas versiones en enero de 1894 en *Maire*, célebre restaurante parisino del boulevard Saint-Denis, la noche del estreno de *Thermidor*, drama de Victorien Sardou. Otras fuentes la atribuyen a Léopold Mourier, del *Café de Paris*, donde el chef Tony Girod, su asistente y sucesor fijó la receta actual: cubos de carne de bogavante servidos en mitades de caparazón, mezclados con salsa Bercy (o crema) con mostaza, espolvoreados con queso rallado y gratinados, o cubiertos con salsa *mornay* y glaseados en la salamandra. A veces se añaden pequeños champiñones, e incluso trufa.

La denominación también se aplica, por extensión, a una preparación de lenguado, pochado en vino blanco y *fumet* de pescado, con chalota y perejil, salseado con la cocción reducida montada con mantequilla y mostaza.

This, Hervé

Químico francés (Suresnes, 1955). A partir de sus extensos conocimientos de química, física y agronomía, en 1988 creó, junto con el físico Nicholas Kurti, la gastronomía molecular, basada en investigar los fenómenos que se producen cuando se transforman los productos alimenticios, con el objetivo de contribuir al progreso de las técnicas culinarias. Ha trabajado con el chef Pierre Gagnaire. Entre sus publicaciones, cabe destacar *Les secrets de la casserole*, *Révélations gastronomiques*, *Construisons un repas*, *De la science aux fourneaux*, *Alchimistes aux fourneaux*, *La sagesse du chimiste* y un curso de gastronomía molecular.

Thuriès, Yves

Pastelero francés (Lempault, 1938). Nacido en la pequeña panadería familiar, en el corazón del departamento del Tarn, es "Compagnon" del Tour de France, maestro pastelero en Gaillac, "Meilleur Ouvrier de France" y autor de un manual de pastelería francesa en varios volúmenes que constituye toda una referencia. Ha encontrado su remanso de paz en Cordes (Tarn). Regenta tres hoteles, tiendas y una revista que lleva su apellido (*Thuriès Magazine*), y, a través de las biografías de sus colegas, exalta el amor por su oficio. Su prestigioso restaurante se llama *Le Grand Écuyer*. Asimismo ha fundado un museo del arte del azúcar.

tiburón

Pez cartilaginoso, caracterizado por un cuerpo alargado, trompa puntiaguda y una boca en forma de cuarto creciente en la cara ventral. Existen numerosas especies de tiburones, de tamaño variable. En la cocina criolla su carne se prepara en sopa o en ragú. En la cocina china, las aletas de tiburón son el ingrediente de una reputada sopa. En Europa, Estados Unidos, Canadá y México se consumen otros escualos de tamaño modesto, como la musola, el cazón y la mielga, que en Francia a menudo se venden sin cabeza y despellejada bajo la denominación "saumonette".

tié bou diéné

Plato nacional senegalés, elaborado con trozos o rodajas de pescado blanco (barbudo gigante, congrio, dorada o merluza), a veces rellenos de cebolla picada con perejil y pimiento. Dorados en aceite de cacahuate, los trozos de pescado se ponen a cocer a fuego lento sobre un lecho de verduras (berenjena, col cortada fina, nabo, cebolla, camote, jitomate), previamente salteados en aceite y luego realzados con pimiento picante, pimienta y, si se desea, tamarindo, y a los

que se añade pescado seco y en ocasiones un molusco marino específico, el "jète". El *tié bou diéné* se sirve con arroz cocido al vapor y se acompaña con la salsa de la cocción, servida aparte.

tierna

Calificativo que designa una carne que se corta fácilmente con los dientes. La palabra se aplica también a las verduras fáciles de cortar y masticar.

Por su parte, un vino tierno es ligero, fresco y delicado, algo ácido y con poco *bouquet*, que debe consumirse en poco tiempo para que no envejezca.

tijeras

Utensilio de cocina con dos hojas cuyos mangos a veces están dotados de muescas o salientes destinados a distintos usos específicos: cascanueces, abrelatas, deshuesador, etc. Existen diferentes tipos de tijeras dependiendo su empleo:

- Tijeras de cocina. Tienen hojas lisas (de 19 a 32 cm) y sirven para cortar finas hierbas, chiles secos, ciertos desperdicios de carne o de verduras.
- Tijeras de pescado. Tienen grandes hojas fuertes, lisas o dentadas, y sirven para desbarbar y preparar pescados: cortar las aletas, la cola, las espinas grandes y las de los costados.
- Tijeras para aves. Están dotadas de hojas más cortas, muy robustas, y sirven para porcionar las aves crudas o cocidas en trozos, para cortar ciertos huesos, etc.
- Tijeras para uva. Son de plata o de metal plateado. Este accesorio de mesa está destinado a cortar los racimos grandes de uva.

tila

Árbol de hojas brillantes, de la familia de las malváceas, cuyas flores olorosas se emplean, secas, para preparar infusiones calmantes y antiespasmódicas, a veces para aromatizar cremas, helados y postres, y pocas veces como aromatizante en cocina. La miel de tilo presenta un aroma y un perfume pronunciados.

tilapia

Pez de agua dulce de la familia de los cíclidos originario de África, del que existen diversas variedades. La tilapia es un pez plano, de color verde con franjas verticales más oscuras en el cuerpo. Actualmente es el segundo pez más criado en el mundo, en un centenar de países, con una producción calculada en 1,7 toneladas al año, de las que Asia aporta alrededor del 80%. Es una especie principalmente herbívora, muy fácil de criar y de crecimiento rápido: en 16 meses, este pez pesa alrededor de 1 kg y mide 40 cm. También existe una producción salvaje obtenida de la pesca. La tilapia se prepara en filetes sin piel, fresca o congelada. Su carne sin espinas, de color blanco, es muy apreciada. Se prepara de múltiples modos: asada, en *papillot*, frita, etc.

tilsit

Queso suizo de leche de vaca (45% de materia grasa) de los cantones de Saint-Gall y de Turgovia, de pasta prensada no cocida y corteza cepillada. El *tilsit* se presenta en forma de pequeña rueda de 35 cm de diámetro y de 7 a 8 cm de grosor, con un peso de 4 a 5 kg.

Afinado más de cuatro meses, se emplea como el parmesano. Tiene un sabor muy afrutado, con un fuerte olor a bodega.

timbal

Especie de tarteleta o fondo de pastelería, por lo general en forma redonda o de cubilete. El timbal se sirve como entrante caliente y está formado por una pasta horneada en blanco que después se rellena con una preparación ligada con una salsa. La pasta que da forma al timbal a menudo presenta decoraciones de motivos recortados con el cortapastas. Las guarniciones que cubren la pasta son las de los volovanes y las *bouchées*.

Asimismo, se llama timbales a unas preparaciones de pequeño tamaño enmoldadas en *dariole*, formadas por salpicones diversos, verduras, *risotto*, etc., servidas como entrante o presentadas como guarnición.

Por otra parte, el timbal también puede ser un postre, fondo de pastelería horneado en blanco y relleno con chabacanos cocidos, frangipane, frutas diversas, cerezas con crema montada, etc., o una pequeña costra individual con helado, crema, frutas, etc.

tirabeque o chícharo chino

Variedad de chícharo, del que se consumen las vainas junto a las semillas. Menos energéticos que los chícharos, son bastante ricos en azúcar, en potasio y en vitaminas. Los tirabeques enteros se preparan como los chícharos frescos.

tiramisú

Postre italiano creado en la década de 1970, a base de capas de pasta de bizcocho o de genovesa emborrachada de whisky y café, y capas de crema de mascarpone y huevos (yemas y claras batidas).

tisana

Infusión de hierbas o plantas secas que se toma caliente, al natural o un poco seca.

Las plantas más utilizadas en las tisanas son: anís, manzanilla, amapola, mejorana, melisa, menta, romero, salvia, tomillo, tila, violeta, canela, hierbabuena, etc.

toad in the hole

Preparación popular de la cocina británica (cuyo nombre significa sapo en el agujero), por lo general compuesta por pequeñas salchichas de cerdo frescas, guisadas, y luego recubiertas con pasta gruesa para crepa. La preparación se cuece en el horno muy caliente y se sirve también muy caliente.

tocino

Grasa situada bajo la piel del cerdo. Según si el tocino está mezclado con carne, se distingue el tocino magro o entreverado (que puede ser fresco, ahumado o salado) y el tocino blanco o de cobertura. Desempeña el papel de condimento o de cuerpo graso.

El tocino entreverado está formado por la panceta propiamente dicha, cuyos músculos están separados por capas de grasa. En ella se cortan cubos o bastones de tamaño variable y empleos diversos: para mechar las carnes magras y los asados, para cocinar los salteados, los ragús, los fricasés y los *civets*, y acompañar verduras y ensaladas. El tocino de panceta en rebanadas finas interviene en numerosas guarniciones, así como en preparaciones de huevo.

El tocino blanco se sitúa entre la carne y la corteza. La capa cercana a la carne sirve para preparar la manteca de cerdo, mientras que la capa cercana a la corteza, llamada "tocino duro", proporciona las rebanadas que se colocan encima de los asados, las aves o los patés.

→ *bacon*, pancetta

tofu

Producto de base de la alimentación de Oriente Lejano, sobre todo japonesa, preparado a partir de granos de soya remojados y luego reducidos a un puré que a continuación se hierve y se tamiza. El líquido obtenido se cuaja mediante la adición de un coagulante.

El tofu, de sabor relativamente neutro, muy rico en proteínas vegetales, se prepara en Japón según centenares de recetas: unido a salsas agridulces en ensaladas de verduras y de algas, incorporado en cubitos a platos de fideos, desmenuzado y cocido como huevos revueltos, con hongos y aromatizantes, etc. Es uno de los ingredientes del *sukiyaki*, interviene también en platos de pescado y de crustáceos, y sopas. Con cebollín y cebolla se modela en pastas pequeñas o se fríe en albóndigas. Cubierto de *miso*, se asa a la parrilla en brochetas.

Se aprecia simplemente cortado en cubos, frito y tomado con jengibre rallado y salsa de soya. En verano se sirve helado, en ensalada y en invierno se aprecia "humeante" (escaldado y acompañado con alga *konbu*).

El *doufu* chino es más firme que el tofu japonés e interviene en la composición de preparaciones cocidas al vapor, purés y sopas. Cortado en cubos o en láminas, acompaña al pescado. El *doufu* prensado, blanco o coloreado y aromatizado de distintas maneras (con cúrcuma, té verde, chiles secos molidos), se fríe con verduras. El *doufu* fermentado, de sabor bastante fuerte, a menudo realzado con pimienta, acompaña al arroz caldoso y los guisos.

En Vietnam, Filipinas, Indonesia y Corea, el tofu condimenta ciertos platos, del mismo modo que los camarones secos, la menta, el aguardiente de arroz, etc.

tokány

Ragú de res de la cocina húngara, en el que el paprika tiene menos importancia que en el *gulasch* o el *paprikache*. La carne se corta en filetes finos. Se saltean con cebollas en manteca de cerdo, se mojan con agua y se sazonan con pimienta y mejorana. A veces, a media cocción, se añaden cubos de tocino ahumados dorados, y se termina con crema agria.

tokay

Vino blanco húngaro de reputación mundial, producido en los Cárpatos, en la región de Tokaji-Hegyalja, sobre todo con la cepa furmint. La denominación está protegida en la Unión Europea. Existen diferentes tipos de *tokay*: el *eszencia*, el *aszú*, el *szamorodny*, el *furmint* y el *hárslevelü*.

tomate

Fruto también conocido como tomate verde o tomatillo, es un género de *Physalis*, originario de México, de la familia de las solanáceas, de frutas esféricas de color verde brillante, de carne firme, densa y ácida. El tomate es poco energético (32 kcal o 1,344 kJ por 100 g), poco azucarado (4 g por 100 g) y rico en niacina (2 mg por 100 g). Es de uso muy variado en la cocina mexicana, e indispensable como base de las salsas verdes crudas, cocidas o asadas para usar en la mesa o preparar chilaquiles o enchiladas verdes. Se consume en especial en el centro de México. En España y otros países de América Latina se le conoce con este nombre al jitomate.

→ jitomate

tomatillo   ◆ tomate

tome o tomme

Nombre genérico que designa diferentes quesos. La raíz *toma*, de origen prelatino, significa *tomer*, es decir, formar la cuajada. Encontramos este vocablo con todos los tipos de quesos, tanto cuando son frescos, como el *tomme* de Arles, como si son prensados, como el *tomme* de Saboya. El *tomme* también puede ser afinado, como el *tomme* al heno. Por último, la palabra "tomme" también designa un pequeño queso plano cuya pasta enmoldada es dura: la *tomette*. Es esencial para preparar el *aligot*.

tomillo

Planta vivaz y aromática de la familia de las labiáceas, de pequeñas hojas de color verde grisáceo. Existen diferentes variedades: el tomillo silvestre o serpol, que es meridional; el tomillo de invierno o tomillo alemán (*Thymus vulgaris*), más alto, de hojas más anchas, de sabor más amargo; y el tomillo limonero (*T. citriodorus*), que aromatiza agradablemente distintas preparaciones, pero no soporta la cocción.

El tomillo, uno de los aromatizantes de base de la cocina, contiene un aceite esencial, el timol, de olor muy intenso y propiedades antisépticas. Solo o en el ramillete de hierbas aromáticas, fresco o seco, el tomillo interviene en platillos de cocciones largas, en la salsa *meurette*, los pescados al horno, etc. Puede realzar, si es fresco, los huevos revueltos, las ensaladas, un *coulis* de jitomate o las lentejas. El tomillo sirve para preparar infusiones y ciertos licores caseros.

tonel

Gran recipiente de madera, formado por duelas ensambladas y ceñidas mediante aros metálicos, con dos fondos planos. Los toneles, de tamaño y capacidad variables (los medianos se denominan barricas), se emplean para el envejecimiento, el almacenamiento y el transporte de vinos, aguardientes y cervezas.

Igualmente se emplea para otros licores dependiendo del país: el Madeira, el ron, el jerez, el tequila, el whisky escocés y el whisky estadounidense.

Los toneles son de roble, o de castaño y acacia. El barreno es una punta de acero que sirve para perforar la madera y probar el vino que está envejeciendo. La espita es una clavija de madera (a menudo de avellano) que sirve para volver a tapar el orificio del barreno. También puede haber un grifo de madera fijado en el tonel para permitir que fluya el vino.

tónica

Bebida que contiene gas carbónico y azúcar, aromatizada con extractos naturales de frutas o plantas, entre las que figura por lo general la quinina. La tónica se puso de moda gracias a las fuerzas coloniales británicas como bebida refrescante y febrífuga (sobre todo contra la malaria). Hoy en día se toma al natural, o con cubos de hielo y una rodaja de limón o como ingrediente de algunos cocteles.

tonka

Haba negra, oblonga, mate, de un gran árbol de la familia de las fabáceas originario de Guyana y del Orinoco. Su intenso olor a almendra dulce y a heno cortado (*coumarin*) sirve en cantidades muy pequeñas para aromatizar cremas, combinado con la vainilla o el coco. En dosis elevadas es tóxica (anticoagulante) y probablemente cancerígena (en Estados Unidos está prohibida en aplicaciones alimentarias). También aromatiza algunos tabacos.

topinambur o pataca

Planta vivaz de la familia de las asteráceas, cultivada por sus tubérculos (tallos subterráneos) alimentarios, que se consumen cocidos como verdura o que se utilizan en destilería. El topinambur es originario de América del Norte y llegó a Francia a principios del siglo XVII de la mano de Samuel de Champlain. Son muy nutritivos, ricos en fósforo y en potasio. Presentan tubérculos con protuberancias y ramificaciones, bastante difíciles de pelar. Los topinambures, de consistencia bastante firme, tienen un sabor cercano al de la alcachofa. Se cuecen en agua, al vapor o rehogadas en mantequilla y se preparan a la crema, a la bechamel, en ensalada, en puré o en suflé.

tornear

Modelar un elemento con la ayuda de un cuchillo de cocina para darle una forma determinada y regular. Los elementos torneados del mismo modo se cuecen de manera uniforme. Las papas se tornean en bolas, en aceitunas o en vainas, según la preparación. Las zanahorias y los nabos se tornean para una *bouquetière*, del mismo modo que se tornean la pulpa de pepino, los sombreros de los champiñones, las aceitunas deshuesadas, etc.

toro

Vinos castellanos con Denominación de Origen, procedentes de una zona vinícola que comprende municipios de las provincias de Zamora y Valladolid, con un clima continental extremo y terrenos cascajosos de aluvión. Los vinos se elaboran sobre todo con la variedad tinta de toro y garnacha (se producen también vinos blancos y rosados). Son de alto grado alcohólico y con una astringencia que les es propia, lo cual da como resultado unos vinos sabrosos y carnosos.

toronja, pomelo o pamplemusa

Fruto de 9 a 13 cm de diámetro y una piel amarilla o veteada de rosa. Su pulpa es dulce, amarilla o rosa más o menos oscura, acidulada o suave. Se trata de un híbrido de la auténtica pamplemusa y una naranja de China, creado en el siglo XIX en América. La toronja es poco energética (43 kcal por cada 100 g), menos rica en azúcar que la naranja, pero bien provista de vitaminas C, B, B3 y A, así como de potasio. Se distinguen las variedades de pulpa rubia de las variedades de pulpa rosa o roja, más dulces.

La toronja se sirve como entremés, cortado en dos, al natural y muy fresco o bien asado a la parrilla a fuego muy vivo después de untarlo de mantequilla fundida. Se consume asimismo en cóctel, relleno o en ensalada. Igual que la piña, la toronja acompaña bien al pollo y al cerdo. También desempeña un papel importante en las bebidas de frutas.

La pamplemusa verdadera se consume en Asia, en las Antillas y en Oceanía, confitada o como mermelada, muy raramente como jugo, excepto en Polinesia, donde es particularmente jugosa.

Torreblanca, Paco

Pastelero español (Villena, 1951). Se formó en Francia siendo muy joven, en 1978 abrió su propio establecimiento, la pastelería Totel de Elda, y en 1990 fue distinguido como mejor maestro pastelero de Europa. A partir de entonces se proyectó como artista de creaciones de alta pastelería. En sus esculturas efímeras creadas con azúcar, crema, caramelo, chocolate o almendras tiene en cuenta el gusto, el olfato y también la vista del comensal. Su centro de operaciones se sitúa en su pastelería y en el obrador de Monóvar, aunque ha inaugurado nuevas pastelerías en Elche, Alicante y Valladolid. Incorporó a su equipo a sus hijos Jacob y David. Ha publicado *La seducción del azúcar* o *La cocina dulce de Paco Torreblanca*, entre otros libros.

torrija o torreja

Postre realizado con rebanadas de pan remojadas en leche, pasadas por huevos batidos con azúcar y luego cocidas en un elemento graso, generalmente mantequilla. Las torrijas se sirven calientes y crujientes.

Concebidas antaño para que el pan no se desperdiciara, las torrijas, también llamadas "pan sentado", se hacían con los trozos que se dejaban en la mesa. Hoy en día se emplea a menudo el pan de *brioche*. Se pueden acompañar con una crema inglesa, con mermelada, con compota o con frutas cocidas.

torta

1. Preparación mexicana elaborada a base de bolillo, telera o algún otro pan blanco abierto por la mitad, untado de mayonesa, crema o frijoles y relleno de algún producto de origen animal y vegetales u otros ingredientes; su preparación recuerda la de un sándwich. Se elabora en distintos lugares de México, donde han surgido especialidades como las cemitas, las guacamayas y las tortas ahogadas.

2. Preparación de cocina o de pastelería de forma redonda. La torta está hecha con una placa de pasta brisa o de hojaldre, rellena con una mezcla de ingredientes salados y aromatizados, o bien frutas y crema. Está recubierta por una placa de la misma pasta, que forma entonces una tapa. Ciertas tortas de postre no presentan tapa: son las tartas de bordes altos. También se llama "torta" a los grandes *brioches* rústicos.

Antaño ocupaban un lugar importante como entrantes clásicos o como postres: las tortas con trufas, ostras, pichones, *foie gras*, etc., muy de moda hasta el siglo XVII, han cedido su lugar a los volovanes, *croûtes* y timbales, más ligeros.

torta y galleta

Pastel redondo y plano, sin duda la preparación de pastelería más antigua. La torta parece datar del Neolítico, época en la que se cocían papillas de cereales y se extendían sobre piedras calientes.

Aún hoy se elaboran tortas de cereales (avena, maíz, mijo). En Bretaña, en la Baja Normandía y en Vendée, las *galettes* son *crêpes* de alforfón que se rellenan con queso, una salchicha, sardinas asadas, etc.

Por su parte, la galleta es una pequeña elaboración *sablé* con mantequilla, gran especialidad bretona. Pero también se llama *galettes* a varias galletas crujientes, redondas, a veces dentadas, de sabores, rellenos o glaseados diversos (sobre todo de café o chocolate).

tortellini

Pasta italiana formada por una lámina de pasta rellena, doblada y en forma de anillo. Existen de tamaños y de formas diferentes, conocidos bajo el nombre de *tortelli*, *cappelletti*, *tortelloni* y *tortiglioni*. La pasta utilizada puede hacerse sin huevo o ser de colores, de jitomate o espinaca. El relleno suele ser a base de pollo o de jamón, picado con nuez moscada, yemas de huevo y parmesano. En Bolonia, donde nació esta pasta, los *tortellinis* son parte integrante de la cena de Navidad (relleno de pavo, jamón y salchichón). Pochados en un consomé o cocidos en agua, los *tortellinis* y los *cappelletti* se sirven con mantequilla fundida o en salsa, con jitomate o con crema y con parmesano.

tortilla

Disco plano de masa cocida de nixtamal o de harina de trigo, que se elabora a mano o en una máquina tortilladora. Es un elemento fundamental de la cocina mexicana. Su tamaño estándar mide entre 12 y 18 cm de diámetro y pesa entre 30 y 40 g, aunque puede ser más grande o más chica, dependiendo de la preparación a la que esté destinada. Se emplean para acompañar casi cualquier comida, son la base de platillos como tacos, enchiladas, totopos y chilaquiles.
→ *omelette*

tortilla española

Tortilla plana de huevo que contiene papas, típica de España, cocida por ambos lados y que se puede cortar en cuartos como un pastel. En ocasiones se añade cebolla cocida junto a la papa y el huevo.

tortilla noruega ◆ *baked Alaska*

tórtola

Ave de la familia de los colúmbidos, parecida a la paloma, pero más pequeña, de la que existen dos variedades principales en Francia: la tórtola de los bosques, migradora, y la tórtola turca, que desde la década de 1970 es más sedentaria. La tórtola, que se caza pero cuyo interés gastronómico es menor, se consideraba antaño un manjar delicioso, cuando era joven y estaba gorda.

En la cocina árabe, las "tórtolas íntimas" (cocidas a la cazuela con fondos de alcachofa, nuez moscada y uvas pasas) son un manjar refinado.

tortuga

Reptil de patas cortas con aletas, anfibio o terrestre, cuyo cuerpo está encerrado en un caparazón escamoso. Existen numerosas especies acuáticas comestibles, pero cada vez son más raras y desde hace un tiempo están protegidas en casi todos los países.

Las preparaciones más variadas están presentes en la cocina antillana, en particular la tortuga verde (que proporciona una carne excelente, y de la que también se consumen la cabeza, las patas o aletas, la cola, las tripas y los huevos). Se emplea tradicionalmente para hacer sopa, estofados, un fricasé y un ragú. El bistec de tortuga, marinado en vinagre, aceite y ajo, se cuece como la res y se sirve con abundante pimienta.

toscana, a la

Nombre que se da en Francia a distintas preparaciones caracterizadas por la presencia de parmesano y de jamón, especialidades de Emilia-Romagna, aunque la auténtica cocina toscana se ilustra más bien con las parrilladas de res, los platos de frijoles y el *chianti*. Los macarrones se ligan con puré de *foie gras* y encima de los mismos se esparcen dados de trufa salteados en mantequilla.

tostada

Antojito mexicano elaborado a partir de tortillas de maíz crujientes. Pueden comerse solas o con otros alimentos encima, por lo general frijoles, lechuga o col rallada, queso, crema, algún tipo de carne, chiles o salsa, aguacate y otros ingredientes. Las carnes que más se utilizan para preparar las tostadas son pollo o cerdo deshebrado, mientras que los picantes que más se utilizan son el chile jalapeño en escabeche y el chile chipotle en adobo.

tostada inglesa ◆ pan tostado

tostadora

Utensilio que sirve para tostar rebanadas de pan. Los modelos antiguos están dotados de un mango largo que permite tostar el pan sobre unas brasas, lo cual lo perfuma, en especial si se trata de un pan de molde bastante aireado. Otros modelos simples, empleados en cocinas, sirven de difusores; están formados por una rejilla metálica, o por dos placas de plancha de acero, una de ellas perforada.

Las tostadoras eléctricas son semiautomáticas (es preciso girar el pan) o automáticas (las rebanadas son despedidas cuando están tostadas, ya que el grado de calor se regula mediante un termostato).

El pan fresco se tuesta con menor facilidad que el rezagado, y toma menos color. Tanto si se trata de pan de molde, como de pan moreno o de hogaza, el pan tostado debe consumirse de inmediato.

Tour d'Argent, La

Restaurante parisino, el más antiguo de la capital. Sus orígenes se remontan a 1582, cuando se estableció un albergue en el quai de la Tournelle, sobre los restos de un castillo edificado por Carlos V en la segunda mitad del siglo XIV, del que solo quedaba una torre de piedra blanca. Un tal Rourteau (o Rourtaud) preparaba en este local patés de garza y de pato salvaje, que el propio monarca francés Enrique III fue a probar. A principios del siglo XVII, Richelieu apreció la oca con ciruelas pasas, y su sobrino-nieto, el duque de Richelieu, solicitó un menú enteramente de res. Madame de Sévigné alababa su chocolate, y Madame de Pompadour el vino de Champaña. Bajo

Napoleón I, Lecoq, chef de las cocinas imperiales, compró el restaurante, que había declinado durante la Revolución francesa. El pato asado y el *gigot* de cordero eran entonces los platos más reputados. Paillard sucedió a Lecoq y posteriormente *La Tour d'Argent* adquirió el prestigio que sigue ostentando a partir de 1890, con el célebre Frédéric, primer *maitre d'hôtel*, y luego director, que inventó la receta del pato *à la presse* y tuvo la idea de dar un número de orden a cada ave que se servía. La tradición se ha prolongado hasta hoy en el pequeño escenario del "Teatro del pato". Al gran Frédéric, que convirtió *La Tour d'Argent* en el "Bayreuth de la cocina" (Jean Cocteau) le sucedieron André Terrail, su hijo, Claude Terrail, y luego André Terrail, hijo de Claude, en 2006.

tourtière

Molde redondo de diámetro variable, de borde poco elevado, ligeramente inclinado hacia fuera, acanalado o liso. La *tourtière*, a veces de fondo móvil, es un molde de tarta un poco más profundo que el molde clásico, en el que se cuecen tartas, pasteles o pays que se sirven en la fuente de cocción. En Quebec, la *tourtière* es un plato tradicional del que existen numerosas variantes, pero que por lo general se elabora a base de una o varias carnes de carnicería y de caza salvaje, a las que a veces se añaden papas.

trabajar

Mezclar con mayor o menor vigor los elementos de una preparación pastosa o líquida, ya sea para incorporar ingredientes diversos, o bien para que quede homogénea o lisa, o incluso para darle cuerpo o untuosidad. Esta operación se utiliza para preparar la mantequilla trabajada o "manié".

Según la naturaleza de la preparación, la operación se realiza sobre el fuego, fuera del fuego o sobre hielo, con una espátula de madera, un batidor manual o eléctrico, una batidora-mezcladora o con la mano.

Train Bleu, Le

Restaurante situado en la estación de Lyon, en París. *Le Train Bleu* está clasificado como monumento histórico desde 1972, después de que casi desapareciera bajo la acción de las empresas de derribos en 1950. Lo construyó la compañía PLM (Paris, Lyon, Méditerranée) para la Exposición Universal de 1900. Su renombre se debe a su decoración excepcional, ejecutada por los mayores artistas de la época y que representa los lugares de destino de los trenes de la compañía. El establecimiento se restauró en 1968 para proteger sus pinturas y dorados originales.

trait ◆ dash

traiteur

Restaurador que prepara comidas por encargo de un particular o platos para llevar. La palabra designa al especialista de banquetes, cócteles y lunches, servidos o bien a domicilio o bien en locales de alquiler. El servicio de *traiteur* o de *catering* lo lleva a cabo un pastelero-heladero-confitero; o un charcutero que comercia con comestibles y platos cocinados o; un restaurador e incluso un cocinero que no posee ni tienda ni comedor.

El *traiteur* no prepara los mismos platos que el restaurador porque el transporte y el calentamiento de los platos exigen métodos especiales, además porque puede ocuparse tanto de un banquete de varios miles de cubiertos como de una cena de una docena de personas.

trampar o trempar

1. Sumergir, remojar, durante más o menos tiempo un alimento en agua fría. Esta operación permite rehidratar verduras o frutos secos, facilitar la cocción de las legumbres, desalar los pescados salados y las carnes, limpiar y lavar verduras o conservarlas durante unos instantes.
2. Acción de sumergir cualquier ingrediente, generalmente trufas, en chocolate temperado.
3. Se llama "trempage" a la operación consistente en emborrachar ciertas elaboraciones de pastelería con un aguardiente o un jarabe.

trancheur

Instrumento de corte profesional, manual o eléctrico, que se destina a cortar (trinchar) en rebanadas las carnes calientes o frías, jamones y salchichones, y a veces verduras, frutas o pan.

trappiste

Tipo de cerveza de fermentación alta elaborada solo por monjes trapenses. Existen seis cerveceras que reivindican esta denominación: Chimay, Orval, Rochefort, Westmalle y Westvleteren en Bélgica, y Koningshoeven en los Países Bajos. Las cervezas *trappiste*, que son objeto de una doble o incluso triple fermentación, tienen cualidades gustativas y aromáticas muy características; se consideran las mejores cervezas belgas y neerlandesas.

travers o costilla

Término francés *travers* que se emplea para denominar a la pieza de la parte superior de la panceta del cerdo. El *travers*, de forma alargada, plana y estrecha, está compuesto por músculos, grasa (en mayor o menor medida) y la parte mediana de las chuletas. Vendido salado, entra en la composición de los pucheros y de la *choucroute*. Se asa a la parrilla (*spare ribs*), se prepara en agridulce o se laca a la china, después de adobarlos en especias y salsa de soya.

tremper ◆ trampar o trempar

triclinio

Del latín *triclinium*, comedor de los antiguos romanos, en el que paralelamente a los tres lados de una mesa se disponían tres camas. El cuarto lado quedaba libre para facilitar el servicio. En cada diván se colocaban tres comensales. En casa de los ricos patricios existían tres *tricliniums*, uno para el verano, otro para el invierno y otro adecuado para las temporadas intermedias.

trifle

Postre preparado a finales del siglo XVI por los marinos británicos con bizcochos empapados en tafia y recubiertos con una crema de tipo pastelera. En el siglo XIX, el *trifle* se transformó en un bizcocho de Saboya untado con mermelada de fresa, cortado en trozos y emborrachado con jerez y luego recubierto con crema inglesa y crema

montada, antes de cubrirse por completo con almendras tostadas. La *zuppa inglese* puede considerarse una variante de esta receta.

trigo

Cereal de la familia de las poáceas (o gramíneas), cuyos granos, ricos en almidón, sirven para elaborar harina y sémola, pero que también se comen cocidos, germinados o troceados. Los granos de trigo están formados por una doble envoltura, el tegumento, provisto de fibras duras y tupidas, el salvado, y una almendra que encierra un germen, rico en proteínas y en grasa. Contienen fósforo, calcio y otras sales minerales, así como numerosas vitaminas. El trigo germinado es más rico en proteínas y en vitamina B. El trigo contiene gluten.

Se distinguen diversas variedades de trigo:

- El trigo tierno (trigo candeal), molido para obtener harinas, con las que se elabora el pan, bizcochos, pasteles, etc. El trigo duro se trocea y se reduce a sémola para obtener las pastas alimenticias y el cuscús. Los granos de trigo molidos sirven para preparar papillas, albóndigas, croquetas, galletas, etc.
- El trigo negro designa al alforfón y el "trigo de Turquía" al maíz.
- El trigo legumbre designa los granos de trigo duro calibrados y precocinados que basta cocer en agua hirviendo. Acompaña platos con salsa, carnes, pescados e incluso pasteles.
- El trigo tierno, cosechado según una práctica oriental cuando todavía es verde, se comercializa listo para consumir. Se presenta entero, cocido sin el germen y sin el envoltorio, ni secado ni troceado.

trigo sarraceno ◆ alforfón

trinchar

Cortar carnes, aves de corral, piezas de caza o pescados para servirlos en la mesa si están cocidos, o bien para ciertas preparaciones si están crudos.

El cortador debe combinar competencia culinaria y conocimientos de anatomía, y poseer una gran habilidad manual, así como una elegancia en los gestos. Cada pieza de carne exige una técnica de corte particular, así como las aves de corral y salvajes (pato, pavo, oca, pichón, pollo).

Por regla general, el corte de las piezas de carnicería se hace de forma perpendicular al sentido de las fibras musculares. Los cortes deben ser lo más extensos posible y de un grosor regular. La introducción del servicio a la rusa (los manjares se presentaban emplatados, ya cortados) hizo desaparecer de la mesa una operación que constituía el orgullo del anfitrión.

tripa o intestino

Intestino vaciado de un animal vuelto del revés, lavado y raspado, que se emplea con fines de protección de ciertos productos de charcutería y salazones. Las tripas más pequeñas corresponden al intestino delgado (de diámetro reducido), y las más grandes al intestino grueso. Las tripas de res se han dejado de utilizar por ser un material con riesgos para salchichones y cervelas; las de cordero sirven para elaborar *merguez* y chipolatas; las de cerdo envuelven las salchichas, salchichones y *boudins*. El recto del cerdo se destina a los salchichones más gruesos. También existen tripas sintéticas.

En México es usual consumir las tripas de res (hervidas y fritas) o de cerdo (confitadas en manteca de cerdo) en tacos.

→ panza

tripas o callos

Estómago e intestino de los animales de carnicería, y preparación culinaria española del mismo nombre a la que dan lugar (sobre todo el estómago de los rumiantes). Los callos se preparan de distintas maneras, con una salsa gelatinosa, aromatizantes y verduras y caldo, vino o sidra. La preparación más conocida es la de los callos a la moda de Caen.

En toda Francia existen numerosas recetas antiguas de callos que varían dependiendo de la región donde se elaboren. También existen especialidades de otros países como la *busecca* de Lombardía, los callos a la madrileña, la *chorba* búlgara, la *annrisse* árabe, la *barbouche* (cuscús de callos) y los callos con cebollas inglesas.

triple seco

Licor elaborado mediante destilación de pieles de naranja, después de la maceración en agua mezclada con alcohol. Consumido a 40% Vol., el triple seco puede servirse con cubos de hielo o con hielo picado. Forma parte de la preparación de cócteles, y se emplea para aromatizar nieves, cocteles de frutas, etc. La marca de triple seco más conocida es *cointreau*.

triturar

Aplastar una pasta para fondos sobre el mármol con la palma de la mano. Esta operación tiene por objeto obtener una mezcla íntima de los elementos y conseguir que la pasta quede homogénea, pero no elástica. Cuando la mantequilla, los huevos y el agua se han incorporado a la harina en volcán, se trocea la mezcla y luego se amasa triturando. Los pequeños trocitos se vuelven a reunir a continuación en una gran bola de pasta.

Troisgros, Jean y Pierre

Cocineros franceses, restauradores en Roanne (Loira). Hijos de Jean-Baptiste Troisgros, cafetero en Chalon-sur-Saône, y luego propietario del pequeño *Hôtel de la Gare* en Roanne, ambos hermanos realizaron su aprendizaje en París, en *Lucas-Carton*, y luego con Fernand Point, en Vienne. En 1954 comenzaron a ejercer en el hotel familiar, y luego cogieron la dirección, tras lo cual su ascensión fue continua (una estrella *Michelin* en 1955, dos en 1965, tres en 1968). Su cocina se inspira en recetas transmitidas por las generaciones pasadas, a veces con un carácter casi campesino, pero han sabido perfeccionar admirablemente las preparaciones familiares.

Pierre (nacido en 1928 en Chalon) es un gran especialista de las carnes, mientras que Jean (nacido dos años antes y fallecido en 1983) era un gran conocedor de los vinos. En cualquier caso, sus platos más brillantes los crearon juntos.

Troisgros, Michel

Cocinero francés (Roanne, 1958). Hijo de Pierre y Olympe Troisgros, representa la tercera generación que ejerce en Roanne, conservando las tres estrellas *Michelin* concedidas al establecimiento situado frente a la estación, antiguamente pintado de color "salmón con acedera". Se formó en el restaurante de Frédy Girardet en Crissier y en la casa de su padre, y renovó el estilo de ésta, transformando el antiguo hotel *Troisgros* en un establecimiento contemporáneo, con mobiliario de diseño y con platos inspirados en sus periplos por Tokyo, Moscú y Venecia. La jalea de camarones grises con su huevo pochado al ajonjolí, la berenjena glaseada en jalea, el "vapor" de hinojo y de erizo de mar, estilo "tofu", o incluso los riñones de ternera con brócoli, anchoas y salsa escargot revelan que este "heredero", que rechaza la herencia culinaria casera, se propone construir su propia leyenda. Asesora *La Table Troisgros*, en el *Lancaster* de París, y todos los años da lecciones de cocina en el *Hyatt* de Tokyo.

trompa o morro

Víscera de los animales de carnicería, sobre todo de la res y del cerdo. La trompa o morro de res, constituido por la parte comestible del hocico y del mentón, se escalda, se sala y se cuece. Sirve para preparar un entremés frío, que se acompaña con una vinagreta de finas hierbas. La trompa de cerdo consiste en una especialidad de charcutería cocida, preparada con la cabeza entera, a veces con la lengua y la cola, deshuesadas, cocidas, prensadas y enmoldadas (el queso de cabeza, el paté de cabeza y el queso de cerdo son preparaciones semejantes). En México se consume confitada en manteca de cerdo, generalmente en tacos.

trompeta de los muertos

Hongo comestible, común en los bosques, llamada también "cuerno de la abundancia", de la familia de las cantareláceas, en forma de embudo o de cornete de color gris ahumado o negro que crece en verano y en otoño. La trompeta de los muertos, poco carnosa y ligeramente dura, pero muy perfumada, es muy apreciada en cocina. Picada, adereza salsas (*poivrade*, al vino tinto) y realza el sabor de otros hongos.

Las trompetas de los muertos se secan con facilidad. Reducidas en polvo sirven como condimento.

En la actualidad, está muy comercializada y procede tan solo de la recolección, ya que su cultivo todavía no se domina lo suficiente.

tronco de Navidad

Pastel en forma de tronco que se prepara tradicionalmente para las fiestas de Navidad en varios países europeos. El tronco de Navidad se compone de masas de genovesa, rectangulares, superpuestas y a las que se da forma tras cubrirlas con crema, y recubiertas con otra crema de mantequilla o chocolate, aplicada con una manga de pastelería acanalada para simular la corteza. Se decora con hojas de acebo de pasta de almendra, hongos de merengue y pequeños personajes.

Trotter, Charlie

Cocinero estadounidense (Evanston, Illinois, 1959-Chicago, 2013). Autodidacta; tras cursar estudios de filosofía, se apasionó por la cocina y creó su propia leyenda, publicando numerosas obras de cocina y presentando un programa televisivo en la cadena ABS, que se filmó en su casa pareada de la avenida Armitage, en Chicago. Alabó el producto estadounidense revisado por la técnica europea. Todos los años realizaba dos viajes de estudios al extranjero (entre ellos a la casa *Troisgros*, de la que copió la "T" a modo de logo, y también a los establecimientos de Alain Passard, Pierre Gagnaire, Juan Mari Arzak, Martín Berasategui, Marc Veyrat o Thierry Marx). De regreso a su hogar, Trotter comenzaba a crear. Entre sus invenciones se encuentra una sopa de maíz con ñoquis de sémola y *quenelles* de *foie gras* pochado, entre mil otras cosas con las que componía sus dos menús de degustación (uno de ellos vegetariano), que variaban todos los días y se servían únicamente por la noche, en un ambiente un poco austero y una iluminación mínima.

trou normand

Costumbre de la mesa consistente en beber un vasito de aguardiente (calvados, y de ahí su nombre, aunque también coñac, kirsch o aguardiente de frutas) en medio de una comida copiosa, a fin de ejercer una acción digestiva y de estimular el apetito antes de proseguir con los demás platos.

En la actualidad se trata a menudo de una nieve de frutas, rociada con un aguardiente adecuado: naranja y coñac, piña y kirsch, pera y aguardiente de pera, limón y vodka, etc.

trousser

Armar, volver a dar forma a un ave o a una caza de pluma antes de bridarla, con las patas estiradas para asarla o con las patas dobladas para brasearla o pocharla. Se dice más específicamente de un ave en cuyos costados se ha practicado una incisión para introducir la articulación de la pata y del muslo. En ciertas aves pequeñas, esta operación puede llegar a evitar la necesidad de atarla. También se arman los cangrejos de río para una presentación particular como guarnición. La operación consiste en pinchar el extremo de las pinzas en la base de la cola.

trucha

Pez de los torrentes, los lagos y los ríos, de la familia de los salmónidos, muy buscado por los pescadores. Este pez carnívoro, de carne sabrosa, también es objeto de una cría importante en vivero. Existen diferentes variedades de truchas como:

- La trucha fario, trucha de gran boca y una tonalidad dorada, con manchas localizadas en la parte alta del cuerpo. De color más o menos intenso según su hábitat, su sexo y su edad, puede alcanzar 60 cm.
- La trucha de lago puede alcanzar 1 m. Si su alimentación es rica en crustáceos, su carne se va coloreando de rosa.
- La trucha de mar vive en los ríos costeros y desciende hasta el mar.
- La trucha arcoíris es un pez plateado, a veces con una banda violácea en los costados, que presenta manchas por todo el cuerpo, incluidas las aletas.

Las truchas de vivero y comercializadas pesan entre 150 y 300 g y miden 28 cm. Su alimentación (harinas de pescado y de soya) se dosifica minuciosamente, y es imposible cebar a este pescado para que crezca más de la cuenta. Por otra parte, la trucha necesita espacio, pues de otro modo muere.

En el comercio también se encuentran truchas ahumadas, enteras o en filetes.

Clásicamente se prepara cocida en caldo corto y servida con una salsa holandesa, cocida en vino tinto a la borgoñona, frita Colbert, o fría, en gelatina, con decoraciones variadas. Por otra parte, admite todas las recetas del salmón.

trucha arcoíris o trucha de arroyo

Pez de la familia de los salmónidos que a menudo se confunde con la trucha alpina, se distingue de ésta por las numerosas listas que luce en su coloración. Esta especie fina se prepara con gran simplicidad, al vapor o cocida, con una mantequilla con limón. Pero esta trucha también se puede emplear para todas las preparaciones más sofisticadas del salmón.

trufa

Hongo subterráneo, esférico de color negro, pardo o blanco, según la especie. La trufa es un comestible muy buscado y oneroso, de tamaño muy variable.

La recolección de este hongo se lleva a cabo en truferas bien identificadas, en las que están presentes los robles, sobre todo, aunque también los castaños, avellanos y tilos. La recolección se sigue realizando con la ayuda de un animal sensible a su aroma, casi exclusivamente un perro adiestrado, ya que el cerdo está reservado al folklore. El "cavador" lleva su perro atado, le sigue paso a paso y desentierra las valiosas excrecencias negras en cuanto el animal empieza a escarbar en el suelo.

Existen unas setenta especies de trufas, treinta y dos de ellas en Europa, de las cuales destacan:

- La trufa negra del Périgord, que es la más estimada, tiene una carne negra recorrida por vetas blanquecinas, muy finas y densamente apretadas; desprende un perfume intenso.
- La trufa blanca del Piamonte, de la región de Alba en Italia, tiene renombre mundial. Presenta un delicado perfume y acompaña sobre todo el capón y la ternera, y a veces la langosta. Se utiliza cruda, rallada o cortada en finas láminas, en guarnición para carnes a la parrilla, pollo, *agnolottis* o *risotto*.

Las trufas adquieren su pleno valor cuando están maduras y se utilizan en cocina crudas o cocidas, cortadas de distintas maneras, en forma de jugo, de *fumet* o de esencia. Sin embargo, para preservar sus aromas complejos y sutiles no deben cocerse mucho tiempo a temperatura elevada.

En la actualidad se encuentran en el comercio trufas en conserva, peladas o cepilladas, maduras y enteras. Pueden ser "calidad superior" (de carne firme, negras, de tamaño y color uniformes), "extra" (de carne firme, más o menos negras, irregulares), "1.ª selección" (de carne más o menos firme y de color a veces claro, irregulares y arañadas). También se encuentran "trozos" (de 0,5 cm de grosor al menos, más o menos oscuros, con hasta un 2% de impurezas), "raspaduras" (con un 20% de "restos" como máximo, de color variable, y hasta 3% de impurezas) y "restos" (hasta 5% de impurezas).

trufa de chocolate

Elaboración dulce a base de chocolate fundido con mantequilla o crema, azúcar y a veces huevos, y posteriormente aromatizada (café, canela, coñac, ron, vainilla, whisky, etc.), a la que se da forma de bolas cubiertas de cobertura de chocolate o que se pasan por cacao en polvo. Las trufas de chocolate, de conservación muy breve, se ofrecen tradicionalmente en la época de Navidad. Acompañan muy bien al café.

tuétano

Tejido graso contenido en la cavidad de los huesos largos de los animales de carnicería (res y ternera). El tuétano se cuece en menos de 20 min en un caldo aromático o al horno. Hay que salarlo antes de la cocción, y para evitar que se separe del hueso es preciso envolver este último en papel de aluminio.

Interviene en la composición de salsas, en particular de la bordelesa. De igual modo se puede degustar sobre una tostada o un canapé.

tulipe ♦ pasta tulipán

tumbler

Vaso de paredes rectas utilizado para servir ciertos cócteles. Se distingue el *tumbler* pequeño, más conocido con el nombre de *rocks*, ideal para los tragos cortos servidos con cubitos o hielo picado (una caipiriña, por ejemplo) y el *tumbler* grande, también llamado *collins* o *highball*, cuya capacidad (unos 350 ml) permite preparar o servir bebidas largas (un gin fizz, por ejemplo).

tuna o higo chumbo

Fruto del nopal originario de América y muy difundida en la cuenca mediterránea. La tuna o higo chumbo, de color rojo-anaranjado, oval, cubierto por una piel gruesa llena de finas espinas, posee una pulpa fresca y acidulada, con semillas comestibles. Puede variar de color según la variedad, ya sea verde, amarilla, roja o naranja. Antes de utilizarlo es preciso retirarle las espinas y posteriormente pelarlo. Se consume al natural o en mermelada, y participa sobre todo en la composición de nieves o confituras.

Túnez

La cocina tunecina es similar a la de los demás países del Magreb. Los platos siempre son abundantes, como obliga la tradición de la hospitalidad, realzados con especias olorosas (*harissa*).

Como en Marruecos y en Argelia, las sopas (*brudu*) a menudo se aromatizan y son generosas, con verduras, cereales, carne o pescado. Las carnes (sobre todo cordero y res) y las aves de corral se cuecen en ragú (*tagine* de cordero o de conejo con ciruelas pasas, hinojo y limón), en brochetas (*kebab*) o picadas y en forma de albóndigas (*kefta*). Las verduras se cuecen en caldo, a fuego lento o bien marinadas y servidas en ensalada para la *kemia*, un surtido de entremeses, donde se acompañan con una especie de crepas rellenas, los *trids*.

El plato nacional es el cuscús. La sémola se sirve con verduras (zanahorias, calabacitas, garbanzos, apio, jitomate), cordero, conejo, perdiz, pollo o pescado. Las verduras y carnes se pueden sustituir por frutos secos, almendras, pistaches y nueces, servidos con una sémola remojada con leche y azúcar, que componen de este modo un postre copioso.

La pastelería es rica en pasteles muy dulces a base de miel, jarabe y pasta de hojaldre. Llamada *malsouga*, la pasta de hojaldre sirve para elaborar los *bricks*, empanadillas rellenas de huevos o carne. El fin de la comida siempre está protagonizado por el té a la menta.

turbinar

Hacer cuajar en frío una mezcla de helado o de nieve hasta que esté solidificado. El turbinado se realiza en el congelador o en una maquina para helados.

turca, a la

Nombre de distintas preparaciones inspiradas en la cocina oriental, en particular el arroz *pilaf*, ya sea dispuesto en corona con una guarnición en el centro, o enmoldado en *dariole* como acompañamiento de huevos al plato, de una tortilla o de unos medallones de cordero, con berenjenas salteadas. La denominación se aplica más específicamente a una preparación de hígados de ave (salteados, con cebolla cortada y semiglasa con jitomate), así como a unas berenjenas (o pimientos), rellenas de cordero picado, arroz y *duxelles*, cocidas en el horno con un sofrito de cebolla con jitomate. Las verduras rellenas a la turca pueden componer la guarnición de un costillar o de una silla de cordero guisados.

tournedó

Rebanada de filete de res de 2 cm de grosor, rodeada por una fina rebanada de tocino y atada, lo cual le da su forma redonda y permite una cocción regular. A continuación se saltea, se asa a la parrilla o en cazuela tapada. Otras piezas de carne se presentan de esta manera, pese a lo cual no pueden denominarse turnedó.

Turquía

La cocina turca, a medio camino entre Europa y Oriente, se inspira en las tradiciones musulmanas, judías, ortodoxas y cristianas. Por su parte, ha dejado su huella en numerosos países: Rusia, Grecia, el Magreb y Oriente Medio.

Entre sus preparaciones más representativas destacan el *pilaf*, las brochetas de cordero, las berenjenas rellenas o los higos secos, por no hablar del café y de las elaboraciones de pastelería. Igualmente es famoso el *kebab* y los *beurrecks*, así como el *halva*, el *baklava*, el *lukum* y muchas golosinas de nombres imaginativos.

En la cocina turca tienen gran importancia los entremeses y los entrantes de pequeño tamaño. Además de la sopa (*chorba* de carne o de verduras), se degusta el *cacik* (pepino con yogur), los mejillones rellenos (arroz, piñones, cebolla picada, uvas pasas y especias), los pies de cordero en gelatina y toda la gama de *dolmas* (hojas de parra o de col rellenas).

Los pescados más buscados son la anguila (a menudo se sirve con una salsa de berenjena y miel), la dorada, la caballa, la sardina, el atún y el rodaballo.

El cordero está muy presente en la cocina turca, con preparaciones muy diversas. El *adjem pilaf* (plato compuesto de una espalda de cordero, cebollas, arroz y caldo), el *unkar beyendi* (brochetas de trozos de cordero, intercalados con grasa y servidas sobre un puré de berenjenas) son los platillos de carne más representativos.

El *döner kebab* y el *sis kebab* siguen siendo los dos tipos más conocidos en el mundo occidental. El primero está formado por capas de carne sujetadas por un grueso espetón vertical. El segundo se compone de dados de carne asada ensartados en brochetas.

La verdura principal es la berenjena, indispensable para el célebre *imam bayildi* y la *mousaka*, pero las recetas turcas también recurren a las calabacitas y a los pimientos rellenos; la col, las espinacas y los frijoles son igualmente importantes. El bulgur y el arroz son ingredientes básicos, el primero como elemento de relleno o de sopa, el segundo para el *pilaf*, aderezado con uvas pasas, piñones o almendras. El aceite de oliva, también importante, se utiliza en platos calientes y fríos.

Existen varias categorías de postres, siendo los más conocidos los pastelillos cocidos al horno, como el *baklava* y los productos de confitería (*lukum*).

La bebida nacional es el café y un ciudadano turco consume un promedio de diez tazas por día. Pero también cabe citar el *raki*, alcohol anisado propuesto para acompañar los *mezze*.

turrón

Elaboración de confitería, especialmente valenciana, preparada con almendras, miel, claras de huevo y azúcar, con distintos colores y aromas. Puede contener pistaches, nueces u otros frutos secos. Entre estos destacan el turrón de Jijona (turrón suave hecho a base de almendras picadas, miel y azúcar), el turrón de Alicante (confitería típica de Navidad hecho con almendras enteras y es de consistencia especialmente dura), el turrón catalán (parecido mucho al *nougat* con avellanas en lugar de almendras), y el turrón con miel de Gap (a base de azúcar y miel, contiene almendras y avellanas).

El turrón de Jijona y el de Alicante disfrutan de una Denominación de Origen.

tutti frutti

Calificativo que se aplica a los postres en los que se unen los aromas de varias frutas o bien frutas mezcladas, confitadas, cocidas o frescas, por lo general cortadas en trocitos. Esta locución invariable está formada por dos palabras italianas (en plural) que significan "todas las frutas". Las copas *tutti frutti* están compuestas por bolas de helado de frutas, acompañadas por frutas confitadas cortadas en dados y maceradas en kirsch. El *tutti frutti* es, además, una pieza de pastelería formada por una placa de pasta dulce recubierta por una capa de frutas en cubitos (confitadas o cocidas) y una segunda capa de pasta. La parte superior se abrillanta con mermelada de chabacano, luego se glasea y se espolvorea generosamente con almendras cortadas en láminas o también trozos de piel de naranja confitada.

tvarog

Preparación rusa en la que se une queso blanco escurrido y tamizado, mantequilla ablandada y huevos batidos. Generosamente salpimentada, con ella se rellenan pequeños patés que se sirven fríos en entremés.

ubre

Mama de un animal, en especial la de la vaca. La ubre se comercializa precocinada. Cortada en lonchas, se asa con ajo y perejil, y también se puede bresear, mechada con tocino fino. Se sirve con hongos o arroz. En la actualidad su papel gastronómico es bastante reducido, a diferencia de antaño. En la Edad Media se apreciaba la ubre de vaca con mosto agraz, mientras que la de ternera era un elemento de relleno bastante común.

Ucrania

La cocina ucraniana se asemeja mucho a la cocina alemana, con los *galouchki* (gruesas *quenelles* blandas con huevos), las hojas de col rellenas con arroz y hongos, el *nakypliak* (especie de suflé con col cocido al vapor) y los *lekchyna* (tallarines con huevos, aderezados con espinacas y nueces). La riqueza en cereales de la región se ilustra con el *kalatch*, un pan blanco muy rico, los pequeños *balabouchki* de pasta agria y numerosas preparaciones a base de *kacha*, elaboración que se hace con harina flor de alforfón. El *borchtch*, potaje a base de betabel y de otras verduras al que se añade carne y se sirve con una crema agria, ocupa un lugar destacado en la cocina ucraniana. El plato tradicional de Navidad es la *koutia*, pastel de sémola con semillas de adormidera y frutos secos.

Este país, en el que hay amplios cultivos de vid (105,000 ha), se vio muy afectado por la filoxera en la década de 1860, y los viñedos se renovaron con híbridos, que se reemplazan poco a poco por cepas nobles.

Ude, Louis-Eustache

Cocinero francés, contemporáneo de Antonin Carême (finales del siglo XVIII y principios del XIX), que fue uno de los primeros en introducir el arte culinario francés en Inglaterra. Después de ser chef de las cocinas de Luis XVI, y luego *maitre d'hôtel* de la princesa Laetitia Bonaparte, se convirtió en cocinero de lord Sefton, después del duque de York, y luego director del *Saint James' Club* de Londres. Cuando se retiró, Ude escribió *The French Cook or the Art of Cookery developed in all its various branches* (1813, varias veces reeditado hasta 1833). Se trata de un "método práctico de buena cocina" para organizar "cenas elegantes y baratas", con anécdotas, consejos para la elección de los menús y una lista de "varias recetas francesas nuevas".

ulluco

Pequeño tubérculo comestible de color rosa vivo o amarillento, de la familia de las basseláceas, cultivado en Bolivia y Perú. Su olor y sabor recuerdan el de la espinaca de malabar, pero ligeramente ácido. El ulluco contiene almidón y proteínas. En Perú se puede consumir en juliana con carne seca de llama o con queso fresco y leche.

ultracongelación

Procedimiento de conservación en el curso del cual el descenso de la temperatura de un alimento (ya enfriado), rápido e intenso (hasta −50 °C), permite obtener, en el centro del producto, una temperatura inferior a −18 °C, sin cristalización importante. La ultracongelación, practicada únicamente a escala industrial, solo concierne a los productos de estructura celular frágil.

• La ultracongelación por contacto (aplicada a ingredientes poco gruesos y de forma regular, como los filetes de pescado o los paquetes de espinacas) se realiza entre elementos metálicos en los que circula un fluido a −35 °C.

• La ultracongelación por aire impulsado se practica o bien en un túnel estático, donde circula un aire frío (hasta −50 °C, a una velocidad de 5 o 6 m/s), o bien en un ultracongelador con cinta transportadora, donde los alimentos se desplazan recibiendo por todos los lados aire glacial, o incluso en un ultracongelador continuo para los alimentos muy pequeños que dentro del aparato alcanza, gracias a una violenta corriente de aire, los −40 °C, tras lo cual salen ultracongelados individualmente.

• La ultracongelación por inmersión en un líquido a temperatura muy baja se aplica a los productos de tamaño medio e irregulares (aves envasadas bajo film transparente, pescados o crustáceos enteros, por ejemplo).

• La ultrancongelación por pulverización (de nitrógeno líquido) se utiliza en productos de escaso volumen, como verduras picadas.

• La ultrancongelación por congelación se aplica a piezas de carne o de pescado grandes destinadas a la industria de la transformación. En este caso, la temperatura se baja más lentamente para que en el centro de la pieza alcance −12 °C.

• La ultracongelación rápida por IQF (*individuallly quick frozen*), que se aplica a platos cocinados divisibles en porciones, se obtiene bien por inmersión directa en nitrógeno líquido a −196 °C, agitando constantemente los alimentos durante la ultracongelación.

Después de la ultracongelación, la cadena del frío no debe interrumpirse. Hasta su utilización, el producto debe mantenerse a −18 °C.

ultramarinos

Tienda que vende una vasta gama de productos alimentarios. A los ingredientes básicos, como el azúcar, la harina, el café, el té, la sal, el arroz, las pastas, los bizcochos, galletas y el chocolate se suman las frutas y verduras frescas o en conserva, las bebidas, los productos lácteos, o incluso géneros exóticos y alimentos dietéticos. La aparición de los productos previamente envasados y la diversificación de los métodos de conservación han convertido al ultramarinos en una tienda de alimentación con un gran abanico de opciones.

Antaño, el tendero acondicionaba él mismo productos a granel, sin marca de fábrica o de distribución: legumbres, confitería, panes de azúcar, café que tostaba según demanda, etc. Existían entonces fuertes relaciones entre vendedor y consumidor, que se traducían en ventas en cantidades muy pequeñas; a menudo se realizaban compras diarias. Este comercio tradicional fue siendo reemplazado cada vez más por almacenes de autoservicio (productos acondicionados, y ya no vendidos al peso, etiquetado normalizado) y por tiendas de comestibles de lujo, que ofrecen productos raros, extranjeros o exóticos, charcutería fina, quesos, etc.

umami

Voz japonesa que significa "sabor gustoso". Se trata del gusto experimentado por unos receptores específicos de las papilas gustativas de la lengua al ser estimulados por el glutamato de sodio. El glutamato de sodio se encuentra en carnes (bonito en salazón, jamón serrano), quesos (parmesano), hongos o sopas y es muy frecuente en la cocina asiática.

untar

Extender sobre una rebanada de pan o similares un producto o una preparación en pomada o de consistencia cremosa. La operación se realiza con un cuchillo de hoja redondeada o una espátula flexible.

Por extensión, el verbo también se emplea para la operación de untar de farsa todo tipo de elementos planos, así como las paredes interiores de un molde.

Uruguay

La cocina uruguaya guarda semejanzas con la de Argentina, Paraguay y Brasil.

Existe un gran consumo de carne de res, que se prepara frecuentemente asada. Poseen una tradición de charcutería y de productos lácteos como el *mozzarella*, *ricotta* y un tipo de roquefort.

Se consumen dulces como el alfajor y tienen también una marcada tradición vinícola, elaborando vinos especialmente con la cepa *tannat*.

uva

Fruto de la vid, arbusto de la familia de las vitáceas. La uva se presenta en racimos, formados por un raspón que lleva bayas redondas o alargadas, más o menos grandes, recubiertas por una piel clara (de color verde pálido o amarillo a veces dorado) u oscura (violeta tirando hacia azulado); estas bayas encierran una pulpa dulce y pepitas (de una a cuatro). La uva, blanca o tinta, se emplea sobre todo para la elaboración de vino. De las 3,000 variedades conocidas, 80 son susceptibles de dar vinos de calidad. Existen también variedades de uva de mesa que se sirve como fruta o se emplea en pastelería o en cocina, y otras reservadas a la producción de uvas pasas. El

consumo de nuevas variedades sin pepitas o de bayas mayores se desarrolla en Sudáfrica o Chile.

Desde la Antigüedad se extrajo una bebida fermentada de los frutos de la vid. El culto a Osiris, en Egipto, y el dedicado a Dionisos, en Grecia, son testimonios del carácter antiguo de este cultivo y de la elaboración del vino. Después de los griegos y de los romanos, que también sabían secar las bayas de uva, los galos favorecieron la viticultura, y luego los monjes mejoraron progresivamente la vinificación. Pero la uva de mesa y las uvas pasas siempre estuvieron presentes en las comidas.

La uva, energética (81 kcal o 339 kJ por cada 100 g), rica en agua y en azúcar (18 g por cada 100 g), nutritiva y también refrescante, contiene abundante potasio y hierro, vitaminas y oligoelementos. Es igualmente rica en taninos y flavonoides.

En el momento de la compra, la uva de mesa debe estar limpia, bien madura, con granos firmes, no demasiado tupidos, de igual tamaño y de color uniforme, conservando todavía la materia cerosa que las cubre cuando se acaba de recoger, con un escobajo sólido y quebradizo.

Antes de la degustación, la uva debe lavarse minuciosamente con agua con un poco de limón o vinagre, y luego secarse. Se sirve en la mesa como fruta de postre, dispuesta en una cesta, sola o con otras frutas de temporada, con un par de tijeras pequeñas especiales para cortar partes de los racimos.

También interviene en cocina y en pastelería. La uva fresca acompaña muy bien al hígado de ternera o de pato, las codornices y tordos asados, los pescados e incluso el *boudin* blanco. En ciertas ensaladas compuestas se emplean uvas, sobre todo con trocitos de pechuga de pollo, y en las ensaladas de frutas.

La uva permite realizar tartas y flanes, confituras, jugos y postres con arroz. Por otra parte, de las pepitas se extrae un aceite de mesa muy rico en ácidos grasos que tiene la reputación de no aumentar el nivel de colesterol.

uva pasa

Uva seca, obtenida a partir de variedades muy dulces de uva de mesa seleccionadas entre las que contienen pocas pepitas. Después de remojarlos, si es necesario, en una solución alcalina o con potasa hirviendo, los racimos de uva se secan (al sol o artificialmente con aire caliente) y luego se acondicionan desgranados o en racimos enteros. Las uvas pasas, que han perdido 90% de su agua, son muy energéticas (324 kcal por cada 100 g), con un fuerte índice de azúcar (66 g por cada 100 g). Son ricas en potasio, hierro y oligoelementos.

Sirven de condimento en la cocina, en particular en los rellenos de ave, picadillos, las morcillas, ciertos panes de carne, pequeños patés, *pies*, etc., y figuran en ciertos cuscús, *tagines* y *pilafs*, así como en preparaciones criollas. En Sicilia se rellenan las sardinas en *papillot*. También se encuentran en las hojas de parra rellenas y a veces en la salsa de oporto que acompaña al jamón breseado.

En pastelería, sus empleos son múltiples: maceradas en agua tibia, vino o ron, sirven de relleno para las pastas fermentadas, aderezan los postres de arroz o de sémola, enriquecen los *puddings*, los panes de uvas e incluso ciertos bizcochos.

vaca

Hembra de la especie bovina, así llamada cuando ha parido por primera vez (antes de ello se llama "ternera"). La vaca se cría en principio para la producción de leche y de terneros.

vacherin

Postre helado formado por una corona de merengue rellena de helado y de crema montada.

vaciar

Retirar una parte más o menos importante de la pulpa de una fruta o de una verdura cruda antes de utilizarla para una preparación particular, tras lo cual se puede rellenar la cavidad con ciertas verduras.

El vaciado del melón permite en primer lugar retirar las semillas, y luego extraer la pulpa con un vaciador (cuchara *parisienne*) para servir las bolas frescas. En la preparación de las frutas escarchadas, el principio es el mismo, pero se elabora un sorbete con la pulpa de la fruta; una vez reconstruida, ésta se sirve helada. Se vacían las manzanas con la ayuda de un descorazonador, para cocerlas en el horno con su piel o, después de haberlas pelado, para cortarlas en rodajas y emplearlas para hacer buñuelos.

vainilla

Fruto de la planta trepadora del mismo nombre, perteneciente a la familia de las orquidáceas, originaria de México. Se recolecta inmadura, cuando cumple mes y medio en la planta y a continuación se pasa por agua hirviendo, se seca y se envuelve para que sude y se seque; entonces se torna negra o café muy oscuro y se envuelve para que la esencia no se evapore. La vaina, fina y alargada, se cubre de una capa de cristales de vainillina, sustancia que le da su sabor característico. La vaina contiene un gran número de semillas negras minúsculas.

Crece en bosques tropicales perennes y florece la mayor parte del año. La principal entidad productora en México es Veracruz, en especial Papantla, pues el clima ahí es idóneo para la planta. Abejas y colibríes eran, antiguamente, los encargados de polinizar la vainilla; hoy en día se hace de forma manual. Desde antes de la Conquista, el territorio mexicano era el único productor de vainilla en el mundo. Durante muchos años en Francia y Bélgica hubo intentos por producirla, pero resultaron infructuosos. Y fue hasta después de muchos años, en 1841, que se logró la polinización artificial en la isla francesa de Reunión; de ahí el cultivo se extendió a Java, Brasil, Tahití, Guyana, las Islas Seychelles y Madagascar, donde se produce hoy en día 80% de la vainilla que se consume en todo el mundo.

La vainilla se comercializa de varias formas:

- Vainas: frescas y enteras, acondicionadas en un frasco de vidrio, la mejor y la más cara.
- Polvo: frutos secos y molidos que dan un producto pardo oscuro, puro o endulzado.
- Extracto: líquido o seco, obtenido por maceración en alcohol y luego por percolación o infusión en un almíbar de azúcar, más o menos concentrado, que se conserva en frascos.
- Azúcar avainillado: azúcar que contiene al menos 10% de vainilla, obtenido mediante una mezcla de extracto seco de vainilla y de sacarosa. Es muy común en los países europeos.

Gran parte de la producción de vainilla en México se utiliza para elaborar refresco de cola.

La vainilla se emplea sobre todo en pastelería, para aromatizar cremas, pasteles, pastas de bizcocho, helados, compotas, almíbares, frutas cocidas, postres emplatados, en confitería y en chocolatería. Interviene también en destilería y aromatiza licores, ponches, chocolate caliente, vino caliente, sangrías, licuados y aguas frescas. En cocina, realza el sabor de una sopa de pescados, la cocción de los mejillones o de ciertas carnes blancas, e incluso una crema de verduras.

vainillina

Componente aromático abundante en las vainas de vainilla. La vainillina cristaliza en éstas en forma de una eflorescencia blanquecina. Preparada de forma industrial a partir de eugenol, esencia extraída del clavero, combinado con ácido acético y permanganato potásico u otros oxidantes análogos, se presenta en cristales incoloros. Al tostarse el interior de los toneles de roble aparece la vainillina. Se emplea en pastelería, confitería y chocolatería.

vajilla

Conjunto de piezas y accesorios destinados al servicio de mesa, con la excepción de la cristalería y la cubertería. La vajilla batida, de oro o de plata, se compone de piezas hechas sin soldadura.

valor nutricional

Conjunto de cualidades nutritivas de los alimentos, que se estiman objetivamente en glúcidos, lípidos, vitaminas, minerales, y oligoelementos. Estas cualidades se deben distinguir de las propiedades nutricionales de los alimentos cocinados o transformados por la industria alimentaria.

Los alimentos también poseen un valor nutricional más subjetivo. Se clasifican entonces según las sensaciones que producen:

nutritivos, que aportan calor, tranquilizantes, excitantes o "buenos para la salud".

valpolicella

Vino tinto del noreste de Italia, con Denominación de Origen, procedente de uvas molinara, *rondinella*, *rossignola*, negrara, *corvina* y pelara. Es aterciopelado, vivo y con *bouquet*, de 10 a 13% Vol. De color rubí, oloroso, es el mejor de los vinos del Véneto. El *valpolicella* de calidad ligera, con poco cuerpo, se bebe en su primer año; el superior, más rico, permanece dieciocho años en barrica y luego se embotella y debe beberse en sus primeros cinco años. Cuando contiene un residuo de azúcar, el *valpolicella* se califica como *frizzante* (ligeramente espumoso).

vaporera u olla vaporera

Olla especial, con tapadera, sobre la que se superponen una o varias cestas perforadas. Sirve básicamente para cocer al vapor verduras, pescados, panes y tamales. Presenta la ventaja de que en ella se pueden cocer dos preparaciones al mismo tiempo. Una cuscusera puede hacer las veces de olla vaporera. Existe una amplia gama de vaporeras (u ollas vaporeras) eléctricas, a menudo de forma ovalada.

En México, las tamaleras son un tipo de vaporera que se utilizan para la cocción de tamales. En algunas regiones las tamaleras consisten en ollas de barro o metal, a las que se les agrega agua en el fondo, la cual se cubre con hojas de plátano, palma o maíz, entre otras. Esta capa de hojas hace la función de la rejilla. Posteriormente se colocan los tamales encima y la olla se tapa con un comal. Existen también tamaleras de lámina o metal que incluyen la rejilla y la tapa, cuyo tamaño y capacidad varían.

Varenne, François Pierre La

Cocinero francés (Dijon, 1618-*id.* 1678). Fue oficial de cocina del marqués de Uxelles y destacó por sus escritos, de un gran rigor teórico. Publicó *Le cuisinier français* (1651), *Le pâtissier français* (1653), *Le confiturier français* (1664) y *L'école des ragoûts* (1668). Estas obras (sobre todo la primera), reeditadas varias veces, marcan la primera gran revolución del arte culinario francés. La Varenne inventó numerosas recetas que todavía se pueden realizar en nuestros días. Su nombre permanece vinculado a distintas preparaciones que tienen en común los champiñones, en salpicón o en *duxelles*.

varieniki

Grandes raviolis rusos rellenos de una mezcla pimentada y especiada, compuesta por queso fresco escurrido, mantequilla y huevos batidos, escalfados en agua hirviendo y servidos como entrante, con crema agria o mantequilla fundida. Los *varieniki* lituanos, rellenos de picadillo de cebolla rehogada, res y grasa de riñón ligado con una bechamel al perejil, se cocinan de la misma manera.

vasca, a la

Nombre de distintas preparaciones en las que intervienen el jitomate, el pimiento, el ajo y, a menudo, el jamón de Bayona. Este último aparece, con ceps salteados y papas *Anna*, en la guarnición vasca, destinada a las grandes piezas de carne.

vasito o verrine

Vaso grueso sin pie, destinado a contener una preparación culinaria individual más que una bebida. El pastelero Philippe Conticini fue el primero en presentar un postre en vasito. Existen vasitos isotérmicos, de doble pared, que mantienen el contenido a temperatura y/o aíslan la mano del calor. Son especialmente adecuados para la presentación de frutas en forma de jalea, granizados, espumas y smoothies.

vaso graduado

Recipiente de 0,25 a 1 l de capacidad, por lo general de plástico duro o de vidrio templado, a veces provisto de un asa y de un pico vertedor. El vaso graduado sirve para medir el volumen de los líquidos o para pesar sin balanza ciertos artículos fluidos (harina, arroz, sémola, azúcar en polvo, tapioca), en los que se ha establecido la correspondencia entre volumen y peso en gramos.

Vatel

Seudónimo de Fritz Karl Watel, *maitre d'hôtel* de origen suizo (París, 1635-Chantilly, 1671). Intendente junto al superintendente de Finanzas Fouquet, pasó luego al servicio de la casa de Chantilly. Según una reiterada leyenda era cocinero, cuando en realidad Vatel se encargaba de la organización, las compras, el avituallamiento y todo lo relacionado con la cocina y los servicios administrativos del castillo.

En abril de 1671, el príncipe de Condé le confió la tarea de organizar una fiesta en honor a Luis XIV, con tres mil invitados. La recepción comenzó un jueves por la noche; en el momento de la cena, después de la caza, el asado no fue suficiente para todas las mesas a causa de numerosos comensales a los que no se esperaba. Durante la noche, los fuegos artificiales que se habían previsto se vieron malogrados por el cielo nublado. Estos incidentes, que refiere Madame de Sévigné en una carta del 26 de abril, convencieron a Vatel de que había perdido su honor. Tras informarse, al alba del viernes, de la llegada del reparto de marisco para la mesa de aquel día, se enteró de que la entrega sería solo parcial. "No sobreviviré a esta afrenta", declaró al parecer, y luego se encerró en su habitación y se atravesó el cuerpo con su espada, en el mismo momento en que el resto de los repartidores franqueaban las rejas del castillo. Una preparación que lleva su nombre, el potaje Vatel es un consomé con *fumet* de lenguado, acompañado de *royale* de cangrejo de río y de filetes de lenguado en forma de rombo.

vatrouchka

Pastel ruso de queso blanco (*tvarog*), por lo general recubierto de bandas cruzadas de pasta y espolvoreado con azúcar al finalizar la cocción. En la cocina rusa también se preparan *vatrouchki*, pequeñas empanadillas de pasta de *brioche*, rellenas con una preparación salada de queso blanco.

vegetarianismo

Tipo de alimentación basado en los cereales, las verduras, las legumbres, las frutas y los aceites vegetales, y que excluye, por razones de carácter filosófico, todo alimento de origen animal (carnes, aves, pescados, huevos, lácteos, miel).

En el vegetarianismo estricto, las fuentes de calcio son limitadas, provienen de algunas verduras (de hoja verde), nueces y semillas; por lo que en ocasiones algunas personas pueden presentar un déficit de este mineral. Sucede lo mismo con el hierro (abundante en carnes rojas) y con los carotenos, necesarios para la producción de vitamina A.

Sin embargo, existen distintas escuelas vegetarianas (de hecho semivegetarianas) que admiten, además de los vegetales, ciertos alimentos que contienen proteínas animales (nunca la carne): lactovegetarianos (admiten los productos lácteos), ovovegetarianos (admiten los huevos), pescovegetarianos (admiten el pescado); también existen los que admiten dos grupos de alimentos a la vez (ovolactovegetarianos). Los vegetarianos optan por los alimentos poco refinados y, por lo tanto, ricos en fibras y minerales (cereales enteros y pan completo, por ejemplo). Consumen en especial proteínas vegetales (leguminosas, semillas y granos) pobres en colesterol y ricas en vitaminas y minerales. El vegetarianismo no excluye la gastronomía (los restaurantes vegetarianos son numerosos) y tiene la ventaja de no acarrear un exceso de lípidos saturados.

Es recomendable una alimentación semivegetariana equilibrada (para evitar carencias de hierro y vitamina B12) en la que el consumo de carne quede limitado a dos o tres veces por semana.

velar
Cubrir con un velo de azúcar cocido a punto de caramelo fuerte y después hilado ciertas piezas de pastelería como los croquembouches o postres helados.

velouté
1. Salsa blanca clasificada entre las salsas madre dentro de la cocina francesa, formada por un fondo blanco (de ternera o de ave) o un *fumet* de pescado, ligado con un *roux* blanco o rubio. Según los ingredientes complementarios, la *velouté* sirve de base para numerosas salsas derivadas.
2. Crema cuyo elemento básico (verdura, carne, pescado, crustáceo) se cuece en un líquido ligado. A continuación el conjunto se pasa a través de una manta de cielo y se le agrega una ligazón (yema de huevo, crema y mantequilla), así como una guarnición final (pechuga de pollo en juliana, colas de cangrejo de río, puntas de espárrago, etc.). Este tipo de crema debe su nombre (*velouté* significa aterciopelada) a su aspecto liso y su consistencia untuosa.

venado
Mamífero de la familia de los cérvidos, de las especies *Odocoileus hemionus*, *Odocoileus virginianus* y *Mazama americana*. Se consume en diferentes regiones de México, especialmente cortado en bistecs, a veces marinado en vinagre o especias, y asado a las brasas igual que la carne de res. En épocas pasadas se consumía la pierna de venado en mole o ahumada. Hoy en día, debido a su caza indiscriminada, es poco frecuente encontrar guisos tradicionales con esta carne, aunque poco a poco los criaderos certificados están colaborando para que se reintroduzca este ingrediente a la cocina mexicana. También se consume en otras regiones del mundo.

vendimia
Cosecha en una parcela de viña de las uvas que han alcanzado su madurez óptima, cuando sus bayas contienen un máximo de azúcares. Las fechas de inicio y de final de vendimia varían de una a otra región, incluso de uno a otro municipio, según el tipo de vino que se quiera elaborar. Hoy en día, las máquinas de vendimiar sustituyen cada vez más a los jornaleros. Solo los vinos con Denominación de Origen de renombre exigen una vendimia a mano, con selección de las uvas.

Venezuela
La cocina venezolana es la más suave de América del Sur con influencia europea y africana. Los productos en que se basa su cocina son el maíz, el plátano, el arroz, los tubérculos (ñame, papa, yuca), la caña de azúcar y los animales de caza.

Las alubias ocupan un lugar importante, cocidas a fuego lento en una sopa tradicional (sancocho) con carne de res, tripas o pescado, o mezcladas con arroz y maíz. Los grandes plátanos Harton verdes suelen formar parte de los ingredientes de estos pucheros.

Uno de los platos típicos es la hallaca, que es un tamal de masas de maíz coloreada con anoto (achiote), relleno con un guisado de carne de res, de cerdo, de pollo o pescado, huevos, aceitunas, uvas pasas, almendras y condimentos; envuelto de manera rectangular en hojas de plátano. No menos importante es el pabellón criollo que es un guisado de carne mechada, arroz, frijoles negros y huevo.

Las arepas se consumen en todo el país para acompañar cualquier comida; son gorditas circulares de masa de harina de maíz que se rellenan con queso y mantequilla, carne mechada, con jamón, con frijoles, con chicharrón o diversos guisados. También se consumen con rellenos dulces.

La confitura de papaya es el postre favorito de los venezolanos y acompaña también platos salados.

ventrèche
Panceta de cerdo salada y después enrollada (y a veces seca y comercializada plana), especialidad del suroeste de Francia. La panceta, totalmente deshuesada y sin cortezas, se sala durante unos diez días, se lava, se escurre y se seca en horno de secado. Espolvoreada con pimienta troceada, se enrolla, se introduce en una tripa de celulosa y luego se cura de una a cuatro semanas. La *ventrèche* se emplea para las mismas recetas que la panceta salada.

ventresca de atún
También conocida como "ventrisca" o "mendresca", la ventresca, con sus sutiles y delgadas estrías de grasa, es la zona ventral del bonito del norte y del atún rojo y, sin duda, su parte más sabrosa y apreciada.

verdejo
Una de las mejores uvas blancas españolas y variedad principal en la Denominación de Origen de Rueda. Se utiliza para elaborar vinos blancos de muy buena calidad a los que confiere aromas afrutados y un característico toque amargo. También se cultiva, aunque de forma minoritaria, en zonas del Duero, Zamora, Asturias y Santander.

verdolaga

Hortaliza de la familia de las portulacáceas. Originaria de la India y conocida ya por los romanos, la verdolaga se empleó en la Edad Media sobre todo confitada en vinagre. Mide en promedio de 15 a 50 cm de largo. Es suave, carnosa, jugosa y de sabor ácido. Se desarrolla en lugares húmedos como las riberas de los ríos o a las orillas de los caminos. Se trata de la verdura más rica en omega-3, aunque también es muy rica en magnesio.

De sabor algo picante, se come en ensalada. Las hojas jóvenes, frescas y carnosas, así como los tallos tiernos, se preparan como las espinacas con mantequilla o crema, en sopas o en caldos. También se emplean las hojas como guarnición de *omelettes* (en lugar del berro), en torno a un *gigot* o un asado, o para realzar una salsa. En México un platillo muy apreciado (sobre todo en el centro del país) son las verdolagas guisadas con carne de puerco.

verduras

Plantas cultivadas y utilizadas para la alimentación, sea cual sea su parte consumida:

- fruto: berenjena, calabacita, pimiento, jitomate.
- semilla: haba, frijol, chícharo.
- inflorescencia: alcachofa, coliflor, brócoli.
- hoja: col, espinaca, lechuga, achicoria, acedera.
- tallo: espárrago, tallo de lúpulo.
- bulbo: hinojo, cebolla.
- tubérculo: ñame, papa, camote.
- raíz: zanahoria, nabo.

Las hortalizas (verduras cultivadas en huertos) son de una importancia considerable en la alimentación. En primer lugar en el terreno nutricional, porque contienen glúcidos, prótidos vegetales, sales minerales, fibra y vitaminas, diferentes de los presentes en los productos de origen animal, repartidos de formas diversas pero siempre muy asimilables y porque facilitan el tránsito intestinal. A nivel gastronómico aportan aromas y sabores específicos. En la cocina permiten una gran diversidad de preparaciones: conservas, guarniciones simples o compuestas, entremeses, sopas, purés, cremas, etc.

Las verduras desempeñan un gran papel en el equilibrio alimentario y nutricional. Las verduras, ricas en potasio y otros minerales, así como en provitamina A y vitaminas (B1, B2, B3 y C), intervienen en la mayoría de las reacciones químicas del organismo. Las verduras frescas se consumen crudas o cocidas, al natural, aderezadas, con o sin materias grasas.

Las cocciones a la inglesa (directamente en agua) hacen que pierdan una parte de sus sustancias útiles solubles (sales minerales y vitaminas hidrosolubles); la pérdida es menor cuando se cocinan salteadas o al vapor.

A menudo se emplean como guarnición de una carne o un pescado, pero también pueden constituir platos por sí solas: sopas, ensaladas, escabeches, gratenes, tartas, etc. Quesos, huevos, mantequilla o salsas permiten ligarlas o realzar el sabor cuando son un poco insípidas.

Las verduras pueden conservarse varios días (preferentemente envueltas si tienen un olor fuerte) en la parte baja del refrigerador sin perder sus cualidades nutricionales. Las verduras congeladas tienen la ventaja de estar disponibles todo el año y son excelentes desde el punto de vista nutricional.

Gracias a los progresos de la conservación y del acondicionamiento, así como a las importaciones, en muchos lugares del mundo se pueden encontrar verduras extranjeras que a menudo se comercializan todo el año. Sin embargo desde el punto de vista del sabor, las verduras de temporada y locales siempre son mejores.

Vergé, Roger

Cocinero francés (Commentry, 1930). Nacido en el seno de una familia modesta (su padre era herrero y su madre asistenta), se formó en *La Tour d'Argent* y en el *Plaza Athénée* de París. En 1969 se instaló en el *Moulin de Mougins* (consiguió la primera estrella *Michelin* en 1970, la segunda en 1972 y la tercera en 1974). Después de haber sido chef en el *Club* de Cavalière, se convirtió en el sabio de pelo blanco de la cocina de la Costa Azul y formó a algunos de los grandes nombres de la cocina moderna, como Alain Ducasse, Jacques Chibois, Jacques Maximin o Bruno Cirino. Paralelamente consiguió dos estrellas en su *Amandier de Mougins*. Compañero de camino de Paul Bocuse y de Gaston Lenôtre, con quienes abrió un restaurante francés en el seno del grupo Disney en Epcot, Florida, y amigo de los artistas Arman y César, ostenta el papel de conservador ilustrado de la cocina provenzal revisada desde el prisma de la ligereza. El palpitón de trufas à la *duxelles* de calabacines es uno de sus platos emblemáticos.

vermut

Aperitivo a base de vino, elaborado en Italia desde el siglo XVII y que hoy se produce en el mundo entero.

Los vermuts se elaboran con vino blanco, almíbar o mistela (mosto no fermentado, al que se añade aguardiente de vino), alcohol y plantas aromáticas (absenta, hisopo, quina, enebro, clavo de olor, manzanilla, piel de naranja, a veces pétalos de rosa). En cualquier caso, cada marca conserva su secreto de fabricación. La marca de vermut más conocida es la italiana Martini (1863). Cabe distinguir el vermut *dry*, de color claro (blanco), que contiene entre 50 y 60 g de azúcar por litro, y el vermut *rosso* (rojo), con caramelo, que contiene entre 100 y 150 g de azúcar por litro. La graduación alcohólica del vermut oscila entre 14,5 y 22% Vol.

Se sirve muy frío, a menudo con cubos de hielo, a veces con una rodaja de limón o de naranja, o bien alargado con agua con gas, así como en numerosos cócteles, como el *dry* martini o el americano.

En cocina, el vermut se emplea para realzar rellenos, desglasar un ave, crustáceos o pescado.

verrugato

Pez marino de la familia de los esciénidos, *Umbirna cirrosa*, común en el Mediterráneo y en el Golfo de Vizcaya. El verrugato, que mide hasta 1 m, es plateado, con rayas doradas o gris-azul en el dorso y una línea lateral marcada. Su maxilar inferior presenta una barbilla corta. Su carne es tan fina (si no más) que la de la lubina, y se prepara según las recetas de ésta.

Viard

Cocinero francés del siglo XIX, autor de una recopilación de recetas titulada *Le cuisinier impérial, ou l'Art de faire la cuisine et la pâtisserie pour toutes les fortunes, avec la manière de servir une table depuis vingt jusquà soixante couverts* (1806). Esta obra conoció al menos treinta y dos ediciones sucesivas, bajo títulos que variaban según las circunstancias del momento político: se convirtió en *Le cuisinier royal* en 1817, bajo la Restauración (con un capítulo suplementario acerca de los vinos firmado por Pierhugue), e incluso en 1852, para su vigesimosegunda edición, *Le cuisinier national de la ville et de la campagne*, cuyos créditos señalaban como autores a Viart (*sic*), Fouret y Délan.

En 1853 la obra volvió a titularse *Le cuisinier impérial de la ville et de la campagne*, y se amplió con 200 artículos nuevos, a cargo de Bernardi.

vichy

Nombre de una preparación de zanahorias en rodajas, cocidas en agua a fuego lento (con azúcar y bicarbonato de sodio, o sal de Vichy) hasta la absorción del líquido. Las zanahorias *vichy* (o a la *vichy*), servidas con mantequilla fresca y perejil, acompañan bien a las chuletas de ternera y al pollo salteado.

vichyssoise

Crema de poro y papa, ligada con crema y que se sirve fría, con cebollín picado. Por extensión, se llama *vichyssoise* a una crema fría a base de otra verdura, por ejemplo, calabacita y papa.

vidrio templado

Material resistente a los choques térmicos y mecánicos, utilizado para fabricar varios utensilios de cocción y de servicio. Para soportar las bruscas variaciones de temperatura, el vidrio templado debe ser muy buen conductor del calor, poseer un débil coeficiente de dilatación y una gran elasticidad. Por lo general es transparente y bastante grueso.

vieira

Molusco bivalvo de la familia de los pectínidos con una valva muy convexa y la otra casi plana, marcada con 16 pliegues radiales que parten del punto más elevado; la vieira vive libremente sobre suelos de arena o grava a entre 5 y 40 m de profundidad, en un agua a entre 7 y 20 °C. Se desplaza mediante unos movimientos que expulsan el agua. Mide de 10 a 15 cm, con un tamaño máximo de 20 cm y un peso de 300 g a los 12 años. El tamaño de comercialización mínimo es de 10,2 cm.

Desde siempre, la vieira ha estado presente en la vida de los hombres. Los egipcios la utilizaban como peine, vaciando la parte final de las estrías, de ahí su nombre de familia (del latín *pecten*, peine). Como símbolo de longevidad, se la grababa en los sarcófagos de los reyes carolingios. Los peregrinos de Santiago de Compostela, que utilizaban la concha para beber en las fuentes, la llevaban como prueba de su peregrinaje. Desde entonces se la denomina "concha de Santiago".

El coral de este animal hermafrodita son sus glándulas sexuales, blancas en los machos y rojo oscuro en las hembras. Es rico en colesterol. Según las especies y la temporada, el rendimiento es del 13 al 20 % del peso. La carne es blanca y firme, de sabor muy fino.

La denominación "vieira" está autorizada en todo el mundo para las especies de concha de tipo *Clamys varia* y *Placopecten magellanicus*, pero solo las vieiras frescas pertenecen, de forma garantizada, a las especies *Pecten maximus* o *Pecten jacobeus*.

Las vieiras que se venden frescas se cierran si el animal está vivo. Generalmente se consumen cocidas, pero la moda de los productos crudos marinados está ganando terreno. Se sirven en su concha, al vino blanco o al *curry*, gratinadas, pochadas con distintas salsas, en brochetas, salteadas a la provenzal; o bien frías, en ensalada. Son muy apreciadas en Francia, el principal consumidor del mundo por habitante; ahí son los moluscos más consumidos después de las otras y los mejillones, ya que simbolizan una comida festiva.

Vietnam

Aunque ha experimentado las influencias de la India, de China y de Francia, la cocina vietnamita posee su propia originalidad, vinculada con la civilización del país, su geografía y sus tradiciones rurales.

El arroz, forma parte de las cinco ofrendas a los dioses y a los antepasados a causa de su gran importancia en la alimentación. Tanto el arroz pegajoso (utilizado sobre todo con otros ingredientes) como el arroz largo y perfumado desempeñan el mismo papel que el pan en las mesas europeas. Acompaña los platos, pero también sirve para elaborar el pan de arroz, pastas (tallarines o fideos), hojas de arroz y pasteles. A los vietnamitas les gusta presentar bellamente los platos y los aromatizan con especias, hierbas y condimentos muy diversos (ajo, albahaca, cebollín, eneldo, hierba limón, cilantro, chalota, jengibre, menta, cebolla, chiles, pimienta). Los acompañan con salsas características como el *mam tôm* (a base de camarones) y el omnipresente *nuoc-mâm* (a base de pescados fermentados y sal).

Las sopas forman parte importante de las comidas; consisten en caldos de arroz, pescado o carnes y se acompañan con verduras y trozos de res o de gallina. Se acompañan, sobre todo las de pollo, con germinado de soya, menta, cilantro y cebollín. Las verduras salteadas (berenjena, hongos, calabacitas, jitomate) se sirven solas o como acompañamiento.

Pescados, moluscos y crustáceos son más frecuentes que la carne. Por lo general se cuecen al vapor o según la técnica del *kho*, una cocción lenta, con sal, *nuoc-mâm* y azúcar caramelizado. No obstante, el cerdo ocupa un lugar importante.

Tanto el cerdo, como la res y las aves, pueden picarse, cortarse en láminas muy finas o en daditos antes de saltearse, y pueden asarse a la plancha después de macerarlas en una marinada de especias y de hierbas aromáticas.

Las frutas son tan variadas como el clima: chabacano, piña, plátano, guayaba, *kaki*, *litchi*, mandarina, mangostán, mango, toronja, papaya, durazno, rambután, zapote, etc. Constituyen el elemento de base de los postres y sirven asimismo para aderezar las preparaciones saladas. El *che* (una preparación dulce, de maíz o de loto) y el flan de soya son muy apreciados.

El té es la bebida más difundida. Pero los vietnamitas consumen con frecuencia el *canh*, que de hecho es el agua de cocción de los alimentos. El único aguardiente elaborado en el país es el de arroz *ruou dê*, con un índice de 50 a 60% Vol.

villeroi

Nombre de una salsa que sirve para recubrir distintos elementos, llamados *à la villeroi*, que a continuación se empanizan con huevo y miga de pan y se fríen con aceite muy caliente: brochetas de marisco, trozos de pescado, mollejas de ternera, trozos de pollo o chuletitas de cordero, tratados de esta manera se sirven con una salsa de jitomate con otros elementos. La salsa *villeroi* es una salsa alemana a la que se añade fondo blanco y cocción de hongos, reducida y luego completada a veces con esencia de trufa, puré de tomate o cebolla, o bien trufa, hongos picados o una *mirepoix*.

vinagre

Producto líquido (vino agrio) resultante de la oxidación del vino o de una solución alcohólica, que se utiliza como condimento o como agente conservante. Mediante fermentación, el alcohol se transforma en ácido acético bajo la acción de la oxidación.

En 1865, Louis Pasteur descubrió que esta fermentación se debía a un microorganismo. Pero desde la Antigüedad se sabía elaborar y utilizar vinagre, con empleos a menudo más diversificados que hoy: en Roma, el vinagre alargado con agua era una bebida corriente entre los legionarios y la población.

La acetificación, que se produce en contacto con el aire, proporciona un buen vinagre si el vino, tinto o blanco, presenta entre 8 y 9% Vol., si es ligero, ácido y bien aclarado. La operación se efectúa a una temperatura de 20 a 30 °C.

La fermentación se acompaña con la aparición de un velo regular, de color gris aterciopelado, que se hunde progresivamente en el líquido en forma de masa gelatinosa; es la "madre del vinagre". La calidad de éste depende siempre de la del vino; debe encerrar al menos 6° de ácido acético, ser claro, transparente e incoloro si procede de vino blanco y más o menos rosado si procede de un tinto. Existen diversos vinagres:

- El vinagre de Jerez, elaborado a partir de vinos dulces naturales procedentes de tres tipos de uvas de Andalucía (95% de palomino), disfruta de una Denominación de Origen. Envejece en barricas de roble durante 6 meses, 2 años como mínimo para el "reserva" y 10 años para el "gran reserva". Tiene cuerpo y un aroma intenso.
- El vinagre balsámico de Módena, de la región italiana de Emilia-Romagna, se elabora a partir del mosto de una uva blanca de vendimia tardía (Trebbiano). Cocido y reducido para concentrar el sabor, envejece sucesivamente en barricas de diversas maderas. Se obtiene un líquido ambarino y espirituoso. La etiqueta tiene que incluir la mención *tradizionale*, muestra de autenticidad. También existe un vinagre balsámico ordinario, más joven, que pasa solo por una barrica y se le añade caramelo.

- El vinagre de sidra se obtiene por fermentación acética de la sidra, posee un sabor dulce y su grado de acidez (5°) es inferior a la del vinagre de vino.
- El vinagre de vino industrial se produce en veinticuatro horas con vino tinto o blanco, que se mezcla con virutas de madera de haya empapados en vinagre, método rápido que proporciona un producto fuerte, más ácido y menos aromático que el vinagre artesanal. De manera parecida se elabora un vinagre industrial de sidra.

Existen también vinagres de malta, así como vinagres con distintos aromas, de frambuesa, de miel, entre otros.

El vinagre, esencial en la preparación de mostazas, salsas frías y vinagretas (donde a veces se reemplaza por jugo de limón o bien se mezcla con éste), desempeña también un papel fundamental en las salsas cocidas a base de reducción y en los desglasados. Es indispensable para las preparaciones agridulces, las maceraciones, los adobos, los escabeches, encurtidos y las conservas. Según su naturaleza y su perfume, sus empleos son diversos:

- El vinagre de aguardiente se emplea para encurtir cebollitas y pepinillos.
- El vinagre de vino blanco es adecuado para sazonar las ensaladas crujientes, para los adobos de carne y de caza, para elaborar salsas como la holandesa y bearnesa, así como para desglasar el recipiente de cocción de las carnes blancas y preparar los pescados marinados. Es muy adecuado para elaborar en casa vinagres aromatizados.
- El vinagre de vino tinto, de sabor más intenso, sazona más bien las ensaladas delicadas o algo insípidas. Permite preparar col roja y aderezar las carnes rojas de sabores fuertes.
- El vinagre de sidra se emplea, como el de vino blanco, en los caldos cortos de pescados, de crustáceos y de moluscos, pero también para el pollo al vinagre e incluso una compota de manzana. También se puede utilizar, para las caballas o los arenques escabechados, los *chutneys* y las ensaladas combinadas de frutas y verduras.
- El vinagre balsámico realza el sabor de verduras crudas, pescados delicados y platos marinados. Combina a la perfección con el aceite de oliva y se puede añadir, en un toque ínfimo, a una ensalada de fresas.
- El vinagre de arroz japonés es totalmente indispensable para condimentar el arroz para sushi. En la cocina china se emplean otras variedades, en particular en las salsas agridulces.
- En México se utilizan vinagres suaves que no alcanzan un alto porcentaje de acidez, generalmente elaborados con sidra, manzana, cerveza de malta, plátano y otros frutos. Se emplean frecuentemente en un sinnúmero de encurtidos de chiles, escabeches de todo tipo, algunas ensaladas de col o lechuga, adobos y marinados diversos.

Para elaborar vinagre casero, el método consiste en verter en una vinagrera vino blanco o tinto de buena calidad y disponer delicadamente en la superficie un poco de "madre de vinagre". A continuación el recipiente se tapa con un tampón de papel (que permite que pase el aire) y se deja a temperatura ambiente durante al menos un mes y dos meses como máximo.

vinagrera

Equipamiento de mesa que reúne recipientes de aceite y vinagre, un salero, un pimentero y, a veces, uno o dos frascos de especias. Realizado con frecuencia en vidrio, acero inoxidable o metal plateado, este utensilio recibe asimismo el nombre de "convoy" entre los especialistas de la restauración.

Se llama "vinagrera" también a un gran recipiente de loza, de cerámica o de barro, en forma de botella o de cántaro, con una capacidad de 5 l en general, provista en su base de una canilla que permite obtener el vinagre a medida que se necesita. Es el utensilio tradicional que se emplea para preparar vinagre doméstico.

vinagreta

Salsa fría emulsionada, compuesta por una mezcla inestable de un producto ácido (vinagre o limón) y de un producto graso (aceite, crema o yogur), pimienta y sal, a la que se pueden añadir varios elementos: ajo, anchoas, alcaparras, pepinillos, chalota, hierbas aromáticas, miel, mostaza, huevo duro, cebolla, etc. La vinagreta, que a veces se sirve tibia, sazona las ensaladas verdes y distintos platos fríos: verduras, carnes frías y pescados en caldo corto.

vino

Bebida obtenida a partir del jugo de uva, cuyo azúcar se transforma en alcohol mediante fermentación. El vino, tinto, rosado o blanco, está íntimamente vinculado a la tradición occidental y desde su nacimiento participó tanto en la religión como en las fiestas.

La vid (*Vitis vinifera*) es una planta indócil cuyas huellas se encuentran en Oriente Medio en los fósiles que datan de principios de la era terciaria. Pero para disponer de vino se debió esperar a que el primer viticultor tuviera la idea de podar esta vid para obtener uvas de mayor tamaño. El vino nació probablemente en Oriente Medio, a partir de la experiencia y de las técnicas transmitidas de generación en generación hace 7,000 u 8,000 años.

El vino se fue difundiendo poco a poco hacia el oeste y el Mediterráneo. Las grandes civilizaciones contribuyeron al desarrollo del cultivo de la vid y de la vinificación. En Ur (Mesopotamia) se ha encontrado un panel que representa una escena de libaciones. Los egipcios utilizaban el vino en sus ritos funerarios hace unos 5,000 años. Por su parte, la Biblia contiene numerosas alusiones a esta bebida.

En la época de Homero, el vino ya era de consumo corriente; de hecho aparece en la *Ilíada* y en la *Odisea*. Con la expansión de los griegos, la vid prosiguió su camino hacia Sicilia y Campania. Más tarde, los romanos la plantaron en todas las provincias de su inmenso imperio. Eran viticultores notables, y dieron un formidable impulso a la viticultura y a los métodos de vinificación.

Los viñedos de las regiones que más tarde pasarían a ser Francia conocieron un periodo feliz con los galos, quienes inventaron el tonel, que terminó por reemplazar a las ánforas de la Antigüedad. El vino, que durante mucho tiempo fue romano, pasó a ser cristiano desde principios de la Edad Media; las órdenes monásticas fueron sus mayores propagandistas.

Con la llegada de los españoles a América en el siglo XVI, se comenzó a cultivar la vid en la Nueva España y posteriormente el cultivo se expandió al resto del continente.

A partir de 1864, la filoxera, insecto procedente de América, destruyó los viñedos europeos. Después de que ningún tratamiento lograra erradicar la plaga, se encontró una solución milagrosa, consistente en injertar la vid europea sobre portainjertos de origen americano, resistentes a la epidemia.

A razón de esta epidemia, a principios del siglo XX se comenzaron a aplicar Denominaciones de Origen a algunos vinos con la finalidad de proteger la producción de vinos europeos. Cada Denominación de Origen se define a través de una delimitación parcelaria, el tipo de variedades de uva, los métodos de cultivo y de vinificación y las características analíticas de los vinos.

El color del vino (blanco, rosado o tinto) es el que rige la técnica de vinificación.

En la mayoría de los casos, cuando se quiere obtener un vino tinto, se despalilla la uva y se estruja vertiendo la masa jugosa de uvas estrujadas en la tina o cuba para que se lleve a cabo la fermentación en contacto con los hollejos. La transformación del azúcar en alcohol bajo la acción de las levaduras dura de 6 días a varias semanas, según los viñedos y el estilo que se pretende dar al vino. Al mismo tiempo, la maceración de las pieles de uva y del jugo da al vino tinto su color y sus taninos.

El vino blanco puede elaborarse a partir de uvas blancas o tintas de jugo blanco. Existen numerosos tipos de vinificación en blanco. En el más corriente, las uvas se desgranan, luego se prensan y el jugo se trasiega de inmediato a una tina donde fermenta.

Por su parte, los vinos rosados se obtienen con procedimientos intermedios entre las vinificaciones en blanco y en tinto. Así, el rosado puede elaborarse mediante prensado directo de una cepa tinta o bien mediante maceración durante unas horas antes del prensado.

Según las regiones, los vinos pueden nacer a partir de una cepa única o a partir de una mezcla o *assemblage* de varias cepas. Solo los mayores vinos se someten a una crianza en barrica de roble que les otorga finura y elegancia.

Ciertos vinos pueden beberse rápidamente, mientras que otros exigen varios años de envejecimiento para revelar o potenciar sus cualidades. Una bodega debe responder a ciertas condiciones que garanticen un buen envejecimiento de los vinos. Debe encontrarse en un sótano, en la oscuridad, ya que al vino no le conviene la luz, que lo hace envejecer de forma prematura. Debe ser lo suficientemente húmeda (70%) como para preservar la calidad de los tapones, que podrían secarse. Una temperatura comprendida entre 12 y 15 °C debe asegurarse durante todo el año. Para gestionar la salud de los vinos es preciso asimismo no almacenar en la bodega productos que desprendan olores fuertes, como pintura, cartones o verduras, susceptibles de infiltrarse a través del tapón. Por su parte, las sacudidas, aunque sean ligeras, son el mayor enemigo del vino.

La duración de un vino depende de su procedencia, de la cepa o las cepas que lo componen, de los métodos de vinificación, de la crianza y de la calidad de la añada. Así, un vino elaborado con cepas tánicas, criado en barricas de roble nuevo, necesitará más tiempo para alcanzar su apogeo que un vino afrutado que solo ha estado en tina.

El servicio de los vinos, sin ser necesariamente ceremonioso, reclama en cualquier caso un poco de atención y el respeto por ciertas reglas simples.

Los vinos blancos secos se sirven entre 8 y 12 °C, los generosos entre 6 y 9 °C. Los vinos tintos aromáticos y jóvenes exigen una temperatura de 12 a 14 °C, los borgoñas de 14 a 17 °C y los burdeos de 16 a 18 °C. El champán debe abrirse entre 8 y 9 °C.

La decantación es una operación delicada. Poner el vino en una jarra permite eliminar el poso y oxigenarlo para desarrollar sus aromas. Es aconsejable una decantación de varias horas para los vinos tánicos jóvenes, pero puede resultar desastrosa en vinos viejos y frágiles. En este terreno, la experiencia y el sentido común son los mejores consejeros.

VINO	REGIÓN	CEPA(S)
alicante	Valencia, España	airén, macabeo, merseguera, moscatel, garnacha tinta, garnacha tintorera, *monastrell*, tempranillo
asti	Piamonte, Italia	moscatel
barbaresco	Piamonte, Italia	*nebbiolo*
barolo	Piamonte, Italia	*nebbiolo*
***beaujolais*, vino**	Beaujolais, Francia	gamay
beaujolais-villages	Beaujolais, Francia	gamay
bierzo	Castilla y León, España	mencía, doña Blanca, godello
blanc de blancs	—	*chardonnay, sauvignon, chenin blanc*
blanc de noirs	—	*pinot noir*
burdeos	Gironde, Francia	—
cassis	Cassis, Francia	*ugni blanc, sauvignon*, garnacha blanca, *clairette, marsanne*, garnacha, cariñena, *mourvèdre, cinsault, barbaroux*
cava	Cataluña, España	macabeo, *xarel·lo, parellada, trepat*
champán	Champagne, Francia	*chardonnay, pinot noir, pinot meunier*
chianti	Toscana, Italia	—
clarete	—	—
côtes-de-Provence	Niza y Marsella, Francia	garnacha, *mourvèdre, cinsault, tibouren, carignan, clairette, sémillon, ugni blanc, vermentino*
côtes-du-Rhône	valle del Ródano, Francia	garnacha, *syrah, mourvèdre, cinsault, carignan, clairette, bourboulenc, roussanne, picpoul, marsanne*
gaillac	río Tarn,	*manzac*
haut-médoc	Burdeos, Francia	*cabernet sauvignon, merlot, cabernet franc, petit verdot*, malbec
jerez	Andalucía, España	—
mâcon	Borgoña, Francia	gamay, *pinot noir, pinot gris, chardonnay, pinot blanc*
madeira	Madeira, Portugal	—
Mancha (La)	España	airén, cencibel
marsala	Sicilia, Italia	—
médoc	Burdeos, Francia	*cabernet sauvignon, merlot, cabernet franc, petit verdot*
montrachet	Côte de Beaune, Francia	*chardonnay*
moscatel	Francia	moscatel
murfatlar	Dobrudja, Rumanía	*chardonnay*, moscatel, *ottonel, pinot noir*

(Continúa)

(Continuación)

VINO	REGIÓN	CEPA(S)
Navarra	Navarra, España	garnacha, tempranillo, *cabernet sauvignon, merlot*, graciano, mazuelo
oporto	Oporto, Portugal	—
pauillac	Burdeos, Francia	*cabernet sauvignon, cabernet franc, merlot, petit verdot*
priorat	Cataluña, España	garnacha, cariñena, *cabernet sauvignon, merlot, syrah*
retsina	Grecia	*savatiano* blanco, *rhoditis*
Ribera del Duero	Castilla, España	tempranillo, garnacha, malbec, albillo, *cabernet sauvignon, merlot*
Rioja (la)	La Rioja, España	tempranillo, garnacha, graciano, mazuelo
Ródano (vinos)	valle del Ródano, Francia	*syrah*, garnacha, *viognery*, garnacha tinta
Rosado (vino)	—	*cabernet franc*, gamay, garnacha, *pinot noir*
samos	Samos, Grecia	—
sauternes	Garona, Francia	*sémillon, muscadelle, sauvignon*
tokay	Tokaji-Hegyalja, Hungría	*furmint*
toro	Castilla, España	tinta de toro, garnacha
valpolicella	Italia	*molinara, rondinella, rossignola, negrara, corvina*, pelara
vino de aguja	—	—
vino de hielo	Alemania, Austria, Luxemburgo, Eslovenia, Canadá	*riesling*
vino de licor	—	—
vino dulce natural o cosecha tardía	—	—
vino encabezado	—	—
vino gris	Lorena, Alsacia, Hérault, Provenza, Marruecos	garnacha, *cinsault, carignan*

vino aromatizado

Bebida, también llamada "aperitivo a base de vino", que agrupa a los vermuts, los vinos aromatizados amargos, los vinos aromatizados con huevo, etc. El vino debe representar al menos un 75% del volumen, y el índice alcoholométrico debe situarse entre 14,5% y 22% Vol.

vino blanco

Vino elaborado a partir de uvas blancas o tintas, que se prensan y a las que se retiran antes de la fermentación los hollejos, que son agentes de coloración. Uno de los mayores vinos blancos secos es el que se obtiene de la cepa *chardonnay* en Borgoña, mientras que el *chenin blanc* o el *sémillon* dan vinos más o menos secos según la madurez de la uva y la concentración de los jugos debida al ataque de la podredumbre noble *(Botrytis cinerea)*. Lo mismo sucede con las *riesling* y *gewurztraminer*.

Algunas uvas tintas *(pinot noir, meunier)* proporcionan excelentes vinos blancos que sirven de base para el champán.

vino caliente

Bebida a base de vino tinto, mezclado con azúcar y especias o aromatizantes, que se sirve en invierno como el ponche o el *egg-nog*. Existen innumerables recetas y puede realzarse con canela, clavo de olor, vainilla o cáscara de naranja, mezclarse con té, o reforzarse con coñac u orujo de vino. El vino caliente es muy apreciado en las regiones montañosas francesas, en Alemania y en Escandinavia.

vino de aguja o *petillant*

Se dice de un vino en el que la fermentación del azúcar aún presente en el momento del embotellado provoca cierto carácter espumoso. Según la reglamentación de la Unión Europea, un vino de aguja debe presentar, a la temperatura de 20 °C, una sobrepresión comprendida entre 1 y 2,5 atmósferas.

vino de cosecha tardía ◆ vino dulce natural

vino de hielo

Este vino escasísimo se produce en Alemania, Austria, Luxemburgo, Eslovenia, Canadá, y cuando el clima lo permite, también en Alsacia.

Después de alcanzar una maduración extrema en la cepa de la uva blanca (sobre todo *riesling*), la vendimia se realiza en invierno, de noche, cuando la temperatura exterior no supera los −7 °C. El prensado se lleva a cabo de inmediato, y como los cristales de agua helada quedan retenidos, de la uva solo se extrae lentamente un jugo particularmente concentrado y con un elevado contenido en azúcares. Tras una larga fermentación, el vino obtenido presenta unos aromas excepcionales, una gran riqueza licorosa y una sorprendente acidez, la cual le confiere una extraordinaria armonía.

vino de honor

Práctica corriente todavía en nuestros días, sobre todo en las zonas rurales, que consiste en reunir, en honor a una persona o a un acontecimiento, al consistorio municipal, a los notables y a los ciudadanos para efectuar unos brindis.

Para los vinos de honor del ayuntamiento de Dijon, el canónigo Kir, entonces alcalde, inventó un aperitivo que conservó su nombre.

vino de licor

Vino resultante de la mezcla de mosto antes de la fermentación con un aguardiente de origen vínico. En Francia, la denominación *vin de liqueur* se aplica a mistelas como el Pineau de Charentes (vino y coñac), el Floc de Gascuña (vino y armañac) y el Macvin del Jura (vino y orujo de vino de Franco Condado).

vino dulce natural o vino de cosecha tardía

Vino preparado con uvas cuya riqueza inicial de azúcar es superior a 252 g por litro de mosto. Durante su fermentación, se encabeza mediante la adición de aguardiente, lo cual la interrumpe y conserva una parte de los azúcares. El oporto en un ejemplo de este tipo de vino.

vino encabezado

Vino que, en el curso de su fermentación, ha recibido cierta cantidad de alcohol o de anhídrido sulfuroso. La finalidad de esta operación es obtener vinos dulces que conserven una cantidad de azúcar. Deben poseer al menos 14° de alcohol en potencia y reciben del 5 al 10% de alcohol de índice superior a 90% Vol. (vinos dulces naturales, oporto).

vino gris

Vino rosado muy claro, obtenido aplicando a uvas tintas el procedimiento de elaboración del vino blanco, es decir, el prensado inmediato sin maceración previa. El "gris de gris" procede de cepas clasificadas entre las tintas pero cuya piel tiene poco color, como la garnacha, la Cinsault y la Carignan. El vino gris, tradicional en Lorena (côtes-de-toul) y en Alsacia (Schillerwein), también es una especialidad preparada en el Hérault (golfo de León), en Provenza (Var) y en Marruecos (Boulaouane).

vino rosado

Vino que se bebe joven y fresco. Nunca es una mezcla de vinos tintos y blancos (excepto en el caso único del champán), sino el producto de uvas negras a las que se añade cierta proporción de uvas blancas. No obstante, la mayor parte de los rosados se realizan con uvas tintas (*cabernet franc*, gamay, garnacha, *pinot noir*), que se dejan fermentar unas horas con los hollejos. El mosto se trasiega cuando ha alcanzado un color satisfactorio.

Existe un segundo método consistente en prensar directamente uvas tintas bien maduras.

vino tinto

Vino que se obtiene con uvas tintas y fermenta con el mosto y las pieles de las uvas. La materia colorante que contiene la piel, formada por pigmentos insolubles en agua, se disuelve poco a poco en el alcohol producido por la fermentación y da al jugo en fermentación un color cada vez más oscuro.

violeta

Pequeña planta vivaz de la familia de las violáceas, cuyas flores violetas, cuando acaban de abrirse, pueden decorar ensaladas e intervenir en rellenos para aves o de pescado. Se emplea sobre todo en confitería.

Las violetas *candi* son una especialidad de Toulouse. Las flores enteras se vierten en un almíbar, a veces de color, y se deja que llegue a ebullición. Después de la cristalización, se escurren y se secan. Se emplean como decoración o como aroma para postres.

Se elaboran caramelos de azúcar cocido aromatizados con esencia de violeta, coloreados y enmoldados en forma de flor.

virutas

Preparaciones ligeras de pastelería en forma de virutas, pequeños tubos o abanicos. También se llama así a una decoración de chocolate (típica del pastel de la Selva Negra), obtenida "cepillando" la esquina de una tableta de chocolate, o vertiendo chocolate fundido sobre el mármol y rascándolo cuando empieza a endurecerse.

vísceras de ave ◆ despojos de ave, vísceras y despojos

vísceras y despojos

Elementos comestibles de un animal de matadero, diferenciados de la carne. Las vísceras blancas se pueden consumir sin preparación alguna, pero las rojas necesitan una preparación considerable por parte de un carnicero por razones de higiene y salubridad. Las vísceras y los despojos son ricos en proteínas y en hierro.

Las vísceras son muy apreciadas por los gastrónomos: los riñones, el hígado y la molleja de ternera, así como las criadillas y los sesos de cordero, disfrutan desde siempre de una reputación gastronómica innegable. Sirven, además, para preparar platos sabrosos, con frecuencia de origen regional, como los callos, asaduras, sesos o mollejas salteadas, el hígado encebollado y algunos embutidos.

En la cocina mexicana se utilizan para elaborar varios guisos que servirán de relleno para tamales, en la barbacoa, el menudo, la pancita o bien, en quesadillas y en tacos (intestino, cabeza, lengua). El hígado es una de las vísceras más codiciadas; por lo regular se compra en bistecs para prepararlos encebollados, asados o empanizados.

En el caso de las aves, se utiliza el término de despojos para la cabeza, el cuello, las alas y las patas; por otro lado las vísceras o "menudillos" incluyen la molleja, el corazón y el hígado, así como los riñones y la cresta de gallo.

Los despojos exteriores de las aves de gran tamaño (pollo de granja, pavo, gallina, oca), se pueden vender por separado para preparar guisos. Por ejemplo, en México las tripas de pollo se comen en tacos y las patas forman parte de caldos, de los esquites, o bien se consumen como botana con salsa picante y limón.

Los despojos internos o vísceras se utilizan en rellenos, guarniciones y terrinas. En México están presentes en guisos como el arroz y el caldo con menudencias de pollo y otros guisos regionales.

→ despojos de ave, material con riesgos específicos

vitamina

Sustancia orgánica, contenida en los alimentos e indispensable para la buena utilización de sus principios nutritivos (lípidos, prótidos y glúcidos) y para ciertas funciones (vitamina A para la vista, por ejemplo). Las cantidades de vitaminas necesarias son muy débiles (de microgramo a miligramo), pero deben estar presentes imperativamente, y si es posible cada día (en su mayor parte el organismo no las almacena). Las carencias vitamínicas pueden ser graves (ocasionan enfermedades como el escorbuto), pero son raras cuando la alimentación es diversificada y equilibrada.

Según sus propiedades y sus condiciones de conservación, las vitaminas, designadas con una letra, se clasifican en dos grupos:
- Las hidrosolubles (solubles en agua: C y las vitaminas del grupo B) se encuentran en las frutas, las verduras y las carnes, pero pasan al agua cuando el alimento se remoja o se cuece, y de ahí el interés de aprovechar, cuando es posible, el líquido de cocción; o bien en el caso de las frutas y algunas verduras consumirlas crudas.
- Las liposolubles (solubles en grasas: A, D, E y K) se encuentran sobre todo en las carnes, la leche, los productos lácteos y las materias grasas.

Ciertas vitaminas, denominadas a menudo "provitaminas", deben transformarse para que se activen. La vitamina D alimenticia, por ejemplo, se transforma en activa bajo el efecto de la exposición de la piel a los rayos ultravioleta. Por lo que se refiere a la vitamina A, se distingue la de origen animal, denominada retinol, de los carotenoides provitamínicos A. Estos últimos, como el betacaroteno que aportan los vegetales de color (chabacanos, zanahorias, espinacas, etc.), se transforman en retinol en el organismo.

vitrocerámica

Especie de cristal muy resistente a los choques térmicos, utilizado para cubrir las superficies de cocción eléctrica. La placa de vitrocerámica clásica es calentada por unos focos radiantes o halógenos, pero las tablas (o placas) de inducción, donde el calor es creado por un campo magnético, también están revestidas con este material. La vitrocerámica, perfectamente lisa, es fácil de limpiar, pero el material de cocción utilizado debe tener un fondo perfectamente plano para no rayarla. En el caso de la inducción, los recipientes deben ser metálicos y magnéticos, lo cual excluye el cristal, el aluminio y el cobre.

vodka

Alcohol blanco que resulta de la destilación de un jugo fermentado a base de papa, centeno o una mezcla de cereales (trigo, maíz, cebada malteada, etc.). Polonia y Rusia se disputan su invención, que se remonta a varios siglos atrás, pero actualmente el vodka se produce en alrededor de treinta países, entre ellos Polonia, Rusia, Estados Unidos, Reino Unido, Dinamarca, Finlandia y Suecia. La destilación del vodka es muy prolongada, le sigue una filtración y después, eventualmente, una aromatización. El vodka al natural tiene poco sabor y aroma. Se aprecia por el "golpe" que da el alcohol, presente entre 32,5 y 49% Vol. Diversos vodkas de marca, rusos y polacos, se aromatizan con plantas, hojas o bayas. En Polonia se prepara en particular el *zubrowka*, en el que se macera una gramínea llamada "hierba de bisonte".

El vodka, que hasta no hace mucho era la bebida tradicional de los polacos, que la bebían al natural antes, durante y después de la comida, se ha convertido en el aguardiente nacional ruso, pero también en una bebida internacional, consumida sobre todo con caviar, pescado ahumado, etc. Se emplea, además, para flamear cangrejos de río, aromatizar mediante un desglasado un salteado de ternera o la cocción de un ave grasa, flamear postres o preparar un sorbete. La moda internacional del vodka comenzó después de la Primera Guerra Mundial, en Estados Unidos, donde se convirtió en un elemento privilegiado de los cócteles; por ejemplo, se mezcla con jugo de tomate para elaborar el Bloody Mary, con varios jugos de fruta (naranja, arándano, piña, uva, etc.) o con licor de café para obtener un ruso negro. También se bebe como digestivo, o tras añadirle agua con gas o agua quina.

volcán

Término para designar a un montón de harina dispuesto sobre un mármol, una plancha, una mesa de trabajo o en una terrina, en medio del cual se forma un orificio, o pozo, para verter los distintos ingredientes que intervienen en la elaboración de una pasta. Progresivamente se van incorporando a la harina pasándola con la yema de los dedos hacia el centro.

volován

1. Pan redondo (*croûte*) de pasta de hojaldre de 15 a 20 cm de diámetro, con el interior hueco provisto de una tapa elaborada con la misma pasta. El interior se rellena con una preparación ligada con una salsa cremosa: hongos con bechamel, escalopas de bogavante, filetes de lenguado, carne de ave picada o cortada finamente, mariscos, *quenelles* de ave o de ternera, mollejas de ternera, salmón, etc.

En México los volovanes son pequeños y se consumen generalmente como bocadillos. Se rellenan de jamón picado con queso amarillo rallado y chile jalapeño, ensaladas de atún o pollo, cremas de queso con hierbas aromáticas, entre otros.

2. Puré de crustáceo o de ave, incluso de caza, que se completa con un salpicón del ingrediente de base, e incluso de espaguetis con salsa de jitomate, a los que se añaden cubos de jamón.

volver a montar

Procurar la homogeneidad a una salsa emulsionada, que se ha deshecho por falta de estabilidad. Se vuelve a montar una mayonesa incorporando poco a poco, con el batidor de globo, una nueva yema de huevo, un poco de mostaza, unas gotas de vinagre o de agua. Se vuelve a montar una holandesa o una bearnesa incorporando poco a poco, con el batidor, un poco de agua, caliente si la salsa es fría, o fría si la salsa es caliente.

vueltas

Término que hace referencia a la operación mediante la cual se practican las vueltas necesarias para la realización de una pasta de hojaldre. Se trata de las fases sucesivas de doblado, paso por el rodillo, rotación de la placa en un cuarto de vuelta cada vez y luego un nuevo doblado, etc. Los pasteleros y cocineros profesionales efectúan dicha operación sobre una superficie fría de mármol o de metal refrigerado.

Vuillemot, Denis-Joseph

Cocinero francés (Crépy-en-Valois, 1811-Saint-Cloud, 1876). Hijo y nieto de *maitre d'hôtel*. Comenzó su aprendizaje en *Véry*, fue alumno de Antonin Carême y luego se estableció por su cuenta en Crépy y a continuación en Compiègne, antes de hacerse cargo de la dirección del *Restaurant de France*, en la place de la Madeleine, en París, y terminar su carrera en el *Hôtel de la Tête-Noire*, en Saint-Cloud. Amigo de Alexandre Dumas, fue su colaborador técnico para las recetas del *Grand Dictionnaire de la cuisine* (1873). También organizó en su honor, a su regreso de Rusia, un banquete que ha pasado a la historia por sus creaciones, todas ellas bautizadas con un nombre que evocaba al novelista y sus obras: potajes a la Buckingham y a los Mohicanos, trucha a la Enrique III, bogavante a la Porthos, filete de res a la Montecristo, *bouchées* a la reina Margot, bomba a la dama de Monsoreau, ensalada a la Dumas, pastel a la Gorenflot, crema a la reina Cristina, etc.

W

waffle o gaufre

Elaboración de pastelería, fina y ligera, alveolada, de forma variable según el molde que se utilice. La pasta de *waffle* se elabora con harina, mantequilla, azúcar, huevos y agua o leche, y a menudo se aromatiza. Esta pasta, más o menos fluida, no se cuece al horno, sino que se vierte en la wafflera previamente calentada, cuyas placas se cierran antes de ponerla al fuego.

Como los buñuelos y las crepas, los *waffles* han sido una de las preparaciones más populares de la alimentación campesina. Todavía hoy, cada región francesa posee su propia receta de *waffles* o *gaufres*, que algunas veces son salados

Se siguen vendiendo, como las crepas, en la calle o en las ferias. Antaño estaban presentes en todas las fiestas, kermesses y reuniones populares. La tradición sobrevivió en especial en el Flandes francés y en el departamento de Nord.

Generalmente se comen calientes, espolvoreados con azúcar, acompañados de crema montada o mermelada. También se pueden rellenar.

wafflera o gaufrera

Molde de hierro colado compuesto por dos placas alveoladas unidas por una bisagra, entre las que se pone la pasta de *waffles* o *gaufres* para cocerla.

Antiguamente las waffleras manuales se colocaban sobre una fuente de calor y se giran a mitad de la cocción, ya que sus largos mangos permitían manipularlas sin quemarse.

En la actualidad, suelen ser eléctricas y algunas poseen un juego de placas intercambiables para realizar *croque-monsieurs*, *grillades* e incluso crepas.

waldorf

Nombre de una ensalada compuesta en la que se combinan manzanas y apio en cubos, con trocitos de nueces peladas, sazonados con una mayonesa fluida. A veces se le añade plátano.

wapiti

Gran cérvido de América del Norte, parecido al ciervo europeo, que se caza sobre todo en el oeste de Canadá. Se prepara como todas las piezas de caza de pelo.

wasabi

Condimento de la cocina japonesa obtenido rallando la raíz de la planta herbácea del mismo nombre, de la familia de las brasicáceas. El *wasabi* se presenta en forma de una pasta verde, o un polvo para diluir en un poco de agua. Desleído en la salsa de soya aporta un sabor picante que realza agradablemente las bolitas de arroz y el pescado crudo (*sashimi*). A veces se encuentra en los sushis, el pescado y el arroz. El *wasabi* a menudo recibe el nombre de "mostaza japonesa".

Waters, Alice

Cocinera estadounidense (Chatham, New Jersey, 1944). Diplomada en estudios culturales franceses por la universidad de Berkeley, continuó su formación en la escuela Montessori de Londres y viajó por Francia durante un año. Se casó en 1972 con un negociante de vinos, también restaurador, y creó en Berkeley un restaurante de cocina mediterránea, *Chez Panisse*, en homenaje a Marcel Pagnol. Su única regla es la búsqueda sistemática de productos de excepción, y para ello se rodea de ganaderos y agricultores respetuosos con los principios del cultivo biológico. Según los productos que recibe y la calidad de los mismos, compone un único menú diario. Está considerada la fundadora de la "cocina californiana" y ha publicado numerosas obras, como *Chez Panisse vegetables*, en la que explica su pasión por las verduras naturales.

waterzoï

Plato de la cocina flamenca, preparado con pescados del mar del Norte y anguila, cocidos en caldo corto con diversos aromatizantes, raíces de perejil y verduras. El *waterzoï* (o *waterzooi*) se prepara también en Gante, con un ave de corral cortada en trozos.

welsh rarebit

Especialidad británica compuesta por una rebanada de pan de caja tostada, cubierta con *cheshire* (o *cheddar*) fundido en cerveza rubia inglesa, con mostaza inglesa y pimienta. La tostada, cubierta con sus ingredientes, se pasa bajo el *grill* y se sirve muy caliente. En el Reino Unido, el pan se dora con grasa fina de riñón de ternera y el *welsh rarebit* constituye un tentempié de la mañana o de la tarde, que se acompaña exclusivamente con cerveza.

whisky y whiskey

Aguardiente de grano, originario de Escocia, con malta. Los irlandeses lo denominan "whiskey" y los estadounidenses llaman "bourbon" al suyo.

- *Scotch* whisky. Después de la fermentación, la cebada se seca con un fuego en el que se quema turba de Escocia, cuyos efluvios darán al alcohol su aroma tan particular. A continuación, la cebada se muele, se deslíe en agua y se destila en dos operaciones, según métodos artesanales. De esta manera se obtiene el *malt* whisky (whisky de malta), llamado *single malt* cuando procede de una sola destilería y *vatted malt* cuando se trata de una mezcla de distintos *malt* whiskies.

- *Irish* whisky. El whisky irlandés se producía y consumía desde hace tiempo a escala familiar. Elaborado a partir de cebada, malteada o no, pero también de trigo y de centeno; no se seca con turba. Destilado tres veces, experimenta como el whisky escocés varias mezclas antes de comercializarse.
- *Canadian* whisky. Este aguardiente canadiense de cereales, de sabor más o menos ligero, se puede encontrar bajo numerosas denominaciones. El centeno participa en proporciones importantes en las mezclas, que se ponen a fermentar bajo la acción de levaduras, como en los otros whiskies.
- *Corn* whisky. Alcohol de grano estadounidense, producido a partir de una mezcla de cereales que contiene al menos un 80% de maíz.
- *Bourbon* whisky. Whisky estadounidense, el más difundido, originario de Kentucky, procede de una mezcla de maíz (51% al menos), centeno y cebada malteada, envejecida dos años al menos en barrica de roble quemado.
- *Rye* whisky. Aguardiente de grano estadounidense, que se produce a partir de centeno (51% al menos).

El whisky se bebe por lo general como aperitivo o como digestivo, con hielo, solo o con agua natural o con gas. Los escoceses lo toman con un vaso de agua natural aparte. Interviene en la composición de numerosos cócteles, como el whisky collins, el whisky *sour* y el *bourbon sour*. En cocina interviene en distintas recetas, y ciertos cocineros lo prefieren al coñac o al armañac para flambear.

Witzigmann, Eckart

Cocinero austriaco (Badgastein, 1941). Nacido en Austria y formado en el hotel *Straubiger* de su ciudad natal, y más adelante en Francia, en los restaurantes de Paul Bocuse, Jean y Pierre Troisgros y Marc Haeberlin. Fue el precursor de la gran cocina ligera alemana, que extendió al *Tantris* (a partir de 1971) y más tarde en *L'Aubergine* de Múnich (de 1978 a 1993). Fue el primer chef de Alemania titular de tres estrellas *Michelin* (en 1979). Actualmente vive en Mallorca, es asesor culinario itinerante, colabora todos los meses en la revista alemana *Feinschmecker* y codirige el restaurante *Icarus*, donde aconseja a los mejores cocineros de Europa en un hangar modernizado del aeropuerto de Salzburgo. Ha formado a toda una generación de jóvenes chefs alemanes y austriacos. Sigue siendo la referencia indiscutible de la cocina germánica de la nueva generación. Su *borchtch* de pichón o sus variaciones refinadas sobre la cabeza de ternera, inmortalizadas anteriormente en *L'Aubergine*, son platos inolvidables. Es el autor de *La Nouvelle Cuisine allemande et autrichienne* (1984).

wok

Gran sartén de acero, hierro colado, o incuso de acero inoxidable, ligeramente cónico y provisto de un gran mango de madera. Algunos woks muy hondos exigen el uso de un soporte metálico en forma de anillo que se coloca encima del fogón. El wok se utiliza mucho en la cocina china, sobre todo para preparar salteados, aunque también asados, frituras e incluso sopas. La ventaja del wok es que permite remover rápidamente los ingredientes y dorar a fuego vivo sin que absorban mucha materia grasa.

worcestershire sauce

Salsa inglesa cuya receta, al parecer, fue descubierta en el siglo XIX en la India por sir Marcus Sandy, originario del condado de Worcester.

La salsa *worcestershire* se compone de vinagre de malta, melaza, azúcar, chalota, ajo, tamarindo, clavo de olor, esencia de anchoas y especias.

Es de sabor picante y se emplea para realzar guisos, sopas, purés, rellenos, vinagretas, salsa de jitomate, carne tártara, etc. También aromatiza algunos cócteles, como el Bloody Mary, y el jugo de tomate. Ciertas variantes de la salsa *worcestershire* incluyen salsa de soya.

xoconostle

Tuna semiseca consumida en México, apreciada por su sabor ácido y consistencia firme, que se emplea como verdura en distintos guisos. El xoconostle inmaduro es de color verde pálido y adquiere un color rosa o morado según va madurando. Se emplea en salsas y caldos junto con las verduras, en almíbar, en mermelada, deshidratado, en conserva, etc.

Y

yak

Rumiante de pelaje largo y cuerpo robusto, que vive en las altas mesetas de Asia Central (Tíbet), donde se ha domesticado. Utilizado como animal de carga, proporciona también carne y leche. La carne de yak se cocina sobre todo en finas rebanadas que se pasan por mantequilla caliente, o se asan sobre bambú. Los trozos más grandes se hierven, después de adobarlos si el animal es viejo. Secada con los huesos, la carne se reduce a veces a un polvo grueso que sirve de base para sopas y cremas. Con la leche, los tibetanos elaboran pequeños quesos cúbicos muy duros, así como mantequilla, que consumen rancia.

yakitori

Brochetas japonesas de ave cocidas en brasas de carbón de madera. A menudo se trata de trozos de hígado, de carne de pollo, de bolitas de pollo picado con cebollín, de hongos, a veces de huevos de codorniz, de pimientos o de nueces de ginkgo, que se ensartan en número de cuatro o cinco sobre finas brochetas de bambú. Éstas, una vez llenas, se remojan en una salsa llamada *teriyaki* (*sake*, salsa de soya, azúcar y jengibre), y luego se asan durante 4 o 5 minutos.

ya-lane

Árbol originario de China cuyas yemas se recogen antes de su eclosión y se confitan en vinagre para proporcionar un excelente condimento. Las flores, secas, se emplean como especia en el arroz.

yassa

Plato senegalés a base de cordero, pollo o pescado cortados en trozos que se marinan en jugo de limón verde y condimentos de sabor intenso, y que luego se asan a la parrilla y se salsean con la marinada. El *yassa* se sirve con arroz o con mijo.

yodo

Oligoelemento indispensable para la síntesis de hormonas tiroideas. En las principales fuentes alimentarias de yodo son los productos marinos, la cebolla, el ajo, la leche y el pan; la sal igualmente está adicionada con yodo. En general, estos productos solo cubren entre 50 y 60% de nuestras necesidades diarias (150 microgramos).

yogur

Leche fermentada, obtenida por la acción asociada de dos fermentos lácticos (*Streptococcus thermophilus* y *Lactobacillus delbrueckii* sp. *bulgaricum*). Se presenta como una especie de leche cuajada más o menos líquida, ligeramente ácida y poco estable. Es elaborado y consumido desde hace siglos en los Balcanes, en Turquía y en Asia.

El yogur es un invento turco y su receta original está bastante alejada de la que se conoce en Occidente: la leche de vaca, de oveja o de búfala se hierve durante mucho rato (hasta que pierde 30% de su agua), se vierte en un odre o en una jarra de barro cocido y luego se deja fermentar naturalmente. Producido hoy en día de forma industrial y en grandes cantidades, el yogur también se puede preparar en una yogurtera eléctrica, o con un recipiente calorífugo y un termómetro.

El yogur es ligeramente laxante y de digestión fácil, y además reconstruye la flora intestinal. Poco energético (de 44 a 70 kcal o de 184 a 296 kJ por cada 100 g) contiene lípidos (de 0,2 a 3,5 g por cada 100 g, según la leche empleada), glúcidos en cantidad variable, prótidos, sales minerales (calcio, fósforo) y vitaminas B1, B2 y B3.

En la actualidad se pueden encontrar en el comercio diversos tipos: el yogur natural, el natural azucarado, el ligero o descremado, el griego (leche a la que se añaden fermentos, incubada en tina y luego trabajada, de consistencia cremosa), el aromatizado y el de frutas.

Las leches fermentadas con bífidus constituyen hoy en día una competencia para los yogures.

Los yogures se consumen sobre todo con azúcar, miel, mermelada, frutas frescas o frutos secos y se toman en el postre o el desayuno. Sirven también para preparar postres fríos o helados, así como bebidas refrescantes.

En Asia y en Oriente, en cambio, el yogur conoce tradicionalmente numerosos empleos: como bebida helada; los sirios, turcos y afganos lo emplean para cocer carnes y verduras, para sazonar ensaladas de hortalizas crudas (*raita* india o *cacik* turco con pepino, realzado con finas hierbas), para preparar sopas, así como salsas para las brochetas a la parrilla.

yogurtera

Aparato destinado a la elaboración casera del yogur. Una resistencia eléctrica, accionada por un termostato, lleva a la temperatura deseada la leche a la que se han añadido fermentos, situada bajo una tapa aislante, en tarros de vidrio o de cerámica. En ciertos casos, el calor es lento y continuo; en otros, la temperatura se alcanza con bastante rapidez (1 hora). Un minutero corta entonces la fuente de calor, y la incubación (de 5 a 6 horas) tiene lugar mientras la temperatura va bajando lentamente. En ciertos aparatos, la temperatura y el tiempo de calor son variables, lo cual permite modificar la consistencia y, por consiguiente, el gusto del yogur.

yorkshire pudding

Especialidad británica compuesta por huevos, harina y leche, cocida al horno, en la grasa del asado de res al que acompaña. El horno debe estar muy caliente para cocer esta gran pasta de freír. Una vez cocida la carne, se conserva en un lugar caliente y se recupera una parte de su grasa. Luego se sube un poco el fuego y se hornea el *yorkshire pudding* vertido en una fuente engrasada, durante 30 min. El servicio completo de este plato de domingo comprende, además del asado, su jugo y su *pudding*, papas asadas, mostaza y salsa de rábano picante.

yorkshire sauce

Salsa clásica de la cocina inglesa para jamón breseado y *canetons* asados o breseados, a base de oporto, piel de naranja, especias y jalea de grosella.

yuca ◆ mandioca

yuzu

Cítrico de la familia de las rutáceas cultivado en Japón pero originario de China. El *yuzu* parece una pequeña toronja verde con la corteza hinchada, que una vez maduro se vuelve amarillento. Su carne es amarga y contiene abundantes semillas. Posee un sabor parecido al de la toronja, con toques de mandarina. Se utiliza en postres, como mermelada, y sustituye al limón en algunos platos tradicionales.

zanahoria

Hortaliza de la familia de las apiáceas, cultivada por su raíz comestible, antaño blanca y actualmente, de manera mayoritaria, de color rojo-anaranjado. La zanahoria contiene mucha agua, y proporciona 42 kcal por cada 100 g. Es rica en azúcar (9 g por cada 100 g), en sales minerales, en vitaminas (sobre todo provitamina A) y en pectina, además de contener caroteno.

Las zanahorias son mejores cuando son muy jóvenes. Se consumen crudas, ralladas (en el último momento, para evitar la oxidación y la pérdida de vitamina C), y sazonadas con una vinagreta, o solo con jugo de limón, chile y sal; a veces, aromatizada con anchoas, uvas, trocitos de atún, frutos secos, aceite de oliva, pimienta, etc.

Cocidas se preparan glaseadas, a la crema, a las finas hierbas, *vichy*, a la jardinera, en puré, en suflé. Intervienen en la preparación de sopas, purés, cremas, pucheros, platos de carne o de verduras y fondos de cocción (*brunoise*, caldo corto).

Es una verdura que se presta bien a la esterilización y a la ultracongelación.

zapallo ◆ calabaza *giraumon*

zapote

Nombre genérico que se aplica en México a todas las plantas de la familia de las sapotáceas.

- Zapote amarillo: fruto subgloboso, ovalado, de color amarillo cuando está maduro. Su pulpa amarilla, pegajosa y dulce contiene de 3 a 5 semillas ovoides, brillantes y de color marrón. Su pulpa tiende a fermentarse muy rápido. Se consume como fruta fresca.
- Zapote blanco: fruto subgloboso de piel lisa y delgada, color verde; mide de 6 a 10 cm de diámetro. Su pulpa es blanca o algo amarillenta, de consistencia cremosa y sabor dulce y contiene 4 o 5 semillas.
- Zapote prieto o negro: fruto globoso de cáscara verde brillante y frágil que mide de 5 a 7 cm de diámetro. Su pulpa es carnosa, de color marrón o negra en la madurez, de textura blanda, de sabor dulce y delicado. Posee semillas oscuras, resbalosas y brillantes. Solo puede comerse cuando está maduro o sobremaduro. Se consume su pulpa mezclada con jugo de naranja y azúcar para hacer el dulce de zapote o zapotada.

zarza

Arbusto espinoso de la familia de las rosáceas, cuyos frutos, llamados "moras silvestres", sirven para preparar mermeladas, compotas y jarabes. En Canadá crecen numerosas especies de zarzas muy apreciadas. Sus frutos se emplean para tartas, *puddings*, salsas para los asados, la oca y el pavo. Intervienen en la composición de rellenos de ave.

zarzamora o mora

Fruto de una zarza silvestre, de la familia de las rosáceas. Cuando llega a su madurez es de un rojo, casi negro y una textura bastante firme. Es poco energética (37 kcal o 155 kJ por cada 100 g), pero rica en vitaminas B y C. Con ella se elaboran mermeladas, confituras, postres, helados, jaleas, licores, ratafía, jarabe y tartas. También se utiliza en confitería.

zarzuela

Especialidad de la cocina marinera española, elaborada a base de un sofrito de cebolla, pimiento y jitomate en el que se añaden diferentes clases de pescado, finalizando con una picada de almendras, ajo y perejil. En la actualidad, la zarzuela está considerada una preparación arcaica y tiene poquísima presencia en los restaurantes, salvo contadas excepciones.

zinc

Oligoelemento que desempeña un papel importante en múltiples procesos fisiológicos, como la renovación de las células, la síntesis de las proteínas, la producción de energía a partir de los glúcidos y la protección contra los radicales libres. El zinc, necesario también para varias hormonas, como la insulina, interviene en el crecimiento, el metabolismo de los huesos, el estado de la piel, la defensa contra las infecciones, la fisiología sexual, la apreciación de los sabores, la visión de los colores y el crecimiento de las células nerviosas. Los alimentos más ricos en zinc son las carnes (sobre todo rojas), los pescados, los mariscos, los cereales, los huevos y las legumbres.

zinfandel

Cepa tinta de jugo blanco, muy difundida en Estados Unidos, especialmente en California. La *zinfandel* proporciona vinos blancos ligeros y elegantes, que van del seco al dulce, rosados aromáticos y tintos (en este caso, a menudo asociada a la *syrah*) ricos y muy aromáticos.

ziste

Pequeña piel blanquecina que se encuentra entre la piel y la pulpa de los cítricos. El *ziste* es amargo y debe retirarse siempre con precaución.

zumo de frutas ◆ jugo de frutas

Este libro se terminó de imprimir y encuadernar
en el mes de agosto de 2014, en los talleres de
Litografía Magno Graf, S.A. de C.V., con domicilio en
Calle E No. 6, Parque Industrial Puebla 2000,
C.P. 72220, Puebla, Pue.